AF891582

Vorträge
über das
Recht des Bürgerlichen Gesetzbuchs.

Von

Dr. Ernst Eck,
Geh. Justizrath,
Professor der Rechte an der Universität Berlin.

Nach des Verfassers Tode durch Feststellung des Wortlautes fortgeführt
und mit Anmerkungen versehen
von

Dr. R. Leonhard,
Geh. Justizrath,
Professor der Rechte an der Universität Breslau.

Band I,
enthaltend Bürgerliches Gesetzbuch Buch I und II.

Erste und zweite Auflage.

Berlin 1903.
J. Guttentag, Verlagsbuchhandlung,
G. m. b. H.

Vorwort zur ersten Lieferung.

Die nachstehenden Vorträge über das B.G.B. sind in ihrem Hauptinhalt dieselben, welche ich vom Anfang des Oktober 1897 an auf Veranlassung des Anwaltvereins zu Berlin vor einer aus Rechtsanwälten, Richtern und Verwaltungsbeamten zusammengesetzten Hörerschaft gehalten habe. Auf Wunsch des Anwaltvereins ist die Drucklegung zunächst für die Hörer der Vorträge veranstaltet worden. Da aber zahlreiche Nachfragen Grund zu der Annahme gaben, daß auch anderen Juristen die Veröffentlichung willkommen sein würde, so habe ich eingewilligt, zugleich eine weitere Zahl von Exemplaren als zweite unveränderte Ausgabe im Buchhandel erscheinen zu lassen. Der Text ist den mündlichen Vorträgen gegenüber mannigfach umgestaltet und ergänzt worden. Namentlich ist die Einleitung (§§ 1—5), auf die ich bei den mündlichen Vorträgen verzichtet hatte, neu hinzugefügt. Außerdem sind die Litteraturcitate vermehrt und weiter ausgedehnt worden. Doch ist keineswegs eine vollständige Berücksichtigung aller bisher erschienenen Schriften über das B.G.B. angestrebt. Materien, welche das B.G.B. nicht berührt, Rechtsbegriffe, welche es aus dem bisherigen Recht als gegebene und bekannte übernimmt, habe ich in der Regel nur kurz behandelt; ebenso habe ich auch die Anknüpfungen der Sätze des B.G.B. an das bisherige Recht, um Raum zu sparen, beschränkt (mehr als es meiner Neigung entsprach);

dafür sind die Neuerungen des B.G.B. um so ausführlicher entwickelt. So ist freilich eine gewisse Ungleichmäßigkeit der Darstellung eingetreten. Aber mir scheint eben, daß die Hauptarbeit der Juristen einstweilen dem B.G.B. selbst zugewendet werden muß. Vorkenntnisse sind zum Verständniß desselben ohnehin unerläßlich, und bei meinen Zuhörern durfte ich solche ja in reichem Maße voraussetzen.

Doch ist die Darstellung keineswegs ausschließlich auf gründlich vorgebildete Leser berechnet, sondern so gehalten, daß sie auch das Bedürfniß der Studirenden, welche das römische Recht bereits gehört haben, befriedigen dürfte. Hinter den schon jetzt viel verbreiteten, trefflichen Werken von F. Endemann und Cosack bleiben diese Vorträge an Umfang absichtlich zurück. Doch giebt es ja der zweifelhaften Fragen im Recht des B.G.B. so viele, daß kein Buch sie sämmtlich zu beantworten vermag, und jedes neu erscheinende daher hoffen darf, noch gar manche, in den anderen Werken unerledigt gebliebene der Lösung näher zu führen.

Da ich in meinen mündlichen Vorträgen bereits dem Ende des Rechts der Schuldverhältnisse nahe bin, so darf ich versprechen, den Rest des Allgemeinen Theils als zweite Lieferung in Kürze, und demnächst auch das Recht der Schuldverhältnisse erscheinen zu lassen.

Berlin, Juni 1898.

E. Eck.

Vorwort zur zweiten Lieferung.

Ernst Eck wurde am 6. Januar 1901 von seiner mehr als dreißigjährigen mit Erfolgen reich gesegneten Lehrthätigkeit durch den Tod abberufen. Sein letzter Lebensplan, die von ihm in den Jahren 1897 bis 1899 vor gereiften praktischen Juristen gehaltenen Vorträge über das neue Gesetzbuch auszuarbeiten, herauszugeben und sie später zu einem System des Bürgerlichen Rechtes auszugestalten, blieb deshalb unvollendet. In der juristischen Lehre lag sein vornehmliches Berufsfeld und so stand der Erfolg auch dieser Vorträge ohne Gleichen da. In den Kreisen der ehemaligen Hörer erwachte daher der Wunsch, wenn auch nicht eine Fortsetzung der Ausarbeitung, so doch wenigstens einen vollständigen Abdruck der Vorträge als Erinnerung an jene Stunden zu besitzen. Diesen Wunsch zu verwirklichen wurde vom Vorstande des Berliner Anwaltvereins und von der Verlagshandlung durch Vermittelung des Sohnes des Verewigten, des Herrn Gerichts-Assessor Dr. Walther Eck dem Unterzeichneten als einem dankbaren Schüler und warmen Verehrer Ernst Ecks nahegelegt und von ihm übernommen.

Er empfindet freilich schwere Bedenken nicht nur gegen jede Wiedergabe des gesprochenen Wortes im Druck, sondern auch gegen die Herausgabe dieses Werkes im Besonderen, das der Verfasser selbst erst auszuarbeiten gedachte und deshalb in seinem gegenwärtigen Stande nicht für druckfertig erklärt haben würde. Darum müßte die Herausgabe, wenn sie ohne besonderen Grund geschähe, gerechtem Tadel unterliegen. — Ein solcher Grund liegt aber darin, daß ein vom Verfasser seinen ehemaligen Hörern gegebenes Versprechen eingelöst werden soll, dessen Erfüllung erschwert, aber nicht geradezu unmöglich geworden ist. Es war ihnen nämlich zugesichert, daß sie die Vorträge später in gedruckter Form erhalten würden. Danach richteten sie den Umfang der Nachschrift und der ergänzenden Studien ein. Ihre Hoffnung auf einen vollständigen Text darf nicht in höherem Maße enttäuscht werden, als unvermeidlich ist.

Eines Urtheils über den Werth der Vorträge war der Herausgeber demnach überhoben. Er bekennt auch, daß persönliche Liebe und Verehrung für den Entschlafenen ihn daran hindert, einen von Gefühlsregungen freien Spruch zu fällen. Eines aber ist unbestreitbar und über den Einfluß des Empfindens erhaben: Die Vorträge sind anderer Art, als ähnliche Geistesschöpfungen: nicht nur, weil sie ein hochbedeutsames Werk in die Kenntniß derer einführte, die zu seiner Handhabung berufen waren, — das geschah in jener Zeit durch zahlreiche ähnliche Vorlesungen — sondern vor Allem, weil sie vor einem durch Zahl und Bedeutung unvergleichbaren Kreise während zweier Jahre mit ungeschwächtem Erfolge gehalten worden sind. Staub schreibt darüber in der Deutschen Juristenzeitung vom 15. Januar 1901: „Ich kann nicht umhin, dem verdienten Manne ein Wort des Dankes nachzurufen für die Unterstützung, die er den Berliner Juristen bei dem Studium des Bürgerlichen Gesetzbuches durch seine bekannten Vorlesungen gewährt hat. Das war ein Schauspiel, wie es wohl noch niemals da war und voraussichtlich so schnell nicht wiederkehren wird, wie der Gelehrte vor einem Auditorium von 500 gereiften praktischen Juristen, darunter einer stattlichen Anzahl ergrauter Männer in den höchsten Stellen der juristischen Beamten-Hierarchie, seine Vorlesungen hielt. Welchen Anklang sie fanden, bewies wohl am Besten die Thatsache, daß, obwohl sie durch vier Semester sich hinzogen, der Saal am Schlusse so besetzt war wie zu Anfang."

Wer die Einführung eines neuen Gesetzbuches mit solchem Erfolge vorbereitet hat, dessen Worte sind ein Denkstein in der deutschen Rechtslehre und Rechtspflege, gleichviel, wie man über den Werth und die bedauerliche Unvollkommenheit ihrer Aufzeichnung denken mag. So ist denn auch im Interesse der Wissenschaft mehrfach von berufener Seite der Wunsch nach der Fortsetzung des Veröffentlichten geäußert worden.[1])

Die Feststellung des Textes bot freilich eigenthümliche Schwierigkeiten. Nur die ersten Seiten 129 bis 164 enthalten die eigene Ausarbeitung des Verfassers und sind von ihm selbst in dem Druckbogen durchgesehen worden. Sie sind daher unverändert geblieben. Der geringe Ueberrest des allgemeinen Theils beruht auf einem nahezu vollständigen Stenogramm und mehreren sorgfältig nachgeschriebenen Heften, die mit einander verglichen worden sind. Hiermit mußte man sich begnügen, um ein lückenloses Ganzes zu erhalten. Die späteren Theile ließen sich dagegen unter günstigeren Bedingungen feststellen. Für sie liegen außer den Nachschriften auch eigenhändige, vollständig ausgearbeitete Hefte des Verfassers, für das Recht der Schuldverhältnisse ein nahezu vollständiges und für die folgenden Theile sogar ein wortgetreues offizielles Stenogramm vor. So konnten namentlich auch die meisten Beispiele mitgetheilt werden, deren glückliche Auswahl besonders wirksam war.

Die Anmerkungen sind von S. 165 ab von dem Herausgeber auf besonderen Wunsch der Verlagshandlung beigefügt worden, theils um dem Vorbilde des Verfassers zu entsprechen, theils um den Text mit

---

[1]) Dernburg, Bürg. R. Bd. I S. 24 Nr. IV. Schollmeyer in der Gedächtnißfeier der Jurist. Gesellschaft in Berlin am 15. März 1902.

Rücksicht auf die wissenschaftlichen Fortschritte der Zwischenzeit brauchbar zu erhalten. Darum beschränken sie sich auf ergänzende Literaturberichte. Eine Kritik des Textes ist grundsätzlich vermieden, auch der Text selbst von allen Aenderungen reingehalten worden und daher alleiniges Werk des Verfassers geblieben.

Schließlich spricht der Herausgeber seinen Dank allen Herren aus, die theils durch Bemühungen, theils durch Darbietung ihrer Hefte den Abdruck ermöglicht haben. Es sind dies neben dem Sohne des Verewigten die Herren Rechtsanwalt Gundlach, Amtsgerichtsrath Jacoby, Amtsgerichtsrath Otto Müller, Rechtsanwalt Raphael, Rechtsanwalt Leopold Salomon, Landrichter Dr. Schlössingk, Referendar Walter Voigt, Geh. Ober-Finanzrath Warnecke und Rechtsanwalt Wreschner, sämmtlich in Berlin.

Mögen die Vorträge in der so entstandenen Form auch diejenigen Schüler des Verfassers, die sie nicht mitangehört haben, an jene Stunde erinnern, da sie von ihm die Grundlagen ihrer theoretischen Schulung empfingen; mögen sie ihnen ein Scheidegruß sein von dem Vieltreuen,

> „in dem mehr noch, als der Lehrer auf dem Katheder der Mann verehrt wurde, der für seine Schüler ein Herz hatte",[1])

und für den deshalb Th. Mommsen die Grabschrift wählte:

docuit multos
et quos docuit amavit.

Breslau, Sommer 1902.

R. Leonhard.

---

[1]) G. Heinrici am Sarge von E. Eck.

Inhaltsverzeichniß.

Einleitung.

Seite
§ 1. Die älteren Bestrebungen nach Herstellung eines deutschen B.G.B. 1
§ 2. Die Entwickelung seit 1867 und der Entwurf erster Lesung . . 5
§ 3. Die Litteratur zu dem Entwurfe erster Lesung 8
§ 4. Der Entwurf zweiter Lesung 9
§ 5. Der Abschluß des Werkes 11

Buch I.

Allgemeiner Theil.

Kapitel I.

Das objektive Recht.

§ 6. Gegenstand des B.G.B. und Verhältniß desselben zu den sonstigen Reichs- und zu den Landesgesetzen 13
§ 7. Verhältniß des B.G.B. zum Gewohnheitsrecht 21
§ 8. Beginn der Geltung des B.G.B. 24
§ 9. Auslegung des B.G.B. Bedeutung der Materialien, technische Bezeichnungen im B.G.B. 29

Kapitel II.

Die Personen.

Abschnitt I.

Die natürlichen Personen.

§ 10. Der Mensch und seine persönlichen Verhältnisse 37
§ 11. Einzelne Persönlichkeitsrechte 42
§ 12. Todeserklärung und Lebensvermuthung 44

Abschnitt II.

Die juristischen Personen.

§ 13. Die juristischen Personen im Allgemeinen. Vereine und Stiftungen 48
§ 14. Entstehung rechtsfähiger Vereine 50
§ 15. Verfassung und Geschäftsführung der rechtsfähigen Vereine überhaupt 55

Seite

§ 16. Verantwortlichkeit der Vereine für Beschädigung 58
§ 17. Rechte der Vereinsmitglieder 61
§ 18. Beendigung der Vereine 64
§ 19. Besonderheiten der Vereine mit Rechtsfähigkeit kraft Eintragung 68
§ 20. Vereine ohne Rechtsfähigkeit 79
§ 21. Kritische Würdigung des neuen Vereinsrechts 86
§ 22. Stiftungen 90

Kapitel III.

Die Sachen.

§ 23. Begriff und Eintheilungen der Sachen 93
§ 24. Bestandtheile und Rechte an denselben 99
§ 25. Zubehör 107
§ 26. Früchte 110

Kapitel IV.

Die Rechtsgeschäfte.

§ 27. Der Begriff des Rechtsgeschäfts und die Geschäftsfähigkeit . . 116
§ 28. Eintheilungen der Rechtsgeschäfte 122
§ 29. Mangelhafte Rechtsgeschäfte 124
§ 30. Willensmängel, insbesondere Irrthum 130
§ 31. Fehler in den Beweggründen. Täuschung und Bedrohung . . 147
§ 32. Form der Rechtsgeschäfte 155
§ 33. Vollendung der Rechtsgeschäfte 165
§ 34. Abschluß von Verträgen 166
§ 35. Die Bedingungen und Termine 171

Kapitel V.

Mitwirkung dritter Personen bei Rechtsgeschäften.

§ 36. Vertretung im Allgemeinen 177
§ 37. Vollmacht 183
§ 38. Vertretung ohne Vertretungsvollmacht 189
§ 39. Einwilligung und Genehmigung 192

Kapitel VI.

Verschulden und Zufall.

§ 40. Vorsatz und Fahrlässigkeit 194
§ 41. Guter Glaube. Kennen und Kennenmüssen 195
§ 42. Zufall. Höhere Gewalt 198

Kapitel VII.

Zeitablauf.

§ 43. Berechnung der Zeit 201
§ 44. Verjährung im Allgemeinen 203
§ 45. Einzelne Regeln über die Verjährung 205
§ 46. Ausschlußfristen 213

Kapitel VIII.

Ausübung der Rechte.

Seite
§ 47. Chikaneverbot. Kollision von Rechten 216
§ 48. Selbstvertheidigung und Selbsthilfe 218
§ 49. Sicherstellung 224
§ 50. Rechtsverfolgung im Prozeß 226

Buch II.

Recht der Schuldverhältnisse.

Kapitel I.

Inhalt der Schuldverhältnisse überhaupt.

§ 51. Gegenstand der Schuld; insbesondere Zinsen, Schadensersatz, Rechnungslegung 229
§ 52. Wahlschulden 257
§ 53. Art, Ort, Zeit der Leistung 261
§ 54. Das Zurückbehaltungsrecht 264
§ 55. Unmöglichwerden der Leistung 267
§ 56. Verzug des Schuldners. Mora solvendi 280
§ 57. Verzug des Gläubigers 283

Kapitel II.

Schuldverhältnisse aus Verträgen.

§ 58. Schuldverträge und deren Inhalt überhaupt 291
§ 59. Gegenseitige Verträge 298
§ 60. Nachträgliche Unmöglichkeit einer der beiden Leistungen . . . 303
§ 61. Erfüllungsverzug eines der beiden Vertragsschuldner 309
§ 62. Versprechen einer Leistung an einen Dritten 318
§ 63. Draufgabe 322
§ 64. Vertragsstrafe. Konventionalstrafe 324
§ 65. Rücktrittsrecht 337

Kapitel III.

Erlöschen der Schuldverhältnisse.

§ 66. Erfüllung und Annahme an Zahlungsstatt 341
§ 67. Hinterlegung 352
§ 68. Aufrechnung 359
§ 69. Erlaß und sonstige Erlöschungsgründe 383

Kapitel IV.

Eintritt eines neuen Subjekts in ein Schuldverhältniß. Mehrheit von Subjekten.

§ 70. Uebertragung der Forderung, Cession 385
§ 71. Schuld-Uebernahme 399
§ 72. Mehrheit von Gläubigern und Schuldnern 416

Kapitel V.

Die einzelnen Schuldverhältnisse.

Seite

§ 73. Kauf und Tausch im Allgemeinen 434
§ 74. Die Tragung der Gefahr 442
§ 75. Gewährleistung für Mängel der Sache 445
§ 76. Besonderes beim Viehhandel 459
§ 77. Besondere Fälle des Kaufes 463
§ 78. Schenkung 469
§ 79. Miethe und Pacht 481
§ 80. Rechtsverhältniß bei Veräußerung der Miethsache 492
§ 81. Pacht 500
§ 82. Leihe 505
§ 83. Darlehn 506
§ 84. Dienstvertrag 508
§ 85. Werkvertrag 517
§ 86. Mäklervertrag 529
§ 87. Auslobung 531
§ 88. Auftrag 533
§ 89. Geschäftsführung ohne Auftrag 536
§ 90. Verwahrungsvertrag 539
§ 91. Einbringung von Sachen bei Gastwirthen 545
§ 92. Gesellschaft 546
§ 93. Gemeinschaft 557
§ 94. Leibrente 562
§ 95. Spiel und Wette 563
§ 96. Bürgschaft 566
§ 97. Vergleich 574
§ 98. Schuldversprechen und Schuldanerkenntniß 575
§ 99. Anweisung 578
§ 100. Schuldverschreibungen auf den Inhaber 587
§ 101. Vorlegung von Sachen 593
§ 102. Ungerechtfertigte Bereicherung 594
§ 103. Unerlaubte Handlungen 599

I.

Einleitung.[1]

§ 1.

Die älteren Bestrebungen nach Herstellung eines deutschen Bürgerlichen Gesetzbuchs.

Die Abfassung eines deutschen Bürgerlichen Gesetzbuchs ist schon seit den Tagen der Reception des römischen Rechts oft gefordert worden, besonders von H. Conring.[2]) Aber in Angriff genommen ist sie vor 1873 nicht. Die Hindernisse lagen in der Schwäche der deutschen

---

[1]) Die Geschichte der deutschen Privatrechts-Kodifikationen bis zum Entwurf I eines B.G.B. ist selbständig und übersichtlich dargestellt von Vierhaus in Bekker's und Fischer's Beiträgen zur Erläuterung des Entwurfs eines B.G.B. I S. 1—82 (1888) und von E. Schwartz im Archiv f. bürgerl. Recht I. S. 1—189 (1889). Einzelne noch genauere Angaben betreffend die Ausarbeitung des Entwurfs I machen Rassow in den Beitr. zur Erl. d. D. Rechts Bd. 21 S. 167—245 und Paul Alexander-Katz, Erläuternde Bemerkungen zu den Vorschriften des Entwurfs S. 1—19 (1888). Außer einer Skizze jener geschichtlichen Entwicklung finden sich Nachweise über die Entstehung des B.G.B. selbst, die einzelnen Stadien der Entwürfe, Berathungen und Beschlüsse, und die Hauptmitarbeiter in allen Ausgaben und Lehrbüchern des B.G.B. vgl. z. B. Planck, Komm. I S. 1—16, Endemann, Einführung I S. 9—24. Eine Bibliographie der amtlichen Materialien zum B.G.B. hat G. Maas Berlin 1897 herausgegeben.

[2]) De origine iuris Germanici (erste Ausgabe 1643) Kap. 35. Andere theils frühere, theils spätere Forderungen einer Ersetzung des Justinianischen Rechts durch eine moderne Kodifikation bespricht Baron, Fr. Hotmanns Antitribonian, Bern 1888 S. 25 ff., vgl. auch Brunner, Die Rechtseinheit (Festrede 1877) S. 13 ff.

Reichsgewalt, in der centrifugalen Tendenz der Reichsstände und in der Schwerfälligkeit der Reichsgesetzgebungsform. Inzwischen waren bereits im 18. Jahrhundert einzelne Landesstaatsgewalten soweit erstarkt, um für ihre Gebiete die Abfassung eigener Gesetzbücher unternehmen zu können. In Preußen hatte schon König Friedrich Wilhelm I. am 1. April 1713 auf den von ihm erforderten Bericht über Vorschläge zur Verbesserung der Justiz verfügt,[1]) daß nach Ablauf von zwölf Monaten ein Landrecht fertig gestellt sein müsse. Aber erst Friedrich der Große nahm die Arbeit nachhaltig wieder auf, zuerst 1746 und dann von neuem durch die berühmte Kabinetsordre vom 14. April 1780, und unter seinem Nachfolger wurde das „Allgemeine Landrecht für die preußischen Staaten“ 1794 verkündet. Schon beim Erscheinen des Entwurfes zu demselben that Professor Pütter in Göttingen den bemerkenswerthen Ausruf: „Wird nicht jeder Patriot mit uns wünschen, daß daraus ein ähnliches Gesetzbuch für jede (sic) andere deutsche Staaten erwachsen möchte, oder warum nicht für ganz Deutschland?“[2]) Aber seine Stimme blieb die „eines Predigers in der Wüste“. In Oesterreich hatte Maria Theresia schon im Jahre 1753 eine Kodifikation des Privatrechts angeordnet, aber erst 1811 wurde diese als „Allgemeines bürgerliches Gesetzbuch“ verkündet. Inzwischen war bereits ein drittes Gesetzbuch schneller zu Stande gekommen, der Code civil. Im Jahre 1800 von Napoleon I. in Angriff genommen, wurde er schon 1804 verkündet, auch für die damals in Frankreich einverleibten deutschen Landestheile links vom Rhein, und 1809 übernahm auch Baden dies Gesetzbuch in deutschem Text als Badisches Landrecht.

So war es mit der deutschen Rechtseinheit zu Ende gegangen um dieselbe Zeit, wie mit Deutschlands politischer Einheit.

Es folgten die Freiheitskriege. Unter dem mächtigen Eindruck derselben schrieb 1814 Professor Thibaut in Heidelberg seine Schrift „Ueber die Nothwendigkeit eines allgemeinen bürgerlichen Rechtes für Deutschland“.[3]) Er führte darin aus, daß zur Abfassung eines Gesetzbuchs über Privat-, Kriminal- und Prozeßrecht für ganz Deutschland nur 2—4 Jahre nöthig seien; aber die Abänderung müsse dann auch

---

[1]) Stölzel, Brandenburg-Preußens Rechtsverwaltung u. s. w. II S. 41 ff.

[2]) Göttingische Anzeigen von gelehrten Sachen vom 1. Juli 1784, mitgetheilt bei Stölzel, Svarez S. 238.

[3]) Wieder abgedruckt in Thibaut's Civilist. Abhandlungen Nr. 19 (1814).

der Willkür der Einzelstaaten entzogen und das Gesetzbuch deshalb wie ein Völkervertrag unter die Garantie der auswärtigen alliirten Großmächte gestellt werden. Thibaut urtheilte richtig in Bezug auf den hohen nationalen und praktischen Werth eines einheitlichen Gesetzbuchs, aber seine Vorschläge waren theils verfrüht, theils praktisch geradezu verkehrt.

Berühmt ist die Gegenschrift, die sofort Savigny als junger Professor in Berlin erscheinen ließ: „Vom Beruf unserer Zeit für Gesetzgebung und Rechtswissenschaft".[1]) Er verlangte darin, daß vor allem die Rechtswissenschaft das gegebene und an sich vortreffliche Material des römischen Rechts mittels geschichtlicher Forschung durchdringe. Die geläuterte Rechtswissenschaft werde dann von selbst zur Einigung führen. Dagegen „ein gutes Gesetzbuch", sagte er S. 49, „ist in unserer Zeit noch nicht möglich". Für seine Zeit hatte Savigny hiermit durchaus Recht. Denn noch hatte die Wissenschaft aus dem römischen Recht nicht annähernd den Gewinn gezogen, der sich daraus ziehen ließ. Ein deutsches Gesetzbuch im Geiste Thibaut's und anderer Naturrechtslehrer drohte nun einen völligen Bruch mit dem geschichtlich gewordenen Recht zu vollziehen, und eben diesen wollte Savigny verhüten. Er irrte nur in dem Glauben an die Macht der Rechtswissenschaft, aus eigener Kraft die Rechtseinheit hervorzubringen. Thatsächlich ist zur Abfassung eines deutschen Gesetzbuchs damals von maßgebender Seite überhaupt kein Schritt gethan worden, aber nicht mit Rücksicht auf die wissenschaftlichen Gründe Savigny's,[2]) sondern um deswillen, weil Preußen und Oesterreich keine Neigung hatten, ihre kaum geschaffenen Landesgesetzbücher wieder aufzugeben, und weil die sämmtlichen Kleinstaaten jeder Art von Einigung Deutschlands grundsätzlich widerstrebten. Auch blieb das deutsche Volk in Bezug auf die Frage nach einem einheitlichen Gesetzbuch völlig theilnahmlos. Es bedurfte erst weiterer großer Ereignisse, um das nationale Verlangen und das wirthschaftliche Bedürfniß nach Rechtseinheit zum Bewußtsein zu bringen.

Ein neuer Anlauf zu einem deutschen Gesetzbuch wurde 1848 gemacht, zusammen mit dem Versuche, das Deutsche Reich wieder zu

[1]) Dritte Auflage, Heidelberg 1840.

[2]) So auch energisch Brunner, Die Rechtseinheit, S. 15.

erwecken. Die Nationalversammlung zu Frankfurt a. M. beschloß die Erlassung allgemeiner Gesetzbücher über bürgerliches Recht u. a. m. Jetzt glaubte man auch im Volke an die nahe Verwirklichung dieses Gedankens, und die deutsche Reichsverfassung vom 28. März 1849, Abschnitt II Art. 13 § 64, beauftragte die Reichsgewalt, durch solche Gesetzbücher die „Rechtseinheit im deutschen Volk zu begründen". Aber auch dieses Mal scheiterte mit dem Streben nach der Reichseinheit auch dasjenige nach der Rechtseinheit.

Immerhin schritten demnächst die Bundesregierungen dazu fort, Gesetze über einzelne Theile des bürgerlichen Rechts gemeinsam zu entwerfen und dann in jedem Bundesstaate als Landesgesetze zur Verkündigung zu bringen. Die Hauptfrüchte dieser Arbeit sind die Allgemeine Deutsche Wechselordnung von 1849 und das Allgemeine Deutsche Handelsgesetzbuch von 1861. Zwar gab sich um dieselbe Zeit (1863) das Königreich Sachsen noch ein eigenes bürgerliches Gesetzbuch; auch Bayern und Hessen-Darmstadt stellten noch Entwürfe für eigene Gesetzbücher auf. Andererseits verfolgte im Gegensatz zu allen partikularistischen Bestrebungen besonders der deutsche Juristentag seit seiner Gründung im Jahre 1860 mit Eifer und Erfolg das Ziel, „auf den Gebieten des Privatrechts, des Prozesses und des Strafrechts den Forderungen nach einheitlicher Entwicklung immer größere Anerkennung zu verschaffen, die entgegenstehenden Hindernisse zu beseitigen und sich über Vorschläge zur Förderung der Rechtseinheit zu verständigen". Diese Vorschläge richteten sich einstweilen hauptsächlich auf das Gebiet des Obligationenrechts. In der That beschloß auch der deutsche Bundestag 1862 die Ausarbeitung eines „allgemeinen deutschen Gesetzes über die Schuldverhältnisse", wobei allerdings Preußen seine Mitwirkung versagte. Die mit der Ausarbeitung beauftragte Kommission tagte zu Dresden und stellte den sog. Dresdener Entwurf her, welcher mit Vorrede vom 13. Juni 1866, dem letzten Tage des Deutschen Bundes, veröffentlicht wurde. Am nächsten Tage trat infolge des Bundesbeschlusses vom 14. Juni 1866 die Auflösung des Deutschen Bundes ein. Der daraus hervorgehende Krieg führte zur Gründung des Norddeutschen Bundes, und vier Jahre später der siegreiche Krieg gegen Frankreich zur Neuerstehung des Deutschen Reichs. Hiermit war der Weg einer Reichsgesetzgebung auch für das bürgerliche Recht geöffnet.

§ 2.

Die Entwickelung seit 1867 und der Entwurf erster Lesung.

Die Verfassung des Norddeutschen Bundes sollte nach dem Regierungsentwurf nur einen kleinen Theil des bürgerlichen Rechts der Bundesgesetzgebung überweisen, nämlich Konkurs-, Wechsel- und Handelsrecht und den Civilprozeß. Allein schon im konstituirenden Reichstag erwirkte die nationalliberale Partei einen Beschluß, welcher wenigstens noch das Obligationenrecht hinzufügte, und diese erweiterte Kompetenz des Bundes wurde darauf durch die Bundesverfassung, Art. 4 Nr. 13, gesetzlich festgestellt. Im Jahre 1869 brachte dann im Norddeutschen Reichstag der Abgeordnete Miquel den Antrag durch, statt des Obligationenrechts in den Verfassungsartikel zu setzen: „das gesammte Bürgerliche Recht". Der Antragsteller, der dabei betonte, daß von einem nationalen Staate das Streben nach Rechtseinheit unzertrennlich sei, faßte dabei einstweilen nur civilrechtliche Einzelgesetze ins Auge; die Ausarbeitung eines vollständigen Civilgesetzbuchs verwies er in die Zukunft. Aber dem vom Reichstage zum Beschluß erhobenen Antrag stimmte der Bundesrath nicht zu. Daher lautete auch in der 1871 zu Stande gekommenen Verfassung des Deutschen Reichs die Kompetenzbestimmung zunächst nur gleichlautend mit derjenigen in der Verfassung des Norddeutschen Bundes. Nunmehr aber wurde in den Jahren 1871, 1872 und 1873 immer wieder von der nationalliberalen Partei der Antrag gestellt, die Zuständigkeit des Reiches auf das gesammte Privatrecht auszudehnen, und jedes Mal nahm zwar der Reichstag den Antrag an, aber nicht auch der Bundesrath. Endlich im Jahre 1873 erklärte sich auch der Bundesrath durch den Mund Delbrück's nicht blos für die verlangte Verfassungsänderung, sondern auch zugleich für die Abfassung eines Bürgerlichen Gesetzbuchs. Das Gesetz vom 20. Dezember 1873 sprach die erweiterte Kompetenz des Reichs zur Gesetzgebung über das gesammte Bürgerliche Recht aus und wurde durch die am 24. Dezember ausgegebene Nr. 34 des Reichsgesetzblatts verkündigt, die schönste „Weihnachtsgabe",[1] welche seit Karls des Großen Kaiserkrönung in Rom dem deutschen Volke bescheert worden ist.

---

[1] Vierhaus a. a. O. S. 45.

Der Bundesrath ließ nun zunächst durch eine sog. Vorkommission von fünf Juristen ein Gutachten über Plan und Methode der Arbeit aufstellen. Die ihm in diesem Gutachten gemachten Vorschläge nahm er in allen Hauptpunkten auf Antrag seines Ausschusses für Justizwesen an,[1]) und dieselben sind dann die Grundlage aller weiteren Arbeiten geworden. Ein Hauptvorschlag ging dahin, die Ausarbeitung des Entwurfes nicht einem Einzelnen, sondern einer Kommission zu übertragen. Savigny hatte dies Verfahren seiner Zeit für unmöglich erklärt, und auch jetzt wurde es bekämpft von Nassow.[2]) Eine Folge desselben ist freilich die lange Dauer der Arbeit gewesen; indeß ist bei einem Werke von solcher Bedeutung Gründlichkeit werthvoller, als Beschleunigung. Bedenklicher war, daß daneben die Vorkommission empfohlen hatte, vor Fertigstellung des Entwurfs nichts zu veröffentlichen. Diese dann in der That beobachtete Geheimhaltung hat verhindert, daß zwischen der Kommission und der übrigen Juristenwelt Fühlung bestehen blieb.

Zur Ausarbeitung des Entwurfs wählte der Bundesrath am 22. Juni 1874 eine Kommission von elf Mitgliedern und unter diesen zum Vorsitzenden den Präsidenten des Reichsoberhandelsgerichts Dr. Pape. Unter den Uebrigen befanden sich Vertreter aller Bundesstaaten und der verschiedenen Rechtssysteme, auch die Professoren Windscheid als Romanist und P. Roth als Germanist. Im Jahre 1884 trat noch an Stelle des durch den Tod abgerufenen Württembergers Präsidenten von Kübel der Tübinger Professor Mandry ein, während Windscheid 1883 ausschied. Neben den Mitgliedern war stets noch eine Anzahl von Hülfsarbeitern und Schriftführern thätig. Ein besonderer Ausschuß, die sog. Redaktionskommission, hatte die gefaßten Beschlüsse zu formuliren. Die erste Sitzung fand am 17. September 1874 statt. Man beschloß, entsprechend den üblichen fünf Theilen des Pandektenrechts (dem allgemeinen Theil, Sachen-, Obligationen-, Familien- und Erbrecht), im B.G.B. fünf Bücher zu bilden und für jedes einen Theilentwurf nebst Motiven durch einen besonderen Redaktor ausarbeiten zu lassen. Diese Ausarbeitung dauerte bis 1880. Nur der Theilentwurf

---

[1]) Das Gutachten der Vorkommission und der Bericht des Justizausschusses sind abgedruckt außer in den oben S. 1 Anm. 1 angeführten Werken auch in Goldschmidt's Zeitschr. f. Handelsr. Bd. 20 S. 137—153 und 153—170.

[2]) In den Beitr. zur Erl. d. D. Rechts Bd. 21 S. 226 ff.

für das Obligationenrecht blieb wegen Erkrankung des Redaktors von Kübel unvollendet, und man legte zur Ausfüllung der Lücke den Dresdener Entwurf eines allgemeinen Gesetzes über Schuldverhältnisse zu Grunde. Auf Grund der so erwachsenen Vorarbeiten (19 gedruckte Foliobände) hat dann die Gesammtkommission die Berathungen der Theilentwürfe am 1. Oktober 1881 begonnen und in 734 Sitzungen gegen Ende des Dezember 1887 vollendet. Ueber die Berathungen geben die Protokolle, welche metallographisch vervielfältigt, aber nicht in den Handel gebracht sind (12313 Folioseiten), Auskunft.

Die geschilderte, mehr als dreizehnjährige Dauer der Kommissionsarbeiten ist oft beklagt und verspottet worden, besonders im Vergleich damit, daß einst Justinian's Kommission die Pandekten und Institutionen schon in drei Jahren vollendet hatte. Aber mit Unrecht, denn die Mitglieder der Kommission haben nicht nur mit hingebendem Eifer gearbeitet, sondern ihre Aufgabe war auch schwieriger, ihre Leistung selbständiger und gründlicher, als diejenige Tribonian's. Zu dem vollendeten Entwurf wurden nun aus den erwachsenen Materialien durch Hülfsarbeiter der Kommission und unter Mitwirkung der Redaktoren der Theilentwürfe noch Motive ausgearbeitet. Doch hat die Gesammtkommission diese Motive nicht mehr prüfen und genehmigen können. Der Entwurf nebst den Motiven wurde durch den Vorsitzenden der Kommission mittels Berichts vom 27. Dezember 1887 dem Reichskanzler überreicht. Die Veröffentlichung durch den Druck erfolgte auf Beschluß des Bundesraths alsbald unter dem Titel „Entwurf eines Bürgerlichen Gesetzbuchs für das deutsche Reich, erste Lesung, amtliche Ausgabe, Berlin und Leipzig, Verlag von J. Guttentag, 1888", in einem Bande Text (§§ 2164) und fünf Bänden Motiven. Außerdem hat dieselbe Kommission noch die Entwürfe zu einigen Nebengesetzen folgen lassen, nämlich zu einem Einführungsgesetze 1888, und zu einer Grundbuchordnung und einem Gesetze betreffend die Zwangsvollstreckung in das unbewegliche Vermögen 1889, alle drei Entwürfe mit Motiven. Das Vorwort zum Entwurf des B.G.B. richtete nicht blos an die Vertreter der Rechtswissenschaft und die zur Rechtspflege Berufenen, sondern auch an die Vertreter wirthschaftlicher Interessen die Aufforderung, mit Urtheilen und Vorschlägen hervorzutreten. Dieser Aufforderung haben insbesondere die deutschen Juristen im reichsten Maße entsprochen.

§ 3.

Die Litteratur zu dem Entwurfe erster Lesung.

Die lange Dauer und die strenge Geheimhaltung der Kommissionsarbeiten hatte die allgemeinen Erwartungen hoch gespannt. Um so weniger fühlte man sich durch das Ergebniß befriedigt. Die Besprechungen des Entwurfs, welche nunmehr in Fülle erschienen, lauteten weit mehr kritisch-polemisch, als anerkennend und zustimmend. Der Hauptangriff auf den Entwurf wurde von germanistischer Seite unternommen, insbesondere von Gierke, welcher mit Feuer und Scharfsinn die Vernachlässigung deutschrechtlicher Gedanken im Entwurfe rügte;[1]) aber auch vom praktischen Standpunkte aus erhob besonders O. Bähr[2]) und vom nationalökonomischen A. Menger[3]) lebhaften Einspruch. In umfassenden Sammelwerken wurden kritische Beiträge verschiedenen Inhalts und Werths von Theoretikern und Praktikern vereint herausgegeben,[4]) die juristischen Zeitschriften waren von Abhandlungen über den Entwurf gefüllt,[5]) und der deutsche Juristentag (19—22) machte in jedem Jahr (1888—93) hauptsächlich Fragen aus dem Recht des Entwurfs zum Gegenstande von Gutachten und Berathungen. Auch einzelne Landesregierungen haben ihre auf ein Rundschreiben des Reichskanzlers vom 27. Juni 1889 erstatteten Bemerkungen zum Ent-

---

[1]) Der Entwurf eines B.G.B. und das Deutsche Recht, zuerst in Schmoller's Jahrb. f. Gesetzgebung u. s. w. Bd. 12 u. 13 erschienen, dann verändert und vermehrt Leipzig 1889. Gegenschrift: Planck im Archiv f. civilist. Praxis Bd. 75 S. 327—429.

[2]) In der Krit. Vierteljahrsschr. Bd. 30, 31, 32, im Archiv f. bürgerl. Recht Bd. 1, 2, 3, in den Grenzboten Jahrg. 1888 und 1891, endlich in einem vollständigen Gegenentwurfe zu dem Entwurfe eines B.G.B. Cassel 1892.

[3]) Das Bürgerliche Recht und die besitzlosen Volksklassen (Sonderausgabe aus Braun's Archiv f. soziale Gesetzgebung und Statistik). Tübingen 1890.

[4]) Zum Theil von dauerndem wissenschaftlichen Werthe sind: Beiträge zur Erläuterung und Beurtheilung des Entwurfs, herausg. von Bekker und Fischer (18 Hefte von verschiedenen Verfassern). 2 Bde. Berlin und Leipzig 1888/89 und Gutachten aus dem Anwaltsstande herausg. von Adams, Wilke u. a. m. Berlin 1890.

[5]) Vgl. das Archiv f. civilist. Praxis Bd. 73—78, die Jahrb. f. Dogmatik Bd. 27—32 (in denen zahlreiche Abhandlungen von Strohal besonders hervorragen), und das Archiv f. bürgerl. Recht Bd. 1—6.

wurf im Druck erscheinen lassen.[1]) Die allermeisten Urtheile trafen in dem Ergebniß zusammen, daß der Entwurf nur in gewissen Theilen geglückt sei, als Ganzes aber an formellen und materiellen Mängeln leide, welche es unmöglich erscheinen ließen, ihn ohne eingreifende Umgestaltung zum Gesetz zu erheben.[2]) Um so sorgsamer mußte die zweite Lesung vorgenommen werden. Zur Vorbereitung derselben hat das Reichsjustizamt eine mühsame und werthvolle Arbeit anfertigen lassen, nämlich eine vollständige „Zusammenstellung der gutachtlichen Aeußerungen zu dem Entwurf eines B.G.B. und zu dem Entwurf eines E.G.“ (als Manuskript gedruckt), im Ganzen 7 Bände, Berlin 1890—91. So konnte denn auf breitester Grundlage die Arbeit von Neuem beginnen.

§ 4.

Der Entwurf zweiter Lesung.

Durch Beschluß des Bundesraths vom 4. Dezember 1890 wurde eine zweite Lesung des Entwurfs angeordnet, und für dieselbe eine Kommission gebildet aus 10 ständigen Mitgliedern und 12 nicht ständigen, unter welchen letzteren sich Vertreter der Landwirthschaft, des Handels und Gewerbes sowie der Volkswirthschaftslehre befanden. Später wurden noch neue Mitglieder hinzuberufen. Außerdem waren bei der Kommission verschiedene Schriftführer und drei Reichskommissare thätig. Der Vorsitzende hat mehrfach gewechselt. An Stelle des Staatssekretärs von Oehlschläger, welcher in der ersten konstituirenden Sitzung vom 15. Dezember 1890 den Vorsitz führte, trat schon vor der zweiten der Staatssekretär des Reichsjustizamts Dr. Bosse, alsdann nach dessen Ernennung zum preußischen Unterrichtsminister im April 1892 sein Amtsnachfolger Hanauer; endlich nach dessen Tode war seit dem 30. Oktober 1893 der Geheime Oberjustizrath Küntzel Vorsitzender, zugleich aber dem

---

[1]) Hervorzuheben sind: Zum Entwurf eines B.G.B., Bemerkungen des Kgl. Preuß. Justizministers, Berlin 1891; Zum Entwurf eines B.G.B., Bemerkungen der Großherzogl. Mecklenburg-Schwerin'schen Regierung, 2 Bde., Schwerin 1891/92, und Bemerkungen zu dem Entwurf eines B.G.B., dem Kgl. Bayer. Staatsministerium der Justiz vorgelegt von dem Referenten Jakubezky, München 1892.

[2]) Eine Uebersicht über die erschienenen Kritiken mit antikritischen Ausführungen gab J. Petersen in den Beitr. zur Erl. d. D. Rechts Bd. 34 S. 32—78.

Staatssekretär des Reichsjustizamts Nieberding das Recht, in besonderen Fällen den Vorsitz zu übernehmen, vorbehalten. Aus der ersten Kommission waren vier ständige Mitglieder übernommen, die Geheimen Räthe Dr. G. Planck, Dr. Rüger, Dr. Gebhard und der Professor Dr. Mandry. Auch dieses Mal wurde eine besondere Redaktionskommission bestellt.

Die Kommission begann die zweite Lesung am 1. April 1891. Es war eine wohlthätige Neuerung, daß sie beschloß, ihre Verhandlungen zwar nicht von Amtswegen zu veröffentlichen, aber doch auch nicht geheim zu halten; vielmehr wurde jedem Mitglied freigestellt, Berichte zu veröffentlichen. Demzufolge sind im deutschen Reichsanzeiger allwöchentlich kurze Berichte anonym erschienen. Ausführlichere, welche bis zum Schluß des Rechts der Schuldverhältnisse reichen, haben die Schriftführer der Kommission von Jecklin, Greiff und Ritgen in den Beiträgen zur Erläuterung des deutschen Rechts Bd. 35—40 und dann — betreffend das Sachenrecht — Küntzel, ebenda Bd. 40, 41, 42 veröffentlicht.[1])

Die Veröffentlichung des zweiten Entwurfs erfolgte in Abschnitten je nach dem Fortschritt der Berathungen unter dem Titel: „Entwurf eines Bürgerlichen Gesetzbuches für das Deutsche Reich, zweite Lesung, nach den Beschlüssen der Redaktionskommission, 1.—6. Buch, Berlin, J. Guttentag, 1894—1895". Motive waren nicht beigefügt. Eine Art von Begründung gewährte ein Auszug aus den Protokollen über die Berathungen der zweiten Kommission in dem Werke von Reatz „Die zweite Lesung des Entwurfs eines Bürgerlichen Gesetzbuches unter Gegenüberstellung der ersten Lesung, aus den Protokollen der zweiten Lesung erläutert, 3 Bände, Berlin, Carl Heymann, 1894—1895". Gegenwärtig werden die gesammten Protokolle der zweiten Kommission (9524 Folien) im Auftrage des Reichsjustizamts von Achilles, Gebhard und Spahn ihrem Hauptinhalt nach im Verlage von J. Guttentag veröffentlicht.

Unstreitig bildete der zweite Entwurf eine bedeutende Verbesserung des ersten. Die gegen diesen erhobenen Einwendungen waren gewissenhaft berücksichtigt und zahlreiche Abänderungsvorschläge befolgt. Die

---

[1]) Kürzere, aber bis zum Schluß des Entwurfs reichende Berichte finden sich in Conrad's Jahrbüchern f. Nationalökonomie Bd. 56—66 (N. F. 1—11) 1891—1896.

Ausdrucksweise war leichter und durchsichtiger und die Annäherung an deutschrechtliche Gedanken stärker. Damit war die Hoffnung auf ein endliches Gelingen des großen Werkes neu belebt. Die Litteratur, welche zu diesem Entwurf erging, gewann zwar nicht annähernd den Umfang, wie die durch den ersten Entwurf wachgerufene. Aber wiederum lieferten sowohl der 23. deutsche Juristentag als auch zahlreiche einzelne Schriftsteller zur weiteren Verbesserung und Ergänzung des Entwurfs werthvolle Beiträge.[1])

§ 5.

Der Abschluß des Werkes.

Nachdem der Entwurf zweiter Lesung vom 6. Mai bis 19. Juni 1895 noch einer Schlußrevision durch die Kommission unterzogen, und dann seine Fassung am 21. Oktober 1895 endgültig festgestellt worden war, gelangte er mittels Schreibens vom 22. desselben Monats an den Bundesrath.[2]) Dieser nahm nach den Anträgen seines Justizausschusses noch etwa fünfzig Aenderungen vor, namentlich in Bezug auf das Recht der Vereine und dadurch, daß er die im Buch VI des Entwurfs enthaltenen Regeln über die Anwendung ausländischer Gesetze (das sog. internationale Privatrecht) in das Einführungsgesetz verwies. Er nahm dann den Entwurf am 16. Januar 1896 an. Am 17. desselben Monats, gleichsam zur Vorfeier des 25. Jahrestages der Gründung des Deutschen Reiches, wurde der Entwurf des B.G.B. vom Reichskanzler dem Reichstag vorgelegt. Beigegeben war eine im Reichsjustizamt verfaßte Denkschrift,[3]) welche den Entwurf in Anlehnung an die Protokolle der zweiten Kommission kurz, aber klar und trefflich erläuterte; sie enthielt in Anlage II auch die wichtigsten, aus Anlaß des B.G.B. in Aussicht genommenen Aenderungen und Ergänzungen der C.P.O. und der K.O. Auch zu diesem Entwurf wurden noch litterarische

---

[1]) Z. B. Strohal und Bekker in den Jahrb. f. Dogmatik Bd. 33, 34, Hölder im Archiv f. civilist. Praxis Bd. 80, Hruza im Sächs. Archiv f. bürgerl. Recht Bd. 5.

[2]) Ueber die Ergebnisse der Schlußrevision berichtet Küntzel in den Beiträgen zur Erl. d. D. Rechts Bd. 39, 40. Eine Veröffentlichung des Entwurfs in der ihm so gegebenen Gestalt, welche die Vorlage für den Bundesrath bildete, hat nicht stattgefunden.

[3]) Mehrfach erschienen, u. a. bei J. Guttentag, 1896.

Kritiken und Beiträge verfaßt.[1]) Inzwischen war auch das Einführungsgesetz zum B.G.B. im Entwurfe von der Kommission am 21. Dezember 1895 fertiggestellt und vom Bundesrath am 23. Januar 1896 angenommen worden.[2]) Die Berathungen beider Entwürfe im Reichstage nahmen einen raschen Verlauf. Nach einer ersten Lesung im Plenum, vom 3. bis 6. Februar 1896, wobei der Inhalt und die Ziele der Vorlage von Seiten der Regierung durch den Staatssekretär Nieberding, den Geheimen Rath Planck und den Professor Sohm dargelegt und gegen Angriffe siegreich vertheidigt worden waren, erfolgte die Verweisung beider Entwürfe an eine Kommission von 21 Mitgliedern. Diese berieth unter dem Vorsitz des Abgeordneten Kammergerichtsrath Dr. Spahn in 53 Sitzungen und erstattete ihren Bericht am 11. Juni 1896.[3]) Die meisten Vorschläge der Kommission hat dann der Reichstag in der zweiten und dritten Lesung des Entwurfs (19. bis 27. Juni und 30. Juni bis 1. Juli 1896) angenommen und fast nur im Recht der Eheschließung und der Ehescheidung, sowie im Recht des Wildschadens einiges neu beschlossen. Am 1. Juli 1896 fand die Schlußabstimmung statt, an welcher 288 Abgeordnete theilnahmen, während 91 (!) fehlten. Das Ergebniß war die Annahme der Entwürfe des B.G.B. wie des E.G. mit 222 Stimmen; 48 Abgeordnete (die Sozialdemokraten) stimmten dagegen, 18 (hauptsächlich Antisemiten) enthielten sich der Abstimmung. Der Bundesrath hat am 14. Juli 1896 dem neugestalteten Entwurf seine Zustimmung ertheilt, und der Kaiser beide Gesetze am 18. August 1896 vollzogen. Die Verkündigung derselben ist in Nr. 21 des Reichsgesetzblattes am 24. August 1896 (Seite 195 bis 650) erfolgt. Damit hat Deutschland erreicht, was es im Laufe einer tausendjährigen Geschichte nie besessen hatte, ein einheitliches Privatrechts-Gesetzbuch. Dasselbe ist zugleich das umfangreichste Gesetz, welches je für Deutschland erlassen worden ist; den Juristen erwächst die Aufgabe, es auch zu dem segensreichsten zu machen.

---

[1]) Z. B. die Sammlung von Vorträgen über den Entwurf eines B.G.B. in der Fassung der dem Reichstag gemachten Vorlage, Berlin 1896. (Heft 1, Allg. Theil von E. Eck, Heft 2, das eheliche Güterrecht von R. Schröder, Heft 3, das Sachenrecht von O. Fischer, Heft 7, das internationale Privatrecht von Th. Niemeyer).

[2]) Entwurf eines E.G. zum B.G.B. und Materialien zu dem dritten Abschnitte dieses Entwurfs, mehrfach erschienen, u. a. bei J. Guttentag, 1896.

[3]) Erschienen in Carl Heymanns Verlag, Berlin 1896.

Buch I. Allgemeiner Theil.

Kapitel I. Das objektive Recht.

§. 6.

Gegenstand des B.G.B. und Verhältniß desselben zu den sonstigen Reichs- und zu den Landesgesetzen.

Das B.G.B. für das Deutsche Reich hat zum Gegenstande, wie sein Name ergiebt, das deutsche bürgerliche oder Privatrecht. Also ist grundsätzlich ausgeschlossen das öffentliche Recht. Ja, es sind geflissentlich selbst solche Materien unberührt gelassen, in denen öffentliches und Privatrecht sich auch nur mischen, wie z. B. das Privatfürstenrecht, das Recht der öffentlichen Sachen im Gemeingebrauch (res publicae in publico usu) u. a. m. Immerhin giebt es einzelne Vorschriften im B.G.B., welche in das öffentliche Recht übergreifen, so z. B. §§ 89, 411; die meisten dieser Art aber betreffen das materielle Prozeßrecht, besonders die Lehre von der Beweislast (z. B. §§ 345, 358, 363) und vom Urtheil (z. B. § 407 Abs. 2). Nur an einer einzigen Stelle (E.G. Art. 55) beschränkt der Gesetzestext selbst die Tragweite einer Bestimmung auf das Gebiet des Privatrechts, indem er ausdrücklich die dem letzteren angehörigen landesgesetzlichen Vorschriften für aufgehoben erklärt. Aber auch zur Anwendung dieses Artikels wird die bei manchem Rechtsinstitute recht zweifelhafte Frage, welche Regeln desselben privatrechtlich und somit aufgehoben seien (z. B. hinsichtlich der öffentlichen Sachen), nicht allgemein durch eine Begriffsbestimmung des privaten und des öffentlichen Rechts zu lösen sein, sondern immer nur für das einzelne Rechtsinstitut durch Sonderung seiner privatrechtlichen und sonstigen Bestandtheile.[1])

Zu dem bisherigen Privatrecht nimmt nun das B.G.B. eine grundsätzlich entgegengesetzte Stellung ein, je nachdem Reichs- oder Landesprivatrecht in Frage kommt.

1. Im Verhältniß zu andern Reichsgesetzen hat das B.G.B. an sich nicht höheren, sondern nur gleichen Rang, sodann aber auch nicht den Charakter einer Kodifikation, d. h. eines grundsätzlich das gesammte Privatrecht umfassenden Gesetzbuchs, sondern nur den eines (freilich sehr inhaltreichen) Einzelgesetzes, welches das bisherige Reichsprivatrecht theils ergänzt, theils abändert. Dies ergiebt sich aus E.G. Art. 32, wonach die Vorschriften der Reichsgesetze in Kraft bleiben, ausgenommen, soweit sich ihre Aufhebung aus dem B.G.B. oder dem E.G. ergiebt. Damit ist von selbst eine gewaltige Beschränkung des vom B.G.B. erfaßten Privatrechtsstoffs gegeben. Denn es bleiben hiernach neben dem B.G.B. als sog. Sondergesetze in Kraft außer dem gesammten Handelsrecht, welches durch das rev. H.G.B. vom 10. Mai 1897 neu geordnet ist, namentlich das Wechselrecht nach der W.O. vom 5. Juni 1869, das Recht der Erwerbs- und Wirthschaftsgenossenschaften nach dem Gesetz vom 1. Mai 1889, das Recht des Personenstandsgesetzes vom 6. Februar 1875, des Reichshaftpflichtgesetzes vom 7. Juni 1871, das gesammte Urheber- und Erfinderrecht, das Marken- und Musterschutzrecht u. a. m., immer abgesehen von einzelnen durch das B.G.B. oder das E.G. aufgehobenen Bestimmungen. Andererseits ergiebt sich eine Aufhebung älterer Reichsgesetze durch das B.G.B. nicht blos kraft ausdrücklicher Erklärung desselben (der sog. derogatorischen Klausel), sondern auch kraft bloßen inhaltlichen Widerspruchs zwischen dem B.G.B. und einem solchen Reichsgesetz.

Ausdrückliche Bestimmungen über Aufhebung von Reichsgesetzen finden sich im E.G. Art. 33—54. Darnach werden einzelne Reichsgesetze sogar ganz oder doch insoweit, als sie das Privatrecht betreffen, ganz aufgehoben, z. B. durch Art. 39 das Zinsengesetz vom 14. November 1867, durch Art. 47 der § 3 des Wuchergesetzes vom 24. Mai 1880, weil der Inhalt der aufgehobenen Bestimmungen beider in das

---

[1]) Vergl. über die heutige rein positive Grenzziehung zwischen Privatrecht und öffentlichem Recht Gierke, Deutsches Privatrecht I § 4 S. 27.

B.G.B. (§§ 246—248, 138, Abs. 2) übergeht. Andere Reichsgesetze werden in vielen Einzelheiten geändert: so das St.G.B. durch Art. 34, die Gew.O. durch Art. 36, das Haftpflichtgesetz durch Art. 42, das Personenstandsgesetz durch Art. 46. Die Aenderungen aber, welche das G.V.G., die St.P.O., die C.P.O. und die K.O. betreffen, werden noch in besonderen Reichsgesetzen zusammengefaßt.[1])

Neben diesen ausdrücklichen Aufhebungserklärungen erfolgen jedoch auch stillschweigende Abänderungen bestehender Reichsgesetze, und zwar selbst solcher, für welche das B.G.B. schon eine Reihe ausdrücklicher Aenderungen enthält. Ein Beispiel bietet das St.G.B. § 34 Nr. 5 und 6.[2]) Nach den daselbst getroffenen Bestimmungen bewirkt die Aberkennung der bürgerlichen Ehrenrechte „Unfähigkeit", Urkundszeuge, Vormund, Nebenvormund, Kurator u. s. w. zu sein, und folgeweise müssen durch Mitwirkung einer solchen unfähigen Person Rechtsgeschäfte (z. B. ein vor einem ehrlosen Zeugen nach gemeinem Recht oder nach § 380 A.L.R. II. 2 errichtetes Testament) ungültig werden. Das E.G. zum B.G.B. Art. 34 erklärt nun zwar gewisse Worte des § 34 Nr. 6 des St.G.B. ausdrücklich für geändert, aber nicht auch das Wort „Unfähigkeit"; dennoch ist stillschweigend auch dieses geändert, indem das B.G.B. überall (vgl. § 1318 Abs. 2, § 1781 Nr. 4, § 2237 Nr. 2, § 2249) die Ausschließung der mit Ehrverlust Bestraften zu einer bloßen Ordnungs- oder Sollvorschrift abschwächt, so daß ein solcher zu den angegebenen Funktionen nicht mehr unfähig, sondern nur noch untauglich, und folglich z. B. das vor ehrlosen Zeugen errichtete Testament gültig ist.[3])

Aus der Ranggleichheit des B.G.B. mit anderen Reichsgesetzen folgt aber weiter, daß solche von späterem Datum, als das B.G.B.,

---

[1]) Entwürfe eines Gesetzes, betreffend Aenderungen des G.V.G. und der St.P.O., eines Gesetzes, betreffend Aenderungen der C.P.O. nebst E.G., sowie eines Gesetzes, betreffend Aenderungen der K.O. nebst E.G., liegen zur Zeit dem Reichstage vor und sind erschienen zu Berlin bei J. Guttentag, 1897.

[2]) Hervorgehoben von Endemann § 22 Anm. 4, der auch aus Prot. S. 7184 nachweist, daß in der Kommission die Absicht bestand, im St.G.B. das Wort „Unfähigkeit" ausdrücklich zu ändern. Die Ausführung aber unterblieb.

[3]) Gegen gewisse andere, von Manchen behauptete Abänderungen früherer Reichsgesetze durch das B.G.B., insbesondere gegen die Abänderung von § 6 des Gesetzes über den unlauteren Wettbewerb vom 27. Mai 1896 durch § 823 Abs. 2 des B.G.B. erklärt sich unter wohl begründeter Berufung auf den Satz: „lex posterior generalis non derogat priori speciali" Oertmann im Archiv f. öffentl. Recht Bd. XIII S. 1—19.

letzterem auch ohne besonderen Ausspruch vorgehen, und in diesem Sinne hat schon jetzt das E.G. zum H.G.B. vom 10. Mai 1897 in Art. 14 Nr. V den § 764 des B.G.B., nach welchem das Differenzgeschäft als Spiel anzusehen ist und also eine Verbindlichkeit nicht begründet, gegenüber den erhobenen Zweifeln authentisch dahin deklarirt, daß er das Börsengesetz vom 22. Juni 1896 § 69 unberührt lasse, wonach der Einwand aus dem Differenzcharakter den für den betreffenden Geschäftszweig in das Börsenregister eingetragenen Personen versagt bleibt.

2. Gerade entgegengesetzt als zu den Reichsgesetzen, verhält sich das B.G.B. nach E.G. Art. 55 zu den Landesgesetzen. Dabei versteht es unter Landesgesetzen alle bürgerlichen Rechtsnormen, die außerhalb des Reichsrechts in einem Theile Deutschlands gelten, also auch das bisherige gemeine Recht, obwohl das ihm zu Grunde liegende corpus juris kein Gesetz im engeren Sinne des Wortes bildet, ferner die Provinzial- und Stadtrechte, obwohl sie nicht für ein Land, sondern nur für einen Landestheil erlassen sind, endlich auch die Reichsgesetze für Elsaß-Lothringen, weil sie, obwohl vom Reich erlassen, doch nur für ein Land, das als Bundesstaat gilt (E.G. Art. 5), Kraft haben. Diesen allen tritt das B.G.B. gegenüber nicht blos als Gesetz höheren Ranges, sondern auch als Kodifikation. Der höhere Rang des B.G.B. folgt schon aus dem durch die Reichsverfassung Art. 2 gesicherten Satze: Reichsrecht bricht Landrecht. Darnach ist von selbst in allen Punkten, die das B.G.B. regelt, nicht blos jedes bestehende Landesgesetz aufgehoben, sondern auch jedes zukünftige ausgeschlossen, und zwar nicht blos insoweit, als ein Landesgesetz dem B.G.B. widerspricht, sondern auch insoweit, als es mit ihm übereinstimmt.[1])

Als Kodifikation aber zeigt sich das B.G.B. dadurch, daß Art. 55 des E.G. „die privatrechtlichen Vorschriften der Landesgesetze" außer Kraft setzt. Das B.G.B. hebt sie also nicht blos für diejenigen Materien auf, welche Gegenstand des neuen Gesetzbuches sind (wie das Str.G.B. im E.G. § 2 die Vorschriften des Landesstrafrechts), sondern ohne solche Beschränkung, schlechthin. Dies war eben durch die Absicht des B.G.B., in Deutschland Rechtseinheit zu schaffen, geboten.

---

[1]) Entsch. d. R.G. in Civils. Bd. 19 Nr. 32 S. 180. Ein Reichsgesetz hatte übereinstimmend mit einem Preußischen gewisse Geschäfte für stempelpflichtig erklärt, war aber demnächst aufgehoben worden; hatte inzwischen die Bestimmung des Preußischen Gesetzes fortbestanden, so daß sie nun wieder Anwendung finden konnte? Mit Recht entscheidet das R.G. verneinend.

Von diesem „Kodifikationsprinzip" gelten Ausnahmen nur insoweit, als das B.G.B. oder das E.G. den Fortbestand von Landesgesetzen besonders anordnen; folglich treten die Landesgesetze auch dann außer Kraft, wenn ihr Inhalt neben dem B.G.B. (praeter legem) fortbestehen könnte, ja sogar dann, wenn das B.G.B. an Stelle der landesrechtlichen Regeln über ein Institut keine anderen setzt, und also mit Aufhebung der ersteren eine Lücke im Recht entsteht. Dies gilt z. B. von den landesrechtlichen Regeln über das Gewohnheitsrecht, für welche das B.G.B. keinerlei Ersatz bietet, ebenso von denjenigen über öffentliche Sachen im Gemeingebrauch, deren bisherige privatrechtliche Regelung durch Landesrecht nur zum Theil, soweit sie zum Wasserrecht gehört oder das Recht an Kirchenstühlen und Begräbnißplätzen betrifft (E.G. Art. 65, 133) bestehen bleibt, im übrigen aber außer Kraft tritt, und namentlich gilt es vom internationalen Privatrecht. Dies letztere regelt das E.G. (Art. 7—31) absichtlich unvollständig, um Deutschland in seinen Rechtsbeziehungen auswärtigen Staaten gegenüber nicht ohne Noth zu binden. Insbesondere die Frage nach dem örtlichen Recht über die Wirkungen eines Schuldvertrages läßt das E.G. schlechthin unbeantwortet. Trotzdem verlieren die bisherigen Landesgesetze über alle diese Fragen ihre Geltung, und die Lösung muß daher nunmehr aus allgemeinen Grundsätzen gefunden werden.[1])

In derselben Allgemeinheit aber, in welcher das B.G.B. kraft seines Kodifikationsprinzips die bisherigen Landesgesetze über Privatrecht aufhebt, schließt es auch für die Zukunft den Erlaß neuer aus. Es kann also auch zur Ausfüllung einer offenbaren Lücke im B.G.B. ein Landesgesetz nicht mehr ergehen.

Welchen Umfang diese Aufhebung der bisherigen privatrechtlichen Landesgesetze thatsächlich hat, ergiebt sich am besten aus der in der Denkschrift, Anlage I, Seite 310—313, gegebenen Uebersicht über das bisher in Deutschland geltende bürgerliche Recht. Daselbst sind außer

[1]) Eine ähnliche interessante Erscheinung weist Schloßmann nach (Jahrb. f. Dogm. Bd. 37 S. 324). Im bisherigen Recht ist eine letztwillige Schiedsgerichtsklausel als gültig anerkannt. Das B.G.B. thut ihrer aber nicht Erwähnung; andererseits nimmt C.P.O. § 872 auf die Möglichkeit einer solchen Klausel Bezug. Nach welchem Recht bestimmt sich nun ihre Zulässigkeit und Tragweite, wenn das bisherige außer Kraft tritt? Man wird auch hier aus allgemeinen Grundsätzen die Befugniß zu einer solchen Verfügung und die bloß dispositive Natur des auf sie bezüglichen Rechts ableiten müssen.

dem gemeinen Rechte und den neueren Gesetzbüchern als „wichtigere" Partikularrechte noch etwa fünfzig, die nun alle außer Kraft treten, aufgeführt.

Ausnahmen von dem Prinzip der Beseitigung der privatrechtlichen Landesgesetze macht nun aber das B.G.B. selbst in großer Zahl durch das E.G. Art. 56—162 in Gestalt von vierundneunzig Vorbehalten zu Gunsten der Landesgesetze. Diesen Katalog hat im Reichstag der Abgeordnete Beckh die Verlustliste der deutschen Rechtseinheit genannt. Zweifellos ist er umfangreich genug. Indessen wollte der Entwurf I des B.G.B. noch weit mehr den Landesgesetzen vorbehalten. Derselbe ist gerade deswegen hart angegriffen, und infolge dieser Angriffe ist für die deutsche Rechtseinheit noch manches wichtige Gebiet erobert worden. Andererseits verlangten einzelne Kritiker, in das B.G.B. noch zahlreiche weitere Materien aufgenommen zu sehen, die doch so schnell schlechterdings nicht zu bewältigen waren, z. B. das Jagdrecht, das Wasserrecht u. a. m. Man wird daher billiger Weise sich damit begnügen müssen, daß die Gewinnliste doch unendlich viel größer ist, als die Verlustliste.

Immerhin sind unter den dem Landesrechte vorbehaltenen Materien hochwichtige Gruppen, so besonders:

a) solche, die mit dem öffentlichen Recht zusammenhängen, z. B. das Recht der landesherrlichen Familien, des früher reichsständischen und des ihm gleichgestellten Adels (E.G. Art. 57. 58), das Recht der Regalien (Art. 73), die Vorschriften über die Nothwendigkeit eines Gesetzes zur Verleihung der Rechtsfähigkeit an eine Religionsgesellschaft oder geistliche Gesellschaft (Art. 84), über die Haftung des Staates, der Gemeinden und anderer Kommunalverbände für Beschädigung durch ihre Beamten in Ausübung öffentlicher Gewalt (Art. 77), über den Geschäftsbetrieb gewerblicher Pfandleiher und Pfandleihanstalten (Art. 94) u. a. m.;

b) ferner solche, für welche die örtlichen Bedürfnisse in Deutschland als ungleich erschienen, so die Rechte der Familienfideikommisse und Lehen (Art. 59), der Rentengüter (Art. 62), das Anerbenrecht (Art. 64), das Wasser-, Deich-, Berg-, Jagd- und Fischereirecht (Art. 65—72) und das Gesinderecht (Art. 95);

c) endlich solche, für welche Reichsgesetze zwar schon in Aussicht genommen, aber zur Zeit noch nicht in Entwürfen fertiggestellt sind: so das Versicherungs- und das Verlagsrecht (Art. 75 und 76).

In Bezug auf diese vorbehaltenen Materien sagt das E.G. meist: „Unberührt bleiben die landesgesetzlichen Vorschriften über" u. s. w., an einigen Stellen auch: „Die Landesgesetze können bestimmen, daß" u. s. w. (so Art. 135 Abs. 2, Art. 141); beide Ausdrücke sind aber nach E.G. Art. 3 darin gleichbedeutend, daß sie sowohl die Aufrechthaltung bestehender Landesgesetze, als auch die Zulässigkeit neuer umfassen.

Die Folge der Vorbehalte ist, daß auch zukünftig noch in allen Bundesstaaten ein dualistisches bürgerliches Recht bestehen wird, nur freilich fortan mit starkem Ueberwiegen des Reichsrechtes über das Landesrecht, während bisher das umgekehrte Verhältniß herrschte. Insbesondere wird auch vom Preußischen Allgemeinen Landrecht ein erheblicher Theil des Privatrechts in Kraft bleiben.[1])

Andererseits hat die Selbstbeschränkung des B.G.B. zu Gunsten der Landesgesetze bei richtiger Auslegung eine doppelte Grenze:[2])

a) wenn das B.G.B. den Landesgesetzen für gewisse Materien den Vorrang einräumt, so gilt dies doch immer nur ihm selbst gegenüber und nicht ebenso für ihr Verhältniß zu anderen Reichsgesetzen. Daher könnte z. B. ein preußisches Landesgesetz nicht etwa als Sonderrecht des hohen Adels zur Eheschließung und zu deren Beurkundung andere Personen für zuständig erklären, als Standesbeamte. Denn damit würde es im Recht des hohen Adels nicht bloß dem B.G.B. widersprechen, was es darf, sondern auch dem Personenstandsgesetz §§ 41, 72, was es nicht darf.

b) Auch in den vorbehaltenen Materien bleiben eben nur die Sonderrechtsregeln der Landesrechte in Kraft, nicht auch die allgemeinen Regeln derselben, z. B. die Regeln über die Schriftform, Fristberechnung, Verzug u. s. w. Das Landesrecht kann nun freilich an Stelle der allgemeinen Regeln des B.G.B. für die vorbehaltenen Materien neue setzen. Aber so lange dies nicht geschehen ist, müssen jene allgemeinen Regeln Anwendung finden, also subsidiarisch gelten. Hiernach ist z. B. in Bezug auf das Gesinderecht in Preußen zu sagen, daß einerseits für die Verjährung von Gesindelöhnen die Sondervorschrift des preußischen

---

[1]) Eine Sammlung der in Kraft bleibenden Quellen des preußischen Privatrechts giebt A. Weißler, Preuß. Landesprivatrecht, Leipzig, 1897, Lief. 1—2.

[2]) So mit Recht Cosack § 9 S. 35.

Gesetzes vom 31. März 1838 § 2 Nr. 3 über vierjährige Dauer der Verjährung maßgebend bleibt und nicht durch die Vorschrift des B.G.B. § 196 Nr. 8, wonach die Verjährung eine zweijährige sein würde, ersetzt wird, daß aber andererseits Verzugszinsen von rückständigen Gesindelöhnen nicht mehr kraft der allgemeinen Regel des preußischen Landrechts (§ 65 I, 16) 5 vom Hundert betragen, sondern durch das B.G.B. § 282 auf 4 vom Hundert herabgesetzt werden.[1]) Zweifelhafter erscheint, ob bei Abschluß des Gesindevertrages das Geben und Nehmen des Miethsgeldes, welches nach der preußischen Gesindeordnung vom 8. November 1810 §§ 22, 23 „die Stelle des schriftlichen Vertrages vertritt", mit der Aufhebung der allgemeinen Schriftform des preußischen Landrechts gleichfalls aufhöre, nothwendig zu sein; aber mit Rücksicht darauf, daß jene Vorschrift nicht als Sonderregel des Gesinderechts auftritt, sondern nur einen erleichternden Ersatz für die allgemeine Schriftform gewähren will, ist sie mit dieser in der That für wegfallend zu erachten.

Als Abart der Gesetzgebung giebt es in engeren Grenzen theils nach Reichs-, theils nach Landesgesetz noch die sog. Autonomie. Das B.G.B. selbst räumt dieselbe nur den rechtsfähigen Vereinen ein, denn diese können über die Rechte und Pflichten ihrer Mitglieder eigene Regeln aufstellen, und zwar theils durch die Satzung (das Statut) des Vereins, theils durch Beschlüsse der Mitgliederversammlung (§§ 25, 32). Darüber hinaus kann nur noch im Bereich der vorbehaltenen Materien nach Landesgesetzen Autonomie begründet sein und bleiben, so besonders für Familien des hohen Adels.[2])

Die Aufhebung so zahlreicher Vorschriften des bisherigen Rechts legt die Frage nahe, wie es zu halten sei, wenn in einem fortbestehenden Reichs- oder Landesgesetz auf jene aufgehobenen Vorschriften verwiesen ist? Diese Frage beantwortet E.G. Art. 4 dahin, daß bei Verweisungen

---

[1]) Man setze beispielsweise, daß ein Dienstbote 1903 auf Zahlung seines seit mehr als zwei Jahren rückständigen Lohns nebst 5 pCt. Verzugszinsen klagt, der Dienstherr aber auf Grund des B.G.B. den Ablauf der zweijährigen Verjährung und event. die Herabsetzung der Verzugszinsen auf 4 pCt. einwendet. Dann ist der erstere Einwand zu verwerfen, der zweite begründet.

[2]) Näheres in den Motiven zum Entwurf I eines B.G.B. Bd. I S. 10—14 und in den dem Entwurfe II eines Einführungsgesetzes zum B.G.B. (Reichstagsvorlage) beigegebenen Materialien zu den Art. 55. 56.

auf Vorschriften, welche durch das B.G.B. aufgehoben werden, an Stelle derselben die entsprechenden des B.G.B. treten.[1]) Wenn also z. B. C.P.O. § 30 die Prozeßfähigkeit im Allgemeinen durch Verweisung auf die Vorschriften des bürgerlichen Rechts bestimmt, und C.P.O. § 239 vorschreibt, daß alle Wirkungen, welche durch das bürgerliche Recht an die Rechtshängigkeit oder an die Anstellung der Klage u. s. w. geknüpft werden, mit der Erhebung der Klage eintreten, so ist hier beide Male unter dem bürgerlichen Recht nunmehr das Recht des B.G.B. zu verstehen.

§ 7.

Verhältniß des B.G.B. zum Gewohnheitsrecht.

Gegenüber dem Gewohnheitsrecht, welches Entwurf I, § 2 nur in Ausnahmefällen gelten lassen wollte,[2]) bestimmt das B.G.B. seine Stellung nicht ausdrücklich, ebenso wenig wie das neue H.G.B. dies thut. Immerhin ist im E.G. Art. 2 so viel gesagt, daß das B.G.B., wie die meisten neueren Gesetzbücher, unter „Gesetz" jede Rechtsnorm versteht. Damit ist zunächst anerkannt, daß es außerhalb der Gesetze im engeren Sinne dieses Worts noch andere Rechtsnormen giebt, und zu diesen anderen muß man offenbar an erster Stelle die des Gewohnheitsrechts zählen. In demselben Sinne sagt ja auch das G.V.G. § 1, die Gerichte seien nur „dem Gesetz", d. h. den Normen des objektiven Rechts überhaupt unterworfen. Hiernach ist also, wie in anderen Reichsgesetzen, so auch im B.G.B., Gewohnheitsrecht wenigstens indirekt als verbindlich anerkannt.[3]) Indessen hat das B.G.B. die genauere Bestimmung des Gewohnheitsrechts nach Wesen, Entstehung, Aufhebung u. s. w. der Wissenschaft überlassen. Es werden daher in Bezug auf diese Punkte die in der bisherigen, zumal der gemeinrechtlichen Theorie ausgebildeten Sätze und Streitfragen wieder aufzunehmen sein, auf die indessen hier nicht eingegangen werden soll. Zugleich aber ist mit jener Einbeziehung des Gewohnheitsrechts in den Ausdruck „Gesetz" ausgesprochen, daß das B.G.B. dasselbe Verhältniß, in welches es zu den

---

[1]) In derselben Weise verfährt das E.G. zum neuen H.G.B. Art. 3.

[2]) Gegen diesen Vorschlag erhob sich die Kritik aufs schärfste, z. B. Gierke, Entwurf S. 122—128.

[3]) Gegen jede Gattung von Gewohnheitsrecht: Goldmann und Lilienthal S. 5.

Reichs- bezw. Landesgesetzen tritt, auch gegenüber dem Reichs- bezw. Landesgewohnheitsrecht einnehmen will. Hiernach ergiebt sich:

1. Das B.G.B. läßt bestehendes Reichsgewohnheitsrecht grundsätzlich in Kraft, z. B. das im Anschluß an das Personenstandsgesetz oder das Haftpflichtgesetz entwickelte; ausgenommen wieder, soweit sich aus dem B.G.B. die Aufhebung ergiebt. Es kann ferner auch neues Reichsgewohnheitsrecht entstehen, nicht blos zur Ergänzung des B.G.B. (praeter legem), sondern auch im Widerspruch mit demselben (contra legem), und ein solches jüngeres Reichsgewohnheitsrecht geht nach der richtigen Ansicht dem B.G.B. vor.[1]) Uebrigens ist bei der Schwierigkeit der Bildung eines Reichsgewohnheitsrechts eine Durchbrechung des B.G.B. auf diesem Wege natürlich fürs erste nicht zu fürchten.

2. Dagegen ist Landesgewohnheitsrecht nach dem Willen des B.G.B., ebenso wie die privatrechtlichen Landesgesetze, soweit es besteht, grundsätzlich aufgehoben und für die Zukunft ebenso ausgeschlossen, beides ohne Unterscheidung zwischen abänderndem und ergänzendem Recht.[2]) Dies folgt aus dem Kodifikationsprinzip und der Absicht des B.G.B., Rechtseinheit herzustellen.[3]) Nur für die vom B.G.B. dem Landesrecht vorbehaltenen Materien gilt die Ausnahme, daß Landesgewohnheitsrecht nicht ausgeschlossen ist. Und zwar muß es für diese Materien auch in denjenigen Ländern gelten, in denen, wie z. B. nach

---

[1]) Anderer Meinung Endemann I § 12 S. 52 und Knieriem, Behauptungspflicht und Beweislast (1896) S. 95. Dagegen für die derogatorische Kraft eines Reichsgewohnheitsrechts Küntzel in den Beitr. z. Erl. d. D. R. Bd. 41 S. 488 und Planck Komm. S. 34, 35.

[2]) Damit nehme ich meine frühere Meinung, daß ergänzendes Landesgewohnheitsrecht zulässig bleibe (Vortrag S. 1), gegen die Endemann I § 12 Anm. 4 mit Recht ankämpft, zurück. Im Gegensatz hierzu legt Krückmann (Jahrb. f. Dogm. Bd. 38 S. 191 ff.) particulärem Gewohnheitsrecht die Fähigkeit bei, Reichsrecht zu ergänzen, dispositives sogar abzuändern und aufzuheben und zwingendes wenigstens abzuändern, ohne daß dieses aber aufgehoben oder der Grundgedanke eines Instituts in sein Gegentheil verkehrt werden dürfte. Solche Unterscheidungen dürften jedoch willkürlich und praktisch undurchführbar sein.

[3]) Küntzel a. a. O. drückt dies dahin aus: das B.G.B. sei als lückenlose Kodifikation gedacht und daher eine anscheinende Lücke nur aus dem Zusammenhang des B.G.B. selbst auszufüllen. Das ist aber gewiß zu viel gesagt. Denn Küntzel selbst läßt ja Reichsgewohnheitsrecht auch zur Ergänzung des B.G.B. zu, also kann dies nicht lückenlos sein. Aber richtig ist der Schluß, daß das B.G.B. nach seiner Grundidee und Bestimmung Landesgewohnheitsrecht nicht gelten lassen will und kann.

dem Preußischen A.L.R., bisher Gewohnheitsrecht durch eine allgemeine Regel ausgeschlossen war. Denn diese allgemeine Regel gehört eben als solche den vorbehaltenen Materien nicht an, also ist sie nach dem Kodifikationsprinzip des B.G.B. aufgehoben, und damit ist im Kreise jener vorbehaltenen Materien die Bildung von Landesgewohnheitsrecht wieder frei gegeben. Hiernach kann z. B. das Gesinderecht in Preußen fortan auch durch Landesgewohnheitsrecht umgebildet, und dadurch etwa das Geben von Miethsgeld als Vertragsform wieder vorgeschrieben werden.

Die Abart des Gewohnheitsrechts, die als sog. Observanz in engeren Personenkreisen sich bilden kann, ist im B.G.B. nicht ausdrücklich erwähnt; aber in den Grenzen, in denen das B.G.B. Autonomie anerkennt, also bei rechtsfähigen Vereinen, ist folgerecht auch Observanz möglich, und außerdem kann diese nach Landesrecht für die dem letzteren vorbehaltenen Materien zugelassen sein, also z. B. bei Adelshäusern, welche Autonomie genießen.

Eine ganz abweichende Lehre über das Verhältniß und die Kraft des Gewohnheitsrechts stellt Cosack § 10 auf, und dieselbe darf bei der Bedeutung seines Lehrbuchs hier nicht übergangen werden. Er sieht den Grund jedes Gewohnheitsrechts in einer demselben ureigenen Macht über die Gemüther und bestimmt das Rangverhältniß zwischen Gesetz und Gewohnheitsrecht nicht abstrakt, sondern immer nur für den Einzelfall, lediglich nach der thatsächlichen Macht der einen oder anderen Rechtsbildung.[1]) Daraus zieht er folgenschwere Schlüsse:

1. bei genügender thatsächlicher Macht soll Gewohnheitsrecht jeder Art, auch blos partikuläres, und in jeder Materie sich bilden und auch Reichsgesetze aufheben können. Umgekehrt soll ein Reichsgesetz, z. B. das B.G.B., seinerseits zur Aufhebung von bestehendem Gewohnheitsrecht nicht unbedingt befähigt sein, sondern nur dann, wenn das Reichsgesetz die genügende thatsächliche Macht dazu hat.

2. Jede Art von Gewohnheitsrecht soll, wenn es nur thatsächlich stark genug ist, jedes ältere Gewohnheitsrecht aufheben können, also auch z. B. Landesgewohnheitsrecht fähig sein, Reichsgewohnheitsrecht aufzuheben.

---

[1]) Krückmann a. a. O. steht der Lehre Cosack's nicht fern, obwohl er S. 208 findet, daß dieser die Machtfrage zu sehr betone. Aber da er die Geltung des Gewohnheitsrechts lediglich aus dessen innerer Kraft und Unentbehrlichkeit ableitet und gegen dessen Gleichstellung mit dem Gesetzesrecht Verwahrung einlegt, so scheinen mir die Schranken, die er ihm gegenüber dem letzteren zieht, unfolgerichtig. Mit Cosack übereinstimmend Hellmann Kr.V.J.Schr. Bd. 40 S. 178.

Darnach würde also Landesgewohnheitsrecht eine weit stärkere Kraft haben, als Landesgesetz. Durch Gewohnheitsrecht könnte ein einzelnes Land, z. B. Schleswig-Holstein, das römische Recht, und ein anderes Land, z. B. Lothringen, den code civil für sich wieder einführen, ja sogar von vornherein aufrecht erhalten. Ferner, wenn das B.G.B. (E.G. Art. 95 Abs. 3) im Gesinderecht ein Züchtigungsrecht der Herrschaft dem Gesinde gegenüber ausdrücklich ausschließt, so könnte dies Recht in einem einzelnen Lande durch Landesgewohnheit wieder hergestellt werden. Ja, für jeden rechtsfähigen Verein, für jedes Adelshaus mit Autonomie könnte durch Observanz ein reichsgesetzliches Verbot außer Kraft gesetzt werden, z. B. für einen Verein die Austrittsberechtigung der Mitglieder, die Unantastbarkeit von Sonderrechten u. s. w.

Allein jeder Richter würde, wenn er die Geltung des Gewohnheitsrechts lediglich nach dessen thatsächlicher Macht beurtheilen sollte, offenbar vor eine praktisch kaum lösbare Aufgabe gestellt sein. Außerdem verkennt Cosack selbst nicht, daß die Folgesätze seiner Lehre mit der Reichsverfassung und dem B.G.B. im schärfsten Widerspruch stehen. Er meint nur, daß jede Beschränkung des Gewohnheitsrechts eine Ueberschreitung der Zuständigkeit des Gesetzgebers sein würde. Aber die Unzulässigkeit einer Beschränkung des Gewohnheitsrechts durch Gesetz kann doch nur für ebenbürtiges Gewohnheitsrecht gelten, d. h. für Gewohnheitsrecht desselben Gemeinwesens, welches das beschränkende Gesetz erläßt.[1]) Daher kann freilich ein Reichsgesetz die Bildung von Reichsgewohnheitsrecht nicht verbieten. Dagegen ein übergeordnetes Gemeinwesen kann dem untergeordneten die Erzeugung eigenen Rechts überhaupt entziehen, also nicht blos die durch Gesetz, sondern auch diejenige durch Gewohnheit. Darum konnte das preußische A.L.R. die Bildung von provinzialem und lokalem Gewohnheitsrecht wirksam verbieten, und ebenso das B.G.B. die Bildung von Landesgewohnheitsrecht.

§ 8.

Beginn der Geltung des B.G.B.

Das B.G.B. nebst dem E.G. ist vom Kaiser am 18. August 1896 vollzogen und am 24. August 1896 verkündet worden. Sein Geltungstermin aber ist im E.G. Art. 1 durch die Doppelvorschrift bestimmt,

[1]) Vgl. Eisele im Archiv f. civil. Praxis Bd. 69 S. 293.

daß es am 1. Januar 1900 (und) gleichzeitig mit 1. einem Gesetz, betreffend Aenderungen des G.V.G., der C.P.O. und der K.O., 2. einem Gesetz über die Zwangsversteigerung und die Zwangsverwaltung, 3. einer Grundbuchordnung, und 4. einem Gesetz über die Angelegenheiten der freiwilligen Gerichtsbarkeit in Kraft tritt. Von diesen Hülfsgesetzen sind die beiden zu 2. und 3. aufgeführten mit dem Datum vom 24. März 1897 bereits verkündet; als ihr Geltungstermin ist aber nicht allgemein derjenige des B.G.B., sondern für den größten Theil ihres Inhalts und je nach der Rechtslage in verschiedenen Bezirken ein vom 1. Januar 1900 abweichender festgesetzt,[1]) und insoweit ist die gedachte Doppelvorschrift des E.G. zum B.G.B. stillschweigend geändert. Von dem Gesetz zu 4, von einem Gesetz, betreffend Aenderungen des G.V.G. und der St.P.O., von einem Gesetz, betreffend Aenderungen der C.P.O. und von einem solchen, betreffend Aenderungen der K.O., liegen Entwürfe zur Zeit dem Reichstag vor.[2])

Zu diesen Gesetzen kommen dann noch das revidirte H.G.B. vom 10. Mai 1897 (verkündet am 21. Mai 1897), welches nach Art. 1 des ihm beigegebenen E.G. gleichzeitig mit dem B.G.B. in Kraft treten soll, und die sämmtlichen Ausführungsgesetze, welche für die einzelnen Länder nothwendig werden.

Der Termin des 1. Januar 1900 ist, wie für das B.G.B., so auch für die wichtigsten Hülfsgesetze in Art. 1 des E.G. zum B.G.B.

---

[1]) Denn die G.B.O. soll nach § 82 (nur) soweit, als sie die Anlegung des Grundbuchs betrifft, gleichzeitig mit dem B.G.B., im Uebrigen (aber) für jeden Grundbuchbezirk (erst) mit dem Zeitpunkt in Kraft treten, in welchem das Grundbuch als angelegt anzusehen ist (vgl. auch die Uebergangsbestimmungen im E.G. zum B.G.B. Art. 186—195). Zwar kann einem bisher geführten Buch die Geltung als Grundbuch nach G.B.O. § 87 durch landesherrliche Verordnung verliehen werden; gleichwohl wird § 82 die Folge haben, daß die G.B.O. zu ihrem größten Theil in verschiedenen Bezirken mit sehr verschiedenen Zeitpunkten in Kraft tritt. Diese Zeitpunkte, die von der vollendeten Anlegung des Grundbuchs abhängen, sollen nach Art. 186 des E.G. zum B.G.B. für jeden Bundesstaat durch landesherrliche Verordnung bestimmt werden. Aber auch das Z.V.G. soll nach § 1 des ihm beigegebenen E.G. (nur) soweit es die Schiffe betrifft, gleichzeitig mit dem B.G.B., im Uebrigen (aber) für jeden Grundbuchbezirk mit dem Zeitpunkt in Kraft treten, in welchem das Grundbuch als angelegt anzusehen ist.

[2]) Nachdem die in Aussicht genommenen Aenderungen der C.P.O. und der K.O. zunächst nur in der Denkschrift Anl. II zusammengestellt waren, sind die im Text genannten Entwürfe nebst Begründung erschienen bei J. Guttentag Berlin 1897.

bestimmt. Fragt man aber, wann dies E.G. selbst in Kraft trete, so findet man darüber nirgends etwas festgesetzt, ebenso wenig wie in Bezug auf das E.G. zum revidirten H.G.B. Angesehene Juristen [1]) haben dies gerügt, weil hiernach streng genommen das E.G. zum B.G.B. kraft der allgemeinen Regel des Art. 2 der R.V. schon vierzehn Tage nach seiner Verkündigung, also am 7. September 1896, in Kraft getreten sein müßte, während doch seine Geltung vor derjenigen des B.G.B. selber weder gewollt, noch praktisch möglich ist. Allein mit Recht hat man von anderer Seite [2]) darauf erwidert, jedes E.G. sei eben nach seinem Wesen eng verbunden mit dem Hauptgesetz, zu dem es gehöre, und daher wolle es an dem Termin, mit welchem es dieses in Kraft setze, im Zweifel auch selbst ins Leben treten. Auch bei den Reichsjustizgesetzen vom Jahre 1877 hat man es ebenso gehalten, daß der Geltungstermin nur für die Hauptgesetze in den Einführungsgesetzen bestimmt wurde. Dieses Verfahren ist damals als ausreichend hingenommen worden. Daher sind wir berechtigt und verpflichtet, jetzt das Gleiche zu thun und das Inkrafttreten des E.G. zum B.G.B. auch ohne ausdrückliche Bestimmung auf den 1. Januar 1900 anzusetzen.

Inzwischen ist für einzelne Bestimmungen des B.G.B. die Vertagung ihrer Geltungskraft auf den 1. Januar 1900 bereits wieder modifizirt worden durch das revidirte H.G.B. [3]). Denn nach dem E.G. zu diesem (Art. 1 Abs. 2) ist Buch 1 Abschnitt 6 des H.G.B. (von den Handlungsgehülfen und Handlungslehrlingen) schon am 1. Januar 1898 in Kraft getreten. Diese Bestimmung hat der Reichstag eingeschoben, um die Besserung der Lage der Handlungsgehülfen nicht bis zum 1. Januar 1900 zu verzögern. Der gedachte Abschnitt 6 ergänzt nun aber seine Bestimmungen durch Verweisung auf gewisse Paragraphen des B.G.B.; folglich haben auch diese als Ergänzungen des Abschnitts 6 mit demselben zugleich und in dessen Bereich schon

---

[1]) So Pappenheim in der Deutschen Juristenzeitung Jahrg. I S. 169. Vgl. auch Staub daselbst Jahrg. II S. 196.

[2]) Rießer in der Deutschen Juristenzeitung Jahrg. II S. 240.

[3]) Diesen Punkt haben erörtert v. Specht in der Deutschen Juristenzeitung Jahrg. II Nr. 13, Staub das. Nr. 17, Feisenberger das. Nr. 21 und Pappenheim in Goldschmidts Zeitschr. f. Handelsr. Bd. 46 S. 377 ff.

am 1. Januar 1898 Geltung erlangt.[1]) Diese Verweisungen zerfallen in zwei Gruppen.

a) § 62 des H.G.B. bestimmt die Pflichten des Prinzipals zur Fürsorge für die Handlungsgehülfen in der Einrichtung der Geschäfts- und Wohnräume, der Arbeitszeit u. s. w.[2]), und Abs. 3 fügt hinzu, daß bei einer Verletzung dieser Verpflichtungen in Ansehung des Lebens oder der Gesundheit des Gehülfen der Prinzipal wie aus einer unerlaubten Handlung nach den Regeln der fünf §§ 842—846 des B.G.B. haftet.[3]) Diese Regeln des B.G.B. nehmen aber ihrerseits wieder Bezug auf zwei andere Paragraphen des B.G.B., nämlich der § 843 Abs. 2 auf § 760 und der § 846 auf § 254, und endlich dieser § 254 Abs. 2 wieder auf § 278, so daß diese sämmtlichen acht Paragraphen des B.G.B., um mit Staub zu reden, wie durch eine Lawine mitgerissen und vom 1. Januar 1898 anwendbar gemacht worden sind.

b) Das H.G.B. § 75 Abs. 2 bestimmt, daß, wenn der Handlungsgehülfe für die Zeit nach Beendigung seines Dienstverhältnisses einen Konkurrenz-Ausschließungsvertrag mit Strafversprechen (§ 74) eingegangen ist, der Prinzipal nicht Erfüllung oder Schadensersatz wegen Nichterfüllung, sondern nur die verwirkte Strafe fordern kann, die letztere also als bloße Wandelpön gilt.

Damit ist die dem Handlungsgehülfen so günstige Auslegung des Konkurrenzverbotes, welche trotz der widersprechenden Regel des herigen H.G.B. (Art. 284 Abs. 2) auch schon für das bisherige Recht vom Reichsgericht aufgestellt worden war,[4]) nunmehr zum Rechtssatz erhoben. Wenn zugleich das neue H.G.B. in § 75 Abs. 2 noch hinzufügt: „Die Vorschriften des B.G.B. (§ 343) über die Herabsetzung

---

[1]) In derselben Weise wurde (worauf mich Herr Rechtsanw. Dr. Alexander-Katz aufmerksam macht) durch die §§ 14 und 29 des Reichspatentgesetzes vom 25. Mai 1877 gewissen Vorschriften der C.P.O., welche erst am 1. Oktober 1879 in Kraft treten sollte, für Patentsachen schon vom 1. Juli 1877 ab Anwendbarkeit verliehen.

[2]) Aehnlich bestimmt das B.G.B. §§ 618 und 619 die Pflichten der Dienstberechtigten überhaupt.

[3]) Ebenso B.G.B. § 618 Abs. 3.

[4]) Entsch. d. R.G. in Civils. Bd. 33 S. 141. Staub (Jahrb. f. Dogm. Bd. 34 S. 383) bemerkt dazu etwas kühn, daß zwar hierdurch die gesetzliche Regel des Art. 284 in ihr Gegentheil umgekehrt werde, dies aber „nicht zu weit gehe".

einer unverhältnißmäßig hohen Strafe bleiben unberührt", so kann in diesen negativen Worten eine positive Inkraftsetzung des § 343 nicht gefunden, und also das richterliche Ermäßigungsrecht desselben auf Vertragsstrafen der Handlungsgehülfen vor 1900 nicht angewendet werden.[1])

Aber hiermit sind die Zweifel, welche das E.G. zum neuen H.G.B. anregt, noch nicht erschöpft. Denn es drängt sich die Erwägung auf: wenn das E.G. zum H.G.B. einen Abschnitt desselben bereits am 1. Januar 1898 in Kraft setzen sollte, dann mußte es doch auch selber vor diesem Termin oder spätestens mit demselben in Kraft treten. Nun trifft aber auch dieses E.G. ebenso wie das zum B.G.B. über seine Geltungskraft keinerlei Bestimmung. In Folge dessen scheint nur zweierlei möglich zu sein. Entweder das E.G. tritt vermöge seines Wesens als E.G. erst mit seinem Hauptgesetz, dem H.G.B., zusammen in Kraft am 1. Januar 1900. Aber dann wäre es ja ausgeschlossen, daß es jenen Abschnitt 6 schon zwei Jahre vor dem Zeitpunkt, wo es selbst zu gelten beginnt, in Kraft setzte! Oder das E.G. ist nach der allgemeinen Regel mit dem vierzehnten Tage seit seiner Verkündigung in Kraft getreten und gilt also bereits seit dem 4. Juni 1897. Aber dann müßten auch seine sonstigen Bestimmungen schon jetzt Geltung haben, z. B. sein Art. 9, welcher die Gewerbeordnung dahin abändert, daß die Gewerbetreibenden, die einen offenen Laden haben, verpflichtet sind, ihren Familiennamen mit mindestens einem ausgeschriebenen Vornamen an der Außenseite des Ladens anzubringen! In der That nimmt Pappenheim (a. a. O. S. 379) diese Geltung des ganzen E.G. zum H.G.B. schon für die Zeit seit dem 4. Juni 1897 als gegeben an.

Aber diese Meinung geht über die Absicht des Gesetzes ebenso weit hinaus, als die ersterwähnte hinter dieser Absicht zurückbleibt; man muß vielmehr annehmen, daß der Beginn der Geltung des E.G. zum H.G.B. für die einzelnen Bestimmungen ein verschiedener ist. Der Art. 1 Abs. 2 des E.G., welcher Buch 1 Abschnitt 6 des H.G.B. schon mit dem 1. Januar 1898 in Kraft setzt, will eben darum an demselben Termin zu gelten beginnen; für den Rest dagegen bleibt das Wesen des E.G. als solchen entscheidend dahin, daß derselbe erst zusammen mit dem Hauptgesetz am 1. Januar 1900 in Kraft tritt. Aber freilich ist es eine ganz neue Erscheinung, daß ein Gesetz, welches nicht gemäß der

---

[1]) So mit Recht Staub, Supplement zum Kommentar des H.G.B. S. 23. A. M. Specht a. a. O.

Regel der R.V. nach vierzehn Tagen in Kraft treten will, sondern zu einem Theil nach rund sieben Monaten, zu einem anderen Theil zwei weitere Jahre später, dies alles nicht ausspricht, sondern durch Auslegung seines Stillschweigens gefunden wissen will.

§ 9.

Auslegung des B.G.B. Bedeutung der Materialien, technische Bezeichnungen im B.G.B.

Für die Auslegung des B.G.B. gelten die allgemeinen Grundsätze, welche die Wissenschaft auf Grundlage des römischen Rechts für die Gesetzesauslegung überhaupt entwickelt hat. Es greifen also Platz die grammatische und die logische, die ausdehnende und die einschränkende Auslegung und ebenso auch die Analogie.

Besonders zu bestimmen bleibt aber für die Auslegung die Bedeutung der sog. Materialien zum B.G.B., umsomehr, als nach Erlaß der Reichsjustizgesetze vom Jahre 1877 deren Materialien bekanntlich ganz übermäßig und unkritisch verwerthet worden sind, neuerdings aber eine ganz entgegengesetzte Anschauung Platz gegriffen hat.[1]) Als solche Materialien kommen in Betracht:

1. die Motive zu dem Entwurfe I eines bürgerlichen Gesetzbuches für das Deutsche Reich (oben S. 7);

2. die Protokolle der Kommissionen für die erste und für die zweite Lesung des Entwurfes. Dieselben sind sämmtlich metallographisch vervielfältigt; die Protokolle der zweiten Kommission erscheinen jetzt auch im Druck, vgl. oben S. 10;

3. die Denkschrift zum Entwurf III eines B.G.B. (oben S. 11);

4. der Bericht der Reichstagskommission über den Entwurf eines B.G.B. und E.G. und die Verhandlungen im Reichstage selbst (oben S. 12).

Unstreitig ist davon auszugehen, daß diese Materialien den Sinn des Gesetzestextes niemals und nirgend amtlich und bindend feststellen.

---

[1]) Vgl. besonders Binding, Handbuch I S. 470—73, Kohler in Grünhuts Zeitschr. Bd. 13 S. 1 ff. Cosack § 11 S. 42.

Denn die zu jedem einzelnen Entwurfe ergangenen Motive, Protokolle und sonstigen Erläuterungen legen nur den von seinen Verfassern mit dem Texte verbundenen Sinn dar. Die gesetzgebenden Körperschaften aber haben die Vorlage in der ihr zuletzt verliehenen Fassung ohne jede Bezugnahme auf die Materialien als ein selbständiges, in sich abgeschlossenes Werk angenommen. Hieraus folgt, daß der gesetzgeberische Wille seinen Ausdruck nur im Gesetze selbst gefunden hat. Dagegen ist die Theorie, wonach die Theilnehmer der gesetzgebenden Gewalt über die in den Materialien enthaltene Auslegung des Gesetzes sich stillschweigend geeinigt hätten (sog. Pakten- oder Aneignungstheorie) unhaltbar.[1]) Andrerseits geht man aber zu weit, wenn man die Materialien als bloße wissenschaftliche Privatarbeit betrachtet, ja überhaupt von Willen und Zweck nicht des Gesetzgebers, sondern nur des Gesetzes selbst redet. Denn dem Gesetz kann Wille und Zweck nur bildlich beigelegt werden, insofern sich aus ihm derjenige des Gesetzgebers erschließen läßt. Aber wie jedes Geisteserzeugniß, so wird auch das Gesetz erst durch Kenntniß seiner Entstehungsgeschichte ganz verständlich, und die Erkenntnißquelle für diese bilden eben die Gesetzesmaterialien.[2]) Aus ihnen ersieht man, wie zahlreiche im Rechtsverkehr, in Wissenschaft und Praxis hervorgetretene Gedanken von den einander folgenden Mitarbeitern am Werke der Gesetzgebung immer wieder aufgenommen, weiter ausgebildet und endlich in der Fassung des jetzigen Gesetzes ausgedrückt worden sind, wie auf der einen Seite bewährte Regeln des bisherigen Rechts dem angenommenen Texte zu Grunde liegen, auf der andern Seite gewisse Mängel der bestehenden Gesetze durch neue Bestimmungen vermieden werden sollten, endlich wie äußerlich getrennte Sätze in innerem Zusammenhang, im Verhältniß von Regel und Ausnahme, von Prinzip und Konsequenz gedacht sind. Diese Einsicht ergiebt freilich nicht ohne weiteres, sondern erst im Einklang mit dem Wortlaut des Gesetzes den Inhalt des letzteren. Aber sie ist am besten geeignet, auf den richtigen Weg zur Ermittlung des dem Wortlaut inne wohnenden Gedankens zu führen. Wer Gesetze lediglich nach Maßgabe der Materialien auslegt, läßt es freilich an der erforderlichen Selbständigkeit fehlen; aber wer sie ohne Berücksichtigung ihrer Entstehungsgeschichte auslegt, verfällt umgekehrt leicht der Willkür. Das Preuß. A.L.R. hat erst durch Bornemanns Erschließung der Materialien (1833) neues Leben empfangen,

[1]) Darüber besonders Binding a. a. O.

[2]) Vgl. Wach, Handb. d. Civilpr. I S. 283.

und auch in Oesterreich ist die Bedeutung der Vorarbeiten für das A.B.G.B. noch 1875 treffend gewürdigt worden.[1]) Nach diesen Erfahrungen ist auch beim B.G.B. die Berücksichtigung der Materialien lebhaft zu wünschen; dabei bleibt die Berechtigung unverkümmert, die darin aufgestellten Rechtsansichten auf ihren inneren Werth zu prüfen, insbesondere Konstruktionen, Ableitungen von Folgesätzen, Unterstellungen, daß etwas selbstverständlich oder daß es stillschweigend gewollt sei, u. dgl. m. anzunehmen oder abzulehnen.

Für die Auslegung des B.G.B. lassen sich nun aber außer den allgemeinen, für die Gesetzesauslegung überhaupt geltenden Regeln auch noch gewisse besondere aufstellen, indem, wie eine genauere Betrachtung ergiebt, zahlreiche Wendungen von ihm ständig in einem ganz bestimmten Sinne gebraucht sind.

Vor allem ist der Unterschied zwischen dispositiven oder nachgiebigen Rechtssätzen, d. h. solchen, deren Anwendung durch entgegengesetzte Parteibestimmung auszuschließen ist, und absoluten oder zwingenden, d. h. denjenigen, die solche Ausschließung nicht zulassen, auch vom B.G.B. nicht blos gemacht, sondern noch schärfer ausgeprägt, als in anderen Gesetzeswerken.

Zwingende Rechtssätze sind oft ausdrücklich als solche gekennzeichnet, z. B. durch die Wendung: „Diese Verpflichtungen können nicht im voraus durch Vertrag aufgehoben oder beschränkt werden" (§ 619); und ähnlich in § 225 Satz 1, § 248 Abs. 1. In anderen Fällen freilich muß der zwingende Charakter erst durch Auslegung gefunden werden, z. B. in § 624. Ebenso sind dispositive Rechtssätze bald ohne äußeres Merkmal aufgestellt, bald ausdrücklich gekennzeichnet durch den Zusatz: „wenn (oder soweit) nicht ein anderes bestimmt (oder vereinbart) ist", vergl. z. B. §§ 24, 40, 41, 48, Abs. 3.

Von den dispositiven Rechtssätzen sondern sich aber noch die bloßen Auslegungsregeln, welche nur Vermuthungen aufstellen zur Ermittelung des Parteiwillens, und unanwendbar werden, sobald auch nur nach den Umständen anzunehmen ist, daß dieser im gegebenen Falle ihnen nicht entsprach. Diese bezeichnet manchmal das Gesetz selbst als Auslegungsregeln, z. B. § 186. Am häufigsten aber werden sie mit den

---

[1]) Pfaff in Grünhuts Zeitschr. II S. 254 ff. und in der Schrift: „Veröffentlichung des Urentwurfs" 1889.

Worten eingeführt: „Im Zweifel", z. B. §§ 30, 154 Abs. 2, §§ 2066 bis 2076, 2084. Aber auch folgende Wendung wird für Auslegungsregeln gebraucht: „soweit nicht ein anderer Wille anzunehmen ist", z. B. im § 127 Satz 2; ähnlich § 153. Die letztere Wendung ist freilich nach Fassung und Wortsinn nur wenig verschieden von jener für Dispositivvorschriften gebrauchten: „soweit nicht ein anderes bestimmt ist". Aber auch die praktische Verschiedenheit zwischen einer dispositiven und einer Auslegungsregel ist nur äußerst gering; denn sie beschränkt sich darauf, daß die Auslegungsregel schon durch Nichtübereinstimmung mit dem konkreten Parteiwillen ausgeschlossen wird, die Dispositivvorschrift erst durch eine widersprechende Parteibestimmung, also z. B. bei Verträgen erst durch übereinstimmende entgegengesetzte Willenserklärung, die in gewissen Fällen sogar ausdrücklich sein muß (z. B. nach § 244 Abs. 1). Immerhin tritt die Absicht des B.G.B., beide Arten von Regeln zu unterscheiden, stellenweise sehr deutlich hervor, z. B. in § 514; hier bezeichnen die Worte: „soweit nicht ein anderes bestimmt ist", eine Dispositivvorschrift, deren Gegentheil festgesetzt werden kann; dagegen die Worte „im Zweifel" eine Auslegungsregel über die muthmaßliche, aber nach Umständen auch nicht anzunehmende Parteiabsicht.

Es bleibt aber noch eine dritte, ähnliche Wendung zu erwähnen: „wenn sich nicht aus dem und dem Moment ein anderes ergiebt". Hier ist als Quelle einer möglichen Abweichung von der Regel nicht der Parteiwille gedacht, sondern ein besonderes Rechtsverhältniß, welches eine Ausnahme mit sich bringen kann, so z. B. in § 168 Satz 2, §§ 183, 273, 369 Abs. 1.

Auch die Unterscheidung von Muß- und Sollvorschriften, welche die C.P.O. aufgebracht hat, ist in das B.G.B. übernommen. Die mit „muß" ausgedrückte Vorschrift macht den sie verletzenden Rechtsakt unwirksam, die mit „soll" formulirte dagegen ist eine instruktionelle Ordnungsvorschrift und begründet nur eine Verpflichtung, bei deren Verletzung der Rechtsakt wirksam bleibt und den Urheber blos verantwortlich macht, z. B. § 57, Abs. 1 und 2, §§ 58, 2245 Abs. 2. Dem entsprechend drückt die Negative „soll nicht" die Pflicht zum Unterlassen aus, ohne daß das verbotene Thun unwirksam würde. §§ 2237, 1781—84.

Aehnlich verhält es sich mit der Unterscheidung von „kann" und „darf"; zwar in der Affirmative bezeichnen beide Worte gleichmäßig ein Thun als rechtlich statthaft, z. B. § 10 Abs. 2, § 374 Abs. 2, in der

Negative aber — „kann nicht" und „darf nicht" — drücken sie eine von sehr ungleichen Folgen begleitete Unstatthaftigkeit aus. Denn das durch die Worte „kann nicht" untersagte Thun ist rechtlich unwirksam, z. B. §§ 8, 93, 2234—2236. Dagegen drückt die Wendung „darf nicht", (od. „darf nur") ebenso wie „soll nicht", nur eine Verpflichtung aus, und das dennoch geschehene Thun bleibt in der Regel rechtlich wirksam, macht aber verantwortlich, insbesondere schadensersatzpflichtig, z. B. §§ 51, 627 Abs. 2, § 909. Nur in Ausnahmefällen ist auch die Wirkung des „darf nicht" durch besondere Bestimmung bis zur Unwirksamkeit gesteigert, z. B. § 456 verbunden mit § 458; § 795 Abs. 1 verbunden mit Abs. 3; § 1240 verbunden mit § 1243.

Ferner ist noch die Wendung zu erläutern: „er hat das und das zu thun", oder „es ist das und das zu thun". In der Regel wird dadurch nur eine Verpflichtung ausgedrückt, sei es einer Privatperson (§§ 36, 37, 42, 49), sei es einer Behörde (§§ 61, 62). Die Bedeutung ist dann dieselbe, wie die einer Sollvorschrift. Jedoch kann das „ist" mit dem Infinitiv auch ein nothwendiges Thatbestandsmoment in einem Rechtsgeschäft oder in einem Antrag bei einer Behörde bezeichnen, und dann hat es die stärkere Bedeutung, daß ohne den gebotenen Akt dem Rechtsgeschäft, bezw. dem Antrag die Wirkung versagt ist, z. B. § 875 Abs. 1 S. 2, § 1945 Abs. 1.

Bemerkenswerth sind endlich noch die Vorschriften des B.G.B. über die Beweislast. Zwar sind die allgemeinen Regeln darüber, welche der Entwurf I enthielt, in der zweiten Kommission gestrichen und auch in die vorgeschlagenen Abänderungen der C.P.O. nicht übertragen worden. Aber in unzähligen einzelnen Fällen sollen die Sätze des B.G.B. neben dem materiellen Rechtsverhältniß auch die Beweislast bestimmen. Hier und da ist dies direkt ausgesprochen, z. B. in §§ 282, 345, 358, 363. Häufiger läßt es sich nur indirekt aus der Satzbildung entnehmen, und dies ist lehrreich, einerseits als Zeugniß für die minutiöse Sorgfalt, mit welcher das B.G.B. ausgearbeitet ist, andererseits bei Erörterung der Frage, in wie fern die Rechtsgedanken der Kommission für uns bindend sind.

Zunächst trennt das B.G.B. stets schon äußerlich von dem die Regel bildenden Thatbestand denjenigen, welcher eine Ausnahme von der Regel darstellt, und zwar am häufigsten durch Bildung eines besonderen Satzes oder gar Paragraphen mit den Worten: „Diese Vorschrift findet keine Anwendung, wenn" u. s. w., z. B. §§ 173, 206 Abs. 2,

§ 312 Abs. 2, § 687 Abs. 1, §§ 935, 937. Gleichbedeutend ist aber auch die Anfügung eines Zusatzes zum Hauptsatz mit den Worten: „es sei denn, daß", z. B. in § 4 Abs. 2, §§ 145, 153, 932. Beide Fassungen ergeben deutlich, daß der sich auf die Regel berufende Theil nur deren Thatbestand zu beweisen hat, der Gegner aber, welcher die Ausnahme für sich geltend macht, die Voraussetzungen der letzteren. Zum Thatbestand der Regel, welcher bewiesen werden muß, gehört natürlich auch dasjenige, was der letzteren in einem Nebensatze mit „wenn" oder „sofern" oder „soweit" als Bedingung angefügt ist. Hier muß also derjenige, welcher sich auf die Regel stützt, auch die Wahrheit der im Bedingungssatz enthaltenen Thatsachen beweisen, vgl. z. B. §§ 16, 109 Abs. 2.

In den Fällen aber, wo der Bedingungssatz negativ lautet, („wenn" oder „sofern" mit nachfolgendem „nicht"), soll nach der Mittheilung von Küntzel und Planck[1]) die Beweislast verschieden bestimmt werden, je nachdem das Wort „nicht" unmittelbar auf das Wort „wenn" oder „sofern" folgt oder aber weiter nach hinten steht. Nur im letzteren Falle soll es dabei bleiben, daß der sich auf die Regel (den Hauptsatz) berufende Theil auch den negativen Inhalt des Bedingungssatzes zu beweisen hat, gerade wie bei Rechtsgeschäften mit negativer Suspensivbedingung derjenige, welcher aus denselben Rechte ableitet, auch das Erfülltsein der Bedingung durch Ausbleiben des in ihr erwähnten Umstandes darthun muß. Dagegen soll das Gegentheil gelten in dem anderen (ersteren) Falle, wo das Wort „nicht" unmittelbar hinter „wenn", „sofern" u. s. w. steht, oder doch davon nur durch eins der vier Fürwörter „er", „sie", „es" oder „sich" getrennt wird. Bei dieser Wortstellung nämlich soll der im Hauptsatz stehenden Regel durch den Bedingungssatz eine affirmative Ausnahme beigefügt werden, ganz ebenso wie durch den Nebensatz: „es sei denn, daß", und folglich soll hier der sich auf die Ausnahme berufende Gegner zu beweisen haben, daß der Thatbestand, welcher hinter den Worten „wenn nicht" angegeben ist, wahr sei. Von besonderer Wichtigkeit wird dies in den zahlreichen Fällen, wo das B.G.B. die Entstehung eines Rechts mit dem negativen Vorbehalt anordnet: „wenn nicht binnen einer bestimmten Frist die und die Erklärung (oder Leistung) erfolgt." So ge-

---

[1]) Planck Komm. I S. 45—46 Nr. 4—7. Küntzel in d. Beitr. z. Erl. d. D.R. Bd. 40 S. 358.

währt z. B. § 326 Abs. 1 Satz 2 bei Erfüllungsverzug des aus einem zweiseitigen Vertrage Verpflichteten dem Gläubiger das Recht, ihm zunächst eine Nachfrist zu bestimmen, dann aber nach Ablauf derselben Schadensersatz wegen Nichterfüllung zu verlangen oder von dem Vertrage zurückzutreten, „wenn nicht die Leistung rechtzeitig erfolgt ist". Hier soll die Fassung ausdrücken, daß der Gläubiger nur die Setzung der Nachfrist und deren Ablauf zu beweisen braucht, der Schuldner dagegen seinerseits die rechtzeitige Bewirkung seiner Leistung darthun müßte. Dementsprechend verhält es sich in §§ 250, 264 Abs. 2, § 283 Abs. 1 S. 2. Zu diesen Fällen, wo die Entstehung eines Rechts nur mit einem negativen Vorbehalt angeordnet ist, gehören aber auch diejenigen, wo das B.G.B. zwar die Worte „wenn nicht" vermeidet, aber nachdem es die Setzung einer Frist für die Erklärung einer Genehmigung gestattet hat, den daran geknüpften Rechtsnachtheil so bestimmt: „Wird sie nicht erklärt, so gilt sie als verweigert" (z. B. in § 108 Abs. 2 S. 2, § 177 S. 3, § 1396 Abs. 2). Auch hier soll nach der Absicht der Kommission die vorgerückte Stellung des „nicht" in dem Bedingungssatz den Sinn einer Ausnahmebestimmung haben, welcher in der regelmäßigen Ausdrucksweise liegen würde: „Mit Ablauf der Frist gilt die Genehmigung als verweigert, wenn nicht eine solche rechtzeitig erfolgt ist." Daher hat nach der Absicht der Kommission der sich auf die Verweigerung der Genehmigung berufende Theil nur die Bestimmung und den Ablauf der Frist darzuthun, der Gegner aber die innerhalb der Frist erfolgte Genehmigung zu behaupten und zu beweisen. Es fragt sich, ob diese von der Kommission beabsichtigte Regelung der Beweislast, wie sie durch die Stellung des „nicht" in Bedingungssätzen ausgedrückt sein soll, als geltendes Recht anzusehen sei oder nicht. Allerdings wird in den weitaus meisten Fällen jene Regelung übereinstimmen mit derjenigen, welche der Richter ohnedies aus allgemeinen Grundsätzen ableiten kann und muß; aber wenn diese Uebereinstimmung in einzelnen Fällen nicht zutrifft, so dürfte der Richter in der That zur Vertheilung der Beweislast unabhängig von der Stellung des Wortes „nicht" im B.G.B. berechtigt sein.

Denn erstens kann jede feste Vorschrift über die Beweislast im einzelnen Fall bedenklich werden; solche Vorschriften waren nöthig bei der strengen Beweistheorie und dem Beweisinterlokute des gemeinen Rechts, aber seitdem wir wieder einen abänderlichen Beweisbeschluß und eine freie Beweistheorie haben, muß der Richter im Zweifel auch bei der Vertheilung der Beweislast freie Hand haben. Sodann ist jene ganze Regelung je nach der Stellung des „nicht“ aus dem bloßen Gesetzestext doch kaum zu entnehmen; weder in der Denkschrift, noch in dem Bericht der Reichstagskommission ist über diese Regelung ein Wort gesagt, und in den gesetzgebenden Körperschaften wird die Mehrheit sie gewiß nicht aus eigener Kraft gefunden haben; eben darum aber kann man auch nicht behaupten, daß hier ein Wille des Gesetzgebers ausgesprochen sei. Endlich aber kommt noch hinzu, daß auch sachlich und aus inneren Gründen an gewissen Stellen die Festhaltung der von der Kommission gewollten Regelung unmöglich wird. Von einer Stelle giebt Planck dies selber zu, nämlich von § 284 Abs. 1. Hier soll die Ausdrucksweise ungenau sein, und nicht der nach hinten gerückten Stellung des „nicht“ entsprechend, der Gläubiger sowohl seine Mahnung, als auch die Nichtleistung des Schuldners, sondern vielmehr der Schuldner seine Leistung beweisen müssen. Ob noch an anderen Stellen solche Ungenauigkeit besteht, läßt Planck dahingestellt; in der That aber dürfte auch anderweit die Beweislast nicht schlechterdings nach Maßgabe der Stellung des „nicht“ zu regeln sein, z. B. in dem Falle des § 469 Satz 2. Giebt man aber einmal zu, daß der Sprachgebrauch des B.G.B. kein durchgängig fester sei, dann ist damit auch ohne weiteres die Befugniß des Richters begründet, eine Abweichung von der regelmäßigen Ausdrucksweise anzunehmen, wo innere Gründe dafür sprechen.

Im Uebrigen sind zahlreiche technische Ausdrücke, die das B.G.B. häufig braucht, von ihm selbst definirt[1]); andere sind wenigstens nach den Vorschriften des B.G.B. sicher bestimmbar. Alle diese Begriffe werden aber besser an denjenigen Stellen des Systems, wo sie zuerst praktisch hervortreten, erörtert.

---

[1]) Planck S. 23 zählt etwa achtzig solcher Definitionen auf.

Kapitel II. Die Personen.

Abschnitt I. Die natürlichen Personen.

§ 10.

Der Mensch und seine persönlichen Verhältnisse.

Das B.G.B. versteht ebenso, wie die bisherigen Rechte, unter Personen alle Wesen mit der Fähigkeit, Rechtssubjekt zu sein, und unterscheidet innerhalb derselben als natürliche Personen die einzelnen Menschen und als juristische Personen die sonstigen als rechtsfähig anerkannten Gebilde.

Den Anfang der Persönlichkeit (Rechtsfähigkeit) des Menschen knüpft es in § 1 an die „Vollendung der Geburt". Darunter kann nur der völlige Austritt eines Kindes aus dem Mutterleib verstanden werden, und zwar, wie als selbstverständlich hinzuzudenken ist, eines lebenden Kindes. Hiermit ist von selbst entschieden: 1. daß das lebend geborene Kind, um Person zu sein, nicht auch einer weitern Lebensfähigkeit, d. h. der Reife zum Fortleben außerhalb des Mutterleibes, bedarf;[1]) und 2. daß der Frucht im Mutterleibe die Persönlichkeit fehlt. Doch werden, wie in den bisherigen Gesetzen, durch zahlreiche Einzelvorschriften Rechte, die der Leibesfrucht anfallen, ihr auf den Fall ihrer Geburt vorbehalten, und sie erhält „zur Wahrung ihrer künftigen Rechte, soweit diese einer Fürsorge bedürfen", einen Pfleger.[2]) Da das Gesetz diese Rechte nur als künftige kennt, so können sie nicht

---

[1]) Anders das ältere deutsche Recht und der code civil Art. 725, 906. G. Cohn S. 1 bildet für das Recht des B.G.B. das Sprichwort: Der Neugeborene braucht kein Reifezeugniß.

[2]) Vgl. § 844 Abs. 2 S. 2 (Ersatzanspruch des Kindes, vor dessen Geburt der zu seinem Unterhalt Verpflichtete getödtet ist; Entsch. d. R.G. in d. Beitr. zur Erl. d. D. Rechts Bd. 40 S. 168) §§ 1716, 1912, 1923 Abs. 2, 2043. Endemann I § 23 bei Anm. 12 will hiernach nur bei Erbrechten und Alimentationsansprüchen den Vorbehalt für Ungeborene zulassen. Aber nach § 1716 können doch dem Kinde auch aus einer Hinterlegung Rechte zukommen; und warum sollte der Pfleger nicht eine Schenkung für dasselbe annehmen, oder ein anderer sich eine Leistung an das Kind nach § 331 Abs. 2 versprechen lassen können?

als schon vor der Geburt „vorhandene“ „subjektlose“ aufgefaßt[1]), und die erforderlichen Rechtshandlungen auch nur entweder im Namen des Kindes unter der Bedingung, daß es lebend zur Welt kommt oder im Namen des Pflegers vorgenommen werden. Der Letztere kann auch als Prozeßführer im Interesse des Kindes auftreten; denn ein solcher ist, wie das Beispiel des Testamentsvollstreckers zeigt, nicht nothwendig identisch mit dem, auf welchen der verfolgte Anspruch lautet.[2]) Dagegen ist der im § 1923 Abs. 2 aufgestellte Satz, daß der zur Zeit des Erbfalls Erzeugte, aber noch nicht Geborene, als vor dem Erbfall geboren gelte, in dieser Allgemeinheit unhaltbar und auf die Reservirung des Erbrechts zu beschränken.[3])

Die grundsätzliche Gleichheit aller Menschen auf dem Gebiete des Privatrechts ist im Gesetzbuch freilich nicht ausdrücklich ausgesprochen, obschon dies wohl am Platze gewesen wäre, indessen doch stillschweigend angenommen durch Weglassung jeder allgemeinen Unterscheidung nach Geschlecht, Familienstellung, Stand, Religionsbekenntniß, Ehre und Staatsangehörigkeit. Eine Verschiedenheit in einzelnen Punkten ist dadurch selbstverständlich nicht ausgeschlossen.

Die Gleichstellung der Frauen mit den Männern ist zwar keine vollständige, aber doch weiter geführt, als in allen bisherigen Rechten. Die Frau ist fähig zur elterlichen Gewalt (§ 1684), zum Amt eines Vormunds (§ 1783); sie ist durch ihre Eigenschaft als Ehefrau in der Geschäftsfähigkeit nicht beschränkt (§§ 1399, 1400), und auch im ehelichen Güterrecht ist ihre Selbständigkeit bedeutend vermehrt (§§ 1356, 1357, 1406, 1407, 1365—1371, vgl. jedoch E.G. Art. 200, Abs. 3).

Die an den Stand geknüpften Ungleichheiten des bisherigen Rechts fallen größtentheils hinweg, so z. B. das Schmerzensgeld für Personen des Bauern- und gemeinen Bürgerstandes, (§§ 112—114 A.L.R. I, 6), die Verschiedenheit der Ehescheidungsgründe je nach dem Stande der Gatten (§§ 701, 702 A.L.R. II, 1) u. a. m. Namentlich verschwindet

---

[1]) So Hachenburg S. 68, 70.

[2]) Kohler, Gesammelte Beiträge zum Civilprozeß S. 296, 346. Dagegen würde die von Kohler S. 569 postulirte Nachbildung der englischen Prozesse in rem (= in personam incertam) hier nicht zulässig sein, weil dabei doch immer ein objektiv bestimmtes, nur unbekanntes Rechtssubjekt vorausgesetzt wird, gerade diese Voraussetzung aber bei dem Vorbehalt für einen Ungeborenen fehlt.

[3]) Gegen die Fassung des § 1923 Abs. 2 mit Recht Endemann I § 23 Anm. 11.

auch die Vermögensunfähigkeit der Mönche und Nonnen, und der sog. bürgerliche Tod derselben (§ 1199—1205 A.L.R. II, 11).[1] Jedoch hält das E.G. Art. 87 die landesgesetzlichen Beschränkungen aufrecht, welche für Mitglieder religiöser Orden oder ordensähnlicher Congregationen den Erwerb aus Schenkungen oder von Todeswegen an staatliche Genehmigung binden, um zu verhindern, daß durch Zuwendungen an Ordensmitglieder die Erwerbsbeschränkungen der toten Hand umgangen werden. Eine weitere Ausnahme von der Rechtsgleichheit der Stände behält E.G. Art. 57 und 58 dem Landesrecht vor zu Gunsten der landesherrlichen Familien und gewisser Adelshäuser.

Endlich gelten noch zwei Ausnahmen gegenüber Reichsausländern, indem E.G. Art. 88 die Landesgesetze aufrecht erhält, welche zum Erwerb von Grundstücken durch Ausländer staatliche Genehmigung fordern, und E.G. Art. 31 gegen Ausländer Wiedervergeltung (Retorsion) zuläßt, welche der Reichskanzler unter Zustimmung des Bundesraths anordnen kann.

Nach dem Alter der Menschen unterscheidet das B.G.B. nur Minderjährigkeit bis zum vollendeten einundzwanzigsten Jahre und Volljährigkeit von da ab. Die Grenze ist, da nach § 187 Abs. 2 der Tag der Geburt als erster gezählt wird, der Anbruch des Tages, an dem jemand das einundzwanzigste Lebensjahr vollendet.

Innerhalb der Minderjährigkeit ist noch die Altersgrenze des zurückgelegten siebenten Lebensjahres erheblich, weil Personen unter sieben Jahren (nach § 104 Nr. 1) geschäftsunfähig und (nach § 828) für Schadenszufügungen grundsätzlich nicht verantwortlich sind. Zwar werden dieselben im Gesetzbuch nicht technisch „Kinder" genannt, doch wird sich die Rechtssprache diese bisher übliche Bezeichnung schwerlich nehmen lassen.

Vom achtzehnten Lebensjahre ab kann eine Volljährigkeitserklärung (venia aetatis) durch das Vormundschaftsgericht stattfinden, worüber das B.G.B. in §§ 3—5 und das Ges. über die Ang. der freiw. Gerichtsbarkeit (Entwurf § 53) Näheres bestimmen. Der Minderjährige erlangt dadurch die rechtliche Stellung eines Volljährigen, bedarf aber

---

[1]) Damit wird ein Erkenntniß wie dasjenige, welches 1892 das O.L.G. Frankfurt über die Klage aus einem Wechsel gegen den in ein Kloster eingetretenen Prinzen N. gefällt hat (Seuffert Archiv Bd. 48 Nr. 167), unmöglich.

zur Eheschließung noch bis zum einundzwanzigsten Jahre der elterlichen Einwilligung (§§ 1305, 1308). Dagegen macht Heirath nicht volljährig. Ebenso giebt es nicht mehr eine eigene Mündigkeit (pubertas) vom vierzehnten Jahre an, und die altdeutsche Munt wird also nur noch in den zusammengesetzten Wortbildungen „Vormund", „Entmündigung" u. s. w. fortleben.

Ebensowenig kennt das B.G.B. noch eine väterliche Gewalt über Volljährige, wodurch es vom gemeinen und preußischen Recht abweicht. Die elterliche Gewalt erlischt vielmehr mit dem Eintritt der Volljährigkeit (§ 1626), also auch ohne eigenen Haushalt des Kindes. Die Hauptfolge ist das Erlöschen des elterlichen Nießbrauchs am Kindesvermögen (§§ 1649, 1686). Da volljährige Töchter häufiger, als volljährige Söhne, unverheirathet in der elterlichen Hausgemeinschaft verbleiben, so kommt die Neuerung hauptsächlich dem weiblichen Geschlecht zu gute.

Eine Person, und zwar nicht blos eine voll-, sondern auch eine minderjährige, kann entmündigt werden nach § 6: 1. wegen Geisteskrankheit oder Geistesschwäche, 2. wegen Verschwendung, 3. wegen Trunksucht.[1])

Damit ist die Entmündigung gegenüber dem bisherigen Recht einerseits weiter ausgedehnt in Bezug auf die zu entmündigenden Personen, andererseits beschränkt durch ihren nur fakultativen Charakter.[2]) Bei Geisteskranken und Geistesschwachen ist die eng begrenzte Voraussetzung, daß ein solcher seine Angelegenheiten nicht zu besorgen vermag; es genügt also nicht, (wie nach § 341 A.L.R. II, 18), wenn er nur

---

[1]) Hierüber auch zahlreiche Zusätze zur C.P.O. §§ 593—627 und Bestimmungen des Ges. über d. freiw. Gerichtsbarkeit, Entw. § 49. Ueber Ausländer E.G. Art. 8. In der Litteratur tief eingehend Endemann I §§ 28 – 39; auch Hardeland in d. Jahrb. f. Dogm. Bd. 37 S. 95—190 und Milferstaedt in d. Beitr. zur Erl. d. D. Rechts Bd. 41 S. 508—559.

[2]) Die Ausdehnung auf Fälle der Geistesschwäche wird, da letztere kein psychiatrisch-technischer Begriff ist, wieder zu ähnlichen Schwierigkeiten führen, wie §§ 27—29 A.L.R. I, 1, welche die C.P.O. § 593, indem sie nur von Geisteskranken sprach, gerade ausschließen wollte. Ueber diese Schwierigkeiten Milferstaedt S. 528. Den fakultativen Charakter der Entmündigung hat man im Gegensatz zu § 341 A.L.R. II, 18 mit Rücksicht auf die Bemerkung Mendel's angenommen, daß mancher Geisteskranke seine Stellung und sein Geschäft behaupten könne, durch die Entmündigung aber ruinirt werde.

andern schadet, ja gemeingefährlich ist.[1]) Die Entmündigung des Verschwenders ist dadurch bedingt, daß er sich oder seine Familie der Gefahr des Nothstandes aussetzt; auch dies ist enger gefaßt als § 30 A.L.R. I, 1. Als Gründe für eine Entmündigung wegen Trunksucht sind theils dieselben beiden anerkannt, wie bei Geisteskranken, bezw. bei Verschwendern, theils als dritter die Gefährdung der Sicherheit anderer. Durch Einführung der Entmündigung Trunksüchtiger wird ein gewisser Ersatz erstrebt für das im Winter 1891/92 vom Reichstag abgelehnte Trunkenheitsgesetz. Die Errichtung von Trinkerheilstätten wird noch folgen müssen. Die Berechtigung, den Antrag auf Entmündigung wegen Verschwendung oder Trunksucht zu stellen, soll nach einem Zus. zur C.P.O. § 621 nur landesgesetzlich auch einer Gemeinde, einem ihr gleichstehenden Verband oder einem Armenverband gewährt werden können.

Der Wohnsitz (das Domizil) einer Person ist im Sinne des B.G.B. (§§ 7—11) wie nach bisherigem Recht, der Ort, wo dieselbe ihre ständige Niederlassung hat. Zur Begründung wie zur Aufhebung des Wohnsitzes gehört der darauf gerichtete Wille und dessen thatsächliche Verwirklichung (§ 7, Abs. 1 und 3). Der Geschäftsunfähige oder beschränkt Geschäftsfähige ist dabei ebenso wie bei Rechtsgeschäften vom Willen des gesetzlichen Vertreters abhängig (§ 8). Der Wohnort (§§ 570, 1354) d. h. der Ort, wo eine Person thatsächlich wohnt, ist nicht nothwendig zugleich ihr Wohnsitz. Eine Person kann einen mehrfachen Wohnsitz haben[2]) (§ 7, Abs. 2) oder auch keinen Wohnsitz (§ 10, Abs. 2). Einzelne Personen haben einen vom Gesetz bestimmten Wohnsitz: so 1. Militärpersonen am Garnisonort (§ 9), 2. die Ehefrau, indem sie den des Mannes theilt, ausgenommen, wenn sie ihm zu folgen nicht verpflichtet ist und nicht folgt (§§ 10, 1353, 1354), 3. Kinder (§ 11), und zwar theilen die ehelichen den des Vaters, die unehelichen den der Mutter, die (vor Eintritt der Volljährigkeit) an Kindesstatt angenommenen den des Annehmenden; die Kinder behalten diesen Wohnsitz auch bei bis zur rechtsgiltigen Aufhebung. Einen gesetzlichen Wohnsitz

---

[1]) So schon nach gemeinem Recht das Reichsgericht Entsch. Bd. 38 Nr. 50. Für die Ausschließung der Entmündigung wegen Gemeingefährlichkeit wird geltend gemacht, daß die Würdigung der letzteren vielmehr Sache der Polizei und des öffentlichen Rechts sei, § 10 A.L.R. II, 17.

[2]) Darum bekämpft Hellmann (Kr. V.J.Schr. Bd. 40 S. 179) die Begriffsbestimmung des Wohnsitzes, nach der dieser der Mittelpunkt des Vermögenskreises einer Person sein soll; denn ein Kreis kann nicht mehrere Mittelpunkte haben.

der Beamten kennt das B.G.B. nicht; der in andern Reichsgesetzen vorkommende „dienstliche Wohnsitz" gilt nur für das öffentliche Recht. Im Ganzen ist die privatrechtliche Bedeutung des Wohnsitzes dadurch stark vermindert, daß für persönliche Rechtsbeziehungen und Erbfolge nicht mehr der Wohnsitz, sondern die Staatsangehörigkeit entscheidet (E.G. Art. 7 ff); doch bleibt ihm Bedeutung nicht blos im Privatrecht (§§ 269, 270. 1786 Nr. 5), sondern vor allem im Prozeßrecht.

§ 11.

Einzelne Persönlichkeitsrechte.

Aus dem allgemeinen Rechte der Persönlichkeit sondert man in der neueren Wissenschaft noch einzelne Rechte an der eigenen Person (sog. Individual- oder besser Individualitätsrechte) aus, so die Rechte auf Leben, Leib, Gesundheit, Freiheit u. a. m., während manche darin nur Güter, aber keine Rechte erkennen. Das B.G.B. theilt die letztere Auffassung. Denn es giebt in § 823 Abs. 1 nur wegen vorsätzlicher oder fahrlässiger (also deliktmäßiger) Verletzung dieser Güter einen Schadensersatzanspruch aus der unerlaubten Handlung. Den gleichen Anspruch gewährt es bei andern ähnlichen Gütern (Ehre, Hausrecht, Briefgeheimniß u. s. w.) durch § 823 Abs. 2 insofern, als in der Verletzung derselben ein Verstoß gegen ein den Schutz eines Andern bezweckendes Gesetz zu finden ist.

Die Rechte an Geisteserzeugnissen (Urheberrecht u. s. w.) sind im B.G.B. nicht erwähnt, weil sie besondern Reichsgesetzen unterliegen.

Nur ein Persönlichkeitsrecht, dasjenige auf den Namen[1]) als Kennzeichen der eigenen Person und der Familienzugehörigkeit ist im B.G.B. § 12 als absolutes Recht anerkannt und mit Schutz versehen. Das Namensrecht umfaßt nicht blos den Familiennamen, bei Adligen mit Einschluß des demselben beigefügten Adelsprädikats,[2]) sondern auch

---

[1]) Kohler im Archiv f. bürgerl. Recht Bd. 5 S. 77 ff. O. Fischer das. Bd. 6 S. 306 ff. Gierke Deutsches Privatrecht I § 83. Opet im Archiv f. civil. Praxis Bd. 87 S. 313—409.

[2]) Das Adelsprädikat ist nicht lediglich Theil des Namens, so daß es in den Erwerb desselben stets mit eingeschlossen wäre (§ 1706 Abs. 2, § 1758 Abs. 1), aber es ist doch ein sowohl die Familien- als die Standeszugehörigkeit ausdrückender Zusatz zum Namen.

den Vornamen,[1]) ja auch eine von Jemandem angenommene und im Verkehr zu seiner Kennzeichnung üblich gewordene pseudonyme Benennung.[2]) Und zwar genießt der Berechtigte Schutz a) gegen Bestreitung seines Namensrechts (Verweigerung der Anerkennung) unbedingt und b) gegen unbefugten Gebrauch seines Namens, wenn hierdurch sein Interesse verletzt wird. Solche Interesseverletzung kann darin liegen, daß Jemand durch den unbefugten Gebrauch des Namens eine Familienzugehörigkeit (z. B. gegen § 1577 Abs. 3) in Anspruch nimmt[3]) oder eine Verwechselung mit dem Namensberechtigten heraufbeschwört oder auch nur eine Theater- oder Romanfigur ebenso wie den letzteren bezeichnet. Das Ziel jedes Anspruchs aus dem Namensrecht ist nicht nur Feststellung des letzteren, sondern Beseitigung der Beeinträchtigung[4]) und wenn eine solche auch ferner zu besorgen ist, Unterlassung derselben. Dagegen ist Schadensersatz nur aus § 823 wegen vorsätzlicher oder fahrlässiger Verletzung zu beanspruchen, und zwar nur für Vermögensschaden (§ 253), während gerade hier ein idealer Schaden häufig sein wird.

---

[1]) Inwieweit Jemand befugt sei, einen neuen Vornamen anzunehmen, ist freilich bestritten. Die Bestimmung des St.G.B. § 360 Nr. 8 ist vom Reichsgericht nur auf den Gebrauch eines unrichtigen Familiennamens bezogen worden. (Entsch. in Straff. Bd. 22 S. 63.) Demgemäß ist zur Aenderung des Vornamens die behördliche Genehmigung nicht für erforderlich erachtet in dem Circularerlaß des Preuß. Ministers des Innern v. 9. Aug. 1867 (Min.Bl. f. innere Verwaltung S. 246), und in der Praxis pflegt auf schriftliche Anzeige einer Vornamensänderung die Bezirksregierung (bezw. das Polizeipräsidium zu Berlin) ihre Kenntnißnahme einfach zu bestätigen. Aber abgesehen davon, daß diese Praxis weder in Deutschland allgemein, noch in Preußen ständig ist (vgl. Levi, Vorname u. Familienname 1888), wird dadurch die privatrechtliche Frage keineswegs erledigt. Sollte ein vielgesuchter Arzt oder Rechtsanwalt, der sich von Kollegen des gleichen Namens nur durch seinen Vornamen unterscheidet, es denselben nicht verwehren können, nun auch seinen Vornamen anzunehmen?

[2]) Diese letzte Ausdehnung ist freilich sehr bestritten. Dawider z. B. Planck Komm. zu § 12 Nr. 5, Hellmann Vorträge S. 5. Dafür aber namentlich Kohler S. 79 ff.

[3]) Beispiele in den Entsch. d. R.G. Bd. 5 Nr. 45, Bd. 29 Nr. 32.

[4]) Die Beseitigung der Beeinträchtigung kann schwierig sein, z. B. wenn der Beklagte unter dem Namen des Klägers ein schlechtes Buch veröffentlicht hat. Mit Recht empfiehlt Opet S. 393 hier nach Analogie des § 13 des Ges. zur Bekämpfung des unl. Wettbewerbs v. 27. Mai 1896 die Zuerkennung der Befugniß, die Verurtheilung auf Kosten des Beklagten öffentlich bekannt zu machen.

Die dem Namensrecht verwandten Rechte auf Firmen, Zeichen u. s. w. sind durch besondere Reichsgesetze geregelt und darum vom B.G.B. nicht berührt.

§ 12.

Todeserklärung und Lebensvermuthung.[1])

Die Persönlichkeit des Menschen erlischt durch den Tod. Dem Beweise des Todes hilft bei Verschollenen die Todeserklärung nach, welche im B.G.B. (§§ 13—19) überwiegend nach dem Muster des Preußischen Rechts (§§ 823—855 A.L.R. II, 18), doch mit erheblichen Neuerungen geregelt ist.

Von den Gründen der Todeserklärung fällt nach dem B.G.B. weg der geschichtlich älteste und Hauptgrund des gemeinen Rechts, das hohe Alter des Verschollenen, genauer: der Ablauf von siebzig Jahren seit seiner Geburt. Dagegen sind anerkannt:

1. Der Hauptgrund des Preußischen Rechts: zehnjährige Dauer der Verschollenheit, und zwar seit dem Schlusse des letzten, vom Verschollenen erweislich erlebten Jahres (§ 14 Abs. 1 Satz 1 und Abs. 3); würde der Verschollene bereits das siebzigste Jahr vollendet haben, so genügt fünfjährige Dauer der Verschollenheit (§ 14 Abs. 2). Andrerseits kann wegen langer Dauer der Verschollenheit die Todeserklärung nie früher erfolgen, als mit dem Schlusse des Jahres, in welchem der Verschollene das einunddreißigste Jahr vollendet haben würde, also frühestens zehn Jahre nach Eintritt des Termins seiner Volljährigkeit (§ 14 Abs. 1 Satz 2 u. § 829 A.L.R. II, 18). Die Berechnung von und bis zu einem Jahresschluß ist der größeren Sicherheit und Gleichmäßigkeit wegen gewählt.

2. Die Kriegsverschollenheit: bei Theilnehmern an einem Kriege, die während desselben vermißt worden sind, genügt nach näherer Bestimmung des § 15 Ablauf von drei Jahren seit dem Friedensschluß.

---

1) Riesenfeld Verschollenheit und Todeserklärung nach gem. und preuß. R. 1891. Verhandlungen des 21. deutschen Juristentages, bes. das Referat von Brunner Bd. 3 S. 173—182. Hachenburg, Das B.G.B. S. 72—86. Zur Regelung des Antrags auf Todeserklärung und des Verfahrens sind Zusätze zur C.P.O. §§ 836a bis 836v im Entwurf aufgestellt.

3. Die Seeverschollenheit:[1]) bei Theilnehmern an einer Seefahrt, die sich auf einem untergegangenen Fahrzeuge befunden haben, genügt nach näherer Bestimmung des § 16 der Ablauf von einem Jahr seit jenem Untergang, und der letztere wird unter gewissen Voraussetzungen sogar vermuthet.

Da diese Gründe in der Praxis, zumal bei dem Ringtheater-Brande zu Wien 1881, sich als noch nicht ausreichend erwiesen haben, ist noch als generalis clausula hinzugefügt:

4. Die Gefahrverschollenheit (§ 17): bei demjenigen, der unter andern als den zu 2. und 3. erwähnten Umständen in Lebensgefahr gerathen ist, genügt Ablauf von drei Jahren seit dem Ereigniß, durch welches die Lebensgefahr entstanden ist.[2]) Damit sind die Gefahren bei Bränden, Bergbesteigungen, Luftschifffahrten u. s. w. gedeckt.

Die Todeserklärung erfolgt vom Gericht nach fruchtlosem Aufgebot des Verschollenen durch Urtheil auf Grund der Ermittelungen, die von Amtswegen anzustellen sind. Und zwar hat das Urtheil nicht bloß den Tod selbst festzustellen, sondern auch den Zeitpunkt seines Eintritts nach Tag und, wenn möglich, nach Stunde. In Ermangelung eines genaueren Ergebnisses der Ermittelungen giebt § 18 Abs. 2 für die Bestimmung des Zeitpunkts Regeln an; bei einer nur dem Tage nach erfolgten Feststellung des Zeitpunkts gilt als solcher das Ende des Tages.[3])

Die Wirkung des Urtheils besteht in der Rechtsvermuthung, daß der Verschollene in dem festgestellten Zeitpunkte gestorben sei (§ 18 Abs. 1), und diese Vermuthung gilt nicht nur dem Antragsteller, sondern auch Dritten gegenüber. Mit der ersteren Bestimmung ist die

---

[1]) Muster war hier das Preuß. Ges. v. 24. Febr. 1851.

[2]) Bei einer sich über eine längere Zeit erstreckenden Lebensgefahr ist zweifelhaft, ob als Anfangspunkt der dreijährigen Frist der erste Moment des gefährlichen Ereignisses anzusehen ist (so Hellmann S. 8) oder das Ende desselben, bezw. der Zeitpunkt, in welchem beim Ueberleben des Verschollenen dessen Rückkehr oder doch eine Nachricht von ihm zu erwarten gewesen wäre (so Planck zu § 17). Die Analogie der §§ 15 und 16 spricht für letzteres. So hätte Fr. Nansen, der am 20. Juni 1893 seine Reise nach dem Nordpol angetreten und dort sein Schiff, die „Fram" verlassen hatte, aber erst am 13. Aug. 1896 zurückkehrte, nicht früher als drei Jahre nach dem Zeitpunkt, wo eine Nachricht von ihm zu erwarten gewesen wäre, für todt erklärt werden können.

[3]) G. Cohn S. 9 bildet das Sprichwort: Nachts um die zwölfte Stunde steigt der Verscholl'ne ins Grab.

bisherige Streitfrage, ob das Urtheil konstitutiv oder deklaratorisch wirke, im letzteren Sinne erledigt, und zwar mit Recht: denn der Grund der Todesvermuthung liegt eben in Umständen, welche der Zeit vor dem Urtheil angehören; darum kann dieses nur den ohnehin wahrscheinlichen Todeszeitpunkt zum gewissen erheben.

Die weitere Streitfrage des gemeinen Rechts, ob als Kehrseite der Todesvermuthung auch eine Lebensvermuthung gelte, hat das B.G.B. in doppeltem Sinne bejaht. Denn 1. begründet die erfolgte Todeserklärung dadurch, daß sie den Zeitpunkt des Todes feststellt (§ 18), zugleich die Vermuthung für das Fortleben des Verschollenen bis zu diesem Zeitpunkt; sodann aber gilt 2. auch schon ohne daß eine Todeserklärung erfolgt ist, nach § 19 eine Vermuthung für das Fortleben des Verschollenen bis zu dem Zeitpunkt, welchen das Urtheil in Ermangelung eines andern Ergebnisses der Ermittelungen als den des Todes anzunehmen hat; diese letztere Vermuthung besteht unabhängig davon, ob ein Todeserklärungsverfahren schwebt oder nicht, und auch ohne daß von Amts wegen Ermittelungen vorzunehmen sind.

In der Gestalt, welche hiernach die Lebensvermuthung vom B.G.B. empfangen hat, bleibt dieselbe frei von dem Fehler der unnatürlichen Ausdehnung bis zum siebzigsten Jahr, welcher ihr nach § 38 A.L.R. I, 1 anhaftet, und dessentwegen sie vom Reichsgericht für das gemeine Recht sogar verworfen worden ist;[1]) sie dauert nach dem B.G.B. nur bis zu dem Ereigniß, das den Tod wahrscheinlich macht, und höchstens zehn Jahre lang seit Eintritt der Verschollenheit. In dieser Beschränkung ist sie aber als Kehrseite der Todesvermuthung sogar unentbehrlich, weil es ohne sie geschehen kann, daß derselbe Verschollene vor der Todeserklärung einerseits in Bezug auf Rechte Dritter, die durch seinen Tod bedingt sind (z. B. als Erblasser), für noch nicht verstorben gilt, andererseits in Bezug auf Rechte, die von seinem Leben abhängen, (z. B. als Erbe), nicht mehr für lebend; eine solche relative Bestimmtheit von Tod und Leben bildet einen großen Uebelstand der gemeinrechtlichen Praxis.[2]) Freilich bringt auch die Lebensvermuthung des B.G.B. das Bedenken mit sich, daß danach Ansprüche auf Renten u. dergl., die der Verschollene einem Dritten abgetreten hat, von diesem

[1]) Seuffert Archiv Bd. 42 Nr. 214; Bd. 43 Nr. 2; Bd. 44 Nr. 162.

[2]) Vgl. Gierke in d. Jahrb. f. Dogm. Bd. 35 S. 138.

bis zum Ablauf des zehnten Jahres ohne einen andern Beweis für das Leben des Verschollenen, als die gesetzliche Vermuthung, und somit noch leichter als von dem ursprünglichen Gläubiger selbst, verfolgt werden können; zur Vermeidung dessen wird es Sache der Rentenschuldner sein, sich bei Eingehung der Schuld durch Ausbedingung eines Lebensattestes zu sichern.

In einzelnen Beziehungen sind die Rechtsverhältnisse nach einer Todeserklärung noch besonders geregelt. Wenn die für todt erklärte Person noch lebt, so kann sie Herausgabe ihres Vermögens nach den Regeln des Erbschaftsanspruchs verlangen (§ 2031 Abs. 1); doch werden redliche dritte Erwerber geschützt (§ 2370). Im Familienrecht geht die Wirkung der Todeserklärung über die einer Beweisvermuthung noch hinaus. Durch die Todeserklärung eines Ehegatten wird der andere Gatte berechtigt, eine neue Ehe einzugehen, und durch diese die frühere Ehe aufgelöst (§ 1348); doch kann jeder Gatte der zweiten Ehe diese anfechten und dadurch die frühere wieder ins Leben rufen (§ 1350). Durch die Todeserklärung erlischt mit dem im Urtheil festgestellten Zeitpunkt auch das ehemännliche Verwaltungs- und Nutznießungsrecht (§ 1420), die Errungenschaftsgemeinschaft (§ 1544), desgleichen, obwohl das B.G.B. es nicht ausspricht, die Gütergemeinschaft, ferner nach § 1494 Abs. 2 die fortgesetzte Gütergemeinschaft zwischen dem für todt erklärten Gatten und den Kindern, endlich die elterliche Gewalt (§ 1679); in den meisten dieser Fälle kann der für todt Erklärte, wenn er noch lebt, Wiederherstellung erlangen.

Das B.G.B. bestimmt in § 20 noch sachgemäß, daß wenn mehrere in einer gemeinsamen Gefahr umgekommen sind, die Gleichzeitigkeit ihres Todes vermuthet wird. Dadurch ist die innerlich unbegründete Präsumtion des gemeinen Rechts, daß unter Eltern und Kindern als Kommorienten das unmündige Kind vor, das mündige nach den Eltern gestorben sei, beseitigt.

Abschnitt II. Die juristischen Personen.

§ 13.

Die juristischen Personen im Allgemeinen. Vereine und Stiftungen.[1])

Als Arten der juristischen Personen auf dem Gebiete des Privatrechts kennt das B.G.B. 1. rechtsfähige Vereine, entsprechend den Korporationen oder Körperschaften des bisherigen Rechts, d. i. organisirte Verbindungen mehrerer Einzelpersonen zu einem Ganzen, und 2. Stiftungen, über deren Begriff später zu handeln ist. Daneben enthält das B.G.B. noch einzelne Sätze über den Fiskus und die Körperschaften, Stiftungen und Anstalten des öffentlichen Rechts; damit ist der Begriff der Anstalt als grundsätzlich dem öffentlichen Recht angehörig hingestellt.

Gemeinsame Regeln für rechtsfähige Vereine und Stiftungen stellt das B.G.B. ausdrücklich fast garnicht auf. Es legt nur stillschweigend beiden die gleiche Rechtsfähigkeit bei, und zwar im Vermögensrecht diejenige, welche auch den natürlichen Personen zukommt, während im Familienrecht die juristischen Personen selbstverständlich rechtsunfähig bleiben. Damit fällt insbesondere die aus dem römischen Recht stammende Zurücksetzung der juristischen Personen auf dem Gebiet des Erbrechts weg. Jedoch hält das E.G. Art. 86 die landesrechtlichen Erwerbsbeschränkungen der todten Hand (die sog. Amortisationsgesetze) in soweit aufrecht, als sie Gegenstände im Werth von mehr als 5000 Mark betreffen. Damit wird z. B. das preußische Gesetz vom 23. Februar 1870, welches im § 2 zu Schenkungen und letztwilligen Zuwendungen an juristische Personen Staatsgenehmigung erfordert, wenn der Werth die Summe von 3000 Mark übersteigt, im Punkt

---

[1]) Aus der bisherigen Litteratur bleibt hervorzuheben: Gierke, Das deutsche Genossenschaftsrecht, 3 Bde., 1868—1881 und die Genossenschaftstheorie und die Rechtsprechung, 1887. De lege ferenda waren besonders die Verhandlungen des 23. Deutschen Juristentages (Gutachten und Debatten) über den Erwerb der juristischen Persönlichkeit bedeutsam. Seit Erlaß des B.G.B. haben über die juristischen Personen gehandelt: Hachenburg S. 199—222; Staudinger, Das Vereinsrecht, Erlangen, 1897.

der Werthshöhe geändert. Im übrigen erstreckt das B.G.B. in § 86 noch einzelne Vorschriften über rechtsfähige Vereine gleichmäßig auch auf Stiftungen. Aber abgesehen von diesen Gleichstellungen behandelt es die rechtsfähigen Vereine und die Stiftungen durchaus getrennt, und dementsprechend ist auch hier die Darstellung zu gestalten.

Vorweg aber bleibt zu betonen, daß ein Verein auch nach dem B.G.B. nicht blos als rechtsfähiger, sondern auch als nicht rechtsfähiger möglich ist. Zwar wird ein solcher im B.G.B. nur einmal in § 54 berührt und dort den Vorschriften über die Gesellschaft unterworfen. Gleichwohl bleibt auch der nicht rechtsfähige Verein von der Gesellschaft wesentlich verschieden und mit dem rechtsfähigen zu einem Gattungsbegriff verbunden. Denn jeder Verein hat, anders als die Gesellschaft, eine Verfassung kraft Gesetzes oder Statuts (Satzung), einen eigenen Namen und eigenen Zweck. Er hat zu Willensorganen eine Mitgliederversammlung, welche über die gesammten Vereinsangelegenheiten nach Mehrheit zu beschließen hat, und einen Vorstand, der den Verein nach außen vertritt, während bei der Gesellschaft die Führung der Geschäfte den Gesellschaftern gemeinschaftlich zusteht, so lange dies nicht durch besondere Bestimmung geändert ist. Der Verein ist auf den Wechsel der Mitglieder nach Zahl und Personen berechnet, und sein Bestand wird durch den Wechsel nicht berührt; die Gesellschaft dagegen bleibt grundsätzlich an die Identität der Gesellschafter gebunden. Endlich das Vermögen des Vereins gehört diesem und haftet nur für Schulden des Vereins selbst, auf Grund eines gegen ihn ergangenen Urtheils; dagegen bei der Gesellschaft kennt das B.G.B. zwar auch ein sog. Gesellschaftsvermögen (§ 718), aber dies gehört den Gesellschaftern zu gesammter Hand, d. h. zu Antheilen, die nur einstweilen gebunden und latent sind; daher haftet es nicht nur für die Gesellschaftsschulden, sondern auch für die Privatschulden aller Gesellschafter auf Grund eines gegen diese ergangenen Urtheils.

Alle diese Eigenschaften des Vereins im Gegensatz zur Gesellschaft sind vom B.G.B. beim rechtsfähigen Verein voll anerkannt und durchgeführt. Wenn daneben der nicht rechtsfähige Verein nach § 54 ganz unter dem Recht der Gesellschaft zu stehen scheint, so ist die Bedeutung dieser Vorschrift erst unten am Schluß des Vereinsrechts zu erörtern. Gemeinsam bleibt jedenfalls für alle Vereine, rechtsfähige, wie nicht rechtsfähige, das öffentliche Vereinsrecht maßgebend, auf welches auch das B.G.B. ausdrücklich verweist (§ 61 Abs. 2, § 74 Abs. 3). Dasselbe bestimmt bei Privatvereinen besonders die polizeiliche Erlaubtheit, die Beaufsichtigung und Auflösung derselben. Und zwar ist dies Vereinsrecht, so lange das durch die Reichsverfassung Art. 4 Nr. 16 in Aussicht gestellte Reichsgesetz über das Vereinswesen fehlt, überwiegend Landesrecht, in Preußen durch das Gesetz vom 11. März 1850 bestimmt. Da aber für uns vor allem das Privatrecht in Betracht kommt, so sind die rechtsfähigen und die nicht rechtsfähigen Vereine getrennt darzustellen.

§ 14.

Entstehung rechtsfähiger Vereine.

Bei der Berathung des B.G.B. war es eine Hauptfrage, ob die bloße Gründung eines erlaubten Vereins im Sinne einer eigenen Körperschaft ohne jede staatliche Mitwirkung genügen solle, um demselben Rechtsfähigkeit zu verschaffen (Prinzip der freien Körperschaftsbildung). Von germanistischer Seite wurde die Bejahung dieser Frage lebhaft vertheidigt. Trotzdem hat das B.G.B. dies Prinzip abgelehnt, und gewiß mit Recht, weil es bei demselben an einer genügenden Kennzeichnung der juristischen Persönlichkeit mangelt. Statt dessen stellt das B.G.B. zwei andere Prinzipien nebeneinander: das Konzessions- oder Verleihungsprinzip des Preußischen Rechts (§ 25 A.L.R. II, 6), nach welchem ein Verein die Rechtsfähigkeit erst durch staatliche Verleihung erlangt, und das Prinzip der Eintragung (Registrirung), demzufolge jeder Verein schon durch die nach Erfüllung gewisser Normativbedingungen zu bewirkende Eintragung in ein Vereinsregister rechtsfähig wird. Das letztere Prinzip ist in den Reichsgesetzen zuerst für Erwerbs- und Wirthschaftsgenossenschaften und für Aktien-Gesellschaften eingeführt worden. Das B.G.B. § 21 hat dasselbe nach dem Vorbild des Bayrischen Vereinsgesetzes vom 29. April 1869 § 21 für alle diejenigen Vereine angenommen, deren Zweck nicht auf einen wirthschaftlichen Geschäftsbetrieb gerichtet ist, sondern (so muß man hinzudenken) auf eine andere Aufgabe; immerhin ist es von Wichtigkeit, wie sich unten zeigen wird, daß das B.G.B. das Kriterium der Eintragungsfähigkeit in der angegebenen Weise negativ bestimmt. Das Eintragungsprinzip findet hiernach Anwendung auf Vereine mit gemeinnützigen, wohlthätigen, geselligen, wissenschaftlichen, künstlerischen, religiösen, politischen und sozialpolitischen, kurz mit idealen Zwecken (sog. Idealvereine). Dagegen gilt nach § 22 das Verleihungsprinzip für die Vereine zum Zweck eines wirthschaftlichen Geschäftsbetriebes (sog. Wirthschaftsvereine), soweit für dieselben nicht besondere reichsgesetzliche Vorschriften bestehen. Solche sind aber schon jetzt für die allermeisten Arten wirthschaftlicher Vereine erlassen: z. B. für die Aktienvereine u. dgl. m. im H.G.B., für die Erwerbs- und Wirthschaftsgenossenschaften im Gesetz vom 1. Mai 1889, für die eingeschriebenen Hülfskassen im Gesetz vom 7. April 1876, für die Gesellschaften mit beschränkter Haftung im Gesetz vom 20. April 1892. Für diese Vereine bedarf es auch nach den angeführten Reichsgesetzen nur der Erfüllung gewisser Normativbedingungen, — die freilich strenger sind, als die durch das B.G.B. für die Idealvereine aufgestellten, — und sodann der Eintragung in ein Register. In diesem Bereich bleibt daher das Verleihungsprinzip des B.G.B. außer Anwendung. Nicht minder aber ist dies Prinzip unmaßgeblich für alle diejenigen Vereine, welche in das öffentliche Recht oder in die dem Landesrecht vorbehaltenen Rechtsgebiete gehören, z. B. in das Wasser-, Deich- und Sielrecht, in das Jagd-, Fischerei-, Bergrecht und in das Versicherungsrecht. Folglich wird schließlich der § 22 des B.G.B. nur in vereinzelten Fällen und mehr zur Aushülfe Platz greifen. Soweit dies aber zutrifft, ist zuständig für die Verleihung der Rechtsfähigkeit nach § 22 der einzelne Bundesstaat, in welchem der Verein seinen Sitz hat, und innerhalb des Bundesstaates das landesrechtlich berufene staatliche Organ, z. B. in Preußen der König.[1]) Natürlich kann der Staat die Verleihung der Rechtsfähigkeit auch von Bedingungen abhängig machen, z. B. davon, daß der Verein ein gewisses Vermögen nachweise oder sich einer Polizeiaufsicht oder dem beliebigen Widerruf der Verleihung unterwerfe. Ja, nach E.G. Art. 82 bleiben in Bezug auf die Verfassung solcher Vereine, deren Rechtsfähigkeit auf staatlicher Verleihung beruht, sogar überhaupt die Vorschriften der Landesgesetze unberührt. Indessen soll dieser Satz nicht etwa die Anwendung der gesammten reichsrechtlichen Verfassungsbestimmungen (§§ 25—53) auf Vereine mit staatlich verliehener Rechtsfähigkeit ausschließen, (da vielmehr E.G. Art. 163 auch die bereits bestehenden

[1]) Vgl. darüber Eccius, Theorie und Praxis IV § 282 Anm. 5 und Endemann I § 47 Anm. 3. Die Behauptung Riedels (S. 160), daß an Stelle des Landesherrn der Regierungspräsident, für Berlin der Polizeipräsident getreten sei, wird durch die von ihm angeführten Gesetzesstellen keineswegs begründet.

Vereine dieser Art jenen Bestimmungen ausdrücklich unterwirft,) sondern er bezweckt nur, daß die Verfassung jener Vereine auch mit dem Landesrecht in Einklang bleibe;[1]) immerhin wird das letztere bei denselben solche Verfassungsbestimmungen des B.G.B., welche nicht zwingender Natur sind, sondern eine Abänderung durch die Satzung zulassen (§ 40), auch seinerseits ausschließen können.

Auf den ersten Blick erscheint die Zweitheilung des Eintragungs- und des Verleihungsprinzips für die Erlangung der juristischen Persönlichkeit auffallend; in Wahrheit war sie unumgänglich, denn bei Wirthschaftsvereinen, welche erhebliche Kreditgeschäfte machen, bedarf es eben im Interesse der Gläubiger strengerer Voraussetzungen für die Rechtsfähigkeit, als bei Vereinen zu idealen Zwecken. Deswegen konnte man zwar bei den letzteren mit leichten Normativbedingungen und der Eintragung auskommen. Aber wenn man dieselbe Form auch den Wirthschaftsvereinen hätte freigeben wollen, so würde man diesen damit Thor und Thür geöffnet haben, um alle die in den erwähnten Reichsgesetzen ihnen auferlegten Sicherheitsmaßregeln zu umgehen, und deshalb mußte es bei diesen Vorschriften und in Ermangelung solcher bei dem Verleihungsprinzip bewenden. Darin liegt denn auch der Grund für die negative Fassung des B.G.B. § 21, daß Vereine, die nicht einen wirthschaftlichen Geschäftsbetrieb bezwecken, durch Eintragung rechtsfähig werden. Es sollten eben der Zweck eines wirthschaftlichen Betriebes und das Eintragungsprinzip einander ausschließen.

Für die Vereine mit idealen Zwecken bedeutet nun aber das Eintragungsprinzip einen großen Gewinn gegenüber dem bisher überwiegenden Verleihungsprinzip. Denn die Erlangung bezw. Versagung der Rechtsfähigkeit erfolgt nun nicht mehr nach dem Ermessen der Verwaltungsbehörde und nach deren wechselnden Maximen, sondern nach festen Rechtsregeln, und die Vereine können nun nicht mehr genöthigt werden, ihre Qualifikation für die Rechtsfähigkeit weitläufig nachzuweisen, sondern sie haben nur noch die geringen Normativbedingungen

[1]) Vgl. die Materialien zu Art. 81 des Entw. eines E.G. zum B.G.B. (Reichstagsvorlage), die freilich wenig klar sind. Die Meinungen der Schriftsteller über die Tragweite des Art. 82 gehen auseinander. Riedel (S. 100—101) giebt die Sätze der Materialien wieder. Endemann (S. 215) legt den Landesgesetzen die Befugniß bei, beliebige, auch von den Normen des B.G.B. abweichende Vorschriften zu erlassen. Cosack (S. 96) nimmt umgekehrt an, daß nicht einmal die Verleihungsbedingungen den Reichsgesetzen widersprechen dürfen.

der Eintragung zu erfüllen. Auf dieser Grundlage wird sich — so darf man hoffen — ein blühendes Vereinsleben entwickeln, und während bisher das sächsische Vereinsrecht als das liberalste galt, und darum so viele Vereine ihren Sitz in Leipzig nahmen, wird künftig Sachsen darin nichts mehr voraus haben. Ja, auch Vereine, welche außerhalb Deutschlands ihren Sitz haben, können nach § 23 in Deutschland Rechtsfähigkeit erlangen durch Beschluß des Bundesraths, und zwar ohne Unterscheidung zwischen Wirthschafts- und Idealvereinen. Hat aber ein solcher Verein schon nach dem Gesetz des fremden Staats Rechtsfähigkeit, so kann der Bundesrath dieselbe anerkennen (E. G. Art. 10.)

Inzwischen sind anläßlich der Zweitheilung der Vereine schon jetzt gewisse Fragen streitig geworden, und zwar:

1. Die Frage, was unter einem wirthschaftlichen Geschäftsbetrieb zu verstehen sei. Manche erklären denselben für gleichbedeutend mit der Absicht auf Gewinn oder Erwerb und nennen daher die Vereine mit solchen Zwecken „Erwerbsvereine".[1]) Aber mit Recht hat man erwidert,[2]) daß „wirthschaftlich" nicht soviel sei, als „gewerblich"; denn Wirthschaft ist der geschäftsmäßige Betrieb der Erzeugung oder des Umsatzes von Gütern, auch wenn er nicht dem Gewinn dient. Ein Berufs- oder Fachverein z. B., welcher Waaren im Großen einkauft und im Einzelnen an seine Mitglieder zu den Einkaufspreisen wieder verkauft, ohne Gewinn zu machen, bezweckt dennoch einen wirthschaftlichen Geschäftsbetrieb. Auch ein Verein der Brauereien gegen Boykottirung durch Arbeiter, welcher nothleidende Brauereien mit Geld oder Waaren oder Arbeitskräften unterstützt, entfaltet einen wirthschaftlichen Geschäftsbetrieb, weil er Güter umsetzt, aber ohne Gewinnabsicht. Hiernach wird man solche Vereine nicht Erwerbs-, sondern richtiger „Wirthschaftsvereine" zu nennen haben.

2. Zu welcher Klasse gehört aber ein Verein alsdann, wenn er neben einem wirthschaftlichen zugleich auch einen idealen Zweck verfolgt? Zunächst muß hier der Hauptzweck entscheiden.

Wenn also ein Unterstützungsverein, ein Asylverein für Obdachlose, ein Wärmehallenverein Mittel zur Speisung und Pflege der Armen anschafft

---

[1]) Z. B. Riedel S. 89.

[2]) Planck Komm. zu § 21 Anm. 2, Hachenburg S. 216.

und an diese für eine Kleinigkeit abläßt, oder wenn ein Leseverein die von seinen Mitgliedern benutzten Bücher und Zeitungen wieder verkauft, so bleibt ein solcher Verein doch wegen seines wohlthätigen oder wissenschaftlichen Hauptzweckes ein Idealverein. Ebenso ein Berufs- oder Fachverein, welcher hauptsächlich die Förderung der Standesinteressen bezweckt und nur als Mittel dazu auch wirthschaftliche Geschäfte schließt, z. B. die Juristische Gesellschaft in Berlin; dagegen ist ein Beamten- oder Offiziersverein, der als Hauptzweck die Beschaffung billiger Waaren für seine Mitglieder betreibt, eben darum ein Wirthschaftsverein, auch wenn er jenes nebenher im Standesinteresse thut. Ebenso steht es mit dem in der Reichstagskommission erwähnten Verein,[1]) welcher zwar als Hauptzweck in der Satzung die Beschaffung wohlfeiler Arbeiterwohnungen, also einen idealen Zweck, aufgestellt hat, aber die hergestellten Wohnungen in der Weise vermiethet, daß er nicht blos eine Verzinsung des Baukapitals erzielt, sondern auch noch einen Ueberschuß für die Vereinskasse oder zur Vertheilung unter die Mitglieder ins Auge faßt. Mit Recht hat man hier trotz der Satzung den wirthschaftlichen Geschäftsbetrieb für den Hauptzweck und die Förderung des Arbeiterwohls nur für den Nebenzweck oder das Motiv angesehen. Noch mehr kann sich die Frage zuspitzen, wenn keiner der beiden Zwecke als Hauptzweck erscheint, sondern beide durchaus in gleicher Linie stehen, z. B. wenn ein Berufs- oder Fachverein einerseits Herstellung und Absatz von Arbeitserzeugnissen der Mitglieder, also etwas wirthschaftliches, bezweckt, andererseits aber dadurch zugleich die Förderung des Interesses der Berufsgenossen, also etwas ideales. Hier muß die negative Fassung des B.G.B. § 21, wonach bei einem Idealverein der Zweck nicht auf einen wirthschaftlichen Geschäftsbetrieb gerichtet sein darf, den Ausschlag geben; denn dies trifft eben bei einem solchen Doppelzweck nicht zu, deshalb ist der Verein nicht eintragungsfähig. Wohl aber liegt bei ihm die affirmative Voraussetzung des § 22 vor: der Zweck eines wirthschaftlichen Geschäftsbetriebes; daher bedarf ein solcher Verein der staatlichen Verleihung der Rechtsfähigkeit, sofern er nicht unter ein besonderes Reichsgesetz fällt. Zur Anwendung des Eintragungsprinzips müßte eben der ideale Zweck überwiegen.

3. Es fragt sich endlich: Wie nun, wenn über den Zweck des Vereins der Registerrichter und die Verwaltungsbehörde verschieden

[1]) Nach der Mittheilung von Planck, Komm. § 21 Anm. 2.

urtheilen, der erstere die Eintragung ablehnt, weil der Verein ein wirthschaftlicher sei, und die Verwaltungsbehörde die Rechtsfähigkeit nicht verleihen will, weil er ein Idealverein und also einzutragen sei. Der Entwurf III § 21 Abs. 1 a. E. half der Schwierigkeit dadurch ab, daß er auch bei Idealvereinen staatliche Verleihung der Rechtsfähigkeit gestattete. Der Reichstag hat dies ohne Ersatz gestrichen, und darnach kann denn ein Verein in der That zwischen zwei Stühle zu sitzen kommen. Aber man darf hoffen, daß wenn der Zweck des Vereins die Rechtsfähigkeit verdient, der eine oder der andere jener die Eintragung, bezw. die Verleihung ablehnenden Bescheide auf Beschwerde abgeändert werden wird.

Im Einzelnen zerlegt nun das B.G.B. seine Vorschriften in zwei Gruppen: 1. die eine (§§ 25—53) ist allgemeiner Natur und bezieht sich auf alle rechtsfähigen Vereine, sowohl die idealen, als die Wirthschaftsvereine, soweit sie nicht durch Sondergesetze geregelt sind. 2. Die andere Gruppe (§§ 55—78) betrifft nur die Idealvereine mit Rechtsfähigkeit kraft Eintragung. Zunächst ist die erstere Gruppe darzustellen.

§ 15.

Verfassung und Geschäftsführung der rechtsfähigen Vereine überhaupt.

Für die Verfassung der Vereine sind in erster Linie die §§ 26—53 maßgebend, in zweiter Linie ist es die Satzung, soweit als jene Paragraphen einen Punkt nicht regeln; einige derselben lassen auch eine Abänderung ihrer Vorschriften durch die Satzung zu (§ 40).

Jeder Verein muß einen eigenen Namen und einen eigenen Sitz haben; letzteren kann nach § 24 die Satzung frei bestimmen, in Ermangelung solcher Bestimmung gilt als Sitz der Ort, wo die Verwaltung geführt wird. Ferner muß jeder Verein mindestens zwei Willensorgane haben, die Mitgliederversammlung und den Vorstand. Weitere Organe für gewisse Geschäfte kann nach § 30 die Satzung bestimmen, z. B. einen Mitgliederausschuß, einen Aufsichtsrath, einen Syndikus, einen Schatzmeister u. a. m.

Das Hauptorgan ist die Mitgliederversammlung (Generalversammlung), denn sie ist es nach § 32, welche durch ihre Beschlüsse die Angelegenheiten des Vereins ordnet, soweit sie nicht von einem andern

Organ zu besorgen sind. Sie hat den Vorstand zu bestellen und kann ihn absetzen. Sie kann autonomisch Rechtssätze aufstellen über die Rechte und Pflichten der Mitglieder, z. B. betreffend Beiträge, Strafgelder u. dgl. m. Sie kann die Satzung auch jederzeit ändern (§ 33), ja sogar den Verein auflösen (§ 41). Nur zwei Schranken sind ihr gezogen: sie kann a. selbstverständlich nichts im Widerspruch mit der Satzung oder mit zwingenden Gesetzesbestimmungen beschließen, z. B. nicht Aufhebung der durch § 39 gewährten Austrittsfreiheit, und sie kann b. nach § 35 auch nicht Sonderrechte eines Mitgliedes ohne dessen Zustimmung beeinträchtigen. Gegen einen rechtswidrigen Beschluß kann jedes Mitglied auf Feststellung der Nichtigkeit desselben klagen.[1])

Ueber die Formen der Beschlußfassung giebt das B.G.B. Vorschriften, welche vielfach mit denen des H.G.B. für Aktien-Gesellschaften (§§ 250—260) übereinstimmen, jedoch größtentheils durch die Satzung zu ändern sind. Die Mitgliederversammlung muß nach § 36 vom Vorstand berufen werden in den von der Satzung bestimmten Fällen und wenn das Vereinsinteresse es erfordert, sowie auf Verlangen eines Zehntels der Mitglieder, das nach § 37 nöthigenfalls selber durch das Amtsgericht zur Berufung ermächtigt wird.[2]) Der Gegenstand der Beschlußfassung muß bei der Berufung bezeichnet sein, § 32 Abs. 1. Entbehrlich ist eine Versammlung dann, wenn alle Mitglieder schriftlich einem Antrage zustimmen, § 32 Abs. 2, was aber die Satzung ändern kann, § 40. In der Versammlung ist die Anwesenheit eines bestimmten Bruchtheiles der Mitglieder nicht erforderlich; es genügt also, wenn auch nur ein Mitglied erschienen ist.[3]) Bei der Beschlußfassung entscheidet nach § 32 Abs. 1 Satz 3 die Mehrheit der erschienenen und (so muß man hinzudenken) stimmenden Mitglieder; die Abstimmung findet also grundsätzlich nach Köpfen statt. Vertretung durch einen Bevollmächtigten ist unzulässig, § 38. Ausgeschlossen von der Abstimmung sind nach § 34 Mitglieder dann, wenn es sich um ein Rechtsgeschäft oder einen Rechtsstreit zwischen ihnen und dem Verein handelt.[4]) Nur zur Aenderung

---

[1]) Dies ist als selbstverständlich im B.G.B. nicht erst ausgesprochen. Prot. S. 1078. Näheres bei Riedel S. 123.

[2]) Aehnlich H.G.B. § 254. Gen.Ges. § 43. Nach dem Entwurf des Ges. über Ang. d. freiw. Ger. § 156 soll der Richter vorher den Vorstand hören.

[3]) Ein Beispiel in den Entsch. d. R.G. Bd. 34 S. 116.

[4]) Aehnlich H.G.B. § 252 Abs. 3, Gen.Ges. § 41.

der Satzung ist die Zustimmung von drei Vierteln der Erschienenen erforderlich, aber auch genügend.[1]) Zur Aenderung des Vereinszweckes aber gehört sogar Einstimmigkeit aller, auch der Ausgebliebenen, die dann schriftlich stimmen müssen, § 33. Doch können die Regeln der §§ 32, 33, 38 über die Beschlußfassung der Mitgliederversammlung durch die Satzung geändert werden, § 40. Darnach kann also z. B. an Stelle der Mitgliederversammlung ein bloßer Ausschuß berufen werden; es kann das Stimmrecht nach der Höhe der Beiträge abgestuft, ja sogar die Aenderung der Satzung einer einfachen Mehrheit vorbehalten werden. Nur bei Vereinen mit staatlich verliehener Rechtsfähigkeit bedarf jede Aenderung der Satzung auch der staatlichen Genehmigung, § 33 Abs. 2.

Das zweite Organ ist der Vorstand (Präsidium, Direktorium oder dgl.), welcher kollegialisch oder monokratisch gestaltet sein kann, § 26 Abs. 1. Er wird bestellt durch die Mitgliederversammlung, § 27 Abs. 1, in Nothfällen nach § 29 provisorisch durch das Amtsgericht. Seine Bestellung kann die Mitgliederversammlung jeder Zeit widerrufen, § 27 Abs. 2, jedoch vorbehaltlich seines Rechtes auf die vertragsmäßige Vergütung. Doch kann die Satzung sowohl eine andere Bestellungsweise vorschreiben (§ 40), z. B. Kooptation, als auch die Widerruflichkeit auf einen wichtigen Grund beschränken, § 27 Abs. 2 Satz 2. Ferner hat der Vorstand nach § 27 Abs. 3 die Geschäfte nach den Regeln der §§ 664—670 vom Auftrag zu führen; dazu gehört insbesondere die Verpflichtung, die Weisungen der Mitgliederversammlung zu befolgen, § 665, derselben Auskunft zu ertheilen und Rechenschaft abzulegen, § 666. Aber auch diese Anwendung der Regeln vom Auftrag und damit die Abhängigkeit des Vorstandes von der Mitgliederversammlung kann durch die Satzung geändert werden, § 40.

Nach außen vertritt der Vorstand den Verein aktiv und passiv, gerichtlich und außergerichtlich, § 26 Abs. 2; er hat die Stellung eines gesetzlichen Vertreters und zwar grundsätzlich unbeschränkt, doch kann die Satzung auch diese volle Vertretungsmacht beschränken durch Untersagung gewisser Geschäfte (z. B. Wechselverpflichtungen oder Grundstückskäufe), mit oder ohne Ueberweisung derselben an einen selbständigen Vertreter. Solche Beschränkungen haben auch Wirkung gegen

---

[1]) Aehnlich H.G.B. § 275, Gen.Ges. § 16.

Dritte, § 26 Abs. 2).[1]) Dagegen wirkt eine bloße Anweisung der Mitgliederversammlung an den Vorstand nur obligatorisch, so daß der Vorstand, der sie übertritt, dem Verein verantwortlich ist, aber das Geschäft Dritten gegenüber besteht, abgesehen von dem Falle arglistiger Kollusion.

Besteht der Vorstand aus einer Mehrheit, so gilt weder Korrealität (Vertretungsmacht jedes Einzelnen), noch Kollektivprinzip (Erforderniß der Einstimmigkeit),[2]) sondern es sind dieselben Regeln maßgebend, wie nach §§ 32 und 34 für die Beschlüsse der Mitglieder, § 28 Abs. 1. Es ist also eine Versammlung des Vorstandes erforderlich und in dieser ein Mehrheitsbeschluß; dieselbe wird aber entbehrlich durch schriftliche Zustimmung aller. Aber auch über die Beschlußfassung des Vorstandes kann die Satzung abweichendes bestimmen, § 40. Zur Vornahme eines beschlossenen Rechtsgeschäfts kann natürlich auch ein einzelnes Vorstandsmitglied bevollmächtigt werden; wenn keine Bevollmächtigung zulässig ist, z. B. bei einer Eidesleistung nach C.P.O. §§ 436, 440, so müssen die Mitglieder des Vorstandes insgesammt handeln. Nur bei Willenserklärungen an den Verein genügt die Abgabe gegenüber einem Vorstandsmitglied, § 28 Abs. 2, so bei Annahme eines Vertragsantrags, bei Kündigung, Mahnung u. s. w., wie bei einer Zustellung nach C.P.O. § 157 Abs. 3. Da diese Bestimmung im allgemeinen Interesse zur Erleichterung für Dritte getroffen ist, bildet sie zwingendes Recht.

§ 16.

Verantwortlichkeit der Vereine für Beschädigung.[3])

Der Verein haftet Dritten gegenüber nicht blos aus Rechtsgeschäften seiner Vertreter, sondern nach § 31 auch aus jeder zum Schadensersatz verpflichtenden Handlung des Vorstandes oder eines Mitgliedes desselben oder eines anderen verfassungsmäßig berufenen Vertreters, vorausgesetzt, daß der Vertreter die Handlung in Aus-

---

[1]) Anders H.G.B. § 235, Gen.Ges. § 27 mit Rücksicht auf das Bedürfniß des Handelsverkehrs.

[2]) Letzteres gilt nach H.G.B. § 232, Gen.Ges. § 25. Ges. betr. Gesellsch. m. b. H. § 35, auch Entw. I § 44 Abs. 5.

[3]) Linckelmann, Die Schadensersatzpflicht aus unerlaubten Handlungen nach dem B.G.B. Berlin 1898. S. 112—120.

führung der ihm zustehenden Verrichtungen vorgenommen hat. Diese Entscheidung einer vielbestrittenen Frage ist um so wichtiger, als sie nach § 86 auch für Stiftungen gilt, ja nach § 89 auch für den Fiskus und die Körperschaften, Stiftungen und Anstalten des öffentlichen Rechts. Zwar kennt das B.G.B. schon im Allgemeinen eine weitgehende Haftung für Verschulden von Mittelspersonen. Denn es haftet 1. nach § 278 jeder Schuldner bei Erfüllung von Verbindlichkeiten für das Verschulden seines gesetzlichen Vertreters und seiner Hilfspersonen in gleichem Umfang, wie für eigenes, und 2. nach § 831 Jedermann, wenn ein von ihm zu einer Verrichtung Bestellter in Ausführung derselben einen Dritten widerrechtlich beschädigt; ausgenommen, falls der Geschäftsherr beweist, daß er allseitig die erforderliche Sorgfalt beobachtet habe, oder daß auch bei Beobachtung derselben der Schaden eingetreten sein würde. Aber bei juristischen Personen geht das B.G.B. über diesen zweiten Satz in doppelter Beziehung hinaus.

Denn a) dieselben haften nicht blos für eine widerrechtliche, sondern überhaupt für jede zum Schadensersatz verpflichtende Handlung eines Vertreters, also auch dann, wenn dieselbe nicht widerrechtlich war, wie z. B. eine aggressive Nothstandshandlung nach § 904 oder das Halten eines Thieres, das Schaden anrichtet, nach § 833, und

b) sie können sich nicht befreien durch jenen Beweis der beobachteten Sorgfalt; also wird z. B., wenn der Rendant einer Gemeindesparkasse ein Sparkassenbuch über eine in Wahrheit nicht gemachte Einlage betrüglich ausfertigt, die Gemeinde dem redlichen Erwerber unbedingt haften,[1]) und der Verein, der zufolge eines durch seinen Beamten unter Verletzung der Eidespflicht geleisteten Parteieides im Prozeß gesiegt hat, der Restitutionsklage nach C.P.O. § 543 Nr. 1 unterliegen.

Auch gilt diese Haftung aus § 31 nicht blos bei Handlungen, die in Ausübung der Vertretungsmacht geschehen sind, sondern auch bei Verletzungen in Ausführung thatsächlicher Verrichtungen, z. B. bei Verletzung eines Patentrechtes durch Fabrikation von Waaren, bei Beschädigung der durch den Fiskus gemietheten Diensträume von Seiten eines Beamten, ja auch bei Außerachtlassung der Aufsicht, welche der Vorstand über Unterbeamte hätte üben sollen.

---

[1]) Anders hat diesen Fall das Reichsgericht entschieden; vgl. Rocholl, Rechtsfälle a. d. Praxis des R.G. I S. 338 ff.

Andererseits bleibt die Haftung begrenzt durch drei Merkmale:

1. Die Handlungen müssen von einem verfassungsmäßigen Vertreter des Vereins ausgegangen sein, also von einem Willensorgan;[1] dagegen fällt es nicht unter den § 31, wenn z. B. ein Eisenbahnwärter den Uebergang nicht schließt, oder der Pförtner eines Vereinshauses bei Glatteis nicht Sand streut, oder ein vom Verein beauftragter Baumeister fahrlässig Sprengungen vornimmt;[2] hier bleibt vielmehr der Einwand der beobachteten Sorgfalt aus § 831 offen.

2. Die Handlung muß auch in Ausführung der dem Vertreter zustehenden Verrichtung geschehen sein, nicht blos bei Gelegenheit derselben; wenn also z. B. ein Vereinsvorsteher, nachdem er die Diensträume verlassen hat, auf der Treppe durch Wegwerfen der Cigarre einen Brand stiftet, oder bei Verhandlung einer Vereinsangelegenheit mit einem Dritten in Streit geräth und ihn verletzt, so macht er den Verein nicht haftbar.

3. Die Handlungen, die von Staats- oder Kommunalbeamten in Ausübung der ihnen anvertrauten öffentlichen Gewalt vorgenommen werden, machen den Staat oder sonstigen Verband nicht nach § 31 haftbar, sondern nur nach Maßgabe der Landesgesetze (E.G. Art. 77), so z. B. die Handlungen des Richters in Ausübung der streitigen oder freiwilligen Gerichtsbarkeit, (eine Ausnahme gilt bei Handlungen der Grundbuchbeamten nach G.B.O. § 12), Polizeiverfügungen und Maßregeln der Zollbehörde.[3] Diese Beschränkung stimmt mit der jetzt herrschenden Praxis des gemeinen und des preußischen Rechts überein;[4]

---

[1]) So schon das R.G. Entsch. Bd. 19 S. 350, Bd. 31 S. 249, Bd. 34 S. 296.

[2]) Vgl. die Entscheidungen dieser Fälle in Seuffert's Archiv Bd. 43 Nr. 94 und in den Beitr. z. Erl. d. D. R. Bd. 29 S. 871. Zahlreiche andre Nachweise aus der Praxis giebt Gierke in d. Jahrb. f. Dogm. Bd. 35 S. 234 und 239 ff.

[3]) Mit Rücksicht auf diese Beschränkung des § 89 hat § 43 die Bestimmung des Gen.Ges. § 79 und des Ges. über Gesellsch. m. b. H. § 62 nicht erst wiederholt, nach welcher wegen Auflösung eines Vereins durch die Verwaltungsbehörde ein Anspruch auf Entschädigung nicht stattfindet.

[4]) So das R.G. Entsch. Bd. 29 S. 233 (der von einem landschaftlichen Kreditverband bestellte Gutssequester hat eine Lokomobile fahrlässiger Weise mit Torf heizen lassen und dadurch eine Scheune in Brand gesetzt; die Ersatzklage des Gutsbesitzers gegen den Kreditverband wird abgewiesen). Bd. 32 S. 145 (ein Zollkreuzer auf der Unterweser beschädigt durch Fahrlässigkeit seines Kapitäns ein fremdes Schiff; kein Ersatzanspruch gegen den Fiskus).

sie läßt sich aber weder innerlich rechtfertigen, noch praktisch durchführen, da die Grenze zwischen der Ausübung der öffentlichen Gewalt und anderen Amtshandlungen flüssig ist.[1])

§ 17.

Rechte der Vereinsmitglieder.

Ueber die Aufnahme neuer Mitglieder bestimmt das B.G.B. nichts, folglich kann die Mitgliederversammlung nach freiem Ermessen die Aufnahme bewilligen oder verweigern. Die Mitgliedschaft ist nach § 38 weder übertragbar noch vererblich, also streng persönlich; ja selbst die Ausübung eines Mitgliedsrechts, z. B. die Abgabe der Stimme, kann nicht übertragen werden. Doch können Rechte, die auf Grund der Mitgliedschaft erwachsen sind, aus dem Zusammenhang mit dieser gelöst und daher übertragbar sein, z. B. der bereits fällige Anspruch auf einen festgestellten Gewinnantheil. Die Satzung kann aber die Regeln über die Aufnahme und über die streng persönliche Natur der Mitgliedsrechte nach § 40 ändern. Hiernach kann die Aufnahme gewisser Personen ausgeschlossen sein, z. B. von Frauen, bestimmten Religionsgenossen, Bescholtenen u. s. w. Die Entscheidung kann auch dem Vorstand übertragen, und die Mitgliedschaft für vererblich erklärt werden, was der Natur von Wirthschaftsvereinen besser entspricht.

Als Recht ist jedem Mitgliede vom B.G.B. nur eines beigelegt in § 32, nämlich dasjenige auf Sitz und Stimme in der Mitgliederversammlung. Weitere Rechte, z. B. auf einen Gewinnantheil, auf Benutzung von Vereinssachen, kann die Satzung gewähren; andererseits kann sie das Stimmrecht für verschiedene Klassen von Mitgliedern auch ungleich bestimmen,[2]) ja, soweit sie an Stelle der Mitgliederversammlung einen Ausschuß setzt, praktisch aufheben. Ebenso hat die Satzung die Pflichten der Mitglieder, z. B. zur Zahlung von Beiträgen, festzusetzen. Als solche Pflicht ist auch eine persönliche Haftung für Vereinsschulden keineswegs ausgeschlossen.

---

[1]) Vgl. über und gegen die in Anm. 2 erwähnten Entscheidungen Gierke in d. Jahrb. f. Dogmatik Bd. 35 S. 245 und Eck das. S. 289.

[2]) Vgl. H.G.B. § 252.

Während hiernach die allgemeinen Mitgliedsrechte der Vereinsgewalt und der Aenderung durch autonomische Beschlüsse unterliegen, können sogenannte Sonderrechte (jura singulorum) durch die Mitgliederversammlung nicht ohne Zustimmung des berechtigten Mitgliedes beeinträchtigt werden (§ 35),[1]) und diese Beschränkung ist auch durch die Satzung nicht zu ändern. Der Begriff der Sonderrechte ist aber schwierig und bestritten.[2]) Wie die allgemeinen Mitgliedsrechte, stehen auch sie stets nur einem Mitgliede zu, aber, anders als diese, nicht lediglich auf Grund der Mitgliedschaft als solcher, sondern kraft eines besonderen Titels und im individuellen Interesse des berechtigten Mitgliedes. Die häufigsten Beispiele bilden ein erhöhtes Stimmrecht, ein Veto gegen Beschlüsse, Beitragsfreiheit, dauernde Zugehörigkeit zum Vorstand und dergl. mehr. Derartige Sonderrechte werden oft gleich bei der Gründung des Vereins gewissen Mitgliedern vorbehalten, und ihre Unantastbarkeit für Vereinsbeschlüsse beruht eben darauf, daß sie nur zum Theil innerhalb der Vereinssphäre liegen, zum Theil außerhalb derselben in der Individualsphäre des berechtigten Mitgliedes.[3])

Nicht zu vermischen mit den Sonderrechten sind solche Rechte, die gegenüber dem Verein zwar thatsächlich einem Mitgliede zustehen, aber ohne Zusammenhang mit der Mitgliedschaft z. B. eine Hypothek an einem Vereinsgrundstück, eine Forderung aus einem Wechsel des Vereins. Dies sind reine Gläubiger- oder Fremdrechte, deren Beeinträchtigung durch einen Vereinsbeschluß schon nach allgemeinen Grundsätzen, nicht erst nach den Regeln des Vereinsrechts, ausgeschlossen ist.

---

[1]) So schon §§ 68, 69 A.L.R. II 6.

[2]) Darüber neuestens K. Lehmann im Archiv f. bürgerl. R. Bd. 9 S. 296, Regelsberger in d. Blättern f. Rechtsanwendung zunächst in Bayern Bd. 60 S. 1 ff., Gierke in d. Jahrb. f. Dogmatik Bd. 35 S. 190 ff. und Riedel S. 120 ff.

[3]) Die Unterscheidung ist oft zweifelhaft. Als z. B. die Lebensversicherungsbank für Deutschland zu Gotha 1888 in ihre Versicherung das Kriegsrisiko mit aufnahm, fochten einzelne Mitglieder dies als Verletzung ihrer Sonderrechte an, weil dadurch ihre Aussicht auf Dividende geringer und die Zuschußgefahr größer werde; ihr Anspruch war abzuweisen, weil die Gewinnerzielung für alle Mitglieder gemeinsam betrieben wird, und kein einzelnes Mitglied ein Recht auf eine bestimmte Art derselben hat; Entsch. d. R.G. Bd. 25 Nr. 33. Anders ist zu entscheiden, wenn die Neuerung in Bezug auf Dividende, Pension u. s. w. einzelne Mitglieder gegen andere zurücksetzt; denn solange die Satzung keine Ungleichheit aufstellt, ist die Gleichheit jedem Mitgliede als Sonderrecht zugesichert; Entsch. d. R.G. Bd. 11 S. 271.

Das Ausscheiden eines Mitgliedes erfolgt zunächst durch Tod, außerdem nach § 39 durch Kündigung, die jedem Mitgliede frei steht und auch nicht durch Vertragsstrafe, Austrittsgeld oder dergl. zu verkümmern ist;[1]) nur zeitlich kann die Satzung den Austritt beschränken auf den Schluß eines Geschäftsjahres oder durch Festsetzung einer Kündigungsfrist von höchstens zwei Jahren.

Dem Verein selbst ist dagegen seinen Mitgliedern gegenüber ein Recht zur Kündigung (Ausschließung) vom Gesetz nicht beigelegt. Unzweifelhaft kann die Satzung ihm ein solches Recht einräumen, sei es mit Beschränkung auf gewisse Gründe, sei es ohne Beschränkung (Ballotage). Dann hat gegen eine Ausschließung, die in den Formen der Satzung erfolgt ist, das ausgeschlossene Mitglied keine Klage, auch nicht auf Nachprüfung der thatsächlichen Gründe.[2]) Wenn aber die Satzung ein solches Ausschließungsrecht nicht kennt, so kann dasselbe nur durch Aenderung der Satzung begründet werden; doch hat die Mitgliederversammlung es ja in der Hand, durch eine Mehrheit von drei Vierteln eine Aenderung dahin zu beschließen, daß jedes Mitglied durch einfache Mehrheit ausgeschlossen werden kann.

Manche erklären freilich die Mitgliedschaft für ein Sonderrecht des Einzelnen, so daß die Zulässigkeit einer Ausschließung nicht ohne Zustimmung aller in die Satzung aufgenommen werden könne.[3]) Allein die Mitgliedschaft beruht nicht auf der Einräumung eines besonderen Rechtes an das einzelne Mitglied, sondern ist die allgemeine Vorbedingung seiner gesammten Mitgliedsrechte. Nur dann, wenn sie durch den Erwerb einer Sache vermittelt ist, z. B. einer Aktie oder eines Kuxes, liegt hierin allerdings ein besonderer Titel, der nicht ohne eine schon bei seiner Begründung vorgesehene Beschränkung durch Ausschließung verkümmert werden kann.[4])

Die Wirkung des Austrittes ist Aufhebung aller mit der Mitgliedschaft verknüpften Rechte und Pflichten. Dagegen bleiben die zwar auf Grund der Mitgliedschaft erwachsenen, aber aus dem Zusammenhang mit dieser gelösten Rechte und Pflichten unberührt, z. B. ein Recht auf

---

[1]) So bereits das R.G. Entsch. Bd. 30 Nr. 25, Bd. 33 Nr. 16.

[2]) So mit Recht Seufferts Archiv Bd. 47 Nr. 4 und R.G. Entsch. Bd. 26 Nr. 53.

[3]) So Planck Comm. zu § 35. Anders Cosack S. 110.

[4]) Gierke a. a. O. S. 195.

einen bereits fälligen Gewinnantheil und die Pflicht zur Zahlung eines rückständigen Beitrags.

Bei einem Rückblick auf die Verfassung der Vereine muß man mit Cosack (S. 110) anerkennen, daß die Macht der Mitgliederversammlung übermäßig groß ist. Mit einer Mehrheit von $^3/_4$ kann sie fast alles beschließen, insbesondere die Satzung völlig umgestalten. Die Gründer eines Vereins werden daher vorsichtig handeln, wenn sie von vornherein in die Satzung für gewisse wichtige Aenderungen derselben besondere Erfordernisse, z. B. das der Einstimmigkeit, aufnehmen.

§ 18.

Beendigung der Vereine.

Ein Verein verliert seinen Bestand und damit seine Rechtsfähigkeit durch die (in § 41 und § 74 erwähnte) „Auflösung". Die Entwürfe des B.G.B. kannten auch nur diese eine Art der Beendigung des rechtsfähigen Vereins; aber der Reichstag hat an Stelle der Auflösung in § 42 „Verlust der Rechtsfähigkeit" und in § 43 „Entziehung der Rechtsfähigkeit" eingesetzt, weil die Auflösung des Vereins im allgemeinen nicht durch das bürgerliche, sondern durch das öffentliche Recht bestimmt werde. Die Bedeutung dieser Neuerung bildet schon jetzt den Gegenstand lebhafter Zweifel und ist am Schlusse dieses Paragraphen zu erörtern.

Im einzelnen sind vier Fälle zu sondern:

1. Die Auflösung des Vereins nach § 41 geschieht von innen heraus durch Beschluß der Mitgliederversammlung, wozu eine Mehrheit von drei Vierteln gehört, wenn nicht die Satzung anders bestimmt.[1]) Weitere Gründe der Auflösung können nach der Satzung gelten, z. B. der Ablauf einer bestimmten Zeit (§ 74 Abs. 2) oder das Sinken der Mitgliederzahl unter ein festgesetztes Minimum.

2. Im Gegensatz zur Selbstauflösung tritt nach § 42 von außen her Verlust der Rechtsfähigkeit ein durch Eröffnung des Konkurses über den Verein.[2]) Der Vorstand ist auch verpflichtet, bei Ueberschuldung

---

[1]) Aehnlich H.G.B. § 292 Nr. 2, Gen.Ges. § 76.

[2]) Vgl. H.G.B. § 292 Nr. 3, Gen.Ges. § 94.

des Vereins die Konkurseröffnung zu beantragen, und im Falle der Verzögerung haften die schuldigen Mitglieder den Gläubigern für den Schaden. Diese Beantragungspflicht gilt auch für Vereine und Stiftungen des öffentlichen Rechtes nach § 89 Abs. 2, sofern die Landesgesetze den Konkurs über sie gestatten.

3. Die Entziehung der Rechtsfähigkeit kann auf dem Verwaltungswege eintreten[1]) aus vier verschiedenen Gründen nach § 43 Abs. 1—4 und zwar:

a) (Abs. 1) wegen Gefährdung des Gemeinwohls durch einen gesetzwidrigen Beschluß der Mitgliederversammlung oder durch gesetzwidriges Verhalten des Vorstandes.

b) (Abs. 2) wegen Verfolgung eines wirthschaftlichen Zweckes, während nach der Satzung der Verein einen solchen Zweck nicht hat und eben deswegen auch die Rechtsfähigkeit nicht auf dem bei solchem Zweck gebotenen Wege (§ 22) erlangt hat.

c) (Abs. 3) wegen Verfolgung eines politischen, sozialpolitischen oder religiösen Zwecks, während der Verein nach der Satzung einen solchen Zweck nicht hat und eben deswegen auch die Rechtsfähigkeit ohne Möglichkeit eines Einspruches der Verwaltungsbehörde (§ 61 Abs. 2) erlangt hat.

In den Fällen zu b) und c) genügt also zur Entziehung der Rechtsfähigkeit keineswegs jede Aenderung des Zweckes (z. B. wenn ein Turnverein Pflege des Gesanges als Zweck verfolgt, oder wenn ein zu konservativen Zwecken gegründeter Verein demokratische Zwecke verfolgt), sondern es muß eine bestimmte Aenderung der Art des Zweckes vorliegen. Strenger aber wird behandelt

d) (Abs. 4) ein Verein mit staatlich verliehener Rechtsfähigkeit; diesem kann sie entzogen werden, sobald er irgend einen andern Zweck verfolgt, als die Satzung angiebt (z. B. wenn ein wirthschaftlicher Berufsverein die Pflege der Kunst zum Zweck erhebt).

Die Behörde, welche zur Entziehung der Rechtsfähigkeit zuständig ist, und das Verfahren bestimmt § 44 nur durch Verweisung auf die Landesgesetze über Verwaltungsstreitsachen.[2]) Also haben zwar nicht

---

[1]) Aehnlich Gen.Ges. § 79 und Ges. über Gesellsch. m. b. H. § 62.

[2]) Vgl. Gen.Ges. § 79 Abs. 2, Ges. über Gesellsch. m. b. H. § 62. Die Gesetze der verschiedenen Länder über das Verwaltungsstreitverfahren s. bei Endemann S. 212.

die ordentlichen Civilgerichte zu entscheiden, aber doch unabhängige Verwaltungsgerichte auf Grund öffentlichen und mündlichen Verfahrens. Das Genauere können erst die Landesausführungsgesetze anordnen. In Preußen erhebt jetzt gegen eine Genossenschaft nach der Verordnung vom 28. Mai 1890 der Regierungspräsident (in Berlin das Polizeipräsidium) die Auflösungsklage beim Bezirksausschuß, und gegen das Urtheil gilt Berufung an das Oberverwaltungsgericht. Voraussichtlich wird nach diesem Muster auch das Vereinsrecht geregelt werden. Hat ein Bundesstaat keine Verwaltungsgerichte (wie z. B. Sachsen und die thüringischen Staaten), so bestimmt sich nach § 44 Abs. 1 Satz 2 das Verfahren wie beim Rekurs gegen den Bescheid in Gewerbekonzessionssachen nach der Gewerbeordnung §§ 20 und 21, und die Entscheidung erfolgt in erster Instanz durch die höhere Verwaltungsbehörde. In den Fällen des § 23, wo der Bundesrath die Rechtsfähigkeit verliehen hat, erfolgt auch die Entziehung durch Beschluß desselben (§ 44 Abs. 2.)

Bei eingetragenen Vereinen kommt noch ein besonderer Grund für Entziehung der Rechtsfähigkeit hinzu: das Sinken der Mitgliederzahl unter drei nach § 73, worüber unten S. 77 zu handeln ist.

Endlich aber bleibt 4. neben den Bestimmungen des B.G.B. für alle Vereine das öffentliche Vereinsrecht der einzelnen Länder in Kraft, und dieses gestattet eine Auflösung von Vereinen aus sehr verschiedenen Gründen. So kann z. B. in Preußen nach dem Gesetz vom 11. März 1850 ein politischer Verein durch Richterspruch aufgelöst werden, weil er Frauen, Schüler oder Lehrlinge aufnimmt. Natürlich fällt durch jede solche thatsächlich erfolgte Auflösung mit dem Bestand des Vereins von selbst auch seine Rechtsfähigkeit hinweg. Die Möglichkeit solcher Auflösung ist aber je nach dem einzelnen Landesrecht bald leicht, bald schwer, bald garnicht gegeben. Während Württemberg dieselbe überhaupt nicht kennt, gewähren Baden und Elsaß-Lothringen sie im weitesten Umfange; nach dem Bad. Gesetz vom 21. Nov. 1867 § 4 können alle Vereine, welche den Staat oder die öffentliche Sicherheit gefährden, vom Ministerium des Innern verboten werden.[1]) Hier kann erst ein Reichsvereinsgesetz Gleichmäßigkeit herstellen.

---

[1]) Hachenburg S. 220 will darum „nach dem Geiste des Vereinsrechts" auch die Frage, ob der Verein das Staatswohl oder die öffentliche Sicherheit gefährde, dem Verwaltungsgericht unterstellen. Aber das B.G.B. läßt ja die Auflösung kraft öffentlichen Rechts ganz unberührt.

Das B.G.B. bestimmt auch, wem das Vermögen des Vereins zufällt, wenn ihn Auflösung oder Entziehung der Rechtsfähigkeit trifft. (§§ 45 und 46.)

An erster Stelle entscheidet darüber die Satzung; sie kann nach § 45 Abs. 1 selbst einen Anfallsberechtigten bestimmen oder nach Abs. 2 Satz 1 einem Vereinsorgan die Bestimmung (sog. Verwendungsbeschluß) überlassen, gleichsam eine letztwillige Verfügung gestatten.

In zweiter Linie kann nach § 45 Abs. 2 Satz 2 bei Idealvereinen auch ohne Grundlage in der Satzung die Mitgliederversammlung das Vermögen einer öffentlichen Stiftung oder Anstalt zuwenden.

In dritter Linie folgt nach Abs. 3 das Vermögen dem Zweck; daher fällt es bei einem Verein, der nur dem Interesse der Mitglieder dient, an diese zu Kopftheilen, bei anderen Vereinen an den Landesfiskus, wie an einen gesetzlichen Erben, der es aber thunlichst dem Zwecke gemäß verwenden soll. Wenn Landesgesetze vor dem Fiskus eine Körperschaft des öffentlichen Rechts bevorzugen, so bleiben sie unberührt (E.G., Art. 85).

Sind andere Personen als der Fiskus berufen, so bedarf es noch eines Liquidationsverfahrens zur Sicherheit der Gläubiger. Dies gestalten die §§ 47—53 nach dem Muster des H.G.B. § 294 ff. und des Genossenschaftsgesetzes § 81 ff. Liquidatoren sind der Vorstand oder auch andere Personen. Das Verfahren besteht in Abwickelung der schwebenden Geschäfte, Versilberung der Aktiva, Ermittelung und Befriedigung der Gläubiger und Vertheilung des Ueberschusses unter die Anfallsberechtigten, jedoch erst nach Ablauf eines Sperrjahres (§ 51). Subjekt der Rechtsverhältnisse bleibt, soweit der Liquidationszweck es erfordert, der Verein. Die Liquidatoren haften wegen Pflichtverletzung auch den Gläubigern direkt (§ 53). Der Anspruch der Anfallsberechtigten dürfte nicht als Gesammtnachfolge zu bestimmen sein, sondern als Forderung gegen den Verein, der durch die Liquidatoren vertreten wird. Erst mit Schluß der Liquidation ist der Verein völlig erloschen.

Fragt man endlich, worin der praktische Unterschied zwischen der Auflösung des Vereins und der Entziehung der Rechtsfähigkeit liege, so wird meist geantwortet, daß für den letzteren Fall durch die Satzung oder durch einen Beschluß der Mitglieder die „Fortdauer" des Vereins als eines nicht rechtsfähigen angeordnet werden könne.[1]) Ja, man behauptet geradezu die rechtliche Identität des alten und des neuen Vereins mit der Wirkung, daß auch das Vermögen dasselbe bleibe.[2]) Allein diese Vermögensfortdauer wird direkt widerlegt durch § 45 Abs. 1.[3]) Außerdem aber fällt durch die Entziehung der Rechtsfähigkeit doch nicht blos eine Eigenschaft des Vereins fort, so daß dieser ohne Rechtsfähigkeit weiter bestände; sonst müßte der gleiche Erfolg auch ohne Satzungsbestimmung und ohne Beschluß der Mitglieder eintreten, was dem Willen der Mitglieder, insbesondere wegen ihrer damit verbundenen Schuldenhaftung, in der Regel direkt widersprechen würde. Vielmehr fällt mit der Rechtsfähigkeit des Vereins das bisherige Privatrechtssubjekt selbst fort, und wenn die Mitglieder nunmehr den Vereinszweck gemeinsam weiter verfolgen, so bilden sie eben einen neuen Verein, der mit dem erloschenen keineswegs identisch ist.[4]) Dies können sie aber offenbar nicht blos bei Entziehung der Rechtsfähigkeit, sondern auch in dem Falle der Selbstauflösung des alten Vereins (§ 41) thun, und nur in dem Falle der Auflösung kraft öffentlichen Rechts nicht. Ebenso wie die Entziehung der Rechtsfähigkeit den Verein aufhebt, hat auch der Verlust derselben (§ 42) diese Wirkung. Das Ergebniß ist hiernach, daß durch die Einschiebung dieser beiden Ausdrücke an Stelle der „Auflösung" des Vereins in der Sache selbst nichts geändert ist.

§ 19.

Besonderheiten der Vereine mit Rechtsfähigkeit kraft Eintragung.

Die Bedeutung des Vereinsregisters gleicht im allgemeinen derjenigen des Handels- und des Genossenschaftsregisters mit der Abweichung, daß das B.G.B. nicht einen direkten Eintragungszwang kennt. Sie ist

---

[1]) So Planck zu § 41 Anm. 2. Cosack § 35 Nr. 6.

[2]) Hachenburg S. 209.

[3]) Darum erklärt Hachenburg S. 210 die Worte des § 45 Abs. 1: „oder der Entziehung der Rechtsfähigkeit" für „nicht zutreffend".

[4]) Planck a. a. O. erkennt denn auch an, daß der nunmehrige Verein ein neuer Verein sei. Aber was bleibt dann der Entziehung der Rechtsfähigkeit im Gegensatz zur Auflösung noch eigenthümlich?

dagegen durchaus verschieden von derjenigen des Grundbuchs. Denn die Registereintragung beurkundet nur Thatsachen, die auch ohne sie bewiesen werden und wirken können. Sie ist aber grundsätzlich weder Bedingung für die Wirksamkeit des Eingetragenen, noch auch mit öffentlichem Glauben ausgestattet. Vielmehr bleibt regelmäßig die wirkliche Rechtslage entscheidend. Wird also z. B. ein Wirthschaftsverein vom Registerrichter zu Unrecht als Idealverein eingetragen, so wird er dadurch nicht rechtsfähig, auch nicht zu Gunsten Dritter, die sich auf die Eintragung verlassen haben;[1]) werden als Mitglieder des Vorstandes andere Personen eingetragen, als die wirklich bestellten, so kommt die Vertretungsmacht den letzteren und nicht den fälschlich eingetragenen zu.[2])

Nur für gewisse Fälle sind Ausnahmen gemacht.

So bedingt die Eintragung nach § 21 den Beginn der Rechtsfähigkeit des Vereins und nach § 71 die Wirksamkeit einer Satzungsänderung.

Sodann aber wird in drei Fällen die Wirkung von Thatsachen Dritten gegenüber durch die Eintragung zwar nicht bedingt, aber doch beeinflußt.[3])

Dies gilt:

1. von einer Aenderung des Vorstandes nach § 68. Wird nämlich zwischen dem bisherigen Vorstande, der gültig bestellt war, und einem Dritten ein Rechtsgeschäft vorgenommen, während inzwischen eine Aenderung des Vorstandes erfolgt ist, so braucht der Dritte diese Aenderung nur dann gegen sich gelten zu lassen, wenn sie eingetragen oder ihm erweislich bekannt war; aber sogar der eingetragenen Aenderung gegenüber bleibt dem Dritten noch der Nachweis offen, daß er dieselbe nicht kannte, noch auch kennen mußte. Ebenso wie eine Aenderung des Vorstandes behandelt § 70 auch

---

[1]) Ein dahin gerichteter Antrag ist in der Kommission abgelehnt worden (Prot. S. 559).

[2]) Zu weitgehend ist es darum, wenn Endemann I § 46 III sagt, daß „das Register Dritten den ihren Interessen entsprechenden sichern Aufschluß über die Rechtsverhältnisse des Vereins gebe", und daß „der Registerinhalt für den Dritten vollen Glauben begründe".

[3]) Nach dem Muster des Gen.Ges. § 29 und des Ges. über Gesellsch. m. b. H. § 40.

2. eine vom Gesetz abweichende Beschränkung der Vertretungsmacht des Vorstandes und

3. eine vom Gesetz abweichende Regelung der Beschlußfassung des Vorstandes.

Beide Abweichungen können übrigens nach § 26 Abs. 2, bezw. § 40 nur durch die Satzung bestimmt werden.

In diesen drei Punkten ist also für die Geltung der Thatsachen einem Dritten gegenüber zwar entscheidend nicht die Eintragung derselben, sondern die Kenntniß des Dritten; doch wirkt die Eintragung wie eine Rechtsvermuthung, „indem die Beweislast immer demjenigen obliegt, welcher gegen den Registerinhalt eine Thatsache für sich geltend macht".[1]) Cosack S. 104 nennt dies „qualificirtes Registerrecht".

Endlich erklärt § 69 Behörden gegenüber zum Nachweis der Zusammensetzung des Vorstandes es für ausreichend, daß über die Eintragung ein Zeugniß des Registerrichters beigebracht wird.

Von diesen Ausnahmen aber abgesehen bleibt die Kraft des Vereinsregisters eine blos beurkundende, nicht rechtsbegründende.

Die Führung des Vereinsregisters liegt nach § 55 dem Amtsgericht ob, in dessen Bezirk der Verein seinen Sitz hat. Jede Anmeldung zum Register hat nach § 77 in öffentlich beglaubigter Erklärung zu geschehen. Das Register ist nach § 79 öffentlich, und jeder kann ohne Weiteres Einsicht verlangen und von den Eintragungen Abschriften, z. B. zum Nachweis der Parteifähigkeit des Vereins im Prozeß.

Die Anmeldung des Vereins behufs Erlangung der Rechtsfähigkeit hat nach § 59 der Vorstand zu bewirken unter Einreichung der Satzung in Urschrift und Abschrift und einer Abschrift der Urkunden über die Bestellung des Vorstands, so daß die Namen der Mitglieder des letzteren ersichtlich werden. Ein Mitgliederverzeichniß braucht nicht mit eingereicht zu werden; doch kann das Amtsgericht jederzeit die Einreichung eines solchen fordern (§ 72).

Für die Satzung gelten folgende Normativbestimmungen:

1. Die Satzung muß nach § 57 enthalten: Zweck, Namen und Sitz des Vereins als dessen wesentliche Merkmale, sowie die Be=

---

[1]) Worte Staub's im Kommentar zum (bisherigen) H.G.B. Art. 12.

stimmung, daß der Verein eingetragen werden soll. Diese Mußvorschrift macht die trotz ihrer Nichterfüllung erfolgte Eintragung unwirksam.[1])

2. Als Ordnungsvorschriften gelten ferner folgende: die Mindestzahl der Vereinsmitglieder soll nach § 56 sieben betragen,[2]) weil bei geringerer Kopfzahl kein Bedürfniß nach Rechtsfähigkeit besteht. Die Satzung soll nach § 59 Abs. 3 auch die Unterschriften dieser Mindestzahl von Mitgliedern tragen und den Tag der Errichtung der Satzung angeben, sowie gewisse Hauptpunkte der Verfassung enthalten, die § 58 Nr. 1—4 aufzählt, nämlich Bestimmungen

1. über Eintritt und Austritt der Mitglieder,
2. über die Beiträge der Mitglieder,
3. über die Bildung des Vorstands,
4. über die Voraussetzungen und die Form der Berufung der Mitgliederversammlung und über die Beurkundung der Beschlüsse.

Die Nichterfüllung einer solchen Sollvorschrift macht die trotzdem bewirkte Eintragung nicht unwirksam. Die Lücke der Satzung würde dann durch die allgemeinen Regeln über Vereine ausgefüllt werden.[3])

Der Registerrichter hat nach § 60 die Anmeldung zurückzuweisen, wenn eine der Normativbedingungen nicht erfüllt ist; doch will § 60 die Gründe der Zurückweisung damit sicher nicht erschöpfen;[4]) vielmehr müssen als solche auch gelten z. B. Nichtigkeit des Gründungsvertrages (etwa wegen Unsittlichkeit des Zweckes), Verstoß des Vereins gegen das öffentliche Recht (in Preußen etwa Bildung eines politischen Vereins aus Frauen), ja auch schon ein solcher Inhalt der Satzung, welcher zwingende Sätze des B.G.B. (z. B. § 35) verletzt.

Gegen die Zurückweisung gilt nach § 60 die sofortige Beschwerde der C.P.O. § 540. Läßt der Richter aber die Anmeldung zu, was

---

[1]) Ueber ihre Löschung vgl. Ges. über freiw. Gerichtsbarkeit, Entw. §§ 138, 155.

[2]) Gen.Ges. § 4 stellt dies als Mußvorschrift auf. G. Cohn S. 22 bildet das Sprichwort: sechse äffen, sieben treffen.

[3]) Vgl. Planck Komm. zu § 58. In den Prot. S. 1110 wird als Beispiel angeführt, daß während die Satzung nur sechs Unterschriften zeigt, der Richter deren sieben zählt. Praktischer dürfte der von Hachenburg S. 206 erwähnte Fall sein, daß ein Mitglied seine Unterschrift nachträglich wegen Irrthum oder Zwanges anficht. In solchen Fällen ist der Verein einstweilen doch rechtsfähig.

[4]) Anders Riedel S. 180, Cosack S. 97.

ohne Beschluß geschieht und also widerruflich ist, so darf er doch nach § 61 nicht ohne Weiteres den Verein eintragen, sondern er muß die Anmeldung immer erst der zuständigen Verwaltungsbehörde mittheilen. Welche dies ist, wird wieder erst das Landesausführungsgesetz bestimmen; in Preußen wird dasselbe voraussichtlich den Regierungspräsidenten für zuständig erklären. Die Verwaltungsbehörde kann nun nach § 63 binnen 6 Wochen Einspruch erheben, und zwar aus zwei Gruppen von Gründen:

a) mit Rücksicht auf das öffentliche Vereinsrecht, wenn nach diesem der Verein unerlaubt ist, z. B. wegen Unsittlichkeit oder nach positiven Gesetzen, und

b) wenn der Verein einen politischen, sozialpolitischen oder religiösen Zweck verfolgt.

Der Einspruchsgrund zu a), welcher aus dem öffentlichen Vereinsrecht zu entnehmen ist, liegt schon bei der bloßen Möglichkeit eines Vereinsverbots vor, ohne daß dasselbe auch thatsächlich zu ergehen brauchte. Offenbar hat dieser Einspruchsgrund je nach dem Landesvereinsrecht eine ebenso verschiedene Tragweite, wie die oben erwähnte Auflösungsbefugniß. In Württemberg hat er so gut wie keine Bedeutung, in Elsaß-Lothringen macht er es der Regierung möglich, jedem Verein die Eintragung abzuschneiden; Preußen steht etwa in der Mitte. Auch hier kann erst ein Reichsvereinsgesetz Gleichmäßigkeit schaffen. In Bezug auf den Einspruchsgrund zu b) ist die Frage, was unter einem politischen, sozialpolitischen und religiösen Zweck zu verstehen sei, zum Theil zweifelhaft und bestritten. Das preußische Recht hat den Ausdruck „politische Vereine" bereits im Vereinsgesetz vom 11. März 1850 verwendet, und nach der Auslegung des Reichsgerichts in Strafsachen[1]) ist ein solcher vorhanden, wenn der Zweck in der Einwirkung auf staatliche oder kommunale Organe und deren Funktionen in öffentlichen Angelegenheiten besteht.

Sozialpolitisch ist eine Verbindung von gesellschaftlichen und staatlichen Angelegenheiten. Also ist „sozialpolitisch" nicht ein blos sozialer Zweck, z. B. die Beschaffung besserer Wohnungen oder Lohnbedingungen für Arbeiter durch private Bestrebungen und Unternehmungen, oder die Hebung der Frauenbildung durch Unterricht aus privaten Mitteln. Wohl aber werden aus sozialen Zwecken sozialpolitische, wenn sie in

---

[1]) Entsch. in Straff. Bd. 16 S. 119, Bd. 22 S. 340. Riedel S. 94.

Verbindung mit politischen Neuerungen verfolgt werden, z. B. Besserung der Arbeiterverhältnisse durch Einrichtung von Staatswerkstätten, Hebung der Frauenbildung durch Zulassung der Frauen zum Universitätsstudium und zum Staatsdienst.

Viele erachten freilich diese Bestimmung der Sozialpolitik als viel zu eng, aber die von ihnen gegebenen Definitionen lassen schließlich fast nur Sing- und Turnvereine als nicht sozialpolitische übrig.[1])

Hiernach ist z. B. die Juristische Gesellschaft zu Berlin, welche es sich zur Aufgabe gesetzt hat, „die Rechtswissenschaft zu fördern und den Juristen einen Vereinigungspunkt zu bieten", nicht auf einen sozialpolitischen, sondern theils auf einen wissenschaftlichen, theils auf einen sozialen Zweck gerichtet, und darum ihre Eintragung keinem Einspruchsrecht der Verwaltungsbehörde unterworfen. Anders der Deutsche Juristentag, dessen Zweck es ist, „eine Vereinigung für den Meinungsaustausch und den Verkehr unter den deutschen Juristen zu bilden, auf den Gebieten des Privatrechts u. s. w. den Forderungen nach einheitlicher Entwicklung immer größere Anerkennung zu verschaffen, die Hindernisse zu bezeichnen und sich über Vorschläge zu verständigen, welche geeignet sind, die Rechtseinheit zu fördern"; hier sind soziale, wissenschaftliche und politische Ziele verbunden, und ist daher ein Einspruch gegen die Eintragung zulässig.

Endlich religiös ist jeder Zweck, welcher die Gottesverehrung betrifft, auch ohne jede Beziehung zum Staatsleben; eine solche würde nur zu einem religionspolitischen Verein erforderlich sein. Also ist ein religiöser Verein z. B. derjenige, welcher für seine Mitglieder häusliche Betstunden hält, aber nicht z. B. der Verein für ethische Kultur. Uebrigens bleiben für Religions- und geistliche Gesellschaften nach E.G. Art. 84 die Landesgesetze unberührt, nach welchen jene Gesellschaften Rechtsfähigkeit nur durch Gesetz erlangen können (so in Preußen nach der Verfassung Art. 13).

Dagegen hat die Verwaltungsbehörde keinen Einspruch aus dem Grunde, weil der Verein kein idealer, sondern ein wirthschaftlicher und

---

[1]) Die oben gegebene Deutung des sozialpolitischen Zwecks habe ich bereits 1896 in der Sammlung von Vorträgen über den Entwurf III (Heft I S. 17) gegeben und näher begründet. Im Wesentlichen übereinstimmend Planck zu § 61 Anm. 2. Viel weiter faßt den Begriff Endemann S. 211.

also nicht eintragungsfähig sei; hierüber entscheidet vielmehr nur das Registergericht.

Erhebt aber die Verwaltungsbehörde nach § 62 Einspruch (beim Registergericht), so hat der Vorstand das Recht zur Anfechtung. Der Weg dazu ist auch hier derjenige des Verwaltungsstreitverfahrens. Das Nähere muß wieder das Landesausführungsgesetz bestimmen. Doch sind hier die Parteirollen umgekehrt, wie oben bei Entziehung der Rechtsfähigkeit. Denn gegenüber dem Einspruch muß der Vorstand seinerseits Klage erheben auf Aufhebung des Einspruchs (§ 63). Wenn diese Klage in Preußen gegen den Regierungspräsidenten zu richten ist, so wird man als Verwaltungsgericht voraussichtlich nicht den Bezirksausschuß berufen, sondern das Oberverwaltungsgericht. In wessen Namen die Anfechtungsklage zu erheben ist, sagt das B.G.B. nicht. Da der Verein noch nicht rechtsfähig, also auch nicht parteifähig ist, so werden nur die Mitglieder als Partei gelten können, mithin den Vorstand bevollmächtigen und die Kosten tragen müssen.

Merkwürdiger Weise bestimmt § 62 Abs. 2 nichts über die Gründe, auf welche die Anfechtungsklage gestützt werden kann.[1]) Man sagt meist: nur auf den Grund, daß eine der in § 61 bestimmten gesetzlichen Voraussetzungen des Einspruchs von der Verwaltungsbehörde aus Irrthum als vorhanden angenommen worden sei, sei es aus thatsächlichem, sei es aus rechtlichem Irrthum, dagegen nicht auf den Grund, daß der Einspruch unangemessen oder unzweckmäßig sei.[2]) Darnach kann z. B. wenn gegen die Eintragung eines geselligen Vereins Einspruch erhoben ist, weil derselbe stets Theaterstücke von sozialdemokratischer Tendenz zur Aufführung bringe und somit Sozialpolitik treibe, die Anfechtung des Einspruchs darauf gestützt werden, daß der Verein thatsächlich nicht blos derartige Theaterstücke, sondern auch andere aufgeführt habe, und daß rechtlich nicht das Treiben von Sozialpolitik als Einspruchsgrund ausreiche, sondern nur die Verfolgung eines sozialpolitischen Zwecks, der hier fehle; dagegen ist die Anfechtung nicht darauf zu stützen, daß das sozialpolitische Zweckbestreben des Vereins sich mit den Gesetzen in Einklang halte.

---

[1]) In den Prot. S. 564 ist die Frage nicht, in Prot. S. 8395 nur kurz berührt.

[2]) So z. B. Cosack S. 98, Planck zu § 62 Anm. 2.

Diese Bestimmung des Einspruchsgrundes schließt sich in der That streng an den Wortlaut der §§ 61 und 62 an; indessen ist es doch fraglich, ob das Oberverwaltungsgericht bei einer solchen Nachprüfung des geltend gemachten Einspruchsgrundes stehen bleiben wird. Denn z. B. in Schulsachen nimmt dasselbe das Recht in Anspruch, „in demselben Umfang und Maße zu befinden, wie die Regierung", etwa ob ein Schulhaus reparirt werden soll und mit welchem Aufwand.[1]) Zur Vermeidung von Zweifeln wird das Landesausführungsgesetz Bestimmungen treffen müssen.[2])

Ist nun entweder kein Einspruch erhoben oder der erhobene wieder beseitigt, so wird nach § 66 die Eintragung bewirkt und veröffentlicht. Die eingereichte Urschrift der Satzung wird mit dem Attest der Eintragung zurückgegeben, die Abschrift der Satzung wird beglaubigt und bleibt bei den Akten. Der § 64 bestimmt genauer den Inhalt der Eintragung und der Veröffentlichung dahin, daß 1. der Name und der Sitz des Vereins, 2. der Tag der Errichtung der Satzung und 3. die Mitglieder des Vorstandes anzugeben sind, desgleichen 4. Bestimmungen, die den Umfang der Vertretungsmacht des Vorstandes beschränken oder dessen Beschlußfassung abweichend von der gesetzlichen Regelung normiren. Hiernach hat der Richter keineswegs den gesammten Inhalt der Satzung einzutragen, sondern nur gewisse, für dritte Personen besonders wichtige Punkte; für die übrigen hat die Eintragung auf die gerichtlichen Akten betreffend den Verein zu verweisen. Indessen enthält der § 64 keine Muß-, sondern eine Ordnungsvorschrift, also wird die Eintragung durch Weglassung eines einzutragenden Punktes nicht nichtig. Mit der Eintragung erhält der Name des Vereins den Zusatz: „eingetragener Verein" (§ 65).

Ebenso wie die Errichtung des Vereins, ist nun auch fortlaufend vom Vorstande zum Register anzumelden und in dasselbe einzutragen zweierlei:

---

[1]) Entsch. des Ob.Verw.Ger. Bd. 12 S. 224.

[2]) Eine andere Frage, welche der Erledigung harrt, ist es, ob die beklagte Verwaltungsbehörde an Stelle des Grundes, auf den ihr Einspruch gestützt war, nachträglich einen andern geltend machen könne? Sie wird zu verneinen sein. Noch weniger kann das Verwaltungsgericht den Einspruch aus einem andern Grunde, als dem von der Verwaltungsbehörde geltend gemachten aufrecht erhalten.

1. nach § 67 jede Aenderung des Vorstandes oder erneute Bestellung eines Vorstandsmitgliedes; über die besondere Bedeutung der Eintragung einer Vorstandsänderung nach § 68 vgl. oben S. 69.

2. nach § 71 auch jede Aenderung der Satzung; dabei ist der Aenderungsbeschluß in Urschrift und Abschrift beizufügen, und dann die Anmeldung vom Gericht nach denselben Vorschriften, wie die der Errichtung des Vereins (§§ 60—64 und 66 Abs. 2) zu behandeln, also auch der Verwaltungsbehörde mitzutheilen und dem Einspruch derselben unterworfen. Grund des Einspruchs kann offenbar nur sein, daß die Aenderung einen der Thatbestände des § 61 Abs. 2 darstellt (z. B. wenn ein geselliger Verein fortan einen politischen Zweck verfolgen will). Fragt man, ob ein solcher Thatbestand auch dann vorliege, wenn ein bereits eingetragener politischer Verein statt seines bisherigen politischen Zweckes einen andern ebenfalls politischen sich vorsetzt (z. B. wenn ein bisher konservativer Verein nunmehr einen liberalen Zweck wählt), so wird die Frage zu bejahen sein; denn auch hier trifft es laut der Aenderung zu, daß er, wie § 61 Abs. 2 sagt, „einen politischen Zweck" verfolgen will.

Nach § 71 ist nun aber sogar die Wirksamkeit der Satzungsänderung bedingt durch die Eintragung. Dabei wird die Eintragung ebenso, wie sie bei der Errichtung des Vereins nach § 64 nicht den gesammten Inhalt der Satzung, sondern nur die dort bestimmten Hauptpunkte zu umfassen hatte, auch jetzt auf die Aenderung dieser Punkte zu beschränken sein; für die übrigen braucht sie nur die Thatsache einer Aenderung, nicht den Inhalt derselben erkennen zu lassen, der dann aus den gerichtlichen Akten betreffend den Verein zu entnehmen ist. Da aber selbst für jene Hauptpunkte die Eintragung des Inhalts nach § 64 nicht durch eine Mußvorschrift angeordnet ist, so wird auch dann, wenn der Richter nur die Thatsache ihrer Aenderung und nicht deren Inhalt einträgt, die letztere doch wirksam werden. Dies alles würde deutlicher sein, wenn den Worten des § 71: „bedürfen der Eintragung" hinzugefügt wäre: „nach Maßgabe des § 64".

Daraus, daß nach § 71 die Wirksamkeit der Satzungsänderung durch die Eintragung bedingt ist, folgt von selbst, daß vor der Eintragung die Aenderung gegen Dritte nicht wirkt, auch wenn diese die Aenderung kannten.[1]) Nur für die Satzungsänderungen des § 70

---

[1]) Wenn also z. B. eine Satzungsänderung dahin beschlossen ist, daß ein Mitglied, welches sich gegen ein Strafgesetz vergehen sollte, ausgeschlossen werden kann,

gilt die durch die Verweisung auf § 68 bestimmte Ausnahme, daß ein Dritter sie auch dann gegen sich gelten lassen muß, wenn sie nicht eingetragen, aber ihm erweislich bekannt sind.

Es fragt sich aber noch, ob nicht gewisse Aenderungen der Satzung nach ihrer Eintragung ebenso bekannt zu machen sind, wie nach § 66 Abs. 1 die ursprünglichen Bestimmungen. Der § 71 ordnet dies nicht an, ja der Absatz 2 scheint eine solche Anordnung absichtlich vermieden zu haben, da er auf die Aenderungen der Satzung zwar den § 66 Abs. 2 entsprechend anzuwenden vorschreibt, aber nicht auch den § 66 Abs. 1, der die Veröffentlichung der ersten Eintragung anordnet.[1]) Andererseits ist eine solche Absicht aus inneren Gründen kaum annehmbar. Denn dann könnte ja die Bekanntmachung der ersten Eintragung schon alsbald nach ihrem Erscheinen durch nachträgliche Eintragung von Aenderungen wieder entwerthet sein, und niemand sich auf den Inhalt der Bekanntmachung über die erste Eintragung auch nur vorübergehend verlassen. Deshalb dürfte nach Analogie des § 66 eine Bekanntmachung bei jeder solchen neuen Satzungsbestimmung zu erfordern sein, die auch schon bei der ersten Eintragung des Vereins nach § 66 hätte bekannt gemacht werden müssen.[2])

Für sonstige laufende Veränderungen des Vereins, z. B. des Mitgliederbestandes, ist eine Anmeldung nicht vorgeschrieben. Wenn aber die Zahl der Mitglieder unter drei sinkt, so hat nach § 73 das Gericht auf Antrag des Vorstandes, eventuell von Amtswegen, dem Verein die Rechtsfähigkeit zu entziehen.[3]) Gegen den Entziehungsbeschluß gilt ebenso, wie gegen die Versagung der Eintragung, sofortige Beschwerde, und erst, wenn jener rechtskräftig geworden ist, verliert der Verein die Rechtsfähigkeit. Falls also z. B. vor der Entscheidung durch das Beschwerdegericht die Mitgliederzahl sich wieder bis auf drei vermehrt,

---

und ein bei der Beschlußfassung anwesend gewesenes Mitglied noch vor der Eintragung der Aenderung ein solches Vergehen verübt, so ist daraufhin seine Ausschließung nicht zulässig.

[1]) Darum betont Riedel dreimal (S. 182, 185, 186), daß eine weitere Eintragung als die erste nicht zu veröffentlichen sei.

[2]) So Cosack S. 104. Auch H.G.B. § 10 und Gen.Ges. § 16 Abs. 3 schreiben Veröffentlichung in weiterem Umfang vor.

[3]) Damit kommt der Satz: „tres faciunt collegium“ wieder zur Geltung.

wird das Beschwerdegericht den Entziehungsbeschluß des Registerrichters aufheben müssen.[1])

Im Uebrigen gilt für die Vereinsauflösung und die Entziehung der Rechtsfähigkeit bei eingetragenen Vereinen nur insofern nach § 74 etwas besonderes, als auch diese Ereignisse einzutragen sind. Auffallend erscheint, daß nach § 74 Abs. 1 Satz 2 bei der Eröffnung des Konkurses, die doch nach § 42 Verlust der Rechtsfähigkeit bewirkt, die Eintragung unterbleiben soll. Dies bedeutet aber nicht ein Unterbleiben der Eintragung der Konkurseröffnung, denn die letztere ist nach § 75 sogar von Amtswegen einzutragen; vielmehr ist in § 74 Abs. 1 Satz 2 mit der Eintragung, welche unterbleiben soll, diejenige des Verlustes der Rechtsfähigkeit gemeint, aus dem Grunde, weil der Eröffnungsbeschluß wieder aufgehoben werden kann (K.O. § 105), und dann die Rechtsfähigkeit als unverloren gilt.

Eine Selbstauflösung des Vereins hat nach § 74 Abs. 2 der Vorstand zur Eintragung anzumelden, und bei einer Auflösung kraft öffentlichen Vereinsrechts oder bei Entziehung der Rechtsfähigkeit auf Grund des § 43 erfolgt nach § 74 Abs. 3 die Eintragung schon auf Anzeige der zuständigen Behörde.

Im Falle einer Liquidation sind nach § 76 auch die darauf bezüglichen Bestimmungen einzutragen. Uebrigens können, sobald der Verein einmal eingetragen ist, nach § 78 die Vorstandsmitglieder zur Erfüllung ihrer Anmeldepflichten durch Ordnungsstrafen bis zu 300 Mark genöthigt werden.[2])

Ein besonderer Zweifel ist neuerdings angeregt worden[3]) in Bezug auf die sogenannten Centralvereine, deren Mitglieder nicht natürliche, sondern selbst wieder juristische Personen sind. So bilden z. B. in Hannover 34 bienenwirthschaftliche Lokalvereine einen bienenwirthschaftlichen Centralverein der Provinz Hannover, und viele solche provinzielle Centralvereine wieder zusammen einen deutschen Centralverein. Man hat gemeint, daß diese Centralvereine nicht in den Rahmen des B.G.B. paßten, weil dasselbe unter Vereinen nur Mehrheiten natürlicher Per-

---

[1]) So mit Recht Hachenburg S. 221.

[2]) Genaueres bestimmt das Ges. über freiw. Gerichtsb. Entwurf §§ 129 bis 135, 155.

[3]) Colligs (Landgerichtsrath) in der D Juristenzeitung Jahrg. II Nr. 16.

sonen verstehe. Dies ist aber keineswegs zuzugeben. Vielmehr können auch juristische Personen Vereinsmitglieder sein, durch ihre Vertreter erscheinen und stimmen, Unterschriften und Beiträge leisten u. s. w. Und so können denn auch die Centralvereine sehr wohl lauter Lokalvereine zu Mitgliedern haben und selbst wieder Mitglieder eines Obercentralvereins sein.

§ 20.

Vereine ohne Rechtsfähigkeit.

Die Rechtsstellung eines Vereins ohne Rechtsfähigkeit kann aus verschiedenen Veranlassungen in Frage kommen. Vor allem werden häufig, noch ehe ein Verein die Rechtsfähigkeit erlangt hat, für ihn Geschäfte geschlossen, z. B. für eine Aktiengesellschaft vor der Eintragung. Dies kann freilich unter der Bedingung geschehen, daß der Verein rechtsfähig wird, doch wird dieser Vorbehalt häufig nicht hinzugefügt. Sodann kann ein Verein es überhaupt unterlassen, die Rechtsfähigkeit zu erwirken, oder sein Gesuch kann zurückgewiesen werden, oder die Mitglieder eines Vereins, dem die Rechtsfähigkeit entzogen ist, können als neuer Verein zusammen bleiben. Alle diese Erscheinungen regelt das B.G.B. durch § 54 ganz kurz dahin, daß die Vorschriften über die Gesellschaft Anwendung finden; außerdem sollen aus einem Rechtsgeschäft, das im Namen eines solchen Vereins einem Dritten gegenüber vorgenommen wird, der Handelnde persönlich und mehrere als Gesammtschuldner haften. Mit dieser Verweisung auf das Gesellschaftsrecht wollte man verhindern, daß solche Vereine, wie es bisher in der Praxis geschehen ist,[1]) als deutsch-rechtliche Verbände eigener Art nach Analogie der juristischen Personen behandelt würden, ohne doch die Vorbedingungen der Rechtsfähigkeit erfüllt zu haben.

Neben den § 54 sollen aber im Interesse der Gläubiger noch zwei Zusätze zur C.P.O. §§ 49a, 670a sowie ein Zusatz zur K.O. § 201a treten, welche sämmtlich Annäherungen des nicht rechtsfähigen Vereins an den rechtsfähigen enthalten.

---

[1]) Entsch. d. R.G. Bd. 4 Nr. 45, Bd. 27 Nr. 43. Vgl. auch Endemann I § 44 Anm. 6 u. 7.

Von diesen Zusätzen einstweilen abgesehen, ruft der § 54 die Frage hervor, wie die Vorschriften über die Gesellschaft ausreichen können bei einem Verein, dessen innere Verschiedenheit von der Gesellschaft wir bereits in § 13 zur Genüge betont haben. Die Lösung liegt darin, daß die Regeln des B.G.B. über die Gesellschaft großentheils nur dispositive sind und es ausdrücklich gestatten, abweichend von ihnen im Gesellschaftsvertrage weitgehende Annäherungen an das Vereinsrecht fest zu setzen. Indem nun bei einem nicht rechtsfähigen Verein die Satzung an Stelle des Gesellschaftsvertrages tritt, kann dieselbe zu solchen Annäherungen benutzt und im Sinne solcher ausgelegt werden.[1])

So wird der Vorstand nach außen die Stellung eines geschäftsführenden Gesellschafters einnehmen und unter diesem Titel nach §§ 714, 715 ermächtigt sein, die Gesellschaft gerichtlich und außergerichtlich zu vertreten. Für die Beschlüsse des Vorstandes, wie auch der Mitglieder kann statt der Einstimmigkeit auch nach Gesellschaftsrecht das Mehrheitsprinzip festgesetzt werden (§§ 709, 710), wie es dem Wesen des Vereins entsprechend ist. Für die Beziehungen zwischen dem Vorstand und den Mitgliedern gelten die Regeln vom Auftrag auch nach Gesellschaftsrecht (§ 713) gerade so gut, wie nach dem Recht der rechtsfähigen Vereine. Das Vermögen des nicht rechtsfähigen Vereins wird allerdings nicht dessen Eigenthum; insbesondere werden im Grundbuch oder anderen öffentlichen Registern Eintragungen nicht auf den Namen des Vereins gemacht, sondern das Vermögen ist den Mitgliedern als Gesellschaftern gemeinschaftlich zu gesammter Hand (§ 718).[2]) Aber auch dabei ist nach dem Gesellschaftsrecht des B.G.B. § 719 Abs. 1 jede Verfügung des Einzelnen über einen Vermögenstheil ausgeschlossen, desgleichen jeder Anspruch auf Theilung, und auch die Ansprüche aus der Gesellschaft sind nach § 717 ebenso unübertragbar, wie die Rechte aus der Vereinsmitgliedschaft. Ja, nach der G.B.O. § 48 wird das für die Gemeinschaft maßgebende Rechtsverhältniß, also die Gesellschaft unter den Miteigenthümern, auch im Grundbuch eingetragen und so für Dritte erkennbar gemacht. Wenn ferner der Eintritt neuer Mitglieder nach Gesellschaftsrecht durch Vertrag geschieht, kraft dessen der Eintretende

---

[1]) Dies ist von Planck Komm. zu § 54 vortrefflich dargelegt.

[2]) Auch die Zuwendung einer Erbschaft an einen nicht rechtsfähigen Verein wird dann, aber auch nur dann, aufrecht zu erhalten sein, wenn der Erblasser sie den Mitgliedern zuwenden wollte.

an dem Gesellschaftsvermögen neben den alten Mitgliedern betheiligt wird, so wird dementsprechend bei nicht rechtsfähigen Vereinen die satzungsmäßige Aufnahme eines neuen Mitgliedes als Vertrag desselben mit den bisherigen Mitgliedern zu behandeln sein. Endlich das Ausscheiden eines Gesellschafters durch Kündigung, Tod oder Konkurs desselben bewirkt zwar regelmäßig Auflösung der Gesellschaft (§§ 723, 727 bis 729). Aber nach §§ 736, 738 kann vereinbart werden, daß die Folge dieser Ereignisse in bloßem Ausscheiden des betreffenden Gesellschafters bestehen und sein Antheil am Gesellschaftsvermögen den übrigen anwachsen soll. Diese Vereinbarung wird nun bei nicht rechtsfähigen Vereinen regelmäßig in der Satzung zu finden sein, und damit der Fortbestand des Vereins von dem Wegfall einzelner Mitglieder ebenso unabhängig werden, wie dies beim rechtsfähigen Verein der Fall ist.

In allen diesen Punkten kann also der nicht rechtsfähige Verein seine Rechtsstellung praktisch der des rechtsfähigen annähernd gleich gestalten.

Dagegen besteht eine erhebliche Verschiedenheit zwischen beiden im Punkt der Schuldenhaftung. Denn während für die Schulden des rechtsfähigen Vereins eben nur das Vereinsvermögen haftet, trifft die Haftung für Gesellschaftsschulden sowohl das Gesellschaftsvermögen, als jeden einzelnen Gesellschafter persönlich; wenn Gesellschafter sich durch Vertrag gemeinschaftlich verpflichten, so haften sie sogar als Gesammtschuldner (§ 427), und mit dieser Wirkung Schulden für die Gesellschaft einzugehen ist der geschäftsführende Gesellschafter im Zweifel ermächtigt (§ 714). Dieser Haftung, welche nun nach § 54 Satz 1 auch für die nicht rechtsfähigen Vereine gilt, wird aber mit Rücksicht darauf, daß das Vermögen derselben für dritte Personen oft schwer erkennbar und schwer greifbar ist, in Satz 2 noch hinzugefügt, daß aus einem Rechtsgeschäft, welches im Namen des Vereins einem Dritten gegenüber vorgenommen ist, der Handelnde persönlich und mehrere Handelnde als Gesammtschuldner haften.[1]) Diese Vorschrift ist auch keineswegs beschränkt auf den Fall, daß der Dritte irrig glaubte, der vertretene Verein sei rechtsfähig,[2]) und sie greift auch nicht blos dann Platz,

---

[1]) Vgl. H.G.B. § 200 Abs. 1. Ges. über Gesellsch. m. b. H. § 11 Abs. 2.

[2]) Für diese Beschränkung des bisherigen H.G.B. Art. 211 Staub im Komm. § 6 u. a. m.

wenn der Vertreter als Vorstand handelte, sondern überhaupt, wenn er irgend wie im Namen des Vereins thätig war, z. B. als Angestellter oder Bevollmächtigter. Durch die hiermit dem Vorstande eines nicht rechtsfähigen Vereins auferlegte schwere Verantwortlichkeit wird für jenen zugleich ein Antrieb geschaffen, zu seiner Entlastung von derselben, wenn möglich, die Rechtsfähigkeit des Vereins zu erwirken.

Außerdem aber soll nun durch die oben (S. 79) erwähnten Zusätze zur C.P.O. §§ 49a und 670a und zur K.O. § 201a auch die Geltendmachung der Haftung des Vereinsvermögens bei nicht rechtsfähigen Vereinen noch mehr, als bei Gesellschaften, erleichtert und derjenigen bei rechtsfähigen Vereinen angenähert werden. Denn der nicht rechtsfähige Verein soll für Prozeßführung und Zwangsvollstreckung passive Parteifähigkeit haben. Er kann nach C.P.O. § 49a verklagt werden und hat im Rechtsstreit die Stellung eines rechtsfähigen Vereins, so daß er durch seinen Vorstand wie durch einen gesetzlichen Vertreter den Prozeß führen und insbesondere Eide leisten kann. Ferner ergeht auch das Urtheil für und gegen den Verein, und nach C.P.O. § 670a genügt ein gegen ihn ergangenes zur Zwangsvollstreckung in das Vereinsvermögen. Auch soll nach K.O. § 201a das Vermögen eines nicht rechtsfähigen Vereins Gegenstand eines selbständigen Konkursverfahrens sein, ebenso wie dasjenige einer Aktiengesellschaft, so daß dadurch die Vereinsgläubiger einen Vorzug vor den Privatgläubigern aller Mitglieder erhalten.

Dagegen ist dem nicht rechtsfähigen Verein nicht auch die aktive Parteifähigkeit verliehen. Es können also nur die Mitglieder als Streitgenossen klagen, ihr Vorstand kann dann nur als Bevollmächtigter handeln, Eide müssen die klagenden Mitglieder selbst ableisten, und das Urtheil ergeht nur für und gegen die Mitglieder.

Aber diese halbe Parteifähigkeit ist für die Gläubiger, denen sie zu Gute kommen soll, keineswegs durchweg befriedigend, und für den Verein unter Umständen hart und ungerecht.

Wenn z. B. die Gläubiger eine Verurtheilung des Vereins erstritten haben, das Vereinsvermögen aber nur in Forderungen besteht,[1]) die als

---

[1]) Diesen Fall betont mit Recht Hachenburg S. 204, indem er auf die Möglichkeit hinweist, daß der Kassenführer mit den Baarmitteln durchgegangen ist, und die Mitglieder nur gegen den Vorstand wegen versäumter Aufsicht eine Ersatzforderung haben.

solche natürlich nicht dem Verein, sondern nur den Mitgliedern gemeinschaftlich zustehen, dann fragt es sich, ob die Gläubiger des Vereins im Wege der Zwangsvollstreckung diese Forderungen pfänden, sich überweisen lassen und gegen die Drittschuldner einklagen können, während die Forderungen doch von dem verurtheilten Verein selber nicht hätten eingeklagt werden können.[1]) Eine solche Einklagung durch die Vereinsgläubiger werden die Gerichte voraussichtlich nicht zulassen; wie aber sollen dann die Gläubiger den Zugriff auf jene Aktiva durchführen?

Aber noch mißlicher sind die Konsequenzen der halben Parteifähigkeit für die Vereinsmitglieder selbst. Aus den Worten des § 49a: „Im Rechtsstreit hat der Verein die Stellung eines rechtsfähigen Vereins" wird man zwar soviel ableiten können, daß derselbe, wenn er als Beklagter gesiegt und einen Kostenfestsetzungsbeschluß erwirkt hat, die zu erstattenden Kosten auch vom Kläger beitreiben kann, desgleichen, daß er aus den §§ 686 und 541 C.P.O. klagen, und daß er auch eine Widerklage erheben kann. Endlich kann er als Beklagter unzweifelhaft auch eine zum Vereinsvermögen gehörige Gegenforderung aufrechnen und die Aufrechnung im Prozeß geltend machen. Aber Schwierigkeiten ergeben sich z. B., wenn es für die Entscheidung auf die Ableistung eines Eides ankommt. Dann ist dieser Eid in dem Falle, wo der Verein verklagt ist, vom Vorstand zu leisten, in dem Falle aber, wo die Mitglieder geklagt haben, von diesen als Streitgenossen. So wird durch den Zufall der prozessualischen Konjunktur die Person des Schwurpflichtigen verschieden bestimmt.

Noch mehr Schwierigkeiten erwachsen aus der halben Parteifähigkeit bei der Rechtshängigkeit und Rechtskraft. Denn wenn ein nicht rechtsfähiger Verein aus einem Vertrag, z. B. aus einem Kauf auf Preiszahlung verklagt oder sogar — etwa trotz Wandlungseinrede — verurtheilt ist, so erfordert das Bedürfniß gewiß, daß nicht die Mitglieder dieselbe Streitfrage nun ihrerseits klagend — z. B. mit der Wandlungsklage — in einem zweiten Prozeß anhängig machen können; aber die zur Ausschließung ihres Anspruchs erforderliche Identität der im Vorprozeß verklagten und im Nachprozeß klagenden Partei fehlt. Auch wenn ein nicht rechtsfähiger Verein als Beklagter einem Dritten den

[1]) Hier zeigt sich der Unterschied zwischen dem nicht rechtsfähigen Verein und der offenen Handelsgesellschaft, die unter ihrer Firma Rechte erwerben und vor Gericht klagen kann. H.G.B. § 124.

Streit verkündet hat, und nach Verurtheilung des Vereins die Mitglieder gegen den Dritten den Rückgriff nehmen wollen, so werden sie die Entgegnung, daß der Vorprozeß unrichtig entschieden sei, nicht mit Berufung auf C.P.O. §§ 65, 71 Abs. 3 ausschließen können, weil sie ja im Vorprozeß nicht Hauptpartei waren. Bei der offenen Handelsgesellschaft fallen diese Schwierigkeiten dadurch weg, daß die formelle Zusammenfassung der Gesellschafter unter ihrer Firma zu einer Prozeßpartei nicht blos auf der Passiv-, sondern auch auf der Aktivseite gilt. Ebendieselbe Ausdehnung ist aber auch für nicht rechtsfähige Vereine unentbehrlich, worauf schon mehrere[1]) mit Recht hingewiesen haben. Haben doch sogar ohne solchen gesetzlichen Anhalt, wie er bei der offenen Handelsgesellschaft besteht, die Gerichte mit Einschluß des Reichsgerichts[2]) für das gemeine, wie für das preußische Recht, Klagen von rechtsunfähigen Vereinen zugelassen, zumal da das Erscheinen mehrerer hundert Mitglieder in jedem Termin und das Verhandeln mit denselben auch praktisch undurchführbar sein würde. Es ist vorauszusehen, daß auch die künftige Praxis zu der gleichen Rechtsbildung drängen wird.

Eine andere Frage, die sich mit der Doppelrolle der Vereinsmitglieder als einzelner und als Vereins nahe berührt, geht dahin, ob die Mitglieder die Haftung ihres Privatvermögens für Vereinsschulden dadurch ausschließen können, daß bei Eingehung der letzteren mit den Gläubigern vereinbart wird, es solle ihnen nur das Vereinsvermögen haften. Die so gestellte Frage muß bejaht werden, da ja in zahlreichen Fällen (bei Reallasten, Renten-, Berg-, Schiffsschulden u. s. w.) eine gegenständlich beschränkte Haftung rechtlich anerkannt, und folgeweise auch die vertragsmäßige Festsetzung einer solchen zuzulassen ist.[3]) Es ist aber weiter behauptet worden,[4]) der rechtsunfähige Verein könne auch schon durch seine Satzung als Gesellschaftsvertrag ein für alle Mal die Vertretungsmacht des Vorstands dahin beschränken, daß dieser

[1]) Hachenburg a. a. O. S. 204. Wach in der D. Juristenzeitung I, S. 286/7.

[2]) Entsch. d. R.G. Bd. 4 S. 156, Bd. 27 S. 183. Anders freilich manche Instanzgerichte, z. B. im Jahre 1897 das Amtsgericht zu Spandau in einer Klagesache des Friedenauer Radfahrvereins, vertreten durch dessen Vorsitzenden, gegen P. B. wegen Herausgabe eines Wanderpreises.

[3]) So auch Hachenburg S. 203. Planck Komm. zu § 54 Anm. 2b.

[4]) So Planck a. a. O.

die Mitglieder nur mit dem Vereinsvermögen haftbar mache, und dann hafte eben im praktischen Ergebnisse für die vom Vorstand eingegangenen Schulden der nicht rechtsfähige Verein nicht weiter, als der rechtsfähige, nur daß bei ersterem noch die persönliche Haftung der Vorstandsmitglieder hinzukomme. Allein hiergegen ist einzuwenden,[1]) daß ja dann jede Gesellschaft durch ihren Gesellschaftsvertrag sich hinsichtlich der Schulden im wesentlichen die Stellung einer Gesellschaft mit beschränkter Haftung verschaffen könnte. Damit fiele für die Mitglieder eines nicht rechtsfähigen Vereins ein Hauptantrieb, für denselben die Rechtsfähigkeit zu erwirken, hinweg, und für die Gläubiger würde jene Beschränkung der Vertretungsmacht des Vorstands um so gefährlicher sein, weil die dahin lautende Satzungsbestimmung ja nicht einzutragen und also auch nicht erkennbar wäre. Deswegen dürfte vielmehr anzunehmen sein, daß wenn das Reichsgesetz vom 20. April 1892 eine auf das Gesellschaftsvermögen beschränkte Haftung nur unter bestimmten Voraussetzungen zuläßt, auch das B.G.B. sie von denselben nicht hat unabhängig machen wollen, und daß deshalb einer Satzungsbestimmung des erwähnten Inhalts keine Geltung zukommt.

Endlich bei außerkontraktlichen, zu Schadensersatz verpflichtenden Handlungen des Vorstands ist eine Haftung des nicht rechtsfähigen Vereins aus § 31 unzweifelhaft nicht zu begründen. Denn obschon er ein Verein ist und bleibt, so unterliegt er doch nach § 54 grundsätzlich nicht dem Vereins-, sondern dem Gesellschaftsrecht, folglich können aus einer Schadenszufügung eines Angestellten die Mitglieder nur nach § 831,[2]) also mit Vorbehalt des Einwands der von ihnen beobachteten Sorgfalt, in Anspruch genommen werden.

Als Endergebniß zeigt sich, daß der nicht rechtsfähige Verein es zwar in der Hand hat, seine Stellung derjenigen des rechtsfähigen stark anzunähern, aber doch drei Hauptunterschiede übrig bleiben. Bei den unter obrigkeitlicher Mitwirkung zu vollziehenden, insbesondere bei Grundbuchsgeschäften, ist der rechtsunfähige Verein nicht als Einheit, sondern als Vielheit zu behandeln. Für Schulden, welche im Namen

---

[1]) So mit Recht Hachenburg a. a. O.

[2]) Anders Hachenburg S. 211, nach welchem z. B. ein (nicht rechtsfähiger) Ruderklub, dessen Vorstand für eine Regatta einen Tribünenbau nachlässig besorgt hat, wegen Einsturzes desselben aus § 31 haften würde.

des nicht rechtsfähigen Vereins eingegangen sind, haftet, falls ein Vertreter in den Grenzen seiner Vertretungsmacht oder die Mitglieder gemeinschaftlich gehandelt haben, nicht blos das Vereinsvermögen, sondern auch jedes Mitglied mit seinem Privatvermögen, außerdem aber auch in allen Fällen der Handelnde persönlich und eine Mehrheit von Handelnden gesammtschuldnerisch. In Prozessen kann der nicht rechtsfähige Verein wie ein rechtsfähiger verklagt werden, aber nicht auch wie ein solcher klagen. Nach alledem hat zwar jeder Verein mit einem gewissen Vermögen und einigem Kreditverkehr ein erhebliches Interesse, sich die Rechtsfähigkeit, wenn möglich, zu erwirken, aber auch ohnedies ist ihm eine zur Verfolgung seiner Zwecke ausreichende Rechtsstellung eröffnet.

§ 21.

Kritische Würdigung des neuen Vereinsrechts.

An erster Stelle erhebt sich hier die Frage nach der juristischen Natur des rechtsfähigen Vereins. Hat das B.G.B. die Fiktionstheorie zu Grunde gelegt, wonach der Verein eine künstliche, erst durch den Staat zur Person erhobene Schöpfung ist, darum, wie ein Kind, willensunfähig, der gesetzlichen Vertretung bedürftig u. s. w., — oder eine andere, insbesondere die Genossenschaftstheorie, welche den Verein als reales Gebilde auffaßt, zwar nicht als leibliches, aber doch als ein geistiges, welches durch menschlichen Willen geschaffen und von solchem erfüllt, also willensfähig ist?[1]) Während der Entwurf I sehr zur Fiktionstheorie neigte, haben Entwurf II und das B.G.B. eine bestimmte Stellungnahme vermieden. Charakteristisch ist dafür die Fassung des § 26 Abs. 2, die jetzt nicht mehr, wie im Entwurf I § 44, lautet: „der Vorstand ist der gesetzliche Vertreter der Körperschaft", sondern vielmehr dahin: „der Vorstand hat die Stellung eines gesetzlichen Vertreters". Einzelnes spricht freilich auch im B.G.B. noch für die Fiktionstheorie, denn nach ihm entsteht die Rechtsfähigkeit des Vereins

---

[1]) Der Hauptvertreter dieser Theorie ist bekanntlich Gierke. Im Grundgedanken schließt sich ihm an Regelsberger, Pandekten I §§ 75 und 76. Ebenso Endemann I § 43. Auch Cosack § 28 weicht, wie er selbst annimmt, mehr im Ausdruck als in der Sache ab.

nur durch Mitwirkung des Staats, und sie kann durch Verfügung des Staats unter Umständen erlöschen; also scheint sie vom Staat zu stammen. Ferner bedarf der Verein zur Vornahme von Handlungen eines sogenannten „Vertreters", wie auch der Geschäftsunfähige durch einen solchen handelt. Endlich wird in den §§ 31 und 43 Abs. 1 bei der Haftung des Vereins aus Schadenszufügungen und Gesetzwidrigkeiten als Urheber derselben nicht der Verein, sondern der Vorstand oder die Mitgliederversammlung genannt.

Aber andererseits überwiegen doch die Symptome der entgegengesetzten Auffassung, daß der Verein als Person nicht fingirt wird, sondern thatsächlich besteht, Menschen als Organe in seinen Dienst stellt und durch deren Vermittlung selber handelt. Denn § 104, welcher die geschäftsunfähigen Personen aufzählt, nennt darunter die Vereine nicht; daher hat auch der Verein nach B.G.B. nicht mehr, wie noch nach Entwurf I §§ 166, 884, bei der Verjährung oder Ersitzung irgend welche Vorrechte (§§ 206, 939). Ferner heißen die sogenannten Vertreter des Vereins an andern Stellen geradezu seine Organe (§ 45 Abs. 2, Satz 1) und sind also „Vertreter" nicht in demselben Sinne, wie der Vormund oder der Pfleger eines Geschäftsunfähigen es ist. Namentlich aber haften ja, wie gezeigt, die Vereine aus Schadenszufügungen ihrer Vertreter in weiterem Umfang, als andere Personen aus den Handlungen der ihrigen. Folglich überwiegt sachlich und in den praktisch wichtigsten Sätzen die Theorie der realen Persönlichkeit des Vereins, und darum muß sie auch wissenschaftlich dem B.G.B. zu Grunde gelegt werden. Hiernach ist der Ausdruck „Vertreter" zur Bezeichnung der Vereinsorgane streng genommen schief;[1]) man müßte überall „Vereinsorgan" sagen; indessen ist der Ausdruck nun einmal im B.G.B. nicht blos zum technischen erhoben, sondern man wird daraus auch Folgerungen ableiten müssen, z. B. den Satz des § 181 auch auf den Vertreter juristischer Personen anzuwenden haben.

Als ein zweiter Punkt kommt der praktische Werth des neuen Vereinsrechts in Frage, und dieser ist unzweifelhaft hoch zu veranschlagen. Das bisherige deutsche Vereinsrecht war nicht blos in den einzelnen Ländern sehr verschieden, sondern auch innerhalb jedes Landesrechts wieder reich an Unklarheit und Zweifeln. Außerdem hemmte

---

[1]) So mit Recht Laband im Archiv f. civil. Praxis Bd. 73 S. 187.

bisher das herrschende Konzessionssystem die Entwicklung der Vereine ungemein. Statt dessen ist nun Einheit, eine feste Grundlage und in den Hauptpunkten eine angemessene Regelung geschaffen. Für die meisten Arten von Wirthschaftsvereinen gelten bereits liberale Reichsgesetze, und für Idealvereine sind die leichten Normativbedingungen des B.G.B. und der Registerzwang wahrlich nichts weniger, als drückend.

Nur eine Gruppe von Sätzen wird freilich noch Noth genug verursachen, nämlich die Sätze über die politischen, sozialpolitischen und religiösen Vereine. Der Grund, weshalb es bei diesen ganz in die Hand der Verwaltungsbehörde gelegt ist, ob sie dieselben rechtsfähig werden lassen will oder nicht, ist bereits viel besprochen und verhandelt worden.[1]) Er liegt darin, daß, wie erwähnt, nur in einzelnen deutschen Ländern das öffentliche Recht der Regierung genügende Machtbefugnisse gegenüber den Vereinen in die Hand giebt. In andern Ländern hat die Regierung solche Befugnisse garnicht oder doch nicht in ausreichendem Maße, sondern nur die privatrechtliche Möglichkeit, kraft des Verleihungsprinzips einem Verein die Rechtsfähigkeit zu verweigern. Hätte nun das B.G.B. auch diese Verleihungsbefugniß der Verwaltungsbehörden gegenüber allen Vereinen aufgehoben, so wäre damit in der That die Position der Regierungen bedenklich geschwächt, und auch gefährlichen Vereinen das Thor der Rechtsfähigkeit weit geöffnet worden, z. B. Vereinen zum Zweck der Agitation für den Austritt aus der christlichen Kirche und für die Verbreitung des Atheismus oder zum Zweck der Entfernung der Deutschen aus Polen, oder der Einführung einer republikanischen Verfassung an Stelle der Monarchie oder zum Zweck der Abschaffung der allgemeinen Militärpflicht, des Impfzwangs und dergl. mehr. Somit sind die Bestimmungen über politische und die anderen erwähnten Vereine durch den Zweck der Einschränkung von gemeingefährlichen Bestrebungen wohl zu rechtfertigen.

Es fragt sich nur, ob sie auch geeignet und ausreichend sind, um den Zweck zu erreichen. Dies ist aber schwerlich zu bejahen. Denn zunächst bleibt ja jedem politischen Verein, welchem die Eintragung verweigert ist, die Möglichkeit offen, die Rechtsfähigkeit dadurch zu erreichen, daß er sich als Aktiengesellschaft oder als Gesellschaft mit

---

[1]) Vgl. die Erklärungen des Staatssekretärs Dr. Nieberding in der Reichstagskommission (Bericht der letzteren S. 11—13).

beschränkter Haftung aufthut, wozu es nur eines Stammkapitals von 20 000 Mark bedarf. Aber auch wenn er dies nicht will, steht es ihm frei, einstweilen einen unverfänglichen politischen Zweck auf seine Fahne zu schreiben, und wenn er damit die Eintragung erlangt hat, nachträglich in oppositioneller Richtung Politik zu treiben. Ob es dann möglich ist, dies als gesetzwidriges Verhalten, welches das Gemeinwohl gefährdet, zu behandeln und ihm darum nach § 43 die Rechtsfähigkeit zu entziehen, ist mindestens recht zweifelhaft. Es kann aber auch ein Verein, der in der That von konservativen Männern und zu einem konservativen Zweck gegründet und darum zur Eintragung zugelassen worden ist, durch den Eintritt einer Mehrheit neuer Mitglieder in das entgegengesetzte Lager hinüber geführt werden. Ja, die neue Mehrheit kann, wenn nur die Satzung eine Ausschließung gestattet, die alten Mitglieder sogar ausschließen und so das Vereinsvermögen in ihre Hand bringen. Gegen dieses alles hat die Regierung kein Mittel der Hemmung. Die einzige Schranke ist immer, daß jede Aenderung der Satzung vor der Eintragung dem Einspruchsrecht der Verwaltungsbehörde unterliegt, wenn jene Aenderung unter den § 61 Abs. 2 fällt. Aber sobald die Satzung eines rechtsfähigen Vereins nur irgend einen politischen Zweck aufstellt, hat ja der Verein dadurch für politische Beschlüsse aller Art Freiheit genug, um einer Aenderung der Satzung nicht zu bedürfen.

Das Ergebniß ist, daß die Verwaltungsbehörde bei keinem politischen oder sozialpolitischen Verein, den sie einmal rechtsfähig werden läßt, auf die thatsächliche Innehaltung derjenigen Art von Politik oder Sozialpolitik, zu welcher er gegründet war, rechnen kann. Sie muß also, um vorsichtig zu sein, überhaupt keinem politischen oder sozialpolitischen Verein die Rechtsfähigkeit zu Theil werden lassen; damit aber werden dann leider auch segensreiche Vereine von der Rechtsfähigkeit ausgeschlossen.

Schließlich bleibt als ein Mangel hervorzuheben die Ungleichheit des öffentlichen Vereinsrechts in den verschiedenen deutschen Ländern. Infolgedessen ist schon nach dem bestehenden Recht in manchen Ländern kein Verein seiner nach dem B.G.B. erlangten Rechtsfähigkeit auch nur eine Zeit lang sicher. Aber außerdem kann jeder einzelne Staat sein öffentliches Vereinsrecht durch ein neues Landesgesetz dahin ändern, daß er Vereine beliebig auflösen darf. Und auch wenn der einzelne Staat dies nicht will, kann er Vereine dadurch, daß er sie mittelst Landesgesetzes für öffentlich-rechtliche erklärt, dem Reichsprivatrecht entziehen und unter das Landesrecht stellen. Oder was läßt sich reichsrechtlich dagegen einwenden, wenn z. B. Preußen durch Landesgesetz die Freimaurerlogen oder den allgemeinen Deutschen Schulverein für Vereine des öffentlichen Rechts erklärt?

Diesen Uebelständen kann erst das durch die R.V. verheißene Reichsvereinsgesetz abhelfen. Ist ein solches aber zu Stande gebracht, dann wird wohl auch die Erlangung der Privatrechtsfähigkeit für politische und sozialpolitische Vereine vom Einspruch der Regierung unabhängig gemacht werden können. Inzwischen wird sich auch vorher mit dem neuen Vereinsrecht sehr wohl leben lassen und sogar bei weitem besser, als mit dem jetzt bestehenden.

§ 22.

Stiftungen.[1]

Stiftung ist nach dem B.G.B. wie nach dem bisherigen Recht eine Person, welche auf der Bestimmung eines selbständigen und dauernden Zwecks für ein Vermögen beruht.

Zur Entstehung einer solchen gehört 1. das Stiftungsgeschäft, d. h. die Willenserklärung des Stifters, daß er die Stiftung errichte, und 2. die Genehmigung von Seiten des Bundesstaates, in dessen Gebiet die Stiftung ihren Sitz haben soll (§ 80). Dies zweite Erforderniß rechtfertigt sich dadurch, daß hier die Willensmacht des Stifters künstlich über ihr natürliches Dasein hinaus erstreckt und verselbständigt wird, und daß der dadurch möglichen Festlegung von Vermögensmassen für unnütze oder gar thörichte Zwecke die Wirksamkeit muß versagt werden können.

Mit der Ertheilung der Staatsgenehmigung ist die Stiftung entstanden. Folglich ist die Vermögenswidmung nicht der Akt, durch welchen die Person geschaffen wird (Kreationsakt,[2]) sondern eine Zuwendung an die bereits vorhandene Person. Diese Zuwendung kann

---

[1]) Schloßmann in den Jahrb. f. Dogmatik Bd. 27 S. 1—69. Kohler im Archiv f. bürgerl. Recht Bd. 3 S. 228—292.

[2]) So Schloßmann a. a. O. S. 29.

daher auf einer Schenkung oder einem andern Rechtsgrund beruhen und ist nach diesem zu beurtheilen in Bezug auf Anfechtbarkeit,[1]) Gewährleistung u. s. w.

Das Stiftungsgeschäft unter Lebenden bedarf der schriftlichen Form (§ 81 Abs. 1). Doch ist dem Stifter der Widerruf noch bis zur Ertheilung der Staatsgenehmigung gestattet, dem Erben des Stifters nur bis zur Einreichung des Gesuches um Genehmigung bei der zuständigen Behörde (§ 81 Abs. 2). Mit der Genehmigung erwirbt die Stiftung nach § 83 zwar nicht durch Gesammtnachfolge das ihr zugesicherte Vermögen, wohl aber eine Forderung auf Uebertragung desselben, soweit nicht schon ein Abtretungsvertrag zum Uebergang des Rechts genügt, wie z. B. bei einer Forderung. Bei Stiftungen von Todeswegen muß nach § 83 nöthigenfalls das Nachlaßgericht die Genehmigung einholen. Wenn die Genehmigung erst nach dem Tode des Stifters erfolgt, so wirkt sie nach § 84 rückwärts in der Art, daß die Stiftung für die Zuwendungen des Stifters als vor dessen Tode entstanden gilt. Dadurch wird die Schwierigkeit vermieden, die sonst für die Einsetzung einer erst im Testament errichteten Stiftung als Erbin aus § 1923 Abs. 1 erwachsen würde, und zugleich wird die Folge herbeigeführt, daß eine solche Stiftung den Nachlaß nicht erst als Nacherbin, sondern unmittelbar und schon vom Erbfall an erhält (§ 2101 Abs. 2), sowie daß ein Vermächtniß ihr nicht wegen §§ 2178/9 erst mit der Staatsgenehmigung, sondern schon mit dem Erbfall anfällt.

Für die Verfassung der Stiftung sind nach § 85 zunächst die reichsgesetzlichen Vorschriften maßgebend, sodann diejenigen des Landesrechts und erst in Ermangelung solcher das Stiftungsgeschäft. Das B.G.B. selbst erstreckt in § 86 auf die Stiftungen sieben Paragraphen, welche für die rechtsfähigen Vereine aufgestellt sind, namentlich fast alle Regeln betreffend die Nothwendigkeit eines Vorstandes und die Stellung desselben (mit Einschluß der Haftung aus dessen zum Schadensersatz verpflichtenden Handlungen), jedoch mit Abweichungen in den Fällen, wo die Verfassung ein anderes ergiebt, und wo die Stiftung von einer öffentlichen Behörde verwaltet wird, wie z. B. eine Stipendienstiftung bei einer Universität. Ueber die letztere Erscheinung (sog. fiduziarische Stiftung)[2]) schreibt das B.G.B. genaueres nicht vor.

[1]) Entsch. d. R.G. Bd. 5 S. 141.

[2]) Darüber besonders Kohler a. a. O. S. 268—288, 291/2.

Ueber das Erlöschen und die Umwandlung einer Stiftung bestimmt das B.G.B. in § 87 nur weniges. Wird die Erfüllung des Stiftungszweckes unmöglich, oder gefährdet sie das Gemeinwohl, so kann die landesrechtlich zuständige Behörde die Zweckbestimmung ändern, ja die Stiftung sogar aufheben; dabei soll die Behörde die Absicht des Stifters thunlichst berücksichtigen; doch kann sie, wenn die Zweckumwandlung es erfordert, auch die Verfassung der Stiftung ändern. Durch diesen § 87 hat der Reichstag den Artikel 85 des Entwurfs zum E.G. beseitigt, wonach die landesgesetzlichen Vorschriften über das Erlöschen und die Umwandlung der Stiftungen unberührt bleiben sollten. Aber der § 87 ist offenbar zu eng gerathen; denn die Stiftung kann ihre innere Berechtigung verlieren und zur Plage entarten, auch ohne daß die Erfüllung ihres Zweckes unmöglich wird oder das Gemeinwohl gefährdet, z. B. wenn die Empfangsberechtigten so zahlreich werden, daß der einzelne stets nur ein Minimum erhält, oder wenn sie umgekehrt so selten werden, daß der einzelne unmäßig viel erhält. Sie kann auch zu einer übermäßigen Anhäufung von Kapital führen, und es kann endlich hemmend sein, daß die Verfassung der Stiftung immer nur mit dem Zwecke zusammen umgeändert werden kann. Für die viel weiter gehende Bestimmung der §§ 74 und 193 A.L.R. II. 6 bietet daher der § 87 keinen Ersatz, so daß er ausdehnend wird interpretirt werden müssen.

Außerdem bestimmt das B.G.B. nur noch in § 88, daß bei Erlöschen der Stiftung deren Vermögen an die Personen fällt, welche die Verfassung bestimmt. Dabei wird, wie bei Vereinen, ein Liquidationsverfahren nöthig, außer wenn der Fiskus das Vermögen erhält. Wenn aber die Verfassung keinen Empfangsberechtigten nennt, dann wird sie nach § 85 aus den Landesgesetzen zu ergänzen sein. Manche Fragen läßt das B.G.B. offen, z. B. ob die Stiftung durch Verlust ihres Vermögens erlösche. Nach der Grundanschauung, daß die Stiftung nicht auf dem Vermögen, sondern auf der Zweckbestimmung ruht, wird die Frage zu verneinen sein.

In der Theorie wird öfter als Stiftung aufgefaßt auch die öffentliche Sammlung von Vermögen für einen vorübergehenden Zweck[1]),

[1]) So will namentlich Dernburg Pand. I § 62 Anm. 8 sie den Stiftungen analog behandeln. Isay in den Jahrb. f. Dogmatik Bd. 36 S. 447 erklärt das Sammelvermögen für eine eigenartige juristische Person, welche der Staatsgenehmigung nicht bedürfe.

z. B. zur Linderung eines Nothstandes, zu einer Ehrengabe und dergl. mehr. Das B.G.B. § 1914 folgt dieser Anschauung nicht, gestattet aber eine Pflegschaft, wenn die zur Verwaltung berufenen Personen weggefallen sind. Das Eigenthum an solchem Vermögen wird je nach Umständen den Sammlern als fiduziarisches, oder auch demjenigen, für welchen die Sammlung bestimmt ist, zuzuschreiben sein.[1]).

Kapitel III. Die Sachen.[2])

§ 23.

Begriff und Eintheilungen der Sachen.

Unter Sachen versteht das B.G.B. nur körperliche Gegenstände (§ 90). Daher kennt es auch nur an solchen dingliche[3]) oder Sachenrechte, übereinstimmend mit dem Römischen Recht, aber nicht mit dem Preuß. L.R. (§ 1 I, 2). Sachen und Rechte faßt es zusammen als Gegenstände (§§ 260, 434, 581). Doch bezeichnet und behandelt es in gewissen Beziehungen auch Rechte den Sachen entsprechend als Gegenstände eines Rechts z. B. eines Nießbrauchs (§ 1068) und eines Pfandrechts (§ 1273), ohne daß damit jene Rechte als unkörperliche Sachen und die sie ergreifenden Rechte als Sachenrechte anerkannt wären.[4]) Diese Beschränkung des Sachbegriffs auf Körper ist als grobsinnlich getadelt worden. Aber die allgemeine Gleichstellung von Rechten und körperlichen Dingen unter dem Titel der „Sachen" als Gegenständen von Rechten (§ 1 A.L.R. I, 2) zieht eine Vermischung von absoluten und Sachenrechten nach sich und ist praktisch undurchführbar.

---

[1]) Vgl. besonders Regelsberger, Streifzüge im Gebiet des Civilrechts 1892. S. 70—78 und Pand. I § 87 S. 343.

[2]) Küntzel in den Beitr. zur Erl. d. D. Rechts Bd. 41 S. 132—151.

[3]) „Dinglicher Anspruch" in § 221 ist der auf einem Recht an der Sache beruhende.

[4]) Endemann § 50 Anm. 5 behält es näherer Erwägung vor, ob um der erwähnten Erscheinungen willen ein weiterer Begriff der dinglichen Rechte einzustellen sei; aber das Recht des Nießbrauchs oder das Pfandrecht an einer Forderung kann kein dingliches sein, da der Besteller selbst ein solches nicht hat.

Aus diesem Begriff der Sachen ergeben sich wichtige Folgerungen:

1. Keine Sachen sind die Inbegriffe von Sachen[1]) (Sachgesammtheiten, universitates facti), d. h. Mehrheiten selbständiger Sachen, die man sprachlich mit einem Namen zusammenfaßt, z. B. die Heerde, die Bibliothek, das Waarenlager, das Gutsinventar u. s. w. Daher giebt es hier nicht Besitz, Eigenthum u. s. w. am Ganzen, sondern nur an den einzelnen Stücken, jedes einzelne Stück kann in einem andern Rechtsverhältniß stehen, als die übrigen Stücke,[2]) und bei einer Verpflichtung, die in Bezug auf den Inbegriff begründet wird, ist durch Auslegung zu ermitteln, welche Stücke davon umfaßt werden. Doch ist bei der Verneinung eines Rechts am Ganzen immer vorausgesetzt, daß die einzelnen Stücke auch im Verkehr als solche Werth und Bedeutung haben, wie das einzelne Heerdenthier, Buch u. s. w. Ist dies nicht der Fall, so gilt auch juristisch als Sache nicht das einzelne Stück, sondern nur eine irgendwie begrenzte Mehrheit von solchen.[3]) Wirthschaftlich kann freilich auch ein Inbegriff von Sachen eine Einheit bilden. Darum bezeichnet das B.G.B. sie gelegentlich ebenso wie der Verkehr als Ganze,[4]) ja, es gestaltet auch den Inhalt von Rechten an solchen Mehrheiten ihrem wirthschaftlichen Zusammenhang entsprechend eigenthümlich und anders, als wenn ein solcher Zusammenhang fehlte;[5]) aber damit ist doch die thatsächliche Mehrheit der Gegenstände nicht für eine einheitliche Sache erklärt. Man hat diese Behandlungsweise als atomistisch angegriffen. Aber Sachindividuen mit eigenem Werth erfordern auch eine eigene rechtliche Würdigung, und die Anerkennung der Ganzen als Sachen neben den einzelnen Stücken bringt mehr Verwicklung als Gewinn.

---

[1]) § 92 Abs. 2, § 1035. Vgl. für das gem. R. Regelsberger Pand. I § 97.

[2]) „Singulae oves suam causam habent“ (l. 30 § 2 D. de usurp. 41, 3). Dem Wortlaut nach anders das A.L.R. §§ 36, 38 I, 2 und § 53 I, 7, doch wendet schon die preußische Praxis dies nur auf Erbschaften und Vermögensinbegriffe an.

[3]) So bei den Körnern eines Sandhaufens, den Stäubchen einer Quantität Mehl, den Tropfen eines Glases Wasser u. s. w.

[4]) So ist in §§ 961 ff. vom Eigenthümer eines Bienenschwarms die Rede, im § 1035 vom Nießbrauch an einem Inbegriff von Sachen.

[5]) Vgl. §§ 1035, 1048, 1378, 2111 Abs. 2 u. a. m. Darum nimmt Cosack S. 127 geradezu ein einheitliches Recht am Sachinbegriff an, m. E. ohne zureichenden Grund.

2. Noch weniger gehören zu den Sachen Inbegriffe von Sachen und Rechten (Rechtsgesammtheiten, universitates juris). Allerdings kommen solche Vermögensganze im B.G.B. mannigfach vor, so die Erbschaft als Gegenstand des Erbrechts und eines Gesammtanspruchs (§§ 1922, 2018), das Vermögen der Ehefrau und das eines in elterlicher Gewalt stehenden Kindes als Gegenstände der Nutznießung (§§ 1363, 1649, 1686), das Gesammtgut der Ehegatten in Gütergemeinschaft (§ 1438). Auch Sondervermögen, als Abzweigungen aus einem oder aus mehreren Vermögen sind anerkannt, z. B. das Gesellschaftsvermögen (§ 718), das Vorbehaltsgut (§ 1365) u. a. m., und ebenso ist die durch Landesgesetze vorgeschriebene Behandlung der einem Eisenbahn- oder Kleinbahnunternehmen gewidmeten Grundstücke oder sonstigen Vermögensgegenstände als einer Einheit (Bahneinheit)[1]) unberührt geblieben (E.G. Art. 112). Indessen bleibt es doch auch bei diesen Vermögensganzen die Regel, daß das Recht nicht das Ganze, sondern die einzelnen Gegenstände ergreift.[2]) Nur in gewissen Fällen giebt es einen Uebergang des Ganzen, so namentlich bei der Erbfolge (§ 1922, vgl. §§ 46, 88) und bei der Gütergemeinschaft (§ 1438), und einen Gesammtanspruch, so bei der Erbfolge (§§ 2018—2030). Dagegen bestehen eigene allgemeine Regeln über die Vermögensganzen nicht, und diese sind deshalb auch im Allgemeinen Theil des B.G.B. unerwähnt geblieben.

3. Auch bewegliche und unbewegliche Sachen sind nur innerhalb der körperlichen zu unterscheiden. Zwar hat sowohl das B.G.B. als auch die G.B.O. und das Z.V.G. den Ausdruck „unbewegliche Sache" überall durch die Bezeichnung Grundstücke ersetzt.[3]) Da aber das B.G.B. sehr häufig von beweglichen Sachen spricht (z. B. § 97 und im Buch III Abschn. 3 Tit. 3), so ist damit als Gegensatz auch der Begriff der unbeweglichen von selbst gegeben. Zu denselben gehören unzweifelhaft die Grundstücke, und diesen ist das Erbbaurecht gleichgestellt (§ 1017); inwieweit auch die Bestandtheile eines Grundstücks, insbesondere Gebäude, und die mit dem Eigenthum an einem Grundstück verbundenen Rechte

[1]) Vgl. z. B. das Preuß. Gesetz vom 19. August 1895 betr. das Pfandrecht an den Privateisenbahnen.

[2]) So ausdrücklich § 1085; vgl. § 1383.

[3]) Nur im H.G.B. § 93 Abs. 2 ist die Bezeichnung „unbewegliche Sachen" beibehalten.

(§ 96) an der Rechtslage des letzteren Theil nehmen, ist bei Betrachtung des Begriffs „Bestandtheil" zu erörtern. Dagegen sind Schiffe im Allgemeinen bewegliche Sachen; nur das Pfandrecht an den in das Schiffsregister eingetragenen und die Zwangsvollstreckung in dieselben ist ähnlich wie bei unbeweglichen Sachen gestaltet (§§ 1259 ff. Z.V.G. §§ 162 ff.).

Die praktische Verschiedenheit der Behandlung beweglicher und unbeweglicher Sachen im B.G.B. ist bedeutender nicht blos als im gemeinen, sondern auch als im A.L.R.: vermöge der Durchführung des Grundbuchsystems sondert sich ein Immobiliar- und ein Mobiliarsachenrecht; aber auch im Recht der Schuldverhältnisse bei der Vertragsform (§ 313), dem Mieth- und Pachtrecht u. s. w., sowie im ehelichen Güterrecht und im Vormundschaftsrecht sind tiefgreifende Unterschiede gemacht. Dazu kommt die Verschiedenheit der Zwangsvollstreckung, die in Grundstücke nach dem Z.V.G., in bewegliche Sachen mittelst Pfändung nach der C.P.O. erfolgt.

Die Landesrechte erweitern nun aber das Anwendungsgebiet der Regeln über unbewegliche Sachen sehr erheblich dadurch, daß sie nicht blos, wie das B.G.B., dem Erbbaurecht, sondern auch andern Rechten die Eigenschaft einer unbeweglichen Sache, also namentlich die Buchungsfähigkeit, beilegen; so das Preuß. Recht dem Bergwerkseigenthum und allerlei selbständigen Gerechtigkeiten, z. B. Schiffsmühlen- und Fischereigerechtigkeiten.[1]) Soweit diese Rechte den dem Landesrecht vorbehaltenen Materien angehören, verbleibt ihnen schon um deswillen ihre Immobiliareigenschaft, auch nach G.B.O. § 83 und Z.V.G. § 2. Außerdem aber hält das E.G. zum B.G.B. Art. 196 auch allgemein die Befugniß der Landesgesetze aufrecht, auf vererbliche und übertragbare Nutzungsrechte an Grundstücken und auf den Erwerb solcher Rechte die Vorschriften des B.G.B. über Grundstücke und über den Erwerb des Eigenthums an solchen zu erstrecken.

Eine Folge dieser Ausdehnung der Unbeweglichkeit ist es, daß nach dem Vorbild bestehender Reichsgesetze (z. B. C.P.O. §§ 754, 757) auch das B.G.B. sogar das Vermögen in bewegliches und unbewegliches eintheilt, so bei der Fahrnißgemeinschaft §§ 1549, 1551. Die

---

[1]) Vgl. § 9 A.L.R. I, 2. Berggesetz vom 24. Juni 1865 § 50. E.E.Ges. vom 5. Mai 1872 §§ 68, 69. Pr. G.B.O. § 3.

Frage aber, welche Gegenstände zu dem einen und zu dem andern gehören, entscheidet es nicht allgemein, sondern für das erwähnte Verhältniß rein positiv, und ebenso ist dieselbe, wenn in andern Gesetzen oder in Rechtsgeschäften diese beiden Arten von Vermögen unterschieden werden, nur durch Auslegung der einzelnen Bestimmung zu beantworten.[1])

Von den hergebrachten Eintheilungen der Sachen wiederholt das B.G.B. zwei ausdrücklich.

1. Für vertretbar erklärt § 91 diejenigen beweglichen Sachen, die im Verkehr (als Gegenstand von Schuldgeschäften) nach Zahl, Maaß oder Gewicht bestimmt zu werden pflegen,[2]) wie Geld, Getreide, Kohlen, Taback, bei welchen ein Stück der Gattung durch das andere vertreten werden kann. In andern Stellen bezeichnet das B.G.B. die Bestimmtheit nach Zahl, Maaß oder Gewicht als eine solche „nur der Gattung nach“ [3]) (generische). Innerhalb der Gattung bleibt eine engere Abgrenzung nach Art, Güte, Herkunft u. s. w. möglich. Dagegen sind unvertretbar alle unbeweglichen Sachen und diejenigen beweglichen, bei welchen im Verkehr die individuelle Bestimmungsweise überwiegt, wie Kunstwerke, Pferde, Kleidungsstücke u. s. w. — Diese auf die Durchschnittsanschauung des Verkehrs, also auf ein objektives Merkmal gestützte Bestimmung der beiden Klassen entspricht der im bisherigen Recht herrschenden. Sie wird praktisch dadurch, daß gewisse Institute des Obligationenrechts nur bei vertretbaren Sachen anwendbar sind (z. B. das Darlehn § 607, die Anweisung § 783, die Zinsen), und andere wenigstens Verschiedenheiten zeigen, je nachdem es sich um vertretbare oder unvertretbare Sachen handelt (§§ 437, 651, 700, 706). Dabei bleibt es dem Parteiwillen unbenommen, im einzelnen Falle auch eine unvertretbare Sache nur der Gattung nach zu bestimmen (z. B. beim Vermächtniß eines Bauplatzes in einer gewissen Gegend und von einer gewissen Größe) oder umgekehrt eine vertretbare Sache individuell (z. B.

---

[1]) Z. B. bei einer testamentarischen Zuwendung des unbeweglichen Vermögens an A, des beweglichen an B dürften die Rechte des Erblassers aus einer Gutspachtung dem A gebühren, während sie bei einer Fahrnißgemeinschaft nach § 1551 Abs. 2 nicht zum unbeweglichen Vermögen gehören.

[2]) Uebersetzung des römischen: numero mensura pondere constant. (l. 2 § 1 D. d. R.C. 12, 1.)

[3]) Vgl. §§ 243, 279, 300 Abs. 2, §§ 480, 491, 524 Abs. 2, §§ 2155, 2182.

beim Vermächtniß des im Nachlaß vorhandenen baaren Geldes). Davon wird aber die Klassenzugehörigkeit der Sache nicht berührt; also ist z. B. ein Vertrag, durch welchen A ein Grundstück an B überträgt gegen das Versprechen, ihm später ein anderes gleichartiges, nicht individuell bestimmtes zurückzugewähren, kein Darlehn, sondern ein Tauschvertrag.

2. Verbrauchbar sind nach § 92 Abs. 1 diejenigen beweglichen Sachen, deren bestimmungsmäßiger Gebrauch im Verbrauch oder in der Veräußerung besteht, wie Nahrungs- und Genußmittel, Brennmaterial, Geldstücke u. s. w.; nicht verbrauchbar daher Grundstücke und alle beweglichen Sachen mit anderweitiger Bestimmung, auch wenn dieselben sich allmählich abnutzen, wie Wäsche und Kleider, Arbeitsgeräth u. dergl. m. Unter der Bestimmung zum Verbrauch oder zur Veräußerung ist die objektiv durch die Verkehrsanschauung gegebene, nicht die vom jeweiligen Eigenthümer getroffene, zu verstehen; daher sind die Bücher in einer Bibliothek, die Möbel in einer Wohnung unverbrauchbar, auch wenn der Eigenthümer sie zum Veräußern oder Verbrennen zu verwenden willens ist. Jene Gleichstellung der Veräußerung (alienatio) mit dem Verbrauch (consumtio) findet sich schon im Röm. Recht bei Geld und Früchten;[1]) nach dem B.G.B. gilt sie allgemeiner, auch für Werthzeichen, z. B. Briefmarken, und für solche Inhaber- und Börsenpapiere, die nur durch Veräußerung zu nutzen sind, wie Banknoten und Wechsel mit Blankoindossament (§§ 1084, 807).[2]) Eine weitere Ausdehnung

[1]) L. 19 § 1 D. d. R. C. 12, 1; bei Früchten zeigt sich die Gleichstellung insbesondere darin, daß die Ausschließung der Vindikation von fructus consumti nicht blos für verzehrte, sondern auch für veräußerte gilt. Czyhlarz, Eigenthumserwerbsarten, I S. 515. Petrazycki, Die Fruchtvertheilung, S. 111. Der letztere Schriftsteller (Lehre vom Einkommen, II S. 276) verwirft freilich eine objektive Unterscheidung verbrauchbarer und nicht verbrauchbarer Sachen ganz und will nur das Verhältniß zwischen einem Kapital und einem Subjekt berücksichtigen, wonach jenes diesem entweder als umlaufendes oder als stehendes zu dienen bestimmt ist. Aber dafür, ob das eine oder das andere zutrifft, läßt doch auch er (S. 280) „die allgemein übliche Benutzung des fraglichen Guts" als erheblich gelten, und aus diesem Grunde hat eben auch das B.G.B. eine objektive Unterscheidung aufgenommen.

[2]) Goldmann und Lilienthal, S. 56 Anm. 1, zählen zu den verbrauchbaren Sachen auch Zins- und Gewinnantheilscheine. Aber dieselben werden in §§ 1392 und 2116 von jenen unterschieden. Und sollte z. B. nach § 1653 ein Vater befugt sein, die gesammten Zinsscheinbogen von den Werthpapieren seines Kindes als verbrauchbare Sachen für sich zu veräußern?

liegt darin, daß nach § 92 Abs. 2 Sachen, auch ohne schon nach der Verkehrsanschauung verbrauchbar zu sein, doch dafür gelten, wenn sie zu einem Waarenlager oder sonstigen Sachinbegriff gehören, dessen bestimmungsmäßiger Gebrauch in der Veräußerung der einzelnen Sachen besteht, so z. B. die Bücher in dem Vorrath eines Antiquars, die zum Verkauf stehenden Thiere in der Mastviehheerde eines Gutsbesitzers, die Stücke einer Auktionsmasse; hier ist die Bestimmung zwar von dem gegenwärtigen Eigenthümer ausgegangen, aber durch die Feilbietung der Sachen auch objektiv maßgebend geworden.

Die praktische Bedeutung der Eintheilung liegt darin, daß bei Nutzungsrechten an verbrauchbaren Sachen der Inhalt des Rechts bis zur Verfügungsbefugniß (§§ 1376, 1377, 1653) oder sogar bis zum Eigenthum (§§ 1067, 1075 Abs. 2, vgl. § 706) gesteigert ist. Die Annahme, daß bei Geldstücken, ebenso wie im Röm. Recht, nicht blos die Veräußerung, sondern auch schon „die nicht scheidbare und darum die individuelle Existenz aufhebende Vermischung ein Akt des Verbrauchs" sei,[1]) läßt sich gegenüber § 948 nicht aufrecht erhalten.

§ 24.

Bestandtheile und Rechte an denselben.

Mannigfach abweichend vom gemeinen, wie vom Preußischen Recht behandelt das B.G.B. die Theile einer Sache. Nach dem Princip des Röm. Rechts: Einheit der Sache, Einheit des Rechts, erstreckt sich jedes Recht am Ganzen nothwendig auch auf alle Theile desselben, und kann ein Sonderrecht an einem unabgetrennten Theil weder entstehen, noch auch, wenn es vor der Verbindung des Theiles mit dem Ganzen bestand, fortdauern (sog. Accessionsprincip). Darum kein Sonderrecht an stehenden Bäumen und hängenden Früchten, am Rade des Wagens und am Stein im Ring. Das A.L.R. dagegen läßt auch an ungetrennten Theilen Sonderrechte zu, (vgl. besonders § 221, I, 9), aber in welchem Umfang, ist streitig. Das B.G.B. übernimmt nun das römische Princip für alle, wie § 93 sagt, „wesentlichen Bestandtheile", indem

[1]) So Küntzel a. a. O. S. 133. Gegen diesen Satz, sogar für das Römische Recht, Niemeyer in der Zeitschr. f. Handelsr. Bd. 42 S. 20 ff., jedoch aus nicht überzeugenden Gründen.

diese „nicht Gegenstand besonderer Rechte sein können", und es führt dasselbe für solche Bestandtheile noch strenger durch, als das Römische Recht; nur Besitz ist auch an Theilen möglich (§ 865), vorausgesetzt, daß sie besondere Innehabung zulassen.[1]) Dagegen — so muß man a contrario schließen — an unwesentlichen Bestandtheilen sind Sonderrechte, anders als nach Römischem Recht, vom B.G.B. zugelassen.[2])

Und zwar nennt der § 93 als wesentliche Bestandtheile diejenigen, welche von einander nicht getrennt werden können, ohne daß der eine oder der andere zerstört oder in seinem Wesen verändert wird.[3]) Der Grundgedanke ist, daß hier die Auseinandertrennung meist einen wirthschaftlichen Werth aufheben würde, und dem will das B.G.B. eben durch Ausschließung von Sonderrechten entgegen wirken.[4]) Von den Substanztheilen des A.L.R. §§ 4, 5, I, 2 unterscheiden sich hiernach die wesentlichen Bestandtheile des B.G.B. dadurch, daß bei den letzteren nicht der Einfluß der Trennung auf das Ganze, sondern der Einfluß derselben auf den einen oder anderen der auseinander getrennten Theile in Betracht kommt. „Wesentlich" in diesem Sinne sind zunächst bei beweglichen Sachen die Bestandtheile derselben in den allermeisten Fällen, nicht blos alle Theile eines lebenden Wesens,[5]) sondern auch diejenigen eines Kleides, Möbels, Kunstwerks, Schiffes, einer Maschine u. s. w. Bei Grundstücken aber wird ein wesentlicher Bestandtheil[6]) nach § 94 durch mechanische oder organische Verbindung unter Umständen auch unab-

---

[1]) So mit treffenden Gründen Strohal, der Sachbesitz nach dem B.G.B. S. 32.

[2]) A. M. freilich Endemann I S. 232 Anm. 1 a. E. Aber wider ihn Küntzel a. a. O. S. 136 und Gierke, Die Bedeutung des Fahrnisbesitzes S. 36 Anm. 40. Für eine Eintheilung der Sachen, je nachdem die durch die Beschaffenheit derselben gegebene Einheit besondere Rechte an den einzelnen Stücken ausschließt oder nicht, tritt auch Bekker ein, System des Pand. R. 1 § 71 S. 292.

[3]) Eine Anwendung des Begriffs in §§ 947, 949.

[4]) Derselbe Gedanke liegt im Röm. Recht der Zusammenfassung der Sachen zu Grunde, quarum divisio sine damno fieri non potest (l. 26 § 2 D. de leg. I), deren Realtheilung darum im Auseinandersetzungsverfahren ausgeschlossen ist.

[5]) So ist z. B. die Wolle auf dem Rücken eines Schafes, durch deren Abtrennung freilich kein wirthschaftlicher Werth aufgehoben wird, doch ein wesentlicher Bestandtheil, weil sie mit der Schur aus dem Stück eines lebenden Körpers zu einem leblosen wird.

[6]) Eine Anwendung in § 946. Für den Fall der Anlandung bleibt das Landesrecht maßgebend. E.G. Art. 65.

hängig davon, ob die Trennung eine Zerstörung oder Wesensänderung mit sich bringen würde, hergestellt; denn nach § 94, Abs. 1, sind wesentliche Bestandtheile eines Grundstücks:

1. die mit dem Grund und Boden (mechanisch) fest verbundenen Sachen, insbesondere Gebäude von dieser Beschaffenheit und bei Gebäuden wieder nach Abs. 2 die zu ihrer Herstellung eingefügten Sachen, wie Thüren, Fenster u. s. w. Diese Behandlung entspricht dem römischen Princip: superficies solo cedit,[1]) und der praktische Vortheil liegt darin, daß der Erwerber des Grundstücks sicher ist, auch diese Anlagen mit zu erwerben. Hiernach ist auch ein Sondereigenthum an Stockwerken unannehmbar; jedoch läßt die Uebergangsvorschrift des E.G. Art. 182 ein derartiges Verhältniß, wo es bereits begründet ist, mit dem bisherigen Inhalt fortdauern.[2]) Desgleichen aber sind wesentliche Bestandtheile

2. auch organische Erzeugnisse, die mit dem Grundstück zusammenhängen, wie Bäume, Getreide, Kartoffeln u. s. w. Ferner wird nach Abs. 1, Satz 2 der Samen schon vom Aussäen ab, die Pflanze schon vom Einpflanzen an wesentlicher Bestandtheil.[3]) Hiermit ist ausgeschlossen das Sondereigenthum an Früchten auf dem Halm, das z. B. nach Preußischem Recht der Nutzungsberechtigte hat; erst mit der Trennung fallen dieselben in sein Eigenthum (§§ 954, 955). Das gleiche gilt von dem Sonderpfandrecht an stehenden Früchten; auch das gesetzliche Pfandrecht des Verpächters (§ 585) entsteht erst an den ge-

---

[1]) Darüber Biermann in den Jahrb. f. Dogm. Bd. 34 S. 169—280.

[2]) Nach B.G.B. § 1010 können aber auch Miteigenthümer eines Grundstücks nicht blos unter sich, sondern kraft Eintragung auch mit Wirkung für die Sondernachfolger die Verwaltung und Benutzung des Grundstücks regeln und das Recht auf Aufhebung der Gemeinschaft ausschließen, und E.G. Art. 131 gestattet weiter den Landesgesetzen, wenn jedem Miteigenthümer eines Gebäudegrundstücks die ausschließliche Benutzung eines Gebäudetheils eingeräumt ist, dieses Gemeinschaftsverhältniß noch näher zu bestimmen. Damit ist ein Miteigenthum nicht nach Bruchtheilen, sondern mit Nutz- und Gebrauchstheilung anerkannt. Vgl. darüber R. Schröder, Ueber eigenthümliche Formen des Miteigenthums. 1896.

[3]) Ebenso wird ein eingepflanzter Baum zu behandeln sein. Zweifelnd Cosack, § 42. Uebrigens läßt auch hier die Uebergangsvorschrift des E G. Art. 181 Abs. 2 ein bereits begründetes Sondereigenthum an stehenden Erzeugnissen eines Grundstücks, insbesondere an Bäumen, fortbestehen.

trennten Früchten.[1]) Nur die gerichtliche Pfändung von Früchten, bevor sie vom Boden getrennt sind, nach C.P.O. § 714 bleibt zulässig (E.G. Art. 32), aber auch diese wird durch einen Zusatz zu C.P.O. § 714 auf den Fall beschränkt, daß noch nicht die Beschlagnahme der Früchte im Wege der Zwangsvollstreckung in das unbewegliche Vermögen erfolgt ist, und es wird dem Gläubiger, der ein Recht auf Befriedigung aus dem Grundstück hat, die Befugniß gegeben, der Pfändung der Früchte zu widersprechen. Außerdem wird nach Z.V.G. § 21 Abs. 3 das Recht des Pächters auf den Fruchtgenuß von der Beschlagnahme des Grundstücks nicht berührt.

Die aus den obigen Regeln zu folgernde Bestandtheilseigenschaft wird aber positiv verneint durch § 95 in zwei Ausnahmefällen:

a) wenn der Zweck der Verbindung oder Einfügung nur ein vorübergehender war, wie bei Baubuden, Schautribünen und Ausstellungsgebäuden oder bei Bäumen in Baumschulen und bei Pflanzen in Mistbeeten, und zwar ohne Unterschied, ob ein Pächter oder Miether oder ob der Grundeigenthümer solche Verbindung vornimmt;

b) wenn Jemand nur in Ausübung eines Rechts an einem fremden Grundstück mit diesem ein Gebäude oder ein anderes Werk (mechanisch) verbindet, z. B. wenn kraft Erbbaurechts oder Nießbrauchs Bauten, Gas- oder Wasseranlagen, Springbrunnen, Telegraphen u. s. w. hergestellt werden. Hier mag die Anlage immerhin nicht nur auf einen vorübergehenden Zweck, sondern auf die Dauer berechnet sein; ihre Selbständigkeit wurzelt in dem Ursprung aus dem bloßen Recht an fremder Sache; doch ist nicht dabei stehen zu bleiben, daß dasselbe nur ein dingliches, also z. B. nicht Pacht oder Miethe, sein könne, denn gerade bei der Pachtung eines Gutes auf längere Dauer sind solche Anlagen praktisch häufig und wichtig. Dagegen kann nicht auch der Grundeigenthümer selbst oder ein unredlicher Besitzer eine solche dauernde Anlage rechtlich vom Grundstück trennen, z. B. nicht bei einem Hause das Eigenthum an den eingefügten Steinen dem Maurer, an den Thüren

[1]) Daher kann, wenn nicht der Eigenthümer, sondern z. B. ein Nießbraucher verpachtet und nach dessen Tode der Eigenthümer auf Grund des § 1056 die Pacht gekündigt und das Gut zurückerhalten hat, an den nunmehr getrennten Früchten für die Erben des Verpächters ein Pfandrecht wegen rückständiger Pachtzinsen überhaupt nicht mehr entstehen. Küntzel a. a. O. S. 439.

dem Bautischler vorbehalten oder gar dasselbe, nachdem er es erworben, auf einen Dritten übertragen.

Fehlt die Bestandtheilseigenschaft nach § 95, so folgt daraus, daß das Eigenthum an den dem Grundstück gegenüber selbständigen Sachen vom Grundeigenthum getrennt bleibt und somit auf den Erwerber des Grundstücks nicht mit übergeht. Diese Beschränkung des Accessionsprincips verdient zwar an sich Beifall, führt aber auch zu erheblichen noch unten zu erörternden Schwierigkeiten.

Es fragt sich nun noch, ob eine Sache, welche Bestandtheil einer anderen geworden und dadurch ihrem bisherigen Eigenthümer entzogen worden ist, nicht wenigstens mit ihrer Wiederabtrennung an diesen zurückfällt. Das Römische Recht verneint dies bei sog. res unitae (z. B. Bäumen im Grundstück), bejaht es dagegen bei sog. res connexae (z. B. einem Rad am Wagen) ja, es giebt hier dem früheren Eigenthümer des Theils sogar einen Anspruch gegen den Besitzer des Ganzen auf Trennung (actio ad exhibendum), und wenn jener selbst im Besitze ist, ein Wegnahmerecht (jus tollendi); nur bei Gebäuden fällt das Trennungsrecht weg.

Das B.G.B. verallgemeinert nun die römische Regel von den res unitae für alle wesentlichen Bestandtheile. Der frühere Eigenthümer eines solchen hat daher weder Trennungs- noch Rückfallsrecht, sondern nur nach § 951 einen persönlichen Anspruch gegen den durch die Rechtsveränderung grundlos bereicherten auf Herausgabe dieses Vortheils und, falls eine unerlaubte Handlung begangen ist, gegen den Urheber auf Schadensersatz; außerdem hat er als Besitzer die Rechte auf Ersatz von Verwendungen und auf Wegnahme nach §§ 994—997. Darnach tritt das endgiltige Erlöschen des Eigenthums durch Verbindung der Sache mit einem fremden Ganzen in weiterem Umfang ein, als nach Römischem Recht, z. B. nicht blos, wenn die zum Einpflanzen von mir erworbenen Bäume aus Versehen in ein fremdes Grundstück gepflanzt sind, sondern auch dann, wenn jemand Theile meiner Maschine in die seinige eingesetzt oder mit meiner Goldleiste sein Bild eingerahmt hat.

Den Gegensatz zu den wesentlichen Bestandtheilen bilden die (im B.G.B. freilich nirgends genannten) „unwesentlichen", d. h. solche, deren Abtrennung weder den abgetrennten Theil, noch auch den Rest des Ganzen zerstört oder im Wesen ändert. Das Hauptbeispiel bilden offenbar Grundstücke, insofern die Parzellen von solchen ihr Wesen behalten; aber auch Pfähle, Zäune, Lauben u. dgl. m., die der Eigenthümer zwar nicht blos zu einem vorübergehenden Zweck (§ 95 Abs. 1), aber doch auch nicht fest (§ 94 Abs. 1) mit dem Grundstück verbunden hat, erscheinen als unwesentliche Bestandtheile desselben. Von den beweglichen Sachen haben manche, wie Flüssigkeiten und Mengen gleichartiger fester Körper, überhaupt nur unwesentliche Bestandtheile. Andere Beispiele der letzteren dürften bilden: Leuchter und Licht, Blumentopf und Pflanze, Marmorplatte und Tisch und am Zinsscheinbogen die einzelnen Scheine. Die unwesentlichen Theile sind nun freilich als Theile auch ihrerseits im Zweifel dem Recht am Ganzen unterworfen, sie nehmen auch an der Immobiliareigenschaft des Grundstückes Theil, und der Beweis des Erwerbs braucht nicht für sie besonders, sondern nur für das Ganze geführt zu werden; aber da sie doch fähig sind, durch besondere Gründe Gegenstand von Sonderrechten zu werden, so folgt, daß auch an einer bisher selbständig gewesenen Sache, welche zum unwesentlichen Theil einer anderen gemacht ist, die bestehenden Rechte nicht ohne den Willen des Berechtigten erlöschen, z. B. wenn eine Parzelle einem andern Grundstück zugeschrieben wird, und beide verschieden belastet waren (G.B.O. § 5).

Indessen ist die ganze Unterscheidung von wesentlichen und unwesentlichen Bestandtheilen kritisch bedenklich. Schon dem Sprachgebrauch widerstrebt es, unter einem wesentlichen Theil nicht blos denjenigen zu verstehen, dessen Verbindung mit dem Ganzen das Wesen dieses letzteren bedingt, sondern auch einen solchen, dessen eigenes Wesen durch die Verbindung mit dem Ganzen bedingt wird. Ja, es berührt sonderbar, daß nach dem B.G.B. wesentlicher Bestandtheil eines Landgutes zwar nicht dessen größtes und bestes Ackerstück, wohl aber jedes Pflänzchen und Unkraut im Boden ist, und ebenso wesentlicher Theil eines Wäschestückes jeder Fett- oder Tintenfleck auf demselben, weil man solche Theile nicht ohne Aenderung ihres Wesens entfernen kann. Außerdem aber ist die Grenze zwischen wesentlichem und unwesentlichem Bestandtheil mit Sicherheit gar nicht zu ziehen. Daher fehlen denn auch in den Materialien Beispiele fast ganz, und die in der Litteratur bisher aufgestellten sind fast sämmtlich bestritten.[1]) Wenn also z. B. ein Brillant

[1]) So werden z. B. Buch und Einband von Planck § 93 Anm. 3 für wesentliche, von Cosack S. 124 für unwesentliche Bestandtheile erklärt, Ring und Edelstein von Bunsen S. 62 für unwesentliche, von Endemann S. 236 für wesentliche, von

mir gestohlen und dann von einem Juwelier, der ihn redlich erworben hat, zum Bestandtheile eines Ringes gemacht ist, so ist die Entscheidung, ob ich ihn als unwesentlichen Bestandtheil dinglich in Anspruch nehmen kann, oder weil er ein wesentlicher ist, dazu nicht berechtigt bin, schon jetzt zweifelhaft; doch dürfte ersteres den Vorzug verdienen, weil ja das Wesen des Brillanten und das des Goldreifs durch ihren Zusammenhang nicht bedingt sind. Voraussichtlich wird sich auf diesem Gebiete eine unerquickliche Casuistik entwickeln, und es wäre wohl einfacher gewesen, alle einer Sache auf die Dauer einverleibten Bestandtheile gleichmäßig in der Weise, wie es jetzt mit den wesentlichen geschehen ist, zu behandeln.[1])

Rein positiv ist es, was § 96 bestimmt, daß auch Rechte, die mit dem Eigenthum eines Grundstücks verbunden sind, (sog. subjektiv-dingliche), als Bestandtheile des Grundstücks gelten, so Grunddienstbarkeiten (§ 1018), Vorkaufsrechte (§ 1094, Abs. 2), Reallastberechtigungen (§ 1105, Abs. 2) u. s. w. Es folgt daraus, daß solche Rechte, wenn das Grundstück mit dem Recht eines Dritten belastet ist, nicht ohne Zustimmung des letzteren aufgehoben werden können. Die Frage, ob diese Rechte als wesentliche oder als unwesentliche Bestandtheile gelten sollen, wird wohl, wenn dieselben vom Grundeigenthum getrennt werden können, im letzteren, andernfalls im ersteren Sinne zu entscheiden sein.[2])

Eine Schwierigkeit bleibt in dem Falle, wo nach § 95 Abs. 1 Satz 2 Gebäude oder andere Werke auf einem Grundstück nicht zu den Bestandtheilen desselben gehören, also selbständige Sachen sind, wie z. B. ein Circus, den der Eigenthümer zu vorübergehendem Zweck, oder ein Ausstellungsgebäude oder ein Schafstall, die der Nießbraucher oder der Pächter hergestellt haben. Es fragt sich, ob diese Sachen beweglich

---

Planck je nach der Art ihrer Verbindung bald für wesentliche, bald für unwesentliche; in der letzteren Weise urtheilt Strohal, Sachbesitz S. 38, über Rad und Wagen, während Küntzel a. a. O. S. 136 sie ohne Unterscheidung als unwesentliche Bestandtheile ansieht. Solcher Art sollen nach Planck auch Flasche und Wein sein, was aber bei Schaumweinen nicht zutrifft. Fischer und Henle (§ 93) führen eine Anzahl zweifelhafter Beispiele an, ohne eine Entscheidung zu geben.

[1]) Ebenso urtheilt Endemann § 52 Anm. 1 a. E. Auch Planck § 93 Anm. 1 erkennt an, daß der Ausdruck „wesentliche Bestandtheile" wenig bezeichnend sei.

[2]) Dagegen werden solche Rechte schlechthin für unwesentliche Bestandtheile erklärt von Küntzel S. 143 u. a. m.

oder unbeweglich sind. Da das B.G.B. hierüber nichts bestimmt und auch den Kreis der unbeweglichen Sachen nirgends auf Grundstücke beschränkt, so muß man die natürliche Beschaffenheit jener Sachen für maßgebend erachten und sie zu den unbeweglichen zählen, obwohl dagegen bereits Widerspruch erhoben worden ist.[1]) Andererseits ist nicht zu verkennen, daß das Immobiliarsachenrecht auf solche Gegenstände insoweit keine Anwendung finden kann, als es auf der Einrichtung des Grundbuchs beruht, da ja Anlagen der genannten Art in diesem kein eigenes Blatt erhalten. Insoweit bleibt nur übrig, auf dieselben die Regeln des Fahrnißrechts analog zu erstrecken; so vor allem die erleichterten Arten des Eigenthumserwerbes, zumal die Uebergabe, die also hier, auch wenn sie vom Nichteigenthümer erfolgt, dem redlichen Erwerber nach § 932 volles Eigenthum gewährt. Die Ausnahme, welche § 935 für gestohlene, verloren gegangene oder sonst abhanden gekommene Sachen macht, wird hier auf den Fall eines unfreiwilligen Besitzverlustes anzuwenden sein. Auch der Eigenthumsschutz und besonders die an den Besitz geknüpfte Eigenthumsvermuthung (§ 1006) sind von beweglichen Sachen hierher zu übertragen; desgleichen können nicht Hypotheken, Grundschulden und Zwangsversteigerung an diesen Sachen stattfinden, sondern nur Pfandrecht und Pfändung. Dagegen in allen Beziehungen, bei denen der Mangel des Grundbuchs nicht hindernd im Wege steht, also namentlich außerhalb des Sachenrechts, muß es dabei bleiben, daß auf jene Gebäude und Werke als Immobilien nicht die für bewegliche Sachen bestimmten Regeln, die hier auch dem Verkehrsbedürfniß schlecht entsprechen würden, sondern die für Grundstücke geltenden auszudehnen sind. Daher bestimmt sich die Nutznießung eines Ehemanns an solchen, von seiner Frau eingebrachten Sachen, (z. B. wenn zu einer Pachtung eine vom Pächter angelegte Brennerei oder Zuckerfabrik gehört), wie bei einem Grundstück sammt Inventar nach § 1378, ferner die Kündigungsfrist bei der Miethe solcher Gebäude nach § 565 Abs. 1, und nicht nach Abs. 3; ebenso dauert die Verjährung einer Miethszinsforderung hier nicht zwei Jahre (§ 196 Abs. 1, Nr. 6), sondern vier (§ 197), und diejenige des Anspruchs auf Wandlung nicht sechs Monate, sondern ein Jahr (§ 477). Auch für H.G.B., §§ 93 und 207, müssen jene Sachen als unbewegliche in Betracht kommen.

---

[1]) Für Beweglichkeit dieser Sachen z. B. Goldmann und Lilienthal S. 47. Cosack S. 132. Dagegen Gierke, Fahrnißbesitz, S. 37.

Das Ergebniß ist freilich ein auffallender Dualismus in der Behandlung solcher unbeweglichen Sachen, aber diese Erscheinung ist eben die Folge davon, daß das Gesetz denselben weder ein Grundbuchblatt, noch die Rechtsstellung beweglicher Sachen zuweist, und daher die durchgängige Anwendung des Immobiliarrechts ebenso ausgeschlossen ist, wie die des Fahrnißrechts.

Während Theilbarkeit im natürlichen Sinne, d. h. die Fähigkeit, in mehrere Ganze zerlegt zu werden, allen Sachen eigen ist, kommt Theilbarkeit in einem engeren juristischen Sinne nur denjenigen Sachen zu, die sich ohne Verminderung des Werths in gleichartige Theile zerlegen lassen, wie Grundstücke, Metallstücke, eine Quantität Wein, Mehl oder dergl. mehr. Die Bedeutung dieser Eigenschaft liegt darin, daß nur bei solchen Sachen im Auseinandersetzungsverfahren unter mehreren Mitberechtigten eine Realtheilung stattfindet (§§ 752, 731, 2042; vgl. jedoch auch E.G. Art. 119, 120).

Rechte können nach Bruchtheilen (ideellen Theilen) mehreren gemeinsam zustehen, so namentlich das Eigenthum § 1008; aber auch die meisten dinglichen Rechte an fremder Sache sind zu solchen Antheilen möglich (§§ 1066, 1106, 1114, 1258). Außer der Bruchtheilung kommen aber auch andere Formen der Gemeinschaftlichkeit von Rechten vor, wobei die Theile der Mitberechtigten als Nutz- oder Gebrauchstheile (§ 1010) oder als bloße Werththeile bestimmt sein können.[1])

§ 25.

Zubehör.

Der Begriff des Zubehörs (der sog. Pertinenz)[2]) hat nach deutschem Gewohnheitsrecht und in den neueren Gesetzen viel größeren Umfang und viel größere Tragweite, als im Römischen Recht. Das letztere besagt nur von einer kleinen Anzahl von Sachen, die als Hülfsmittel bei der Benutzung anderer dienen und lediglich als solche von Werth sind, daß auf sie als „quasi partes“ die Rechtsgeschäfte über

---

[1]) Darüber Gierke, D. Privatrecht I S. 677 ff. und R. Schröder a. a. O.

[2]) Kohler, zur Lehre von den Pertinenzen in d. Jahrb. f. Dogmatik Bd. 26 S. 1—184.

die Hauptsache mit gerichtet sind. Dagegen bestimmt das B.G.B. zunächst den Begriff und Kreis des Zubehörs in § 97 viel weiter.[1]) Denn es erklärt für Zubehör alle diejenigen beweglichen Sachen, welche

a) bestimmt sind, den wirthschaftlichen Zwecken einer anderen (der Hauptsache) zu dienen, und bei welchen

b) diese Bestimmung auch räumlich verwirklicht ist. Jedoch genügt, wie Abs. 2 beifügt, zur Begründung der Zubehöreigenschaft nicht eine blos vorübergehende Verwendung dieser Art (z. B. die Eröffnung eines Schlosses mit dem für ein anderes bestimmten Schlüssel), noch auch zur Aufhebung jener Eigenschaft eine blos vorübergehende Entfernung, (z. B. die Mitnahme eines Hausschlüssels auf Reisen). Wohl aber kann nach Abs. 1 Satz 2 eine Ausnahme von der Zubehöreigenschaft durch die Verkehrssitte begründet werden.

Hauptbeispiele des Zubehörs von Grundstücken giebt zum Theil in geradem Gegensatz zu Entscheidungen des Römischen Rechts der § 98; darnach sind Zubehör bei einem Gebäude, welches für einen Gewerbebetrieb dauernd eingerichtet ist, die für diesen bestimmten Maschinen und Geräthschaften, und bei einem Landgut das zum Wirthschaftsbetriebe bestimmte Geräth und Vieh und der zur Fortführung der Wirthschaft erforderliche Vorrath von Erzeugnissen, sowie der ganze vorhandene auf dem Gut gewonnene (also nicht der künstliche) Dünger.

Dieser Zubehörbegriff ist nicht ganz so weit, als der des A.L.R. §§ 43 und 44 I, 2, weil nach jenem weder unbewegliche Sachen noch Rechte Zubehör sein können; ebenso kann darnach ein Recht nicht eine Sache zum Zubehör haben, wie etwa eine Forderung den über sie ausgestellten Schuldschein, (wofür § 952 Ersatz bietet). Andrerseits erfordert das B.G.B. nicht, wie das A.L.R. §§ 60, 108 I, 2, daß das Zubehör dem Eigenthümer der Hauptsache gehöre, so daß z. B. der Verkauf einer Hauptsache auch die fremden Zubehörstücke derselben umfaßt.

Die Tragweite der Zubehöreigenschaft ist nach Römischem Recht auf die Auslegung von Rechtsgeschäften über die Hauptsache beschränkt. Nach der neueren Gesetzgebung dagegen unterliegen die Zubehörungen

[1]) Der Ausdruck „Nebensache" in §§ 470, 695 Abs. 2 schließt das Zubehör ein, umfaßt aber noch mehr als dieses.

den gesammten Rechtsschicksalen der Hauptsache (§ 105 A.L.R. I, 2), also auch den Rechten, die aus Gesetz oder Richterspruch entspringen, der Unpfändbarkeit der Hauptsache und der rechtlichen Eigenschaft derselben, Gegenstand der Immobiliarzwangsvollstreckung zu sein, ihrer Fideikommißeigenschaft[1]) u. s. w. Das B.G.B. enthält nun eine allgemeine Bestimmung, daß die Rechtsschicksale der Hauptsache das Zubehör mit ergreifen, nicht, wohl aber zahlreiche Einzelvorschriften in dieser Richtung. Zunächst gilt für Schuldgeschäfte und Vermächtnisse die Auslegungsregel, daß sie im Zweifel auch das Zubehör mit umfassen (§§ 314 und 2164); desgleichen bei dem Vertrage über Veräußerung eines Grundstücks und über Bestellung oder Aufhebung eines Nießbrauchs (§ 926, Abs. 1, Satz 2, §§ 1031 und 1062), sowie bei Einräumung eines Vorkaufs- und eines Wiederkaufsrechts (§§ 1096, 498). Weitergehend wird aber auch die dingliche Wirkung auf das Zubehör eines Grundstücks bald mit, bald ohne Beschränkung ausgedehnt (§ 926, Abs. 1, Satz 1, §§ 1031, 1120, 1265) und dementsprechend auch die Zugehörigkeit zum unbeweglichen Vermögen bei der Zwangsvollstreckung durch C.P.O. Zusatz § 757a Abs. 2 und bei der Fahrnißgemeinschaft durch B.G.B. § 1551. So überwiegt im Ganzen die Theilnahme des Zubehörs am Rechtsschicksal der Hauptsache. Immerhin bleiben Fälle übrig, wo die Zubehörungen das Schicksal der Hauptsache nicht theilen; insbesondere giebt der Besitz der Hauptsache noch nicht denjenigen des Zubehörs. Darum bedarf auch das Zubehör beweglicher Sachen besonderer Uebergabe, und das Eigenthum desselben kann nicht übergehen, wenn der Eigenthümer der Hauptsache das Zubehör gestohlen hatte. Auch bei der Schenkung einer Hauptsache ist die Ausdehnung des Vertrags auf das Zubehör nicht vorgeschrieben, und wenn man auch durch Auslegung den Willen des Schenkers auf dasselbe mit erstreckt, so kann doch, so lange es nicht mit übergeben ist, der Mangel der für das Schenkungsversprechen erforderlichen Form (§ 518) Schwierigkeiten bereiten.[2])

---

[1]) Mit Recht nimmt Kohler a. a. O. zum Ausgangspunkt seiner Abhandlung den Satz, daß bei Trennung des Lehns- oder Fideikommißguts vom Allod das Wirthschaftsinventar des ersteren demselben zugehören und dem Lehns- oder Fideikommißfolger, nicht aber dem Allodialerben zufallen müsse.

[2]) Wenn jemand z. B. einen eisernen Geldschrank verschenkt, aber den Schlüssel nicht mitübergiebt, so hat der Beschenkte an diesem kein Eigenthum und in Ermangelung eines gerichtlichen oder notariellen Versprechens auch keine Forderung auf Uebertragung.

§ 26.

Früchte.

Die dem bisherigen Recht geläufige Unterscheidung zwischen natürlichen und juristischen (oder civilen, bürgerlichen) Früchten ist, wenn auch nicht dem Wortlaut, so doch der Sache nach im B.G.B. § 99, Abs. 1—2 und Abs. 3 wiederholt. Die natürlichen Früchte einer Sache werden zur Zeit bald nur nach einem organischen Merkmal definirt, als Erzeugnisse einer Sache oder als „Nutzungen, die nach dem Lauf der Natur aus einer Sache entstehen“ (§ 220 A.L.R. I, 9), bald nur nach einem wirthschaftlichen, z. B. als der „regelmäßige Ertrag einer Sache“ (Dernburg, Pandekten, Band I § 78).[1]) Das B.G.B. vereinigt beide Fassungen zu einem sehr weiten Fruchtbegriff. Denn nach § 99 Abs. 1 sind Früchte einer Sache:

1. die Erzeugnisse (organischen Produkte) einer Sache, und zwar ohne Rücksicht auf die wirthschaftliche Bestimmung der letzteren, also alle Boden- und Baumerzeugnisse, auch das Holz von Obstbäumen und der Windbruch, sowie alle Produkte von Thieren (junge Thiere, Wolle, Milch, Eier, Honig, Haare, Federn u. s. w.), sodann aber

2. auch die sonstige (insbesondere die anorganische) Ausbeute aus einer Sache, jedoch nur insoweit, als sie der Bestimmung der Sache entspricht, z. B. der Ertrag eines Bergwerks, Steinbruchs, einer Gräberei, mag übrigens dabei die Substanz unvermindert bleiben (wie bei Mineralquellen) oder nicht.[2])

Neben diesen Sachfrüchten kennt aber das B.G.B. § 99 Abs. 2 auch (natürliche) Früchte eines Rechts, unter denen es die von dem

---

[1]) Der von Petrazycki (Lehre vom Einkommen 1893) mit Geist und Scharfsinn gemachte Versuch, den objektiven Fruchtbegriff ganz zu beseitigen und die Früchte als das periodische Einkommen einer Person zu bestimmen, geht zu weit, und darum ist ihm das B.G.B. nicht gefolgt.

[2]) Wenn Fischer und Henle zu § 99 Anm. 2 auch das Fleisch der Mastthiere für eine Frucht erklären, so ist zu erwidern, daß diejenigen Theile einer Sache, durch deren Gewinnung die Sache selbst zerstört wird, doch nicht „Ausbeute“ derselben genannt werden können; sonst müßte auch die Leber einer Gans deren Frucht sein. Das Grundstück, dessen Bodenbestandtheile zu den Früchten gehören, wird durch Entnahme derselben freilich auch verändert, aber doch nicht zerstört.

Recht seiner Bestimmung gemäß gewährten Erträge versteht, insbesondere die zufolge eines Rechts gewonnenen Bodenbestandtheile, also bei einem Nießbrauch oder der Pacht eines Landgutes die Ernte, den Ertrag an Steinen, Sand, Thonerde u. s. w. Hierbei erscheinen die natürlichen Früchte einer Sache, sobald ein vom Eigenthum verschiedenes Recht auf den Fruchtgenuß besteht, immer zugleich als (natürliche) Früchte dieses Rechts;[1]) zu den letzteren gehören aber außerdem auch Erträge, die nicht von einer Sache stammen, so die Einkünfte aus einem Urheberrecht, Rentenrecht u. dergl. m.

Der § 99 Abs. 3 nennt dann weiter — nach dem Muster der sog. juristischen oder civilen Früchte des bisherigen Rechts — „auch" Früchte die Erträge, welche eine Sache oder ein Recht vermöge eines Rechtsverhältnisses gewährt. Dabei ist an ein Verhältniß indirekter Nutzung zu denken, kraft dessen Jemand für die Einräumung von Vortheilen aus seiner Sache oder seinem Recht von dem Empfänger dieser Vortheile fortlaufend einen Gegenwerth bezieht. Zu diesen juristischen Früchten gehören vor allem die Mieths- und Pachtzinsen einer Sache, (z. B. eines Landgutes, eines Pferdes) oder eines Rechts, (z. B. einer Chausseegeld- oder Fährgerechtigkeit, eines Jagdrechts); in solchen Fällen zieht dann gleichzeitig der Pächter natürliche und der Verpächter juristische Früchte; aber auch die Frachtgelder, die ein Schiff einbringt, u. dergl. m. sind als juristische Früchte zu betrachten.

Noch allgemeiner als der Begriff der Früchte ist derjenige der Nutzungen, welcher nach § 100 nicht blos alle Früchte einer Sache oder eines Rechts, sondern auch die Vortheile aus dem Gebrauch, z. B. dem Reiten eines Pferdes, dem Bewohnen eines Hauses, in sich schließt. Bei der im B.G.B. häufig vorgeschriebenen Herausgabe der Nutzungen einer Sache sind dann die durch den Gebrauch gezogenen Vortheile ihrem Werthe nach in Geld zu ersetzen. Für die Kosten der Fruchtgewinnung darf der zur Herausgabe der Früchte Verpflichtete insoweit Ersatz verlangen, als sie ordnungsmäßig aufgewendet und nicht höher sind, als der Werth der Früchte (§ 102).

---

[1]) Daß Früchte je nach der Person des Berechtigten, der sie zieht, Sachfrüchte oder Rechtsfrüchte sein können, tritt deutlich in § 101 No. 1 hervor, wo ein Anspruch auf die in § 99 Abs. 1 bestimmten Sachfrüchte auch für den Fall anerkannt wird, daß der Berechtigte „sie als Früchte eines Rechts zu beziehen hat".

Neu ist an dieser die Früchte betreffenden Terminologie besonders der künstliche Begriff der Früchte eines Rechts mit der Unterscheidung, je nachdem sie durch Ausübung dieses Rechts direkt oder in Gestalt eines von andern zu leistenden Gegenwerths gezogen werden. Anscheinend ist dieser Begriff nur bestimmt,[1] die Konsequenz zu begründen, daß die Berechtigung zur Nutzung eines fremden Rechts, z. B. eines Bergwerkseigenthums, dessen Erträge selbst als natürliche Rechtsfrüchte gewährt und nicht blos die Früchte dieser Erträge, worauf nach § 37 A.L.R. I, 21 der Nießbraucher beschränkt wird. Im übrigen tritt eine Verschiedenheit der natürlichen und der juristischen Rechtsfrüchte nirgend praktisch hervor. Es lohnt daher auch nicht, darüber zu streiten, ob die Zinsen, wie behauptet wird,[2] natürliche Früchte der Kapitalsforderung sind und nicht vielmehr, da sie doch nur vermöge des Zinsvertrags mit dem Kapitalsnehmer gewonnen werden, juristische Früchte, sei es des Kapitals selbst, sei es der Kapitalsforderung.

Der gegebene weite Begriff der Früchte ist nun aber bei den einzelnen Nutzungsrechten und den Verpflichtungen zum Ersatz der Nutzungen keineswegs in der Weise verwerthet, daß dieselben alle unter jenen Begriff fallenden Gegenstände gleichmäßig umfaßten. Vielmehr wird z. B. der Nießbraucher nach § 1039 zwar Eigenthümer auch der unwirthschaftlich oder im Uebermaaß gezogenen Früchte, aber er ist zugleich verpflichtet, den Werth derselben dem Eigenthümer zu ersetzen, und dem Nießbraucher gleich steht der Ehemann als Nutznießer des eingebrachten Vermögens der Frau (§ 1383), der Vater als Nutznießer des Kindesvermögens (§ 1652), und ähnlich der Vorerbe (§ 2133) und der Pächter (§ 581, vgl. § 955 Abs. 2). Andrerseits ist auch die Haftung des beklagten Besitzers auf Herausgabe der Früchte an den Eigenthümer je nach den Umständen verschieden beschränkt (§§ 987 bis 993). Jedoch betreffen eben alle diese Beschränkungen nicht den Begriff der Frucht, sondern den Inhalt der einzelnen Fruchtberechtigung, bezw. Ersatzpflicht.[3]

---

[1]) Vgl. Motive zum Entwurf I Bd. 3 S. 70.

[2]) So Planck zu § 99 Anm. 3.

[3]) Darum sagt Cosack § 42 S. 129 mit Unrecht, daß das B.G.B. in § 99 zwar sämmtliche organische Erzeugnisse für Früchte erkläre, aber in späteren Paragraphen doch wieder auf einen engeren Fruchtbegriff zurückkomme. Vor der Beschränkung des Fruchtbegriffs durch „Hineinziehung der Diligenzschranken" hat schon Göppert, Organische Erzeugnisse S. 288 nachdrücklich gewarnt.

Eine Hauptfrage ist nun diejenige nach der Vertheilung der Früchte bei einem Wechsel des Fruchtberechtigten im Laufe einer Fruchtperiode, (so z. B. bei Beginn oder Endigung eines Nießbrauchs oder Pachtrechts oder redlichen Besitzes und beim Eigenthumsübergang vom Verkäufer auf den Käufer). Für alle diese Fälle hat das Römische Recht die Regel, daß es nur darauf ankommt, ob beim Eintritt des Wechsels die Früchte bereits getrennt sind oder nicht. Die zu dieser Zeit bereits getrennten verbleiben dem abtretenden Fruchtberechtigten, die noch nicht getrennten gebühren dem neu antretenden; nur bei der Rückgabe der Dos werden die Früchte des laufenden Wirthschaftsjahres nach der Dauer der beiden sich ablösenden Fruchtrechte vertheilt.[1]) Jene Regel hat einerseits den Vorzug, daß sie einfach und leicht zu handhaben ist; andrerseits spielt dabei der Zufall eine große Rolle, denn ein Fruchtrecht, welches nur drei Monate, z. B. vom 1. Juli bis 1. Oktober, dauert, kann dabei einen weit höheren Ertrag geben, als das andre von neunmonatlicher Dauer vom 1. Oktober bis zum 1. Juli.

Im Gegensatz hierzu giebt das Deutsche Recht dem Fruchtberechtigten schon mit der Bestellung der Früchte ein dingliches Aneignungsrecht auf dieselben als verdientes Gut (wer säet, der mäht). Die Folge ist, daß wenn zwei Berechtigte nacheinander je einen Theil der Bestellungskosten aufgewendet haben, eine Theilung der Früchte nach dem Verhältniß ihrer Aufwendungen zum Ertrage eintreten muß. Das A.L.R. verfährt ungleich; in einigen Fällen hält es die Regel des Römischen Rechts fest (so beim Kauf und beim Beginn des Nießbrauchs), in anderen Fällen folgt es dem Deutschen Recht (so beim Abgang eines redlichen Besitzers und eines Nießbrauchers, wo der Gesammtreinertrag des letzten Wirthschaftsjahres nach Verhältniß der Zeitdauer der beiden sich ablösenden Rechte getheilt wird).[2])

Dies letztere scheint nun allerdings ansprechend und billig. Aber es führt im einzelnen zu unendlichen Schwierigkeiten und Prozessen.[3])

---

[1]) Vgl. l. 1. 5—7 D. sol. matr. 24,3 und dazu Petrazycki, die Fruchtvertheilung 1892 Abh. I, wo insbesondere der Grund für die abweichende Behandlung der Dos in der römischen Ehescheidungsfreiheit erkannt ist, welche jedem Gatten eine beliebige Aufhebung des Dotalverhältnisses ermöglichte.

[2]) Vgl. §§ 197—203 I, 7 und §§ 143—171 I, 21.

[3]) Motive zum Entwurf I. Bd. 3 S. 73. Petrazycki a. a. O. S. 234 ff.

Denn Anfang und Ende des Wirthschaftsjahres und die Zeit der Bestellung sind für verschiedene Früchte und in verschiedenen Gegenden äußerst ungleich; manche Früchte, wie Heu und Raps, werden im Juli, andere, wie der Wein, werden im Oktober geerntet. Daher ist, wenn ein Nießbrauch am 1. Januar anfängt, von dem Wirthschaftsjahr für Getreide fast die Hälfte vorüber, von dem Wirthschaftsjahr für Wein aber kaum ein Viertel. Es kann aber nicht im Gesetz für jede Fruchtart ein besonderes Wirthschaftsjahr aufgestellt werden. Aus diesen Gründen kehrt das B.G.B. in § 101 Nr. 1 bei den natürlichen Früchten einer Sache, auch wenn sie als Früchte eines Rechts, z. B. einer Pacht, gezogen werden, zum Römischen Recht zurück und schreibt vor, daß sie jedem Fruchtberechtigten insoweit gebühren, als sie während der Dauer seines Fruchtrechts von der Sache getrennt werden. Doch ist damit die Auseinandersetzung zwischen den beiden Fruchtberechtigten nur im obligatorischen Sinne bestimmt; die Frage, wer mit der Trennung der Früchte das Eigenthum an ihnen erwirbt, entscheidet sich nach den Regeln über letzteres (§ 953 ff.).

Bei allen andern Früchten, also allen juristischen und denjenigen natürlichen Früchten eines Rechts, die nicht unter Nr. 1 fallen, bestimmt das B.G.B. in § 101 Nr. 2 zwar zunächst, daß die Fälligkeit derselben ebenso maßgebend ist, wie bei den in Nr. 1 erwähnten die Trennung. Aber es durchbricht diese Regel sofort in der zweiten Hälfte desselben Satzes bei den meisten und wichtigsten Arten, nämlich bei allen den Früchten, welche in einer Vergütung für die Ueberlassung des Gebrauchs oder Fruchtgenusses, in Zinsen, Gewinnantheilen oder andern Erträgen, die regelmäßig wiederkehren, bestehen. Diese werden vielmehr im Sinne des Deutschen Rechts nach der Dauer der beiden Nutzungsrechte getheilt. Wenn also z. B. ein verpachtetes Grundstück in der Mitte des Wirthschaftsjahres vom Eigenthümer und Verpächter auf einen Nießbraucher übergeht, so gebührt jedem der beiden Berechtigten die Hälfte des Jahrespachtzinses. Ebenso bekommt, wenn ein Nießbrauch an Werthpapieren, welche am 1. April und 1. Oktober Zinsen geben, und an Aktien, auf welche am 1. April Dividende vertheilt wird, mit dem 1. Januar erlischt, der bisherige Nießbraucher von den am 1. April fälligen Halbjahrszinsen die Hälfte und von der am 1. April fälligen Jahresdividende drei Viertel. Hier ist eben die deutschrechtliche Theilung der Früchte nach der Dauer der Berechtigungszeit leicht durchführbar und darum vom B.G.B. angenommen. Daneben bleibt dann freilich für die in § 101 Nr. 2 an die Spitze gestellte maßgebende Kraft der Fälligkeit nur ein geringes Anwendungsgebiet übrig, nämlich nur bei ungleichmäßig fließenden Einkünften; so wird z. B. beim Nießbrauch an Aktien, wenn die Gesellschaft im Dezember junge Aktien ausgegeben, und der Nießbraucher sie zu einem niedrigen Kurse bezogen hat, der Vortheil ihm ganz verbleiben, auch wenn sein Nießbrauch unmittelbar darauf erlischt. — Es ist zuzugeben, daß die aufgestellten Regeln nicht in allen Fällen befriedigend wirken, denn bei einem Landgut kann die Beendigung eines Fruchtrechts am 1. Juli, bevor die von dem bisher Berechtigten bestellte Frucht geerntet ist, diesen ebenso hart treffen, wie umgekehrt eine Beendigung am 1. Oktober unmittelbar nach der Ernte den neuen Erwerber des Fruchtrechts. Für solche Fälle aber verweist der § 101 mit den Worten: „sofern nicht ein anderes bestimmt ist" auf besondere Anordnungen, welche theils durch das B.G.B. selbst getroffen sind (so für Pacht und Nießbrauch in §§ 591—593, 1055 Abs 2.), theils durch Vertrag getroffen werden mögen.

Ganz ebenso, wie nach § 101 Nr. 2 die juristischen Früchte, theilt das B.G.B. für den Fall eines Wechsels in der Person des Verpflichteten die Lasten, die auf einer Sache oder einem Recht ruhen, nämlich die regelmäßig wiederkehrenden nach Verhältniß der Verpflichtungsdauer, so z. B. Hypothekenzinsen und Feuerkassenbeiträge, die andern dagegen je nach dem Zeitpunkt, wo sie zu entrichten sind, so z. B. eine Einquartierungs- und eine Kirchenbaulast.

Das Ergebniß ist freilich, daß Früchte und Lasten zwischen zwei auf einander folgenden Personen möglicher Weise keineswegs nach dem gleichen Verhältniß getheilt werden. So können z. B. bei einem Grundstück mit einer Gartenrestauration, welches A. sechs Wintermonate hindurch und B. sechs Sommermonate hindurch genutzt hat, dem A. allein Einquartierungslasten zufallen, weil sie nicht periodisch sind, dagegen alle natürlichen Sachfrüchte und alle Sommereinnahmen dem B., weil sie in seiner Nutzungszeit getrennt, bezw. fällig werden. Aber eine gleichmäßige Vertheilung von Früchten und Lasten durch eine allgemeine Regel ist praktisch überhaupt nicht zu erreichen. Auch hier bestehen für einzelne Fälle besondere Hülfsvorschriften, z. B. die §§ 1045, 1047. Im übrigen werden die Parteien durch Vertragsbestimmungen vorsorgen müssen.

Kapitel IV. Die Rechtsgeschäfte.[1])

§ 27.

Der Begriff des Rechtsgeschäfts und die Geschäftsfähigkeit.

Entstehung, Veränderung und Untergang von subjektiven Rechten werden von der Rechtsordnung an bestimmte äußere Ereignisse angeknüpft, welche wegen der ihnen so beigelegten Wirkung juristische Thatsachen heißen. Dieselben treten theils unabhängig von menschlichem Willen ein (z. B. ein Todesfall, der Ablauf einer Frist), theils werden sie durch solchen Willen hervorgebracht und dann Rechtshandlungen genannt. Unter den letzteren sind viele mit einem bestimmten Rechtserfolg ausgestattet ohne Rücksicht darauf, ob ihr Urheber einen solchen beabsichtigt oder nicht (so die unerlaubten Handlungen, die Begründung eines Wohnsitzes, die Erstattung einer Anzeige u. a. m.); andern dagegen und zwar den meisten ist nur darum, weil sie der Ausdruck eines auf einen Rechtszweck gerichteten Willens sind, eine entsprechende Rechtswirkung beigelegt, und diese bezeichnet man als (juristische) Willenserklärungen oder Rechtsgeschäfte.[2]) Für die letzteren gilt eine große Anzahl allgemeiner Vorschriften über die Fähigkeit zu ihrer Vornahme, über ihre Form, die Mängel des Willens, die Stellvertretung u. a. m. Ein Theil dieser Vorschriften ist aber auch auf erlaubte Rechtshandlungen ohne Rechtszweck, (z. B. auf die Begründung oder Aufhebung eines Wohnsitzes § 8) übertragbar und im B.G.B. thatsächlich übertragen. Auch an Unterlassungen kann eine Rechtsfolge geknüpft sein, zumal wenn zu dem unterlassenen Handeln eine Pflicht bestand, sei es ohne Rücksicht darauf, ob der Wille auf die

---

[1]) Auch nach Erlaß des B.G.B. bleibt werthvoll Zitelmann's Arbeit über die Rechtsgeschäfte im Entwurf, in Bekkers und Fischers Beiträgen Heft 7—10. 1889.

[2]) Gegen diese Identifizirung Regelsberger Pand. I S. 492. Im B.G.B. sind aber Willenserklärung und Rechtsgeschäft nicht unterschieden. Nur wird der erstere Ausdruck mehr gebraucht, um eine einzelne auf einen Rechtszweck gerichtete Handlung zu bezeichnen, der letztere mehr für eine mit andern Momenten verbundene Willenserklärung. Vgl. Endemann I § 60 Anm. 2 u. 3.

Unterlassung gerichtet war (§ 42 Abs. 2, §§ 52, 146), sei es nur im Falle einer ihr zu Grunde liegenden Absicht, in welchem Falle die Unterlassung als negative Rechtshandlung erscheint, (so z. B. wenn durch Unterlassung der Eintritt einer Bedingung wider Treu und Glauben vereitelt wird § 162, wenn vor Eröffnung des Konkurses der Gemeinschuldner zum Nachtheil seiner Gläubiger die Ausübung von Rechten unterläßt K.O. § 22). In zahlreichen Fällen gilt, kraft positiver Vorschrift, eine Unterlassung sogar als Willenserklärung (vgl. z. B. § 108 Abs. 2 Satz 2, § 177 Satz 3[1]).

Die Geschäftsfähigkeit und die Deliktsfähigkeit pflegten in der bisherigen Theorie unter dem Gesammtbegriff der Handlungsfähigkeit zusammengefaßt zu werden. Das B.G.B. läßt den letzteren Begriff fallen und trennt scharf die Geschäftsfähigkeit (§§ 104—115) und die Verantwortlichkeit für Schadenszufügungen (§ 828). Hier kommt nur die erstere in Betracht, welche sich als die abstrakte Fähigkeit zur wirksamen Vornahme von Rechtsgeschäften sei es durch Abgabe, sei es durch Empfang von Willenserklärungen (§ 131) bestimmen läßt. Dieselbe ist vom B.G.B. nach dem Vorbild des Preuß. Gesetzes über die Geschäftsfähigkeit Minderjähriger vom 12. Juli 1875 geregelt.[2]) Den Geschäftsfähigen stehen gegenüber die Geschäftsunfähigen, deren Willenserklärungen nichtig sind (§ 105 Abs. 1), und die beschränkt Geschäftsfähigen, deren Willenserklärungen nur bedingt wirksam sind (§ 106 ff.). Doch werden die letzteren beiden Klassen von Personen auch außerhalb des Gebiets der Rechtsgeschäfte vielfach anders behandelt, als die Geschäftsfähigen (z. B. in §§ 8, 206, 1676, 1780, 1865, 2201).

Geschäftsunfähigkeit wird nicht schon durch Bewußtlosigkeit oder vorübergehende Störung der Geistesthätigkeit begründet, obwohl natürlich auch die in einem solchen Zustande abgegebenen Willenserklärungen (nicht auch ebenso allgemein die während desselben empfangenen) nichtig sind (§ 105 Abs. 2).

Wohl aber sind *geschäftsunfähig* nach § 104

1) Kinder unter sieben Jahren,

2) Personen, bei denen ein Zustand krankhafter Störung der Geistesthätigkeit die freie Willensbestimmung ausschließt,

---

[1]) Ueber stillschweigende Willenserklärungen vgl. unten § 32.

[2]) Ueber diese Lehre Hachenburg, Das B.G.B., Vorträge, 1898, S. 175—182.

ausgenommen, wenn dieser Zustand seiner Natur nach vorübergehend ist, wie Trunkenheit, Fieber u. dgl. m.

3) Die wegen Geisteskrankheit entmündigten Personen; diese bleiben auch dann geschäftsunfähig, wenn die den Grund ihrer Entmündigung bildende Geisteskrankheit in Wahrheit nicht bestehen oder durch lichte Zwischenräume unterbrochen sein sollte; auf letztere ist wegen ihrer Unbegrenzbarkeit auch in dem Falle zu 2) keine Rücksicht genommen.[1])

Beschränkt geschäftsfähig sind

1) die Minderjährigen über sieben Jahre (§ 106) und

2) diejenigen, welche a. wegen Geistesschwäche, Verschwendung oder Trunksucht entmündigt oder b. nach § 1906 unter vorläufige Vormundschaft gestellt sind (§ 114).

Die Rechtsstellung der beschränkt Geschäftsfähigen bestimmt § 107 im allgemeinen dahin, daß ein solcher zu allen denjenigen Geschäften, die (ihrer Art nach) ihm nicht lediglich einen rechtlichen Vortheil gewähren, der Einwilligung seines gesetzlichen Vertreters bedarf, also z. B. nicht zur Annahme einer Schenkung, wohl aber zur Annahme einer, wenn auch schuldenfreien, Erbschaft. Doch sind im einzelnen folgende zum Theil neue Bestimmungen hinzugefügt.

1) Wenn ein Minderjähriger einen Vertrag ohne die erforderliche Einwilligung seines gesetzlichen Vertreters abschließt, so ist zwar, wie nach bisherigem gemeinen Recht und dem angeführten Preuß. Ges. § 4, so auch nach dem B.G.B. § 108 die Wirksamkeit des Vertrages von der Genehmigung des gesetzlichen Vertreters abhängig. Aber während bisher auch schon inzwischen bis zur Erklärung des gesetzlichen Vertreters der Gegner des Minderjährigen gebunden war (contractus claudicans), ist nach dem B.G.B. § 109 der Gegner bis zur Genehmigung zum Widerruf berechtigt, den er auch dem Minderjährigen gegenüber erklären kann.[2]) Gebunden ist er nach § 109 Abs. 2 nur dann, wenn er die Minderjährigkeit gekannt hat; aber auch in diesem Falle behält er das Widerrufsrecht, wenn der Minderjährige wahrheitswidrig

[1]) So mit Recht Endemann I § 32 S. 153, 154.

[2]) G. Cohn S. 40 bildet darnach das Sprichwort: „Vertrag des Minor hinkt auf beiden Füßen".

die Einwilligung des Vertreters behauptet hatte, es sei denn, daß der Gegner das Fehlen derselben gleichwohl kannte. Durch diese Bestimmungen wird der Gegner erheblich günstiger gestellt, als nach bisherigem Recht. Andererseits begünstigt das B.G.B. wieder den Minderjährigen und dessen Vertreter in der bisher streitigen Frage, wem gegenüber die Erklärung des Vertreters wirksam erfolgen könne. Ueber diesen Punkt haben die Bestimmungen in den Entwürfen wiederholt gewechselt. Nach § 108 Abs. 2 kann der Vertreter seine Erklärung nach seiner Wahl dem Gegner oder dem Minderjährigen gegenüber wirksam abgeben;[1]) so lange ersteres nicht geschehen ist, kann zwar der Gegner den Vertreter zu einer Erklärung ihm selbst gegenüber auffordern, aber damit wird dann zugleich eine etwa schon vor der Aufforderung dem Minderjährigen gegenüber erfolgte Erklärung des Vertreters wieder unwirksam, und der Vertreter hat nun erst bis zum Ablauf von zwei Wochen seit Empfang der Aufforderung seine Erklärung dem Gegner mitzutheilen, widrigenfalls die Genehmigung als verweigert gilt. Darnach stehen der Minderjährige und sein Vertreter am vortheilhaftesten, wenn die Genehmigung des letzteren dem Minderjährigen erklärt, jedoch dem Gegner nicht bekannt geworden ist.[2]) Dann kann ein Widerruf des letzteren mit Berufung auf jene Genehmigung zurückgewiesen werden; wenn aber der Gegner eine Erklärung an sich selbst verlangt, so gewinnt der Vertreter dadurch eine neue Ueberlegungsfrist von zwei Wochen, und kann er eine Aenderung der Preiskonjunkturen abwarten und ausnutzen. Sobald der Minderjährige unbeschränkt geschäftsfähig geworden ist, tritt seine Genehmigung an Stelle derjenigen des Vertreters § 108 Abs. 3. In allen Fällen wirkt die erfolgte Genehmigung zurück bis zur Vornahme des Geschäfts (§ 184), jedoch unbeschadet der Rechte Dritter.[3])

Aber auch ohne Zustimmung des Vertreters gilt der Vertrag des Minderjährigen als von Anfang an wirksam, wenn dieser die Leistung

---

[1]) Dies folgt aus § 108 Abs. 2 S. 1 a. E. (wird unwirksam). Hachenburg, Vorträge S. 176 a. E.

[2]) Der Gegner kann freilich über die Abgabe einer solchen Erklärung dem Vertreter im Prozeß den Eid zuschieben; aber das erfordert Zeit und Kosten.

[3]) Hachenburg S. 177 bildet folgendes Beispiel: ein Minderjähriger hat eine Forderung abgetreten; ein Gläubiger desselben pfändet sie, und dann genehmigt der Vormund die Abtretung. Der Pfändungspfandgläubiger geht dem neuen Erwerber der Forderung vor.

mit solchen Mitteln bewirkt, die ihm dazu oder zu freier Verfügung vom Vertreter oder mit dessen Zustimmung überlassen waren § 110.[1])

2) Wenn ein Minderjähriger ein einseitiges Rechtsgeschäft ohne die erforderliche Einwilligung seines gesetzlichen Vertreters vornimmt (z. B. eine Mahnung, Kündigung, Wahlerklärung), so ist dasselbe nicht erst in der Schwebe, sondern unwirksam (genauer: nichtig) § 111 Satz 1; aber auch beim Vorhandensein jener Einwilligung ist es unwirksam, wenn der Minderjährige diese nicht in schriftlicher Form vorlegt, und deswegen der andere Theil, demgegenüber er das Geschäft vornimmt, dasselbe unverzüglich zurückweist; nur dann kann der Gegner es nicht zurückweisen, wenn er durch den Vertreter selbst von dessen Einwilligung in Kenntniß gesetzt war, § 111 Satz 2 und 3.[2]) Durch diese Vorschriften ist dem Gegner ermöglicht, für die Einwilligung des Vertreters des Minderjährigen Schriftform zu erzwingen, selbst wenn das Hauptgeschäft einer solchen nicht bedarf.[3])

3) Eine Erweiterung der beschränkten Geschäftsfähigkeit des Minderjährigen ist, wie nach dem angeführten Preuß. Gesetze §§ 5 u. 6, durch §§ 112, 113 zugelassen in der Art, daß der gesetzliche Vertreter den Minderjährigen ermächtigt und zwar

a. mit Genehmigung des Vormundschaftsgerichts zum selbständigen Betrieb eines Erwerbsgeschäfts, § 112;

b. zum Eintritt in ein Dienst- oder Arbeitsverhältniß, wobei die für einen Fall ertheilte Ermächtigung im Zweifel als allgemeine zu verstehen ist, § 113 Abs. 1 u. 4.

Durch solche Ermächtigung wird der Minderjährige unbeschränkt geschäftsfähig für alle Rechtsgeschäfte, welche die ihm gestattete Thätigkeit mit sich bringt. Dabei ist der praktisch wichtigere Fall derjenige der Dienst- oder Arbeitsverhältnisse von Minderjährigen als Dienstboten, Lehrlingen, Gesellen, Handlungsgehilfen, Schauspielern, Lehrern u. s. w.

---

[1]) Bezahlt also ein minderjähriger Student die von ihm — sei es auch unter Mißbilligung des Vaters — gekauften theuern Luxusgegenstände mit seinem Wechsel, so wird der Kauf rückwärts wirksam.

[2]) Die zu 1) und 2) erwähnten Vorschriften wiederholen sich entsprechend in den §§ 174, 177—178, 1396—1398, 1829—1832.

[3]) Ueber diese Vorschriften und für ihre weitere Ausdehnung vgl. Hachenburg S. 61.

Sie sind dann nach § 113 nicht blos, wie nach dem Preuß. Gesetz § 6, zu Rechtsgeschäften betreffend die Eingehung und Aufhebung des Verhältnisses fähig, sondern auch zu solchen über die Erfüllung der sich daraus ergebenden Verpflichtungen (z. B. zu Vergleichen, Aufrechnungen, Stundungen u. s. w.). Doch sind in beiden Fällen zu a. und b. diejenigen Rechtsgeschäfte [1]) ausgenommen, zu denen auch der Vertreter der Genehmigung des Vormundschaftsgerichts bedarf (§ 112 Abs. 1 Satz 2, § 113 Abs. 1 Satz 2), z. B. die Eingehung eines Dienst- oder Arbeitsverhältnisses für längere Zeit als ein Jahr und die Aufnahme von Geld auf den Kredit des Minderjährigen (§ 1822 Nr. 7 u. 8). Dagegen schließt die Fähigkeit zu Rechtsgeschäften auch die Prozeßfähigkeit für Streitigkeiten aus jenen in sich. Die Zurücknahme der Ermächtigung bleibt zulässig § 112 Abs. 2, § 113 Abs. 2. Der Inhalt des § 113 (= Entwurf I § 68) ist freilich als eine völlige Außerachtlassung des „körperlichen und sittlichen Wohls des Minderjährigen aus den besitzlosen Volksklassen" scharf angegriffen und statt seiner eine Vorschrift verlangt worden, wonach Dienstverträge der Minderjährigen nicht ohne die schärfste, „individuelle Kontrolle", und darum nur mit Zustimmung des gesetzlichen Vertreters und des Vormundschaftsgerichts abgeschlossen werden dürfen.[2]) Aber durch eine solche Vorschrift würde die freie ökonomische Bewegung jugendlicher Arbeiter nicht blos, wie zugestanden wird, „einige Einschränkung" erfahren, sondern zu ihrem eigenen Nachtheil völlig verkümmert werden. Eher wäre umgekehrt die Ausdehnung einer erweiterten Geschäftsfähigkeit auch auf solche Minderjährigen zu empfehlen, die zum Zwecke ihrer Ausbildung von Eltern und Vormund getrennt leben und gewisser Kreditgeschäfte bedürfen.[3])

4) Die in § 114 genannten Personen stehen in der Geschäftsfähigkeit und anderen Punkten den Minderjährigen über sieben Jahre gleich.[4]) Wird ein die Entmündigung aussprechender Beschluß zufolge einer Anfechtungsklage wieder aufgehoben, so fragt es sich, welche in

---

[1]) Durch ein Versehen spricht § 113 Abs. 1 Satz 2 nur von Verträgen statt wie § 112 Abs. 1 Satz 2 von Rechtsgeschäften.

[2]) So A. Menger, das Bürgerliche Recht und die besitzlosen Volksklassen, Tüb. 1890 S. 70—73.

[3]) So Hachenburg S. 181 u. 182.

[4]) Eine Verschiedenheit findet sich in § 2229.

der Zwischenzeit vorgenommenen Rechtsgeschäfte für den damals Entmündigten wirksam sind, ob die von (und gegenüber) ihm selbst oder die von (und gegenüber) dem Vertreter vorgenommenen. Der § 115 Abs. 1 bestimmt im Einklang mit C.P.O. § 613 Abs. 2, der eben darum künftig wegfällt, daß nicht blos die letzteren von der Aufhebung unberührt bleiben, sondern auch die ersteren nicht wegen des Entmündigungsbeschlusses anzugreifen sind, in Bezug auf sie also die Aufhebung desselben rückwirkende Kraft hat. Darnach können freilich auch zwei sich widerstreitende Geschäfte neben einander wirksam werden. — Entsprechend ist es in Abs. 2 behandelt, wenn eine vorläufige Vormundschaft (§§ 1906 u. 1908) durch Zurücknahme des Antrags auf Entmündigung oder rechtskräftige Abweisung desselben oder Aufhebung des Entmündigungsbeschlusses zufolge Anfechtungsklage beendigt wird.

§ 28.

Eintheilungen der Rechtsgeschäfte.

Die dem bisherigen Recht geläufigen Eintheilungen der Rechtsgeschäfte kehren größtentheils auch im B.G.B. wieder. Dasselbe unterscheidet einseitige und zweiseitige Rechtsgeschäfte, je nachdem dazu nur die Willenserklärung einer einzelnen Person (bezw. mehrerer in derselben Richtung zusammen wirkender Personen) gehört, oder die Vereinigung der Willenserklärungen mehrerer sich gegenüber stehender Personen über ein Rechtsverhältniß unter ihnen, in welchem letzteren Fall das Geschäft Vertrag heißt; ferner Rechtsgeschäfte unter Lebenden (§§ 81, 2286) und von Todeswegen (§§ 83, 1937), von denen die letzteren eine Bestimmung über den Nachlaß des Erklärenden, die ersteren irgend welche andere Bestimmung zum Inhalt haben; endlich Geschäfte über eine Vermögenszuwendung mit Einbeziehung des Zwecks oder Rechtsgrundes (der causa) derselben, (sog. kausale oder materielle Geschäfte) und Zuwendungsgeschäfte, welche von ihrem Zwecke (Rechtsgrunde) losgelöst, („selbständig“) sind, so daß die Bestimmung desselben eine besondere Parteiabrede bildet (sog. abstrakte oder formale Geschäfte).[1] Das

---

[1]) Darüber Oertmann, Das abstrakte Geschäft im Deutschen B G.B. (Sonderabdruck aus der Oesterr. Gerichtszeitung) 1897.

B.G.B. hat die Zahl der letzteren weit ausgedehnt; der dingliche Vertrag (§ 873),[1] insbesondere die Auflassung und die Uebergabe (§§ 925, 929), die Abtretung einer Forderung und die Schuldübernahme, der Erlaß, das Schuldversprechen und das Schuldanerkenntniß (§§ 780, 781) haben diesen Charakter.

Da die Abstraktheit eines Geschäfts hauptsächlich die Bedeutung hat, daß die Zuwendung auch bei Ungültigkeit der Zweckabrede in Kraft tritt und nur unter den Parteien selbst mit einem Anspruch aus ungerechtfertigter Bereicherung rückgängig gemacht werden kann, so gewinnt damit auch die Lehre von der letzteren (§§ 812 ff.) nach B.G.B. erhöhte Bedeutung.

Neu aber ist im B.G.B. die Unterscheidung von Willenserklärungen, die einem bestimmten Andern gegenüber abzugeben sind (§ 130), und solchen, bei denen dies nicht der Fall ist. Das erstere ist bei manchen selbstverständlich, z. B. bei der Kündigung, Mahnung, Antragstellung; bei vielen anderen ist es ausdrücklich bestimmt, so bei der Anfechtung (§ 143), der Bevollmächtigung (§ 167), der Aufrechnung (§ 388) u. a. m. Die Hauptfolge ist die Unwirksamkeit solcher Erklärung, wenn sie gegenüber einer andern Person, als der gesetzlich bestimmten, abgegeben ist. Weiter aber gehört zur Wirksamkeit dieser Willenserklärungen auch, daß sie dem abwesenden Erklärungsgegner zugegangen, von ihm empfangen sind (§ 130), und die einem Geschäftsunfähigen oder einem beschränkt Geschäftsfähigen gegenüber abgegebene Erklärung wird erst dann wirksam, wenn sie dem gesetzlichen Vertreter zugeht, wovon nur bei dem beschränkt Geschäftsfähigen Ausnahmen gelten (§ 131 Abs. 2). Für diese Willenserklärungen mit einem bestimmten Gegner ist nach einem Vorschlag Zitelmanns die Bezeichnung „empfangsbedürftige Rechtsgeschäfte" fast allgemein angenommen.[2]) Jedoch darf man diese

---

[1]) Der Ausdruck „dinglicher Vertrag", den Entwurf I § 828 brauchte, ist freilich schon im Entwurf II § 794 durch den neuen: „Einigung des Berechtigten und des andern Theils" ersetzt worden (so auch B.G.B. § 873), aber nur aus dem Grunde, weil jener Ausdruck hier nicht den Volksanschauungen entspräche, wodurch natürlich die Annahme eines dinglichen Vertrages keineswegs ausgeschlossen wird.

[2]) Zitelmann a. a. O. S. 26. Gegen den Ausdruck: „empfangsbedürftige Willenserklärungen" Kohler im Archiv f. bürgerl. Recht Bd. 13 S. 218, weil der Akt nur der Richtung nach einen bestimmten Adressaten bedürfe, und darum besser „Adressenrechtsakt" genannt werde. Aber das Gesetz erfordert doch nicht blos das Abgehen, sondern auch das Zugehen der Willenserklärung. Bekkers Vorschlag, von „Anerklärung" zu sprechen, hat noch wenig Anklang gefunden.

Empfangsbedürftigkeit nicht auf alle rechtlich erheblichen Mittheilungen, welche das B.G.B. einer bestimmten Person zu machen vorschreibt, ausdehnen, z. B. nicht auf die Anzeigen der Verspätung einer Annahmeerklärung (§ 149), auf die Mängelrüge des Käufers (§ 485) u. s. w., da hier vielmehr die bloße Absendung der Anzeige genügen muß.[1])

Den Gegensatz bilden die Willenserklärungen ohne bestimmten Gegner, z. B. die Auslobung (§ 657), das Testament (§ 1937), die Annahme einer Erbschaft (§ 1943). Bei manchen Geschäften ist es streitig, ob sie empfangsbedürftig sind oder nicht, z. B. bei der Bestätigung eines anfechtbaren Geschäfts nach § 144. Im Ganzen aber ist die neue Unterscheidung als gerechtfertigt und fruchtbar anzuerkennen.[2])

Innerhalb der Rechtsgeschäfte unter Lebenden faßt das B.G.B. als Verfügungen diejenigen zusammen, welche unmittelbar ein Recht übertragen, belasten, ändern oder aufheben; also gehört dazu neben der Veräußerung (Rechtsübertragung) z. B. die Verpfändung, Kündigung, Ausübung eines Wahlrechts, und der Erlaß. Im Gegensatz dazu steht ein Verpflichtungsgeschäft, dessen Erfüllung erst zu einer Verfügung führt (§§ 1395—1399), und eine blos thatsächliche Einwirkung auf eine Sache (§§ 351—352). In einem andern Sinne werden auch Rechtsgeschäfte von Todeswegen und wieder in einem andern Sinne Anordnungen der Staatsgewalt als Verfügungen bezeichnet.

§ 29.

Mangelhafte Rechtsgeschäfte.

Die Lehre von der Ungültigkeit der Rechtsgeschäfte ist im bisherigen Recht, wie man mit Grund bemerkt hat,[3]) fast „chaotisch verwirrt“ durch den Mangel allgemeiner Prinzipien und durch die schwankende Terminologie. Das B.G.B. gestaltet die Lehre daher vielfach neu, ohne

---

[1]) Ueber diese und andere Anzeigen Zitelmann a. a. O. S. 33.

[2]) Kohler a. a. O. S. 218.

[3]) L. Jacobi, Die fehlerhaften Rechtsgeschäfte, im Archiv f. civil. Praxis Bd. 86 S. 51—154. Der scharfsinnige Aufsatz kommt, da er sich hauptsächlich kritisch gegen den Entwurf III wendet, jetzt, wo es vielmehr gilt, auf dem Boden des vollendeten Gesetzbuchs zu konstruiren, nur noch zum Theil in Betracht.

jedoch durchgehende Klarheit zu schaffen. Dasselbe versagt Rechtsgeschäften die bezweckte Wirkung in verschiedener Art und verschiedenem Maße.

1) Die Nichtigkeit[1]) eines Geschäfts ist, wie in den bisherigen Rechten, die Verneinung jeder Wirksamkeit desselben in dem Maße, als wenn es garnicht errichtet worden wäre. Sie ist von jedem Interessenten und gegen jeden Dritten geltend zu machen, jedoch mit den Ausnahmen, die sich aus dem Schutz redlicher Dritter ergeben.[2]) Sie ist auch von Amtswegen zu berücksichtigen und nicht durch Bestätigung des Geschäfts von Seiten des Urhebers zu heilen; eine solche ist vielmehr nur als erneute Vornahme zu beurtheilen, hat jedoch bei einem nichtigen Vertrage, den die Parteien bestätigen, im Zweifel für die letzteren obligatorische Rückwirkung § 141.[3]) Eine Bestätigung kann auch in der von den Parteien mit Wissen der Nichtigkeit bewirkten Erfüllung des nichtigen Vertrages liegen, und darum diese als neue Errichtung des letzteren gelten, wenn er einer Form nicht bedarf; in gewissen Fällen wird sogar der Formmangel, welcher Nichtigkeit begründete, durch Erfüllung geheilt (§§ 518, 766, 2301, auch 313).

Nichtigkeit eines Theiles macht das ganze Geschäft nichtig, wenn nicht anzunehmen ist, daß es auch ohne jenen Theil vorgenommen sein würde § 139.[4]) Andererseits ist Aufrechthaltung eines nichtigen Rechtsgeschäfts, das den Erfordernissen eines anderen entspricht, durch Umwandlung (Konversion) möglich, indem nach § 140 das letztere, auch ohne eine darauf gerichtete Willensäußerung des Urhebers gilt, sobald anzunehmen ist, daß er dies bei Kenntniß der Nichtigkeit gewollt haben würde. So kann der nach § 2275 Abs. 1 nichtige Erbvertrag eines Minderjährigen über 16 Jahre als Testament nach § 2229 Abs. 2, und der wegen

---

[1]) Jacobi S. 69 nennt sie „die unbedingte Nichtanerkennung".

[2]) Ein solcher Schutz wird bei Grundstücken durch den öffentlichen Glauben des Grundbuchs gewährt §§ 892, 893, bei beweglichen Sachen nach §§ 932, 1032, 1207, 1244, bei Einlassung mit einem Nichtbevollmächtigten nach §§ 171, 172, beim Vertrauen auf die Abtretung einer Forderung nach §§ 405, 409.

[3]) Hiernach muß z. B. ein Geisteskranker, der eine Sache gekauft hat und nach Aufhebung seiner Entmündigung den Kauf bestätigt, den von ihm zu zahlenden Kaufpreis für die Zeit, seit welcher ihm die Nutzungen gebühren, auch verzinsen (§ 452).

[4]) Cosack S. 154 bildet das Beispiel, daß, wenn ein Darlehn und dafür von der andern Seite Gewährung von Zinseszinsen versprochen wird, wegen § 248 Abs. 1 der ganze Vertrag nichtig ist.

Formmangels nichtige eigene Wechsel als Schuldversprechen nach § 780 aufrecht erhalten werden.

Beispiele der Nichtigkeit bieten außer den von einem Geschäftsunfähigen oder zum Schein (§ 117) oder ohne ernstlichen Willen (§ 118) abgegebenen Willenserklärungen insbesondere diejenigen, welche der vom Gesetz vorgeschriebenen Form ermangeln (§ 125) oder gegen ein gesetzliches Verbot (§ 134) oder gegen die guten Sitten (§ 138) verstoßen. Bei manchen Verboten ist die Folge der Nichtigkeit ausdrücklich vorgeschrieben (vergl. §§ 1309, 1310 Abs. 1, § 1312 mit §§ 1326 bis 1328); andere Verbote sind überhaupt nur durch die Androhung der Nichtigkeit ausgesprochen (§§ 310, 312, 723 Abs. 3, 749 Abs. 3, 1229 u. a. m.), noch andere sind in der Bestimmung enthalten, daß eine gewisse Vereinbarung nicht getroffen werden kann (§ 247 Abs. 1 Satz 2, § 619) oder unzulässig ist (§ 1014, vergl. § 180). Ein Verbot liegt auch in der Bedrohung eines Geschäfts mit einer Strafe. Indessen bewirkt jedes gesetzliche Verbot nach § 134 die Nichtigkeit nur dann, wenn sich nicht aus dem Gesetz ein anderes ergiebt, und gerade bei einem Strafgesetz wird die Auslegung, daß dasselbe (als lex minus quam perfecta) nur beabsichtige, von der Vornahme des Geschäfts abzuhalten, aber nicht auch das einmal vorgenommene nichtig zu machen, häufig am Platze sein;[1] andere Verbote ohne Nichtigkeitsfolge finden sich in §§ 456—458. Ein Verstoß gegen die guten Sitten liegt namentlich in den durch § 138 Abs. 2 näher bezeichneten Geschäften, welche eine wucherische Ausbeutung enthalten; durch diese Bestimmung wird nicht blos der Kredit-, sondern auch der Sach- und Arbeitswucher getroffen und die Aufhebung des § 3 des Reichsgesetzes betr. den Wucher vom $\frac{\text{24. Mai 1880}}{\text{19. Juni 1893}}$ begründet (E.G. Art. 47), an dessen Stelle nun die allgemeinen Regeln der

---

[1]) Bekannte Beispiele bieten die Verkäufe gegen das zum Zwecke der Sonntagsruhe bestehende Verbot der R.G.O. §§ 41a, 146a, und der Handel mit Prämienpapieren gegen das Gesetz vom 8. Juni 1871 § 6; (dazu vgl. Mandry-Geib, Civilr. Inhalt der Reichsgesetze § 17 S. 208). Auch das Verbot des Erwerbes eigener Actien durch H.G.B. § 226 bewirkt keine Nichtigkeit. Ebenso greift bei den landesgesetzlichen Verboten des Spielens in auswärtigen Lotterieen die Auslegung, daß dieselben nur eine fiskalische Strafe, aber nicht Vernichtung des Geschäfts bezwecken, (im Gegensatz zu R.G.Entsch. Bd. 18 S. 242) mehr und mehr um sich (Staub in der Jurist. Ztg. II S. 298). Am besten über die ganze Frage F. Endemann, Civilrechtliche Wirkung der Verbotsgesetze. 1887.

§§ 823, 826 für die Haftung des Wucherers maßgebend sind. Uebrigens liegt ein Verstoß gegen die guten Sitten nicht blos in der Vereinbarung einer an sich unmoralischen Handlung,[1]) sondern auch schon darin, daß eine an sich erlaubte Handlung, wenn nur eine vertragsmäßige Verpflichtung zu ihr unsittlich ist, zum Gegenstand eines Vertrages gemacht, oder daß eine Handlung, deren Kausalbeziehung zu einer Leistung von Geld oder Geldeswerth unsittlich ist, mit einer solchen verknüpft wird.[2])

2) Die Anfechtbarkeit eines Rechtsgeschäfts besteht darin, daß dasselbe zunächst wirksam, jedoch eine bestimmte Person berechtigt ist, ihm seine Wirkung durch Anfechtung wieder zu entziehen. Während aber im bisherigen Recht die Anfechtung meist nur die obligatorische Bedeutung hatte, den Gegner zur Rückgängigmachung der Rechtsfolgen des Geschäfts zu verpflichten, und nur gerichtlich durchzusetzen war, (z. B. in den Fällen der K.O. §§ 22—24), giebt ihr das B.G.B. § 142 dingliche und rückwirkende Kraft in der Art, daß sie das Geschäft in ein von Anfang an nichtiges umwandelt,[3]) und hierzu genügt auch schon die bloße Anfechtungserklärung an den Gegner (§ 143 Abs. 1). Diese Rückwirkung gilt auch gegenüber Dritten, welche auf Grund des Geschäfts in der Zwischenzeit Rechte erworben haben, jedoch unbedingt nur dann, wenn der Dritte die Anfechtbarkeit kannte oder kennen mußte (§ 142 Abs. 2), während redliche Dritte auch hier zwar nicht durch eine allgemeine Regel, wohl aber durch die schon oben bei der Nichtigkeit erwähnten Einzelvorschriften geschützt werden. Dem Wesen der Anfechtbarkeit entspricht es, daß nach § 144 das anfechtbare Geschäft von seinem Mangel geheilt wird durch Bestätigung von Seiten des Anfechtungsberechtigten, die keiner Form bedarf und also auch stillschweigend (z. B. durch Erfüllung des Geschäfts) erfolgen kann; dabei ist die Bestätigung im Gesetze nicht für empfangsbedürftig erklärt

---

[1]) Als solche wird mit Recht auch schon das Vermiethen eines Hauses zum Zweck des Bordellbetriebes behandelt. R.G.Entsch. Bd. 38 S. 201.

[2]) So mit scharfsinniger Analyse Lotmar, der unmoralische Vertrag. 1896. S. 71—75.

[3]) In der Theorie des bisherigen Rechts bezeichnet man diese Erscheinung wohl als Rescissibilität oder als eine Art relativer Nichtigkeit. Jacobi S. 71 spricht von Wiedereinsetzung.

und kann daher auch einem andern als dem Anfechtungsgegner gegenüber vorgenommen werden.[1])

Für die Erklärung der Anfechtung bestimmt sich der Gegner nach § 143: und zwar ist dies grundsätzlich bei einem Vertrage der andere Vertragstheil, bei einer einseitigen empfangsbedürftigen Willenserklärung derjenige, welchem gegenüber sie abzugeben war (z. B. wenn die Ausschlagung eines Vermächtnisses angefochten wird, nach § 2180 Abs. 2 der Beschwerte), bei einer andern einseitigen Willenserklärung jeder unmittelbar durch sie Bereicherte (z. B. bei Vernichtung eines Wechsels der dadurch befreite Schuldner).[2]) War die Willenserklärung einer Behörde gegenüber abzugeben, so kann auch die Anfechtung dieser gegenüber erklärt werden, worauf letztere sie dem Betroffenen mittheilen soll. Endlich sind für die Ausübung einer Anfechtungsbefugniß überall Ausschlußfristen von verschiedener Dauer bestimmt, z. B. in §§ 121, 124, 318 Abs. 2 u. s. w. Hauptbeispiele der Anfechtbarkeit bilden die Fälle des Irrthums (§§ 119, 120), der arglistigen Täuschung und der widerrechtlichen Drohung (§ 123). Besonderes gilt für die Anfechtung im Eherecht; die daselbst erwähnte „Anfechtung" einer Ehe wird auch in C.P.O. § 568 an Stelle der bisherigen „Ungültigkeit" eingesetzt. Dagegen bleibt die nach der K.O. §§ 22—34 und dem Reichsgesetz vom 21. Juli 1879 bestehende Anfechtbarkeit als ein von der Anfechtbarkeit des B.G.B. verschiedenes Rechtsinstitut unberührt.

3) Neben der Nichtigkeit und der Anfechtbarkeit kommt im B.G.B. auch eine relative Unwirksamkeit vor, welche darin besteht, daß ein Rechtsgeschäft nur gewissen Personen gegenüber unwirksam ist. Dies gilt insbesondere von Verfügungen gegen ein gesetzliches oder von einer zuständigen Behörde (z. B. nach C.P.O. § 817) erlassenes Veräußerungsverbot, das nur den Schutz bestimmter Personen bezweckt (§§ 135, 136), von Verfügungen zum Nachtheil eines durch eine eingetragene Vormerkung gesicherten Anspruchs (§ 843) und von gewissen Vorausverfügungen, die zum Nachtheil des Hypothekengläubigers der Schuldner über Mieths- und Pachtzins (§ 1124) oder ähnliche Leistungen (§ 1126)

---

[1]) Anders Goldmann und Lilienthal S. 69 Anm. 3.

[2]) Sind mehrere unmittelbar bereichert, z. B. mehrere Wechselschuldner, so wird auch die Anfechtung gegenüber jedem besonders vorzunehmen sein. So auch Cosack S. 153 Anm. 4.

trifft; vgl. auch den Fall des § 506. In allen diesen Fällen bedarf es nicht, wie bei der Anfechtbarkeit, erst eines in gewisser Frist und einer bestimmten Person gegenüber zu erhebenden Einspruchs, sondern die Wirkung des Rechtsgeschäfts ist kraft Gesetzes von Anfang an nach einer bestimmten (subjektiven) Seite hin ausgeschlossen. Dieselbe Erscheinung tritt in der K.O. § 6 (jetzt § 7) auf, bisher als „Nichtigkeit", jetzt als „Unwirksamkeit" den Konkursgläubigern gegenüber.

4) Endlich kennt das B.G.B. auch eine Reihe von Erscheinungen, bei denen sich von einer schwebenden Unwirksamkeit reden läßt. Es kann nämlich der Thatbestand eines Rechtsgeschäfts noch unvollendet, aber eine Ergänzung dadurch zulässig sein, daß das fehlende Moment später hinzutritt.[1]) Hier ist die Wirksamkeit des Rechtsgeschäfts von dem Eintritt des ergänzenden Umstands abhängig: so beim Vertrage eines Minderjährigen von der Genehmigung des gesetzlichen Vertreters (§ 108; ähnlich §§ 177 Abs. 1, 1396 Abs. 1 u. a. m.) und bei der Verfügung eines Nichtberechtigten über einen Gegenstand von der Genehmigung des Berechtigten oder gewissen gleichgestellten Ereignissen (§ 185). Ein verwandtes Verhältniß ist es, wenn das B.G.B. die Wirksamkeit eines Rechtsgeschäfts davon abhängig macht, daß ein gewisser Umstand später nicht (genauer: nicht unverzüglich) eintritt, wie z. B. in den Fällen der §§ 111, 1831, 357, 359, 410 Abs. 1, 554 Abs. 2; nur muß hier der die Unwirksamkeit behauptende Theil den Eintritt des Umstandes beweisen. Endlich kann ein Rechtsgeschäft auch einstweilen wirksam, aber vom Gesetz die Wiederaufhebung der Wirksamkeit an den späteren Eintritt eines Umstandes geknüpft sein: so verhält es sich nach § 108 Abs. 2 mit der vom gesetzlichen Vertreter eines Minderjährigen nur diesem gegenüber erklärten Genehmigung seines Vertrages, die wieder unwirksam wird durch das Verlangen des Vertragsgegners nach einer Erklärung an ihn selbst, und ähnlich in den Fällen der §§ 177 Satz 2, 1396 Abs. 2 u. a. m. Allen drei Gruppen von Erscheinungen aber ist es gemeinsam, daß sie das Rechtsgeschäft in einem Schwebezustand zeigen, der erst durch ein neues Moment in volle Wirksamkeit oder Unwirksamkeit (Nichtigkeit) übergeht.

Als Gegensatz zu den erwähnten vier Arten von Mangelhaftigkeit eines Rechtsgeschäfts finden sich im B.G.B. (§§ 32, 122, 141, 308, 313, 518) die Ausdrücke „Gültigkeit" und „gültig", während die

[1]) Jacobi S. 69 spricht hier von bedingter Nichtanerkennung.

Bezeichnung „Ungültigkeit“ überall vermieden ist; im übrigen braucht das B.G.B. als allgemeine Bezeichnungen nur die beiden: Wirksamkeit und Unwirksamkeit, so daß es vielfach der Auslegung überlassen bleibt, den letzteren Ausdruck genauer zu bestimmen.[1]) In Folge dessen ist es bereits streitig, ob und wie in dieser Lehre ein Gattungsbegriff mit Unterarten zu bilden sei. Dem Sprachgebrauch des B.G.B. selbst schließt man sich am engsten an, wenn man zunächst die volle Wirksamkeit (Gültigkeit) eines Rechtsgeschäfts einerseits und die völlige Unwirksamkeit (Nichtigkeit) andrerseits einander gegenüberstellt und sodann als Zwischenstufen beschränkter Wirksamkeit oder Unwirksamkeit die Anfechtbarkeit, die relative Unwirksamkeit und die schwebende Unwirksamkeit einstellt. Die letzteren drei Gebilde und die Nichtigkeit kann man auch als „Mangelhaftigkeit“ zusammenfassen.[2])

§ 30.

Willensmängel, insbesondere Irrthum.

Die Rechtsgeschäfte bringen ebenso wie die Gesetze, den Willen ihres Urhebers zum Ausdruck und zur Geltung. Sie bedürfen daher, wie diese, der Auslegung.[3]) Wenn nun die abgegebene Erklärung dem wirklichen Willen nicht entspricht, so erhebt sich die Frage, ob der Inhalt und die Gültigkeit des Geschäftes nur nach dem Wortlaut der Erklärung oder auch mit Rücksicht auf den davon abweichenden Willen des Urhebers zu bestimmen sei. Während das ursprüngliche und formale Recht überall sich ausschließlich an die gebrauchten Worte hält, hat das Römische Recht je länger je mehr auch den Willen berücksichtigt,[4]) ohne jedoch zu völlig klaren und befriedigenden Sätzen zu

---

[1]) So ist in §§ 111 Satz 1, 1831 Satz 1 „unwirksam“ so viel als „nichtig“. Anders Fischer und Henle in den Anm. dazu. Auch in §§ 319, 779, 925 Abs. 2 ist „unwirksam“ so zu verstehen.

[2]) So Cosack § 53.

[3]) Mit Scharfsinn durchgeführt ist dieser Parallelismus von E. Danz, Die Auslegung der Rechtsgeschäfte. Aber die Gleichstellung des Inhalts von Gesetzen und Rechtsgeschäften dahin, daß beide objektives Recht, Rechtsnormen zur Entstehung bringen, geht zu weit.

[4]) Ueber das ältere deutsche Recht vgl. Heusler, Institutionen des deutschen Privatrechts I S. 60. Die geschichtliche Entwickelung bei den Römern weist nach G. Hartmann in d. Jahrb. f. Dogm. XX S. 27 ff.

gelangen. In Folge dessen stehen sich auf dem Boden des gemeinen Rechts zwei Theorieen gegenüber, die Willenstheorie, nach welcher das Erklärte grundsätzlich nur gilt, wenn und weil es wirklich gewollt ist,[1]) und die Erklärungs- oder Worttheorie, welche die abgegebene Erklärung, sobald sie nur ihrem Urheber zuzurechnen ist, ohne Rücksicht auf den wirklichen Willen gültig und für den Inhalt des Geschäftes maßgebend sein läßt.[2]) Bei Differenzen zwischen Willen und Erklärung führt die erstere Theorie zu einer Begünstigung des Erklärenden, die zweite zu einer Begünstigung des Erklärungsempfängers. Zur Vermeidung solcher Einseitigkeit sind auch Mittelmeinungen aufgestellt worden, insbesondere dahin, daß nur insoweit, als das Festhalten am Wort gegen die bona fides verstoßen würde, die Geltendmachung eines abweichenden Willens zu gestatten sei.[3]) Einen entschiedenen Sieg hat keine dieser Theorieen errungen. Während der Entwurf I noch ganz auf der Willenstheorie beruhte und nur einzelne Härten derselben durch künstliche Sätze milderte, hat nach dem Vorbilde des Entwurfs II das B.G.B. mit Recht das ganze Problem als ein rein praktisches erfaßt[4]) und keine jener Theorieen durchgeführt. Es spricht im Allgemeinen nur so viel aus (§ 133), daß bei der Auslegung einer Willenserklärung der wirkliche Wille zu erforschen und nicht an dem buchstäblichen Sinne des Ausdrucks zu haften ist (vgl. auch § 157), und verwirft damit die reine Worttheorie. Andrerseits bleibt die abgegebene Erklärung nach der Natur der Sache das nächstliegende Erkenntnißmittel für den Willen ihres Urhebers und so lange maßgebend, als nicht sonstige Umstände einen abweichenden Willen ergeben; aber auch wenn letzteres zutrifft, wird dadurch doch nach dem B.G.B. die Wirksamkeit der Erklärung keineswegs in allen Fällen und ohne weiteres aufgehoben, sondern nur unter bestimmten Voraussetzungen (z. B. erst kraft einer Anfechtungserklärung) und in gewissen Grenzen, die freilich keineswegs eng bemessen sind. Außerdem schwächt das B.G.B., auch wenn es jene Aufhebung eintreten läßt, doch die Härten derselben für gewisse Hauptfälle dadurch ab, daß es in § 122 den Urheber der Erklärung

---

[1]) Hauptvertreter dieser Theorie: Savigny, Windscheid, Zitelmann, Enneccerus.

[2]) Hauptvertreter: O. Bähr, Kohler, und neuestens Danz a. a. O.

[3]) So G. Hartmann a. a. O. Aehnlich R. Leonhard, Der Irrthum bei nichtigen Verträgen.

[4]) Dies befürworteten schon Dernburg Pand. I § 101 und Unger in Grünhut's Ztschr. Bd. XV S. 676.

verpflichtet, demjenigen, der durch sein Vertrauen auf ihre Gültigkeit Schaden erlitten hat, diesen (das sog. negative Geschäftsinteresse), zu ersetzen, d. h. soviel zu gewähren, als derselbe ohne jenes Vertrauen gehabt hätte, nur nicht mehr, als den Betrag des Interesses, das er an der Gültigkeit des Geschäfts selbst hatte (des sog. positiven oder Erfüllungs-Interesses). Nach alledem wird man die Regelung der Differenzen zwischen Willen und Erklärung im B.G.B. nicht auf ein bestimmtes Prinzip gründen, sondern nur als eine zweckmäßige Mischung verschiedener Prinzipien bezeichnen können.[1])

Nach dem Vorbilde des Römischen Rechts thut das B.G.B. auch den weiteren Schritt, einzelne Fehler, die nur die Beweggründe einer Willenserklärung betreffen, zur Anfechtung der letzteren genügen zu lassen (§ 123), worauf aber erst im nächsten Paragraphen einzugehen ist. Beide Klassen von Bestimmungen können als Lehre von den Willensmängeln zusammengefaßt werden. Eigenthümlich geregelt ist die Unwirksamkeit des Rechtsgeschäfts wegen Willensmangels bei der Eheschließung (§§ 1332–1347), wo sie nur in beschränkterem, und bei letztwilligen Verfügungen (§§ 2078—2083), wo sie in ausgedehnterem Maße stattfindet. Von diesen Eigenthümlichkeiten ist hier zunächst abzusehen, und es sind die allgemeinen Grundsätze über die Fälle darzustellen, wo die Erklärung dem wirklichen Willen nicht entspricht.

Von selbst sondern sich zwei Gruppen von Fällen, je nachdem der Urheber absichtlich oder unabsichtlich etwas nicht gewolltes erklärte.[2])

I. Bei absichtlicher Erklärung eines nicht gewollten Inhalts ist das Geschäft grundsätzlich nichtig.[3]) Eine Ausnahme wird nur

---

[1]) Manche freilich sehen das Prinzip des B.G.B. in dem Festhalten an Wort, so Cosack I § 64 S. 200 oder darin, daß „die Willenserklärung ohne Rücksicht auf den inneren Willen für die Rechtswirkung entscheidend sei", so Isay in der recht beachtenswerthen Schrift: Die Willenserklärung u. s. w., Jena 1899. Dagegen bezeichnet Endemann I § 70 Anm. 5 die Stellung des B.G.B. mit Recht als eine vermittelnde. Dies entspricht auch der Absicht der zweiten Kommission. Gedr. Prot. I S. 94.

[2]) Die hergebrachte Formulirung, daß in diesen Fällen die Erklärung mit dem Willen nicht übereinstimme, hat Strohal, Die Anfechtung letztw. Verfügungen 1892, als zu weitgreifend erwiesen.

[3]) Cosack I § 64 faßt alle derartigen Fälle als „Scheingeschäfte" zusammen. Aber das B.G.B. versteht darunter nur Erklärungen mit Täuschungsabsicht, §§ 117, 405, also nicht auch die im Text unter I. c) behandelten.

für den Fall im § 116 gemacht, wo der Erklärende insgeheim sich vorbehält, das Erklärte nicht zu wollen, also die Täuschung eines andern beabsichtigt (sog. Mentalreservation oder einseitige Simulation). Hier ist das Geschäft gültig, und zwar ohne Unterschied, ob die Erklärung empfangsbedürftig war oder nicht, also z. B. nicht blos, wenn jemand bei einer Versteigerung bietet, nur um einen andern in die Höhe zu treiben, sondern auch im Fall der Auslobung einer Belohnung für eine vermeintlich unmögliche Leistung und somit ohne Verpflichtungswillen.

Dagegen bleibt es bei der Nichtigkeit

a) selbst im Falle jenes insgeheim gemachten Vorbehalts, wenn die Erklärung einem andern gegenüber abzugeben war, und dieser den Vorbehalt kannte, mithin seine Täuschung ausgeschlossen war (§ 116 S. 2), z. B. wenn der Versteigerer bei dem Bieter den Mangel des Verpflichtungswillens durchschaute. Diese Beschränkung jener Ausnahme läßt erkennen, daß die letztere den Sinn und Zweck hat, eine Täuschung gerade bei derjenigen Gattung von Fällen auszuschließen, bei der sie sonst am häufigsten eintreten würde.[1]) Hiernach wird aber die Ausnahme analog auch dann wegfallen müssen, wenn die mit Vorbehalt des Nichtwollens abgegebene Erklärung keine empfangsbedürftige war,[2]) sondern z. B. eine Auslobung, und ein Dritter, obschon er den Vorbehalt kannte, doch Rechte aus ihr ableiten will, z. B. den Anspruch

---

[1]) Die früher sehr verbreitete Ansicht, daß die Mentalreservation aus dem ethischen Grunde unbeachtet bleiben müsse, weil niemand sich auf seine Lüge berufen dürfe, ist doch wohl von Kohler (Jahrb. f. Dogm. XXVIII S. 194) endgültig widerlegt. Aber auch die Lehre von Vertretern der Erklärungstheorie, daß die Mentalreservation nur wenn und weil sie im Verhalten des Erklärenden überhaupt nicht zum Ausdruck gelangt sei, unbeachtet bleiben müsse (Isay a. a. O. S. 16), ist unhaltbar: denn dabei wird als zu beachtender Willensausdruck, der die Mentalreservation aufhebt, auch ein solches Verhalten des Erklärenden betrachtet, das gar keine Beziehung auf den Geschäftsgegner hat, in einem Selbstgespräch oder einer Tagebuchnotiz besteht und dem Gegner nur zufällig bekannt geworden ist; dawider schon Kohler a. a. O. S. 174. Aehnlich, wie Isay, nimmt auch Fr. Leonhard (Vertretung beim Fahrnißerwerb S. 4) an, bei einer empfangsbedürftigen Erklärung gelte alles, was dem Gegner auf andere Weise (als durch die Erklärung) bekannt werde, als Inhalt der Erklärung, und dies sei der Grund, weswegen der Gegner den (insgeheim gemachten, aber ihm zufällig bekannt gewordenen) Vorbehalt berücksichtigen müsse.

[2]) Dawider Planck Komm. zu § 116 Anm. 1.

auf die ausgelobte Belohnung: denn sonst würde ja der Erklärende dem Adressaten seiner unwahren Erklärung nur bedingt, nämlich falls dieser getäuscht war, haften, dagegen Dritten sogar ohne diese Bedingung!

b) Umsomehr ist nichtig das Scheingeschäft, welches vorliegt, wenn die einem andern gegenüber abzugebende Erklärung mit dessen Einverständniß nur zum Schein, d. h. zur Täuschung eines Dritten, abgegeben ist (sog. zweiseitige Simulation) § 117. Das Hauptbeispiel bildet die vereinbarte Scheinveräußerung, um den Gegenstand dem Zugriff der Gläubiger des Veräußerers zu entziehen. Sollte durch das Scheingeschäft ein anderes wirklich gewolltes Geschäft (negotium dissimulatum) verdeckt werden, z. B. durch den Scheinverkauf eine Schenkung, so ist das letztere, je nachdem seine Erfordernisse erfüllt sind oder nicht, gültig oder gleichfalls unwirksam, § 117 Abs. 2.

c) Auch wenn der Urheber einer Erklärung sie nur seinerseits nicht ernstlich meinte und zugleich erwartete, der Mangel der Ernstlichkeit werde nicht verkannt werden, bleibt das Geschäft nichtig § 118, so z. B. beim gut gemeinten Scherz, bei der Erklärung zu Lehrzwecken, bei der bloßen Redensart u. dgl. m. Doch tritt in diesen Fällen der Nichtigkeit zu c) nach § 122 die oben erwähnte Abschwächung ein, daß der im Vertrauen auf die Gültigkeit der Erklärung Getäuschte, und zwar bei empfangsbedürftigen Erklärungen der Empfänger, bei andern jeder Dritte, Ersatz des durch sein Vertrauen erlittenen Schadens vom Urheber der Erklärung verlangen kann. Die Ersatzpflicht trifft diesen auch ohne Verschulden (culpa in contrahendo) als Folge des durch seine Erklärung erweckten Vertrauens, also um der Sicherheit des Verkehrs willen. Jedoch ist sie ausgeschlossen gegenüber demjenigen, der seinerseits den Grund der Nichtigkeit kannte oder fahrlässig verkannte (kennen mußte); außerdem umfaßt diese Haftung für das negative Interesse des Getäuschten keinesfalls mehr, als sein (positives) Interesse an der Gültigkeit des Geschäfts.[1])

---

[1]) Ueber die Bestandtheile des negativen Interesses handelt gut v. Tuhr, Ztschr. f. Schweizerisches Recht, N. F. Bd. XVI S. 19—23. — Beispiel: Wenn A ein scherzhaftes Angebot des B von 1000 Mk. für eine Sache, die nur 900 werth ist, ohne Fahrlässigkeit als ernst angenommen, die dem B gesandte Sache aber wegen Annahmeverweigerung des B mit 10 Mk. Transportkosten zurückerhalten hat, so beträgt das Erfüllungsinteresse des A, da er bei Gültigkeit des Vertrages 100 Mk.

Dagegen ist in den Fällen zu a) und b) ein ebenso allgemeiner Ersatzanspruch Dritten, die durch ihr Vertrauen auf das Geschäft zu Schaden kommen, nicht gewährt. Wohl aber können in allen drei Gruppen von Fällen a) bis c) die oben S. 125 Anm. 2 erwähnten Regeln zum Schutz redlicher Erwerber eingreifen. Insbesondere versagt § 405 für den Fall eines verbrieften Scheinschuldgeschäfts dem Schuldner den Einwand der Simulation gegen den redlichen Dritten, der sich die Forderung unter Vorlegung des Schuldbriefs hat abtreten lassen. Außerdem sind gegen den Urheber der Täuschung auch Ansprüche aus einer unerlaubten Handlung (§§ 823, 826) möglich.

Verschieden von den Erklärungen nicht gewollten Inhalts sind die zur **Umgehung eines Gesetzes** bestimmten. Zu diesem Zweck wird häufig, weil das Gesetz ein Geschäft gewisser Art, z. B. die Ausbedingung von Zinseszinsen, verbietet, ein anderes nicht ausdrücklich mitverbotenes, z. B. die Verabredung einer Vertragsstrafe, vorgenommen, um so einen gleichen oder doch ähnlichen Rechtserfolg, wie ihn das verbotene gehabt haben würde, durch das an seine Stelle gesetzte zu erzielen. Ein solches, seinem Inhalt nach durchaus gewolltes Geschäft steht, wenn die Verbots-

---

gewonnen und 10 Mk. gespart hätte, 110 Mk. Er kann aber nur sein negatives Interesse von B ersetzt zu erhalten verlangen, d. h. soviel, als er ohne sein Vertrauen auf die Gültigkeit des Vertrages mehr haben würde, als jetzt, also 10 Mk. Kommt hinzu, daß nach Annahme von B's Gebot ein Dritter, C, dem A für die Sache 950 geboten, und A dies nur wegen seines Vertrages mit B abgelehnt hat, so würde A ohne sein Vertrauen auf den Vertrag 50 + 10 mehr haben, als jetzt; er kann daher 60 von B verlangen. Wenn dagegen das Gebot des C 1050 betragen hätte, so würde A's negatives Interesse zwar 150 + 10 = 160 betragen, aber doch nur in Höhe des **Erfüllungs**interesses mit 110 geltend zu machen sein. — Es fragt sich noch, ob, wenn A mit seiner Erfüllungsklage gegen B wegen Nichtigkeit des Geschäfts abgewiesen wird, die Prozeßkosten als ein durch das Vertrauen des A ihm entstandener Schaden dem (obsiegenden) B zur Last gelegt werden können. Für die Bejahung (R.G.Entsch. VIII S. 251, 255) giebt die C.P.O. keinen Anhalt, und dawider spricht, daß wenigstens die gerichtlichen und die dem B erwachsenen außergerichtlichen Kosten als ein dem A zu ersetzender Schaden nicht angesehen werden können, bis A zu ihrer Tragung verurtheilt ist. Die Kosten werden daher dem (mit der Erfüllungsklage) unterliegenden A aufzuerlegen sein; er kann aber, insofern er zu seiner Prozeßführung lediglich durch sein (nicht fahrlässiges) Vertrauen auf die Gültigkeit des Geschäfts bestimmt worden ist, nach § 118 Ersatz dieser Kosten von B verlangen, bezw. gegen dessen Kostenerstattungsanspruch aus seinem Ersatzrecht einen Einwand entnehmen. Lehrreich ist übrigens auch der Fall des Studenten, der bei der Versteigerung einer Kuh die bisherigen Gebote zum Scherz mit 300 Mk. überbot und darauf den Zuschlag erhielt. Ihering in d. Jahrb. f. Dogm. IV S. 74.

absicht des Gesetzes durch Auslegung desselben darauf zu erstrecken ist, dem verbotenen gleich, andernfalls ist es gültig; ob die Absicht der Partei auf ein Handeln wider das Gesetz gerichtet war (in fraudem legis agere, sog. rechtlicher Schleichweg) oder nicht, ist nicht entscheidend.[1])

Mit dem Umgehungsgeschäft stimmt das fiduziarische Geschäft[2]) in der Gewolltheit seines Inhalts, sowie darin überein, daß auch bei diesem statt der dem wirthschaftlichen Zwecke der Parteien entsprechenden Geschäftsart eine andere gewählt wird. Aber dies geschieht hier nicht, um ein Verbot zu umgehen, sondern um dem Erwerber (Fiduziar, Treuhänder) ein weitergehendes Recht, als jener Zweck erfordert, einzuräumen, damit er es mit um so größerer Selbstständigkeit gegen Dritte geltend machen könne. So wird zum Zwecke der Sicherstellung eines Gläubigers statt der Verpfändung einer Sache oder einer Forderung deren Uebereignung, bezw. Abtretung an den Gläubiger vorgenommen; statt der Vollmacht zur Verfolgung eines Rechts wird dieses selbst übertragen, z. B. statt eines Prokura-Indossa-

---

[1]) So mit Recht Neff, Beitr. zur Lehre von der fraus legi facta 1895. Frühere Litteratur: J. Pfaff, Zur Lehre vom sog. in fraudem legis agere 1892. Ihering, Geist des Röm. R. III § 57. Ausführlich Riedel, das B.G.B. § 78 II. R.G.Entsch. Bd. 26 S. 183. — Beispiel für das im Text Gesagte: da der Vertrag über den Pflichttheil (§ 2303) aus dem Nachlaß eines noch lebenden Dritten durch § 312 verboten ist, verspricht zur Umgehung des Verbots ein Sohn und gesetzlicher Alleinerbe auf den Todesfall seines Vaters die feste Summe von x und unter der Bedingung, daß der Nachlaß des Vaters mehr als das Doppelte betragen sollte, auch noch die Hälfte des Mehrwerths; dies verstößt zwar nicht gegen den Wortlaut, aber doch gegen die Absicht des § 312 und ist darum nichtig. Anders in nachstehendem Beispiele. Nach §§ 2162/3 ist ein Vermächtniß auf einen Fall, der erst dreißig Jahre nach dem Erbfall eintritt, unwirksam, ausgenommen, wenn es für einen Fall, der sich in der Person des Beschwerten ereignet, angeordnet ist, und der Beschwerte zur Zeit des Erbfalls bereits lebt. Darnach kann der Erblasser ein Vermächtniß an denjenigen, welcher das lenkbare Luftschiff erfinden werde, nur mit der Beschränkung errichten, falls die Erfindung binnen dreißig Jahren gemacht wird. Er kann aber gleichwohl eine Wirksamkeit des Vermächtnisses über dreißig Jahre hinaus ermöglichen, indem er dasselbe seinem Erben für den Fall auferlegt, daß dieser die Erfindung des lenkbaren Luftschiffs erleben werde. Denn auf diese Form der Verfügung kann der § 2162 nicht erstreckt werden, weil er dann in Widerspruch geriethe mit § 2163. Vgl. Hachenburg, Studien zum Erbrecht, 1895, S. 26.

[2]) Ausführlich darüber Riedel a. a. O. § 79, der auch die bisherige Litteratur angiebt. Zahlreiche Nachweise aus der bisherigen Praxis bei Regelsberger I § 141 Anm. 13.

ments ein Voll-Indossament ertheilt. Die Zulässigkeit dieses Verfahrens ist nach dem B.G.B. trotz Mangels einer ausdrücklichen Bestimmung um so unbedenklicher, da dieses die Rechtsübertragungen als abstrakte Geschäfte gestaltet hat. Der Treuhänder ist nach außen (Dritten gegenüber) zur Geltendmachung des ihm übertragenen Rechts ohne Rücksicht auf seine Beziehungen zu dem Besteller legitimirt,[1]) nach innen aber, dem letzteren gegenüber, verpflichtet, dasselbe nur nach Maßgabe des zwischen ihnen beiden bestehenden Rechtsverhältnisses auszuüben. Soweit das ihm verliehene Recht über den Zweck der Verleihung hinausgeht, hat er es nur für fremde Rechnung, als ein ihm nicht gehöriges, und insofern kann im Konkurse des Treuhänders nach K.O. § 43 (rev.) der Besteller sogar ein Aussonderungsrecht geltend machen.[2])

II. Die Erklärung kann auch wider die Absicht ihres Urhebers einen nicht gewollten Inhalt haben.

1. Dies ist zufolge eines Irrthums des Erklärenden in zweierlei Weise möglich,

a) indem Gegenstand des Irrthums lediglich der Inhalt der Erklärung ist, der Handelnde also den Erklärungsakt selbst so, wie er ihn wollte, vollzieht, aber Sinn und Bedeutung (den Erklärungswerth) desselben verkennt (error in iudicando), so z. B. wenn er eine Urkunde unterschreibt, ein Angebot annimmt, die einen anderen Inhalt, als er voraussetzt, haben, oder wenn er einen technischen oder einen fremdsprachlichen Ausdruck von anderer Bedeutung, als er ihnen beilegt, anwendet;

b) indem Gegenstand des Irrthums sogar das eigene Thun des Erklärenden ist, er also einen Erklärungsakt vollzieht, den er nicht wollte (error in faciendo), z. B. wenn er sich verspricht oder sich verschreibt; folgeweise ist dann hier auch der Inhalt der Erklärung ein nicht gewollter.

Die beiden Möglichkeiten zu a) und b) faßt der § 119 zusammen. Er bezeichnet die zweite freilich nicht eben deutlich mit den Worten:

---

[1]) Der Dritte kann also z. B. nicht einwenden, daß die Forderung des Treuhänders, zu deren Sicherung die Uebereignung dienen sollte, bereits erloschen sei. R.G.Entsch. XXIV S. 161.

[2]) So mit Recht Kohler in dem Jahrb. f. Dogm. XVI S. 348–354 und mit anderer Begründung Dungs in den Beitr. von R. u. K. XXXII S. 25. Zu demselben Ergebniß kommt neuerdings Regelsberger Pand. I § 141 Anm. 14 und führen die Materialien zur bisherigen K.O. § 35. Vgl. auch R.G.Entsch. Bd. XXXXI S. 1 ff.

„wer eine Erklärung dieses Inhalts überhaupt nicht abgeben wollte". Statt dessen wäre besser gesagt worden: „wer eine Erklärung in der Gestalt, in der er sie abgegeben hat, überhaupt nicht abgeben wollte", da dem gemeinten Falle ja eben das Mißverhältniß des Erklärungsaktes selbst und nicht ihres Inhalts zum Willen eigenthümlich ist. Allein nach der Entstehungsgeschichte und dem Zusammenhang ist die Beziehung der Worte unzweifelhaft.[1])

Zum Inhalt der Willenserklärung (im Gegensatz zu den außerhalb desselben liegenden, dem Willensentschluß voraufgehenden oder ihn begleitenden Gedanken), gehören nun stets die Momente, welche die Art des vorgenommenen Geschäfts bestimmen, sowie die Person, mit welcher, und der Gegenstand, über welchen dasselbe vorgenommen wird. Welche Punkte weiter dazu zu rechnen sind, hängt im einzelnen Falle vom Willen des Erklärenden ab.[2])

Der im bisherigen Recht viel bestrittene Fall des sog. Identitätsirrthums, bei welchem jemand mit Bezug auf eine gegenwärtige Person oder Sache, die er mit einer bestimmten andern verwechselt, eine Erklärung abgiebt, wird stets als Fall eines Irrthums über den Inhalt der Erklärung aufzufassen sein.

Als Irrthum über den Inhalt der Erklärung (zu a) soll aber nach § 119 Abs. 2 auch der Irrthum über eine solche Eigenschaft der Person oder der Sache gelten, die im Verkehr als wesentlich angesehen wird,[3]) d. h. bei deren Vorhandensein, bezw. Fehlen die Person oder Sache für den Verkehr als eine andre erscheint, als unter der entgegengesetzten Voraussetzung. Dabei ist in Betracht zu ziehen, daß im Verkehr gewisse Eigenschaften je nach der Art des Geschäfts bald als wesentlich bald als unwesentlich gelten, so die Eigenschaft eines Vertrags-

[1]) Vgl. Jecklin in den Beitr. von R. u. K. Bd. 36 S. 238. Der von der Kommission angenommene Antrag Nr. 1 lautete: „wer — die Erklärung überhaupt nicht abgeben wollte". Denselben hat dann die Redaktionskommission nach dem Muster eines andern, nicht angenommenen Nr. 5b in die Fassung: „eine Erklärung dieses Inhalts" verändert und dadurch verundeutlicht. Gedr. Prot. I S. 102, 104, 109, 110.

[2]) Zu weit geht aber Endemann I § 72 Anm. 5, wenn er zum Inhalt der Erklärung auch die „Voraussetzungen" rechnet, „auf Grund deren man den Willensentschluß faßte". Ebenso derselbe im § 73 I, 1 b.

[3]) Dieser nach Savigny System Bd. 4 S. 283 gebildete Ausdruck will offenbar der Lehre entgegentreten, daß ein Irrthum über Eigenschaften stets nur ein Irrthum im Beweggrunde und darum gleichgültig sei, vielmehr kann der error in qualitate involvere errorem in persona vel in corpore.

gegners als eines Verwandten anders bei einer Schenkung, als bei einem Handelsgeschäft, die als eines unbescholtenen Kaufmanns anders bei der Bestellung zum Prokuristen (R.G. Entsch. Bd. 12 S. 102), als beim Verkauf, die als eines Adligen oder eines Religionsgenossen anders bei der Annahme an Kindesstatt, als beim Darlehnsvertrage, und ebenso die Eigenschaft einer Sache als einer aus Edelmetall hergestellten anders beim Waarenhandel, als beim Kauf von Alterthümern, oder die als einer gefahrbringenden anders bei der Schenkung, als bei der Uebernahme zum Transport oder zur Verwahrung.[1])

Endlich ist den Regeln über die irrthümlich abgegebene Erklärung

c) durch § 120 auch der Fall unterstellt, wo der Urheber der Erklärung statt der direkten Mittheilung die Uebermittelung durch eine Person oder Anstalt (Boten, Post, Telegraphen, Presse) wählt, und diese die (ihr richtig aufgegebene) Erklärung unrichtig abgiebt. Obwohl hier der Absender selbst sich in einem Irrthum nicht befunden hat, wird doch durch die von ihm beauftragte Mittelsperson — sei es aus Versehen, sei es absichtlich — dasselbe Ergebniß herbeigeführt, als wenn der Absender einen andern Erklärungsakt, als den gewollten (oben zu b), vollzogen hätte, und darum vom Gesetz die — wie Cosack sagt — „verderbte" Erklärung der irrthümlich abgegebenen gleichgestellt.[2]) Doch ist dabei vorauszusetzen, daß der Absender nicht irgend einen beliebigen Auftrag, sondern den einer rechtsgeschäftlichen Erklärung ertheilt hatte,

[1]) Vgl. darüber Regelsberger Pand. I § 142 S. 522 und Goldschmidt, Handelsr. II § 61 Anm. 3—6. Entscheidungen über Wesentlichkeit von Eigenschaften nach bisherigem Recht: R.G.Entsch. Bd. 6 S. 290 (Eigenschaft eines Lotterieloofes, einen Gewinn zu ermöglichen), R.O.H.G.Entsch. Bd. 16 S. 149 (Eigenschaft eines Papiers, als Wechsel gültig zu sein), Bd. 20 S. 421 (Umlaufsfähigkeit eines Inhaberpapiers). Dagegen betrifft der Irrthum eine unwesentliche Eigenschaft z. B. a) wenn ein Hauswirth an einen Junggesellen vermiethet, den er als solchen für kinderlos hält, der aber Adoptivkinder mitbringt, b) wenn ein Antisemit von einem Juden kauft, ohne ihn als solchen zu kennen, c) wenn ein abergläubischer Mensch ein Haus miethet, ohne zu wissen, daß es die Nummer 13 hat. (Letztere Beispiele nach Hölder Archiv f. civil. Praxis Bd. 80 S. 38.)

[2]) Beispiele von Irrungen durch Telegraphie: Reyscher in der Zeitschr. f. D. Recht Bd. 19 S. 456—477 und Jhering Jahrb. f. Dogm. IV S. 6 u. 107. (Aufgabeschrift: „Kaufen Sie", Abgabeschrift: „Verkaufen Sie".) R.G.Entsch. Bd. 28 S. 16. (Aufgabe: 2000 Lst., Abgabe: 20 000 Lst.) Seuffert Archiv Bd. 30 Nr. 116. Meili Telegraphenrecht 2. Aufl. S. 127 Anm. 61. Phil. Serafini, Der Telegraph § 38. — Irrung durch Druckfehler in einer amtlichen Veröffentlichung, R.G.Entsch. Bd. 6 S. 101.

weil andernfalls nicht mehr die unrichtige Uebermittelung, sondern die fälschliche Anfertigung einer Erklärung vorliegen würde. Der Kürze wegen soll hier auch die durch eine Mittelsperson hervorgerufene Abweichung der Erklärung vom Willen unter Irrthum mit einbegriffen werden.

2. Ein Irrthum von der zu 1 a) bis c) bezeichneten Art ist nun aber nicht schon als solcher jedesmal erheblich, sondern nach § 119 nur dann, wenn im gegebenen Falle auch anzunehmen ist, daß der Urheber der Erklärung dieselbe bei Kenntniß der Sachlage und bei verständiger Würdigung des Falles nicht abgegeben haben würde. Hiermit ist im Gegensatz zu den Lehren, welche die Erheblichkeit des Irrthums entweder nur nach dem muthmaßlichen Willen des Erklärenden (so Entwurf I § 98) oder nur nach der Verkehrssitte (so Abth. I des zwanzigsten deutschen Juristentages, Verh. IV S. 138) bestimmt wissen wollten, eine zuerst von der zweiten Kommission (gedr. Prot. I S. 110) vorgeschlagene „Verbindung des subjektiven und des objektiven Maßstabs“ angenommen worden, welche auch anderweit im B.G.B. (§§ 1333, 1334, 157) zu Tage tritt. Die Bedingtheit der Erklärung durch den Irrthum soll also sowohl vom Standpunkt ihres Urhebers, als von dem eines verständigen Beurtheilers aus gesehen vorliegen, damit der Irrthum erheblich sei. Die verständige Würdigung ist aber natürlich nicht als eine von der individuellen Lage des Handelnden absehende, sondern als mit Rücksicht auf diese vorgenommen zu denken. Durch dieses doppelte Erforderniß ist der Kreis der erheblichen Irrthümer nicht blos fester, sondern auch enger gezogen, als nach den bisherigen Rechten.[1]) Dafür ist

[1]) Beispiele: 1) dem A bietet für eine Sache, die, wie A weiß, 400 werth ist, B schriftlich 300, A liest statt dessen 500 und erklärt die Annahme. Sein Irrthum ist erheblich, weil anzunehmen ist, daß A nicht blos bei Kenntniß des wahren Gebots, sondern auch bei verständiger Würdigung des Falles nicht zugestimmt hätte. 2) Gleicher Fall: A, der die Sache schon zu weniger als 400 ausgeboten hat, nimmt das vermeintlich auf 500 lautende Gebot des B an, indem er gegen Dritte äußert, daß er die Sache auch für 300 hingegeben haben würde. Sein Irrthum ist unerheblich. Denn auch bei Kenntniß des wahren Gebots würde er, wenngleich nicht in verständiger Würdigung des Falles, so doch thatsächlich angenommen haben. 3) Gleicher Fall: A hat bisher vergebens die Sache zu mehr als 800 ausgeboten. B bietet ihm 800, A liest statt dessen 900 und nimmt an. Sein Irrthum ist unerheblich, denn auch bei Kenntniß des wahren Gebots würde er, wenngleich nicht thatsächlich, so doch in verständiger Würdigung des Falles angenommen haben. Andere Beispiele zur Veranschaulichung der Unterschiede zwischen dem Preuß. Landrecht und dem B.G.B. giebt Burchardt in den Beitr. von R. u. K. Bd. 39 S. 14—42.

andererseits das in den letzteren vielfach aufgestellte Erforderniß der Entschuldbarkeit des Irrthums in das B.G.B. nicht aufgenommen, so daß auch ein grob fahrlässiger Irrthum Berücksichtigung findet. Ebensowenig ist verlangt, daß der Irrthum ein thatsächlicher und kein Rechtsirrthum sei.[1])

Gegen die hier gegebene Auslegung des § 119, welcher die meisten in der Hauptsache zustimmen,[2]) ist von Cosack kurz (I § 64 bei Anm. 13) und von Muskat mit sorgfältiger Begründung (in den Beitr. von R. u. K. Bd. 42 S. 769 ff.) Einspruch erhoben worden, weil dem Gesetzeswortlaut und dem praktischen Bedürfniß entsprechend die Erheblichkeit des Irrthums nicht an eine doppelte (subjektive und objektive) Voraussetzung, sondern nur an die einheitliche (objektive) zu knüpfen sei, daß der Erklärende, wenn er in Kenntniß der Sachlage den Fall verständig gewürdigt hätte, die Erklärung nicht abgegeben haben würde, oder (wie Muskat es ausdrückt) nicht hätte abgeben *dürfen*. Sei dies anzunehmen, so könne der Irrthum geltend gemacht werden, auch wenn der Erklärende subjektiv selbst bei Kenntniß der Sachlage den Inhalt seiner Erklärung gewollt haben würde. Aber diese Auslegung widerspricht zunächst dem von der zweiten Kommission mit § 119 verbundenen Sinn und nähert sich vielmehr sehr stark dem von derselben abgelehnten Vorschlage des deutschen Juristentages. Sodann würde in Folge jener Auslegung dem Irrenden gestattet werden, sich auf Grund des Irrthums von einer Erklärung los zu machen, die doch durch den Irrthum gar nicht bedingt war, sondern ohne diesen ganz ebenso erfolgt wäre, wie mit ihm. Ja, ein Irrthum müßte dann wohl selbst in dem Falle geltend zu machen sein, wenn die Erklärung dem Irrenden größeren Vortheil brachte, als er in Wirklichkeit wollte, vorausgesetzt nur, daß er bei verständiger Würdigung des Falls einen noch

---

[1]) Es macht also keinen Unterschied, ob jemand den Vertragsgegner irrthümlich für seinen Miterben darum hält, weil er an eine thatsächliche Erbeinsetzung desselben glaubt, oder darum weil er glaubt, daß der Onkel neben dem Neffen gesetzlicher Erbe sei.

[2]) Der Verfasser hat dieselbe aufgestellt in der Sammlung von Vorträgen über den Entwurf (III) eines B.G.B. (1896) I S. 45. Sie wird getheilt z. B. von Planck Komm. zu § 119 Anm. 2 b, Endemann I § 72 Anm. 7, Enneccerus, Das Bürgerliche Recht I S. 146 a. E., der nur das Wort „objektiv" als ungenau bemängelt, und Matthiaß, Lehrb. d. B. Rechts I § 52 S. 191.

größeren Vortheil hätte erzielen können![1]) Jedenfalls würde durch diese Lehre das Anwendungsgebiet des erheblichen Irrthums sehr erweitert werden,[2]) während doch Cosack selbst gerade umgekehrt den Spielraum desselben verengt zu sehen wünscht. Wenn man sich von der Gegenseite auf den Wortlaut des § 119 beruft, so kann dieser doch nicht entscheidend sein, weil er in keinem Falle genau ist. Nach der hier bekämpften Lehre müßte er dahin gefaßt sein: „wenn anzunehmen ist, daß er die Erklärung ohne den Irrthum bei verständiger Würdigung des Falls nicht abgegeben haben würde". Da nun aber statt dessen gesagt ist: „daß er sie bei Kenntniß der Sachlage und bei verständiger Würdigung des Falles nicht abgegeben haben würde", so ist doch, wie das doppelte „bei" erkennen läßt, auch eine doppelte Annahme zur Erheblichkeit des Irrthums erfordert, nämlich daß der Erklärende nicht nur bei Kenntniß der Sachlage schlechtweg, sondern auch bei Hinzukommen der verständigen Würdigung des Falles die Erklärung nicht abgegeben haben würde, und wenn nur eins von beiden nicht zutrifft, ist der Irrthum unerheblich. Freilich spricht, wie Muskat scharfsinnig bemerkt, der § 120 nur von „der" gleichen Voraussetzung,

---

[1]) Beispiel: dem A bietet B für eine Sache, die 600 werth ist, schriftlich 500, A liest statt dessen 300 und nimmt, weil er augenblicklich Geld gebraucht, an. Nachträglich beruft er sich auf den Irrthum, weil er die Annahme von 200 mehr als er wollte, erklärt habe, verständiger Weise aber noch weitere 100 hätte verlangen müssen! Nach bisherigem Recht würde hier Willenseinigung über 300 anzunehmen sein (l. 52 D. loc. 19,2); aber es fragt sich eben, ob wenn der bloße Mangel verständiger Würdigung zur Geltendmachung des Irrthums berechtigen sollte, damit nicht auch jener Satz des bisherigen Rechts geändert sein würde.

[2]) So würde in dem Falle S. 140 Anm. 1 Nr. 2 nach der hier bekämpften Lehre der Irrthum erheblich sein. Vgl. ferner das Beispiel bei Cosack Anm. zu § 64 II 2a. Darnach soll S, der Germania-Sekt aus Versehen statt bei seinem bewährten Lieferanten T vielmehr bei U bestellt und von U ebenso gut, wie von T geliefert bekommt, doch den Irrthum lediglich um deßwillen geltend machen können, „weil ein verständiger Mensch nicht ohne Grund von einem bewährten Lieferanten abgeht", — also auch dann, wenn S seinerseits die umgekehrte (nach Cosack unverständige) Gewohnheit hatte, seinen Lieferanten häufig ohne Grund zu wechseln. — Ebenso meint Cosack, daß in dem oben S. 139 Anm. 1 unter c) erwähnten Falle, wenn der Miether eine abergläubische Frau habe, die in dem Hause Nr. 13 krank werden würde, ein Irrthum über das gemiethete Haus schon darum erheblich sei, weil ein Ehemann mit solcher Frau verständiger Weise ein Haus Nr. 13 nicht miethen würde, und daß nichts darauf ankomme, ob im gegebenen Falle der Mann ohne jede Rücksicht auf den Aberglauben seiner Frau auch ein Haus Nr. 13 zu miethen willens war.

wie sie im § 119 gemacht sei; indessen jene in einem Satz zusammengefaßte doppelte Annahme kann ganz wohl auch als „eine" Voraussetzung bezeichnet werden. Nach alledem wird an der Verbindung des subjektiven und des objektiven Standpunkts in § 119 festzuhalten sein.[1])

In Anwendung auf den Irrthum über Eigenschaften der Person oder Sache (§ 119 Abs. 2) führt dies dahin, daß hier außer der nach der Verkehrsanschauung gegebenen Wesentlichkeit der Eigenschaft auch noch die doppelte Annahme begründet sein muß, der Erklärende würde bei Kenntniß der Sachlage und bei verständiger Würdigung des Falls die Erklärung nicht abgegeben haben. Ohne Wesentlichkeit der Eigenschaft, auf die der Irrthum sich bezog, ist jene doppelte Annahme unerheblich, bei Wesentlichkeit der Eigenschaft dagegen wird die Annahme zwar meist ohne weiteres begründet sein, aber nothwendig ist dies nicht.[2])

Gestritten wird darüber, ob ein Irrthum des Verkäufers über sein Recht an der Sache als erheblich geltend zu machen sei.[3]) In dieser Form ist die Frage zu verneinen. Denn die Zugehörigkeit der Sache zum Vermögen einer bestimmten Person ist nur eine im Verkehr nicht als wesentlich geltende Eigenschaft. Aber möglich ist, daß, während die Verkaufserklärung unbeschränkt lautet, der Wille des Verkäufers nur dahin ging, die Sache, wenn und soweit sie ihm gehöre, zu verkaufen (z. B. wenn jemand die Erbschaft seines Onkels verkauft, während er

---

[1]) Ein weiterer Grund unten S. 149 Anm. 1. Muskat S. 776 hält mir noch entgegen, wie schwierig der Beweis sein werde, daß der Irrende die Erklärung ohne den Irrthum doch, wenn auch nicht verständiger Weise, abgegeben haben würde. Vgl. aber z. B. den Fall bei v. Tuhr, Ztschr. f. Schweiz. R. Bd. 17 S. 17: A kauft Waaren von B irrend über eine wesentliche Eigenschaft derselben, gleichzeitig aber auch anderweit ebensolche Waaren zum gleichen Preise und gleichen Zwecke, wissend, daß ihnen jene Eigenschaft fehlt. Soll er trotzdem seinen Irrthum gegen B geltend machen können, weil der Kauf nicht verständig war?

[2]) Beispiel: Jemand giebt auf eine vermeintlich goldene Pfandsache ein Darlehn, das auch bei Unechtheit derselben durch ihren Werth reichlich gesichert ist. — Mit Recht unterscheidet auch Cosack (bei Anm. 15) Wesentlichkeit der Eigenschaft und Erheblichkeit des Irrthums über eine Eigenschaft. Anders Endemann, 1 § 72 Anm. 11, welcher beim Irrthum über eine Eigenschaft nur Wesentlichkeit derselben und nicht auch die Annahme erfordert, daß ohne den Irrthum die Erklärung nicht abgegeben sein würde. Gegen ihn mit durchgreifenden Gründen Muskat a. a. O. S. 777 a. E. bis 780.

[3]) Verneint von Burchardt in der D. Juristenzeitung III S. 487, bedingt bejaht von v. Seeler das. IV S. 16.

nicht oder nur zum Theil Erbe ist); dann liegt ein Irrthum über den Inhalt der Erklärung vor, und dieser Irrthum kann auch erheblich sein.

3. Die Wirkung eines nach den Regeln zu 1. und 2. zu berücksichtigenden Irrthums ist nicht ohne weiteres Nichtigkeit des Geschäfts, sondern nur ein Anfechtungsrecht des Irrenden §§ 119, 120. Also kann nicht, wie folgerecht nach der Willenstheorie, auch der Gegner des Irrenden dessen Irrthum zur Aufhebung des Geschäfts benutzen, wenn der Irrende selbst bei seiner Erklärung stehen bleiben will.[1]) Andrerseits unterliegt auch das Anfechtungsrecht des Irrenden zwei Maßgaben.

a) Durch § 121 ist eine kurze Ausschlußfrist bestimmt, indem der Irrende die Anfechtung unverzüglich, d. h. ohne schuldhaftes Zögern nach erlangter Kenntniß von dem Anfechtungsgrunde, erklären muß, widrigenfalls er sein Recht verliert; doch gilt einem Abwesenden gegenüber schon die unverzügliche Absendung der Erklärung als rechtzeitige Anfechtung. Diese Zeitschranke bezweckt, zu verhindern, daß der Irrende mit seiner Anfechtung zurückhalte und so auf Kosten des Gegners spekulire. Der Kenntniß des Anfechtungsgrundes ist aber hier das Kennenmüssen nicht gleich gestellt. Ohne erlangte Kenntniß verliert der Irrende sein Anfechtungsrecht erst mit Ablauf von dreißig Jahren seit der Erklärung § 121 Abs. 2.

b) Wenn der Irrende anficht, so haftet er nach § 122 ebenso, wie der Urheber einer nicht ernstlich gemeinten Erklärung (§ 118), dem durch das Vertrauen auf die Gültigkeit der Erklärung Getäuschten, und zwar bei einer empfangsbedürftigen Erklärung dem Empfänger, bei andern jedem Dritten, auf Ersatz des negativen Interesses, jedoch auch hier nicht über den Betrag des positiven hinaus.[2]) Diese Ersatz-

---

[1]) Hiernach würde z. B. in dem Falle, R.G.Entsch. Bd. 6 S. 101, wo eine Königl. Eisenbahndirektion, in Folge eines Druckfehlers in dem von ihr veröffentlichten Gütertarif, einen höheren als den gewollten Frachtsatz erhoben hatte, der Absender des Frachtguts nicht befugt gewesen sein, wegen jenes Irrthums den von ihm bezahlten Mehrbetrag zurückzufordern.

[2]) Das oben S. 134 Anm. 1 gebildete Beispiel läßt sich auch auf Irrthumsfälle übertragen. In den Fällen der Irrung durch Telegraphie (S. 139 Anm. 2) kann, wenn der Absender die verderbte Telegramm-Erklärung anficht, zwar kein Theil Vertragserfüllung, sei es nach dem Inhalt der Aufgabeschrift (Seuffert Archiv Bd. 30 Nr. 116), sei es nach dem der Abgabeschrift, fordern; wohl aber kann der Empfänger des verderbten Telegramms Ersatz dessen verlangen, was er ohne den Empfang desselben haben würde, z. B. Ersatz der Aufwendungen, die er in Ausführung des

pflicht trifft den Irrenden nicht blos bei Unentschuldbarkeit seines Irrthums (culpa in contrahendo), sondern auch bei Entschuldbarkeit. Nur dann fällt sie weg, wenn der auf die Erklärung Vertrauende den Anfechtungsgrund kannte oder kennen mußte, § 122 Abs. 2.

Fraglich ist, ob das Erlöschen des Anfechtungsrechts, das der Irrende nicht unverzüglich ausgeübt hat, auch dann eintreten soll, wenn dieser annehmen durfte, daß der Gegner den Irrthum erkannt habe, ja sogar dann, wenn letzteres thatsächlich der Fall war. Im ersteren Falle ist zu sagen, daß, wenn jene Annahme zulässig war, die Verzögerung der Anfechtungserklärung eine kurze Zeit hindurch als entschuldbar gelten kann, und, soweit dies zutrifft, das Anfechtungsrecht des Irrenden noch nicht verwirkt ist.[1]) Für den zweiten Fall aber darf man behaupten, daß der Irrende unter Umständen sogar bei schuldhafter Verzögerung seiner Anfechtung die Berufung des Gegners auf diese Verzögerung damit zurückweisen kann, daß derselbe hierdurch gegen Treu und Glauben verstoße (exceptio doli). Denn wenn der Gegner weiß, daß der Inhalt der Erklärung des Irrenden nicht gewollt war, und er auch nicht etwa Grund hat, das Schweigen desselben als eine Willensänderung auf Aufrechthaltung des Geschäfts zu deuten, so beruht sein Festhalten an der Erklärung nicht mehr auf einem des Schutzes würdigen Vertrauen auf dieselbe, sondern auf dem Bestreben, sie wider besseres Wissen nach ihrem buchstäblichen Sinne und gegen

---

fälschlich gemeldeten Verkaufs- bezw. Kaufauftrags (mittelst Beschaffung der verkauften, bezw. Abnahme der gekauften Werthpapiere) gemacht hat, oder Ersatz des durch Ablehnung andrer Gebote entgangenen Gewinns (nur nicht über den Betrag des positiven Interesses hinaus) u. s. w. Da das negative Interesse oft, obwohl vorhanden, schwer ziffermäßig darzuthun ist (Bähr in d. Jahrb. f. Dogm. Bd. 14 S. 423), so wird man an den Beweis desselben nicht zu strenge Anforderungen stellen dürfen.

[1]) Zustimmend Planck Komm. zu § 121 Anm. 1. Cosack I § 64 Anm. 18. Dawider Endemann I § 72 Anm. 16. Beispiel: A hat eine Anzahl Bücher dem B für Mk. 1600 angeboten, dieser aber nur 1400 geben wollen. Demnächst will ihm A die Bücher für 1400 überlassen, schreibt aber aus Versehen 400, wobei er auf eine Mittheilung der Annahme verzichtet (§ 151). In Abwesenheit des B erklärt dessen Stellvertreter die Annahme. Nach Entdeckung des Irrthums (etwa durch Einsicht seines Briefkopirbuchs) verschiebt A die Anfechtung einige Tage, weil er meint, daß B den wirklichen Willen doch verstanden haben werde. Diese Verzögerung ist nicht schuldhaft.

den wirklichen Willen ihres Urhebers auszulegen, — was zu verwerfen wäre, auch wenn es der § 133 nicht ausdrücklich ausschlösse.[1])

Durch den gleichen Einwand des Verstoßes gegen Treu und Glauben dürften auch noch in anderen Fällen gewisse Härten der Gesetzesbestimmungen auszugleichen sein, besonders bei der dreißigjährigen Dauer des Anfechtungsrechts für den, welcher den Irrthum nicht erkannt hat. Man denke den Fall,[2]) daß ein Käufer die irrthümliche Verkennung einer wesentlichen Eigenschaft der Sache (z. B. als einer echt silbernen) beim Verkäufer voraussetzend, in Wahrheit selber irrig diese Eigenschaft als vorhanden angenommen und darum die Sache statt, wie er meinte, äußerst billig, vielmehr zu theuer gekauft hat, dann aber, nachdem er 2—3 Jahrzehnte später den Irrthum entdeckt hat, den Kauf anfechten will, um den Schaden, den er durch seine Spekulation auf Ausbeutung des Verkäufers erlitten hat, auf diesen abzuwälzen. Hier kann durch den Einwand des Verstoßes gegen Treu und Glauben auch der Mangel einer gesetzlichen Rücksichtnahme auf eigene Schuld des Irrenden an seinem Irrthum oder an dem Unterbleiben seiner Aufklärung ersetzt werden.

Bei einem Vertrage ist es möglich, daß sowohl der Wille des einen Theils mit dem des andern, als auch die Erklärung des einen Theils mit der des andern übereinstimmt, aber beide Erklärungen in einem und demselben Punkte vom Willen abweichen.[3]) Dann kann jeder Theil

---

[1]) Hiermit wiederhole ich die von mir schon in der Sammlung von Vorträgen über den dritten Entwurf I S. 49 aufgestellte Ansicht in etwas ermäßigter Fassung. Gegen dieselbe Strohal in d. Jahrb. f. Dogm. Bd. 34 S. 359, Planck a. a. O. und Endemann a. a. O. Beispiel: A hat seine Bücher zwei Antiquaren zu 1600 angeboten, jeder aber nur 1400 geben wollen. Er bietet sie einem Dritten an, und zwar statt, wie er wollte, wieder zu 1600 durch einen Schreibfehler zu 600. Der Dritte, der um die Angebote zu 1600 wußte, erklärt die Annahme zu 600. Nachdem A erst am dritten Tage sein Angebot von 600 wegen Irrthums angefochten hat, will ihn B, obwohl er zugiebt, den Irrthum sofort erkannt zu haben, bei dem Verkauf zu 600 festhalten. Hier wird m. E. das schuldhafte Zögern des A durch die Arglist des B überwogen.

[2]) Vgl. Hölder im Archiv f. civil. Praxis Bd. 80 S. 35.

[3]) Beispiel: Beide Theile sind über einen schriftlich zu errichtenden Kauf des Grundstückes a einig, in der Vertragsurkunde aber wird durch ein Versehen, das keiner von beiden bemerkt, als Kaufsache das Grundstück b bezeichnet. Vgl. Seuffert Archiv Bd 19 Nr. 14, Bd. 37 Nr. 287 (wo aber in der Versicherungspolice neben der Erklärung einer nicht gewollten Versicherungssumme von 555 auch die der gewollten von 5500 gefunden wurde).

wegen seines Irrthums seine Erklärung anfechten und damit den dem Wortlaut nach geschlossenen Vertrag zu Falle bringen. Ein Vertrag des von beiden Theilen wirklich gewollten Inhalts ist durch die irrthümlichen Erklärungen nicht geschlossen.

Endlich ist es auch möglich, daß jeder der beiden Theile seinen Willen richtig, jedoch inhaltlich nicht mit dem des andern Theils übereinstimmend erklärt hat, gleichwohl aber in Folge irrthümlicher Auslegung der gegnerischen Erklärung den Vertrag für abgeschlossen ansieht.[1]) Hier ist der Vertrag ohne weiteres nichtig, weil es an der Uebereinstimmung der Parteien im Willen, wie in der Erklärung fehlt. Der Irrthum, in dem hier jeder Theil über den Inhalt der gegnerischen Erklärung sich befindet, giebt keinerlei Grund zu einer Anfechtung oder einer Schadensersatzpflicht, sondern er hat nur die Bedeutung, daß er jedem Theile das Fehlen der Uebereinstimmung mit dem anderen Theile verdeckt.

§ 31.

Fehler in den Beweggründen. Täuschung und Bedrohung.

Einen Willensmangel nimmt, nach dem Muster des Römischen Rechts, das B.G.B. § 123 auch dann an, wenn jemand zu einer Willenserklärung durch arglistige Täuschung (dolus) oder durch widerrechtliche Drohung (psychischen Zwang, metus) bestimmt worden ist.[2]) Hier wird, wenngleich die Erklärung nur den wirklichen Willen enthält, dem Getäuschten, bezw. Gezwungenen doch mit Rücksicht auf die ihm widerfahrene verwerfliche Hervorrufung seines Beweggrundes geholfen. Und zwar gewährt ihm das B.G.B. nicht, wie das Römische Recht, einen bloßen Anspruch auf Rückgängigmachung der Wirkungen des Geschäfts, sondern, wie schon neuere Gesetzbücher, ein Recht, seine Erklärung durch Anfechtung nichtig zu machen: eine Folge, die nament-

[1]) Beispiel: A bietet dem B brieflich eine Waare zum Preise von 20 Rthlr. an. B, der statt Rthlr. vielmehr Mk. liest, erwidert, er bitte um Zusendung der angebotenen Waare zu 20 Mk., und A das Markzeichen übersehend, sendet die Waare ab.

[2]) Ausführlich darüber Riedel, a. a. O. S. 523—544. Vgl. auch v. Tuhr in der Ztschr. f. Schweiz. Recht, N. F. Bd. 17 S. 1—29, dessen Ausführungen zwar überwiegend das Schweizerische Recht betreffen, aber doch auch für das B.G.B. werthvoll sind.

lich bei Geschäften des Familien- und des Erbrechts praktisch unentbehrlich ist.

I. Die arglistige Täuschung ist ein weiterer Begriff, als der Betrug im Sinne des R.St.G. § 263,[1]) weil die erstere nicht eine auf einen Vermögensvortheil gerichtete Absicht des Thäters, und auch nicht den Erfolg einer Vermögensbeschädigung voraussetzt. Andrerseits kommt die Täuschung nach § 123 nur insofern in Betracht, als sie den Getäuschten nicht zu irgend einer beliebigen Handlung oder Unterlassung,[2]) sondern gerade zu einer Willenserklärung bestimmen sollte und bestimmt hat. Im übrigen erfordert auch § 123 im Anschluß an das R.St.G.B. die Täuschung eines andern, d. h. die Erregung oder Unterhaltung eines Irrthums durch Vorspiegelung falscher oder durch Entstellung oder Unterdrückung wahrer Thatsachen, und zugleich eine Arglist, d. h. die Absicht, den andern zu täuschen, sei es auch nicht zu dem Zwecke, ihn zu benachtheiligen.[3]) Auch die Fragen, ob schon die Benutzung eines ohnehin vorhandenen Irrthums, und ob die Irrthumserregung durch bloßes Schweigen zu einer arglistigen Täuschung genüge, sind hier nicht anders, als im Strafrecht, dahin zu beantworten, daß dies beim Vorhandensein einer Pflicht zur Aufklärung des Irrenden, aber auch nur insoweit, zutrifft.[4])

---

[1]) Während E. I § 103 noch von „Betrug" sprach, ist auf Grund der Kritik v. Liszt's (in Bekker's und Fischer's Beitr. Heft 5 S. 22—25) die jetzige Fassung gewählt worden. Man darf daher nicht mit Riedel a. a. O. noch von einem „Betrugsbegriff" des B.G.B. reden.

[2]) z. B. zum Einreißen eines Bauwerks, zum Verjährenlassen eines Anspruchs.

[3]) Während beim strafrechtlichen Betruge der Getäuschte und der Beschädigte verschieden sein können (v. Liszt, Lehrb. des Strafr. § 139 Nr. 4) ist nach § 123 Identität des Getäuschten und des Anfechtungsberechtigten unerläßlich. Die Möglichkeit einer arglistigen Täuschung ohne Benachtheiligungsabsicht zeigt sich z. B., wenn jemand über einen Dritten eine falsche Auskunft giebt in der Erwartung, daß sie dem Empfänger nicht schaden werde (R.O.H.G.Entsch. Bd. 9 S. 153, R.G.Entsch. Bd. 23 S. 137), oder wenn jemand von seinem Schuldner, etwa weil er dessen Konkurs voraussieht, durch eine Täuschung sich die Leistung verschafft, die er rechtlich zu fordern hatte. Vgl. auch Planck Komm. zu § 123 Anm. 2; v. Tuhr a. a. O. S. 15, 18. Bedenklich ist die Wendung Cosack's § 65 I. 1. b): eine Angabe wider besseres Wissen genüge (zur Anfechtung) nicht, wenn sie harmlos (?) gemacht wurde.

[4]) R.G.Entsch. Bd. 1 S. 299, Bd. 12 S. 103, Bd. 23 S. 136.

Die Täuschung muß aber auch die Folge gehabt haben, daß sie den Getäuschten zu der Willenserklärung bestimmte, die sie bezweckte, und die er ohnedies nicht abgegeben haben würde. Darin liegt eben die Verletzung, gegen die der Getäuschte geschützt werden soll. Ein weiteres (objektives) Moment, daß er die Erklärung ohne die Täuschung auch bei verständiger Würdigung des Falles nicht abgegeben haben würde, wie beim Irrthum über den Inhalt der Erklärung nach § 119, ist nach § 123 zur Anfechtung nicht erforderlich.[1]) Also genügt auch die Täuschung über eine für verständige Menschen einflußlose Eigenschaft oder sonstige Thatsache (z. B. den Vornamen der Person, die Nummer des Hauses, das Datum des Geschäftstages u. s. w.), wenn diese nur für den Getäuschten selbst, sei es auch blos vermöge seiner individuellen Sinnesrichtung, ausschlaggebend war. Doch wird es mit dem Beweis für diese Annahme um so strenger zu nehmen sein, je weniger die vorgespiegelte Thatsache auch verständige Menschen zu bestimmen pflegt.

Hat die arglistige Täuschung darin bestanden, daß jemand über den Inhalt der von ihm abzugebenden Willenserklärung in einen Irrthum versetzt wurde (z. B. durch Unterschiebung einer zu unterzeichnenden Urkunde andern Inhalts, als des von ihm gewollten), so kann er die Erklärung sowohl nach § 119 wegen Irrthums, als auch nach § 123 wegen Täuschung anfechten, also aus letzterem Grunde auch noch dann, wenn er es aus dem ersteren nicht unverzüglich gethan hat.[2])

Wie schon das Anfechtungsrecht wegen Irrthums, so ist um so mehr auch dasjenige wegen Täuschung unabhängig von einer Entschuld-

---

[1]) So mit Recht Endemann I § 73 unter b) a. E. Auch Cosack § 65 I. 1. a) bemerkt, daß die Erheblichkeit des Irrthums hier (nur) „nach dem höchstpersönlichen, subjektiven Denken des Irrenden bemessen werde". Folglich steht dem Getäuschten die Anfechtung nicht zu, wenn er ohne die Täuschung die Erklärung zwar nicht bei verständiger Würdigung des Falles, wohl aber thatsächlich doch abgegeben haben würde. Darin liegt aber ein neuer Beweisgrund gegen die Lehre von Cosack und Muskat (oben § 30 S. 141), daß bei gleicher Sachlage dem über den Inhalt seiner Erklärung Irrenden die Anfechtung gewährt sei. Denn sollte sie wohl dem durch eigenen Irrthum Bestimmten wider den schuldlosen Gegner leichter gewährt sein, als dem Getäuschten gegen den Urheber der Täuschung?

[2]) Anders Endemann I § 73 I. 1. a), welcher meint, daß hier die Divergenz zwischen Willen und Erklärung überwiege, und die Anfechtung wegen Irrthums nach § 119 zu erfolgen habe.

barkeit des Irrens, so daß es selbst dem grob fahrlässig Getäuschten zusteht;[1]) dagegen ist im Falle der Täuschung anders, als in dem ersterwähnten, der Anfechtende niemals zum Schadensersatz verpflichtet.

Während das Römische Recht die Verfolgung des dolus immer nur gegen den Urheber der Täuschung als Delinquenten (in personam) zuließ, ist die Person des Täuschenden nach § 123 Abs. 1 bei allen nicht empfangsbedürftigen Willenserklärungen gleichgültig. Daher kann z. B. die Annahme oder Ausschlagung einer Erbschaft (§§ 1945, 1946), die Anerkennung eines Kindes durch den Ehemann (§ 1598), der Verzicht auf das Eigenthum eines Grundstücks (§ 928) nach der Regel des § 143 Abs. 4 jedem gegenüber, der auf Grund des Rechtsgeschäfts unmittelbar einen rechtlichen Vortheil erlangt hat, angefochten werden, auch wenn derselbe die Täuschung weder kannte, noch kennen mußte. Dagegen ist bei empfangsbedürftigen Erklärungen nach § 123 Abs. 2 S. 1 zur Anfechtung erforderlich, daß der Empfänger selbst die Täuschung entweder verübt oder, wenn sie von einem Dritten verübt war, gekannt hat oder hätte kennen müssen; der redliche Vertragsgegner des Getäuschten bleibt also vor Anfechtung geschützt.[2]) Wenn jedoch aus der empfangsbedürftigen Erklärung ein anderer, als der Empfänger, unmittelbar ein Recht erwirbt, so genügt es nach § 123 Abs. 2 S. 2 zur Anfechtung diesem andern gegenüber, daß er nur seinerseits die von einem Dritten verübte Täuschung gekannt hat oder hätte kennen müssen; die Anfechtung ihm gegenüber wirkt an sich zwar nicht weiter, als sein Recht reicht, doch wird durch die so herbeigeführte Nichtigkeit eines Theils des Rechtsgeschäfts nach § 139 in der Regel das ganze Rechtsgeschäft nichtig werden.[3])[4]) Die gemeinrechtliche Unterscheidung zwischen

---

[1]) R.G.Entsch. Bd. 18 S. 224: „aus der Vermeidlichkeit des Irrthums darf ein Einwand gegen die Rechtsfolgen des Betruges nicht entnommen werden".

[2]) Beispiel: Wer vom Hauptschuldner getäuscht, sich beim Gläubiger verbürgt, kann seine Verbürgung nur dann anfechten, wenn der Gläubiger die Täuschung kannte oder kennen mußte.

[3]) Die Unentbehrlichkeit dieser Vorschrift in § 123 Abs. 2 S. 2, namentlich für Versprechen der Leistung an einen Dritten, hat gegenüber dem Entwurf II Strohal (Jahrb. f. Dogm. Bd. 34 S. 347, 376) hervorgehoben. Ohne Grund tadelt die Vorschrift v. Tuhr a. a. O. S. 27. — Beispiel: Die Versicherungsgesellschaft, die durch einen Arzt über die Krankheit des Versicherungsnehmers getäuscht, das Leben desselben zu Gunsten seiner Ehefrau versichert, kann dieser gegenüber, wenn sie die Täuschung kannte oder kennen mußte, auch bei Redlichkeit des Versicherungs-

dolus causam dans und dolus incidens kehrt im B.G.B. nicht wieder. Soweit aber die Täuschung nicht die gesammte Willenserklärung hervorgerufen hat (causam negotii dedit), sondern nur einen Theil derselben (incidit), z. B. nur die Herabsetzung des Preises, den Erlaß der Gewährspflicht, wird auch nur dieser Theil durch die Anfechtung nichtig; ob der Rest noch bestehen kann, entscheidet sich wieder nach § 139.

Zeitlich beschränkt ist das Anfechtungsrecht nach § 124 durch eine Ausschlußfrist von einem Jahr seit dem Zeitpunkt, wo der Berechtigte die Täuschung entdeckt hat. Doch sind auf diese Frist gewisse Regeln über die Milderung der Verjährung (§ 203 Abs. 2, §§ 206, 207) ausgedehnt. Mit Ablauf von 30 Jahren seit Abgabe der Willenserklärung ist die Anfechtung auch ohne Entdeckung der Täuschung ausgeschlossen. Sofern die letztere zugleich eine unerlaubte Handlung (nach §§ 823 oder 826) darstellt, hat der durch sie Verletzte auch Anspruch auf Schadenersatz und gegenüber einem von ihm abgegebenen Schuldversprechen eine Einrede, die durch Verjährung seines Anspruchs aus der unerlaubten Handlung nicht entkräftet wird (§ 853).

---

nehmers die Versicherung anfechten; damit wird aber auch die Prämienzahlungspflicht des letzteren hinfällig. War der Ehemann selbst Miturheber der Täuschung, so entspringt nach § 334 schon daraus eine Einwendung gegen die Frau. Neuerdings bestreitet Hellwig, Verträge auf Leistung an Dritte 1899 S. 286, die Beziehung des § 123 Abs. 2 S. 2 auf solche Verträge mit beachtenswerthen Gründen ganz; die Schwierigkeiten, die sich bei dieser Beziehung ergeben, sind in der That nicht zu verkennen.

[4]) „Dritter" im Sinne des § 123 Abs. 2 ist niemals der Vertreter einer Vertragspartei, der die andere täuscht; eine solche Täuschung steht vielmehr einer vom Vertretenen selbst ausgegangenen gleich, und dieser ist darum Anfechtungsgegner (nicht darum, wie Endemann § 73 Anm. 3 annimmt, weil er unmittelbar erworben hat). Noch weniger kann „Dritter" der ursprüngliche Vertragstheil (A) sein, der den Gegner (B) getäuscht und dann seine Rechte aus dem Vertrage an einen andern (C) abgetreten hat. Hier muß sich C natürlich von B nach § 404 eine Einwendung aus der Täuschung entgegensetzen lassen, aber Anfechtungsgegner des B ist und bleibt A; eben darum kann dieser nicht zugleich „Dritter" sein, und liegt also hier gar nicht der Fall des § 123 Abs. 2, den Endemann anwendet, vor. Wohl aber kann „Dritter" ein solcher sein, der zusammen mit der von ihm getäuschten Partei einen Vertrag mit dem Gegner schloß. Wenn es jedoch ein Gesellschaftsvertrag ist, den A, durch Täuschung von seiten des B bestimmt, mit B und dem gutgläubigen C geschlossen hat, so wird durch die von A erklärte Anfechtung des Vertrages mit B folgeweise die Gesellschaft — wie durch Kündigung eines Gesellschafters — für alle aufgelöst, vorbehaltlich der in §§ 736, 737 erwähnten Abmachungen. Vgl. v. Tuhr a. a. O. S. 24.

II. Auch die Drohung[1]) im Sinne des § 123 setzt nicht, wie die Erpressung nach R.St.G.B. § 253, eine Absicht auf einen Vermögensvortheil oder auch nur, wie nach Römischem Recht, den Erfolg einer Vermögensbeschädigung voraus; andrerseits kommt auch sie, wie die arglistige Täuschung, hier nur insofern in Betracht, als sie den Bedrohten zu einer Willenserklärung bestimmen sollte und bestimmt hat. Während bei der Erpressung rechtswidrig der erstrebte Vermögensvortheil sein muß, braucht nach § 123 nur die Drohung selbst widerrechtlich zu sein; dies ist sie aber sowohl dann, wenn der Drohende kein Recht hatte, das angedrohte Uebel (z. B. Tödtung, Brandstiftung) zuzufügen, als auch in dem Falle, wo er zwar ein Recht dazu hatte (z. B. zu einer Strafanzeige), aber es zur Erzwingung einer Willenserklärung, auf die er kein Recht hatte, mißbraucht.[2]) In dem ersteren Falle kann, da ja ein Vortheil nicht bezweckt zu sein braucht, die erzwungene Handlung, wie bei der arglistigen Täuschung (oben S. 148 Anm. 3), auch in einer solchen Leistung bestehen, die der Drohende rechtlich zu fordern hatte. Zwar wird von manchen das Gegentheil behauptet, sogar für den Fall, wo der Gläubiger den Schuldner mit einem Ver-

---

[1]) v. Blume in d. Jahrb. f. Dogm. Bd. 38 S. 224—264. v. Tuhr a. a. O. S. 29—42. Auch Kohler's Ausführungen über Geschäfte in der Nothlage (Jahrb. f. Dogm. Bd. 25 S. 9—42) bleiben großentheils noch für das Recht des B.G.B. bedeutsam.

[2]) v. Blume a. a. O. bekämpft diese Auffassung der Widerrechtlichkeit (als einer Negation der Berechtigung) und will darunter vielmehr einen Verstoß gegen die guten Sitten verstehen (S. 253). Aber das B.G.B. trennt doch diese beiden Begriffe sehr entschieden, wie namentlich § 826 ergiebt. Auch ist nicht zuzugeben, daß nach jener Auffassung z. B. der Beleidigte, der dem Beleidiger erklärt, nur gegen Zahlung einer mäßigen Geldsumme an die Armen von einer Verfolgung der Beleidigung absehen zu wollen, widerrechtlich drohe, und darum die Zahlung anfechtbar sei. (Vgl. auch D. Juristen-Zeitung II S. 321.) Denn wenn die dem Bedrohten angesonnene Leistung ein geringeres oder doch nicht größeres Uebel ist, als dasjenige, welches der Drohende ihm aufzuerlegen berechtigt ist, aber um der Leistung willen erlassen will, so liegt eben in der Drohung kein Mißbrauch des Rechts, und ist darum die Leistung nicht anfechtbar. Wäre die auszuzahlende Geldsumme unverhältnißmäßig hoch, so läge die Sache anders. — Uebrigens berührt sich der hier bei Bedrohung mit der Ausübung eines Rechts erforderte „Mißbrauch" immerhin mit einem Verstoß „gegen die gute Sitte". Ein interessanter Fall, wo auch in einem durch Drohung mit Strafanzeige erzielten Vergleich kein Mißbrauch des Rechts zu finden war, in Seuffert's Archiv Bd. 44 Nr. 23.

brechen oder Vergehen bedroht und also selbst das Vergehen der Nöthigung (R.St.G.B. § 240) verübt.[1]) Aber § 123 macht von dem Anfechtungsrecht des durch widerrechtliche Drohung bestimmten auch für den Fall, daß diese nur Selbsthülfe bezweckte, keine Ausnahme, und es wäre auch praktisch bedenklich, den Gläubiger einerseits für seine Nöthigung zu bestrafen, andrerseits gegen Anfechtung der dem Schuldner abgenöthigten Leistung zu schützen, so daß z. B. bei bevorstehendem Konkurse des Schuldners ein Gläubiger durch Bedrohung desselben mit einem Verbrechen sich die Leistung und damit vor andern Gläubigern einen Vorzug verschaffen könnte!

Das Römische Recht verlangte auch eine derartige Erheblichkeit des angedrohten Uebels und der Gefahr seiner Verwirklichung, daß selbst ein charakterfester Mensch dadurch zu der verlangten Erklärung bestimmt werden konnte. Der § 123 dagegen enthält solche Bedingungen nicht, ebenso wenig wie das R.St.G.B. § 253 bei der Erpressung. Folglich genügt zur Anfechtung, wie bei der Täuschung ein unentschuldbarer Irrthum, so hier auch eine solche Drohung, welcher man hätte widerstehen können, wenn sie nur den Bedrohten nach seiner Individualität zu der Willenserklärung bestimmte, die er ohnedies nicht abgegeben haben würde;[2]) in dieser Art der Willensbestimmung liegt

---

[1]) So namentlich Cosack, nach welchem, wenn A durch Androhung von Prügeln gezwungen wird, seine Schuld an B zu zahlen, dies unanfechtbar ist. Ebenso v. Blume S. 253 f., welcher meint, einem solchen (zwingenden) Gläubiger werde regelmäßig sogar das Bewußtsein eines Unrechts fehlen! Dawider mit Recht Enneccerus § 79 S. 183, v. Tuhr S. 40. Die Römischen Stellen (l. 12 § 2, l. 14 pr. D. quod met. causa 4, 2) sind nicht entscheidend, weil sie auf dem Erforderniß eines damnum beruhen. Freilich kann auch nach B.G.B. gegenüber der Rückforderungsklage des anfechtenden Schuldners der Gläubiger seine Forderung durch Einwendung oder Widerklage geltend machen (z. B. wenn er nicht selbst die Drohung verübt hatte), aber doch keineswegs immer (§ 393) und z. B. beim Konkurse des Schuldners nicht mit vollem Erfolge.

[2]) So mit gutem Grund schon für das gem. Recht Dernburg Pand. I § 103 Anm. 14. R.G.Entsch. Bd. 10 S. 191, Bd. 31 S. 156 und für das B.G.B. Cosack I § 65, II. Dagegen tadelt v. Blume S. 238 die Bestimmung des § 123 und meint, der Richter habe wenigstens abzuwarten, ob der Anfechtende „den Beweis dafür antrete, daß er ein lächerlicher Feigling sei"! Aber paßt denn dieser Name auch auf den, welcher in Folge von Naturanlage (Nervenschwäche) oder hohen Alters oder Krankheit nicht die normale Widerstandsfähigkeit besitzt? Man kann doch nicht von jedem die Schneidigkeit eines Reserve-Offiziers verlangen.

eben bereits die vom Recht zu bekämpfende Verletzung des Bedrohten.[1]) Ein weiteres (objektives) Moment, daß er die Erklärung ohne die Drohung auch bei verständiger Würdigung des Falles nicht abgegeben haben würde, ist hier ebenso wenig erforderlich, wie bei der arglistigen Täuschung (s. oben S. 149). Also ist die Anfechtbarkeit auch dann gegeben, wenn der Bedrohte bei Freiheit des Willens nur wegen einer für verständige Menschen einflußlosen Thatsache die Erklärung unterlassen hätte.

Abweichend von den Regeln über arglistige Täuschung ist es im Falle der Drohung bei jeder Art von Willenserklärungen gleichgültig, wer Urheber der Drohung war, und ob die Drohung dem Anfechtungsgegner bekannt war oder nicht. Also unterliegt wegen der Drohung, die ein Dritter gegen den Urheber einer empfangsbedürftigen Erklärung verübt hat, auch der redliche Empfänger der letzteren der Anfechtung. Schon das Römische Recht kannte eine solche Ausdehnung der actio quod metus causa als in rem scripta. Das B.G.B. hat nun freilich auch die Anfechtung wegen arglistiger Täuschung nicht mehr ausschließlich gegen deren Urheber zugelassen, aber es gewährt doch die Anfechtung wegen Bedrohung in noch weiterem Umfang als dort, und zwar aus dem Grunde, weil man gegen Bedrohungen sich oft nur schwerer als gegen eine Täuschung schützen und auch den Thäter oft nur schwerer erkennen und nachweisen kann, so insbesondere bei Zusammenrottungen und Aufständen.[2])

Eine Schadensersatzpflicht liegt dem Bedrohten, wenn er anficht, auch im Verhältniß zu einem redlichen Gegner nicht ob. Die Zeitschranken für die Anfechtung sind hier nach § 124 dieselben, wie bei der arglistigen Täuschung, und zwar beginnt die einjährige Frist mit dem Aufhören der Zwangslage. Sofern die Bedrohung zugleich eine unerlaubte Handlung darstellt, gilt dasselbe wie bei der Täuschung (S. 151).

---

[1]) So mit Recht Kohler a. a. O. S. 17 und nach ihm v. Blume S. 229, während Planck Komm. zu § 123 Anm. 1 als Grund der Anfechtbarkeit nur den Mangel des freien Willens aufstellt. Wäre dies richtig, so müßte auch die ohne Drohung entstandene Furcht (z. B. vor einem Bergsturz, dessentwegen jemand sein Haus verkauft), einen Anfechtungsgrund bilden.

[2]) Darauf hat schon Kohler a. a. O. S. 13 hingewiesen; nach ihm z. B. die Denkschrift zum Entw. III S. 21. Vgl. auch v. Tuhr a. a. O. S. 41.

§ 32.
Form der Rechtsgeschäfte.

Die Anwendung bestimmter Formen gebietet das B.G.B. im Familien- und Erbrecht für die meisten Geschäfte, im Sachenrecht für gewisse, besonders bei Grundstücken, dagegen im Schuldrecht nur ausnahmsweise. Die Parteien können auch unter sich eine Form festsetzen, sei es für einen Vertrag, sei es für eine einseitige Willenserklärung, z. B. eine Kündigung. In Ermangelung einer Formbestimmung aber gilt Formfreiheit, so daß das Geschäft in beliebiger Form vorgenommen werden kann, ausdrücklich oder stillschweigend. Eine stillschweigende Vereinbarung wird im B.G.B. durch Rechtssatz mehrmals angenommen, und es wird auch auf den aus den Umständen zu entnehmenden Willen verwiesen (§§ 612, 632, 653, 689, 724, 151, 269), während in andern Fällen eine ausdrückliche Erklärung gefordert ist (§§ 244, 700 Abs. 2). Doch ist mit der letzteren Vorschrift nach richtiger Auslegung nicht eine durch bestimmte Mittel oder zu bestimmten Zwecken abgegebene Erklärung, sondern nur eine solche gemeint, welche einen vollständigen und unzweideutigen Ausdruck des betreffenden Willens enthält. Keinesfalls ist eine allgemeine Verschiedenheit der Rechtsfolgen an den Unterschied ausdrücklicher und stillschweigender Willenserklärungen angeknüpft, im Gegentheil eine solche gelegentlich (§ 164) geradezu ausgeschlossen. In Folge dessen ist es nach dem B.G.B. zwecklos, jene Bezeichnungen auf zwei begrifflich verschiedene Arten von Willenserklärungen zu deuten, und die im bisherigen Recht so bestrittene und undurchführbare Abgrenzung beider gegen einander zu versuchen.[1])

In dem Mangel eines grundsätzlichen Formzwanges stimmt das B.G.B. mit dem gemeinen Recht, dem Sächsischen und dem Handels-Gesetzbuch überein, und tritt es in Gegensatz zu dem Preuß. Landrecht, dessen Formvorschriften sich nach der überwiegenden Ansicht mehr beengend als nützlich erwiesen haben.[2])

---

[1]) Anderer Meinung Planck Komm. Vorbem. zu Buch I Abschn. III Tit. 2, Enneccerus I § 66, Matthiaß I § 48. Vgl. gegen sie Isay, die Willenserklärung S. 27—45.

[2]) Für die grundsätzliche Formfreiheit hat sich auch der deutsche Juristentag wiederholt ausgesprochen, X Bd. 2 S. 50, XXII Bd. 4 S. 84, dawider freilich Eccius Preuß. Privatr. I § 79 Anm. 5.

Indessen ist zunächst für eine Reihe von wichtigen Geschäften die privatschriftliche Form geboten, theils um den Parteien die Bedeutung ihrer Erklärung zum Bewußtsein zu bringen, theils um der Verkehrssicherheit willen. So für den Miethe- und Pachtvertrag über Grundstücke auf längere Zeit als ein Jahr (§§ 566, 581) und für die Satzung eines einzutragenden Vereins (§ 59), ferner namentlich für das Stiftungsgeschäft unter Lebenden (§ 81), für eine vom Gläubiger auszustellende Quittung (§ 368), für das Versprechen einer Leibrente (§ 761), für die Bürgschaftserklärung (§ 766), für das selbständige Schuldversprechen (§ 780) und das Schuldanerkenntniß (§ 781), für die Anweisung, deren Annahme und Uebertragung (§§ 783, 784, 792), für die Abtretung einer verbrieften Hypothekenforderung oder Grundschuld (§§ 1154, 1192) und für das Testament (§ 2231 Nr. 2), für welches letztere freilich noch Besonderheiten gelten.

Zur Herstellung der Schriftform gehört nach § 126 stets Unterzeichnung der die Willenserklärung enthaltenden Urkunde durch den Aussteller mit dessen eigenhändiger Namensunterschrift[1]) oder — wenn er nicht schreiben kann oder will — mit einem Handzeichen, das aber gerichtlich oder notariell beglaubigt werden muß. Es genügt hiernach nicht, daß der Aussteller seinen Namen durch einen Bevollmächtigten schreiben läßt oder nur mechanisch (durch Stempel oder Schreibmaschine) herstellt. Wohl aber kann eine einseitige Erklärung auch in einem Briefe abgegeben werden. Zeitlich kann die Unterzeichnung der Herstellung des Textes nicht blos nachfolgen, sondern (beim Blankett) auch vorangehen. Beim Vertrage in Schriftform gehört aber zu dieser nach § 126 Abs. 2 weiter, daß eine und dieselbe Urkunde von beiden, bezw. allen Parteien unterzeichnet wird (sog. zweiseitige Schriftlichkeit). Nur wenn mehrere gleichlautende Vertragsurkunden errichtet sind, z. B. zwei Exemplare eines Miethvertrages, genügt es, daß jeder Vertragstheil die für den andern bestimmte Urkunde unterzeichnet. Mit diesen Sätzen ist von selbst der Abschluß eines schriftlichen Vertrages durch Brief- oder Telegrammwechsel ausgeschlossen.[2]) Anders nur dann,

---

[1]) Einzelheiten betr. die Namensunterschrift bei Goldmann und Lilienthal S. 118/9 in den Anmerkungen.

[2]) Wenn das Preuß. Recht minder streng auch Brief- und Telegrammwechsel als Schriftform gelten läßt, so erklärt sich dies daraus, daß es die letztere nicht blos wegen der Wichtigkeit gewisser Geschäfte, sondern grundsätzlich des Beweises wegen für alle Geschäfte über einen Werth von 150 Mk. oder mehr erfordert.

wenn die gewechselten Briefe vollständig gleich lauten, und jeder die Namensunterschrift seines Absenders trägt, wogegen beim Telegrammwechsel die Aufgabeschriften, auch wenn sie von den Absendern unterzeichnet sind, doch keine für den Gegner bestimmte Urkunden bilden, dieser vielmehr nur eine unbeglaubigte Abschrift erhalten soll und erhält.

Der im bisherigen Recht vielfach aufgestellte Satz, daß auch wenn durch den Vertrag nur die eine Partei der andern einen Vortheil einräumt, die Vertragsurkunde von beiden Theilen unterzeichnet sein müsse,[1]) ist nach dem B.G.B. dadurch ausgeschlossen, daß dasselbe bei solchen Verträgen (Bürgschaft, Schuldversprechen, Schuldanerkenntniß) nur für die Verpflichtungserklärung Schriftlichkeit fordert.

Eine Hingabe der unterzeichneten Urkunde an den Gegner schreibt das B.G.B. zur Vollendung der Schriftform nicht vor, da solche ja bei Einheit der Urkunde über einen zweiseitigen Vertrag auch unausführbar wäre. Nur unter Abwesenden verlangt § 130 zur Wirksamkeit einer Willenserklärung, die einem andern gegenüber abzugeben ist, daß sie ihm „zugeht"; hier wird daher die schriftliche Erklärung des einen Vertragstheils dem andern und die des andern dem einen zum mindesten vorgelegt werden müssen.[2]) Unter Anwesenden aber wird zwar dann, wenn nur eine Partei sich schriftlich zu erklären hat, naturgemäß und wegen der hier regelmäßig auf „Ertheilung" der Erklärung lautenden Gesetzesvorschrift[3]) erst in der Hingabe der Urkunde an den Gegner und deren Annahme durch diesen die Vollendung der Schriftform zu erblicken sein.[4]) Dagegen bei einem zweiseitig schriftlichen Vertrage bedarf es für den Unterzeichner der gemeinsamen Vertragsurkunde zur Annahme der auch von dem (anwesenden) Gegner vollzogenen Unterzeichnung nach § 126 Abs. 2 einer besonderen Handlung nicht. Es ist daher gleichgültig, ob die von den Vertragstheilen unterzeichnete Urkunde

---

[1]) Für das gem. R. aus l. 17 pr. C. de fide instr. 4, 21 abgeleitet, wenn auch mit Unrecht. Brunner, Rechtsgesch. d. Urk S. 59.

[2]) So mit Recht Zitelmann in Bekkers und Fischers Beitr. Heft 7 S. 155/6. Wenn Goldmann und Lilienthal S. 120 Anm. 1 auch eine mündliche Mittheilung der Unterzeichnung an den Gegner genügen lassen, so ist dem nicht beizutreten.

[3]) Vgl. §§ 368, 766, 780, 781.

[4]) Hiernach ist dem § 766 nicht genügt, wenn jemand nur telegraphisch sich beim Gläubiger verbürgt, und ebensowenig dem § 368, wenn der Gläubiger eine schriftliche Quittung dem Schuldner nur vorlegt, nicht aushändigt.

in den Händen des einen oder des andern oder eines Dritten (z. B. eines Notars) verbleibt. Ja, auch wenn mehrere gleichlautende Urkunden aufgenommen sind, und jeder Theil nur die für den Gegner bestimmte unterzeichnet hat, ist ein Austausch derselben nicht erforderlich. Ferner bleibt der einmal erfolgte schriftliche Abschluß des Vertrages bindend, auch wenn ein Aussteller seine Unterschrift sofort und ohne sie aus der Hand gegeben zu haben, wieder vernichtet.[1])

Einen Ersatz der schriftlichen Form bildet nach § 126 Abs. 3 die gerichtliche oder notarielle Beurkundung.

Dieselben Regeln, wie für die gesetzlich vorgeschriebene Schriftform, gelten nach § 127 im Zweifel auch für die rechtsgeschäftlich festgesetzte. Nur genügt hier bei einer einseitigen Erklärung nicht blos (wie sogar für die gesetzliche Schriftform) ein Brief, sondern auch eine telegraphische Uebermittelung und bei Verträgen sowohl Brief- als Telegrammwechsel. Dabei brauchen auch die gewechselten Briefe oder Telegramme nicht wörtlich, sondern nur inhaltlich übereinzustimmen; ob der Absender seine Erklärung eigenhändig unterschrieben haben muß, ist streitig, doch gemäß der Absicht der zweiten Kommission wohl zu verneinen.[2]) Uebrigens bleibt derjenige, welcher die erleichterte Schriftform des § 127 angewendet hatte, auf Verlangen des Gegners zu einer nachträglichen Beurkundung in der gesetzlichen Schriftform verpflichtet.

Statt der Privatschriftform schreibt das B.G.B. für gewisse Geschäfte noch strengere Formen vor, und zwar

I. Abschluß vor einer Behörde. „Vor Gericht" oder vor einem Notar sind zu errichten: Eheverträge (§ 1434), und Verträge über Annahme an Kindesstatt und deren Wiederaufhebung, die aber außerdem noch der gerichtlichen Bestätigung bedürfen (§§ 1750 Abs. 2, 1770, 1741); desgleichen „vor einem Richter"[3]) oder vor einem

---

[1]) v. Jecklin in den Beitr. v. R. u. K. Bd. 36 S. 393/4.

[2]) v. Jecklin a. a. O. S. 390/1. Planck Komm. zu § 127. Dawider Cosack § 60 Anm. 12.

[3]) Der Ausdruck „vor einem Richter" war schon im Entwurf I § 1915 gebraucht, um „das Testiren vor versammeltem Gericht, einem Richterkollegium als solchen" auszuschließen (Mot. Bd. 5 S. 261), während bei der Annahme an Kindesstatt „vor Gericht" (Entw. I § 1616) die Besetzung des Gerichts der Landesgesetzgebung überlassen bleiben sollte (Entw. I des E.G zum B.G.B. Art. 91 Abs. 1 und 2, vgl. auch Entw. I des B.G.B. § 1924). Indessen hat die Verschiedenheit der

Notar das öffentliche Testament (§§ 2231 Nr. 1, 2254), der Erbvertrag und der Vertrag über dessen Aufhebung (§§ 2276, 2290 Abs. 4); doch enthält für diese erbrechtlichen Geschäfte das B.G.B. noch besondere Formvorschriften (§§ 2233 ff.); ferner vor dem Grundbuchamt die Auflassung (§ 925); endlich vor einem Standesbeamten die Eheschließung (§ 1317). Bei jedem der unter I. erwähnten Verträge ist gleichzeitige Anwesenheit beider Theile vor der Behörde vorgeschrieben.

II. Gerichtliche oder notarielle Beurkundung ist verlangt a) für Verträge in §§ 311, 312 Abs. 2, 313, 873 Abs. 2, 877, 880 Abs. 2, 1491 Abs. 2, 1492 Abs. 2, 1501 Abs. 2, 2033 Abs. 1, 2348, 2351, 2352, 2371 und b) für Einzelwillenserklärungen in §§ 518, 1516, 1517 Abs. 1, 1730, 1748, 2271 Abs. 1, 2282 Abs. 3, 2291, 2296.

Von der zu I erwähnten Form unterscheidet sich die zu II dadurch, daß für sie nach § 128 bei Verträgen auch getrennte Beurkundung zunächst des Antrages und sodann der Annahme durch ein Gericht oder einen Notar zulässig ist. Bei solcher Gestalt wird zwar die Thatsache, daß die Erklärung dem Gegner zugegangen ist, nicht mit beurkundet. Doch ergiebt sich auch ohnedies der Empfang des Antrags durch den Gegner schon aus dessen Annahmeerklärung; mit der Beurkundung der letzteren aber kommt, auch ohne daß sie dem Antragsteller zugeht, nach § 152 der Vertrag bereits zu Stande.

Ausdrücke diese Bedeutung dadurch verloren, daß nach dem Reichsgesetz über die freiw. Ger. in § 167 für die gerichtlichen Abschlüsse von Rechtsgeschäften die Amtsgerichte für zuständig erklärt sind. Nur insofern ist noch ein Unterschied, als die für den Abschluß von Rechtsgeschäften „vor einem Richter" im B.G.B. §§ 2233 ff. getroffenen Formvorschriften (z. B. über die Zuziehung weiterer Urkundspersonen) nicht auch für die „vor Gericht" vorzunehmenden Rechtsgeschäfte gelten, bei denen nach dem Ges. über die freiw. Ger. § 169 grundsätzlich nicht einmal ein Gerichtsschreiber oder Protokollführer zugezogen zu werden braucht. Auch die örtliche Zuständigkeit des Amtsgerichts, deren Bestimmung anfangs den Landesgesetzen vorbehalten bleiben sollte (Mot. zu § 1924 des Entw. I des B.G.B. Bd. 5 S. 281 und Entw. I des E.G. zum B.G.B. Art. 91 Abs. 1 u. 2), ist nunmehr durch den angeführten § 167 für beide Arten von Rechtsgeschäften dahin geregelt, daß jedes Amtsgericht zuständig ist, soweit nicht das Landesrecht anders bestimmt. Der Entw. eines Preuß. Gesetzes über die freiw. Gerichtsb. (1899) enthält eine solche anderweitige Bestimmung nicht; ja nach Art. 39 dieses Entwurfs soll eine Beurkundung nicht einmal deshalb ungültig sein, weil der beurkundende Beamte sie außerhalb der Grenzen seines Bezirks vorgenommen hat.

Obwohl nun aber nach dem Gesagten das B.G.B. zwischen dem Abschluß eines Geschäfts vor Gericht oder Notar (I) und der gerichtlichen oder notariellen Beurkundung (II) unterscheidet, so umfaßt doch der letztere Ausdruck in einem weiteren Sinne auch die erstere Form mit, weil diese nur noch höhere Erfordernisse als die zweite erfüllt. Daher gehören auch die über den Abschluß eines Geschäfts vor Gericht oder Notar aufgenommenen Urkunden zu den „gerichtlichen oder notariellen", welche das Ges. über d. Ang. der freiw. Gerichtsbarkeit v. 17. Mai 1898 in Abschnitt X regelt, und darum macht dies Gesetz in § 168 ausdrücklich den Zusatz, daß seine Regeln über diese Urkunden nur unbeschadet der Vorschriften des B.G.B. über die Errichtung von Testamenten und Erbverträgen gelten. In demselben Sinne bestimmt das E.G. zum B.G.B., Art. 151, daß durch die eben erwähnten Vorschriften des B.G.B. die allgemeinen Vorschriften der Landesgesetze „über die Errichtung gerichtlicher oder notarieller Urkunden" nicht berührt werden, und sind auch in Art. 141 desselben Gesetzes unter den Rechtsgeschäften, die nach dem B.G.B. „gerichtlicher oder notarieller Beurkundung bedürfen", die vor Gericht oder Notar abzuschließenden mit einbegriffen.

Da hiernach die §§ 168—182 in Abschnitt X des Ges. über die Ang. der freiw. Gerichtsbarkeit sowohl auf die oben zu I als auf die zu II bezeichneten Geschäfte Anwendung finden, so ist die gerichtliche und die notarielle Beurkundung beider vom Amtsgericht, bezw. vom Notar in der Art zu bewirken, daß über die Verhandlung ein Protokoll aufgenommen wird (§ 175), das aber zugleich die Beurkundung selbst enthalten kann. Unter gewissen besonderen Voraussetzungen muß nach § 169 der Richter einen Gerichtsschreiber oder zwei Zeugen, der Notar einen zweiten Notar oder zwei Zeugen zuziehen. Das Protokoll muß nach § 176 Ort und Tag der Verhandlung, die Bezeichnung der Betheiligten (d. h. der Personen, deren Erklärung beurkundet werden soll, § 168 S. 2), und der bei der Verhandlung mitwirkenden Personen und die Erklärung der Betheiligten enthalten. Es muß ferner nach § 177 vorgelesen, von den Betheiligten genehmigt und von ihnen, sowie von den mitwirkenden Personen unterschrieben werden. Genaueres ist aus dem Gesetze selbst zu entnehmen.

Außerdem aber ist in § 200 desselben, nachdem schon Art. 151 des E.G. zum B.G.B. für dessen Vorschriften über Testamente und Erbverträge bestimmt hatte, daß sie die allgemeinen Vorschriften der

Landesgesetze über die Errichtung gerichtlicher oder notarieller Urkunden unberührt lassen, der Landesgesetzgebung überhaupt die Befugniß eingeräumt worden, zur Ergänzung und Ausführung des Reichsgesetzes über die freiw. Ger. Vorschriften zu erlassen. Auf dieser Befugniß beruht der Entwurf eines Preuß. Gesetzes über die freiw. Ger., welcher z. B. das Gebot enthält, in das Protokoll gewisse Feststellungen über die Geschäftsfähigkeit der Betheiligten aufzunehmen (Art. 40), demselben die vorgelegten Vollmachtsurkunden beizufügen (Art. 42) u. s. w., sowie auch über die äußere Form der Urkunden allerlei Bestimmungen trifft (Art. 64, 65). Doch gelten diese landesgesetzlichen Vorschriften nur als Ordnungsvorschriften. Denn nach Art. 151 des E.G. zum B.G.B. und § 200 Abs. 2 des Reichsgesetzes über die freiw. Ger. ist ein Verstoß gegen eine solche Vorschrift ohne Einfluß auf die Gültigkeit der Beurkundung, und kann nur die Verletzung einer Vorschrift über die *sachliche* Zuständigkeit landesrechtlich für einen Nichtigkeitsgrund erklärt werden.

In Bezug auf die letztere Zuständigkeit ist endlich in Art. 141 des E.G. zum B.G.B. den Landesgesetzen vorbehalten, zu bestimmen, daß für die Beurkundung von Rechtsgeschäften, die nach dem B.G.B. gerichtlicher *oder* notarieller Beurkundung bedürfen, entweder *nur* die Gerichte oder *nur* die Notare zuständig sind. Durch diesen Vorbehalt soll ein Eingriff in das Recht der Einzelstaaten, die zum Theil nur die eine oder nur die andere Art der Beurkundung kennen, vermieden werden. Eben darum aber ist dieser Vorbehalt auch nicht blos auf die im B.G.B. selbst, sondern auch auf die in anderen Reichsgesetzen (z. B. H.G.B. §§ 182, 188, 190, 321, C.P.O. § 794 Abs. 1 Nr. 5) alternativ an gerichtliche oder natarielle Form gebundenen Rechtsgeschäfte anzuwenden, ja darüber hinaus auch auf gewisse thatsächliche Vorgänge, die in derselben Weise zu beurkunden sind (H.G.B. §§ 197, 259, 320 Abs. 3). Zugleich erstreckt sich der Vorbehalt gemäß Art. 3 des E.G. zum B.G.B. auch auf die bereits bestehenden Landesgesetze, welche nur eine der beiden Beurkundungsformen zulassen. Jedoch darf nicht behauptet werden,[1]) daß das Landesrecht darnach auch bei einem und demselben Rechtsgeschäft irgend welche dem B.G.B. fremde Unterscheidungen machen und ein Geschäft, z. B. die Schenkung, erst von einer gewissen Werthshöhe ab an die gerichtliche Beurkundung binden könnte. — Uebrigens hat

[1]) So Weißler in d. D. Juristenzeitung Jahrg. II S. 462 ff. Dawider Eck das. Jahrg. III S. 16.

der Entwurf eines Preußischen Gesetzes über die freiw. Ger. von dem Vorbehalt des Art. 141 keinen Gebrauch gemacht, sondern in seinem Art. 31 für die Aufnahme von Urkunden der freiw. Ger. die Amtsgerichte und die Notare gleichmäßig für zuständig erklärt.

Von einer gerichtlichen oder notariellen Urkunde ist die im B.G.B. §§ 1718, 1720 Abs. 2 erwähnte öffentliche Urkunde insofern verschieden, als zur Aufnahme derselben das Reichsgesetz über die freiw. Ger. in § 167 Abs. 2 S. 2 neben Amtsgericht und Notar unter Umständen auch den Standesbeamten für zuständig erklärt, außerdem aber in § 191 Abs. 1 den Landesgesetzen gestattet, auch noch andere Behörden oder Beamte für zuständig zu erklären.

Endlich ist III im B.G.B. vielfach auch die öffentliche Beglaubigung einer Erklärung vorgeschrieben (z. B. in §§ 77, 1342 Abs. 1, 1577 Abs. 2 u. 3, 1597 Abs. 1, 1945), oder einer Person das Recht gegeben, eine öffentlich beglaubigte Erklärung zu verlangen (z. B. in §§ 371, 403, 411, 1035, 1372). In diesen Fällen muß nach § 129 die Erklärung schriftlich abgefaßt und die Unterschrift des Erklärenden von der zuständigen Behörde oder einem zuständigen Beamten oder Notar beglaubigt werden. Zuständig sind auch hierzu nach § 167 Abs. 2 des R.G. über die freiw. Ger. Amtsgerichte und Notare; landesgesetzlich kann aber nach § 191 Abs. 1 u. 2 auch hierfür die Zuständigkeit noch anderen Behörden oder Beamten beigelegt und den Amtsgerichten entzogen werden.

Wird eine Erklärung mittelst Handzeichens unterzeichnet, welches nach §§ 126 Abs. 1 und 129 Abs. 1 S. 2 des B.G.B. der gerichtlichen oder notariellen Beglaubigung bedarf, so sind für die erstere Beglaubigung nach § 167 Abs. 1 des R.G. über die F.G. wieder die Amtsgerichte zuständig, doch kann ihnen nach § 191 Abs. 2 desselben Gesetzes landesgesetzlich diese Zuständigkeit entzogen werden. Die Beglaubigung erfolgt nach § 183 eben desselben Gesetzes, nachdem die Unterschrift, bezw. das Handzeichen in Gegenwart des Richters oder des Notars vollzogen oder anerkannt ist, durch einen darunter zu setzenden Vermerk; dieser muß denjenigen, welcher die Unterschrift oder das Handzeichen vollzogen oder anerkannt hat, sowie Ort und Tag der Beglaubigung angeben un= mit der Unterschrift und dem Dienstsiegel oder Stempel des Beglaubigenden versehen sein. Die öffentliche Beglaubigung wird durch die gerichtliche oder notarielle Beurkundung der Erklärung ersetzt, B.G.B. § 129 Abs. 2.

In den Fällen nun, wo das Gesetz für ein Rechtsgeschäft eine Form vorschreibt, ist das derselben ermangelnde Geschäft nach § 125 nichtig. Doch ist diese Strenge dadurch gemildert, daß vielfach die freiwillige Erfüllung des Geschäfts den Formmangel heilt, z. B. nach §§ 518 Abs. 2, 766, 2301 Abs. 2, vgl. auch § 313, und daß nach § 566 ein der schriftlichen Form bedürftiger Miethsvertrag ohne dieselbe als für unbestimmte Zeit geschlossen gilt. Im Zweifel hat auch die Versäumniß einer nur durch Rechtsgeschäft bestimmten Form Nichtigkeit zur Folge, § 125 S. 2. Doch kann hier das die Form bestimmende Rechtsgeschäft formlos wieder aufgehoben, und eine solche Wiederaufhebung unter Umständen auch darin gefunden werden, daß die Parteien das Geschäft, für welches die Form bestimmt war, ohne dieselbe vornehmen und erfüllen.

Fraglich bleibt noch die Behandlung von Nebenabreden, die bei einem in schriftlicher oder noch strengerer Form abzuschließenden Vertrage von den Parteien getroffen, aber in die Urkunde nicht mit aufgenommen worden sind.[1]) Während nach § 128 A.L.R. I, 5 auf solche Nebenabreden keine Rücksicht zu nehmen ist, enthält das B.G.B. eine Bestimmung darüber nicht. Vor allem sind nun, wie es die Preußische Praxis entwickelt hat, von den Nebenabreden zu trennen solche Abreden, welche dem Inhalt der Schrift widersprechen; denn aus solchen ergiebt sich, daß der letztere in Wahrheit nicht gewollt war, und für diesen Fall gelten die oben S. 137 ff. aufgestellten Regeln. Es handelt sich also nur um ergänzende Nebenabreden, die an sich auch neben dem Inhalt der Schrift bestehen könnten (z. B. den Erlaß der Gewährleistung, die Bewilligung einer Zahlungsfrist, ein Zinsversprechen u. dgl. m.). Solchen gegenüber spricht nun zunächst die Vermuthung dafür, daß der schriftliche Vertrag die Willenseinigung auch vollständig enthält, und also die formlosen Nebenabreden verbindliche Kraft gar nicht erlangen sollten. Wird aber bewiesen, daß dieselben doch als Bestandtheile des Vertrages gemeint waren, so sind sie nicht etwa durch die schriftliche Aufzeichnung des übrigen Vertragsinhalts „gedeckt",[2]) sondern umgekehrt wegen Formmangels nichtig. Dann liegt der Fall des § 154 vor, daß die Parteien sich nicht über alle Punkte, über die erklärter Maßen eine Vereinbarung getroffen werden sollte, (schriftlich und somit bindend) ge-

[1]) Vgl. darüber Goldmann u. Lilienthal S. 122.

[2]) So M. Scherer, Allg. Theil des B.G.B. 1897, S. 214.

einigt haben, und es ist daher der gesammte Vertrag im Zweifel nicht geschlossen. Indessen gilt nach § 155 das schriftlich Vereinbarte allein, wenn nicht blos die Parteien den Vertrag als geschlossen ansehen, sondern auch anzunehmen ist, daß der Vertrag auch ohne die Nebenabreden geschlossen sein würde; die durch die letzteren betroffenen Punkte sind dann nach den gesetzlichen Regeln zu bestimmen.

Bis hierher ist alles vom Verfasser durchgesehen und gebilligt.

Der nachfolgende Text enthält die Vorträge in möglichst wortgetreuer Fassung.

Von hier ab sind alle Anmerkungen durch den Herausgeber verfaßt.

§ 33.[1])

Vollendung der Rechtsgeschäfte.

Willenserklärungen, die einem Anderen gegenüber abzugeben sind (empfangsbedürftige Willenserklärungen),[2]) werden unter Anwesenden durch ihre Abgabe, ihre Mittheilung an den anwesenden Gegner sofort wirksam. Dagegen wird unter Abwesenden nach § 130 die Erklärung zunächst durch Absendung des Boten oder des Briefes, Telegrammes abgegeben; wirksam wird sie erst dadurch, daß sie dem anderen Theile zugeht, daß sie ihm zugestellt wird. Die Erklärung besteht also schon von der Abgabe an.[3]) Dabei ist es ohne Einfluß, wenn der Absender stirbt oder geschäftsunfähig wird (§ 130 S. 2). Nur Widerruf schließt die Wirksamkeit der Erklärung aus, wenn er entweder vor ihr oder gleichzeitig mit ihr eintrifft (§ 130 S. 2). Zur Wirksamkeit muß dann

---

[1]) Die Paragraphenzahlen der Vorträge sind bis hierher vom Verfasser geändert worden und mußten deshalb auch im Folgenden umgerechnet werden.

[2]) Nach dem Wortlaute des Gesetzbuches sind es Erklärungen, die nicht nur eines Empfanges, sondern auch eines bestimmten Empfangsberechtigten bedürfen, §§ 130—132, 143 S. 3. Das muß man zu dem von Zitelmann herrührenden Ausdruck „empfangsbedürftig", der längst allgemeine Anerkennung gefunden hat, hinzudenken, vgl. des Herausgebers Schrift: Der allgemeine Theil des Bürgerlichen Gesetzbuches in seinem Einflusse auf die Fortentwickelung der Rechtswissenschaft, Berlin 1900 (Bd. X der im Guttentag'schen Verlage erschienenen Sammlung: Das Recht des B.G.B. in Einzeldarstellungen), im Folgenden einfach als: „allg. Theil" angeführt, S. 268. Crome, System des deutschen bürgerlichen Rechtes, 1900 Bd. I S. 392. Dernburg, Das bürgerliche Recht des deutschen Reiches und Preußen, 1902 Bd. I S. 335. Die empfangsbedürftigen Willensäußerungen sind nicht zu verwechseln mit den wahrnehmungsbedürftigen, d. h. solchen, welche wahrgenommen werden und dadurch Beachtung finden wollen. Zu diesen gehören auch Testamente, Auslobungen u. dergl., vgl. Allg. Theil S. 269. Manigk, Das Anwendungsgebiet der Vorschriften für die Rechtsgeschäfte. Breslau, Marcus, 1901 S. 20 ff.

[3]) D. h. als Erklärungsabgabe (declarare) vgl. Crome, System I S. 395. Dernburg, D. bürg. R. I S. 397. Dem Erklärungsinhalt (declaratum) wohnt die gleiche Bedeutung, sofern er nicht von seinem Verfasser abgeschickt wird, nicht bei. Kommt ein solcher Erklärungsinhalt, z. B. ein wider Willen des Schreibers in den Briefkasten gesteckter Brief, durch einen bloßen Zufall in die Hände des Adressaten, so gilt sein Inhalt auch nicht einmal nach der sog. Erklärungstheorie, gleichviel ob der Empfänger im guten Glauben ist. Da nun das Wort „Erklärung" auch auf solche nicht von ihrem Verfasser abgesandte Aeußerungen anwendbar ist, so ist der Name der genannten Theorie leicht Mißdeutungen ausgesetzt. Allg. Theil S. 462 ff.

noch der Empfang durch den Gegner erfolgen. Der Gegner muß daher beim Empfange geschäftsfähig sein. Ist er geschäftsunfähig oder verstorben, so muß die Erklärung dem Vertreter, bezw. den Erben zugestellt werden.

Empfang ist keineswegs gleichbedeutend mit Kenntnißnahme (oder „Vernehmung"), sondern Empfang ist die Möglichkeit der Kenntnißnahme,[1]) also wird die Wirksamkeit nicht ausgeschlossen dadurch, daß der Empfänger verreist ist. Eine Erleichterung der Zustellung bringt § 132: Zustellung durch den Gerichtsvollzieher und auch unter Umständen durch öffentliche Zustellung.

Ueber Auslegung der Willenserklärung handelt § 133: Es soll der wirkliche Wille erforscht werden. (Ebenso H.G.B. Art. 278.)[2])

§ 34.

Abschluß von Verträgen.

Hierfür sind überwiegend die Vorschriften aus dem Allgem. Deutschen Handelsgesetzbuche entnommen und daher aus dem neuen Handelsgesetzbuche weggelassen.

Der Abschluß setzt sich zusammen aus dem Angebote und der Annahmeerklärung. Dies bestimmen die §§ 145 ff.

---

[1]) Der in unserer Wohnung abgegebene, aber von uns nicht in die Hand genommene Brief ist in der Sprache des Volkes nicht empfangen, wohl ist er es nach der üblichen Ausdrucksweise des Juristen, vgl. Allg. Theil S. 285. Mit der Redeweise des Gesetzbuches kann man übrigens besser vom Erklärungs*zugange* statt vom Erklärungsempfange reden. § 132. Vgl. Allg. Theil S. 285. Crome, System I S. 393.

[2]) Ungeachtet mancher Mißverständnisse, die der Wortlaut des § 133 veranlaßt hat, kann kein Zweifel daran bestehen, daß unter dem „Willen" in diesem Paragraphen nicht der innere Gedanke zu verstehen ist, der, ohne dem Empfänger erkennbar zu sein, die Erklärung nach sich gezogen hat, sondern vielmehr der dem Empfänger erkennbare Gedanke (Erklärungsinhalt), Allg. Theil S. 350. Crome, System I S. 407 und die dort Angeführten. Dernburg, Bürg. R. I S. 339. Niemand kann dazu verpflichtet sein, etwas durch Auslegung festzustellen, was ihm nicht erkennbar ist. Muß aber der Empfänger der Erklärung sich an das ihm Erkennbare halten, so muß auch hinterher der Richter sich in dessen Seele, wie sie bei dem Empfange der Erklärung beschaffen war, hineindenken, um festzustellen, ob der Geschäftsinhalt in richtiger Weise gedeutet worden ist. Dies ist insbesondere von Danz, Die Auslegung der Rechtsgeschäfte, Jena 1897, des Näheren ausgeführt worden.

1. Der Antrag ist nicht so wie im gemeinen Rechte frei widerruflich, sondern wie im Handelsrechte für den Antragsteller bindend,[1]) es sei denn, daß dieser die Gebundenheit ausgeschlossen hat (§ 145). Der Antrag erlischt nach § 146 nicht blos durch Ablehnung, sondern auch durch Ausbleiben rechtzeitiger Annahme und namentlich durch Schweigen des Antragempfängers.

2. Die Annahme muß, um rechtzeitig zu sein, erklärt werden:

a) im Falle einer vom Antragsteller gesetzten Frist innerhalb dieser Frist nach § 148,[2])

b) in Ermangelung solcher Frist unter Anwesenden sofort. Ebenso bei Anträgen mittelst Fernsprecher von Person zu Person,

c) unter Abwesenden muß, wenn die Frist nicht gestellt ist, die Annahme bis zu dem Zeitpunkte erklärt sein, zu welchem die Annahme unter regelmäßigen Umständen zu erwarten war, Art. 147 Abs. 2 (abweichend von Art. 321 altes D.H.G.B.). Vorausgesetzt ist sowohl die normale Funktion der Verkehrswege, als auch die normale Annahme durch den Empfänger. Die Vollendung des Vertrages tritt aber erst mit dem Zeitpunkte ein, in welchem die Annahme an den Antragsteller gelangt.[3]) Es findet also die durch das Handelsgesetzbuch vorgeschriebene Zurückziehung nicht statt. — Ein Versicherungsantrag, dessen Annahme am Abend zur Post gegeben wird, aber erst am nächsten Morgen bei dem Versicherer ankommt, wird also erst in diesem Zeitpunkte zu einem perfekten Vertrage. Stirbt der zu Versichernde in der Nacht, so geschieht dies vor dem Vertragsabschlusse.[4])

---

[1]) Diese Bindung besteht in der Nothwendigkeit, eine Annahme abzuwarten, ohne deren Kraft durch einen Widerruf ausschließen zu können. Allg. Theil S. 288. Vgl. Crome, System I S. 398 (insbesondere über dingliche Verträge). Dernburg, Bürg. R. I S. 386, Anm. 2, über den Zusammenhang dieses Grundsatzes mit dem älteren deutschen Rechte. Noch weiter geht die dort S. 391 ff. dargestellte „Haftbarkeit durch Anbahnung von Rechtsgeschäften".

[2]) Ueber die Reihenfolge der §§ 147 und 148 vgl. Allg. Theil S. 289 Anm. 3.

[3]) Ueber den Fall, daß übereinstimmende Erklärungen sich kreuzen, vgl. Endemann, B.G.B. I, 8. Aufl., § 68 Anm. 5 S. 319.

[4]) Vgl. hierüber Crome, System I S. 395, der dies billigt. Es kann hiernach der Absender der Annahme die Vortheile des Vertrages nicht eher genießen und dessen Unkosten nicht eher ohne Gefahr auf sich nehmen, als bis er sicher weiß, ob seine Erklärung rechtzeitig angekommen ist. Vielleicht kann ihn dagegen unter Umständen eine freie Vertragsauslegung schützen. Allg. Theil S. 294.

3. Die Annahme kann nicht blos ausdrücklich, sondern auch durch concludente Handlungen erklärt werden. Wirksam wird die Annahme durch deren Eintreffen, wenn nicht zur gleichen Zeit der Widerruf eingeht. Ausnahmsweise kann aber die Perfektion auch ohne Empfangnahme der Annahmeerklärung durch den Antragsteller eintreten nach § 151, wenn sie der Antragsteller selber oder die Verkehrssitte für überflüssig erklärt (ähnlich schon die Praxis des Reichsgerichtes). Nach Cosack[1]) muß auch hier die Annahme den Charakter eines Rechtsgeschäftes haben. Ich halte dies für überflüssig. M. E. genügt es zum Abschlusse eines Vertrages zwischen dem telegraphischen Besteller eines Hotelzimmers und dem Gastwirthe, wenn dieser dem Oberkellner den Auftrag giebt, das gewünschte Zimmer für den Besteller bereit zu halten.[2]) Bei einer Waarenbestellung ist der Vertrag perfekt, wenn entsprechend der Aufforderung die Bestellung effektuirt wird.[3]) — Bisher enthielt nur H.G.B. Art. 323 eine sehr bescheidene Ausnahme des

---

[1]) Lehrbuch d. bürg. R., 2. Aufl., Bd. I § 59, III 26 S. 180.

[2]) Der Herausgeber ist geneigt, hier eine Unvollständigkeit der Nachschriften des Vortrages anzunehmen. Eine Verkehrssitte, die den Gastwirth hindert, eine Zimmerbestellung abzulehnen, sobald er erst dem Kellner gegenüber die Annahme erklärt hat, und die von demselben Augenblicke ab dem Besteller das Recht des Widerrufes endgültig entzieht, hat wohl schwerlich behauptet werden sollen. Es wurde hier wahrscheinlich ein besonderer Fall vorausgesetzt, in dem der Besteller die genannte Form der Annahme wünschte und der andere Theil sich darauf einließ. Ohne das scheint mir der Auftrag des Wirthes an den Oberkellner außerhalb des Vertragschlusses zu liegen. — Ein anderes von Scherer, Allg. Theil 1897 S. 303, erwähntes Beispiel ist das Versprechen des Verkäufers, die Reisekosten zu erstatten, das durch Ausführung der Reise angenommen wird.

[3]) Auch diese in den Motiven I S. 172 ff. vertretene Entscheidung wird nicht immer dem Parteiwillen entsprechen. Allg. Theil S. 293. Nicht immer will der Absender einer bestellten Waare, der dem Besteller keine besondere Nachricht zugesandt hat, das Recht aufgeben, sie auf dem Wege anzuhalten und dabei das Geschäft abzulehnen. Namentlich will auch der Besteller nicht immer gebunden sein, wenn etwa die rechtzeitig abgesandte Sendung in der Zeit, in der er sie erwarten durfte, ausbleibt. Nach dem Wortlaute des § 151 würde er es allerdings sein, wenn das im Texte genannte Beispiel immer unter die Vorschrift fiele; vgl. hierzu Crome, System I S. 401, der hier von einem „Realvollzuge des angebotenen Geschäftes als Annahme" spricht, während Cosack a. a. O. S. 179 von einer „stillen" Annahme redet. — Ueber die Anwendbarkeit des § 151 auf zugesandte Lotterieloose vgl. Entsch. des Reichsgerichts Bd. 48 S. 175 ff. bes. S. 179.

Satzes, daß der Empfang der Annahmeerklärung den Vertrag zu Stande kommen läßt. Dies ist jetzt im B.G.B. verallgemeinert.[1])

4. Eine verspätete Annahme gilt als neuer Antrag (§ 150), weil der erste Antrag erlischt. Der Empfänger ist verpflichtet, die Verspätung anzuzeigen, falls nicht schon die Absendung verspätet war. Andernfalls gilt die Annahme nicht als verspätet (§ 149). Dies geht über das preußische Recht hinaus, hat sich aber schon im Handelsrechte (Art. 319 S. 2) bewährt.

5. Tritt Tod oder Geschäftsunfähigkeit des Antragstellers vor der Annahme ein, so wird das Zustandekommen des Vertrages im Zweifel dadurch nicht gehindert (§ 153). Dieser Ausdruck ist irreführend.[2]) Er besagt nur, daß der Antrag bindend bleibt, also die Annahme immer noch erfolgen kann, nur muß sie dem Erben des Verstorbenen oder dem Vertreter des geisteskrank Gewordenen zugehen. Anders, wenn ein abweichender Wille des Antragenden erkennbar ist, z. B. wenn er den Abschluß einer Societät anbietet.

Ob der Antrag bei Tod oder Geschäftsfähigkeit des Empfängers gültig bleibe, sagt das B.G.B. absichtlich nicht. Es ist quaestio facti.[3])

Eine Annahme unter einer Bedingung gilt als Ablehnung, verbunden mit einem neuen Antrage (§ 150).[4])

---

[1]) An einer Aeußerung des Annahmewillens, die dem Antragsteller schließlich zugeht, fehlt es auch in diesen Fällen nicht, sonst würde sich der letztere nicht darauf berufen können. Eigenthümlich ist hier nur, daß die Aeußerung des Annahmewillens sofort unwiderruflich wird, ehe sie dem Antragsteller zugeht, und daß auch andererseits der Annehmende sofort des gültigen Geschäftsabschlusses sicher ist, weil dieser nicht durch eine Verspätung der Antwort vereitelt werden kann. Allg. Theil S. 291 ff. — Bei gerichtlich oder notariell beurkundeten Verträgen ist der Zugang der Annahme an den andern Theil nach 152 nicht nöthig, doch gilt dies nur, insoweit die Parteien auch nicht stillschweigend etwas anderes bestimmt haben. So Entsch. d. R.G. Bd. 49 Nr. 33 S. 131.

[2]) Hiermit soll wohl auf die Unvollständigkeit des § 153 hingewiesen werden, der in der That etwa folgender Ergänzung bedarf: „falls sonst alles geschieht, was zum Vertragschlusse gehört". Mit einem derartigen Zusatze erscheint er tadellos.

[3]) Sie ist stets zu verneinen, wo das Anerbieten bei richtiger Auslegung auf höchstpersönliche Eigenschaften des Empfängers Gewicht legte, z. B. bei dem Engagement eines Opernsängers. Bei niederen Diensten (Packträger, Waschfrau u. dgl.) kann es zuweilen zweifelhaft sein, ob die Erben das Angebot annehmen und ausführen dürfen.

[4]) Vgl. Dernburg, Bürg. R. I S. 380: „Annahme unter Modificationen". Das Wort „Bedingung" bedeutet im Texte soviel wie Geschäftsbestimmung, z. B.

6. Zwei wichtige Auslegungsregeln übernimmt § 154 aus dem gemeinen Recht: Der Vertrag bleibt unvollendet, wenn

a) die Einigung über einen Punkt noch aussteht, der nach dem Willen der Kontrahenten[1]) einen integrirenden Bestandtheil des Vertrages bilden soll.[2]) Die inhaltlich noch unvollständige Punktation ist also ungültig, wie im preußischen Rechte (§ 125 A.L.R. I, 5),

b) wenn die von den Parteien gewollte Beurkundung noch fehlt. (Ebenso § 117 A.L.R. I, 5.)

Die andere Punktation des preußischen Rechtes (§§ 120ff. I, 5), bei der über einen gültigen Vertrag noch eine Urkunde aufgenommen werden soll, erwähnt das Bürgerliche Gesetzbuch nicht.[3])

---

den Vorschlag anderer Zahlungsfristen, als angeboten sind. Dieser Sprachgebrauch ist nicht der streng technische. Derartige Bestimmungen bedingen zwar den Geschäftsabschluß, nicht aber, wie die Bedingung im technischen Sinne, den übrigen Geschäftsinhalt. Allg. Theil S. 383. Crome, System I § 97 S. 435 Anm. 3 bemerkt hierzu: „Das Gesetz steht auf dem Standpunkte: Eure Rede sei ja, — jede Aenderung gilt als nein". Vgl. daselbst auch S. 309 zu 4.

[1]) Und zwar auch nur eines der Contrahenten, sofern sein Wille erkennbar hervortritt. Dann fehlt die Willensübereinstimmung.

[2]) So § 154. Die Vorschrift spricht nur von dem Falle, daß ein wesentlicher Punkt noch nicht festgesetzt war, z. B. wenn in einem unterschriebenen Miethsvertrage die Ausfüllung der Miethssumme noch nicht geschehen ist, während § 155 nur von dem Falle redet, in dem die beiden Erklärungen sich in einem Punkte nicht decken, der für beide Theile unwesentlich war, z. B. die Uebernahme der Treppenreinigung durch den Vermiether gegen Entschädigung. Wie ist es aber, wenn die Erklärungen über einen wesentlichen Punkt (z. B. den Kaufgegenstand) zwar beiderseits abgegeben wurden, aber trotzdem entweder in einem erkennbaren Widerspruche stehen (z. B. verschiedene Häuser als Gegenstand nennen) oder zweideutig sind, ohne daß dahinter eine Willensübereinstimmung steht? Auch hier muß § 154 gelten. Manche wollen bei diesem fehlenden vollständigen Geschäftsinhalte eine Anfechtung wegen Irrthums zulassen. Doch ist dies praktisch unausführbar. Jedes anfechtbare Geschäft gilt bekanntlich, wenn es nicht angegriffen ist. Gelten kann aber nur ein vollständiger Geschäftsinhalt. Das nicht vollständig vereinbarte Geschäft kann also nicht blos anfechtbar sein. Es ist also hier überhaupt kein Geschäft vorhanden. Allg. Theil S. 423 ff., 475 ff., 507 ff. Vgl. hierzu auch Scherer, Allg. Theil des B.G.B. 1897 S. 308. „Ein Vertrag ist nichtig, wenn er der genügenden Bestimmtheit entbehrt", Beispiele S. 309 ff. — Etwas Anderes ist es, wenn die eine Partei einen vollständigeren Geschäftsinhalt im Auge hatte, als die andere, dies aber nicht als Sinn ihrer Erklärung hervortrat (vgl. die vorige Anm.). Hier gelten nur die Vorschriften über Irrthum. Vgl. hierzu die Entscheidung des Reichsgerichts Bd. 48 Nr. 47 S. 220.

[3]) Damit sollte jedenfalls nicht bestritten werden, daß die Parteien eine derartige Bestimmung vereinbaren können.

§ 157 bestimmt noch, daß alle Verträge ausgelegt werden sollen, wie Treu und Glauben mit Rücksicht auf die Verkehrssitte es erfordern. Stammler[1]) hält diesen Satz für den bedeutungsvollsten des ganzen Gesetzbuches (ein „soziales Ideal"). Die Verkehrssitte ist hiernach ein Bestimmungsmittel dafür, was Treu und Glauben verlangen.[2])

§ 156 giebt eine Regel über die Versteigerung. Die Handlung, welche sie vollendet, ist der Zuschlag. Das Gebot bindet nur bis zum Uebergebote oder zum Schlusse des Versteigerungstermines. Werden also zwei gleichzeitige und gleich hohe Gebote abgegeben, so kann der Zuschlag einem jeden der Bieter ertheilt oder auch gänzlich verweigert werden.[3])

§ 35.

Die Bedingungen und Termine.

Die Vorschriften über Bedingungen entsprechen im Wesentlichen dem bisherigen Rechte.

Als Bedingungen erwähnt das B.G.B. nur die eigentlichen, also auch nicht die conditiones in praesens vel praeteritum relatae.[4])

---

[1]) Vgl. Stammler Bd. V der Sammlung: Das Recht des B.G.B. in Einzeldarstellung. Das Recht der Schuldverhältnisse in seinen allgemeinen Lehren, 1897 S. 36 ff. Die Lehre vom richtigen Rechte. Berlin, Guttentag, 1902 S. 330 ff.

[2]) Die Feststellung einer Verkehrssitte nach § 157 kann nicht durch den Hinweis „auf das alte Handelsrecht" ersetzt werden. So Entscheid. des Reichsgerichts Bd. 49 Nr. 39 S. 162. Eine Anwendung des § 157 auf die Pflichten des Miethers enthält die Entscheidung des Reichsgerichts Bd. 47 Nr. 37 S. 163.

[3]) Anders das Zwangsversteigerungsgesetz vom 24. März 1897 § 72: „Ein Gebot erlischt, wenn ein Uebergebot zugelassen wird und ein Betheiligter der Zulassung nicht sofort widerspricht." Nach dem B.G.B. kann also nicht das Uebergebot wegen Unzuverlässigkeit des höheren Bieters so zurückgewiesen werden, daß der bisherige Bieter haftbar bleibt. Das erwähnte Reichsgesetz gewährt dagegen diesen Vortheil für die Zwangsversteigerung der Grundstücke. Die ältere Literatur dieses streitigen Rechtszweiges erwähnt Crome, System I S. 402 Anm. 35.

[4]) Bekanntlich werden im Verkehre häufig vergangene Umstände als Geschäftsbedingungen festgesetzt, z. B.: „Wenn meine Kündigung bei meinem bisherigen Prokuristen gestern richtig angekommen ist, so nehme ich Sie an seiner Stelle an." Der Text der Vorträge will offenbar nicht sagen, daß solche Zusätze fortan bedeutungslos sein oder gar das Geschäft vernichten sollen. Es liegt hier vielmehr nur eine stilistische Ungenauigkeit der Parteien vor. Die Abrede hätte lauten sollen: „Wenn sich später herausstellen wird, daß meine Kündigung gestern rechtzeitig angekommen ist, so u. s. w." Durch Vertragsauslegung ist also in solchen Fällen zu helfen. Allg. Theil S. 388. Enneccerus will freilich (D. bürg. R., 2. Aufl., S. 250) eine eigentliche Bedingung

Eine eigentliche Bedingung ist in dubio bei jedem Rechtsgeschäfte zulässig, also auch bei der Erbes-Einsetzung eine resolutive Bedingung, indessen auch bei manchen Geschäften nach der Natur des Geschäftes ausgeschlossen, so bei der Kündigung, Mahnung oder kraft ausdrücklicher Vorschrift z. B. bei der Auflassung, Erbschafts-Annahme oder Ausschlagung nach § 1947. Eine trotzdem hinzugefügte Bedingung macht das Geschäft unwirksam.[1])

Es giebt aufschiebende und auflösende Bedingungen. Bei letzteren hat das Geschäft einen doppelten Inhalt: Es sucht einen Rechtszustand sofort zu schaffen und ihn später zu beendigen.[2])

Nach § 158 erfolgt mit Erfüllung der aufschiebenden Bedingung der Eintritt der gewollten Wirkung unmittelbar, also ohne neue Willenserklärung, und ebenso mit Eintritt der auflösenden Bedingung die

---

nur dann annehmen, wenn der zukünftige Umstand „für menschliches Wissen" ungewiß ist. Allein strenge genommen ist es auch „für menschliches Wissen" unsicher, ob bestimmte Parteien von einem vergangenen Umstande, den sie nicht kennen, eine zuverlässige Kunde erlangen werden; und darauf, ob eine Ungewißheit groß oder klein ist, kann es nicht ankommen. Der Wortlaut des Gesetzbuches zwingt jedenfalls nicht zu einer allzu strengen Auffassung der erforderlichen „objectiven Ungewißheit", und selbst die in § 142 A.L.R. I, 4 bestimmte Rückziehung wird man oft genug nach § 159 B.G.B. aus dem Parteiwillen folgern können.

[1]) Dernburg, bürg. R. I S. 45 erwähnt die Anfechtung, § 143, und den Rücktritt vom Vertrage. Andere Fälle s. Allg. Theil S. 401. Ueber die Kündigung herrscht Streit, vgl. Dernburg a. a. O. Anm. 7 u. 8 und die dort Genannten, auch des Herausgebers Allg. Theil S. 402 Anm. 4 u. 5. Falls der Bedingungseintritt dem Kündigungsempfänger zur Kenntniß kommen muß, ehe die Kündigungsfrist abläuft (z. B.: „Wenn Sie vor dem ersten nächsten Monats, bis zu dem ich kündigen darf, einen Familienzuwachs erhalten, so kündige ich Ihnen schon jetzt"), so muß m. E. der Empfänger die bedingte Kündigung als rechtzeitig ansehen. Verboten ist also nicht eigentlich die bedingte Kündigung, sondern nur eine Verlängerung der Frist, binnen deren ihr Empfänger über sie Gewißheit verlangen darf. — Streitig ist überdies, ob die verbotene bedingte Erklärung durch Annahme von der Gegenseite zulässig werden könne. Crome, System I S. 438 unterscheidet verschiedene Fälle. Vgl. über die Literatur daselbst S. 438 Anm. 16, wo auch auf § 1160 Abs. 2 verwiesen wird. — Es wird wohl nicht blos darauf ankommen, ob die Aufnahme einer Bedingung in den Geschäftsinhalt im öffentlichen Interesse verboten ist, sondern der Verzicht des Erklärungsempfängers auf die Unzulässigkeit der Bedingung wird auch dann unwirksam sein, wenn, wie es z. B. bei der Erbschaftsannahme der Fall ist, Privatinteressen Dritter der Einfügung des Bedingungssatzes und der dadurch geschaffenen Rechtsungewißheit widerstreben.

[2]) Die gesetzliche Unterscheidung versagt bei solchen Bedingungen, die vor der Ausführung eines Rechtsgeschäftes eintreten sollen. Allg. Theil S. 397.

Endigung der Wirkung des Rechtsgeschäftes. So z. B. eines Kaufes unter der Bedingung, daß das Geschäft als aufgelöst gelten solle, wenn nicht binnen bestimmter Frist gezahlt werde. Hier fällt bei Nichtzahlung sogar das Eigenthum von selbst zurück.[1])

Diese Rechtssätze gelten auch bei dinglichen Rechten und Dritten gegenüber; nur muß, wenn die Entstehung des Rechtes an eine gewisse Form gebunden ist, neben Erfüllung der Bedingung auch die Form erfüllt sein. Anders bei der Resolutivbedingung. Also ist bei der aufschiebend bedingten Eigenthumsübertragung außer dem Bedingungseintritte auch noch eine Uebergabe nöthig, bei der auflösend-bedingten jedoch nicht eine Rückgabe neben dem Eintritte der Resolutivbedingung. (Anders § 262 A.L.R. I, 11.)

Eine Rückziehung der erfüllten Bedingung tritt nach § 159 nicht ein. Dies geschieht vielmehr nur dann, wenn sie nach dem Inhalte des Geschäftes gewollt war, aber dann auch nicht mit dinglicher Kraft, sondern mit obligatorischer Wirkung.[2])

Die prinzipielle zivilistische Grundlage für die unmittelbare Wirkung der erfüllten Bedingung liegt zunächst darin, daß schon während der Schwebezeit eine Anwartschaft des bedingt Berechtigten und andererseits eine Gebundenheit des bedingt Belasteten besteht. Daraus folgt, daß auch die bedingte Forderung unter Umständen durch Arrestschlag gesichert werden soll (§ 916 Abs. 2 C.P.O.), ferner daß bedingte Forderungen im Konkurse angemeldet werden können (§ 67 Konk.Ordn.),

---

[1]) Wobei vorausgesetzt ist, daß sich die Resolutivbedingung auch auf die Eigenthumsübertragung selbst bezieht, nicht blos auf den vorangehenden Schuldvertrag. Ist eine Geschäftsauflösung erst hinterher vereinbart worden, so kann das Gleiche wohl im Zweifel nicht gelten. Allg. Theil S. 399. Die Vorschrift des Gesetzbuches erspart den Parteien besondere Rückübertragungsformalitäten. Anders § 262 A.L.R. I, 11.

[2]) Hiermit sollte jedenfalls nicht bestritten werden, daß bedingte Pfandrechte bei dem Eintritte der Bedingung auf den Augenblick der Pfandbestellung zurückdatirt werden. Manche nennen auch dies Rückziehung, obwohl man darin auch eine gegenwärtige Umwandlung der bisher nur eventuellen Pfandgebundenheit in eine endgültige sehen kann. §§ 1113 Abs. 2, 1204 Abs. 2. Ueberhaupt ist der Sprachgebrauch hinsichtlich der Worte „Rückziehung" oder „Rückwirkung" ein so vieldeutiger, daß Mißverständnisse auch unter der Herrschaft des B.G.B. voraussichtlich nicht ausgeschlossen sind. Die Praxis wird darauf achten müssen. Allg. Theil S. 410 ff. Vgl. auch Endemann, B.G.B. I, 8. Aufl., § 78 Anm. 11 S. 587. Enneccerus, D. bürg. R. I, 2. Aufl., S. 252, führt dagegen die verschiedenen älteren Ansichten über rückwirkende Kraft auf verschiedene Auffassungen der Bedingung zurück.

namentlich aber ziehen zwei Konsequenzen aus dieser Anwartschaft und Gebundenheit die §§ 160, 161.

Zu § 160 ist der bedingt Belastete persönlich verpflichtet, das von der Bedingung abhängige Recht des Anderen nicht zu beeinträchtigen, sonst haftet er nach Erfüllung der Bedingung auf Schadensersatz. Nach § 161 begreift die Anwartschaft einerseits und die Gebundenheit andererseits die Sache selber. Daher sind auch rechtliche Zwischenverfügungen des bedingt Belasteten über die Sache dem bedingt Berechtigten unpräjudizierlich, nicht blos die faktischen Verfügungen des § 160.[1]) Der freiwilligen Verfügung, wie z. B. Verpfändung, stellt § 161 solche Verfügungen gleich, die durch Zwangsvollstreckung, Arrest oder von Seiten eines Konkursverwalters erfolgen.

Dernburg[2]) sieht in diesen Sätzen eine Rückbeziehung des Bedingungs-Eintrittes oder -Ausfalles. In Wahrheit ist aber der leitende Grundsatz die Gebundenheit der Zwischenzeit.[3])

Die dingliche Wirkung der erfüllten Bedingung kann für dritte Personen höchst gefährlich werden, wenn sie ohne Kenntniß der Bedingung etwas erworben haben. § 264 A.L.R. I, 11 behandelt die Frage für das preußische Recht bei dem Kaufe. Das B.G.B. hat die preußische Vorschrift in beschränktem Umfange nachgebildet (§ 161 Abs. 3).[4]) Die dort genannten Regeln, die den guten Glauben schützen, sind im Gesetzbuche zerstreut. Die bekannteste findet sich § 932. Der

[1]) Unter Verfügung versteht das B.G.B. hier, wie sonst, nur das unmittelbar auf die rechtlichen Schicksale einer Sache oder eines Rechts hinzielende Geschäft, nicht die bloße Verpflichtung zur Vornahme eines solchen. Vgl. Entsch. des Reichsgerichts Bd. 49 S. 416, 417.

[2]) Vgl. jetzt Dernburg, Bürg. R. I S. 448, 449.

[3]) Auch dieser Streitfrage liegt die oben S. 173 Anm. 2 erwähnte Mehrdeutigkeit des Wortes „Rückziehung" zu Grunde. Die praktischen Folgerungen der entgegengesetzten Ansichten dürften kaum von einander abweichen. Allg. Theil S. 405. Dernburg a. a. O. S. 449.

[4]) § 264 A.L.R. I, 11 lautet: „Sind Sachen unter gewissen Bedingungen verkauft und übergeben worden, so stehen diese Bedingungen einem Dritten, in Erwerbung eines Rechtes auf die Sache, nur soweit entgegen, als er erweislich Wissenschaft davon gehabt hat." Der, wie im Texte behauptet ist, ihm nachgebildete § 161 Abs. 3 bestimmt: „Die Vorschriften zu Gunsten derjenigen, welche Rechte von einem Nichtberechtigten herleiten, finden entsprechende Anwendung." Beide Bestimmungen sind Ausnahmen entgegengesetzter Regeln, der landrechtlichen Verwerfung und der dem B.G.B. eigenen Anerkennung der dinglichen Kraft auflösender Bedingungen. Die Gesetzbücher kommen sich hier auf halbem Wege entgegen.

Schutz des Bürgerlichen Gesetzbuches gilt aber nicht für alle in Unkenntniß befindlichen Erwerber (wie nach preußischem Landrecht), sondern nur für gutgläubige Erwerber, die sich nicht durch grobe Fahrlässigkeit in Unkenntniß befunden haben. Der Schutz ist also beschränkter, als im preußischen Recht, das nur auf die thatsächliche Kenntniß Gewicht legt. Bei Resolutivbedingungen wird sogar nach dem Landrecht ein dritter Erwerber, auch dann, wenn er um die resolutive Bedingung wußte, in seinem inzwischen erworbenen Rechte geschützt, weil die resolutive Bedingung nur persönliche Wirkung hat (§ 162 I, 11), also nur zur Rückgabe verpflichtet. Dagegen ist er nach dem B.G.B. nicht geschützt, wenn er deshalb nicht gutgläubig war, weil er um die Bedingung wußte.

Der praktische Unterschied zwischen beiden Rechten ist hier ein erheblicher. Nach dem neuen Rechte begeht der resolutiv-bedingt Verpflichtete eine Unterschlagung, wenn er nach Eintritt der Bedingung die Sache veräußert.

Im B.G.B. ist im § 162 auch die Fiction beibehalten, daß derjenigen Partei gegenüber die Bedingung als eingetreten gilt, welche den zu ihrem Nachtheil gereichenden Eintritt der Bedingung wider Treu und Glauben verhindert. Es ist hier also nicht eine bloße Schadenersatzforderung gegeben, die nicht so viel leisten würde. Die andere Partei braucht vielmehr nicht nachzuweisen, daß ihr die Hinderung nachtheilig war. Sie bekommt sogar das Eigenthum zurück, das unter einer Resolutivbedingung weggegeben war, die nunmehr durch die Treulosigkeit des Empfängers vereitelt worden ist.

Nur scheinbar etwas neues enthält die erst bei der Superrevision des zweiten Entwurfes hinzugefügte Gegenfiction, daß derjenigen Partei gegenüber, welche den zu ihrem Vortheil gereichenden Eintritt der Bedingung wider Treu und Glauben herbeiführt, die Bedingung als nicht eingetreten gilt.[1]) Ein Beispiel ist die Herbeiführung einer gewinnbringenden Ziehung von Seiten eines Loosbesitzers.

[1]) Eck scheint hier darauf hinzudeuten, daß sich beide, die Fiction und die Gegenfiction, in eine einzige Regel zusammenziehen lassen: „Alle arglistigen Einwirkungen einer Geschäftspartei auf einen Bedingungseintritt wirken so, als ob der erreichte Erfolg nicht eingetreten wäre". Oft werden sogar bei demselben Thatbestande Fiction und Gegenfiction zugleich eingreifen. Man denke z. B. an ein gegenseitiges Versprechen unter entgegengesetzten Bedingungen, z. B. die Zusicherung eines Lohnes für pünktliche Lieferung, verbunden mit einer Vertragsstrafe bei Un-

Daß Surrogate der Erfüllung gleichstehen, ist nur in einer Ausnahmevorschrift bestimmt. § 2076 schreibt vor, daß, falls die Bedingung, unter der eine letztwillige Zuwendung gemacht ist, den Vortheil eines Dritten bezweckt, sie im Zweifel als eingetreten gilt, wenn der Dritte die zum Eintritte der Bedingung erforderliche Mitwirkung verweigert.[1]) Dies beruht auf Willensauslegung.

Ueber unmögliche und unerlaubte Bedingungen enthält das B.G.B. nichts. Das Geschäft, dem sie beigefügt sind, muß als nichtig bezeichnet werden, auch wenn es eine letztwillige Verfügung ist.[2])

Von der Bedingung ist unterschieden der Termin (dies). Er unterscheidet sich von der Bedingung durch die Gewißheit des zukünftigen Ereignisses. Ist er für den Beginn gesetzt, so heißt er Anfangstermin, ist er für das Erlöschen gesetzt, so heißt er Endtermin.[3])

Bei denselben Geschäften, bei denen Bedingungen verboten sind, ist auch der Termin in der Regel verboten, so bei der Auflassung, Erbschaft, Entsagung. Nach § 813 Abs. 2 giebt es jedoch trotzdem bei vorzeitiger Erfüllung einer betagten Schuld keine Rückforderung.

Auch hier besteht in der Zwischenzeit eine Anwartschaft des Berechtigten und eine Gebundenheit des Verpflichteten mit einer rechtlichen Kraft, die den Gegenstand selbst ergreift, so daß Zwischenverfügungen unpräjudicirlich bleiben. Erst mit dem Anfangstermine tritt der Be-

---

pünktlichkeit. Wenn hier der Besteller arglistiger Weise die Bedingung der rechtzeitigen Lieferung vereitelt, so bewirkt er ebenso, daß die Bedingung seiner Schuld, die in Wahrheit ausfällt, als eingetreten gilt, wie er bewirkt, daß die Bedingung der Strafschuld seines Gegners, obwohl sie in Wahrheit eintritt, als ausgefallen angesehen werden muß.

[1]) Der Umfang dieser Vorschrift kann leicht mißdeutet werden. Vgl. Frommhold, Das Erbrecht des B.G.B. S. 119 und über das vorbildliche gemeine Recht die dort Angeführten.

[2]) Dieser Grundsatz kann unter Umständen einen bedingt Berufenen dazu verleiten, daß er Unmögliches möglich zu machen sucht oder Unerlaubtes thut, um hinterher den unerlaubten Charakter seiner That wegzudemonstriren und dadurch zu dem erstrebten Erwerbe zu kommen. Die Streichung derartiger Bedingungen nach gem. Rechte vermied diesen Uebelstand.

[3]) Einige Schriftsteller betonen einen Unterschied zwischen einer stärkeren und einer schwächeren Befristung, je nachdem die Wirkung oder die Geltendmachung des Geschäftes hinausgeschoben sei, vgl. Allg. Theil S. 416 Anm. 4 und gegen diese Ansicht S. 417. Eck scheint jedenfalls diese Unterscheidung nicht angenommen zu haben. Vgl. jetzt hierzu Dernburg, Bürg. R. I S. 463 Anm. 7, der die Werthlosigkeit des Streites richtig kennzeichnet, auch Crome, System I S. 449.

ginn des befristeten Rechtes ein und erst mit dem Endtermine erlischt das zeitlich beschränkte Recht (Dernburgs Ansicht).[1]) Eine Rückziehung findet nicht statt.

Kapitel V. Mitwirkung dritter Personen bei Rechtsgeschäften.

§ 36.

Vertretung im Allgemeinen. (§§ 164—166.)

Vertretung heißt im B.G.B. nur die sogenannte unmittelbare oder direkte Stellvertretung, d. h. die Abgabe einer Willenserklärung im Namen des Vertretenen.[2]) Hiernach ist die Vornahme eines Rechtsgeschäftes in eigenem Namen und nur für fremde Rechnung nicht Stellvertretung, auch nicht eine sogenannte mittelbare Stellvertretung.[3]) Solche

[1]) Vgl. jetzt Dernburg, Bürg. R. I § 157 S. 461 ff.

[2]) Diese allgemein herrschende Lehre wird in höchst beachtenswerther Weise angefochten von Schloßmann, Die Lehre von der Stellvertretung. Zwei Bände. Leipzig 1900 und 1902. Gegen ihn Manigk, Das Anwendungsgebiet der Vorschriften für die Rechtsgeschäfte, Breslau 1901 S. 299 ff., und dagegen wiederum Schloßmann a. a. O., Bd. 2 S. 638. Die große Reformbedürftigkeit der Vertretungslehre scheint mir von Schloßmann erwiesen zu sein, wenn auch im Einzelnen Zweifel bleiben. Namentlich ist der von Schloßmann S. 4 ff. gerügte Widerspruch unter den verschiedenen Darstellungen der üblichen Doktrin bei genauer Prüfung nicht ganz so groß, wie Schloßmann meint. Bei der Wendung „im Namen Jemandes handeln" ist weit mehr ein Mangel an Klarheit zu beklagen, als ein wirklicher Irrthum. An „Anordnungen über fremde Herrschaftskreise" denkt wohl ein Jeder. Allg. Theil S. 298. Verdienstlich ist insbesondere Schloßmanns Warnung (S. 12) vor dem verbreiteten Verfahren, das aus einem allgemeinen vorgefaßten Begriffe die einzelnen praktischen Fragen der Lehre ableiten will. Für Schloßmann spricht hierbei die alte Vorschrift: Non jus ex regula, sid regula ex jure. Die ältere Litteratur vgl. bei Windscheid-Kipp, Pandekten, 8. Aufl., zu § 73 Anm.

[3]) D. h. in der Redeweise des Gesetzbuches. Im Verkehr und in der Praxis wird die Gewohnheit, solche vorgeschobene Geschäftsherren (Allg. Theil S. 302) „mittelbare Vertreter" zu nennen, nicht leicht zu vertilgen sein. Hierbei kommt in Betracht, daß, wie jetzt namentlich Schloßmann ausführt (Lehre von der Stellvertretung, Bd. I S. 19 ff.), das Wort Vertreter weitgreifend und vieldeutig ist; insbesondere spricht man allgemein neben der Vertretung einer fremden Thätigkeit insbesondere neben den Anordnungen über einen fremden Herrschaftskreis, von einer Vertretung fremder Bedürfnisse oder Interessen. Vgl. Allg. Theil S. 298. Ein Interessenvertreter ist sicherlich auch der sog. mittelbare Vertreter, wenn auch seine Thätigkeit in ihrer unmittelbaren Wirkung nicht die Thätigkeit seines Auftraggebers zu vertreten vermag und über dessen Herrschaftskreis keine Anordnung trifft.

Thätigkeit ist vielmehr ein eigenes Geschäft des Mittelmannes mit blos obligatorischer Beziehung zwischen ihm und seinem Rechnungsherrn, für den er die Thätigkeit ausgeübt hat. Dahin gehört auch die Handlungsweise des Kommissionärs.

Noch weniger gehört zur Vertretung im Sinne des Gesetzbuches die bloße Uebermittlung einer fremden Willenserklärung, z. B. durch einen Boten oder Telegraphisten, selbst wenn einem solchen Boten ein gewisser Spielraum gelassen ist.[1]) Auf ein Wissen des Boten kommt es also nicht an. — Die Grenzen sind jedoch flüssig.

Die Vertretung[2]) in technischem Sinne ist grundsätzlich bei allen Geschäften zugelassen, aber mit gewissen Ausnahmen im Eherecht, Erbrecht u. s. w.[3]) Es unterscheidet das B.G.B.: Die Vertretungsmacht ist entweder eine gesetzliche (Vormund, Konkursverwalter)[4]) oder eine durch Rechtsgeschäfte verliehene. Nur bei der letzteren spricht das Gesetz von einer Vollmacht (§ 197). Der Grundgedanke jeder Vertretung ist auch nach dem B.G.B. der, daß der Wille, der das Geschäft herstellt, derjenige des Vertreters ist. Der Vertreter ist also Willenssubstitut. Die abweichende Ansicht Dernburgs[5]) ist hiernach nicht angenommen.[6])

---

[1]) Der Bote ist nur eine Form der nach Jhering (Jahrb. Bd. 1 S. 272) sog. Beihülfe zum Geschäftsabschlusse, vgl. des Herausgebers Schrift: Die Anfechtbarkeit der Verträge für das Vermögen eines Dritten, S. 11, Allg. Theil S. 299 ff. Dernburg, Pandekten, 6. Aufl., 1 § 117 Anm. 3.

[2]) Der Ausdruck „Vertretung" ist noch ziemlich jung und war sogar dem preuß. Landrechte unbekannt. Vgl. Dernburg, Pand., 1 S. 271 Anm. 2.

[3]) Näheres s. bei Endemann, 8. Aufl., 1 § 80 Anm. 28, 29. Dernburg, Bürg. R. I § 161 Anm. 10 S. 471.

[4]) Neuerdings wird nach dem Umfange der Vertretungsmacht der gesetzliche Vertreter von dem für einzelne Fälle bestimmten Vertreter kraft Gesetzes unterschieden. Vgl. Biermann in den Gießener Festgaben für Dernburg S. 94. Dernburg, Bürg. R. I S. 472 ff.

[5]) Gemeint ist hier Pand. I, § 117, 6. Aufl. S. 272, wonach der Geschäftsherr selbst der Kontrahent ist, so jedoch, daß der Stellvertreter mit ihm nach Maßgabe seiner Vollmacht zusammenwirkt. Dieses Letztere ist namentlich von Mitteis, Stellvertretung 1885 S. 109, betont worden. Die Streitfrage verschwindet, sobald man überlegt, daß das Wort „Kontrahent" verschiedene Bedeutungen hat. Vgl. jetzt auch Schloßmann a. a. O. 1 S. 208 ff.

[6]) Daß die Aeußerung des Vollmachtswillens auch noch jetzt neben dem Geschäftsabschließungswillen nöthig und wichtig ist, hat Eck sicherlich nicht bestreiten wollen. Der wahre Kern der Dernburg'schen Ansicht ist daher m. E. durch das Gesetzbuch nicht in Wegfall gekommen. Allg. Theil S. 304 § 76 Anm. 1. Crome, 1 S. 455.

Zur Wirksamkeit einer Vertretung gehört:

1. nach § 165 Geschäftsfähigkeit des Vertreters, aber nicht unbeschränkte, sondern es genügt die beschränkte, z. B. die des Minderjährigen;

2. Wollen und Handeln des Vertreters im Namen des Vertretenen.[1]) Es genügt, wenn dieser Wille sich aus den Umständen ergiebt (§ 164 Abs. 1). Es braucht nicht ausdrücklich erklärt zu sein.[2]) Das H.G.B. enthält hierüber Bestimmungen in Art. 52 S. 2, der im neuen H.G.B. weggefallen ist.

Nach § 164 Abs. 2, einer Vorschrift, die viel Staub aufwirbeln wird,[3]) genügt es aber nicht, wenn der Vertretungswille zwar vorhanden war, jedoch nicht für den Geschäftsgegner erkennbar wurde. Es kommt dann „der Mangel des Willens im eigenen Namen zu handeln, nicht in Betracht", das heißt: dann hat der Geschäftsgegner das Recht, das Geschäft des Handelnden als dessen eigenes anzusehen. Die Anwendungen der Regeln über Irrthum sind also von diesem Falle ausgeschlossen. Vielmehr kann sich keiner darauf berufen, daß im Namen eines Dritten verhandelt worden sei. Band II Nr. 153 S. 194 der Reichsger.-Entsch. enthält einen diesbezüglichen Fall. Es frägt sich aber weiter: Bedeuten die Worte des Gesetzes, daß auch außerhalb des Verhältnisses zwischen den beiden Kontrahenten, also nach allen Seiten hin der nicht erkennbare Vertreterwille außer Betracht bleibt? Beispiele: Eine Haushälterin kauft mit dem Gelde des Hausherrn für diesen silberne Löffel. Die Löffel werden bei ihr vor der Ablieferung gepfändet. Der Herr kann nach § 771 S. 2 mit der Widerspruchs-

[1]) Im römischen Rechte deutete bekanntlich die Wendung alieno nomine keineswegs auf eine Erkennbarmachung des Geschäftsherrn hin, da sie ein Rechtsgeschäft der Hilfsperson mit einem Dritten nicht voraussetzte. Vgl. z. B. Dig. XLIII, 4, ne vis fiat ei. fr. 2. Schloßmann, Der Besitzerwerb durch Dritte, Leipzig 1881, S. 31 ff.

[2]) Der Bruder des Herausgebers Franz Leonhard (Vertretung beim Fahrnißerwerb, Leipzig 1899) hat dies „Offenheitsprinzip" genannt. (Vgl. auch schon Schloßmann, Kontrahire mit offener Vollmacht, 1892.) Ueber seine Ansicht und die neueren Auslassungen über denselben Gegenstand (Hupka, Die Vollmacht, Leipzig 1900, Schloßmanns Lehre v. d. Stellvertretung, Manigk, Das Anwendungsgebiet der Vorschriften für die Rechtsgeschäfte, Breslau 1901, und des Herausgebers allgemeinen Theil) verbreitet sich in eingehender Ausführung M. Rümelin im Archiv f. civilist. Praxis Bd. 93 S. 131 ff.

[3]) Diese Prophezeihung hat sich erfüllt, s. unten S. 180 Anm. 1.

klage dem entgegentreten.[1]) Ein Kutscher, der für einen Auftraggeber ein Pferd gekauft hat, stirbt, während es noch in seinem Stalle steht. Hier gehört das Pferd nicht zu seiner Nachlaßmasse. A. M. ist namentlich Planck. Ich meine jedoch, es müsse hier dem Prinzipal erworben sein.

Bei Schulden haften in ähnlichen Fällen beide solidarisch nach Cosack, eine Ansicht, die auch ich theile. Beispiel: Der Kurier eines russischen Fürsten bestellt ein Zimmer in einem Hotel und reist dann weiter. Dann haften beide.[2])

Eine Hauptfrage aus der Lehre von der Stellvertretung ist die: Auf wessen Person kommt es bei Willensmängeln, wie Zwang u. s. w. und bei Kenntniß gewisser Eigenschaften an? Diese Frage entscheidet

---

[1]) Das Beispiel des Textes hat in der neueren Literatur eine gewisse Berühmtheit erlangt. Die m. E. richtige Entscheidung Ecks ist vielfach angefochten, vielfach aber auch mit abweichender Begründung aufrecht erhalten worden. Allg. Theil S. 364 ff. Dernburg, Das Bürg. R. S. 490. Crome, System I S. 453. Endemann, 8. Aufl., S. 394, 395. Scherer, S. 351. Enneccerus, 2. Aufl. S. 225: „Man darf ihn (den Vertreter) nur ganz oder gar nicht als Vertreter behandeln." Schloßmann, Lehre von der Stellvertretung, II S. 37 behauptet jetzt: „In dem bestehenden Vertretungsverhältniß liegt das Moment, das den Eintritt der Rechtswirkung als Folge des Handelns für den andern rechtfertigt." Hiernach würde die Entscheidung des Eck'schen Rechtsfalles sich in sehr einfacher Weise erledigen. Mir ist die Schloßmann'sche Formel übrigens dann nicht unbedenklich, wenn der dritte Mitkontrahent des Vertreters in erkennbarer Weise etwas anderes will, als das Vertretungsverhältniß verlangte. Ist dies nicht der Fall, so wird übrigens der in richtiger Weise nach den Vorschriften des Rechtes gedeutete Wille des Vertreters sich mit dem Inhalte des Vertretungsverhältnisses decken müssen. Vgl. Endemann, I § 80 Anm. 16. Daß die Unterscheidung des wahren Vertreters und des blos vorgeschobenen Geschäftsherrn (sog. mittelbaren Vertreters) von dem Willensentschlusse der Mittelsperson abhänge, vertheidigt Dernburg, Bürg. R. I S. 498, gegen Schloßmann. Ich möchte aber insofern Schloßmann beitreten, als ein nicht erklärter innerer Wille des Beauftragten, für sich selbst zu handeln, der den äußeren Verhältnissen nicht entspricht, ein für alle Mal einer Mentalreservation gleichzustellen ist und der ausdrücklich erklärte Wille dieser Art in vielen Fällen ein Geschäft enthalten kann, das gegen die guten Sitten verstößt, namentlich wenn der Dritte im betrügerischen Einverständnisse mit der Hilfsperson ist (z. B. das Dienstmädchen mit Wissen des Kaufmannes für das Geld der Herrschaft etwas für sich selbst kauft, was sie für die Herrschaft erwerben sollte). Vgl. hierzu auch Kipp in Windscheid-Kipps Pandekten, 8. Aufl., I S. 305.

[2]) Vgl. Cosack, 2. Aufl., I S. 217. M. E. haftet (nach dem Willen aller Betheiligten), von besonderen Umständen abgesehen, nur der Auftraggeber des Kuriers, auch wenn er selbst „wie ein Lord aussieht".

§ 166 Abs. 1 in Uebereinstimmung mit dem Grundgedanken der sog. Repräsentationstheorie dahin, daß es auf die Person des Vertreters, nicht auf die des Vertretenen ankommt.[1]) Eine Ausnahme macht § 166 Abs. 2 für den Fall einer Bevollmächtigung unter besonderen Voraussetzungen. Beispiel: A weiß, daß X Werthpapiere gestohlen hat. Nun ertheilt A seinem Handlungsbevollmächtigten, der davon nichts weiß, die Weisung, diese Papiere in seinem Namen zu kaufen, und der Handlungsgehülfe führt dies aus. A kann sich nicht auf die Unkenntniß seines Handlungsgehülfen berufen. Oder: Es beauftragt A den B, ein Bild, das eine Kopie ist, zu kaufen. B kauft das Bild in der Meinung, es sei ein Original. A kann dann den Kauf nicht widerrufen, da er die bestimmte Eigenschaft des Gegenstandes, auf die es ankommt, gekannt hat.[2])

Fraglich ist hierbei:

1. Kann der Herr dies dadurch umgehen, daß er den Beauftragten nicht als Vertreter handeln läßt, sondern in eigenem Namen, aber für fremde Rechnung? Planck bejaht dies, weil dann der Vertretungswille nicht in Betracht komme. Ich bin a. M., weil der Mittelsmann doch immerhin einen solchen Willen gehabt hat.[3])

2. In gleicher Weise ist zu entscheiden, ob die Vorschrift des § 166 S. 2 auch auf die gesetzliche Vertretung in entsprechender Weise auszudehnen ist. Wollte man dies verneinen, so würde man einem

---

[1]) Verworfen wurde hiernach die Ansicht des Herausgebers (der Irrthum bei nichtigen Verträgen S. 493 ff.), der für das römische Recht diese allgemeine Fragestellung grundsätzlich ablehnt und die Bedeutung der Seelenzustände des Vertreters für jede Beziehung, in der sie in Betracht kommen, besonders beantworten will.

[2]) Wenn A aber etwa glaubte, auch B kenne diese Eigenschaft und werde danach den Preis verabreden, während B sie nicht kannte und deshalb zu theuer einkaufte, so würde ich der Entscheidung des Textes nicht beitreten. Der Wortlaut des § 166 ist jedenfalls ergänzungsbedürftig. Vgl. Allg. Theil § 76 Anm. 4 S. 311.

[3]) Genau genommen, nur einen ähnlichen. Die Entscheidung Ecks läßt sich m. E. dadurch rechtfertigen, daß der Auftraggeber hier gegen Treu und Glauben handelt, wenn er sich auf den Seelenzustand des Beauftragten beruft, und ebenso der Beauftragte, wenn er ihm dabei behilflich sein will. So wenn A eine ihm als mangelhaft bekannte Waare durch B, der den Mangel nicht kennt, im Namen des B kaufen läßt, um nachher, wenn etwa der Werth der Waare sinkt, den B zu veranlassen, einen Wandlungsanspruch zu erheben. Sobald B die Sachlage erfährt, würde eine Erfüllung des von A geäußerten Wunsches m. E. den guten Sitten widerstreben.

Minderjährigen möglich machen, als Hehler gestohlene Werthpapiere zu erwerben, wenn sein Vormund in gutem Glauben ist.[1])

Das Verschulden des Vertreters wird in § 278 demjenigen des Gehülfen gleichgestellt (vgl. unten § 55).

§ 181 verneint die Frage, ob der Vertreter auch mit sich im eigenen Namen Rechtsgeschäfte vornehmen könne, sei es mit sich selbst oder als gleichzeitiger Vertreter eines Dritten. Ein solches Geschäft ist grundsätzlich nichtig. Es folgt dies aus den Worten „kann nicht". Die ratio juris liegt in der praktischen Gefährlichkeit solcher Geschäfte, nicht in der praktischen Unmöglichkeit.[2]) Deshalb ist eine Ausnahme gemacht für zwei Fälle:

1. soweit nicht ein anderes ihm gestattet ist, sei es durch Gesetz oder durch Vollmacht. Dann sind solche Geschäfte wirksam (Bd. 24 Nr. 62 S. 307 ff. der R.G.Entsch.). Diese Befugniß wird in sehr vielen Fällen stillschweigend ertheilt werden und aus dem Sinne der Vollmacht zu entnehmen sein[3]) (Einwechseln von Geld, Verkauf von Papieren aus der einen Masse in die andere);[4])

2. wenn das Geschäft lediglich in der Erfüllung einer Verbindlichkeit besteht. Diese letztere Ausnahme gilt für gewillkürte und für gesetzliche Vertretungen, daher auch nach § 1795 unter Vormund und Mündel. Natürlich muß hier immer der Zahlungswille äußerlich erkennbar gemacht werden (Buchung, Erklärung vor Zeugen u. s. w.). Eine Kompensation ist unzulässig.[5])

---

[1]) Hier wird man die Ansicht Ecks für den Fall billigen müssen, daß in der Anreizung des redlichen Vormundes durch den unredlichen Mündel zum Geschäftsabschlusse eine unerlaubte Handlung zu sehen ist. Nur insoweit eine solche den Mündel belastet, wird m. E. dem Dritten geholfen werden können.

[2]) Unmöglich ist und bleibt hier die Annahme des Thatbestandes eines Vertragsabschlusses. Wo solche Geschäfte gelten, da liegt eine einseitige Willensäußerung mit Vertragsfolgen vor. Allg. Theil S. 307 Anm. 4. Entscheid. des Reichsg. Bd. 47 S. 209.

[3]) M. E. genügt nicht, daß der Vertreter von beiden Theilen zum Geschäftsabschlusse bevollmächtigt ist, es muß ihm vielmehr beiderseits gestattet worden sein, diesen Abschluß durch einen einseitigen Willensakt zu erledigen, vgl. auch den Beschluß des fünften Civilsenats des Reichsgerichtes, Entsch. Bd. 47 Nr. 45 S. 202, nach dem der Eigenthümer zweier Grundstücke an dem einen zu Gunsten des andern eine Grunddienstbarkeit nicht bestellen kann.

[4]) Für die Möglichkeit einer nachträglichen Genehmigung Enneccerus, Bürg. R. I § 223, § 87. Dernburg, Bürg. R. I S. 497 Anm. 7.

[5]) Anders Dernburg, Bürg. R. I S. 496 Anm. 4, weil die Aufrechnung den=

Für Verkäufe in Auktionen bestimmt ähnliches wie § 349 A.L.R. I, 11 das B.G.B. in § 458. Hiernach dürfen der Auktionator und seine Gehilfen die Sache weder für sich noch für einen Anderen erwerben.

Die gleichzeitige Erklärung und Annahme einer Auflassung durch dieselbe Person sollte im Entwurfe der Grundbuchordnung § 360 verboten werden. Da dies jedoch nicht im Gesetzestexte geschehen ist, so wird man dies Geschäft (wie auch schon im preußischen Rechte) für zulässig anzusehen haben.

§ 37.

Vollmacht.

B.G.B. §§ 167—176. Lenel, Jahrbücher für Dogmatik, Bd. 36 S. 1—130.[1])

Die Bevollmächtigung ist eine einseitige Willenserklärung, wodurch Jemand einem Anderen die Macht ertheilt, ihn, den Machtgeber zu vertreten, sei es bei der Vornahme, sei es bei der Entgegennahme einer Willenserklärung. Die Vollmacht ist vom Auftrage (nach Laband)[2]) unterschieden, während früher beide Begriffe häufig durcheinander geworfen sind.[3])

Wie § 169 ergiebt, kann der Vollmacht zunächst ein Auftrag zu Grunde liegen. Dann ist der Beauftragte zur Vertretung nicht blos ermächtigt, sondern verpflichtet. Aber statt des Auftrages kann auch

---

selben Effekt, wie die gegenseitige Zahlung hat. Ueberhaupt bemerkt Dernburg hierzu S. 497: „Handelt es sich aber um verkehrsübliche, insbesondere verhältnißmäßig geringfügige Geschäfte, so hat man auch beim gesetzlichen Vertreter das Verbot des Selbstkontrahirens nicht pedantisch durchzuführen." Vgl. Crome, System I S. 457.

[1]) Vgl. Hupka, Die Vollmacht, 1901, und dagegen Schloßmann, Lehre von der Stellvertretung, II S. 417 ff., vgl. auch die bei Dernburg, Bürg. R. § 161 Anm. 1 S. 469 Genannten.

[2]) Goldschmidts Ztschr. f. Handelsr. X S. 183.

[3]) Die Begriffsverwirrung, die aus der Vieldeutigkeit des Wortes „Auftrag" oder mandatum entstand, ist durch die richtige Unterscheidung der Vollmacht (als eines Auftrages zu Verhandlungen mit einem Dritten) von einem gewöhnlichen Auftrage (zum Ueberbringen, Schreiben, Zimmerreinigen u. dergl.) noch nicht voll beseitigt. Geblieben ist die gleiche Benennung der einseitigen Auftragsertheilung, die auch außerhalb des Mandatsvertrages häufig ist, und der vertragsmäßigen Auftragsübernahme. B.G.B. §§ 662 ff., Allg. Theil S. 314 ff. Vgl. hierzu Dernburg, Bürg. R. I § 163 S. 473 ff., Schloßmann I S. 229.

ein Gesellschaftsverhältniß (§ 714) zu Grunde liegen, ferner ein Dienstvertrag nach § 611, der zukünftig auch das Verhältniß der Rechtsanwälte und Mandanten regelt, natürlich auch eine Zuwendung an den Bevollmächtigten, wenn z. B. ein Hausbesitzer, der die Hypothekenzinsen nicht bezahlen kann, den Hypothekengläubiger ermächtigt, die Miethen zu erheben.

Die Begründung der Vollmacht durch ein anderes Rechtsgeschäft betont § 168. Hiervon ist die Bevollmächtigung aber nicht etwa abgelöst als ein abstraktes Geschäft,[1]) sondern sie ist und bleibt von diesem Grundgeschäft abhängig, folglich entsteht die Vollmacht gar nicht, wenn das Kausalgeschäft, z. B. Auftrag oder Gesellschaft nichtig (z. B. eine societas contra bonos mores) oder gar nicht geschlossen war.

Die Ertheilung der Vollmacht ist zwar ein empfangsbedürftiges Geschäft, sie kann aber entweder erklärt werden an den zu Bevollmächtigenden selbst, oder auch an den Dritten, welchem gegenüber der Machtgeber vertreten werden soll.[2])

---

[1]) Abstrakte Geschäfte sind unabhängige Geschäfte (vgl. Klingmüller, Der Begriff des Rechtsgrundes, Breslau 1901, S. 48 ff.), und zwar sind sie von einer vorangehenden oder begleitenden Abrede über ihren Zweck unabhängig. Die Unabhängigkeit kann aber in einem Doppelten bestehen. Entweder sind sie von der Erwähnung der Zweckabrede unabhängig und in diesem Sinne kann die Vollmacht immer abstrakt sein, d. h. sie kann diese Abrede völlig unerwähnt lassen. Oder sie sind von der Gültigkeit der vorherigen oder begleitenden Abrede, auf die sie sich beziehen, unabhängig. In diesem Sinne wird die abstrakte Natur der Vollmacht mit Recht von Eck verneint; doch ist dies sehr streitig. Vgl. Allg. Theil S. 264 ff. 317, woselbst der Streit zwischen Planck und Enneccerus über diesen Punkt erörtert ist. Crome, I S. 464. Dernburg, Bürg. R. I S. 476, der dem im Texte Gesagten zustimmt, vgl. auch daselbst § 164 III S. 478. Schloßmann, Lehre v. d. Stellv. II S. 436 ff. — Man beachte übrigens, daß die Unabhängigkeit der Vollmacht von dem Vertretungsverhältnisse doch nur dem Dritten gegenüber, der sich auf sie verlassen will, einen Sinn hat. Zwischen dem Vollmachtgeber und dem Bevollmächtigten kann unmöglich das, was neben der Vollmachtsertheilung abgemacht ist, außer Betracht bleiben.

[2]) Nach gem. Rechte galt, der richtigen Meinung nach, die Vollmachtsertheilung stets dem Dritten. Wurde sie dem Vertreter mitgetheilt, so war er nur ein Bote des Geschäftsherrn, der die Ermächtigung dem Dritten mittheilen sollte. Anders nach Ecks zutreffender Darstellung des B.G.B. — Der Unterschied ist von nicht allzu großer praktischer Bedeutung. Durch die Zulassung einer Vollmachtsabgabe an den Bevollmächtigten selbst ist aber das Recht der Vollmacht sicherlich nicht vereinfacht worden. Wirksam kann eine solche Vollmacht doch erst dann werden, wenn sie dem Dritten entgegentritt.

In jedem Falle kann nach § 167 Abs. 2 die Vollmacht formfrei ertheilt werden, selbst dann, wenn das Geschäft mit dem Dritten eine bestimmte Form erfordert.[1]) Damit ist § 7 bezw. § 8 A.L.R. I, 13 abgeändert, wonach der Dritte eine Klage gegen den Bevollmächtigten nur hatte, wenn schriftlich Vollmacht ertheilt war. Die Vollmacht kann also auch stillschweigend ertheilt werden, z. B. § 714. Man kann auch zur Unterzeichnung einer Urkunde oder zum Ankaufe eines Grundstückes, obwohl dieser eine gerichtliche oder notarielle Beurkundung verlangt, formlos bevollmächtigt werden.

Neben der Vollmachtsertheilung giebt es drei Vollmachtssurrogate. Eine Vollmacht wird nämlich ersetzt[2])

a) nach § 171 Abs. 1 dadurch, daß Jemand als Thatsache einem Dritten mittheilt[3]) oder öffentlich bekannt macht, er habe einen Dritten bevollmächtigt. Hier gilt der Dritte als bevollmächtigt, selbst wenn es nicht wahr ist.

b) Nach § 172 Abs. 2 wird die Vollmacht dadurch ersetzt, daß Jemand eine Vollmachtsurkunde einem Anderen aushändigt und dieser sie dem Dritten vorlegt, auch wenn die Vollmacht nicht gelten sollte. In der Regel wird man freilich die Vollmacht zu sofortiger Benutzung ausstellen, doch ist auch das Gegentheil möglich, z. B. wenn ich krankheits-

---

[1]) Insbesondere genügt auch nach B.G.B., daß der Bevollmächtigte im Einverständnisse mit dem Vollmachtgeber dessen Namen unter ein Schriftstück setzt. So Entscheid. des R.G. Bd. 50 Nr. 14 S. 58. Die Formfreiheit der Vollmachtserklärung tritt nach der Entscheidung des R.G. Bd. 50 Nr. 36 S. 168 dann nicht ein, wenn die Vollmacht als Theil eines einheitlichen Rechtsgeschäftes erscheint, welches einer gesetzlichen Form bedarf (es handelte sich um § 313). Die Ungültigkeit der Vollmacht beruht aber in solchen Fällen, wenn die Form fehlt, genau genommen nicht auf ihrer eigenen Formlosigkeit, sondern auf ihrer untrennbaren Verknüpfung mit einem anderen nichtigen Geschäfte.

[2]) Ueber die Vorgeschichte dieser Bestimmungen vgl. Dernburg, Bürg. R. I S. 484 und R.G.Entsch. Bd. 35 S. 139.

[3]) Da nach B.G.B. die Vollmacht schon durch eine Erklärung an den Bevollmächtigten zu Stande kommt, so ist die Mittheilung an den Dritten, daß man einen andern bevollmächtigt habe, begrifflich keine Willenserklärung und darum von der Ertheilung einer Vollmacht zu Gunsten eines andern, die unmittelbar an den Dritten gerichtet wird, zu unterscheiden. So richtig Crome, System I § 104 Anm. 15 S. 462. In der Praxis werden aber sehr oft Aeußerungen des Geschäftsherrn an den Dritten vorliegen, bei denen man nicht wissen kann, ob sie über eine bereits ertheilte Vollmacht berichten oder eine Vollmacht soeben erst bestellen wollen. Deshalb hat das B.G.B. mit Recht beide Aeußerungen in ihrer Wirksamkeit im Wesentlichen einander gleichgestellt. Vgl. Planck, Anm. 2 zu § 170.

halber meinem Sohne Generalvollmacht gebe, ihm aber sage, er solle von ihr erst dann Gebrauch machen, wenn ich geschäftsunfähig werden sollte. Hier gilt er bei trotzdem erfolgter Produzirung der Urkunde als bevollmächtigt, auch wenn die Bedingung nicht eingetreten ist.

c) Ein drittes Surrogat erscheint in § 370. Hiernach gilt der Ueberbringer einer Quittung als ermächtigt, die Leistung zu empfangen, jedoch nur im Zweifel, d. h. sofern die dem Leistenden bekannten Umstände dem nicht im Wege stehen. Im H.G.B. ist jetzt der darauf bezügliche Paragraph weggefallen.

Der Umfang der Vollmacht bestimmt sich durch Willensauslegung im einzelnen Falle.[1])

Spezialvollmachten sind nicht, wie im preußischen Rechte, im B.G.B. vorgeschrieben. Für jede Vollmacht wird es immerhin praktisch bleiben, die einzelnen Befugnisse aufzuzählen, um Auslegungen zu vermeiden, die dem Willen des Vollmachtgebers widersprechen. Insbesondere wird es sich empfehlen, Substitutionsbefugnisse hervorzuheben; denn diese dürften bei Generalvollmachten im Zweifel zu verneinen sein, weil sie immer auf ganz besonderem Vertrauen beruhen.

Tritt ein angeblich Bevollmächtigter auf, ohne Vollmachtsurkunde zu produziren, so kann der Dritte bei Verträgen den Abschluß von der Vorlegung einer Urkunde abhängig machen. Aber auch bei der einseitigen Willenserklärung, z. B. Kündigung, kann nach § 174 der Dritte, wenn ihm nicht eine Vollmachtsurkunde vorgelegt wird, das Geschäft sofort zurückweisen, außer wenn der Machtgeber die Bevollmächtigung selbst angezeigt hat. (Analog § 111 für Minderjährige.) Es ist dies gewissermaßen das Surrogat einer Formvorschrift, da hier der Empfänger der Erklärung erzwingen kann, daß sie schriftlich hergestellt werde. Unter Abwesenden kann dies leicht zu Schwierigkeiten führen. Wenn z. B. jemand als Bevollmächtigter einem auswärts Wohnenden eine Hypothek kündigen soll, der die einfache Kündigung zurückweist, so wird er entweder seine Vollmachtsurkunde in Urschrift oder in beglaubigter Abschrift beilegen oder am Kündigungsorte einen Vertreter bestellen müssen, dem dann nicht blos eine zweite Vollmacht, sondern auch die eigene zu übersenden sein würde.[2])

---

[1]) Näheres hierüber siehe bei Dernburg, Bürg. R. I § 164 S. 479.

[2]) In solchen Fällen wird es oft rathsam sein, eine beglaubigte Abschrift des Uebersandten zurückzubehalten. Vgl. hierzu Dernburg, Bürg. R. I S. 462.

Das Erlöschen der Vollmacht tritt ein:

1. nach Maßgabe des zu Grunde liegenden Verhältnisses (§ 168 S. 1). Wenn das Kausalverhältniß erlischt, fällt auch die Vollmacht zusammen, also erlischt mit dem Tode des Machtgebers die Vollmacht, oder wenn dem geschäftsführenden Gesellschafter die Vertretung der Gesellschaft entzogen wird. Vgl. §§ 671—674 (Auftrag), 712, 715, 723—729, 736, 737 u. s. w.

2. durch Widerruf des Machtgebers. Hierzu ist er jederzeit befugt (§ 168 S. 2), sogar beim Fortbestehen des Verhältnisses, das der Vollmacht zu Grunde liegt, ausgenommen den Fall, daß dieses Verhältniß den Widerruf ausschließt, z. B. wenn die Vollmacht als Vermögenszuwendung ertheilt ist, wie bei der Einziehung der Miethe (eine Vollmacht in rem suam).[1])

Erklärt werden kann der Widerruf gerade so, wie die Ertheilung der Vollmacht nach § 168 S. 3 an den Vertreter selber oder an den Dritten. Dagegen genügt für sich allein nicht eine öffentliche Bekanntmachung. Jedoch hilft § 176 durch ein neu geschaffenes Institut, nämlich die öffentliche Kraftloserklärung mit Bewilligung des Amtsgerichts.[2]) Dann erlischt die Vollmacht mit Ablauf eines Monats, nachdem die Kraftloserklärung zum letzten Male eingerückt ist.

§ 175 fügt hinzu, daß mit dem Erlöschen der Vollmacht auch allemal die Vollmachtsurkunde zurückzugeben ist und zwar ohne Retentionsrecht des Bevollmächtigten wegen seiner Forderungen. Es kann dies unter Umständen für ihn mißlich sein, wenn er etwa von dem Vertragsgegner in Anspruch genommen wird, weil er dann nicht den Beweis dafür zur Hand hat, daß er nur nach Maßgabe seiner Vollmacht gehandelt habe, also nicht selbst haftbar sei.

Wie steht es, wenn Jemand nach Erlöschen der Vollmacht ohne Kenntniß des Erlöschens sich mit dem bisher Bevollmächtigten eingelassen hat? Haftet dann der Machtgeber oder nicht? Das B.G.B. läßt grundsätzlich den Vertretenen nicht mehr gebunden sein, indessen erlischt in drei Fällen, wo der Dritte einen besonderen Grund zum Vertrauen auf den Fortbestand der Vollmacht hatte, die Vertretungsmacht erst unter weiteren Voraussetzungen, und zwar:

a) nach § 170, wenn die Vollmacht dem Dritten gegenüber er-

---

[1]) Die Möglichkeit dieser Ausschließung wurde früher bezweifelt.

[2]) Die Nothwendigkeit dieser neuen Einrichtung ergiebt sich aus dem unten besprochenen § 172.

klärt war, so erlischt sie erst, wenn das Erlöschen diesem Dritten angezeigt worden ist,

b) nach § 171 Abs. 2, wenn eine Mittheilung an den Dritten oder durch öffentliche Bekanntmachung erfolgt war, erlischt sie erst durch die Kundgebung des Erlöschens in derselben Form,

c) § 172 Abs. 2 bestimmt, daß die Vertretungsmacht erst durch Rückgabe der Urkunde oder durch Kraftloserklärung erlischt, wenn eine Vollmachtsurkunde ausgehändigt war.[1])

Auf alle drei Ausnahmen darf sich der Dritte nicht berufen, wenn er das Erlöschen kannte oder kennen mußte (§ 173).

Das B.G.B. sagt nicht, daß dieselben Einschränkungen gelten, wenn die Vollmacht dem Dritten nach § 167 erklärt, oder nach § 171 mitgetheilt, oder nach § 172 die Urkunde ausgehändigt war, der Dritte aber wissen mußte, daß die Vollmacht nicht entstanden war. Ein Beispiel: A beauftragt den B ihm zum 21. d. M. im Kaiserhofe ein Zimmer zu bestellen. B irrt sich und bestellt es zum 22. Der Direktor des Hotels hat jedoch den Brief des A gelesen, also den Irrthum des B gekannt oder kennen müssen. Wirkt dann die Vollmacht gegen den A? Cosack[2]) meint, daß in ähnlichen Fällen dann die Vollmacht trotz Wissens des Dritten zu Recht bestehe, da in dem Wortlaute des § 173 nur vom Fortbestande, nicht von der Entstehung der Vollmacht die Rede ist. Es würde also nach ihm auch ein Vollmachtgeber haften, welcher Generalvollmacht nur für den Fall der Erkrankung ertheilt, bezw. bestimmt hat, daß erst mit Krankheit davon Gebrauch gemacht werden soll, falls die Vollmacht schon vorher einem Dritten gegenüber benutzt wird, der die Sachlage nicht kennt. Nach Planck (S. 216), dem ich mich anschließe, kann man diese Konsequenz nicht ziehen, sondern man muß geradeso, wie bei Kenntniß des Erlöschens, auch bei Kenntniß der Nichtentstehung nach Analogie der oben erwähnten Regeln entscheiden, event. mit der exceptio doli helfen.[3])

[1]) In diesen Ausnahmefällen erscheint die Vollmacht in jeder Hinsicht als ein von dem Vertretungsverhältnisse unabhängiges Geschäft. Vgl. oben S. 184 Anm. 1. Der Schutz des redlichen Dritten wird hier demjenigen des redlichen Ersten vorgezogen, weil dieser der Täuschung des Dritten hätte vorbeugen sollen.

[2]) Lehrbuch d. Bürg. R. I S. 219.

[3]) Die von Eck mißbilligte Entscheidung widerspricht m. E. auch den Regeln der Willensinterpretation. Der Dritte, der den Mangel des Bevollmächtigungswillens kennt, darf einen solchen aus einer Urkunde nicht herauslesen (§ 133). Ueber exceptio doli siehe unten S. 217 Anm. 1.

§ 38.

Vertretung ohne Vertretungsvollmacht. (§§ 177—180.)

Das H.G.B. unterscheidet in Art. 55 zwei Fälle: Die negotiorum gestio[1]) und die Ueberschreitung der Vollmacht.[2]) Das B.G.B. trennt beide Fälle nicht und die Gleichstellung beider wird künftig auch für das Handelsgeschäft als selbstverständlich gelten.[3]) Art. 55 ist deshalb gestrichen.

Das B.G.B. bestimmt in den §§ 177, 178, daß, wenn ein Vertreter ohne Vertretungsmacht einen Vertrag schließt, dieselben Regeln gelten, wie beim Minderjährigen, der ohne Einwilligung seines Vormundes kontrahirt hat; es hängt die Wirksamkeit des Geschäftes von der Genehmigung ab (§§ 108, 109). An die Stelle des Minderjährigen tritt der Vertreter, an die Stelle des gesetzlichen Vertreters des Minderjährigen tritt der Geschäftsherr. Der Dritte ist jedoch an das hinkende Geschäft nur dann gebunden, wenn er den Mangel der Vertretungsmacht gekannt hat.

Wenn der Vertretene das von ihm geschlossene Geschäft nicht genehmigt? Kann dann der Gegner, der den Mangel der Vertretungsmacht nicht kannte, sich an den Vertreter halten? Nach dem bisherigen Rechte nimmt man gewöhnlich nur an, daß er im Falle der culpa in contrahendo haftet. Das H.G.B. statuirte dagegen eine unbedingte Haftung des Vertreters nach Wahl auf Erfüllung oder auf Schadenersatz (Art. 55), aber nur bei freiwilligen, nicht bei gesetzlichen Vertretern. Das B.G.B hat das H.G.B. ergänzt und fortgebildet (§ 179). Dieser Paragraph enthält zwei vom H.G.B. abweichende Grundsätze:

---

[1]) Das stellvertretende negotium gestum macht Schloßmann (Lehre v. d. Stellv. II S. 31 ff.) deshalb Schwierigkeiten, weil er die Vertretungsfolgen aus dem Vertretungsverhältnisse herleiten will (s. oben S. 180 Anm. 1). Er nimmt daher auch hier ein Pflichtverhältniß an in Anlehnung an Kohlers Abhandlung über „Die Menschenhilfe im Privatrecht" (Iherings Jahrb. XXV S. 1 ff.). Jedenfalls wird im einzelnen Falle sich auch aus diesem Verhältnisse bei richtiger Auslegung der animus aliena negotii gerendi herleiten lassen.

[2]) Streng genommen gehört hierher als dritter Fall auch noch die schuldhafte Vorspiegelung einer Vollmacht. Dernburg, Bürg.R. I S. 493, spricht von einer „unberufenen Vertretung".

[3]) Vom Standpunkte des vornehmlich schutzbedürftigen Dritten liegt in der That ein Unterschied nicht vor. Wohl aber macht es einen Unterschied, ob der Vertreter eine Täuschung des Dritten verschuldet (s. unten).

1. zunächst trägt bei einem Streite über das Vorhandensein einer Vertretungsmacht die Beweislast der Vertreter selber dafür, daß er Vertretungsmacht gehabt habe.[1]) Es braucht also nicht der Dritte zu beweisen, daß der Vertreter vollmachtlos war. Das Reichsgericht hatte entgegengesetzt entschieden.[2]) Beweist also der Vertreter seine Vertretungsmacht nicht und bringt er auch nicht nachträglich Genehmigung des Vertretenen bei, so haftet er persönlich kraft der Vertragschließung durch seinen Willen. Der Umfang seiner Haftung ist derselbe, wie nach dem H.G.B. (Art. 55) auf Erfüllung oder Schadenersatz nach Wahl des dritten Kontrahenten.

2. Diese strenge Haftung des Vertreters ermäßigt sich in zwei Ausnahmefällen:

a) wenn der Vertreter selber den Mangel seiner Vertretungsmacht nicht gekannt hat oder wenn er einen Brief des Auftraggebers falsch verstanden hatte. Dann haftet er nur auf das negative Interesse,[3]) aber nicht über das Erfüllungsinteresse hinaus.[4]) Z. B. wenn er durch eine von unbekannter Hand ihm zugesandte, sehr geschickt gefälschte Vollmacht getäuscht worden ist, § 179 Abs. 2;

b) nach § 179 Abs. 3, wenn der Gegner selber den Mangel der Vertretungsmacht gekannt hat oder kennen mußte. Dann fällt die Haftung des Vertreters überhaupt weg. So in dem oben erwähnten Falle einer falschen Zimmerbestellung im Kaiserhofe, deren Irrigkeit der Hoteldirektor erkennen mußte. Ebenso fällt die Haftung weg, wenn der Vertreter nur beschränkt geschäftsfähig war, es sei denn, daß er mit Zustimmung seines gesetzlichen Vertreters gehandelt hat.

Diese beiden Ausnahmen reduziren also die volle Haftung des Vertreters aus Abs. 1 auf den Fall, wo er allein sich des Mangels seiner Vertretungsmacht bewußt war.

---

[1]) Vgl. Dernburg, Bürg. R. I S. 494.

[2]) Bd. 18 S. 158.

[3]) Nach dem Wortlaute des Gesetzes (§ 179): für den Schaden, den „der andere Theil dadurch erleidet, daß er auf die Vertretungsmacht vertraut". Diese Kennzeichnung des negativen Interesses ist durch ihren Wortlaut gegen Mißverständnisse keineswegs geschützt. Wo sie im B.G.B. vorkommt, bedeutet sie jedesmal den Schaden, den Jemand aus den vorgefallenen Geschäftsverhandlungen erlitten hat. Allg. Theil S. 505 ff.

[4]) Beispiel: Ein Hausbesitzer verkauft sein Haus an einen unbefugten Vertreter für 150 000 M. und weist deshalb ein anderweitiges Kaufgebot von 200 000 M. ab. Sein Schaden beträgt 200 000, sein Ersatzanspruch nur 150 000.

Bedenklich ist, daß der Vertreter nicht ebenfalls dann voll haftet, wenn er den Mangel seiner Vertretungsmacht kennen mußte, da doch bei dem Vertragsdritten das Kennenmüssen dem Kennen gleichsteht. Mit dem Ersatze des negativen Interesses wird der Dritte vielfach nicht zufrieden sein.[1])

§ 180 handelt von der Frage der Vertretungsmacht beim einseitigen Rechtsgeschäfte, z. B. Kündigung eines Miethsvertrages. Er erklärt die Vertretung ohne Vertretungsmacht für unzulässig, macht aber, und zwar nur für empfangsbedürftige Geschäfte, zwei Ausnahmen:

1. Wenn der Gegner die behauptete Vertretungsmacht nicht beanstandet, wenn z. B. der Miether den Portier, der mit angeblicher Vollmacht kündigt, nicht zurückweist,[2]) oder wenn der Gegner sogar einverstanden war, z. B. wenn der Miether die Kündigung des nicht bevollmächtigten Portiers sogar annimmt.[3]) Der Miether ist dann gebunden, bis der Hauswirth eine Entscheidung trifft. Zur Erklärung kann der Miether auffordern.

2. Bei der Vornahme eines einseitigen Rechtsgeschäftes gegenüber einem Vertreter ohne Vertragsmacht, z. B. wenn die Wohnung einem Portier gekündigt wird, der zum Empfange der Kündigung nicht befugt ist, seinen Hausherrn aber dennoch dabei vertritt (vgl. Planck S. 233). Hier gilt dasselbe wie bei der Handlung durch den unbefugten Vertreter. Es muß aber hier vorausgesetzt werden, daß nicht blos der Kündigende den Empfänger als Vertreter ansieht, sondern auch dieser die Erklärung als Vertreter annehmen will.[4])

---

[1]) Dies freilich auch dann nicht, wenn der Vertreter ohne seine Schuld sich für bevollmächtigt hielt. Entscheidend war wohl für Eck, daß nur im letzteren Falle der Vertreter einer Herabminderung seiner Haftung vom vollen Interesse auf das negative würdig erscheint. Das Gesetz hat aber Anderes bestimmt.

[2]) Der besonderen Zurückweisung bedarf es in diesem Falle und in allen ähnlichen auch dann, wenn bei der einseitigen Erklärung durch den dazu nicht Befugten nicht einmal behauptet worden ist, daß sie im Einverständnisse mit dem dazu Berechtigten geschehe. Entscheid. des R.G. Bd. 45 S. 212, 213.

[3]) Die einseitige Erklärung verwandelt sich hier, wie im nächstfolgenden Falle in einen Vertrag mit einem negotiorum gestor. Von der bloßen unterlassenen Zurückweisung kann man dies nicht sagen. Hier liegt eine Nachlässigkeit vor, die durch die Anwendung des Vertragsrechtes bestraft wird.

[4]) Der Umstand, daß die Erklärung nicht beanstandet wird, genügt also hier nicht, um das Vertragsrecht unanwendbar zu machen.

§ 39.

Einwilligung und Genehmigung.[1] (§§ 182—185.)

Die Wirksamkeit eines Geschäftes hängt in zahlreichen Fällen von der Zustimmung eines Dritten ab, z. B. bei Minderjährigen, bei der Ehefrau, dem Vertreter ohne Vertretungsmacht. Hier kann bei Verträgen und anderen empfangsbedürftigen Geschäften nach § 182 Abs. 1 die Erklärung der Zustimmung oder umgekehrt die Weigerung sowohl an den handelnden Theil, als auch an den Geschäftsgegner erfolgen. Dagegen kann diese Zustimmung nicht anderen Personen erklärt werden, weil die Zustimmung ein empfangsbedürftiges Rechtsgeschäft ist.

Die Zustimmung kann in beliebiger Form erklärt werden (§ 182 Abs. 2), auch bei einem formbedürftigen Geschäfte. Sie kann also auch stillschweigend erklärt werden, z. B. wenn derjenige, der noch zustimmen soll, das Geschäft erfüllt.[2]) Zu Grunde liegen kann der Zustimmung eine Liberalität oder eine Verpflichtung oder eine Amtspflicht, wie beim Vormunde.[3]) Immer aber ist die Zustimmung von dem zu Grunde liegenden Verhältniß unabhängig.[4]) Die Zustimmung ist nicht ein causales Geschäft, wie die Vollmacht, sondern ein abstractes.[5])

Die im Voraus erklärte Zustimmung heißt Einwilligung, welche bis zur Vornahme des Geschäfts widerruflich ist, außer wenn das zu Grunde liegende Verhältniß ein anderes ergiebt, z. B. wenn sich Jemand verpflichtet hat, die Zustimmung zu geben.

Auch der Widerruf, und das ist besonders bemerkenswerth, ist empfangsbedürftig und kann nach § 183 dem einen oder dem anderen

---

[1]) Ueber das Verhältniß der Gesetzbuchsprache zu der sonst üblichen Redeweise vgl. Allg. Theil § 81 S. 337 ff.

[2]) Beispiel: Der Mündel verkauft einen alten Rock an einen Trödler, der Vormund übergiebt den Rock dem Käufer.

[3]) Die „Zustimmungen" des B.G.B. können vormundschaftliche oder rechtsaufopfernde sein, letzteres, wenn über ein Vermögensstück des Zustimmenden unbefugter Weise verfügt worden war und die Zustimmung den Uebergriff in einen fremden Herrschaftskreis hält. Ein Beispiel einer vormundschaftlichen Zustimmung enthält die Entscheid. des R.G. Bd. 45 S. 212, 213.

[4]) Der Text will offenbar nicht bestreiten, daß zu vormundschaftlicher Zustimmung eine Vormundsstellung gehört und zur Zustimmung bei Eingriffen Unbefugter in die Rechte des Zustimmenden, dieser auch der wirklich Berechtigte sein muß.

[5]) Vgl. oben S. 184 Anm. 1. Der im Texte behauptete Unterschied zwischen Vollmacht und Zustimmung ergiebt sich aus der Fassung der §§ 182—185 nicht.

Theile gegenüber erklärt werden, also dem Handelnden oder dem Dritten. Es genügt aber ein dem Handelnden gegenüber ertheilter Widerruf dann nicht, wenn die Einwilligung dem Dritten erklärt war. §§ 170 ff. werden analog angewendet werden müssen, weil hier eine Lücke im Gesetzbuche vorhanden ist. Es wurde nämlich anscheinend übersehen, den § 127 Abs. 3 des ersten Entwurfs in die zweite Lesung aufzunehmen. Ihm zufolge sollten die Vorschriften über das Erlöschen der Vollmacht auf die Einwilligungen entsprechende Anwendung finden (cfr. Planck). Ein Pianino wird z. B. verkauft mit Einwilligung des Mannes gegenüber dem Käufer und der Mann widerruft dann gegenüber seiner Frau, ohne daß der Käufer es bei dem Geschäftsabschlusse erfährt.[1])

Bei einseitigen Geschäften muß die Einwilligung von dem, der sich auf sie beruft, schriftlich vorgelegt werden, wenn es der Gegner verlangt, § 182 Abs. 3. Es wiederholt sich hier der Gedanke, daß, wenn das Gesetz auch keine Formvorschrift giebt, der Privatwille die Form in dieser Art erzwingen kann.

Die nachträglich ertheilte Zustimmung heißt Genehmigung. Die Genehmigung hat rückwirkende Kraft (§ 184, 2), sie läßt aber natürlich solche Verfügungen bestehen, die der Zustimmende vor der Genehmigung getroffen hat oder die durch Zwangsvollstreckung oder durch einen Konkursverwalter getroffen worden sind.

Nach § 185 kann die Konvalescenz der Verfügungen eines Nichtberechtigten außer durch Genehmigung dadurch eintreten, daß der Verfügende entweder selber den Gegenstand nachträglich erwirbt oder daß er seinerseits von dem Berechtigten (unter unbeschränkter Haftung für die Nachlaßverbindlichkeiten) beerbt wird.[2])

[1]) Man denke insbesondere an den Fall, daß der Mann seine Einwilligung schriftlich ertheilt hat, sie sodann widerruft, ohne das Schriftstück zurückzunehmen und die Frau es mißbräuchlicher Weise dem Käufer vorlegt.

[2]) § 185, 1 bezieht sich nur auf Verfügungen im Sinne des B.G.B. ebenso wie § 161. Vgl. oben S. 174 Anm. 1. Entsch. d. R.G. Bd. 49 S. 416. § 185, 2 ist eine Verallgemeinerung bekannter römischer Vorschriften, die nicht in die Lehre von der Zustimmung und Genehmigung gehört, sondern zu der nachträglichen Heilung der Geschäftsmängel. Vgl. Allg. Theil S. 536. Die Verbindung dieser Konvalescenz von Rechtsgeschäften mit der unbeschränkten Haftung für die Nachlaßverbindlichkeiten ist ein eigenartiger Gedanke des neuen Gesetzbuches. Vgl. Allg. Theil a. a. O.

Kapitel VI. Verschulden und Zufall.

§ 40.

Vorsatz und Fahrlässigkeit.

Die Lehre vom Verschulden ist im B.G.B. beinahe ganz nach dem Römischen Rechte gebildet. Die Lehre ist enthalten in § 276. Verschulden kann vorkommen hinsichtlich fremder Rechte, aber auch in eigenen Angelegenheiten, z. B. kann durch schuldbares Zögern ein Anfechtungsrecht verloren gehen.

Innerhalb des Verschuldens unterscheidet das Gesetzbuch die bekannten Stufen:

a) Vorsatz, dolus,[1])

b) Fahrlässigkeit, die römische culpa im engeren Sinne.

Gegen den im ersten Entwurfe enthaltenen Ausdruck: „Sorgfalt eines guten Hausvaters" hatte sich insbesondere Gierke[2]) gewendet, da man bei einem Künstler, einer Köchin, einer Tänzerin nicht von einer solchen Sorgfalt reden könne.[3])

Unter Fahrlässigkeit versteht das Gesetzbuch die Außerachtlassung der im Verkehr erforderlichen Sorgfalt (§ 276).[4]) Die Fahrlässigkeit hat im Gegensatze zu der landrechtlichen Dreitheilung zwei Unterarten:

---

[1]) dolus malus d. h. der Vorsatz einer Verletzung, die vom Rechte nicht gestattet ist. Der römische Gedanke, vorsätzliche Verletzungen aus Gutmüthigkeit gegen einen Dritten als blos fahrlässige anzusehen (Dig. IV, 3 fr. 7 § 7. XVI, 3 fr. 7 pr. XVII, 1. fr. 8. § 10) ist dem B.G.B. ebenso fremd wie dem Strafgesetzbuche.

[2]) Der Entwurf eines B.G.B. Leipzig. 1889. S. 38.

[3]) M. E. liegt nichts Widersinniges in dem Gedanken, daß eine Tänzerin in der Ausübung ihres Berufes mit derselben Sorgfalt verfahren soll, mit der ein gewaltfreier Herr seines Vermögens (dies ist der römische paterfamilias) dieses zu verwalten pflegt. Daß man bei Feststellung der im Verkehre erforderlichen Sorgfalt weniger auf unverantwortliche Hauskinder als auf selbständige Menschen sehen muß, wird auch in Zukunft gelten und insofern der scheinbar vernichtete diligens paterfamilias unerkannt weiter fortleben. M. E. sind auch die homines dissoluti oben im Texte (S. 195 Z. 3) kaum etwas anderes als die römischen minder sorgfältigen filiifamilias. Vgl. des Herausgebers Schrift: „Der Entwurf eines B.G.B." Marburg 1891. S. 34 ff.

[4]) Wohlweislich offen gelassen sind die Fragen: Wer erfordert eine Sorgfalt im Verkehre? Das Recht oder die Moral? Wie groß ist das Maß der erforderten Sorgfalt? Woran erkennt man es? So ist denn dem richterlichen Ermessen ein ungeheurer Spielraum verblieben. Uebrigens schulden wir den Mitmenschen

α) grobe Fahrlässigkeit (§ 277), culpa lata, Außerachtlassung der Sorgfalt, die selbst noch von solchen Menschen beobachtet wird, die den Verkehr außer Acht lassen (homines dissoluti);[1])

β) leichte oder geringe Fahrlässigkeit. Das Gesetzbuch hat aber dafür keinen Ausdruck. In gewissen Verhältnissen haftet der Schuldner (z. B. der Schenker) nur für grobe Fahrlässigkeit. Endlich wird in gewissen Fällen die geringe Fahrlässigkeit in milderer Weise bestimmt, nämlich mit dem concreten Maßstabe der Sorgfalt, den der Schuldner in seinen eigenen Angelegenheiten anzuwenden pflegt. Diese diligentia quam in suis bekommt ein viel größeres Anwendungsgebiet, als früher. Zu vertreten hat sie z. B. der Depositar bei unentgeltlicher Verwahrung (§ 690), der Gesellschafter (§ 708), der Ehemann in der Verwaltung des Vermögens seiner Frau (§ 1359) und verschiedene andere.

Wer nur für die diligentia quam suis rebus haftet, ist von der Haftung für grobe Fahrlässigkeit nicht befreit (§ 277).

§ 41.

Guter Glaube. Kennen und Kennenmüssen.

Der Schutz des guten Glaubens oder, wie das preußische Landrecht sagt, der Redlichkeit, ist im B.G.B. erheblich stärker ausgebildet, als im Gemeinen und Preußischen Rechte. Hachenburg (Vorträge S. 23—46) hat die einzelnen Bestimmungen systematisch zusammengestellt. Der allgemeine Grundgedanke, der nach seiner Ausführung in den verschiedensten durch das Gesetzbuch zerstreuten Materien Anwendung findet, ist die Sicherheit des Verkehrs und das Vertrauen auf eine anscheinend vorhandene, in Wahrheit aber nicht vorhandene Rechtslage. So beim Rechtserwerb, dem ein Mangel anhaftet, bei einer Schuldleistung an einen vermeintlichen Gläubiger in Unkenntniß einer Cession, bei der Einlassung in ein Geschäft mit Jemandem, der vertretungsberechtigt, insbesondere bevollmächtigt zu sein scheint, dem indessen die Vollmacht widerrufen ist, oder auch mit einem, der anscheinend zur Verfügung über fremdes Vermögen als Ehemann oder Vater berechtigt ist.

---

zweifellos eine Sorgfalt auch in unserm „Verkehre" mit der leblosen Welt, z. B. einem Ofen oder Automobil, wenn auch der Ausdruck „Verkehr" hier nicht geschmackvoll ist.

[1]) Nach einer Bemerkung in Eck's Ausarbeitungen zum Recht der Schuldverhältnisse ist die grobe Fahrlässigkeit auch im B.G.B. eine solche, die an den böslichen Vorsatz angrenzt.

Ueberall läßt das B.G.B. in diesen Fällen den guten Glauben heilend und ergänzend wirken. Außerdem giebt es sonst noch Wirkungen, die der gute Glaube hervorbringt, z. B. wenn ein Geschäft wegen Irrthums angefochten wird. Dann kann der Gegner verlangen, daß er wegen seines Vertrauens geschützt wird und kann das negative Interesse beanspruchen (§ 122).

Die Bedingungen dieses Schutzes sind in den einzelnen Fällen sehr von einander verschieden. Deshalb ist Hachenburgs Annahme eines einheitlichen Grundgedankens irreführend.[1])

Das Gesetzbuch beschränkt den Ausdruck „guter Glaube" auf das Gebiet des Sachenrechtes, während es anderswo bei ähnlichen Fällen von „Kennen und Kennenmüssen" redet. Was zunächst den guten Glauben in technischem Sinne betrifft, so hat dieser seine Hauptbedeutung beim Erwerbe beweglicher Sachen. Das römische Recht gab einen Ersatz für das fehlende Recht des gutgläubigen Erwerbers nur in der Ersitzung. Weiter geht das B.G.B. vgl. §§ 935, 932 Abs. 2 (Uebergabe vom Nichteigenthümer). Auch dingliche Rechte an fremden Sachen, namentlich Nießbrauch und Pfandrecht, werden in ähnlicher Weise vollgültig erworben.

Der gute Glaube wird zuweilen nicht beachtet, wenn er auf grober, zuweilen sogar nicht, wenn er auch nur auf leichter Fahrlässigkeit beruht. So soll nach § 932 Abs. 2 ein guter Glaube nicht angenommen werden, wenn dem Erwerber bekannt oder infolge grober Fahrlässigkeit unbekannt ist, daß dem Veräußerer die Sache nicht gehört. (Aehnlich mit einer dem Handelsverkehre unerläßlichen Ausdehnung das neue H.G.B. § 366.) Diese Beschränkung muß aber für alle Fälle gelten, so auch in §§ 937 (Ersitzung), 955 (Fruchterwerb des redlichen Besitzers), 990 (Haftung des Vindikationsbeklagten), auch wenn es an diesen Stellen nicht gesagt ist. Diese Beschränkung stimmt im Wesentlichen mit dem bisherigen Rechte überein (vgl. §§ 13, 15 A.L.R. I, 7), auch mit der Praxis des Handelsrechtes bei Anwendung des Art. 306 H.G.B. Man betrachtete die bona fides nicht als ein blos psychisches, sondern als ein ethisches Moment. Darum schließt das preußische Landrecht

[1]) Eck will hiermit, wie ich glaube, vor einer entsprechenden Anwendung der genannten Vorschriften in ähnlichen Fällen warnen. Es sind Ausnahmebestimmungen, die ein gemeinsames Kennzeichen haben, nicht Anwendungen einer durchgreifenden Regel. Neben dem sog. redlichen Dritten steht vielfach ein redlicher Erster, dessen Schutz der Rechtsordnung ebenso sehr am Herzen liegen muß, insbesondere, wenn der unredliche Zweite unauffindbar oder zahlungsunfähig ist.

bei Irrthum, grobem und mäßigem Versehen die Redlichkeit des Besitzes aus.

Bei allen diesen Bestimmungen darf es nicht auffallen, daß der gute Glaube nirgends als Erforderniß aufgestellt wird, sondern immer nur das Nichtvorhandensein des Hindernisses. Durch diese Ausdrucksweise wird die Beweislast bestimmt. Sie hat der, der den Mangel des guten Glaubens behauptet, entsprechend der canonischen Regel Quilibet praesumitur bonus, donec probetur contrarium.

Noch mehr als beim Mobiliarerwerb wird der redliche Erwerber geschützt beim Immobiliarerwerbe (§ 892). Der Inhalt des Grundbuches gilt als richtig, es sei denn das Gegentheil bekannt. Die Bestellung einer Hypothek ist daher für den Hypothekar wirksam, sofern sie dem Grundbuchsinhalte entspricht, auch wenn er hätte erkennen müssen, daß der Akt nichtig oder anfechtbar ist. Dagegen ist die Verpfändung eines Ringes unwirksam, wenn der Pfandgläubiger grob fahrlässig verkennt, daß der Verpfänder nicht Eigenthümer des Ringes ist. Außerhalb des Immobiliarsachenrechtes ist der gute Glaube eben an strengere Voraussetzungen geknüpft. Darum ist für das Recht der Grundstücke im § 892 der Ausdruck „guter Glaube" vermieden, weil das Gesetzbuch damit einen bestimmten Sinn, nämlich Ausschluß grober Fahrlässigkeit, verbindet. Hier hindert aber die Fahrlässigkeit, das Kennenmüssen, den Erwerb nicht.

Außerhalb des Sachenrechtes ist der Schutz der Unkenntniß nicht so weitgehend. In der Regel wird er nur Demjenigen gewährt, der den seinem Recht entgegenstehenden Umstand weder kannte, noch kennen mußte. Dabei bedeutet, wie aus § 122 Abs. 2 zu ersehen ist, „kennen müssen" im Sinne des Gesetzbuches das Nichtkennen aus irgendwelcher Fahrlässigkeit, sei es auch aus geringster. Außerhalb des Sachenrechtes kommt also jede Fahrlässigkeit in Betracht. Beispiele: § 122 (Schadensersatz bei Irrthum). §§ 674, 729: Bei dem Erlöschen eines Auftrages oder Gesellschaftsverhältnisses gilt das Verhältniß zu Gunsten des Beauftragten als fortbestehend. § 405: Wer eine Urkunde über eine Schuld ausstellt, kann Dritten nicht die Einrede der Simulation entgegenstellen. Der Cessionar ist dann auch gegen die Einrede des pactum de non cedendo geschützt. Endlich auch § 694: Haftung des Hinterlegers für den Schaden, der dem Verwahrer aus der Beschaffenheit der hinterlegten Sache entstanden ist.

Auch die Befreiung von der Haftung kann dadurch bedingt sein, daß ein Kennenmüssen nicht vorliegt (§ 694), und endlich ist auch die Wirksamkeit einer Verfügung über fremdes Vermögen Dritten gegenüber häufig davon abhängig, daß der Dritte den Mangel einer Verfügung weder kannte noch kennen mußte, z. B. einer Verfügung des Ehemannes oder Vaters.

Diese strenge Gleichstellung des Kennenmüssens mit dem Kennen ist aber durchaus keine allgemeine, sondern es giebt auch allerlei Fälle, wo jedes Nichtkennen Schutz genießt. § 407 (Schulderfüllung an den Cedenten ohne Kenntniß der Cession), § 408 (Zahlung an einen zweiten Cessionar ohne Kenntniß der ersten Cession), § 2366 (Erfüllung an den durch Erbbescheinigung Legitimirten, aber trotzdem nicht Berechtigten). Es kann zweifelhaft sein, ob das B.G.B. bei der Gleichstellung von Kennen und Kennenmüssen hier und da nicht zu weit oder zu wenig weit gegangen ist. Letzteres kann man z. B. bei den §§ 407, 408 für den Fall annehmen, daß der Schuldner von der Abtretung Kenntniß erhalten, bis zur Erfüllung aber dies vergessen hat.[1])

Im Allgemeinen muß man indessen sagen, daß im B.G.B. der Schutz der Redlichkeit sorgsam durchgedacht und durchgebildet ist.

§ 42.

Zufall. Höhere Gewalt.

Zufall nennt man in der juristischen Theorie ein Ereigniß, das von einer bestimmten Person weder absichtlich, noch fahrlässig verursacht ist und doch das Rechtsgebiet berührt. Zufall ist hiernach ein negativer und relativer Begriff.[2])

In dem Verhältnisse zwischen zwei gegebenen Personen wird im bisherigen Recht ein für beide zufälliges Ereigniß so behandelt, daß jeder den ihm zugestoßenen Schaden tragen muß (casus a nullo praestantur). Das B.G.B. enthält eine so allgemeine Regel nicht,[3])

---

[1]) Der Richter wird ihm dies nicht so leicht glauben.

[2]) Es soll hiermit wohl auf den Satz angespielt werden: „Es giebt keinen Zufall", der sich auf die Persönlichkeit Gottes bezieht, nicht auf einzelne Menschen. Nach dem Texte ist also bei dem Worte „Zufall" stets an das Gewissen eines bestimmten Menschen zu denken, das durch diesen Ausdruck entlastet werden soll.

[3]) In gewissem Sinne ist sie trotzdem selbstverständlich; denn jeder haftet nur, insoweit ein Rechtssatz dies anordnet. Eine allgemeine Haftung für Unfälle ist aber natürlich nirgends angeordnet.

sondern es bestimmt nur, welches Maß von Verschulden Jemand zu vertreten habe und redet in Anlehnung an die schweizerische Gesetzgebungssprache von „Umständen, die der Schuldner nicht zu vertreten hat" (§§ 275, 276).[1]) Indessen giebt es zahlreiche einzelne Vorschriften, die eine Person auch für den Zufall verantwortlich machen, bald mit ausdrücklicher Benennung „Zufall", bald ohne diese, nämlich:

1. nach § 287 haftet der Schuldner beim Erfüllungsverzuge auch für die durch „Zufall" eintretende Unmöglichkeit;

2. nach § 278 hat der Schuldner ein Verschulden seines gesetzlichen Vertreters oder der Person, deren er sich zur Erfüllung seiner Verbindlichkeit bedient, wie eigenes Verschulden zu vertreten, d. h. er haftet insoweit auch für Zufall, für Ereignisse, die er selbst nicht verschuldet hat;

3. nach § 701 haftet der Gastwirth, wie im gemeinen Rechte, für den Verlust oder Beschädigung von Reisegepäck in der Regel unbedingt, also auch für Zufall;

4. nach § 829 hat derjenige, der wegen Geistesstörung oder jugendlichen Alters für einen von ihm angerichteten Schaden nicht verantwortlich ist, doch den Schaden zu ersetzen, wenn es die Billigkeit erfordert. (Richesse oblige.) Also auch der Wahnsinnige oder das wohlhabende Kind, das mit Streichhölzern spielt und das Haus in Brand steckt, hat unter Umständen Schadenersatz zu leisten.

5. Wer ohne Vertretungsmacht handelt, kann, wenn er an seine Vertretungsmacht glaubte oder glauben durfte, haftbar werden (vgl. oben S. 190).

Grundsätzlich bleibt aber das Gesetz beim culpa-Prinzip stehen.[2])

Als potenzirten Zufall kennt das B.G.B. die höhere Gewalt, und zwar in drei Anwendungen:

a) Der Gastwirth wird von seiner Haftung befreit durch höhere Gewalt nach § 701;

b) nach § 1996 wird der Erbe, der durch höhere Gewalt an der rechtzeitigen Einreichung des Inventars gehindert wird, von den Folgen der Nichterrichtung frei;

c) nach § 203 Abs. 2 wird die Verjährung gehemmt, so lange der

---

[1]) Da auch Zufall unter Umständen zu vertreten ist, so kann man in den „nicht zu vertretenden Umständen" keineswegs eine Begriffsbestimmung des Zufalles sehen.

[2]) Eck versteht darunter die Regel: „Ohne Schuld keine Haftung", eine Regel, die wohl zu jeder Zeit von Ausnahmen durchlöchert war.

Anspruchsberechtigte durch Stillstand der Rechtspflege oder sonstige höhere Gewalt innerhalb 6 Monaten an der Rechtsverfolgung verhindert worden ist.

Andere Anwendungen des Begriffes, welche die Entwürfe enthielten, sind gestrichen.

Auch im neuen H.G.B. § 429 ist die bisherige Haftung des Frachtführers dahin umgeändert worden, daß der Frachtführer schon frei wird, wenn der Schaden bei Anwendung der Sorgfalt eines ordentlichen Kaufmannes nicht abzuwenden war. Die höhere Gewalt ist insoweit im neuen H.G.B. beseitigt, doch bleiben auch unter seiner Herrschaft andere Fälle bestehen, so bei dem Kontrahirungszwange der Eisenbahn und ihrer Haftung für Schaden. Art. 433 S. 5, 456 H.G.B. Auch andere reichsgesetzliche Anwendungsfälle bestehen weiter (Haftpflichtgesetz, Reichspostgesetz).

Was die höhere Gewalt sei, darüber geben weder das Gesetzbuch, noch die Materialien Auskunft.[1]) Die Motive (Bd. I S. 317, 318) behaupten, daß Wissenschaft und Praxis mit dem Ausdrucke einen bestimmten Sinn verbinden, der sich der Verdeutlichung durch das Gesetz entziehe, obwohl der 22. deutsche Juristentag beschlossen hatte, daß der Begriff als ein höchst unsicherer aus der Gesetzgebung zu entfernen sei. Planck sagt zu § 203 (S. 254, 255), die höhere Gewalt müsse ein äußeres und unabwendbares Ereigniß sein. (Exners Theorie.) Ich trete Planck bei, da diese Theorie auch mit dem Begriffe des unabwendbaren Zufalles in der C.P.O. § 233 und der St.P.O. § 44 übereinstimmt. Das Reichsgericht spricht von einem „mit aller denkbaren Umsicht unabwendbaren Ereignisse“ (R.G.Entsch. Bd. 14 S. 82).[2])

---

[1]) Sie ist jedenfalls der Gegensatz einer „niedrigeren Gewalt“, auf die sich Jemand ausnahmsweise nicht berufen darf. Der Zweck dieser Ausnahme-Vorschriften kann nur darin liegen, betrügerische Entschuldigungsbeweise von vorn herein abzuschneiden. Man wird daher als höhere Gewalt nur solche Ereignisse bezeichnen dürfen, bei denen es ohne besonderen Beweis klar ist, daß sie zufällige (d. h. unverschuldete) sind. Vgl. Allg. Theil S. 239, Crome, System I S. 349 und Literatur bei Endemann, Lehrb. des Bürg. R., 8. Aufl., II § 115 Anm. 11 S. 649. Das Reichsgericht (Entsch. Band 44 N. 10 S. 31) hat neuerdings — freilich zunächst nur mit Bezug auf den Eisenbahnbetrieb — festgestellt, daß nicht alles, was unvermeidlich ist, in den Begriff der höheren Gewalt hineinfällt.

[2]) Diese Definitionen würden, wenn man sie beim Worte nähme, den Begriff der höheren Gewalt nahezu völlig unanwendbar machen. Vgl. Hölder, Commentar z. B.G.B. S. 430, 431.

Endemann[1]) nimmt in den genannten Fällen eine verschiedene Bedeutung desselben Ausdruckes an, in § 203 Abs. 2 eine objektive und in den §§ 701, 1996 eine subjektive (nicht verschuldete Gewalt). Dies halte ich für durchaus unannehmbar.[2])

Kapitel VII. Zeitablauf.

§ 43.

Berechnung der Zeit.

Zeitbestimmungen und Fristen machen keine Schwierigkeiten, wenn sie in jeder Hinsicht kalendermäßig bestimmt sind, also wenn bei Fristen der Anfang und die Dauer in dieser Weise feststeht. Für die in solcher Hinsicht unsicheren oder beweglichen Fristen giebt das B.G.B. eine Reihe von Auslegungsregeln in den §§ 187—193, die im Wesentlichen mit den nunmehr wegfallenden Vorschriften des H.G.B. und der C.P.O. übereinstimmen.

Es ist die Civil=Computation zu Grunde gelegt, wonach der Tag die kürzeste Zeiteintheilung ist. Nur bei kleineren Fristen, namentlich bei Stundenfristen, muß a momento ad momentum gezählt werden, obwohl das Gesetzbuch nicht hierüber bestimmt.

Bei der Civil=Computation muß der Tag, an dem der Fristlauf in Bewegung gesetzt wird, entweder als ganzer oder gar nicht gerechnet werden (§ 187 Abs. 1). Das Römische Recht hat das erstere. (Dies exiens pro toto.)[3]) Dagegen bestimmen die neueren Gesetzbücher umgekehrt, daß der erste Tag gar nicht gezählt wird, so auch das B.G.B. § 187 Abs. 1. Der letzte Tag muß abgelaufen sein, damit die Frist verstrichen ist. Eine dreitägige Lieferungsfrist vom Montag ab endet also mit Ablauf des Donnerstags. Ebenso § 1592 für die Conceptions=frist. Der Tag der Geburt wird hierbei nicht mitgezählt. Die Frist

---

[1]) Lehrb. II, 8. Aufl., § 115, 3 S. 648 ff.

[2]) Vgl. aber auch Crome, System I S. 492 Anm. 21: „Einen einheitlichen Begriff der höheren Gewalt giebt es nicht".

[3]) Der Grundsatz ist offenbar drückend für die Partei, die durch den Frist=ablauf leidet. Man muß annehmen, daß die Römer an ihre Berechnungsart durch ihre Redeweise gebunden waren und deshalb von vornherein ihre Fristen etwas reichlicher bemaßen.

wird also um den Bruchtheil eines Tages verlängert. Andererseits wird sie auch nicht am Ende abgekürzt. Der römische Grundsatz: Dies coeptus pro completo habetur ist dem B.G.B. fremd.

Wird aber eine Frist mit Beginn eines Tages in Lauf gesetzt, so wird der Tag mitgerechnet (§ 187 Abs. 2).[1]) Ebenso der Tag der Geburt bei der Berechnung des Lebensalters. Ein am Nachmittage des 1. Januar 1900 geborenes Kind wird also großjährig mit Ablauf des 31. Dezember 1920.[2])

Diese Ausnahmen sind Konzessionen an die Volksanschauung.[3]) Hierher gehört auch die Berechnung der Restitutionsfrist nach § 235 C.P.O. Sie beginnt mit dem Tage, an dessen Anfang die versäumte Nothfrist abgelaufen ist.

§ 188 Abs. 2 u. 3 enthält für Fristen, die nach Wochen, Monaten und darüber hinaus bestimmt sind, die bekannten Vorschriften des H.G.B. und der C.P.O., also die Berechnung a dato ad datum. Auch § 189 enthält nichts Neues (½ Jahr, ¼ Jahr, ½ Monat).

Das B.G.B. hat keine Auslegungsvorschrift über die Frist von 8 Tagen. Das neue H.G.B. § 359 Abs. 2 fordert hier volle 8 Tage. Planck[4]) meint, man habe dies für das bürgerliche Recht der Auslegung überlassen wollen.

Von der Berechnung der Fristen, die nicht zusammenhängen (z. B. der Gewährung eines dreimonatlichen Urlaubes für das Jahr an einen Schauspieler) redet § 191. Hier gilt der Monat gleich 30 Tagen, das Jahr gleich 365.

Die Vorschrift des § 193 über den Einfluß der Feiertage auf Fristen und Terminsbestimmungen beruht auf Reichstagskommissionsbeschlüssen im Interesse der Sonntagsheiligung. Sie soll nicht blos bei Rechtsgeschäften, sondern in allen Fällen, also auch für gesetzliche z. B. Anfechtungs- und richterliche Fristen gelten. Ueberall, wo eine Willenserklärung oder eine Leistung an eine Frist oder einen Tag ge-

---

[1]) Vgl. eine Anwendung des § 187 Abs. 2 in den Entscheid. des R.G. Bd. 50 Nr. 57 S. 254.

[2]) Von einer Berechnung a momento ad momentum ist also auch hier nicht die Rede.

[3]) Gedacht ist wohl daran, daß eine Volljährigkeit, die erst nach dem einundzwanzigsten Geburtstage beginnen soll, befremdlich erscheinen müßte. Beginnt eine Frist mit einem Tage, so würde ihre Verlängerung völlig zwecklos sein, da ja der ganze erste Tag unverkümmert bleibt.

[4]) Zu § 189.

bunden ist, soll ein Feiertag außer Betracht bleiben, wenn er am Ende der Frist steht oder der bestimmte Tag ist. Hier soll der nächste Werktag eintreten. Folgen einander mehrere Feiertage, so ist hiernach der erste Werktag der Erklärungs- oder Leistungstag. Es ist dies indessen kein zwingender Satz, sondern eine bloße Auslegungsregel, die man unter Umständen wird außer Acht lassen können, z. B. bei Fixgeschäften[1]) oder wenn Jemand engagirt wird, Sonntags Dienste zu thun oder einen Wagen zu einer Spazierfahrt zu stellen. Hierdurch wird die bedenkliche Ausdehnung der Vorschrift abgeschwächt.

§ 44.

Verjährung im Allgemeinen.

Das B.G.B. kennt nicht einen Gattungsbegriff „Verjährung“ mit den Unterarten erwerbende und erlöschende Verjährung,[2]) sondern nur mehrere Institute mit dem Grundgedanken, daß ein Zustand, der eine Zeit lang gedauert hat, schon darum Schutz verdient. (Verjährung und Ersitzung.) Die Ersitzung kommt im B.G.B. nur bei beweglichen Sachen (Eigenthum und Nießbrauch) vor, bei Grundstücken in den engsten Grenzen.

Dagegen kennt es nicht den Nonusus (von Ausnahmen abgesehen, §§ 937 und 900), auch nicht die praescriptio indefinita[3]) oder immemorialis (unvordenkliche Verjährung). Die Ersitzung gehört in das Sachenrecht, hierher nur die Verjährung.

Zum Gegenstande der Verjährung macht das Römische Recht die actio, d. i. die Klage, das Preußische Recht dagegen das Recht selbst, aus dem das Klagerecht entsteht. Das B.G.B. macht in Anlehnung an Windscheids Lehre[4]) zum Gegenstande der Verjährung den „Anspruch“. Diesen Begriff definirt es in § 194 als Recht, von einem Anderen ein Thun oder Unterlassen zu fordern. Mit der neuen Anspruchsverjährung ist jedoch nur ein neuer Name für die alte Klageverjährung geschaffen, wenn auch der verjährende Anspruch keine Klage, sondern ein materielles

---

[1]) M. E. nicht bei allen. Für das Prozeßrecht gilt C.P.O. 222. Scherer, Allg. Theil S. 387, 393.

[2]) Erwerben und Erlöschen sind keine logischen Gegensätze. Vgl. Allg. Theil 184.

[3]) Ueber die Fortdauer des „Herkommens“ vgl. Allg. Theil S. 187, Anm. 1.

[4]) Die Aktio. Düsseldorf 1856.

Relativrecht ist. (So die Motive.)[1] Bei Schuldverhältnissen ist er mit der Entstehung der Forderung gegeben und mit ihr identisch.[2] Bei absoluten Rechten entsteht er erst mit der Rechtsverletzung, weil er erst von da ab eine Spitze gegen eine bestimmte Person erhält, was nach § 194 erforderlich ist. Hiernach ist bei den Ansprüchen auf ein Unterlassen der Anspruch schon vor der Zuwiderhandlung vorhanden. Trotzdem beginnt auch hier wie im Römischen Rechte die Verjährung, also auch der verjährbare Anspruch erst mit der actio nata, wie im bisherigen Rechte (vgl. auch § 202).

Daraus folgt:

1. die Wirkung der Verjährung ist das Recht des Gegners, seine Leistung zu verweigern (§ 222), also nicht ein Erlöschen des Anspruches, sondern nur die gemeinrechtliche praescriptio temporis;

2. die Verjährung dient nicht dem öffentlichen Interesse, weshalb auch künftig die Einrede der Verjährung von Amtswegen nicht zu berücksichtigen ist;[3]

3. auch nach vollendeter Verjährung des Anspruches bleibt immer noch eine freiwillige Erfüllung des Anspruches durchaus möglich und der Schuldner, der freiwillig erfüllt, hat kein Rückforderungsrecht (§ 222 Abs. 2). Auch ein vertragsmäßiges Anerkenntniß des verjährten Anspruches und eine Sicherheitsleistung nach der Verjährung ist wirksam.[4] Es kann also nicht mehr als das bloße Klagerecht, nicht aber der Anspruch erloschen sein;

---

[1] Vgl. hierzu Hellwig, Anspruch und Klagerecht 1900 und dazu Hölder, Ueber Ansprüche und Einreden. Arch. f. civ. Pr. Bd. 93 S. 1 ff.

[2] Eine abweichende Ansicht vertritt der Herausgeber im Allg. Theil 193 ff. für die actio des römischen Rechtes, während er früher mit der h. M. angenommen hatte, daß auch dort actio in personam und Forderung sich decken. Bei Forderungen auf ein dauerndes Verhalten des Schuldners liegt nämlich so lange keine Veranlassung zu einer Klage vor, als der Schuldner seine Pflicht thut (z. B. bei Ausfüllung einer dauernden Aufgabe als Wächter, Pförtner u. dgl.) Von actio kann also in solchen Fällen keine Rede gewesen sein, während im B.G.B. allerdings ein Anspruch vorliegt. Für die Verjährungslehre ist dies aber trotzdem ohne Bedeutung, da ein dauernd befriedigter Anspruch nicht verjähren kann. Vgl. jetzt namentlich Hölder im Archiv f. civ. Pr. Bd. 93 S. 41. Wohl aber ist das Gesagte für die Cessionslehre von Bedeutung (s. unten diese). Vgl. auch Dernburg. I. § 42 S. 106.

[3] Näheres hierüber unten S. 210 Anm. 5.

[4] Der Schlußsatz des § 222 ist in grammatikalischer Hinsicht völlig mißlungen. Der Sinn ist ohne Zweifel im Texte richtig aufgefaßt.

4. nach § 223 Abs. 1 und 2 bleiben auch nach vollendeter Verjährung die accessorischen Sicherungsrechte bestehen, so das Pfandrecht. Also ist nur die Verfolgbarkeit des Anspruches untergegangen, nur die Klage verjährt.[1]) Endlich ist durch § 390 Abs. 2 bestimmt, daß ein Anspruch, der bereits kompensabel war, auch kompensabel bleibt, nachdem er verjährt ist. Eine Folgerung hieraus ist: Wenn der Kläger wegen Verjährung rechtskräftig abgewiesen ist, so kann sein Anspruch gleichwohl noch kompensirt werden.

Es ist nach alledem die Anspruchsverjährung des Bürgerlichen Rechtes nichts Neues, nur in Einzelheiten ist sie fortgebildet.

§ 45.

Einzelne Regeln über die Verjährung.[2])

Voraussetzungen der Verjährung sind:

1. Beginn derselben. Nach § 198 beginnt die Verjährung mit der Entstehung des Anspruches. Es beginnt also bei Obligationen die Verjährung, sobald der Gläubiger eine Leistung fordern kann, also z. B. bei dem Verwahrungsvertrage sofort, nicht erst wenn die Rückgabe verweigert wird. Nur bei obligationes in non faciendo soll die Verjährung erst mit der Zuwiderhandlung beginnen. Dies ist, wie gesagt, eine positive Abweichung von dem angeblichen Prinzip, daß der Anspruch als solcher verjähren solle.

Sind Rechte an eine Bedingung oder einen Termin geknüpft, so beginnt die Verjährung erst mit Eintritt der Bedingung oder des Termins (§ 198). Bei Ansprüchen, die eine Kündigung voraussetzen, beginnt zwar der Anspruch sofort, die Verjährung nach § 199 aber erst nach Ablauf der Kündigungsfrist.[3]) Es wird aber nicht etwa die Verjährungsfrist an ihrem Ende um die Kündigungsfrist verlängert. Ist

[1]) Aus der Zweideutigkeit des Wortes „Verjährung" erklären sich die Streitigkeiten darüber, ob auch in Zukunft die Klage oder nur der Anspruch verjähre. Allg. Theil 225. Es handelt sich dabei um eine bloße Wortklauberei. Das Unmöglichwerden (Verjähren) der Klage ist gleich dem Klaglöswerden (Verjähren) des Anspruchs.

[2]) Vgl. hierzu Allg. Theil S. 225 ff. Dernburg, Bürg. R. I S. 513 ff. Crome, System I S. 507 ff. und die dort Angeführten.

[3]) Die verschiedenen Arten der Kündigung (interpellatio und renuntiatio) werden hierbei im B.G.B. nicht unterschieden. Vgl. Allg. Theil S. 244.

also ein Darlehen am 1. Jan. 1900 mit dreimonatlicher Kündigungsfrist gegeben, so beginnt die Verjährung erst mit dem 1. April 1900 zu laufen und endet mit dem 1. April 1930. Die Kündigung muß vor dem 1. Jan. 1930 erfolgen.[1])

2. Nach § 195 beträgt die regelmäßige Verjährungsfrist 30 Jahre (wie seit Theodosius). Es ist dies viel zu lange im Vergleiche zur Ersitzung (§ 937), der Frist zur Aufbewahrung der Handelsbücher (H.G.B. § 44), der strafrechtlichen Delictsverjährung (höchstens 20 Jahre, St.G.B. § 67). Hölder (Archiv f. bürg. R. Bd. 11 S. 217 ff.) führt den Fall an, daß A dem B eine Sache leiht, und der Erbe des B die Sache in 10 Jahren ersitzt, so daß die Eigenthumsklage des A erloschen ist, während die Vertragsklage erst in 30 Jahren verjährt.

Von der dreißigjährigen Frist kennt das Gesetzbuch eine Reihe von Ausnahmen:

a) eine zweijährige Frist ist in § 196 für 17 Gruppen aufgestellt, mit Erhöhung auf 4 Jahre in § 196 Abs. 2;

b) eine vierjährige Frist setzt § 197 für Ansprüche auf Rückstände von Zinsen, Renten, Auszugsleistungen, Besoldungen, Ruhegehältern, Wartegeldern, Unterhaltsbeiträgen und allen anderen regelmäßig wiederkehrenden Leistungen fest, z. B. auch Miethe und Pacht. Bezüglich der Zinsen gilt die Frist nicht bloß für vorbedungene, sondern auch für Verzugszinsen. Der Gedanke der Vorschrift ist, daß solche regelmäßig wiederkehrende Leistungen nicht zu sehr anschwellen sollen. Die Verjährung beginnt bei a und b mit dem Schlusse des Jahres, in dem der Anspruch entstanden ist (§ 201).[2]) Diese Vereinfachung ist zu Gunsten der Geschäftsleute bestimmt.[3]) Außer diesen beiden Ausnahmegruppen finden sich noch Vorschriften zerstreut, namentlich

[1]) Die praktische Bedeutung der Frage, ob die Verjährungsfrist am Ende oder am Anfange einen Zusatz erfährt, zeigt sich dann, wenn Hemmungsgründe der Verjährung am Ende oder am Anfange eintreten. Vgl. Allg. Theil S. 245.

[2]) Die Vorschrift des § 201 ist in entsprechender Weise auf das Seerecht ausgedehnt worden. H.G.B. S. 901—905, ebenso auch § 119 Binnenschiffahrtsgesetz. Den Umfang dieser Ausdehnung bespricht das Urtheil des Reichsgerichtes. (Entscheid. Bd. 49 Nr. 24 S. 94.) Ein Seitenstück des § 201 enthält § 14, 3, der ebenfalls den Beginn einer Frist etwaigen Zweifeln gegenüber sicherzustellen sucht.

[3]) Man denke auch an die Gewohnheit, Quittungen verjährter Schulden nach Jahrgängen gesammelt, zu verbrennen. Ohne die Vorschrift des Textes wäre nach den Mot. I S. 310 für Kaufleute „ein tägliches Studium der Geschäftsbücher unumgänglich".

6 Wochen in § 490 (Gewährschaftsansprüche bei Viehmängeln), 6 Monate (§§ 606, 558, 1057, 1226, 477, 480, 524, 638), 1 Jahr (638), 2 Jahre (801, 1302), 3 Jahre (852, 786, 2287, 2332), 4 Jahre (1715), 5 Jahre (638).

Sind die Ansprüche rechtskräftig festgestellt, so tritt statt der kürzeren die dreißigjährige Verjährung ein, außer insoweit es sich um wiederkehrende, künftig fällige Leistungen handelt. (§ 218, 219.)[1]) Es giebt endlich eine Anzahl von unverjährbaren Ansprüchen, deren Erwähnung im Gesetzbuche verstreut ist, vgl. § 898 (Anspruch auf Berichtigung des Grundbuches), § 902 (Ansprüche aus eingetragenen Rechten), § 924 (Ansprüche aus dem Nachbarrechte).

Die Verjährungsfrist verlängert sich, wie im gemeinen und im römischen Rechte, in Folge einer Hemmung um die Dauer der Hemmungszeit, welche ausgeschaltet wird, praescriptio dormiens (§§ 202—204).

§ 202 erwähnt die rechtliche Behinderung der Rechtsverfolgung durch eine dilatorische Einrede, z. B. die Einrede der Stundung, oder daß, wenn der Berechtigte Miether ist, gegen ihn die Eigenthümerklage, insoweit sie dem Inhalte des Miethsvertrages widerspricht, nicht angestellt werden kann. Der Abs. 2 betrifft Ausnahmefälle, in denen der Kläger die Einrede beseitigen kann.[2]) Solche Einreden erzeugen keine Hemmung.[3])

§ 203 geht über auf die Fälle factischer Verhinderung des Rechtsschutzes: Stillstand der Rechtspflege oder sonstige höhere Gewalt.[4]) Diese Hemmung gilt nur dann, wenn sie innerhalb der letzten 6 Monate der Verjährungsfrist bestanden hat. Wenn also Jemand eine Erbschaftsklage 30 Jahre lang verjähren läßt, so kann er nicht hervorheben, daß er vor 15 Jahren kriegsgefangen war, sondern nur in den letzten 6 Monaten muß ein Hinderniß vorgelegen haben (Hachenburg S. 49).

---

[1]) Die Nichteintreibung periodischer Ansprüche erschien dem Gesetzgeber hier ebenso zur Grundlage einer Verjährung geeignet, wie sonst. Man wollte auch hier der „Ansammlung von Zinsmassen" entgegenwirken. Mot. I S. 305. Komm.-Prot. I S. 208.

[2]) Sind dies Beispiele eines allgemeinen Grundsatzes oder positive Ausnahmebestimmungen, die eine analoge Ausdehnung nicht vertragen? Vgl. Allg. Theil S. 246. Rehbein, Commentar S. 307. Dernburg, Bürg. R. I S. 525.

[3]) Ueber peremptorische Einreden vgl. Dernburg, Bürg. R. I S. 525.

[4]) Ueber diesen Begriff vgl. oben S. 200.

Ebenso wird nach § 204 die Verjährung gehemmt bei Ansprüchen zwischen Ehegatten, Eltern und minderjährigen Kindern, Vormund und Mündel, also wenn ein Pietätsverhältniß der Klage entgegensteht (germanistische Rechtsanschauung).

Dagegen beginnt die Verjährung auch gegen gänzlich und theilweise Geschäftsunfähige.

Ein sehr wichtiger Hemmungsgrund war im gemeinen und im preußischen Rechte die Minderjährigkeit des Klageberechtigten und ähnliche Zustände, wie Entmündigung. Im gemeinen Rechte steht die Verjährung dem Minderjährigen gegenüber still. Im preußischen beginnt sie nicht, im Nothfalle kommt dem Minderjährigen die Wiedereinsetzung in den vorigen Stand binnen 4 Jahren zu Statten (§§ 535, 537 A.L.R I, 9). Das B.G.B. hat diese allgemeine Begünstigung des Minderjährigen gestrichen. Denn es ist Sache des Vertreters, die Rechte des Geschäftsunfähigen zu wahren und die Verjährung zu hindern. Nur beim Fehlen eines Vertreters gewährt § 206 eine Hülfe dadurch, daß die Vollendung einer Verjährung nicht früher eintritt, als 6 Monate nach Hebung des Vertretungsmangels oder Erlangung der unbeschränkten Geschäftsfähigkeit. Also wird auch durch den Mangel der gesetzlichen Vertretung die Verjährung nicht einfach gehemmt, sondern es wird nur, wenn nach Beseitigung des Mangels nicht mehr 6 Monate von der Verjährungsfrist übrig sind, ein Spielraum von 6 Monaten gewährt, der die Verjährung voll macht, also ein Zusatz, nicht eine Einschaltung. Hat z. B. ein Minderjähriger eine Forderung, die am 31. Dezember des Jahres verjährt sein würde und verliert er im Laufe des Jahres seinen Vertreter und bekommt erst am 1. Januar einen neuen, so wird auf den Verjährungsablauf keine Rücksicht genommen, weil der Vertreter noch 6 Monate zur Rechtsverfolgung frei haben muß. Verliert aber der Minderjährige seinen Vormund am 30. Dezember und wird erst am 31. Dezember volljährig, so verlängert sich die Verjährung ebenfalls um 6 Monate.

In gleicher Weise werden nach § 207 die Ansprüche behandelt, die für oder gegen einen Nachlaß geltend gemacht werden. Wenn nach Hebung des Hindernisses nicht mehr 6 Monate übrig sind, wird ein Zusatz gewährt, der die 6 Monate voll macht.

Nach § 206 Abs. 2 tritt in diesen beiden Fällen, wenn die Verjährungsfrist nicht 6 Monate dauert, der für die Verjährung bestimmte Zeitraum an die Stelle der Zusatzfrist von 6 Monaten.

Im Gegensatze zu diesen Erschwerungen der Verjährung steht als Erleichterung die accessio temporis für dingliche Ansprüche. § 221 bestimmt, daß wenn ein Subjektswechsel in dem klagbaren Rechtsverhältniß auf Seiten des Beklagten eintritt, doch die Verjährung weiterläuft. Diese accessio gilt auch für den Erwerb dinglicher Rechte (§ 943) und ist hier auf die Verjährung dinglicher Ansprüche ausgedehnt.

Zur Vollendung der Verjährung gehört die Nichtunterbrechung. Jede Unterbrechung bewirkt, daß die vorher verstrichene Zeit nicht in Betracht kommt. Als Gründe kennt das B.G.B.:

a) nach § 208 die Anerkennung durch den Verpflichteten dem Berechtigten gegenüber durch Abschlagszahlung, Zinszahlung, Sicherheitsleistung oder in anderer Weise (§ 562 A.L.R. I, 9). Eine reale Anerkennung (Leistung) ist nicht erforderlich. Es genügt also auch mündliche verbale Anerkennung und ferner nicht blos eine Anerkennung mit Verpflichtungsabsicht (Endemann),[1] sondern jedes ernstliche Zugeständniß, daß man schuldig sei.[2]

Die Tragweite dieser Vorschrift ist bedenklich. Man hat den Fall angeführt, daß der Schuldner den Gläubiger auffordert, ihm (kurz vor Ablauf der Verjährung) die Rechnung zuzustellen. „Wenn Sie dies nicht thun, werde ich Ihnen die Einrede der Verjährung entgegensetzen". Der Gläubiger schickt trotzdem die Rechnung nicht und klagt nach Ablauf der Verjährungsfrist. M. E. kann er die Verjährung nicht vorschützen, weil er ein Anerkenntniß abgegeben hatte. Planck (S. 259) führt diese Unmöglichkeit auf Treu und Glauben zurück. Hier aber hat der Schuldner nicht gegen Treu und Glauben verstoßen, weil er nur das that, was er in Aussicht gestellt hat.[3]

---

[1]) Lehrbuch d. Bürg. R. I, 8. Aufl., S. 558 § 93 Anm. 21 gegen Crome, I § 116 Anm. 14.

[2]) Ecks Ansicht rechtfertigt sich dadurch, daß die Verjährung mit der Beweislast im Zusammenhang steht und Wahrscheinliches sicherstellen soll. Die Wahrscheinlichkeit des Schuldfortfalles wird aber schon durch ein Zugeständniß durchbrochen. Freilich paßt hierzu nicht die unzweideutige Vorschrift, daß das Anerkenntniß dem Berechtigten gegenüber abzugeben ist (§ 208). S. d. Text u. Allg. Theil S. 240 bes. Anm. 6.

[3]) M. E. durfte er es nicht in Aussicht stellen. Seine Drohung war ein Mißbrauch des eigentlichen Verjährungszweckes, der dahin geht, solche Personen zu schützen, die an ihre Haftung nicht glauben. Plancks zutreffende Bemerkung läßt sich somit zur Unterstützung der Eck'schen Entscheidung verwerthen.

Zu betonen ist, daß das Anerkenntniß dem Berechtigten gegenüber abgegeben sei. Danach genügt nicht, daß Jemand einem Dritten, seinem Bankier, aufträgt, die Schuld zu tilgen, und daß dieser es thut[1]) oder daß ein Erbe die Schuld ins Inventar einstellt.

b) In § 209 ist die Unterbrechung durch Klageerhebung anerkannt und (in Anlehnung an die preußische Praxis) durch das, was dieser gleichsteht, nach § 209 Nr. 1—5. Hierüber geben die §§ 212—216 genauere Bestimmungen, um Verewigungen der Ansprüche zu verhüten. Hierher gehört auch die Aufrechnung im Prozesse.

Wird die Klage zurückgenommen, so gilt die Unterbrechung als nicht erfolgt (§ 212).

Die Verjährung wird nach dem B.G.B. ohne alle bona fides vollendet. (Anders das canonische Recht und §§ 568, 569 A.L.R. I, 9.) Auch der Dieb kann nach mehr als 30 Jahren die Verjährungseinrede gegen den Eigenthümer erheben.[2])

Nach § 222 ist die Wirkung der Verjährung nicht Erlöschen des Anspruches, geschweige des dem Anspruche etwa zu Grunde liegenden dinglichen Rechtes, andererseits auch nicht blos eine Vermuthung, daß das Recht getilgt sei, die durch Gegenbeweis entkräftet werden könnte, sondern eine Berechtigung des Verpflichteten, seine Leistung unter Berufung auf die Verjährung zu verweigern. Der Anspruch ist also nicht erloschen, sondern nur entkräftet. Hiernach muß der Beklagte sein Gegenrecht durch eine Einrede geltend machen. Er kann es aber auch unterlassen und dann hat der Richter die Verjährung von Amtswegen nicht zu berücksichtigen. Aus dem blos passiven Verhalten des Verklagten kann die Einrede nicht entnommen werden. Diese Nothwendigkeit des Vorschützens der Verjährung ist scharf angegriffen worden. Manche wollten, daß sie der Richter von Amtswegen berücksichtige. (Hölder[3]), O. Fischer[4]).) Man sieht den Zweck der Verjährungseinrede im Schutze des Richters gegen Behelligungen. In Wahrheit soll sie nach dem neuen Gesetzbuche nur den Beklagten schützen.[5])

---

[1]) In diesem Falle kann der Bankier übrigens unter Umständen ein Bote des Anerkenntnisses gegenüber dem Berechtigten sein.

[2]) M. E. ein Rückschritt gegenüber dem canonischen Rechte.

[3]) Arch. f. Bürg. R. Bd. 11 S. 243.

[4]) Recht und Rechtsschutz S. 123.

[5]) Der Gesetzgeber hat die Mehrbelastung der Gerichte durch Zulassung verjährter Ansprüche gegen die Härte ihrer unbedingten Ausschließung abgewogen und

Eine weitere praktische Konsequenz ist die, daß der Schuldner auf sein Gegenrecht aus der vollendeten Verjährung außergerichtlich verzichten kann. Er kann dem Kläger versprechen, sein Verjährungsrecht nicht geltend zu machen. Dann bekommt der Kläger eine Replik gegen die Verjährungseinrede.

Eine weitere Folge müßte sein, daß die Parteien die Verjährungsvorschriften modifiziren, nämlich die Frist verkürzen oder verlängern könnten. So § 566 A.L.R. I, 9. Aber das B.G.B. gestattet in § 225 zwar eine vertragsmäßige Erleichterung der Verjährung,[1]) aber nicht eine Erschwerung, mit einigen Ausnahmen, die sich im Gesetzbuche zerstreut finden. Der Schuldner soll also durch einen solchen Vertrag nicht schlechter gestellt werden, als es den gesetzlichen Bestimmungen entspricht.[2]) Das führt dahin, daß vor Vollendung der Verjährung ein Verzicht des Schuldners auf die Einrede nicht zulässig ist. Beispiel: Ein Gläubiger vereinbart, den Schuldner im Dezember nicht zu verklagen, sondern erst im Januar, er solle aber den Einwand der Verjährung nicht erheben. Der Schuldner könnte trotzdem die Verjährung einwenden, falls diese abgelaufen ist.[3])

Eine positive Zweckmäßigkeitsvorschrift ist unter Anlehnung an das Römische Recht in § 224 enthalten, nämlich die, daß mit dem Hauptanspruch allemal auch der Anspruch auf von ihm abhängige Nebenleistungen verjährt, selbst wenn für diese die Verjährung noch nicht eingetreten sein würde. Wenn also ein Hauptanspruch in zwei Jahren verjährt, so sind auch die Zinsansprüche verjährt, während diese sonst erst in vier Jahren verjähren, was im preußischen Rechte nur für Verzugszinsen galt. Dies gilt auch bei Früchten u. dgl. m.[4])

---

zu leicht befunden. Anders die ältere Praxis. Heymann, Das Vorschützen der Verjährung, 1859, S. 120. Die Ursache dieses Umschwunges liegt wohl in der Zunahme der kurzen Verjährungen, die für den Klageberechtigten besonders hart sind.

[1]) Ueber das Verhältniß dieses Vertrages zur Abrede einer Endfrist vgl. Allg. Theil S. 187.

[2]) Hierbei ist zu erwägen, daß da, wo alte Schuldtitel verdächtig sind, auch Verlängerungsabreden über die Verjährung von demselben Alter ebenso verdächtig sein müssen, und daß neben dem Stundungsvertrage, der die Verjährung hemmt, ein besonderer Verlängerungsvertrag kaum nöthig sein dürfte.

[3]) D. h. sofern nicht ein Stundungsvertrag anzunehmen ist.

[4]) Es hängt das damit zusammen, daß Zahlungseinwand und Verjährungseinrede im Großen und Ganzen einander gleichstehen sollen.

Für Zinsscheine bei Inhaberpapieren ist dieser Satz aufgehoben, weil Zinskupons eine selbstständige Existenz haben sollen (§ 803).

Eine Streitfrage ist es im gemeinen Recht, ob nach der Verjährung noch ein Rechtsanspruch übrig bleibt oder nicht. Im gemeinen und Preußischen Rechte bejaht man die Frage und läßt eine Natural-Obligation fortdauern.[1]) Auch das B.G.B. bejaht die Frage. Es läßt nicht den Anspruch erlöschen, sondern der Anspruch wird nur entkräftet. Es besteht also ein mittelst der Einrede der Verjährung abgeschwächter Anspruch fort, so daß freiwillige Erfüllung durch den Schuldner trotz der Verjährung möglich und gültig ist (§ 222 Abs. 2), selbst wenn der Schuldner in Unkenntniß der Verjährung geleistet hat, ohne daß der Verpflichtete das Gezahlte kondiziren oder eine Aufhebung der in Unkenntniß der Verjährung vorgenommenen Rechtsakte aus § 812 erlangen kann. Auch die vertragsmäßige Anerkennung und die Sicherheitsleistung stehen dem gleich. Die Verjährung läßt auch Pfandrecht und Hypotheken weiter bestehen (§ 223), ebenso ein zur Sicherung des Gläubigers übertragenes fiduciarisches Recht (§ 223), z. B. aus einer Sicherheitscession. Es ist der einzige Fall der Anerkennung eines solchen Geschäftes,[2]) bei dem dem Gläubiger mehr Recht eingeräumt worden, als der Sicherungszweck verlangt. Die Befriedigung des Gläubigers ist hier auf die Sicherungsmittel beschränkt.

Der Satz, daß nicht blos die Klage, sondern auch die Einrede durch Verjährung ausgeschlossen ist, ist dem Römischen Rechte fremd (Quae ad agendum sunt temporalia, ad excipiendum sunt perpetua). Hiernach gab es keine Replik der Verjährung. Da nunmehr jedoch die Ansprüche selbst verjähren sollen, so müßten in der That auch Einreden, sogar die exceptiones non adimpleti contractus durch Verjährung des Anspruches, in dem sie beruhen, erlöschen.[3]) In der That ist auch nach § 478 nur aus dem angezeigten

---

[1]) Zitelmann, R. des B.G.B. Allg. Theil, bemerkt S. 179, daß der Anspruch keineswegs als bloße Naturalobligation fortdauere, sondern „kraftvoller" sei „als sonstige einredebehaftete Ansprüche".

[2]) Seine allgemeine Geltung ist außer Zweifel. Vgl. Dernburg, Bürg. R. 1 S. 502 ff. Es ist ein Geschäft mit dinglicher Kraft, die durch einen obligatorischen Nebenvertrag unter den Parteien eingeschränkt ist. Benannt ist es nach dem Hauptanwendungsfalle, dem römischen pactum fiduciae.

[3]) Man unterscheide hier zwei Fragen: 1. Ist das Wort „Verjähren" als ein Ausdruck des Schwindens oder Kraftloswerdens, das als Folge der Nichtausübung des verjährenden Rechtes eintritt, bei Einreden in demselben Sinne anwendbar,

Mangel der gekauften Sache die Einrede unverjährbar. Trotzdem müßte eine allgemeine Verjährung der Einreden in vielen Fällen zu Unzuträglichkeiten führen. Das B.G.B. rettet vor Allem die Einrede dadurch, daß es neben dem Anspruch noch ein selbständiges Recht zur Weigerung der Leistung entstehen läßt, so z. B. beim gegenseitigen Vertrage[1]) (§§ 323, 478; ähnlich dem Art. 349, 3 des alten H.G.B.) und in anderen Fällen. Das B.G.B. kommt also auf einem Umwege wieder mit dem bisherigen Rechte zu einer Rettung der Einrede vor der Replik der Verjährung. Es kommt also auch in dieser Frage die Anspruchsverjährung auf die alte Klageverjährung hinaus.

Der Begriff des Anspruches ist nach den Motiven in der C.P.O. ein anderer als im B.G.B., da jene auch Feststellungsansprüche kennt.[2]) Diese sind jedoch nur Ausflüsse und Vorläufer der Leistungsansprüche und daher m. E. der Verjährung nicht grundsätzlich entzogen.[3])

§ 46.

Ausschlußfristen.

Die Verjährung gilt nur bei Ansprüchen. Der Zeitablauf hat aber einen noch weiter greifenden Einfluß auf Rechte aller Art durch die Präklusiv- oder Ausschlußfristen.

Die Ausschlußfrist beseitigt das Recht[4]) und ist von Amtswegen zu berücksichtigen. Die Befristung ist also ein strengeres Institut, als die

---

wie bei klagbaren Ansprüchen? Dies ist zu verneinen. „Verjähren" kann bei Einreden nur soviel heißen, als „durch Zeitablauf wegfallen". Die Einrede verjährt niemals als solche durch Nichtausübung, sondern sie kann nur durch Nichtausübung eines Anspruches, der denselben Zweck hat, hinfällig werden. 2. Wird jede Einrede durch Zeitablauf hinfällig, wenn ein Anspruch verjährt, der denselben Zweck verfolgt? Dies ist im Allgemeinen als zu streng ebenfalls verneint, doch in Ausnahmefällen bejaht worden, z. B. in § 478. Vgl. Näheres Allg. Theil S. 231.

[1]) M. E. hat dies vielbesprochene Recht auch schon früher bestanden, wenn man es auch nicht durch einen besonderen Namen (Leistungsweigerungsrecht) von dem Rechte auf eine Einrede unterschieden hat. Nur der Name ist neu, die Sache ist uralt. Vgl. Allg. Theil S. 219 ff.

[2]) Vgl. hierzu jetzt namentlich Hölder, Archiv f. civ. Pr. Bd. 93 S. 1 ff.

[3]) Anders die Mot. I S. 295, hierüber Allg. Theil S. 229. Dernburg, Bürg. R. I S. 510 (über familienrechtliche Verhältnisse). Crome, System I S. 506. Hellmann, Archiv f. civ. Pr. Bd. 84 S. 130.

[4]) Nach der Ansicht des R.G. Bd. 48 S. 163 ergiebt sich gemäß Planck (Vorbemerk. 1 u. 2 zu Abschn. 5 Allg. Theil) die vertilgende Kraft der Ausschluß-

Verjährung und schafft klares Recht.[1]) Unterbrechungen und Hemmungen giebt es bei ihr nur, insoweit dies bestimmt ist.[2])

Das B.G.B. scheidet aufs Strengste die Verjährung, die es mit den Worten einführt „der und der Anspruch verjährt in zwei Jahren", und die Ausschlußfristen, bei denen es heißt: „Die Handlung kann nur in der und der Frist erfolgen." Wenn dagegen vertrags- oder gewohnheitsmäßig eine Frist bestimmt ist, so ist auch dies im Zweifel als Ausschlußfrist zu deuten. So z. B. die in den Versicherungspolicen üblichen Fristen: „jeder Anspruch muß binnen 6 Monaten geltend gemacht werden." Das ist eine Ausschlußfrist.

Die Anwendung des Instituts der Ausschlußfrist ist eine viel ausgedehntere, als in irgend einem anderen bisherigen Gesetzbuche, z. B. bei Anfechtungsfristen, insbesondere im Familienrechte, richterlichen Fristen und sonst. Besonders häufig (vgl. §§ 108 Abs. 2, 177, 1829 Abs. 2, 1396 Abs. 2 u. a. m.) ist einer Partei anheimgegeben, zur Beendigung eines Schwebezustandes eine Frist ihrerseits in Lauf zu setzen dadurch, daß sie den Gegner zu einer Erklärung auffordert, so z. B. zu einer Genehmigung. Erfolgt diese nicht binnen zwei Wochen, so gilt sie als verweigert (§ 108, Genehmigung des Vertrages eines Minderjährigen). Ebenso

---

frist aus ihrem Begriffe. M. E. wären auch Ausschlußfristen mit schwächerer Kraft (bloßer Ausschließung der Klage) neben der Verjährung denkbar, doch hat sie unser Gesetzbuch nicht aufgestellt. Der erwähnte Begriff steht sogar nicht einmal mit der Verjährung im logischen Widerspruch; auch diese ist streng genommen eine Abart der Ausschlußfrist, die nur zum Zwecke einer gesonderten Behandlung von ihr abgetrennt worden ist. Zu dem Verhältnisse von Verjährung und Befristung vgl. Windscheid-Kipp, Pandekten, 8. Aufl., I § 105 Anm. 1a, 6, S. 469, 471.

[1]) Vgl. Dernburg, Bürg. R. I § 173 S. 504 ff. Die gesetzlichen Fristen sind zuweilen nur verschärfte Verjährungen, zuweilen haben sie mit dem Verjährungsgedanken gar nichts zu thun. So die im Texte erwähnten, von der einen Partei der anderen gestellten Fristen. Ersteres gilt überall da, wo die Ausschlußfrist sich an die unterlassene Ausübung eines Anspruches anschließt, also die Frist einen wahrscheinlichen Zustand unanfechtbar macht. Vgl. z. B. §§ 478, 1002, 1339, 1571.

[2]) Vgl. den Schluß der vorigen Anm. (Sonst gilt bei der Berechnung der Ausschlußfrist B.G.B. §§ 186—194.) Mit dieser Gleichstellung gewisser Grundsätze der Ausschlußfrist und der Verjährung soll keineswegs etwa gesagt sein, daß im Wege der Analogie das Verjährungsrecht hier noch weiterhin angewendet werden könne. Mit Recht erklärt sich das Reichsgericht gegen diesen Gedanken in den Entscheidungen Bd. 48 S. 164, indem es insbesondere die Anwendbarkeit des Art. 169 Einf.Ges. auf Ausschlußfristen verneint. In Wahrheit hat der Gesetzgeber in Fällen, die sich zu einer Verjährung eignen, nur deshalb Ausschlußfristen angeordnet, um bei ihnen das Sonderrecht der Verjährung auszuschließen.

nach § 177 beim Vertrage, den ein Vertreter ohne Vertretungsmacht geschlossen hat, ebenfalls 2 Wochen. Ferner kehrt die zweiwöchige Frist im Familienrecht wieder (§§ 1396 Abs. 2, 1829 Abs. 2). Die Partei kann die Frist nicht nur in Bewegung bringen, sondern kann sie auch hinsichtlich der Dauer in angemessener Weise bestimmen.

Nach § 326 kann bei jedem zweiseitigen Vertrage im Falle eines Erfüllungsverzuges der andere dem Gegner eine angemessene Nachfrist zur Bewirkung der Leistung stellen mit dem Präjudize, die Leistung ablehnen oder zurücktreten zu dürfen. Er kann dann zwischen Schadensersatz oder Rücktritt wählen, aber nicht mehr Erfüllung fordern (Hachenburg S. 55).[1] So kann auch der Miether, dem die Wohnung nicht gewährt wird (§ 542) oder der Besteller einer Arbeit, dem nicht geliefert wird (§ 634), oder der Gesellschafter, dessen Sozius die Einlage nicht macht (§ 706), die Leistung des Gegners eigenmächtig befristen und wenn bis zum Ablaufe der Frist die Leistung ausbleibt, dann zwischen Schadensersatz und Rücktritt wählen. Dagegen hat er sich die Möglichkeit, den Erfüllungsanspruch zu erheben, selber abgeschnitten. Auch bei dem Schadensersatzanspruche (§ 260) gilt eine Frist, nach deren Ablauf statt der an erster Stelle geschuldeten Naturalherstellung ein Ersatz in Geld zu leisten ist.

Nach dem Bürgerlichen Recht muß der nichtsäumige Theil nicht blos eine Nachfrist „belassen“, so im früheren Handelsrechte (Staub, Kommentar zu Art. 355, 2. Aufl., S. 869 § 19), sondern eine angemessene Frist ausdrücklich stellen. Im neuen H.G.B. sind die Art. 355—358 nicht enthalten, also wird auch in Handelssachen das B.G.B. maßgebend sein.

Aber nicht blos beim zweiseitigen Vertrage, sondern in vielen anderen Fällen wiederholt sich diese Erscheinung. Es erlangt nämlich nach § 283 jeder Gläubiger mit rechtskräftiger Verurtheilung des Schuldners das Recht, dem Schuldner eine angemessene Frist zu stellen, binnen der zu liefern ist, widrigenfalls Schadensersatz oder Rücktritt zulässig ist. Aehnlich § 634.

Für alle diejenigen Fälle, in denen die Fristbestimmung dahin führt, daß die geschuldete Leistung von dem Gläubiger abgelehnt

[1]) Dieser § 326, dessen nähere Erörterung dem Rechte der Schuldverhältnisse angehört, hat bereits eine umfangreiche Literatur hervorgerufen. Vgl. Entsch. d. R.G. Bd. 50 Nr 59 S. 263—264, woselbst statt „Kleinadam“ zu lesen ist „Kleineidam“.

werden darf oder ihm etwas Anderes zu gewähren ist, will die neue C.P.O. § 255 noch eine formale Erleichterung hinzufügen. Es kann der Gläubiger nämlich schon bei der Klage verlangen, daß eine richterliche Frist bestimmt werde nach deren Ablauf Schadensersatz zu leisten ist. Das Urtheil wird zu lauten haben: „Beklagter ist schuldig, dem Kläger das verkaufte Pferd zu liefern. Wenn er es binnen acht Tagen nicht liefert, ist er schuldig, als Schadensersatz 1000 Mark zu zahlen". Die prinzipielle Verurtheilung ist aber niemals vollstreckbar, sondern nur die Voraussetzung für Vollstreckbarkeit der zweiten eventuellen Kondemnation. Der Gläubiger muß also schon vor dem Urtheil seine Wahl erklären. Die erste Verurtheilung ist dann niemals vollstreckbar. Der Kläger verliert aber auch für die zweite den Vortheil einer vorläufigen Vollstreckbarkeit des Urtheiles.[1])

Kapitel VIII. Ausübung der Rechte.

§ 47.

Chikaneverbot. Kollision von Rechten.

Im B.G.B. finden sich zahlreiche Einzelvorschriften, die einen Mißbrauch des Rechtes ausschließen wollen, so im Ehe- und Familienrecht. Planck (S. 277) zählt sie auf (zu § 226, dem sogenannten Chikaneverbote). Der Reichstag hatte diesen vom Bundesrathe in das Eigenthumsrecht eingeschobenen Satz in die allgemeinen Lehren verpflanzt. Er ist nicht unbedenklich. Nach diesem Paragraph ist die Ausübung eines Rechtes unzulässig, wenn sie nur den Zweck haben kann, einem Andern Schaden zuzufügen.[2]) Die Schadenszufügung muß also alleiniger Zweck sein, und dies muß sich auch aus der objektiven Sachlage, aus den Umständen, ergeben, wie das Wort „kann"

[1]) D. h. einer sofort wirksamen. Mit der Maßgabe, daß erst nach Ablauf der Frist vollstreckt werden darf, kann m. E. auch hier schon vorher eine vorläufige Vollstreckbarkeit gewährt werden. Ungewiß bleibt, ob Eck auch dies bestreiten wollte.

[2]) Ein Beispiel gewährt der sog. Neidbau. Dernburg, Bürg. R. I S. 108. Gegen Crome, der die Chikane von Amtswegen beachtet wissen will (I § 121 Anm. 13) erklärt sich Dernburg, Bürg. R. Bd. I S. 110 § 43 Anm. 13. Insoweit es sich um eine bloße Rechtsdeduktion handelt, ist Crome beizutreten. Ueber die bisherige Praxis vgl. Scherer, Kommentar S. 226.

erweist. Also schließt das Vorhandensein eines zweiten Zweckes nach oder neben der Chikane die Anwendung der Vorschrift aus.[1]) Durch Eideszuschiebung ist daher der Beweis nicht zu führen, weil äußere Umstände hier entscheiden sollen.[2])

Der § 226 wird ergänzt durch § 826, der im Falle der Chikane auch noch einen Schadensersatzanspruch giebt. Beispiel: Dem Miether, der vertragsmäßig verpflichtet ist, neue Tapeten anzubringen, würde der Hauswirth zum Schadensersatz verpflichtet sein, wenn er dies verlangt hat, obwohl sein Entschluß feststand, nach Anbringung der Tapeten das Haus niederzureißen.

Ein früherer Zusatz zu § 829, nach dem die Schadensersatzpflicht dieser Vorschrift nur dann eintreten sollte, wenn die Verletzung „durch eine Handlung hervorgerufen wäre, die nicht in der Ausübung eines Rechtes besteht", ist vom Reichstage absichtlich weggelassen worden, also gilt die Vorschrift auch bei Verletzung des Chikaneverbotes durch Rechtsausübung, dem einzigen Falle, in dem eine rechtmäßige Handlung unter § 829 gehört, also gegen die guten Sitten verstößt (Planck S. 279).

Eine Rechtsausübung, die in abstracto verschiedene Zwecke haben kann, ist als chikanös anzusehen, wenn sie im besonderen Falle zugestandenermaßen nur diesen Zweck verfolgt. So in dem in einer neueren Schrift erwähnten Beispiele: Es will jemand einen benachbarten Gastwirth dadurch zum Ankaufe eines Grundstückes zwingen, daß er seine

---

[1]) Die Chikane im Sinne des B.G.B. ist daher nicht identisch mit dem dolus generalis des röm. Rechtes, sondern nur eine Unterart dieses allgemeineren Begriffes. Einen dolus generalis sah man in jeder Rechtsausübung, die den Anforderungen des älteren Rechtes genügte, aber denen des neueren widersprach. Da wir den Dualismus des älteren und des neueren römischen Rechtes überwunden haben, so giebt es auch keine exceptio doli generalis in diesem römischen Sinne mehr. Das, was unter diesem unpassenden Namen noch immer in der Praxis vorkommt, ist die Rechtsdeduktion eines Beklagten, daß ein erhobener Anspruch unbillig sei und darum dem wahren Sinne des Rechtssatzes, auf den der Kläger sich stützt, nicht entspreche. Diese moderne sog. exceptio doli generalis ist also nichts, als der Wunsch einer einschränkenden Rechtsauslegung, somit kein wahres Leistungsweigerungsrecht und kann m. E. auf § 226 nicht gestützt werden, sofern nicht der besondere Fall der Chikane vorliegt. Vgl. über die Fortdauer der exceptio doli generalis insbesondere Crome (von dem Vorstehenden abweichend), System I S. 186 ff. und die dort Anm. 13 Genannten.

[2]) Diese Folgerung wird auch von Dernburg, Bürg. R. I S. 110, gezogen und auf C.P.O. § 445 gegründet.

Gartenbeete immer dann mit Mistjauche begießen läßt, wenn in dessen Lokal gerade der größte Verkehr ist.[1])

Wenn mehrere Rechte einander widerstreiten, so versteht sich von selbst, daß das stärkere Recht dem schwächeren vorgeht.[2]) Wenn sie gleich stark sind, so giebt das B.G.B. für verschiedene Fälle verschiedene Lösungen: Gemeinsames Ausüben (§ 513, bei mehreren Vorkaufsrechten), Theilen (bei Auslobungen, § 659), Entscheidung durch das Loos (§ 659 a. E.). Den Römischen Grundsatz „Wer zuerst kommt, mahlt zuerst" hat es als allgemeine Regel nicht rezipirt.[3])

§ 48.

Selbstvertheidigung und Selbsthilfe.

(Heinrich Titze, Die Nothstandsrechte im B.G.B., Leipzig 1897.)[4])

Das B.G.B. enthält eine Reihe von Ausnahmen des Prinzips der verbotenen Eigenmacht, nach dem die Ausübung von Rechten gegen

---

[1]) Auch hier ist es nicht zweifellos, ob die Chikane der einzige Zweck der Handlung ist, da sie ja doch eine andere Absicht, den Erwerbswillen, vermitteln soll. — Jedenfalls geht aus der Wahl des Beispieles hervor, daß Eck dem § 226 ein weiteres Anwendungsgebiet sichern will, als die bloße Gewährung einer Einrede aus § 226 und einer Klage aus § 829. Hier soll die Chikane für die Feststellung der Nachbarrechte des § 906 (Immissionsrechte) bedeutsam sein. Soll sie aber auch etwa gegen einen Neidbau einen besonderen Klagegrund bilden, dessen Inhalt über den Vermögensschaden hinausgreift? Darf z. B. der Nachbar auf Beseitigung eines häßlichen Baues klagen, der keinen andern Zweck und keinen andern Erfolg hatte, als ihn zu ärgern? Man wird dies m. E. kaum annehmen dürfen, doch wird in der Regel hier eine Entwerthung des Grundstückes des Gekränkten, also ein Vermögensschaden vorliegen. Allerdings ist für solche Fälle geradezu eine besondere quasinegatorische Klage behauptet worden, von der das Reichsgericht (Entsch. Bd. 48 Nr. 29 S. 121) redet, ohne sie geradezu anzuerkennen, da es in dem dort vorliegenden Falle einen Anspruch aus § 826 annahm. Gegen die Anwendung des § 226 in einem wechselrechtlichen Falle Entsch. des R.G. Bd. 48 Nr. 34 S. 144.

[2]) Vgl. Dernburg, Bürg. R. I § 44 S. 110.

[3]) Vgl. jedoch hierzu Dernburg, Bürg. R. I S. 111 Anm. 8. Dernburg führt mit Recht aus, daß im Zweifel der thatsächliche Zustand bestehen bleiben und deshalb die Prävention gelten muß, wo nichts anderes bestimmt ist. (Auch nach B.G.B.) Es ist dies m. E. auch ohne besonderen Beweis anzunehmen.

[4]) Neuere Literatur s. im Allg. Theil S. 206 Anm. 3. Windscheid-Kipps Pandekten, 8. Aufl., I S. 541 ff.

Widerstand nicht durch Selbsthilfe, sondern durch Staatshilfe erzwungen werden soll.[1])

Kraft dieser Ausnahmen werden die an sich[2]) widerrechtlichen Handlungen zu rechtmäßigen. Sie verpflichten nicht zu Schadensersatz, können, sofern auch das Strafgesetz sie als nicht widerrechtlich anerkennt, nicht kriminell strafbar sein, es giebt auch keine Nothwehr dagegen.[3]) Hiernach kann man wegen derselben Handlung eine Gefängnißstrafe erhalten, für die man nicht schadensersatzpflichtig ist. Vgl. z. B. R.G.Entsch. Bd. 5 S. 160ff.: Ein Kapitän hatte ein Telegraphenkabel, das sich um den Anker seines Schiffes verschlungen hatte, behufs Rettung des Ankers durchschneiden lassen. Die Entschädigungsklage gegen den Rheder wurde nach gemeinem Rechte abgewiesen und dabei als unerheblich hingestellt, ob sich der Kapitän einer Uebertretung der §§ 317—319 St.G.B. schuldig gemacht habe.[4])

Die Ausnahmen des Verbotes der Selbsthilfe[5]) stehen zum Theile bei einzelnen Rechtsinstituten, z. B. dem Besitze. Allgemeine Bestimmungen finden sich in den §§ 227—231.[6])

---

[1]) Als selbstverständlicher Zusatz ist hinzuzudenken, „sofern die Hilfe in einer durch Strafrechts- oder Privatrechtssatz verbotenen Handlung besteht". Durch erlaubte Handlungen darf sich Jeder bei jeder Gelegenheit helfen, z. B. durch Ermahnungen, Abbruch der geschäftlichen oder freundschaftlichen Beziehungen u. dergl.

[2]) D. h. durch ein Strafrechts- oder Privatrechtsverbot.

[3]) Dies ist nicht unbestritten. Würde aber das Gegentheil gelten, so würde der Staat den Uebelthäter und sein Opfer geradezu aufeinander hetzen.

[4]) A. M. der Herausgeber, Allg. Theil S. 208, zunächst schon wegen des Gesetzeswortes. § 228 erklärt, „daß gewisse Handlungen nicht widerrechtlich seien". Ein unbefangener Leser muß daraus entnehmen, daß er nicht Gefahr laufe, ihretwegen bestraft zu werden. Dem Wortlaut entspricht aber auch der tiefere Sinn. Wenn das Gesetz eine Partei zu einer Handlung dadurch verleitet, daß es diese Handlung von Ersatzpflicht frei macht, so darf es billiger Weise den Handelnden nicht dabei in die Falle der Bestrafung hineinlocken. Das Gegentheil ist zwar nicht undenkbar, aber vom rechtspolitischen Standpunkte aus tadelnswerth und kann deshalb im Zweifel nicht als Sinn des Gesetzes gelten. Wo das B.G.B. also einer Handlung die Widerrechtlichkeit nimmt, da entzieht es m. E. im Zweifel auch dem Strafgesetze die Kraft, sie zu ahnden.

[5]) Dies Verbot ist genau betrachtet nur ein Nichtvorhandensein von Ausnahmevorschriften gegenüber anderen Verboten (Besitzentziehung, Körperverletzung u. dergl.). Da jedoch im älteren Rechte die Selbhilfe grundsätzlich gestattet war, so hat sich das Gegentheil in der That als Verbot entwickelt.

[6]) Was als Sonderrecht für Nothfällen bei einzelnen Instituten steht, berührt entweder nicht den Schutz aller Rechte (so § 859) oder erlaubt nicht die Verletzung aller Rechte (so § 904).

Das B.G.B. unterscheidet hier drei Kategorieen. § 227 bespricht Selbstvertheidigung in Nothwehr, § 228 die Beschädigung oder Zerstörung einer fremden Sache, um eine durch sie drohende Gefahr abzuwenden, und die folgenden drei Paragraphen sprechen von „Selbsthilfe",[1]) d. h. einem Angriffe behufs Verwirklichung eines Anspruches.[2])

Von diesen drei Fällen ist die Nothwehr nicht abweichend vom bisherigen Recht erledigt. Die Definition ist wörtlich aus dem Strafgesetzbuche entnommen. Abweichend ist höchstens, daß der Nothwehrexceß, welcher straffrei bleibt, im Civilrecht, sobald er schuldbar begangen ist, zum Schadenersatz verpflichtet.

Das B.G.B. gestattet in § 228, in dem es den Ausdruck Nothstand vermeidet, bei einer Gefahr, die durch eine fremde Sache droht, diese Sache zu beschädigen oder zu zerstören, wenn es zur Beseitigung der Gefahr nothwendig ist. Diese defensive Nothstandshandlung des Privatrechtes greift in mehrfacher Hinsicht weiter, als die Vorschrift des Strafrechtes,[3]) die ebenfalls ausnahmsweise Nothstandshandlungen erlaubt. Dies zeigt sich in Folgendem:

1. Nach § 228 genügt auch die Gefährdung fremder Menschen, wenn z. B. ein wild gewordenes Pferd auf einen Kinderspielplatz zurast, so kann man es niederschießen.

2. Es wird keine Gefahr für Leib und Leben vorausgesetzt, es genügt auch Gefährdung von Vermögen, z. B. wenn eine führerlose Lokomotive andere Wagen zerstören würde, so kann man eine Entgleisung herbeiführen.

---

[1]) Die Redeweise des B.G.B. weicht daher hinsichtlich des Wortes „Selbsthilfe" von der bisher üblichen, aber auch im Texte beibehaltenen ab. Bisher galt als Selbsthilfe jede außeramtliche Rechtshilfe, sei es nun Rechtsvertheidigung oder Rechtsvollstreckung. Die Silbe „selbst" heißt hier „durch sich selbst" (d. h. nicht durch einen Beamten), nicht aber bedeutet sie „für sich selbst". Die Selbsthilfe des B.G.B. ist nur die „außeramtliche Vollstreckung eines Anspruches".

[2]) Ohne jede praktische Bedeutung ist die Frage, ob die Logik dazu zwingt, da von „Nothrechten" zu reden, wo aus Rücksicht auf eine Noth etwas ausnahmsweise gestattet wird. (Allg. Theil S. 208.) Wenn man dies auch bejaht, so bleiben noch immer die Fragen offen, ob das Nothrecht stark genug ist, um gegen Nothwehr zu schützen, und ob es zugleich straf- und privatrechtlich anerkannt ist. Ein Recht zu einer Handlung ohne Gefahr eines Schadenersatzes ist noch nicht ein Recht zu einer solchen ohne Gefahr der Strafe, und zu untersuchen bleibt (s. oben S. 219 Anm. 3), ob es ein Recht ohne Gefahr der Gegenwehr sei.

[3]) Natürlich ist sie in gewisser Hinsicht auch enger, weil das Strafrecht nicht blos Privatrechte schützt, das B.G.B. sich aber nur um diese kümmert.

3. Die Gefahr braucht keine gegenwärtige zu sein. (Anders St.G.B. § 54.)

Andererseits darf nach B.G.B. der Schaden nicht außer Verhältniß zu der Gefahr stehen. Nach B.G.B. würde das Durchhauen eines unterseeischen Kabels zur bloßen Rettung eines Ankers nicht mehr Nothstand sein. Oder wenn ein kostbarer Bernhardiner Hund einen Menschen anspringt und dessen Paletot beschmutzt, so darf der Betreffende den Hund nicht niederschießen. Die Nothstandshandlung des B.G.B. betrifft nur Einwirkungen auf Sachen, diejenige des Strafrechtes auch Einwirkungen auf Personen.

Eine Verschuldung der Gefahr macht die Nothstandshandlung nicht unerlaubt, verpflichtet aber zum Schadensersatz. (§ 228, 2.)

Offenbar ist der Umfang der erlaubten Nothstandshandlung noch zu sehr begrenzt, weil Identität der Gefahr drohenden Sache und der zu beschädigenden nothwendig ist.

Indessen wird § 228 ergänzt[1]) durch § 904, wonach der Eigenthümer einer Sache die Einwirkung eines Anderen dulden muß, wenn dies zur Abwendung einer gegenwärtigen Gefahr nothwendig und der Schaden gegenüber dem aus der Einwirkung dem Eigenthümer entstehenden Schaden unverhältnißmäßig groß ist. Verlangt wird hier eine gegenwärtige Gefahr, sei es für eine Person oder für Vermögen, und es ist dann jede Einwirkung gestattet, nicht blos Beschädigung und Zerstörung, sondern auch Benutzung, Wegnahme u. dergl. mehr. Der drohende Schaden muß aber unverhältnißmäßig groß sein gegenüber dem Schaden, der durch die Einwirkung erwächst. Es würden z. B. Turner zufolge § 904 die Thür zu einem Stalle einschlagen, die Pferde herausholen und abkutschiren können, weil einer ihrer Genossen verwundet ist und zum Arzt geschafft werden muß. Ich halte dieses aggressive Nothstandsrecht für eine recht kühne, aber auch bedeutsame und im Wesentlichen gerechtfertigte Rechtsbildung.[2]) So darf man über ein frisches Saatfeld laufen um einen Brand zu löschen. Genügt aber die Gefahr, einen Eisenbahnzug zu versäumen, dazu, einen Fremden,

---

[1]) Seinem Wortlaute nach umfaßt § 904 den Inhalt der §§ 228—231, insoweit auch diese Eingriffe in fremdes Eigenthum gestatten. Da er aber weniger starke Befugnisse verleiht, so kann er nur als ergänzende Vorschrift gelten.

[2]) Eck deutet hiermit an, daß zwar der Rechtsschutz in der Noth uralt, der bloße Interessenschutz durch Erlaubniß einer Rechtsverletzung aber ein Erzeugniß moderner Humanität ist, das an eine formlose Enteignung heranstreift.

der spazieren fährt, zu nöthigen, dem Gefährdeten seinen Wagen zu überlassen? Mit Endemann (I S. 381) wird man daran festhalten müssen, daß es sich um die Gefährdung von anerkannten Rechtsgütern handeln müsse.[1])

Die §§ 228 und 904 sind äußerlich und inhaltlich von einander gesondert, gehen indessen in der Praxis ganz und gar in einander über. Beispiel: Als im Jahre 1892 in Hamburg die Cholera ausgebrochen war, reisten viele Hamburger weg und wurden in verschiedenen Städten dadurch benachtheiligt, daß ihre Sachen polizeilich beschlagnahmt und größtentheils in einem Desinfektionsverfahren beschädigt wurden. Hatten sie Klage auf Schadensersatz? Konnte sich der Beklagte, der Fiskus oder der Beamte, auf § 228 oder § 904 berufen? Drohte hier ein Schaden von den Sachen oder von den Cholerabacillen? Die Frage ist ungemein schwierig zu entscheiden. Es wird § 228 anzuwenden sein, weil die Gefahr durch die Sache hervorgerufen ist.

Die Frage ist darum von großer Bedeutung, weil der Eigenthümer bei dem aggressiven Nothstande des § 904 stets Entschädigung verlangen kann, im Falle des § 228 aber nicht. Auch gestattet § 228 nur eine Einwirkung auf die gefahrdrohende Sache, § 904 auf jede fremde Sache. Im Einzelnen mag die Unterscheidung schwierig sein: Wenn jemand von einem Rasenden mit dem Degen angegriffen wird, droht ihm dann die Gefahr durch den Degen oder durch den Rasenden?[2]) Wenn von drei nahe an einander liegenden Bauernhäusern das erste brennt, kann der Eigenthümer des dritten das zweite niederreißen, weil die Gefahr durch das zweite Haus droht?[3])

Die §§ 229—232 enthalten die Vorschriften über Selbsthilfe, d. h. einen Angriff behufs Verwirklichung eines sonst gefährdeten Anspruches, Nothangriff (Cosack). Ein solcher ist gestattet mit gewissen Beschränkungen:

---

[1]) Diese Beschränkung genügt m. E. nicht. Die richterliche Auslegung wird den § 904 auf solche Handlungen einschränken müssen, die nicht nach allgemeiner Anschauung als unerlaubt und unerträglich gelten. Zu dem hi.rnach Erlaubten gehört z. B. nicht die Wegnahme von Brot zur Beseitigung einer Hungersgefahr. Ohne solche Beschränkung könnte die wohlgemeinte Vorschrift recht gefährlich werden.

[2]) M. E. von beiden.

[3]) Man könnte die Frage dahin formuliren: Muß die gefahrdrohende Sache nur der Ausgangspunkt der Gefahr sein oder sie durch ihre eigene Bewegung verursachen? Den Interessen, um deren Schutz es sich handelt, entspricht das Erstere. Dies scheint Ecks Meinung gewesen zu sein.

a) Voraussetzung ist nach § 229 am Ende, daß obrigkeitliche Hilfe zur Verwirklichung des Anspruches nicht rechtzeitig zu erlangen ist und daß ohne eigenmächtiges Eingreifen die Vereitelung oder wesentliche Erschwerung der Verwirklichung des Anspruches entstehen würde, z. B. bei Beseitigung von Befriedigungs-Objekten, Flucht oder Widerstand des Schuldners;

b) die Akte der Selbsthilfe dürfen nur solche sein (§ 229 im Anfange), die auch die Obrigkeit anwenden könnte und würde, wenn zu ihrer Berufung Zeit wäre, also Wegnahme der Sache, wenn auch das Gericht mit Arrest und Wegnahme vorgehen würde; ferner Zerstörung der Sache, z. B. Erbrechen des Koffers, Durchbrechung eines Dammes, Festnahme des fluchtverdächtigen Schuldners, wenn Sicherheitsarrest zulässig wäre, Beseitigung des Widerstandes, den der Verpflichtete entgegenstellen würde, z. B. Beseitigung des Widerstandes eines Miethers, der eine nothwendige Ausbesserung des Hauses nicht dulden will. Hierher gehört auch folgender Fall: Ein Mitglied des Alpenvereins, das als solches ein Vorrecht auf Benutzung einer Alpenhütte hatte, verdrängte einen Engländer, der sich unberechtigter Weise in das dort befindliche Bett gelegt hatte und den Platz nicht räumen wollte;[1])

c) das Maß der Selbsthilfe ist durch § 230 Abs. 1 auf das zur Abwendung der Gefahr erforderliche beschränkt. Es muß daher sofort ein Arrestantrag folgen (dinglicher oder persönlicher) und wenn das Gericht den Antrag ablehnt, muß der Berechtigte sofort die Freigabe bewirken. Etwas Aehnliches ist aber naturgemäß nicht bestimmt bei

---

[1]) Die von Eck vertretene Ansicht rechtfertigt sich namentlich durch die Erwägung, daß der Staat der außeramtlichen Rechtshilfe schwerlich im Zweifel andere Formen zugesteht, als der amtlichen. Es ist hierbei zu beachten, daß bei diesen Selbstverwaltungen der Rechtshilfe zwei verschiedene Arten von Beamten in Betracht kommen, deren Befugnisse ausnahmsweise auf die Partei übergehen. In der Selbstvertheidigung (§§ 227 u. 228) sind es die Sicherheitspolizisten, in der sog. Selbsthilfe (§ 229) die Vollstreckungsbeamten. Die für diese bestimmten Formen der Gewalt müssen für die Selbsthilfe im Sinne des B.G.B. maßgebend sein und die Instruktionen für Polizisten für die Selbstvertheidigung. Dort ist der Bedrohte sein eigener Gerichtsvollzieher, hier sein eigener Schutzmann. Was freilich § 903 betrifft, so giebt er nicht einen Rechtsschutz, sondern einen allerdings in der Regel nur vorübergehenden und inhaltlich beschränkten Eingriff in fremde Rechte, so daß hier der Nothleidende gewissermaßen für sich selbst als eine eigenartige Enteignungsbehörde thätig wird, für die irgend welche Schranken in der Wahl angemessener Mittel nicht vorhanden sind.

der eigenmächtigen Ueberwindung eines Widerstandes, weil da schon das Ziel erreicht ist, wenn die Selbsthilfe vollzogen war.

Nach § 231 begründen Selbsthilfeakte, die ohne die Voraussetzung der Erlaubtheit vorgenommen werden, die Pflicht zum Schadenersatze auch ohne Schuld. Bei einer solchen würde schon ohnedies eine Ersatzklage aus dem Delikte begründet sein. Es liegt hier also eine obligatio ex lege vor. So ist man z. B. verpflichtet, wegen des erbrochenen Koffers eines abziehenden Dienstmädchens Ersatz zu leisten, wenn man zu Unrecht in dem Koffer gestohlene silberne Löffel vermuthet hatte.[1])

Einzelne Fälle der Selbsthilfe sind nun speziell im Gesetzbuche geregelt, so die Retention des Vermiethers (§ 561), ferner in der Besitzlehre: die Wiedereinsetzung des Besitzers gegen den Occupanten (redejectio dejicientis) (§ 859).

Eine besondere Form der Selbsthilfe ist noch dem Landesrechte vorbehalten, nämlich das Privatpfändungsrecht — Einführungsgesetz Art. 89.

§ 49.

Sicherstellung. (§§ 233—240.)[2])

Einen Anspruch auf Sicherheitsleistung hat ein Berechtigter nicht als solcher ohne Weiteres, auch nicht einmal bei Unsicherheit seines Anspruches, wie im gemeinen Rechte behauptet werde. (Si agatur ad interponendam cautionem, ex justa causa condemnatio fit.) Ein Beispiel gab die Klage des Unternehmers Louis Favre gegen die Gotthardbahngesellschaft auf Stellung einer Kaution in Höhe des auf vierzig Millionen berechneten Defizits. Diese Klage wurde von

[1]) In drei Fällen ist hiernach die Ausübung einer außeramtlichen Rechtshilfe mit Unkosten belastet, bei der Selbstvertheidigung gegen Sachen seitens dessen, der die Gefahr verschuldet hat (§ 228), bei der redlichen, aber trotzdem unerlaubten Selbsthilfe (§ 231) und bei dem Eingriffe in fremdes Eigenthum nach § 904. Die den Nothleidenden gewährte Ausnahme von allgemeinen Haftungsregeln ist hiernach im Bürgerlichen Rechte zwar von größerem Umfange, als im Strafrechte, aber nicht von ebenso durchgreifender Kraft, weil sie in den genannten Fällen eine besondere Haftbarkeit begründet.

[2]) Vgl. hierzu Allg. Theil S. 203 ff. Kipp in Windscheid-Kipp, Pandekten, 8. Aufl., I S. 596.

dem Luzerner Gerichte auf Grund einer künstlichen Auslegung der entscheidenden Pandektenstelle abgewiesen.[1])

Nur kraft besonderer Gesetzesvorschrift kann nach B.G.B. Sicherheitsleistung begehrt werden. Solche Vorschrift ist öfter getroffen (Vorleistung oder Sicherheitsgewährung bei dem Eintritte einer Verschlechterung des Vermögens nach § 321 und in vielen anderen Fällen). Natürlich kann auch durch Parteivereinbarung Sicherheitsleistung bestimmt werden. Für alle solche Fälle erklärt das Gesetzbuch nur bestimmte Mittel als tauglich.

Bürgen sollen nur in Nothfällen zulässig sein, während in Rom diese Art der Sicherheitsleistung die normale war.[2])

Bei den Werthpapieren ist bemerkenswerth, daß sie nach § 234 nur dann geeignet sind, wenn sie auf den Inhaber lauten oder mit Blanco-Indossament versehene Ordrespapiere sind, einen Kurswerth haben und einer Gattung angehören, in der Mündelgeld angelegt werden darf.

Die Wahl unter diesen Mitteln hat der Schuldner. Die bloße Wahlerklärung soll ihn noch nicht endgültig binden, sondern er soll sie ändern können (§ 235). Hierdurch unterscheidet sich diese Verpflichtung von der Alternativobligation. Deshalb hat man die ausdrückliche Erwähnung des genannten Wahlrechtes in den ersten beiden Lesungen gestrichen, um den Regeln der alternativen Schulden hier nicht Raum zu geben.[3])

Das Einführungsgesetz (Art. 144, 145) überläßt die nähere Regelung des Hinterlegungswesens dem Landesrechte. Die Wirkung der Hinterlegung ist nicht diejenige, welche eine Schuldhinterlegung hat, sondern, wie § 233 bestimmt, die Entstehung eines Pfandrechtes für den Gläubiger, also ein gesetzliches Pfandrecht (bisher im preußischen Rechte

---

[1]) Vgl. Regelsberger, Rechtsgutachten in Sachen des Herrn Louis Favre in Genf gegen die Gotthardeisenbahn-Gesellschaft wegen Sicherheitsleistungen, Zürich 1878.

[2]) Die längere Durchschnittsdauer der Prozesse in Deutschland war auf diese Aenderung von Einfluß. Auf ähnlichen Gesichtspunkten beruhen die besonderen Tauglichkeitserfordernisse bei Bürgen, § 239. Auch bei Sicherungshypotheken sind wegen der zulässigen Einreden Weiterungen zu befürchten, daher § 238, 2 sie als Mittel der Sicherheitsleistung nicht gelten läßt.

[3]) Bei der Unübersehbarkeit der verschiedenen Möglichkeiten eine Erfüllung der Sicherheitsleistungspflicht ist die Annahme einer alternativen Schuld ohnehin zweifelhaft. Vgl. unten § 52. Auch § 243, 2 ist auf diesen Fall nicht zu beziehen.

streitig). Wenn aber, wie es in Preußen der Fall ist, das hinterlegte Geld ins Eigenthum des Staates übergeht, so bekommt der Sichergestellte ein Pfandrecht an der Forderung auf Rückerstattung (pignus nominis). Dies gesetzliche Pfandrecht ist nach Analogie des vertragsmäßigen zu behandeln.

§ 237 enthält eine Verschärfung des Preußischen Rechtes (§ 190, A.L.R. I, 14); Sicherheit ist nur bis zu Zweidrittel des Schätzungswerthes bei beweglichen Sachen möglich, bisher bis zu drei Viertheilen.

§ 50.

Rechtsverfolgung im Prozeß.

Sie geschieht natürlich durch Klage oder Einrede, aber die Einrede ist im Sinne des Gesetzbuches nicht dasselbe, wie die Einrede im prozessualen Sinne, sondern immer Geltendmachung eines Gegenrechtes, das den Anspruch des Klägers nicht tilgt, vernichtet, sondern nur entkräftet, lahmlegt, indem der Beklagte auf Grund seines Gegenrechtes seine Leistung verweigern kann. Daher kann die Einrede eine aufschiebende sein, z. B. aus § 2014 (dreimonatlicher Aufschub der Berichtigung von Nachlaßschulden), ferner die Einrede des Rückbehaltungsrechtes oder der Vorausklage (§ 202), oder sie kann eine solche sein, die den Anspruch dauernd ausschließt, eine peremptorische Einrede, z. B. Einrede der Verjährung (§ 813). Hiernach ist die Einrede genau das, was Savigny (wohl mit Unrecht) als Inhalt der exceptio ansah.[1])

Man darf vom praktischen Standpunkte des bürgerlichen Rechtes nicht mehr von der Einrede der Zahlung, der Erfüllung, der Ersitzung gegenüber einer vindicatio sprechen, sondern dies sind Verneinungen des klägerischen Anspruches und im Sinne des B.G.B. Einwendungen oder Einwände. Einreden kann man sie nur im Sinne der C.P.O. nennen. Vom Standpunkte des Prozeßrechtes verschiebt sich nämlich die Terminologie.[2]) Im prozeßrechtlichen Sinne ist Einrede jede Vertheidi-

[1]) Eck will offenbar auf die rechtsgeschichtlichen Besonderheiten der römischen exceptio hinweisen, die dem heutigen Rechte fremd sind.

[2]) Da vor Gericht ebenso die Sprache des bürgerlichen Rechtes gilt, wie die Redeweise des Prozeßrechtes, so wird sich die peinliche Sonderung zwischen Einrede und Einwand ohne Gefahr einer Verwirrung in der Praxis nicht durchführen

gung durch Gegenbehauptung, also hier auch der Zahlungseinwand, der Einwand der Ersitzung u. dgl. mehr.[1])

Die praktische Pointe zeigt sich in zwei Punkten, nämlich:

a) wenn eine Einrede im Sinne des Bürgerlichen Gesetzbuches von dem Beklagten nicht geltend gemacht wird, darf sie der Richter nicht berücksichtigen, während er die Tilgungsgründe berücksichtigen muß. Wenn der Beklagte z. B. die Einrede der Verjährung oder des Zurückbehaltungsrechtes nicht vorschützt, so darf der Richter sie nicht ex officio suppliren,[2]) während, wenn der Kläger selbst vortrüge, daß er bereits befriedigt sei, der Richter ihn von Amtswegen abweisen müßte.[3])

b) Eine Einrede des Beklagten oder besser ein Einrederecht (Leistungsweigerungsrecht) kann erlöschen, z. B. durch Verzicht oder auch durch Wegfall (etwa Befriedigung eines Gegenrechtes, das den Anspruch lahm legt); dann wird der Klageanspruch ungehemmt, vollkräftig.[4])

---

lassen. Um so strenger wird sie im Anfängerunterrichte betont werden müssen. Mit dem Unterschiede der verzichtbaren und der unverzichtbaren Einrederechte würde man ebensoweit kommen.

[1]) Auch auf dem Gebiete des Prozeßrechtes wiederholt sich der Gegensatz zwischen der Einredethatsache und dem Einrederechte, d. h. dem Rechte auf eine Einrede, z. B. wegen einer fehlenden Sicherheitsleistung des Gegners. Wo sich dies Recht nur auf prozessuale Vorschriften gründet, wird man das Einrederecht nicht als Leistungsweigerungsrecht bezeichnen können, sondern allenfalls etwa als Prozeßverzögerungsrecht.

[2]) Vgl. oben S. 210 Anm. 5.

[3]) Daraus folgt aber nicht etwa, daß er — der Verhandlungsmaxime zuwider — Einwände aufklären muß, die von keiner Partei behauptet sind.

[4]) Vgl. hierzu Hölder, Archiv f. civilist. Pr. Bd. 93 S. 1 ff. und des Herausgebers Allg. Theil S. 219 ff. Bei der prozessualen Aufrechnung und Anfechtung versagt der Unterschied zwischen Einrede und Einwand, weil das Recht auf diese Aeußerungen allerdings, wie eine Einrede, verzichtbar ist, bis der Beklagte die ihm entsprechende Erklärung abgegeben hat. Ist letzteres aber geschehen, so sind sie unverzichtbar wie ein Einwand (wenigstens nach B.G.B. §§ 142, 2, 389). Das von den Kompensationseinreden Gesagte gilt freilich nur dann, wenn bei ihnen die volle Wirkung des § 389 beabsichtigt ist. Näheres hierüber unten § 63.) Es handelt sich also hier um Zwittergebilde von Einrede und Einwand. — Die von Hölder (Commentar S. 407, 408, 853) betonte Aehnlichkeit zwischen dem Anfechtungsrechte und dem Einrederechte ist hiernach jedenfalls keine unbedingte, vgl. Allg. Theil S. 225. Das Einrederecht verliert seine Verzichtbarkeit noch nicht sofort dadurch, daß es geltend gemacht ist.

Jede Partei hat natürlich nach Prozeßrecht die Thatsache, auf welche sie ihr Recht stützt, zu beweisen. Das spricht das Gesetzbuch nicht besonders aus. Die Bestimmungen aus dem Gebiete der Beweislehre, die der erste Entwurf enthielt, sind in die C.P.O. verwiesen worden. Aber das Gesetzbuch greift insofern in die Beweislehre ein, als es durch mancherlei Vermuthungen den Beweis erleichtert. Es sind viele preußisch-rechtliche Vermuthungen weggefallen, besonders Rückgabe des Schuldscheines oder Zahlung der beiden letzten Raten, weil dies ein verständiger Richter von selbst ohne Weiteres annehmen wird (§§ 104, 133 A.L.R. I, 16).

An Vermuthungen giebt es namentlich: Die Todesvermuthung bei Verschollenen und die Lebensvermuthung (§§ 18, 19), Vermuthung der ehelichen Beiwohnung innerhalb der Empfängnißzeit (§ 1591 Abs. 2), ferner die praesumptio Muciana (§ 1362). Neu, dem Römischen Rechte fremd[1]) und von großer Bedeutung ist die Vermuthung, daß der Besitzer Eigenthümer sei (§ 1006).

Auch die sonstigen Einwirkungen, welche der Prozeß, insbesondere durch das Urtheil, auf das materielle Recht der Partei äußert, sind nicht durch das Gesetzbuch geregelt, sondern in die Civilprozeßordnung verwiesen worden.

[1]) Dies ist keineswegs unstreitig. Das Nähere gehört zum Sachenrechte.

Buch II. Recht der Schuldverhältnisse.[1])

Kapitel I. Inhalt der Schuldverhältnisse überhaupt.[2])

§ 51.

Gegenstand der Schuld; insbesondere Zinsen, Schadensersatz, Rechnungslegung.

1. Gegenstand der Schuld.

Das Schuldverhältniß berechtigt den Gläubiger, vom Schuldner eine Leistung zu fordern,[3]) sei es ein Thun, sei es ein Unterlassen (§ 241). Darin, daß hier die Richtung gegen die Person des Schuldners

---

[1]) Ueber den Umfang der Geltung dieses Buches siehe seine Ueberschrift bei Fischer-Henle. — Die wichtigste ältere Literatur s. b. Crome, System I S. 1; Windscheid-Kipp, Pandekten, 8. Aufl., II S. 1. — Gesetzesnormen über Obligationenrecht neben dem B.G.B. bei Dernburg, Bürg. R. II, 1 S. 4 ff.

[2]) Von hier ab stehen mir die Hefte zu Gebote, die Eck als Vorbereitung seiner Vorträge niedergeschrieben, aber zum Theile in der Absicht, Zeit zu sparen, den Hörern vorenthalten hat. Mit Ermächtigung seiner Erben beabsichtige ich aus ihnen solche Stücke, deren Verlust ich für ein Unglück betrachten würde, als Bestandtheile des „Vorbereitungsheftes" mitzutheilen. Dazu rechne ich namentlich einige einleitende Worte über die neuerdings so viel beklagte Studienordnung, deren Mängel Eck als echter Praktiker des Unterrichtswesens mit wahrhaft prophetischem Blick voraussah, während die Mehrheit der in Eisenach versammelten Rechtslehrer vor sechs Jahren sich zu einer Zustimmung zu ihrem Grundgedanken hatte hinreißen lassen. Dieser bestand darin, in einer Verschmelzung der Pandekten mit einer ausführlichen Vorlesung über das neue Gesetzbuch einen Ersatz für die Pandektenvorlesung zu geben, in der man bis dahin den eigentlichen Grundstock der juristischen Bildung gesehen hatte. Es war dies im wahrsten Sinne ein Sprung ins Dunkle, denn der Stoff der damals noch nicht entstandenen Wissenschaft des B.G.B. existirte noch nicht. Und doch glaubte man durch Reglement im Voraus eine angemessene Stundenzahl für seine Bewältigung vorausbestimmen zu können. Eck bemerkt nun über die erwähnte Verschmelzung wörtlich: „Dies letzte ist nun aber leichter vorzuschreiben als auszuführen, denn 1. läuft man bei solcher Nebeneinanderstellung zweier Rechte beständig Gefahr, die Zuhörer zu verwirren, weil es für diese nicht so leicht

betont wird, liegt der Gegensatz gegen das dingliche, wie überhaupt jedes absolute Recht.[1]) Das Mittelding zwischen Forderung einerseits und Sachenrecht andererseits, welches das Preuß. Recht unter dem Titel „Recht zur Sache" ausgebildet hat, kennt das B.G.B. nicht. Es hing von der Kenntniß des persönlichen Rechtes bei dem Rechtsnachfolger des Schuldners ab. So mußte der schlechtgläubige eingetragene Gutserwerber dem früheren Käufer des stehenden Holzes die Wegnahme gestatten (§ 25 A.L.R. I, 10, Entsch. des O.-Trib. Bd. 78 S. 96). Dies fällt in Zukunft weg.[2]) Aber im Grundbuchrecht ist das Institut

---

ist, das bestehende und das andere auseinanderzuhalten; 2. geht die Zeit, die man der Besprechung des römischen Rechtes widmet, natürlich für das B.G.B. verloren". Diese prophetischen Worte scheinen mir auch auf den Weg hinzudeuten, der in Zukunft einzuschlagen ist: Entlastung der Lehre des bürgerlichen Rechtes und Verstärkung der romanistischen Rechtslehre.

[3]) Dahin sind auch die Ansprüche auf Gestattung zu rechnen. Vgl. Enneccerus, Bürg. R., 2. Aufl., I S. 372 und dazu Endemann, Lehrbuch d. Bürg. R., 8. Aufl., I 3 § 97 Anm. 23, S. 578. Die Ansprüche auf Handlungen sind durch die deutschen Zwangsvollstreckungsnormen sowohl gegenüber dem römischen, als auch gegenüber dem französischen Rechte (code civil Art. 1142) völlig umgestaltet worden. Vgl. Dernburg, Bürg. R. II, 1 S. 20 ff.

[1]) Vgl. Endemann, Lehrbuch d. Bürg. R., 8. Aufl., I, 3, S. 571 zu Anm. 7 und über Annäherungen zwischen obligatorischen und dinglichen Rechten S. 573. Enneccerus, Bürg. R. II, 2. Aufl., S. 371. Vgl. auch E.G. Art. 179 §§ 571, 746, 751; auch Cosack, Lehrbuch I, 2. Aufl., § 80 S. 282, der den Anspruch der Gesellschafter und der Körperschaftsmitglieder gegen die Gesellschaft und die Körperschaft darum vom Forderungsbegriffe ausschließen will, weil er nach seiner Meinung nicht unter verschiedenen Personen besteht, wogegen hervorzuheben ist, daß die Gesellschaft keine Körperschaft ist und diese als selbständige Person den Mitgliedern gegenübersteht. Crome, System II S. 2 identificirt mit den Meisten „Schuldverhältniß" und „Forderung", was bei einmaliger Leistungspflicht zutrifft, während bei dauernden Verhältnissen (z. B. Sachmiethe und Dienstvertrag) das bleibende Verhältniß von den einzelnen darin entstehenden Forderungen oder Ansprüchen zu sondern ist. Vgl. Dernburg, Bürg. R. II, 1 S. 2. Endemann, Lehrbuch d. Bürg. R., 8. Aufl., S. 574. Für eine völlige Sonderung von „Forderung" und „Schuldverhältniß" Mot. III S. 4, Ebert bei Fischer-Henle, Handausgabe 5 zu § 241. Ueber Forderung und Anspruch s. oben S. 204 Anm. 2, Hellwig, Anspruch und Klagerecht, Schollmeyer, Commentar, Vorbemerkungen S. 2, Planck, Vorbemerkungen zu Buch 2 S. 4. Crome, System II S. 4, Dernburg, Bürg. R. II, 1 S. 3, Enneccerus, Bürg. R. I, 2. Aufl., S. 371, Matthiaß, Lehrbuch I § 72, Oertmann, D. R. d. Schuldverh. (Commentar) 3c S. 1. Daselbst S. 2 über die im B.G.B. vermiedene (unklare) Sonderung des Inhaltes und des Gegenstandes der Schuldverhältnisse.

[2]) Vgl. Engelmann, Das bürgerliche Recht Deutschlands, 2. Aufl., 1900, S. 177.

der „Vormerkung" so weit ausgedehnt, daß es doch wieder eine Art „Recht zur Sache" erzeugt;[1]) denn § 883 spricht aus, daß die Vormerkung bewirkt werden kann zur Sicherung des Anspruches auf Einräumung oder Aufhebung eines Rechtes an einem Grundstücke.

Die Forderung oder der Anspruch aus dem Schuldverhältnisse ist grundsätzlich durch Klage zu verfolgen, und eine Naturalobligation oder unvollkommene[2]) Obligation, wie sich das Preuß. Recht ausdrückt, ist als Gattungsbegriff dem B.G.B. fremd; indessen gibt es mancherlei Fälle von Schuld- oder Pflichtverhältnissen, die ohne Klageschutz sind und doch eine gewisse rechtliche Wirkung genießen.[3])

So ist der verjährte Anspruch zwar nicht mehr klageweise zu realisieren, aber doch insofern rechtsbeständig, als er freiwillig erfüllt werden und die Erfüllung nicht zurückgefordert werden kann, auch wenn die Leistung in Unkenntniß der Verjährung bewirkt worden ist; er kann auch anerkannt und sichergestellt werden[4]) und diese Anerkennung und Sicherstellung ist dann wirksam (§ 222).[5])

---

[1]) Es besteht bereits eine umfangreiche Literatur über die zweifelhafte Frage, wie sich das Recht aus einer Vormerkung des § 883 zu den Begriffen des dinglichen und des persönlichen Rechtes verhält, eine Frage, die erst im Sachenrechte besprochen werden kann. Die neueste auf die älteren Auslassungen eingehende Schrift hierüber ist: W. Othmer, Die rechtliche Wirkung der Vormerkung nach Reichsrecht, Breslau 1902.

[2]) Der Ausdruck „unvollkommene Verbindlichkeit" wird neuerdings vielfach angewandt. Vgl. Kuhlenbeck, Von den Pandekten zum B.G.B. S. 7 ff., Crome, System II § 140 S. 14 ff. Da es sich bei diesen unvollkommenen Verpflichtungen um einen Gesammtbegriff handelt, der nicht auf den Rechtsquellen, sondern auf freier wissenschaftlicher Schöpfung beruht, so haben sich bereits Verschiedenheiten in der Abgrenzung dieser Kategorie herausgestellt. Vgl. auch Dernburg, Bürg. R. S. 11 und Enneccerus, Bürg. R., 2. Aufl., I S. 376 Nr. 4.

[3]) Nach Kipp, Windscheid-Kipp, Pand., 8. Aufl., S. 174: „Eine Reihe von Erscheinungen, bei denen man von einer natürlichen Verbindlichkeit zu sprechen sich erlauben darf". Auch Ebert bei Fischer-Henle 5 a. E. zu § 241 redet von obligationes naturales.

[4]) Hier handelt es sich nicht um die Entstehung einer natürlichen Verbindlichkeit, sondern um die Umwandlung einer vollgiltigen civilen Forderung in eine blos natürliche. Seitenstücke der Verjährung sind in dieser Hinsicht: die Tilgung von Schulden durch Zwangsvergleich (K.O. § 193, so auch Enneccerus, Bürg. R., 2. Aufl., S. 376) oder durch eine solche rechtskräftige Abweisung der Forderung, die der Schuldner selbst hinterher als unbegründet anerkennt. Der Zweck solcher Tilgungsgründe verlangt nicht eine völlige Vernichtung des Schuldverhältnisses, ebensowenig wie der Zweck der Verjährung, so daß eine Analogie treffend erscheint. So

Ferner ist bei Schulden aus Spiel und Wette eine Verbindlichkeit durch § 762 verneint, aber das freiwillig Geleistete kann nicht zurückgefordert werden. Aehnlich 656 (Ehemäklerlohn).

Endlich werden sittliche Pflichten und Anstandspflichten mehrfach im Gesetzbuche erwähnt und mit Folgen ausgestattet, nämlich

a) dadurch, daß die Leistung aus einer solchen sittlichen Pflicht oder Anstandspflicht mit der condictio indebiti nicht zurückgefordert werden kann, § 814, auch wenn der Erbe damit irrthümlich eine Schuld erfüllen wollte.[1]) Noch weiter geht die Bestimmung, daß die einer sittlichen Pflicht entspringende Schenkung nicht der Rückforderung und dem Widerrufe unterliegt, § 534: Schenkungen, durch die einer sittlichen Pflicht oder einer auf den Anstand zu nehmenden Rücksicht entsprochen wird, unterliegen nicht der Rückforderung (wegen fehlenden Unterhaltes) und dem Widerrufe.[2])

b) dadurch, daß Schenkungen, welche Personen, die fremdes Vermögen verwalten, aus sittlicher oder Anstandspflicht machen, nicht zurückgefordert werden können; so Schenkungen des Ehemannes aus dem ehelichen Gesammtgute, § 1446 Abs. 2; Schenkungen des Vaters aus dem Kindesvermögen, § 1641; Schenkungen des Vormundes in Vertretung des Mündels, § 1804; des Testamentsvollstreckers, § 2205 Satz 3, des Vorerben aus der Erbschaft, § 2113 Abs. 2 Satz 2.

---

namentlich Dernburg, Bürg. R. II § 3 S. 11 und die bei Crome, System II S. 16 Anm. 8 angeführten Urtheile und über weitere Analogien die § 140 Anm. 4 S. 15 Genannten.

[5]) Vgl. oben S. 210.

[1]) Im Uebrigen unterscheidet das Gesetz dabei nicht zwischen freiwilligen und solchen Schulderfüllungen, die in der irrigen Voraussetzung einer Pflicht geschehen. Man wird freilich oft genug bei der Bezahlung einer ungültigen Schuld, namentlich falls sie für einen anderen geschieht, nur dann von der Erfüllung einer bloßen Anstandspflicht reden können, wenn der Erfüllende die Unverbindlichkeit kannte, z. B. wußte, daß die Schuld in einem Zustande der mangelnden Geschäftsunfähigkeit übernommen worden war.

[2]) Dernburg, II, 1 S. 11, III und Crome, System II § 140 III S. 17 weisen darauf hin, daß die Erfüllung einer Pflicht der angegebenen Art zugleich Schenkung sein kann, während bei den wahren Rechtspflichten und auch bei Zahlung verjährter Schulden die Begriffe „Schenkung" und „Schulderfüllung" sich ausschließen. Einzuschränken ist hiernach, was (nach Brinz) Kulenbeck bemerkt: „Die Naturalobligation ist erfüllbar, nicht erzwingbar." (Von den Pandekten zum B.G.B. II S. 8.) Anders als § 534 bestimmt § 1624, 1 über die Schenkungsnatur des dort erwähnten Geschäftes. Crome a. a. O. will auch die Zahlung des präjudizirten Wechsels hierher stellen. Diese gehört aber zu den Fällen der Anm. 4 S. 231.

Gemeinsame Regeln für alle diese Fälle[1]) giebt es nicht.

Sehr streitig ist die Frage, ob zu einem Schuldverhältnisse ein Vermögensinteresse erforderlich sei oder nicht (Hellwig, Ueber die Grenzen der Vertragsmöglichkeit, Erlangen 1895).[2]) § 241 erfordert ein solches Vermögensinteresse nicht. Nach den Motiven sollte jedes Vermögensinteresse als Erforderniß der Giltigkeit des Versprechens verneint werden. Diese Auffassung vertritt auch Cosack, nach dessen Ansicht auch das Versprechen des jüngeren Bruders, nicht mehr Cigarren zu rauchen, täglich zwei Stunden spazieren zu gehen für klagbar zu er-

---

[1]) Gemeint sind hiermit sicherlich auch alle die Fälle, in denen einer Schuld zwar die Klagbarkeit abgesprochen, aber eine anderweitige rechtliche Bedeutsamkeit zuertheilt wird. (§§ 814, 762, 656 Satz 2.) Es ist also nur ein negatives Merkmal, nach dem man den Begriff gebildet hat. Vgl. Ebert bei Fischer-Henle 5 a. zu § 241. Das Vorbereitungsheft Ecks hebt mit Bezugnahme auf Dig. 46, 1 de fidei. fr. 16 § 4 hervor, daß naturalis obligatio in doppeltem Sinne vorkomme, als obligatio ohne Klage und als obl. mit indirekter Wirkung. Namentlich folgt aus der Gültigkeit einer Schulderfüllung noch keineswegs die Möglichkeit einer Bürgschaft oder einer accessorischen Verpfändung oder eines verbindlichen Schuldanerkenntnisses. Vgl. richtig Enneccerus a. a. O. S. 376 Anm. 3 gegen Stammler. Auch im röm. Rechte konnte man nicht alle obligationes naturalis über einen Leisten schlagen. (So auch Ecks Vorbereitungsheft.) Das B.G.B. hatte dies Conglomerat heterogener Dinge in Trümmer geschlagen. Die Wissenschaft bemüht sich, es (aus anderen Bausteinen) wiederherzustellen, ohne aber dem Werke einen innern Zusammenhang geben zu können.

[2]) Archiv f. civ. Praxis Bd. 86 S. 223 ff. Die Fragestellung ist unklar. Man kann unter „Vermögensinteresse" verschiedene Dinge verstehen. Versteht man darunter ein vom Vermögensrechte anerkanntes Interesse an einer erwarteten Leistung, so ist dies mit der Forderung selbst identisch. Der Satz „keine Forderung ohne Vermögensinteresse" ist dann eine werthlose Tautologie. Vgl. Matthiaß, Lehrbuch I, § 72 IC. Versteht man aber unter „Vermögensinteresse" ein Bereicherungsinteresse, so ist der Satz falsch, wie der Text in zutreffender Weise ausführt. Im Grunde beruht er auch nur auf einer Verwechselung, die mehrfach aufgedeckt worden ist und doch unvertilgbar zu sein scheint, nämlich der Verwechselung der „Leistung ohne Bereicherungsinteresse" und der Leistung „ohne berechenbaren Geldwerth" (die nicht pecunia lui praestarique potest). Nur die letztere war nach römischem Rechte untauglich zum Inhalte einer Schuld, nicht die erstere, und darin weicht das B.G.B. vom röm. Rechte ab. Fischer-Henle, Handausg. 4 zu § 241. Wozu der Gläubiger die in Geld schätzbare Leistung hervorrufen wollte, war den Römern ebenso gleichgültig, wie uns. Das Buch, das gekauft wurde, um den idealen Genuß des Lesens zu erlangen, wurde von dem Buche, das der Erwerber mit Gewinn weiterverkaufen wollte, nicht unterschieden. Vgl. Kuhlenbeck, Von den Pandekten zum B.G.B. II S. 15. Windscheid-Kipp, Pandekten, 8. Aufl., II S. 9.

achten wäre.[1]) Die zweite Kommission erklärte: Die Voraussetzung eines schutzwürdigen Interesses sei selbstverständlich. Nach Endemann muß es ein vermögensrechtliches sein.[2]) Kohler behandelt die Frage in der Abhandlung „Ueber das Obligationsinteresse" im Arch. f. Bürg. R. Bd. XII S. 1—88. Er hält für entscheidend, ob das Leistungsversprechen in das Gebiet des Verkehrs und des Geschäftsbetriebes gehöre oder in ein anderes Gebiet (Religion, Liebe, Anstand, Geselligkeit). Darnach fiele unter § 241 das Versprechen des Tanzlehrers, einer Dame einen Tanz beizubringen, nicht aber das Versprechen gleichen Inhalts, das der Bräutigam seiner Braut abgibt. Planck (S. 6) ist Kohler beigetreten. Man wird beiden zugeben müssen, daß Verabredungen, die nur in das extrakommerzielle Gebiet fallen, keine Rechtspflicht begründen können. Aber die Frage bleibt doch, ob jede anderweite, in das kommerzielle Gebiet fallende Verabredung genüge, um eine Obligation zu schaffen. Es genügt, wenn die Parteien ein Werthobjekt als Leistung gesetzt haben, durch das der Gläubiger bereichert werden soll. Aber wenn auch dies nicht zutrifft, sondern nur der individuelle Gläubiger, der sich etwas versprechen ließ, ein Interesse an der Leistung hat, so muß dies zur Gültigkeit der Schuld genügen, und es ist nach dem Wortlaute des § 241 auch in solchen Fällen eine Obligation anzuerkennen und die Erfüllung durch executio ad faciendum zu erzwingen, z. B. dem Miether, der vertragswidrig die Besuche einer dem Hauswirth unangenehmen Person weiter empfängt, würde durch

[1]) Gegen die Klagbarkeit derartiger Zusicherungen (Ecks Vorbereitungsheft erwähnt auch die angenommene Einladung zu Gesellschaften) sowie des durch Ihering sprichwörtlich gewordenen Anspruches „auf den ersten Walzer" schützen im Allgemeinen zur Genüge zwei Grundsätze: 1. Ohne Verpflichtungswille (animus obligandi) keine Vertragsschuld. Der Wille, eine sittliche oder eine Anstandspflicht zu übernehmen, ist aber noch kein Wille, eine Rechtspflicht zu begründen. 2. Kein Geschäft gegen die guten Sitten gilt, wobei hier freilich nimmer an solche Zusagen zu denken ist, deren Inhalt die guten Sitten verletzt, sondern noch weit mehr an solche, die einen durchaus anständigen Inhalt haben und nur insoweit als unanständig erscheinen, als sie diesen Inhalt unter den Schutz eines rechtlichen Zwanges stellen sollen. Vgl. hierzu namentlich Enneccerus, I, 2. Aufl., S. 374 Anm. 12, dessen Polemik gegen Windscheid-Kipp § 251 nicht beizutreten ist, Schollmeyer, Commentar, Vorbemerkung S. 3, Kuhlenbeck a. a. O. S. 17. Meisner, Commentar II S. 2. In seinem Vorbereitungshefte weist Eck namentlich darauf hin, daß die Prozeßvorschriften über Vollstreckung bei geschuldeten Handlungen und Unterlassungen dazu zwingen, den Kreis der zulässigen Schuldleistungen einzuschränken.

[2]) Mit Zustimmung citirt von Oertmann, Commentar zu § 241.

Strafe aufzugeben sein, den Besuch nicht mehr zu empfangen.[1]) Unrichtig war daher die Abweisung der Klage des Gründungscomités einer Bahn gegen die schweizerische Centralbahn, welche das Unternehmen übernommen hatte, aber wegen wirthschaftlicher Unfälle nicht an die Ausführung ging. Die Abweisung erfolgte aus dem unzutreffenden Grunde, daß die Kläger keine Bereicherung zu erwarten, also kein Interesse an der Klage hätten.[2])

Sobald die executio ad faciendum versagt, hat freilich nach § 253 der Gläubiger keinen Schadensersatzanspruch; denn dieser Paragraph bestimmt, daß ein immaterieller Schaden (dommage moral) nur in Ausnahmefällen liquidiert werden kann. Die Obligationen ohne Vermögenswert genießen also immerhin einen gewissen Schutz, führen aber nicht zu einer Klage auf Schadensersatz, wenn der Schaden kein materieller ist. Hierzu folgende Beispiele: Zwei Professoren versprechen sich gegenseitig, die von ihnen geschriebenen Bücher über Besitz nur gleichzeitig zu veröffentlichen. Ein Dienstherr verspricht seinem Dienstmädchen, das er auf einem Diebstahl ertappt, Straflosigkeit, stellt aber doch nachher den Strafantrag. Die Erfüllung seines Versprechens (der Obligation) ist dann gar nicht mehr erzwingbar. Man denke ferner an das Versprechen eines Miethers gegenüber dem Vermiether, gewisse Personen nicht als Besuch zu empfangen. Ich halte diese Regelung des Klagschutzes für eine halbe Maßregel. Besser hätte man auch bei Schadensersatzklagen das Erforderniß eines Vermögensschadens fallen lassen sollen.[3])

---

[1]) Ob eine solche Beschränkung des persönlichen Beliebens unter allen Umständen mit unseren guten Sitten verträglich ist, läßt sich bezweifeln. — Ueber das Versprechen, nicht zu musiziren, vgl. einerseits Engelmann, Das bürgerliche Recht Deutschlands, 2. Aufl., S. 232 Anm. 1 und andererseits Hellwig, Archiv f. civ. Pr. Bd. 86, S. 232. Es wird darauf ankommen, welchem Zwecke es dient.

[2]) Dieses Urtheil ist ein schlagendes Beispiel für die übliche Verwechselung der Begriffe „Bereicherungsinteresse" und „Geldwerth". Die eingeklagte Leistung hatte einen Geldwerth, war also sogar schon nach römischem Rechte einklagbar.

[3]) Aus diesen Ausführungen Ecks ergiebt sich, daß, während noch das Konkursrecht (bei der Forderungsanmeldung) an dem römischen Grundsatze festhält, dem zufolge die Forderungen nach ihrem Geldwerthe bestimmbar sein müssen, im Uebrigen das heutige Recht über das römische hinausgreift. Wenn Eck de lege ferenda auch eine Befugniß, ideale Schäden in Geld zu normiren, gewähren möchte, so würde die Verwirklichung dieses Wunsches dem Richter eine Gewalt verleihen, die in ihrem Erfolge auf die Verhängung von Geldstrafen wegen Vertragsbruches im Wesentlichen hinauskommen müßte. Davor ist das Gesetzbuch zurückgeschreckt. Aehnlich wie Eck: Kuhlenbeck, Von den Pandekten zum B.G.B. II S. 20, der den Parteien Conventionalstrafen anempfiehlt, um sich gegen die Engherzigkeit des § 253 zu sichern.

Alle Schulden sind nach § 242 so zu erfüllen, wie es Treu und Glauben mit Rücksicht auf die Verkehrssitte erfordern. Dieser Maßstab ist für die Auslegung von Verträgen schon durch § 157 vorgeschrieben, aber er soll weiter auf die Art der Erfüllung angewandt werden und nicht bloß für Vertragsschulden gelten, sondern auch bei gesetzlichen Schulden.[1]) Es sind also alle Obligationen obligationes bonae fidei geworden. Planck (I a. E. zu § 242) meint, daß dadurch die exceptio doli generalis wieder eingeführt sei.[2])

Eine wichtige Konsequenz zieht § 243 zunächst durch Absatz 1 für die Gattungsschulden, die generischen Obligationen, d. h. die Obligationen auf eine nur der Gattung nach bestimmte Sache.[3]) Der Schuldner darf hier nicht eine beliebige Sorte aus der Gattung wählen und leisten, sondern er muß mindestens Sachen mittlerer Art und Güte prästieren, wie es schon im Preuß. Recht und im Handelsrecht (§ 360, früher Art. 355), nicht aber im Römischen Rechte die Regel ist. Wenn also der Schuldner die Leistung durch datio in solutum von 1000 Cigarren tilgen soll, so müssen das nach Cosack Cigarren zu mindestens 50 M. das Mille sein (fünf Pfennige für das Stück).[4])

---

[1]) In der Praxis scheint diese Vorschrift namentlich in Verbindung mit § 226 als Schutzmittel gegen unbillige Wünsche des Prozeßgegners bereits eine große Rolle zu spielen. Vgl. Entsch. des R.G. Bd. 48 S. 141, 144, vgl. über Treu und Glauben namentlich Stammler (oben S. 171), ferner Dernburg, Bürg. R. II, 1 S. 22 ff. §§ 9 ff. Die Frage, ob das Gebot der Rücksicht auf Treu und Glauben zwingendes Recht ist (Schollmeyer, Commentar S. 8), ist dahin zu entscheiden, daß einzelne Verpflichtungen, die aus Treu und Glauben herrühren, abänderlich sind, daß dagegen im Allgemeinen jene Rücksicht nicht durch Parteiabrede ausgeschlossen werden kann. Dies würde den guten Sitten widersprechen.

[2]) Vgl. hierüber oben § 47 S. 217, Anm. 1 und Meisner, Commentar II S. 4.

[3]) Gattungen sind Gruppen von Sachen, die durch eine gemeinsame Eigenschaft zusammenhängen. Ursprünglich deutet das Wort auf Abstammungsgemeinschaften hin. Im weiteren übertragenen Sinne gehören dahin aber auch solche Gruppen, die nicht die Natur, sondern menschliches Belieben zu einer Einheit zusammenfaßt. Die letztere Bedeutung des Wortes ist die juristische. Der Gegensatz von Gattung und Art gehört nur der ursprünglichen unjuristischen Bedeutung des Wortes an. Bei Schollmeyer, Commentar zu § 243, 1 S. 9 ist er berücksichtigt.

[4]) Cosack, Lehrbuch I, 2. Aufl., S. 296. Dies Urtheil mit seiner unvermeidlichen Willkür macht verständlich, warum die Römer einen Rechtssatz vermieden haben (Dig. 46,3 fr. 72 § 5), der dem freien richterlichen Belieben einen so starken Einfluß auf den Inhalt des Geschäftsverkehrs einräumen muß. Die Berechnung eines Durchschnittes zwischen schwankenden und unerforschlichen Größen beruht immer auf einem Hiebe durch einen gordischen Knoten. Dernburg, Bürg. R. II, 1 S. 29,

In § 2155 wird die Regel bei Vermächtnissen durchbrochen. Hiernach muß der Beschwerte nicht bloß Sachen mittlerer Art und Güte wählen, sondern eine solche, die dem Verhältniß des Bedachten entspricht; z. B. müßte einem Gardekavallerieoffizier, dem von den Pferden des Erblassers ein Reitpferd vermacht ist, ein besonders gutes Reitpferd gegeben werden.[1])

Das Wort „wählen" ist bei Gattungsschulden vermieden, damit klar gestellt wird, daß das generische Schuldverhältniß im Gegensatze zum alternativen nur eine Leistung, nämlich die einer Sache von mittlerer Art und Güte, zum Gegenstande hat.[2])

Bei Gattungsobligationen kann schon vor der Erfüllung durch den Schuldner eine Beschränkung auf eine Species eintreten (Planck II S. 11 ff.). Es ist sehr wichtig, wann dies eintritt.[3]) In der gemeinrechtlichen Wissenschaft standen sich vornehmlich die sog. Ausscheidungstheorie (Thöl) und die Lieferungs- (Erfüllungs-) Theorie (Ihering) gegenüber. Das B.G.B. hat sich für letztere entschieden. Der Schuldner muß das zur Leistung der Sache seinerseits Erforderliche gethan haben, damit die Concretisirung einer Gattungsschuld, d. h. ihre Umwandlung in eine Speziesschuld eintreten kann. Das kann in der Absendung der Sache liegen, braucht aber nicht der Fall zu sein. Die Hauptfolge der Concretisirung ist diese: Bei Speziesschulden befreit die nachträglich eintretende unverschuldete Unmöglichkeit den Schuldner, z. B. die Ent-

---

bemerkt von der mittleren Qualität: „Vielleicht ist sie dem Gläubiger, weil marktgängiger, erwünschter als beste Qualität."

[1]) Diese Rücksicht auf höchst persönliche Bedürfnisse entspricht der Zuneigung, aus der Vermächtnisse, aber nicht Verkehrsgeschäfte hervorzugehen pflegen.

[2]) Wie der weiter oben mitgetheilte Text ergiebt, hat sich Eck hierdurch nicht abhalten lassen, im Einklange mit der Redeweise des Volkes und vieler Rechtsgelehrter von einer „Wahl" bei Gattungsschulden zu reden. In Wahrheit ist ja auch die Leistung von mittlerer Güte nicht eine einzige, allein mögliche, sondern ebenfalls nur eine von vielen möglichen Erfüllungen von derselben Güte, unter denen eine Auswahl geschieht. Eine Auswahl ist aber immerhin eine Wahl. Vgl. hierzu das in § 52 über Alternativität Gesagte, S. 257 Anm. 3.

[3]) Es handelt sich dabei um zwei verschiedene, leider auch im Gesetzbuche verschmolzene Fragen: 1. Von wann ab trägt der Gläubiger bei Gattungsschulden die Gefahr? 2. Wie lange muß er sich ein jus variandi von Seiten des Schuldners gefallen lassen? Die Verschmelzung dieser Fragen hat die Gesetzgebung in der neueren Wissenschaft vorgefunden, nicht selbständig geschaffen. Für sie namentlich auch Dernburg, Bürg. R. II, 1 S. 30. Vgl. auch Kipp in Windscheid-Kipp, Pandekten, 8. Aufl., II S. 38.

wendung der geschuldeten Sache durch einen Räuber (§ 275 und § 279). Dies gilt bei Gattungsschulden nicht sofort, wohl aber, wenn sie in Speziesschulden umgewandelt werden.[1]) Wann tritt nun diese Verwandlung ein?

Im Entwurf I war bestimmt, daß bei Gattungsschulden das Verhältniß sich auf eine individuell bestimmte Sache beschränken solle, wenn die Gefahr auf den Gläubiger übergegangen sei. Wann dies der Fall ist, ist aber nur in einzelnen Fällen bestimmt (§ 300 Abs. 2, Annahmeverzug und § 447, Distanzkauf). Andererseits ist der Uebergang der Gefahr erst infolge der Concretisirung möglich.[2]) Daher enthält der Entwurf I ein Hysteron-Proteron. Die Concretisirung kann nicht vom Gefahrübergang abhängen; umgekehrt gilt: erst Concretisirung, dann Gefahrübergang. Dem entspricht § 243 Abs. 2 durch seine allgemeine Bestimmung des Zeitpunktes der Concretisirung (nach Iherings Lieferungstheorie) mit den Worten: „Hat der Schuldner das zur Leistung einer solchen Sache seinerseits Erforderliche gethan, so beschränkt sich das Schuldverhältniß auf diese Sache.“ Voraussetzung dieses Erfolges ist nicht, daß der Gläubiger befriedigt ist, sondern etwas Geringeres. Es kommt nur darauf an, daß der Schuldner seine Pflicht erfüllt hat und zwar namentlich in den beiden Fällen, in denen das Gesetzbuch vom Uebergange der Gefahr redet, nämlich in § 300 Abs. 2[3]) und in § 447. Wenn daher z. B. der Erbe, der mit dem Vermächtnisse beschwert war, ein Reitpferd einem Kavallerie-Offizier zu leisten, dem Vermächtnißnehmer schreibt, er solle es abholen, dieser aber nicht erscheint, so concretisirt sich die Obligation auf die spezielle Sache, das spezielle Pferd. Das Gleiche gilt auch, wenn ein gekaufter Gegenstand der verabredeten Gattung dem Vertrage gemäß nach außerhalb gesandt wird (§ 477).

§ 243 gestattet aber, dies allgemeiner anzuwenden, also z. B. auch wenn der Schuldner aus einem anderen Verpflichtungsgrunde auf Ver-

[1]) Wenn freilich die ganze Gattung zu Grunde geht, z. B. eine verkaufte Schrift confiscirt wird, so kommt es auf die Concretisirung nicht an. Die oft mißverstandene Regel Genus perire non censetur ist etwa so zu ergänzen: si singulae res ejus generis pereunt. Darüber hinaus würde sie zu widersinnigen Entscheidungen führen.

[2]) Die Gefahr tragen, bedeutet bei einem Gläubiger, einen Preis für eine untergegangene Sache zahlen. Dies ist nur möglich, wenn der Preis feststeht und man weiß, um welche Sache es sich handelt.

[3]) Davon ist noch weiter unten (§ 57) eingehend die Rede, vgl. S. 288.

langen des Gläubigers die Sache nach einem anderen Orte, als dem Wohnorte des Gläubigers übersendet oder wenn der Erbe, welcher dem Vermächtnißnehmer schreibt: „Holen Sie das Pferd ab", den Brief bekommt: „Schicken Sie es mir mit einem Reitknecht, den Sie auswählen können". Hier ist in dem Augenblicke, wo der Erbe das Pferd dem Mittelsmanne übergiebt, die Obligation concretisirt und die Gefahr auf den Gläubiger übergegangen.[1])

Die Concretisirung beschränkt sich nicht blos auf die Fälle, wo es sich um einen Kauf handelt, sondern gilt namentlich auch bei unentgeltlichen Schulden.[2])

Von der Concretisirung ab kommen alle Regeln der Speciesschuld zur Anwendung. Der Gläubiger hat also nur noch eine Forderung auf die bestimmte Sache und der Schuldner darf nicht mehr variiren.[3])

---

[1]) Eine zuverlässige Nachschrift enthält auch noch folgenden Fall: „Ein Gutsbesitzer hat einen Geldmann zu sich bestellt, damit er ihm 10 000 M. gegen Hypothek leihe. Der Geldmann erscheint auch, kann aber das Geld nicht abliefern, weil der Gutsbesitzer ihn wegen Krankheit nicht zu empfangen vermag. Auf dem Heimwege wird der Geldmann angefallen und des Geldes beraubt. Hier trifft die Gefahr den Gutsbesitzer." Dieser Fall ist im Texte des § 57 (s. unten S. 288) ganz anders entschieden und, wie ich glaube, richtiger. Mit dem Wesen des Darlehns als Realvertrag (Rückgabeversprechen) läßt sich das in dieser Anmerkung Angeführte nicht vereinigen. § 300 will m. E. bei mora accipiendi die Gefahr nur dann übergehen lassen, wenn das in Frage stehende Rechtsverhältniß einen solchen Uebergang zuläßt. Der Wortlaut dieses Paragraphen spricht freilich für die soeben mitgetheilte Entscheidung, daher es zweifelhaft bleibt, ob sie nicht die frühere, dagegen die weiter unten a. a. O. vertretene Auffassung des Falles die spätere Ansicht Ecks enthält. Um den Text frei von Widersprüchen zu erhalten, habe ich die erstere in diese Anmerkung gesetzt.

[2]) Zu jeder Concretisirung gehören übrigens gewisse natürliche Erfordernisse neben den im Gesetze bestimmten, wie das namentlich in Ecks Vorbereitungsheften zu § 57 hervorgehoben, dort aber nicht in den Text aufgenommen ist, weil es in den Nachschriften fehlt. Ist z. B. das zu Liefernde noch nicht aus einer Masse thatsächlich abgesondert, so kann der Verzug des Gläubigers ihm keine Gefahr des Unterganges aufwälzen. Man weiß dann noch nicht, welches das Stück ist, dessen Untergang ihn zahlungspflichtig machen soll, vgl. S. 238 Anm. 2. A. M. offenbar Ebert bei Fischer-Henle, 5 zu § 300, der dem säumigen Gläubiger die Gefahr auflegt, wenn der Vorrath des Schuldners an Sachen der zu leistenden Art untergeht, obwohl er doch nicht gerade aus diesem Vorrathe zu leisten brauchte. Ebenso muß der Preis feststehen, in dessen Zahlung das Tragen der Gefahr liegt. Dies fehlt bei der emptio ad mensuram, d. i. dem Kaufe, bei dem der Preis durch Abmessung des Gegenstandes gefunden werden muß, so lange die Abmessung nicht geschehen ist.

[3]) Cosack, Lehrbuch II § 84 Ziffer III c S. 296, hält die Wahl nur dann für un-

Zweifelhaft ist, ob dies Variationsrecht auch für vertretbare Sachen, sogar für Geldstücke von der Concretisirung ab, ausgeschlossen sein soll. Planck zieht zwar diese Konsequenz, hält sie aber deshalb für unbedenklich, weil es gegen Treu und Glauben verstoßen würde, wenn der Gläubiger sich auf die Concretisirung berufen wollte, sobald ihm andere Sachen der ursprünglich geschuldeten Art, als zunächst abgeschickt waren, geliefert werden, da er keinerlei Interesse daran haben kann, gerade diejenigen Sachen zu bekommen, auf welche sich das Schuldverhältniß beschränkt hat.[5]) Glücklicher Weise wird der Streit nicht leicht praktisch werden.[6])

Die Einigung über die Species kann auch durch ein pactum adiectum geschehen (Aussuchen eines bestimmten Pianos). Im Gesetzbuche ist dies nicht besonders behandelt.[7])

---

widerruflich, wenn sie der anderen Partei mitgetheilt ist. Dies widerspricht zwar dem Wortlaute des § 243, 3, wird sich aber doch m. E. in vielen Fällen durch Vertragsauslegung rechtfertigen lassen. Bedenklich ist namentlich, daß der Schuldner bei Alternativschulden durch Absendung des einen Gegenstandes das jus variandi noch nicht verliert, bis der Gläubiger die Wahl erfährt. Sollte er wirklich bei Gattungsschulden ungünstiger gestellt sein? Auf die Mittheilung darf man übrigens nur dann ein besonderes Gewicht legen, wenn sie in der Absicht geschieht, dem Empfänger die bestimmte Sache zuzusichern und folgeweise auf das Abwechselungsrecht zu verzichten. Nicht also, wenn sie die bloße Nachricht enthält, daß etwas ausgeschieden ist, dessen Beschaffenheit der Empfänger der Nachricht noch nicht kennt. Schollmeyer, Commentar zu § 243b, c a. E. S. 14 erklärt sich schließlich doch gegen das jus variandi. Vgl. auch Franz Leonhard, Jahrb. f. Dogmatik, Bd. 41 S. 29 ff. und Crome, System II S. 52 Anm. 46.

[5]) Aehnlich Ebert bei Fischer-Henle Nr. 7 zu § 243.

[6]) Man kann hierzu bemerken, daß es keinen Zweck hat, das jus variandi in Fällen zu bestreiten, in denen es ohne Chikane überhaupt nicht dem Schuldner versagt werden kann. Bedenkt man aber, daß Gattungsobligationen fast immer vertretbare Sachen zum Gegenstande haben, so bleibt nach der Meinung Plancks von dem Verbote des jus variandi im Falle des § 243, 3 sehr wenig übrig. Ja selbst da, wo nicht vertretbare Sachen (z. B. Pferde) ausnahmsweise nur der Gattung nach ausbedungen sind, wird es in der Regel nicht dem Sinne des Vertrages entsprechen, daß der Gläubiger den Schuldner an einer Auswahl bestimmter, an ihn abgeschickter Stücke festhält, die er noch nicht kannte und auf die er sich daher noch nicht verließ. Mindestens muß man mit Dernburg, Bürg. R. II, 1 § 30 (vgl. auch die dort angeführten Protokolle) das jus variandi dem Schuldner dann gewähren, wenn der Gläubiger in Annahmeverzug geräth. Aehnlich Kipp, Windscheid-Kipp, Pand. II S. 39.

[7]) Es ist dies einfach ein Schuldabänderungsvertrag (§ 305).

Gilt der § 243 für die sog. gemischt-generischen Schuldverhältnisse? also z. B. für die Verpflichtung, ein Schaf aus einer bestimmten Heerde oder 10 Flaschen Wein aus einem bestimmten Fasse zu liefern.[1]) Diese gemischt-generische Obligation ist keine Gattungsobligation; denn die Verpflichtung des Schuldners geht hier weiter; ein „übersehbares“ genus ist eben kein genus mehr. (Thöl.)[2])

Die gemischt-generische ist vielmehr eine Speciesobligation mit noch unvollendeter Bestimmung des Objektes und keine wahrhaft generische Obligation.[3])

---

[1]) Crome, System II S. 46 definirt: Versprechen einer Quantität aus einem bestimmten Vorrath.

[2]) Uebersehbar ist bei der gemischt-generischen Obligation die zur Auswahl in Betracht kommende Masse, nicht aber, wie bei der wahren Alternativschuld, die Zahl der Möglichkeiten. Wir müssen daher annehmen, daß Eck im Texte nicht sagen wollte, daß hier immer eine alternative Schuld oder sogar eine Speciesschuld vorliege, was beides in Fischer-Henles Handausgabe Nr. 1 zu § 243 als möglich hingestellt wird. Unausgeschiedene Theile sind keine alternativ geschuldeten Gegenstände und auch bei einzelnen Stücken, die aus einer größeren Zahl geschuldet werden, kann man von einer Alternative nur dann reden, wenn diese Zahl feststeht (s. unten § 52 S. 257 Anm. 4). Man denke nur an den Verkauf von hundert Flaschen aus einem größeren Kellerbestande. Hier würde der Käufer Mühe haben, die Zahl der verschiedenen Möglichkeiten, in denen er erfüllen darf, zu berechnen, selbst wenn er die Gesammtsumme genau wüßte. Darum kann man auch hier nicht von einer Alternativschuld reden, weil hier nicht das Ganze, aus dem heraus zu leisten ist, übersehen wird, vgl. hierzu unten S. 257 Anm. 4. Allerdings beruht diese auch von Eck angenommene Lehre Thöls, daß zum Gattungsbegriffe Unübersehbarkeit des Ganzen gehöre, keineswegs auf allgemein logischen Erwägungen. Sie ist daher nur für den juristischen Begriff der Gattung richtig, nicht für den philosophischen oder allgemein menschlichen. Diese Begriffsbeschränkung beruht lediglich auf der rechtshistorischen Thatsache, daß für Alternativschulden besondere Vorschriften gelten, namentlich eine Diligenzpflicht gegenüber jedem einzelnen Gegenstande, und daß diese auf unübersehbare Massen unanwendbar sind. Darum muß der Jurist übersehbare und unübersehbare Erfüllungsmöglichkeiten als alternative und generische Obligationen unterscheiden, während der Nichtjurist sehr leicht dies irrthümlicher Weise für eine Spitzfindigkeit halten kann.

[3]) Aus dem soeben Gesagten folgt, daß die Vorschriften über Gattungsobligationen auf dieses Zwittergebilde nach Ecks Meinung keine unmittelbare Anwendung finden können. Soll z. B. ein Käufer aus einem Fasse für sich zehn Flaschen abfüllen dürfen und ist im Annahmeverzuge, so geht die Gefahr trotz § 300 nicht auf ihn über, namentlich nicht für den Fall, daß durch einen Unfall nur ein Theil des gesammten Weines verschüttet wird. Wie sollte man hier auch einen Antheil an der Gefahr für den Käufer berechnen, wenn der Gesammtinhalt des Fasses etwa nicht genau feststand? Aber auch bei dem Untergange des Ganzen

In §§ 244 und 245 sind für Geldschulden besondere Bestimmungen getroffen. Eine in Reichswährung ausgedrückte Schuld muß in Reichsmünze gezahlt werden (Münzgesetz vom 13. Juli 1873, Art 14 § 1). Nach § 244 kann aber auch eine in ausländischer Währung ausgedrückte Geldschuld in Reichswährung nach dem Kurswerthe erfolgen.[1])

§ 245 sieht den weiteren Fall vor, daß Zahlung in bestimmten Münzsorten bedungen ist,[2]) und diese sich zur Zeit der Zahlung nicht mehr im Umlaufe befinden, z. B. wenn bei alten Hypotheken Zahlung in Friedrichsdor versprochen ist. Dann ist die Zahlung so zu leisten, wie wenn die Münzsorte nicht bestimmt wäre.

2. Vorschriften über die Zinsen.

Die §§ 246—248 enthalten Vorschriften über die Zinsen. Ihr Begriff ist derselbe geblieben. Ebenso ihre Entstehung durch Rechtsgeschäft und Gesetz.[3]) „Zins ist die Vergütung, die für Gebrauch oder Vorenthaltung einer Quantität vertretbarer Sachen[4]) ist (für eine Geldsumme in Geld, für Getreide in Getreide).[5]) Usurae heißt Gebrauchslohn. Zins im weiteren Sinne (z. B. Miethszins) ist jede Vergütung für den erlangten Gebrauch eines Vermögensstückes. Die Zinsschuld ist accessorisch. Ihr Verhältniß zur Hauptschuld heißt Zinsfuß. Er wird

---

haftet er nach B.G.B. nicht, weil dieses die Tendenz hat, den Gläubigern im Zweifel die Gefahr nicht aufzubürden.

[1]) Dieser Rechtszweig ist von Eck nur obenhin berührt. Eingehendere Darstellungen finden sich bei Dernburg, Bürg. R. II, 1 S. 31 ff., Enneccerus, Bürg. R., 2. Aufl., S. 385 ff., Windscheid-Kipp, Pandekten II § 256 S. 39 ff. Vgl. über den Begriff des Geldes auch Schollmeyer, Commentar S. 14, Ebert bei Fischer-Henle, § 244 Nr. 2.

[2]) Sog. Geldsortenschuld, Fischer-Henle, § 245. Ob sie vorliegt, kann oft nur durch besondere Auslegung festgestellt werden, Schollmeyer, 1 zu § 245.

[3]) Schollmeyer, Commentar S. 19, 1 hebt hervor, daß durch Richterspruch Zinsverbindlichkeiten jetzt ebenso wenig mehr begründet werden können, wie andere Schuldverhältnisse oder eine Eigenthumsübertragung.

[4]) Dernburg, Bürg. R. VI, 1 S. 43, sagt: von Geld oder anderen Umlaufsmitteln.

[5]) Man könnte hinzufügen „im Verhältniß zur Dauer der Vorenthaltung bestimmt". Vgl. Fischer-Henle zu 246, auch Dernburg, Bürg. R. II, 1 S. 43. Enneccerus, Bürg. R. S. 396 sieht im Zins einen Entgelt für die entbehrte Benutzung des Kapitales und zugleich eine Prämie für die Gefahr, welche mit der Creditgewährung verbunden ist.

meist in Prozenten bestimmt. In der Regel ist eine Zinsfrist[1]) (z. B. monatliche oder jährliche Zinszahlung) festgesetzt."[2])

Eine Bestimmung hat der Fall erfahren, daß der Zinsfuß unbestimmt gelassen ist, sei es im Gesetze, sei es bei einem Rechtsgeschäfte. Für alle diese Fälle der Unbestimmtheit des Zinsfußes sind nach § 246 Vier vom Hundert für das Jahr zu leisten. Im Gesetzbuche ist freilich der Zinsfuß nirgends bestimmt worden, nicht einmal beim Vormunde in den Fällen des § 1834. (Verwendet der Vormund Geld des Mündels für sich, so hat er es von der Zeit der Verwendung an zu verzinsen.)

Das Neue H.G.B. hat den Zinsatz von 6 auf 5 Proz. herabgesetzt, eine Folge der vom Reichstage veranlaßten Herabsetzung des regelmäßigen Zinssatzes von 5 auf 4 Proz. (§ 246).

Die Vergütung von 4 Proz. wird namentlich bei Verzugszinsen unzureichend sein, um den Gläubiger vor Schaden zu bewahren. Man denke an den Fall, daß jemand eine Hypothek kündigt, weil er das Geld zu einem höheren Zinssatze als 4 Proz. anlegen kann. Zahlt hier der Schuldner nicht rechtzeitig, so hat er doch nur 4 Proz. Verzugszinsen zu leisten.[3])

Bei Rechtsgeschäften ist der Zinsfuß der freien Vereinbarung überlassen[4]) mit drei Maßgaben:

a) der allgemeine des § 138, 2, daß ein Rechtsgeschäft bei Ausbeutung der Nothlage, des Leichtsinnes oder der Unerfahrenheit eines Anderen, und überhaupt wenn es contra bonos mores geht, ungültig ist. Dieser Paragraph wird namentlich auch bei den Zinsen in Betracht kommen, Art. 47 des E.G. hebt nämlich den überflüssig gewordenen § 3 des Gesetzes vom 24. Mai 1880 in der Fassung des Gesetzes vom 19. Juni 1893 und damit die bisherigen Civilrechtsfolgen eines wucherischen Geschäftes auf.

---

[1]) „Eine Rechnungsperiode", Crome, System II S. 61.

[2]) Das mit Anführungszeichen Eingeschobene stammt aus Ecks Vorbereitungsheft.

[3]) Ganz in demselben Sinne bemerkt Dernburg, Bürg. R. II, 1 S. 156 § 72 Anm. 2: „Es ist zu hoffen, daß der landesübliche Zinsfuß durchschnittlich nicht über 4 Proz. steigt. Sollte er dauernd höher sein, so könnte sich das unerbauliche Schauspiel, wonach der Gläubiger im Falle des Verzuges seines Schuldners von Dritten Geld auf Schaden nimmt, wiederholen."

[4]) Ecks Vorbereitungsheft: „Diese Zinsfreiheit besteht erst seit dem Gesetze vom 14. Nov. 1867." Näheres bei Dernburg Bürg.R. II, 1 § 23 S. 53 ff.

b) § 247 B.G.B. übernimmt aus dem Wuchergesetze (d. i. dem durch Art. 39 E.G. aufgehobenen Gesetze betreffend die vertragsmäßigen Zinsen vom 14. Nov. 1867) die bekannte Kündigungsbefugniß des Schuldners, d. h. dessen Recht, das Kapital mit sechsmonatlicher Frist zu kündigen, wenn ein höherer Zinssatz als 6 vom Hundert für das Jahr vereinbart ist.[1]) Bei Schuldverschreibungen auf den Inhaber (z. B. Staats- und Eisenbahn-Obligationen) fällt dieses Kündigungsrecht mit Rücksicht auf ihre wirthschaftliche Natur weg.

c) Das Verbot des Anatocismus, das vom Handelsgesetzbuche zuerst für den Contocorrentverkehr durchbrochen war und in einzelnen Gebieten (Bayern, Lübeck) nicht galt, hat das B.G.B. in abgeschwächter Gestalt wieder hergestellt. (Es bezieht sich nicht auf die gesetzlichen Zinsen.)[2]) Es darf nämlich nicht im voraus vereinbart werden, daß fällige Zinsen wieder Zinsen tragen (§ 248), also ist bei schon rückständigen Zinsen die Vereinbarung von Zinsen statthaft. Der Paragraph fügt Ausnahmen hinzu: für die Zinsen von Einlagen bei Sparkassen (als Folge des Depotgeschäftes), bei Kreditanstalten (Pfandbriefanstalten, Hypothekenbanken), die vor allem ihre Zinscoupons rechtzeitig einlösen müssen, also sich auch die Verzinsung rückständiger Zinsen aus gewissen Darlehen versprechen lassen dürfen (§ 248, Abs. 2 Satz 2) und bei Inhabern von Bankgeschäften.[3]) In diesen Fällen kann man also sich auch im voraus versprechen lassen, daß die nicht erhobenen Zinsen wieder neu verzinst werden (z. B. als neue Sparkasseneinlage anzusehen sind).[4])

---

[1]) „Dies tritt an Stelle des beseitigten vertragsmäßigen Maximums. Es ist ein Schutz des Schuldners gegen Kapitalismus. Die Fixirung der Erträgnisse eines Kapitals auf lange Zeit ist auch wegen der Veränderlichkeit seines Werthes bedenklich (Denkschrift).“ (Ecks Vorbereitungsheft.)

[2]) Abweichend Schollmeyer, Commentar S. 22: „Das Gesetz unterscheidet nicht zwischen Rechtsgeschäfts- und Gesetzeszinsen. Es kann also für keine der beiden Arten im Voraus, wohl aber für jede von beiden nachträglich, wenn sie rückständig geworden sind, die Verzinsung verabredet werden. Indessen ist dies nicht zweifellos.“ Wahrscheinlich wollte aber Eck mit den Textesworten nur hervorheben, daß es keine gesetzlichen Zinseszinsen giebt, was auch Schollmeyer S. 23 mit besonderem Hinweise auf die Verzugzinsen (§ 289) hervorhebt.

[3]) Hierin lebt die alte handelsrechtliche Ausnahme für Contocorrente fort. Bei diesen geräth es im gewöhnlichen Verkehre in Vergessenheit, aus welchen Schuldgründen das Endergebniß der jährlichen Schlußberechnung entstanden ist, insbesondere ob darunter auch Zinsschulden stecken.

[4]) Dernburg, Bürg. R. II, 1 S. 56, bemerkt hierzu: „Dies kommt den

Diese Bestimmungen treten an Stelle des Reichsgesetzes vom 14. Nov. 1867, weshalb dieses, wie erwähnt, durch Art. 39 E.G. aufgehoben ist.

Dagegen hält Art. 94 E.G. die Zinsbeschränkung für die gewerblichen Pfandleihen aufrecht.[1])

3. Die Lehre vom Schadensersatz

ist geregelt durch die §§ 249—258. Doch erheben sich schon jetzt darüber zahlreiche Streitfragen.[2])

„Schaden ist die nachtheilige Differenz in dem Vermögen einer Person, wie es sich in Folge eines gewissen Ereignisses darstellt und wie es sich ohne dies Ereigniß darstellen würde. — Das Ereigniß kann ein positives sein, ein Geschehen, an dessen Ausbleiben der Betroffene ein Interesse hatte (quod non fieri ejus intererat, z. B. Tödtung seines Thieres), oder ein negatives, ein Nichtgeschehen, z. B. Nichtbezahlung, wenn der Betroffene ein Interesse am Geschehen hatte (quod ejus intererat, z. B. pecuniam sibi solvi). Beide Male wird durch das Ereigniß das Interesse des Betroffenen verletzt und eben dadurch beschädigt. Interesse und Schaden sind daher subjective und relative Begriffe[3]) und verschieden von dem objectiven Werthe einer Sache, vera rei aestimatio, deren Gegensatz das (ebenfalls relative und subjective) pretium extraordinarium ist.

Es giebt freilich noch andere Schäden, als die das Vermögen betreffen (immaterielle, ideelle, moralische). Aber sie unterliegen nach B.G.B. nicht denselben Regeln. Ich lasse sie zunächst bei Seite.

Die Gründe des Ersatzes sind mannigfach: Rechtsgeschäft, Delict, Gesetz."

Das gemeine Recht versteht unter Schadensersatz nur eine Werthvergütung unter Ausschluß der Naturalrestitution. Nach B.G.B. §§ 249 und 251 ist der Begriff des Schadensersatzes ein weiterer; nämlich

---

Sparern und Einlegern zu gute. Von Uebervortheilung kann hier nicht die Rede sein." Aehnlich Schollmeyer, Commentar S. 24.

[1]) Preuß. Ges. vom 17. März 1881 G.S. S. 265 § 1, 2 Pfennig für die Mark, also 24 Proz. von Darlehnsbeträgen bis zu 30 Proz. erhöht, für die darüber hinausgehenden Beträge 12 Prozent.

[2]) Das mit Anführungszeichen Eingeschobene stammt aus Ecks Vorbereitungsheft.

[3]) Vgl. Dernburg, Bürg. R. II, 1 S. 58: „Interesse ist der Werth eines Gutes für eine Person."

nach § 249 ist Schadensersatz in erster Linie durch Naturalherstellung zu leisten, also durch Herstellung des Zustandes, der bestehen würde, wenn der zum Ersatze verpflichtende Umstand nicht eingetreten wäre, d. h. des früheren Zustandes in seiner Identität, also z. B. nicht die Leistung einer gleichwerthigen Sache[1]). Erst soweit diese Naturalherstellung nicht möglich oder zur Entschädigung des Gläubigers nicht genügend ist, hat der Ersatzpflichtige den Gläubiger in Geld zu entschädigen.[2]) Ein Gleiches bestimmt der § 79 A.L.R. I, 6 (vgl. Degenkolb, Arch. f. civ. Pr. Bd. 76 S. 80).[3])

Die praktischen Konsequenzen sind sehr erheblich: Bei Unterschlagung von Werthpapieren geht das Ersatzrecht und die Ersatzpflicht auf Herausgabe der Stücke, bei Diebstahl und Unterschlagung gehen Ersatzrecht und Ersatzpflicht auf Herausgabe des Entwendeten, nicht des Werthes. Ebenso bei rechtswidriger Verwendung fremder Sachen, z. B. dem Versatze solcher Sachen auf dem Leihhause, auf Wiedereinlösung. Wenn der Miether die Tapeten beschmutzt, so kann der Wirth Herstellung neuer Tapeten verlangen.[4]) Die Herausgabe eines rechtswidrig benutzten durchgeschwitzten Frackes würde aber nicht genügend sein, sondern es müßte Geldentschädigung eintreten; denn durch § 249 Satz 2 ist die Modification hinzugefügt, daß der Gläubiger von vornherein statt der Naturalherstellung Geld fordern kann, wenn eine Person verletzt oder eine Sache beschädigt worden ist, so z. B. wenn ein Auge verletzt oder ein Kunstwerk mit Tinte begossen ist. Der Verletzte braucht sich oder seine Sache in diesem Falle nicht den Wiederherstellungsversuchen des Schädigers auszusetzen.[5])

---

[1]) Gegen diese Verallgemeinerung (Planck S. 17) Dernburg II, 1 S. 78 Anm. 5: „Ist eine Glasscheibe zerbrochen, so ist der Schaden durch Einsetzung einer neuen beseitigt." Aehnlich Ebert bei Fischer-Henle zu § 251.

[2]) Ueber die Höhe vgl. 5 zu § 249 bei Fischer-Henle.

[3]) Einen ähnlichen Gesichtspunkt findet man schon im römischen Rechte nach Dig. 19, 2 locati fr. 9 pr., wo sich der Miether mit einer anderen, ebenso bequemen Wohnung abfinden lassen muß. Schollmeyer, Commentar S. 27. Klagen auf Naturalrestitution verboten sich freilich zur Zeit der Geldcondemnation von selbst. Die Anwendung des Gebotes der Naturalherstellung auf andere Reichsgesetze wird vom Reichsgericht, Entsch. Bd. 46 S. 87, anerkannt.

[4]) Aus dem Grundsatze der Naturalherstellung kann man nicht ohne weiteres ein Recht herleiten, auf Zurücknahme einer rechtswidrigen Drohung zu klagen, wohl aber eine Unterlassungsklage wegen solcher Eingriffe in fremde Rechte, deren Wiederholung zu befürchten ist. Entsch. d. R.G. Bd. 48 Nr. 118, S. 249 ff.

[5]) Man denke z. B. an einen Masseur, der schuldhafter Weise dem von ihm

Wie, wenn die Herstellung der Sache zwar partiell möglich ist, aber eine Werthverringerung übrig bleibt, z. B. wenn Jemand durch Einbruch mein Büreau schwer beschädigt hat? Aus § 251 folgt, daß man in solchen Fällen Naturalherstellung verlangen kann, „soweit" sie möglich ist, aber daneben, soweit der Werth verringert ist, Geldentschädigung.

§ 250 fügt hinzu, daß der Gläubiger in allen Fällen dem Schuldner eine angemessene Frist stellen kann mit der Erklärung, daß er nach deren Ablauf die Naturalherstellung ablehne und Geldentschädigung fordere.[1]) Dies ist eine Anwendung der Ausschlußfristen,[2]) die der Gläubiger selbst in Bewegung setzen kann.

Wie, wenn der Schuldner bestreitet, daß die ihm gestellte Frist angemessen ist und wenn sie wirklich zu kurz bemessen war, soll sie dann gar keine Bedeutung haben? Planck ist der Ansicht, sie wäre unwirksam und der Gläubiger müßte eine zweite setzen.[3]) Ich halte dies für zu formalistisch und meine, daß dann, wenn die Frist nicht angemessen, sondern zu kurz bemessen war, der Gläubiger sie angemessen ausdehnen muß.[4]) Beispiel: A. deponirt werthvolle Teppiche bei N. N. Dieser hat sie versetzt. A. erfährt dies Sonnabend Nachmittag und fordert bis zum Abend die Rückgabe. Diese Frist würde nicht angemessen sein, weil am Sonnabend Nachmittag und Abend das Pfand-

Behandelten ein Glied verrenkt hat und es selbst wieder einrenken will. Dies braucht der Verletzte nicht zu dulden. Zu diesem Rechtssatze bemerkt Dernburg S. 78 Anm. 5, „daß das Flicken eines zerrissenen Kleides als Wiederherstellung gelten müsse, wenn das Kleid schon vorher alt und mehrfach geflickt war". Dem Wortlaute des Gesetzes entspricht dies nicht. Näheres über Naturalrestitution durch Ausbesserung siehe bei Schollmeyer, Commentar S. 32.

[1]) Schollmeyer, Commentar 2 zu § 250 S. 29, findet den Zweck dieser Bestimmung darin, daß sie dem Kläger erspart, die Unmöglichkeit der Naturalrestitution zu behaupten und zu beweisen; ferner darin, daß sie ihm die Anstellung einer (sonst nicht gebotenen) Klage erspart, die lediglich bezweckt, die Vortheile des § 283 zu erlangen.

[2]) S. oben § 465 S. 214 über die Fristen.

[3]) Zu § 250 Anm. 2 S. 19.

[4]) Ebenso mit Recht Dernburg, Bürg. R. II, 1 S. 79: „Man wird die Aufforderung immer zu verstehen haben, eventuell innerhalb der zur Herstellung nöthigen Frist." Schollmeyer, Commentar 5 zu § 250 S. 31, vertritt gegen Cosack (Lehrbuch Bd. I S. 346) die strengere Ansicht: „Stellt sich die Frist als zu kurz heraus, so tritt das Präjudiz nicht ein." Es handelt sich um die Deutung des Wortes „rechtzeitig."

haus nicht geöffnet ist. 8 Tage später erhebt A. Klage auf Schadensersatz und hierzu halte ich ihn für berechtigt, weil er 8 Tage mit der Klage gewartet hat. In der Praxis wird man 3 Tage unbedingt für angemessen halten können.

Der Ersatzberechtigte kann, wenn er auf Herstellung des früheren Zustandes klagt, verlangen, daß in dem Urtheile zugleich die Frist bestimmt werde, bei deren fruchtlosem Ablaufe der Ersatz in Geld zu leisten ist.

Eine zweite Modifikation des Grundsatzes der Naturalherstellung ergiebt sich aus § 251 Abs. 2, wonach „der ersatzpflichtige Gläubiger in Geld entschädigt werden kann, wenn die Herstellung nur mit unverhältnismäßigen Aufwendungen möglich ist" (facultas alternativa). Beispiel: Jemand hat eine mir gehörige Sache verkauft und das Eigenthum ist auf den redlichen Erwerber übergegangen. Nun verlange ich Rückerstattung, aber der neue Erwerber will sie nur um den fünffachen Preis herausgeben, weil er dafür eine besondere Liebhaberei hat. (Man denke an eine altmodische Uhr, eine Stickerei, seltene Briefmarken u. dgl.) In diesem Falle könnte der Schuldner Geldersatz wählen, obwohl ihm die Rückerlangung möglich wäre. Man denke auch an die Beschädigung von Photographien, die in den Alpen oder in Afrika gefertigt worden sind.

4. Der Umfang der Schadensersatzpflicht.

Das B.G.B. kennt nicht, wie das Preuß. Recht, eine künstliche Abstufung der Ersatzpflicht je nach dem Grade der Verschuldung (§§ 10—15 A.L.R. I, 6).[1]) Es werden die beiden Arten unmittelbar und mittelbar ohne Unterschied gleichmäßig behandelt. Ebensowenig kennt das Gesetzbuch den von Ihering vertretenen Grundsatz, daß der Schädiger nur für den vorhersehbaren Schaden haften soll.[2]) Es genügt der bloße Kausalzusammenhang.[3])

[1]) Eine solche findet sich noch im H.G.B. §§ 430 ff., 611 ff. Dernburg, Bürg. R. II, 1 S. 70. Die Bemerkung der Motive Bd. II S. 17, welche den Beschädigten ohne Rücksicht auf den Schädiger schützen wollen, hat man eine „einäugige Gerechtigkeit" genannt, vgl. das bei Dernburg II, 1 S. 69 Angeführte. In der Regel verdient aber der Schädiger besondere Rücksichten nicht. Für den Standpunkt des B.G.B. auch Schollmeyer 1 zu § 252 S. 35.

[2]) Vgl. Dernburg, Bürg. R. II, 1 S. 66: „Voraussehbarkeit des Schadens ist kein Erforderniß der Haftung für denselben."

[3]) Ueber diesen Begriff vgl. Dernburg, Bürg. R. II, 1 § 27 S. 64 ff., En=

Der erwähnte Grundsatz war im zweiten Entwurfe (§ 215) enthalten. Der Bundestag hat diesen Paragraphen gestrichen, von der Reichstagskommission wurde er jedoch in erster Lesung wiederhergestellt und in zweiter dann wieder abgelehnt. Ein Beispiel in der Reichstagskommission (Bericht S. 36) war das Folgende: Wenn ein Kommissionär den Verkauf von Bergwerkspapieren fahrlässig versäumt habe, kurz nach Schluß der Börse aber das Bergwerk durch Wasser zerstört sei, so dürfe er von der Haftung für diesen unwahrscheinlichen Schaden keineswegs frei bleiben.[1]) Es kommt also lediglich darauf an, daß der erlittene Schaden im Kausalzusammenhange mit dem zum Schadensersatze verpflichtenden Umstande steht. Ueber den Kausalnexus selber giebt das B.G.B. keine Bestimmungen. Eine Wiederannäherung an den Gedanken des vorhersehbaren Schadens findet sich in § 252 Satz 2 bezüglich des entgangenen Gewinnes.[2])

Es kommt nicht bloß der gemeine Werth einer Sache in Betracht, wie beim Frachtführer § 430 H.G.B., sondern der besondere Werth (pretium extraordinarium).[3]) Man denke an den Hund eines Blinden oder abgerichtete Flöhe. Es folgt dies aus § 249 und zwar aus den Worten „den Zustand herzustellen". Eine ausdrückliche Vorschrift des ersten Entwurfes (§ 220) wurde gestrichen, weil sich ihr

neccerus, Bürg. R. 2. Aufl. S. 402 ff. (daselbst auch weitere Litteratur) und Rümelin, Arch. f. civ. Pr. Bd. 90 S. 171 ff. Der rein naturwissenschaftliche Causalnexus zwischen zwei Ereignissen ist nicht identisch mit dem rechtserheblichen Causalnexus. Das Gesetz des Staates kann Umstände als unerheblich bezeichnen, die für das Naturgesetz Ursachen des in Frage stehenden Schadens sind (so die Handlungen der Zurechnungsunfähigen), es kann aber auch Umstände als Ursachen behandeln, die es im naturwissenschaftlichen Sinne nicht sind (insbesondere die Unterlassungen).

[1]) Ob ein solcher Schaden nicht auch vorhersehbar zu nennen wäre, ist zweifelhaft. Auch die Vertreter des Erfordernisses der Vorhersehbarkeit verlangten nur, daß die Möglichkeit eines Schadens der eingetretenen Art vorhergesehen werden konnte, nicht eine genaue Voraussicht seiner Beschaffenheit.

[2]) Ob nicht die Begriffe „Fahrlässigkeit" und „Vorhersehbarkeit des eingetretenen Schadens" in einem Zusammenhange stehen, ist eine andere Frage. M. E. kann der, welcher einen unvorhersehbaren Schaden verursacht, nicht wegen Fahrlässigkeit haften, also ist nur in solchen Fällen, in denen über die Fahrlässigkeit hinaus gehaftet wird, die Vorhersehbarkeit gleichgiltig. Vgl. auch Engelmann, Das bürg. R. Deutschlands, 2. Aufl. 1900, § 753, S. 207.

[3]) Gemeint ist hier nicht der Werth der besonderen Vorliebe, sondern der früher sog. außerordentliche Werth (§ 114 A.L.R. I, 2), den die Sache nur für den gegenwärtigen Besitzer hat, z. B. ein Pferd für den Eigenthümer des Viergespannes, zu dem es gehört. Andere Beispiele sind aus dem Vorbereitungshefte in den Text gesetzt.

Inhalt aus § 249 Satz 1 und § 251 Abs. 1 ergebe. Die Schadensersatzpflicht erscheint also als eine recht strenge.

Der Schadensersatz umfaßt nicht nur den eingetretenen Verlust, sondern nach § 252 auch den entgangenen Gewinn.[1]) Aber für die Berücksichtigung dieses Gewinnes giebt derselbe Paragraph in seinem zweiten Satze eine Bestimmung, deren Inhalt schon jetzt sehr streitig ist.[2]) Dieser Satz 2 kann zunächst einen prozeßrechtlichen Sinn haben, den Sinn der Beweiserleichterung, dann würde er zu lesen und zu ergänzen sein: als entgangener Gewinn gilt schon der Gewinn, welcher (nach Lage der Sache) erwartet werden konnte, und so verstehen die Motive (S. 19) den Satz. Dann kann der Beschädigte seinen Beweis darauf beschränken, die bloße Wahrscheinlichkeit des Gewinnes statt einer Gewißheit darzuthun. Aber der Satz führt, so aufgefaßt, noch einen Schritt weiter: Es braucht sich der Beschädigte nicht einmal den Gegenbeweis gefallen zu lassen.[3]) Bei dieser Deutung wird das Ergebniß äußerst unbillig. Folgendes Beispiel ergiebt dies:

In den 60er Jahren trat im Circus Renz ein Komiker mit zwei dressirten Pudeln auf. Am 16. Juli, bei großer Hitze, lief der eine Pudel nach der Vorstellung auf die Straße, hatte Schaum vor dem Munde, zog den Schwanz ein und wurde von einem Gastwirthe, der annahm, der Hund sei toll, todtgeschlagen. Der Komiker forderte 600 Thaler für den einen Hund, 200 Thaler für den anderen und für sich die Tantième auf 14 Tage zu je 10 Thaler. Der Gastwirth wurde verurtheilt. Wäre hinterher der zweite Hund nach 3 Tagen krepirt, so hätte das nach der hier angefochtenen Ansicht unerheblich sein müssen. Dem Gastwirthe würde der Beweis, daß der zweite Hund nach 3 Tagen krepirt und die Tantième nur auf 3 Tage gerechtfertigt war, abgeschnitten und der Kläger sehr bevorzugt worden sein.

Darum verdient trotz der Motive eine andere Deutung des § 252 den Vorzug, daß darin nicht eine Beweiserleichterung, sondern eine materielle Beschränkung des lucrum cessans liegen soll (vgl. Dig. l. 29 § 3 ad. leg. Aqu. IX, 2, l. 20 de peric. et comm. XVIII, 6). Es

[1]) Der Ersatzanspruch wegen entgangenen Gewinnes kann auch über angemessene Verkaufspreise hinausgreifen. Entsch. d. R.G. Bd. 49 S. 52.

[2]) Vgl. hierzu namentlich auch Dernburg, Bürg. R. II, 1 S. 71 gegen Planck. Dernburgs Beispiel S. 72 überzeugt mich nicht.

[3]) Diese von Eck mit Recht mißbilligte Ansicht macht aus einer vernünftigen Präsumption eine unvernünftige Fiction.

wäre dann zu lesen: Als entgangener Gewinn gilt **nur** der Gewinn u. s. w.[1]) Für die zweite Deutung sprechen verschiedene Umstände, vor allem auch, daß der Entwurf I und II noch das Wort „nur" enthielt. In der Redaktionskommission hat der § 252 die jetzige Fassung erhalten, ohne daß dadurch eine sachliche Aenderung beabsichtigt war (**Planck** II S. 23). Die hier getadelte Auffassung würde auch einen Eingriff in das Recht der Schadensabschätzung nach § 287 C.P.O. enthalten. Es soll also der unvorhersehbare Gewinn nicht liquidirt werden können. Würde daher z. B. jemand am Tage nach dem geschilderten Untergange des einen Hundes dem Komiker 15000 Mark für die Hunde geboten haben, so könnte dies nicht als lucrum cessans geltend gemacht werden. Hiernach ist der folgende Fall zu entscheiden:

X schuldet dem Y 100000 Mark und kommt in Erfüllungsverzug. Nach der Fälligkeit der Summe bietet ein anderer dem Y ein Haus, welches 120000 Mark werth ist, für 100000 Mark zum Kaufe an, wenn Y sofort baar den Kaufpreis entrichten kann. Dazu ist er aber wegen des Erfüllungsverzuges von X nicht in der Lage und muß sich so den Gewinn von 20000 Mark entgehen lassen. Da dieser in dem Augenblicke, wo das schädigende Ereigniß (der Erfüllungsverzug) eintrat, nicht mit Wahrscheinlichkeit zu erwarten war, so ist nach der oben dargelegten Auffassung ein Ersatzanspruch des Y in der Höhe dieser 20000 Mark nicht vorhanden.

Die Frage, ob auch ein immaterieller Schaden ersetzt werden müsse, ist sehr bestritten, vgl. zum gemeinen Rechte l. 33 Dig. ad leg. Aqu. IX, 2 pr. und l. 54 pr. mandati XVII, 1. Im französischen Rechte wurde sie bejaht. **Zink** berichtet aus der Praxis der französischen Gerichte, daß einer deutschen Baronin, die in Paris einen Ball bei einem Herzoge mit ihren zwei Töchtern nicht besuchen konnte,

---

[1]) M. E. kommt es zur Abwehr der im Texte getadelten Entscheidung nicht allein darauf an, das Wörtchen **nur** einzuschieben (was durchaus richtig ist, vgl. Schollmeyer, Commentar S. 37), vielmehr muß man außerdem den Gewinn, der erwartet werden konnte, als richtig deuten. **Er muß erst bei der Beurtheilung des Falles als ein solcher erscheinen, der erwartet werden durfte,** nicht aber schon im **Augenblicke der Schädigung.** So im Wesentlichen Schollmeyer a. a. O. Der Zweck der Vorschrift und der im Texte angeführte § 287 C.P.O. verlangen diese Deutung. Eine Beweiserleichterung enthält § 252 m. E. trotz alledem. Zutreffend bemerkt Dernburg a. a. O. S. 71: „Sollte es gewiß sein, daß der Vortheil, welcher an sich erwartet werden konnte, nicht gemacht worden wäre, so kann er nicht in Betracht kommen."

weil die Schneiderin die Ballroben zu spät und nicht ordentlich sitzend ablieferte, ein dommage moral von 2000 Frcs. zugesprochen wurde.[1]) Das Preuß. Recht bestimmt nur, daß bei vorsätzlicher Beschädigung Ersatz des Werthes der besonderen Vorliebe geleistet werden müsse, §§ 46, 87 A.L.R. I, 6. Demgemäß wurden zwei Studenten, die ihren Hund auf die Katze eines alten, kinderlosen Ehepaares hetzten, wobei das Thier zu Grunde ging, zu 100 Mark Schadensersatz verurtheilt. Man denke auch an Zerstörung eines Familienbildes oder eines Andenkens. Das B.G.B. verneint grundsätzlich durch § 253 die Verpflichtung, anderen, als bloßen Vermögensschaden zu ersetzen. Die Ausnahmefälle bilden § 847 (Körperverletzung oder Freiheitsentziehung) und 1300[2]) (Beischlaf mit der unbescholtenen Braut). Es kommt also nach B.G.B. kein Affectionswerth in Betracht, auch nicht bei böswilliger Schadenszufügung, nach Planck (Bd. 2 S. 24 Nr. 1 zu § 253) deshalb nicht, weil es den Anschauungen des deutschen Volkes nicht entspreche, sich für die Verletzung idealer Interessen in Geld entschädigen zu lassen.[3]) Dies ist m. E. übertrieben und vom Standpunkte des B.G.B. auch inkonsequent, weil § 241 auch Obligationen ohne Vermögenswerth zuläßt. Man denke z. B. an den Fall, daß Jemand mir schenkungsweise die Photographie meines Großvaters, die ohne jeden Geldwerth ist, verspricht und sie sodann in das Feuer wirft. Die Praxis wird weitergehen müssen. Die Entscheidung (R.G.E. Bd. 39 S. 36) enthält eine unverständliche Einschränkung. Sie weist den Anspruch der bei einem Eisenbahnunfall körperlich verletzten Ehefrau eines Rittergutsbesitzers (aus dem Haftpflichtgesetze) zurück, weil die Ehefrau während der Ehe durch ihre geminderte Erwerbsfähigkeit einen Schaden nicht erleide, da ihre Thätigkeit in der Hauswirthschaft lediglich dem Manne zu Gute komme und der geschädigte Ehemann im Sinne des Haftpflichtgesetzes nicht der Verletzte sei. Aehnlich Bd. 19 S. 184—186.

---

[1]) Strenger der rheinische Senat des Reichsgerichtes. Scherer, Commentar II S. 28 Anm. zu § 253.

[2]) Näheres über die Buße vgl. bei Dernburg, Bürg. R. II, 1 §§ 36 ff. S. 83 ff. Crome, System II § 152 S. 85 ff. Dieses Institut wird zwar von der Privatstrafe scharf geschieden, steht aber in der praktischen Bedeutung für die Betheiligten ihr nahezu gleich.

[3]) Vgl. oben S. 235 Anm. 3. Für Planck ließe sich bemerken, daß die Scheu vor einem allzu freien richterlichen Ermessen in der deutschen Rechtsgeschichte besonders klar hervortritt. Man denke an die Beseitigung der in integrum restitutio.

Inkonsequent ist es auch, wenn Planck ohne Begründung mit Kohler (Archiv f. Bürg. R. Bd. 12 S. 1 ff.) im Falle des Diebstahles eines geschenkten Theaterbillets den vom Schenker dafür bezahlten Preis auch dann ersetzt haben will, wenn das Billet auf die Person des Beschenkten gestellt und eine Uebertragung desselben deshalb unmöglich gewesen wäre. Hiernach soll der Verlust eines unverkäuflichen Theaterbillets ein Vermögensschaden sein, nicht aber der Verlust eines Armes, auch wenn man 10000 damit verdienen konnte und sie auch thatsächlich verdient hat.[1])

Trotz dieser Beschränkung auf Vermögensschaden bleibt die Haftung auf Schadensersatz immerhin eine recht weitgreifende, weil auch der mittelbare und unvorhergesehene Schaden zu ersetzen ist.

Zwei Ausnahmen sind zu beachten:

a) bei concurrirendem Verschulden des Beschädigten greift § 254 ein, d. h. dann, wenn ein Verschulden des Beschädigten mit dem Umstande, der die Ersatzpflicht begründet, zur Herbeiführung des Schadens zusammengewirkt hat. Der Richter kann nach Lage der Sache die Ersatzpflicht ganz verneinen oder den Schaden vertheilen. Es tritt also nicht, wie nach römischem Rechte, eine Compensation des beiderseitigen Verschuldens ein (leg. 10 pr. Dig. de comp. 16,2), noch auch das complicirte Abwägungsverfahren der §§ 18—21 A.L.R. I, 6. Dieser Paragraph enthält einen für Deutschland (wenn auch nicht für die französische Praxis) neuen Gedanken: den der proportionellen Vertheilung des Schadens nach freiem, richterlichem Ermessen.

Jemand schießt z. B. im Thiergarten nach der Scheibe. Ein anderer läuft fahrlässig in die Schußlinie und wird verletzt. Der Richter hat nach freiem Ermessen zu entscheiden, ob und wie weit zu entschädigen ist.

Wer darauf hinzuweisen unterläßt, welchen Schaden die Nichterfüllung einer Schuld hat, begeht eine culpa concurrens.[2]) Darin liegt ein Surrogat des fehlenden Erfordernisses der Vorhersehbarkeit des Schadens. Ein Haus war z. B. in der Wasserthorstraße eingestürzt, weil

---

[1]) Ein bestimmter Vermögenswerth des Gestohlenen für den Beschenkten steht m. E. hier außer Zweifel. Anders in dem damit verglichenen Falle, in dem übrigens § 847 Abhilfe gewährt.

[2]) Aus diesem Gesichtspunkte muß z. B. Jeder, der leicht explodirende Stoffe zur Beförderung hingiebt und für sie eine besondere Vorsicht ausbedingt, dabei hervorheben, um welche Gefahr es sich handelt.

ein Miether vertragswidrig große Massen schweren Getreides in die Wohnung gebracht hatte. Beim Einsturz zeigte sich, daß die Pfeiler des Hauses ganz morsch waren. Miether und Vermiether klagten auf Schadenersatz. Beide waren in culpa. Hier würde also in Zukunft § 254 anzuwenden sein.

Als Verschulden gilt auch schon die Unterlassung gewisser Vorsichtsmaßregeln seitens des Beschädigten oder die Unterlassung von Abhülfemitteln. So z. B. wenn ein Treiber, der angeschossen wird, sich nicht heilen lassen will, insbesondere die Anwendung von Heilmitteln unterläßt, oder wenn Jemand einen Operationseingriff ablehnt, um eine höhere Geldentschädigung zu erzielen. Nach § 254 Abs. 2 wäre zu sagen, daß, da es der Schuldner unterlassen hat, den Schaden abzuwenden, ihm der Ersatzanspruch abzuerkennen ist. Hat er es nicht vorsätzlich, sondern nur fahrlässig unterlassen, so wird man ihm etwas zusprechen können; kurz, es liegt hier ein weites Feld für das richterliche Ermessen vor. Dieses wird sich theils darauf gründen, wer den Schaden vorwiegend verursacht hat (Beispiel: Verletzung im Duell), theils wen die größere Schuld trifft, auch darauf, wer die nöthigen Vorsichtsmaßregeln unterlassen hat.

Endemann,[1]) der in einer besonderen Schrift über den Operationszwang die Frage, ob Jemand, dem auf der Eisenbahn Kohlenstaub in die Augen gerathen und infolge dessen an grauem Staar erblindet ist, die Operation des Staares verweigern und dann die volle Invalidenrente beanspruchen darf, bejaht diese Frage.[2])

---

[1]) Die Rechtswirkung der Ablehnung einer Operation, 1893.

[2]) Es zeigt sich hier, daß den Ansichten darüber, was die Pflicht gebietet, ein höchst persönlicher Charakter nicht völlig abgestreift werden kann. Für Endemann erklärt sich das Reichsversicherungsamt. Anders wiederum das Reichsgericht in den von Dernburg, Bürg. R. II, 1 S. 76 Anm. 9 angeführten Entscheidungen des Reichsgerichtes. Dernburg nimmt an, daß der Verletzte sich die Operation gefallen lassen müsse. Dagegen brauche er sich nicht das falsch angeheilte Glied wieder zerbrechen zu lassen, um bessere Heilung zu versuchen. Mit dem Texte stimmt Dernburg, II, 1 S. 75 (gegen Endemann) auch insofern überein, als bei der Abwägung des Schadens nach seiner Meinung der Grad des Verschuldens von Bedeutung ist. — Zu § 254 Abs. 2 verlangt Dernburg S. 76 mit Recht, daß der Beschädigte zur Abwehr des Schadens das zu thun verpflichtet ist, was er thun würde, falls ihm nicht ein anderer haftete. Vgl. auch Ebert bei Fischer-Henle 8 zu § 254. Einen anderen Standpunkt vertritt Schollmeyer, Commentar S. 43. „Das größte Verschulden ist dabei grundsätzlich gleichgültig, denn das Gesetz betrachtet die Frage, inwieweit die Ersatzpflicht des Beschädigers durch das Verhalten

Der Abs. 2 des § 254 ist von der Reichstagskommission hinzugefügt.

Dort wurde der Fall angeführt, daß eine bestellte Droschke nicht zur bestimmten Zeit kommt. Infolgedessen versäumt der Besteller einen Eisenbahnzug und erleidet dadurch einen Schaden von 10000 M. Oder: Es wird Jemand gebeten, einen verschlossenen Brief nach München mitzunehmen und einer bestimmten Person abzugeben. In dem Briefe befinden sich 10000 M., wovon Empfänger nichts weiß. Ihm wird der Brief auf der Reise gestohlen. Haftet er für den Schaden von 10000 M.? Das wird nach § 254 Abs. 2 zu verneinen sein.[1])

Der letzte Satz in § 254 Abs. 2 betrifft den Fall, daß der Beschädigte zur Erfüllung seiner Pflicht Hülfspersonen (278), z. B. einen Arzt zuzieht, die ihrerseits eine culpa auf sich laden. Dann hat er diese culpa wie seine eigene zu vertreten.

b) eine andere Beschränkung der Schadensersatzpflicht ergiebt sich aus § 255. Der Ersatzverpflichtete hat, wie im römischen Rechte, einen Anspruch auf Abtretung derjenigen Ansprüche, die dem Ersatzberechtigten auf Grund des Eigenthumes an der verlorenen Sache oder aus dem verlorenen Rechte gegen Dritte zustehen.[2]) Beispiel: Ein Inkassomandatar soll einen Wechsel einziehen, giebt ihn aber leichtsinnigerweise dem Acceptanten in die Hand, der ihn vernichtet. Natürlich muß er Ersatz leisten, er kann aber Cession des Anspruches gegen den Schuldner verlangen (§ 255).[3])

Mit der Vorschrift des § 255 berührt sich der Satz, daß der Ersatzberechtigte sich die Vortheile, die er aus dem Ergebnisse[4]) zieht, das

des Beschädigers modificirt werde, unter dem Gesichtspunkte des Causalzusammenhanges, nicht unter demjenigen der Culpacompensation." M. E. liegt ein solcher Gegensatz nicht vor. Vielmehr erklärt das Gesetzbuch den thatsächlich immer vorhandenen Causalzusammenhang aus dem Compensationsgesichtspunkte für rechtlich unerheblich.

[1]) Nach der Entscheid. des Reichsger. Bd. 46 Nr. 51 S. 207 liegt culpa concurrens jedenfalls dann vor, wenn Maßnahmen unterlassen sind, die nach Lage der Sache und nach den geltenden Verkehrsanschauungen dem Beschädigten zugemuthet werden konnten.

[2]) Vgl. Dernburg, Bürg. R. II, 1 S. 80 ff.

[3]) Der erste Entwurf § 223 bestimmte hier eine cessio legis, vgl. Schollmeyer, Commentar S. 49.

[4]) Vgl. darüber, daß die Einheit des ungleich günstigen und schädlichen Ereignisses nicht streng genommen werden kann, Crome, System II S. 77 Anm. 54.

den Schaden hervorgerufen hat, vom Schaden in Abzug bringen lassen muß (compensatio lucri cum damno). Diese Fälle sind im B.G.B. nicht erwähnt, weil eine allgemeine Formulirung (nach den Motiven) nicht möglich erschien. Vgl. Oertmann im österr. Centralblatt für juristische Praxis 1897.[1]) Beispiele: Bei Körperverletzung Erwerb einer Pension, bei einer Enteignung die Werthsteigerung des Restgrundstückes, bei mora des Verkäufers Abschluß eines billigen Deckungsgeschäftes, bei Ueberschreitung eines Bauanschlages Wertherhöhung des Hauses. Ein Spediteur versendet vertragswidrig statt auf dem Landwege auf dem billigen Seewege; die Waare wird geraubt; die Ersparung der Mehrkosten des Landweges ist auf den Schadensersatz anzurechnen.

§§ 256—258 betreffen die Fälle besonderer Ersatzpflichten.[2]) Hier sind bekannte Sätze reproduzirt, die den Ersatz von Aufwendungen und das jus tollendi betreffen. Bei der Ausübung dieses Rechtes muß man die Sache wieder in den alten Stand setzen.[3])

Die §§ 259—261 enthalten die Lehre von der Rechnungslegung (bisher von einigen Landesgesetzgebungen behandelt, doch minder genau).[4]) Nach § 259 hat derjenige, der über eine Verwaltung (Einnahmen und Ausgaben) Rechenschaft schuldet, z. B. der Ehemann über das Vermögen der Frau, der Vormund über das Vermögen des Mündels, dem „Berechtigten“ eine die geordnete Zusammenstellung der Einnahmen und der Ausgaben enthaltende Rechnung zu ertheilen, und, soweit Belege gegeben zu werden pflegen, solche vorzulegen. § 259 ist ergänzt durch C.P.O. § 254. Danach kann bei einer Verbindung der Klage auf Rechnungslegung mit der auf Herausgabe des auf Grund der Rechnungslegung Geschuldeten der Kläger sich die bestimmte Angabe der beanspruchten Leistung bis nach Mittheilung der Rechnung u. s. w.

[1]) Vgl. jetzt Oertmann, Die Vortheilsausgleichung beim Schadensersatze, 1901, und die bei Crome, System II S. 77 Anm. 54 Citirten.

[2]) Das Reichsgericht (Entsch. Bd. 47 Nr. 27 S. 125) hält es trotz § 257, der nur eine Befreiungspflicht enthält, für zulässig, daß ein Kommissionär einen alternativen Klageantrag auf Befreiung von der übernommenen Schuld oder auf Gewährung der erforderlichen Zahlungsmittel stellt. M. E. erleichtert der Kläger dadurch die gesetzliche Pflicht des Verklagten. Dies kann man ihm nicht verwehren.

[3]) Beispiele giebt Ebert bei Fischer-Henle 2 zu § 258.

[4]) Dernburg (Bürg. R. II, 1 S. 86 ff.) spricht in allen diesen Fällen von einem „Anspruche auf Auskunft“. Beispiele 1 zu § 259, 3 zu § 260 bei Fischer-Henle, vgl. auch Schollmeyer, Commentar S. 52 ff.

vorbehalten. § 260 behandelt die Verpflichtung zur Herausgabe eines Inbegriffes von Gegenständen oder zur Ertheilung von Auskunft über den Bestand eines solchen, z. B. bei der Klage des heres gegen den possessor pro herede, § 2018 der Fiskus auf die herrenlose Erbschaft, vgl. auch §§ 2121, 2127 (Vorerbe).[1] § 260 verlangt die Vorlegung eines Bestandsverzeichnisses und, wenn ein Grund zu Zweifeln an der Richtigkeit vorliegt, Ablegung des Offenbarungseides. Vorschriften über letzteren giebt § 261. Zuständig ist das Amtsgericht des Erfüllungsortes.

§ 52.

Wahlschulden.[2]

Die Alternativobligation[3]) ist behandelt in den §§ 262—265. Die Wahlschuld besteht darin, daß verschiedene Leistungen geschuldet werden, aber nur die eine oder die andere zu bewirken ist.[4])

---

[1]) Weitere Beispiele bei Engelmann, Das bürg. R. Deutschlands, 2. Aufl., S. 195 Anm. 4.

[2]) Verwandte Schuldverhältnisse behandelt Dernburg, Bürg. R. II, 1 S. 102 ff., namentlich auch die von Regelsberger (Jahrb. f. Dogm. Bd. 16 S. 159 ff.) aufgedeckte alternative Ermächtigung des Gläubigers, Schollmeyer, Commentar S. 61. Fälle einer facultas alternativa im B.G.B. s. 1 zu § 262 bei Fischer-Henle, vgl. über diese auch Enneccerus, Bürg. R., 2. Aufl. S. 422. Ueber die streitige „Perfection" der Alternativobligation (vgl. Schollmeyer, Commentar S. 60) hat sich Eck mit gutem Grunde nicht näher geäußert. Es handelt sich bei dem Streite, von welchem Augenblicke an die verschiedenen Leistungen geschuldet werden, genau genommen nur um eine Formulirungsfrage gegenüber einem unzweifelhaften Sachverhalte, s. unten S. 258 Anm. 1.

[3]) Sie allein nennt man Wahlschuld im Gegensatz zur Gattungsschuld oder zur gemischten Gattungsschuld. Daraus erklärt sich die Abneigung der Juristen, das Wort Wahl bei Gattungsschulden anzuwenden, während dies dem Nichtjuristen kein Kopfzerbrechen macht, vgl. oben S. 237 Anm. 2. Die Speziesschuld nennt Dernburg S. 97 „einfache Obligation".

[4]) Diese Definition ist mit Bezug auf das, was Eck oben S. 241 in Anlehnung an Thöl bemerkt, durch den Zusatz zu ergänzen: daß es sich dabei „um eine unübersehbare Zahl von Möglichkeiten" handeln muß. Alternativität bedeutet freilich wörtlich genommen nur die doppelte Möglichkeit und im gemeinen Sprachgebrauche jede Mehrheit von Möglichkeiten. In diesem Sinne sind auch Gattungsschulden und gemischt-generische Schulden Unterarten des Begriffes der Alternativobligationen. Im juristischen Sinne versteht man aber unter einer Alternative bei Schuldverhältnissen nur die übersehbare Zahl von Möglichkeiten, weil nur für diese das Sonderrecht der obligationes auf ein aut — aut (entweder — oder) gelten kann, während für Gattungsschulden und gemischt-generische Obligationen

Plures res in obligatione, una in solutione. Deshalb ist hier, anders als bei der Gattungsschuld, der Schuldner gegenüber jedem einzelnen Gegenstande zur Sorgfalt verpflichtet.[1]) Das Wahlrecht hat im Zweifel der Schuldner, § 262.

§ 2154 enthält die häufigste Anwendung der Alternativobligation, das alternative Vermächtniß.

Zur Vollziehung der Wahl[2]) genügt nach § 263 schon die bloße Erklärung des Wahlberechtigten an den Gegner, also ohne Annahme desselben. Eine Willenseinigung ist also nicht nöthig, um das Schuldverhältniß auf die eine Leistung zu concentriren. Anders das römische Recht.[3]) Diese Erklärung kann auch stillschweigend erfolgen durch Leistung. In einzelnen Fällen kann auch dem Gläubiger das Wahlrecht eingeräumt werden, z. B. durch besondere Verabredung.

---

andere im vorigen Paragraphen erwähnte Regeln gelten, s. oben S. 237 Anm. 3. Der Unterschied zeigt sich namentlich bei der Concentration der Alternative zu einer einfachen Schuld (Uebergang der Gefahr und Verlust des jus variandi).

[1]) Hieraus ergiebt sich, daß in gewisser Hinsicht jede Leistung von Anfang an bis zur Wahl geschuldet ist, in andern Beziehungen aber noch nicht, so daß die angedeutete Frage, ob sie bereits vorher den Schuldinhalt bilde, weder mit „ja" noch mit „nein" uneingeschränkt beantwortet werden kann. Litteratur s. bei Schollmeyer, Commentar S. 62, vgl. auch dort Nr. 4 S. 65. Enneccerus, Bürg. R. S. 417.

[2]) Vgl. zu dem Folgenden Franz Leonhard, Die Wahl bei der Wahlschuld, Iherings Jahrb. f. Dogm. Bd. 41 S. 1 ff., Enneccerus, Bürg. R. S. 418 ff.

[3]) Vgl. Dernburg, Pandekten II § 27 Anm. 8, Bürg. R. II, 1 S. 98. Auch im gemeinen Rechte war es möglich, daß der Wahlberechtigte eine einseitige Concentrationserklärung abgab, die ihn binden sollte. Darin lag aber nur das Anerbieten eines Concentrationsvertrages, also eines Abänderungsvertrages. Nach B.G.B. ist das, was blos Offerte war, zu einem einseitigen, für sich wirksamen Rechtsgeschäfte geworden. Erwidert der Empfänger der Wahlerklärung hinterher, daß er den Wählenden an seiner Entscheidung nicht festhalten wolle, so liegt darin nunmehr ein neuer annahmebedürftiger Vertragsantrag, gerichtet auf eine Wiedereinräumung des verloren gegangenen Abwechslungsrechtes (jus variandi). Im gemeinen Rechte war dies dagegen eine Ablehnung des Verzichtes auf das jus variandi. Da solche Erklärungen selten vorkommen, weil sich der andere Theil in der Regel mit der Wahl zufrieden giebt, so greift die Rechtsänderung des B.G.B. nicht sehr weit. — Die Abweichung des B.G.B. vom reinen römischen Rechte ist größer. Sie erklärt sich daraus, daß schon nach gemeinem Rechte 1. das Anerbieten eines Vertrages auf Concentration der Schuld formlos sein kann, 2. daß der Anbietende dabei dem anderen Theile für seine Antwort eine beliebig lange Frist stellen darf. Unter diesen Umständen lag es für die Gesetzgebung nahe, die endgiltige Wahl zu einer einseitigen Erklärung umzugestalten.

Mit der Wahlerklärung ist das Schuldverhältniß bindend, auf die gewählte Leistung concentrirt mit rückwirkender Kraft, § 263 Abs. 2. Die gewählte Leistung gilt als von Anfang an geschuldet. Es ist dies von Bedeutung für den Fall, daß eine der Leistungen vor der Wahlerklärung unmöglich wird (Planck II, S. 373, a, b zu § 265).[1])

Wie steht es bei der Nichtausübung des Wahlrechtes, d. h. wenn sich der Wahlberechtigte passiv verhält?

a) Ist der Schuldner wahlberechtigt und übt sein Wahlrecht nicht aus, so geht dies nicht etwa auf den Gläubiger über, sondern der Gläubiger hat dann nur einen Anspruch auf alternative Verurtheilung des Schuldners, und wenn dann der Schuldner noch nicht wählt, kann der Gläubiger zwar die Zwangsvollstreckung auf eine der von ihm gewählten Leistungen erstrecken, aber der Schuldner bleibt dann immer noch berechtigt, zu wählen und sich durch Gewährung des gewählten Gegenstandes zu befreien, während sein Wahlrecht nach gemeinem Rechte wenigstens in der Zwangsvollstreckungsinstanz auf den Gläubiger übergeht.[2]) Ich sehe darin eine große Begünstigung des Schuldners, der es auf diese Weise in der Hand hat, gerade die Leistung zu wählen, die der Gläubiger nicht mag.[3])

b) Ist der Gläubiger wahlberechtigt und übt sein Wahlrecht nicht aus, so kann der Schuldner dem wahlberechtigten Kläger eine Frist stecken (eine neue Anwendung der gesetzten Frist) und nach deren fruchtlosem Ablauf selber das Wahlrecht ausüben. Der Gläubiger kommt also viel schneller um sein Wahlrecht, als der Schuldner im Falle a.

Aber nicht bloß durch Wahl, sondern auch auf andere Weise kann eine Concentration der Wahlobligation auf eine einzelne Leistung eintreten, namentlich dadurch, daß eine der Leistungen unmöglich ist oder wird (wie nach gemeinem, anders als nach preußischem Rechte). So § 265, der deutlicher hätte gefaßt werden müssen. Da die Beschränkung des Schuldverhältnisses dem Wahlberechtigten zum Nachtheile gereicht, so tritt sie nur ein, wenn die Unmöglichkeit von dem Wahlberechtigten ver-

[1]) Dann fällt die Schuld gänzlich weg, falls der Eintritt der Unmöglichkeit von dem nicht Wahlberechtigten zu vertreten ist und der andere Theil ihn nicht an der möglich gebliebenen Leistung festzuhalten geneigt ist. Planck folgert dies aus der Rückwirkung der Wahl.

[2]) Dernburg, Bürg. R. II, 1 S. 99.

[3]) Diese Möglichkeit giebt ihm allerdings schon das Schuldverhältniß, aber es ist auffallend, daß er sie so lange behält, obwohl er wegen seiner Säumniß ihrer nicht mehr würdig erscheint.

schuldet ist oder rein zufällig ist, nicht aber, wenn der andere Theil sie verschuldet hat oder sonst vertreten muß. Es kann unter Umständen für den wahlberechtigten Gläubiger sehr hart sein, daß er die übrig bleibende minderwerthige Leistung nehmen und für sein Verschulden Ersatz leisten muß. Beispiel: Ein Vermächtnißnehmer hat das Wahlrecht zwischen zwei Statuen, einer Hebe und einem Christus von Thorwaldsen. Der Vermächtnißnehmer bittet den Erben, ihm beide zunächst zuzusenden, damit er prüfen könne, ob sie zu seiner Einrichtung passen; die erstere ist beschädigt, die andere nicht. Er zerschlägt nun die zweite. Dann tritt die Concretisirung auf die eine noch vorhandene Statue ein, wofern er nicht vor der Beschädigung die zerschlagene gewählt hatte, § 263 Abs. 1. Er muß die vorhandene nehmen und die andere dem Erben ersetzen.[1]) Das gemeine Recht behält dem Gläubiger vor, den Werth der zufällig untergegangenen Leistung zu wählen, aber das B.G.B. weicht hiervon ab.

Wenn der nicht Wahlberechtigte die Unmöglichkeit der Leistung verschuldet, so soll der Wahlberechtigte sein Wahlrecht nicht verlieren. Beispiel: Der Schuldner war wahlberechtigt und nicht er, sondern der Gläubiger läßt durch culpa die eine der beiden Statuen zu Grunde gehen. Hier behält der Schuldner sein Wahlrecht und kann immer noch die untergegangene Sache wählen und ist dadurch befreit (§ 275 Abs. 1), auch kann er dann die übrig gebliebene Sache zurückverlangen, oder er kann die Wahl nach der andern Richtung ausüben, also die noch nicht untergegangene Sache, die Hebe, als Schuldgegenstand wählen und für die untergegangene, den Christus, Schadensersatz verlangen. War der Gläubiger wahlberechtigt und trifft den Verpflichteten die

---

[1]) Auch bei zufälligem Untergange der einen Statue muß er die andere behalten, ist aber nicht wegen der ersteren ersatzpflichtig. Obwohl also in dieser Hinsicht der wahlberechtigte Gläubiger durch den zufälligen Untergang der einen Sache weniger leidet, als durch den selbstverschuldeten, so kann doch auch hier die von Eck mit Recht gerügte Unbilligkeit sich zeigen. Nehmen wir an, es habe jemand für einen hohen Preis den Christus oder die Hebe gekauft mit der Absicht, vorerst zu prüfen, ob letztere wirklich beschädigt sei. Noch ehe er sich entscheidet, geht durch einen Zufall (Einsturz einer Zimmerdecke) der Christus zu Grunde. Jetzt muß er nach dem Wortlaut des Gesetzes die in der That beschädigte Hebe behalten, verliert also die ausbedungene Möglichkeit, sie abzulehnen. In solchen Fällen hilft das Universalheilmittel gegen unbillige leges dispositivae, die Feststellung des Vertragsinhaltes nach Treu und Glauben. Die Praxis wird also schließlich doch in vielen Fällen am gemeinen Rechte festhalten können.

Verschuldung, so behält der Gläubiger sein volles Wahlrecht. Er kann also auch den Werth der untergegangenen Leistung verlangen.

§ 53.

Art, Ort, Zeit der Leistung.

Im Ganzen wird hier bisheriges Recht reproduzirt. Die Leistung muß die geschuldete sein, Theilzahlungen braucht der Gläubiger nicht anzunehmen,[1]) (§ 266), wohl aber muß der Gläubiger, wenn die Leistung nicht vom Schuldner in Person zu entrichten war, sie auch von einem Dritten annehmen, § 267 Abs. 1. Nur bei Widerspruch des Schuldners gegen die Erfüllung seiner Schuld durch einen Dritten kann der Gläubiger auch die Leistung seitens eines Dritten ablehnen.[2]) Dies ist neu, § 267 Abs. 2. Eine Ausnahme gilt dann, wenn der Gläubiger die Zwangsvollstreckung in einen dem Schuldner gehörigen Gegenstand betreibt und der Dritte Gefahr läuft, ein Recht an dem Gegenstande zu verlieren. Hier hat der Dritte ein eigenes Interesse daran, daß er leistet. In diesen Fällen erwirbt der Dritte durch Befriedigung des Gläubigers dessen Forderung, § 268 Abs. 3;[3]) der Dritte hat kein Recht auf Gewährleistung, was aus den Worten folgt „der Uebergang kann nicht zum Nachtheile des Gläubigers geltend gemacht werden".

---

[1]) Dernburg, Bürg. R. II, 1 § 48 erwähnt wichtige Ausnahmen, vgl. namentlich Art. 38 Wechsel-Ordn.

[2]) Beispiel: Der eine von zwei Miterben will eine Erbschaftsschuld voll bezahlen, die nach der Theilung mit Einverständniß des Gläubigers zur Hälfte auf dem anderen Erben lastet. Dieser andere verbietet es ihm. Der Gläubiger kann nach gemeinem Rechte trotzdem abgefunden werden. Nach B.G.B. kann er die Annahme der Zahlung, soweit sie dem widerspenstigen Miterben obliegt, ablehnen, etwa deshalb, weil in Folge dessen ein Schuldnervorzug entsteht, der ihm den Rücktritt von einem ihm unbequemen Geschäfte, z. B. einem unvortheilhaften Verkaufe an den Erblasser, gewährt. Auch hier wird zuweilen § 242 helfen.

[3]) Die Vorschrift (über die zu vergleichen ist Stammler, R. der Schuldv. in s. allgem. Lehren S. 201 ff.) hat eine gewisse Aehnlichkeit mit dem sehr viel weniger weitgreifenden jus offerendi des nachstehenden Pfandgläubigers. Engelmann, Das bürg. R. Deutschlands, 2. Aufl., 1900, § 268 S. 260. Sie schützt die Befugnisse, die hinter einem Zwangsvollstreckungsrechte stehen, vor völliger Vernichtung, vgl. Dernburg, Bürg. R. II, 1 S. 109. Die Entsch. des Reichsg. Bd. 47 S. 269 erwähnt den § 268 zur Erläuterung des zweifelhaften Ausdruckes „Befriedigung aus dem Grundstücke" (d. h. aus dem bei der Zwangsvollstreckung erzielten Erlöse). Vgl. über diese „Subrogation" auch Crome, System II, S. 343 ff.

Diese Worte bedeuten immer: Der Gläubiger hat keine Gewähr zu leisten. (Anscheinend anders Planck S. 40 Anm. 7.)[1])

Ueber den locus solutionis ergiebt das B.G.B. für die meisten Fälle des Verkehrslebens nichts. Bei ihnen muß die Geschäftsauslegung helfen. Nur subsidiär bestimmt das Gesetzbuch, daß dort zu erfüllen ist, wo der Schuldner seinen Wohnsitz hat. Die Schuld ist also in dubio eine Holschuld, sobald durch Gesetz oder Umstände nichts anderes bestimmt ist. Aber Geldschulden sind Bringschulden, § 270.[2])

Eine Ausnahme für Zahlungen aus öffentlichen Kassen nach Maßgabe des Landrechtes macht Art. 92 E.G.

Nicht bei allen Schulden, deren Gegenstand nach außerhalb zu versenden ist (Schickschulden), ist der Befriedigungs- oder Bestimmungsort zugleich der Ort des Gefahrüberganges. (Vgl. R.G.E. X Nr. 8.) Es zeigt sich dies darin, daß Versendungen von Waaren im Zweifel nicht auf Kosten und Gefahr des absendenden Schuldners gehen, weil er mit der Absendung seine Schuld erfüllt. Beispiel: Die Erben eines Berliner Professors versenden dessen Bibliothek an einen Leipziger Professor. Dann reisen die Bücher von Berlin, dem Leistungsorte, nach Leipzig auf Gefahr und Kosten des Käufers. Dagegen muß er das Geld auf seine Gefahr[3]) und Kosten nach Berlin schicken.[4])

---

[1]) Planck legt a. a. O. der Vorschrift (ebenso wie § 774) eine weitergreifende Bedeutung bei, desgl. auch Dernburg, Bürg. R. II, 1 S. 110: „Hat derselbe (der abgefundene Gläubiger) nur wegen eines Theiles seiner Forderung die Zwangsvollstreckung betrieben, z. B. wegen rückständiger Zinsen, so behält der Rest seiner Forderung das Vorrecht vor dem auf den Dritten übergegangenen Theile." Näheres in Schollmeyers Commentar S. 77 ff., der S. 79 zutreffend ausführt, daß die Stellung des Gläubigers in den Fällen des beneficium cedendarum actionum bequemer war als jetzt.

[2]) Anders (gegen Cosack) mit Recht Crome, System II S. 106. Weil die Geldschulden nicht den Vorschriften über Leistungsort beim Gläubiger unterliegen, sind sie keine vollkommenen Bringschulden, wie es etwa das Versprechen, einen Ofen in das Haus des Gläubigers einzusetzen, ihm das Mittagessen in das Haus zu bringen u. dergl. sind. Auch Meisner (Commentar II zu § 270 unter 1) bemerkt, daß Geldschulden nicht in jeder Hinsicht Bringschulden sind.

[3]) Die Gefahr ist entweder eine Gefahr des Unterganges oder auch eine Verspätung. Die letztere will Dernburg, Bürg. R. II, 1 S. 116 dem Absender des Geldes nicht auflegen. Durch die Uebersendungspflicht mit Kosten und Gefahr wird bei Geldschulden der „Leistungsort" nicht verändert. § 270 Abs. 4. Dieser „Leistungsort" ist nichts als ein verbesserter Name für den früher allgemein sog. Erfüllungsort, ein Ausdruck, den die C.P.O. § 29 festhält. Vgl. Schollmeyer, Commentar S. 83 ff., Crome, System II S. 102 § 155 Anm. 3. Man versteht unter Erfüllungsort den Ort,

Verlegt der Schuldner seinen Wohnsitz, so muß er die Mehrkosten zahlen oder die Gefahr übernehmen.

Hinsichtlich der Zeit ist ebenfalls nur subsidiarisch bestimmt, daß sofort zu erfüllen ist. (In dubio obligatio praesens.) Ist eine Zeit bestimmt, so gilt die Bestimmung zu Gunsten des Schuldners. Dici adjectio pro reo est. l. 41 § 1 Dig. de verb. obl. 45, 1. Der Gläubiger kann nicht von diesem Zeitpunkte fordern, wohl aber der Schuldner von diesem Zeitpunkte leisten. Dieser Grundsatz wiederholt sich, von Ausnahmen abgesehen, im Gesetze. Anders beim Fixgeschäft[1]) (§ 361), bei Forderungen mit Kündigungsfristen[2]) u. s. w.

---

an dem sich die Pflicht des Schuldners erfüllt (d. i. bei Sendungen der Absendungsort), nicht den Ort, an dem sich die Erwartung oder Hoffnung des Gläubigers erfüllt (Ankunfts- oder Bestimmungsort). Vom Bestimmungsorte verschieden ist, wo es sich nicht um Geld handelt (abgesehen von besonderer Abrede, § 269, 4) der Ort des Gefahrüberganges; bei Geldschulden fällt der Befriedigungs-, Zahlungs- oder Bestimmungsort mit dem Orte des Gefahrüberganges zusammen. Daß trotzdem die Vorschriften über Leistungsort gelten, zeigt sich bei dem Gerichtsstande (C.P.O. § 29), ferner nach § 361 H.G.B., vgl. Dernburg, Bürg. R. II, 1 S. 116, vgl. Ebert bei Fischer-Henle 5 zu § 270. Schollmeyer, Commentar S. 84, hebt auch noch hervor, daß das Recht des Leistungsortes für die Beurtheilung des Schuldverhältnisses gilt.

[4]) Das Reichsgericht hat neuerdings entschieden, daß der Erfüllungsort im Sinne der C.P.O. sich dann nicht ändert, wenn der Gläubiger durch ungegründete Zurücksendung der Waare vom Erfüllungsorte sich die Pflicht auflabet, sie am Absendungsorte abzuholen. (Entscheid. Bd. 49 S. 72.) Offenbar hält dann das Reichsgericht diesen letzteren für einen bloßen Befriedigungsort. Es ist jedoch nicht unbedenklich, bei mehreren Leistungen, die hintereinander aus demselben Schuldverhältnisse entspringen, die Mehrheit der Erfüllungsorte grundsätzlich zu bestreiten. Sogar die einzelne Leistung ist nicht unbedingt an einen einzigen Erfüllungsort gefesselt. Bei einer zugesicherten Rundreise durch verschiedene Reichsgebiete könnte man sogar von einer Erfüllungsstrecke reden, die eine Kette von Erfüllungsorten bildet. — Dem Publikum ist überhaupt diese hochnothpeinliche Terminologie, die Bestimmungs-, Gefahrübergangs- und Leistungsort sondert, im Wesentlichen fremd, dem Juristen ist sie unentbehrlich. Ebert bei Fischer-Henle 1 zu § 269 unterscheidet außerdem den Bestimmungsort, an den die Sache versandt werden soll (§ 447) von dem Ablieferungsorte, wo der Empfänger sie in seine Gewalt bekommen soll (§ 391). Doch ist der Ablieferungsort (Befriedigungsort) m. E. ein weiterer Begriff, der bei Versendungen den Bestimmungsort und bei Bringschulden den Erfüllungsort umfaßt.

[1]) Es ist dies bekanntlich ein solches, bei dem nur die rechtzeitige Leistung als solche gilt. Es kann dies zum Besten des Gläubigers, des Schuldners oder beider Theile bestimmt sein. Die Fixgeschäfte werden zwar nicht vermuthet (Fischer-

Ein Abzug von Zwischenzinsen ist dem Schuldner nicht freigestellt, wenn er die unverzinsliche Schuld vor der Fälligkeit tilgt, § 272.[1])

§ 54.

Das Zurückbehaltungsrecht.

Das Gesetzbuch behandelt das Zurückbehaltungsrecht in den §§ 273/274 und reproducirt bekannte Dinge. Es regelt, ebenso wie das preußische Landrecht, das Institut allgemein. Ein Hauptanwendungsfall des Zurückbehaltungsrechtes, nämlich das Zurückbehaltungsrecht aus gegenseitigen Verträgen, ist aber erst in § 320 behandelt.[2])

§ 273 zerlegt die Fälle dieses Rechtes in zwei Gruppen. Ihnen gemeinsam ist nur das Erforderniß, daß ein fälliger Anspruch des Schuldners gegen den Gläubiger und eine Connexität des Anspruches mit der Verpflichtung des Schuldners vorhanden ist. Aber die Connexität kann auf verschiedenen Umständen beruhen:

a) nach Abs. 1 darauf, daß der Anspruch des Schuldners aus demselben Rechtsverhältnisse entspringt, wie die Verpflichtung (Connexität kraft Rechtsgrundes), z. B. der Anspruch des Beauftragten, der Auslagen gemacht hat, oder des Verwahrers u. dergl. mehr. Auch der debitor cessus braucht nach B.G.B. niemals ohne Aushändigung der Cessionsurkunde zu leisten, § 410.

b) nach Abs. 2 darauf, daß der Schuldner auf den Gegenstand, den er herausgeben muß, Verwendungen gemacht hat oder durch den Gegensatz Schaden erlitten hat, z. B. das Recht des Vindications-Beklagten auf Ersatz seiner impensae. Diese Connexität kraft

Henle 4 zu 271), sind aber trotzdem so häufig (Bestellung von Wagen, Lohndienern, Wohnungen, Annahme von Dienstboten, Ankauf von Lebensmitteln zum sofortigen Gebrauche u. s. w.), daß die Regel: Dici adjectio pro reo nur mit großer Vorsicht verwendbar ist. Anders überhaupt hinsichtlich dieser Regel § 241 A.L.R. I 5, Dernburg, Bürg. R. II, 1 S. 117.

[2]) M. E. nicht bei allen, z. B. bei unverzinslichen Darlehen nicht, § 609 Abs. 3.

[1]) Sonst würde der Schuldner den Gläubiger zwingen, das Empfangene, damit er nicht Schaden leide, zinsbar anzulegen. Ausnahmen erwähnt Ebert bei Fischer-Henle 1 zu § 272, Schollmeyer, Commentar S. 87.

[2]) Auf Handlungen ist der Begriff nicht zugeschnitten, wird aber doch nach den Motiven II S. 42 Anm. 3 vielfach auch auf sie ausgedehnt. Vgl. Fischer-Henle 5 zu 273. Der Begriff wird dann zu einem „Rechte auf vorübergehende Nichterfüllung einer Leistungspflicht bis zur Befriedigung eines Gegenanspruches". Aehnlich Schollmeyer, Commentar S. 273, einschränkend S. 89 zu b. Vgl. hierzu Enneccerus, Bürg. R., 2. Aufl., S. 429.

Gegenstandes genügt aber dann nicht zur Begründung eines Retentionsrechtes, wenn der Schuldner den Gegenstand durch eine vorsätzliche, unerlaubte Handlung erlangt hat, z. B. durch Diebstahl.[1])

Sind die Voraussetzungen zu a und b erfüllt, so bestimmt sich die Wirkung des Retentionsrechtes als eine rein negative. Es hat das Retentionsrecht des B.G.B. also nicht, wie das kaufmännische Zurückbehaltungsrecht (§§ 369—372 H.G.B.), zum Zwecke, den Retentionsberechtigten zu befriedigen, sondern der Schuldner hat nur einen Anspruch darauf, gegen den Anspruch des Gläubigers seine Leistung zu verweigern, bis der Gläubiger die ihm gebührende Leistung bewirkt. Es schafft ihm also eine Einrede.

Weil das Retentionsrecht nur den Zweck der Sicherung hat, kann der Gläubiger das Retentionsrecht dadurch abwenden, daß er den Schuldner sicherstellt, § 273 Abs. 3, aber nicht durch Bürgschaft, weil diese keine Realsicherheit gewährt.[2])

Bei zweiseitigen Verträgen kann aber der Gläubiger das Retentionsrecht durch Sicherheitsleistung nicht hindern, weil § 273 Abs. 3 im Falle des § 320, also beim Zurückbehaltungsrechte aus gegenseitigen Verträgen, keine Anwendung findet.[3])

Der § 274 bestimmt die Anwendung des Retentionsrechtes gegenüber der Klage: Es führt die Einrede des Retentionsrechtes nicht zur

---

[1]) Beiden Fällen gemeinsam ist, daß dieselbe Sachlage Anspruch und Gegenanspruch veranlaßt. Dernburg, Bürg. R. II, 1 S. 123 (in Uebereinstimmung mit den dort in Anm. 11 Angeführten) bemerkt, daß unter demselben rechtlichen Verhältnisse des § 273 nur „ein einheitliches Lebensverhältniß" zu verstehen ist. Kann man nicht ein solches auch in der Vorenthaltung eines Gegenstandes sehen, der einem anderen herauszugeben ist? Zu eng scheint mir der Begriff der Connexität vom Reichsgerichte aufgefaßt zu werden. Hat ein Miterbe als solcher Ansprüche gegen einen Testamentsvollstrecker und wird von diesem in seiner Eigenschaft als Nachlaßschuldner verklagt, so fehlt seinem Anspruche nach der Ansicht des Reichsgerichtes die zu einem Zurückbehaltungsrechte erforderliche Connexität (Entsch. d. R.G. Bd. 49 S. 82). M. E. bildet der Thatbestand der Nachlaßregulirung eine in sich zusammenhängende Masse von Beziehungen, deren einzelne Theile durch diesen Zusammenhang connex werden. — Das kaufmännische Zurückbehaltungsrecht verlangt keine Connexität der Ansprüche, § 369 H.G.B. Engelmann, Das bürg. R. Deutschlands, 2. Aufl., S. 263.

[2]) Vgl. hierzu oben S. 225 Anm. 2.

[3]) Bei ihnen ist die Connexität der beiden Ansprüche eine ganz besonders starke. Schollmeyer, Commentar zu § 320 S. 188, will die Einrede des nichterfüllten Vertrages vom Begriffe des Retentionsrechtes ausschließen, vgl. dagegen Enneccerus, Bürg. R. 2. Aufl. S. 429 Anm. 1, der mit Recht bemerkt, daß hier nur einiges Besondere gelte.

Abweisung der Klage, sondern zur Leistung Zug um Zug. Seine Verurtheilung ist eine bedingte; sie wird aber unbedingt, wenn der Schuldner in Annahmeverzug geräth, § 274 Abs. 2 (bei Anerbieten der Leistung seitens des klagenden Gläubigers). Wenn nämlich der Gläubiger dem Retentionsberechtigten nach einem solchen Urtheile Befriedigung angeboten hat, dieser sie aber grundlos abgelehnt hat, so kann der siegreiche Kläger wegen des Annahmeverzuges unbedingt vollstrecken lassen, ohne die Gegenleistung berücksichtigen zu müssen, § 274 Abs. 2.

Für die besonderen Bestimmungen über das Zurückbehaltungsrecht bei gegenseitigen Verträgen (§§ 320, 322) sind Ergänzungen des bisher lückenhaften Prozeßrechtes in der neuen C.P.O. enthalten (§§ 726 Abs. 2, 756, 765).[1]). Diese Paragraphen betreffen die Zwangsvollstreckung im Falle der Verurtheilung auf Leistung Zug um Zug, § 274. Danach kann der Gläubiger vollstreckbare Ausfertigung des Urtheiles verlangen, wenn er nachweist, daß der Schuldner seinerseits bereits befriedigt ist, oder sich im Annahmeverzuge befindet, oder auch ohne solchen Beweis, dann darf der Gerichtsvollzieher die Vollstreckung nicht beginnen, ohne dem Schuldner die ihm gebührende Leistung anzubieten.[2])

Im preußischen und gemeinen Rechte streitet man darüber, ob das Zurückbehaltungsrecht[3]) ein dingliches oder ein persönliches Recht oder nur ein prozessualer Rechtsbehelf ist.[4])

---

[1]) Vgl. hierzu Schollmeyer, Commentar S. 94.

[2]) Nach einem Urtheile des R.G. (Entsch. Bd. 49 Nr. 109 S. 424) darf aus § 274 nicht gefolgert werden, daß auch bei Anfechtungen stets Zug um Zug zurückzugewähren sei, da jene Vorschrift nur die Einrede des Zurückbehaltungsrechtes betrifft. Zu einer Analogie liegt hier in der That keine Veranlassung vor.

[3]) Ueber die Aehnlichkeit des Zurückbehaltungsberechtigten und des Pfandinhabers nach Preuß. Rechte und B.G.B. vgl. Dernburg II, 1 S. 126.

[4]) Wo es sich nicht um eine bestimmte Sache handelt, die zurückbehalten wird, kann von einem dinglichen Rechte von vornherein nicht die Rede sein. Aber auch da, wo das Retentionsrecht nur gewissen Gläubigern, nicht aber jedem Anspruche auf eine Sache entgegengehalten werden kann, ist es nicht dinglich. Wo dagegen Aufwendungen auf eine Sache jedem, der ihre Herausgabe verlangt, durch Retention abgenöthigt werden können, ist das Zurückbehaltungsrecht einem klaglosen Pfande vergleichbar und ein besonderes dingliches Recht. (So ist wohl Schollmeyer, Commentar S. 88 zu verstehen.) Auch da, wo es persönlich ist, ist es klaglos. Daher Kuhlenbeck in den Pandekten zum B.G.B. II S. 8 es bei den „unvollkommenen" Forderungen erwähnt. Dernburg zählt es unbedingt zu den persönlichen Rechten und vergleicht es näher mit der Aufrechnung. Bürg. R. II, 1 S. 126 ff.

Das B.G.B. läßt dies unentschieden, da das Retentionsrecht keine einheitliche, civilistische Natur hat, weshalb die Römer dasselbe auch zutreffend bloß in einzelnen Bestimmungen, nicht in allgemeiner Weise geregelt haben.

§ 55.

Unmöglichwerden der Leistung.[1])

Sie ist behandelt in den §§ 275—283. Die Unmöglichkeit einer Leistung bedeutet im B.G.B., wie auch in der Lehre des gemeinen Rechtes nur die sogenannte objective Unmöglichkeit in dem Sinne, daß die Leistung von Niemandem prästirt werden kann.[2]) Sie kann eine physische sein, z. B. Leistung einer Sache, die nicht mehr vorhanden ist, desgleichen die Heirath mit einer verstorbenen Frau, oder eine rechtliche, z. B. das Eingehen einer Ehe mit einer schon verheiratheten Person oder das Geben einer unveräußerlichen Sache. Den terminologischen Gegensatz zu dieser Unmöglichkeit bildet im B.G.B. nicht eine subjective Unmöglichkeit, sondern, wie sich das Gesetzbuch ausdrückt, das „Unvermögen" des Schuldners, die Unerschwinglichkeit der Leistung (nach Savigny), z. B. Nichtbesitz einer herauszugebenden Sache, Leistung

[1]) Vgl. hierzu Kleineidam, Unmöglichkeit und Unvermögen, 1900; Titze, Unmöglichkeit der Leistung nach deutschem bürgerlichem Rechte, 1900; Kisch, Wirkungen der nachträglich eintretenden Unmöglichkeit der Erfüllung bei gegenseitigen Verträgen, 1900, und andere Litteratur bei Enneccerus, Bürg. R., 2. Aufl., S. 438; vgl. unten S. 292 und § 60 S. 303 ff.

[2]) Die Terminologie des B.G.B. ist dem Nichtjuristen zunächst schlechterdings nicht geläufig. Ihm stehen die Ausdrücke „Unmöglichkeit" und „Unvermögen" gleich. Der Jurist muß aber objective, d. h. allgemein-menschliche (Schollmeyer, Commentar S. 95, Ebert bei Fischer-Henle 4 § 275) und subjective = höchstpersönliche Unmöglichkeit deshalb unterscheiden, weil er nur die erstere zu entschuldigen pflegt. Ein Gläubiger darf sich nicht auf das verlassen, was niemand leisten kann (z. B. eine Geisterbeschwörung), er kann aber wohl bei dem, was überhaupt möglich ist, erwarten, daß es auch einem Schuldner möglich sein werde oder daß er es möglich machen werde, indem er einen anderen in Bewegung setzt. Um die fremdsprachlichen Ausdrücke: subjectiv und objectiv zu vermeiden und zu ersetzen hat man Unmöglichkeit und Unvermögen getrennt. Die subjective Unmöglichkeit verbannte man aus dem Begriffsumfange der Unmöglichkeit und das objective Unvermögen aus dem Kreise des Unvermögens. — Dernburg unterscheidet noch die absolute (in der Art der Leistung gegründete) Unmöglichkeit von der relativen. Bürg. R. II, 1 S. 128. (Das B.G.B. legt freilich auf diesen Unterschied kein Gewicht.) Den Satz impossibilium nulla est obligatio (Dig. 50, 17 fr. 185) hält er mit Recht für ausnahmslos. Es kann sich immer nur um Schadensersatzpflichten statt der unmöglichen Leistung handeln; vgl. dort S. 131 gegen Planck S. 47.

einer Geldsumme, die über die Mittel des Schuldners hinausgeht; letzteres ist der häufigste Fall. (Kritisch gegen den Begriff des Unvermögens Ubbelohde, Arch. f. civ. Pr. Bd. 85 S. 118.)

Die Unmöglichkeit kann von vornherein die Entstehung einer Verbindlichkeit ausschließen, wenn sie nämlich schon bei Eingehung eines Rechtsgeschäftes vorhanden ist (§§ 306, 2171). Beispiel: Ein Maurermeister wurde verurtheilt, auf einem Grundstücke eine Mauer zu errichten, trotzdem dieses wegen sandigen Bodens die Mauer nicht tragen konnte; das Obertribunal hat das Urtheil vernichtet.

Die Unmöglichkeit kann ferner eine bereits entstandene Verbindlichkeit jeder Art wieder aufheben, wenn sie nachträglich eintritt. Beispiele: Die verkaufte Sache wird durch Einbruch geraubt, der Bau durch einen Strike vereitelt. Den Ausdruck „Zufall" vermeidet hier das Gesetzbuch,[1]) denn nicht immer wird durch eine zufällige Unmöglichkeit die Verbindlichkeit aufgehoben, weil der Schuldner trotzdem verhaftet sein kann. In § 275 sagt deshalb das Gesetzbuch, daß der Schuldner einen späteren Umstand nicht zu vertreten hat. Also darauf kommt es an, ob der Schuldner den Umstand zu vertreten hat.[2]) Unter dieser Voraussetzung aber wirkt auch, wie § 275 Abs. 2 hinzufügt, das bloße „Unvermögen" des Schuldners, wenn es nachträglich eintritt.[3])

Durch § 279 wird dieser Satz sehr stark eingeschränkt, denn er schließt das Erlöschen der Verbindlichkeit durch Unvermögen bei allen Gattungsschulden aus. Bei diesen hat der Schuldner, so lange die Leistung aus der Gattung möglich bleibt, sein Unvermögen auch dann zu vertreten, wenn ihm ein Verschulden nicht zur Last fällt.

---

[1]) Ueber seine Bedeutung s. oben S. 198 ff. § 42.

[2]) § 275 scheint zunächst eine Tautologie zu enthalten, in Wahrheit aber sagt er: Wenn ein Schuldner einen Umstand nicht zu vertreten hat, so braucht er auch für die daraus entstandene Unmöglichkeit nicht einzustehen. Oder mit anderen Worten: Die Grundsätze über die Haftung für Ereignisse, die die Erfüllung einer bestimmten Schuld betreffen, also z. B. für Unvollkommenheiten der Erfüllung, gelten ebenfalls für solche Ereignisse, welche sie nachträglich unmöglich machen.

[3]) Staub weist in der während des Druckes erschienenen Festschrift für den 26. Deutschen Juristentag, Berlin, Guttentag 1902, S. 34 ff. gegen Titze und Goldmann und Lilienthal (das B.G.B. systematisch dargestellt, 2. Aufl., Bd. I S. 333) darauf hin, daß endgiltige Nichterfüllung nicht (im Sinne des Gesetzbuches) als Unmöglichkeit der Erfüllung anzusehen ist. (Anders in der Redeweise der Nichtjuristen.) Dahin gehört namentlich die Verletzung einer Unterlassungspflicht, aber auch die Säumniß in der Erfüllung eines Fixgeschäfts. Der Streit ist ohne erhebliche praktische Bedeutung.

Es greift also nur bei Speciesschulden § 275 Abs. 2 ein, z. B. wenn das verkaufte Pferd, welches beim Verkäufer steht, durch Einbruch ohne sein Verschulden entwendet wird, oder wenn ein Bau durch eine allgemeine Arbeitsniederlegung der Maurer vereitelt wird.[1]) Dann ist die Leistung nicht unmöglich geworden, aber der Schuldner ist doch in das Unvermögen gekommen, die Leistung zu prästiren, und dies befreit ihn, weil er es nicht zu vertreten braucht. Anders, wenn dem Schuldner das zur Bezahlung bereit gelegte Geld gestohlen wird, da dann die Leistung aus der Gattung möglich bleibt.

Ebenso hat das Reichsgericht in Bd. 28, Nr. 50 S. 220 ff. die Unmöglichkeit der Leistung auch aus dem Grunde verneint, weil die Verpflichtung zur Lieferung von Schmelzkoaks infolge des im rheinisch-westfälischen Kohlenreviere ausgebrochenen Arbeiterausstandes mit Rücksicht auf die Möglichkeit einer anderweiten Beschaffung des Koaks nicht gelten könne.

Bei den Gattungsschulden muß daher der Schuldner nach § 279 auch sein Unvermögen vertreten, selbst ohne daß er im Verschulden war, so lange nur die Leistung aus der Gattung möglich ist. Es wird hier also auch für unverschuldetes Unvermögen gehaftet. Wenn also der Verpflichtete verarmt, so wird er nicht befreit, ebenso, wenn die von ihm versprochene Waare nicht zu beschaffen ist (Entscheid. des R.G. Bd. 28 Nr. 50. Bei der Gattungsschuld liegt also Unmöglichkeit erst dann vor, wenn die ganze Gattung zu existiren aufgehört hat, z. B. wenn Werthpapiere, von denen Stücke beschafft werden sollen, sämmtlich eingezogen sind, also nicht mehr existiren.[2]) Jedoch wird man diese Fälle dem andern Falle gleichstellen müssen, wo eine Gattung nur noch in einzelnen, seltenen Stücken existirt und nur noch mit ungewöhnlichen Opfern zu beschaffen sein würde, z. B. Beschaffung von Prämien-Obligationen, die nur noch in wenigen Stücken vorhanden und nicht mehr im Handel sind. (Planck II S. 52, 1 zu § 279.)

---

[1]) Hier finden sich in den Nachschriften des Vortrags Widersprüche, doch ist der Text wohl zweifellos.

[2]) Vgl. oben S. 238 Anm. 1. Ebert bei Fischer-Henle 2 zu 279 bemerkt: „Unvermögen zur Leistung liegt nicht vor, wenn Börsenpapiere von dem Aussteller aus dem Verkehr gezogen sind." Vgl. daselbst § 607 Anm. 5. Bei dem Darlehn wird dort mit Recht kein Fortfall der Rückgabepflicht behauptet, wenn Inhaberpapiere aus dem Verkehre verschwinden. M. E. folgt dies jedoch nur aus der Natur des Darlehns. Bei dem Verkaufe würde ich das Gleiche nicht annehmen, sondern der Ansicht Ecks beitreten.

Die Anwendung dieser Sätze kann in der Praxis sehr streitig werden. Lag Genusschuld oder Speciesschuld in dem Gäubahnprozesse vor (Gutachten von Jhering).[1]) Das Gründungscomité hatte mit der Schweizer Centralbahn einen Vertrag geschlossen, wonach diese gegen Abtretung der Vorarbeiten, die Bahn herstellen sollte, und hatte dann, als der große Eisenbahnkrach eingetreten war, die Centralbahn auf Herstellung der Bahn verklagt. Diese erhob unter anderem den Einwand der Unmöglichkeit der Leistung, da sie bei den obwaltenden Geldverhältnissen die nöthigen Millionen nicht beschaffen könne. Das Schweizer Gericht nahm hier objektive Unmöglichkeit der Leistung an. Nach meiner Meinung (und auch nach Planck) handelt es sich hier um eine Gattungsschuld, da die Hauptverpflichtung der Centralbahn darin bestand, die erforderlichen Gelder flüssig zu machen.

So liegt es in jedem Falle, wo Jemand zur Herstellung eines Werkes auf eigene Kosten verpflichtet ist. Man könnte meinen, daß er ein individuell bestimmtes Werk herstellen solle, also eine Speciesschuld vorliege. Aber man muß doch sagen, daß es sich um eine Gattungsschuld handelt, nämlich um die Besorgung der zu dem Werke erforderlichen Mittel, deren Beschaffung wegen Geldknappheit objectiv unmöglich ist; der § 279 würde also auch auf eine solche Verpflichtung Anwendung finden.[2])

Ein ferneres Beispiel: A will ein bestimmtes Gemälde von Menzel, das hier ausgestellt ist, erwerben und schreibt an einen Berliner Kunsthändler, ob er es ihm verschaffen könne. Dieser verpflichtet sich, es für 10000 M. zu verschaffen, er geräth dann aber in Vermögensverfall, löst sein Geschäft auf und erklärt, daß er das Bild nicht verschaffen könne. Cosack[3]) nimmt eine Speciesschuld an, Planck (II S. 49, 3 zu § 275) ist anderer Meinung und will verurtheilen. Er meint, der Kunsthändler könne sich hier nicht auf § 275 Abs. 2 berufen, weil er schon bei Abschluß des Vertrages unvermögend war, das Bild zu liefern, das ihm weder gehörte, noch in seinem Besitze war. Ich komme zu dem gleichen Resultate wie Planck, aber deshalb, weil die Haupt-

---

[1]) Jahrb. f. Dogmatik Bd. 18 S. 1 ff.

[2]) M. E. liegt hier eine doppelte Schuldleistung vor: Geldbesorgung und Geldverwendung. Die erste ist generell, die zweite individuell. Jede kann ohne Schuld des Verpflichteten nachträglich unmöglich werden. Bei der ersten wird er dann nicht frei, wohl aber bei der zweiten.

[3]) Lehrbuch I S. 334.

leistung des Händlers war, das Geld zum Kaufe des Bildes aufzubringen und aufzuwenden, also eine Gattungsschuld vorlag und daher § 279 Anwendung findet.[1])

Welche Umstände hat der Schuldner zu vertreten?[2]) Nach § 276 hat er zu vertreten: Vorsatz und Fahrlässigkeit, sofern nicht ein anderes bestimmt ist. Durch besonderen Vertrag kann also die Haftung für Fahrlässigkeit wegbedungen werden, aber nicht die Haftung für Vorsatz. Im Uebrigen vergl. Allg. Theil § 40.

Zu dem dort Gesagten ist noch zu bemerken, daß das römische Verbot des pactum ne dolus praestetur sich im Bürgerlichen Gesetzbuche wiederholt. (§ 276, 2.)[3])

Etwas Besonderes von größter Tragweite bestimmt § 278: Es wird dem eigenen Verschulden des Schuldners gleichgestellt

a) das Verschulden des gesetzlichen Vertreters: Vater, Vormund u. s. w.,

b) ein Verschulden derjenigen Person, deren sich der Schuldner zur Erfüllung seiner Verbindlichkeit bedient, also der frei gewählten Hilfsperson. (Vgl. zu dem Folgenden Rümelin, Gründe der Schadenszurechnung 1896, Nußbaum, Haftung für Hilfspersonen 1898.)

---

[1]) Auch hier dürften doppelte Schuldleistungen vorliegen. Beruht die später eintretende Unmöglichkeit, das Bild zu verschaffen, nicht auf dem Geldmangel, so wird der Schuldner frei, andernfalls ist er zu verurtheilen. Eine Nachschrift der Vorträge enthält auch noch die Bemerkung, daß eine objective Unmöglichkeit vorliege, wenn das Bild überhaupt unverkäuflich ist. Mir ist dies zweifelhaft, weil auch dann der Eigenthümer das Bild, wenn er will, herausgeben kann, also die Unmöglichkeit keine allgemein menschliche, sondern nur eine höchst persönliche ist.

[2]) Vgl. hierzu oben S. 194 ff. Einen Umstand vertreten heißt somit im Sinne des B.G.B. deshalb für Schadensersatz haften. So richtig Crome, System II S. 65. Anders Staub in der oben S. 268 Anm. 3 erwähnten Festschrift S. 33 ff. Allein eine Vertretung ohne Ersatzpflicht würde dem bekannten Messer ohne Klinge, dem der Stiel fehlt, zu vergleichen sein.

[3]) Vgl. Dernburg II, 1 S. 137 bemerkt: „Die grobe Fahrlässigkeit wurde von den Römern dem dolus gleichgestellt. Dem B.G.B. ist dies fremd. Hiernach würde also das pactum ne culpa lata praestetur fortan gültig sein. Mir ist fraglich, ob nicht auch hier die römische Analogie möglich ist. — Das Gleiche gilt auch hinsichtlich der Bemerkung Kipps (Pand. II S. 92): „Die Regel, daß Uninteressirte nur für grobe Fahrlässigkeit haften, schon im gemeinen Rechte stark durchbrochen, ist für das B.G.B. überhaupt nicht mehr aufzustellen." — Eine Absicht (recht widriger Weise) zu schaden, ist m. E. immer böslich. A. M. Dernburg, S. 138.

Darin liegt eine scharfe Abweichung nicht bloß vom römischen und gemeinen Rechte,[1]) das mit einigen Ausnahmen (receptum und locatio operis l. 25 § 7 locati 19, 2 nur für culpa in eligendo und in custodiendo) haften ließ, sondern auch von den anderen Gesetzbüchern, nach denen eigenes Verschulden nöthig ist, §§ 50—53, A.L.R. 1, 6. Diese Gesetzbücher erweitern nur die spärlichen Ausnahmen des römischen Rechtes, z. B. beim Frachtführer, Art. 400 (§ 431), Eisenbahnen Art. 423 ff. (§§ 454 ff.), Rheder, Art. 451 (§§ 484 ff., §§ 606 ff.) H.G.B. Eine weitere Ausnahme enthält das Gesetz über Binnenschiffahrt. Das entgegengesetzte Prinzip — der Haftung für das Verschulden des personnes, dont on doit répondre — enthält der code civil Art. 1384 — du dommage causé par leurs domestiques et préposés dans les fonctions, aux quelles ils les ont employés. — Dem nähert sich das schweizerische Obligationenrecht in Art. 115 mit dem Unterschiede, daß dieses bei der Haftung für Hilfspersonen einen bereits verantwortlichen Schuldner voraussetzt, während das französische Recht verantwortlich macht, ohne daß man Schuldner war, also ohne daß man in einem Obligationsverhältnisse stand.

Das B.G.B. steht auf dem Standpunkte des schweizerischen Rechtes und hat damit für seinen Bereich einen Satz von außerordentlicher Tragweite aufgestellt. Gierke sieht in § 278 einen Anklang an das alte germanische Herrschaftsverhältniß des Hausherrn; Rümelin (Gründe der Schadenszurechnung 1896) findet darin das Prinzip der Haftung für eine erlaubte Gefährdung fremder Interessen, das namentlich von Unger vertreten wurde.[2])

Nach m. M. enthält der § 278 eine positive Erweiterung des Obligationenrechtes aus Zweckmäßigkeitsgründen[3].) Die Einschiebung von Mittelspersonen soll dem Gläubiger nicht schädlich sein. Damit ist keine neue Deliktsklage, sondern nur eine Verschärfung der **Forderungsklage** gegeben.

---

[1]) Für das gemeine Recht wird die von Eck vertretene Ansicht keineswegs allgemein getheilt. Vgl. des Herausgebers Gutachten für den XVII. Juristentag. Verhandlungen S. 337. Mit Eck stimmt Crome überein, System II S. 112.

[2]) Das sog. „Handeln auf fremde Gefahr", Jahrb. f. Dogmatik Bd. 33 S. 299.

[3]) Man bedenke, daß die Hilfspersonen sehr häufig zahlungsunfähig sind und eine Beurtheilung ihrer Brauchbarkeit in der Regel ihrem Auftraggeber, aber fast niemals dem Empfänger der Leistung möglich ist. — Durch die Zweckmäßigkeitsgründe werden übrigens die sonstigen Erwägungen als mitwirkende Ursache der Vorschrift nicht ausgeschlossen. Vgl. Crome, System II § 157 Anm. 9.

Folgendes ist zu bemerken:

1. Der Paragraph betrifft Personen, deren sich der Schuldner bedient, also die Mittelsmänner, Mittelspersonen im weitesten Umfange; darin liegt, daß man für seine Gehülfen haften muß, auch für Dienstboten (Einf.Ges. Art. 95 Abs. 2), hinsichtlich deren die Haftung der Herrschaft nicht ausgeschlossen werden kann, trotzdem das Gesinderecht der Landesgesetzgebung überlassen bleibt. Es haftet der Handwerksmeister für seine Gesellen und Lehrlinge; ferner wer einen Dienstmann engagirt, um sich seiner bei Erfüllung einer Verbindlichkeit zu bedienen. Aber nicht nur bei untergeordneten Gehülfen findet der § 278 Anwendung (der Ausdruck Gehülfe findet sich in den §§ 664, 691, aber nicht hier), sondern auch bei Mittelsmännern höherer Art muß die Haftung eintreten, z. B. bei Substituten,[1]) bei Werkmeistern, Prokuristen und Privatbeamten, z. B. des Rechtsanwaltes für den Bureauvorsteher.[2])

Eine Ausnahme gilt für Beauftragte (§ 664 I) und bei Verwahrern (§ 691),[3]) wenn eine Substitution gestattet ist. Außerdem muß der Mittelsmann zur Erfüllung einer Verbindlichkeit verwendet sein, d. h. zur Leistung aus einem bestimmten Schuldverhältnisse, mag dies ein vertragliches oder delictisches oder gesetzliches gewesen sein.

---

[1]) Soweit ging das gemeine Recht nicht, vgl. hierzu Schollmeyer, Commentar S. 103 Nr. 1 b.

[2]) Eine für die Praxis sehr wichtige Entscheidung trifft das Reichsgericht Bd. 49 Nr. 7 S. 27. Der Notar haftet für seinen Bureauvorsteher, der es vergißt, ihm einen zu protestirenden Wechsel rechtzeitig vorzulegen, dann nicht, wenn er nicht selbst den Wechsel in Empfang genommen hat, weil er den Vorsteher nicht ohne Weiteres zum Abschlusse eines „Dienstvertrages" bevollmächtigt habe. § 831 gelte hier nicht, weil keine unerlaubte Handlung vorliege. M. E. kann hier nicht von einem Dienstvertrage, sondern nur von einem Werkvertrage die Rede sein.

[3]) Für diese Fälle behält die gemeinrechtliche Streitfrage über den Unterschied des Substituten und des Gehülfen ihre Bedeutung. Wichtig ist sie namentlich in den Fällen des § 675. Substitut ist, wer statt des Schuldners dieselbe Handlung vornehmen soll, die zunächst dem Schuldner selbst oblag, Diener bei der Erfüllung ist, wer den Schuldner bei der erfüllenden Handlung unterstützt, oder sie nach dem Inhalte des Vertrages allein als eine vom Schuldner abhängige Arbeitskraft vollbringen sollte. Ein Arbeiter, den der Schuldner bestellen und beauftragen muß, ohne daß der Bestellte die Arbeit in Abhängigkeit von ihm ausführen soll, ist weder sein Substitut noch eine Person, deren er sich zur Erfüllung seiner Pflicht bedient. So z. B. wenn jemand für seinen Freund in dessen Auftrage eine Droschke bestellt. Hier haftet er in keiner Weise für das pünktliche Eintreffen des bestellten Kutschers. Anders, wenn er sich verpflichtet hat mit einer Droschke in einem verabredeten Zeitpunkte zur Stelle zu sein.

Es genügt also nicht etwa die Erfüllung einer publicistischen, allgemeinen Bürgerpflicht. Wenn z. B. ein Kutscher polizeiwidrig fährt und ein Kind überfährt, so kann der Herr des Kutschers nicht aus § 278 verantwortlich gemacht werden, oder wenn ein Hauswirth, der bei Glatteis Sand oder Asche zu streuen hat, dies dem Pförtner überträgt, wenn dieser den Bürgersteig nicht gehörig streut und dadurch den Beinbruch eines Vorübergehenden verschuldet, nicht aus § 278, wohl aber aus § 831, der jedoch die Ersatzpflicht ausschließt, wenn der Geschäftsherr bei der Auswahl der Mittelsperson und sonst die erforderliche Sorgfalt beobachtet hat.

Noch weniger gehört hierher eine sogenannte Pflicht, deren Erfüllung nur als Bedingung eines Rechtserwerbes in Betracht kommt, z. B. nach dem Inhalte eines Versicherungsvertrages bei der Reparatur des Hauses feuergefährliche Anlagen zu vermeiden.[1])

Unter 278 (Erfüllung der Verbindlichkeit) fällt die Pflicht des Miethers zur Instandhaltung (Conservirung) der Wohnung, des Entleihers zur ordnungsmäßigen Verwahrung der entliehenen Sache. Daher haftet der Miether, wenn sein Diener durch unvorsichtiges Umhergehen mit Licht das Haus in Brand setzt, oder das Dienstmädchen durch Ueberlaufenlassen des Wassers über die Badewanne den Fußboden ruinirt.

Planck (II S. 51) geht sogar noch weiter, indem er behauptet, daß der Verkäufer eines Hauses für das Verschulden seines Miethers, aus § 278 haftet, indem er sich der Person des Miethers zu der Erfüllung seiner Verbindlichkeit bedient, nämlich der Verpflichtung, dafür zu sorgen, daß das Kaufobjekt bis zur Uebergabe nicht untergeht oder verschlechtert wird.

Allein, wenn ich in einem Hause sitze, bediene ich mich dessen zur Erfüllung einer Verbindlichkeit? Weder meine noch meines Vermiethers Pflicht gegen den Käufer erfülle ich dann. (Anders ist die Lage des Aftermiethers nach § 549 II.)

2. Nach dem § 278 muß, und dies ist streitig, die Handlung des Mittelsmannes in dieser seiner Eigenschaft in Erfüllung der Obligation geschehen und gegen den Gläubiger der Obligation gerichtet sein. Dies steht zwar nicht ausdrücklich in § 278, aber nur darum nicht, weil es

---

[1]) Hier verwirkt also nach Ecks Meinung der Hausherr ohne eigene Schuld seine Vertragsrechte nicht.

für überflüssig gehalten wurde, da es sich in dieser Vorschrift nur um eine Erweiterung der Obligation handelte, also nur Obligationsakte in Frage kommen können. Weiter geht Rümelin a. a. O. S. 89, 117.[1]) In der gleichen Auffassung gehen auch die Motive zu § 431 des neuen H.G.B. (S. 278) aus, da sie aus diesem Paragraphen eine weitere Haftung als aus dem § 278 B.G.B. ableiten, nämlich eine Haftung für Handlungen der Angestellten, die diese nicht unmittelbar bei Ausführung der ihnen obliegenden Verrichtungen vorgenommen haben. Staub will übrigens mit Recht den Art. 400 H.G.B., der sich — abgesehen von der Neuerung des § 429 —, mit dem jetzigen § 431 deckt, einschränkend auslegen, also eine Haftung für Handlungen, die über den Kreis der Erfüllungsakte hinausgehen, nicht zulassen. Allein gerade um die enge Grenze des Grundsatzes, daß die Handlung des Mittelsmannes von ihm in dieser Eigenschaft geschehen sein muß, zu erweitern, ist H.G.B. 400 (§ 431) aufgestellt worden, Denkschrift S. 278. Man denke an folgende Fälle: Ein Frachtführer wirft den Wagen um, so daß der zufällig daneben stehende Absender verletzt wird, ein Träger des Möbelfuhrmannes stößt mit dem Schranke gegen die Hauswand.[2])

Beispiel: Ein Schlossergeselle, den der Meister zur Reparatur eines Schlosses in meine Wohnung schickt, zerbricht hierbei den Schreibtisch und stößt eine Lampe um, so daß ein Brand entsteht. Er wird den Meister haftbar machen, weil er in Ausführung der Obligation den Schaden anrichtete. Ein Küfer, der beim Weinabziehen von meinem Wein einige Flaschen stiehlt oder etwas anderes aus meinem Keller entwendet, wird den Küfermeister haftbar machen. Wenn dagegen der Schlossergeselle, nachdem er die Arbeit gethan hat, unvorsichtiger Weise einen Brand hervorruft, indem er beim Anzünden einer Cigarre das Streichholz wegwirft, so steht der Brand nicht mehr in innerem Zusammenhange mit der Obligation und der Arbeitsherr wird nicht haftbar, oder wenn der Küfergeselle nicht aus meinem, sondern aus dem Keller eines Dritten Wein stiehlt, so wird er den Küfermeister nicht haftbar machen, ja nicht einmal wenn der Geselle andern Wein austrinkt, als er abzufüllen berufen ist. Ebensowenig haftet der Schlossermeister, wenn der Schlossergeselle bei Gelegenheit seiner Arbeit das Dienstmädchen nothzüchtigt. Auch hier nimmt Rümelin, selbst wenn Hand-

[1]) Mit Eck stimmt im Wesentlichen Dernburg überein Bürg. R. II, 1 S. 146.

[2]) Vgl. auch § 486, 3 H.G.B. und §§ 3 und 59 des Binnenschiffahrtsgesetzes v. 15. Juni 1895.

lungen des Gehülfen nicht in der Obligationssphäre lagen, Haftung des Meisters (für alle generell voraussehbaren Gefahren) an.

Der Unterschied zwischen den Erfüllungshandlungen und andern Thätigkeiten wird in praxi flüssig sein, wie schon jetzt bei der Frage, was im Sinne der Versicherungsgesetze ein Betriebsunfall ist.

In der französischen Praxis hat sich hinsichtlich des Unterschiedes zwischen „dans les fonctions“ und à l'occasion eine sehr subtile Kasuistik herausgebildet. Bei zwei hintereinander herfahrenden Kutschern, die mit einem Barrierenwärter wegen des Oeffnens der Barriere Streit bekommen und ihn dabei mißhandelt hatten, wurde angenommen, daß der erste, zunächst an dem Oeffnen interessirte Kutscher „dans ses fonctions“ der zweite „à l'occasion“ de ses fonctions gehandelt hätte.

3. Der Mittelsmann muß natürlich ein Verschulden begangen haben; es haftet also der Principal nicht, wenn der Mittelsmann wegen jugendlichen Alters oder wegen Geisteskrankheit entschuldigt ist. Wie, wenn er schwer erkrankt war und dadurch Schaden anrichtete?[1]) Nach § 827, 2 soll auch Trunkenheit haftbar machen.

Haftet der Schuldner nur für grobe Fahrlässigkeit, so hat er auch nur grobe Fahrlässigkeit des Mittelsmannes zu vertreten. Also der Schenker haftet nur dann, wenn der die geschenkte Bronzestatue überbringende Diener sie aus grober Fahrlässigkeit fallen läßt (§ 521).

Haftet der Schuldner nur für diligentia quam in suis rebus, so kommt es — im Interesse des Gläubigers — nicht darauf an, daß die Mittelspersonen die Sorgfalt beobachten, die sie in ihren Angelegenheiten anzuwenden pflegen, sondern darauf, daß sie so sorgfältig sind, wie der Schuldner in seinen eigenen Angelegenheiten (Planck II S. 51).

Beispiel eines Gesellschafters, der durch einen Kassenboten einen Wechsel zur Annahme präsentiren läßt, wobei es geschieht, daß der Trassat ein ungültiges Accept auf den Wechsel setzt, § 708. Haftet der Gesellschafter dafür?[2])

---

[1]) Die Uebernahme einer Arbeit, zu der die augenblicklichen Körperkräfte nicht ausreichen, steht m. E. einer Schuld gleich.

[2]) Eck scheint die im Texte angenommene Ansicht, die er vorgetragen hat, im Widerspruche mit einer älteren Ansicht angenommen zu haben. In den vorbereitenden Heften findet sich unter Verwerfung dieser Ansicht Folgendes: „Wenn der Schuldner nicht für omnis culpa haftet, sondern nur für culpa lata oder culpa

Es fragt sich, ob § 278, der nur von Erfüllung einer Verbindlichkeit spricht, nicht auch Anwendung finden müsse, wenn der Mittelsmann bei einer Vertragschließung eine culpa begeht. Darüber eingehend Meisner in seinem Commentare zu § 278.

Im gemeinen und preußischen Rechte wird für culpa in contrahendo gehaftet, was bezüglich des preußischen Rechtes aus § 284 A.L.R. I, 5 folgt. (Von anderer Seite ist diese Folgerung freilich bestritten.) Nach den Motiven bezieht sich aber der § 278 nur auf die Fälle, wo es sich um die Erfüllung einer Verbindlichkeit handelt, nicht auf culpa bei Abschluß des Vertrages, wo nur die §§ 831, 832 Platz greifen sollen. Darnach würde die Entschädigungsklage als Delictsklage schon in drei Jahren verjähren (§ 852) und nicht als Vertragsklage erst in dreißig Jahren.

Dagegen führt Meisner aus, daß Fahrlässigkeit beim Vertragschlusse schon Verletzung einer Verbindlichkeit sei, weshalb er auch für diese Fälle den § 278 für anwendbar hält und die Vertragsklage sowie die ordentliche Verjährungsfrist zuläßt.[1]) Für Meisner spricht, daß oft schwer zu entscheiden ist, ob ein Verschulden beim Vertragschlusse oder bei der Erfüllung begangen ist. Ich halte aber trotzdem diese Auslegung, die vom Gesetzgeber nicht beabsichtigt war, für zu kühn.[2])

---

in concreto, so muß auch jede Verschärfung dieser Haftung wegfallen. „In gleichem Umfange" heißt in § 278 nicht „in gleichem Maaße", sondern „mit den gleichen Rechtsfolgen."" Die Preisgabe dieser Ansicht durch die im Texte vertretene halte ich für begründet, weil nur letztere dem Interesse des Geschädigten voll gerecht wird.

[1]) Ganz so allgemein drückt sich Meisner m. E. nicht aus, vgl. seinen Commentar II, 1 u. 4 zu § 278. Gegen die im Texte angefochtene Ansicht auch Ebert bei Fischer-Henle 2 zu § 278, auch das oben angeführte Urtheil S. 273 Anm. 2, das den Bureauvorsteher des Notars betrifft. Für diese Ansicht läßt sich anführen, daß jemand, der von jetzt ab für Sorgfalt in einem Verhältnisse zu haften verspricht, damit für die weit schlimmere Verletzung derselben Sorgfalt bei dem Vertragschlusse, also in Gegenwart des anderen Theiles, erst recht haften will. In majori inest minus. Dies paßt freilich nur, wenn der Vertrag zu Stande gekommen ist, vgl. die nächste Anmerkung.

[2]) Es kommt m. E. darauf an, ob der Thatbestand eines Vertragschlusses vorliegt. Dann gilt § 166, s. oben S. 180 ff. Anderenfalls kommen nur §§ 823, 831, 832 in Betracht. Wo nämlich der Mittelsmann bei einem Vertragschlusse behilflich ist, ohne daß dieser zu Stande kommt, also nur ein fehlgeschlagener Versuch der Beihilfe zu einem Vertragschlusse vorliegt, da fehlt der verpflichtende Thatbestand, ohne den ex contractu nicht gehaftet werden kann, also auch nicht für die Schuld von Gehilfen. So in dem angeführten Beispiele des Bureauvorstehers, s. vorige Anmerkung.

Die Folge der vom Schuldner zu vertretenden Unmöglichkeit ist die Verpflichtung des Schuldners zum Ersatze des Schadens, der dem Gläubiger aus der Nichterfüllung erwächst, § 280 Abs. 1. Wird die Erfüllung nur zum Theile unmöglich, so ermäßigt sich auch der Schadenersatzanspruch des Gläubigers dementsprechend. Wenn die theilweise geschehene Erfüllung für ihn kein Interesse mehr hat, z. B. wenn von einem gekauften mehrbändigen Werke ein Band zu Grunde geht, so kann er nach § 280 Abs. 2 wegen totaler Nichterfüllung Schadensersatz verlangen.[1])

Wichtig ist § 281, der das Surrogations-Princip statuirt (sog. stellvertretendes commodum des gemeinen Rechtes). Der Gläubiger kann, wenn er will, Abtretung des Surrogates verlangen, d. i. des Vortheiles, den der Schuldner aus dem die Leistung unmöglich machenden Schaden erlangt, z. B. der Versicherungssumme, wenn sein Haus abbrennt. Es mindert sich der etwaige Anspruch auf Schadenersatz wegen Nichterfüllung um den Werth des erlangten Ersatzes oder Ersatzanspruches, wenn der Ersatzpflichtige von dem bestimmten Rechte auf die Schadenssurrogate nach Abs. 1 des § 281 Gebrauch macht.

Bei gegenseitigen Verträgen greifen besondere Regeln ein, § 322 Abs. 2. § 282 enthält eine Bestimmung über die Beweislast: „Ist streitig, ob die Unmöglichkeit der Leistung die Folge eines vom Schuldner zu vertretenden Umstandes ist, so trifft die Beweislast den Schuldner."

Der § 283, der ein Versprechen einlöst, das in § 778 (jetzt 893) C.P.O. enthalten ist,[2]) gestattet dem Gläubiger nach rechtskräftiger Verurtheilung des Schuldners die Bestimmung einer angemessenen Frist für die Leistung mit der Erklärung, daß er nach Ablauf der Frist die

---

[1]) Ein anderes Beispiel: Durch die Schuld des Kutschers kann der zur Abfahrt eines Zuges bestellte Wagen die Strecke bis zum Bahnhofe nur zum Theile zurücklegen, oder es kann nur ein Theil des Ballkleides zur rechten Zeit fertiggestellt werden. Ebert bei Fischer-Henle bemerkt Anm. 7 zu § 280: „Abs. 2 findet nur dann Anwendung, wenn der Gläubiger die angebotene Theilleistung unter der Voraussetzung der Nachlieferung der Restleistung angenommen hat." M. E. auch sonst, namentlich auch, wenn noch nichts geliefert war.

[2]) Der Sinn dieser Andeutung ist wohl der, daß eine Interesseforderung zunächst nicht beitreibbar ist, so lange die Erfüllung selbst verlangt werden kann, daß somit die erwähnte Vorschrift des § 893 C.P.O., um brauchbar zu sein, eine Feststellung des Zeitpunktes verlangt, in dem das Recht auf die Erfüllung aufhört und die Interesseforderung beginnt.

Leistung ablehne.[1]) Soweit dann die Leistung nicht binnen der gestellten Frist bewirkt wird, kann er Schadensersatz wegen Nichterfüllung verlangen. Z. B. der Kavallerieoffizier, der im Manöver ein gekauftes Pferd reiten sollte, es aber nicht geliefert erhält, kann eine Frist stellen, und wenn dann nicht geliefert wird, kann er anderweit ein Pferd kaufen und Schadensersatz in Höhe der Preisdifferenz (des Mehraufwandes) verlangen. Tritt aber etwa ein Ausfuhrverbot der Lieferung entgegen, so wird der Gläubiger eine neue Frist stellen müssen.

Die Verpflichtung zum Schadensersatz nach § 283 tritt nicht ein, wenn die Leistung infolge eines vom Schuldner nicht zu vertretenden Gegenstandes unmöglich wird, § 283 Abs. 1 S. 3.

Wird die Leistung innerhalb der Frist nur theilweise bewirkt, so tritt der Schadensersatz theilweise ein oder hat der bewirkte Theil für den Gläubiger kein Interesse, so kann er die Theilleistung zurückweisen und Schadensersatz verlangen.

„Uebrigens hat bei zweiseitigen Verträgen der Gläubiger nach § 325 Abs. 2 noch weitere Rechte, nämlich die Befugniß, vom Vertrage zurückzutreten, als ob er nicht geschlossen wäre.[2]) § 325 Abs. 2 gilt auch schon, wenn theilweise erfüllt ist, aber nicht zu Gunsten des Verkäufers, der den Kaufpreis gestundet hatte und dann einklagt, § 454, Denkschr. S. 49."[3])

Schlußergebniß ist: Das römische und preußische Culpa-Princip ist geblieben,[4]) nur mit wesentlichen Ausnahmen. Freilich hat man ihm andere Principien entgegengestellt:[5]) das Verursachungsprincip (germanistisch),[6]) das Princip des Handelns auf eigene Gefahr (Unger), die Gefährdungshaftung (Rümelin). Aber keines eignet sich, wie Planck mit Recht annimmt, zur Grundlage des geltenden Rechtes.

[1]) Crome, System II S. 129, bemerkt zur Erläuterung dieser Vorschrift: „Gewaltsam erzwungen, würde sie (die Schuldleistung) oft so schlecht als möglich ausfallen und darum nicht genügen."

[2]) Bei einseitigen Verträgen versteht sich das von selbst nach der Regel Beneficia non obtruduntur. Will der Gläubiger seine Forderung ignoriren, so bleibt ihm dies unbenommen.

[3]) Das unter Anführungszeichen Gesetzte ist dem Vorbereitungshefte Ecks entnommen.

[4]) Ueber dieses s. oben S. 199 Anm. 2.

[5]) Der tiefere Sinn dieses Strebens nach neueren Haftungsprincipien ist der Wunsch, die Haftung für culpa mit den anderen Haftungsfällen unter einem allgemeineren Gesichtspunkte zu vereinigen. Ob diese Aufgabe überhaupt lösbar ist, ist ungewiß. Eck hält sie mit Recht für nicht gelöst.

[6]) Vgl. Engelmann, Das bürg. R. Deutschlands, 2. Aufl., S. 194.

§ 56.

Verzug des Schuldners. Mora solvendi.

Der § 284 reproduzirt im Großen und Ganzen das bisherige Recht.

Die mora solvendi enthält eine Pflichtverletzung von Seiten des Schuldners. Der Verzug des Schuldners muß unter gewissen Voraussetzungen erfolgen. Diese sind nach § 284:

1. Fälligkeit des Anspruches, sodaß der Gläubiger die Leistung hätte fordern können.[1])

2. Mahnung (interpellatio) von Seiten des Gläubigers an den Schuldner. Da der „dies adjectus pro reo" ist, so muß der Gläubiger, wenn der dies herangekommen ist, kund geben, daß er die Leistung haben wolle.[2]) Das Ausbleiben der Leistung wird dann auf den Augenblick der Mahnung zurückbezogen.[3])

3. Ausbleiben der geschuldeten Leistung.

Die Mahnung kann durch allerlei Umstände ersetzt werden. Als Mahnung gilt Klageerhebung, Zustellung des Zahlungsbefehles und der Satz: dies interpellat pro homine. Einer Mahnung bedarf es nicht erst, wenn für die Leistung ein Kalenderzeitpunkt bestimmt war, wenn auch nur ein solcher, der erst nach vorangegangener Kündigung festgestellt werden kann. Endlich gilt der Satz Lex interpellat pro homine z. B. nach § 848 (bei unerlaubten Handlungen).[4])

Nach § 285 liegt Verzug nicht vor, so lange die Ursache für das Unterbleiben der Leistung ein Umstand ist, den der Schuldner nicht zu vertreten hat,[5]) also wenn bei einer Speciesleistung die Erfüllung gehindert wird durch Ausfuhrverbot, Viehsperre, oder eine Schiffsentladung

---

[1]) Kipp, a. a. O. S. 125, bemerkt mit Recht, daß der Verzug nur bei einem klagbaren, von Einreden freien Forderungsrechte eintreten kann.

[2]) Natürlich nur, wenn die Zeit der Leistung nicht kalendermäßig bestimmt ist, s. den folgenden Text, also z. B. dann, wenn ein Anzug zum Winter oder zum Sommer bestellt war.

[3]) Ueber bedingte Mahnungen vgl. Kipp, Windscheid-Kipp, Pand., 8. Aufl., S. 125.

[4]) Eine Verallgemeinerung der Regel: fur semper in mora.

[5]) Für die verspätete Leistung sollen also dieselben Haftungsregeln gelten, wie für andere Leistungsmängel. Ueber entschuldbaren Irrthum vgl. Kipp a. a. O. S. 126.

gehindert wird durch eine Arbeitseinstellung.[1]) Im gemeinen Rechte war streitig, ob die Nichtleistung auf einem Verschulden des Verpflichteten beruhen müsse.

Bei Gattungsschulden ist die Haftung eine stärkere. Er haftet so lange, als die Leistung aus der Gattung möglich ist.

Die Folgen des Verzuges, die eine Schulderweiterung in mehrfacher Hinsicht enthalten, lassen sich auf zwei Sätze zurückführen:

a) nach § 286 Abs. 1 gilt der Satz, daß der Schuldner auf Ersatz des Schadens haftet, der dem Kläger aus dem Verzuge erwächst.[2]) Bei Geldschulden kann nach §§ 288, 289 der Gläubiger ohne besonderen Nachweis des Schadens Verzugszinsen, 4 Proz., fordern.[3]) Jedoch darf er solche Zinsen nicht fordern von einer Zinsschuld, weil dies Anatocismus wäre (§ 289).[4]) Standen ihm aus besonderen Gründen höhere Zinsen zu, so sind diese fortzuentrichten.[5]) Die Geltendmachung eines weiteren Schadens, z. B. wenn der Gläubiger seinerseits einem Dritten gegenüber in Erfüllungsverzug geräth und eine Konventional-

[1]) Die verspätete Leistung steht also in diesem Punkte der unmöglich gewordenen gleich, s. oben S. 268.

[2]) Staub bemerkt a. a. O. (§ 268 Anm. 3) nicht ohne Grund, daß § 286 selbstverständlich und überflüssig erscheint, sobald man in der Vertretungspflicht eine Haftpflicht für Schadensersatz sieht; denn die Verspätung ist nur eine Form der Vertragswidrigkeit. Daraus folgert er, daß die allgemeine Ersatzpflicht bei Vertragsverletzungen nicht aus der Vertretung zu folgern sei, sondern aus einer Analogie des § 286. Vgl. dagegen oben § 271 Anm. 2. M. E. erklärt sich die Aufnahme des § 286 aus dem Grundsatze: Doppelt hält besser.

[3]) Auch Schadensersatzforderungen, die aus dem Verzuge erwachsen, sind zu verzinsen, § 290.

[4]) Besonderes gilt nach H.G.B. § 687 für die Bodmereischuld. Von großer Bedeutung war die Entscheid. d. R.G. Bd. 46 Nr. 21 u. 22 S. 74, 82. Die Verzugszinsen aus der Zeit der Herrschaft des B.G.B. sind trotz Art. 170 E.G. nach diesem zu beurtheilen, weil sie „von der Fortdauer der Verzugsthatsachen in der Weise beeinflußt werden, daß die Leistungsverpflichtung mit jeder neuen Zeiteinheit von neuem entsteht". Diese Begründung würde auch auf alle anderen Thatsachen passen, die aus einem dauernden älteren Schuldverhältnisse unter der Herrschaft des neuen Rechtes entspringen, z. B. Vertragstrafen, die ein Schauspieler wegen Unpünktlichkeit zahlen muß. M. E. läßt sich die Entscheidung durch einschränkende Auslegung des Art. 180 E.G. zum B.G.B. rechtfertigen. Diese Vorschrift will ältere Gläubiger gegen Enttäuschungen schützen. Auf Verzugszinsen pflegt aber der Gläubiger nicht zu rechnen, weil er eine pünktliche Erfüllung erwartet.

[5]) Ueber die Zinspflicht bei Werthsteigerungen des Schuldgegenstandes siehe Kipp (Windscheid-Kipp, Pand. II S. 138).

strafe verwirkt, ist nicht ausgeschlossen (Abs. 2). Auch eine über 4 Proz. hinausgehende Konventionalstrafe kann er in einem solchen Falle fordern, denn nach § 289 Satz 2 bleibt das Recht des Gläubigers auf Ersatz des durch den Verzug entstandenen Schadens unberührt. Hat die Leistung infolge des Verzuges für den Gläubiger kein Interesse, so kann er unter Ablehnung der Leistung Schadensersatz wegen Nichterfüllung verlangen, § 286 Abs. 2. Wenn also der Offizier das Pferd, das er brauchte, nicht rechtzeitig geliefert erhielt und ein kostspieligeres erwerben mußte, so kann er die Differenz ersetzt verlangen.

Noch weitergehende Rechte aus der mora des Schuldners hat der Gläubiger, wenn schon eine rechtskräftige Verurtheilung vorliegt, und bei gegenseitigen Verträgen.[1])

b) Die Haftung des Schuldners in Ansehung der Hauptleistung wird durch den Verzug erhöht, § 287. Er steht nach Eintritt der mora auch für zufällig eintretende Unmöglichkeit (obligatio per moram perpetuatur) ein, ausgenommen, wenn er erweist, daß der Schaden auch bei rechtzeitiger Erfüllung den Gläubiger getroffen haben würde.[2])

Das R.O.H.G. hat einen Fall behandelt, in dem eine Handelsgesellschaft zur Herausgabe der ihr als Unterpfand gegebenen Aktien verurtheilt worden war und die Herausgabe der Aktien verzögert hatte. Inzwischen waren diese im Kurse gesunken. Die Klage auf Schadensersatz wegen Erfüllungsverzuges wurde abgewiesen, da der Kurssturz auch die klägerische Firma getroffen haben würde, da diese nicht hatte beweisen können, daß sie die Aktien rechtzeitig verkauft haben würde.

Jetzt ist die Beweislast umgekehrt: Der säumige Schuldner hat zu beweisen, daß der Gläubiger die Sache (also hier die Aktien) behalten haben würde. Nach § 241 A.L.R. I, 7 (wie auch nach gemeinem Rechte), brauchte er nur zu beweisen, daß der Zufall die Sache auch im Besitze des Gläubigers würde getroffen haben. Das preußische Recht ist hiernach verschärft worden.[3])

Dem Verzuge ähnlich wirkt nach § 291 u. 292 die Rechtshängigkeit, bei Geldschulden verpflichtet sie zu Prozeßzinsen und bei der Ver-

[1]) S. unten S. 309 ff.

[2]) Eigenartige Verzugsfolgen in besonderen Fällen sind in Anm. 2 zu § 286 bei Fischer-Henle zusammengestellt.

[3]) Ebenso Ebert bei Fischer-Henle Anm. 3 zu § 287, Planck 2, 1 zu § 287, Endemann § 138, Schollmeyer 2b zu § 287, A. M. Meisner zu § 287 Anm. 2, denen ich beitrete, weil juristische Beweise keine mathematischen sind. Allerdings stimmen die Motive II S. 64 mit dem im Texte Gesagten überein.

pflichtung zur Herausgabe bestimmter Gegenstände bestimmen sich die Pflichten und Rechte des Schuldners nach den für die Vindikation maßgebenden Vorschriften, soweit nicht aus dem besonderen Schuldverhältnisse sich ein anderes ergiebt. (§§ 989, 240; 987, 100; 994 Abs. 2, 683 ff.; § 1000 Satz 1, 273 ff.)

§ 57.

Verzug des Gläubigers.

§§ 293—304, die sich an Kohler, Jherings Jahrb. f. Dogmatik Bd. 17 S. 261 ff. anlehnen, vgl. jetzt auch Kohler, Archiv f. Bürg. R. Bd. 13 S. 149/295 und Munk: Wesen und Voraussetzung der mora creditoris, Berlin 1898.[1])

Liegt dem Annahmeverzuge ebenfalls ein Verschulden zu Grunde, wie Dernburg und Windscheid wollen, oder nicht? Den letzteren Standpunkt nimmt Kohler ein und diesen hat sich das B.G.B. angeeignet.

Daß das B.G.B. die beiden Arten des Verzuges ganz verschieden behandelt, ergiebt sich schon daraus, daß es den Verzug des Schuldners unter dem ersten Titel „Verpflichtung zur Leistung" behandelt, dagegen den Verzug des Gläubigers unter einen eigenen Titel setzt.

Die Behandlung des Annahmeverzuges ist aus einem einheitlichen Gusse, wie vielleicht kein anderer Theil des B.G.B.

Nach dem Grundgedanken des Gesetzbuches beruht der Annahmeverzug nicht[2]) auf einer Pflichtverletzung des Gläubigers, denn dieser hat nicht die Pflicht, die ihm geschuldete Leistung anzunehmen. Ausnahmsweise kann allerdings eine solche Pflicht begründet werden (Kohler S. 196, leg. 9 Dig. d. act. emti. 19, 1), wie bei Abholung von Sachen, die jemand loswerden will, z. B. von Büchern, die ein Antiquar gekauft hat oder der Bäume in der Potsdamer Straße in Berlin, die einem Unternehmer überlassen wurden, der nichts zu zahlen brauchte, aber die Verpflichtung übernahm, die Bäume schleunigst wegzuschaffen.[3])

---

[1]) Anderweitige Literatur siehe b. Crome, System II S. 144.

[2]) D. h. nicht immer.

[3]) Die Natur dieses Geschäftes ist zweifelhaft. Einen Kauf ohne Preis giebt es nicht. Es wurde wohl ein Werkvertrag vereinbart, bei dem der Arbeitslohn in Holz bestand. Auch Dernburg bemerkt mit Recht, Bürg. R. II 1, S. 162, daß eine Abnahmepflicht nur bei zweiseitigen Verträgen möglich ist.

Genau betrachtet lag hier in der Abholung zugleich eine eigene Schulderfüllung.[1]) Es sind aber Ausnahmefälle, in denen der Gläubiger ausnahmsweise zur Abnahme der geschuldeten Leistung verpflichtet ist, vgl. § 433 Abs. 2 und § 640.

Indessen wirkt natürlich auch der Annahmeverzug auf die Rechtsverhältnisse der Parteien ein, weil die Rechtsordnung dem Schuldner eine veränderte Möglichkeit gewähren muß, sich zu befreien und weil sie ihn vor gewissen Schäden aus der Verzögerung schützen muß (aber nicht blos dann, wenn der Gläubiger Unrecht thut, wenn er in Verzug kommt).

Als Voraussetzung des Annahmeverzuges lassen sich drei Momente aufführen:

1. das erste ist so selbstverständlich, daß es das Gesetzbuch nicht erwähnt, nämlich den Anspruch des Gläubigers. Zu bemerken ist, daß dieser Anspruch nicht fällig zu sein braucht, weil der Schuldner auch vor der Fälligkeit erfüllen kann (§ 271 Abs. 2). Der Miether kann z. B. die Miethe vor dem Quartalsersten zahlen. Ebenso der Hypothekenschuldner die Zinsen.

2. Die zweite Voraussetzung ist das Angebot der Leistung so, wie sie geschuldet ist, an den Gläubiger, § 294.[2]) Bei fungiblen Leistungen kann auch ein Dritter, der an Stelle des Schuldners zahlen will, den Gläubiger in Annahmeverzug versetzen. Die Leistung muß thatsächlich angeboten sein, der Schuldner muß leistungsfähig und bereit sein, das Angebot muß ein reales (nicht nur ein verbales) sein. Daher genügt

---

[1]) Man kann sogar sagen, daß ein einseitiger Vertrag, sobald eine Abnahmepflicht verabredet wird, sich dadurch in einen zweiseitigen (zweiseitig-belastenden) verwandelt, vgl. auch Crome, System II S. 145. „Muß der Empfänger annehmen, so ist er insoweit nicht Gläubiger, sondern Schuldner." Deshalb muß man überall, wo der Gläubiger abnahmepflichtig ist, zwei gegenseitige Forderungen annehmen. Die eine geht auf Wegschaffung einer Sache, vielleicht auch daneben noch auf einen Preis, die andere auf Aneignung des Weggeschafften. Auch Dernburg nimmt mit Recht an (Bürg. R. II, 1 S. 163), daß ein und dieselbe Handlung zugleich Gläubigerverzug und Schuldnerverzug in sich enthalten könne.

[2]) Eine Entsch. d. R.G. Bd. 50 Nr. 44 S. 208 ff. führt aus: Wenn der Käufer die Waare wegen Nichtigkeit des Kaufes ablehnt, so entbindet dies den Verkäufer nicht von der Nothwendigkeit, die Waare anzubieten, sofern er einen Annahmeverzug geltend machen will. Das Reichsgericht behandelt in dieser Hinsicht den Gläubigerverzug strenger als den Schuldnerverzug und nimmt namentlich nicht an, daß ein Annahmeverzug aus einer Anstellung der Klage auf Abnahme der Waare entsteht. wenn diese an einem anderen als dem im Vertrage bestimmten Orte verlangt wird.

es nicht, daß der zur Aufnahme seiner Ehefrau verpflichtete Ehemann sie auffordert, in seine Wohnung zurückzukehren, wenn er sie darin thatsächlich nicht aufnehmen kann.

Von dieser Regel giebt es äußerst wichtige Ausnahmen nach §§ 295, 296. Es genügt bloß wörtliches Angebot

a) wenn der Gläubiger dem Schuldner erklärt hat, die Leistung nicht annehmen zu wollen, dann soll der Schuldner nicht genöthigt sein, Transportkosten u. dergl. aufzuwenden. Aber ein wörtliches Angebot bleibt erforderlich, sei es vor der Ablehnungserklärung des Gläubigers, sei es nachher.[1]) Schreibt z. B. der Gläubiger schon vor dem Fälligkeitstermine, er werde die Sache nicht annehmen, z. B. der Offizier ein Pferd, wenn er es gekauft und bald darauf seinen Abschied erhalten hat, so darf der Schuldner nicht einfach schweigen, sondern ein wörtliches Angebot ist immer noch nothwendig, er muß also noch schreiben, er sei jetzt bereit, das Pferd zu liefern und fragen, ob es der Gläubiger abnehmen wolle. Vielleicht ändert dieser seinen Entschluß (Kohler S. 97). Das erscheint befremdend, erklärt sich aber durch die Vorstellung, man solle den Gläubiger nicht gleich auf seine Erklärung festnageln, da er ja seine Ansicht ändern kann.

b) Die andere Ausnahme folgt aus § 295 von Zeile 3 an. Wenn zur Leistung des Schuldners ein Mitwirken, eine Handlung des Gläubigers nothwendig ist, so genügt ein wörtliches Angebot. Z. B. muß bei der Holschuld der Gläubiger sich einfinden; oder bei der Wahlschuld mit Wahlrecht des Gläubigers muß er die wählende Erklärung abgeben; oder im Eisenhandel muß er, wenn er die Maße und Formen zu bestimmen hat, die sogenannte Specification angeben; bei Uebergabe eines Grundstückes muß er sich an Ort und Stelle zur Uebergabe einfinden u. s. w. Darum muß auch der Anwalt seinen Clienten auffordern, ihm die nöthigen Informationen zu schicken. Hier ist eine Realoblation nicht möglich und es stellt deshalb der § 295 die Verbaloblation, die Aufforderung, dem Angebote der Leistung gleich.

Noch weiter geht § 296. Danach kann sogar die Aufforderung an den Gläubiger, daß er die zur Annahme der Leistung seinerseits

---

[1]) Ein Beispiel in der Entsch. d. R.G. Bd. 50 Nr. 59 S. 260: Die Beklagte hatte nach dem Kaufvertrage Cisternen zum Einfüllen des Petroleums zu stellen. Sie verweigerte die Annahme des Petroleums. Hier genügte die Aufforderung zum Stellen der Cisternen dazu, einen Annahmeverzug hervorzurufen.

erforderliche Handlung vornehme, unterbleiben und es genügt die bloße Unterlassung dieses Verhaltens des Gläubigers, wenn die Zeit zur Vornahme der Handlung kalendermäßig bestimmt war.[5]) Beispiel: Es ist ein Depositum an einem bestimmten Tage von der Reichsbank abzuheben, der Deponent erscheint aber an dem betreffenden Tage nicht. Hier ist er in mora accepiendi und die Reichsbank kann anderweit hinterlegen; oder wenn ausgelooste Staatspapiere nicht eingelöst werden, kommt der Gläubiger durch bloße Passivität in Verzug. Man denke auch an den Annahmeverzug des mit Eisenbahnbillet versehenen Reisenden, der sich nicht rechtzeitig bei Abfahrt des Zuges einfindet. Aehnliche Fälle liegen bei Feuerversicherungsgesellschaften vor, wenn sie die Prämie nicht, wie üblich, in der Fälligkeitswoche abholen lassen, oder beim Steuererheber, der die Steuern nicht rechtzeitig abholt. Gleiches gilt auch bei der Amortisirung von Staatsanleihen. Hier ist überall anzunehmen, daß der Gläubiger durch bloße Passivität in Annahmeverzug geräth und es einer Thätigkeit des Schuldners nicht bedarf.

Indessen fügt § 297 eine Milderung hinzu, daß der Gläubiger in allen diesen Fällen nicht in Verzug kommt, wenn der Schuldner zur Zeit des wörtlichen Angebotes oder zu der Zeit, wo der Gläubiger die Handlung hätte vornehmen sollen, außer Stande gewesen ist, zu leisten. Dann braucht der Gläubiger sich nicht einzufinden und seinerseits etwas zu thun, z. B. wenn das Depositum, das an einem bestimmten Tage abgeholt werden sollte, vor diesem Tage gestohlen oder vom Verwahrer unterschlagen worden ist.

3. Die dritte Voraussetzung ist Nichtannahme der Leistung (§ 293). Nicht erforderlich ist eine Weigerung der Annahme, es genügt Passivität (Motive 68, 69); wenn z. B. der Gläubiger nicht die Thür öffnet, vor der der Schuldner steht, um zu leisten, während es seine Sache war, dies zu thun. Namentlich ist nicht irgend ein Verschulden des Gläubigers erforderlich, welches ihn bei der Nichtannahme trifft, abweichend vom preußischen Rechte, I, 11, § 102, wo ein Verschulden erfordert ist (im gemeinen Rechte ist dies bestritten). Der Annahmeverzug wird

---

[5]) Diese vorbereitende Handlung des Gläubigers, ohne die der Schuldner nicht erfüllen kann (z. B. Eintreffen dessen, der photographirt werden soll, bei dem Photographen), ist nicht mit der Abnahme der Leistung in den Ausnahmefällen der Abnahmepflicht (§§ 433, 640 Abs. 1) zu verwechseln. Jene ist nur eine Bedingung der schuldnerischen Leistungspflicht, diese eine Gegenleistung.

also durch eine schuldlose Nichtannahme nicht ausgeschlossen.[1]) Ist der Gläubiger vielleicht in entschuldbarer Unkenntniß seiner Forderung, weil er von einem Erbanfall nichts weiß, oder wird er durch schwere Krankheit oder Unwetter an der Annahme verhindert, so kommt er trotzdem in Annahmeverzug, wenn der Schuldner seinerseits thut, was er thun konnte. Beispiel: Ein Patentanwalt will die Patentgebühr am letzten Tage der dreimonatlichen Frist zahlen, kann es aber nicht, weil der Kassirer des Patentamtes plötzlich vom Schlage getroffen worden ist. Dadurch geräth der Fiskus in Annahmeverzug, weshalb eine Verwirkung des Patentes trotz der nicht rechtzeitigen Zahlung nicht eintritt. Andere Beispiele sind: Entschuldbarer Irrthum des Gläubigers, z. B. Unkenntniß der Forderung und Krankheit des Gläubigers.

§ 298 geht noch einen Schritt weiter. Es kann der Annahmeverzug trotz Annahmebereitschaft eintreten, wenn der Gläubiger nur gegen eine seinerseits zu machende Gegenleistung fordern durfte und er diese trotz Verlangens der Gegenseite nicht anbietet. Der Schuldner kann nach B.G.B. bei Schuldzahlungen Quittung verlangen. Nun bringt er das Geld, aber der Gläubiger weigert sich, die Quittung zu geben. Auch hier kommt der Gläubiger in Annahmeverzug.

Der wichtigste Fall ist der des gegenseitigen Vertrages. Ein Annahmeverzug kann auf Seiten des Gläubigers eintreten aber doch braucht nicht gleichzeitig Erfüllungsverzug von seiner Seite vorzuliegen;[2]) denn während die unterbliebene Annahme niemals entschuldigt werden kann (§ 393), kann der Gläubiger eine Entschuldigung für das Unterlassen seiner Gegenleistung haben, so daß ein Erfüllungsverzug nicht begründet wird (§ 285).

Eine Milderung des Satzes, daß der Verzug ohne Schuld des Gläubigers eintritt, fügt § 299 hinzu. Wenn nämlich die Zeit der Leistung nicht bestimmt war, oder der Schuldner auch vorher leisten konnte, so soll eine vorübergehende Verhinderung des Gläubigers, die Leistung anzunehmen, z. B. seine Erkrankung, nicht dazu genügen, den Gläubiger in Annahmeverzug zu setzen. Sonst könnte der Miether

---

[1]) Das Bedürfniß des Schuldners, bei ordnungsmäßiger Pflichterfüllung eine Erleichterung seiner Lage zu erwerben, hängt in seiner Schutzwürdigkeit von der Schuld oder Schuldlosigkeit des Gläubigers nicht ab.

[2]) D. h. hinsichtlich der dem Gläubiger obliegenden Hauptleistung. Wo er noch nebenher zur Annahme verpflichtet ist, da liegt hinsichtlich des Annahmeverzuges immer auch ein Erfüllungsverzug vor. Anders, wo er es nicht ist.

seinen Hauswirth dadurch in Annahmeverzug setzen, daß er ihm die noch nicht fällige Miethe zu einer Zeit bringt, wo er ihn nicht zu Hause weiß, z. B. wenn er gesehen hat, daß der Hauswirth spazieren geht.

Diese Milderung fällt weg, wenn der Schuldner vorher die Gegenleistung angekündigt hatte. Hat also der Miether geschrieben: „Morgen Vormittag werde ich die Miethe bringen", so kommt der Vermiether in Annahmeverzug, wenn er etwa zu der bezeichneten Zeit einen Spaziergang macht und nicht für einen stellvertretenden Empfangsberechtigten sorgt (§ 299 Satz 2).

Die Wirkungen des Annahmeverzuges sind:

1. Die Haftung des Schuldners wird nach § 300 Abs. 1 während des Annahmeverzuges heruntergesetzt. Er haftet, wenn er etwa vorher für culpa levis haftete, nur noch für Vorsatz und culpa lata (wie im gemeinen und preußischen Rechte). Er wird — bei mangelndem dolus und mangelnder culpa lata — frei, wenn die Leistung untergeht, § 300 Abs. 1. Bei gegenseitigen Verträgen verbleibt der Gläubiger zu der ihm obliegenden Zahlung verpflichtet, § 324 Abs. 2. Indessen soll dieser Gefahrübergang bei der Gattungsschuld nach § 300 Absatz 2 nie ohne Angebot der Sache eintreten. Darin liegt: Der Schuldner muß aus der Gattung eine Sache ausgeschieden und diese ausgeschiedene Sache auch angeboten haben. Dagegen genügt es nicht bei den Gattungsschulden, daß der Fall des § 296 vorliegt, d. h. die Gefahr geht nicht durch den Eintritt des Zeitpunkts, in dem der Gläubiger empfangsbereit sein soll, auf den Gläubiger über. Beispiel: Ein Darlehnssucher hat mich um ein Dahrlehen von M. 10 000 ersucht. Ich habe ihm geschrieben, daß er das Darlehen bekommen könne, und er solle es sich bis heute Abend abholen. Ich lege das Geld bereit und er bleibt aus. Ueber Nacht entsteht bei mir ein Brand und die 10 000 M. gehen zu Grunde. Hier ist nicht der Darlehnssucher in mora, weil ihm nicht die Sache angeboten ist, sondern ihm nur mitgetheilt ist, das Geld liege bereit (trotz § 300, II). Der Uebergang der Gefahr soll bei Gattungsschulden eben erschwert sein bis zu dem Moment, wo der Gläubiger das Vorhandensein einer speciellen Sache kannte.[1]) Es kann dies eine große Härte für den Versprecher des Darlehns enthalten.[2])

---

[1]) Dieses Beispiel ist mit dem oben S. 239 Anm. 1 Bemerkten zu vergleichen.

[2]) M. E. nicht mehr als jeder andere Brandschaden.

2. Bei der verzinslichen Schuld wird durch Annahmeverzug der Zinslauf ohne Weiteres sistirt. Anders im gemeinen (c. 9. 19 Cod. de usuris 4, 32) und preußischen Rechte, wo die Sistirung nicht schon durch Annahmeverzug eintritt, sondern erst durch Hinterlegung der Schuldsumme. „Doch diese Hinterlegung ist unbequem und auch wenn der Schuldner nicht zu ihr geschritten ist, so ist er trotzdem nicht in der Lage, das Geld, das er für den Gläubiger bereit gestellt hat, sofort wieder nutzbar zu machen und ist dazu auch nicht verpflichtet, selbst wenn er die Gegenleistung bereits empfangen hat, vgl. Reatz S. 126, Mot. II S. 75).“[1])

Entsprechend dieser Sistirung der Zinsen ermäßigt sich auch nach § 302, wenn der Schuldner für Nutzung eines Gegenstandes haftet, seine Verpflichtung während des Annahmeverzuges auf die wirklich gezogene Nutzung.[2]) Der Schuldner kann also die Sache noch ungenutzt liegen lassen, ohne daß ihn ein Vorwurf trifft. (Einen Fall der nicht rechtzeitigen Erhebung des Betrages ausgeloosten Werthpapiere seitens der Gläubiger behandelt Seligsohn in Goldschmidts Zeitschrift für das Handelsrecht in Bd. 36 S. 49 ff.)

Erst recht können bei Annahmeverzug keine Rechtsnachtheile mehr für den Schuldner in Kraft treten, die ihm angedroht waren, z. B. das Recht, das Pfandstück zu verkaufen, wenn er in Erfüllungsverzug gerathen ist, oder die Verwirkung des Patentes in dem oben erwähnten Falle. Wo keine Zinsen mehr laufen, kann auch die Verfallklausel nicht mehr zum Nachtheile des Schuldners in Kraft treten (Kohler S. 272).

3. Der Schuldner kann, statt die geschuldete Sache bei sich aufzubewahren, sich ihrer durch Hinterlegung entledigen oder sie durch Selbsthülfe verkaufen. Diese beiden Institute sind geregelt in § 372 und § 383. Sie helfen nur bei beweglichen Sachen.[3])

Bei einem Grundstücke, das der Schuldner herauszugeben hat, ist dagegen dem Schuldner bei Annahmeverzug des Gläubigers sogar erlaubt, den Besitz einseitig aufzugeben, nur muß er dies nach § 303

[1]) Aus Ecks Vorbereitungsheft. — Die angeführte Schrift von Reatz ist: Die zweite Lesung des Entwurfs des B.G.B. Berlin 1892.

[2]) Dahin gehören auch Zinsen, die der Schuldner während des Verzuges zieht aus Hinterlegung der Schuldsumme, Dernburg, Bürg. R. II, 1 S. 168.

[3]) Das Recht der Preisgabe beweglicher Sachen (Ausschütten des Weines Dig. XVIII, 6 fr. 1 § 3, XXIII, 6 fr. 8, u. dergl.) kommt in Wegfall, Dernburg, Bürg. R. II, 1 S. 169, Schollmeyer, Commentar S. 147.

vorher androhen.[1]) Der Gläubiger kann hier also vorher durch einen Brief davon in Kenntniß gesetzt werden.

Natürlich erlangt der Schuldner, wenn er diese Maßregel ergreift, mehr, als die bloße Befreiung. Er erlangt auch die Klage auf Herausgabe des Pfandstückes (§ 1252)[2]) oder auf Erfüllung ohne eine Einrede des nicht erfüllten Vertrages befürchten zu müssen.[3])

4. Das B.G.B. enthält seiner Grundidee nach nicht den im sächsischen Gesetzbuche und in der preußischen Praxis zur Geltung gelangten Satz, daß der Gläubiger dem Schuldner für allen Schaden aufkommen müsse, den der Schuldner durch den Annahmeverzug erleidet, weil ein solcher Satz ein Verschulden voraussetzt,[4]) z. B. wenn der Verkäufer das Pferd, das er verkauft hat, wegen Annahmeverzug nicht los wird und es ihn mit dem Hufe schlägt, so kann er nicht wegen der mora accipiendi Schadensersatz verlangen.[5]) Ebenso nicht, wenn das wegen verweigerter Annahme bei Seite gelegte Dynamit explodirt und Schaden verursacht. Doch bestimmt § 304, daß der Schuldner Ersatz derjenigen Kosten verlangen kann, die er aufgewendet hat, also Kosten des Transportes, der Deposition, der Erfüllungssurrogate, Futterkosten u. s. w.[6]) und zwar kann er sie vom creditor morosus wegen einer negotiorum gestio verlangen. Die civilistische Construction dieses Anspruches ist schon jetzt streitig. Der Gläubiger

---

[1]) Dies gilt namentlich auch zu Gunsten der Miether und Pächter, Dernburg, Bürg. R. II, 1 S. 169.

[2]) Das Pfandrecht erlischt durch Annahmeverzug nicht (Kohler S. 274), vgl. über den Einfluß des Verzuges auf die Pfandrechte Kipp a. a. O. S. 418, woselbst eine sorgfältige Vergleichung des gemeinen Rechtes des Annahmeverzuges mit dem B.G.B. gegeben ist.

[3]) Eck setzt hier voraus, daß der Schuldner nur zur Einräumung des Besitzes verpflichtet war. Wo er dagegen Eigenthum übertragen mußte, bleibt er trotzdem zur Auflassung verpflichtet, „während der Gläubiger den aufgegebenen Besitz sich selber verschaffen mag". Crome, System II S. 155.

[4]) Bei dem vollen Schadensersatz handelt es sich nicht bloß um einen Schutz des pflichttreuen Schuldners, sondern um eine Belastung des Gläubigers, die besonders gerechtfertigt sein muß; vgl. Meisner, Commentar II zu § 304.

[5]) Wo sich mit der mora accipiendi eine culpa verbindet, kann der Gläubiger aus dem Vertragsverhältnisse haftbar werden, aber nicht wegen der mora, sondern wegen der Vertragsverletzung.

[6]) Also nicht aller Schäden, die der Schuldner durch den Verzug erleidet Nach der Entsch. des R.G. Bd. 45 Nr. 77 S. 302 steht dem kaufmännischen Verkäufer, welcher die Waare bei sich selbst lagern läßt, der Anspruch auf Lagergeld zu. Ebenso ältere Reichsgerichtsurtheile.

kann sich durch Verzicht auf seinen Anspruch von den künftigen Kosten befreien, da er ja zur Leistungsannahme nicht verpflichtet ist.[1])

Noch weitere Folgen sind an den Verzug bei gegenseitigen Verträgen geknüpft.

Ueber die purgatio morae bestimmt das Gesetzbuch nichts.[2]) Es ist anzunehmen, daß der Gläubiger von seinem Annahmeverzuge frei wird, sobald er sich erbietet, die Leistung anzunehmen und dem Schuldner zu ersetzen, was er in Folge des Verzuges aufgewendet hat.[3])

Kapitel II. Schuldverhältnisse aus Verträgen.

§ 58.

Schuldverträge und deren Inhalt überhaupt.

Zur Begründung eines Schuldverhältnisses durch Willenserklärung (Rechtsgeschäft) ist Willenseinigung erforderlich, also ein Schuldvertrag unter den Personen, unter denen das Schuldverhältniß bestehen soll, § 305.[4]) Der Schuldner muß mitbetheiligt werden, um gebunden

---

[1]) Natürlich nur, sofern er es nicht ausnahmsweise ist.

[2]) Vgl. hierüber Schollmeyer, Commentar S. 120.

[3]) Hinzuzufügen wäre noch als Nr. 5, daß bei Geschäften, die im Interesse des Schuldners Fixgeschäfte sind, z. B. bei der Beförderung eines Fahrgastes mit einem bestimmten Zuge, die mora accipiendi auch ohne Befriedigung der Erfüllung gleichsteht, also die Schuld tilgt, während sie sonst nur die Schuld erleichtert, nicht vernichtet. Eigenartige Folgen des Annahmeverzuges in besonderen Fällen siehe bei Fischer-Henle Anm. 3 zu § 300. Meisner, Commentar 3 zu § 361, unterscheidet auch bei Fixgeschäften einen besonderen Schadensersatz wegen Verspätung von dem Schadensersatze wegen Nichterfüllung. Dies widerspricht m. E. dem Wesen des Fixgeschäftes.

[4]) Das Gesetz spricht hier nicht bloß von Begründung, sondern auch von Aenderung eines Schuldverhältnisses. Es kennt also, ebenso wie das gemeine Recht, einen formlosen Abänderungsvertrag, ein Surrogat der römischen Schuldabänderungen durch novatio und constitutum debiti proprii, die sich hiernach auf dem Boden der Formfreiheit zu einem einheitlichen Geschäfte verschmolzen haben. Die Begriffsgrenze zwischen dem Abänderungsvertrage und der Aufhebung des alten Verhältnisses mit gleichzeitiger Begründung eines neuen (Schollmeyer, Commentar S. 150 Nr. 2) ist zweifelhaft. Bei zweiseitigen Verträgen ist bei einer Aenderung beider Verpflichtungen keine bloße Schuldabänderung vorhanden (ebenso wenig wie eine römische novatio). Bei einseitigen muß der neue Schuldinhalt als Surrogat des alten gedacht sein, damit man von einem Abänderungsvertrage reden kann. (Praktisch wichtig ist dies bei Schenkungsversprechen, bei denen der Abänderungsvertrag formlos ist, die Vornahme eines neuen Versprechens aber nicht), vgl. hierzu Enneccerus, Bürg. R. II S. 500 ff.

zu sein (ein römisches Princip gegenüber dem germanischen). Von dieser Regel giebt es Ausnahmen bei dem Vertrage zu Gunsten Dritter, §§ 329 ff. (der Dritte wird Gläubiger, ohne bei der Willenseinigung mitzuwirken), bei der Auslobung, § 657, bei der Stiftung, § 82 und bei den Schuldverschreibungen auf den Inhaber, §§ 793 ff.[1]) Regel ist also: Ein Schuldvertrag ist erforderlich.

Der Inhalt des Schuldvertrages besteht in einer Verpflichtung zu einer Leistung. Das Gesetzbuch stellt besondere Regeln bei Unmöglichkeit der Leistung, bei ihrer Unerlaubtheit und bei ihrer Unbestimmtheit auf.

Zunächst ist über Unmöglichkeit der Leistung in den §§ 306, 308 Folgendes bestimmt:

Nach § 306 ist der Vertrag auf eine unmögliche Leistung nichtig, z. B. Verkauf einer untergegangenen Sache. Ein Garantievertrag aber, für die Möglichkeit einer Leistung einstehen zu wollen, bleibt gültig, auch wenn die Leistung unmöglich sein sollte, nicht anders, als wie etwa nach römischem Rechte ein Garantieversprechen für gewisse Eigenschaften eines Pferdes, die sich hinterher als fehlend erweisen. Beim Verkaufe einer Forderung gilt dies sogar kraft Gesetzes, § 437.[2])

Aber auch ohne eine solche Garantieübernahme haftet nach § 307 der Kontrahent, der die Unmöglichkeit kannte oder kennen mußte,[3]) auf das negative Interesse,[4]) das aber nicht größer sein kann, als das Erfüllungsinteresse,[5]) ausgenommen, wenn der andere die Unmöglichkeit

[1]) Ebert erwähnt noch § 783 Anweisung, Vermächtnisse § 2174 und alle obligationes, die nicht ex contracto herrühren (Fischer-Henle Anm. 6 zu § 305). Daselbst wird zu 7 hervorgehoben, daß nach B.G.B. bei Vertragsschulden nicht bloß die besonders anerkannten Typen gelten.

[2]) Hierbei hat, wie Schollmeyer, Commentar S. 153 ausführt, ein Mißverständniß eine Rolle gespielt. Die Mot. II S. 177 halten nach Ihering (Dogm. Jahrb. IV S. 70) das Bestehen einer nicht existirenden Forderung für objectiv möglich. Das Bestehen ist es allerdings, die Abtretung aber nicht. Auf diese kommt es aber an. Trotzdem halte ich diese Abweichung des B.G.B. von der Regel (Nichthaftung bei Unmöglichkeit der Leistung) aus Rücksicht auf die Zuverlässigkeit des Geschäftsverkehrs für wohl begründet.

[3]) Ein Beispiel bei Enneccerus, Bürg. R. S. 443. Verkauf von Weinreben aus dem Bezirke, in dem der Verkäufer wohnt und die Ausfuhr verboten ist.

[4]) Vgl. über diesen Begriff oben S. 190 Anm. 3. Im Vorbereitungshefte definirt es Eck als das „Interesse am Nichtabschlusse des Vertrages". Noch besser ist m. E.: „am Nichteintritt in die Vertragsverhandlungen".

[5]) Es kann, wie Eck im Vorbereitungshefte bemerkt, der gezahlte Kaufpreis höher sein, als der Werth der Waaren. Dann wird nur der letztere ersetzt. Gewöhnlich ist das Erfüllungsinteresse größer, weil, wie ebenda bemerkt ist, der Vor-

kannte oder kennen mußte, mit der Vertragsklage (culpa in contrahendo).[1] Wenn die Leistung nur theilweise unmöglich ist, so ist nach § 307 Abs. 2 in Bezug des unmöglichen Theiles zu haften.[2] Beispiel: Es verkauft jemand eine Schiffsladung, trotzdem er weiß, daß das Schiff mit der Ladung untergegangen ist.

Aber, fügt § 308 hinzu, der Vertrag soll trotz der Unmöglichkeit gültig sein, wenn sie gehoben werden kann und der Vertrag gerade für

theil aus einer Weiterveräußerung der Waaren dazu gehört. — Streitig ist, ob bei den Schuldverhältnissen, in denen die Haftung sich auf grobe Fahrlässigkeit beschränkt, auch das Kennenmüssen der Unmöglichkeit auf eine solche Fahrlässigkeit einzuengen sei. Dagegen Enneccerus, Bürg. R., 2. Aufl., S. 440. Daselbst die Litteratur Anm. 9.

[1] Ob nicht die Römer gerade so, wie es das B.G.B. bei nicht bestehenden Forderungen vorschreibt, in solchen Fällen (wenigstens bei lästigem contractus bonae fidei) ein stillschweigendes Garantieversprechen annahmen und auf das volle Erfüllungsinteresse haften ließen, ist keineswegs außer Zweifel, vgl. des Verfassers Ausführungen in der Zeitschr. f. Handelsrecht Bd. 26 S. 286 ff., die sich an Gustav Hartmann, Die Obligation, 1875, S. 166 ff. anlehnen. Der Satz: Impossibilium nulla est obligatio bezog sich nur auf die unmögliche Leistung selbst, nicht auf die Leistung des Interesses. Das Bedürfniß der Garantie eines solchen bildet m. E. die Regel und wird auch im Verkehrsleben als berechtigt anerkannt; vgl. Meisner, Commentar II zu § 307 Nr. 1.

[2] Streitig ist, ob diese Vorschriften auch analog auf das Unvermögen auszudehnen sind, vgl. Enneccerus, Bürg. R., 2. Aufl., S. 439 Anm. 4 gegen Titze, Unmöglichkeit der Leistung, 1900, S. 247. Gegen die Analogie auch Ebert Anm. 1 zu § 306 bei Fischer-Henle. Daß man wegen eines eigenen Unvermögens, das man kannte oder kennen mußte, aus dem Versprechen der unerschwinglichen Leistung haftet, ist zweifellos. Streitig ist nur 1. ob hier auf das Erfüllungsinteresse gehaftet werden muß, was m. E. als das im Zweifel Selbstverständliche anzunehmen ist, 2. ob der Versprechende auch hier von Haftung frei bleibt, wenn er sein Unvermögen nicht kannte und nicht kennen mußte. (Ein Opernsänger hat, ohne es zu bemerken, durch eine Erkältung seine Gesangsstimme verloren, er verpflichtet sich zu einer Gesangsleistung und entdeckt erst hinterher den Verlust.) Hier scheint mir die Analogie der objektiven Unmöglichkeit zuzutreffen. Folglich ist die Haftung zu verneinen. — Streitig ist ferner, ob der Kläger sich den Nachweis des Unvermögens des Gegners dadurch ersparen darf, daß er auf die unmögliche Leistung klagt, nach der Verurtheilung dem Gegner gemäß § 283 eine Frist setzt und dann zurücktritt. So Enneccerus a. a. O. § 439 Anm. 5 (daselbst Litteratur). M. E. kann in solchem Falle der Beklagte sein Unvermögen beweisen. Dann muß der Kläger den Klageantrag ändern; denn ein bewußter Urtheilsspruch auf eine unmögliche Leistung muß als unzulässig angesehen werden. Nur in der Zwangsvollstreckungsinstanz kann sich der Kläger nach § 283 den Nachweis, daß die Leistung des säumigen Schuldners unmöglich ist, ersparen. Engelmann, Das Bürg. R. Deutschlands, 2. Aufl., 1900, S. 270.

diesen Fall geschlossen war, also unter der Bedingung, daß die Unmöglichkeit beseitigt werden kann. Z. B. man verkauft ein Haus an den Eigenthümer desselben, welcher die demnächstige Zwangsvollstreckung des Hauses befürchtet, den Verkäufer zum Erstehen veranlassen und von ihm dann das Haus wiedererlangen will. Eigentlich ist der Kauf der eigenen Sache ungültig, quia res mea mihi dari non potest; hier aber ist er gültig, weil er unter der Bedingung geschieht, daß dem Käufer das Haus durch Entsetzung entzogen werden sollte. Abs. 2 fügt hinzu, daß die Gültigkeit eintreten kann, wenn die unmögliche Leistung unter einer anderen aufschiebenden Bedingung oder unter Bestimmung eines Anfangstermines versprochen und die Unmöglichkeit vor dem Eintritte der Bedingung oder des Termines gehoben wird.[1])

Weitere Regeln folgen in den §§ 309—312 über Unerlaubtheit der Verträge. Verstößt ein Vertrag gegen ein gesetzliches Gebot, so ist er nach § 134 nichtig. Es sollen hier die Regeln über die Unmöglichkeit gelten, z. B. kann ein Vertrag unter der Voraussetzung geschlossen werden, daß das Verbot des Anatocismus oder der Einfuhr amerikanischen Obstes aufgehoben werden sollte. Verboten ist z. B. die Beschränkung der Pflichten des Dienstberechtigten nach § 619; ein Verzicht auf das Kündigungsrecht des Gesellschafters, die Lotterie ohne Staatsgenehmigung (§ 763). „Streitig ist (Juristen-Zeitung III S. 51), ob die in den Einzelstaaten genehmigten Lotterien in den andern Staaten verboten bleiben. Dies ist wohl zu verneinen.“[2])

Es sind verschiedene Verträge ausdrücklich für nichtig erklärt, insbesondere nach § 312 der Erbschaftsvertrag, d. i. der Vertrag über den Nachlaß des noch lebenden Erblassers.[3]) Dies Verbot fällt nach § 312

[1]) Ein Beispiel bei Schollmeyer S. 158. Es kauft Jemand ein Fohlen von einer Stute, das er für bereits geboren hält, zu einem bestimmten Termine. Inzwischen kommt es zur Welt. Was erst in der Zukunft zu leisten ist, braucht auch erst in der Zukunft möglich zu sein. Wer z. B. die eigene Sache erst für den Fall kauft, daß sie einem anderen gehöre, kauft eben für diesen Fall eine fremde Sache.

[2]) Aus dem Eckschen Vorbereitungshefte.

[3]) Die Spekulation auf den Tod eines Angehörigen ist verwerflich. Schollmeyer, Commentar S. 163, hält die Verpfändung des Nachlasses eines lebenden Dritten für zulässig, weil er nicht die ganze universitas juris des Nachlasses, sondern nur die Aktiva umfaßt. Dies widerspricht m. E. dem Zwecke der Vorschrift. Dagegen ist Schollmeyer S. 164 darin zuzustimmen, daß die noch besonders verbotenen Verträge über den Pflichttheil oder über ein Vermächtniß aus dem Nachlaß eines noch lebenden Dritten keine Verträge über seinen Nachlaß sind. Der Nachlaß ist allerdings etwas anderes als Ansprüche, die aus ihm zu befriedigen sind. Ebert Anm. 1

Abs. 2 weg bei Verträgen künftiger gesetzlicher Erben über die Intestatportion und den Pflichttheil, hier ist gerichtliche oder notarielle Beurkundung nothwendig. Die Ausnahme entspricht dem preußischen Rechte (A.L.R. I, 12 § 649). Hier handelt es sich häufig um Fälle, wo das aleatorische Moment fortfällt und wo — bei Auswanderungen — ein wirthschaftliches Bedürfniß zu derartigen Abreden vorliegt (der Vater ist wahnsinnig und kann kein Testament machen; der Sohn und Erbe will auswandern) vgl. Reatz S. 131.[1])

Weiter soll nach § 310 ein Vertrag nichtig sein, der die Verpflichtung enthält, das zukünftige Vermögen ganz oder zu einem Bruchtheile zu übertragen oder mit einem Nießbrauche zu belasten.[2]) Dies kann vorkommen als Schenkungsversprechen oder als Leibrentenvertrag oder bei einem Gesellschaftsvertrage. Dagegen ist über das schon vorhandene Vermögen ein solcher Vertrag zulässig,[3]) aber nur in gerichtlicher oder notarieller Beurkundung, § 311. Diese erschwerende Form ist wegen der wirthschaftlichen Bedeutung eines solchen Vertrages geboten.

Dieselbe Form ist vorgeschrieben durch § 313 für einen Vertrag, durch den sich jemand verpflichtet, ein Grundstück zu übereignen. In Preußen genügte schriftliche Form. Dies soll nicht mehr ausreichen. Es sollen dadurch die Wirthshausgeschäfte der Bauern und die Spekulationsgeschäfte der Städter (Bauterrainhandel) durch Schlußscheine möglichst eingeschränkt und eine klare und vollständige Aufzeichnung der Parteiabreden gesichert werden. Unter Umständen wird diese Vorschrift eine lästige Fessel für den Verkehr bilden.[4]) Zur Beseitigung dieses Bedenkens ist in ähnlicher Weise, wie im preußischen Grundeigenthumserwerbsgesetze v. 5. Mai 1872 § 10 bestimmt, daß ein ohne Beobachtung der Form geschlossener Vertrag seinem ganzen Inhalte

zu § 312 (Fischer-Henle) zieht hierher nur Verträge über den Bruchtheil eines Nachlasses, also nicht über den Hauptbestandtheil, z. B. das Landgut des Erblassers. Dem Zwecke der Vorschrift entspricht dies nicht, allerdings aber dem Wortlaute. Ebert hebt unter Anm. 3 daselbst hervor, daß die Zustimmung des Dritten gleichgiltig ist. Insoweit ist die Vorschrift sehr streng; denn der Dritte ist der Schutzbedürftige.

[1]) Die zweite Lesung des Entwurfs eines B.G.B. Berlin 1892.

[2]) Ein wirthschaftlicher Selbstmord.

[3]) Hier bleibt dem Veräußerer unbenommen, sich wenigstens in Zukunft einen Erwerb zu verschaffen.

[4]) Diese Prophezeiung hat sich bekanntlich insbesondere in den Gebieten, in denen man an Formfreiheit gewöhnt war, bewahrheitet.

nach gültig wird,[1]) wenn die Auflassung und die Eintragung in das Grundbuch erfolgen. Dann werden also auch alle Nebenabreden gültig.[2])

Dieser § 313 Satz 2 macht den ersten Absatz insofern nicht werthlos, als die Auflassung ja immerhin einen Aufschub mit sich bringt, der dem leichtfertigen Kontrahenten zur Ueberlegung dienen wird.[3]) Dernburg[4]) spricht sich gegen die Heilung des Formmangels durch Auflassung und Eintragung aus. Das Gegentheil würde aber zu großer Rechtsunsicherheit führen, zumal der Verkäufer sonst ein 30jähriges Rückforderungsrecht haben würde und auf Kosten des Erwerbers würde spekuliren können. „Damit wäre die an sich schon künstliche Trennung des obligatorischen und des dinglichen Geschäftes auf die Spitze getrieben",[5]) Reatz S. 135.[6])

Immer aber bleibt der § 313 auf den Fall beschränkt, in dem sich jemand verpflichtet, das Eigenthum zu übertragen, also er gilt nicht bei Hypotheken oder Reallasten, Dienstbarkeiten. Nur das Erbbaurecht, die Superficies, wird ebenso behandelt, § 1017.[7])

---

[1]) Und zwar der richtigen Meinung nach (Schollmeyer, Commentar S. 169) mit rückwirkender Kraft. Ohne dies würde die Heilung eine unvollkommene sein. Heilungen sind aber im Zweifel so vollkommen wie möglich beabsichtigt.

[2]) Schollmeyer, Commentar S. 168 tritt mit Recht für die Ausdehnung dieser Vorschrift auf den Austausch von Grundstücken ein (gegen Dernburg, Bürg. R. III § 89 Nr. 8). Ebert Anm. 4 zu § 313 (Fischer=Henle) macht darauf aufmerksam, daß nur die Form geheilt wird.

[3]) Eck bemerkt in seinem Vorbereitungshefte: „Inzwischen ist der Bauer wieder nüchtern geworden, hat sich mit seiner Frau besprochen u. s. w. Vollzieht er dennoch die Auflassung, so verbürgt dies die Fortdauer seines Willens. Unklarheiten des Vertrags kann der Grundbuchrichter aufhellen."

[4]) Vgl. jetzt Bürg. R. II, 1 S. 175: „Freilich liegt die Besorgniß nahe, daß die Kosten derartiger Beurkundungen die Parteien oft gerade dahin drängen werden, die Veräußerungsverträge bloß mündlich zu schließen und es bei deren Bekräftigung durch die Auflassung bewenden zu lassen."

[5]) Aus dem Vorbereitungshefte.

[6]) Die zweite Lesung des Entwurfs. Berlin 1892.

[7]) Nach der Entsch. des R.G. Bd. 48 Nr. 31 S. 135 sind die §§ 311, 313 Ausnahmen der Regel, daß die Versprechen der Bestellung eines dinglichen Rechtes formlos sind, sofern sie nicht unter den Gesichtspunkt einer Schenkung oder eines abstrakten Vertrages fallen. Nach der Entsch. des R.G. Bd. 48 S. 187, 189 berührt § 313 die Form der gerichtlichen Vergleiche nicht, ebensowenig wie alle anderen Formvorschriften des B.G.B. Uebereinstimmend Entsch. des R.G. Bd. 50 S. 82. Nach der Entsch. Bd. 50 Nr. 35 S. 165 trifft § 313 nicht bloß Eigenthumsentäußerungen an die andere Vertragspartei, sondern auch solche an Dritte, zu denen sich der Eigenthümer dem Vertragsgenossen unter Ertheilung einer Vollmacht verpflichtet.

Da die Bestimmtheit des Vertragsinhaltes nöthig ist, so giebt das Gesetzbuch eine Reihe von Auslegungsregeln zur Aushilfe in zweifelhaften Fällen, §§ 314, 319. Wichtig ist § 314, wodurch bestimmt ist, daß, falls sich jemand zur Veräußerung oder Belastung einer Sache verpflichtet, im Zweifel die Verpflichtung sich auf das Zubehör erstreckt. Eine allgemeine Bestimmung, daß das Zubehör dem Rechte der Hauptsache folgt, enthält das B.G.B. nicht.[1])

Ferner wird der Fall vorgesehen, wo die Bestimmung der Leistung durch einen der Kontrahenten oder durch einen Dritten erfolgen soll, z. B. bei Abschätzung von Hagelschaden.[2]) Es soll dann die Bestimmung, die der Vertrag nicht enthielt, nach billigem Ermessen geschehen.[3]) Entspricht dann die durch den Taxator getroffene Bestimmung der Billigkeit nicht, oder wird sie dem Dritten unmöglich oder wird verzögert, so wird sie durch richterliches Urtheil ergänzt, § 315.[4]) Ebenso tritt richterliches Urtheil ein bei Verzögerung der Bestimmung oder wenn der Dritte die Bestimmung nicht treffen will oder kann, §§ 315, 317, 319.

Nur in einem Falle wird der Vertrag unwirksam, nämlich dann, wenn der Dritte die Bestimmung nach freiem Belieben treffen soll, sie aber nicht treffen kann oder will. Ebenso, wenn er in diesem Falle die Bestimmung verzögert, § 319 Abs. 2.[5])

---

[1]) Doch giebt es auch dingliche Rechtsfolgen, nicht bloß obligatorische Pflichten, die sich von der Hauptsache ohne Weiteres auf das Zubehör ausdehnen, §§ 926, 1031, 1062, 1096, 1120, 1265, 1551, 1932. Dies sind aber Ausnahmen, vgl. Allg. Theil S. 178.

[2]) Der Text erwähnt nicht § 316: „Ist der Umfang der für eine Leistung versprochenen Gegenleistung nicht bestimmt, so steht die Bestimmung im Zweifel demjenigen Theile zu, welcher die Gegenleistung zu fordern hat." Dies kann sehr oft nach der Verkehrssitte nicht gelten, z. B. wenn jemand für 20 Pf. Käse, Butter, Petroleum u. dergl. kauft, so hat der Verkäufer den Umfang zu bestimmen. Als gesetzliche Ausnahmen citirt Schollmeyer, Commentar S. 177: 612 Abs. 2, 632 Abs. 2, 653 Abs. 2.

[3]) Die Anfechtung der Bestimmung des Dritten ist nur den Parteien gewährt, nicht dem Dritten. Ebert Anm. 4 zu § 318 bei Fischer-Henle.

[4]) Näheres über die processuale Lage in diesem Falle siehe bei Schollmeyer, Commentar S. 175.

[5]) Beispiel: Ein bestimmter Künstler soll den Kaufpreis eines Oelgemäldes, dessen Echtheit zweifelhaft ist, festsetzen. Bei solchen Abreden liegt ein vollständiger Vertragsinhalt nicht vor, bis die ergänzende Bestimmung erfolgt. Bleibt sie aus, so scheitert der Geschäftsabschluß an der Unvollständigkeit des Geschäftsinhaltes.

§ 59.

Gegenseitige Verträge.[1])

Die Lehre ist behandelt in den §§ 320—322. Bei den gegenseitigen Verträgen ist der Anspruch eines jeden Kontrahenten nicht, wie im Preußischen Rechte, ein bedingter, sodaß Jeder nur fordern kann, wenn er vorgeleistet hat oder Zug um Zug anbietet, sondern, wie im römischen Rechte, ein unbedingter, selbständiger,[2]) und der andere Kontrahent hat nur das Gegenrecht, die ihm obliegende Leistung zu verweigern, bis die ihm gebührende bewirkt wird, § 320 Abs. 1 Satz 1. Es entspricht dies genau der römischen exceptio non adimpleti contractus[3]) oder doli (c. 5 Cod. de evictionibus 8, 44).

Streitig ist, ob die Leistung auch von dem freien Belieben einer Partei abhängig gemacht werden könne, vgl. Schollmeyer, Commentar S. 175 gegen Endemann § 117 Anm. 2. M. E. nur dann, wenn ein Maximalbetrag dessen, was dadurch der andern Partei auferlegt oder ein Minimalbetrag dessen, was sie darnach erwarten darf, feststeht (ersteres z. B. wenn der Verkäufer, letzteres, wenn der Käufer den Preis soll bestimmen dürfen). Uneingeschränkt läßt die Bestimmung nach Parteibelieben Ebert zu (Anm. 3 zu § 315 bei Fischer-Henle).

[1]) Das ausführliche Sonderrecht der gegenseitigen Verträge (Gefahr, Verzug, Unmöglichkeit) ist eine Eigenthümlichkeit des neuen Gesetzbuches. Sie ist dadurch möglich geworden, daß der grundsätzliche Unterschied, der nach römischem Rechte im Punkte der Gefahr zwischen den beiden Arten der gegenseitigen Verträge (Kauf- und ähnlichen Geschäften einerseits, Miethe und verwandten Verträgen andererseits) bestand, in Anlehnung an das preußische Recht weggefallen ist. Seitdem trägt in der Regel kein Erwerber eines Vermögensvortheiles die Gefahr vor dem wirklichen Empfang. Damit war eine feste Grundlage der einheitlichen Behandlung aller gegenseitigen Verträge in allen Punkten, die hiermit zusammenhängen, gewonnen. Der Kauf und was ihm gleichsteht ist also jetzt ebensowenig wie die Miethe ein bloßer Austausch von Hoffnungen, sondern ein Austausch der greifbaren Vermögensstücke, vor deren Uebergabe er keine Gefahr mehr mit sich bringt. — Eine Vereinfachung des Rechtes ist hierdurch sicherlich gewonnen, ob auch eine Verbesserung, mag zweifelhaft bleiben.

[2]) Allerdings ist diese unbedingte Kraft wiederum dadurch bedingt, daß der Gegner sie nicht durch eine Einrede aufhebt.

[3]) Diese Auffassung des römischen Rechtes war die vorherrschende (André, Einrede des nicht erfüllten Vertrages 1890). Gegen die abweichende Ansicht Kellers vgl. Enneccerus, Bürg. R. S. 445. Die Hauptschwierigkeiten entstanden daraus, daß die römischen Rechtsquellen auf ein ganz anderes Prozeßverfahren zugeschnitten sind, als wir es haben, namentlich auf die Möglichkeit der Vorverhandlungen vor der eigentlichen litis contestatio. Die Rückkehr des B.G.B. zum römischen Rechte ist eine Abschwächung der Regel des gemeinrechtlichen und preußischen

Das Recht eines jeden Theiles ist ein Zurückbehaltungsrecht; das B.G.B. vermeidet aber diesen Ausdruck, weil ja die Vertragsleistung auch in einer Handlung bestehen und da von einer Zurückbehaltung, streng genommen, nicht die Rede sein kann.[1])

Das Gegenrecht gilt nach § 320 Abs. 1 Satz 2 auch gegenüber mehreren Theilberechtigten, z. B. mehreren Verkäufern eines gemeinsamen Hauses in der Art, daß jedem einzelnen sein Theil bis zur Bewirkung der ganzen Gegenleistung verweigert werden kann. Der Käufer eines ihm von mehreren Miteigenthümern verkauften Grundstückes braucht also nicht jedem seinen Theil zu zahlen, sondern kann die ganze Gegenleistung verweigern, bis die Auflassung bewirkt ist. Dieses Zurückbehaltungsrecht kann auch nicht durch Sicherheitsleistung beseitigt werden, § 320 Abs. 1 S. 3, § 273 Abs. 3.[2])

Hat aber ein Kontrahent seine Vertragsleistung nicht ganz, aber doch zum Theil bewirkt, so fragt sich, ob der Empfänger auch dann noch seine Gegenleistung ganz zurückbehalten kann, z. B. ob er, wenn das Haus bis auf die Dachfenster fertig gestellt ist, noch die ganze Bausumme zurückbehalten kann.[3]) Hier läßt sich ein festes Verhältniß nicht bestimmen. Es ist, wie in der preußischen Praxis, die Zurückbehaltung insofern unzulässig, als sie gegen Treu und Glauben ver-

---

Prozesses, daß grundsätzlich alle Behauptungen, die zur Aufrechterhaltung einer Klage gehören, schon in der Klageschrift enthalten sein müssen, nicht aber erst in der Replik vorkommen dürfen. Dem römischen Rechte war dies fremd. In den sehr häufigen Fällen, in denen vorgeleistet ist und voraussichtlich gar nicht bestritten werden wird, werden nunmehr dem Kläger überflüssige Behauptungen und Beweisantretungen erspart bleiben.

[1]) Man könnte höchstens von einem Rechte auf vorübergehende Unterlassung des geschuldeten Verhaltens reden, einem Begriffe, der das eigentliche Zurückbehaltungsrecht mit in sich einschließt. Dieser Punkt ist oben bereits erörtert. Vgl. S. 264 Anm. 2. In dem dort besprochenen allgemeinen Begriffe des Zurückbehaltungsrechtes ist das besondere Weigerungsrecht der exceptio non adimpleti contractus mit enthalten. Auch Eck gebraucht im Texte den Ausdruck „Zurückbehaltungsrecht". Dernburg spricht bei dieser exceptio von einer Nebenart des Zurückbehaltungsrechts, Bürg. R. II, 1 S. 203.

[2]) Vgl. oben S. 265 Anm. 3.

[3]) Oder den ganzen Kaufpreis, wenn von 100 Pferden nur 99 geliefert sind. Vgl. Dig. leg. 13 § 8, de actionibus empti venditi 19, 1: Offerri pretium ab emptore debet, cum ex empto agitur, et ideo etsi pretii partem offerat, nondum est ex empto actio: venditor enim quasi pignus retinere potest eam rem quam vendidit. (Ecks Vorbereitungsheft.) Das Letzte ist offenbar eine Anspielung an den Satz pignoris causa indivisa est.

stoßen würde.[1]) Wenn dagegen z. B. bei einem gelieferten Geldschrank der Schlüssel fehlen würde, so braucht der Besteller bis zur Lieferung des Schlüssels nicht zu zahlen, weil der Schrank bis dahin unbenutzbar ist.[2])

Dies ganze Zurückbehaltungsrecht fällt weg auf Seiten desjenigen, der kraft Vertrages oder Gesetzes zur Vorleistung seinerseits verpflichtet ist (§ 320 Abs. 1 Satz 1 am Ende), z. B. des Vermiethers oder des Werkmeisters. Aber auch der zur Vorleistung Verpflichtete bekommt doch ein Recht, seine Leistung zu verweigern, wenn nach dem Vertragsschlusse auf Seiten desjenigen, der nachleisten soll, eine solche Vermögensverschlechterung eingetreten ist, daß der Anspruch auf die Gegenleistung gefährdet wird, § 321.[3]) So würde der Vermiether, dessen Miether in Vermögensverfall geräth, pränumerando Zahlung oder Sicherheit verlangen können. Oder der Darlehnsgeber könnte die Auszahlung des versprochenen Darlehns verweigern, wenn ihm nicht Sicherheit gewährt wird, § 610.[4])

Beim Darlehnversprechen (pactum de mutuo dando) bestand schon bisher eine solche Berücksichtigung[5]) der veränderten Umstände und das R.O.H.G. Bd. 23 S. 137 hat in einem solchen Falle stets die conditio tacita gefunden, daß der Darlehnssucher vermögend bleibt. Man könnte vielleicht den § 321 analog auf den Fall er-

[1]) M. E. wird die gegen den Kläger strengere Ansicht in der Regel der Billigkeit entsprechen. Wird er für das nicht völlig Geleistete bezahlt, so läuft der Beklagte oftmals Gefahr, den Ueberrest gar nicht oder später, als sonst, zu erhalten.

[2]) Ebert, Anm. 5 zu § 320 weist auch noch darauf hin, daß die Erfüllung in der Hauptsache nicht mit einer Erfüllung größtentheils identisch ist. Der räumliche Umfang der Leistung steht allerdings nicht überall mit dem Interesse des Gläubigers in gleichem Verhältnisse. Für eine Ausdehnung der Vorschrift von theilweise geschehener Leistung auf die fehlerhafte Leistung haben sich gegen Cosack, Bd. 1 S. 301, Dernburg und andere mit Recht erklärt, Bürg. R. S. 206. So auch Schollmeyer, Commentar S. 190, der hervorhebt, daß eine Weigerung der ganzen Gegenleistung wegen fehlender Theilleistung dann nicht gelten kann, wenn die Parteien bei dieser das Schuldverhältniß in mehrere Schuldverhältnisse zerlegt haben. Dies würde z. B. gelten, wenn der Preis für den noch nicht gelieferten Ueberrest der Verzögerung wegen herabgesetzt wird.

[3]) Eine Umkehrung in der Reihenfolge der Leistungspflichten kraft Gesetzes. Ebert bemerkt hierzu (Anm. 2 zu § 321 bei Fischer-Henle): Andere noch so erhebliche Umstände bleiben unberücksichtigt.

[4]) Daß dieser Fall zu den zweiseitigen Verträgen gehört, ist nicht zweifellos. Bei unverzinslichen Darlehen ist es zu bestreiten.

[5]) §§ 656, 657 A.L.R. I, 11, Schweizer Obligationenrecht, Art. 332 Abs. 1.

strecken, daß der Promittent sich schon bei Abschluß des Vertrages über die Kreditunwürdigkeit des Promissars getäuscht hat.[1]) Ich halte aber die analoge Anwendbarkeit für zweifelhaft; Reatz verneint sie. Beispiel: Ein in ärmlichen Verhältnissen befindlicher Stammgast eines Hotels erhält die telegraphische Nachricht, daß er einen großen Lotteriegewinn gemacht habe. Er zeigt die Depesche dem Wirthe, der ihn dazu veranlaßt, den Glücksfall auch durch die Veranstaltung eines solennen Diners für seine Freunde zu feiern. Kaum sind die Vorbereitungen hierzu im Gange, als ein zweites Telegramm anlangt, das das erste für irrthümlich erklärt. Kann nunmehr der Wirth seine Leistung bis zur Deckung der Gegenleistung oder bis zur Stellung von Sicherheit verweigern? Die Täuschung lag ja schon beim Abschlusse des Vertrages vor.[2])

Eine Hauptkonsequenz aus der Unbedingtheit der beiden Forderungen des gegenseitigen Vertrages zieht § 322, wonach jeder Theil auch klagen kann, ohne seinerseits Erfüllung anzubieten, also das Gegentheil vom Preuß. Recht, § 271 A.L.R. I, 5. Es braucht auch nicht geklagt zu werden, Zug um Zug zu leisten, sondern es kann unbedingt geklagt werden. Der Kläger kann abwarten, ob der Beklagte die exceptio non impleti contractus einwendet. Geschieht das, so kann der Kläger replicando Erfüllung der geschuldeten Leistung behaupten. Darin liegt nach der C.P.O. keine Klageänderung.

Es muß also das Zurückbehaltungsrecht eingewendet werden. Wird der Erfüllungsklage das Zurückbehaltungsrecht entgegengesetzt, so kann der Kläger replicando die Leistung anbieten.[3]) Hierin liegt

[1]) Eck geht offenbar davon aus, daß die spätere Aufklärung der Kreditunwürdigkeit des Darlehnsnehmers (§ 610) in praktischer Hinsicht gleich schwer wiegt, wenn dieser Mangel vor oder nach dem Vertragsabschlusse entstanden ist. Ich trete ihm darin bei.

[2]) Ueber die Anwendbarkeit der Anfechtung wegen Irrthums auf diesen Fall vgl. Allg. Theil S. 494 ff.

[3]) Die Pflicht zum Anbieten entstammt dem römischen Rechte (Dig. 19, 1 fr. 13 § 8), bezog sich aber wohl auf ein reales Angebot vor der Litiscontestation. Seitdem die Verhandlungen vor dem Streitbeginne in Wegfall kamen, wurde es zu einem formellen Anbieten durch bloße Worte, das ohne erheblichen praktischen Werth ist. Einen solchen hat auch heutzutage in der Regel nur das Realangebot vor der Klageanstellung. Dies wird aber nicht verlangt, eben weil uns die Vorverhandlungen vor dem Beginne der Rechtshängigkeit fehlen. Es würde viel einfacher sein, wenn das Gesetz jeden Kläger, der das vorherige Angebot aus dem

keine Klageänderung. Unterläßt der Beklagte, das Zurückbehaltungsrecht vorzuschützen, so darf es nicht von Amtswegen berücksichtigt werden; der Beklagte muß vielmehr pure verurtheilt werden.[1]) Ist das Zurückbehaltungsrecht einredeweise geltend gemacht und replicando angeboten, so ist die Wirkung, daß das Erkenntniß nicht auf Abweisung der Klage lautet, sondern auf Leistung Zug um Zug, § 322 Abs. 1[2]) (sofern nicht noch andere wirksamere Vertheidigungsmittel vorliegen, Mot. II, S. 204).

Auf eine ähnliche bedingte Verurtheilung kann sogar der vorleistungspflichtige Theil klagen, wenn der Gegner in Empfangsverzug gerathen ist.

Endlich kann der siegreiche Kläger, der Verurtheilung zur Leistung Zug um Zug oder zur Leistung nach Empfang der Gegenleistung erstritten hat, seinen Anspruch aus dem bedingten Urtheil vollstrecken lassen, ohne selber zu leisten, sofern der Beklagte im Verzuge der Annahme ist, § 322 Abs. 3.[3])

---

zweiseitigen Geschäfte versäumt hat, zur Zeit abweisen ließe. Die großen Schwierigkeiten beim Vollstrecken des Urtheils auf Leistung Zug um Zug würden dann wegfallen. Zu einer so großen Strenge gegen den Kläger hat sich aber das B.G.B. nicht aufgeschwungen. — Bietet der Kläger seine Leistung schon in der Klage an und verlangt Verurtheilung Zug um Zug, so macht er die Einrede des nicht erfüllten Vertrages von vornherein überflüssig.

[1]) Andernfalls würde dem Beklagten eine Einrede aufgedrängt werden, die er vielleicht gar nicht wünscht.

[2]) Auch dann, wenn der Schuldner die vor dem Prozesse angebotene Leistung ohne Grund abgelehnt hatte. Dernburg, Bürg. R. II, 1 S. 204, IV, 2. Auch dann wird ihm also nicht zugemuthet, unbedingt zu erfüllen und hinterher aus seiner Gegenforderung zu klagen. Auch diese Zumuthung erschien dem B.G.B. zu streng, vgl. auch § 322 Abs. 2 und über § 322 Abs. 3 oben den Text. — Die Verurtheilung zur Leistung Zug um Zug tritt auch dann ein, wenn der Kläger nach erhobener Einrede seine Vorleistung nicht zu beweisen vermag. Ebert, Anm. 1 zu § 322 bei Fischer-Henle.

[3]) Die R.G.E. Bd. 50 Nr. 59 S. 259 erwähnt die Streitfrage, ob die Vorbedingungen der Einrede aus § 320 den Einredeberechtigten von dem Vorwurfe des Verzuges befreie. — Ein anderes Reichsgerichtsurtheil betont, daß dieser § 321 nur eine Einrede gebe, kein Rücktrittsrecht, da die clausula rebus sic stantibus vom B.G.B. nicht aufgenommen ist. Entsch. Bd. 50 Nr. 59 S. 257, 258. Der Wegfall dieser clausula hat sich namentlich bei den Spirituslieferungen geltend gemacht, als die neue Spiritussteuer eingeführt wurde; vgl. die bei Meisner, Commentar II unter 2 zu § 321 angeführten Entscheidungen.

§ 60.

Nachträgliche Unmöglichkeit einer der beiden Leistungen.
(§§ 323—325.)

Die §§ 323—325 gehören zu den scharfsinnigsten, aber trotzdem am wenigsten scharf formulirten des ganzen Gesetzbuches.[1])

Es handelt sich hierbei um eine Unmöglichkeit, die zwischen Vertragsschluß und Erfüllung eintritt. Das B.G.B. unterscheidet drei Fälle, je nachdem

1. die Unmöglichkeit von keinem Theile zu vertreten ist, z. B. wenn sie auf casus beruht, § 323.
2. die Unmöglichkeit vom Gläubiger zu vertreten ist, namentlich bei culpa creditoris, § 324,
3. die Unmöglichkeit vom Schuldner zu vertreten ist, namentlich bei culpa debitoris, § 325.

Dabei ist zwischen physischer und juristischer Unmöglichkeit nicht zu unterscheiden. Also ob das verkaufte Pferd krepirt oder wegen eines Ausfuhrverbotes nicht geliefert werden kann, ist gleich.[2])

I. Unmöglichwerden einer Leistung, die kein Theil zu vertreten hat, casus[3]) (z. B. Blitzschlag, welcher das verkaufte Pferd tötet). Hier wird der Schuldner von seiner Verpflichtung in der Regel frei.[4]) Das sagt § 323 nicht, weil es schon aus § 275 folgt. Zugleich verliert aber der befreite Schuldner seinen Anspruch auf die Gegenleistung, also auf das Kaufgeld. Es wird also durch eine solche Unmöglichkeit der Vertrag für beide Theile von selbst aufgehoben; er erlischt von Rechts wegen ohne Rücktrittserklärung einer der Parteien.[5]) Dieses Erlöschen widerspricht direkt den Grundsätzen des römischen Rechtes, die beim

---

[1]) Ueber den Begriff der Unmöglichkeit s. oben S. 267 und S. 292.

[2]) Für die Anwendung des § 275 (Gleichstellung des Unvermögens mit der Unmöglichkeit) auch bei § 323 mit Recht Schollmeyer, Commentar S. 196, gegen die dort Genannten.

[3]) Vgl. über diesen Begriff oben S. 199 Anm. 2. Auch Zufälle müssen unter Umständen vertreten werden.

[4]) Ebert Anm. 2 zu § 323 bei Fischer-Henle bemerkt: „Es kommt nicht darauf an, ob der Zufall in der Person des Gläubigers oder des Schuldners eingetreten ist."

[5]) Eine Ausnahme von dem Grundsatze des § 323 (keine Gegenleistung ohne Hauptleistung) sieht das Reichsgericht in § 63 des neuen H.G.B., vgl. Entsch. des R.G. Bd. 48 Nr. 40 S. 181.

Kauf und ähnlichen Verträgen den Anspruch des durch casus befreiten Schuldners fortdauern läßt, periculum est emptoris;[1]) dagegen stimmt es mit dem preußischen Rechte überein, wonach die Gefahr erst mit der Erfüllung übergeht und also der Vertrag bei dem Unmöglichwerden der Leistung, die noch aussteht, für beide Theile für aufgehoben erklärt wird, § 364 A.L.R. I 5 (periculum est venditoris). Uebrigens gilt dies Erlöschen des Vertrages für beide Theile nach gemeinem Rechte für andere nicht kaufähnliche Verträge, z. B. Miethe, insbesondere von Dienstboten (siehe R.G.Entsch. Bd. III Nr. 51), wo auf die Klage des Fürsten Bismarck gegen seinen ehemaligen herrschaftlichen Landvogt entschieden wurde, daß, da dieses Amt durch die Landgemeindeordnung erloschen, der Beklagte also objektiv außer Stande sei, seine Dienste zu leisten (nachfolgende kasuelle Unmöglichkeit der Leistung), sein Anspruch auf Gegenleistung hinfällig geworden sei.[2])

Wird nun, so fügt § 323 hinzu, die geschuldete Leistung nur theilweise unmöglich, so tritt blos eine Minderung der beiden Obligationen in gleichem Verhältnisse ein. Der Verkäufer hat dann nur den noch gebliebenen Rest zu leisten, aber auch nur einen entsprechend geringeren Preis zu beanspruchen, gerade wie bei der Gewähr bei Sachmängeln, bei der actio quanti minoris, §§ 472, 473.[3]) Indessen kann auch bei totaler Unmöglichkeit einer Leistung eine Obligation übrig bleiben, nämlich wenn der, dessen Leistung unmöglich

---

[1]) Das römische Recht ermuthigte zu Termingeschäften, indem es die Forderung des Veräußerers auch bei Untergang der Waare in der Zwischenzeit sicher stellte als Ersatz dafür, daß diese Waare in derselben Zeit nicht mehr zu Spekulationen verwerthet werden kann. Heutzutage helfen sich die Verkäufer dadurch, daß sie die Waare entweder versichern oder sich den Preis sogleich in discontirbaren Wechseln zahlen lassen, zwei Hilfsmittel, die den Fortfall der Regel: „periculum est emptoris“ erträglich machen.

[2]) Die Frage, ob dieser Grundsatz wirklich dem römischen Rechte entsprach, ist keineswegs zweifellos. Dafür allerdings das Reichsgericht, Entsch. Bd. 3 Nr. 51. Der Fortfall der Sklavenarbeit hat die Produktionsunkosten grundsätzlich von Grund aus verändert, so daß uns die Verhältnisse des Alterthums schwer verständlich geworden sind, vgl. Dig. XIX, 2 loc. cond. fr. 19 § 9, fr. 38, L, 13 de extraord. cogn. fr. 1 § 13.

[3]) Dernburg, Bürg. R. II, 1 S. 209 bespricht den schwierigen Fall, daß die Gegenleistung der theilweise unmöglichen Leistung nicht in Geld besteht (daselbst ein Beispiel Anm. 3) und nimmt mit Recht an, daß hier die Gegenleistung voll zu entrichten, die zum Theile unmögliche Leistung aber durch einen Geldbetrag zu ergänzen ist.

geworden ist, z. B. der Verkäufer, ein Surrogat bezogen hat, z. B. eine Versicherungssumme, und der Gläubiger nun das Surrogat nach § 281 für sich herausverlangt. Dann kann auch der Schuldner, also der Verkäufer, von ihm die Gegenleistung, den Preis, verlangen.[1]) Nur wird auch hier wieder, wenn das Surrogat einen Minderwerth hat als die ursprüngliche Vertragsleistung, die Gegenleistung in demselben Verhältnisse herabgemindert. Ein Beispiel:[2]) Das Pferd, das durch die Schuld des Verkäufers krepirt ist, war zu einem Drittheil des Werthes versichert. Wenn der Käufer die Versicherungssumme verlangt, so muß er ein Drittheil des Kaufpreises als seine Gegenleistung abrechnen.

Der Käufer wird dieses Recht dann geltend machen, wenn er die Sache unter dem wahren Werth gekauft hatte, und er wird lieber den Vertrag als erloschen betrachten, wenn er zu theuer gekauft hatte, also mehr prästiren müßte, als das Surrogat beträgt.[3])

Hat aber der Kläger schon mehr geleistet, als er schuldig ist, z. B. den vollen Preis vorausbezahlt, so kann er das Mehr nach den Regeln über die ungerechtfertigte Bereicherung zurückfordern.

II. Unmöglichwerden einer Leistung durch culpa des Gläubigers, wenn also z. B. das verkaufte Pferd durch eine fahrlässig vom Käufer hervorgerufene Brandstiftung krepirt, oder der Dienstherr den Dienstpflichtigen durch eigene culpa arbeitsunfähig macht. Auch hier wird der Schuldner, der Verkäufer oder der Dienstpflichtige nach § 275 von seiner Verpflichtung frei. Daneben erhält er aber nach § 324 Abs. 1 seinen Anspruch auf die Gegenleistung (also den Preis), so, als ob er erfüllt hätte, nur muß sich der befreite Schuldner von der ihm gebührenden Gegenleistung dasjenige abziehen lassen, was er selber durch den Wegfall seiner Leistung an Aufwendungen erspart, z. B. die Transportkosten. Ferner muß er sich abrechnen lassen, was er durch anderweite Verwerthung seiner Arbeitskraft erlangt oder zu erlangen böswillig unterläßt. Dies ist besonders wichtig bei Dienstverträgen. Der Administrator, den der Fabrikherr zu Unrecht entlassen hat, kann also das Gehalt verlangen, muß sich indessen darauf abrechnen lassen, was

---

[1]) Dieser Anspruch verwirklicht sich natürlich durch Aufrechnung.

[2]) Aus Ecks Vorbereitungsheft.

[3]) Ebert bemerkt unter Anm. 4 zu § 323 (Fischer-Henle), daß der Schuldner kein Mittel hat, den durch das Recht des Gläubigers auf das Surrogat herbeigeführten Schwebezustand zu beseitigen. § 264 sei nicht anwendbar. Für völlig undenkbar halte ich jedoch dessen analoge Anwendung nicht.

er durch seine Arbeitskraft anderweitig erlangt oder zu erlangen böswillig unterlassen hat, also das Gehalt einer neuen Stelle oder einer solchen Stelle, die er in böser Absicht abgelehnt hat. Diese Wendung (bösartiges Unterlassen eines Erwerbes) kommt auch noch beim Dienstvertrage vor, z. B. für Lohndiener oder Dienstboten.[1])

Die Regel des § 324 Abs. 1 findet nach Abs. 2 ebenso Anwendung, wenn zwar ohne Verschuldung des Gläubigers, aber doch nach Annahmeverzug die Leistung des Schuldners unmöglich wird, ohne daß letzterer die Ursache zu vertreten hat, z. B. wenn das verkaufte Pferd, das der Verkäufer abholen sollte, aber nicht abgeholt hat, durch Zufall oder leichtes Verschulden des Verkäufers zu Grunde geht, so hat er dies nicht mehr zu vertreten und kann trotzdem die Gegenleistung vom Käufer verlangen.[2])

III. Unmöglichwerden einer Leistung durch culpa des Schuldners, also Krepiren des verkauften Pferdes durch Schuld des Verkäufers. Hier wird natürlich der Schuldner von seiner Verbindlichkeit nicht frei, vielmehr hat der Gläubiger, also z. B. der Käufer eines Pferdes, das durch Schuld des Verkäufers umgekommen ist, ein dreifaches Wahlrecht (§ 325):

Er kann

a) beim Vertrage stehen bleiben und Schadenersatz wegen Nichterfüllung verlangen.[3]) Natürlich muß er dann auch die Gegenleistung prästiren, also den Preis entrichten;

b) vom Vertrage zurücktreten, als ob dieser nicht geschlossen wäre. Dann wird er seiner Gegenleistung ledig. Nur unterliegt diese Rücktrittserklärung des Käufers oder sonstigen Gläubigers nach § 327 gewissen Maßgaben und zwar ebenso, wie ein vertragsmäßig vorbehaltenes Rücktrittsrecht nach den §§ 346—356, woselbst vorgeschrieben ist, daß der Rücktritt erklärt werden muß und namentlich daß derjenige, dem gegenüber das Rücktrittsrecht ausgeübt werden kann, dem Berechtigten

---

[1]) § 615. Dernburg, Bürg. R. II, 1 S. 210 bemerkt: „Auch Faulheit und grobe Nachlässigkeit in Aufsuchung von Arbeitsgelegenheit ist hier böswillig." Andererseits braucht der Schuldner, wie Schollmeyer, Commentar S. 202, Oertmann, Commentar S. 72 und Ebert Anm. 4 zu § 324 richtig bemerkt, nicht jede Arbeit anzunehmen. Dem richterlichen Ermessen bleibt dabei ein weiter Spielraum.

[2]) D. h. vom Betrage seiner Forderung abziehen, da er eine Aufrechnung erwarten muß.

[3]) Vgl. zu dem Folgenden namentlich Kisch, Der Schadensersatz wegen Nichterfüllung bei gegenseitigen Verträgen, Jahrb. für Dogmatik Bd. 44 S. 68 ff.

eine Frist stellen darf, binnen welcher er sich über den Rücktritt zu erklären hat, widrigenfalls sein Recht nach § 355 erlischt.

Im Allgemeinen wird der praktische Erfolg davon abhängig sein, wie der Käufer gekauft hat: hat er billig gekauft, so wird er das Erfüllungsinteresse verlangen, hat er theuer gekauft, wird er das Geschäft aufheben.[1])

c) Er hat dieselben Rechte, wie im Falle des § 323 Abs. 1.

Der Käufer soll also bei culpa des Schuldners nicht weniger Rechte haben, als wenn ein Zufall die Leistung unmöglich gemacht hätte. Er kann also, ohne einen Schadensersatz verlangen oder einen Rücktritt erklären zu müssen, den Vertrag von selber als erloschen betrachten, sodaß der Anspruch auf die ihm obliegende Gegenleistung erlischt.[2]) Er kann auch nach § 323 Abs. 2 von dem Schuldner das Surrogat verlangen, eventuell unter verhältnißmäßiger Verminderung seiner eigenen Gegenleistung.

§ 325 fügt in Abs. 2 hinzu: das Gleiche gilt im Falle des § 283, wenn nicht die Leistung bis zum Ablaufe der Frist bewirkt wird oder wenn sie zu dieser Zeit theilweise nicht bewirkt ist. Das will sagen, dasselbe Wahlrecht hat der Gläubiger auch in dem Falle des § 283, wo nach rechtskräftiger Verurtheilung des Schuldners diesem eine Frist gestellt ist. Auch dann kann der siegreiche Kläger die Leistung des Beklagten wie eine durch dessen Schuld unmöglich gewordene behandeln, auch wenn sie in casu nicht unmöglich geworden ist, z. B. wenn der Verkäufer noch das Pferd hat und es tradiren könnte, es jedoch nicht thut. Hier kann also der Gläubiger Schadensersatz wegen Nichterfüllung fordern und muß dann die Gegenleistung präſtiren[3]) oder er kann vom Vertrage zurücktreten oder endlich den Vertrag als von selber erloschen behandeln.

---

[1]) In solchen Fällen kann der Beschädigte die Vertragswidrigkeit des anderen Theiles als einen Glücksfall betrachten. Die Scheu des andern Theiles vor dieser Sachlage ist ein eigenartiges Mittel, durch welches das Gesetz ihn vor Pflichtwidrigkeiten zurückschreckt. Wenn ein Schuldner nicht einmal ein ihm vortheilhaftes Geschäft ordentlich ausführt, so erscheint seine Pflichtwidrigkeit besonders schlimm. Darum wird sie durch das Rücktrittsrecht der anderen Partei gerade in einem solchen Falle in ganz besonderer Weise geahndet werden.

[2]) Wenn er von dieser noch nichts gezahlt hat, ist dieser Sachverlauf für ihn bequemer als der Rücktritt. Verlangt er Rückgabe des bereits theilweise Geleisteten, so liegt darin immer eine Rücktrittserklärung.

[3]) D. h. in praxi abziehen, s. oben S. 306 Anm. 2.

Das dreifache Wahlrecht auf Seiten des Verkäufers fällt nach § 454 weg, wenn dieser die Sache bereits übergeben und den Kaufpreis gestundet hat, dann ist der nexus zwischen den beiden Obligationen aufgehoben. Er hat dann nur noch eine einseitige Forderung auf den Kaufpreis. Er kann dann also auch nicht eine Frist stellen; § 325 findet dann keine Anwendung.

Noch mannigfaltiger gestaltet sich das Wahlrecht des Gläubigers im Falle theilweiser Unmöglichkeit, die der Schuldner vertreten muß. Beispiel: Von zwei verkauften Pferden ist das eine durch culpa des Verkäufers krepirt. Für diesen Fall sind die Bestimmungen sehr zerstreut in den §§ 280, 323, 325, 327. Die Rechte sind verschieden, je nachdem die Resterfüllung für den Gläubiger noch Interesse hat oder nicht.

Hat die Leistung noch ein Interesse für den Gläubiger, so kann er den noch möglichen Rest der Leistung fordern und daneben nach § 281 Abs. 1 statt des unmöglich gewordenen Theiles, also an Stelle des einen krepirten Pferdes Schadensersatz wegen Nichterfüllung fordern. Natürlich muß er dann auch seine ganze Gegenleistung prästiren, aber er kann nach § 323 wegen des unmöglich gewordenen Theiles seine Gegenleistung verhältnißmäßig mindern.

Wenn aber die Resterfüllung kein Interesse mehr für den Gläubiger hat, z. B. wenn die beiden Pferde nur zusammen als Zweigespann gefahren werden sollten, so hat er nach § 325 Abs. 1 dieselben Rechte, wie bei Unmöglichkeit der ganzen Leistung. Also kann er die Annahme der Restleistung verweigern und entweder Schadensersatz wegen Nichterfüllung der ganzen Leistung fordern oder vom Vertrage zurücktreten.[1])

Das Resultat ist also kurz im Großen und Ganzen folgendes:

1. Bei einer von keinem Theile zu vertretenden Unmöglichkeit einer Leistung erlischt der Vertrag von selber, und nur wenn ein Surrogat an die Stelle des Schuldgegenstandes getreten ist, kann der Gläubiger das Surrogat fordern.

2. Bei einer vom Gläubiger zu vertretenden Unmöglichkeit wird der Schuldner frei, behält aber sein Recht auf die Gegenleistung.

3. Bei einer vom Schuldner zu vertretenden Unmöglichkeit, hat der Gläubiger die Wahl zwischen Rücktritt und Schadensersatz.

---

[1]) Eine Darstellung der prozessualen Situationen, die sich aus den besprochenen verwickelten Bestimmungen ergeben, findet sich in Schollmeyers Commentar S. 203 ff.

§ 61.
Erfüllungsverzug eines der beiden Vertragsschuldner.
(§§ 326, 327.)

Kommt bei einem gegenseitigen Vertrage einer der beiden Kontrahenten in Erfüllungsverzug, z. B. der Verkäufer mit der Lieferung des Pferdes, so hat der Gläubiger zunächst die allgemeinen Rechte aus dem Verzuge. Nach § 283 und § 286 Abs. 1 u. 2 kann er noch Erfüllung fordern und daneben Schadensersatz wegen verspäteter Erfüllung. Wenn die Erfüllung aber kein Interesse mehr für ihn hat (§ 286 Abs. 2), kann er Schadensersatz wegen Nichterfüllung verlangen oder nach § 325 vom Vertrage zurücktreten oder den Vertrag als erloschen betrachten.[1])

„Diese allgemeinen Verzugsrechte schienen jedoch bei gegenseitigen Verträgen dem geschädigten Gläubiger nicht zu genügen, denn der Beweis des Schadens bleibt schwierig und die Gebundenheit an seine Leistungspflicht lästig. Ja sogar das Recht, nach Verurtheilung des Schuldners ihm eine Frist zu stellen und dann zwischen Erfüllungsübernahme, Rücktritt und Erlöschen des Vertrages (§§ 283, 325 Abs. 2) zu wählen, befriedigt nicht immer, weil das Abwarten einer rechtskräftigen Verurtheilung Zeit erfordert. Oft hat der Verkäufer eines Hauses nicht Zeit zu warten, weil er Geld braucht, der Käufer eines Pferdes nicht, weil er weiter verkaufen will, der Besteller eines Rockes nicht, weil er ihn zu tragen wünscht. Es bedarf hier eines Rechtes zu schnellerem Rücktritte.“[2])

Ein Sonderrecht giebt daher § 326 dem Gläubiger aus dem gegenseitigen Vertrage für den Fall, daß der Schuldner in mora solvendi gekommen ist, z. B. der Schneider nicht rechtzeitig liefert. Im gemeinen und preußischen Rechte fehlte es an einem solchen Rechte, außer in besonderen Fällen (§§ 229—232 A.L.R. I, 11), es konnte in

[1]) Es erscheint hiernach zweifelhaft, ob nicht auch Eck, weil er hier § 325 anführt, die Nichterfüllung eines Fixgeschäftes unter den Begriff der Unmöglichkeit der Erfüllung stellen will, vgl. oben S. 291 Anm. 2. Hervorzuheben wäre auch noch, daß bei einseitigen Versprechen der Gläubiger eines besonderen Rücktrittsrechtes wegen Verzuges des Schuldners nicht bedarf. Es könnte höchstens insofern von Bedeutung sein, als etwa der Gläubiger dadurch die Rolle eines Schenkungsempfängers von sich abstreifen will. Im Uebrigen bleibt es ihm auch ohne Rücktritt unbenommen, von einer Ausübung seiner Forderung Abstand zu nehmen.

[2]) Aus Ecks Vorbereitungsheft.

der Regel nur auf Erfüllung geklagt werden, wovon es nur beschränkte Ausnahmen gab (§§ 229, 230 A.L.R. I 11). Dies ist für den Verkehr nicht ausreichend, weshalb das französische Recht (im Gegensatz zum römischen und preußischen Rechte) bei allen synallagmatischen Verträgen im Falle nicht pünktlicher Erfüllung (sogar ohne Verzug) die Auflösung des Vertrages als stillschweigend vereinbart ansieht, Art. 1184.[1]) Ebenso ist es im schweizerischen Obligationenrechte. (Auch in der zweiten Kommission wurde dieser Grundsatz vertreten, Reatz S. 144, 145.) Dies geht nach der anderen Seite zu weit und ist hart für den säumigen Kontrahenten, z. B. den Schneider, der den Rock nicht rechtzeitig lieferte, namentlich dann, wenn der Gläubiger vielleicht durch den Verzug keinen Schaden gehabt hat. Dieses Prinzip des französischen Rechtes ist blos bei Fixgeschäften (§ 361) vom B.G.B. übernommen worden. Sonst schlägt der § 326 grundsätzlich einen Mittelweg ein, den das H.G.B. schon vorgezeichnet hatte, sodaß die Art. 354—356 aus dem neuen H.G.B. verschwunden sind.[2])

Der Gläubiger kann dem Schuldner, der in mora solvendi gekommen ist, eine Nachfrist stecken mit der Erklärung, daß er nach Ablauf der Nachfrist die Annahme der Leistung ablehne. Nach Ablauf der Frist hat er die Wahl zwischen Schadensersatz wegen Nichterfüllung[3])

[1]) Dies galt im römischen Rechte nur bei ausdrücklicher Verabredung der lex commissoria.

[2]) Staub wünscht in der oben (S. 268 Anm. 3) genannten Festschrift S. 44 ff. eine entsprechende Ausdehnung des § 326 (also einer Ausnahmevorschrift!) vom Falle des Verzuges auf dauernde Vertragsverletzungen in successiven Lieferungsgeschäften (fortdauernder Lieferung schlechten Bieres). Das Reichsgericht sucht in derartigen Fällen aus Vertragsauslegung ein Rücktrittsrecht herzuleiten (vgl. Staub S. 54), ein Ausweg, der sich in höherem Maße den Eigenthümlichkeiten des besonderen Falles anpaßt, als Staubs Vorschlag.

[3]) Darüber, was dieser Schadensersatz wegen Nichterfüllung bedeute, herrscht Streit. Das Reichsgericht (Entscheid. Bd. 50 Nr. 59 S. 255 ff.) erklärt sich für einen sehr weitgreifenden Einfluß des Verzuges. Der Gegenstand des Ersatzes wegen Nichterfüllung sei „nicht ein Schadensersatz wegen Nichterfüllung anstatt der säumigen Verpflichtung, sondern Schadensersatz wegen Nichterfüllung anstatt der durch Verzug des Käufers unmöglich gewordenen Erfüllung des Vertrages so wie vereinbart" sei; d. h. es soll nicht die Gegenleistungspflicht des Ersatzberechtigten fortdauern, sondern der ganze Vertrag fortfallen und an seine Stelle eine Ersatzforderung treten. Für diese Ansicht werden die Vorverhandlungen angeführt, vgl. dort die sehr umfangreiche Literatur S. 263, 264 Anm. und dazu S. 215 Anm. 1. — Der logische Gegensatz zwischen Pflichterfüllung und Vertragserfüllung läßt sich kaum aufrecht erhalten, doch rechtfertigt sich der sachliche Inhalt

oder Rücktritt vom Vertrage, er kann aber nicht mehr Erfüllung verlangen, § 326 Abs. 1.[1])

Eine bloße Theilleistung, die für den Gläubiger kein Interesse mehr hat, steht auch hier totaler Nichtleistung gleich.

Abs. 2 des § 326 geht noch einen Schritt weiter. Wenn nämlich infolge des Verzuges die Erfüllung des ganzen Vertrages für den Gläubiger kein Interesse mehr hat, so wird er von der Stellung der Frist dispensirt, sondern kann ohne Weiteres sofort die Wahl zwischen Schadensersatz wegen Nichterfüllung und Rücktritt vom Vertrage treffen.[2])

§ 327 fügt aber hinzu, daß für dies Rücktrittsrecht wegen Verzuges dieselben Maßgaben gelten, wie für den vertragsmäßigen Rücktritt (ebenso wie für das Rücktrittsrecht aus §§ 325 u. 326.

§ 327 Satz 2 enthält eine sehr schwer verständliche Specialvorschrift.[3]) Sie hat nur eine sehr geringe praktische Tragweite. Man fragt sich, auf welche Fälle sie Bezug hat. In ihr ist der Rücktritt, während er nach § 325 Abs. 1 und § 326 wegen eines Umstandes erfolgen kann, den der andere Theil zu vertreten hat, an Momente geknüpft, die vom Schuldner nicht zu vertreten sind. Wann aber liegt der Fall vor, daß ein Rücktritt wegen eines Umstandes erfolgt, den der andere Theil nicht zu vertreten hat? Für die Anwendung dieses Satzes bleibt nur der eine Fall übrig, der in § 325 Abs. 2 erwähnt ist, der Fall, daß ein Schuldner rechtskräftig verurtheilt ist, ohne doch

---

der Entscheidung aus praktischen Erwägungen (§ 242). Der Ersatzberechtigte würde seines Anspruches kaum froh werden, wenn er dabei die Last einer ferneren Gegenleistung an den säumigen Gegner tragen müßte.

[1]) Nach der Entsch. d. Reichsger. Bd. 49 S. 41 braucht er nach § 326 bei seinem Rücktrittsrechte nicht zunächst eine Abrechnung zu verlangen, wenn er selbst infolge des Rücktrittes Gegenforderungen unterliegt. Vielmehr kann er die ihm gebührende Leistung begehren und dem anderen Theile die Geltendmachung seiner Ansprüche überlassen.

[2]) Jeder Rücktrittsberechtigte kann natürlich auf Rückempfang des bereits Geleisteten verzichten und in diesem Sinne (gegen Rückgabe des etwa Empfangenen) den Vertrag als völlig erloschen betrachten. In majori inest minus. Sein Verhalten ist dann nichts als ein Rücktritt mit Verzicht auf den Rückforderungsanspruch. Bei Fixgeschäften liegt in der einfachen Nichtbeachtung der verspäteten Leistung (z. B. des verspäteten Eintreffens der bestellten Droschke) oftmals nur ein einfacher Verzicht auf den Schadensersatzanspruch wegen Nichterfüllung.

[3]) Um die gewöhnlichen Folgen des vertragsmäßigen Rücktrittes in einem Ausnahmefalle einzuschränken.

in Verzug gerathen zu sein; (denn, ist er in Verzug gerathen, so muß er diesen Umstand vertreten), daß fernerhin ihm der Gläubiger nach der Verurtheilung eine Frist gesetzt hat und diese verstrichen ist, während der Schuldner durch unverschuldete Krankheit verhindert war, den versprochenen Dienst zu leisten. Dann kann der Gläubiger, trotzdem der Schuldner nicht erfüllen konnte, zurücktreten,[1]) aber der Beklagte soll dann nur auf Herausgabe der ungerechtfertigten Bereicherung haften, während sonst nach § 327 im Falle eines Rücktrittes beide Theile verpflichtet sind, das auf Grund des Vertrags Erhaltene nach Maßgabe der §§ 346, 347 zurückzugeben.

In diesem Falle des § 283 tritt also nach Satz 3 der Vorschrift eine Verpflichtung zum Schadensersatze nicht ein, „wenn die Leistung infolge eines Umstandes unmöglich wird, den der Schuldner nicht zu vertreten hat." Ist aber eine zu vertretende Unmöglichkeit nur zeitweise vorhanden, so kann hinterher doch noch bei unverschuldeter Unmöglichkeit das Rücktrittsrecht des § 327 Satz 2 Platz greifen.[2])

Endemann (II S. 661) bezieht den § 327 Satz 2 vor allem auf das Fixgeschäft, welches nach Planck (II S. 106) hier nicht in Frage kommt. „Bei diesen Geschäften gilt ja ein vertragsmäßiges Rücktrittsrecht nicht aus §§ 325, 326. Cosack S. 347."[3])

Beim Werkvertrage sagt § 636 ausdrücklich, daß die Rechte des Bestellers wegen mora des Werkmeisters unberührt bleiben. Z. B.: Ein Gutsbesitzer hat einen Baumeister oder Künstler zur Ausführung eines Werkes bei sich aufgenommen und verpflegt; dieser aber leistet nicht, wird verklagt, verurtheilt und erhält eine Nachfrist gestellt. Dann kann der Gutsbesitzer zurücktreten und Ersatz der Unterhaltungskosten fordern, wenn der Beklagte ohne seine Schuld leistungsunfähig wird.

---

[1]) Der Grundgedanke war dabei wohl, daß Jemandem, der ein Urtheil erstritten und dann noch einen Fristablauf erduldet hat, weitere Geduldproben nicht mehr zuzumuthen sind.

[2]) Auch Schollmeyer, Commentar S. 214, faßt das Verhältniß der §§ 283 und 327 ebenso auf wie Eck.

[3]) Aus Ecks Vorbereitungsheft. Ist bei einem Fixgeschäfte der Zeitpunkt der Erfüllung versäumt, so erlischt nach dem Parteiwillen die Gelegenheit zu vertragsmäßiger Erfüllung auch ohne Rücktrittserklärung des Gläubigers trotz § 361, der sich nur auf die Folgen der endgiltigen Versäumniß der Leistung bezieht.

§ 62.

Versprechen einer Leistung an einen Dritten. (§§ 328—335.) [1])

Gemeint sind Verträge, wo sich Jemand in eigenem Namen[2]) von einem andern für einen Dritten bestimmte Leistungen versprechen läßt,

---

[1]) Eine eingehende Darstellung dieser Lehre, deren Schwierigkeit weniger in dem klaren Texte des Gesetzbuches, als in der dunklen Vorgeschichte liegt, enthält Hellwig, Die Verträge auf Leistung an einen Dritten, 1899. Das römische Recht verbot solche Verträge (mit Ausnahmen vgl. Schollmeyer, Commentar S. 215), ebensowohl, wenn der Empfänger der Zusage für sich selbst ein Klagerecht ausbedungen hat (davon redet § 328 Abs. 2, vgl. Schollmeyer a. a. O.), als auch dann, wenn der Dritte die Forderung erhalten soll, der Erste aber selbst an dem Geschäfte betheiligt ist, d. h. die Gegenleistung übernimmt oder durch das Versprechen ein Geschenk empfängt. In dieser Spaltung von Leistung und Gegenleistung sah man das Bedenkliche des Geschäftes, das daher auch dann ungültig war, wenn der Dritte bei dem Vertragsschlusse gegenwärtig war und mitwirkte (vgl. des Herausgebers Schrift: die Anfechtbarkeit der Verträge für das Vermögen eines Dritten, 1892). Wollte Jemand einem Dritten eine Forderung erwerben, so mußte er sie zunächst für sich selbst ausbedingen und dann dem Dritten schenkungsweise abtreten. Dies schien (im Interesse seiner Gläubiger) den Römern das Natürliche zu sein. Nachrömische Verkehrsbedürfnisse (Versicherungsverträge und Gutsüberlassungen) drängten aber infolge einer gewohnheitsrechtlichen Entwickelung schließlich das B.G.B. dazu, das Verbot des Versprechens der Leistung an einen Dritten völlig aufzuheben. Die positiven Vorschriften des B.G.B. in §§ 328—335 beziehen sich aber nicht auf das ganze Gebiet dieser Versprechen. Sie beziehen sich weder auf den Fall, in dem der Empfänger der Zusage selbst allein forderungsberechtigt werden soll, noch auf den Fall, daß der Dritte sich an dem Vertragsabschlusse betheiligt. Für diese beiden Fälle bedurfte es besonderer Vorschriften nicht. (Vgl. Crome, System II S. 223.) Der eigentliche Zielpunkt der §§ 328—335 ist hiernach: „die Annahme eines Versprechens für das Vermögen eines am Vertragabschlusse unbetheiligten Dritten im eigenen Namen (d. h. auf eigene Unkosten oder als Empfänger einer Schenkung)".

[2]) Eck schließt also die Fälle einer negotiorum gestio im Forderungserwerbe aus dem Gebiete der „Versprechen einer Leistung an einen Dritten" grundsätzlich aus. Ebenso die herrschende Meinung, vgl. z. B. Dernburg, Bürg. R. II, 1 S. 232, Schollmeyer, Commentar S. 215, Crome, System II S. 221, auch hierzu Schloßmann, Vertretung I § 6 S. 65 Anm. 1. Dafür spricht die Entwickelung des Begriffes der pacta in farorem tertii, mit dem man eine Vertragsgruppe zusammenfaßte, die den Vertretungen zwar ähnlich war, aber sich doch von ihnen unterschied (eigene Geschäfte des Vertretungsempfängers, nicht völlig fremde). Genau betrachtet, ist freilich das Geschäft zu Gunsten des Dritten nur hinsichtlich der Gegenleistung oder eines Schenkungsempfanges ein eigenes, hinsichtlich der Hauptleistung ein fremdes, also im Ganzen ein halbfremdes Geschäft. Nur, wo nicht blos die Hauptleistung dem Dritten zukommt, sondern auch die Gegenleistung dem Dritten obliegen soll, sind die §§ 328 ff. zweifellos unanwendbar, wenn auch dem Wortlaute nach selbst in

sodaß die Leistung vom Promittenten unmittelbar an den Dritten erfolgt; z. B. Gutsüberlassungen, wo Abfindung oder Unterhaltung der jüngeren Geschwister ausgemacht werden oder der Lebensversicherung, daß beim Tode des Versicherungsnehmers an die Wittwe oder einen anderen ein Kapital auszuzahlen ist, oder daß sich ein Fuhrherr Trinkgelder oder eine Konventionalstrafe für den Kutscher[1]) ausbedingt.

In Gruchots Beiträgen ist der Fall behandelt, daß zwei Eheleute mit einander einen Vertrag schließen, wonach der Ehemann, wenn er seine Frau noch einmal beschimpfte, an eine Armenanstalt 300 M. zu zahlen haben solle.

Ein solcher Vertrag hat:

a) einen Rechtsgrund, wodurch sich der Promittent dem Stipulator verpflichtet und

b) einen zweiten Rechtsgrund, weswegen der Stipulator die Leistung dem Dritten zuwendet.[2])

---

solchen Fällen ein „Versprechen der Leistung an einen Dritten vorliegt". So richtig Ebert zum dritten Titel bei Fischer-Henle, 5. Aufl. S. 174. Wenn der Dritte eine Last übernehmen soll, dann kann er unmöglich an das Geschäft ohne seine Zustimmung gebunden sein. Die negotiorum gestio beim Forderungserwerbe aus zweiseitigen Geschäften gehört also nur nach ihrem ungenauen Namen, nicht aber nach dem erkennbaren Sinne des B.G.B. zu dem Versprechen der Leistung an einen Dritten. Bei einseitigen Geschäften möchte ich jedoch das Gegentheil annehmen, insbesondere, wenn es sich um den Empfang einer Schenkung handelt. Gilt der Ausbedinger selbst durch die Leistung an den Dritten als beschenkt, so ist das Geschäft im Namen des Ausbedingers abgeschlossen; er unterliegt gegebenen Falles einem Widerrufe. Wie aber liegt es, wenn er eine Schenkung an den Dritten annimmt? oder bei dem Empfange eines abstrakten Versprechens? (§ 780). Im letzteren Falle ersieht man gar nicht aus der Abrede, ob der Empfänger der Zusage auf eigene Kosten oder als Selbstbeschenkter (d. h. im eigenen Namen) handelt oder ein bloßer negotiorum gestio des Dritten ist. Ich sehe nicht ein, warum man hier vom Wortlaute des Gesetzes abgehen soll. Es liegt wohl kaum ein vernünftiger Grund dafür vor, sobald man überhaupt dem Dritten eine Forderung geben will, ihm diesen Erwerb dann zu verweigern, wenn er den Ausbedinger nichts kostet und nichts weiter angeht. Sobald man überhaupt den Erwerb für den Dritten für sich allein betrachtet, d. h. losgelöst von dem übrigen Geschäftsinhalte, so wird für diesen Theil der Abrede der Ausbedinger immer als unbeauftragter Geschäftsführer des Dritten erscheinen.

[1]) Ob hierbei nicht blos der Fuhrherr für sich einen Anspruch erwerben will, wird oft zweifelhaft sein.

[2]) Ecks Vorbereitungsheft spricht von einem dreiseitigen Rechtsgeschäfte mit doppeltem Kausalverhältnisse und bemerkt: Schuldübernahme gehört nicht hierher, vgl. unten § 71.

Das B.G.B. vermeidet mit Recht die hergebrachte Benennung „Verträge zu Gunsten Dritter", weil ihm häufig keine Begünstigung (Liberalität) des Stipulators gegenüber dem Dritten zu Grunde liegt, sondern der Vertrag kann auch als Deckung für eine dem Dritten gegen den Stipulator zustehende Forderung oder behufs Erwerbes einer Gegenleistung seitens des Dritten für den Stipulator erfolgen. „So, wenn jemand sein Leben versichert, damit der Gläubiger befriedigt werde oder seiner Tochter den Pflichttheil zuwendet, indem er ihr ihn von einem anderen versprechen läßt. Hierher gehört auch das dem Kutscher vom Fuhrherrn ausbedungene Trinkgeld."[1])

Es heißt jetzt „Versprechen der Leistung an einen Dritten" und das B.G.B. bildet auch neue Namen, nämlich statt „Stipulator" „Versprechensempfänger" (besser Versprechensnehmer)[2]) und den Promittenten nennt es den „Versprechenden" (besser Versprechensgeber). Der Dritte heißt einfach „der Dritte".

„Im römischen Rechte waren diese Geschäfte nur in einigen Ausnahmen in der späteren Zeit zugelassen (l. 11 Dig. de obl. et act. 44, 7) und auch dann nur in der Art, daß der Geber einer Leistung sich vom Empfänger die Wiederherausgabe derselben an den Dritten versprechen ließ (dos, depositum, l. 8 cod. ad exhib. 3, 42).

In jedem Falle liegt in der Zulassung solcher Verträge eine werthvolle Verkehrserleichterung, die sich darin zeigt, daß in der Leistung des Versprechens dem Dritten eine Zuwendung des Ausbedingers zukommt, ohne erst durch dessen Vermögen hindurchgehen zu müssen, die Ersparung eines Umwegs."[3])

Im bisherigen Rechte herrschte eine große Meinungsverschiedenheit über die Hauptfrage, wann, wodurch und mit welcher Wirkung der Dritte das ihm zugedachte Recht erwirbt, ob irgend eine Willensbetheiligung des Dritten (Beitritt) zum Erwerbe des Rechtes nöthig ist,

[1]) Ein Zuschlag zu dem Dienstlohne. Das Ergänzte stammt aus dem Vorbereitungshefte.

[2]) Auch „Zusicherungsempfänger" kann man ihn nennen. Am besten klingt wohl: „Empfänger der Zusage." Eck spricht weiterhin von einem „Ausbedinger".

[3]) Ebenso Crome, System II S. 221. Aber an dem Umwege hatten die Gläubiger des Ausbedingers ein berechtigtes Interesse, s. unten Anm. 2 S. 316. Ein römisches Gegenstück der nunmehr beseitigten Regel: alteri stipulari nemo potest ist der Satz: Nemo alienum factum promittendo obligatur. Dieser hängt nicht von den Vorschriften des Rechts ab, sondern von der Undurchführbarkeit des Gegentheils. Nur insoweit dies der Fall ist, ist er überhaupt richtig und natürlich noch immer in Geltung; vgl. Engelmann, Das Bürg. R. Deutschlands, 2. Aufl., § 85, 1 S. 226.

Acceptationstheorie, oder ob es einer Willensbetheiligung des Dritten nicht bedarf, Anwachsungstheorie (Unger), nach welcher der Dritte ipso jure, ohne eigene Betheiligung das stipulirte Recht erwirbt.[1])

Das B.G.B. giebt keine festen Principien für alle verschiedenen Figuren der Verträge zu Gunsten Dritter, sondern es giebt nur Vorschriften über die Zulässigkeit, über die Wirkung und Auslegungsregeln. Ob aber im einzelnen Falle das eine oder das andere gewollt ist, muß durch Willensauslegung gefunden werden. In diesem Sinne bestimmt § 328: Durch Vertrag kann eine Leistung an einen Dritten mit der Wirkung bedungen werden, daß der Dritte unmittelbar das Recht erwirbt, die Leistung zu fordern.[2])

Es kann also dem Dritten das Recht, zu fordern, unmittelbar verschafft werden, d. h. ohne Vermittelung eines weiteren Willensaktes, als jenes Vertragsschlusses zwischen Versprechensgeber und -nehmer. Sogar ohne Mittheilung an den Dritten, selbst ohne sein Wissen und Wollen, kann ihm sein Forderungsrecht gegen den Promittenten verschafft werden. Dies ist reine Anwachsungstheorie.[3]) Aber es sagt Abs. 2 ob dies gewollt sei und mit welchen Modalitäten solle aus den concreten Vertragsbestimmungen entnommen werden und in Ermangelung solcher aus den Umständen, insbesondere dem Zwecke des Vertrages. Das B.G.B. stellt also der Vertragsauslegung eine große Aufgabe.

Es soll nach drei Richtungen der Wille erforscht werden, nämlich:

1. Ob überhaupt ein Rechtserwerb für den Dritten gewollt war oder ob das Rechtsverhältniß auf die Parteien beschränkt sein sollte. Für ersteres stellt das Gesetz keine allgemeine Vermuthung auf.[4]) Es ist

---

[1]) Dieser Zustand ist eine Folge der Unklarheit, die Gewohnheitsrechtsbildungen anzuhaften pflegt. Ueber preuß. Recht vgl. §§ 74—77 A.L.R. I, 5.

[2]) Ueber die Gefährlichkeit solcher Geschäfte für die Gläubiger des Empfängers der Zusage, denen Befriedigungsobjekte zum Vortheile des Dritten entzogen werden, ohne daß ein anfechtbarer Vertragsschluß mit diesem vorliegt und die mögliche Abhilfe verbreitet sich des Herausgebers Schrift: „Die Anfechtbarkeit der Verträge für das Vermögen eines Dritten, 1892.“ Man darf wohl annehmen, daß die Einsicht in diese Gefahr die Römer zur Ungunst gegen diese Geschäfte bestimmt hat. Anders Crome, System II S. 223, der von römischen Subtilitäten spricht.

[3]) Schollmeyer, Commentar, erklärt sich S. 216, 217 gegen Stammlers Annahme a. a. O. S. 172 ff., daß der Versprechensgeber neben seiner Vertragsannahme ein einseitiges Versprechen für den Dritten erhalte und gegen die daraus hergeleiteten Folgerungen. Zusicherungen, die der Geschäftsverlauf zu einer einheitlichen Erklärung zusammenfügt, soll die Theorie nicht auseinanderreißen.

[4]) Vgl. hierzu Hellwig S. 149 ff., Dernburg, Bürg. R. II, 1 S. 234: „Der Dritte kann bloß Leistungsstelle oder selbständig klageberechtigt sein.“

aber, wie § 330 hinzufügt, im Zweifel in den dort aufgezählten Fällen anzunehmen (Lebensversicherungs- und Leibrentenverträge [z. B. mit der Pflicht, die Unterstützung eines Armen zu übernehmen], Wittwenkassen, Versprechen von Schenkungen und Gutsüberlassungen mit Auflage). Hierbei ist bemerkenswerth, daß das B.G.B. in diesem Punkte bereits in das Versicherungsrecht eingreift, das sonst dem Landesrechte vorbehalten bleibt. Dagegen bleibt das Rechtsverhältniß im Zweifel auf die Parteien beschränkt im Falle des § 329, d. h. es findet ein unmittelbarer Rechtserwerb statt bei der sogen. Erfüllungsübernahme (nicht „Schuldübernahme"). Auch in anderen Fällen, wie z. B. in dem oben aus Gruchots Beiträgen angeführten Falle, wird letzteres anzunehmen sein.

Wie der Dritte in solchen Fällen das ihm zugedachte Recht erwirbt, darüber sagt das B.G.B. nichts. Man kann also fragen, was hier hinzukommen müsse, damit der Dritte Rechte erwerbe. Man wird sagen dürfen, daß er zur Erklärung aufgefordert werden und eine Beitrittserklärung abgeben muß[1]) (Kipp).[2])

2. Es soll auch nach § 328 Abs. 2 aus dem Vertrage herausinterpretirt werden, ob der Rechtserwerb des Dritten sofort eintreten soll oder erst unter Hinzutritt weiterer Voraussetzungen.[3]) Das erstere wird nur in seltenen Fällen herauszuinterpretiren sein. Bei der Gutsüberlassung z. B., bei welcher der Vater den Gutsübernehmer verpflichtet, die jüngeren Geschwister zu alimentiren, wird man allerdings sagen müssen, daß ihnen sofort mit dem Vertrage die Rechte erworben werden sollen.[4]) Ueberwiegend wird man aber erst weiteren Voraussetzungen entgegensehen, z. B. wenn Trinkgelder für den Kutscher eines Möbeltransportwagens ausgemacht waren, wird abzuwarten sein, ob die Sachen gut transportirt sind.

Ebenso sagt § 331, daß, falls bei der Lebensversicherung erst nach dem Tode des Versicherungsnehmers die Leistung erfolgen soll, der

---

[1]) Es muß hier die Regel aushelfen, daß Vertragsschulden auf Abrede beruhen, § 305. Ohne einen neuen Vertrag mit dem Dritten kann dieser kein Recht erwerben, er erwirbt es also in solchen Fällen niemals aus dem alten Vertrage. Auch der bekannte Beitritt des Dritten nach preußischem Landrechte war genau betrachtet ein neuer Vertragsschluß, der den Inhalt des alten in sich aufnahm, §§ 74—77 A.L.R. I, 5.

[2]) Vgl. Kipp, Windscheid-Kipps Pandekten, 8. Aufl., II S. 284 ff.

[3]) Vgl. hierzu Hellwig S. 210 ff.

[4]) Anders, wenn er sie bei einer Verheirathung ausstatten soll.

Dritte das Recht auf die Leistung erst mit dem Tode des Versprechensnehmers erwirbt und zwar unter der weiteren selbstverständlichen Voraussetzung der regelmäßigen Prämienzahlung.

Folglich hat vor dem Tode des Versicherungsnehmers der Dritte kein Recht, auch kein bedingtes, erworben, so daß, wenn er vor dem Versicherungsnehmer stirbt, auf seine Erben keinerlei Recht übergeht. Ob in diesem Falle der Versprechende frei wird, darüber giebt das B.G.B. keine Regel, das hängt von dem Inhalte des Vertrages ab. „Zuweilen tritt Befreiung ein (so bei Wittwenpensionen), zuweilen tritt (z. B. bei Lebensversicherungen zu Gunsten des hiernach vor dem Ausbedinger sterbenden Dritten) ein Recht des Ausbedingers oder seiner Erben an die Stelle der Forderung des Dritten.“ [1])

Nicht sofort, sondern später wird nach § 331 Abs. 2 das Recht auch dann erworben, wenn der Dritte noch ungeboren ist. Wird der Dritte erst nach dem Tode des Versprechensempfängers geboren, so besteht in der Zwischenzeit eine Gebundenheit des Promittenten, ohne einen Anspruch auf der Aktivseite.

3. Die Vertragsauslegung muß ermitteln, ob die Kontrahenten befugt bleiben sollten, ihren Vertrag zum Nachtheile des Dritten wieder zu ändern. So lange der Dritte noch kein Recht aus dem Vertrage erworben hat, steht natürlich dem Kontrahenten eine Aenderung frei, doch macht § 331 Abs. 2 eine Ausnahme zum Nachtheile der Erben des verstorbenen Empfängers der Zusage und zu Gunsten des ungeborenen Dritten, sofern nicht die Aenderungsbefugniß für die Erben ausdrücklich ausbedungen ist.

Vom Erwerbe des Dritten ab wird den Kontrahenten eine Aenderung nicht mehr freistehen, sondern nur dann, wenn sie sich die Aenderung vorbehalten haben. Dann aber ist das bereits erworbene Recht des Dritten ein resolutiv bedingtes. Dies kann auch praktisch werden, wenn der Versprechende in Konkurs verfällt. Dann ist immerhin ein Recht des Dritten vorhanden, das angemeldet werden[2]) kann.

---

[1]) Aus Ecks Vorbereitungsheft vgl. hierzu Dernburg, Bürg. R. II, 1 S. 236 Anm. 2 gegen Hellwig S. 217: „Soweit die Abfindung (bei Gutsüberlassungsverträgen) den Erbtheil ersetzen soll, muß sie wie ein solcher dem Erben des Abfindlings zu Gute kommen.“

[2]) Aber durch Abrede der ursprünglichen Vertragsparteien jederzeit hinfällig werden kann.

Ein solcher Vorbehalt ist insbesondere häufig bei Lebensversicherungen, wo sich der Versicherungsnehmer vorbehält, eine andere Person zu substituiren. Kann dies auch durch letztwillige Verfügung geschehen? Das war bis jetzt sehr bestritten, weil die Forderung aus dem Versicherungsvertrage kein der letztwilligen Verfügung des Versicherungsnehmers unterliegendes Nachlaßobjekt ist. § 332 läßt es aber zu.[1])

Wenn nun auch unmittelbar ein Rechtserwerb des Dritten beabsichtigt ist, so erfolgt er doch nicht wider dessen Willen, sondern es gilt, wie § 333 sagt, der Erwerb als nicht geschehen, wenn der Dritte die Zuwendung zurückweist.[2]) Die Zurückweisung wirkt daher stärker als der Eintritt einer einfachen Resolutivbedingung, § 158. Die Erfüllung ist dann für den Promittenten ohne dessen Verschulden unmöglich geworden. Es kann dann auch die Gegenleistung, die der Stipulator versprochen hatte, sich mindern, §§ 275, 323. So wird bei der Gutsüberlassung der Vater seine Leistung mindern können, weil dem Gutsübernehmer die Leistung an jüngere Geschwister zum Theil unmöglich geworden ist. So wenn das Haus abbrennt, in dem der Uebernehmer des Gutes jüngeren Geschwistern eine Wohnung gewähren sollte.

Es kann sich übrigens aus dem Vertrage ergeben, daß die Zurückweisung der Leistung von Seiten des Dritten andere als die sich aus dem citirten Paragraphen ergebende Folgen haben soll, Planck II S. 114 Anm. 2.

Wenn der Dritte die Leistung nicht zurückweist, so hat er die Forderung aus dem Vertrage zwischen dem Geber und dem Empfänger des Versprechens, aber nicht derivativ als Successor (Cessionar) des Versprechensnehmers (so Otto Bähr), sondern als selbständiger Erwerber.

---

[1]) „Zum Nachlasse des Empfängers der Zusage gehört die Forderung nicht, kann also auch nicht von den Nachlaßgläubigern in Anspruch genommen werden." Ecks Vorbereitungsheft, ebenso Schollmeyer, Commentar S. 225 Anm. 3, Crome, System II S. 225. Hierin zeigt sich besonders deutlich die Gefahr einer Schädigung der Gläubiger durch Geschäfte auf eigene Kosten zu Gunsten eines Dritten (vgl. oben S. 316 Anm. 2). Für den Fall, daß die Erben des Ausbedingers als solche berechtigt werden, ist dies sehr streitig, vgl. die bei Crome, System II S. 225 Anm. 9 angeführten Reichsgerichtsentscheidungen.

[2]) Im Vorbereitungshefte vergleicht Eck die Rechtslage des Dritten mit derjenigen des ausschlagungsberechtigten römischen Legatars.

Die praktischen Konsequenzen sind höchst erhebliche. Es bestimmt sich Inhalt und Umfang der Rechte des Dritten nach den Abreden zwischen Versprechensnehmer und Versprechensgeber, während das Rechtsverhältniß, das zwischen dem Versprechensnehmer und dem Dritten bestand, für die Obligation des Promittenten gleichgültig ist. Der Dritte hat also kein Recht, wenn der Vertrag nichtig ist, den Versprechensgeber und -nehmer geschlossen haben. Er hat auch dann kein Recht, wenn der Versprechensgeber den Vertrag angefochten hat z. B. wegen Täuschung. Beispiel: V hat bei G sein Leben zu Gunsten eines Dritten versichert, aber verheimlicht, daß er ein gefährliches Lungenleiden hatte. Dann kann G den Vertrag auch gegen den Dritten anfechten, wenn dieser die Täuschung wußte oder wissen mußte, § 123.

Hat der Versprechensgeber, z. B. der älteste Bruder, der das Gut übernahm, sich zur Veräußerung einer Sache an einen Dritten verpflichtet, dann bestimmt sich seine Haftung für diese Sache, je nachdem er sein Versprechen entgeltlich abgegeben hat oder nicht, nach den für Kauf (§§ 445, 493) oder den für die Schenkung geltenden Regeln. „Hat z. B. der Uebernehmer eines Gutes sich verpflichtet zwei darauf befindliche Fohlen, wenn sie ausgewachsen sind, einem Dritten herauszugeben, so haftet er wie ein Verkäufer. Hat ein Gutsbesitzer dies dem Ausbedinger zu Gunsten des Dritten unentgeltlich versprochen, so haftet er wie ein Schenker." [1])

Wenn der Dritte aus dem Vertrage gegen den Versprechensgeber klagt, so muß er sich von diesem alle Einwendungen aus dem Vertrage entgegensetzen lassen, also vor allem bei gegenseitigen Verträgen die Einrede des nicht erfüllten Vertrages. Dies ist zum Ueberflusse noch durch § 334 bestimmt. Hat also bei einem gegenseitigen Vertrage der Versprechende die Einrede des nicht erfüllten Vertrages, z. B. der unterbliebenen Prämienzahlung, dann erreicht der klagende Dritte nur eine Verurtheilung zur Leistung Zug um Zug. Er muß also die Gegenleistung des Ausbedingers entweder abwarten oder ebenfalls klagend erzwingen.[2]) Ist endlich die Leistung durch Schuld des Versprechensgebers oder des Versprechensempfängers unmöglich geworden,

---

[1]) Aus Ecks Vorbereitungsheft. Eck unterscheidet hier nicht, ob der Ausbedinger oder der Dritte beschenkt werden sollte. Dies stimmt zu dem oben S. 313, 314 Anm. 2 Ausgeführten.

[2]) Er kann sie auch selbst vornehmen, insoweit ein anderer statt des Schuldners erfüllen darf. §§ 267, 268 oben S. 261.

so kommen wieder die Regeln über Unmöglichwerden in Betracht. Es kann dann der Versprechensnehmer oder -geber Schadensersatz u. s. w. wählen, je nachdem der eine oder der andere Theil die Unmöglichkeit vertreten muß, § 325.

Dagegen hat der Versprechensgeber gegenüber dem Dritten keine solche Einrede, die ihm außerhalb des Vertrages gegen den Versprechensnehmer zustehen, z. B. nicht ein Recht auf Compensation (§ 387), weil seine Aufrechnungsbefugniß gegen den Stipulator nicht aus dessen Vertrage, den er zum Vortheile des Dritten geschlossen hat, hervorgeht. Ebensowenig kann er sich auf einen Erlaß berufen, der nachträglich von dem Ausbedinger an den Versprechenden erklärt worden ist.

Hat neben dem Dritten auch der Versprechensempfänger selber einen Anspruch auf die Leistung? Kann also auch der Vater gegen den Sohn auf die versprochene Alimentirung der jüngeren Geschwister klagen? Das Gesetzbuch entscheidet die Frage durch § 335. Der Promittent haftet also zwei Personen, sowohl dem Stipulator, als auch dem Dritten, der das Recht bereits erworben hat.[1]) Es kann aber auch ein anderes gewollt sein. Der Möbelfuhrherr kann also neben dem Kutscher auf das für diesen ausbedungene Trinkgeld klagen.[2])

So wird z. B. bei der Lebensversicherung zu Gunsten eines Dritten die Absicht häufig dahin gehen, daß die Erben des Versicherungsnehmers nicht berechtigt sein sollen, die Auszahlung der Versicherungssumme an den Dritten zu verlangen.

Für eine Reihe von Fällen bestehen noch besondere Regeln, z. B. die donatio sub modo, so bei der Miethe, wenn sich der Verkäufer ausbedingt, daß er die Miether wohnen lasse, oder beim Frachtvertrage,[3]) Art. 405 H.G.B. jetzt § 435. Ferner Einführungsgesetz Art. 96, wonach die landesgesetzlichen Vorschriften über einen mit der Ueberlassung eines Grundstückes in Verbindung stehenden Leibgedings-,

[1]) Von der Gesammtforderung unterscheidet sich dies Verhältniß dadurch, daß nicht jeder der beiden Gläubiger Erfüllung an ihn selbst verlangen kann, sondern beide nur die Erfüllung an einen von ihnen fordern dürfen; vgl. Dambitsch, Entsteht aus dem Versprechen der Leistung an einen Dritten nach § 335 des B.G.B. ein Gesammtgläubigerverhältniß? Breslauer Dissertation 1897. Binder, Die Korrealobligationen im römischen und im heutigen Recht, Leipzig 1899, S. 474; Schollmeyer, Commentar S. 229. Vgl. aber auch Hellwig § 47 und Dernburg, Bürg. R. II, 1 S. 237.

[2]) Vgl. oben S. 314 Anm. 1.

[3]) Vgl. hierzu Hellwig S. 152 u. Dernburg, Bürg. R. II S. 235 Anm. 7 insbesondere über Pfändung von Postsendungen.

Leibzuchts=, Altentheils= oder Auszugsvertrag unberührt bleiben, soweit sie das aus dem Vertrage ergebende Schuldverhältniß für den Fall regeln, daß nicht besondere Vereinbarungen getroffen werden.

§ 63.

Draufgabe. (§§ 336—338.)

Sie kommt noch häufig vor beim Viehhandel, bei der Wohnungsmiethe, bei Dienstverträgen. Indessen ist bei Gesindeverträgen zu erwähnen, daß die Sondervorschriften unberührt bleiben, Art. 95 E.G. z. B.G.B. „Sie kann in Geld bestehen (Angeld)[1]) oder in anderen Sachen, z. B. einem Ringe".[2])

Die Draufgabe des B.G.B. ist nicht, wie das alt=deutsche Handgeld,[3]) als eine Voraussetzung des gültigen Vertragsschlusses, als ein Bindungsmittel, sondern wie im römischen und preußischen Rechte (§ 205 A.L.R. I, 5) als ein Zeichen des Vertragsschlusses zu erachten. Sie ist nicht eine Dispositiverklärung, sondern ein argumentum contractae emptionis, ein Geständniß der Thatsache, daß ein Vertrag zu Stande gekommen sei, und demgegenüber bleibt Gegenbeweis zulässig.[4])

Sie ist nicht zugleich, wie nach Art. 1590 code civil, Reugeld, sodaß durch ihre Preisgebung der Geber sich vom Vertrage losmachen

---

[1]) Dernburg, Bürg. R. II, 1 S. 218 bemerkt: „Nicht jede Anzahlung ist Draufgabe. Hierüber entscheidet die Absicht bei der Hingabe." Erfolgt diese aber bei dem Vertragschlusse, so ist eine Draufgabe zu vermuthen. § 337.

[2]) Ecks Vorbereitungsheft. Die der versprochenen Leistung ungleichartige Draufgabe ist einem Pfande ähnlich, dem die dingliche Kraft fehlt und ein bloßes Zurückbehaltungsrecht innewohnt, vgl. des Herausgebers Artikel arra in Pauly=Wissowa's Real=Encyklopädie der klassischen Alterthumswissenschaft. Bei dem Angelde fehlt jede solche Aehnlichkeit. Wegen der Verschiedenheit der rechtlichen Kraft des Pfandes und der Draufgabe berechtigt ihre Aehnlichkeit nicht dazu, die Draufgabe durch constitutum possessorium (§ 930) für unzulässig anzunehmen. Auch durch traditio brevi manu (§ 929) ist sie möglich. So richtig Dernburg, Bürg. R. II, 1 S. 218 gegen Oertmann, Anm. 5 zu § 336.

[3]) Stobbe, Zeitschr. für Rechtsgeschichte, Bd. 13 S. 221 ff., 240 ff. Ebert bemerkt Anm. 2 zu § 336, daß im Gesinderechte des Landesrechtes (R.G. Art. 95) die Draufgabe eine weitergreifende Bedeutung hat.

[4]) Nach Crome, System II S. 208 liegt hier ein Beweisvertrag, kein bloßes Beweismittel vor. M. E. ist der Vertrag civilrechtlich (Hingabe gegen Pflicht zur Anrechnung gegen Rückgabe der Anrechnung). Dieser Vertragsabschluß ist ein Beweismittel, nicht der Gegenstand der Draufgabe, der ohne Aufklärung dieses Vertrages nichts beweist. Die Möglichkeit von Beweisverträgen wird übrigens mit Recht bezweifelt.

könnte. Indeß ist § 336 Abs. 2 nur Auslegungsregel. Daher kann ausgemacht werden, daß die Draufgabe Reugeld sei.

Aus der Natur der Draufgabe Bestärkungsmittel, als ein Zeichen des Abschlusses, zieht § 337 die Folgerung, daß sie im Zweifel nicht eine Zugabe, sondern ein Angeld ist, sodaß sie auf die Hauptleistung des Gebers anzurechnen ist oder, wenn dies wegen Ungleichartigkeit von Draufgabe und Erfüllung unmöglich ist, daß sie zurückzugeben ist (wie im preußischen und gemeinen Rechte). Aber nicht nur bei Erfüllung, sondern auch bei Wiederaufhebung des Vertrages ist die Draufgabe zurückzugeben, und zwar schlechterdings, nicht blos im Zweifel, § 337 Abs. 2.[1]) Es kann aber auch verabredet werden, daß sie eine Zugabe sein soll, z. B. bei Gesindeverträgen.[2])

Aber in § 338 kommt eine Nebenfunktion der Draufgabe zum Vorschein, nämlich der Zweck einer Strafe für den Geber (arrha poenitentialis, §§ 218, 219 A.L.R. I, 5), und zwar dann, wenn der Geber schuld ist, daß seine Vertragsleistung unmöglich, oder, daß der Vertrag wieder aufgehoben wird.[3]) Der häufigste Fall wird sein, daß der Geber durch mora solvendi dem anderen Theile ein Rücktrittsrecht giebt. Dann soll der Empfänger die arrha lucriren. In dem zweiten Satze dieses Paragraphen wird dies abgeschwächt. Nämlich auch dann muß der Empfänger, wenn er Schadensersatz wegen Nichterfüllung verlangt, die Draufgabe auf den Schadensersatz verrechnen oder sie zurückgeben, wenn dies nicht möglich ist. Es tritt dann also wieder die Regel der Anrechnung ein. Wenn z. B. ein Student ein Zimmer gemiethet und 3 Mark Draufgeld gegeben hat, aber nicht einzieht und die Miethe nicht bezahlt, so kann der Vermiether nach § 326 eine Nachfrist bestimmen, und wenn dann die Erfüllung nicht erfolgt,

---

[1]) Sie müßte denn etwa durch besondere Abrede dem Empfänger belassen sein, z. B. als eine vom Geber gewährte Rücktrittsprämie.

[2]) Dernburg, Bürg. R. II, 1 S. 218 bemerkt hierzu, daß § 25 der preußischen Gesindeordnung, nach dem der Dingpfennig im Zweifel auf den Lohn angerechnet werden darf, nicht mit der Verkehrssitte übereinstimme. Für Breslau ist dies jedenfalls richtig.

[3]) Sie verfällt also nicht ohne Weiteres wegen jeder Vertragsverletzung. Insoweit eine der Schuldleistung ungleichartige Draufgabe hiernach verfällt, weicht das Recht der Draufgabe von dem des Pfandes ab, bei dem eine lex commissoria verboten ist, § 1229. Ist eine noch weitergehende vertragsmäßige Einräumung von Verfallsrechten erlaubt? Durch sie könnte das Verbot der lex commissoria leicht umgangen werden, daß das Pfandstück als Draufgabe hingegeben wird. Sie ist daher wohl nicht gestattet, vgl. den angeführten Artikel arrha.

so hat er die Wahl zwischen Schadensersatz und Rücktritt. Wählt er letzteres, so kann er die Draufgabe behalten; wählt er Schadensersatz, so muß er sie herausgeben oder auf die Ersatzforderung anrechnen.

Eine Straffunktion für den Empfänger hat die Draufgabe niemals.[1]) Verschuldet also der Vermiether die Inbrandsetzung und Unbeziehbarkeit der Wohnung, so hat er nicht die arrha in doppeltem Betrage zurückzugeben, sondern nur einmal.

Die Pönalfunktion der Draufgabe ist hiernach eine ungemein beschränkte und die Draufgabe ist im Großen und Ganzen konfirmatorisch. Daher trifft Savigny's Ausspruch, der übrigens auch schon für das gemeine Recht schief ist, für sie nicht zu, daß sie sich von der Konventionalstrafe wie das Gegebene vom Versprochenen unterscheide.[2]) Der Unterschied greift viel tiefer.

§ 64.

Vertragsstrafe. Konventionalstrafe. (§§ 339—345.)[3])

Im Ganzen ist die Konventionalstrafe mehr nach dem Muster des gemeinen Rechtes geregelt, als nach dem Muster des preußischen Rechtes. Ganz neu ist das Recht des Richters zur Ermäßigung einer unverhältnißmäßig hohen Konventionalstrafe (§ 343), eine Neuerung der zweiten Kommission, eingeführt auf Befürwortung des zwanzigsten Juristentages.

Der Begriff der Vertragsstrafe ergiebt sich aus den beiden §§ 339 u. 342. Vertragsstrafe (Geldstrafe oder eine andere Strafleistung) ist das Versprechen eines Schuldners an seinen Gläubiger für den Fall, daß der Schuldner seine Schuld gar nicht oder nicht in gehöriger Weise erfüllen sollte, z. B. mit Verspätung oder mit Mängeln oder an einem anderen Ort etwas als Strafe zu leisten. Hiernach ist die Vertragsstrafe:

1. accessorisch, weil eine Hauptschuld vorausgesetzt ist und
2. suspensiv bedingt, weil das Strafversprechen auf den Fall einer

---

[1]) Vgl. hierzu § 217 A.L.R. I, 5.

[2]) Für die Draufgabe mit Pönalfunktion scheint er immerhin nicht unpassend zu sein. Namentlich nicht für die arrha pacto imperfecto data, die im Gesetzbuche nicht erwähnt, aber noch immer möglich ist; vgl. statt vieler Engelmann, Das Bürg. R. Deutschlands, 2. Aufl., S. 229. Man wird in ihr eine im Voraus bezahlte nichtaccessorische Vertragsstrafe zu sehen haben (vgl. S. 327 Anm. 2).

[3]) Literatur siehe bei Crome, System II S. 210.

Hauptschuld abgegeben wird. Aber der Hauptzweck der Vertragsstrafe wird im preußischen Rechte erheblich anders bestimmt, als im gemeinen Rechte. Ersteres faßt in § 292 A.L.R. I, 5 als ihren Hauptzweck die Vorausbestimmung des Interesses an der gehörigen Erfüllung der Hauptschuld auf, und zwar ist dies vom preußischen Obertribunal ebenso wie von den Autoren des preußischen Rechtes, insbesondere Eccius, stets sehr stark betont worden. Auch für das Handelsrecht ist dies als ihr Hauptzweck angenommen (vgl. Staub) und hat selbst im gemeinen Rechte Anhänger gefunden.

Diese vertragsmäßige Vorausbestimmung des Interesses schließt die Forderung eines höheren Interesses aus (§ 293 A.L.R. I, 5) und die zu Gunsten eines Dritten verabredete Konventionalstrafe kann nicht eingefordert werden, selbst wenn der Dritte sie acceptirt hat, §§ 308 u. 309 A.L.R. I, 5. Die Konventionalstrafe kann auch dann nicht gefordert werden, wenn der Gläubiger ein Vermögensinteresse an der Hauptleistung nicht hat. Nach diesem Grundsatze verliert der Name Vertrags*strafe* jede Berechtigung.[1])

Das gemeine Recht faßt als Hauptzweck den in der Strafandrohung liegenden Antrieb zur Erfüllung der Hauptschuld auf.

So wird sie zu einer Verstärkung der Hauptschuld. Das ist auch der Standpunkt, den das B.G.B. in § 339 einnimmt. Es ist ausdrücklich die Leistung als Strafe bezeichnet. Neben der Draufgabe wird sie als Bestärkungsmittel behandelt, nicht aber bei den Vorschriften über das Interesse.[2]) Auch ist in § 339 B.G.B. die Strafe und nicht das Interesse hervorgehoben.[3])

---

[1]) Immerhin bleibt dann zu erklären, warum die Verfasser des preußischen Landrechtes sie so genannt haben. M. E. deshalb, weil die Pflicht, den Gläubiger durch Interesseleistung zu entschädigen, genau betrachtet schon für sich allein eine Pönalfunktion hat, folglich alles, was diese Pflicht verstärkt, vom Schuldner als Strafe empfunden wird.

[2]) Vgl. aber auch § 340. M. E. liegt der Gegensatz zwischen dem preußischen Rechte und dem B.G.B. weniger darin, daß die Vertragsstrafe nach ersterem das Erfüllungsinteresse deckt und nach diesem Erfüllungsantrieb ist. Ein Erfüllungsantrieb und ein Schuldbestärkungsmittel ist sie auch nach preußischem Rechte, nur beschränkt sich hier der Antrieb auf eine Verstärkung der Interessenforderung. Nach römischem Rechte und B.G.B. kann er aber auch dadurch wirken, daß eine Zusatzleistung zu dem Erfüllungsinteresse hinzutritt. Das B.G.B. ist eine einfache Consequenz des Prinzipes der Vertragsfreiheit, während sich das preußische Recht aus der Scheu vor wucherlichen Abreden erklärt.

[3]) Das Vorbereitungsheft Ecks bemerkt hierzu: „Savignys Vergleichung

Uebrigens absorbirt auch nach B.G.B. die Vertragsstrafe den Schadensersatz bis zur Höhe ihrer Leistung.

Die oben erwähnten Beschränkungen des preußischen Rechtes sind hiernach dem B.G.B. fremd.

Der Art. 284 H.G.B., der sich gegen die mißlichen Konsequenzen der landrechtlichen Auffassung der Konventionalstrafe richtete, ist daher im neuen H.G.B. weggefallen.

Aus der accessorischen Natur der Konventionalstrafe ergeben sich zwei Konsequenzen:

1. wegen Mangel der accessorischen Qualität ist in § 343 Abs. 2 ein ähnlicher Fall von der Vertragsstrafe geschieden, der Fall, wo Jemand, ohne Schuldner zu sein, auf den Fall, daß er etwas Bestimmtes thun oder unterlassen soll, eine Strafe verspricht, wenn sich z. B. die Mitglieder einer Gesellschaft für den Fall des Zuspätkommens in der Gesellschaft verpflichten, eine Strafe zu zahlen, oder in manchen Schweizer Hotels bestimmt wird, daß, wer zur table d'hôte zu spät kommt, eine Geldstrafe zu zahlen habe.[1])

In diesen Fällen liegt eine Verbindlichkeit, überhaupt zu erscheinen, gar nicht vor. Hier fehlt es also an der Hauptschuld. Ebenso in dem bereits angeführten Falle: ein Ehemann verspricht bei 100 Thaler Strafe, seine Frau nicht wieder zu beschimpfen, oder nicht mehr Hazard zu spielen oder sich nicht mehr zu betrinken. Hier bestehen nicht zwei Verpflichtungen nebeneinander, eine Hauptschuld, auf deren Erfüllung hingewirkt werden soll, und eine Nebenschuld, sondern es liegt nur ein Versprechen, Strafe zu leisten, vor, also nur ein Antrieb dazu, das unter Strafe gestellte Verhalten zu vermeiden. Eccius[2]) will freilich, um ein Interesse an der Erfüllung der Hauptschuld nachzuweisen, in jedem Strafversprechen immer auch ein Hauptversprechen mit besonderer Klage und besonderem Interesse finden. Es fehlt aber hier ein besonderer Interesseanspruch wegen des unter Strafe gestellten Verhaltens.[3])

---

dieser Strafe mit der Kriminalstrafe ist freilich auch nicht ganz zutreffend." Dieser Gedanke ist aber nicht näher ausgeführt.

[1]) Hier ist vielleicht daran gedacht, daß die Nachzügler zuweilen unter Verlust der erledigten Gänge eine unvollständige Mahlzeit ganz bezahlen müssen. Dieser Fall läßt sich freilich auch unter den Gesichtspunkt des Annahmeverzuges bei Fixgeschäften stellen. Vgl. oben S. 291 Anm. 2.

[2]) Preuß. Privatr. Bd. 5.

[3]) In solchen Fällen ist es nicht ein Anspruch, der gesichert wird, sondern

„Die Absicht der Strafversprechen geht auch hier darauf, die Deficienz der Bedingung herbeizuführen, unter der die Strafe versprochen ist, also das Gegentheil des bedingenden Umstandes.“ [1])

2. sagt § 344, daß, wenn das Gesetz die Hauptschuld für unwirksam erklärt, dann auch die für den Fall der Nichterfüllung des Versprechens getroffene Vereinbarung einer Strafe unwirksam ist, selbst wenn die Parteien die Unwirksamkeit des Versprechens gekannt haben. Dies kann wichtig werden beim Formmangel oder wenn die Hauptschuld anfechtbar ist oder wenn der Schuldner sonst eine Einrede hat.

Die Vertragsstrafe gilt dann nicht als ein selbstständiges Versprechen. Aber anders muß es stehen, wenn in den Strafversprechen eine wirksame Bestätigung einer vorher unwirksamen Hauptschuld liegt. Zweck dieser Bestimmung ist, zu verhindern, daß, wenn das Gesetz das Versprechen einer Leistung für unwirksam erklärt, durch die Vereinbarung der Strafe im Wesentlichen — in fraudem legis — dasselbe erreicht wird, was das Gesetz dadurch verhindern will, daß es ein Versprechen für unwirksam erklärt.[2]) Wenn z. B. der Haupt-

---

nur eine vom Schuldner angeregte Erwartung. (Dies ist wohl der Kern der im Texte angefochtenen Meinung von Eccius.)

[1]) Aus Ecks Vorbereitungsheft.

[2]) Auch dies muß in entsprechender Weise auf die nichtaccessorischen Vertragsstrafen ausgedehnt werden, z. B. auf das nicht als rechtsverbindlich gedachte Versprechen einer Mitwirkung an einer verbotenen Handlung, das nicht rechtsverbindlich sein soll, aber trotzdem durch bedingtes Strafversprechen gesichert wird. Entscheidend ist in solchen Fällen freilich nicht die Unwirksamkeit des Versprechens, wohl aber sein Widerspruch mit den Zielen des Rechtes. Näheres über unzulässige Vertragsstrafen siehe bei Dernburg, Bürg. R. § 101 S. 222 ff. Was bei der accessorischen Konventionalstrafe Verzug ist, ist bei der nichtaccessorischen die Säumniß in der erwarteten (wenn auch nicht geschuldeten) Leistung. — Im gemeinen Rechte wird bekanntlich auch die nichtaccessorische Strafe von der accessorischen nicht unterschieden, und es herrscht Streit darüber, ob das Strafversprechen einfach ein bedingtes Versprechen für den Fall des Ausbleibens einer erwarteten Leistung ist. M. E. ist dies richtig und entspricht auch dem Wortlaute des § 343, 2. Dernburg, Bürg. R. II, S. 1, 220 will freilich die nichtaccessorischen Strafversprechen nur „strafähnliche Versprechen“ nennen. Auch Crome, System II S. 211 widerspricht der soeben vertretenen Ansicht, ebenso auch Schollmeyer, Commentar 2a S. 252. Engelmann, Das bürg. R. Deutschlands, 2. Aufl., S. 232, redet von einer uneigentlichen Vertragsstrafe. Natürlich handelt es sich dabei um einen bloßen Wortstreit. — Auch Eck betrachtet diese nichtaccessorische Zusicherung einer Strafe nicht als wahre Vertragsstrafe, wohl aber als etwas Analoges. Das Vorbereitungsheft bemerkt hierbei: „Wenn im Uebrigen Jemand ein Straf-

vertrag wegen Irrthums anfechtbar war, in Kenntniß des Irrthums aber der irrende Theil eine Konventionalstrafe zubilligte, dann bestätigt er das anfechtbare Geschäft und die Vertragsstrafe ist zulässig. Oder wenn ein Minderjähriger ohne Einwilligung seines Vertreters eine Verpflichtung eingeht und nach erlangter Großjährigkeit eine Konventionalstrafe verspricht, so ist diese zulässig.

Wenn aber die Hauptschuld einer Form bedurfte, z. B. ein Schenkungsversprechen, das gerichtlich oder notariell sein müßte, nur schriftlich abgegeben ist, so muß auch später das Versprechen einer Konventionalstrafe gerichtlich oder notariell sein, wenn sie die Hauptschuld zur Konvalescenz bringen soll. Dasselbe gilt beim Grundstücksverkauf.

Die Hauptschuld kann jeder beliebigen Art sein, eine Vertragsschuld oder eine gesetzliche Schuld. (Anders bestimmte das preußische Landrecht.) Weiter kann die Hauptschuld nicht blos auf ein Thun gehen (si non feceris), sondern auch auf ein Unterlassen (si adversus id feceris), z. B. wenn der Miether in seiner Wohnung nicht waschen lassen oder keine Hunde halten soll u. dergl. Besonders häufig sind Vereinbarungen einer Vertragsstrafe letzterer Art bei den Berliner Miethsverträgen und bei den Engagementsverträgen von Schauspielern, die von Opet mit der „Hausordnung für eine Strafanstalt" verglichen worden sind.

Die Hauptschuld kann nicht blos mit, sondern auch ohne Vermögenswerth sein, z. B. in den Schauspielerverträgen, wenn sich der Direktor ausbedingt, daß der Künstler das Theater nicht verlassen, die Proben nicht durch Geräusch stören darf u. s. w. Die daran geknüpfte Konventionalstrafe ist zweifellos wirksam.

Der Gegenstand des Strafversprechens ist im B.G.B. nicht beschränkt. Er kann von beliebiger Art und Höhe sein. Es ergiebt sich dies aus dem Schweigen des Gesetzes über diesen Punkt. Also kann jeder beliebige Nachtheil den Inhalt einer Konventionalstrafe bilden.

versprechen für eine unwirksame Schuld abgiebt, so muß es bei der Unwirksamkeit bleiben, nicht aber ein selbstständiges Strafversprechen angenommen werden." Diesen Satz scheint Eck aufgegeben zu haben. Er paßt auch nicht in allen Fällen, allerdings aber bei den dort angeführten Beispielen: Wucherschuld, Spielschuld, überhaupt auf die verbotenen Geschäfte, nicht jedoch auf Versprechen, die einen erlaubten Inhalt haben, der sich jedoch zur Einklagbarkeit nicht eignet. Vgl. oben S. 233 ff. — Eine Anwendung des § 344 auf § 152 der Reichsgewerbeordnung enthält die R.G.E. Bd. 50 Nr. 7 S. 30.

Am häufigsten ist es eine Geldzahlung (§ 339), aber auch eine andere Leistung, z. B. Ueberstunden beim Arbeiter und Bureauarbeiter, ist möglich (§ 342). Die Konventionalstrafe kann auch als Leistung an einen Dritten bestimmt werden, abweichend vom preußischen Rechte. Der Dritte kann also unmittelbar das Recht auf die Vertragsstrafe erwerben.

Der mehrfach erwähnte Fall aus Gruchot betrifft den § 309 A.L.R. I, 5. Die Ehefrau, behauptend, sie sei brieflich beleidigt worden, klagt gegen den Mann auf Entrichtung der versprochenen Konventionalstrafe an die Armendirektion. Sie siegt in erster Instanz, in zweiter Instanz versöhnen sich die Parteien, worauf die Klägerin die Klage zurücknimmt. Nun klagt die Armendirektion jene Konventionalstrafe ein, wird aber vom Obertribunal auf Grund des § 309 A.L.R. I, 5 abgewiesen. Nach B.G.B. wäre die Klage statthaft.[1])

Zweifelhaft kann sein, ob Gegenstand der Strafe eine Verwirkung der Rechte aus dem Hauptvertrage sein kann, z. B. clausula cassatoria, oder wenn bestimmt ist, daß der Vermiether, falls der Miether nicht binnen drei Tagen nach dem Ersten die Miethe zahle, ihn exmittiren könne, oder wenn bei einer Versicherung, falls unrichtige Angaben (z. B. über die Gesundheit des Versicherungsnehmers oder die Lage eines Hauses) gemacht sind, der Vertrag aufgehoben sein soll.[2]) Sind dies auch Konventionalstrafen? M. E. ist dies zu verneinen. Denn es handelt sich nicht um eine außerhalb des Hauptschuldverhältnisses liegende Strafe,[3]) vielmehr um eine Modifikation der Hauptschuld selbst. So wohl auch B.G.B. § 360.

---

[1]) Es könnte vielleicht bezweifelt werden, ob die Unterstellung eines angemessenen ehelichen Lebens unter den Zwang einer Geldstrafe mit unseren guten Sitten vereinbar sei.

[2]) Man denke auch an den Fall, daß die Forderung auf verkaufte Bäume verfallen sein soll, wenn sie nicht rechtzeitig abgeholzt werden.

[3]) M. E. modifizirt auch die Vertragsstrafe die Hauptschuld selbst insoweit, als sie den Betrag des Erfüllungsinteresses außer Zweifel stellt. Dem Wortlaut nach müßte man auch bei den kassatorischen Klauseln von Vertragsstrafen reden können; denn es liegt bei ihnen ebensowohl ein Vertrag als auch eine Strafe vor. Da jedoch ein Bedürfniß vorhanden war für das Vertragsstrafversprechen, das sein besonderes Recht hat, einen weniger langathmigen Namen zu haben, so hat der neuere Sprachgebrauch und mit ihm das B.G.B. den Ausdruck „Konventionalstrafe" oder „Vertragsstrafe" auf die poena promissa eingeengt und dem hierfür

§ 360 behandelt diesen Fall als einen unter die Rücktrittslehre fallenden. Der Miether kann also nicht den richterlichen Schutz auf Moderation anrufen.[1])

Die Höhe der Konventionalstrafe ist der freien Vereinbarung überlassen, womit § 301 A.L.R. I, 5 beseitigt ist. (Dieser war bereits durch § 1 des Gesetzes, betreffend die vertragsmäßigen Zinsen, vom 14. November 1867 bei Darlehen und kreditirten Forderungen aufgehoben.)

Voraussetzungen für die Verwirkung der Vertragsstrafe für den Verfall sind:

1. Fälligkeit der Hauptschuld, so daß der Schuldner sie hätte erfüllen sollen. Also kann sie nicht verwirkt werden, wenn die Hauptschuld erloschen oder durch eine Einrede gehemmt ist, z. B. durch die der Verjährung oder Stundung.

2. Bestritten ist im bisherigen Recht, ob die Vertragsstrafe ohne Weiteres fällig wird oder ob eine mora nothwendig ist. § 339 sagt, die Strafe sei verwirkt, wenn der Schuldner in Verzug kommt, also ist mora solvendi nothwendig. Dafür spricht die Idee der Strafe, die ein Unrecht, eine Pflichtverletzung sühnen soll.

Daher ist bei diesem Schuldner die Strafe nicht verfallen, wenn der Schuldner den Umstand, der ihn an der Erfüllung seiner Hauptverbindlichkeit gehindert hat, nicht zu vertreten braucht.[2])

„Selbst die Römer, die das Strafversprechen als bedingte Zusage auffaßten, ließen Entschuldigungsgründe gelten.“ [3])

Favre[4]) hatte bei dem Bau des Gotthardtunnels für jeden Tag Verspätung bei der ausbedungenen Fertigstellung 50 000 Francs Konventionalstrafe versprochen. Die Umstände, die ihn an der rechtzeitigen Fertigstellung hinderten, hatte er, weil er sie nicht verschuldet, nicht zu vertreten. Jhering hatte in einem Gutachten hierüber anders

---

allein passenden Ausdruck „Strafversprechen“ den weniger passenden terminus: „Vertragsstrafe“ substituirt. Diese Beschränkung ist also eine rein zufällige.

[1]) Auch Dernburg, Bürg. R. II, 1 S. 220, 221, nimmt im Anschlusse an gerichtliche Entscheidungen an, daß bei solchen zur Strafe verabredeten Nachtheilen das richterliche Ermäßigungsrecht für Vertragsstrafen (§ 343) nicht gilt.

[2]) Das Vorbereitungsheft bemerkt, daß Verschulden nicht unbedingt erforderlich sei und verweist auf den bedingten Konkurs.

[3]) Vorbereitungsheft.

[4]) Vgl. Regelsbergers Gutachten oben S. 225 Anm. 1.

votirt, weil er in dem Versprechen ein Garantieversprechen für rechtzeitige Fertigstellung sah, weshalb Favre auch für casus zu haften habe.[1])

Jedenfalls hat in solchen Fällen der Schuldner die Beweislast; er hat sich zu exkulpiren.

Aber dies gilt nur für obligationes faciendi, denn der Schlußsatz dieses Paragraphen fügt hinzu: Besteht die geschuldete Leistung in einem Unterlassen, so tritt die Verwirkung mit der Zuwiderhandlung ein. Da ist also kein Verschulden erfordert, sondern die bloße Zuwiderhandlung genügt. Es ist hier eine Garantieübernahme vorhanden (Gruchot Bd. 38 S. 146). Bei obligationes non faciendi ist also das B.G.B. strenger als bei dem geschuldeten facere. Hier sieht das Gesetzbuch in der Vertragsstrafe zugleich ein Garantieversprechen. Beispiel: Wenn der Miether unter Konventionalstrafe versprochen hat, in der Küche nicht waschen zu lassen, sein Dienstmädchen es aber trotzdem wider seinen Willen thut, so wird die Konventionalstrafe fällig.[2])

Cosack[3]) geht sogar soweit, anzunehmen, daß ein Fabrikbeamter die auf die Verletzung des Fabrikgeheimnisses gesetzte Vertragsstrafe zu entrichten habe, selbst wenn ihm das Geheimniß durch Drohungen mit einer geladenen Pistole abgepreßt worden sei. Ich halte diese Entscheidung für streng, aber dem Wortlaute des Gesetzes entsprechend.[4])

Die Folgen der Verwirkung der Strafe sind: Für Geldstrafen bestimmt das Gesetzbuch zweierlei, je nachdem die Strafe auf Nichterfüllung gesetzt war, § 340, oder auf nicht gehörige Erfüllung, § 341.

1. Bei Nichterfüllung nach § 340 kann der Gläubiger verlangen entweder

a) die Strafsumme statt der Erfüllung. Verlangt er dies, so fällt der Erfüllungsanspruch weg. Die Erfüllung ist durch die Strafsumme ersetzt, die doppelte Obligation in eine einzige verwandelt; oder

---

[1]) Gegen diese Ansicht spricht die Regel: In dubio minus.

[2]) Diese Entscheidung entspricht ganz dem Geiste des § 278. Andere Beispiele des Vorbereitungsheftes, die mir zweifelhaft sind, lauten: Es verspricht der Miether keinen Hund zu halten. Seine Frau thut es ohne sein Wissen. Ein Schauspieler soll nicht die Probe stören, er thut es durch unfreiwilligen Husten. In beiden Fällen soll die Strafe nach Eck verfallen, vgl. dagegen unten Anm. 4.

[3]) Bd. I, 2. Aufl., S. 325, vgl. hierzu auch Crome, System II S. 216.

[4]) Sollte hier nicht das Universalmittel des § 242 helfen können? M. E. lehnt § 339 nur den Ausdruck „Verzug“ für die Nichterfüllung der strafbaren

b) Erfüllung der Hauptschuld bezw. Schadensersatz wegen Nichterfüllung. Verlangt er letzteren, so gilt als Mindestbetrag des Schadens, den der Gläubiger verlangen kann, die Straffumme, die er ohne weiteren Beweis seines Schadens beanspruchen kann. In dieser Entbindung vom Beweise des Interesses liegt eine Annäherung an die landrechtliche Auffassung der Konventionalstrafe. Dagegen gilt die Straffumme nicht, wie im preußischen Recht (§ 293 A.L.R. I, 5), zugleich als Maximalbetrag des Schadens, sondern die Geltendmachung des die Straffumme übersteigenden Schadens ist nicht ausgeschlossen, § 340 Abs. 2 Satz 2. Hierin stimmt das B.G.B. mit dem gemeinen Rechte und dem H.G.B. überein. „Die Wahl des einen Ausspruches schließt also den anderen nicht schlechthin aus, sondern nur in Höhe der quantitativen Konkurrenz."[1]) Wenn z. B. ein Theaterdirektor für den Fall, daß eine Sängerin den Vertrag bricht, eine Konventionalstrafe vereinbart, so kann er nicht nur die Konventionalstrafe, sondern auch den weiteren Schaden fordern, z. B. den in Folge des Ausfalles einer Vorstellung entgangenen Gewinn. Ebenso wird der Landwirth, dem nicht zur gehörigen Zeit eine Mähmaschine geliefert wird und dem in Folge dessen Getreide auf dem Felde verdirbt, Schadensersatz über die Strafe hinaus verlangen können. Jedenfalls muß der weitere Schaden besonders bewiesen werden und es werden nicht ohne Weiteres neben der Strafe Verzugszinsen geschuldet (R.G. Bd. 9 S. 44).

Erfüllungsinteresse und Straffumme konkurriren also wie im gemeinen Rechte nicht cumulativ, sondern alternativ, aber nicht nach den Regeln der Alternativobligation.[2]) Der Ausdruck „Wahl" ist im Gesetze vermieden. „Es könnte also nicht der Schuldner dem Gläubiger zur Wahl eine Frist stecken, auch concentrirt die Wahl der einen Leistung die Obligation nicht auf diese." Die Wahl der Straffumme schließt freilich den Anspruch auf Erfüllung aus. Ein jus variandi würde den Gläubiger zu sehr begünstigen. Dagegen kann der Gläubiger sehr wohl einen Erfüllungsanspruch erheben und dann doch noch zur Wahl der Straffumme übergehen. Dies folgt ohne Weiteres aus § 340 Abs. 1 Satz 2 a. E. (argumentum e contrario); es erlischt also sein Straf-

---

Unterlassungszusage ab, nicht aber, daß sie nach dem Vertragsinhalte zu vertreten sein muß, wenn die Strafe verfallen soll.

[1]) Aus Ecks Vorbereitungsheft.

[2]) Anders der erste Entwurf § 420, vgl. Schollmeyer, Commentar S. 244.

anspruch nur mit der Annahme der Erfüllung.[1]) Natürlich darf dieses nicht gegen Treu und Glauben verstoßen. Wenn z. B. ein Werk nahezu fertig wäre und der Gläubiger, der die Erfüllung nach Verfall der Strafe begehrt hatte, dann auf die Strafsumme übergehen wollte, so würde dies unzulässig sein.

Einen schwierigen Fall läßt das Gesetzbuch unberührt. Es sagt nämlich über den Fall einer Theilleistung nichts. Meist wird angenommen, daß es wie im preußischen Landrechte sei, daß also der Gläubiger nach § 296 A.L.R. I 5 nur das erweisliche Interesse oder höchstens einen Theil der Strafe fordern kann. So Dernburg, Preuß. Privatr. II § 41 Anm. 7, auch Opet S. 199, Goldmann und Lilienthal S. 149. Dies ist schwerlich richtig. M. E. wird man sagen müssen: Auch wenn zum Theil erfüllt ist, bleibt immerhin nicht erfüllt, und der Gläubiger kann die ganze Strafe fordern. „Da die Strafe den Gläubiger von der Nothwendigkeit, sein Interesse nachzuweisen, dispensiren soll, so kann dieser Vortheil ihm nicht durch eine Theilleistung entzogen werden."[2]) Auch nach Planck, dem ich beistimme, wird zwar bei theilweiser Nichterfüllung die Strafe fällig, doch muß der Gläubiger das theilweise Empfangene zurückgeben.[3])

Ist bei nicht gehöriger Erfüllung z. B. einer Erfüllung am falschen Orte oder im unrichtigen Zeitpunkte die Strafe verwirkt, so kann der Gläubiger nach § 341 nicht nur statt der Erfüllung die Strafsumme fordern, sondern die verwirkte Strafe neben der Erfüllung fordern. Der Grund liegt darin, daß die an einen bloßen Mangel geknüpfte Strafe nicht ein Surrogat des völligen Ausbleibens der Erfüllung sein kann. Der Gläubiger kann also noch außer der nachträglichen Lieferung des Pferdes oder der nachträglichen Verbesserung der Sache noch immer die Strafe fordern, wenn die Erfüllung ursprünglich eine mangelhafte gewesen ist, nur muß er nach § 341 Abs. 3 sich bei Annahme der nachträglichen Erfüllung die Strafe vorbehalten, sonst ist sie erloschen. Dann wird also ein Verzicht nicht nur präsumirt, sondern fingirt, gilt also z. B.

---

[1]) Daß hier dem Gläubiger noch ein jus variandi bleibt, erklärt sich wohl daraus, daß die Strafforderung nur als Nothbehelf gedacht ist, also eine subsidiäre Leistung betrifft.

[2]) Aus Ecks Vorbereitungsheft.

[3]) Natürlich nur, wenn es eine Rückgabe verträgt, also nicht bei einem theilweise hergestellten Bau.

selbst dann, wenn der Gläubiger von der durch seinen Erblasser ausbedungenen Strafe nichts wußte.[1])

Im Uebrigen wiederholt sich bei der nicht gehörigen Erfüllung die Regel vom Falle der Nichterfüllung. Als Mindestbetrag des Schadens gilt die Straffumme. Aber sie ist nicht zugleich Maximalbetrag und es bleibt daher auch hier die Geltendmachung eines weiteren Schadens zulässig. Wenn sich z. B. ein Baumeister verpflichtet, bis zum 1. Oktober das Haus fertig zu stellen, sonst für jeden Tag 100 Mark Strafe zu zahlen, aber erst am 11. Oktober fertig wird, so kann der Bauherr ohne Weiteres Tausend Mark fordern und daneben noch weiteren Schaden einklagen. Werden also etwa von seinen Miethern Entschädigungsansprüche von 1200 Mark geltend gemacht, so kann er die 200 Mark nachfordern.

Eine einzelne Abweichung gilt nach § 342, wenn die Strafe in einer anderen Leistung als in Geld besteht. Verlangt hier der Gläubiger die Strafe, so fällt jeder weitere Schadensersatzanspruch weg, weil es sich um inkommensurable Größen handelt. Hat z. B. ein Schauspieler, weil er eine Rolle nicht übernommen hat, als Vertragsstrafe eine Strafrolle zu spielen, dann ist ein Schadensersatz in Geld ausgeschlossen.

Alle diese Regeln sind nur dispositive Rechtssätze und davon abweichende Vereinbarungen sind zulässig.

Ist die Verabredung einer Konventionalstrafe als einer bloßen Wandelpön statthaft, so daß der Schuldner eine Befreiung durch Zahlung der Strafe erhält? Das Gesetzbuch sagt hierüber nichts. Es ist aber zulässig, doch kann man dann nicht mehr von einer Vertragsstrafe reden, sondern es liegt dann ein Reugeld vor[2]) mit der Wirkung, daß der Schuldner die facultas alternativa hat, die Obligation zu erfüllen oder die Strafe zu leisten. Dann liegt aber in Wirklichkeit keine Bestärkung der Hauptschuld, sondern eine Abschwächung derselben[3]) vor. Nach Art. 284 Abs. 2 (im Zweifel) ist das auch jetzt

---

[1]) Daß der Vorbehalt schlechterdings nur expressis verbis möglich sein solle, hat Eck wohl nicht hiermit behaupten wollen.

[2]) Der Schuldner wird hier höchstens dafür bestraft, daß er dem anderen Theile (freilich mit dessen Einverständniß) ungewisse Hoffnungen erweckt und sodann enttäuscht hat. Die wahre Vertragsstrafe sichert aber gewisse von ihrem Schuldner erweckte Hoffnungen.

[3]) Streng genommen schwächt nicht die Strafe die Hauptschuld ab, sondern der Vorbehalt beliebigen Rücktrittes. Die Strafe schwächt die Rücktrittsgefahr ab.

schon zulässig (Ultimogeschäfte, Vor- und Rückprämie, Staub S. 747, 3. u. 4. Aufl. S. 720, Nr. 3 zu Art. 285). Diese Behandlung einer Vertragsstrafe ist durch § 75 Abs. 2 des neuen H.G.B. in Anlehnung an die Praxis des Reichsgerichtes für den Konkurrenzausschließungsvertrag[1]) direkt vorgeschrieben.

Kann eine weitere Schärfung der Konventionalstrafe in dem Sinne verabredet werden, daß die Strafe cumulativ außer dem Interesse zu leisten ist? (Vgl. Sprenger bei Gruchot Bd. 33 S. 663.) Auch hierüber sagt das Gesetzbuch nichts; es ist aber zulässig, weil die Konventionalstrafe der freien Vereinbarung unterliegt.[2]) Der Gläubiger könnte sich das doppelte Interesse ausbedingen, natürlich darf dies nicht in Wucher übergehen; im Falle daß dies geschieht, tritt ein richterliches Ermäßigungsrecht ein, § 343 Abs. 1 Satz 1.

Der Zweck dieser Bestimmung (§ 343) ist Schutz des wirthschaftlich Schwachen.[3])

Betreffs der exorbitanten Höhe mancher Vertragsstrafen hatte J. R. Makower auf dem deutschen Juristentage als Beispiele angeführt, daß ein Berliner Bankbeamter, der mit 10 000 Mark angestellt war, für den Fall des Verlassens seiner Stellung eine Konventionalstrafe von 100 000 Mark zu zahlen sich verpflichtet hatte und daß von einer Berliner Versicherungsgesellschaft für den Fall der nicht rechtzeitigen Zahlung der Nachschüsse eine Vertragsstrafe von 400 Prozent der Nachschußprämie ausbedungen worden war.

Ein ähnliches Ermäßigungsrecht existirt im österreichischen Rechte und im Schweizer Obligationenrechte (Art. 182); desgleichen im § 4 des Gesetzes vom 16. Mai 1894, betreffend die Abzahlungsgeschäfte, der nunmehr in das B.G.B. aufgeht.

Sie bestraft den Rücktritt, sichert also den Vertrag. Darum hat man sie Strafe genannt.

[1]) Vgl. über diesen Vertrag namentlich Dernburg, Bürg. R. II, 1 S. 225 ff.

[2]) Das Vorbereitungsheft verweist auch noch auf Entsch. des R.O.H.G. Bd. 16 S. 163 und Art. 184 H.G.B., jetzt § 218 Abs. 2, wo die Worte „ohne Beschränkung" überflüssig geworden sind und polemisirt gegen Staub, der zu Art. 284 § 7 behaupte, daß auch nach preußischem Landrechte Erfüllung und Strafe neben einander gefordert werden können.

[3]) Der römische Grundsatz, daß das Interesse nicht über den doppelten Schuldbetrag hinaus einklagbar war (Cod. VII, 47 c. un.), ist gefallen, ebenso die preußische Eindämmung der Strafe in die Höhe des Interesses. Für diese Vorschriften bedurfte es eines Ersatzes. Ueber die Beziehungen des B.G.B. zu dem älteren Rechte vgl. Meisner, Commentar II S. 63 zu § 343.

Nach den §§ 348 und 351 des neuen H.G.B. gilt das richterliche Ermäßigungsrecht nur für Minder-, nicht für Vollkaufleute.[1])

§ 343 sagt weiter, daß bei Beurtheilung der Angemessenheit jedes berechtigte Interesse, nicht bloß das Vermögensinteresse in Betracht zu ziehen ist, also auch ein individuelles, ideelles, ja ein bloßes Affektionsinteresse wird zu berücksichtigen sein. Wenn z. B. Jemand Familienbilder oder Familienpapiere deponirt oder ein Professor ein mit werthvollen wissenschaftlichen Notizen versehenes Buch ausleiht, so kann er sich eine Konventionalstrafe ausbedingen, die weit über den Werth hinausgeht, ohne eine Herabsetzung befürchten zu müssen.

Erst nach dem Verfall kann die Ermäßigung gefordert werden, weil es heißt die verwirkte Strafe.[2]) Ferner kann der Antrag auf Ermäßigung nicht nur im Wege der Vertheidigung, sondern auch im Wege der Klage gestellt werden. Die Klage ist keine Feststellungsklage, sondern sie richtet sich auf Aenderung des bestehenden Rechtszustandes, wie die Ehescheidungsklage (Planck II S. 123 Anm. 1).

Muß der Kläger hierbei einen ziffermäßigen Vorschlag machen oder kann er darum bitten, daß der Richter einen angemessenen Betrag festsetzen möge? Dagegen Goldmann und Lilienthal. Man wird sagen können, daß bei der Klage auf Ermäßigung eine ziffermäßige Summe nicht bezeichnet zu werden braucht.

Ferner wird man fragen müssen, welchen Zeitpunkt der Richter der Ermäßigung zu Grunde legen soll, ob den der Vereinbarung oder den des Verfalles oder den des Urtheiles. Nach dem Zwecke, den Schuldner vor wirthschaftlicher Vernichtung zu schützen, wird der Zeitpunkt des Urtheiles anzunehmen sein, weil in der Zwischenzeit bis zum Urtheile in Folge veränderter Umstände das Interesse des Gläubigers stark heruntergegangen sein kann. Natürlich wird auch das Verschulden auf Seiten des Promittenten in Betracht kommen, auch das Vermögensinteresse beider Parteien, desgleichen ihre Vermögensverhältnisse.[3])

---

[1]) Vgl. zu § 348 Entsch. des R.G. Bd. 44 Nr. 16 S. 60.

[2]) Daraus ergiebt sich der Vortheil, daß die Furcht vor der übermäßigen Strafe den Schuldner immerhin zur Erfüllung drängt, auch wenn er ihre Ermäßigung erhofft; denn er ist nicht sicher, ob er sie später werde erlangen können.

[3]) Daß der Richter auch die Vermögenslage des Schuldners zu beachten hat, vertritt auch Crome, System II § 178 Anm. 39 S. 216 mit Recht gegen Dernburg, Bürg. R. II § 102 a. E.

M. E. liegt in der Gewährung dieses bedeutungsvollen Rechtes ein Sprung ins Dunkle und ein großartiges Vertrauensvotum.[1])

Nach der Entrichtung der Strafe ist die Herabsetzung ausgeschlossen, weil eben der Schuldner sie hat aufbringen können.

Das richterliche Ermäßigungsrecht gilt auch für die ohne eine daneben bestehende Hauptverbindlichkeit stipulirte Strafe,[2]) § 343 Abs. 2. Sonst könnten die Parteien das Ermäßigungsrecht dadurch vereiteln, daß sie die Rechtsverbindlichkeit der Hauptzusicherung ausschließen.[3])

Man kann die Gestaltung der Vertragsstrafe im B.G.B. dahin zusammenfassen, daß sie einerseits — in Folge des Wegfalles der Beschränkungen des preußischen Rechtes — freier, andererseits strenger als im preußischen Rechte normirt ist. In Bezug auf letzteren Punkt ist das Sicherheitsventil des § 343 zu beachten.

§ 65.

Rücktrittsrecht. (§§ 346—361.)[4])

Der Ausdruck „Rücktritt" wurde im bisherigen Rechte sehr mannigfach gebraucht. Jetzt bekommt er eine bestimmte Bedeutung.[5])

Das Rücktrittsrecht gilt nur bei Schuldverträgen. Es ist nicht mit dinglicher Wirkung, sondern nur mit obligatorischer Wirkung ausgestattet, aber nicht blos so wie der Anspruch wegen grundloser Bereicherung, sondern es tritt eine weitergehende Wirkung nach den §§ 346 ff. ein, und darin liegt gerade der Unterschied des Rücktrittes vom bloßen Widerrufe eines Geschäfts.[6])

---

[1]) Eck bemerkt in seinem Vorbereitungshefte, daß die Herabsetzung der Strafe jedenfalls nicht aus bloßem Mitleide gegen den armen Schuldner oder aus Abneigung gegen einen widerwärtigen Gläubiger geschehen dürfe.

[2]) D. h. auch wenn die durch die Strafe gesicherte Erwartung nicht Inhalt eines Forderungsrechtes ist, vgl. oben S. 327 Anm. 2.

[3]) Ebenso Schollmeyer, Commentar S. 252.

[4]) Literatur bei Crome, System II S. 197.

[5]) Eine Zusammenstellung der Fälle des im B.G.B. im technischen Sinne sog. Rücktrittes bei Ebert zu Titel 5 und Nr. 1 zu § 347 in Fischer-Henles Handausgabe.

[6]) In der bisher üblichen Redeweise wurde der Rücktritt von ähnlichen Erscheinungen kaum abgegrenzt, das Wort bezeichnete jede Erklärung, durch die eine Vertragspartei sich von ihrer Abrede frei macht.

Das Rücktrittsrecht ist ferner scharf getrennt von der Kündigung, die immer nur in futurum wirkt, während das Rücktrittsrecht in praeteritum[1]) zurückgreift.[2])

Die Vorschriften über den Rücktritt sind nicht sehr anschaulich formulirt.

Bei einem Schuldvertrage kann eine Partei vertragsmäßig berechtigt sein, zurückzutreten, sei es ganz nach freiem Belieben (pactum displicentiae), sei es nur beim Eintritt gewisser Umstände, z. B. wenn ein Dritter ein besseres Gebot thut oder der Vertragsgegner eine Leistung nicht prästirt, §§ 357, 358.

Als ein im letzteren Sinne vereinbartes Rücktrittsrecht wird die clausula cassatoria interpretirt, § 360. Ist verabredet, daß der Schuldner seiner Rechte aus dem Vertrage verlustig geht, wenn er ihn nicht erfüllt, so wird auch dies als Rücktrittsrecht gedeutet. Dasselbe soll bei Fixgeschäften gelten, § 361. Das Rücktrittsrecht nach Art. 357 des alten H.G.B. wegen Verzuges ist im revidirten § 376 als überflüssig gestrichen.[3])

Der Rücktritt muß erklärt sein.[4]) Die praktische Pointe ist, daß die Rechtsverwirkung mit der Nichterfüllung der Verbindlichkeit nicht von selbst eintritt, sondern der Vertrag erst mit der Erklärung des Rücktrittsberechtigten erlischt.[5]) Andererseits kann die

---

[1]) Natürlich nur, wenn die Parteien nichts anderes wollen, Dernburg, Bürg. R. II, 1 S. 240. Dazu ist zu bemerken, daß das Volk in seiner schlichten Redeweise sich schwerlich immer dem im B.G.B. künstlich abgegrenzten Begriffsumfange des Wortes Rücktritt anpassen wird.

[2]) Das bisherige Recht behandelte jeden der bisher sog. Rücktrittsfälle besonders. Das B.G.B. aber sucht ihr Recht zu einer Einheit zusammenzufassen und den Begriff des Rücktrittes daher scharf nach außen hin abzugrenzen. Es sind hier Dinge zusammengefaßt, die im täglichen Leben weit auseinanderliegen und die verschiedensten Interessen berühren. Es ist daher kaum möglich, sich über die Zweckmäßigkeit und Nützlichkeit des allgemeinen Rücktrittsrechtes ein Urtheil zu bilden, weil es eine doktrinäre, nicht dem Volksbedürfnisse entsprungene Sammlung allgemeiner Regeln ist. Hieraus erklärt sich, warum Ecks Darstellung in diesem Paragraphen die ihr sonst eigenthümliche Anlehnung an das wirkliche Leben und das Volksbedürfniß nicht in dem gewohnten Umfange darbieten konnte.

[3]) Vgl. oben S. 310.

[4]) Vgl. die R.G.E. Bd. 50 Nr. 31 S. 144: Nach § 81 C.P.O. kann die Erklärung des Rücktrittes auch innerhalb eines Rechtsstreites dem Anwalte der Gegenpartei abgegeben werden.

[5]) Darin sieht Crome, Syst. II S. 198 den Hauptunterschied von der Resolutivbedingung. Vgl. die folgende Anmerkung.

Ausübung des Rücktrittsrechtes an die Zahlung eines Reugeldes gebunden sein, darauf bezieht sich § 359 (Vor- und Rückprämie im Handelsrecht).

§ 355 behandelt den Fall, daß das Rücktrittsrecht an eine bestimmte Frist gebunden ist (praktisch sehr häufig). Auch wenn diese nicht verabredet war, kann der Gegner eine solche stecken. Wenn dann der Rücktritt nicht binnen der gesteckten Frist erklärt wird, so erlischt das Recht.

Das Rücktrittsrecht ist untheilbar. Dies ergiebt § 356. Es muß also, wenn auf der einen oder auf der anderen Seite mehrere betheiligt sind, von Allen ausgeübt werden, bezw. gegen Alle.

Als Form genügt blos die Erklärung des Berechtigten gegenüber dem anderen Theile, § 349. Folgeweise entspringt aus dem Rücktrittsrechte nicht blos ein Anspruch, der prozessualisch verfolgt und durch ein Urtheil realisirt werden müßte, wie bei der Wandlungsklage; es wird vielmehr durch Selbstvollziehung (sua vi et protestate) verwirklicht ohne Anspruch und Urtheil.[1]) Aber die Wirkung des erklärten Rücktrittes ist, wie schon erwähnt, nicht eine dingliche, sondern eine obligatorische, jedoch wirkt sie nach § 346 auch rückwärts bis auf die Zeit des Vertragsabschlusses.[2])

Jeder Theil ist verpflichtet, das bereits Empfangene zurückzugewähren nach denselben Regeln, wie der Besitzer einer fremden Sache dem Eigenthümer gegenüber verpflichtet ist (§ 347). Wie also ein Vindikationsbeklagter von der Rechtshängigkeit des Eigenthumsanspruches an haftet, so haftet der zur Rückgabe Verpflichtete von dem Empfange der Leistung an.

Die Rückgewähr muß Zug um Zug erfolgen (§ 348), und endlich ist zu sagen, daß, wenn der Berechtigte, der das Rücktrittsrecht aus-

[1]) Crome behauptet System II S. 199, daß dann, wenn mit dem Eintritte der Rücktrittserklärung die Auflösung des Geschäftsinhaltes von selbst eintreten solle, eine Resolutivbedingung vorliege und kein Rücktritt im Sinne des B.G.B. Dies ist m. E. auf dingliche Verträge einzuschränken. Bei dem verabredeten Rücktritte von unausgeführten obligatorischen Verträgen fällt hier die Thatsache des Rücktrittes m. E. ebensowohl unter den Begriff der (protestativen) Resolutivbestimmung wie unter den des Rücktrittes im technischen Sinne. Die Begriffe „auflösende Bedingung“ und „Rücktritt“ schließen sich also nicht schlechterdings aus.

[2]) Die Beweislast hinsichtlich der Erfüllung trifft den Gegner (§ 358). Ebert 1 zu § 358 (Fischer-Henle) nimmt dies mit Recht bei Unterlassungen nicht an.

geübt hat, mit der Rückgewähr in Verzug kommt, der Gegner ihm eine Frist stecken kann mit der Erklärung, daß er nach Ablauf der Frist die Rückgewähr ablehne, § 354. Der Rücktritt wird dann unwirksam, falls nicht die Rückgewähr vor Ablauf der Frist erfolgt.[1])

Der Parteiwille kann auch auf eine beschränktere Verpflichtung gehen. Soll indeß das Gewährte nicht zurückgehen, dann liegt die Vereinbarung eines Kündigungs-, nicht eines Rücktrittsrechtes vor.

Im Uebrigen kann der Rücktritt erschwert oder ausgeschlossen sein, nämlich:

1. nach § 359, wenn Zahlung eines Reugeldes ausbedungen war. Es muß schon vor der Rücktrittserklärung oder bei derselben gezahlt werden, sonst kann der Gegner den Rücktritt zurückweisen. Diese Zurückweisung hat aber keine Kraft, wenn unverzüglich nach ihr das Reugeld gezahlt wird;

2. kann das Rücktrittsrecht erlöschen bei Untergang einer Sache, die der Rücktrittsberechtigte empfangen hatte, z. B. des gekauften Pferdes. Geht der Gegenstand, den der Berechtigte empfangen hat, durch Zufall unter, so behält nach § 350 der Rücktrittsberechtigte sein Rücktrittsrecht.[2]) Im gemeinen Rechte war dies streitig. Anders steht es in den Fällen, die in den §§ 351, 352, 353 bezeichnet sind, nämlich

a) wenn der Rücktrittsberechtigte den Untergang oder die wesentliche Verschlechterung verschuldet hatte, so erlischt sein Rücktrittsrecht,[3])

b) wenn er die empfangene Sache spezifizirt, z. B. das Getreide vermahlen oder das Mehl verbacken hatte. Dann kann er nicht zurücktreten, § 352,

c) wenn er die Sache an einen Dritten veräußert hatte und bei diesem die verschuldete Vernichtung oder Verschlechterung oder die Veränderung eingetreten war, wenn er z. B. das Mehl weiter ver-

---

[1]) Ein Schutz gegen eine unbillige Bereicherung aus einem Mißbrauche des Rücktrittsrechtes.

[2]) Eine Verallgemeinerung des bekannten und verständlichen Satzes: etiam mortuus redhibitur (— verzögert der Redhibitionsberechtigte, vielleicht aus Schonung seinen Anspruch, so soll er durch den Untergang des Kaufgegenstandes keinen Schaden leiden —), deren Zweck aber wegen ihrer Allgemeinheit schwer begreiflich ist, vgl. Dernburg, Bürg. R. II, 1 S. 241, 242. Es zeigt sich hier das Bedenkliche der Zusammenfassung unähnlicher Dinge zu einem gemeinen Rechtsinstitute, vgl. das von Dernburg a. a. O. angeführte Beispiel von Goldmann u. Lilienthal S. 163.

[3]) Vgl. hierzu Eck in den Festgaben für Beseler (1885 S. 161).

äußert und der Dritte es verbacken hat, so ist das Rücktrittsrecht erloschen.[1])

Hiernach schließt die bloße Veräußerung das Rücktrittsrecht nicht aus. Der Berechtigte mag sehen, daß er die Sache zurückerhält. Gelingt ihm dies, so kann er sein Rücktrittsrecht unverändert ausüben.[2])

Kapitel III. Erlöschen der Schuldverhältnisse.

§ 66.

Erfüllung und Annahme an Zahlungsstatt. (§§ 362—371.)

Unter Erlöschen eines Schuldverhältnisses versteht das Gesetzbuch immer nur dessen vollständige substantielle Aufhebung, also nicht die bloße Abschwächung durch ein Einrederecht, so daß künftig durch Verjährung ein Recht nicht erlischt.

Die Zusammenstellung der Erlöschungsgründe ist keine erschöpfende; denn es fehlen diejenigen, welche keine allgemeine Bedeutung haben[3]) und sich schon aus anderen Vorschriften ergeben, wie z. B. Konfusion, Novation, mutuus dissensus. „Ihre Erwähnung ist also nicht unterblieben, um sie abzuschaffen."[4])

Die Novation (Umschaffung) wird im Verkehre meist durch Hingabe an Erfüllungsstatt ersetzt (vgl. § 364 Abs. 2). Die Novation mit Subjectwechsel wird meist durch Cession oder Schuldübernahme ersetzt. Nur dann liegt eine Novation vor, wenn die neue Verbindlichkeit, die an Stelle der alten treten soll, nicht von ihrem Inhalte abhängig, sondern abstrakt ist.[5])

---

[1]) Zu dem Grundsatze, daß das Rücktrittsrecht in der Regel nur durch Rückgabe des Empfangenen verwerthet werden kann und den Ausnahmen vgl. § 467 und die Entsch. d. R.G. Bd. 50 Nr. 39 S. 189.

[2]) Vgl. hierzu Dernburg, Bürg. R. II, 1 S. 243 und die dort Genannten.

[3]) Gedacht ist hier wohl z. B. an den Untergang höchstpersönlicher Forderungen durch den Tod.

[4]) Aus Ecks Vorbereitungsheft.

[5]) Die römische novatio nahm m. E. den alten Schuldinhalt in sich auf. Wenn man die Novation richtig auffaßt, d. h. als ein transfusio und translatio, d. i. ein Geschäft, bei dem der Inhalt der alten Schuld nur eine neue Form erhält, also in diese übergeht, so ist sie in Deutschland formlos geworden

Es liegt dann ein Schuldversprechen nach § 780 vor. Mot. II S. 78, 79.[1])

Der contrarius consensus ist ein gegenseitiger Vertrag des Inhalts, daß die Verpflichtung aus dem bisherigen zweiseitigen Vertrage für beide Theile aufgehoben werden soll.[2]) Zweifelhaft ist nur und nach dem Parteiwillen zu entscheiden, ob eine schon gemachte Leistung zurückzufordern sein soll." [3])

Der wichtigste Erlöschungsgrund ist die Erfüllung und neben ihr die Leistung an Erfüllungsstatt.

Erfüllung ist die Bewirkung (Entrichtung) der schuldigen Leistung, § 362. Es steht ihr gleich die Leistung an einen anderen Empfangsberechtigten als den Gläubiger. Dies ist nicht besonders gesagt, aber selbstverständlich. Hierzu bestimmt § 370, daß zum Empfange der Leistung der Ueberbringer einer Quittung als berechtigt gilt. Der bisherige Art. 296 H.G.B. wird hierdurch überflüssig und fällt weg. Wohl aber ist in § 362 Abs. 2 ausdrücklich gesagt, daß eine Leistung an einen an sich nicht empfangsberechtigten Dritten dann zum Erlöschen der Schuld führen kann, wenn es der Gläubiger nachträglich genehmigt oder auf andere Weise Konvalescenz eintritt, § 185.[4])

und in § 305 als Abänderungsvertrag anerkannt. Vgl. oben S. 291 Anm. 4. Die Aufhebung eines Schuldverhältnisses durch ein völlig neues, die mehr als eine Umwandlung des alten ist, ist keine Novation, z. B. die Beseitigung eines Kaufvertrages gegen gleichzeitige Vermiethung der gekauften Sache. Dies ist ein Austausch der Aufhebung des alten Schuldverhältnisses mit der Begründung eines neuen. Die Gültigkeit eines solchen Geschäftes kann auch nach B.G.B. nicht bezweifelt werden. Vgl. hierzu auch Crome II § 188 S. 268 und die dort Citirten.

[1]) Nach römischen Anschauungen ist dies m. E. keine transfusio atque translatio sondern eine datio (promissio) in solutum.

[2]) Dieser kann unter den wechselseitigen Erlaß gestellt werden, fällt also unter § 397.

[3]) Ein Verzicht auf sie würde als gleichzeitige Schenkung gelten müssen. Das in Anführungszeichen Mitgetheilte stammt aus Ecks Vorbereitungsheft.

[4]) Dies gilt auch dann, wenn die Erfüllung nicht in der Vornahme eines Rechtsgeschäftes besteht. Der bestellte Barbier rasirt infolge einer Verwechselung nicht den Besteller, sondern dessen Logiergast. Der Besteller genehmigt dies. Ein Vertrag liegt in der Erfüllung der richtigen Meinung nach nur dann, wenn der Erfüllungsakt ein Vertragschluß ist. Es ist daher richtig, daß die Zahlung einer Geldschuld ein Vertrag ist (Ebert, Anm. 4 zu § 362 Fischer-Henle), aber nur, weil sie eine Tradition in sich schließt. Darum ist auch bei rein thatsächlichen Leistungen (Stiefelputzen u. dergl.) keine Geschäftsfähigkeit nöthig. Oertmann, § 362, 4a, Dernburg, Bürg. R. II, 1 § 114 VIII S. 256, Crome, System II S. 233.

Der sogenannte solutionis causa adjectus[1]) ist im Bürgerlichen Gesetzbuche nicht erwähnt, aber darum nicht weggefallen (vgl. § 171). So kann auch in Zukunft dem Miether durch den Vertrag gestattet werden, daß er dem Portier die Miethe für den Hausherrn bezahlen darf.[2])

Aus § 267 ergiebt sich ferner, daß wenn der Schuldner nicht in Person zu leisten hat, dies auch ein Dritter bewirken kann. Es zieht aber nicht in allen Fällen ein Erlöschen nach sich, sondern zuweilen einen Uebergang auf den Dritten, welcher leistet; denn das B.G.B. hat die sog. Subrogation des § 46 A.L.R. I, 16 nicht angenommen. Eine so allgemein lautende Vorschrift findet sich nicht im B.G.B., sondern nur in einzelnen Fällen bewirkt eine Schulderfüllung durch einen Dritten den Uebergang der Forderung an diesen, z. B. im Falle des § 268, 3 (s. oben S. 261) nach § 774 Abs. 1 beim Bürgen, nach § 1143 Abs. 1 beim Eigenthümer, der den Hypothekengläubiger befriedigt, ohne persönlicher Schuldner zu sein, vgl. auch § 1225.

Besonders geregelt ist in § 363 der Fall, wo der Gläubiger eine Leistung als Erfüllung angenommen hat, aber nachträglich behauptet, es sei nicht die geschuldete Leistung gewesen, sondern eine andere, oder sie sei unvollständig gewesen. Es ist der bekannte gemeinrechtliche Fall der exceptio non rite impleti contractus.

Zwei Fragen waren hier streitig:

a) Bestritten war, wer die Beweislast für die behaupteten Erfüllungsmängel tragen müsse. Nach § 363 muß der Gläubiger, also der Empfänger, die Mangelhaftigkeit beweisen, z. B. wenn die zu liefernde Sache mit einer anderen verwechselt worden oder in der mit 1000 Mark beschriebenen Geldrolle ein Manko vorhanden war.

b) Streitig ist ferner im gemeinen Rechte, ob der Gläubiger wegen Mangelhaftigkeit der ihm gemachten Leistung, seine Gegenleistung retiniren könne. § 320 Abs. 2 entscheidet diese Frage. Es kommt

---

[1]) Es ist dies der dem Schuldner fest zugesicherte Empfangsbevollmächtigte, dessen Vollmacht ohne des Schuldners Zustimmung nicht widerruflich ist.

[2]) Vgl. Hellwig, Verträge auf Leistung an Dritte, S. 193 ff., Dernburg, Bürg. R. II, 1 § 114 III S. 255, Crome, System II S. 236 Anm. 34. Engelmann, Das bürgerliche Recht Deutschlands, 2. Aufl., § 94 I a. E. S. 260. Dieser nimmt an, daß auch das Recht des Untermiethers dem Vermiether zu zahlen (l. 11 § 5 D. de pign. act 13, 7) in Wegfall komme. Doch wohl nur dort, wo es nicht von der Verkehrssitte gewährt wird. (§ 242).

darauf an, ob die Zurückbehaltung gegen Treu und Glauben verstoßen würde.[1])

Bei Handelskäufen ist das Recht des Käufers, die empfangene Leistung zu bemängeln, beschränkt durch die Pflicht des Käufers zur alsbaldigen Untersuchung und Anzeige der Mängel, §§ 347, 377—378 des neuen H.G.B. Künftig soll die Vorschrift nur unter Kaufleuten gelten, aber nicht nur bei Distancegeschäften, sondern auch bei Platzgeschäften, dagegen nur, wenn ein beiderseitiges Handelsgeschäft vorliegt. Anders Art. 347 des alten H.G.B.

Der Erfüllung wirkt gleich nach § 364 Abs. 1 die Annahme einer anderen Leistung als der geschuldeten an Erfüllungsstatt. Die Ausdrucksweise des B.G.B. legt den Nachdruck auf das Annehmen. Bisher sprach man von datio in solutum oder Hingabe an Zahlungsstatt. Natürlich wirkt diese Annahme an Erfüllungsstatt nur bei Einverständniß der Parteien. Dann tritt das Erlöschen mit der Annahme ein, und damit wird nicht blos die Forderung selber befriedigt, sondern alle Accessorien werden getilgt.[2])

Die geänderte Leistung, die der Gläubiger annimmt, kann auch in der Uebernahme einer neuen Verbindlichkeit bestehen, z. B. wenn der Schuldner Wechselaccepte giebt, z. B. ein Socius seinen Beitrag in der Form von Wechseln zahlt, R.O.H.G. V S. 256. Doch bei einer solchen neuen Verpflichtung des Schuldners spricht nach dem B.G.B. die Vermuthung nicht für eine Leistung an Erfüllungsstatt, sondern nur für eine Leistung zum Zwecke der Erfüllung, erfüllungshalber, sodaß der Gläubiger nicht seine alte Forderung verliert, sondern eine zweite bekommt, § 364 Abs. 2.[3])

Im gemeinen Rechte ist die Berechtigung des Gläubigers ungemein streitig in dem Falle, daß die an Erfüllungsstatt gegebene Sache ihm nachträglich evincirt wird, oder was noch häufiger vorkommt, daß die in solutum gegebene Forderung sich nachträglich als gar nicht bestehend herausstellt, z. B. wenn Jemand gefälschte Wechsel an Zahlungsstatt gegeben hat. Der Schuldner hat dann nur scheinbar

---

[1]) Dem Wortlaute nach spricht die Vorschrift nur von dem theilweise Geleisteten, nicht von der mangelhaften Leistung.

[2]) In Wegfall kommt das beneficium dationis in solutum der nov. 4 c. 3. Engelmann, Das bürgerliche Recht Deutschlands, 2. Aufl., S. 262.

[3]) Eine moderne accessorische Stipulation, auch durch formlosen Vertrag möglich.

etwas hingegeben. „Ist dann die alte Forderung mit den Nebenrechten[1]) nicht erloschen? leg. 46 pr. Dig. de solut. 46, 3. Oder ist der Gläubiger nur berechtigt, aus dem Ersatzvertrage wegen Eviction auf Schadensersatz zu klagen, weil der Gläubiger die Sache für seine Forderung gekauft hat? c. 4 Cod. de evict. 8, 44".[2])

Das preußische Recht (§§ 242—250 A.L.R. I, 16) bestimmt, daß innerhalb eines Jahres seit der Hingabe an Erfüllungsstatt der Gläubiger die Wahl hat, ob er auf die alte Forderung mit ihren Accessionen zurückgreifen oder sein Interesse fordern will. „Dies kann hart werden, wenn der Gläubiger wegen Konkursgefahr eine datio in solutum auf eine privilegirte Forderung angenommen hat (z. B. auf einen Dienst- oder Arztlohn, K.O. § 54) und der Schuldner dann in Konkurs fällt. Sehr günstig für den Gläubiger ist es z. B., wenn die alte Forderung aus einem Schenkungsversprechen herrührte."[3])

Ganz anders verhält sich das B.G.B.; denn es schließt den Rückgriff auf die alte Forderung aus. Der Geber haftet danach lediglich, wie ein Verkäufer sowohl bei Mängeln im Rechte, als auch bei Mängeln der Sache, z. B. wenn das Pferd, das in solutum gegeben ist, sich als krank erweist. Bei Preisminderung haftet er dann auf Erstattung dessen, um was die getilgte Forderung des Gegners mehr werth war, als die in solutum gegebene Sache. Der Gläubiger kann also zwischen der actio redhibitoria und der actio quanti minoris wählen, aber seine Forderung mit ihren Accessorien hat er eingebüßt. Dies kann im Einzelnen Schwierigkeiten machen und es kann unter Umständen für den Gläubiger sehr hart werden. So würde der Gläubiger einer privilegirten Konkursforderung für diese nur eine einfache eintauschen, wenn z. B. einem Buchhalter für seine Forderung an Dienstbezügen an Erfüllungsstatt die Forderung seines Prinzipals gegen einen Dritten übertragen wird, diese sich als nicht bestehend herausstellt und der Prinzipal inzwischen in Konkurs geräth.

---

[1]) Die Frage nach der Fortdauer der Nebenrechte sollte nicht mit derjenigen nach der Fortdauer der Hauptforderung untrennbar verbunden werden.

[2]) Aus Ecks Vorbereitungshefte. — Die Römer kannten Fälle eines Erlöschens einer Schuld, die nicht blos ope exceptionis galten, sondern ipso jure, aber doch hinterher mit rückwirkender Kraft in Wegfall kommen konnten, sodaß die Forderung wieder auflebte, als wenn sie niemals erloschen wäre. Hier liegt ein solcher Fall vor. Der Gläubiger konnte den getilgten Anspruch wieder aufleben lassen.

[3]) Weil es hier nur unvollkommene Evictionsforderungen giebt, § 523. Das Angeführte rührt aus Ecks Vorbereitungsheft her.

§ 365 giebt ein interessantes Beispiel davon, wie erheblich die Folgen einer scheinbar unbedeutenden Aenderung des Gesetzestextes sein können. Im § 265 Entwurf I war gesagt, daß im Falle der Hingabe an Erfüllungsstatt die Vorschriften über Gewährleistung entsprechende Anwendung finden. Diese Fassung wurde gewählt, um den Fall unentschieden zu lassen, daß ein Dritter etwas an Erfüllungsstatt hingiebt. Ob dann der Dritte oder der Schuldner gewährleistungspflichtig ist, sollte allgemein nicht entschieden werden. Ohne daß die zweite Kommission in diesem Punkte eine Aenderung beabsichtigte, hat die Redaktionskommission dem § 365 die jetzige Fassung gegeben, wonach der Schuldner schlechthin als haftbares Subjekt benannt ist. Nach Planck II S. 145 Anm. 4 wird dies aber trotzdem nur für den Regelfall, daß der Schuldner, nicht daß ein Dritter die Hingabe an Erfüllungsstatt bewirkt, angenommen werden dürfen.[1]) Hat ein Dritter die datio in solutum vollzogen, so kann also der Schuldner nicht haften, weil nur vom Schuldner in § 365 die Rede ist.

Unberührt von § 365 bleibt die Vorschrift der C.P.O. § 736 Abs. 2 (jetzt § 835 Abs. 2), daß bei der Ueberweisung einer Forderung an Zahlungsstatt der Gläubiger, soweit die überwiesene Forderung besteht, wegen seines Anspruchs an den Schuldner als befriedigt anzusehen ist.

Streitig ist weiter die Frage, auf welche von mehreren gleichartigen Forderungen des Gläubigers eine Zahlung zu verrechnen ist. Diese Frage entscheidet § 366 im Großen und Ganzen übereinstimmend mit dem gemeinen und dem preußischen Rechte (§§ 153—159 A.L.R. I, 16).[2]) Vor Allem hat der Schuldner das Recht der Bestimmung, wenn er sie bei der Leistung trifft. (Rei suae legem dicere potest.) Hat er aber das Bestimmungsrecht nicht ausgeübt, so wird das Gegebene auf

[1]) Das Gegentheil würde m. E. nur durch ein argumentum e contrario anzunehmen sein. Dies ist aber nur bei Ausnahmevorschriften angebracht, vgl. Allg. Theil S. 53.

[2]) Crome, System II S. 238, § 182 Anm. 52 bestimmt den Unterschied des römischen und des preußischen Rechtes dahin, daß jenes die Bestimmung des Leistenden in erste Linie stellte, während das preußische Recht mehr die Vertragsnatur der Leistung betonte. M. E. liegt er lediglich in den Verschiedenheiten der römischen und der modernen Verkehrssitte. Letzterer ist namentlich der römische Gedanke fremd, daß der Schuldner, wenn er über die Anrechnungsart schwieg, sie dem Gläubiger überließ im Vertrauen darauf, daß dieser sein Interesse beachten werde. Dig. 46, 3 fr. 1—3. Crome a. a. O. Anm. 53 hält dies für eine fast unmögliche Anforderung (m. E. ohne Grund).

die fällige Schuld eher verrechnet, als auf eine nicht fällige, bei Fälligkeit mehrerer auf die für den Gläubiger minder sichere vor der gesicherten (so, abweichend vom gemeinen Rechte, schon § 156 des preuß. L.R. I, 16), bei gleich sicheren die dem Schuldner lästigere und endlich bei gleich lästigen die ältere, bei gleichem Alter jede Schuld verhältnißmäßig getilgt. Daß, wie Planck meint, diese Vorschriften im Interesse des Schuldners getroffen sind, ist nicht ganz zutreffend; vielmehr liegt es im Interesse des Gläubigers, daß die minder sichere Schuld vor der sicheren, und die ältere Schuld vor der jüngeren getilgt wird.[1])

Das Prinzip, welches § 366 enthält, ist hiernach eine billige Ausgleichung zwischen den Interessen des Gläubigers und des Schuldners. Aber § 367 statuirt eine Ausnahme für den Fall, daß der Schuldner neben der Hauptleistung auch Zinsen und Kosten zu entrichten hat. Hier erfolgt die Anrechnung zuerst auf die Kosten, dann auf die Zinsen und zuletzt auf die Hauptforderung.

Auch diese Regel gilt wieder nur, wenn der Schuldner seinerseits nichts bestimmt hatte. Bestimmt er es anders, so hat der Gläubiger nicht das Recht, das Empfangene im Widerspruche mit dieser Bestimmung zu verrechnen, sondern nur das Recht, die Annahme der Leistung abzulehnen. Der Gläubiger gelangt dann nicht in Annahmeverzug. „Bei Theilleistungen ist das selbstverständlich, muß aber auch da gelten, wo keine Theilleistung vorliegt." Diese Analogie läßt sich anzweifeln. Es wird auf diese Weise also das Bestimmungsrecht des Schuldners abgeschwächt.[2])

Der Schuldner kann nach §§ 368, 369 über seine Leistung eine schriftliche Quittung verlangen, die der Vorschrift des § 126 entsprechen

[1]) Das Letztere entsprach schon dem römischen Rechte, vgl. Windscheid-Kipp, Pandekten, 8. Aufl., II S. 400 Anm. 9. Die Römer berücksichtigten zwar die Interessen des Schuldners, aber nur anständige Interessen. Eine Spekulation auf Verjährung einer sonst ungetilgten Schuld rechneten sie nicht dazu, sonst würden sie im Zweifel jüngere Schulden vor älteren getilgt haben.

[2]) Im gemeinen Rechte konnte der Gläubiger nicht verlangen daß ihm der Schuldner die Forderungen in gesetzlicher Reihenfolge befriedigte. Worauf der Schuldner zahlen wollte, stand ihm frei und der Gläubiger mußte damit zufrieden sein, daß ihm wenigstens die eine Forderung befriedigt wurde. Ecks abweichende Meinung für das B.G.B. ist mir zweifelhaft. Wenn der Gläubiger erklärt, er wolle die angenommene Zahlung auf eine andere Schuld annehmen, als sie gegeben ist, so ist, wie Enneccerus, 2. Aufl., S. 507 richtig bemerkt, der Protest unwirksam, nicht aber der Empfänger rückgabepflichtig.

muß. Wenn er ein Interesse hat, die Quittung in anderer Form, z. B. beglaubigt [1]) zu verlangen, so kann er dies thun (aber nur, „sofern nicht aus dem zwischen ihm und dem Gläubiger bestehenden Rechtsverhältnisse sich ein Anderes ergiebt“, § 369). Die Kosten der Quittung hat der Schuldner zu tragen, also auch das Porto, sodaß der Quittungsaussteller die Quittung dem Schuldner unfrankirt übersenden kann, ebenso die Bezahlung der Stempel oder der Bestätigung eines Handzeichens. Daher kann der Schuldner auch aus Scheu vor den Kosten sich die Quittung verbitten.[2]) Wenn aber Jemand aus reiner Gefälligkeit für einen anderen eine Leistung gemacht hat, wie der Vormund oder der Depositar, so kann der Schuldner verlangen, daß der Gläubiger die Kosten trägt. Dies ergiebt sich aus den angeführten Worten „sofern nicht u. s. w.“ in § 369. Das Anerkenntniß der Schuldtilgung in öffentlich beglaubigter Form ist ein Ersatz der Quittung.

Sache der Interpretation wird es sein, wie die Mehrkosten zu vertheilen sind, wenn an Stelle des bisherigen Gläubigers mehrere Gläubiger treten (§ 369 Abs. 2) und der Schuldner ursprünglich die Quittungskosten trug. Planck entscheidet sich (II S. 152 Anm. 4) für den unter Umständen schwer durchführbaren Modus der Repartition: der Schuldner würde danach jedem Gläubiger gegenüber einen verhältnißmäßigen Antheil der Kosten zu tragen haben, welche die Quittung des ursprünglichen Gläubigers erfordert haben würde.

Der Schuldner kann nach § 371 auch Rückgabe des Schuldscheines verlangen. Behauptet der Gläubiger, den Schuldschein nicht mehr zu haben, so kann der Schuldner ein Anerkenntniß der Schuldtilgung in öffentlich beglaubigter Form verlangen (Mortifikationsschein, § 127 A.L.R. I, 16). Der Gläubiger braucht nicht zu beweisen, daß der Schuldschein verloren ist. Dies ergiebt sich aus dem Worte „behauptet“ in § 371 Satz 2.[3]) Das Anerkenntniß des § 371 ist nicht bloß eine einseitige Erklärung, sondern es bedeutet einen negativen Anerkennungsvertrag im Sinne des § 397 Abs. 2. Die Folge davon ist, daß gegen das Anerkenntniß wegen seiner Vertragsnatur ein Gegenbeweis nicht zulässig ist und daß es nur wegen Willensmangels angefochten werden kann.[4])

---

[1]) Vgl. hierzu § 126.

[2]) Er wird dies vorsichtiger Weise nur dann thun, wenn ihm andere Beweismittel der Zahlung zu Gebote stehen.

[3]) Ebenso Ebert Anm. 3 zu § 371 (Fischer-Henle).

[4]) Sonst würde der anerkennende Schein nichts sein als eine zweite Quittung,

Einige Fragen, die im Gesetzbuche nicht beantwortet worden sind, sind folgende:

1. vermißt man Bestimmungen über die Präsumptionen für geschehene Schuldtilgung (vgl. §§ 131 ff. A.L.R. I, 16) z. B. für den Fall, daß der Schuldner den Schuldschein zurückbekommen oder der Gläubiger den Schuldschein zerrissen oder der Schuldner Quittung über die beiden letzten Raten in Händen hat. Die Motive, Bd. II S. 91, erkennen kein Bedürfniß für derlei Bestimmungen an, indem man vertrauen dürfe, daß in Fällen, in denen die Regeln wirklich zutreffend seien, ein verständiger Richter ohnehin ihnen entsprechend urtheilen werde. So sind also die praesumptiones iuris in praesumptiones facti umgewandelt. Hier ist also nach vernünftigem Ermessen zu entscheiden. Künftig wird man aber gut thun, alle Quittungen, auch die für frühere Raten, bis zum Ablaufe der Verjährungszeit aufzubewahren.

2. ist die juristische Natur der Quittung nicht behandelt. Ist die Quittung künftig nur Beweismittel, oder ist sie ein Vertrag, und wenn sie ein Vertrag ist, was für ein Vertrag? Anerkennungsvertrag (Bähr) oder Beweisvertrag (Bruns, Planck)? Wenn man sich an § 368 hält, so wird man sagen müssen, daß das Wort „Empfangsbekenntniß“ [1]) nur auf die Thatsache des Empfanges hinweist. Es deutet also nur darauf hin, daß ein gegen den Aussteller wirkendes Zeugniß geschaffen werden soll. Der Gläubiger soll daher nur ein Zugeständniß abgeben, die Quittung daher nur Beweismittel sein, wie auch die Mehrheit der zweiten Kommission meinte, und es kann der Gegenbeweis geführt werden, daß Erfüllung nicht erfolgt war. Der Gläubiger, der jedoch in Erwartung der Zahlung die Quittung abgiebt, wie das bei Gehaltsquittungen für öffentliche Kassen üblich ist,[2]) sie

deren es kaum bedürfen würde. Allerdings ist mit Schollmeyer Kommentar S. 298 Anm. 3 anzunehmen, daß die Ausstellung des Mortifikationsscheines von der Quittungsleistung befreit.

[1]) Das Vorbereitungsheft Ecks weist noch darauf hin, daß sonst von einem „Erlöschungsbekenntnisse“ hätte die Rede sein müssen.

[2]) Enneccerus deutet in scharfsinniger Weise die vor dem Empfange ausgestellte Quittung dahin, daß hier der Gläubiger ein pactum de non petendo abschließe, d. h. verspreche, die Forderung nicht geltend zu machen, falls er nicht ihren Fortbestand beweisen werde, § 217 Anm. 13 S. 534. M. E. wird hier in die Seele des Quittirenden mehr hineingelegt, als darin enthalten ist. Nur einen thatsächlichen Vortheil will er dem anderen Theile gewähren, in dem Vertrauen, daß dieser ihn nicht mißbrauchen werde. Versprechen will er nichts. — Gegen die

später indeß als unwahr hinstellen will, wird jedoch beweisen müssen, daß nicht nur vorher, sondern auch nachher nicht gezahlt ist.[1]) Planck nimmt hier einen Beweisvertrag an,[2]) ohne im Wesentlichen zu anderen Konsequenzen zu gelangen.

Schließlich kann die Quittung auch einen negativen Anerkennungsvertrag enthalten, wenn der Gläubiger gewußt hat, daß Erfüllung nicht erfolgt war und er solche auch nicht erwartet hat, auch wenn er gewußt hat, daß er mehr als er bekommen hat, nicht bekommen wird, und doch die Quittung auf die höhere Summe ausstellt, z. B. wenn der Schneider bei Zahlung von 100 Mark einer über 110 Mark lautenden Rechnung dankend quittirt. Dann enthält die Quittung über 100 Mark Beweismittel und über 10 Mark einen negativen Anerkennungsvertrag.[3])

3. Nicht behandelt ist „die Erfüllung mit Vorbehalt", Eventualzahlung, wie Stölzel[4]) es nennt, d. h. eine Zahlung ohne Anerkennung der Leistungspflicht „mit Vorbehalt einer condictio sine causa".[5])

Möglichkeit von Beweisverträgen erklärt sich mit Recht Wach, Arch. f. civ. Pr. Bd. 64 S. 214—238.

[1]) Vgl. Ebert Anm. 4 zu § 368 (Fischer-Henle), der dasselbe von allen Quittungen sagt. Anders aber, wenn die Quittung nicht in Erwartung der Zahlung ausgestellt ist. Es zahlt z. B. der Schuldner durch Uebergabe eines Briefumschlages, der angeblich den Schuldbetrag enthält. Der Gläubiger quittirt. Später entdeckt er den Mangel und stützt auf diesen seinen Gegenbeweis. Dies muß genügen. Ein Beweis, daß auch später nicht gezahlt sei, kann nicht von ihm verlangt werden.

[2]) Auch Crome, System II S. 240, meint, daß die Parteiabsicht auf einen solchen Vertrag gehen könne, bemerkt aber, daß auch dann das Geben und Nehmen der Quittung keine größere Bedeutung hat, als die Quittung selbst. Dies wäre ein Vertrag ohne besondere Vertragsfolgen. Der unvorsichtige Bekenner des Empfanges trifft in Wahrheit nicht eine Anordnung über sein Vermögen, sondern erzeugt nur eine ihm ungünstige Sachlage, die gegen ihn beweist. Auch von ihm kann man sagen: Wo Du Deinen Glauben gelassen hast, da mußt Du ihn suchen.

[3]) D. h. einen verschleierten Erlaßvertrag. Gegen die Meinung, daß diese Bedeutung der Quittung immer innewohne (Collatz in Iherings Jahrb. Bd. 40 S. 135) erklärt sich mit Recht Dernburg, Bürg. R. II, 1 S. 262. Man baut die Brücke nicht breiter als der Fluß ist und legt daher auch seinen Quittungen keine zwecklose rechtliche Kraft bei.

[4]) Schulung für die civ. Pr., 2. Aufl., Bd. 2 S. 97 ff.

[5]) So Ecks Vorbereitungsheft. M. E. richtet sich die vorbehaltene Rückforderung nicht blos auf die Bereicherung, sondern auf den vollen Betrag des Gezahlten. § 818, 2 und 3 gelten hier m. E. nicht.

Praktisch von Bedeutung ist dies insbesondere bei Zahlung von Stempelsteuern (Gesetz, betreffend die Erhebung von Reichsstempelabgaben, vom 1. Juli 1881 bezw. 29. Mai 1885) oder bei Leistungen auf Grund eines vorläufig vollstreckbaren Urtheils.

Offen geblieben sind hier namentlich die Fragen, ob die Erfüllung mit Vorbehalt eine Anerkennung der erfüllten Forderung enthalte oder nicht und ob sie begriffsmäßig die Rückforderung für den Fall ausbedinge, daß sich die Forderung als unbegründet herausstellen sollte.[1])

Der Gläubiger muß auch eine Eventualzahlung annehmen, was zwar Dernburg (gegen Stölzel) bestreitet, und ferner wird auch durch diese Eventualzahlung die Forderung, wenn sie wirklich besteht, getilgt.[2]) Dann kann der Gläubiger auch nicht mehr auf Erfüllung klagen, wohl aber kann der Vorbehaltzahler zurückfordern, und zwar nicht nur, wenn er beweist, daß die Schuld nicht bestand, sondern auch schon, wenn der Gläubiger nicht beweist, daß sie bestand. Der Gläubiger wird also den Beweis übernehmen müssen, daß die Schuld bestand.

Wie, wenn der Schuldner während des Prozesses mit Vorbehalt zahlt?[3]) Stölzel sagt mit Recht, daß der Richter hier nicht weiter prozessiren und zur Zahlung verurtheilen könne.[4]) Der Gläubiger ist

---

[1]) Die erste ist m. E. zu verneinen, die letztere zu bejahen. Was man anerkennt, bezahlt man vorbehaltlos. Vorbehalten ist aber das Rückforderungsrecht.

[2]) M. E. wird hier die Hauptschuld weder principaliter noch eventualiter bezahlt; denn die Eventualität, daß die Schuld besteht, wird ausdrücklich bestritten. Nicht die Zahlung ist eventuell, sondern die Rückforderung. Es liegt hier ein zweiseitiger Vertrag vor, bei dem der Gläubiger von weiterer Behelligung des Schuldners Abstand nimmt und dem Schuldner eine eventuelle Rückforderung (für den Fall des Nichtbestehens der Schuld) bewilligt, wogegen der Schuldner zahlt und sich daneben die eventuelle Rückforderung ausbedingt.

[3]) M. E. wird es darauf ankommen, aus welchem Grunde das Bestehen der Forderung bei der Zahlung angezweifelt wurde. Bestritt der Schuldner einen zum Klagegrund gehörenden Umstand (z. B. einen Darlehnsempfang), so muß diesen der Empfänger auch später beweisen, wenn der Schuldner Kraft Vorbehalts die Zahlung zurückfordert. Behauptete der Schuldner einen von ihm zu beweisenden Einwand oder eine Einrede, so behält er die Beweislast auch bei seinem Rückforderungsanspruch. Es folgt dies daraus, daß die Parteien bei der Zahlung mit Vorbehalt ihre Lage hinsichtlich der Beweislast im Zweifel nicht ändern wollen.

[4]) Man muß davon ausgehen, daß der Gläubiger die Zahlung mit Vorbehalt überall, also auch im Prozesse, zurückweisen kann. Nimmt er sie aber freiwillig an, so gilt das im Texte Gesagte.

vielmehr mit seiner Klage abzuweisen, wofern er nicht sein petitum dahin ändert, daß der Beklagte verurtheilt werde, anzuerkennen, daß er nicht berechtigt sei, das Gezahlte zurückzufordern (negative Feststellungsklage).

§ 67.

Hinterlegung. (§§ 372—386.)

(Einf.-Ges. Art. 144—146, Kohler, Archiv f. Bürg. R. Bd. 13, S. 201—240.) [1])

Der Schuldner hat nach § 372 das Recht, statt durch Erfüllung durch Hinterlegung sich zu befreien,[2]) aber nur unter zwei Voraussetzungen, nämlich nach Satz 1 hat er das Recht nur, wenn Gegenstand der Schuld Geld, Werthpapiere, Urkunden oder Kostbarkeiten sind. Der Kreis der hinterlegbaren Gegenstände ist also ein sehr enger, stimmt aber mit der preußischen Hinterlegungsordnung vom 14. März 1879 (§ 1) überein.[3])

Den Landesgesetzen ist vorbehalten, andere Sachen gleichzustellen, Einf.-Ges. Art. 146, preuß. Hinterlegungsordnung vom 14. März 1879 §§ 87 ff., neu gefaßt in Art. 84 des preuß. Ausführungsgesetzes zum B.G.B., Münzen und Werthzeichen können als Kostbarkeiten hinterlegt werden.[4])

Die zweite Voraussetzung ist, daß der Schuldner an sicherer Erfüllung gehindert ist, entweder durch den Annahmeverzug des Gläubigers oder durch einen anderen Grund, der in der Person des Gläubigers liegt, z. B. wenn auf die Forderung des Gläubigers Arrest gelegt ist[5]) oder wenn er nur durch eine von ihm nicht ver-

---

[1]) Neuere Literatur s. bei Crome, System II S. 273 § 189, vgl. daselbst zu Anm. 3 andere hier nicht in Betracht kommende Fälle von Hinterlegungen.

[2]) Entsch. Bd. 48 Nr. 8 S. 19 lehnt die Anwendung des Art. 170 E.G. auf Erfüllungsgeschäfte, namentlich Hinterlegungen ab, und darum auch auf die beseitigte Uebergabe zur gerichtlichen Aufsicht und Verwaltung, § 234 A.L.R. I. 16. Es läßt sich auch hier das bei den Verzugszinsen oben S. 281 Anm. 4 Gesagte verwerthen.

[3]) Diese ist ergänzt durch das preuß. Ausführungsgesetz zum B.G.B. Art. 84.

[4]) Das preußische Ausführungsgesetz beschränkt den Kreis der zu hinterlegenden Sachen auf die im B.G.B. dazu bestimmten Dinge. Art. 84 in § 89 der Hinterlegungsordnung, neue Fassung.

[5]) Ob der Gläubiger, dessen Forderung mit Arrest belegt ist, wenigstens die Hinterlegung der Schuldsumme verlangen könne, ist streitig. Dafür Dern-

schuldete Ungewißheit des Gläubigers gehindert ist, z. B. wenn mehrere Cessionare oder mehrere Erbschaftsprätendenten Ansprüche erheben.[1])

Bei den zur Hinterlegung nicht geeigneten Sachen, also den meisten kaufmännischen Waaren giebt das Gesetzbuch in § 383 ein Surrogat der Hinterlegung durch Selbsthülfe, nämlich Verkauf und Hinterlegung des Erlöses.

Auf die Hinterlegung ist mehrfach in Reichsgesetzen verwiesen, z. B. in § 301 H.G.B., C.P.O. §§ 713, 2, 930, 2, W.O. Art. 40.

Als Ort ist durch § 374 (E.G. Art. 144) die Hinterlegungsstelle des Leistungsortes bestimmt. In Preußen sind es die Bezirksregierungen, in Berlin ist es eine besondere Behörde (§ 2 H.O.), die Kasse der Ministerial-, Militär- und Baukommission.[2]) Indessen gilt die Hinterlegung an einer anderen Stelle ebenfalls im Gegensatze zum preußischen Rechte als juristisch wirksam, nur verpflichtet sie den Schuldner zum Schadensersatz.

Nach § 375 kann das, was zu hinterlegen ist, an die Hinterlegungsstelle auch durch die Post geschickt werden.

Immer aber muß der Schuldner nach § 374 unverzüglich von der Hinterlegung Anzeige machen, um ihn zur Empfangnahme in den Stand zu setzen, bei Vermeidung einer Schadensersatzpflicht. Oftmals wird es praktisch sein, sie wegen der Frist durch den Gerichtsvollzieher bewirken zu lassen.

Der Schuldner, welcher hinterlegt, aber eine Gegenleistung beanspruchen darf, kann die Empfangsberechtigung des Gläubigers von der

---

burg, Bürg. R. II S. 273, dagegen Stammler, Rechte der Schuldverhältnisse 1897 S. 234, und Schollmeyer, Commentar S. 299. Dieser bemerkt: „In dem Rechte des Gläubigers auf Zahlung liegt nicht etwa als ein Minderes das Recht auf Hinterlegung". Dies ist ja im Allgemeinen ganz richtig, wenigstens kann nicht der Gläubiger beliebig Hinterlegung statt Zahlung verlangen. Sprechen aber besondere Gründe für solche Herabminderung seines Anspruchs, namentlich die Scheu davor, daß während des Arrestes der Schuldner insolvent werden könnte, so wird man sie doch zulassen müssen, vgl. Hellwig, Verträge auf Leistung an Dritte S. 443.

[1]) Ebert 9 zu § 372 hebt mit Bezug auf E.R. 44, 166, woselbst auf Dig. 16, 3 fr. 1 § 37 verwiesen ist, hervor, daß nur ein objektiv berechtigter Zweifel über die Person des Gläubigers, und zwar ein solcher, dessen Lösung auf eigene Gefahr dem Schuldner nicht zuzumuthen ist, zur Hinterlegung berechtigt.

[2]) Eccius, Pr. Privatrecht I § 92 A. 2.

Gegenleistung abhängig machen, so z. B. eine Zahlung davon, daß eine Löschungsbewilligung ausgestellt wird.

Besonders wichtig sind der rechtliche Charakter der Hinterlegung und ihre Wirkung. Hier wird man mit Kohler[1]) die dingliche und die obligatorische Seite unterscheiden müssen. Jene ist im Gesetzbuche beinahe gar nicht geregelt. Man wird sagen müssen, daß die Hinterlegung eine Art Traditionsofferte an den Gläubiger ist. Der Gegenstand wird gewissermaßen vor der Pforte des Gläubigervermögens niedergelegt.[2]) Der Gläubiger bekommt durch die bewirkte Hinterlegung zunächst unmittelbar die Forderung gegen die Hinterlegungsstelle (actio depositi) auf Ablieferung nach den Regeln über die Verträge zu Gunsten Dritter.[3]) Aber durch die Annahme des Depots erwirbt der Gläubiger zuweilen ohne Weiteres Eigenthum an den deponirten Stücken, so nach § 931.[4]) In der Regel muß aber, bis der Gläubiger die Annahme erklärt, der Schuldner Eigenthümer bleiben.

Neben dem Eigenthume des Schuldners besteht für die Hinterlegungsstelle Besitz mit der Verpflichtung zur Aufbewahrung und Ablieferung der deponirten Gegenstände.

Der Schuldner kann ein Recht haben, das Depot zurückzunehmen. Aber auch abgesehen von diesem Rücknahmerecht ist das Eigenthum des Schuldners dem Gläubiger verfangen,[5]) weil die Sache für ihn deponirt ist. Darum kann die Sache nicht mehr durch dritte Gläubiger des Schuldners gepfändet werden (§ 377), ebensowenig auch dessen Recht auf Rücknahme des Hinterlegten. Der pfändende Gläubiger muß warten und kann auch einen Verzicht des Schuldners auf

---

[1]) Iherings Jahrb. Bd. 17 S. 304 ff., Archiv f. bürg. R. a. a. O. S. 209 ff.

[2]) Crome, System II S. 277 scheint gegen Kohler die Bezeichnung der Hinterlegung als Antrag an den Gläubiger unbedingt bestreiten zu wollen. Er hebt hervor, daß die Rechte des Gläubigers ohne Kenntniß und ohne Willen des Gläubigers entstehen. Dies trifft jedoch nur bei den obligatorischen Rechten zu. Wird freilich Geld hinterlegt und geht dies in das Eigenthum des Fiskus über, so wird allerdings dem Gläubiger eine Traditionsofferte nicht gemacht. Anders dagegen bei Kostbarkeiten.

[3]) Diese Auffassung ist seitdem mehrfach vertreten worden, vgl. Hellwig, Verträge auf Leistung an Dritte S. 444 ff., Dernburg, Bürg. R. II, 1 S. 278, Crome, System II, 277, woselbst noch darauf hingewiesen ist, daß der Kontrahirungszwang der Hinterlegungsstelle die Vertragsnatur des Aktes nicht ausschließt.

[4]) D. h., wenn die Forderung gegen die Hinterlegungsstelle ihm vom Schuldner abgetreten ist.

[5]) Wenn auch noch nicht erworben.

das Rücknahmerecht nicht durch actio Paulliana anfechten. Es sollen also die Gläubiger des Deponenten nicht mehr an das Depositum herankönnen.[1])

Weiter wird man sagen müssen, daß, wenn der Schuldner nach der Deponirung in Konkurs verfällt, das Depositum nicht mehr zu seinem Vermögen gehört (Planck II S. 139, 4). Er braucht auch die Summe, die er deponirt hat, nicht mehr zu versteuern.

Den Landesgesetzen ist durch Art. 145 E.G. gestattet, noch einen Schritt weiter zu gehen, so daß, wie es in Preußen schon vorher der Fall war, der Fiskus Eigenthümer der deponirten Gelder und Werthpapiere werden kann (§ 57 St.O.). Dann wird das Depositum ein depositum irregulare, und es ist nicht zu bezweifeln, daß die Landesgesetze dies bestimmen werden.[2]) In diesem Falle behält der Schuldner nicht mehr ein dingliches Recht an den deponirten Geldern und Werthpapieren, sondern nur ein Rücknahmerecht. Die Zinsen wachsen dem Empfangsberechtigten zu.

Deutlicher bestimmt ist die obligatorische Wirkung der Hinterlegung. Diese muß sich verschieden bestimmen, je nachdem der Schuldner noch ein Rücknahmerecht hat oder nicht. Das gemeine Recht giebt dem Schuldner ein unbedingtes Rücknahmerecht. Daher erlischt die Schuld nur provisorisch.[3]) Bürgen und Pfänder werden erst bei

---

[1]) Hiernach ist ein Zustand möglich, in dem das Hinterlegte einerseits nicht mehr den Gläubigern des Hinterlegenden und andererseits noch nicht für die Schulden des Gläubigers haftet, also gewissermaßen nach beiden Seiten hin gegen Zugriffe geschützt ist.

[2]) Für Preußen verbleibt es in dieser Hinsicht nach Artikel 84 des Ausführungsgesetzes bei § 7 der Hinterlegungsordnung v. 14. März 1879. Andere Landesgesetze siehe in Nr. 3 zu Art. 145 bei Fischer-Henle, Handausgabe.

[3]) Dernburg, Bürg. R. II, 1, bezeichnet die Hinterlegung S. 278 als „einen bloßen Versuch des Schuldners, sich auf diesem Wege von seiner Schuld zu befreien". Nach der Auffassung des ersten Entwurfs tilgte die Hinterlegung, falls sie nicht unberechtigt war, den Anspruch völlig, aber mit den resolutiven Bedingungen der Rücknahme des Hinterlegten und der anderweitigen Schuldtilgung, Bedingungen, denen rückwirkende Kraft verliehen war. Dies hat nach Enneccerus (§ 212 Anm. 10 S. 516) und Schollmeyer, Commentar S. 313 zu 1, das Gesetzbuch aufgegeben. Man würde danach (mit Rücksicht auf Gierke, Entwurf S. 64) von einer suspensiv-bedingten Tilgung unter der entgegengesetzten gleichfalls rückwirkenden Bedingung reden können. Da nach beiden Auffassungen ein Zwischenzustand eintreten soll, der den Anspruch zwar völlig lähmt, aber nicht unwiderruflich vernichtet, so sind die beiden Auffassungen nur verschiedene Formen desselben Gedankens, daß zunächst die Forderung

definitiver Erfüllung der Forderung frei. Dieses Provisorium des gemeinen Rechtes ist unbefriedigend. Die Preußische Hinterlegungsordnung fällt in das entgegengesetzte Extrem, sie giebt bei Geldern ein Rücknahmerecht nur dann, wenn der Deponent es sich ausdrücklich vorbehalten hat, H.O. § 19 Abs. 6. Indessen gestattete die gerichtliche Praxis die Rücknahme seitens des Schuldners, falls die Grundlosigkeit der Hinterlegung rechtskräftig festgestellt war, auch dann, wenn er sich das Rücknahmerecht des Schuldners nicht ausdrücklich vorbehalten hatte.

Das B.G.B. schlägt in § 376 einen Mittelweg ein. Es hat nämlich der Schuldner zwar grundsätzlich das Rücknahmerecht, aber es erlischt aus drei verschiedenen Gründen:

a) wenn der Gläubiger die Annahme erklärt,[1])

b) wenn der Schuldner auf das Rücknahmerecht verzichtet,

c) durch rechtskräftiges Urtheil, durch das die Hinterlegung für rechtmäßig erklärt ist.

§ 377 Abs. 2 suspendirt in sinnreicher Weise das Rücknahmerecht für den Fall des Konkurses. Das Rücknahmerecht ist rein persönlich und kann daher von Gläubigern des Schuldners nicht gepfändet werden, § 377 Abs. 1. Der Grund ist, daß der Gläubiger und auch etwaige Bürgen des Schuldners arg geschädigt würden, wenn die Sache, die zu Gunsten des Gläubigers schon vinkulirt war, in die Konkursmasse hineingezogen werden könnte. Pfändbar ist aber das Objekt unter der Bedingung, daß der Schuldner seinerseits das Rücknahmerecht ausübt. Der Verzicht des Schuldners auf sein Recht zur Rücknahme kann von Seiten seiner Gläubiger nicht mit der acto Paulliana angefochten werden, weil dieses Recht ein höchst persönliches ist.

Das Rücknahmerecht führt von selber zu drei Möglichkeiten:

1. Ist die Rücknahme ausgeschlossen, so ist die Wirkung nach § 378 Erlöschen der Schuld, so als ob schon zur Zeit der Hinterlegung Erfüllung erfolgt wäre.[2]) Hierin liegt Befreiung mit rückwirkender

---

in der Schwebe bleiben, später aber entweder als vollkräftig aufleben oder mit rückwirkender Kraft wegfallen soll. Jedenfalls dürfen die Pfandschuldner in der Zwischenzeit noch nicht verlangen, daß ihnen die Pfandstücke vorläufig wiedergegeben werden.

[1]) Hiervon kann man sagen: Creditoribus vigilantibus scriptum est.

[2]) Nach der oben ausgesprochenen Auffassung S. 355 Anm. 3 liegt darin ein Ausfall der auflösenden Bedingung.

Kraft. Natürlich ist Rechtmäßigkeit der Hinterlegung vorausgesetzt. Der Schuldner kann dann ohne Weiteres die ihm gebührende Gegenleistung verlangen. Er kann dann den klagenden Gläubiger auf die hinterlegte Sache „verweisen", d. h. er hat gegenüber der Klage auf Erfüllung eine Einrede. Der Gläubiger kann ferner Pfandstücke nicht mehr verkaufen, wenn seine Forderung auch schon fällig ist, § 1228 Abs. 2. Er trägt auch die Gefahr.

Damit sind die Wirkungen dieses Provisoriums nicht erschöpft. Eine anderweite Tilgung der Schuld, z. B. durch Erlaß oder durch Zahlung seitens eines Dritten ist denkbar. Dann wird das Depositum frei, die Traditionsofferte des Schuldners erlischt. Der Gläubiger hat nicht mehr das Recht, eine Annahme zu erklären, durch die er Eigenthum erwirbt.[1])

2. Wird umgekehrt das Rücknahmerecht vom Schuldner ausgeübt, so tritt nach § 379 Abs. 3 dieselbe Wirkung ein, als wenn die Hinterlegung garnicht erfolgt wäre. Es ist hier eine Rückwirkung anerkannt. Der Schuldner muß also auch für die Dauer der Hinterlegung Zinsen zahlen. (Anders steht es, wenn der Gläubiger in Annahmeverzug war). Kohler will keine Rückwirkung angenommen wissen, also für die Zwischenzeit, die Dauer der Hinterlegung, den Schuldner von der Zinszahlung befreien. Ich halte dies[2]) nicht für richtig; der Schuldner muß die Zinsen zahlen.[3])

3. Solange das Rücknahmerecht noch besteht, aber nicht ausgeübt wird, ist ein Schwebezustand vorhanden. Aber während dieses Zustandes erzeugt doch schon die Hinterlegung wichtige Wirkungen nach §§ 379, 1228 Abs. 2.

Ein besonderer Fall ist in § 382 normirt. Das Annahmerecht des Gläubigers soll mit 30 Jahren erlöschen, wenn er sich bis dahin nicht gemeldet hat. Nach Ablauf dieser Zeit ist der Schuldner berechtigt, das Depot zurückzunehmen, selbst wenn er auf das Recht zur

---

[1]) Nach der oben vertretenen Auffassung S. 355 Anm. 3 würden auch solche Ereignisse als auflösende Bedingungen des Erfüllungsaktes anzusehen sein.

[2]) Auch Ebert Anm. 5 zu § 379 (Fischer-Henle) nimmt Rückwirkung an. Schollmeyer, Commentar S. 316 zu 2 hebt hervor, daß die besonderen Folgen des Annahmeverzuges (folglich auch ein purgatio morae zu Gunsten des vorher zinspflichtigen Schuldners) durch den Widerruf der Hinterlegung nicht betroffen werden, weil für sie im Annahmeverzuge ein zweiter Rechtsgrund liegt.

[3]) Verschiedene Handschriften stehen hier im Widerspruch, so daß Ecks Ansicht nicht ganz sicher ist.

Rücknahme verzichtet haben sollte. Die Forderung des Gläubigers muß dann als getilgt gelten. Besonders wichtig ist, daß das Einführungsgesetz den Landesgesetzen gestattet, eine kürzere Frist zu bestimmen, Art. 145, namentlich auch eine solche, nach deren Ablauf der Verfall des Depots zu Gunsten des Fiskus eintritt, jedoch muß dem Schuldner die Rücknahme noch mindestens ein Jahr, nachdem das Recht des Gläubigers erloschen ist, frei bleiben.[1])

Nach § 380 können die Landesgesetze die Bedingungen, unter denen der Gläubiger das Depot abnehmen darf, besonders regeln, vgl. hierzu auch Art. 145 des E.G.

Die Aufgabe der Hinterlegungsstelle wird in Zukunft keine einfache sein; daher werden im Anschlusse an § 380 B.G.B. und an Art. 145 E.G. landesgesetzliche Bestimmungen, welche den Nachweis der Empfangsberechtigung regeln, erlassen werden.[2])

Es bleibt die Frage, wie es mit Sachen, die nicht hinterlegbar sind, zu halten ist. § 383 giebt ein Surrogat an, nämlich die Versteigerung am Leistungsorte mit Hinterlegung des Erlöses. Das H.G.B. § 373 giebt die Wahl zwischen Hinterlegung und Selbsthülfeverkauf. Zugelassen ist das Surrogat aber nur

a) bei Annahmeverzug des Gläubigers,

b) bei anderen Hinterlegungsgründen, wenn die Sache dem Verderben ausgesetzt ist oder die Aufbewahrung übermäßig theuer sein sollte.

Wie § 384 bestimmt, muß der Verkauf dem Gläubiger vor der Vollziehung angedroht werden, und wenn er stattgefunden hat, muß die Vollziehung angezeigt werden. Endlich soll der Verkauf im Wege der öffentlichen Versteigerung durch einen Gerichtsvollzieher bewirkt werden, ausgenommen bei Sachen, die einen Börsen- oder Marktpreis haben, § 385. Nach dem Verkaufe geht die Sachleistungspflicht in eine Geldleistungspflicht über.

---

[1]) Vgl. § 58a der preußischen Hinterlegungsordnung in Art. 84 des Ausführungsgesetzes, der ein Aufgebot im Falle des § 382 nicht vor Ablauf von 31 Jahren gestattet und die Frist mit dem Ende des Monats beginnen läßt, in welchem der Gläubiger die Anzeige des Schuldners von der Hinterlegung empfangen hat. Die anderen Landesgesetze siehe zu 5 bei Art. 145 in Fischer-Henles Handausgabe.

[2]) Nach dem preuß. A.G. z. B.G.B. Art. 84 bleiben hier die §§ 22 ff. der Hinterlegungsordnung unverändert in Geltung.

Die Hinterlegung des Erlöses wird überflüssig, wenn der Schuldner eine Nachforderung hat. Er kann dann den vereinnahmten Preis auf seine Gegenforderung kompensiren.

Wie steht es, wenn der Gegenstand ein Grundstück ist? Dann hilft § 303. Der Schuldner kann den Besitz des Grundstückes aufgeben, nachdem er es dem Gläubiger angezeigt hat. Darin liegt aber keine Dereliction; denn der Schuldner bleibt verpflichtet, aufzulassen, wenn er das Eigenthum zu übertragen verpflichtet ist. Er wird aber von Lasten, die auf dem Grundstücke haften, frei werden.[1])

Die §§ 58 und 787 C.P.O. geben Zusätze für Servituten u. s. w. Derartige Klagen sind nach Aufgabe des Besitzes, wie Kohler behauptet, gegen „Unbestimmt" zu richten.

Für Sachen, die unverkäuflich sind, wie Visitenkarten, Bilder, die ein Photograph gemacht hatte oder die nicht hinterlegt werden können, wie wilde Thiere, bestimmt das B.G.B. nichts über die Art, wie der zur Leistung Verpflichtete sie los werden könne. Er muß das Recht haben, sie zu vernichten, zu kassiren, wie der Rechtsanwalt unter Umständen die Handakten vernichten darf. Hierher gehört ein Fall, der sich vor dem früheren Kreisgerichte hier abgespielt hat. Hagenbeck wollte einen männlichen Königstiger hinterlegen, den der Zoologische Garten nicht abnahm, weil er ein Weibchen bestellt hatte.[2])

§ 68.

Aufrechnung. (§§ 387—396.)

Litteratur: Franz Leonhard, Die Aufrechnung, Göttingen 1896. Otto Geib, Theorie der gerichtlichen Kompensation, Tübingen 1897. Stölzel, Schulung für die civilistische Praxis, 2. Theil (2. Aufl.), Berlin 1897: Zur Lehre von der Eventualaufrechnung; Zeitschrift für Civilprozeß, Bd. 24 S. 51—128: Zur Verständigung über die Eventualaufrechnung. Kohler in derselben Zeitschrift, Bd. 24 S. 1—50[3]):

Die Aufrechnung nach dem Bürgerlichen Gesetzbuche.

Die Aufrechnung, die das Gesetzbuch in den §§ 387—396 zuläßt, ist im Wesentlichen identisch mit der gemeinrechtlichen und preußischen

---

[1]) Vgl. oben S. 289, 290.

[2]) Ich halte den öffentlichen Verkauf eines solchen Thieres nicht für völlig unmöglich. Schon des Felles wegen werden sich Bieter finden.

[3]) Neuere Litteratur bei Crome, System II S. 287. Während des Druckes erschien Franz Leonhard im Archiv f. bürg. R., Bd. 21 S. 171 ff.

Kompensation.[1]) Sie ist nämlich „die Tilgung einer Forderung durch Anfertigung einer Gegenforderung des Schuldners an den Gläubiger",[2]) aber die Vollziehung dieser Aufrechnung bestimmt § 388 abweichend von den meisten bisherigen Rechten dahin, daß sie nicht mehr wie nach gemeinem Rechte prozessualisch zu Folge Einrede des Beklagten durch das Urtheil erfolgt,[3]) auch nicht, wie nach dem französischen Rechte von

[1]) Die Identität der Aufrechnung des B.G.B. mit der römischen compensatio muß ich mit Bezugnahme auf meinen Artikel compensatio in Pauly-Wissowa, Realencyklopädie der classischen Alterthumswissenschaft, bestreiten, wenn ich auch Eck darin zustimme, daß erstere der gemeinrechtlichen Doktrin entstammt. Diese hatte sich daran gewöhnt, die compensatio als einen Tilgungsgrund der Schulden anzusehen. Daraus entstand der Mißgriff, sie als Schuldtilgung durch Aufrechnung zu definiren. Darum versteht auch das Gesetzbuch unter Aufrechnung immer „die aufrechnende Doppeltilgung". (Dem Wortlaute nach bezeichnet Aufrechnung eine bloße Denkthätigkeit [Berechnung], dem die tilgende Kraft zunächst nicht wesentlich ist, doch ist dies nicht die Redeweise des Gesetzbuches.) Der römische Ausdruck compensatio ist ein bildlicher, von der Waage entlehnt. Er bedeutet „Ausübung eines Gegengewichtes". Ein Gegengewicht gegen eine Forderung wird aber nicht nur durch endgültige Tilgung ausgeübt, sondern schon durch vorübergehende Lähmung oder Entkräftung. Diese verhält sich zur Tilgung, wie der Starrkrampf zum Tode. Eine tilgende compensatio übte nach römischem Rechte wahrscheinlich nur der kompensirende Richterspruch aus. Die Kompensationseinrede war nur ein Antrag auf richterliche Tilgung. Die außergerichtliche Drohung mit dem Gegenanspruch war m. E. kein Rechtsgeschäft sondern nur die Hervorkehrung der Thatsache, daß Anspruch und Gegenanspruch sich gegenüber stehen. Diese Coexistenz von Anspruch und Gegenanspruch wirkte nur insofern kraft Rechtssatzes, als Ansprüche überhaupt nur kraft Rechtssatzes bestehen. Aber indem das Recht Anspruch und Gegenanspruch auf gleichartige fällige Leistungen anerkennt, bewirkt es ohne Weiteres (ipso jure) eine gegenseitige Lähmung der beiden Ansprüche. Jeder Gläubiger fürchtet sich, seinen Anspruch geltend zu machen, weil der andere den Erfolg dieser Ausübung durch Einrede oder durch besondere Klage vereiteln kann. Dies gilt für jede Rechtsordnung und bedarf einer besonderen Vorschrift nicht. Falsch war die Deutung des ipso jure compensari als Doppeltilgung. Der Anspruch kann vielmehr trotz des Gegenanspruches so getilgt werden, daß der letztere mit allen Nebenrechten (auf Pfänder und gegen Bürgen) bestehen bleibt. Denn ebensowenig, wie zwei gleiche Gegengewichte auf der Waage sich aufzehren, obwohl sie sich kompensiren (entkräften), sondern jedes seine Kraft dann zeigt, wenn das andere verschwindet, so werden uach die beiden Ansprüche nur gegenseitig entkräftet, nicht getilgt.

[2]) Ecks Vorbereitungsheft.

[3]) Die Zerstörung von Forderung und Gegenforderung durch Richterspruch ist ein Prozeßrechtssatz mit materiellrechtlichen Nebenfolgen. Er wird m. E. (im Widerspruche mit der herrschenden Meinung) durch das B.G.B. nur insoweit berührt, als der Richter die Doppeltilgung natürlich nicht vornehmen kann, wenn die Partei sie schon vorher nach Maßgabe des B.G.B. vorgenommen hat. Was getilgt

Gesetzes wegen (ipso jure), sondern daß sie durch einseitige Erklärung des Schuldners gegenüber seinem Gläubiger geschieht und zwar dahin, daß er die ihm zustehende Gegenforderung an den Gläubiger aufrechnet.[1]) Sie ist also fortan ein Rechtsgeschäft, durch das sich die Aufrechnung auch ohne Einwilligung des Aufrechnungsgegners vollzieht.

Dabei sagt das Gesetzbuch nicht ausdrücklich, daß die Aufrechnung auch durch Vertrag erfolgen kann. Allein ein solcher Vertrag ist eine Verbindung zweier einseitiger Kompensationserklärungen und muß daher selbstverständlich zulässig sein.[2]) Bei einem solchen Vertrage können mancherlei Schranken wegfallen, z. B. das Erforderniß der Gegenseitigkeit, der Fälligkeit, es könnten durch Vertrag auch unbedingte Ansprüche gegen bedingte Forderungen aufgerechnet werden.

---

ist, kann nicht nochmals getilgt werden. Wohl aber kann der Beklagte m. E. noch jetzt erklären, daß er nicht kompensiren wolle (namentlich, wenn er Zurücknahme der Klage erhofft), aber er kann trotzdem den Richter bitten, seinerseits durch Urtheil zu kompensiren, falls der Kläger nicht die Klage zurücknehmen werde. Dies Recht ist m. E. nicht beseitigt, weil eine es ausdrücklich aufhebende Vorschrift fehlt. Auch kann es dadurch in Einklang mit dem B.G.B. gebracht werden, daß man in dem Antrage auf kompensirende Tilgung durch Richterspruch eine Bevollmächtigung des Richters sehen kann, der im Auftrage des Kompensationsberechtigten und in dessen Namen die Tilgung bei dem Urtheile vornehmen soll. Den Richter zwingt sein Amt zur Uebernahme eines solchen Auftrages insoweit, als er der Partei Gehör zu schenken verpflichtet ist.

[1]) D. h., daß er den Willen einer Doppeltilgung erklärt. Droht er bloß mit der Gegenforderung, ohne eine Tilgung zu wünschen, so wäre es verkehrt, ihm diese aufzudrängen. Eine in erkennbarer Weise nicht gewollte Rechtsgeschäftsfolge darf niemals angenommen werden, § 133. Beispiel: A hat von B 1000 M. zu 2 Proz. zu fordern. B von A ebenso viel zu 5 Proz.; für letztere Schuld haften Pfänder und Bürgen. B will zahlen, um die Gegenforderung nebst Zinsen klagbar zu machen, weil er glaubt, daß A aus Geldverlegenheit das Geld nehmen werde, ohne statt dessen mit seinem Anspruche die Gegenforderung zu kompensiren. Jetzt droht A mit der Klage, etwa, weil der Gegenanspruch durch seinen Erblasser begründet und ihm daher unbekannt ist. B, der zunächst noch kein baares Geld hat, schreckt den A durch Drohung mit dem Gegenanspruche ab. Dies ist keine tilgende Erklärung; denn B will seine Forderung noch nicht preisgeben.

[2]) Da die erste Erklärung, soweit einseitige Aufrechnung erlaubt ist, bereits Doppeltilgung bewirkt, so ist die zweite ohne rechtliche Kraft, kann also nicht einen Vertrag abschließen. Will aber der Urheber der früheren Erklärung, daß erst die Annahme von der anderen Seite die Tilgung bewirken soll, so nimmt er dadurch seiner Erklärung den aufrechnenden Tilgungscharakter und macht sie zur Offerte eines gegenseitigen Erlaßvertrages, der heutzutage nicht bloß beiderseitige Einrederechte gewährt, sondern ipso jure tilgt, § 397.

Ueberhaupt haben die Regeln über die Kompensation im wesentlichen dispositive Bedeutung, sodaß auch ein pactum de non compensando, ein Kompensations-Ausschließungsvertrag, für zulässig gelten muß, z. B. ein solcher, durch den ein Schuldner Baarzahlung verspricht, falls er dadurch von vornherein auf Aufrechnung verzichtet.[1]) Das Gesetzbuch schweigt hierüber.

Die Aufrechnung des B.G.B. ist hiernach ein einseitiges und empfangsbedürftiges Rechtsgeschäft. § 388 bestimmt, daß sie durch Erklärung gegenüber dem anderen Theile erfolgt. Franz Leonhard, Die Aufrechnung, Göttingen 1896, behauptet mit Zustimmung Stölzels (Schulung f. d. civil. Praxis II, 1897) auch für das gemeine Recht die Zulänglichkeit einer einseitigen Willenserklärung für die Kompensation.[2]) Die Zulässigkeit einer solchen einseitigen Willenserklärung durch Aeußerung des Kompensationswillens hat das preußische Recht nicht ausgesprochen, aber die Praxis hat sie angenommen, so auch das Reichsgericht Band 11 S. 120. Indessen führt erst das B.G.B. den Gedanken energisch durch und infolgedessen mußten zahlreiche Paragraphen der C.P.O. geändert werden, so §§ 293, 274, jetzt 302 u. 322 Abs. 2, weil sie von einer Kompensationseinrede sprechen. Durch die Aufrechnung des B.G.B. wird die Klageforderung fortan vernichtet und deshalb wird man künftig den Ausdruck „Geltendmachung der Kompensationseinrede" nicht mehr brauchen können; denn die Geltendmachung des Gegenanspruches hat jetzt eine andere Bedeutung.[3])

Der Grundgedanke für die Aufrechnungsbefugniß ist nicht Zahlung, wie manche wollen, weder eine mutua solutio (eine alte Ansicht), noch

---

[1]) Zustimmend Crome, System II S. 291.

[2]) Ich halte dies nach römischem Rechte nicht für erwiesen (ebenso Enneccerus, § 215 Anm. 2 S. 523), wenn auch nicht geradezu für unmöglich. Als Hypothese erkenne ich es an. Eck bemerkt in seinem Vorbereitungshefte, die Ausführungen meines Bruders Franz seien „doch nicht überzeugend, im Uebrigen lehrreich". Für die Tilgungskraft der einseitigen Kompensation im römischen Rechte ließe sich bemerken, daß die Römer berechtigte Parteibedürfnisse selten zu übersehen pflegten, der Gegengläubiger aber, wenn er Pfänder oder Bürgen, die für ihn haften, befreien will, ein wohlverständliches Bedürfniß hat, zu einer Doppeltilgung von Anspruch und Gegenanspruch ohne zweckloses Prozessiren zu gelangen.

[3]) Eck protestirt hier nur gegen den Namen der Kompensations**einrede** (vgl. oben S. 227 Anm. 4), der nach wie vor üblich ist. Vgl. z. B. Scherer, Commentar zu § 387. Daß er im Uebrigen die civilistische Kompensation von der prozessualen unterscheidet, ergiebt sich aus dem weiter unten folgenden Texte. Ueber den Widerspruch gegen den Ausdruck Kompensationseinrede s. unten Anm. 4 S. 375, 376.

eine ideelle Zahlung (Stölzel), auch nicht Anweisung an den Gläubiger, an sich selbst zu zahlen, wie Kohler will, auch nicht eine Art Erlaß, wie Planck meint, vielmehr ein modus tollendi suis generis.

In einem französischen Sprichworte heißt es freilich: qui compense, paie. M. E. aber ist die Zusammenstellung der Aufrechnung mit der Zahlung nur ein Bild, und zwar ein irreführendes.[1]) Die Verschiedenheit beider zeigt sich besonders darin, daß in den neueren Gesetzen, z. B. § 221 n. H.G.B. (Pflicht zur Kapitalseinlage) und § 22 Abs. 3 des Erwerbs- und Wirthschaftsgenossenschaftsgesetzes vom 1. Mai 1889 die Aufrechnung gerade deshalb ausgeschlossen wird, weil sie keine Zahlung ist.

Umgekehrt ist unter Umständen Zahlung ausgeschlossen, aber Kompensation zulässig. So kann dem Gläubiger eine Theilzahlung nicht aufgenöthigt werden (§ 266), wohl aber eine Theilaufrechnung. Ferner kann ein Dritter den Gläubiger bezahlen, ihn aber nicht durch Kompensation befriedigen.

Die Kohler'sche Auffassung, daß der Schuldner zu einer Zahlung an sich selbst aufgefordert wird, ist m. E. gekünstelt.[2]) Danach müßte die Aufrechnung unstatthaft sein, wo die Anweisung unstatthaft ist. Der Grund der Aufrechnung ist, unnöthige Zahlungen und die Flüssigmachung der zu ihnen nöthigen Mittel zu ersparen. Interest nostra potius compensare quam solvere. Die Aufrechnung vertritt die Stelle der Zahlung, weil bei doppelten Zahlungen schließlich doch derselbe Kassenbestand herbeigeführt werden würde, der auch ohne Zahlung besteht. Nutzlose Weitläufigkeiten sollen vermieden werden.[3])

Planck sieht in der Aufrechnung, wie gesagt, einen Erlaß. Dieser ist aber ein Vertrag, während jener eine einseitige Erklärung ist.[4]) Die

---

[1]) Eck geht offenbar davon aus, daß bei der Kompensation dem Aufrechnenden ein greifbarer Erwerb nicht erwächst. Von den Ergebnissen der Kompensation kann sich der Gläubiger der Hauptforderung nicht satt essen.

[2]) Die Anweisung, die man aus der Aufrechnung herauslesen kann, geht dahin, daß der Gläubiger den Aufrechnenden nicht weiter belästigen soll. Er wird also zu einem passiven Verhalten angewiesen, nicht zu einer aktiven Thätigkeit, wie die Zahlung es ist.

[3]) Crome, System II § 191 Anm. 6 S. 288 bemerkt mit Dernburg, § 124 1, daß hierzu auch noch ein ethischer Gesichtspunkt trete: Dolo facit qui petit, quod redditurus est (eine Art der Chikane).

[4]) Planck nimmt m. E. sicherlich nur einen einseitigen Erlaß an, der aber den Fortfall der Gegenforderung nach sich zieht. M. E. befriedigt auch der gegenseitige

Kompensation verschafft dem Gläubiger eine Befriedigung, der Erlaß wirkt aber nur durch den Willen, nicht durch eine materielle Leistung. Es handelt sich bei der Aufrechnung also auch nicht um einen gegenseitigen Erlaß; denn die Kompensation verschafft dem Gläubiger Befriedigung, indem sie ihn von der Schuld befreit.

Im Weiteren sind zu betrachten:

I. Die Voraussetzungen für die Aufrechnung. Sie sind im Anschluß an die bisher genannten Voraussetzungen die folgenden:

1. Die beiden Forderungen müssen gegenseitige sein. Das liegt in den Worten des § 387: „Schulden einander zwei Personen Leistungen".

Darin liegt dreierlei:

a) Gegen die Forderung kann nur der Schuldner selber aufrechnen und nicht ein Dritter, selbst wenn er zur Zahlung der fremden Schuld berechtigt wäre.[1]) Davon giebt es Ausnahmen dann, wenn der Dritte an der Tilgung der fremden Schuld ein eigenes Interesse hat. Dann ist er in den meisten Fällen auch zur Kompensation zugelassen. Beispiel: § 268 Abs. 2, wenn Jemand durch eine Zwangsvollstreckung gegen den Schuldner Gefahr läuft, ein ihm zustehendes Recht an dem Gegenstande der Zwangsvollstreckung zu verlieren.[2]) Nach § 1142 Abs. 2 kann der Grundeigenthümer, der nicht persönlicher Schuldner ist, gegen den Hypothekengläubiger eine Kompensation einer eigenen Forderung vornehmen, auch wenn er nicht Schuldner ist, weil er ein Interesse an der Schuldtilgung hat. Ferner sagt § 1224 dasselbe von dem Verpfänder gegenüber dem Pfandgläubiger. Endlich verordnet § 1249 (übereinstimmend mit § 268), daß der Dritte, der durch die Veräußerung eines Pfandes gefährdet wird, dies auch durch Aufrechnung abwenden kann.

b) Der Schuldner kann nur eine solche Forderung aufrechnen, deren Aktivsubjekt er selber ist, d. h. die ihm zusteht. Also kann nicht ein Gesammtschuldner die Gegenforderung des anderen Gesammtschuldners

---

Erlaß die beiden Gläubiger. Daher ist die Aufrechnung des B.G.B. zwar nicht nach ihrem Thatbestande, wohl aber nach ihren Folgen dem gegenseitigen Erlasse gleichzustellen.

[1]) Auch dies hängt damit zusammen, daß eine greifbare Befriedigung bei Aufrechnungen fehlt.

[2]) Das Interesse des Dritten wird hier dem Interesse des Gläubigers an realer Erfüllung vorgezogen.

kompensiren, § 422 Abs. 2,[1]) (Pr. A.L.R. § 306 I, 16). Ferner kann ein Schuldübernehmer nicht mit der Forderung des bisherigen Schuldners kompensiren, § 417. Auch der Bürge kann die Forderung des Hauptschuldners dem Gläubiger gegenüber nicht mehr aufrechnen. Dies weicht vom gemeinen und vom preußischen Rechte (§ 328) ab. Doch giebt das Gesetzbuch dem Bürgen in § 770 Abs. 2 eine eigenartige Befugniß, nämlich das Recht, eine dilatorische Einrede darauf zu gründen, daß der Gläubiger dem Hauptschuldner etwas schulde und also in der Lage sei, gegen diese Schuld die verbürgte Forderung aufzurechnen und sich dadurch zu befriedigen.[2])

Es ist dies eine Konsequenz des Gedankens, daß die Bürgschaft dem Gläubiger doch nur Sicherheit gewähren solle, diese aber der Gläubiger ohnehin in seiner Kompensationsmöglichkeit besitze.

Es liegt hierin eine Ueberschreitung der dem beneficium excussionis s. ordinis (Rechtswohlthat der Vorausklage) zu Grunde liegenden Idee, indem der Bürge den Gläubiger nicht blos auf die Zahlung des Hauptschuldners, sondern auch auf die ihm gegenüber gegebene Kompensationsmöglichkeit verweist.

Dieser Gedanke wurde besonders empfohlen vom Landgerichtsrath Lippmann in Bd. 32 der Jahrbücher für Dogmatik S. 224 ff.

Die Neuerung ist m. E. eine höchst prekäre für den Gläubiger und für den Schuldner. Denn dem Bürgen kann diese Einrede vom Hauptschuldner leicht entzogen werden, entweder durch Erlaß der Gegenforderung seitens des Hauptschuldners oder dadurch, daß er seine Gegenforderung gegen eine andere als die verbürgte aufrechnet.[3]) „Dann fällt für den Bürgen die Befugniß weg, den Gläubiger auf

---

[1]) Auch nicht, wenn die correi debendi im Sozietätsverhältnisse stehen. Er muß also zahlen und aus dem Gesellschaftvertrage den Sozius dazu veranlassen, die Gegenforderung beizutreiben. Die bloße Drohung mit einem solchen Verhalten wird dem Gläubiger gegenüber vielfach einer Aufrechnung an Kraft gleichkommen.

[2]) Es ist dies gewissermaßen eine Aufrechnungseinrede zweiter Klasse, die nur abwehrt, aber nicht tilgt. Wie aus dem oben Ausgeführten folgt (S. 360 Anm. 3), darf man solche minder starke Einreden auch dem Gegengläubiger selber nicht verwehren. In majori inest minus. — Würde der Bürge mit tilgender Kraft aufrechnen können, so würde er dann, wenn dem Hauptschuldner die Doppeltilgung unerwünscht ist (vgl. das Beispiel oben S. 361 Anm. 1), diesem einen übelen Streich zu spielen vermögen.

[3]) Die Zulässigkeit solcher Geschäfte ist nicht zweifellos (§ 242), vgl. auch § 768 Abs. 2. Ueber Aufrechnung gegen eine von mehreren Hauptforderungen s. unten den Text.

die Kompensation zu verweisen, die dann nicht mehr möglich ist." Der Bürge existirt also „von Hauptschuldners Gnaden".

Auch der Gläubiger kann vom Hauptschuldner hierbei an der Nase herumgeführt werden: Der Gläubiger klagt gegen den Bürgen, der ihm die Einrede der Kompensationsmöglichkeit entgegenstellt, und wird in zwei Instanzen abgewiesen. Der Prozeß [1]) geht in die Revisionsinstanz. Da kompensirt der Hauptschuldner seine Forderung gegen eine andere Forderung des Gläubigers als die verbürgte.[2]) Die Revision des Gläubigers muß, weil es sich nur um ein thatsächliches Novum und keinen Rechtsirrthum handelt, verworfen werden. Der Gläubiger kann sofort von Neuem klagen, „weil inzwischen die dilatorische Einrede des Bürgen erloschen ist".[3])

Dieses selbe Recht hat der Grundeigenthümer, der nicht persönlicher Schuldner ist, dem Hypothekengläubiger gegenüber (§ 1137), und der Eigenthümer der Pfandsachen gegenüber dem Pfandgläubiger, § 1211. Endlich statuirt das Neue H.G.B. dieses Recht für den Gesellschafter gegenüber der Gesellschaft, § 129 Abs. 3.

Hier liegt eine von der zweiten Kommission eingeführte neue Rechtsschöpfung vor.

c) Der Schuldner kann nur eine solche Forderung aufrechnen, deren Passivsubjekt der Gläubiger ist. Aber es gilt auch hiervon die Ausnahme, daß der Debitor cessus Forderungen, die er gegen den Cedenten hat, dem Cessionar gegenüber aufrechnen kann, wie auch im preußischen Rechte (§ 407 A.L.R. I, 11),[4]) „es sei denn, daß er bei dem Erwerbe der Forderung von der Abtretung Kenntniß hatte oder daß die Forderung erst nach der Erlangung der Kenntniß und später als die abgetretene Forderung fällig geworden ist".

2. Die beiden aufzurechnenden Forderungen müssen gültig sein. Das ist nicht ausgesprochen, aber selbstverständlich. Aber wie, wenn

---

[1]) Gemeint ist jedenfalls der Prozeß gegen den Bürgen.

[2]) Gedacht ist sicherlich an eine außergerichtliche Erklärung.

[3]) Aus dem Vorbereitungsheft Ecks; m. E. nicht zweifellos. Man könnte auch meinen, daß der Gläubiger seine Forderung gegen den Bürgen durch den unglücklichen Prozeß verwirkt habe, doch ist Ecks entgegengesetzte Ansicht vorzuziehen. Seine Entscheidung müßte auch dann gelten, wenn erst nach der Rechtskraft des Urtheils kompensirt worden wäre.

[4]) Sonst würde sich der Werth der Forderung durch Cession erhöhen.

eine Forderung durch Einrede gehemmt ist? Darauf antwortet § 390, daß eine Forderung, der eine Einrede entgegensteht, nicht aufgerechnet werden kann, selbst wenn die Einrede auch nur eine dilatorische ist. Denn eine solche Einrede giebt wirthschaftlich der Forderung den Charakter einer betagten Forderung, Planck II S. 173, 1. Es kann z. B. ein Verkäufer seine Preisforderung nicht aufrechnen, so lange er nicht geleistet hat, weil die Forderung durch die Einrede des nicht erfüllten Vertrages gehemmt wird. § 390 Satz 2 fügt die Ausnahme hinzu, daß ein verjährter Anspruch doch kompensabel bleibt, wenn er es vor Ablauf der Verjährung war.

„Andererseits ist Aufrechnung gegen eine durch Einrede gehemmte Forderung nicht ausgeschlossen." [1])

3. Die beiden Forderungen müssen auf gleichartige Leistungen gehen, also auf vertretbare Sachen derselben Art. Dies ergiebt sich aus den Worten des § 387 „Leistungen, die ihrem Gegenstande nach gleichartig sind".

Nach § 391 soll aber Verschiedenheit des Erfüllungs- oder Ablieferungsortes [2]) kein Hinderniß der Aufrechnung bilden. Jedoch fügt derselbe Paragraph hinzu, daß der aufrechnende Gegner den Schaden ersetzen muß, den er in Folge der Ortsverschiedenheit erleidet.

Kompensirt also A, der als Hypothekenschuldner an B 10000 Mark in Breslau zu zahlen hat, gegen eine ihm von B in Berlin geschuldete Summe von 10000 Mark, so daß B, der an C in Breslau 10000 Mark zu zahlen hat, das Geld erst von Berlin nach Breslau senden und wegen der dadurch entstehenden Verzögerung an C eine Vertragsstrafe entrichten muß, so hat A dem B den Betrag der Vertragsstrafe zu ersetzen.

„Eine solche Kompensation bei diversitas loci ist nicht ungefährlich." [3])

Abs. 2 § 391 fügt dem hinzu, daß die Vereinbarung eines bestimmten Leistungsortes neben einer bestimmten Leistungszeit als pactum de non compensando gedeutet werden soll.[4])

---

[1]) Vorbereitungsheft.

[2]) Ueber diese Begriffe s. oben S. 263 Anm. 4.

[3]) Vorbereitungsheft.

[4]) In diesem Ausnahmefalle ist also doch auf den sonst im Gesetzbuche nicht erwähnten Kompensations-Ausschließungsvertrag hingedeutet, vgl. oben S. 362.

Der Schuldner wird sich also sehr überlegen müssen, ob er anrechnen will, wenn der andere Theil eine Konventionalstrafe zahlen und er sie ihm ersetzen müßte.[1])

4. Nach § 387 am Schlusse muß die Forderung des aufrechnenden Theiles fällig sein, während es für die Forderung des aufrechnenden Gegners genügt, daß der Kompensant sie erfüllen dürfte, („sobald er die ihm gebührende Leistung fordern und die ihm obliegende Leistung bewirken kann"), was ja ante diem solutionis zulässig ist, § 271 Abs. 2.[2])

II. Ein zweiter Hauptpunkt betrifft den Eintritt der Aufrechnung. Er erfolgt nicht durch die bloße Coexistenz der Forderung, wie im französischen Rechte, aber auch nicht erst durch Geltendmachung im Prozesse, wie im gemeinen Rechte, sondern durch einseitige Erklärung des einen aufrechnenden Theiles an den anderen. Vor dieser Erklärung hat jeder Theil das Recht, seine Forderung aufzurechnen, aber man kann dieses Recht durchaus nicht mehr eine Einrede nennen, „denn es liegt kein selbständiges Gegenrecht vor, die geschuldete Leistung zu verweigern, sondern ein Recht, die Schuld zu tilgen". Die tilgende Kraft des Gegenüberstehens von Forderung und Gegenforderung ist aber suspensiv bedingt durch die Erklärung des Kompensationswillens. Kohler (S. 32) nennt dieses Vorstadium das der Vinkulirung der beiden Forderungen;[3]) man könnte in diesem Sinne von einer Gedämpftheit der

---

[1]) Da er in der Regel nicht wissen kann, ob ein solcher Fall vorliegt, so wird er bei einer derartigen Sachlage im Zweifel sich einer Aufrechnung lieber enthalten.

[2]) Alle diese Voraussetzungen gelten nicht bloß für die außergerichtliche aufrechnende Tilgung, sondern auch für die Tilgung durch Richterspruch im Auftrage des Berechtigten, sofern man eine solche noch gelten läßt. Die Kraft einer bloßen Drohung mit der Gegenforderung oder der bloßen Furcht vor einer solchen sind von Gesetzesbestimmungen unabhängig, mag sie nun in oder außer einem Streitverfahren geschehen.

[3]) Kohler meint offenbar damit den Einfluß der Furcht des Gläubigers vor der Gegenforderung, den der Gesetzgeber nicht schafft noch zerstören kann, sofern er überhaupt Gegenforderungen zuläßt. Sie schafft die „Aufrechnungssituation". Dernburg, Bürg. R. II, 1 S. 289 bezeichnet dies als „schwebenden Tilgungsgrund" oder schwebenden „Entkräftungsgrund". Zur Vertheidigung der hier von Eck angegriffenen Theorie Kohlers von der „Aufrechnungssituation" sei hervorgehoben, daß in dem Gegenüberstehen von Forderung und Gegenforderung zu allen Zeiten und überall, also auch im gemeinen Rechte, ein wechselseitiges Gegengewicht der Ansprüche ohne Weiteres (sine facto hominis ipso jure) mit Nothwendigkeit enthalten ist. Ein vernünftiger Gläubiger wird thatsächlich nichts eintreiben, was ihm sofort wieder

Forderungen reden. Zu dieser Theorie bietet m. E. das gemeine Recht keine Handhabe, da dort die Forderung des Gläubigers ungehemmt besteht, und zwar in gleicher Weise besteht, bevor sie bezahlt und bevor sie durch Abgabe der Kompensationserklärung zur Kompensation gebracht wird.[1]) Die Möglichkeit, zu kompensiren, wirkt auf die Forderung nicht mehr ein, als die Möglichkeit zu zahlen und zu deponiren.[2])

In dieser Zulässigkeit durch einseitige Willenserklärung aufzurechnen, liegt eine große Erleichterung, namentlich gegenüber dem gemeinen Recht,[3]) und insofern ein Fortschritt,[4]) aber auch der Keim von Zweifeln.

Vor Allem bleibt zwar auch bei dieser Kompensation durch Rechtsgeschäft eine Aufrechnung im Prozesse möglich (prozessuale Kompensation). Inwieweit aber für diese beiden Arten dieselben Regeln gelten, ist schon jetzt sehr streitig. Die civilistische Aufrechnung ist formfrei, aber empfangsbedürftig, sie kann auch nach § 132 durch

---

entwunden werden kann. Es wirkt hier die Furcht vor der Kompensationsvollziehung. Vgl. oben S. 360 Anm. 1. Aehnlich Crome, System II S. 299, der den hier vorliegenden Schwebezustand mit der gerichtlichen Hinterlegung vor der Zurücknahme vergleicht, siehe auch Enneccerus, Anm. 10 zu § 215 S. 525.

[1]) Anders des Herausgebers Artikel compensatio, s. oben S. 360 Anm. 1.

[2]) Auf die Forderung selbst allerdings nicht; wohl aber auf die Neigung, sie geltend zu machen, die dadurch gelähmt wird, daß eine Aufrechnung droht, auch ehe aufgerechnet ist. Ein Gleiches gilt bei der Zahlungsmöglichkeit nicht. Auch ist zu beachten, daß die Möglichkeit, zu zahlen, dem Gegner immer angenehm ist, die Möglichkeit, zu kompensiren, aber in der Regel unangenehm.

[3]) In der Praxis des gemeinen Rechtes wird die außergerichtliche Drohung mit einer zu erhebenden Kompensationseinrede dem praktischen Bedürfnisse in der Regel genügt haben. Auch jetzt ist den Gläubigern der Gegenforderung anzurathen, sich im Zweifel mit einer solchen Drohung zu begnügen. Daran, seine Gegenforderung ohne Noth zu tilgen, liegt ihm gewöhnlich nichts und, wenn es das Gesetzbuch ihm erlaubt, so braucht er sich doch nicht darauf einzulassen.

[4]) Aus dem Vorbereitungshefte Ecks geht hervor, daß er den Fortschritt namentlich darin sieht, daß der Kompensationsberechtigte jetzt die Pfänder und Bürgen seiner Schuld auf einfache Weise endgültig befreien kann, während man früher für solche Fälle an eine Klage auf Kompensation gedacht habe. Wo aber solche Befreiungsbedürfnisse fehlen, da genügte dem praktischen Bedürfnisse auch schon bisher die außergerichtliche Drohung mit dem Gegenanspruch und der prozessuale Antrag auf Tilgung durch Richterspruch. Wenn man diese beiden Aeußerungen auch in Zukunft so beurtheilt, wie die Parteien selbst es wünschen, dann ist das neue einseitige Aufrechnungsgeschäft freudig zu begrüßen. Wo man es aber in Aeußerungen der Gegengläubiger wider deren Willen hineininterpretirt, da haben wir nicht einen Fortschritt, sondern einen empfindlichen Rückschritt gemacht.

Gerichtsvollzieher oder öffentliche Zustellung erfolgen. Sie kann aber nicht, wie § 388 Satz 2 sagt, unter einer Bedingung oder Zeitbestimmung erfolgen. Wie nun, wenn die Forderung, gegen welche kompensirt wird, gar nicht besteht, blos eine putative war? Nach Planck ist dann die Kompensationserklärung unwirksam und die Forderung des Kompensanten bleibt bestehen. Kohler meint dagegen, die aufgerechnete Forderung sei erloschen, da der Kompensationsakt Zahlung bietet.[1]) Es liege Alles so, wie bei der Zahlung einer Putativschuld. Wie bei dieser das Eigenthum übergehe, so trete bei der Aufrechnung gegen eine derartige Schuld ein Untergang der Forderung ein. „Allein es fehlt hier eine gesetzliche Voraussetzung der Aufrechnung, der Bestand zweier gültigen Forderungen, eine Bedingung von Rechts wegen."[2]) Stölzel (S. 144, 145) sagt, man müsse unterscheiden, ob die Aufrechnung endgültig erklärt war, dann habe Kohler Recht, die Forderung sei auch ohne Vorhandensein der Gegenforderung aufgehoben, oder ob es nur eine Aufrechnung mit Vorbehalt war, eine Eventualaufrechnung, dann sei sie bedingt gewesen. Es liege dann kein Anerkenntniß der Hauptforderung vor und deshalb dauere, wenn diese nicht bestehe, die aufgerechnete Forderung fort. Ich trete Stölzel insofern bei, als ich meine, daß bei endgültiger Erklärung der Aufrechnung die Forderung erloschen ist, denn darin liegt eine Anerkennung der Forderung des Gegners und eine Aufgabe des eigenen Anspruchs.[3]) Bei der datio in solutum ist ebenfalls die an Erfüllungsstatt gegebene Forderung wirksam, selbst wenn eine geschuldete Leistung gar nicht bestand. Der nunmehr scheinbar liberirte Schuldner — der in Wirklichkeit gar nicht geschuldet hatte — hat dann blos eine condictio wegen grundloser Bereicherung. So auch hier.

„Nur in einem Falle läßt das B.G.B. die aufgerechnete Forderung, wenn die Aufrechnung nachträglich sich als nicht rechtmäßig herausstellt, wieder aufleben, § 1977. (Kohler S. 21)."[4])

[1]) Aehnlich auch jetzt Franz Leonhard, a. a. O. oben S. 359 Anm. 3. A. M. Dernburg, II, 1 S. 286. — Die Mehrheit der Schriftsteller stellt sich in dieser Frage mit Recht auf die Seite der im Texte erwähnten Meinung Plancks, vgl. die bei Crome, System II, S. 297 Anm. 36 angeführten.

[2]) Aus Ecks Vorbereitungsheft.

[3]) M. E. nur, wenn der Aufrechnende dies will, d. h. seine Forderung unbedingt erläßt. Im Zweifel möchte ich das Gegentheil annehmen, weil Verzichte nicht zu vermuthen sind.

[4]) Aus Ecks Vorbereitungsheft.

Eine andere Frage ist, ob solche Aufrechnung mit Vorbehalt nach dem B.G.B. überhaupt zulässig oder ob sie durch das Verbot des § 388 ausgeschlossen ist. Die Frage wird besonders akut im Prozeß, wenn der Beklagte die Forderung bestreitet, eventuell[1]) aber eine Gegenforderung vorschützt. Eine solche Aufrechnung, die praktisch unent-

[1]) Hierbei werden m. E. die Begriffe „eventuell" und „zur Vermeidung von Weiterungen" verwechselt. Der Beklagte will in der Regel durchaus nicht, daß der Klagegrund zunächst untersucht werde, und nicht nur für den Fall, daß er festgestellt werde, seinen Gegenanspruch hervorkehren. (So Crome, System II S. 304.) Was der Beklagte verlangt, verlangt er sofort und unbedingt, nicht eventualiter. Er verlangt „Abweisung der Klage", nicht Doppeltilgung der beiden Ansprüche, denn einen Anspruch, der nicht besteht, kann man nicht tilgen wollen. Der Grund des Antrages ist die Regel: In majori inest minus: Wenn man aus einer Gegenforderung Tilgung eines wirklich bestehenden (materiellen) Anspruches verlangen kann, so muß man um so viel mehr Abweisung einer nicht bestehenden, bloß prozessualisch behaupteten Anspruches verlangen können. Das B.G.B. berührt diesen Rechtszweig nicht unmittelbar. Seine tilgende Aufrechnung kommt hier nur in Betracht, insoweit sie in Zukunft droht. Anders die herrschende Meinung, die verlangt, daß in solchen Fällen die Hauptforderung unbedingt erst geprüft werden müsse, ehe ein Urtheil erfolgt, vgl. Enneccerus und die dort angeführte Litteratur, § 215 Anm. 19 S. 529. Enneccerus erklärt sich a. a. O. besonders entschieden für die rechtsgeschäftliche Natur der Kompensation im Prozesse. Dem kann man ja auch insoweit zustimmen, als der gerichtliche Antrag auf Kompensation nach B.G.B. ebenfalls ein Rechtsgeschäft ist, aber, wenn man ihn richtig auslegt, nicht das Geschäft der sofortigen Doppeltilgung. Er enthält vielmehr einen bedingten Auftrag zu dem eigentlichen Tilgungsgeschäfte, das durch den Richter zu vollziehen ist. Wohlverstanden: der Auftrag ist bedingt und darf es sein, die eigentliche Tilgung soll aber später unbedingt geschehen. Weil aber ein solcher Auftrag möglich ist, so hat er da, wo seine spätere Ausführung gewiß ist, schon vorher aus Zweckmäßigkeitsgründen eine gewisse Kraft. Zwar nicht die Kraft der Tilgung, wohl aber die Kraft, die Einstellung des Verfahrens zu bewirken, das sich nunmehr als zwecklos herausstellt, weil es auf keinen Fall zu einem günstigen Ergebnisse für den Kläger führen kann. Vgl. auch die von Crome angeführte Entsch. des R.G. Bd. 37 S. 403. Erklärt freilich jemand, daß er nur kompensiren wolle, wenn die Klage nicht zurückgenommen oder wenn sie nicht ohnehin abgewiesen werde (Crome S. 304), so ist dies allerdings eine bedingte Erklärung und darum als Tilgungsgeschäft ungültig, dagegen m. E. als Antrag auf richterliche Tilgung zu retten, weil Aufträge bedingt sein können. Ganz etwas anderes ist wiederum, was Ebert Anm. 2 zu § 388 bei Fischer-Henle als Eventualkompensation anführt, nämlich die Aufrechnung „wenn die Gegenforderung fällig oder rechtswirksam sein sollte." Hier liegt in der That eine rechtlich gleichgültige condicio juris vor, eine condicio in praesens relata, während Crome von einer condicio in futurum relata spricht. Dadurch, daß man so verschiedene Dinge mit demselben unklaren Namen (Eventualaufrechnung) belegt, kann die Lehre an Klarheit nicht gewinnen.

behrlich ist, hat das Gesetzbuch keineswegs ausschließen wollen, wie die Motive ausdrücklich sagen (II S. 108). Sie trennen die eventuelle Aufrechnung im Prozesse von der bedingten (so auch Eccius, Gruchot Bd. 42 S. 34 ff.). Es wird von Eccius mit Recht behauptet, daß hier keine wahre willkürliche Bedingung vorliegt, sondern eine gesetzliche Voraussetzung (conditio juris),[1]) ein Thatbestandsmoment. Stölzel dagegen (S. 78, 79) hält sie allerdings für eine bedingte, aber er will das Verbot der Bedingung auf nichtprozessuale Aufrechnungen beschränken und interpretirt den § 388 so eng, daß die Eventualaufrechnung überhaupt nicht unter das Verbot dieses Paragraphen fällt.[2]) Ebenso Franz Leonhard S. 147—152. Planck (2 zu § 388) hält bloß die außergerichtliche Aufrechnung unter Vorbehalt — die übrigens sehr selten vorkommen wird —, für unzulässig.[3]) Nach Planck (ebenso Förtsch im sächs. Archiv für bürgerliches Recht und Prozeß Bd. 7 S. 401) ist die prozessuale Aufrechnung von der civilistischen nicht verschieden. Sie ist ein reines Rechtsgeschäft, daher ist ein Anwalt im Prozeß dazu nicht ohne Weiteres legitimirt, auch nicht zur Entgegennahme der gegnerischen Aufrechnungserklärung, weil ihn die Prozeßvollmacht nur zu Prozeßhandlungen legitimirt.[4]) In Ermangelung einer solchen könne der Gegner nach § 174 die Kompensation zurückweisen.

---

[1]) M. E. setzt das Gesetz ebensowenig, wie der Beklagte voraus, daß die bestrittene klägerische Forderung besteht. Der Beklagte bedingt vielmehr seinen Auftrag zur Kompensation nur dadurch, daß etwa der Richter die Hauptforderung für giltig ansehen und dadurch eine (dann unbedingte) Kompensation durch seine Vermittelung nöthig werden sollte.

[2]) M. E. mit Recht, siehe die vorige Anmerkung.

[3]) In Wahrheit ist dies im Zweifel keine tilgende Aufrechnung, sondern nur eine Drohung mit der Gegenforderung, s. oben S. 360 Anm. 1.

[4]) Richtig ist dies m. E. nur dann, wenn der Beklagte eine wirkliche sofortige Doppeltilgung nach § 387 B.G.B. wünscht und nicht bloß eine solche Tilgung vom Richter erbittet. Ein solches Recht des Anwaltes ist althergebracht und muß im Zweifel als gewollt gelten. Da es sich um ein Rechtsgeschäft handelt, so muß die stillschweigende Vollmacht genügen. Zweifelhaft bleibt freilich, ob nicht der Anwalt durch die Prozeßvollmacht auch zu sofort tilgenden Erklärungen befugt werde, vgl. Dernburg, Bürg. R. II, 1 S. 286. Zur Entgegennahme von Erklärungen dieser Art möchte ich ihn im Zweifel nicht für befugt halten; denn dies wäre der Partei nachtheilig, also unerwünscht. Nimmt er freilich die Erklärung an und berichtet sie der Partei, so handelt er wie ein Bote und bringt auch ohne Vollmacht das einseitige Geschäft zu Stande.

Die prozessuale Aufrechnung ist nach Kohler (S. 18), der sich mit Recht hiergegen erklärt, ein Stück des Prozeßbetriebes, daher an die Form der Prozeßhandlungen gebunden, folglich muß sie in der mündlichen Verhandlung geschehen, nicht bloß in einem Schriftsatze. Ist sie unerheblich, weil schon eine andere Einrede durchgreift, dann ist sie auch wirkungslos. Sie kann zurückgenommen werden wie andere Streitmittel (z. B. mit Rücknahme der Klage vor der Berufung) und kann als Streitmittel trotz § 388 Satz 2 eventuell vorgebracht werden.[1])

Die prozessuale Aufrechnung ist als prozessuales Rechtsmittel auch einem vorläufig vollstreckbaren Urtheile gegenüber in der Zwangsvollstreckungsinstanz zulässig.

Kohler macht dagegen geltend, daß die Kompensation recht eigentlich eine Prozeßhandlung ist.[2]) § 388 hat aber nur eine rechtsgeschäftliche Kompensation und keine prozessuale im Sinne.

Faßt man diesen Dualismus der Kompensation ins Auge,[3]) so bleibt, auch während der Prozeß schwebt, noch immer eine Kompensation außerhalb des Prozesses durch rechtsgeschäftliche Erklärung möglich.[4]) Schwebt z. B. eine Prozeßsache in der Berufungsinstanz, so kann der Beklagte die Aufrechnung nach der C.P.O. § 491 Abs. 2 — der im übrigen in der neuen C.P.O. § 529 Abs. 3 eine andere, bezüglich der Kompensation im Wesentlichen nur redaktionelle Fassung enthält — nur noch dann vorschützen, wenn er ohne seine Schuld sie

---

[1]) Für das Tilgungsgeschäft kann dies m. E. alles nicht gelten. Es wirkt, sofern es an den Gegner gelangt, gleichviel wie und wo dies geschieht.

[2]) Dies gilt m. E. nur sofern, als die Partei bei der Kompensationseinrede nicht eine sofortige beiderseitige Tilgung wünscht, sondern nur spätere Tilgung durch den Richter im Namen der Partei. Nur dann ist sie rein prozessual.

[3]) Aus den Vorverhandlungen ist klar, daß man eine prozessuale Aufrechnung neben der civilistischen nicht beibehalten wollte. Dem tritt die herrschende Meinung bei, besonders bestimmt Crome, System II S. 303. „Das richterliche Urtheil ist hier, wie regelmäßig, nur deklarativ." In Wahrheit verschlingt sich hier das Urtheil mit der Kompensationserklärung zu einem einzigen Akte; soweit dieser Akt kompensirt, hat er Tilgungskraft, dagegen ist er rein deklarativ, insoweit er die rechtlichen Folgen der Sachlage feststellt. So läßt sich das bisherige Ergebniß kompensirender Urtheile, das dem Parteibedürfnisse entspricht, mit dem B.G.B. und seiner Unterstellung der Kompensationen unter die Rechtsgeschäfte vereinigen, ohne daß die Betheiligten durch das neue Recht geschädigt werden.

[4]) M. E. auch innerhalb des Verfahrens, was nach der Fassung des Textes zweifelhaft bleibt. Jedes Rechtsgeschäft kann im Zweifel in Gerichtsverhandlungen hineingezogen werden.

nicht früher geltend machen konnte. Außergerichtlich kann er aber die Kompensation herbeiführen und sie als neue Thatsache in der Berufung geltend machen.[1])

Die prozessuale Aufrechnung begründet die Rechtshängigkeit der aufgerechneten Forderung.[2])

Wird die hervorgekehrte Gegenforderung vom Richter für nicht bestehend erklärt, dann ist nach § 293 Abs. 2 (jetzt § 322 Abs. 2) die Entscheidung über das Nichtbestehen der Gegenforderung bis zur Höhe des Betrages, für welchen die Aufrechnung geltend gemacht worden ist, der Rechtskraft fähig.

Der § 322 Abs. 2 der neuen C.P.O. beschränkt durch Streichung der im früheren Texte befindlichen Worte „Bestehens oder" die Rechtskraft des Urtheiles auf die Feststellung des „Nichtbestehens" der Gegenforderung. Er lautet: „Hat der Beklagte die Aufrechnung einer Gegenforderung geltend gemacht, so ist die Entscheidung, daß die Gegenforderung nicht besteht, bis zur Höhe des Betrages, für welchen die Aufrechnung geltend gemacht worden ist, der Rechtskraft fähig." Die Motive begründen das S. 48 in folgender Weise: Wenn anerkannt wird, daß die Gegenforderung zur Zeit der Aufrechnungserklärung bestand und auf Grund der erfolgten Aufrechnung die Klage abgewiesen wird, so sei die Entscheidung über das Bestehen der Gegenforderung ebensowenig der Rechtskraft fähig, wie die Entscheidung darüber, daß die Forderung des Klägers aus einem anderen Grunde getilgt ist.[3])

---

[1]) M. E. muß man auch hier die beiden Arten der Hervorkehrung des Gegenanspruchs unterscheiden: Verlangt der Beklagte nur Tilgung durch Richterspruch (was freilich nach der neuerdings herrschenden Lehre nicht mehr als möglich gilt, so besonders entschieden Crome II S. 303), so gilt dafür das Verbot der C.P.O. § 529 Abs. 2. Bestimmt er dagegen sofortige Doppeltilgung nach B.G.B., so ist das ein Rechtsgeschäft, das von der C.P.O. in keiner Weise abhängt. M. E. kann es auch an Gerichtsstätte abgegeben werden, wenn der Anwalt des Gegners dazu empfangsbevollmächtigt ist oder auch ohnedies die empfangene Erklärung der Partei übermittelt; der Kompensant braucht ihn nicht deshalb außerhalb des Gerichtssaales abzufangen.

[2]) Dies würde auch von der unmittelbar tilgenden Aufrechnung gelten, denn auch getilgte Ansprüche können (im prozessualen Sinne des Wortes) rechtshängig sein. Das Gleiche gilt auch wegen der im Folgenden erwähnten Rechtskraft der Entscheidung über den Gegenanspruch. Ueber das Verhältniß der Kompensation zur Widerklage vgl. Crome, System II S. 302.

[3]) Es scheint mir hierbei in den Motiven übersehen zu sein, daß bei der Aufrechnung der Tilgungsthatbestand für sich ein Ganzes bildet, das fähig ist, den Inhalt eines

Wenn eine Forderung schon früher zerstört ist, so kann jetzt nicht mehr über ihr Bestehen erkannt werden.[1])

Stölzel (S. 91) und Kohler (S. 26) mißbilligen diese Vorschrift. Ersterer weist darauf hin (S. 93), daß auch in Zukunft selbst vom Standpunkte der sogenannten Beweiserhebungstheorie (S. 54) Urtheile nicht zu umgehen sein werden, die das Bestehen der Gegenforderung ausdrücklich anerkennen. „Es ist eine übermäßige Konsequenzmacherei, wenn darum, weil schon die bloße Aufrechnungserklärung tilgend wirkt, der Richter nie mehr das Bestehen der vorgeschützten Gegenforderung soll rechtskräftig feststellen dürfen."[2]) Dies gilt auch von dem Falle, daß der unstreitigen Klageforderung die unstreitige Einrede der (tilgenden) Kompensation und die unstreitige Einrede des Verzichtes entgegensteht, ohne daß erhellt, ob der Verzicht oder die vor der Klagezustellung erklärte Aufrechnung zeitlich früher stattgefunden hat. Dann muß das Urtheil alternativ begründet werden.[3]) Gegenforderung nebst Aufrechnungserklärung stehen fest, ebenso steht der Verzicht fest; die Klageforderung ist also erloschen, ob durch den Verzicht oder die Aufrechnungserklärung, muß unentschieden bleiben. Vgl. hierzu auch das von Stölzel (S. 69) erwähnte Urtheil des Reichsgerichtes in Sachen Flickert contra Pasch. Hier hatte das Reichsgericht die Motivirung des Landgerichtes I Berlin gebilligt, daß kein Anlaß vorliege, den nicht geführten Klagebeweis durch eine Eidesauflage zu ergänzen, „da durch die unstreitige Gegenforderung die Klageforderung ausgeglichen sein würde".

In Zukunft kann also der Richterspruch die Folge haben, daß er über das Bestehen einer compensando vorgeschützten Gegenforderung entscheidet und diese Entscheidung dennoch nicht in Rechtskraft übergeht.[4])

Klageanspruches zu bilden und sich dadurch zu einer rechtskräftigen Beurtheilung eignet, während bei anderen Tilgungsgründen (Zahlung, Erlaß u. dergl.) das nicht der Fall ist.

[1]) Wohl aber über ihr Bestandenhaben.

[2]) So Ecks Vorbereitungsheft.

[3]) M. E. nur bei sofortigem Kompensationswillen, nicht bei einem bedingten Antrage auf richterliche Kompensation. Die Bedingung fällt aus, wenn der Verzicht durchschlägt.

[4]) Rückblickend sei, um Verwechselungen vorzubeugen, herorgehoben, daß Eck ebenso wie der Herausgeber zwei Arten der Vorkehrung von Gegenansprüchen annimmt: „die civilistische und die prozessuale". Der Unterschied liegt nur darin, 1. daß Eck die

III. Die Wirkung der Aufrechnung besteht im Erlöschen der beiden sich kreuzenden Forderungen (§ 389) in Höhe ihrer quantitativen Kongruenz.[1])

Im gemeinen Rechte ist streitig, zu welchem Zeitpunkte dieses Erlöschen eintritt. Nach der herrschenden Ansicht, die auch für das preußische Recht richtig ist, gelten die beiden Forderungen, wenn die Aufrechnung erfolgt, schon als in demjenigen Zeitpunkte als erloschen, in welchem sie zur Aufrechnung geeignet, einander gegenüber getreten sind. Diese Rückwirkung bezweckt, dem Kompensanten nachträglich noch dasjenige zu gewähren, was er schon früher durch Aufrechnungserklärung erreichen konnte.

Als Konsequenzen ergeben sich daraus:

a) der Wegfall der Verpflichtung, Zinsen von der einen oder der anderen Forderung zu zahlen, von dem genannten Zeitpunkte ab,

b) der Wegfall von Vertragsstrafen oder anderen Rechtsnachtheilen, welche nach dem gedachten Zeitpunkte wegen Nichterfüllung der einen oder anderen Forderungen verwirklicht sind.

Das gemeine Recht, das dem Kompensanten die Befugniß zur außergerichtlichen Aufrechnung nicht gab, zog die Wirkung der gerichtlichen Aufrechnung auch auf jenen Zeitpunkt des sich aufrechnenden Gegenüberstehens der beiden Forderungen zurück.

Die Wirkung der Aufrechnung nach § 389 ist also die Gleiche, wie nach dem bisherigen Rechte. Dies ist nach Planck II S. 172 Anm. 2

---

civilistische als außergerichtliche bezeichnet, obwohl sie auch vor Gericht möglich ist; 2. daß Eck mit der allgemeinen herrschenden Lehre (vgl. z. B. Schollmeyer, Commentar S. 334) der rein prozessualen Einrede immer eine sofortige Tilgungskraft beilegt, während sie m. E. im Zweifel einen bloßen Antrag auf richterliche Tilgung in sich enthält, der nach dem B.G.B. als bedingter Auftrag zur unbedingten Aufrechnung durch den Richter bei der Urtheilsfällung aufgefaßt werden muß. Ein solcher Auftrag schließt aber immer auch ein vorläufiges Leistungsweigerungsrecht in sich ein, daher der Name Kompensationseinrede weiterhin zulässig bleibt. A. M. Eck oben S. 362 Anm. 3. Nimmt dagegen der Beklagte außerhalb des Gerichtes oder auch vor Gericht das (civilistische) tilgende Aufrechnungsgeschäft vor, so ist seine Berufung darauf ein Einwand (Schollmeyer, Commentar S. 329); denn dann behauptet er, daß der Klageanspruch nicht mehr bestehe, vgl. oben S. 227 Anm. 4.

[1]) Nach dem Vorstehenden nur dann, wenn ein wahrer Tilgungswille vorliegt und nicht bloß entweder eine Drohung mit dem Gegenanspruche oder ein bloßer prozessualer Antrag auf Tilgung durch Richterspruch im Namen des Antragstellers.

eine Anomalie gegenüber der Auffassung des B.G.B., nach welcher die Aufrechnung ein einseitiges auf die Aufhebung der einander gegenüberstehenden Forderungen gerichtetes Rechtsgeschäft ist; „denn die Rückwirkung eines Rechtsgeschäftes auf die Vergangenheit kommt sonst nicht vor.[1]) Daher hätte das B.G.B. die Rückwirkung sehr wohl streichen können.[2]) Trotzdem hat es sie behalten.“ [3]) Man wird also die rückwirkende Kraft des § 389 sehr restriktiv interpretiren müssen (Franz Leonhard S. 208).

Die beiden Kommissionen haben trotz lebhaften Widerspruches diese Anomalie festgesetzt. Gegen die Ausführung, daß es unbillig sei, daß der Gläubiger, der infolge Erfüllungsverzuges des Schuldners Rechte, z. B. eine Konventionalstrafe, erworben habe, durch die nachträgliche Aufrechnung des Schuldners dieser Rechte — wegen der Rückziehung — verlustig gehe, wurde eingewendet, der Aufrechnungsgegner habe ja in der ihm obliegenden Gegenleistung Deckung gehabt, er brauche sich also nicht zu beschweren, daß die Forderung, mit der aufgerechnet werde, zurückwirke.[4])

Wird die Aufrechnung nach Schluß derjenigen mündlichen Verhandlung, in welcher Einwendungen spätestens hätten vorgebracht werden müssen, erklärt, obwohl sie schon während des Prozesses hätte

---

[1]) Es giebt auch sonst Rechtsgeschäfte mit rückwirkender Kraft, vgl. § 141 Abs. 2. Diese Kraft rechtfertigt sich hier m. E. daraus, daß die beiden Forderungen schon vor der tilgenden Aufrechnung wegen der Furcht vor der drohenden Aufrechnungsgefahr nichts werth waren, weil die Eintreibungslust der Gläubiger von ihrer Furcht vor den Gegenforderungen abgetödtet wurde, und daher kein Anlaß dazu vorliegt, ihnen für die Zwischenzeit irgend welchen praktischen Werth nachträglich zu verleihen, wenn die befürchtete Tilgung wirklich hereinbricht. Dazu kommt, daß dann, wenn ein Schuldner eine noch verzinsliche Forderung fürchtet und eine kompensable Gegenforderung erlangt, die rückwirkende Kraft es ihm ermöglicht, auf diese Gegenforderung gestützt, ruhig alles Weitere abzuwarten. Wenn irgend etwas Volksanschauung ist, so ist es dieses. Aus dieser Ruhe würde er aber aufgescheucht werden, wenn das B.G.B. die rückwirkende Kraft der Aufrechnung gestrichen hätte.

[2]) A. M. mit Recht Crome, System II S. 299. Der Gedanke, daß für ein lebendiges Bedürfniß ein zweckmäßiger Schutz deshalb nicht gewährt werden kann, weil ein ähnlicher Schutz sonst nicht vorkommt, überzeugt nicht. Anomale Bedürfnisse erzeugen anomale Schutzmittel.

[3]) Aus dem Vorbereitungshefte Ecks. Bei dem Vortrage hat wohl Eck sich absichtlich minder schroff ausgedrückt.

[4]) Die Rückziehung der Aufrechnung im Prozesse hat auch auf die Kostenlast Einfluß. Entsch. des Reichsger. Bd. 50 Nr. 96 S. 391.

erfolgen können, so kann die darauf gerichtete Einwendung trotzdem nach § 686 C.P.O. (jetzt § 767) geltend gemacht werden. Denn der Grund, auf dem die Einwendung beruht (§ 767 Abs. 2) besteht nicht in der Möglichkeit der Aufrechnung, sondern in dieser selbst. Planck II S. 173. Das hängt mit der Konstruktion der Aufrechnung im B.G.B. zusammen.[1])

Die Zurückziehung, die § 389 statuirt, kann jedenfalls dann nicht eintreten, wenn bereits die Kompensation selber unzulässig geworden wäre, z. B. wenn die eine der beiden Forderungen bezahlt ist.

Fraglich ist aber, ob, wenn eine der beiden sich gegenüberstehenden Forderungen schon vor der Zahlung durch Aufrechnung erlöschen konnte, der zahlende Schuldner, der im Irrthum über sein Kompensationsrecht gezahlt hat, die condictio indebiti geltend machen kann, z. B. in dem Falle, daß er eine Schuld nebst hohen Zinsen bezahlt hat, während er mit einer durch Erbgang erworbenen zinslosen Gegenforderung in Unbekanntschaft war. „Dies ist besonders deshalb erheblich, weil sich das Kompensationsrecht auch auf einen verjährten Anspruch beziehen kann, den man durch Klage nicht verfolgen kann, ebenso weil im Konkurse des Gläubigers dessen Schuldner vielleicht an den Kurator zahlt, während er kompensiren konnte.“[2])

Kohler meint, die Sache entscheide sich im B.G.B. wie nach gemeinem Rechte. Die beiden Forderungen hätten einander vinkulirt schon vor der Aufrechnungserklärung gegenübergestanden, der Zahlende könne also kondiziren.

Entgegengesetzter Meinung ist mit Recht Planck (II S. 172, 3): Die vor der Aufrechnung erfolgende Zahlung sei Zahlung einer bestehenden Schuld, der bezahlten Forderung habe auch auf Grund des Rechtes zur Aufrechnung keine Einrede entgegengestanden, es fehlten also die Voraussetzungen der Rückforderung, §§ 812, 813.[3])

---

[1]) Dies gilt natürlich nur, wenn wirklich mit tilgender Kraft aufgerechnet, nicht aber dann, wenn nur ein Auftrag zur richterlichen Tilgung ertheilt wird, den, wenn er verspätet ist, der Richter nicht mehr zu beachten braucht.

[2]) Aus Ecks Vorbereitungsheft.

[3]) Für Planck jetzt auch Crome, System II S. 299 Anm. 2. Gegen ihn die dort Angeführten. Die bezahlte Schuld war allerdings nicht blos formell giltig, sondern auch durch die Furcht vor der Gegenforderung nicht entwerthet, weil der Gläubiger diese nicht kannte. Thatsächlich war aber, wenn auch nicht die Furcht, so doch die Gefahr des Gegenanspruches vorhanden und sie entwerthen den Hauptanspruch. Mir scheint somit Kohlers und nicht Plancks Entscheidung richtig zu sein.

Ein ähnliches Beispiel giebt Achilles in seinem Commentar. Er behandelt den Fall, daß ein Bürge die Hauptschuld gezahlt hat, ohne das dem Gläubiger zustehende Aufrechnungsrecht zu kennen und ohne daher die ihm durch § 770 Abs. 2 gegebene Einrede vorzubringen. M. E. hat dann nicht der Bürge, sondern der Hauptschuldner die condictio indebiti.[1])

Wenn eine Forderung durch Rücktritt vom Vertrage erloschen ist, dann ist die Aufrechnung mit oder gegenüber einer solchen Forderung streng genommen, nicht mehr wirksam, weil die Kompensirbarkeit der Forderung schon zerstört ist. § 357 macht aber bei der lex commissoria eine Ausnahme und gestattet dem Schuldner, unverzüglich nach der Berufung auf die Verfallklausel die Aufrechnung gegen die Vertragsforderung zu erklären, § 357. Der Schuldner bekommt dadurch noch eine Gnadenfrist.

Aehnlich ist die Sache im § 554 Abs. 2 im Falle, daß der Vermiether sein Recht auf sofortige Kündigung des Vertrages ausübt, das ihm wegen Nichtentrichtung zweier aufeinanderfolgender Miethsraten zusteht. Der Miether kann im Falle einer solchen Kündigung sofort kompensiren.

Durch die Möglichkeit einseitiger Kompensation erledigt sich die unsterbliche Streitfrage des gemeinen Rechtes, wie es sich verhalte, wenn eine Partei mehrere Gegenforderungen hat, wer dann die zur Aufrechnung kommende Forderung auswählen könne, der Doppelgläubiger oder der Doppelschuldner.[2]) Jeder der beiden gegenüberstehenden

---

[1]) Diese Entscheidung halte ich für bedenklich. Dem Hauptschuldner ist sein Gegenanspruch verblieben, wenn der Bürge die Hauptschuld getilgt hat. Er bedarf der condictio indebiti nicht. Vielleicht liegt ein Mißverständniß bei der Nachschrift vor.

[2]) Nach gemeinem Rechte hatte zufolge der richtigen Meinung, die auch in Ecks Vorbereitungsheft, wenn ich es recht verstehe, angedeutet ist, derjenige von beiden Gläubigern das Wahlrecht, dessen kompensable Forderungsbeträge die größere Summe darstellten, in Höhe des Ueberschusses. Stellte dem der andere Theil Kompensationseinreden entgegen, so konnten sie durch Repliken geschlagen werden und der eingeklagte Ueberschuß blieb kompensationsfrei bestehen. Im B.G.B. siegt nach der im Texte vertretenen Ansicht la partie la plus diligente. Wer zuerst aufrechnet, gewinnt dem andern einen Vorsprung ab, wenn der andere nicht sofort widerspricht. Wer in Zukunft mehr Forderungen gegen einen andern hat, als dieser gegen ihn, muß hiernach schleunigst zugreifen und die Doppeltilgung herbeiführen. Kommt ihm der andere zuvor und kompensirt ihm gerade seine besten Forderungen weg, so muß er schleunigst widersprechen. Schweigt er, so wird er

Gläubiger und Schuldner hat nach B.G.B. die Wahl, und jede Erklärung vollzieht die Kompensation.[1]) Eine replica compensationis ist also nicht möglich. Aber § 396 fügt eine weitere Bestimmung hinzu. Trifft nämlich derjenige, welcher kompensirt, keine Bestimmung, so gelten dieselben Regeln, wie bei der Zahlung. Außerdem kann der Gegner gegen eine von diesen Regeln abweichende Bestimmung mit der Wirkung unverzüglich Widerspruch erheben, daß diese Regeln trotzdem zur Anwendung kommen. (Weiter geht Kohler S. 45 nach seiner Vinkulirungslehre.) Wenn z. B. der Doppelgläubiger die sichere Forderung einklagt und dabei die unsichere, d. h. die nicht durch Bürgen oder Pfand gesicherte mit einer Gegenforderung des Schuldners später kompensiren will, der Schuldner aber erklärt, diese Gegenforderung auf die eingeklagte Schuld tilgend aufzurechnen, so kann der Gläubiger nach § 366 unverzüglich Widerspruch erheben.[2]) Dadurch wird ein Mißbrauch des Kompensationsrechtes verhütet.

IV. Die Kompensation ist in gewissen Fällen ausgeschlossen oder beschränkt, §§ 393—395,[3])

a) gegenüber der Forderung aus einer vorsätzlichen unerlaubten Handlung, gerade wie das Retentionsrecht, § 273 Abs. 2. Dies gilt

---

dadurch geschädigt. Auch dies ist vigilantibus scriptum. Ueber das bisherige Recht vgl. Meisner, Commentar II, Nr. 3 zu § 396 S. 89.

[1]) Dernburg, Bürg. R. II, 1 S. 295, behauptet, daß eine unvollständige Erklärung hinterher ergänzt werden könne, wenn sie über die Forderung schweigt, die kompensirt werden soll, gegen Oertmann, Anm. 3 zu § 396 Abs. 2. M. E. ist Letzterem beizutreten, weil gerade für derartige Erklärungen eine Ergänzung kraft Gesetzes angeordnet ist. Vgl. gegen Dernburg auch Schollmeyer, Commentar S. 350.

[2]) Auch hier wird man wohl unterscheiden müssen, ob der Gegner wirklich eine tilgende rechtsgeschäftliche Erklärung abgiebt und mit ihr dem Gegner zuvorkommen will, oder ob er blos eine richterliche Doppeltilgung wünscht. Im letzteren Falle ist dem Texte jedenfalls beizutreten. Ebenso dann, wenn noch nicht vor dem Prozesse aufgerechnet worden ist. Anders, wenn der Kläger vor dem Rechtsstreite mit der unsicheren Forderung tilgend aufrechnet, ohne daß der andere Theil Widerspruch erhebt und dann die sichere einklagt. Dann ist die tilgende Aufrechnungserklärung des Schuldners verspätet und auch ohne Widerspruch des Klägers wirkungslos.

[3]) Gegenüber thatsächlich wirksamen Drohungen mit Gegenansprüchen sind natürlich auch diese Verbote ohne Kraft. Sie gelten aber sowohl für das tilgende Aufrechnungsgeschäft als auch für die Kompensation durch den Richter im Auftrage der Partei. Die Kraft der bloßen Drohung mit Kompensationen wird nach wie vor demjenigen der beiden gegenseitigen Gläubiger ein Uebergewicht geben, der den größeren Gesammtbetrag verlangen kann.

vor Allem bei Wegnahme von Geld. Auch wenn Jemand sich durch Verletzung des Autor- oder Patentrechtes zum Schuldner gemacht hat und der Gläubiger nun Schadensersatz verlangt, so kann der Schuldner nicht kompensiren. Ebenso wird bei Körperverletzung gegen die Buße eine Gegenforderung nicht aufgerechnet werden können. Man wird die Vorschrift stark extensiv interpretiren müssen. Z. B. wird ein Reisender, dem das Einkassirungsmandat entzogen war und der dann doch noch einkassirt, die eingezogenen Beträge gegen seine Spesen nicht kompensiren können. Es kommt hier eben seine Eigenmacht in Betracht.[1])

Das wäre das Prinzip des römischen Rechtes: Wer durch Eigenmacht Schuldner geworden ist, kann nicht kompensiren.[2])

Ich spreche daher auch dem Stuttgarter Magistrat die Kompensationsbefugniß in einem Falle ab, in dem ihm seitens einer auswärtigen Behörde ein Geldvermächtniß zur Auszahlung an eine Person übersandt worden ist, die Armenunterstützung empfangen hatte und daher Schuldnerin der Armenverwaltung geworden war.[3])

b) Die Kompensation ist versagt gegenüber einer Forderung, die der Pfändung entzogen ist, also nicht blos gegenüber der Alimentenforderung, wie nach preußischem Rechte, § 366 A.L.R. I, 16, sondern gegenüber allen nach C.P.O. unpfändbaren Forderungen, z. B. C.P.O. § 850.[4])

c) Gegenüber der Forderung eines Reichs- oder Bundesstaates, einer Gemeinde oder eines anderen Kommunalverbandes ist die Aufrechnung nur zulässig, wenn die Leistung an dieselbe Kasse zu erfolgen hat, aus der die Forderung des Aufrechnenden zu berichtigen ist, § 395.

Dies ist die beinahe wörtliche Uebersetzung einer bekannten Konstitution des Kaisers Antonius über die stationes fisci.[5])

[1]) Eck stellt also die schuldhafte Vertragswidrigkeit nur deshalb dem Delikte gleich, weil eine Eigenmacht vorliegt und mit Recht. Der Text des § 393 spricht nur von vorsätzlich begangenen unerlaubten Handlungen. Da eine Ausnahmevorschrift vorliegt, darf man nicht darüber hinausgehen.

[2]) Cod. IV, 31 de comp. c. 14 § 2.

[3]) Hier scheint ein Mißverständniß bei der Nachschrift vorzuliegen. Darin, daß sich jemand, der in fremdem Namen besitzt, zum Eigenbesitzer macht, weil er aufrechnen will, liegt m. E. eine Eigenmacht noch nicht.

[4]) Weil diese meist nur die Lebensnothdurft sichern (Crome, System II S. 297), Ausnahmen § 394, 2 Art. 81 E.G.B. und dazu Crome a. a. O.

[5]) Cod. IV, 31 de comp. c. 1.

Dagegen sind die sonstigen Kompensationsverbote des preußischen Rechtes gestrichen worden (§§ 363—365, 370 A.L.R. I, 16), namentlich bei dem Verwahrungsvertrage und Leihvertrage.[1][2]

V.[3] „Schwierigkeiten entstehen, wenn an Stelle eines Gläubigers durch Cession oder durch Pfändung (C.P.O. § 829) ein Nachfolger tritt und nun der Schuldner die Gegenforderung, die er an den Vorgänger hat, aufrechnen will. Im Allgemeinen ist dies statthaft, §§ 392, 406. Es kann daher der Schuldner die Gegenforderung, die er gegen den Rechtsvorgänger hat, auch dem Nachfolger gegenüber aufrechnen.[4]

Ausgenommen sind:

a) bei der Beschlagnahme: Gegenforderungen, die er erst nach derselben (nach der Zustellung des Erfüllungsverbotes) erworben hat oder die doch erst nach derselben und später als die gepfändete Forderung fällig geworden sind. Sonst könnte der Schuldner durch Verzögerung einer Schulderfüllung sich noch das Kompensationsrecht verschaffen. Er soll also die Aufrechnung nur insoweit haben, als er auf sie zur Zeit der Beschlagnahme rechnen konnte. Kohler führt auch dies auf seine Vinkulirungstheorie zurück, nämlich auf vorherige Vinkulirtheit der beschlagnahmten Forderung. Uebrigens kann dies Kompensationsverbot doch nur relativ wirken, d. h. zum Schutze des Extrahenten der Beschlagnahme, § 135 II. Daher bleibt die durch § 392 getroffene Aufrechnung gegen den Inhaber der beschlagnahmten Forderung zulässig und wirksam.

b) bei der Cession: Gegenforderungen, die erst nach Kenntniß von derselben erworben oder doch erst nach dieser Kenntniß und später als die abgetretene Forderung fällig geworden sind.[5]

---

[1]) Näheres über die genannten Verbote und ergänzenden Vorschriften erwähnt Ebert bei Fischer-Henle Anm. 1 zu § 387, Anm. 1 u. 2 zu § 394.

[2]) Auch das Kompensationsverbot wegen Illiquidität ist weggefallen; vgl. Meisner, Commentar II S. 83, zu § 387 und über prozessuale Surrogate dieses Verbotes Engelmann, Das Bürg. R. Deutschlands, 2. Aufl. S. 277.

[3]) Aus dem Vorbereitungshefte Ecks.

[4]) Ohne dies würde sich der Werth der Forderung durch die Rechtsnachfolge ohne Grund erhöhen; s. oben S. 366 Anm. 4.

[5]) Eck kommt auf diesen Gegenstand unten bei der Cessionslehre nochmals zurück.

§ 69.

Erlaß und sonstige Erlöschungsgründe.

Der Erlaß[1]) ist nach B.G.B. (§ 397) wie nach gemeinem Recht Aufhebung einer Schuld durch Willenseinigung.[2]) Eine Dereliction einer Forderung giebt es nicht.[3])

Die causa des Erlasses kann sehr verschieden sein, nicht blos Schenkung (donandi causa), sondern auch Schuldtilgung (solvendi causa), z. B. aus einem Vermächtnisse, wenn der Erbe eine Schuld nach dem Willen des Erblassers erläßt, oder credendi causa, mit der Absicht auf Gegenleistung. So z. B. bei dem Kompensationsvertrage oder der Bestellung einer Mitgift als Heirathsgut in der Form eines Schulderlasses an den Bräutigam.

Der Erlaß bewirkt Tilgung der erlassenen Forderung,[4]) und zwar unabhängig von Rechtsgründen, auf denen der Erlaß beruhte, er ist ein abstrakter Vertrag.[5])

Hatten die beiden Kontrahenten verschiedene causae im Sinne, so wird doch der Erlaß wirksam. Aber freilich, wenn solche Mängel vorliegen, die zu einer ungerechtfertigten Bereicherung des Schuldners führen, so ist eine Rückforderung von Seiten des Gläubigers nach den Regeln über die grundlose Bereicherung möglich.[6])

---

[1]) Litteratur b. Crome II S. 309.

[2]) Der Erlaß ist auch für einen bloßen Theil des Schuldverhältnisses möglich, Schollmeyer, Commentar S. 354.

[3]) Wohl aber das Anerbieten eines Erlaßvertrages. Scherer, Commentar zu § 397 S. 208, bemerkt, daß auch das Schweigen auf einen Erlaß den Vertrag abschließt, weil fast immer der Schuldner damit einverstanden ist, wenn er nicht zu zahlen braucht.

[4]) Nicht blos, wie der römische formlose Erlaßvertrag, ein Leistungsweigerungsrecht. Ist z. B. ein Schenkungsversprechen durch Erlaß beseitigt, so kann es nicht durch formlosen Verzicht auf den Erlaß beseitigt werden, vielmehr ist eine neue förmliche Schenkung nöthig. Anders das römische Recht. Eine Vergleichung mit der römischen acceptilatio s. b. Dernburg, Bürg. R. II, 1 S. 295, 296. Daß in der Uebergabe eines Schuldscheines und in der Ausstellung einer Quittung nicht immer ein Erlaß liegt, führt Schollmeyer aus, Commentar S. 354.

[5]) Dies ist herrschende Meinung, vgl. z. B. Ebert zu Fischer-Henle Anm. 3 zu § 397, vgl. aber auch die folgende Anmerkung.

[6]) Alles dies ist m. E. zweifellos, wenn die Parteien einen Erlaß ohne Erwähnung der Entgeltfrage abgeschlossen haben. Ist aber der Erlaß in einen entgeltlichen Vertrag hineinverwoben (z. B. in den gegenseitigen Erlaßvertrag, den man Kompensationsvertrag nennt), so kann m. E. auch von der Gegenleistung her

Verschieden vom Erlaß ist der Vertrag, wonach der Gläubiger sich verpflichtet, eine Forderung binnen einer bestimmten Frist nicht geltend zu machen. Daraus erwächst dem Berechtigten nur ein Einrederecht.[1])

Endlich stellt das Gesetzbuch in § 397 dem Erlaß den sogenannten negativen Anerkennungsvertrag gleich, also den Vertrag, daß eine Forderung nicht bestehe.[2]) Dieser Vertrag ist eben so wenig an eine Form gebunden, wie der Erlaß. Der positive Anerkennungsvertrag erfordert dagegen Schriftform, § 780.

Die Wirkung des negativen Anerkennungsvertrages ist, wenn keine Schuld bestand, Feststellung dieses Nichtbestandes;[3]) wenn aber eine Schuld bestand, so bewirkt er Erlöschen.[4]) Ein negativer Anerkennungsvertrag steckt häufig in der Quittung. Natürlich kann gegen den negativen Anerkennungsvertrag auch eine condictio platzgreifen.[5])

Weitere Erlöschungsgründe sind oben besprochen (§ 61 am Anfange). Ueber Aufhebung eines Schuldverhältnisses durch concursus causarum lucrativarum enthält das B.G.B. keine Vorschriften.[6])

---

das ganze Geschäft nichtig werden, z. B. Schulderlaß zur Belohnung für eine unsittliche Handlung. Auch Schollmeyer, Commentar S. 355, läßt bei dem wechselseitigen Erlasse entweder beide Schulden erlöschen oder keine von beiden. Dies muß aber in entsprechender Weise auf alle Erlaßverträge mit Gegenleistung ausgedehnt werden. Crome meint System II S. 311, daß bei ihnen der Erlaß seinen „reinen Charakter" verliere.

[1]) Das von Eck mit Recht in diesem Sinne noch immer als gültig angesehene pactum de non petendo. Ebenso Dernburg, Bürg. R. II, 1 S. 296.

[2]) d. h. daß alles so gehalten werden solle, als ob sie nicht bestehe. Der Kern des Vertrages ist immer ein Imperativ, niemals ein Indicativ.

[3]) Das Nichtbestehende bedarf einer Feststellung nicht. Gemeint ist hier die Gewährung eines Beweismittels.

[4]) Er enthält also einen Erlaßvertrag unter der Bedingung, daß die aufgestellte Behauptung nicht richtig sein sollte. Im entgegengesetzten Falle ist nichts da, was durch Erlaß getilgt werden könnte. Es liegt also ein verschleierter Erlaßvertrag vor. Der Vertrag ist in ein Zugeständniß eingehüllt. Will man das Bild vermeiden, so kann man von einer alternativen Aeußerung reden. Die eine Seite der Alternative ist Gewährung eines Beweismittels, die andere ein Erlaßvertrag. Nur für die letztere ist Annahme von der Gegenseite erforderlich. Die herrschende Meinung sieht in dem Erlaß nur eine Willenserklärung, kein Geständniß, auch nicht, wie eben behauptet, eine Verbindung von beiden. So z. B. Dernburg a. a. O.

[5]) Insofern seine Gewährung den Empfänger ohne Grund bereichert hat. Dernburg zählt zu dem negativen Anerkennungsvertrage mit Recht auch die Decharge, Bürg. R. II, 1 S. 297.

[6]) Man nimmt an, daß dieser Endigungsgrund unter die Unmöglichkeit der

Kapitel IV. Eintritt eines neuen Subjekts in ein Schuldverhältniß. Mehrheit von Subjekten.

§ 70.

Uebertragung der Forderung, Cession. (§§ 398—413.)[1])

Das Gesetzbuch stimmt in dem Grundsatze der Uebertragbarkeit von Forderungen mit dem gemeinen und preußischen Rechte überein, entscheidet aber verschiedene Streitfragen und setzt einige Neuerungen fest.

Der Grundgedanke ist derselbe, wie bisher, nämlich daß die Uebertragung der Forderung auf einen neuen Gläubiger die objektive Seite des Schuldverhältnisses unberührt läßt und daß nur subjektiv eine Aenderung eintritt.[2]) Im Einzelnen sind folgende Punkte zu sondern:

1. die Uebertragung einer Forderung kann erfolgen:

a) durch Vertrag zwischen dem bisherigen Gläubiger und dem Uebernehmer, Abtretung,[3])

Leistung falle. So Crome, System II S. 231, und die dort Anm. 8 Angeführten. Richtiger scheint mir die Auffassung von Hartmann, die Obligation 1875 S. 3 ff., welche ihn aus dem Zwecke der Schuldverhältnisse herleitet. Jetzt muß, so weit er passend erscheint, die Vertragsauslegung ihn nach § 241 begründen. A. M. Enneccerus, § 221 S. 540, der behauptet, daß der concursus duarum causarum lucrativarum auf einer nicht zu allen Fällen zutreffenden Vermuthung beruhe. M. E. müßte er aber auch in Zukunft wenigstens dann gelten, wo sie zutrifft. Es hat z. B. ein vermögensloser Adjutant sein Pferd durch einen Unfall verloren und braucht 500 Mark zur Anschaffung eines neuen. Seine Großmutter, die dies erfährt, sendet ihm diese Summe zum Erwerb des Pferdes. Bald darauf schickt ihm sein Onkel den gleichen Betrag mit derselben Zweckbestimmung. Darf er das zweite Geschenk behalten? M. E. nein. So wohl auch Engelmann, Das Bürg. R. Deutschlands, 2. Aufl., S. 283 § 103, 3.

[1]) Litteratur b. Crome, System II S. 319. Aeltere Litteratur in Windscheid-Kipp, Pandekten II § 329 S. 331.

[2]) So die herrschende Meinung, vgl. z. B. Schollmeyer S. 357, Crome, System II S. 319 Anm. 2. Streng genommen kann man sich eine objektive Seite des Schuldverhältnisses, die nicht auch die Subjekte mit umfaßt, gar nicht denken. Man kann einem Schuldverhältnisse nicht seinen Gläubiger nehmen, ohne es in einem wichtigen Punkte zu ändern. A. M. mit vielen Engelmann, Das Bürg. R. Deutschlands, 2. Aufl., 1900, S. 174.

[3]) Auch als Blankocession möglich, Dernburg, Bürg. R. II, 1 S. 304.

b) kraft Gesetzes (cessio legis). Sie kommt gelegentlich zur Erwähnung, so § 408 Abs. 2 am Ende, 412; ferner § 268 Abs. 3 (bei Zwangsvollstreckungen), wenn der Bürge den Gläubiger bezahlt, § 774 Abs. 1, bei dem correus debendi, § 426 Abs. 2, und in ähnlichen Fällen,

c) kraft gerichtlichen Beschlusses, Ueberweisung einer Forderung. Sie kommt zum Vorschein z. B. § 408 Abs. 2. Genaueres enthält die C.P.O. § 835 ff.[1])

Bei der Abtretung giebt es im B.G.B. andere Benennungen als bisher, nämlich der Cedent heißt „der bisherige Gläubiger", der Cessionar heißt „der neue Gläubiger", der debitor cessus heißt kurz „Schuldner".

„Diese Redeweise ist nicht zweckmäßig, und, wenn keine Forderung übergeht,[2]) unpassend. Planck redet noch immer von Cessionaren." [3])

Grundsätzlich und im Zweifel ist eine Forderung auch ohne Zustimmung des Schuldners übertragbar (anders im älteren deutschen Rechte). Aber freilich unübertragbar sind mehrere Gruppen, die sich in den §§ 399 und 400 finden. In § 749 der C.P.O. ist ausgesprochen, daß alle diese unübertragbaren Forderungen auch unpfändbar sind, § 851.[4]) Es gehören dahin drei Klassen:

[1]) Die eine der beiden Ueberweisungsformen, die Ueberweisung zur Einziehung, ist ein Ueberrest des bloßen mandatum in rem suam ohne Forderungsübergang. Ein Uebergang gilt nur bei der Ueberweisung gepfändeter Geldforderungen an Zahlungsstatt zum Nennwerthe, § 835, 2 C.P.O., Schollmeyer S. 359.

[2]) D. h. wenn ein dinglicher Anspruch übergeht. Eck berührt hier einen Hauptmangel des Gesetzbuches. Die Vorschriften über Abtretung beziehen sich ebenso auf dingliche, wie auf persönliche Ansprüche. Das Gleiche gilt von den meisten Vorschriften der ersten drei Kapitel des zweiten Buches, die daher eigentlich in das erste Buch (Allgemeiner Theil) gehören. Das Gesetzbuch unterläßt es, diesen weiteren Umfang seiner Vorschrift im Texte festzustellen. Es unterläßt auch jede Angabe darüber, in wie weit die Analogie zwischen dinglichen und persönlichen Ansprüchen reicht, obwohl dies bei einzelnen Punkten, namentlich dem Verzuge zweifelhaft ist. Die Redaktoren haben, auf diesen Mangel aufmerksam gemacht, ihn absichtlich beibehalten, wahrscheinlich um sich nicht von dem Vorbilde der Rechtswissenschaft zu entfernen, von der die dinglichen Ansprüche ohne Begründung seit langer Zeit in derselben Weise vernachlässigt worden sind und nunmehr begreiflicher Weise auch weiterhin vielfach vernachlässigt werden, vgl. zu dem Vorstehenden namentlich Hellwig, Anspruch und Klagerecht, Jena 1900 und oben S. 204 Anm. 2.

[3]) Aus Ecks Vorbereitungsheft. Aehnlich wie Planck, Dernburg, Bürg. R. II, 1 S. 301.

[4]) Damit Gesetzesumgehungen vereitelt werden.

a) solche Forderungen, bei denen die Leistung an einen anderen Gläubiger zugleich eine Veränderung des Inhaltes der Forderung mit sich bringen würde, § 399.[1]) Im einzelnen Falle spricht dies das Gesetzbuch noch besonders aus, z. B. bei den Forderungen des Gesellschafters gegen die anderen Gesellschafter (§ 717), oder bei der Forderung aus einer Körperverletzung auf billiger Entschädigung (§ 847), bei der Deflorationsklage, § 1300. In allen diesen Fällen wird hinzugefügt: die Forderung kann nicht übertragen werden. So auch bei der Miethe, so daß der Miether ohne Genehmigung des Vermiethers das Recht auf den Gebrauch der Miethssache nicht abtreten kann.[2])

---

[1]) In Rom waren nur actiones cedirbar, also nur Ansprüche auf gerichtlich verfolgbare Leistungen, und zwar wohl aus praktischen, nicht aus theoretischen Erwägungen. Anders die herrschende Meinung, vgl. Schollmeyer, Commentar S. 357. Daher deckten sich Forderung und actio in personam nicht, vgl. oben S. 204 Anm. 2, während in Deutschland beide Begriffe sich zwar nicht völlig, aber doch beinahe berühren. Der geringe Unterschied wurde nicht mehr beachtet. Es kommt dies daher, daß das facere und das non facere in Deutschland Zwangsvollstreckungsgegenstand geworden ist, während man in Rom aus solchen Leistungspflichten erst dann klagen konnte, wenn sie sich in einen Geldentschädigungsanspruch verwandelt hatten. Vorher waren die Ansprüche auf derartige Leistungen auch nicht einmal „der Ausübung nach" abtretbar. Seitdem aber jeder Anspruch grundsätzlich abtretbar geworden ist, bedarf es wiederum einer Einschränkung dieser Regel im Sinne des § 399, deren die Römer nicht bedurften. Die Vorschrift lautet so unbestimmt, daß ihr wahrer Sinn erst durch das richterliche Ermessen im einzelnen Falle eine greifbare Gestalt gewinnen kann. Entscheidend ist, wie Crome, System II S. 325 richtig hervorhebt, immer die Frage, ob die Cession dem Schuldner billiger Weise zugemuthet werden kann. Daher ist im § 399 grundsätzlich kein zwingendes Recht zu sehen. A. M. Schollmeyer S. 365. Beispiele bei Dernburg, Bürg. R. II, 1 S. 310, Scherer, Commentar S. 330 ff. Eine Zusammenstellung der im Gesetzbuche besonders als unübertragbar bezeichneten Ansprüche giebt Ebert Anm. 1 zu § 399 bei Fischer-Henles Handausgabe.

[2]) Etwas anderes ist die Aftermiethe. Uebrigens ist die Ansicht Ecks nicht unbestritten, vgl. z. B. Scherer, Commentar Anm. 9 b zu § 419 S. 391, der einen Eintritt in ein Miethverhältniß für zulässig hält (wohl die Zustimmung des Miethers voraussetzend). M. E. enthält jeder Eintritt in ein zweiseitiges Verhältniß, so weit es gestattet ist, ein Doppelgeschäft, Cession und entweder Hinzutritt eines Gesammtschuldners (sog. kumulative Schuldübernahme) oder auch wahre Schuldübernahme, je nachdem entweder der bisherige Schuldner neben dem neuen weiterhaften soll oder nicht. Die Cedirbarkeit des Miethsanspruches wird von der Art der Wohnung und des neuen Miethers abhängen. Die Rechte des Schlafburschen sind gewiß nicht abtretbar, ebensowenig wie die Abtretung der Rechte eines einzelnen Miethers an ein kinderreiches Ehepaar zulässig ist.

b) Nach § 399 sind unübertragbar alle Forderungen, deren Uebertragung durch einen Vertrag mit dem Schuldner ausgeschlossen ist, pactum de non cedendo. Ein solcher Vertrag wirkt auch Dritten gegenüber (Cessionaren und Pfandgläubigern), deren Erwerb er anullirt. Beispiel: Rückfahrt- und Rundreisekarten, Abonnements, gewisse Depotscheine, Feuerversicherungspolicen (mit denen kein Handel getrieben werden soll).

Das nächstliegende Bedenken ist, daß durch einen solchen Vertrag eine Forderung dem Zugriff der Gläubiger entzogen werden könnte. Zur Erledigung dieses Bedenkens hat die C.P.O. zu § 749 den Zusatz gemacht (§ 851 Abs. 2), daß ein Anspruch trotz des pactum de non cedendo gepfändet werden kann, soweit der Gegenstand pfändbar ist. Daher sind Geldforderungen ohne Rücksicht auf das pactum de non cedendo pfändbar, z. B. eine Forderung auf eine Versicherungssumme, weil diese selbst pfändbar ist. Dagegen würde das Gleiche nicht bei Forderungen auf unentbehrliche Kleidungsstücke, auf Betten oder Arbeitsgeräth, auf Dienste, auf Abonnementsbillets für ein Theater gelten; denn der Gegenstand dieser Ansprüche ist unpfändbar.

Ein zweites Bedenken ist, daß durch die anullirende Kraft des pactum de non cedendo ein gutgläubiger Cessionar sehr leicht geschädigt werden kann. Zur Erledigung dieses Bedenkens dient § 405, wonach der Schuldner einer verbrieften Forderung sich auf ein pactum de non cedendo nicht berufen kann, das nicht in der Schuldurkunde zum Ausdrucke gelangt ist. Es liegt darin in vielen Fällen ein Anlaß, dies pactum als aussichtslos zu vermeiden.

c) Eine dritte Gruppe der unübertragbaren Forderungen sind nach § 400 diejenigen, deren Pfändung nicht erfolgen darf.

„Das öffentliche Interesse, um dessentwillen die Pfändung bei ihnen ausgeschlossen ist (nach § 394 auch die Aufrechnung gegen sie), führt auch zur Unabtretbarkeit.“ [1])

Die Beschränkung ist weitgreifend. Nach dem Gesetze über die Arbeiterversicherung sind die Forderungen aus der Krankenversicherung, Invaliditäts- oder Altersversicherung unpfändbar, können also nicht ab-

[1]) Aus Ecks Vorbereitungsheft. A. M. Crome, System II S. 327, der bemerkt, daß aus dem Abtretungsverbote das Pfändungsverbot ohnehin folgt, letzteres aber nicht aus ersterem, somit sei die Vorschrift keineswegs selbstverständlich.

getreten werden (vgl. dagegen § 394). Außerdem gehören hierhin die in der C.P.O. als unpfändbar bezeichneten Forderungen (§ 850).[1])

Der Abtretungsvertrag bedarf keiner Form (anders wie im preußischen Rechte). Dies folgt aus der allgemeinen Regel der Formfreiheit. Auch wenn die Forderung verbrieft war, ist eine schriftliche Abtretung nicht nöthig. Aber die Wirkung der unverbrieften Abtretung ist erheblich abgeschwächt, so daß doch ein starker Antrieb geschaffen wird, bei der Abtretung die Schriftform anzuwenden.[2])

Die Abtretung gilt unabhängig von ihrem Rechtsgrunde und ist ein abstrakter Vertrag. Der Entwurf I hat dies ausdrücklich ausgesprochen, Entwurf II es als überflüssig gestrichen. Der Kausalvertrag, der der Cession zu Grunde liegt, ist nur unter den Parteien gültig,[3]) wodurch die Kondiktionen eine größere Bedeutung gewinnen. Auch die Ungiltigkeit dieses Vertrages beeinträchtigt die Cession nicht. Wenn also auch der zu Grunde liegende Kauf ungültig sein sollte, so geht doch, falls nur die den Abtretungsvertrag Schließenden über die Cession einig sind, die Forderung über.

Abgesehen von der causa begründet schon die abstrakte Cession[4]) und nicht blos, wie bisher, das ihr zu Grunde liegende Schuldverhältniß gewisse Pflichten des bisherigen Gläubigers, die dem Er-

---

[1]) Erlaubt sind fortan die Abtretungen der Pflichttheilsansprüche, § 2317 Abs. 2, C.P.O. § 852 Abs. 1 und die cessio in potiorem, § 385 A.L.R. I, 11.

[2]) Gedacht ist an den unten besprochenen § 410.

[3]) Dies ist für das Verhältniß zwischen Cedent und Cessionar praktisch nur dann durchführbar, wenn der Vertrag in abstrakter Form beurkundet oder in einer solchen vor Zeugen erklärt ist. Ist dagegen der formlose Cessionsvertrag in untrennbarer Weise mit einem zweiseitigen vermischt, so kann er unmöglich diesem Vertrage gegenüber eine besondere Gültigkeit haben. Er steht und fällt mit ihm. Den abgetretenen Schuldner freilich geht auch dann, wenn die Cessionserklärung in ein zweiseitiges Geschäft untrennbar hineinverwoben ist, letzteres nichts weiter an, sofern der Cessionswille daraus unbedingt hervorleuchtet, quia res inter alios acta tertiis nec prodest nec nocet. Wird aber der Cessionswille durch die Ungiltigkeit des Uebrigen in erkennbarer Weise aufgehoben, so braucht auch der Schuldner m. E. eine solche Cession nicht gelten zu lassen, wenn ihm die Cession lediglich durch die Vertragsurkunde und nicht durch eine abstrakte Erklärung mitgetheilt ist, vgl. hierzu auch Crome, System II S. 322 § 197 Anm. 19. Jedenfalls braucht der Schuldner nur die Gültigkeit der Abtretung, nicht diejenige ihres Grundes zu prüfen. So richtig Crome a. a. O. S. 323.

[4]) D. h. ein abstrakter Cessionsvertrag genügt bei der Geltendmachung dieser Pflichten als Klagegrund. Die Einreden aus der causa cessionis müssen aber dem Cedenten gewahrt bleiben. Nach gemeinem Rechte gehörte der richtigen Meinung

werber die Geltendmachung der Forderung erleichtern. Dies ist in §§ 402 und 403 ausgesprochen: Er muß Auskunft ertheilen, die über die Forderung vorhandenen Urkunden herausgeben[1]) und auf Verlangen eine öffentlich beglaubigte Urkunde über die Abtretung ausstellen.[2])

Auch bei der gesetzlichen Cession tritt dieselbe Hilfspflicht ein nach § 412; ebenso bei der Ueberweisung, C.P.O. § 737 Abs. 2.

II. Die Wirkung der Abtretung ist bestimmt durch § 398. Es ist der Eintritt eines neuen Gläubigers an Stelle des bisherigen, also eine Rechtsnachfolge in das Recht selber, nicht nur in die Ausübung, wie im gemeinen Rechte angenommen wird.[3]) Dabei ist eine Anzeige von der Cession zwar zur Sicherung des Cessionars zweckmäßig, aber nirgends geboten. Also auch ohne jedes Wissen von Seiten des Schuldners vollzieht sich der Gläubigerwechsel.[4]) Dabei wird

a) schon durch die Cession eine Pfändung durch einen Gläubiger des Cedenten ausgeschlossen. „Es kann dies gefährlich werden, wenn der alte Gläubiger nicht mehr aufzufinden ist“ (vgl. Reatz S. 183),

b) schon von der Cession an ist eine Collusion zwischen dem bisherigen Gläubiger und dem Schuldner wirkungslos,

c) bei mehrfacher Abtretung derselben Forderung geht der erste Erwerber vor,

---

nach die causa cessionis mit zum Klagegrunde. Ueber die Haftung des Cedenten für Existenz der Forderung siehe oben S. 292 Anm. 2 und Dernburg, Bürg. R. II, 1 S. 302.

[1]) Ueber die Behandlung der Theilcessionen herrscht Streit. Schollmeyer S. 370 verlangt (gegen Planck) hier mit Recht die Ausstellung einer beglaubigten Abschrift. Ein Mitbesitz der Urkunden wird dem Bedürfnisse des neuen Gläubigers nicht genügen.

[2]) Natürlich muß er auch alles unterlassen, was den Erfolg der Abtretung vereitelt, Crome, System II S. 336.

[3]) M. E. konnte man im neueren Rechte sowohl den Anspruch selbst als das bloße Ausübungsrecht übertragen, je nachdem es verabredet war. Es können aber die Parteien, wenn sie wollen, auch nach B.G.B. verabreden, daß der eine die Forderung des anderen nicht erwerben, sondern blos ausüben und den Erlös für sich behalten solle (mandatum in rem suam). In majori in est minus. Wer das Recht abtreten darf, kann auch die bloße Ausübungsbefugniß abtreten. Dadurch wird das Vermögensstück den Gläubigern des Erwerbers als Pfändungsgegenstand vorenthalten, bis die Ausübung geschieht, den Gläubigern des bisher Berechtigten aber als solches gewahrt.

[4]) Verworfen wurde die Ansicht Windscheids, der aus dem Vertrage zunächst eine aktive Correalobligation entstehen ließ, Enneccerus S. 546.

d) der Schuldner kann sich gegen den alten Gläubiger auf die Abtretung berufen, obwohl weder dieser noch der Cessionar ihm eine Anzeige gemacht hat, wenn er also auch nur zufällig Kenntniß von der Cession erhalten hat, und er kann also dann die Aktivlegitimation des alten Gläubigers bestreiten.[1])

Zeigt aber der Cedent seinerseits dem Schuldner die Cession an, so hat dies nach § 409 eine verschärfte Wirkung dahin, daß der Anzeigende dann die Cession schlechterdings gegen sich gelten lassen muß, sogar, wenn sie nicht stattgefunden hat oder angefochten werden kann, gerade wie bei der Vollmacht, § 171. Diese Anzeige wird so gleichsam zu einer Willenserklärung des Cedenten gestempelt.[2]) Darin liegt ein weitgehender Schutz des Schuldners.[3])

Die Anzeige braucht nicht schriftlich erfolgt zu sein, also auch mündliche Anzeige hat diese Wirkung. Es ist auch nicht erforderlich, daß der Schuldner die Anzeige für wahr hält, also durch sie in den Glauben an die Korrektheit der Cession versetzt sei. Aber der Schuldner ist in Folge der Anzeige nur berechtigt, nicht verpflichtet, den angeblichen Cessionar als Gläubiger zu betrachten. Denn § 409 sagt nur, daß der Cedent die Abtretung gegen sich gelten lassen muß.[4])

---

[1]) Die Sätze b, c und d gelten auch da, wo jemandem bloß die Ausübung des fremden Rechtes zum eigenen Vortheile überlassen ist, a dagegen nicht. Man könnte übrigens hier, wie ein erfahrener Praktiker dem Herausgeber bemerkt, die Prävention der Eintreibung für maßgebend halten. Die Frage bedarf einer näheren Untersuchung.

[2]) Vgl. das oben Gesagte S. 185 Anm. 3. Auch hier fließen im wirklichen Leben Anzeige und Willenserklärung oftmals ununterscheidbar in einander über.

[3]) Dernburg, Bürg. R. II, 1 S. 322 bezeichnet die Anzeige geradezu als Rechtsgeschäft. Dies wird aber m. E. weder durch den Wortlaut noch durch den Zweck des § 409 erfordert. Ihre Kraft leitet sich nicht aus dem Willen des Anzeigenden her, sondern aus dem schutzwürdigen Interesse des Empfängers. Auch Schollmeyer, Commentar zu § 409 S. 385 spricht von einer Nichtigkeit und Anfechtbarkeit der Anzeige und unterscheidet sie von der Nichtigkeit und Anfechtbarkeit der angezeigten Abtretung.

[4]) Vgl. in § 410 Abs. 2 das Wort „schriftlich" und dazu Ebert bei Fischer-Henle, Handausgabe zu § 410 Nr. 7. Hieraus ergiebt sich, daß, wenn eine blos mündliche Anzeige der Cession vom Cedenten an den Schuldner geschehen und noch keine Cessionsurkunde vom Cedenten ausgestellt ist, der Schuldner in der angenehmen Lage ist, keinem von beiden auszahlen zu müssen, dem alten Gläubiger nicht mehr, weil er die Abtretung angezeigt hat, dem neuen noch nicht, weil ihm die schriftliche Legitimation fehlt. Um dem ein Ende zu machen, muß der Cedent zur Feder greifen.

A, um auf seinen Schuldner B, von dem er ohne dies kein Geld erlangen kann, eine Pression auszuüben, theilt ihm mit, er habe seine Forderung an C cedirt, sich aber auf acht Tage den Rücktritt vorbehalten. Er hofft, B werde mürbe werden und um Rückgängigmachung der Cession bitten. B, der die Unrichtigkeit dieser Angabe durchschaut, läuft zu C und läßt sich über die ganze Forderung quittiren, indem er dafür die Hälfte des Betrages zahlt. Dann steht dem bisherigen Gläubiger hiergegen (nach Planck II S. 192 Anm. 1) kein Rechtsmittel zu, also auch nicht die exceptio doli; denn die Abtretung sei ein abstraktes Geschäft und die Anzeige stehe ihr gleich, ersetze sie. Es komme also nur auf die Gültigkeit der Anzeige an, nicht auf die der Abtretung. Ich trete dem für den Fall, daß Schuldner und Cessionar unter einer Decke stecken, nicht bei.[1])

Die Anzeige kann nach demselben Paragraphen Abs. 2 zurückgenommen werden,[2]) aber nur mit Zustimmung des angeblichen Cessionars; sie giebt also auch diesem eine feste Rechtsstellung, weshalb sie für den Cedenten doppelt gefährlich ist.

Nach § 409 Abs. 1 Satz 2 steht der Anzeige gleich, wenn der Cedent eine Abtretungsurkunde ausstellt und der in der Urkunde bezeichnete Cessionar sie dem Schuldner vorlegt. Analog bei der Vollmacht § 172, der freilich von Aushändigung, nicht von Ausstellung der Urkunde redet; doch ist beides gleichbedeutend (Planck). Der Schuldner ist dann ebenso berechtigt, den angeblichen Cessionar als wirklichen zu behandeln. Es ist nicht gefordert, daß der Schuldner die in der Urkunde erfolgte Cession für wahr halte. (Anders nach § 173.)

Die Bestimmung des § 409 Abs. 1 Satz 2 gilt auch für gesetzliche Cessionen, § 412.

Hinsichtlich einer überwiesenen Forderung bestimmt der in Aussicht genommene § 737 Abs. 2, jetzt § 836 Abs. 2 C.P.O., daß der Ueberweisungsbeschluß, auch wenn er mit Unrecht erlassen ist, zu Gunsten

---

[1]) Eck geht mit Recht davon aus, daß eine exceptio doli specialis auch gegen Forderungen aus abstrakten Geschäften möglich ist. Das Beispiel rührt übrigens von Eck, nicht von Planck her und ist nicht in allen Nachschriften enthalten.

[2]) Auch diese Zurücknahme ist nach Schollmeyer, Anm. 4 zu § 409 S. 386, ein einseitiges empfangsbedürftiges Rechtsgeschäft, was m. E. ihrem Zwecke wenig entspricht, aber dann unvermeidlich ist, wenn man die Anzeige selbst als Rechtsgeschäft behandeln will, vgl. oben S. 391 Anm. 3.

des Drittschuldners dem Schuldner gegenüber so lange als rechtsbeständig gilt, bis er aufgehoben wird und die Aufhebung zur Kenntniß des Drittschuldners gelangt.

Nach § 410 kann der Schuldner seinerseits eine Beurkundung erzwingen. Er kann verlangen, daß ihm eine schriftliche Abtretungserklärung vorgelegt, bezw. ausgehändigt werde. Wenn also der Cessionar mahnt oder kündigt, so kann der debitor cessus die Vorlegung einer Abtretungsurkunde beanspruchen, und begehrt der Cessionar Zahlung, so kann der debitor cessus Aushändigung der Abtretungsurkunde fordern.[1]) Ersetzt wird dies nach § 340 Abs. 2 nur durch eine schriftliche Anzeige von der Abtretung seitens des bisherigen Gläubigers. Der Schuldner, welcher zahlt, kann also unter allen Umständen eine schriftliche Urkunde fordern, sei es eine schriftliche Anzeige oder Vorlegung und Aushändigung der Urkunde, außerdem aber auch Quittung.[2]) Es gilt dies auch bei dem gesetzlichen Forderungsübergange (§ 412).

§ 411 geht einen Schritt weiter für gewisse Fälle. Bei den dort genannten Personen (Beamten, Militärs u. s. w.) kann die auszahlende Kasse die Aushändigung einer öffentlich beglaubigten Urkunde verlangen, wenn Gehalt, Ruhegelder u. dergl. abgetreten sind.[3])

III. Mit der Forderung erwirbt der neue Gläubiger auch gewisse Nebenrechte der Forderung (§ 401), so die Hypothekenrechte, die Pfandrechte und die Rechte aus der für sie bestellten Bürgschaft.[4]) Weitere Rechte sind zwar nicht genannt. Analog ist aber auch der Uebergang anderer Sicherungsrechte zu behaupten, so die Sicherung aus einer Vormerkung.[5]) Dasselbe wird gelten müssen für gesetzliche Pfandrechte

---

[1]) Nicht durch besonderen klagbaren Anspruch, sondern durch Leistungsweigerung, vgl. Ebert, Anm. 1 zu § 410, Fischer-Henle, Handausgabe, der deshalb den § 273 hier nicht angewendet wissen will. M. E. ist hier der Begriff des Anspruches zu streng betont. Ein „unvollkommener Anspruch“ (s. oben S. 266 Anm. 4) liegt immerhin vor. Richtig Schollmeyer, Commentar S. 389.

[2]) Nach Dernburg, Bürg. R. II, 306, wird hiernach im Leben die Schriftlichkeit der Abtretungserklärung die fast ausnahmslose Regel bilden.

[3]) Die nähere Bedeutung der singulären Vorschrift ist bestritten, vgl. Schollmeyer zu § 411 S. 391 gegen Oertmann Nr. 1 Abs. 2.

[4]) Ueber Abtretung rechtshängiger Ansprüche vgl. § 265 C.P.O.

[5]) Nebenrechte sind nicht die Rechte des Cedenten gegen seinen früheren Cedenten, Dernburg, § 138 IV. Crome erinnert hierzu § 200 Anm. 7 auch an die Rechte eines Theaterinhabers gegen seinen Vorgänger, die dem Nachfolger nicht mitabgetreten werden.

und Bürgschaften, z. B. für die gesetzliche Bürgschaft des Vermiethers im Falle des § 571 Abs. 2.[1])

In § 401 Abs. 2 sagt das Gesetzbuch, daß die mit der Forderung für den Fall der Zwangsvollstreckung verbundenen Rechte auch vom neuen Gläubiger geltend gemacht werden können, z. B. die Rechte, die die §§ 60, 61 der Konkursordnung aufführen, die privilegia exigendi, z. B. eine abgetretene Forderung auf Gesindelohn, was im gemeinen Rechte streitig war. Darunter fallen die Ansprüche aus § 10 des Zwangsversteigerungsgesetzes vom 24. März 1897.[2])

Dadurch ist die sachliche Natur dieser Privilegien (privilegia causae, rei data) anerkannt. Für das preußische Recht hatte dies das Reichsgericht (Entscheid. Bd. 3 S. 35 ff.) ebenfalls angenommen, als Bürgen eines Brennereibesitzers, dem ein Branntweinsteuerkredit bewilligt worden war, für diesen die geschuldete Steuer gezahlt und die gezahlten Beträge in dem Konkurse des Brennereibesitzers mit dem Vorrechte des § 54 Nr. 2 K.O. angemeldet hatten.

Zweifeln kann man, ob auch der Anspruch auf die Konventionalstrafe mitübergeht.[3]) M. E. geht sie allerdings stillschweigend über, da sie im Zweifel einen Ersatz der Hauptleistung bildet und somit eine accessorische Qualität hat.[4])

Der Entwurf I (§ 297 S. 2) ließ allgemein alle zur Verstärkung der Forderung dienenden Nebenrechte mitübergehen. Diese allgemeine Fassung wurde von der II. Kommission für bedenklich gehalten, weil unter Nebenrechten dann auch solche verstanden werden könnten, auf welche, wie z. B. auf das kaufmännische Zurückbehaltungsrecht (§ 369 H.G.B.), die Vorschrift nicht paßte.[5]) Sie geht auch in der That zu weit. Immerhin wird man zu den Nebenrechten, die mit der Forderung übergehen, die in § 401 Abs. 2 gedachten Befugnisse hinzurechnen müssen; das kaufmännische Zurückbehaltungsrecht aber, sowie das Recht

---

[1]) In seinem Vorbereitungshefte vertrat Eck noch einen anderen Standpunkt.

[2]) Eigene persönliche Vorrechte des Cessionars giebt es im heutigen Rechte nicht, vgl. Schollmeyer, Commentar S. 368 § 401 Nr. 4.

[3]) Dafür Schollmeyer, § 401, 1. Dagegen „nach Verkehrsgrundsätzen" m. E. mit Unrecht Crome, System § 200 Anm. 8.

[4]) Wie aber, wenn sie einen Zusatz zu der Hauptleistung und dem Erfüllungsinteresse bildet? M. E. will der Cedent auch dann sie lieber abtreten als vernichten.

[5]) Dieses Recht beruht mehr auf zufälligen Ereignissen als auf zielbewußter Schöpfung, die eine Schuld sichern soll.

auf Zinsen und Kosten nur dann, wenn ein besonderer Abtretungswille vorliegt.[1])

Die Vorschrift über den Mitübergang der Nebenrechte (§ 401) ist eine dispositive. Sie fällt weg, wenn etwas anderes verabredet ist.

„Wenn die Uebertragung eines Nebenrechtes ausgeschlossen ist, so erlischt es beim Forderungsübergange." [2])

Anderentheils behält der Schuldner nach § 404 die Einwendungen, die zur Zeit der Abtretung gegen den bisherigen Gläubiger begründet waren.[3]) Es soll nicht nothwendig sein, daß diese Einreden bereits perfekt und entstanden waren, sondern sie können, wenn nur ihr Grund zur Zeit der Abtretung vorhanden war, die Entstehung aber erst nach der Cession eintrat, geltend gemacht werden können, z. B. die Einrede des nicht erfüllten (erst nach der Abtretung zu erfüllenden) Vertrags, oder wenn nach der Abtretung der Forderung aus einem gegenseitigen Vertrage die Gegenleistung unmöglich wird (Planck II, 187, I).

Nur für zwei Einwendungen gilt eine Ausnahme nach § 405. Sie werden, falls die Forderung verbrieft und unter Vorlegung der Urkunde abgetreten ist, dem Schuldner abgeschnitten, so daß er sich nicht auf sie berufen kann, es sei denn, daß der neue Gläubiger den Sachverhalt kannte oder kennen mußte: a) der Simulation seiner Schuld und b) des pactum de non cedendo.

Im schweizerischen Obligationenrechte ist die Sache ebenso geregelt. (Reatz[4]) S. 180.) Cosack[5]) meint, der im § 405 dem gutgläubigen Cessionar gewährte Schutz sei ohne genügenden praktischen Werth; denn ein Schuldner könne ja trotz des § 405 doch gewisse, in die Schuldurkunde nicht aufgenommene oder nachträglich vereinbarte Abreden, wie die der Stundung oder einer bedingten Zahlung die Schuldverpflichtung für den neuen Gläubiger völlig entwerthen. Hachenburg[6]) vertritt (S. 28) die entgegengesetzte Anschauung, daß derartige Abreden wie das pactum de non cedendo zu behandeln seien. Durch die

[1]) Ob die im Texte mitgetheilte Ansicht über das Zurückbehaltungsrecht Ecks neueste Ansicht darstellt, ist nicht zweifellos. Die Nachschriften widersprechen sich. Ich habe in den Text das hineingestellt, was Eck mit eigener Hand in sein Vorbereitungsheft aufgenommen hatte.

[2]) Aus Ecks Vorbereitungshefte.

[3]) Exceptiones in personam sind auszunehmen, vgl. Schollmeyer S. 372.

[4]) Die zweite Lesung des Entwurfs eines B.G.B. 1892.

[5]) Lehrbuch des Deutschen Bürg. R. § 114 3a, 2. Aufl. S. 374.

[6]) Vorträge, Mannheim 1898.

Unkenntniß des Gläubigerwechsels könnte der Schuldner dann leicht zu Schaden kommen.[1]) Die Bestimmung des § 405 bietet immerhin dem neuen Gläubiger einen gewissen Schutz.

Interessant ist die aus dieser Vorschrift sich ergebende Konsequenz, daß eine für den Cedenten — als simulirt — nicht bestehende Forderung dem Cessionar gegenüber existent wird,[2]) und deshalb auch von dem zweiten Cessionar, der den ursprünglichen Sachverhalt kennt, dem Schuldner gegenüber geltend gemacht werden kann, weil die Forderung inzwischen durch die erste Abtretung entstanden ist.[3]) Durch Zwischenschiebung eines Strohmannes kann somit dem Schuldner die Einrede der Simulation ganz genommen werden, und zwar dem Strohmanne selbst gegenüber, als dem ersten Cessionar, wegen seiner Unkenntniß der Sachlage, allen weiteren Cessionaren gegenüber aber sogar ohne Rücksicht auf ihre Kenntniß der Simulation.[4])

---

[1]) Nach der Ansicht Ecks ist also § 405 eine Ausnahmevorschrift und darf daher nicht analog ausgedehnt werden. Es würde ja gewiß dem Cessionar der verbrieften Forderung recht erwünscht sein, wenn alle Einwendungen durch das Abtretungsgeschäft wegfielen. Der Werth der Forderung würde sich dann auf Kosten des Schuldners bei der Cession erhöhen. Dieser Nachtheil konnte aber nur dann dem Schuldner zugemuthet werden, wenn er im Sinne des B.G.B. ihn durch besondere Unvorsichtigkeit verschuldet. Dies ist eben nur ausnahmsweise in zwei Fällen angenommen worden. Die Ausstellung einer simulirten Schuldurkunde ist sicherlich eine Unvorsichtigkeit. Der Aussteller muß sich sagen, daß sie leicht in unrechte Hände kommen kann. Das pactum de non petendo aber war im ersten Entwurfe überhaupt verboten, weil es dem redlichen dritten Cessionar Gefahr bringt. Davon ist nur noch bei verbrieften Forderungen die besondere Gefährlichkeit dieses Geschäftes für den Schuldner übrig geblieben. Man darf also vorsichtiger Weise einen solchen Vertrag nur dann abschließen, wenn man es mit einem Gläubiger zu thun hat, dem man unbedingt zutrauen kann, daß er ihn nicht brechen werde.

[2]) Eine derartige Cession ist ein ganz eigenartiger Vertrag zum Nachtheile eines Dritten, der dabei zur Strafe für seine Unvorsichtigkeit in eine gesetzliche Verpflichtung verwickelt wird. Geht dann die Forderung wieder an einen schlechtgläubigen Gläubiger über, so erlischt sie nach der in der nächsten Anmerkung vertretenen Ansicht. Anders Eck im Texte.

[3]) So Planck, Anm. 4, und Oertmann, Anm. 3 Abs. 2 zu § 405. A. M. mit Recht Schollmeyer, Commentar S. 375, ebenso Ebert, Anm. 3 zu § 405, in Fischer-Henles Handausgabe. „Der auf dieser Sachlage beruhende Mangel ist durch die erste Abtretung an den gutgläubigen Gläubiger nicht geheilt." Ebenso Crome, § 200 Anm. 33. Entscheidend ist, daß auch hier eine Ausnahmevorschrift nicht ausgedehnt werden darf.

[4]) Eine Cession mit der Absicht, daß der Cessionar blos Inkassomandatar sein solle, ist keine Simulation. So richtig Ebert nach § 117, 3 zu § 404, Fischer-

IV. Zum Schutze des Schuldners gilt nach § 407 der Satz, daß eine Leistung (die ja auch ohne ein Geschäft mit dem Gläubiger geschehen kann, z. B. eine Arbeit), sowie jedes Rechtsgeschäft, das bezüglich der Forderung nach der Abtretung zwischen dem Schuldner und dem bisherigen Gläubiger vorgenommen wird, dem neuen Gläubiger gegenüber wirksam ist, ausgenommen, wenn der debitor cessus bei der Leistung oder Vornahme des Rechtsgeschäftes die Abtretung kennt. Wodurch er sie kennt, ist gleichgültig, also auch, ob er sie durch Zufall erfahren hat.

Jedes Geschäft kann dem neuen Gläubiger entgegengestellt werden, also auch Erlaß durch Schenkung, Kündigung, Angebot der Erfüllung, welche den Cedenten in mora accipiendi versetzt hat. Diese Rechtslage ist nicht nur ein Schutz gegen Schaden, sondern (weitergehend als im gemeinen Rechte) ein Recht des Schuldners, den bisherigen Gläubiger noch als seinen Gläubiger zu betrachten, so lange er von der Cession nichts weiß.[1]) (Ebenso bei gesetzlichem Forderungsübergange § 412, anders bei der gerichtlichen Ueberweisung, C.P.O. § 835 Abs. 3.)

Es gilt dies aber nur zu Gunsten des Schuldners. Eine Mahnung durch den bisherigen Gläubiger setzt ihn also nicht in mora solvendi.

Den Geschäften, die nach der Abtretung zwischen dem Cedenten und dem von der Abtretung nichts wissenden Schuldner noch wirksam vorgenommen werden, ist nach § 407 Abs. 2 ein rechtskräftiges Urtheil gleichgestellt, das in einem nach der Abtretung anhängig gewordenen Rechtsstreite hinsichtlich der Forderung ergeht, wofern der Schuldner bei Eintritt der Rechtshängigkeit die Abtretung nicht kannte. Auch dies muß der neue Gläubiger gegen sich gelten lassen.

Muß der beklagte Schuldner, der nach der Rechtshängigkeit der Forderung von ihrer Abtretung erfährt, sich die weitere Verfolgung des Anspruchs durch den Cedenten gefallen lassen oder hat er das Recht, Abweisung des klagenden Cedenten zu verlangen?

Henle, Handausgabe. Es ist dies m. E. ein fiduziarisches Geschäft, vgl. hierzu Dernburg, Bürg. R. II, 1 S. 305, gegen Stammler, S. 196, der eine fiduziarische Cession nach B.G.B. nicht für zulässig hält.

[1]) Der Schutz gegen Schaden dürfte auch im B.G.B. das legislative Motiv zur Gewährung des erwähnten Rechtes gewesen sein.

Die II. Kommission verneinte dies Recht (vgl. Planck 2 zu § 487 S. 190, 2) und wollte den § 236 Abs. 2, jetzt § 265 Abs. 2, der C.P.O. auf diesen Fall erstrecken. Im Gesetze ist diese Absicht aber nicht zum Ausdrucke gebracht, so daß m. E. der debitor cessus, der nach Eintritt der Rechtshängigkeit die vorher erfolgte Abtretung erfährt, die Aktivlegitimation des Cedenten bestreiten kann. Der Fall liegt etwas anders als in § 265 Abs. 2 der C.P.O.

In § 408 wird die Regel des § 407 auf den Fall einer Doppel-Cession erstreckt. Es kann nämlich der Cedent, der dieselbe Forderung zum zweiten Male cedirt, sie allerdings dadurch nicht übertragen. Trotzdem kann der Schuldner, der von der zweiten Abtretung eher Kenntniß erhält als von der ersten, so lange er von dieser keine Kenntniß hat, an den zweiten Cessionar liberatorisch leisten. § 408 erledigt dadurch eine viel erörterte Streitfrage.[1])

V. Besonders behandelt ist in § 406 die Aufrechnung einer Gegenforderung, die der Schuldner an den bisherigen Gläubiger hatte, gegenüber dem neuen Gläubiger, der ihm nachfolgt.[2]) Die Frage ist ähnlich geregelt, wie in § 392. Der Aufrechnung steht zwar prinzipiell der Mangel des Erfordernisses der Gegenseitigkeit (§ 387) entgegen, aber wie im römischen und preußischen Rechte ist utilitatis causa, um eine Verschlechterung der Lage des Schuldners zu verhindern, das Prinzip hier durchbrochen und die Aufrechnung gestattet.

Es gelten jedoch wiederum zwei Ausnahmen von dieser Aufrechnungsbefugniß:

a) der Schuldner kann solche Gegenforderungen nicht aufrechnen, deren Erwerb erst nach Kenntniß der Abtretung eingetreten ist,

b) er darf nicht aufrechnen, wenn die Fälligkeit der Gegenforderung erst nach Kenntniß der Abtretung und zugleich erst nach Fälligkeit der abgetretenen Hauptforderung eingetreten ist.

Beispiel: Ein Gläubiger hat eine Forderung von 1000 Mark gegen mich, die am 1. Mai fällig ist, und ich habe eine Gegenforderung an ihn auf 1000 Mark, fällig am 2. Mai. Am 1. Mai cedirt mein Gläubiger und der Cessionar fordert am selben Tage. Ich kann die

---

[1]) Durch § 408 Abs. 2 ist Abs. 1 in entsprechender Weise auf Forderungsüberweisungen und gesetzliche Cessionen ausgedehnt.

[2]) Hinsichtlich des Aufrechnungseinwandes gegen Zwischencessionare weicht das B.G.B. von der Auffassung des preußischen Rechtes in der Entsch. d. Reichsg. Bd. 4 S. 330 ab. Schollmeyer, Commentar S. 361.

Gegenforderung nicht opponiren, weil sie erst am nächsten Tage fällig werden soll (vgl. Entsch. des Reichsger. IV S. 255).[1]) Giebt mir der neue Gläubiger aber erst am 3. Mai Nachricht, so ist meine Gegenforderung vor Kenntniß von der Cession fällig geworden und die Aufrechnung war am 2. Mai zulässig. Dagegen ist nicht, wie im gemeinen Rechte, zur Kompensation nöthig, daß die Gegenforderung schon bei der Cession fällig war.[2])

VI. Der Uebergang einer Forderung kraft Gesetzes ist nach Analogie der Abtretung zu behandeln; blos der § 405 findet gemäß § 412 keine Anwendung.[3])

VII. § 413 spricht von der Uebertragung der Urheberrechte, der Patentrechte, des Rechtes des Verfertigers eines photographischen Werkes u. dergl. Sie werden durch abstrakten Vertrag zu veräußern sein, denn es sollen andere Rechte ebenso wie Forderungen abgetreten werden, soweit nicht das Gesetz ein anderes vorschreibt. Für das B.G.B. existiren zwar keine derartigen Sondervorschriften;[4]) aber andere Reichsgesetze über Urheber-, Patentrechte u. s. w. kommen in Betracht.

§ 71.
Schuld-Uebernahme. (§§ 414—419).

Kipp, Jahrb. f. Dogmatik Bd. 36 S. 336—365.[5])

Von dieser, im gemeinen und preußischen Rechte in hohem Maße bestrittenen und schwierigen Lehre reden die §§ 414—419. Im Sinne

---

[1]) Hier hatte der Gegengläubiger eine unsichere Hoffnung auf Kompensation, die ihm durch die Cession vereitelt werden darf.

[2]) Daraus folgt, daß jeder, der eine Gegenforderung erhält, gut thut, sofort nach Eintritt der Fälligkeit ausdrücklich zu kompensiren. Schweigt er, so läuft er Gefahr, von einer vorher erfolgten Cession Kenntniß zu erhalten und sein Aufrechnungsrecht zu verlieren. Nach gemeinem Rechte hatte er im Falle solcher früherer Cessionen überhaupt keine Aufrechnungsbefugnisse. Sein Schweigen konnte ihm also nichts weiter schaden. Auch hier ist das B.G.B. vigilantibus scriptum und ein wenig gekünstelt.

[3]) Näheres bei Schollmeyer zu § 412. Beispiele bei Dernburg, Bürg. R. II, 1 S. 326. Besonders wichtig ist der Fall der Subrogation (Mot. II S. 673), Forderungserwerb durch Abfindung des Gläubigers in gewissen Fällen, vgl. darüber Stammler S. 200—205, Crome, System II S. 343 ff.

[4]) Ebert Anm. 2 zu § 413, Fischer-Henle, Handausgabe, citirt hierzu noch § 792 (Uebertragung von Anweisungen, bei denen es sich übrigens auch um Forderungen handelt) und § 2033 (Nachlaßantheile). Die Vorschriften über Abtretung dinglicher Rechte bleiben natürlich von § 413 unberührt.

[5]) Anderweitige ältere und neuere Litteratur siehe bei Crome, System II

des B.G.B. handelt es sich bei der Schuldübernahme nur um den Eintritt eines Dritten in ein Schuldverhältniß, also um den Fall, wo bei objektiver Identität der Schuld ein Subjektwechsel eintritt,[1]) die sog. privative Schuldübernahme des gemeinen Rechtes.

Die cumulative Schuldübernahme[2]) gehört nicht hierher; auch kann die Erfüllungsübernahme (§ 329) hier bei Seite gelassen werden, die nur dem bisherigen Schuldner gegenüber die Pflicht bewirkt, die Schuld zu tilgen. Sie heißt nicht Schuldübernahme. Die Veräußerung des ganzen Vermögens mit der Verpflichtung, die Schulden zu bezahlen, ist ebenfalls keine wahre Schuldübernahme, sondern besonders als sog. cumulative Schuldübernahme geregelt durch § 419. Auch die Uebernahme von Hypothekenschulden in partem pretii ist besonders geregelt, § 416 (s. unten).

„Die Schuldübernahme wird nicht vermuthet, z. B. nicht, wenn ein Onkel dem Neffen verspricht, dessen Schulden zu bezahlen.“[3]) Wohl aber ist eine Schuldübernahme bei allerlei Veräußerungen zu finden, bei denen Schulden in partem pretii übernommen werden, z. B. wenn ich ein Pferd kaufe und zur Deckung des Kaufpreises verspreche, eine Schuld des Käufers zu bezahlen,[4]) ferner „bei Erbtheilungen, Uebernahme von Handelsgeschäften (§ 25 des neuen H.G.B.), Uebernahme einer Miethsschuld, wenn eine Wohnung abgetreten oder ein Miethsvertrag zum Besten eines anderen Miethers aufgelöst wird“.[5])

Hervorzuheben ist, daß die Schuldübernahme immer nur durch

S. 349; insbesondere von Blume in Iherings Jahrb. f. Dogmatik Bd. 39 S. 390 ff. und Regelsberger ebenda S. 463.

[1]) Ueber die objective Identität des Schuldverhältnisses s. oben S. 385 Anm. 2.

[2]) D. i. der Zutritt eines neuen Gesammtschuldners zu einem Schuldverhältnisse. Dabei wird eine Schuld nicht anders „übernommen“, als bei jedem anderen Versprechen. Sie wird aber nicht „abgenommen“, d. i. im technischen Sinne übernommen; Schollmeyer S. 359 spricht statt von cumulativer Schuldübernahme nur noch vom „Eintritt in eine Schuld als Mitschuldner“ (besser wäre „als Gesammtschuldner“). Enneccerus § 228 II S. 556 nennt sie die „bestärkende“ Schuldübernahme.

[3]) Aus Eck's Vorbereitungsheft.

[4]) Sofern auch dies nicht eine bloße Erfüllungsübernahme sein soll.

[5]) Vgl. hierzu oben S. 387 Anm. 2. Von der Schuldübernahme verschieden ist die promissio stipulatioris expromittendi, eine Zusage der Schuldentlastung, von Dernburg, Bürg. R. II, 1 S. 355 „interne Schuldübernahme“ oder Erfüllungsgeschäft genannt. Der Nichtjurist redet von Schuldübernahme auch bei einfachen Schuldversprechen. Unter Juristen gilt dies für unzulässig.

Vertrag erfolgen kann. Es giebt also[1]) keine gesetzliche und keine durch richterlichen Spruch erfolgende Schuldübernahme. Die Bezeichnung der Personen ist: Gläubiger, bisheriger Schuldner und Schuldübernehmer.

Der Schuldübernahmevertrag kann in zweierlei Gestalt erfolgen, § 414 und § 415,

a) nach § 414 kann es ein Vertrag zwischen Schuldübernehmer und Gläubiger sein, bei dem die Zustimmung des alten Schuldners entbehrlich ist,

b) nach § 415 kann es ein Vertrag zwischen Schuldübernehmer und dem alten Schuldner sein.[2]) Dieser wird aber erst wirksam mit der Genehmigung des Gläubigers, die im Gesetzbuche sehr detaillirt geregelt ist. Sie kann vom Gläubiger nach § 415 nicht anders erklärt werden, als nach Mittheilung der Schuldübernahme durch den Uebernehmer oder den alten Schuldner.

So lange die Genehmigung des Gläubigers aussteht, ist der Schuldübernahmevertrag in der Schwebe. Folglich können die Parteien zusammen den Vertrag bis dahin ändern oder wieder aufheben (§ 415 Abs. 1 Satz 3), aber nicht eine allein.

Für die Genehmigung gelten im Uebrigen die Regeln des Allgemeinen Theiles über Genehmigung (§§ 182, 184), wo ein Hauptsatz der ist, daß die Genehmigung rückwirkende Kraft hat.

Weiter bestimmt § 415 Abs. 2 Satz 1, daß bei Verweigerung der Genehmigung von Seiten des Gläubigers die Schuldübernahme als nicht erfolgt gilt.

Zwecks Beendigung des Schwebezustandes kann jede Partei den Gläubiger unter Bestimmung einer Frist zur Erklärung auffordern. Erfolgt die Genehmigung bis zum Ablaufe der Frist nicht, so ist sie als verweigert anzusehen und die Schuldübernahme gilt als nicht erfolgt.[3])

---

[1]) Im Interesse des Gläubigers, Crome, System II S. 350.

[2]) Ruft dieser Vertrag eine Verpflichtung des neuen Schuldners gegenüber dem Gläubiger hervor? Doch höchstens eine bedingte Verpflichtung, wie das Versprechen an einen negotiorum gestor. Vgl. Dernburg, Bürg. R. § 156 S. 356 und die dort Angeführten.

[3]) Nach einer verbreiteten Ansicht hat sich die deutsche Schuldübernahme „im Gegensatze zum römischen Rechte" entwickelt, so Dernburg, Bürg. R. II, 1 § 155 S. 354. M. E. ist diese Entwickelung aus dem römischen Rechte heraus geschehen. Eine Schuldübernahme zwischen dem alten und dem neuen Schuldner war selbst mit

Hierbei ist manches auffallend. Zunächst fällt auf, daß die Dauer der Frist weder im Gesetze bestimmt ist, noch, wie Planck II S. 201 Anm. 3 hervorhebt, eine „angemessene" zu sein braucht. Hiernach genügt eine Frist von 5 Minuten. Es kann geschehen, daß jede Partei eine besondere Frist bestimmt, z. B. der bisherige Schuldner drei Wochen und der Schuldübernehmer drei Tage. Es wird dann anzunehmen sein, daß die kürzere Frist entscheidet.[1]) Endlich ist nicht gesagt, daß der Gläubiger nur dem Auffordernden selber die Erklärung abzugeben hat, sondern er kann sich nach § 182 jedem Kontrahenten gegenüber erklären. Also kann er, wenn z. B. der Uebernehmer ihn auffordert, seine Entscheidung an den bisherigen Schuldner richten und jenen im Dunkeln lassen.[2]) Dies ist mißlich. Planck meint (II S. 202 Anm. 4), der Empfänger der Erklärung sei nach Treu und Glauben verpflichtet, sie dem Mitkontrahenten mitzutheilen. Im § 416 Abs. 3 S. 2 ist eine

nachfolgender Genehmigung wegen der Stipulationsform der expromissio undenkbar. Im gemeinen Rechte war sie durch negotiorum gestio von Seiten des alten Schuldners für den Gläubiger möglich, wobei der neue Schuldner dem alten zugleich das Versprechen einer Erfüllungsübernahme abgeben konnte. In wie weit ähnliche Anschauungen in das B.G.B. hineingetragen werden können, ist zweifelhaft. Der alte Schuldner unterscheidet sich von dem gewöhnlichen negotiorum gestor des Gläubigers jedenfalls durch sein eigenes Interesse an dem Schuldübergange. Es liegt also höchstens eine Unterart der Geschäftsführung ohne Auftrag vor. Jedenfalls kann man hier ebenso gut wie bei der negotiorum gestio von einer (bedingten) „Verfügung über fremde Rechte reden", vgl. Regelsberger, Jahrb. f. Dogm. Bd. 39 S. 472 ff., Enneccerus II § 228 S. 557, Schollmeyer § 415 Anm. 4 und die bei Crome, System II S. 352. Eine Uebersicht über den von L. Seuffert (XI von Bekkers und Fischers Beiträgen) angeregten Entwickelungsgang der Lehre siehe bei Schollmeyer a. a. O.

[1]) Es treten hier genau dieselben Schwierigkeiten ein, wie in dem Falle, daß ein zu einer Fristsstellung Befugter einen Generalbevollmächtigten hat und beide verschiedene Fristen stellen. Lehnt der Gläubiger die Genehmigung des Vertrages ab oder versäumt er die Genehmigung, so ist der Vertrag gescheitert. Natürlich kann, wie Dernburg gegen Planck und Hellwig ausführt (Bürg. R. II S. 357), ein neuer Vertrag desselben Inhaltes nach § 414 zwischen dem neuen Schuldner und dem Gläubiger abgeschlossen werden.

[2]) Dies ist sicherlich unzweckmäßig. Vielleicht kann man § 182 für diesen Fall restriktiv interpretiren. Die Genehmigung bei der Schuldübernahme unterscheidet sich von der Genehmigung unbeauftragter Geschäftsführungen dadurch, daß sie immer zugleich eine Antwort auf eine Frage ist. Fragen kann man aber immer nur dem Fragesteller beantworten, nicht einem Dritten.

solche Verpflichtung besonders ausgesprochen, im § 415 nicht; soll sie, wie Planck behauptet, trotzdem gelten?[1])

Es scheint hiernach, als habe der Gläubiger es in der Hand, durch Verweigerung der Genehmigung den Schuldübernehmer wieder frei zu machen. Doch nein. Nach § 415 Abs. 3 bleibt der Uebernehmer dem Schuldner verpflichtet (sogar wenn der Gläubiger die Genehmigung nicht ertheilt hat), den Gläubiger rechtzeitig zu befriedigen, und dies gilt auch, wenn der Gläubiger die Genehmigung versagt.[2]) Wenn der Gläubiger also in den Subjektswechsel nicht einwilligt, so verwandelt[3]) sich die Schuldübernahme in eine Uebernahme der Pflicht zur Erfüllung, d. h. in eine bloße Erfüllungsübernahme.[4])

Der Vertrag zwischen Schuldner und Schuldübernehmer ist nicht als ein Vertrag zu Gunsten eines Dritten zu konstruiren,[5]) auch nicht als eine Offerte an den Gläubiger, sich den Eintritt eines neuen

---

1) Man kann dies m. E. nur aus der causa des Vertrages zwischen dem alten und dem neuen Schuldner rechtfertigen. Aus dieser wird es sich aber in der Regel ergeben.

2) Diese Genehmigung darf der Gläubiger unaufgefordert nicht ertheilen. Dadurch unterscheidet sie sich erheblich von anderen Genehmigungen. Die Aufforderung zu ihr ist ebenso nöthig, wie die Offerte zum Vertragsabschlusse. Die sog. „Verfügungstheorie" und die „Angebotstheorie" (Enneccerus S. 557 § 228) sind miteinander wohl vereinbar.

3) In Wahrheit handelt es sich hier nicht um eine spätere Verwandlung, sondern es steht das Versprechen des neuen Schuldners an den alten, statt seiner zu erfüllen, sofort fest. Man hat daher behauptet, daß in der Schuldübernahme eine Erfüllungsübernahme steckt. Diese von Crome, System II § 202 Anm. 21 gegen v. Blume und Hellwig angefochtene Ansicht ist nur insofern unhaltbar, als der Gläubiger zu diesem Vertrage nicht beitritt. Sonst ist sie m. E. richtig.

4) Die Bezeichnung dieses Versprechens, eine fremde Schuld zu erfüllen, als „Erfüllungsübernahme" gilt in der neueren Redeweise der Juristen als terminus technicus. Dem entspricht § 326. Rein etymologisch betrachtet und nach der Redeweise des Volkes würde auch in der Schuldübernahme, ja sogar in jedem bloßen Schuldversprechen eine Erfüllungsübernahme gesehen werden können.

5) Die Gründe, warum man die Schuldübernahme nicht den Verträgen zu Gunsten des Dritten zuzählt, ist bei ihren beiden Formen verschieden. Der Vertrag des Schuldübernehmers mit dem Gläubiger (expromissio) geschieht allerdings zu Gunsten eines Dritten (des alten Schuldners). Er ist aber liberatorisch, nicht obligatorisch. Nur für obligatorische Verträge gilt jedoch das Sonderrecht der pactum in favorem tertii, darum hat ein fester Sprachgebrauch diesen Namen auf sie beschränkt. Was dagegen den Vertrag des alten Schuldners mit dem neuen betrifft, so bezieht er sich allerdings „auf eine Leistung an einen Dritten", den Gläubiger. Trotzdem ist er im Gesetzbuch in eine Sonderstellung verwiesen, weil der Dritte hier nicht blos etwas gewinnt, sondern zugleich den alten Schuldner verliert. Die

Schuldners gefallen zu lassen,[1]) lieber ist zu sagen: es ist ein eigener Uebertragungsvertrag, ein Successionsvertrag, nicht aber ein Veräußerungsvertrag, wie die Motive sagen.[2])

Der Schuldübernahmevertrag bedarf keiner Form, und er ist abstrakt, wie es die Uebertragung einer Forderung ist.[3])

---

cumulative Schuldübernahme dagegen, bei der der alte Schuldner neben dem neuen weiterhaften soll, ist als Vertrag zu Gunsten des Gläubigers sehr wohl möglich, sofern dieser sofort berechtigt werden soll, nicht aber wenn das Gegentheil verabredet ist. Gemeinsam ist der Schuldübernahme mit den Verträgen zu Gunsten Dritter die Kraft, drei Vermögensbeziehungen unter je zwei von drei betheiligten Vermögensmassen in das Leben zu rufen (sog. Dreiseitigkeit des Vertrages).

[1]) Der Vertrag ist freilich keine Offerte, wohl aber ist die Aufforderung zum Beitritte an den Gläubiger das Ersuchen um Abschluß eines Expromissionsvertrages mit rückwirkender Kraft; vgl. Hellwig, die Verträge auf Leistung an Dritte, 1899, S. 161 Anm. 325 und die dort genannten. Daß der alte Schuldner bei der Erfüllungsübernahme zu der Vornahme dieser den neuen Schuldner bindenden Erklärung unwiderruflich bevollmächtigt wird, ist nach Crome, Anm. 21 zu § 202 eine „reine Fiktion". M. E. ist es eine nüchterne gemeinverständliche Wahrheit. Schollmeyer findet S. 402 deshalb Bedenken gegen das Gesagte, weil er nur obligatorische Rückwirkungen, nicht rückwirkende Successionen anerkennt. Besieht man sich aber die hier vorliegende Succession genau, so enthält sie nur Wirkungen zwischen je zwei Personen, Befreiung des alten und Verpflichtung des neuen Schuldners, beides gegenüber dem Gläubiger. Darum ist die Rückziehung unbedenklich.

[2]) Die Abwälzung einer Last ist keine Veräußerung. Veräußern kann man nur Vortheile.

[3]) Vgl. oben S. 184 Anm. 1. Abstrakte Geschäfte sind unabhängige Geschäfte (vgl. oben S. 184). So ist auch bei der Schuldübernahme das Versprechen des neuen Schuldners an den Gläubiger, das er diesem entweder unmittelbar oder durch Vermittelung des alten Schuldners abgiebt, unabhängig von dem, was die beiden Schuldner miteinander abmachen. Nur dann, wenn der Vertrag unter ihnen dem Schuldübernahmewillen eine Bedingung anhängt und die Erklärung an den Gläubiger nur in der Weise geschieht, daß ihm der Vertrag zum Beitritte vorgelegt wird, muß man das Gegentheil annehmen, weil hier ein unbedingtes Versprechen gegenüber dem Gläubiger fehlt (zu schroff daher m. E., Schollmeyer, Anm. 1 zu § 417). Im Uebrigen ist das Versprechen an den Gläubiger (und dies gilt auch von der römischen expromissio) von den anderen abstrakten Geschäften (z. B. der Eigenthumsübertragung und dem bedingungslosen Schuldversprechen) dadurch verschieden, daß aus seinem Inhalte eine Gegenleistung hervorleuchtet. Der Gläubiger erwirbt jedesmal einen neuen Schuldner, dafür opfert er immer den alten auf. Ebenso erwirbt der alte Schuldner vom Gläubiger eine Schuldbefreiung, dafür verschafft er aber diesem einen neuen Verpflichteten. Nur unter den beiden Schuldnern ist das Geschäft niemals abstrakt, d. h. niemals unabhängig von der Frage nach der Gegenleistung. Der alte Schuldner muß hier dem neuen einen Entgelt zuwenden (oder zusichern), oder er muß sich von ihm beschenken lassen.

Die Wirkung des Vertrages bestimmt sich als eine Nachfolge des Uebernehmers in die Schuld, und daher tritt Befreiung des bisherigen Schuldträgers ein. Der bisherige Schuldner kann sich sofort auf die Schuldübernahme berufen, sowohl dem Gläubiger, als auch einem Dritten, z. B. einem Pfandgläubiger gegenüber.

Auch eine confusio, z. B. durch Beerbung des Gläubigers seitens des Schuldners ist daher nach der Schuldübernahme nicht mehr von Belang.

Was die Nebenrechte betrifft, die mit der Forderung verbunden waren, so müßten diese fortbestehen,[1]) da im Prinzip durch die Schuldübernahme das Schuldverhältniß nicht geändert wird.[2]) Diese logische Konsequenz wehrt aber § 418 ab. Es erlöschen Bürgschaften, Pfandrechte und Hypothekenrechte. Weil durch den Eintritt eines unzuverlässigen Schuldners die Nebenrechte erheblich verschärft werden könnten, sollen sie erlöschen,[3]) Reatz,[4]) S. 188. Besteht für die übernommene Forderung eine Hypothek, so tritt das Gleiche ein, wie wenn der Gläubiger auf die Hypothek verzichtet hätte, d. h. die Hypothek wird Eigenthümerhypothek, § 1168.

Dies Erlöschen der Nebenrechte erscheint für den Gläubiger ungemein gefährlich, allein man muß sich zweierlei vergegenwärtigen:

1. Es tritt dieser Verlust niemals ohne Wissen und Willen des Gläubigers ein[5]) und

---

[1]) So § 317, 1 im ersten Entwurfe. Im Prinzipe hält es Schollmeyer zu § 419 S. 411 fest. Dem Willen des Gläubigers entspricht es natürlich, kann aber nur gelten, soweit nicht Interessen Dritter widerstreiten.

[2]) Ueber die Identität des Schuldverhältnisses ungeachtet des Personenwechsels vgl. das oben S. 385 Anm. 2 Gesagte. Mit dem Identitätsbegriffe ist auch hier nicht viel anzufangen. Jedes veränderte Ding ist mit dem unveränderten in gewisser Hinsicht identisch, und in anderer nicht identisch. Wenn man daher die römische expromissio, die im gemeinen Rechte formlos geworden ist, von der heutigen Schuldübernahme dadurch unterscheiden will, daß bei jener eine neue Schuld mit altem Inhalte beginne, bei dieser die alte Schuld mit neuem Schuldner fortdauere, so beruht dies auf einer unpraktischen Spitzfindigkeit. Bei Beiden ändert sich die Schuld auf der passiven Seite, und Unterschiede finden sich nur in den Vorbedingungen und in den Wirkungen, nicht in der Erhaltung des „objektiven Schuldbestandes".

[3]) Im römischen Rechte galt das Gleiche bei der expromissio, weil sie eine novatio war. Ueber Hypotheken siehe Crome, System II S. 358 Anm. 14.

[4]) Die zweite Lesung des Entwurfes, Berlin 1902.

[5]) Vorher ist der Vertrag in der Schwebe und unterliegt der Aufhebung

2. § 418 fügt in Abs. 1 hinzu, daß diese Vorschrift nicht eintritt, wenn der Bürge oder Pfandeigenthümer in die Schuldübernahme willigt.

Bestimmt also z. B. der Bürge einen Dritten, die Schuld zu übernehmen, so dauert seine Bürgschaft fort.[1]) Ebenso das Pfandrecht, wenn der Pfandeigenthümer Schuldübernehmer ist.

In § 418 Satz 1 ist das Gewicht auf „bestellte" (Bürgschaften und Pfandrechte) zu legen. Planck und Reatz (S. 188) ziehen hieraus die Konsequenz, daß die gesetzlichen Bürgschaften und Pfandrechte nicht erlöschen.[2]) Mir scheint, daß dies sehr ungerecht werden könnte. So haftet z. B. ein Vermiether, der das Haus verkauft, neben dem neuen Eigenthümer gesetzlich. Wie nun, wenn die Vermietherschuld an Stelle des ursprünglichen Hauswirthes von einem Dritten übernommen wird? Kraft Analogie wird man sagen müssen, daß das, was von vertragsmäßig bestellten Bürgschaften gilt, auch für gesetzliche zu gelten hat.[3]) Die Fälle einer gesetzlichen Bürgschaft und eines gesetzlichen Pfandrechtes sind übrigens ziemlich selten. Die Haftung des Delcredere-Kommissionärs ist keine Haftung aus der Bürgschaft, sondern eine verstärkte Mandatshaftung. (Staub, zu Art. 370 H.G.B. 3 u. 4. Aufl. S. 966.)

§ 418 Abs. 2 fügt hinzu, daß ein mit der Forderung für den Fall des Konkurses verbundenes Vorzugsrecht im Konkurse über das Vermögen des Uebernehmers nicht geltend gemacht werden kann (§ 54 K.O.); „denn die Rangordnung der Ansprüche im Konkurse ruht auf zwingendem Rechte.[4]) Ein Schuldner kann nicht durch Uebernahme von Schulden, für die Konkursvorrechte bestehen, seine Gläubiger verkürzen. (Man denke an Steuerschulden.)

---

durch die beiden Schuldner, Crome, System II S. 353. Vgl. daselbst S. 355 Näheres über die Frage, inwieweit sich der Gläubiger hiergegen schützen kann.

[1]) Er übernimmt dadurch stillschweigend eine fernere Haftung. Nach Ebert Anm. 4 zu § 418 (Fischer-Henle) muß dies schriftlich geschehen, weil es einen neuen Bürgschaftsvertrag enthalte. Dies entspricht dem Wortlaute des § 418 nicht. Die Genehmigung kann der Einwilligung Dritten gegenüber nicht gleichstehen. Schollmeyer S. 410, Crome, System S. 358 Anm. 16.

[2]) Ebenso Crome, System II S. 357 Anm. 12. Von den Pfändungspfandrechten spricht Schollmeyer, Commentar § 418 Note 2a. Die Vormerkungen stellt Dernburg, Bürg. R. II, 1 S. 359, den Pfandrechten gleich.

[3]) Dieser Analogie ist m. E. zuzustimmen.

[4]) Ebenso Crome, System S. 359, Dernburg, Bürg. R. II S. 395, Schollmeyer zu § 418 a. E.

Auch Vorzüge, die bei der Zwangsvollstreckung gelten, können erst recht nicht im Konkurse des Schuldübernehmers gelten."[1])

§ 418 erschöpft diese Lehre keineswegs; er sagt nichts über Nebenrechte, z. B. Konventionalstrafe, Zinsansprüche. Es ist, wie bei der Cession in konkretem Falle, je nach der Natur des Nebenrechtes zu prüfen, ob diese zu einem Uebergange führt oder nicht.[2])

Während § 416 eine Konsequenz aus der Verzugsübernahme ausschließt, behandelt § 417 den Uebergang der Einreden ganz folgerichtig. Es kann der Uebernehmer der Schuld dem Gläubiger alle die Einwendungen gegenüberstellen, die sich aus dem Rechtsverhältnisse zwischen dem Gläubiger und dem bisherigen Schuldner ergeben. Man könnte es auch so ausdrücken: Die Schuldübernahme bedeutet keineswegs eine Anerkennung des Bestehens der alten Schuld, sondern der Schuldübernehmer behält die Einwendungen des bisherigen Schuldners.[3]) Hat A z. B. erklärt, daß er die Schuld des B gegenüber H übernehme, so kann er immer noch bestreiten, daß der alte Schuldner jemals ein Darlehen von H erhalten habe, oder er könnte auch die exceptio adimpleti contractus erheben. Die Existenz der übernommenen Schuld ist eine conditio juris für die Haftung des Uebernehmers und hat er eine Schuld übernommen, die gar nicht bestand, so ist er auch nicht obligirt.[4])

---

[1]) Aus Ecks Vorbereitungsheft.

[2]) Die Analogie ist hier keine unbedingte. Ein Dritter, der von den Nebenrechten betroffen wird, z. B. der Bürge, leidet in der Regel unter dem Eintritte eines neuen (vielleicht unzuverlässigen) Schuldners mehr als unter dem Eintritte eines neuen (vielleicht hartherzigen) Gläubigers. Auch spricht zu Gunsten des neuen Schuldners hinsichtlich der Nebenlasten die Regel: In dubio minus, die auf die Rechte des Cessionars dann nicht paßt, wenn diese Rechte ohne Uebergang nicht dem Cedenten verbleiben, sondern untergehen würden. Letzteres gilt freilich auch bei der Schuldübernahme aus Rücksicht auf die Bürgen des alten Schuldners, dagegen paßt es z. B. nicht auf eine von diesem Schuldner versprochene Vertragsstrafe. Ueberhaupt ist die Nachfolge in eine Pflicht keine Rechtsnachfolge, namentlich nicht im Sinne der §§ 325, 727 C.P.O. So richtig Ebert Anm. 2 zu § 414 Fischer-Henles Handausgabe, der übrigens grundsätzlich für den Uebergang der Nebenrechte ist.

[3]) Es folgt dies daraus, daß er gar kein Interesse daran hat, eine mangelhafte Forderung des Gläubigers durch Verzicht auf die bestehenden Einreden zu verbessern. Natürlich kann das Gegentheil bei der Schuldübernahme verabredet sein. Vermuthet wird es aber nicht.

[4]) Die Anfechtungsrechte des alten Schuldners will Crome, System II S. 359 dem neuen Schuldner nicht geben. M. E. ist dies bedenklich.

Eine weitere Konsequenz ist die Vorschrift in § 417 Satz 2, die durchaus folgerichtig ist, sobald man für Aufrechnungen das Requisit der Gegenseitigkeit stellt. Sie verbietet die Aufrechnung einer dem bisherigen Schuldner zustehenden Forderung seitens des Uebernehmers, da es an dem Requisit der Gegenseitigkeit fehlt.[1]) Wenn für den alten Schuldner schon Kompensabilität begründet war, so lag darin noch keine Einrede. Die Kompensabilität begründet nur die Möglichkeit der Schuldtilgung, aber eine solche Möglichkeit dauert bei einem Uebernehmer nicht fort.[2])

Die von Kohler behauptete Vinkulirtheit von Forderung und Gegenforderung zeigt sich hier nicht.[3])

Außer diesen Einreden, die der Schuldübernehmer vom alten Schuldner überkommt, ist weiter zu sagen, daß er nach der Natur der Sache dem Gläubiger alle diejenigen Einreden gegenüberstellen kann, die die Gültigkeit der Schuldübernahme selbst betreffen, z. B. kann er unzweifelhaft, obwohl es nicht ausgesprochen ist, geltend machen, daß er die Schuldübernahme nur aus Irrthum oder aus Zwang oder arglistiger Täuschung erklärt habe, wenn z. B. der alte Schuldner über Höhe und Fälligkeit der Schuld falsche Angaben gemacht hat. So wenn Primus 10000 sofort von Secundus zu fordern hat und Secundus einen Dritten zur Schuldübernahme bestimmt und ihm vorspiegelt, daß die Schuld nur 1000 betrage und erst nach einem Jahre fällig sei, so kann der Schuldübernehmer das Geschäft wegen Täuschung anfechten, und zwar auch dem Primus gegenüber.[4])

---

[1]) Man müßte sonst annehmen, daß der alte Schuldner die Gegenforderung bei der Schuldübernahme abtreten wollte, wofür nichts spricht. Näher liegt die Vermuthung, daß er die Schuldübernahme veranlaßt hat, um seine Gegenforderung von der Aufrechnungsgefahr zu befreien.

[2]) Welches Interesse hätte wohl der alte Schuldner daran, daß ihm eine Schuld abgenommen wird, die sein Nachfolger ebenso wie er selbst durch einen Gegenanspruch unschädlich machen kann? Die Anfrage an den Gläubiger, ob ihm dies genehm sei, würde beinahe wie ein Hohn klingen. Anders freilich, wenn der alte Schuldner seine Gegenforderung erst nach der Schuldübernahme entdeckt. Dies wird aber in der Regel schwer zu beweisen sein.

[3]) Vom Standpunkte Kohlers ließe sich hierzu bemerken, daß der Schuldübernahmevertrag einer der Fälle ist, in denen sich die gegenseitige Gebundenheit der beiden Ansprüche auflöst.

[4]) Falls die abgegebenen Willenserklärungen sich nach ihrem erkennbaren Sinne auch wirklich auf 10000 Mark bezogen haben, anderenfalls liegt über mehr als

Dabei ist aber festzuhalten, worauf sich § 417 Abs. 2 bezieht, daß die Schuldübernahme immer ein abstrakter Vertrag ist, und daraus folgt die Begrenzung der Einrede, die § 417 Abs. 2 ausspricht, daß nämlich der Schuldübernehmer aus dem zu Grunde liegenden, also dem kausalen Rechtsverhältnisse, keine Einwendungen gegen den Gläubiger herleiten kann.[1])

Der Schuldübernehmer kann also niemals sagen: Ich habe freilich die Schuld übernommen, aber nur gegen eine Gegenleistung, und diese hat mir der Schuldner nicht prästirt. Das Ausbleiben der Gegenleistung kann er nicht vorschützen. Er würde sonst aus der causa eine Einwendung herleiten. Wenn z. B. bei der Erbtheilung ein Miterbe mir die Bücher des Nachlasses allein überläßt und ich verspreche, gewisse Schulden allein zu übernehmen, so kann ich dem Nachlaßgläubiger nicht entgegnen, die Bücher seien alle von einem Fremden vindizirt worden, weil sie nur dem Erblasser geliehen waren. Denn dann würde ich auf das der Schuld zu Grunde liegende Rechtsverhältniß zurückgreifen.[2]) Den Ersatz meines Schadens kann ich nur dem Miterben gegenüber hervorkehren.[3])

1000 Mark der Thatbestand eines Schuldübernahmevertrages überhaupt nicht vor und einer Anfechtung bedarf es nicht.

[1]) Sofern nicht etwa die beiden Verträge ununterscheidbar ineinander verwoben sind, also nur dann, wenn die Schuldübernahme für sich als gesonderte Abmachung erklärt ist. Dies wird namentlich immer der Fall sein, wenn der Uebernehmer mit dem Gläubiger verhandelt hat, und bei Verträgen unter dem alten und dem neuen Schuldner dann, wenn dem Gläubiger nicht der volle Vertragsinhalt vorgelegt, sondern nur eine Anzeige des Schuldübernahmewillens gemacht worden ist.

[2]) Um die Härte dieses Rechtes abzuschwächen, wird eben bei der Schuldübernahme verlangt, daß der Gläubiger beitrete, während sonst bei Versprechen der Leistung an einen Dritten dies nicht nöthig ist.

[3]) Die Ausführungen Ecks über die Wirkungen der Schuldübernahme bedürfen m. E. eine Ergänzung dahin, daß die beiden Fälle: Vertrag zwischen Gläubiger und neuem Schuldner und Verhandlung zwischen den drei Betheiligten zu unterscheiden sind. Bei beiden treten zwar, wie schon oben erwähnt ist, drei Beziehungen zwischen je zwei von drei Vermögensmassen ein (wie bei den sog. Verträgen zu Gunsten Dritter), nämlich a) eine Beziehung zwischen dem Gläubiger und dem alten Schuldner (dessen Befreiung), b) eine Beziehung zwischen dem Gläubiger und dem neuen Schuldner (dessen Haftbarkeit), c) eine Beziehung zwischen den beiden Schuldnern, die, falls ihr Causalvertrag nicht zu Stande kommt, eine grundlose Bereicherung des alten auf Kosten des neuen darstellt. Bei der Abrede zwischen Gläubiger und neuem Schuldner entspringen aber die beiden Beziehungen a und b aus einem

Zwei anomale Fälle sind besonders geregelt, nämlich:

1. beim Erwerb eines Grundstückes die Uebernahme einer Hypothekenschuld in partem pretii, § 416,

2. die Uebernahme eines Vermögens, § 419.

Was den ersten Fall betrifft, so ist es zu wünschen, daß möglichst bald der Veräußerer eines Grundstückes von der persönlichen Schuld befreit werde, damit dingliche und persönliche Haftung schnellstens bei dem neuen Erwerber zusammen kommen. „Sonst kann der Gläubiger noch immer auf den Veräußerer als persönlichen Schuldner zurückgreifen.“ Da der Veräußerer hieran ein ganz besonderes Interesse hat, so ist es seine Sache, die Genehmigung des Gläubigers zu seiner Exnexuation zu betreiben. Auf diesen Erwägungen beruhen die Sätze des § 416, die zum Theil aus dem preußischen Eigenthumserwerbgesetz § 41, zum Theil aus dem bayerischen Gesetz vom 29. Mai 1886 entnommen sind.

Es gelten hier folgende Besonderheiten:

a) Nicht jeder der beiden Kontrahenten, also nicht sowohl der Veräußerer des Grundstückes, als sein Erwerber können die Schuldübernahme dem Gläubiger mittheilen, sondern, wie § 416 im Eingange sagt, nur der Veräußerer und zwar auch erst nach Eintragung des neuen Erwerbers im Grundbuche. Dann soll er aber möglichst rasch aus seiner ungewissen Lage befreit werden, daher gerade ihm die Pflicht der Mittheilung obliegt. Bei allen anderen Schuldübernahmen kann, wie wir sahen, auch der Schuldübernehmer die Mittheilung machen.

Der Veräußerer kann die Mittheilung erst nach der Eintragung machen, weil vorher dem Gläubiger nicht zugemuthet werden kann, sich zu erklären, ob er den neuen Schuldner annehme. Es heißt: „Die Mittheilung **kann** erst erfolgen, nicht aber **darf** erst erfolgen.“ Hierauf beruht, daß die Mittheilung ganz unwirksam ist, wenn sie früher erfolgt ist, als der Erwerber ins Grundbuch eingetragen war.

Die Mittheilung muß schriftlich geschehen. Wie wenn der Veräußerer dem Gläubiger mündlich die Mittheilung macht, er habe das

einzigen Vertragsschlusse, und die Beziehung c hängt vom Verhalten des alten Schuldners ab. Bei der Verhandlung unter allen dreien entsteht dagegen aus dem ersten Vertragsschlusse nur die an dritter Stelle genannte Beziehung, und die anderen beiden werden erst hinterher durch eine ergänzende Abmachung mit den Gläubigern hinzugefügt.

Grundstück verkauft und der Erwerber habe die Hypothek in partem pretii übernommen und der Gläubiger sich damit einverstanden erklärt? Ist dann nihil actum? Planck sagt, das wäre eine sehr harte und unbillige Konsequenz. Deswegen sei das „muß" einschränkend zu interpretiren, also als „Soll"-Vorschrift aufzufassen,[1]) nämlich dahin, daß hier die sechsmonatige Frist nicht läuft.

b) Die Frist für die Genehmigung ist vom Gesetz auf sechs Monate bemessen und wenn bis zum Ablaufe dieser Frist der Gläubiger die Genehmigung nicht verweigert hat, so gilt seine Genehmigung als ertheilt. Der Grund hiervon liegt darin, daß Gläubiger doch meist auf die dingliche Sicherheit den Hauptwerth legen, eine Annahme, die übrigens bei unsicheren Nachhypotheken und bei geschäftsunkundigen Gläubigern nicht ohne Bedenken ist. Es herrscht also hier das umgekehrte Präjudiz, wie bei anderen Schuldübernahmen, eine Genehmigungsfiktion. Der Gläubiger, der schweigt, gilt als genehmigend, während sonst der schweigende Gläubiger als ablehnend gilt. Das Präjudiz hat seine Bedenken, aber das Gesetzbuch hat es trotzdem angenommen. Auf dieses Präjudiz muß nach § 416 Abs. 2 Satz 2 der mittheilende Veräußerer den Gläubiger hinweisen. Er muß also sagen: „Ich mache Sie darauf aufmerksam, daß ich befreit bin, wenn Sie sich binnen sechs Monaten nicht erklären."

c) Der Erwerber scheint zur Passivität verurtheilt zu sein. Aber er kann, wie Abs. 3 sagt, verlangen, daß der Veräußerer die Mittheilung mache. Er kann ihn dazu zwingen und von der Erklärung des Gläubigers muß der Veräußerer den Erwerber benachrichtigen.

Wie aber, wenn der Gläubiger die Genehmigung verweigert? Dann haftet zunächst der Veräußerer weiter, aber es helfen ihm einige Paragraphen aus dem Hypothekenrechte, §§ 1164—1166. Er kann den Gläubiger befriedigen und erwirbt dann dessen Hypothek für sich. Verzichtet der Gläubiger etwa ohne Weiteres gegenüber dem Erwerber auf die Hypothek, so wird dadurch der Veräußerer von der persönlichen Schuld frei, soweit der Gläubiger aus der Hypothek hätte befriedigt werden können, weil er insofern dem Veräußerer die Regreßhypothek und die Möglichkeit aus dieser Hypothek einen Ersatz zu erlangen, nimmt (Hachenburg S. 292[2]). „Natürlich bleibt dem Gläubiger unbenommen,

[1]) M. E. liegt dann nur eine gewöhnliche Schuldübernahme aus § 415 vor, der keine der Besonderheiten des § 416 anhaftet.

[2]) Vorträge, Mannheim 1898.

noch hinterher Ersatz zu erlangen eine eigene Schuldübernahme mit dem neuen Schuldner abzuschließen."[1])

In § 416 stecken also starke Subtilitäten, und so sorgfältig der Paragraph gefaßt ist, so bestimmt er doch nicht, wem gegenüber die Erklärung des Gläubigers wirksam abgegeben werden kann. Kann sich der Gläubiger nur gegenüber dem Veräußerer erklären? Nach dem Allgemeinen Theile müßte man sagen, er könne sich auch dem neuen Uebernehmer gegenüber erklären.[2]) Aber da § 416 Abs. 1 sagt, daß nur der Veräußerer die Mittheilung zu machen hat, so wird man annehmen müssen, daß die Genehmigung seitens des Gläubigers trotz der Regeln des Allgemeinen Theiles nur dem Veräußerer gegenüber erklärt werden kann,[3]) ebenso wie auch die Verweigerung der Genehmigung. Nach Planck hat man vergessen, dies ausdrücklich zu erwähnen.

§ 419 handelt von der Uebernahme eines Vermögens. Ursprünglich hieß es eines „ganzen" Vermögens. Dies ist gestrichen. Es muß nur das Vermögen als Ganzes veräußert sein, z. B. bei dem Altentheile. Der Vertrag muß gerichtlich oder notariell sein, § 311.

Hier fallen die Passiva dem Erwerber zur Last, § 419 Abs. 3. Er haftet den Gläubigern des bisherigen Vermögensinhabers für ihre zur Zeit der Uebernahme bestehenden Ansprüche (§ 419). Im gemeinen Rechte ist das streitig, und im preußischen Rechte nur beim Vitalizienvertrag (Anh. § 19 zu § 646 A.L.R. I, 11) und beim Erbschaftskaufe (§ 463 A.L.R. I, 11)[4]) zugelassen.[5]) Das B.G.B. erklärt gegentheilige Abreden für unwirksam, § 419 Abs. 3.

Der bisherige Schuldner bleibt aber trotzdem haftbar; es liegt hier also keine Schuldübernahme im bisherigen Sinne, sondern eine Cumulativ-

[1]) Dieser aus Ecks Vorbereitungsheft entnommene Satz entspricht der oben mitgetheilten Ansicht Dernburgs, vgl. oben S. 402 Anm. 1. Eine Ausdehnung des § 416 auf Zwangsversteigerungen und bei ihnen auf Grundschulden enthält § 53 des Reichsgesetzes betr. die Zwangsversteigerung vom 24. März 1897.

[2]) Eck denkt an die Analogie der §§ 109 1, 167, 178 a. E., 182, 1, 183 a. E.

[3]) Hierfür spricht namentlich die Analogie des § 108 Abs. 2. Auch hier muß der Gedanke durchschlagen, daß Fragen nur dem Fragesteller beantwortet werden können, vgl. oben S. 404 Anm. 2.

[4]) Zu diesem vgl. §§ 2371 ff., 2385 B.G.B. Einen Fall gesetzlicher cumulativer Schuldübernahme enthält das B.G.B. auch bei Veräußerung vermietheter Sachen, §§ 571 ff., Schollmeyer Anm. 6 zu § 419.

[5]) Vgl. hierzu v. Blume, der Erbschaftskauf des Preußischen Landrechts, Göttinger Inaugural-Dissertation 1892.

schuldübernahme[1]) vor. Ein weiterer Unterschied ist der, daß bei der Uebernahme eines Vermögens es für diese Rechtsfolge nicht auf den Willen des Uebernehmers ankommt. Es findet die Uebergabe nicht durch Willenserklärung statt, sondern kraft Gesetzes und die Haftung des Uebernehmers ist nur eine beschränkte, § 419 Abs. 2.[2])

Der Uebernehmer haftet nämlich nur in Höhe des Bestandes des übernommenen Vermögens, non ultra vires bonorum quae suscepit. Er haftet also nur wie ein Benefizialerbe, §§ 1990, 1991. Er hat zwar nicht das Recht auf eine Nachlaßverwaltung oder einen Konkurs, wohl aber auf Herausgabe der Masse, Reatz[3]) S. 189.

Dieser Vorzug wird besonders wichtig in einem Falle, der schon bisher in der Praxis zu derselben Entscheidung gedrängt hat, nämlich in dem Falle, daß mit der Uebernahme des Vermögens der bisherige Vermögensinhaber zu existiren aufhört. Vgl. R.G.Entsch. Bd. 28 S. 358. Hier hatte eine Gewerkschaft das Bergwerk auf eine Aktiengesellschaft übertragen und sich aufgelöst, und ein Gläubiger der Gewerkschaft erhob nunmehr einen Anspruch auf Herausgabe eines Bohrantheilscheines gegen die Aktiengesellschaft. Das Reichsgericht hat der Klage stattgegeben, indem es einen Uebergang sämmtlicher Verbindlichkeiten auf die Aktiengesellschaft annahm.

Die Motive sprechen beim § 419 von einer Universalsuccession in die Schulden; das ist irreführend, weil es sich blos um eine adjekticische Haftung handelt.

Eine Universalsuccession ist es nicht,[4]) vielmehr ist es eine Haftung neben dem bisherigen Schuldner.

Diese Haftung tritt kraft Gesetzes ein. „Die Unzulänglichkeit muß der Uebernehmer beweisen. Die Haftung des Veräußerers gegenüber dem Gläubiger bleibt unbeschränkt. Eine actio Pauliana auf Rückgewähr der Sache zur Befriedigung der Gläubiger von Seiten dieses Schuldners ist möglich.[5])

---

[1]) D. h. die Umwandlung einer einfachen Schuld in eine Gesammtschuld.

[2]) Dem entsprechen C.P.O. §§ 780 Abs. 1, 786.

[3]) Die zweite Lesung des Entwurfs eines B.G.B., Berlin 1892.

[4]) Die Wirkung ist weder universal, da sie nur die Schulden betrifft, noch eine Succession, da die bisherige Schuldhaftung bestehen bleibt.

[5]) Diese Klage wird aber in der Regel nicht nöthig sein und nicht begründet werden können, weil der Vermögenserwerber mit den erlangten Stücken haftet. Vgl. hierüber v. Blume a. a. O. S. 412 Anm. 5.

Die Schuld wird nicht erst vom Empfange der Aktiva, sondern schon vom Abschlusse des Vertrages an auf den Uebernehmer erstreckt. Daraus ergiebt sich die praktisch sehr erhebliche Konsequenz, daß der Satz nicht rezipirt ist, nach welchem dann, wenn Jemand sein ganzes Vermögen verschenkt, dies immer auf das Nettovermögen zu beziehen ist, das allein er herauszugeben hat, also auf den Ueberschuß. So nach der im gemeinen Rechte geltenden und auch im preußischen Rechte (Eccius) angenommenen Regel: Bona non intelliguntur nisi deducto aere alieno. Dieser Grundsatz gilt nicht mehr, sondern da mit Abschluß des Vertrages die Schulden auf den Uebernehmer übergehen, so darf dieser vom Veräußerer das Ganze fordern. Dieser muß Alles ausantworten und zwar jedes einzelne Vermögensstück in der dafür bestimmten Veräußerungsform, der Uebernehmer aber hat die Schulden zu tilgen.

Die Dernburg'sche Konstruktion [1]) ist also verworfen. Der Uebernehmer kann somit die Herausgabe aller Vermögensstücke verlangen. „Dies ist für den Schenker gefährlich; hat er seine Aktiva weggegeben und wird noch aus einer Schuld in Anspruch genommen, so kann er auch nicht mehr mit einer Gegenforderung aus dem weggegebenen Vermögen aufrechnen." [2])

Waren vom Veräußerer einzelne Gegenstände zurückbehalten, z. B. ein Altentheil, so wird dadurch an den Folgen des Geschäfts nichts geändert. Man hat also den Vorbehalt einzelner Gegenstände bei der Veräußerung eines Vermögens offen gehalten (s. oben).

Ueber den Erwerb eines Handelsgeschäftes hat das neue H.G.B. in §§ 25 ff. detaillirte Vorschriften. Es schafft im Wesentlichen reinen Tisch.

„Natürlich kann die Uebernahme eines Handelsgeschäftes zugleich diejenige eines ganzen Vermögens sein. So wenn eine Handelsgesellschaft die Veräußerin ist, die sich gleichzeitig auflöst. Dann gilt B.G.B. § 419. Wenn aber nur das Handelsgeschäft veräußert wird,

[1]) Eck denkt an die Lehre von Dernburg, Pandekten II, 6. Aufl., § 53 S. 148, nach der der Gläubiger dadurch, daß er gegen den Uebernehmer klagt, seine Forderung gegenüber dem Veräußerer aufgiebt.

[2]) Aus Ecks Vorbereitungsheft. Natürlich darf der Schenker, um sich zu sichern, alle Schulden tilgen, ehe er die Masse herausgiebt, freilich nur solche, die zur Zeit befriedigt werden dürfen. Wegen der erst in Zukunft erfüllbaren kann er sich aus der verschenkten Masse eine Sicherheit nicht ohne Weiteres zurückbehalten. Darin liegt eine Mahnung, sich bei solchen Verträgen ein derartiges Zurückbehaltungsrecht besonders auszubedingen.

so gilt § 25 des neuen H.G.B." [1]) Hiernach tritt ebenfalls bei der Uebernahme des Handelsgeschäftes Schuldhaftung kraft Gesetzes ein, also nicht kraft Vertrages, aber nicht schon mit dem Abschlusse des Vertrages, sondern nur mit Fortführung der Firma. Hier tritt aber die Haftung für die im Betriebe des Geschäftes begründeten Verbindlichkeiten [2]) ohne Beschränkung auf das Handelsvermögen ein. Eine abweichende Vereinbarung, also eine Ausschließung der Haftung des Firmenübernehmers ist nur gestattet, wenn diese Vereinbarung in das Handelsregister eingetragen und veröffentlicht oder dem Gläubiger mitgetheilt ist (§ 25 Abs. 2). Der Veräußerer des Geschäftes wird indeß nicht frei, also findet auch hier eine cumulative Schuldübernahme statt. Dafür giebt § 26 Befreiung durch eine kurze Verjährung von 5 Jahren gegen den früheren Inhaber.

Uebrigens hat diese Fortführung der Firma zugleich eine besondere Wirkung auch für die Aktiva. Nach dem B.G.B. sind alle Aktiva vom alten Schuldner zu übertragen, wenn ein Vermögen veräußert wird. Nach dem H.G.B. gehen dagegen die im Betriebe entstandenen Forderungen auf den Erwerber ohne Weiteres über.

Endlich fügt § 25 Abs. 3 H.G.B. hinzu, daß, falls die Firma nicht fortgeführt wird, der Erwerber für die früheren Geschäftsverbindlichkeiten nur dann haftet, wenn ein besonderer Verpflichtungsgrund vorliegt, insbesondere wenn die Uebernahme der Verbindlichkeit nicht in handelsüblicher Weise von dem Erwerber bekannt gemacht worden ist.[3])

M. E. ist hinsichtlich der Regelung der Institute der Cession und der Schuldübernahme durch das B.G.B. anzuerkennen, daß dasselbe manche bestehende Streitfrage löst. Eigenthümlich ist aber bei ersterer, daß das Gesetz die Schriftlichkeit der Abtretung nur durch eine Hinterthür einführt, bei letzterer, daß ihre Gestaltung zwar subtil durchgeführt, aber nicht vereinfacht worden ist.[4])

---

[1]) Aus Ecks Vorbereitungsheft.

[2]) Nicht blos für Vertragsschulden, sondern z. B. auch für Verpflichtungen aus dem Haftpflichtgesetz. Dernburg, Bürg. R. II, 1 S 361.

[3]) Als handelsrechtlichen Fall einer cumulativen Schuldübernahme erwähnt Engelmann, Das Bürg. R. Deutschlands, 2. Aufl. S. 257, auch noch den § 130 des neuen H.G.B. (früher Art. 113): Eintritt in eine bestehende Handelsgesellschaft.

[4]) In beiden Punkten beurtheile ich das Gesetzbuch günstiger. Es hat einen Sinn, daß Schriftlichkeit der Cession nur da verlangt wird, wo die Betheiligten

§ 72.

Mehrheit von Gläubigern und Schuldnern. (§§ 420—432.)[1])

Die Gestaltung dieser Lehre kann man nicht als eine durchweg glückliche bezeichnen. Es sind vielfach Neuschöpfungen[2]) und verfehlte Abweichungen vom römischen Rechte.

„Scharfsinnige kritische Bemerkungen zum zweiten Entwurfe machte Hruza, Korrealobligation und Verwandtes, Leipzig 1895 (Sächs. Archiv f. Bürg. R. Bd. V).[3]) Sie sind leider unberücksichtigt geblieben."[4])

Ein Hauptpunkt ist der, daß das B.G.B. Korreal- und Solidar-Obligationen zu einer Einheit verschmilzt, wie das preußische Recht. Das Gleiche ist übrigens auch im schweizerischen Obligationenrechte und den meisten Gesetzbüchern der Fall. Das ist insbesondere von Bedeutung für das Regreßverhältniß der Gesammtschuldner zu einander. Gesammtschuld aus Vertrag — Korrealschuld — und Gesammtschuld aus Delikt — Solidarschuld — werden nicht mehr gesondert.[5])

Dies erscheint gerechtfertigt, insofern die praktischen Zwecke bei beiden dieselben sind. Gesammtforderung und Gesammtschuld dienen der Erleichterung der Rechtsanschauung für Gläubiger und Schuldner,[6]) die Gesammtschuld auch der Vermehrung der Sicherheit für den Gläubiger. Ob aber die Verwischung aller Unterschiede zwischen Gesammtschulden aus Verträgen und solchen aus Delikten durchführbar sind, ist zweifelhaft (vgl. G. Hartmann, Archiv f. civ. Pr. Bd. 73 S. 396, Eisele, Archiv f. civ. Pr. Bd. 77 S. 374 ff.)[7])

---

nicht auch ohnedies aus besonderem Vertrauen das Geschäft anerkennen, und die Schuldübernahme ist nur in den Ausnahmeerscheinungen verwickelt.

[1]) Die wegen ihres Umfanges berüchtigte ältere Litteratur bei Windscheid-Kipp, Pandekten 8. Aufl. S. 180 § 292, neuere bei Crome, System II S. 9 und 368.

[2]) Die aber durch trostlose Streitigkeiten in der Litteratur entschuldigt sind.

[3]) Diese Abhandlung ist von Eck und dem Herausgeber aus einem Separatabdrucke citirt.

[4]) Aus Ecks Vorbereitungsheft.

[5]) Ob die Römer bei Gesammtforderungen Korreal- und Solidargläubiger unterschieden haben, ist zweifelhaft und richtiger zu verneinen. Dambitsch, Entsteht aus dem Versprechen der Leistung an einen Dritten nach § 335 des B.G.B. ein Gesammtgläubigerverhältniß, Breslauer Dissertation von 1897 gegen Ihering, Jahrb. Bd. 24 S. 128 ff.

[6]) Für Gesammtforderungen soll unten ein anderer Standpunkt vertreten werden. Ebenso wie Eck, Enneccerus S. 566, Schollmeyer S. 415.

[7]) § 420 besagt also, richtig ausgelegt: Wo bei einer Verpflichtung Mehrerer

Die gemeinrechtliche Streitfrage, ob bei der Korreal-Obligation Einheit oder Mehrheit der Schuldverhältnisse vorliegt, löst das Gesetzbuch nicht ausdrücklich.[1]) „Für ersteres erklärten sich namentlich Ribbentrop und Savigny, für letzteres besonders Eisele." [2]) Aber einzelne Bestimmungen entsprechen ganz der Mehrheitstheorie, z. B. der Satz (§ 429 Abs. 3 Satz 2): „Insbesondere bleiben, wenn ein Gesammtgläubiger seine Forderung auf einen Anderen überträgt, die Rechte der übrigen Gläubiger unberührt", was Keller und Ribbentrop nur für die Solidar-, nicht für die Korreal-Obligation annahmen.[3])

Der Entstehungsgrund einer Gesammtobligation ist zunächst ein darauf gerichteter Vertrag. Zu seiner Begründung bedarf es keiner Ausdrücke, wie „sammt und sonders", „Einer für Alle" u. dergl., sondern

---

zu derselben Leistung nicht ein Gesammtschuldverhältniß angeordnet ist, da tritt Theilung ein.

[1]) Aus Ecks Vorbereitungsheft. Die Römer unterscheiden m. E. die beiden Arten von verpflichtenden Thatbeständen bei Gesammtschulden in solche, die einen engeren Zusammenhang unter den Schuldnern begründen (Korrealschuldverhältnisse), und solche, die einen minder engeren unter ihnen hervorrufen (Solidarschuldverhältnisse), je nachdem der Sachverhalt auf Beziehungen unter den mehreren Schuldnern hindeutet oder nicht. Die Aufhebung dieses Unterschiedes hat das Recht vereinfacht, aber nicht verfeinert, vgl. Schott, Ueber Cession von Korrealobligationen, Breslauer Dissertation 1897. Dies scheint auch Ecks Meinung zu sein. Nach Dernburg, Bürg. R. II, 1 S. 370, gehören zu den Gesammtschulden auch die sog. „unechten Solidarschulden", denen die Einheit des Entstehungsgrundes fehlt. Diese wollen Andere (Eisele, Archiv f. civ. Pr. Bd. 77 S. 478, und Oertmann, Vorbemerkungen zum 6. Abschn. 5 c) von den Gesammtschulden trennen. Doch will auch Dernburg selbst einzelne Vorschriften über Gesammtschulden auf sie nicht anwenden, namentlich (S. 379) dem Brandstifter, der einen Brandschaden bezahlt hat, nicht einen Ersatzanspruch auf die Hälfte des Aufgewendeten gegen den Versicherer geben. Dies folgt jedoch aus der besonderen causa seiner Verpflichtung und derjenigen des Versicherers, nicht daraus allein, daß verschiedene Verpflichtungsthatsachen vorliegen.

[2]) Vgl. Dernburg, Bürg. R. II, 1 S. 371. Jetzt auch Crome, System II § 139. M. E. ist der ganze Streit ein unfruchtbarer. Es ist so, als ob man darüber disputiren wollte, ob der Cerberus ein vielköpfiger Hund oder eine Mehrheit von Hundeköpfen sei. Bei jedem Gesammtschuldverhältnisse zeigt sich in gewisser Hinsicht eine Einheit des Ganzen, in anderer Hinsicht eine Zerspaltung. Daher hat das Gesetzbuch die Frage „Mehrheit oder Einheit" grundsätzlich vermieden und in gewisser Hinsicht die mehrfache Obligation, in anderer die einfache zum Vorbilde der Gesammtschuldverhältnisse genommen.

[3]) Uebrigens wohl mit Unrecht, siehe oben Anm. 1.

es muß nur der erkennbare Wille, eine Gesammtobligation zu begründen, vorhanden sein.

Die Grundregel lautet in § 420, daß die Obligation auf eine theilbare Leistung unter mehreren Gläubigern oder unter mehreren Schuldnern von selbst getheilt wird, und zwar nach gleichen Antheilen. Es gilt also die römische Regel: nomina ipso jure divisa sunt, und nur ausnahmsweise entstehen eine Gesammtforderung und eine Gesammtschuld. Aber die gesetzliche Entstehung von Gesammtschulden ist im B.G.B. so häufig, daß sie beinahe zur Regel wird. Von großer Bedeutung ist namentlich § 427, der eine praesumptio für passive Korrealschuld einführt, sobald sich Mehrere durch Vertrag gemeinschaftlich zu einer theilbaren Leistung verpflichten. Durch diese Ausnahme wird die Gesammthaftung mehrerer Schuldner, die grundsätzlich verneint ist, schließlich doch thatsächlich beinahe zur Regel. Die Vorschrift redet zwar nur von einer theilbaren Leistung. Aber wenn die Leistung untheilbar ist, gelten nach § 431 die mehreren Schuldner ebenfalls als Gesammtschuldner, sogar ohne gemeinschaftliche Verpflichtung. Das ist der Grundsatz des Preußischen Rechtes, den die Motive zum ersten Entwurfe nicht billigten. Trotzdem ist er im zweiten Entwurfe wieder aufgenommen.

Art. 280 H.G.B. ist verschwunden, weil ihn das B.G.B. ersetzt. Wenn man aber den § 427 näher ins Auge faßt, so ist er viel weniger scharf gefaßt, wie Art. 280.[1]) Wie weit haften die Mitkontrahenten als Gesammtschuldner? Beschränkt sich ihre Haftung blos auf die theilbare Leistung, zu der sie sich im Vertrage verpflichtet haben? Wenn also zwei Studenten gemeinschaftlich ein Zimmer gemiethet haben, haften sie dann als Gesammtschuldner blos für die Miethe oder auch für die anderen Verpflichtungen aus dem Miethsvertrage? Die Regel des § 427 ist nur eine Interpretationsregel.[2]) Man wird aber so interpretiren

[1]) Art. 280 lautete: „Wenn zwei oder mehrere Personen einem Anderen gegenüber in einem Geschäfte, welches auf ihrer Seite ein Handelsgeschäft ist, gemeinschaftlich eine Verpflichtung eingegangen sind, so sind sie als Solidarschuldner zu betrachten, sofern sich nicht aus der Uebereinkunft mit den Gläubigern das Gegentheil ergiebt."

[2]) Wichtige Folgerungen hieraus zieht Dernburg, Bürg. R. II, 1 S. 372, Schollmeyer Anm. 1 zu § 421 erklärt sich gegen die von Dernburg II § 161 Nr. II behauptete analoge Ausdehnung des § 427 auf einseitige Versprechen, z. B. Auslobungen, m. E. mit Recht, da § 427 gegenüber § 420 eine Ausnahmevorschrift enthält.

müssen, daß § 427 nichts Anderes sagen wolle, als Art. 280, so daß man ihn wird extensiv auslegen müssen.[1])

Das B.G.B. läßt, abgesehen von dieser Vermuthung, in zahlreichen anderen Fällen Gesammtschulden entstehen, und zwar nicht kraft Auslegungsregel, sondern kraft zwingenden Rechtes, so daß sie noch in viel weiterem Umfange entstehen werden, als im Preußischen Rechte, z. B. bei unerlaubten Handlungen nach § 840 (nur bei Wildschaden wird eine Ausnahme gemacht, § 835 Abs. 3), ferner bei mehreren Mitbürgen (§ 769), mehreren Vormündern (§ 1833), mehreren Miterben vor der Theilung, (§ 2058); dann im Vereinsrechte: die mehreren Vorstandsmitglieder, die nicht rechtzeitig Konkurs beantragt haben, oder diejenigen, die im Namen des Vereins, der nicht rechtsfähig ist, Geschäfte abgeschlossen haben, (§§ 42, 54).[2])

Dagegen wird eine Aktivkorrealität, also Gesammtforderung, keineswegs annähernd in demselben Maße geschaffen. Damit weicht das B.G.B. vom H.G.B. ab. Ein Heer solidarischer Berechtigungen scheidet künftig aus, das bisher im Handelsrecht vorhanden war; denn Korrealforderungen müssen immer durch Vertrag besonders geschaffen werden. Die solidarische Berechtigung des Art. 269 Abs. 2 H.G.B. aus gemeinschaftlich geschlossenen Verträgen kommt in Fortfall. Hiernach wird in Zukunft die passive Korrealobligation sehr häufig sein, die aktive aber selten![3])

Was die Gesammtschuld betrifft, so gilt darüber Folgendes:

Nach § 421 kann der Gläubiger nach seiner Wahl von jedem Gesammtschuldner die Leistung ganz oder zum Theil fordern und zwar

---

[1]) Eck will sich also hier ausnahmsweise aus Rücksicht auf die Vorgeschichte des § 427 über das Verbot der Ausdehnung von Ausnahmevorschriften hinwegsetzen.

[2]) Andere Fälle aus dem B.G.B. bei Ebert Anm. 2 zu § 420 (Fischer-Henle).

[3]) So wie man in der neueren Litteratur des römischen Rechtes im Widerspruche mit der römischen Unterscheidung von plures rei und adpromissores die Bürgen zuweilen zu den Korrealschuldnern rechnet (wodurch man genöthigt wird, die wahren Korrealschuldner prinzipale Korrealschuldner zu nennen), so will auch Schollmeyer das accessorische Gesammtschuldverhältniß als das Nebeneinanderstehen von Hauptschuldner und Bürgen in die juristische Redeweise einführen (Schollmeyer, Commentar S. 416). Der Redeweise des Gesetzbuches entspricht dies nicht und kann leicht Verwirrung anrichten. — Ich erinnere mich noch aus der Studentenzeit, daß gerade Eck seine Hörer vor einer Verwischung des Unterschiedes zwischen Korrealschulden und Bürgschaften besonders eindringlich warnte.

cumulativ oder successiv.[1]) Er kann also alle zusammen als Streitgenossen verklagen oder auch einzelne, er kann sie also gleichzeitig oder hintereinander belangen und im letzteren Falle können sie ihm nicht den Einwand der Rechtshängigkeit entgegensetzen, weil der Gläubiger nach seinem Belieben fordern kann und bis zu seiner vollen Befriedigung. So auch Justinian und das gemeine Recht im Gegensatze zum älteren römischen Rechte. Insofern liegt also eine Mehrheit der Schuldverhältnisse vor.

Nach § 422 tilgen aber einige Aufwendungsakte, die ein Gesammtschuldner vornimmt, die Forderung zu Gunsten aller Gesammtschuldner (objektiv, in rem) nämlich: Erfüllung, Leistung an Erfüllungsstatt, Hinterlegung und Aufrechnung, ferner fügt der § 423 den Erlaß hinzu, wenn er objektiv gemeint ist, d. h. wenn die Vertragschließenden das ganze Schuldverhältniß aufheben wollten.[2])

§ 424 bestimmt, daß der Annahmeverzug gegenüber einem Gesammtschuldner objektiv, d. h. auch für alle übrigen Gesammtschuldner wirkt.[3])

Damit ist die Reihe der in rem wirkenden Thatsachen erschöpft.

Nach § 425 sind alle übrigen die Schuld betreffenden Ereignisse nur subjektiv und in personam wirksam, d. h. nur für den, in dessen Person sie eintreten, so insbesondere der Erfüllungsverzug eines Schuldners (ebenso römisches Recht), ferner die culpa eines Gesammtschuldners, der z. B. die Sache vernichtet (anders das römische Recht l. 18 Dig. de duobus reis 45, 2); ebenso Verjährung, Konfusion und andere,[4]) auch Kündigung und Mahnung. „Wenn z. B. der eine Darlehnsgesammtschuldner kündigt, so erwirbt der andere kein

[1]) Das römische beneficium divisionis der nov. 99, das vom R.G. Bd. 12 S. 219 für das gemeine Recht nicht mehr anerkannt wurde, ist dem B.G.B. gänzlich fremd.

[2]) Crome, System II S. 382 spricht hier von „gesammtzerstörlichen Thatsachen". Der Vergleich steht dem Erlasse gleich, insoweit er einen solchen enthält, nicht aber der Zwangsvergleich, so Schollmeyer zu § 423 Anm. 3 S. 423.

[3]) Nach Ebert Anm. 1 zu § 424 (Fischer-Henle) haben alle Schuldner ein Recht darauf, daß der Gläubiger nicht die Erfüllung durch einen von ihnen vereitele, weil sie alle durch eine solche Erfüllung frei werden. Dem ist beizutreten.

[4]) Abweichend vom Justinianischen Rechte wirkt die Verjährungsunterbrechung nicht mehr gegen alle Schuldner und im Widerspruche mit der herrschenden Lehre des gemeinen Rechtes auch nicht das rechtskräftige Urtheil. Vgl. Dernburg, Bürg. R. II, 1 S. 376, § 163 Anm. 17 und 19.

Recht auf Zahlung." Diese Sätze sind weitgehende Konsequenzen der Mehrheitstheorie.[1])

Beispiel: Ein Darlehnsgesammtschuldner kündigt dem Gläubiger. Es frägt sich, wenn nun ein anderer der Gesammtschuldner an dem durch die Kündigung bestimmten Tage zahlen will, ob der Gläubiger annehmen müsse. Antwort: Nein; denn die Kündigung wirkt nur subjektiv zwischen dem Schuldner und Gläubiger. Leiht ferner z. B. ein Professor ein Buch zwei Studenten, von denen der eine arm und leichtsinnig, der andere wohlhabend und sehr sorgfältig ist, so erlangt er nach dem Gesetze im Zweifel eine Gesammtverpflichtung. Vernichtet nunmehr der arme das Buch oder läßt es abhanden kommen, kann er sich an den wohlhabenden halten? Nein, weil das Verschulden nur in personam wirkt. Er muß sich an den mittellosen halten und es wird der Andere nach § 275 Abs. 1 wegen objektiver Unmöglichkeit der Leistung (Herausgabe des Buches) frei. Hier sollte doch der Gläubiger auch gegen den bösen Willen eines jeden geschützt sein. Da hiernach der Professor von dem unbemittelten Studenten keinen Schadensersatz erhalten kann, so würde er besser gefahren sein, wenn er das Buch, anstatt an die beiden Studenten gemeinschaftlich, blos an den wohlhabenden Studenten verliehen hätte (vgl. hierzu Eisele, Archiv f. civ. Pr. Bd. 84 S. 303).[2])

Der § 438 A.L.R. I, 5 führt übrigens nach der jetzt herrschenden Auffassung (Förster-Eccius, preußisches Privatrecht, Bd. 1, 7. Aufl., S. 363 § 63) zu demselben Ergebniß. Dagegen hat das Reichsgericht in Bd. 22 der Entscheidungen S. 315 bes. S. 322 in einem Falle, in dem zwei Rechtsanwälte gemeinschaftlich zur Anstellung einer Wandelungsklage bevollmächtigt wurden, und der mit der Bearbeitung der Sache befaßte Anwalt zuerst eine unvollständige Klage einreichte, die ordnungsmäßige aber erst nach Ablauf der Verjährungsfrist, den § 438, I 5 restriktiver interpretirt und angenommen, daß die culpa,

[1]) Man kann auch umgekehrt sagen, daß sich aus ihnen die Richtigkeit und der Umfang dieser Theorie folgern läßt. Ihre wahre Ursache lag in der Ansicht daß eine gemeinsame Beeinflussung aller nebeneinander stehenden Beziehungen in diesem Punkte keinen Zweck habe.

[2]) Solche Erwägungen dürften die Römer zu dem entgegengesetzten Satze geführt haben fr. 18 Dig. de duobus reis 45, 2. Der Zweck der Zuziehung eines correus neben dem Hauptschuldner ist die Verbesserung der Lage des Gläubigers, nicht ihre Verschlechterung.

die ein correus begeht, auch den Anderen auf das Interesse haftbar macht. Dies ist jetzt durch § 425 B.G.B. insoweit ausgeschlossen, als sich „aus dem Schuldverhältniß nicht ein Anderes ergiebt". Dieser Zusatz giebt glücklicher Weise dem Richter in der Geschäftsauslegung freie Hand.

Wenn nach § 424 der Annahmeverzug des Gläubigers objektiv wirkt, so beruht dies auf der m. E. befremdlichen Erwägung der II. Kommission, daß das Angebot der Leistung nicht anders behandelt werden könne, wie die Leistung selbst. Warum gilt hier etwas anderes als bei dem Verschulden des einen Mitschuldners?[1]) (Vgl. Hruza S. 41, 42.)

Die Vorschrift giebt zu verschiedenen Zweifeln Anlaß (Planck II S. 213, 214) zu § 424 führt mehrere an. Man setze den Fall: Der eine Schuldner hat die Leistung dem Gläubiger offerirt, der Gläubiger hat sie nicht angenommen und ist nun allen gegenüber in mora accipiendi. Wie nun, wenn er demnächst einen der Gesammtschuldner mahnt? Dann purgirt er seine mora nur diesem gegenüber und ist immer noch den anderen gegenüber in mora accipiendi und nur ein Schuldner ist ihm gegenüber in mora solvendi.[2]) Ferner: Drei Miterben haben mir eine Rente zu zahlen, die ich abholen muß. Jetzt offerirt A mir Zahlung. Ich gehe aber zu B und fordere von diesem Zahlung, die dieser verweigert. Dann bin ich gegen A und C in mora accipiendi und B ist mir gegenüber in mora solvendi. „Im Allgemeinen ist dies nicht gefährlich für den Gläubiger, weil er ja die anderen mahnen und sich zur Empfangnahme bereit erklären kann."[3]) Planck ist daher mit Recht in diesen Fällen der Meinung, daß die Wirkungen des Annahmeverzuges nur demjenigen Schuldner gegenüber wegfallen, welchem der Gläubiger seine Bereitwilligkeit zur Annahme erklärt hat, dagegen allen anderen gegenüber bestehen bleiben.

---

[1]) M. E. deshalb, weil das Angebot einer Leistung, das ein Gesammtschuldner macht, immer auch zum Besten der andern geschieht, seine Zurückweisung also alle schädigt. Vom Verschulden kann man etwas Aehnliches nicht sagen.

[2]) Dies scheint mir nicht unbillig zu sein, weil der andere von der Mahnung nichts weiß, also seine Sorgfalt nicht deshalb zu steigern braucht.

[3]) Aus Ecks Vorbereitungsheft. Vgl. Schollmeyer zu § 424 Nr. 2 u. 3 S. 425 gegen Oertmanns Ansicht (Anm. 2 zu § 429), daß die Mahnung des im Verzug befindlichen Gläubigers, die gegenüber einem Schuldner geschieht, den Annahmeverzug gegen alle beendet. Dann würden die anderen, ohne es zu wissen, eine grundlose Verschlechterung ihrer Rechtslage erleiden.

Noch schwieriger ist folgender Fall: Der Gläubiger empfängt den einen Schuldner, der ihm das Geld bringen will, nicht. Dieser verliert nun das Geld auf dem Nachhausewege durch culpa levis, er läßt es z. B. in der Droschke liegen.[1]) Dann sind alle Schuldner frei, § 300. Man könnte noch einen Schritt weiter gehen und feststellen, daß die Obligation sich auf die offerirte Species concretisirt hat (§ 243 Abs. 2, 293, 300 Abs. 2), auf diejenigen Hundertmarkscheine, welche der Schuldner offerirte. Die Konsequenz wäre, daß der Gläubiger die übrigen Mitschuldner solange nicht würde in Anspruch nehmen können, als der anbietende Mitschuldner die species noch in Händen hat, weil die Schuld auf diejenigen Hundertmarkscheine konzentrirt wäre, die er zahlen wollte. Das ginge aber praktisch ganz außerordentlich weit und man wird durch Interpretation dem einen Riegel vorschieben müssen.[2])

Eine besondere Härte liegt dann vor, wenn der Gläubiger zur Vermeidung des Annahmeverzuges eine Handlung vorzunehmen hat. Dies muß dann jedem Schuldner gegenüber geschehen (vgl. Planck Nr. 1c).[3])

Weiter ist im B.G.B. neu gegenüber dem gemeinen Rechte, aber dem preußischen Rechte entsprechend, daß die correi als solche in einer communio, einem Gemeinschaftsverhältnisse, einer quasi societas stehen zu Folge § 426. Sie haften unter sich zu gleichen Theilen, wenn nicht ein anderes bestimmt ist,[4]) oder aus der causa (z. B. einer Schenkung oder Intercession) folgt.

Daraus ergeben sich folgende Konsequenzen:

---

[1]) Ob hier nicht eine grobe Fahrlässigkeit vorliegt, wird sich aus den Nebenumständen ergeben.

[2]) M. E. hat in solchen Fällen der Gattungsschuldner doch noch nicht das allerletzte gethan, was ihm oblag, nämlich die Uebergabe der Scheine, namentlich dann nicht, wenn er in seiner Briefmappe mehr Hundertmarkscheine hatte, als er zahlen wollte. Die thatsächlich nothwendigen Vorbedingungen der Concretisirung fehlen hier trotz der mora accipiendi, vgl. oben S. 288 Anm. 1.

[3]) Es wird wohl auf die besonderen Umstände ankommen. Wenn z. B. ein Schuldner verlangt, daß der Gläubiger die Abladestelle für die bestellten Kohlen bezeichne, weil er sie liefern wolle, so wird es wohl genügen, um den Annahmeverzug auszuschließen, daß die Anzeige an ihn allein erfolgt. — Die Nachschriften sind, wie es scheint, nicht ganz vollständig.

[4]) Es zeigen sich hier moderne Humanitätstendenzen, die einen eingetretenen Schaden durch Vertheilung unter alle, die sich auf einen gleichen Schaden gefaßt machen mußten, abschwächen und mildern. Ein Seitenstück der lex Rhodia de jactu (so Dernburg, Bürg. R. II, 1 S. 378) und des beneficium divisionis.

1. Wenn einer von den correi debendi an den Gläubiger geleistet hat, so hat er einen Ausgleichungsanspruch auf Ersatz nach Kopftheilen, also wenn A, B und C dem X 300 Mark schulden, so müssen dem A, wenn er alles bezahlt, 200 Mark von B und C ersetzt werden. Zahlt A aber nicht die ganzen 300 Mark, sondern nur 100 Mark, so kann er auch verlangen, daß B und C 100 Mark an X zahlen, weil die Gesammtschuldner zu gleichen Theilen verpflichtet sind.[1]) Zahlt A allein 100, B und C zahlen aber nichts, so kann A seine 100 auf alle drei repartiren und von B und C je $33^1/_3$ fordern. Dies wird besonders praktisch in dem Falle, daß B und C durch Erlaß der Zahlung der auf sie entfallenden je 100 Mark vom Gläubiger befreit sind.

§ 426 fügt in Abs. 2 hinzu, daß bei Uneinziehbarkeit eines solchen Beitrages sich die Beträge der anderen verhältnißmäßig vermehren. Wenn also A 300 gezahlt hat und von jedem der beiden anderen, B und C, 100 verlangt, B aber nicht zahlen kann, so werden dessen 100 repartirt auf A und C. A muß also 50 auf seinen Theil zuschlagen und C muß 150 zahlen.[2]) Diese Regel gilt nicht nur für Vertrags- sondern auch für Deliktsschulden.[3])

Als Mittel zu diesem Regresse soll nun nicht blos der gesetzliche Ausgleichungsanspruch aus § 426 Abs. 1 dienen, sondern Abs. 2 des § 426 läßt die Forderung des befriedigten Gläubigers nebst den Nebenrechten auf den regreßberechtigten Zahler ipso jure übergehen. Dieser Uebergang der Forderung steht in direktem Widerspruch mit dem Grundsatze, daß Erfüllung ein in rem wirkender Erlöschungsgrund ist, § 422[4]) (vgl. Hruza S. 44—47). „Es wird hier in ähnlicher Weise,

[1]) Dies kann m. E. aus dem Texte des Gesetzbuches nicht entnommen werden (§ 426), wohl aber aus den Motiven II S. 170. Es gilt als zweifellos, vgl. Dernburg, Bürg. R. II § 163 zu II, 1 S. 378. Crome, System II § 207 Anm. 56 S. 385: „Jeder kann gegen den anderen auf geeignete Mitwirkung klagen."

[2]) Ebert hebt hervor (Anm. 2 zu § 426, Fischer-Henle), daß kein Mitschuldner von dieser Pflicht frei werden kann, wenn die Schuld ihm allein erlassen wird, auch nicht, wenn an seine Stelle ein neuer Schuldner eingetreten ist, sonst könnte der Gläubiger durch Annahme eines zahlungsunfähigen neuen Schuldners die Regreßrechte der anderen Gesammtschuldner schädigen. Es folgt dies auch daraus, daß man überhaupt keine Pflichten einem anderen zuschieben kann, ohne daß der Berechtigte zustimmt.

[3]) Bei bloßen Gehülfen zu einer unerlaubten Handlung nimmt man ihre Geltung nicht an. Dernburg, Bürg. R. II, 1 S. 380; Crome, System II S. 385.

[4]) Er enthält somit eine Einschränkung oder richtiger eine Umgestaltung

wie bei dem beneficium cedendarum actionum angenommen, daß der erfüllende Schuldner die Forderung nicht bezahlt, sondern gekauft habe, l. 36 Dig. de fidejuss. 46, 1. Es ist dies eine übermäßige Begünstigung des Gesammtschuldners, die gegen die Bürgen hart sein kann.[1]) Sonst tritt bei Bezahlung fremder Schulden ein solcher Uebergang nicht ein, § 267. Der Gesammtschuldner hat diesen Vorzug auch als Miturheber eines Delikts, § 846." [2])

Der Gesammtschuldner kann aber hiernach nicht von jedem der übrigen Gesammtschuldner das, was er über seinen Antheil hinaus geleistet hat, fordern, sondern blos das, was ihm auf Grund seines Ausgleichungsanspruches zusteht.

Allerlei Zweifel ergeben sich noch, wenn die Zahlungsunfähigkeit des einen Schuldners erst nach der Zahlung an den Gläubiger eintritt.

§ 426 Abs. 2 Satz 2 enthält eine Bestimmung, die ernste Aufmerksamkeit verdient. Der Uebergang der Forderung auf den zahlenden Schuldner „kann nicht zum Nachtheile des Gläubigers geltend gemacht werden". Das soll namentlich dann in Betracht kommen, wenn nur ein Theil der Forderung des Gläubigers auf den zahlenden Gesammtschuldner übergeht. Der Ueberrest soll dadurch nicht beeinträchtigt werden. Eine gleiche Vorschrift findet sich in § 268 Abs. 3 und anderen Paragraphen des B.G.B., § 774. Wenn z. B. von einer Hypothek des Gläubigers nur ein Theil von dem zahlenden Gesammtschuldner erworben wird, so kann dieser Theil nicht mit dem bei dem Gläubiger verbliebenen Reste konkurriren. Der dann dem Gläubiger verbleibende Theil der Forderung geht dem

---

dieses Grundsatzes. Die Zahlung tilgt hier nicht die Forderung, sondern nur das Recht des Gläubigers an dieser Forderung. Sie bewirkt keinen Untergang der Forderung, sondern eine cessio legis.

[1]) Zur Rechtfertigung des Gesetzbuches erwäge man, daß der Gläubiger den Erfolg der cessio legis jedenfalls durch Forderungsverkauf bewirken kann; daß er kein Interesse hat, ihn zu verweigern, der zahlende Gesammtschuldner aber, wenigstens bei Vertragsschulden, allem Anscheine ein berechtigtes Interesse an solchem Erwerbe hat.

[2]) Dies ist eine der mannigfachen auffallenden Konsequenzen der Gleichstellung korrealer Vertrags- und Deliktsschulden. Der Zusatz ist aus Ecks Vorbereitungsheft entnommen. Von der Zweckmäßigkeit der Regreßansprüche unter mehreren vorsätzlichen Delinquenten vermag ich mich noch immer nicht zu überzeugen. R. v. Ihering bemerkte einmal gesprächsweise, daß ein solcher Regreß den Uebelthätern ein Mittel an die Hand giebt, sich die Unkosten ihres Frevels durch Zuziehung von Mitschuldigen billiger zu stellen.

auf den Zahlenden übergegangenen Theile der Forderung vor (Entsch. d. R.G. Bd. 8 S. 293). Vgl. Endemann [1]). Die französisch-rheinische Jurisprudenz drückt dies durch den Satz aus: nemo subrogat contra se. Das ist besonders wichtig im Konkurse (§§ 61, 68 K.O.). Ein Gläubiger hat z. B. von A und B 100 zu fordern und meldet diese 100 im Konkurse des A an. Während des Konkurses nimmt er B in Anspruch und dieser zahlt 60. B kann seinen Regreßanspruch gegen A in Höhe von 30 im Konkurse nicht anmelden, weil der Uebergang dann zum Nachtheile des Gläubigers geltend gemacht werden würde. Es würde dann dieselbe Forderung in Höhe von 30 doppelt zur Berücksichtigung gelangen (Eccius).

Die Gesammtforderung (§ 428) entsteht durch Vertrag und wird nicht, wie die Korrealschuld präsumirt, sondern muß besonders vereinbart sein. Das ist außerordentlich selten. Beispiel: Drei Geschwister geben ein Darlehn mit der Verabredung, daß es jeder von ihnen fordern könne.[2]) Ein Fall von Korrealforderung durch Willenserklärung ist in § 2151 Abs. 3 statuirt, bei dem Vermächtniß an mehrere Bedachte für den Fall, daß der Beschwerte oder ein Dritter die Bestimmung, wer von den Mehreren das Vermächtniß erhalten soll, nicht trifft.[3])

---

[1]) 8. Aufl. II, 5 § 90 Anm. 53, § 154 Anm. 39 S. 900, vgl. auch oben S. 261 Anm. 3.

[2]) Die praktischen Zwecke dieses Verhältnisses liegen keineswegs blos in einer erleichterten Schuldeintreibung (so Eck oben S. 416), sondern können sehr verschieden sein. Bald ist ein gegenseitiger Wettbewerb der Gläubiger beabsichtigt, so daß einer dem andern zuvorkommen darf. So wenn A und B dieselbe einmalige Lieferung versprechen und ein Jeder voll zu bezahlen ist, wenn er vor dem Anderen liefert. Desgleichen ist im Falle des § 2151, 3 ein Wettlauf zugelassen. Es kann aber auch der eine Gläubiger ein versteckter Geschäftsherr, der andere ein versteckter Vertreter sein, insbesondere aber auch jeder zum Theil Selbstinteressent, zum Ueberreste Hilfsperson der Nebengläubiger. Die Vorschriften über die Gesammtforderungen lassen sich jedoch schlechterdings nicht beiden Fällen zugleich in angemessener Weise anpassen, dem verschleierten Wettbewerbe und der verschleierten Vertretung. Dies gilt auch vom B.G.B., gegen dessen Bestimmungen da, wo sie nicht passen, übrigens unter Umständen Vertragsauslegung helfen kann. Seine Vorschriften sind allem Anscheine nach auf gegenseitige Vertretungsverhältnisse zugeschnitten, namentlich die Gesammtforderungen der Handelsgesellschafter, die auch in Zukunft oft vorkommen werden (vgl. § 215 Abs. 1 neues H.G.B.). Das römische Recht scheint dagegen den Korrealstipulationen die Verhältnisse des Wettbewerbes oder Wettlaufes als die normalen zu Grunde gelegt zu haben.

[3]) Dadurch entsteht ein Wettlauf unter den Berechtigten. Der Habgierige gewinnt dem Bescheideneren den Rang ab. Justinian mißbilligte dies bekanntlich und theilte unter den Berechtigten, Cod. VI, 38, de verb. sign. c. 4 § 1.

Bei der Gesammtforderung[1]) kann jeder Gesammtgläubiger vom Schuldner die ganze Leistung beanspruchen,[2]) und ebenso kann jeder Gesammtgläubiger nach § 429 Abs. 2 Satz 3 seinen Anspruch einem Andern übertragen.[3]) Aber § 428 fügt hinzu, daß der Schuldner die Wahl hat, an welchen Gläubiger er die einmalige Leistung machen will. Dies bestimmt § 428 nicht nur für Zweifelsfälle, sondern als absolutes Recht. Das ist sehr weitgehend und weicht vom römischen und preußischen Rechte ab.

Noch auffallender ist, daß, während nach römischem Rechte die Prävention entscheidet, und zwar nicht blos durch Klage, sondern auch in dem Falle, daß einer der Gläubiger vom Schuldner ein Erfüllungsversprechen, constitutum, erhalten hat (l. 16 dig. de duobus reis 45, 2) —, ob auch durch Novation, ist streitig (l. 31 § 1 Dig. de nov. 46, 2),[4]) —, dagegen zufolge dem B.G.B. der Schuldner nach seinem Belieben an einen der Gläubiger prästiren kann, selbst dann noch, wenn ein Gläubiger gegen ihn bereits Klage erhoben hat. Praktisch wird es dahin führen, daß der Schuldner die sämmtlichen Gläubiger in Schach halten kann, indem er jedem die Erfüllung an den anderen androht. Er sagt dann, falls nicht etwa

---

[1]) Der Name Gesammtgläubiger für diese Konkurrenzgläubiger oder vervielfachten Gläubiger entspricht nicht dem Geiste der deutschen Sprache, da es solche Gläubiger sind, die nicht insgesammt zu fordern und zu klagen brauchen (lucus a non lucendo). Hierauf weist Dernburg, Bürg. R. II, 1 S. 381 hin. § 335, 1 gehört nicht zu den Gesammtforderungen, weil hier nur der eine der klageberechtigten empfangsberechtigt ist, Dambitsch a. a. O. siehe oben S. 416 Anm. 5, Schollmeyer Anm. 3 zu § 419 S. 416, Anm. 1 zu § 335 S. 229, woselbst dies Verhältniß näher zergliedert ist.

[2]) So kann der Schuldner, obwohl er nur einmal leistungspflichtig ist, doppelt verurtheilt werden. Es schützt ihn dann § 767 der C.P.O. Ebert Anm. 3 zu § 428 (Fischer=Henle).

[3]) Davon war schon oben die Rede, S. 417. M. E. ist diese Vorschrift ganz unbedenklich. Ihre Anwendung wird keinen Betheiligten schädigen.

[4]) Vgl. Dig. II, 14 de pactis fr. 27 pr. und dazu v. Vangerow, Pandekten 7. Aufl. S. 88 ff. Die Novation durch einen Gesammtgläubiger mit Präventionszweck war m. E. zulässig, ohne Präventionszweck dagegen war sie unzulässig. Der Zweck fehlte z. B. wenn der novierende Gläubiger die Schuld nicht für sich in Beschlag nehmen, also sie nicht aus einer Correalforderung in eine einfache verwandeln wollte (was er durfte), sondern etwa nur statt eines einfachen Schuldners zwei Gesammtschuldner annahm. Dies ging die andern Gläubiger nichts an, und würde sie m. E. auch nach B.G.B. nichts angehen. Es kann dies hier nicht näher ausgeführt werden.

die Korrealgläubiger zusammen zu klagen geneigt sind, einem Jeden: „Verklagst Du mich, so zahle ich an den Anderen". „Es ist dies ein Extrem der Mehrheitstheorie. Richtiger ließ das römische Recht die Prävention entscheiden." [1])

Nach § 429 Abs. 1 und 3 ist bestimmt, daß Erfüllung oder Leistung an Erfüllungsstatt oder Kompensation oder Hinterlegung, die gegenüber dem einen Gesammtgläubiger erfolgt ist, für Alle die Schuld tilgt. Auch Annahmeverzug eines Gesammtgläubigers schadet den anderen, selbst wenn sie von dem Annahmeverzuge nichts wissen, was nicht unbedenklich ist. Wenn z. B. A die Annahme ablehnt, geräth er und die anderen Gesammtgläubiger in Annahmeverzug, auch wenn sie von der Offerte nichts wissen.[2]) An den Annahmeverzug knüpft sich auch hier der Gefahrübergang. Dies ist bedenklich (Hruza S. 60), „da der andere Gläubiger von dem Verzuge oft gar nichts erfährt".[3])

§ 429 Abs. 2 bestimmt, daß Konfusion von Forderung und Schuld in der Person eines Gesammtgläubigers das Erlöschen der

[1]) Die Bestimmung des B.G.B. paßt sehr gut da, wo die mehreren Gläubiger demselben Interesse dienen, d. h. einem von ihnen oder einem gemeinsamen Zwecke, also unter sich ausgleichungspflichtig sind. Hier schreckt Keinen die Drohung des Schuldners, dem Andern zu zahlen. Diese Vorschrift ist aber unerträglich, wo die Gesammtgläubiger als Wettbewerber einander gegenüberstehen, z. B. im Falle des § 2151. Vielleicht kann hier die Vertragsauslegung abhelfen.

[2]) Auch dies ist für Gläubiger, die im feindlichen Wettbewerbe (§ 2151 Abs. 3) stehen, unerträglich. Solche Gesammtgläubiger, die vertragsmäßig untereinander verbunden sind, müssen einander Schadensersatz leisten, wenn der eine den andern durch verschuldeten Annahmeverzug schädigt. Hier erscheint die Vorschrift nicht unpassend, vgl. auch Crome II § 208 Anm. 25. „Es wäre auch unnöthige Zeit- und Kraftverschwendung, wenn der Schuldner (um der Verzugsvortheile theilhaftig zu werden) jedem Gläubiger besonders anbieten müßte." Auf § 2151 Abs. 3 paßt dies m. E. nicht.

[3]) Weitere Streitfragen sind, ob bei dieser vielköpfigen Forderung der Gegenanspruch gegen den einen Gläubiger auch wider den anderen aufgerechnet werden könne und ob die widerrufliche Hinterlegung gegen den einen auch eine Einrede wider die anderen gebe (vgl. Planck zu § 429 Nr. 1 und 2, und dagegen Dernburg, Bürg. R. II, 1 S. 382 Anm. 2 und 3). Auch hier wird man verschiedene Antworten finden, je nachdem man einen Fall von widerstreitendem Interesse die mehrfachen Gläubiger oder eine Interesseneinheit unter ihnen annimmt. Zweifel wird diese Unterscheidung hier wie sonst nur bei dem abstrakten Schuldversprechen erwecken. Bei diesem aber hilft der Umstand, daß das B.G.B. (anders als das römische Recht bei der Korrealstipulation) die Interessengemeinschaft der correi vermuthet.

Rechte der übrigen Gläubiger gegen den Schuldner bewirkt. Nach den Motiven ist dies eine Folge des dem Schuldner zustehenden Wahlrechtes. Hierdurch weicht das Recht der Gesammtforderung von demjenigen der Gesammtschuld ab.[1])

§ 430 entscheidet, daß unter Gesammtgläubigern im Zweifel, wie unter Gesammtschuldnern eine gleiche Berechtigung auf den Forderungsinhalt, also eine Ausgleichungspflicht eintritt.[2]) Es kann aber anders vereinbart werden. Im Falle des Vermächtnisses ist es ausdrücklich anders bestimmt, denn § 2151 sagt, daß keine Theilung stattfinde.[3])

Durch diese Regreßpflicht mildert sich einigermaßen das Bedenken, das aus dem freien Wahlrecht des Schuldners hinsichtlich dessen, dem zu zahlen ist, entsteht, denn die Gläubiger erhalten dadurch mittelbar das Ihrige durch den Gläubiger, der die Leistung empfangen hat.

Der einzelne Gläubiger darf dadurch, daß er sich statt der Erfüllung mit Hingabe an Erfüllungsstatt begnügt, die Lage der übrigen Gläubiger nicht verschlechtern. Er wird ihnen daher dasjenige gewähren müssen, was er ihnen zu gewähren verpflichtet wäre, wenn er die geschuldete Leistung selbst erhalten hätte, Planck II S. 222, 2.[4])

§ 430 bestimmt, daß, wenn Mehrere eine untheilbare Leistung schulden, die Mehreren schlechterdings in allen Punkten als Gesammtschuldner haften, während bei theilbaren Leistungen im Falle des § 427 eine derartige Haftung nur vermuthet wird. Natürlich sind untheilbare Leistungen diejenigen, die sich in quantitativ und qualitativ gleiche Theile nicht zerlegen lassen, also vor Allem die, welche in einem Thun bestehen, z. B. wenn zwei Rechtsanwälte die Führung eines Prozesses über-

---

[1]) Dies rechtfertigt sich dadurch, daß eine Fortdauer der übrigen Gesammtforderungen nach erfolgter Konfusion keinen Zweck hat, sobald die anderen Gläubiger einen Regreß auf die durch die Konfusion (d. h. durch die Schuldbefreiung) erlangte Bereicherung haben. Bei der Gesammtschuld darf der Gläubiger, der das Vermögen eines der Gesammtschuldner verschonen will, nicht dadurch, daß er ihn beerbt, in seiner Absicht beeinträchtigt werden.

[2]) Alles das paßt nur zu versteckten Gesellschaftsverträgen unter den Gläubigern, nicht zu Konkurrenzverhältnissen mit der Absicht, einen Vorsprung zu gewinnen, wie § 2151 Abs. 3 ein solches enthält.

[3]) Hier liegt ein offenkundiger Fall eines Wettlaufes vor, für den die Ausgleichungspflicht überhaupt keinen Sinn hat. Auch in anderen Fällen eines Wettlaufes ist § 2151 analog anzuwenden z. B. auch da, wo derjenige von zwei Verkäufern allein Rechte aus dem Vertrage haben soll, der die Waare zuerst liefert.

[4]) D. h. wenn sie es wünschen und nicht einen Antheil an dem, was an Erfüllungsstatt hingegeben ist, vorziehen.

nehmen oder zwei Architekten einen Bau übernehmen. Aber dies gilt nicht nur, wenn es sich um ein Thun, sondern auch um die Erwerbung eines Rechtes handelt. Man setze den Fall des § 917, Gewährung eines Nothweges. Hat das Grundstück mehrere Eigenthümer, so haften diese als Gesammtschuldner.

Das Gesetzbuch nimmt die Untheilbarkeit zweckmäßiger Weise auch bei der Verpflichtung zur Uebergabe einer bestimmten Sache an (§§ 432, 1011) was in der gemeinrechtlichen Theorie bestritten war, Planck II S. 210 Anm. 2, z. B. wenn mehrere zusammen ein Pferd verkaufen oder mehrere Depositare zusammen eine Sache in Verwahrung nehmen oder mehrere Erben, die eine Sache als Vermächtniß herausgeben müssen. Auch sie haften als Gesammtschuldner. Jeder der mehreren Schuldner haftet also auf das Ganze; es kann jeder auf das Ganze verklagt werden.

Wenn die untheilbare Leistung durch Verschulden eines der mehreren Verpflichteten unmöglich wird, so steht die Sache so, daß derjenige Gesammtschuldner, der durch seine Schuld die Unmöglichkeit herbeigeführt hat, allein das Erfüllungsinteresse zu prästiren hat, die anderen aber frei werden, daß aber nicht, wie nach römischem Rechte,[1]) sich die Forderung auf Schadensersatz unter die sämmtlichen Schuldner spaltet. (A. M. Cosack).[2]) Sprengt also von zwei Architekten, die mit einem Hausbaue beauftragt sind, der eine durch seine Schuld das Haus entzwei, so bleibt der andere frei. Die gemeinrechtliche Theorie entscheidet anders und verdient m. E. den Vorzug.[3])

Endlich behandelt das Gesetzbuch in § 432 mehrere Gläubiger, die eine untheilbare Leistung zu fordern haben, nicht auch als Gesammtgläubiger. Wenn z. B. mehrere Deponenten eine gemeinsame Sache niedergelegt haben, so sind sie nicht Gesammtgläubiger.[4]) Folglich kann der Schuldner mit befreiender Wirkung nicht an den Einzelnen leisten, sondern nur an alle gemeinsam, wie § 432 sagt.[5]) Folgerichtig

---

[1]) Bekanntlich sehr streitig, vgl. Enneccerus § 237 Anm. 4 S. 579.

[2]) Lehrbuch I, 2. Aufl., § 119 S. 386 2a.

[3]) Es greifen hier ähnliche Gesichtspunkte Platz, wie bei der Haftung des einen correus für die Schuld des anderen, siehe oben S. 421 Anm. 2.

[4]) Andere Beispiele sind nach Engelmann, Das bürg. Recht des Deutschen Reichs, 2. Aufl., S. 241, §§ 709, 718, 2039, 1472. S. hierzu den folgenden Text.

[5]) Deshalb ist es folgerichtig, daß der Annahmeverzug des einzelnen Gläubigers, dem die Leistung angeboten ist, den Mitgläubigern nicht schadet. Ist freilich allen zusammen angeboten, so kann der einzelne alle in Annahmeverzug versetzen. Schollmeyer S. 443 zu § 432. Es ist dies nicht unstreitig, Dernburg, Bürg. R. II,

wäre, daß auch der Anspruch nur von allen Gläubigern gemeinsam erhoben werden könnte. Aber diese Konsequenz wird durch die Schlußworte des ersten Satzes beseitigt: Es kann jeder Gläubiger Leistung an alle verlangen.[1]) Der einzelne kann also klagen aber nur mit dem Antrage, daß an alle gemeinsam geleistet werde,[2]) wie dies die preußische Praxis für Miterben vor der Theilung annahm. Diese Leistung an alle, auf die der einzelne Gläubiger klagen kann, vollzieht sich dann sehr einfach, wenn die Leistung mit ihrer Vollendung ohne Weiteres allen Gläubigern zu Gute kommt, wie bei der Errichtung eines Baues auf einem mehreren gehörigen Grundstücke. „Man denke auch an eine Photographie mehrerer."[3]) Wie aber, wenn dies nicht der Fall ist? Hier ist bestimmt, daß, wenn der Schuldner ohne seine culpa — an alle gemeinschaftlich — zu leisten außer Stande ist, er durch Hinterlegung oder, falls sich die geschuldete Sache nicht zur Hinterlegung eignet, durch Ablieferung der Sache an einen gerichtlich zu bestellenden Verwahrer sich befreien kann, wofern ein Gläubiger darauf anträgt (§ 432 Abs. 1 Satz 2).[4]) In diesem Falle ist das schuldnerische Recht auf Selbsthilfeverkauf (§ 383 Abs. 1) ausgeschlossen.[5])

Dies veranschaulicht ein Beispiel, das den heiligen Ivo von Chartres betrifft. A und B hinterlegen bei C einen Beutel mit Gold. B nimmt diesen demnächst auf Grund einer gefälschten Vollmacht des A wieder aus der Verwahrung. Später verlangt A den Beutel, indem er ausführt, daß er an B allein nicht hätte heraus-

---

1 S. 385 gegen Cosack S. 383 und Goldmann und Lilienthal S. 178, aber in Uebereinstimmung mit Planck zu § 432 Anm. 2 u. 3 und Oertmann § 432 Anm. 3.

[1]) Der Grund hiervon ist, daß ein solches Begehren den anderen nicht schadet und sie es daher nicht aus Eigensinn verhindern können.

[2]) Vgl. § 1011. Jeder Gatte kann hiernach zwischen Ehescheidung und Auseinandersetzung Dritte zur Ablieferung eines Theilungsgutes an die Gesammtheit anhalten. Entsch. des R.G. Bd. 48 Nr. 59 S. 271, 272.

[3]) Aus Ecks Vorbereitungsheft. Gedacht ist hier wohl an das Recht auf die Aufnahme eines Gruppenbildes. Man könnte vielleicht zweifeln, ob dies nicht zu der im Texte weiter unten behandelten „Gesammthänderschaft auf der aktiven Seite" gehört, die Eck weiter unten von den Ansprüchen auf eine untheilbare Leistung unterscheidet.

[4]) D. h. natürlich nur bei Forderungen, die auf bestimmte körperliche Sachen gerichtet sind.

[5]) Dies Recht würde für die anderen Gläubiger höchst unbillig sein. In Nothfällen läßt Planck Anm. 2 zu § 432 es zu. Noch weiter geht m. E. mit Unrecht Schollmeyer Anm. 3 zu § 432 S. 443.

gegeben werden dürfen. C entgegnet auf den Rath des Ivo, daß er den Beutel dem A erst herausgeben werde, wenn dieser den B mit zur Stelle schaffe. Einem derartigen Einwande beugt das B.G.B. vor, indem es dem einzelnen Gläubiger das Recht giebt, die Hinterlegung für alle zu verlangen.

Bei einer untheilbaren Leistung wirkten die Ereignisse in der Person eines der Mitgläubiger nur subjektiv. So die Erfüllung, der Erlaß, der Annahmeverzug u. s. w. in der Person eines Gläubigers, wofern nicht alle Gläubiger ein Anderes bestimmen, niemals objektiv, da ja die Leistung nicht einem, sondern allen Gläubigern gemeinschaftlich gewährt werden soll (Planck II S. 224 Anm. 3).[1]) Auch giebt es hier kein Ausgleichungsrecht, da der Fall der Ausgleichung nicht eintreten soll, vielmehr der Schuldner an alle gemeinschaftlich zu erfüllen hat und die Annahme der Leistung durch einen Gläubiger den Schuldner überhaupt nicht befreit.

Neben den Schuldverhältnissen des sechsten Titels steht die Gesammthänderschaft.[2])

„Es giebt nicht nur Schulden, sondern auch Sondervermögen mehrerer Berechtigter zur gesammten Hand. So bei der Gesellschaft (§§ 709, 718), bei dem Miterbenverhältnisse vor der Theilung des Nachlasses (§ 2039 und § 2058) und der Gütergemeinschaft nach der Aufhebung (§ 1472)."[3])

---

[1]) Nur das Klagerecht, nicht das Empfangsrecht steht jedem Einzelnen zu.

[2]) Dies ist entweder eine Schuld, die nur von mehreren mit vereinten Kräften eingetrieben oder erfüllt werden kann, also ein Recht, das nur durch ein Zusammenwirken ausübbar ist (aktive Gesammthänderschaft, z. B. die Wandlungsklage mehrerer Käufer nach §§ 467, 356), oder eine Schuld, die nur durch das Zusammenwirken mehrerer Schuldner erfüllbar ist (passive Gesammthänderschaft, z. B. wenn vier Personen verpflichtet sind ein Quartett zu spielen, oder mehrere eine schauspielerische Aufführung veranstalten müssen). Hier liegt nicht eine einzige untheilbare Leistung vor, sondern eine Mehrheit, deren Bestandtheile nur zusammen gefordert oder geleistet werden können. Die Aufnahme des Gruppenbildes (s. S. 431 Anm. 3) gehört wohl nicht hierher, da sich bei ihr eine Klage aus § 432 auf Leistung an alle sehr wohl denken läßt, wenn auch der letzte Satz des ersten Absatzes dieses Paragraphen auf solche Ansprüche eingeschränkt werden muß, die auf Herausgabe einer körperlichen Sache gehen. Was übrigens die in dieser Anmerkung erwähnten Fälle der sog. passiven Gesammthänderschaft betrifft, so kann der richtigen Meinung nach nicht jeder Schuldner verlangen, daß er mit allen zusammen verklagt werde. Es hängt dies mit der Lehre von der exceptio plurium litis consortium zusammen und gehört in das Proceßrecht.

[3]) Aus Ecks Vorbereitungsheft entnommen.

Diese Gesammthänderschaft wird bei Schuldverhältnissen auf der Passiv- und der Aktivseite vom Gesetzbuche im Allgemeinen dahin behandelt, daß eine derartige Schuld nur von allen Schuldnern erfüllt zu werden braucht oder nur von allen Gläubigern zusammen abverlangt werden kann.

Eine Gesammthänderschaft auf der aktiven Seite liegt nicht nur bei den genannten Sondervermögen vor, sondern auch, wenn es sich um ein Vermögen handelt, über das nur mit Zustimmung eines anderen verfügt werden kann, z. B. bei einer Forderung, die zum eingebrachten Vermögen der Ehefrau gehört. Hier kann jeder Gatte die Leistung fordern, Planck II S. 209. Dagegen ist das Recht des Einzelnen, darauf zu klagen, daß an alle geleistet oder deponirt werde, bei der Gesammthandsforderung grundsätzlich nicht gewährt.[1]) Ein Gesellschafter kann also nicht gegen einen Gesellschaftsschuldner klagen, daß er an alle leiste oder deponire. Nur bei der Miterbschaft ist dies anerkannt, § 2036[2]) (s. oben).

„Außerdem besteht auch noch der Unterschied, daß kein Gesammthänder seine Mitberechtigung abtreten kann.[3])

Entspringt aus einem der erwähnten Verhältnisse eine passive Gesammthänderschaft, gehört z. B. eine Schuld zu dem eingebrachten Vermögen der Frau, so sind nach C.P.O. (§§ 736, 739) alle Betheiligten gemeinsam zu belangen.[4])

---

[1]) Um so mehr werden die Gesellschafter in Zukunft Anlaß haben, sich Gesammtforderungen auszubedingen oder gegenseitige Eintreibungsvollmachten auszustellen.

[2]) Wie schon oben erwähnt wurde, S. 430 Anm. 4, stellt Engelmann die Forderungen aus §§ 709, 718 und 1472 mit § 432 auf eine Linie. Danach würde es wohl auch im Falle des § 1472 einem jeden der beiden Gatten eine Forderung auf Leistung an beide Gatten gewähren, während Eck sie nach dem im Texte Gesagten verweigert. Ich schließe mich Engelmann an, da das Gesetzbuch keinen Anlaß dazu giebt, den Wortlaut des § 432 einzuschränken und die Rechtshilfe der Betheiligten zu schmälern. Vgl. jetzt auch hierzu einen besonderen Fall gemeinsamer Klageberechtigung in dem Urtheile des Reichsgerichts Entsch. Bd. 47 Nr. 46 S. 211 ff. Von ihm wird unten bei den unerlaubten Handlungen die Rede sein.

[3]) Aus dem Vorbereitungshefte. Vielleicht ist dies absichtlich von Eck weggelassen worden, zumal es in voller Allgemeinheit kaum haltbar ist.

[4]) Die hier im Texte erwähnten Gesammthänderschaftsfälle unterscheiden sich von den S. 432 Anm. 2 erwähnten dadurch, daß hier nur die eine Person Gläubiger oder Schuldner, die andere bloß Nebeninteressent ist, dort aber alle zugleich Obligationssubjekte und coordinirte Interessenten sind. Man muß daher Gesammthänder mit verschiedenem und mit gleichem Erfüllungsinteresse unterscheiden.

Das B.G.B. kennt daher folgende Rechtsverhältnisse bei Mehrheit von Schuldnern oder Gläubigern:

a) Gesammtschuld und Gesammtforderung (Korrealität, volle Mitschuld und Mitberechtigung nach Cosack'scher Terminologie).[1]

b) bei einer untheilbaren Leistung finden wir einerseits eine Gesammtschuld und andererseits eine gemeinschaftliche Forderung (schlichte Mitberechtigung nach Cosack),

c) Gesammthänderschaft (Mitschuld oder Mitberechtigung zur gesammten Hand nach Cosack),[2] gemeinschaftliche Schuld und gemeinschaftliche Forderung.

Kapitel V. Die einzelnen Schuldverhältnisse.[3]

§ 73.

Kauf und Tausch im Allgemeinen. (Mängel im Rechte.)

Die allgemeinen Vorschriften über Kauf und Tausch finden sich in den §§ 433—458, 515.

[1]) Lehrbuch I, §§ 119, 120, 2. Aufl., S. 384 ff. Die vierte Auflage, § 119 S. 402 ff., hält diese Terminologien nicht fest, sondern spricht von „ungetheilter Mitgläubigerschaft oder Mitverpflichtung" und von „Schuld zu gesammter Hand".

[2]) Die Gläubiger zur gesammten Hand haben genau genommen auch eine Mitberechtigung, aber keine Alleinberechtigung. Eine solche hat der Gesammtgläubiger voll und ganz, der Mitgläubiger der untheilbaren Forderung aber nur halb, d. h. nur unvollkommen; denn jener hat ein Alleinrecht zum Empfange und zur Klage, dieser nur zur Klage allein, gerade wie der Ausbedinger der Leistung an einen Dritten und die Obrigkeit in den Fällen der §§ 525 und 2194, die Dernburg, Bürg. R. II, 1 S. 381 § 164 Anm. 2 zu den Gesammtforderungen zählt, m. E. mit Unrecht. Cosack nennt daher a. a. O. die halbe Alleinberechtigung des § 432 eine schlichte, eben weil sie nur eine halbe ist. Nöthig wird diese Unterscheidung, weil § 432 nicht in allen Fällen anwendbar ist, in denen mehrere Gläubiger einer untheilbaren Leistung gegenüberstehen. Der Name Gesammthänderschaft ist freilich nicht unbedenklich, weil man allenfalls auch im Falle des § 432 von einer Gesammthänderschaft im Leistungsempfange (wenn auch nicht im Klagerechte) reden kann und ebenso auch von einem gemeinschaftlichen Recht zum Empfange.

[3]) Unerwartete Amtsgeschäfte brachten den Herausgeber in die Nothlage, entweder Umfang und Zahl der Anmerkungen zu beschränken oder den Zeitpunkt der Vollendung seiner Arbeit hinauszuschieben. Dem Wunsche des Verlegers entsprechend wählte er den erstgenannten Ausweg als das geringere Uebel.

Der Kauf ist ein Vertrag über Austausch von Waaren gegen Geld. Die Waare kann sein eine Sache oder ein Recht, z. B. ein Forderungsrecht, Urheberrecht, Patentrecht, § 433 Abs. 1. Die Sache kann nicht blos eine eigene Sache des Verkäufers sein, sondern auch eine fremde, auch eine vom Verkäufer erst noch zu fertigende (vgl. § 651), aber in diesem Falle nur, wenn die anzufertigende Sache eine vertretbare ist, z. B. Speisen, die in eine Restauration bestellt sind.[1])

Nach gemeinem Rechte ist der Werkvertrag dem Kaufvertrage gegenüber in der Weise abgegrenzt, daß letzterer vorliegt, wenn das Werk aus einem vom Unternehmer zu liefernden (beschaffenden) Stoffe herzustellen ist. Diese Unterscheidung ist im § 651 grundsätzlich nur mit der Maßgabe beibehalten, daß, wenn eine vertretbare Sache herzustellen ist, das Geschäft als Kauf gilt, daß aber, wenn eine nicht vertretbare Sache herzustellen ist, die abweichenden Normen des Werkvertrages Platz greifen. Durch den § 651 ist der Art. 338 H.G.B. entbehrlich geworden.

Der Grundgedanke des § 651 ist, daß in vielen Fällen verkaufte vertretbare Sachen schon fertig da liegen[2]) und es bei ihnen in der Regel gleichgültig ist, wer den Stoff beschafft.[3]) Bei nicht vertretbaren Sachen (Lieferung einer Maschine, eines Anzuges für eine bestimmte Person oder einer Photographie) kommen dagegen in Hauptpunkten (Uebergang der Gefahr und Mängelhaftung) die Bestimmungen des Werkvertrages zur Anwendung.[4])

---

[1]) Eck kennt also als Verkaufsgegenstand nur Sachen und Rechte. Andere, z. B. Cosack, Lehrbuch 3. Aufl., I S. 411, halten auch andere Dinge für verkäuflich, „z. B. die Praxis eines Arztes, eine nicht patentirte Erfindung, ein Geschäftsgeheimniß". Aehnlich Dernburg, Bürg. R. § 168 Anm. 1, Endemann 8. Aufl. § 163 Anm. 3 S. 1020, Crome § 212 Anm. 1 S. 406. Durch diese Ansicht wird die Grenzlinie verwischt, die den Kauf von andern Geschäften, namentlich dem Werkvertrage absondert. Die Mittheilung eines Geheimnisses für Bezahlung halte ich z. B. für einen Werkvertrag. Eine Unterscheidung zwischen Kaufgeschäften und kaufähnlichen unbekannten Verträgen hat freilich, wie Dernburg, Bürg. R. II, S. 6 Anm. 4 treffend bemerkt, keine praktische Bedeutung.

[2]) Die Herstellung der Sachen gehört daher bei ihnen überhaupt nicht zum wesentlichen Inhalte des Versprochenen. Auch die schon vorhandenen verfertigten Sachen können geliefert werden.

[3]) Damit soll wohl angedeutet sein, daß oftmals bei der nichtvertretbaren Leistung die eigene Herstellung durch den Bearbeiter auch für die Auswahl eines guten Stoffes eine besondere Gewähr bietet, die bei dem Verkaufe vertretbarer Sachen fehlt.

[4]) Näheres hierüber vgl. unten S. 527.

Die Unterscheidung des B.G.B. zwischen vertretbaren und nicht vertretbaren Sachen beseitigt für zweiseitige Handelsgeschäfte § 381 Abs. 2 H.G.B. Die Regeln vom Kauf gelten bei ihnen auch dann, wenn aus einem von dem Unternehmer zu beschaffenden Stoffe eine nicht vertretbare bewegliche Sache herzustellen ist. Daraus folgt eine abweichende Behandlung der Untersuchungs- und Anzeigepflicht. Liegt also ein zweiseitiges Handelsgeschäft vor, hat z. B. ein Fabrikant einem anderen eine Maschine geliefert, so gelten die Regeln vom Kauf für beide Verpflichtungen. Läßt sich aber ein Privatmann von einem Schneider einen Frack machen, dann gilt B.G.B. § 651 Abs. 1 Satz 2 und daher keine Untersuchungs- und Anzeigepflicht (§§ 478, 479). Darin liegt eine starke Divergenz zwischen dem B.G.B. und dem H.G.B.

Der Tausch weicht vom Kauf nur darin ab, daß bei ihm keine der beiden Gegenleistungen Geld ist. Er wird nach § 515 ganz nach Analogie des Kaufes behandelt.

Die Verpflichtungen der beiden Theile sind bei dem Kaufe im Allgemeinen die folgenden:

Hinsichtlich der Verpflichtung des Verkäufers weicht das B.G.B. vom gemeinen Rechte erheblich ab. Nach letzterem war der Verkäufer nur verpflichtet, dem Käufer die Sache zu übergeben und ihm das habere licere derselben zu gewähren. Erst wenn dem Käufer die Sache evincirt wird, also ein Dritter kraft besseren Rechts dem Käufer die Sache mittelst Prozesses entzogen hatte, so daß dieser fortan den thatsächlichen Genuß entbehrte, haftete ihm der Verkäufer mit einer actio empti (Eviktionsprinzip). Das B.G.B. statuirt nach § 433 Abs. 1 Satz 1 ein weitergehendes Prinzip, die Verpflichtung des Verkäufers zur Rechtsverschaffung. Er muß dem Käufer nicht blos die Sache übergeben, damit er sie genießen kann, sondern ihm Eigenthum daran verschaffen und daher die dazu nöthigen Handlungen vornehmen, namentlich die erforderlichen Erklärungen abgeben, z. B. bei einem verkauften Grundstücke die Auflassung vornehmen.[1]) Ebenso muß er bei dem Verkaufe eines Rechtes das Recht selbst verschaffen, und wenn es zum Besitze berechtigt (z. B. Nießbrauch) auch die Sache übergeben, § 433 Abs. 1 Satz 2.

---

[1]) Wird die aufgelassene Sache von einem Dritten besessen, so erwirbt der Käufer mit der Eintragung das Eigenthum und den Herausgabeanspruch gegen den Besitzer. Einer besonderen Abtretung dieses Anspruchs bedarf es nicht. So Entscheidungen d. R.G. Bd. 52 Nr. 74 S. 277.

Die Pflichten des Käufers sind ebenfalls umfassender im B.G.B. als nach gemeinem Rechte und manchen neuen Gesetzbüchern. Eine laesio enormis giebt es nicht; es besteht statt dessen nur die Wucherschranke des § 138.

Nach § 433 Abs. 2 ist der Käufer nicht blos, wie nach römischem Rechte, zur Zahlung des Kaufpreises, sondern auch zur Abnahme der gekauften Sache verpflichtet. (Anders Entsch. des R.G. Bd. 14 S. 247.) Vom Standpunkte des B.G.B. ist das insofern eine Singularität, als nach den Vorschriften über Annahmeverzug (§§ 293 ff.) der Gläubiger zur Annahme der Leistung berechtigt, aber nicht verpflichtet ist. In diesem Sinne hatte auch der Verkäufer nach gemeinem Rechte nur dann das Recht auf Abnahme gegen den Käufer, wenn er ein besonderes Interesse daran nachwies.[1]) Das B.G.B. setzt nunmehr als regelmäßig voraus, daß Verkäufer ein solches Interesse hat (nicht erst besonders erweist).

In Uebereinstimmung mit dem § 215 A.L.R. I, 11 und abweichend vom gemeinen Rechte, kann also der Verkäufer geradezu vom Käufer die Abnahme der gekauften Sache verlangen.[2]) Besonders wichtig wird dies bei den sog. Spezifikationskäufen, bei denen die Menge und die Beschaffenheit der zu liefernden Waare unter Festsetzung gewisser Grundpreise nur im Allgemeinen vereinbart wird, während die nähere Bestimmung über Form, Maß und dergl. dem Käufer vorbehalten bleibt. So z. B., wenn Stabeisen einer gewissen Art verkauft wird und der Käufer noch die Dimensionen bestimmen soll. Hier entsteht die Frage, ob der Verkäufer, wenn der Käufer die Spezifikation nicht rechtzeitig vornimmt, nur den Preis oder die Spezifikation verlangen kann. Letzteres wird nach B.G.B., entsprechend dem § 375 Abs. 1 H.G.B., anzunehmen sein. Im Abs. 2 geht das H.G.B. insofern noch über das B.G.B. hinaus, als der Verkäufer, falls der Käufer mit der Spezifikation im Verzuge ist, diese statt des Käufers vornehmen oder Schadensersatz wegen Nichterfüllung fordern oder vom Vertrage zurücktreten kann. Im ersteren Falle hat der Verkäufer die von ihm ge-

[1]) Ueber Annahme und Abnahme s. unten S. 523.

[2]) Insbesondere auch dann, wenn sie ohne Grund dem Verkäufer als vertragswidrig zurückgeschickt worden ist. Man sollte meinen, daß dadurch für den Rücksender eine neue Abholungspflicht mit neuem Erfüllungsorte (bei dem Verkäufer) entständen, und zwar auch dann, wenn ursprünglich bei dem Käufer zu erfüllen war. Anders jedoch das Reichsgericht Entsch. Bd. 49 Nr. 19 S. 76 (vgl. oben S. 263 Anm. 6).

troffene Bestimmung dem Käufer mitzutheilen und ihm dabei eine angemessene Frist für eine andere Bestimmung zu setzen. Nimmt der Käufer dann diese Bestimmung nicht rechtzeitig vor, so ist die vom Verkäufer getroffene Bestimmung maßgebend.

Ueber die Kosten der Erfüllung bestimmt der § 448, im Einklang mit dem in Wegfall kommenden Art. 351 H.G.B., daß der Verkäufer die Kosten der Uebergabe trägt, insbesondere die Kosten des Messens und Wägens, während dem Käufer die Kosten der Abnahme u. s. w. zur Last fallen. Der § 448 ist insofern vollständiger als Art. 351, als er hierbei auch die Kosten der Versendung nach einem anderen Orte als dem Erfüllungsorte dem Käufer auferlegt, was bei Art. 351 erst durch extensive Interpretation des Wortes „Abnahme" zu erreichen war, indem man unter Kosten der Abnahme alle Kosten verstand, die nicht Kosten der Uebergabe waren.

Bei dem Verkaufe eines Rechtes fallen nach § 448 Abs. 2 die Kosten der Begründung und Uebertragung des Rechtes dem Verkäufer zur Last. Aber für die Kosten des Grundbuches macht § 449 eine Ausnahme: sie hat der Käufer zu tragen. Diese starke Modifikation der Regel ist auf die Verkehrssitte zurückzuführen.

Sehr wichtig ist die Verpflichtung des Verkäufers zur Gewährleistung für Mängel des Rechts am Kaufgegenstande. Zunächst hat der Verkäufer nach § 444 die Pflicht zur Auskunftertheilung hinsichtlich der den verkauften Gegenstand betreffenden rechtlichen Verhältnisse; er hat die erforderlichen Urkunden, soweit er sie besitzt, dem Käufer auszuliefern, und, erstreckt sich eine solche Urkunde auch auf andere Angelegenheiten, einen öffentlich beglaubigten Auszug aus ihr zu ertheilen.

Nach § 434 haftet der Verkäufer in Gemäßheit des Rechtsverschaffungsprinzipes dafür, daß die Sache frei von Rechten sei, die vom Dritten gegen den Käufer geltend gemacht werden könnten; er hat also rem liberam zu prästiren. Hier kommen zunächst dingliche Rechte in Betracht, also auch Grunddienstbarkeiten, für die das römische Recht den Verkäufer nicht ohne Weiteres haften ließ, sodann auch Mieth- und Pachtrechte. Auch formell eingetragene, nicht rechtsbeständige Rechte muß der Verkäufer auf seine Kosten zur Löschung bringen, § 435. Nur für öffentliche Abgaben und Lasten, die zur Eintragung in das Grundbuch nicht geeignet sind, haftet er nach § 436 nicht.

Das Gleiche gilt für Schiffe und Rechte an Schiffen (§ 435 Abs. 2), insbesondere für die im Schiffsregister eingetragenen Rechte.

Der Verkäufer einer Forderung (und ebenso der Verkäufer eines andern Rechtes z. B. eines Urheber- oder Patentrechtes) haftet nach § 437 Abs. 1 für den Bestand des verkauften Rechtes (nomen esse verum). Er darf daher nicht einwenden, daß der Gegenstand des Geschäfts nicht vorhanden, also die Leistung unmöglich sei. Bei Werthpapieren gilt es als Mangel des Rechtes, nicht der Sache — wie man in der Theorie behauptet hat —, wenn das Papier zum Zwecke der Kraftloserklärung aufgeboten ist, § 437 Abs. 2. Der Käufer braucht sich also danach nicht zu erkundigen, ob ein Aufgebot schwebt, denn die Haftung dafür, daß es nicht der Fall ist, übernimmt der Veräußerer ohne Weiteres durch den Verkauf.

Der Verkäufer haftet aber nicht, wie nach preußischem Rechte (§ 436 A.L.R. I, 11), auch für die Bonität der Forderung (was mit dem gemeinen Rechte übereinstimmt). Uebernimmt er die Haftung für die Zahlungsfähigkeit des Schuldners, so bezieht sich diese nur auf seine Zahlungsfähigkeit zur Zeit der Abtretung, aber dafür, daß der Schuldner dauernd zahlungsfähig bleibe, haftet er auch dann nicht.

Diese Haftungspflichten fallen fort (§ 439), wenn der Käufer beim Abschlusse des Kaufs den Mangel im Rechte kennt. Wenn jemand vom Entleiher die geliehene Sache kauft, in der Erwartung, daß der Verleiher die Erlaubniß zum Verkaufe der Sache geben werde, dann haftet der Veräußerer nicht. Es wird dann angenommen, daß der Käufer den Mangel des Rechts riskieren wolle.[1]) Das Kennenmüssen ist aber dem Kennen hier nicht gleichgestellt. Wenn also der Käufer den Mangel im Rechte hätte kennen müssen, weil sich dieser z. B. aus dem Grundbuch ergiebt, so haftet der Veräußerer trotz der Fahrlässigkeit des Käufers, da dieser sich auf die Auskunftspflicht des Verkäufers verlassen durfte.[2]) Wenn z. B. ein Student von jemandem antiquarisch Bücher mit dem Stempel der Königl. Bibliothek kauft, ohne diesen gewahr zu werden, so haftet ihm demgemäß der Verkäufer.

---

[1]) Das im Texte Gesagte trifft dann nicht zu, wenn der Käufer die auf der Sache ruhende Last zwar kennt, sich aber in Folge eine Rechtsirrthums einbildet, daß die Sache ohne diese Last auf ihn übergehen werde. Das Reichsgericht wendet aber auch in diesem Falle den § 439 Anm. 1 an (Ignorantia iuris nocet). Entsch. Bd. 52 Nr. 46 S. 168, 169. — Ein weiteres Beispiel des § 439 Anm. 1 enthalten die Entscheidungen d. R.G. Bd. 52 Nr. 74 S. 276.

[2]) Zu einer rechtlichen Belehrung des Käufers ist jedoch der Verkäufer nicht verpflichtet. Entsch. d. R.G. Bd. 52 Nr. 46 S. 168.

§ 439 Abs. 2 thut noch einen weiteren Schritt: Der Verkäufer hat Hypotheken, Grundschulden, Rentenschulden oder Pfandrechte u. s. w. zu beseitigen, selbst wenn der Käufer die Belastung kennt. Kauft also jemand von einem Miether Gegenstände, hinsichtlich deren er das Pfandrecht des Vermiethers kennt, und macht dieser sein Pfandrecht geltend, so haftet der Verkäufer dem Käufer trotz seiner Kenntniß.[1])

Kommt der Käufer seiner Pflicht der Rechtsverschaffung nicht nach, so haftet er nach § 440 wie bei Nichterfüllung. Er hat hier alle Rechte, welche bei gegenseitigen Verträgen (überhaupt) wegen Nichterfüllung von Seiten eines Theiles dem andern nach §§ 320—327 zustehen.

Der Käufer kann demgemäß, wenn der verkaufte Gegenstand nicht frei von Lasten ist

1. in der Defensive mit der Gegenleistung (Preis) zurückhalten, (exceptio non adimpleti contractus),

2. in der Offensive auf Erfüllung klagen,

3. wegen Erfüllungsverzuges gemäß § 326 dem Verkäufer eine Frist stecken mit den dort angegebenen Folgen; d. h. nach Ablauf der Frist ist er berechtigt, Schadensersatz wegen Nichterfüllung zu verlangen oder vom Vertrage zurückzutreten.

Der Käufer hat diese weitgehenden Rechte nicht blos, so lange der beabsichtigte dingliche Vertrag noch nicht vollzogen ist, sondern selbst dann, wenn die Mängel im Rechte des Verkäufers erst hervortreten, nachdem der Kaufgegenstand schon übergeben und der Käufer im Genusse desselben ist, § 440 Abs. 1. Daß das Gesetzbuch über das römische Eviktionsprinzip hinausgegangen ist,[2]) zeigt sich gerade hier. Jetzt gilt das Rechtsverschaffungsprinzip, das dem Käufer Ansprüche giebt, noch ehe ihm die Sache abgestritten worden ist. Wenn also z. B. das Grundstück, das jemand als Erbe des eingetragenen Eigenthümers verkauft hat, sich als Eigenthum eines Dritten (wahren Erben) herausstellt, wenn das Grundstück nicht, wie Verkäufer versichert hatte, hypothekenfrei ist, auch nur formell die Hypothek eingetragen steht, so braucht der Käufer

---

[1]) D. h. natürlich nur, sofern nicht aus den Umständen folgt, daß der Käufer die auf der Sache ruhende Last mitübernehmen wollte.

[2]) Aus dem von Eck gewählten Ausdrucke „hinausgegangen" geht hervor, daß er im B.G.B. nicht einen Gegensatz, sondern eine Fortbildung des römischen Rechts sieht. Die Haftung des Verkäufers ist in diesem Sinne nur erweitert, nicht aus völlig neuem Gesichtspunkte hergeleitet.

nicht (obwohl er im Genuß ist), die Geltendmachung dieses fremden Rechtes abzuwarten, sondern kann sofort die Rechte wegen Nichterfüllung geltend machen. Ebenso steht es bei verkauften Forderungen oder Rechten. Standen diese dem Verkäufer nicht zu, so hat der Käufer ohne Weiteres einen Anspruch wegen Nichterfüllung.

Eine Ausnahme im Sinne des alten Eviktionsprinzipes macht das B.G.B. im § 440 Abs. 2—4 und im § 441. Beim Verkaufe einer beweglichen Sache und eines Rechtes an einer beweglichen Sache, das zum Besitze der Sache berechtigt, kann der Käufer Schadensersatz wegen Nichterfüllung[1]) erst nach Herausgabe der Sache an den dritten Evincenten verlangen.[2]) Gleich steht der Herausgabe der Sache an den Dritten die Rückgewähr an den Verkäufer oder der Untergang der Sache § 440 Abs. 2, Schluß und nach Abs. 3 der Fall, wo zwischen dem Käufer und dem Dritten eine confusio stattfindet oder der Käufer das Recht des Dritten anderweit erwirbt oder ihn abfindet.

Die ratio für diese Ausnahme liegt darin, daß, solange sich der Käufer im Besitze der Sache befindet, sich der Schadensersatz wegen Nichterfüllung nicht gut bestimmen läßt. Ferner: Der Käufer eines Pferdes z. B. kann nicht gut gegen den Verkäufer Regreß nehmen, so lange er das Pferd besitzt und noch reitet. Dann würde er das Pferd doppelt nutzen, einmal in natura und das andere Mal im Schadensersatze.[3]) Der Käufer kann aber — wenn das Pferd z. B. gestohlen war —, dem Verkäufer eine Frist zur Befriedigung des bestohlenen Eigenthümers stecken, um, wenn dieser binnen der gestellten Frist die Abfindung nicht

---

[1]) Darunter ist nicht der Schadensersatz wegen Mangelhaftigkeit der Leistung zu verstehen, sondern der Ersatz des durch vollständige Nichterfüllung des Vertrages entstehenden Schadens. So Entscheidungen Bd. 52 Nr. 92 S. 356, 357.

[2]) Eck bezeichnet dies als Ausnahme. Daraus folgt, daß er einer entsprechenden Ausdehnung des § 440 auf Grundstücke, wie sie namentlich von Cosack (Lehrbuch I, 4. Aufl., § 125 Anm. 4 S. 435) behauptet wird, vielleicht nicht zugestimmt haben würde. Man kann aber in § 440 auch eine bloße Erschwerung der Haftpflicht sehen, nicht eine Ausnahme des sonst geltenden Rechts. Auch dann ließe sich § 440 auf Grundstücke wegen der Grundbuchverhältnisse nicht wörtlich anwenden, vielleicht aber doch nach der im Texte angegebenen ratio des Paragraphen in entsprechender Weise. Es wird daher Cosack grundsätzlich zuzustimmen sein.

[3]) Es kommt dazu noch, daß ein Käufer, der sich Schadensersatz für Nichtgewährung des Eigenthums geben läßt und dabei die Sache behält, sie leicht einem redlichen Dritten würde verkaufen und somit doppelt zu Gelde machen können. Aehnliches gilt auch bei Grundstücken; vgl. Cosack a. a. O.

bewirkt hat, vom Geschäft zurückzutreten. Schadensersatz kann er aber, solange er im Besitze des Pferdes ist, nicht verlangen.

Derartige Eviktionsklagen werden namentlich bei gestohlenen oder verlorenen Sachen oder bei bösem Glauben des Verkäufers Platz greifen, z. B. wenn ein Antiquar Bücher kauft, die mit einem Stempel der Königlichen Leihbibliothek versehen sind, folgeweise nicht in gutem Glauben ist und demnächst weiter veräußert. Dieser wird dem gutgläubigen Käufer aus dem Mangel des Rechts haftbar. Die Haftung des Verkäufers wegen eines Mangels im Rechte fällt nach § 443 infolge eines pactum de non praestando evictione fort;[1]) letzteres ist aber bei Arglist des Verkäufers nichtig. Sie fällt weiter fort bei Kenntniß des Mangels seitens des Käufers, § 439 (s. oben) und schließlich auch noch nach § 806 C.P.O. (Veräußerung auf Grund einer Pfändung) und § 56 Schlußsatz des Zwangsversteigerungsgesetzes vom 24. März 1897 (Veräußerung eines Grundstückes in der Zwangsversteigerung).

Alle diese Regeln vom Kaufe gelten nach § 445 analog bei anderen auf Veräußerung oder Belastung eines Gegenstandes gegen Entgelt gerichteten Verträgen z. B. bei Tausch, Werkvertrag, Gesellschaft, Vergleich u. s. w. vgl. Mot. II, 213. Bei unentgeltlichen Veräußerungen (Schenkungen) gelten besondere Bestimmungen, §§ 523 Abs. 1 u. 1624 Abs. 2.

§ 74.

Die Tragung der Gefahr. (§§ 446, 447, 450, 451.)

Nach § 446 findet der Uebergang der Gefahr des zufälligen Unterganges oder der zufälligen Verschlechterung nicht wie im römischen Rechte mit dem Vertragsschlusse, sondern nach der allgemeinen Regel des § 323 mit der Uebergabe statt.[2]) Gleichzeitig überkommt der Käufer

---

[1]) Das Gesetzbuch behandelt also dieses pactum nicht als bedingte Schenkung des Kaufpreises, eine Behandlung, die ohne besondere Bestimmung nahe liegen würde. — Es ist dies wichtig, weil es als Schenkungsversprechen einer Formvorschrift unterliegen würde.

[2]) Kaufleute, die ihre Waaren zu Termingeschäften verwenden, also in der Zwischenzeit keinen Gewinn mehr aus einem Umsatze ziehen können, ohne daß ihre noch ungewisse Preisforderung ihnen statt dessen einen Kredit verschafft, müssen hiernach die Waaren entweder versichern, um dadurch ihren Kredit zu festigen oder sich den Preis in diskontirbaren Wechseln geben lassen. Der römische Geschäfts-

in jenem Zeitpunkte die Nutzungen und hat von da an die Lasten zu tragen, also auch die Verpflichtung zur Obhut und Verwahrung, § 446 Abs. 1. Es gilt dies, wie im preußischen Rechte, nicht blos bei beweglichen Sachen, sondern auch bei Grundstücken.

Ausnahmen sind:

a) Nach § 446 Abs. 2 treten diese Wirkungen beim Verkaufe eines Grundstückes mit der Eintragung als Eigenthümer in das Grundbuch ein, falls diese vor der Uebergabe erfolgt, weil damit der Käufer die rechtliche Verfügungsmacht erhält.

b) Nach § 447 geht beim Distancekaufe beweglicher Sachen, d. h. wenn der Verkäufer sie auf Verlangen des Käufers nach einem anderen Orte als dem Erfüllungsorte versenden soll, entsprechend der Verkehrsübung die Gefahr mit der Auslieferung der Sache an die den Transport vermittelnde Mittelsperson (Spediteur, Frachtführer) auf den Käufer über. Art. 345 H.G.B. verschwindet. Es gilt dies auch bei dem Gattungskaufe, da bei diesem in dem erwähnten Zeitpunkt die Schuld konkretisirt wird, § 243 Abs. 2 (s. oben S. 237 ff.). Eine Modifikation enthält § 447 Abs. 2 (beim Abweichen von der besonderen Anweisung des Käufers). Ist die Gefahr auf den Käufer übergegangen, ohne daß die Sache selber schon übergeben ist, z. B. wenn das noch nicht übergebene Grundstück dem Käufer als Eigenthum im Grundbuche zugeschrieben oder die bewegliche Sache zur Beförderung dem Mittelsmanne ausgeliefert ist, so bleibt der Verkäufer nach Treu und Glauben zur Obhut über die Sache und zu nothwendigen Verwendungen verpflichtet, § 450.

Das R.O.H.G. hatte in diesem Sinne bereits (nach Art. 345 H.G.B.) entschieden in einem Falle, wo der Verkäufer, der die Waare dem Spediteur behufs Transports an den Käufer übergeben hatte, wahrnahm, daß die übergebene Kiste vom Wagen des Spediteurs herunterfiel, und sich darum nicht bekümmerte, weil ihn die Sache nichts mehr anginge (vgl. § 433 und Planck, II S. 227, 6a).

In Fällen der Verwendung, die in der Zeit zwischen dem Gefahrübergang und der Uebergabe des Kaufobjekts geschieht, giebt der § 450 dem Verkäufer einen Ersatzanspruch. Dieser ist für nothwendige und sonstige Verwendungen (Abs. 2) verschieden. Für nothwendige Ver-

---

verkehr kannte diese Hilfsmittel noch nicht, bedurfte ihrer aber auch nicht, weil der Käufer die Gefahr trug.

wendungen hat er einen Ersatzanspruch wie ein Beauftragter (§ 670). Für Verwendungen, die nicht nothwendig aber nützlich waren, hat er denselben Ersatzanspruch, wie ein Geschäftsführer ohne Auftrag. Die Verwendung muß im Sinne des Käufers gewesen sein (subjektives Prinzip), darf also z. B. nicht in der Reparatur eines Hauses bestehen, das der Käufer abbrechen wollte.

Analoge Vorschriften der §§ 446—450 gelten nach § 451 beim Verkaufe des Rechtes an einer Sache, das zum Besitz der Sache berechtigt, z. B. eines Nießbrauchs.

Besondere Bestimmungen enthalten die §§ 452—458.

Ist als Kaufpreis der Marktpreis vereinbart, so gilt nach § 453 der für den Erfüllungsort zur Erfüllungszeit maßgebende Marktpreis. Art. 353 des alten H.G.B. ist hiernach verschwunden.

Nach § 452 braucht der Käufer den Kaufpreis erst von dem Momente an zu verzinsen, von welchem an ihm die Nutzungen der Sache gebühren. Anders ist es beim Kreditkauf. Den gestundeten Kaufpreis braucht der Käufer nicht zu verzinsen, denn bei ihm hat der Verkäufer in die Sachlage eingewilligt. Aus einem ähnlichen Grunde ist beim Verzuge des Käufers das dem Verkäufer nach § 325 Abs. 2 und 326 zustehende Rücktrittsrecht ausgeschlossen, wenn der Verkäufer den Vertrag erfüllt hat und der Kaufpreis gestundet ist, § 454.[1])

---

[1]) Vgl. hierzu die Entscheidung d. R.G. Bd. 50 Nr. 31 S. 139, die in Anlehnung an Planck und Cosack gegen Dernburg, Bürg. R., § 177 Nr. 5 (II S. 36) mit Bezug auf die Protokolle Bd. 2 S. 69 ff. die Ansicht vertritt, daß die Vorschrift des § 454 sich auf den Fall einer bloß theilweisen Nichterfüllung nicht bezieht, hier also ein Rücktritt noch immer zulässig ist. Nach dieser Ansicht wird nach Dernburg a. a. O. der gesetzgeberische Gedanke, „daß ein einfacher Weg zur Beendigung der Angelegenheit durch den Rücktritt eröffnet werde, vereitelt", denn „im Falle einer theilweisen Erfüllung vereinfacht der Rücktritt keineswegs die Sachlage, sondern begründet unerwünschte Verwickelungen". Hiergegen ließe sich erwidern, daß die Vereinfachung der Sachlage um jeden Preis nicht das erkennbare Ziel des § 454 ist. Auch spricht für das Reichsgericht der Satz: Lege non distinguente nostrum non est distinguere. Trotzdem ist Dernburg dann beizutreten, wenn bei theilweiser Erfüllung eine Sachlage entsteht, die das in § 454 verwehrte Rücktrittsrecht ebenso hart erscheinen läßt, wie es nach Prot. II S. 70 bei gänzlicher Erfüllung sein würde. Ist also ein verkauftes Haus noch nicht aufgelassen, aber schon dem Käufer eingeräumt und von diesem mit einer Centralheizung versehen worden, so dürfte im Widerspruche mit dem erwähnten Urtheile das in den Protokollen a. a. O. zur Begründung des § 454 Ausgeführte gegen die Gewährung eines Rücktrittsrechtes wegen Verzuges sprechen.

Der Vorbehalt des Eigentums an der übergebenen Sache für den Verkäufer bis zur Preiszahlung (pactum reservati dominii) ist in § 455 für zulässig erklärt. Er liegt nur da vor, wo er wirklich dem Bedürfnisse des Verkäufers entspricht, sonst würde hier eine vorläufige Vermiethung oder Verleihung anzunehmen sein.[1])

Er bewirkt:

a) in dinglicher Beziehung eine den Eigenthumsübergang aufschiebende Bedingung,

b) in obligatorischer Beziehung das Recht des Verkäufers, bei Zahlungsverzug des Käufers vom Vertrage sofort zurückzutreten.

Dieser § 455 bezieht sich indes nur auf bewegliche Sachen.

Bei einem Verkaufe im Wege der Zwangsvollstreckung, beim Pfandverkaufe, beim Verkaufe durch den Konkursverwalter u. s. w. ist nach den §§ 456, 457 gewissen mit dem Verkaufe befaßten Personen, den Beauftragten und ihren Gehülfen, verboten, den zum Verkaufe gestellten Gegenstand für sich oder als Vertreter eines Anderen zu kaufen. Der Kauf ist aber nicht nichtig, sondern hängt von der Zustimmung der bei dem Verkauf als Schuldner, Eigenthümer oder Gläubiger Betheiligten ab, § 458. Der Käufer kann zu diesem Behufe die Betheiligten zu einer Erklärung in Gemäßheit des § 177 Abs. 2 (zweiwöchige Frist) auffordern. Ist sie binnen zwei Wochen nicht erfolgt, so gilt sie als verweigert.

§ 75.

Gewährleistung für Mängel der Sache.

Die Gewährleistung wegen Mängel der Sache wird in den §§ 459—493 behandelt; von § 481 bis § 493 finden sich die besonderen Bestimmungen über den Thierkauf.

Bei der Regelung des Instituts folgt das B.G.B. überwiegend dem gemeinen Rechte; hinsichtlich des Thierkaufs folgt es hauptsächlich dem germanischen Rechte, in Einzelheiten schließt es sich dem preußischen

[1]) Eck meint hiermit wohl, daß zuweilen Parteien von einem Eigenthumsvorbehalte reden, während sie in Wahrheit nichts anderes wollen, als eine bis zur Preiszahlung dauernde vorläufige Miethe der bedingt verkauften Sache von Seite des Käufers, bei der der Miethszins einen Theil der versprochenen Summe bildet; der Ueberrest ist dann Kaufpreis. Die praktische Bedeutung dieser Eckschen Ansicht geht dahin, daß in solchen Fällen für die Zeit der schwebenden Bedingungen des Kaufes die Regeln der Miethe gelten sollen, während bei dem wahren Eigenthumsvorbehalte das Recht des Kaufes anzuwenden wäre.

Rechte an. In einem Kardinalpunkte enthält es eine besondere Konstruktion von großer Tragweite.[1])

Nach § 459 umfaßt die Gewährleistung für Mängel zweierlei:

a) Die Sache darf nicht erhebliche Fehler (vitia relevantia) haben, d. h. solche, die den Werth oder die Tauglichkeit der Sache zu dem gewöhnlichen oder dem nach dem Vertrage vorausgesetzten Gebrauch aufheben oder mindern. Die Haftung ist insoweit eine gesetzliche.[2])

b) Die Sache muß die zugesicherten Eigenschaften[2]) (Vorzüge und Abwesenheit von Fehlern) haben. Diese Haftung entspringt hier aus einer besonderen Zusicherung (Garantie) des Verkäufers und geht weiter als die gesetzliche.[3]) Sie erstreckt sich auch auf unerhebliche Mängel. Der Ausdruck „Mangel" greift also weiter als der Ausdruck „Fehler", da er auch das Nichtvorhandensein einer zugesagten Eigenschaft umfaßt, das — von der Zusicherung abgesehen — nicht als Fehler gelten würde. Diese Terminologie ist anscheinend nicht ganz streng durchgeführt.[4])

Ein Verschulden des Verkäufers ist, wie nach gemeinem Rechte, für die Haftung nicht erforderlich. Der Zeitpunkt, der für die Haftung in Betracht kommt, ist nicht der des Vertragsschlusses, sondern nach

---

[1]) Gemeint ist § 465; s. unten.

[2]) Vgl. über diesen Begriff Entsch. d. R.G. Bd. 52 Nr. 1 S. 2 (Zusicherung des Ertrages eines Grundstückes, nämlich des Bierumsatzes eines verkauften Wirthshauses, wird dahin gerechnet). Dagegen lehnt das Reichsgericht es ab (Entsch. Bd. 52 Nr. 108 S. 431), auch dann von zugesicherten Eigenschaften zu reden, wenn die sog. „Baureife" behauptet worden ist, d. h. die Unabhängigkeit einer Bebauung von rechtlichen Hindernissen. Mit dem Zwecke der maßgebenden Vorschriften läßt sich diese Unterscheidung kaum vereinigen.

[3]) Die Zusicherung kann sich nicht bloß auf den Augenblick des Gefahrüberganges beziehen (§ 459 Anm. 2), sondern nach § 463 auch auf die Gegenwart, und wie das Reichsgericht hervorhebt (Entsch. Bd. 52 Nr. 1 S. 2), auch auf die Vergangenheit, z. B. auf früher erzielte Erträge.

[4]) Die Ausführungen Ecks hängen mit einer verhängnißvollen Zweideutigkeit des Wortes „Mangel" zusammen, der sich namentlich auch bei dem Begriffe des Willensmangels bemerklich macht (vgl. des Herausgebers allgemeinen Theil S. 455 Anm. 5). Mangel bedeutet einmal so viel wie Nichtvorhandensein (Deficienz, Ermangelung) und zweitens so viel wie Mangelhaftigkeit (Vitiosität). Im erstgenannten Sinne spricht § 477 von einem Mangel der Eigenschaft, im zweitgenannten Sinne § 460 von einem Mangel der Sache. Dieser zweite Satz schwebt Eck im Texte vor.

§ 459 der des Gefahrüberganges, also meist der Uebergabe. Ebenso im preußischen Rechte (§ 322 A.L.R. I, 5). Bis dahin muß also der Verkäufer auch für neu hinzutretende Fehler haften (z. B., wenn das verkaufte Pferd durch ein nach dem Kaufabschluß in den Stall gekommenes rotzkrankes Pferd vor der Uebergabe an den Käufer angesteckt worden ist).

Wie im gemeinen Rechte müssen nach § 460 Abs. 1 bei der Haftung zu a) und b) die vitia occulta sein, d. h. die Haftung fällt in beiden Fällen fort, wenn der Käufer beim Kaufabschluß den Mangel kennt. Dies gilt auch für zugesicherte Eigenschaften, z. B. „Prima Qualität" (Endemann). Die gesetzliche Haftung aus § 459 Abs. 1 fällt aber auch schon dann fort, wenn der Mangel dem Käufer in Folge grober Fahrlässigkeit unbekannt geblieben ist; dann ist diese Unkenntniß dem Verkäufer unschädlich, es sei denn, daß ein arglistiges Verschweigen des Fehlers seitens des Verkäufers vorliegt. Insofern herrschen noch immer die alten deutschen Regeln: „Beim Kauf gelten Augen für Geld" und: „Wer beim Kaufe die Augen nicht aufthut, der thue den Beutel auf." Die Haftung fällt nach § 461 ferner fort, wenn die Sache auf Grund eines Pfandrechts unter der Bezeichnung als „Pfand" öffentlich versteigert worden ist. Nach Planck (II S. 248 Anm. 1c) haftet der Pfandgläubiger in diesem Falle auch aus der Zusicherung einer Eigenschaft, trotz des Wortlauts des § 461, der von „Mängeln der Sache" allgemein spricht. Dieser einschränkenden Auslegung schließe ich mich an.[1]) Nach § 806 C.P.O. ist dem Verkauf auf Grund eines Pfandrechtes der Verkauf auf Grund einer Pfändung gleichgestellt.

Der Inhalt der Haftung besteht, wie nach ädilicischem Edikt, gemäß § 462 im Rechte auf Rückgängigmachung des Kaufes (Wandlung) oder Herabsetzung des Kaufpreises (Minderung). Der Ausdruck: „Der Käufer hat die Wahl" ist vermieden, da es sich nicht um eine Alternativobligation handelt.

In zwei Fällen kann der Käufer noch mehr verlangen (nach allgemeinen Grundsätzen, § 463) nämlich Schadensersatz wegen Nichterfüllung,[2]) also das Erfüllungs-Interesse:

---

[1]) Dafür spricht § 305 (Verpflichtungskraft der Verträge).

[2]) Ueber die Bedeutung dieses Begriffes s. das oben S. 441 Anm. 1 angeführte Urtheil des R.G. Bd. 52 Nr. 92 S. 355.

a) wenn zur Zeit des Kaufes der verkauften Sache eine zugesicherte Eigenschaft fehlt. In der Zusicherung einer Eigenschaft liegt eben regelmäßig die Uebernahme einer Garantie für das Vorhandensein der Eigenschaft zur Zeit des Kaufes;

b) wenn der Verkäufer einen Fehler arglistig verschwiegen hat. (Im römischen Rechte war dies mit der actio empti geltend zu machen.)

Dieser Schadensersatzanspruch umfaßt viel mehr als das Recht der Rückgabe, da bei ihm damnum emergens und lucrum cessans in Betracht kommen können, z. B. eine Entschädigung dafür, daß ein gekauftes rotzkrankes Pferd andere Pferde angesteckt hat.

Hierbei drängt sich die Frage auf: Kann der Käufer statt alles dessen nicht, wie in § 325 A.L.R. I, 5, Erfüllung, Nachbesserung, Herstellung der ausdrücklich vorbedungenen Eigenschaft verlangen? Das B.G.B. spricht sich darüber nicht aus. M. E. ist die Frage nur zu bejahen, wenn, was durch Auslegung festzustellen ist, der Verkäufer die Herstellung der fehlenden Eigenschaft versprochen hat, nicht, wenn er sie nur als vorhanden zugesichert hat. Beispiel: Es fragt jemand bei dem Kaufe einer Uhr, ob sie gut gehe. Nachher geht sie nicht. Der Käufer kann nicht verlangen, daß sie in Gang gebracht werde, weil nur versichert worden ist, daß die Eigenschaft da sei, nicht aber, daß sie hergestellt werden solle[1]).

Nach § 464 gehen die Ansprüche des Käufers aus den §§ 462 und 463, also auf Schadensersatz, Wandelung oder Minderung verloren, wenn er in Kenntniß des Mangels die Sache annimmt und sich dabei seine Rechte nicht vorbehält.[2]) Macht er bei der Annahme auf den Mangel aufmerksam, so ist darin m. E. ein solcher Vorbehalt zu sehen.

---

[1]) In manchen Fällen, z. B. wenn der Verkäufer Uhrmacher ist, wird die Vertragsauslegung nach Treu und Glauben eine abweichende Auslegung gestatten.

[2]) Gegen einen angeblichen Mißbrauch dieses Vorbehaltsrechts zur Umgehung der Formvorschrift des § 313 erklärt sich in Anlehnung an eine Meinungsverschiedenheit von Eccius (Gruchot, Beitr. Bd. 43 S. 309) und Dernburg (Bürg. R. II. 2 S. 51 Nr. III) ein Urtheil des R.G. Bd. 52 Nr. 1 S. 4 ff. Es betrifft eine Auflassung, die der formlosen Zusicherung von Eigenschaften bei einem formlosen Grundstücksverkaufe nachgefolgt war. Hier wird das Recht der Wandelung verworfen obwohl der Käufer es sich bei der Auflassung vorbehalten hatte. Dieses Urtheil entwerthet die Wohlthat des § 313 Abs. 2 (Heilung formloser Veräußerungen) bei den Verträgen mit zugesicherten Eigenschaften, obwohl nach dem Wortlaute des Gesetzes der „ganze Inhalt" des formlosen Vertrages durch Auflassung giltig werden soll. Hierzu bemerkt das R.G. S. 4, 5: „Durch die Auflassung und

Eine Untersuchungspflicht liegt, außer zum Theil beim Viehhandel nach § 485, dem Käufer nach B.G.B. nicht ob; anders beim Handelskauf, § 377 H.G.B.

Das B.G.B. normirt die Rechte des Käufers aus der Gewährleistung als Ansprüche des Käufers gegen den Verkäufer mit kurzer Verjährungsfrist (§ 477), wie das römische Recht. Der zur Wandelung Berechtigte hat hiernach nicht etwa ein Rücktrittsrecht, das durch einseitige Erklärung bindend wäre. Erst wenn der Verkäufer auf den Wandelungs- oder Minderungsanspruch eingeht, ist der Käufer an diesen Anspruch gebunden.

Nach dem Entwurf I § 384 sollte seine Wahl zwischen dem Rechte auf Wandelung und dem Rechte auf Minderung durch die einseitig von ihm dem Verkäufer gegenüber abgegebene Erklärung unwiderruflich vollzogen sein.

Das wäre eine Härte für den Käufer in den Fällen, in welchen nach der dem Verkäufer gegenüber abgegebenen Erklärung sich die Umstände geändert haben, der Verkäufer z. B. in Konkurs verfällt, so daß dem Käufer anstatt des Kaufpreises nur die bezügliche Konkursdividende zufiele (wenn er sich vorher für Wandelung erklärt hätte).

Für beide Theile wäre eine solche Kraft der einseitigen Erklärung insofern unbequem, als noch lange Zeit hindurch darüber gestritten werden kann, ob sie berechtigt war.

Andererseits kann die römischrechtliche Gewährung von Ansprüchen (statt bindender Erklärungen) für den Verkäufer unbillig werden. So, wenn der Käufer Mängel behauptet und mit der Erklärung, ob er wandeln wolle oder nicht, zurückhält. Der Käufer kann überdies seinen unumschränkten Anspruch des römischen Rechtes mißbrauchen. Er kann auf Wandelung klagen, sogar eine Verurtheilung erzielen und schließlich doch die Sache behalten. So kann er auf die Gefahr des

---

Eintragung wird nur der Formmangel solcher mündlichen Nebenberedungen geheilt, in betreff deren zur Zeit der Auflassung noch Willensübereinstimmung besteht". Allein bei giltigen Verträgen ist es, wenn sie erst einmal abgeschlossen sind, bekanntlich völlig gleichgiltig, ob hinterher der einen Partei das Geschäft nicht mehr gefällt, also die frühere Willensübereinstimmung aufhört. Sollte nicht für die heilbaren formlosen Geschäfte der § 313 dasselbe gelten? Sollte hier jede Partei für sich allein die Macht haben, durch Willensänderung dem Geschäfte die Heilbarkeit zu entziehen? — Daß das erwähnte Urtheil die Härte des § 313 außerordentlich verschärft, wird wohl Niemand bezweifeln.

Verkäufers spekuliren, der Verkäufer muß mit gebundenen Händen abwarten.

Diese Bedenken hat das B.G.B. im § 465 durch eine ganz neue Konstruktion beseitigen wollen. Die Wandelung oder Minderung erfolgt auch ohne Klage und ohne richterlichen Ausspruch durch Vertrag, nicht durch einseitige Erklärung des Käufers und sie ist vollzogen, wenn sie vom Verkäufer acceptirt wird, d. h. er ihr zustimmt. Daraus folgt, daß in der Erklärung des Käufers, wandeln oder mindern zu wollen, eine Vertragsofferte liegt, die wie jede andere Offerte bindend ist und die daher nach § 146 erlischt, wenn sie nicht rechtzeitig angenommen wird.[1]) Erhält hiernach der Käufer, der eine Weile gebunden war, keine Annahmeerklärung, so wird er von seiner Gebundenheit frei. Bei der Minderung kann das Gleiche nur gelten, wenn der Käufer einen Betrag genannt hat, auf den er den Preis herabgemindert haben will. Es folgt weiter hieraus, daß nach Vollziehung der Wandelung der Verkäufer auch seinerseits Rückgabe des Kaufobjektes erzwingen kann.

Wenn der Verkäufer auf Zahlung des Kaufpreises klagt, der Käufer einen Gewährsmangel vorschützt und Wandelung verlangt, so kann der Verkäufer replicando die Wandelung annehmen und, sein petitum ändernd, nunmehr auf Rückgabe der Sache antragen. Nach § 264 C.P.O. wird hierin, da durch diese Aenderung die Vertheidigung des Beklagten nicht wesentlich erschwert sein wird, eine zulässige Klageänderung liegen. Hat der Käufer einen Mangel der Sache behauptet, so kann sich der Verkäufer nach § 466 Klarheit darüber, ob der Käufer Wandelung beabsichtigt, dadurch verschaffen, daß er ihn auffordert, sich

[1]) Eck will hiermit jedenfalls nicht sagen, daß jede Drohung mit der Wandelungsklage unter allen Umständen dies Anerbieten eines Wandelungsvertrages in sich schließe. Ein Käufer kann sehr wohl eine solche Drohung vornehmen, ja sogar sofortige Wandelung durch Rückgabe des Kaufpreises vom Verkäufer verlangen und sich doch für den Fall, daß der letztere nicht darauf eingehen sollte, sich eine Minderung oder ein einfaches Festhalten am Vertrage vorbehalten. Die angedrohte Wandelung ist daher wohl nach Eck nur im Zweifel der Antrag einer Wandelungsabrede, er braucht es aber nicht zu sein. — Zum Beweise hierfür sei darauf verwiesen, daß Eck weiter unten im Texte in der Wandelungsklage, die doch wahrhaftig den Wandelungswillen deutlich genug erklärt, nicht das Anerbieten einer Wandelungsabrede sieht, weil er dem Kläger ein unbeschränktes Abänderungsrecht zuspricht. Andernfalls würde nach seiner Ansicht der Beklagte dies Recht jederzeit dadurch vereiteln können, daß er der in der Klage enthaltenen Wandelung zustimmt.

darüber binnen einer angemessenen Frist zu erklären. Giebt der Käufer innerhalb der Frist eine Erklärung nicht ab, so erlischt sein Recht zur Wandelung.

Kommt die Wandelung (oder Minderung) nicht auf vertragsmäßigem Wege zustande, dann muß der Käufer darauf klagen. Er kann dann nach Erhebung der Klage immer noch seine Wahl ändern, ohne daß dies als unzulässige Klageänderung zu gelten hat. Wie der Klageantrag in diesem Falle zu lauten habe und worauf zu erkennen sei, darüber gehen die Ansichten auseinander. Nach der einen hat der Kläger auf Eingehung des Vertrages zu klagen (Reatz[1]), Planck II zu § 465 S. 250 Abs. 2); das rechtskräftige Urtheil würde dann die verweigerte Erklärung ersetzen, § 894 C.P.O. Bei der Minderungsklage würde, da die Minderung ihrem Betrage nach von vornherein noch nicht feststeht, der Anspruch auf Abschluß eines Vertrages mit einem erst vom Richter zu bestimmenden Inhalte gehen.

Diese Ansicht würde allerdings der Vertragsnatur[2]) der Wandelung entsprechen. Sonderbar aber wäre die Konstruktion eines Antrages auf Verurtheilung zu einem Vertragsschlusse mit einem unbestimmten Inhalte.

M. E. würde bei der Wandelung, da die Verurtheilung des Verkäufers durch den Richter aus eigener Kraft den Kaufvertrag nichtig macht, zu erkennen sein, daß der Kaufvertrag aufgehoben und der Beklagte schuldig sei, den Kaufpreis zurückzugeben.[3])

Die Wirkungen der Wandelung sind die folgenden: Wandelung bedeutet Rückgängigmachung des Kaufes. Ist sie vollzogen, d. h. durch beiderseitige Willenserklärung festgestellt, dann ist das ursprüngliche

---

[1]) Die zweite Lesung des Entwurfs eines B.G.B. Berlin 1892. S. 214.

[2]) d. h. der Vertragsnatur, wie sie Ecks Gegner auffassen.

[3]) Die von Eck vertretene Ansicht ist inzwischen Gegenstand vielfacher Erörterungen gewesen (vgl. die Litteratur bei Endemann, 8. Aufl., I § 161 Anm. 36 u. 37). Sie entspricht der Entstehungsgeschichte des § 465, seinem Zweck und schließlich auch seinem Wortlaute. Die Wandelung ist „vollzogen" bedeutet dort nur: „sie ist unabänderlich geworden", nicht aber „sie kommt ohne Vertrag in keiner Weise zu Stande" (redhibitio pacto perfecta est, nicht aber aliter perfici non potest). „Vollziehen" kann hier nicht „durchführen" heißen; denn eine Zustimmung zur Wandelung, bei der der Verkäufer das Geld nicht zurückgiebt, ist trotz § 465 im vulgären Sinne noch nicht vollzogen. Wandelung ist eben nichts als Verwandlung des gegenwärtigen Zustandes in den früheren. — Nach römischem Recht war das pactum de redhibendo kein klagbarer Consensualvertrag. Nach dem Grundsatze der Vertragsfreiheit (§ 305) mußte es jedoch die Kraft eines solchen erhalten.

Schuldverhältniß erloschen. Es gelten dann die Regeln vom Rücktritt (§ 467), es tritt also eine beiderseitige Rückgewährungspflicht, nicht dinglicher Rückfall ein. Der Käufer hat die empfangene Sache zurückzugewähren, für Schaden wegen Verschlechterung, Unterganges oder anderweitiger Unmöglichkeit der Rückgewähr nach Maßgabe des § 347 Satz 1 aufzukommen (§ 989)[1]) und haftet für die Nutzungen, die er gezogen hat oder hat ziehen können, § 347 Satz 2, § 987. Unter Umständen hat er nach § 281 nur ein Surrogat zu leisten. Andererseits stehen dem Käufer Gegenansprüche zu. Er kann den Ersatz von Verwendungen verlangen, zu denen nach § 467 a. E. auch die Vertragskosten gehören (vgl. Motive II 232).[2]) Er kann verlangen, daß der Verkäufer das empfangene Geld mit 4 Prozent verzinse.

Das Wandelungsrecht erlischt, wie das Rücktrittsrecht, nicht durch bloßen Untergang der Sache, also nicht schon, wenn das verkaufte Pferd durch einen Blitzschlag getroffen wird, wohl aber, wenn sie durch seine Schuld untergegangen oder wenn sie durch Verarbeitung umgestaltet worden ist.[3]) Verbäckt also der Bäcker das gekaufte dumpfige Mehl, so ist

---

[1]) Wegen vertragswidrigen Verhaltens hält das Reichsgericht (Entsch. Bd. 52 Nr. 5 S. 19) noch besondere Schadensersatzansprüche neben der Wandelung für möglich. A. M. in Anlehnung an Dernburg: Kipp, Deutsche Juristen-Zeitung 1903 S. 253. M. E. ist der Schadensersatz wegen Vertragsverletzung etwas anderes als der Schadensersatz wegen Nichterfüllung. Nur der letztere ist in § 480 auf die dort angegebenen Fälle beschränkt.

[2]) Das Reichsgericht (Bd. 44 Nr. 62 S. 242) sieht darin, daß die Kosten nicht getheilt werden, eine Ausnahme des in den Motiven Bd. II S. 230 ausgesprochenen Prinzips, daß bei der Wandelung „die Vertragschließenden unter einander obligatorisch so berechtigt und verpflichtet werden, wie wenn der Vertrag nicht geschlossen wäre". Allein, wenn dies nicht geschehen wäre, so würden die Parteien überhaupt nicht obligatorisch berechtigt und verpflichtet worden sein. Die Motive enthalten daher ohne Zweifel hier kein „Prinzip", sondern einen stilistischen Mißgriff. Sie verwechseln die Herstellung des früheren Vermögensstandes mit der Herstellung früherer obligatorischer Beziehungen. Wer die Kosten zu tragen hat, läßt sich überdies aus dem Streben, die frühere Vermögenslage herzustellen, überhaupt nicht folgern, da diese Kosten etwas Neues darstellen, was in der alten Vermögenslage noch nicht enthalten war. Richtig ist daher allerdings die Bemerkung des Reichsgerichts: „Muß der Verkäufer die Kosten dem Käufer erstatten, so wird zwar dieser, aber nicht jener so gestellt, als wenn der Vertrag nicht geschlossen worden wäre." Durch Theilung der Kosten ließe sich aber der Wunsch, beide so zu stellen, nicht erreichen, sondern nur für beide verfehlen!

[3]) Auch durch bloße Veräußerung verliert der Käufer seinen Wandelungsanspruch dann, wenn er nicht in der Lage ist, ihn zurückzugewähren. Entsch. d. R.G.

sein Recht auf Wandelung nach § 352 erloschen. Nur in dem Falle schließt nach § 467 die Umwandelung der Sache (Verarbeitung) die Wandelung nicht aus, wenn der Mangel sich erst bei der Umgestaltung der Sache gezeigt hat (also bei Samen, der nicht aufgeht, bei trichinösen Schweinen ꝛc.).

Wichtig ist auch der in Betracht kommende § 356, wonach, wenn auf der einen oder anderen Seite mehrere betheiligt sind, das Rücktrittsrecht (die Wandelung) nur einheitlich von allen und gegen alle ausgeübt werden kann.

Einige Punkte haben eine besondere Entscheidung gefunden. So ist in § 468 der bisher streitige Fall geregelt, daß beim Verkaufe eines Grundstückes die zugesicherte Größe nicht vorhanden ist. Das B.G.B. entscheidet sich dafür, daß der Verkäufer hier für eine fehlende, zugesicherte Eigenschaft haftet, daß also die Größenangabe nicht blos den Gegenstand des Kaufes individualisiren soll. Das Wandelungsrecht hat der Käufer aber nur bei einer für ihn so erheblichen Größendifferenz, daß die Erfüllung des Vertrages für ihn kein Interesse hat (§ 468 Satz 2). Sonst kann er nur Minderung verlangen.

Sind mehrere Sachen zusammen verkauft, und nur einzelne mangelhaft, so tritt nach § 469 wie im römischen Rechte nur Einzelwandelung, nicht Totalwandelung ein, selbst wenn die mehreren Sachen für einen Gesammtpreis verkauft sind. Die Herabsetzung des Gesammtpreises findet dann nach § 471 in dem Verhältnisse statt, in dem zur Zeit des Verkaufes der Gesammtwerth der Sachen in mangelfreiem Zustande zu dem Werthe der von der Wandelung nicht betroffenen Sachen[1]) gestanden haben würde. Sind a und b für 200 M. verkauft, a in mangelfreiem Zustande 60 M. und b in solchem Zustande 40 M. werth, und ist a mangelhaft, so verhält sich $x : 200 = 40 : 100$, d. h. der Verkäufer behält 80 M. und muß 120 M. zurückgeben.

Statt der Einzelwandelung kommt ausnahmsweise eine Gesammtwandelung vor, auf die dann der Käufer klagen oder der verklagte

---

Bd. 50 Nr. 39 S. 188. Es war ein feuchtes Haus verkauft worden, das den Käufer zur Wandelung berechtigte. Dessen Gläubiger veranlaßten die Zwangsversteigerung des Hauses. Der Käufer verlangte trotzdem die Rückgabe des Gezahlten und die Abnahme der persönlichen übernommenen Hypothekenschulden. Er wurde mit Recht abgewiesen. Ohne diese Beurteilung der Sachlage würde der Käufer in solchen Fällen die Sache doppelt verwerthen können.

[1]) die der Käufer behält, also auch nach der Wandelung bezahlen muß.

Verkäufer bringen kann, indem er die Einzelwandelung ablehnt. Es findet dies nach § 469 Satz 2 statt, wenn die mehreren Sachen als zusammengehörig verkauft sind, und die mangelhaften Sachen nicht ohne Nachtheil (für die eine oder die andere Partei) von einander getrennt werden können (si res non sine incommodo separari possunt), wie z. B. ein Vierergespann, Kunstwerke, die Pendants bilden, ein Paar Stiefel oder Handschuhe.

§ 470 enthält die Bestimmung, daß, wenn eine Hauptsache mit einer Pertinenz oder einer anderen Nebensache verkauft ist, die Wandelung wegen der Hauptsache auch die Nebensache ergreift, aber nicht umgekehrt (Pferd mit Zaumzeug). Wegen Mängel der Nebensache kann keine Wandelung der Hauptsache verlangt werden. Wird sie für die Nebensache begehrt, so ist der zurückzuerstattende Preis ebenso zu berechnen, wie auch sonst bei der Einzelwandelung einer von mehreren Sachen, die für einen Gesammtpreis verkauft waren.

Die Wirkungen der Minderung. Gemäß § 472 wird bei der Minderung, wie nach der jetzt im gemeinen Rechte herrschenden Lehre, die übrigens streitig und nicht in allen Gesetzbüchern enthalten war, der Kaufpreis in dem Verhältnisse herabgesetzt, als zur Zeit des Verkaufes der Werth der Sache in mangelfreiem Zustande zu dem wirklichen Werthe gestanden haben würde.[1])

Beispiel: Ist der Kaufpreis 100 M., der Werth der mangelfreien Sache 60 M., der der mangelhaften Sache 40 M., so verhält sich $x : 100 = 40 : 60$, $x = 66^2/_3$ M. $33^1/_3$ M. sind also zurückzugeben. Der Preis wird gemindert im Verhältnisse von 60 : 40 oder 3 : 2, d. i. auf $^2/_3 = 66^2/_3$ M.

Beim Verkaufe mehrerer Sachen für einen Gesammtpreis und Mangelhaftigkeit einer einzelnen erfolgt die Herabsetzung des Gesammtpreises einfach nach dem Verhältnisse zwischen dem Gesammtwerth der Sachen bei Mangelfreiheit und ihrem wirklichen Werthe, § 472 Abs. 2.

Beispiel: Jemand kauft 2 Sachen a und b für 200 M. Mangelfrei wären sie zusammen 100 M. werth, a 60, b 40. a ist aber wegen

[1]) Der Zweck dieser vom Gesetze gebilligten Norm leuchtet ein. Bei der Preisminderung soll der Käufer den Lohn seiner Geschicklichkeit, d. h. den Vortheil eines billigen Einkaufs nicht gänzlich verlieren, und ebenso soll er von der Strafe für seine Ungeschicklichkeit, d. h. dem Nachtheile eines theueren Einkaufs nicht gänzlich frei werden.

Mangels nur 40 M. werth, also mit b zusammen 80 M. Dann erfolgt die Minderung des gesammten Preises von 200 M. nach der Gleichung 200 : x = 100 : 80, also ist x der Minderungspreis = 160, so daß der Käufer 40 M. zurückerhält.

Die Komplikation eines Kaufpreises mit einer anderen als einer Geldleistung sieht § 473 vor (auch für die Wandelung einer von mehreren für einen Gesammtpreis gekauften Sache, § 471).

Bei der Minderung bestimmt § 474, daß, anders wie bei der Wandelung, im Falle einer Betheiligung mehrerer am Kaufgeschäfte auf der einen oder anderen Seite die Minderung von jedem und gegen jeden verlangt werden kann. Hat ein Käufer gemindert, dann ist jede weitere Wandelung ausgeschlossen. Es folgt dies aus § 356 Satz 2.

Sind mehrere Mängel vorhanden, so hindert nach § 475 die Minderung wegen eines Mangels nicht die weitere Minderung oder Wandelung wegen eines zweiten Mangels, „auch wenn vor Minderung wegen des ersten Mangels der zweite bereits entdeckt war".[1])

Eine Ausschließung oder Beschränkung der Gewährleistungspflicht durch Vertrag ist zulässig (pactum de non praestandis vitiis). So bei der „Waare auf Besicht", tel quel, wie die Waare fällt. Eine solche Abrede gilt nicht bei arglistigem Verschweigen eines Mangels, § 476. Ein bloßes Verschweigen braucht noch nicht Arglist zu sein; denn es ist möglich, daß der Verkäufer nur deshalb schweigt, weil er voraussetzt, daß der Käufer den Mangel kennt.

Die Verjährung wird in § 477 geregelt, im Wesentlichen nach dem Vorbilde des preußischen Rechtes. Sie dauert für Wandelung, Minderung und Schadensersatz 6 Monate bei beweglichen Sachen, ein Jahr bei Grundstücken. Die Unterscheidung des § 343 A.L.R. I, 5 zwischen städtischen Grundstücken und Landgütern ist fortgefallen. Im römischen Rechte betrug sie für die actio quanti minoris 1 Jahr, für die actio redhibitoria 6 Monate.

„Die Verjährung ist wie in allen bisherigen Rechten eine kurze, weil mit der Zeit die Feststellung, daß ein Mangel bestand, schwierig und unsicher wird."[2])

---

[1]) Aus Ecks Vorbereitungsheft.

[2]) Aus dem Vorbereitungshefte. Das Reichsgericht hebt hervor (Entsch. Bd. 49 Nr. 38 S. 161), daß in dieser kurzen Verjährung nicht ohne Weiteres das Gebot einer unverzüglichen Rüge der Mängel enthalten ist.

Die Verjährung des § 477 betrifft nur den Anspruch auf Wandelung oder Minderung, nicht den aus der Wandelung und Minderung. Wenn die Vollziehung der Wandelung oder Minderung durch einen Vertrag erfolgt ist, so liegt darin eine gewisse Novation, von der ab die ordentliche Verjährungsfrist 30 Jahre läuft. Die ratio der kurzen Verjährung, es solle die richtige Feststellung des behaupteten Mangels gesichert werden, paßt auch nur auf den Anspruch auf Wandelung.

Die Verjährung beginnt nicht schon, wie nach römischem Rechte, mit dem Abschlusse des Vertrages, sondern nach dem Vorbilde des preußischen Rechtes erst mit der Ablieferung bei beweglichen Sachen und mit der Uebergabe bei Grundstücken. Unter Ueberlieferung ist ebenso wie unter Ablieferung im § 377 H.G.B. der Zeitpunkt zu verstehen, in dem der Käufer die Möglichkeit verlangt, die Sache auf ihre Mängel zu prüfen. Dies wird durch die Uebergabe und das, was ihr gleichsteht, nicht immer ermöglicht. Akte, die im übrigen der Uebergabe gleichstehen, wie constitutum possessorium (§§ 930, 931), Aushändigung des Konnossements oder Ladescheines wirken daher hinsichtlich der Verjährung nicht als Ablieferung. Ein Gegengewicht gegen die kurze Verjährung ist:

1. die Möglichkeit, die Gewährspflicht durch Vertrag zu verlängern (§ 477 Abs. 1 S. 2), z. B. Garantie der Mängelfreiheit seitens eines Uhrmachers für ein Jahr. Es ist dies eine Ausnahme des § 225, nach dem man Verjährungsfristen durch Vertrag zwar verkürzen, aber nicht verlängern kann;

2. das Eintreten der ordentlichen Verjährung bei arglistigem Verschweigen der Mängel (wie schon in Art. 350 H.G.B.). Dies gilt auch für die Ansprüche auf Wandelung oder Minderung;

3. die Unterbrechung der Verjährung durch den Antrag auf Sicherung des Beweises, § 477 Abs. 2 (§ 488 C.P.O.). Die Unterbrechung dauert so lange, wie das beantragte Verfahren. Zur Ersparung von Prozessen ist der Antrag auf eine solche Beweisaufnahme in dieser Weise begünstigt;

4. die Hemmung oder Unterbrechung der Verjährung eines Anspruches aus einem Mangel (Wandelung, Minderung oder Schadensersatz) wirkt auch auf die Verjährung der anderen Ansprüche, § 477 Abs. 3. Klagt z. B. der Käufer, weil die Sache eine zugesicherte Eigenschaft nicht hat, auf Schadensersatz, so unterbricht er damit auch die Verjährung des Wandelungsanspruches.

Die berühmte Frage, ob der Käufer nach eingetretener Verjährung gegenüber der Klage auf Zahlung des Kaufpreises die Mängel immer noch einredeweise geltend machen kann, ohne die Replik der Verjährung befürchten zu müssen, — erledigt § 478. Wie der Art. 349 H.G.B., der fortan wegfällt, durchbricht der § 478 den Satz, daß die Einreden mit der Verjährung des Anspruches, auf den sie sich gründen, erlöschen. § 478 statuirt also eine Perpetuirlichkeit der Einreden, und behandelt sie in soweit als selbständige, neben dem Anspruche stehende Rechte.[1]) Dies weicht von dem Prinzip des § 222 ab, ebenso wie §§ 821 u. 853. „Es rechtfertigt sich aber darum als billig, weil, wenn der Verkäufer den Preis nicht fordert, der Käufer meist auch seinerseits nicht klagen mag."[2]) Es gilt jedoch nur, sofern der Käufer vor Vollendung der Verjährung an den Verkäufer die Mängelanzeige abgesendet hat. „Hat er dies aber gethan, so kann er die Preiszahlung noch ebenso weit verweigern, wie auf Grund einer Wandelung oder Minderung, also nicht mehr, wenn auch abgesehen von der Verjährung sein Anspruch ausgeschlossen sein wird."[3])

Die Mängelanzeige hat noch die weitere Folge, daß dann auch der Verkäufer eine Beweisaufnahme zwecks Sicherung des Beweises fordern darf, § 488 C.P.O. So ist denn der Anzeige der Mangelhaftigkeit eine ganz besondere Bedeutung beigelegt.

Eine Erleichterung der Anzeigepflicht gewährt § 478 Abs. 1 Satz 2. Er stellt der Anzeige den Antrag auf Beweisaufnahme zur Sicherung des Beweises, die sich namentlich bei dem Viehhandel als praktisch empfiehlt, gleich und ebenso die von Seiten des Käufers erfolgte Streitverkündung in einem Prozesse, der zwischen dem Käufer und einem späteren Erwerber wegen des Mangels anhängig ist. Die Anzeige ist nach § 479 die Bedingung für die Aufrechnung des Anspruches auf Schadensersatz wegen Mangels einer zugesicherten Eigenschaft, falls noch nach Ablauf der Verjährung aufgerechnet werden soll. Nach der allgemeinen Regel des § 390 Satz 2 wäre diese Aufrechnung auch nach der Vollendung der kurzen Verjährung ohne Weiteres zulässig; indessen würde der besondere Zweck der kurzen Verjährung zum Theile vereitelt, wenn der Käufer in die Lage käme, noch nach langer Zeit mit einem Ersatzanspruch wegen eines Gewährsmangels hervorzutreten.

---

[1]) Vgl. oben S. 212 Anm. 3.

[2]) Vorbereitungsheft.

[3]) Vorbereitungsheft.

Andererseits wird jede Pflicht des Käufers, eine Anzeige oder eine ihr gleichgestellte Handlung vorzunehmen, überflüssig, wenn der Verkäufer den Mangel arglistig verschwiegen hat, § 478 Abs. 2, § 479 Satz 2. Dann behält also der Käufer trotz der Verjährung seine Einreden und das Recht zur Aufrechnung ohne Weiteres.

Nach gemeinem Rechte ist streitig, ob auch beim Gattungskauf der Käufer dieselben Rechte habe, wie beim Spezieskaufe oder ob er nur Erfüllung, d. h. Lieferung einer mangelfreien Sache verlangen könne. § 480 Abs. 1 stellt hierbei den Käufer besonders günstig, denn er giebt ihm neben dem Rechte auf Wandelung oder Minderung und dem Rechte auf Lieferung einer mangelfreien Sache noch in Abs. 2 das Recht auf Schadensersatz wegen Nichterfüllung,[1]) wenn eine zugesicherte Eigenschaft bei dem Uebergange der Gefahr fehlt oder ihre Abwesenheit arglistiger Weise verschwiegen wird.[2]) Ein früherer Zeitpunkt als der des Gefahrüberganges kann hier schon deshalb nicht in Betracht kommen, weil sich erst mit diesem der Kauf auf ein Individuum konzentrirt. Der Käufer kann also nach seiner Wahl das Geschäft als erfüllten Spezieskauf und als einen noch nicht erfüllten Gattungskauf behandeln.

Nach § 480 Absatz 1 Satz 2 sollen für das Recht des Käufers auf Lieferung einer mangelfreien Sache statt der mangelhaften die §§ 464—466, 467 Satz 1 und 469, 470, 474—479 entsprechende Anwendung finden.

---

[1]) D. h. wegen gänzlicher Nichterfüllung, nicht wegen mangelhafter Erfüllung vgl. oben S. 441 Anm. 1. Entsch. d. R.G. Bd. 52 Nr. 92 S. 355, woselbst als Parallelstellen die §§ 286 Abs. 2, 325, 326, 338, 440 Abs. 2, 524 Abs. 2 erwähnt sind. Bei vertragswidriger Fahrlässigkeit des Verkäufers wird man nach allgemeinen Grundsätzen dem Käufer neben den verschiedenen im § 480 gegebenen Rechtsbehelfen auch einen Schadensersatz wegen vertragswidriger Beschaffenheit der Waare nicht versagen dürfen.

[2]) Giebt der Käufer die Waare wegen fehlender zugesicherter Eigenschaften zurück, wogegen der Verkäufer den Preis zurückgewährt, so sollte man meinen, daß hier der Käufer die Wandelung gewählt und sofort vollzogen habe. A. M. das Reichsgericht (Entsch. Bd. 52 Nr. 92 S. 359). Es sieht in dem Verhalten des Käufers eine theilweise Ausübung seiner Rechte auf Schadensersatz wegen Nichterfüllung und erlaubt ihm noch weitere Ansprüche auf Entschädigung. Daß diese Deutung des Verhaltens der Parteien möglich ist, kann nicht bestritten werden. Daß sie aber im Zweifel anzunehmen ist, möchte ich nicht mit dem Reichsgerichte annehmen. In der Verkehrsanschauung ist die Rückgabe der Sache gegen Rückempfang des Preises im Zweifel nichts als Wandelung, ja sogar deren regelmäßige Form. Soll sie etwas anderes bedeuten, so muß dies m. E. dabei gesagt werden.

Das Gesetzbuch erblickt also in diesem Rechte eine Art von Wandelung. Verlangt also der Käufer Nachlieferung und ist der Verkäufer damit einverstanden, so ist ein neuer Vertrag entstanden, § 465. Das Gleiche gilt bei rechtskräftiger Verurtheilung des Verkäufers zur Nachlieferung. Ebenso kann sich der Verkäufer hier durch Bestimmung einer Frist gemäß § 466 Klarheit darüber verschaffen, ob der Käufer Nachlieferung verlangen will, „und wenn der Käufer Mängel vorschützt, sich entweder zur Nachlieferung oder zur Wandelung erbieten. Schweigt dann der Käufer bis zum Ablaufe der Frist, so sind beide Rechte erloschen."[1]) Endlich gelten auch für diesen Anspruch die kurzen Verjährungsfristen des § 477.

Ein Recht des Verkäufers, die vom Käufer verlangte Wandelung durch Lieferung einer mangelfreien Sache abzuwenden, ist nicht anerkannt. (Planck II. S. 261 Anm. 5.) Nach § 326 A.L.R. I, 5 würde anders zu entscheiden sein. Das B.G.B. spricht sich ausdrücklich über diese Frage nicht aus.[2])

§ 76.

Besonderes beim Viehhandel. (§§ 481—492.)

Schon jetzt gelten, zwar nicht im gemeinen und im preußischen Rechte, in den meisten süddeutschen Ländern hierbei Sätze deutschrechtlichen Ursprunges. Ihre Besonderheit ist, daß die Gewährleistung unbeschränkt nur stattfindet:

a) wegen gewisser sogenannter Hauptmängel,

b) innerhalb bestimmter Gewährfristen,

c) daß diese Mängel nur einen Anspruch auf Wandelung erzeugen und nicht auf Minderung.

---

[1]) Aus dem Vorbereitungshefte.

[2]) Will man den Gattungskauf bei vertragswidriger Leistung als nicht erfüllt ansehen, so müßte man eigentlich dem Verkäufer eine Nachlieferung von vertragsmäßiger Waare gestatten, falls kein Fixgeschäft vorliegt; denn dann ist die Nachlieferung die einzige wirkliche Leistung. Anders mit Recht nach dem klaren Wortlaute des § 480 Entsch. Bd. 52 Nr. 9 S. 352 ff. in Uebereinstimmung mit Eck. Hieraus ergiebt sich, daß die Gattungskäufe durch die Lieferung einer Waare, der die zugesicherten Eigenschaften fehlen, sich gewissermaßen in Fixgeschäfte verwandeln. — Nach gemeinem Rechte konnte dies m. E. ebensowenig angenommen werden, wie nach preußischem Rechte. Uebrigens vertritt Planck a. a. O. eine weniger strenge Meinung, als es nach dem Texte den Anschein hat.

„Diese Sätze erhöhen die Rechtssicherheit und Einfachheit für beide Theile,[1]) wie sie gerade bei dem Viehkaufe für die Landwirthe wichtig sind.[2]) Die Haftung ist demnach für den Verkäufer beschränkter, als sonst.“[3]) Andererseits kommt dem Käufer die Vermuthung zu Gute, daß von einem Hauptmangel, der sich innerhalb der Gewährfrist zeigt, angenommen wird, daß er schon vor dem Zeitpunkte des Gefahrüberganges vorhanden gewesen sei, § 484. Die Berücksichtigung der bloßen Hauptmängel ist deßhalb nicht unbedenklich, weil einerseits auch solche Mängel heilen, andererseits auch Nichthauptmängel sehr erheblich sein können. Darum haben sich gerade die Thierärzte für das römische System erklärt.

Insoweit, als die besonderen Sätze gelten, bleiben die allgemeinen Regeln außer Anwendung.

Nur 7 Thierklassen kommen in Betracht (§ 481), weil sie für die deutsche Landwirthschaft besondere Bedeutung haben: die Pferde, Rinder, Schafe, Schweine, Esel, Maulesel und Maulthiere. Die Sondervorschriften gelten also z. B. nicht bei Hunden oder Federvieh. Die Festsetzung der einzelnen Hauptmängel und Gewährfristen ist nach § 482 Abs. 2 einer Kaiserlichen Verordnung vorbehalten, weil es dabei auf die Erfahrungen der Thierheilkunde ankommt, die sich immer neu fortbilden. (Das preußische Landrecht setzte dagegen solche Fristen sogar von wenigen Tagen unveränderlich fest.)

Auch bei dem Beginn der Gewährfrist entscheidet der Tag des Gefahrüberganges.

Die Gewährfrist kann durch Vertrag verlängert oder verkürzt werden, § 483. Gegen die Vermuthung des § 484 steht dem Käufer nicht der Beweis offen, daß der erst nach der Gewährfrist hervorgetretene Fehler schon vor dem maßgebenden Zeitpunkt entstanden ist, § 482 Abs. 1. „Dagegen steht dem Verkäufer der Gegenbeweis, daß der Fehler erst später entstanden ist, offen.“[4])

Zur Klagebegründung gehört, daß der Fehler in der Gewährfrist zu Tage getreten ist. (Anders das Landrecht.)

---

[1]) Natürlich auf Kosten der Anpassung des Rechtes an die Eigenthümlichkeiten des einzelnen Falles, wie alle anderen Einschränkungen des richterlichen Ermessens.

[2]) Offenbar, weil hier die materielle Wahrheit noch zweifelhafter ist, als sonst, da die Krankheitsentwickelung meist im Dunkeln liegt und die Viehpreise in hohem Maße schwanken.

[3]) Aus dem Vorbereitungshefte. [4]) Aus dem Vorbereitungshefte.

Nach § 485 ist der Käufer noch zu einem Weiteren verpflichtet: Er muß den Mangel in einer kurzen Ausschlußfrist dem Verkäufer anzeigen, „damit dieser auch seinerseits das Thier untersuchen und sich im Bedürfnißfalle den Gegenbeweis sichern kann",[1]) nämlich innerhalb zweier Tage nach dem Ablaufe der Gewährfrist oder bei früherem Tode bis zum Tode des Thieres. „Bis dahin muß er also, so wird angenommen, den Fehler entdeckt haben."[2]) Der Anzeige ist gleichgestellt ihre Absendung, desgleichen die Klageerhebung gegen den Verkäufer oder die an ihn erfolgende Streitverkündigung oder der Antrag auf Sicherung des Beweises. Geht die Anzeige verloren, so schadet dies dem Käufer nichts.

Die Versäumniß der Anzeige zieht aus § 485 ein sehr strenges Präjudiz nach sich: Es erlischt nicht blos die Vermuthung zu Gunsten des Käufers, sondern seine sämmtlichen Rechte aus dem Mangel gehen ihm verloren, außer im Falle arglistigen Verschweigens. Durch dessen Beweis rettet der Käufer seine Rechte, § 485 a. E. Um Abschätzungen zu vermeiden, ist der Inhalt des klägerischen Rechtes nicht Minderung, sondern Wandelung, aber nach § 487 Abs. 2 auch in solchen Fällen, wo sie außerhalb des Viehkaufes ausgeschlossen sein und nur Minderung gelten würde (§§ 351—353), also namentlich bei Veräußerung, Vernichtung oder Veränderung des Thieres. „Sonst müßte man in diesen Fällen wenigstens Minderung gewähren und der Käufer könnte sie dann vielleicht herbeiführen, um sich die Minderung zu verschaffen."[3]) Die Rückgewähr wird dann, soweit sie unmöglich ist, durch Werthvergütung ersetzt, § 487 Abs. 2 Satz 2. Entscheidend ist hierbei der Zeitpunkt, in dem die Verfügung getroffen worden ist. Einzelheiten regeln § 487 Abs. 3 und 4 und § 488.

Der Käufer hat auch (§ 490) das Recht auf Schadensersatz bei Zusicherung des Nichtvorhandenseins eines Hauptmangels, z. B. bei dem Kaufe eines als gesund angegebenen rotzkranken Pferdes, § 463. Hier könnte auch auf den Ersatz aller angesteckten Thiere geklagt werden. Ebenso steht es, wenn ein Hauptmangel arglistiger Weise verschwiegen worden ist. Tritt die Wandelung ein, so hat nach § 487 Abs. 4 der Käufer nur die *gezogenen* Nutzungen zu ersetzen, nicht

---

[1]) Aus dem Vorbereitungshefte.

[2]) Aus Ecks Vorbereitungsheft.

[3]) Aus dem Vorbereitungshefte.

alle Nutzungen, die er hätte ziehen können, der Verkäufer nach § 488 die Kosten der Fütterung, Pflege, Untersuchung, Tötung und Wegschaffung des Thieres. Seine Ansprüche gehen also über Verwendungen hinaus, sonst würde die Wandelung oftmals bei dem „fressenden Kapital" werthlos sein.

Während der Dauer eines Prozesses über die Wandelung gestattet § 489 auf Antrag die öffentliche Versteigerung des Thieres kraft einstweiliger Verfügung, wenn seine Besichtigung nicht mehr erforderlich ist, damit nicht überflüssige Fütterungskosten entstehen. Der Erlös wird hinterlegt und dem siegreichen Käufer ausgezahlt. Der Anspruch auf Wandelung wie auf Schadensersatz verjährt in 6 Wochen (statt in 6 Monaten) von dem Ende der Gewährsfrist, nicht von ihrem Anfang an (§ 490 Abs. 1), indeß dauert nach Abs. 3 die Einrede des Käufers gegenüber der Zahlung des Kaufpreises, soweit sie sich auf den Wandelungsanspruch gründet, auch nach der Verjährung dieses Anspruches fort, ebenso das Recht mit einem Schadensersatzanspruche aufzurechnen. Die Voraussetzung des § 478 Abs. 1; (Mängelanzeige) ist schon durch § 485 Satz 1 gegeben. Nach diesem versteht sich die Abhängigkeit der Rechte des Käufers von der rechtzeitigen Mangelanzeige von selbst. Beim Gattungskauf eines Thieres der erwähnten Art kann der Käufer nach § 491 statt der Wandelung Lieferung eines mangelfreien Thieres verlangen; aber auf seinen Anspruch finden auch die Regeln über Wandelungsansprüche Anwendung, besonders die kurze Verjährung.

Nach § 492 kann der Verkäufer durch Vertrag auch die Haftung für sonstige Fehler und für das Vorhandensein sonstiger Eigenschaften übernehmen und haftet dann wie bei Hauptmängeln. Die Klageverjährung beginnt dann mit Ablauf der vereinbarten Gewährfrist, in zweiter Linie, d. h. wenn keine Gewährfrist verabredet ist, mit der Ablieferung des Thieres. Zweifelhaft ist, ob eine so erweiterte Haftung aus der allgemeinen Zusicherung, für alle Fehler einzustehen, zu folgern ist. Eine hierauf bezügliche Bestimmung ist vom Reichstage ohne jeden Ersatz gestrichen worden. Es wird also durch Auslegung festzustellen sein, ob dabei eine Anpreisung oder eine Haftungsübernahme vorliegt.

Nach § 493 gelten die Vorschriften über Gewährleistung entsprechend bei anderen entgeltlichen Veräußerungs- und Belastungsverträgen (Tausch u. s. w.), nicht aber bei unentgeltlichen, §§ 523 Abs. 2, 1624 Abs. 2).

§ 77.

Besondere Fälle des Kaufes.

Probekauf. Wiederkauf. Vorkauf.

Der Kauf nach Probe (oder nach Muster) und auf Probe sind in den §§ 494—496 behandelt, welche bestehendes Recht reproduziren.

Der § 494, der den Kauf nach Probe regelt, entspricht dem künftig in Wegfall kommenden Art. 340 H.G.B. Der Verkäufer sichert die Probemäßigkeit der Waaren zu und haftet für das Vorhandensein der Eigenschaften der Probe als zugesicherter Eigenschaften zur Zeit des Gefahrüberganges, § 459 Abs. 2.

Die Bestimmungen über Kauf auf Probe oder Besicht entsprechen dem jetzt wegfallenen Art. 339 des alten H.G.B. Die Perfektion des Kaufes steht im Belieben des Käufers; die Billigung seitens desselben bildet im Zweifel eine aufschiebende Bedingung. Dies ist indes nur eine Auslegungsregel; es kann also auch ein Kauf unter der auflösenden Bedingung der Mißbilligung, bezw. mit Rücktrittsrecht beabsichtigt sein.[1]) Bei aufschiebender Bedingung kommt der Kauf erst mit der erklärten Billigung zu stande.

Innerlich gerechtfertigt ist die Bestimmung des § 495 Abs. 2, daß der Verkäufer verpflichtet ist, dem Käufer die Untersuchung des Gegenstandes zu gestatten.

Eine Gebundenheit des Käufers besteht auch schon vor der Billigung darin, daß diese Billigung in einer bestimmten Frist erfolgen muß, so daß es ungenau ist, mit dem alten H.G.B. 339 zu sagen, daß der Käufer vor der Billigung nicht gebunden sei.[2]) Die Frist kann besonders verabredet sein oder aus der Verkehrsübung entnommen werden, im Nothfalle kann der Verkäufer sie bestimmen.

Der Schlußsatz des § 496 (Schweigen als Billigung, wenn die Sache bereits übergeben war) stimmt mit Art. 339 Abs. 4 überein.

---

¹) Es kann auch eine verkäufliche Sache in der Art zur Probe übersandt sein, daß zunächst kein bedingter Vertrag, sondern eine bloße Offerte vorliegen soll. Dann ist der Veräußerer bis zur Annahme noch nicht den Vorschriften unterworfen, die den bedingt Verpflichteten obliegen (§§ 160—162). Die Uebergabe oder Uebersendung zur Probe ist daher von dem Kaufe auf Probe zu unterscheiden.

²) Gegen den Text läßt sich sagen, daß die Lage dessen, der einen Rechtserwerb nur dann machen kann, wenn er zuvor eine Bedingung erfüllt, streng genommen keine „Gebundenheit" ist. Die Bemerkung des Textes findet sich nicht in allen Handschriften.

Eine Vorschrift darüber, wer während des Schwebens der Bedingung die Gefahr trägt, fehlt wie im H.G.B., und muß aus den allgemeinen Lehren über die Bedingung entnommen werden. Im Regelfalle, dem der aufschiebenden Bedingung, geht die Gefahr erst mit der erfüllten Bedingung auf den Käufer über: „Denn, wenn vorher die Sache untergegangen oder verschlechtert ist, so kann nun Verkäufer nicht mehr erfüllen und braucht Käufer nicht zu zahlen. (Nur wenn die Parteien eine Rückziehung vereinbart haben, verhält es sich anders.)“[1])

Das Gleiche, nämlich daß die Gefahr durch den Verkäufer während des Schwebens der Bedingung getragen wird, ist aber auch dann anzunehmen, wenn der Kauf unter einer Resolutivbedingung geschlossen ist und der Käufer diese durch seine Mißbilligung zur Erfüllung bringt. „Hier kann der Verkäufer den Kaufpreis nicht verlangen, und wird ihn, falls er schon gezahlt sein sollte, als ungerechtfertigte Bereicherung wieder herausgeben müssen“, Planck II S. 237c.

Der Wiederkauf (pactum de retrovendendo, eine Bezeichnung, die zu der Konstruktion des B.G.B. nicht paßt)[2]) ist geregelt in den §§ 497—503. Er beruht darin, daß sich der Verkäufer vom Käufer das Recht vorbehält, die Sache zurückzukaufen. Im Zweifel gilt nach Abs. 2 als Wiederkaufpreis der Preis des Ankaufs; meistens wird ersterer jedoch von den Parteien höher bemessen, oder nach § 501 dem Schätzungswerth gleichgesetzt.

Der Vorbehalt des Wiederkaufsrechts ist häufig bei dem Verkaufe in augenblicklicher Noth. Ja, der Ankauf von Sachen aus den Händen geldbedürftiger Verkäufer wird sogar gewerbsmäßig mit der Geldleihe auf Pfänder zusammen betrieben.

Das Institut unterliegt daher nach Art. 94 E.G. den Beschränkungen der Landesgesetze über Pfandleiher.[3]) Die Wirkung eines vorbehaltenen Wiederkaufsrechtes ist keine dingliche Belastung, sondern eine obligatorische Gebundenheit des Käufers, die Sache wieder zu verkaufen, § 498. Wird also die Sache vom Gläubiger des Käufers gepfändet, so kann gegen diesen das Wiederkaufsrecht nicht geltend gemacht werden. Es kann auch bei Grundstücken nicht dinglich gemacht

[1]) Aus Eck's Vorbereitungsheft.

[2]) Eck meint damit, daß hier kein Vorvertrag vorliege, aus dem der Rückkäufer zunächst auf Abschluß der retrovenditio und sodann erst auf Rückleistung würde klagen können.

[3]) D. h. natürlich, insoweit diese Gesetze es zum Pfandleihgewerbe rechnen.

werden; denn die Zahl der in das Grundbuch einzutragenden Rechte ist eine geschlossene, und das Wiederkaufsrecht nicht darunter,[1]) wofern nicht Materien in Betracht kommen, die der Landesgesetzgebung vorbehalten sind. So wird bei Rentengütern regelmäßig das Wiederkaufsrecht der Ansiedelungskommission in das Grundbuch eingetragen.

Zur Verwirklichung des Wiederkaufsrechtes erfordert § 497 Abs. 1 nicht etwa eine beiderseitige Willenserklärung, eine neue Einigung, sondern die bloße Erklärung des Verkäufers und Wiederkäufers, daß er sein Wiederkaufsrecht ausüben und den Vertrag zum Abschlusse bringen wolle. Diese einseitige Erklärung bedarf auch nicht der sonst bei Grundstücken vorgeschriebenen Form (§ 313), wodurch unnütze Verhandlungen erspart werden. Der leitende Gedanke ist: Die gerichtliche oder notarielle Beurkundung muß schon beim Hinkauf erfolgt sein, daher ist sie beim Rückkauf nicht mehr nothwendig.

Schwierig ist die Konstruktion eines Kaufes, der durch eine einseitige Willenserklärung zu Stande kommt. Nach Schollmeyer[2]) ist der Wiederkauf kein Kauf, sondern ein Anspruch des Verkäufers auf Einlösung des Kaufgegenstandes gegen Zahlung einer bestimmten Summe.[3]) Aber das B.G.B. sagt im § 497 ausdrücklich, daß bei ihm ein Kauf zu Stande kommt. M. E. ist im ersten Vertrage zugleich auch eine Offerte zum Rückverkaufe zu finden, welche Offerte der Verkäufer dann durch einseitige Erklärung acceptirt.[4]) (So auch Planck II S. 271 Abs. 3, vgl. jedoch auch § 498 den letzten Satz.)

Die Verpflichtung des Wiederverkäufers ist im § 498 dahin normirt, daß er den Gegenstand nebst Zubehör herauszugeben, d. h. das zur Zeit des Wiederkaufes vorhandene Zubehör, also auch die zugekauften Stücke. Der Wiederverkäufer haftet dagegen nicht, wie beim vorbehaltenen Rücktritte vom Vertrage, für die inzwischen gezogenen Nutzungen, und der Wiederkäufer hat nicht die inzwischen gewonnenen Zinsen herauszugeben. Das neue Geschäft ist ein neuer Kauf,

---

[1]) Es gilt hier Aehnliches wie bei der Eintragung der Miethe, doch ist dieser Punkt sehr streitig. Vgl. des Herausgebers allgem. Theil S. 420 Anm. 1.

[2]) Das Recht der einzelnen Schuldverhältnisse. Guttentag 1897. S. 23.

[3]) M. E. würde ein solcher Anspruch, weil er auf einem Vertrage beruht, ohne Weiteres als Kaufanspruch bezeichnet werden müssen.

[4]) Die Parteien können natürlich, wenn sie wollen, den Wiederkauf auch als aufschiebend bedingtes Geschäft verabreden (nach dem Vorbilde des Kaufs auf Probe) Dann gilt der Wiederverkäufer in der Zwischenzeit nicht als Offerent, sondern als bedingt gebundener Verkäufer.

ein zweiter Kauf, aber ein Kauf, dessen Abschluß schon vorher für den Verkäufer unabwendbar war. Hieraus erklärt sich, daß nach den §§ 498, 499 der Wiederverkäufer für verschuldeten Untergang, sowie für Verschlechterung des gekauften Gegenstandes und für Verfügungen, die er darüber getroffen hat, schadensersatzpflichtig ist.[1]) Andererseits kann er nach § 500 für wertherhöhende Verwendungen Ersatz verlangen, ausgenommen im Falle des § 501, wo als Wiederkaufspreis der Schätzungspreis vereinbart ist. Denn dann liegt ja in diesem schon der Werth seiner Aufwendungen. Mehrere gemeinschaftlich zum Wiederkaufe Berechtigte können das Recht nur im Ganzen ausüben, „und wenn einer sein Recht verliert, so wächst es dem Andern an", § 502.[2]) Ist keine Frist für die Ausübung des Wiederkaufsrechtes vereinbart, dann hilft die Verjährung nicht, weil der Berechtigte zunächst einen verjährbaren Anspruch nicht hat.[3]) Deshalb setzt der § 503 eine Ausschlußfrist von 3 Jahren, bei Grundstücken von 30 Jahren fest.

Nach den Motiven wird neben dem pactum de retrovendendo ein pactum de retroemendo nicht berücksichtigt, weil es keine praktische Bedeutung habe. Das ist zu bestreiten. In dem Verkauf von Bier in Flaschen, bei welchem der Käufer die leeren Bierflaschen gegen Rückzahlung des als „Pfand" bestimmten Betrages zurückgeben darf, sehe ich einen Kauf mit pactum de retroemendo[4]) (Wiederverkaufsrecht). Ein solches pactum ist analog wie der Wiederkauf zu behandeln.

Das Vorkaufsrecht (§§ 504 ff.) ist das Recht einer Person, einen Gegenstand, sobald ihn der Verpflichtete an einen Dritten verkauft, unter denselben Bedingungen seinerseits zu kaufen. Es kommt nicht selten vor.

---

[1]) Diese Haftung geht über die regelmäßigen Verpflichtungen eines Offerenten hinaus und ist den Pflichten des bedingt haftenden Verkäufers (§ 160) nachgebildet. Dagegen können die §§ 161, 162 hier nicht ohne Weiteres angewendet werden, weil der Wiederverkäufer nur ein Offerent ist.

[2]) Aus Ecks Vorbereitungsheft.

[3]) Sonst würde § 199 in Betracht kommen.

[4]) Da Eck oben den Ausdruck pactum de retrovendendo verworfen hat, so ist auffallend, daß er hier von pactum de retroemendo und nicht einfach von retroemtio spricht. Man könnte beinahe meinen, daß er hier keine Offerte des Wiederverkaufs annehmen will, sondern einen bloßen Vorvertrag, aus dem der Wiederverkaufsberechtigte zunächst nur auf Vertragsabschluß und nicht auf Leistung klagen kann. Dem widerspricht aber der nächstfolgende Satz (Analogie des Wiederkaufes und des Wiederverkaufes).

In einem Falle kennt das B.G.B. ein gesetzliches Vorkaufsrecht bei Miterben (§ 2034). In der Praxis wird häufig dem Pächter hinsichtlich des Pachtgrundstückes ein Vorkaufsrecht eingeräumt.

Die Wirkung des Vorkaufsrechtes ist grundsätzlich eine obligatorische. Ueber die Form seiner Einräumung ist im B.G.B. nichts gesagt; m. E. gilt in dieser Hinsicht das Erforderniß gerichtlicher oder notarieller Beurkundung, § 313. Es kann bei Grundstücken zu einem dinglichen gemacht werden, §§ 1094 ff. Der Vorkauf kommt nach § 505 durch eine formlose Erklärung des Berechtigten gegenüber dem Verpflichteten zu Stande: es bedarf nach Abs. 1 Satz 2 nicht der qualifizirten Form.

§ 506 bezieht sich auf die Machinationen, durch welche ein Vorkaufsverpflichteter öfters versucht, den Vorkauf zu vereiteln, indem er die Bedingung hinzufügt, daß der Kauf von der Nichtausübung des Vorkaufsrechtes abhängig gemacht wird. Dies wird durch § 506 insofern ausgeschlossen, als eine solche Vereinbarung dem Vorkaufsberechtigten gegenüber unwirksam ist.[1])

Der Berechtigte tritt nicht in den ersten Kauf ein, sondern bringt einen neuen Kauf gleichen Inhaltes zwischen sich und dem Verpflichteten zu stande, wie ihn der Vertrag hatte, der zu dem Vorkauf den Anlaß gab. Er drängt nicht den ersten Käufer hinaus, wie man für das gemeine Recht behauptet.[2]) „Die Konstruktion ist hier dieselbe, wie bei

---

[1]) D. h. der Vorkaufsberechtigte kann in diesem Falle zugreifen und die Sache unter den vereinbarten Bedingungen behalten. Der Verkäufer kann ihm nicht vorhalten, daß die Bedingung des Geschäfts durch sein Zugreifen vereitelt sei, daß also gar kein Geschäft vorliege, dessen Inhalt er für seinen Vorkauf beanspruchen könne. — Die „Machinationen", von denen Eck spricht, suchen allerdings dem Vorkäufer den Sacherwerb abzuschneiden. Zuweilen werden sie aber keineswegs als etwas Unerlaubtes erscheinen. Sehr oft wird das Vorkaufsrecht nicht verabredet, um den Berechtigten eine Erwerbsgelegenheit zu verschaffen, sondern nur, um Dritte von der Sache fern zu halten und den Verpflichteten zu zwingen, die Sache selbst zu behalten. Nur im Nothfalle will dann der Berechtigte die Sache selbst übernehmen. Für solche Fälle ist § 506 als eine singuläre Vorschrift anzusehen, deren Anwendung übrigens m. E. durch Abrede ausgeschlossen werden kann (Beneficia non obtruduntur).

[2]) Würde er den dritten Kauflustigen hinausdrängen, so würde der Verkäufer diesem nicht haften. Dies muß er aber, wenn er ihm das Vorkaufsrecht verschwiegen hat. Ihm gegenüber darf auch nach § 506 die Nichtausübung des Vorkaufsrechts zur Bedingung der Abrede gemacht werden. — Oftmals nehmen Kauflustige Reißaus, sobald sie nur von einem Vorkaufsrechte hören. Die Einräumung eines solchen Rechtes ist daher in vielen Fällen eine Unvorsichtigkeit, vor der das Publikum zu warnen ist.

dem Wiederverkaufe (Vertragsantrag)." [1]) Dies besagt § 505 Abs. 2. Der Kauf, den der Verpflichtete mit dem Käufer geschlossen hatte, bleibt also bestehen. Ist dem Dritten Stundung gewährt, so muß sie auch dem Vorkaufsberechtigten zu gute kommen, aber nach § 509 Abs. 1 nur, wenn er Sicherheit leistet.[2])

Damit sich der Vorkaufsberechtigte entscheide, ob er sein Recht ausüben will, muß der Verpflichtete nach § 510 den Inhalt des Kaufvertrages unverzüglich mittheilen; von da ab läuft bei Grundstücken die zweimonatige, sonst eine einwöchige Frist zur Ausübung des Vorkaufsrechtes, falls nicht etwa andere Fristen bestimmt sind.

Das Vorkaufsrecht ist nach § 514 nicht übertragbar und nicht vererblich, während das Wiederkaufsrecht offenbar übertragbar und unvererblich ist. Nur ein auf Zeit beschränktes Vorkaufsrecht ist im Zweifel vererblich (z. B. das des Pächters).

Nach §§ 511 und 512 ist die Geltendmachung des Vorkaufsrechtes in zwei Gruppen von Fällen ausgeschlossen, beim Kindskaufe (der eine anticipirte Erbfolge darstellt) und wenn der Verkauf im Wege der Zwangsvollstreckung oder durch den Konkursverwalter erfolgt. Bei dem Kindskaufe veräußert der Vater sein Gut mit Rücksicht auf ein künftiges Erbrecht an seinen Sohn oder an einen andern gesetzlichen Erben.

Nach § 515 kann das Vorkaufsrecht von mehreren nur gemeinschaftlich ausgeübt werden. Es gilt also hier dasselbe wie bei dem Wiederkaufsrechte.

§ 515 dehnt die Vorschriften über den Kauf auf den Tausch aus (wenn Sachen oder Rechte oder eines von beiden, also zwei individuelle Werthe, gegen einander ausgetauscht werden). Die Regeln von der Haftung des Verkäufers sind also doppelt für beide Seiten anzuwenden, d. h. auf jeden der beiden Tauschenden.[3])

---

[1]) Aus dem Vorbereitungshefte. Auffallend ist, daß das Gesetzbuch bei Wiederkauf und Vorkauf das ungewisse Geschäft durch einseitige Erklärung zu Stande kommen läßt, während es bei dem Kaufe auf Probe den Verkäufer schon vorher bedingt bindet. Dies erscheint nicht unangemessen, wenn man bedenkt, daß das letztere Geschäft in der Regel nur für kurze Fristen abgeschlossen wird.

[2]) Weil Stundungen von höchstpersönlicher Kreditwürdigkeit abhängen.

[3]) Die Vorschriften über die Haftung des Käufers (z. B. Verzinsungspflicht) sind auf die Geldnatur des Preises zugeschnitten und deshalb bei dem Tausche gänzlich unanwendbar.

§ 78.

Schenkung. (§§ 516—534.)

Im gemeinen und preußischen Rechte wird der Begriff der Schenkung wegen der zahlreichen Schenkungsschranken besonders scharf und sorgfältig bestimmt.[1]) Im B.G.B. giebt es solche generell nur beim Schenkungsversprechen (Erforderniß der gerichtlichen Form und Haftung für grobes Versehen) und bei allen Schenkungen gilt das Recht des Widerrufes wegen groben Undankes. Daneben giebt es mannigfache Sondervorschriften für Schenkungen im Familien- und Erbrecht (Planck II, S. 281 Abs. 3 führt deren mehrere auf). Daher ist auch für das B.G.B. eine scharfe Begrenzung des Begriffes erforderlich.

§ 516 giebt die Begriffsbestimmung für die Schenkung. Danach gehört zu ihr zweierlei:

a) eine Zuwendung, die aus dem Vermögen des Zuwendenden den Andern unentgeltlich bereichert, womit jede Vermögensverschiebung zu Lasten des Einen und zu Gunsten des Anderen gemeint ist;

b) eine Willenseinigung (Vertrag) darüber, daß die Zuwendung unentgeltlich erfolgt. Damit ist die Savigny'sche Lehre, daß man durch einseitige Handlung schenken könne, beseitigt.[2])

Diese Definition ist schon jetzt sehr getadelt worden, am meisten von Dernburg (Pandekten II, § 106), der sie nicht für zutreffend erachtet, weil sie theils zu eng, theils zu weit sei.

Die praktische Konsequenz des Begriffsmerkmales zu a ist in § 517 gezogen; danach ist keine Schenkung die Unterlassung des Erwerbs eines Vermögensvortheils oder der Verzicht auf ein noch nicht endgültig erworbenes Recht 2c. zu Gunsten eines Anderen, weil hier keine Vermögensminderung vorliegt; denn eine ausgeschlagene Erbschaft gilt als nicht erworben (§ 1953 Abs. 1, 2) und ebenso ein ausgeschlagenes Vermächtniß. Es hat also keine Vermögensverminderung stattgefunden. Auch der Verzicht auf den Pflichttheil bei Lebzeiten des Erblassers ist

---

[1]) In den römischen Quellen ist m. E. eine einheitliche Bedeutung des Wortes donatio nicht zu finden, vgl. die in des Herausgebers Artikel donatio in Pauly-Wissowas Real-Encyklopädie der klassischen Alterthumswissenschaft angeführten Schriften.

[2]) Die Annahme der Schenkung wird vielfach (namentlich von Bittstellern) ohne besondere Mittheilung vollendet werden können (§ 151). Darum spricht § 516 von Parteien, die einig sind, nicht von solchen, die sich gegenseitig die Einigkeit erklärt haben.

keine Schenkung, wohl aber der Verzicht nach dem Erbfalle, weil in § 2317 nicht die Fiktion aufgestellt wird, als wäre bei Verzicht der Anspruch nie erworben gewesen. Dernburg will auch den Verzicht auf einen noch nicht endgültigen Erwerb als Schenkung auffassen, was aber mit dem B.G.B. nicht im Einklange steht.

Es muß, wie erwähnt, eine Bereicherung des Beschenkten vorliegen; eine immaterielle Zuwendung ist also keine Schenkung. Dies gilt von dem Professor, der einem Studenten den Besuch seines Kollegs gratis gestattet, der unentgeltlichen Mitnahme ins Theater, der kostenfreien Verschaffung des Adels (Reatz), der Ehrenrettung u. dergl. Dies wird von Reatz[1]) getadelt, der folgendes Beispiel anführt: Ein Offizier, der in zwei Tagen einen Ehrenschein auszulösen hat, bestimmt einen Freund, bei seinem Gläubiger zu interveniren. Der Freund veranlaßt den Gläubiger gegen Zahlung von 300 M., den Ehrenschein herauszugeben und sich einen einfachen Schuldschein mit demselben Zahlungsziel ausstellen zu lassen. Der Offizier, der inzwischen unerwartet zu Geld gekommen ist, löst diesen Schuldschein pünktlich ein. Nachher macht der Freund wegen Undankes des Offiziers seinen Anspruch wegen der 300 M. gegen diesen geltend. Letzterer erwidert, er sei dadurch nicht bereichert worden. Dernburg tadelt dieses Resultat, indem er meint, daß auch ohne Bereicherung eine Schenkung zu stande kommen könne. Nach ihm[2]) ist auch eine Beisteuer zu den Ferienkolonien eine Schenkung, obwohl sie keine Bereicherung in sich schließe. M. E. kann sie eine Schenkung sein, aber nur, wenn und weil die Eltern Alimente sparen oder die Kinder, die Essen und Trinken erhalten, dadurch bereichert sind.[3]) Unter Umständen kann auch eine donatio sub modo an den Sammler in diesem Geschäfte liegen.

Es muß eine Einigung zwischen den Parteien vorhanden sein (Vertrag), liberalitas non obtruditur, fehlt diese, so kommt keine Schenkung zu stande. Dieses ist nach Dernburg zu weitgehend, zu

---

[1]) Gutachten aus dem Anwaltstande S. 163 ff.

[2]) Pandekten II § 106 Anm. 12.

[3]) Wie es scheint, liegt nach Ecks Meinung die Ersparung einer Auslage auch dann vor, wenn der dadurch Begünstigte kein Geld hat, aus dem er die Auslage bestreiten kann, sofern nur das Bezahlte für ihn Geldwerth hat und er es mit Geld bezahlen würde, falls er solches hätte. Darum fallen m. E. auch die weiter oben erwähnten Beispiele des Textes unter den Begriff der Bereicherung. „Immateriell" ist bei ihnen nur der bezahlte Vortheil, nicht das dafür Gezahlte und dem Begünstigten Ersparte.

allgemein gefaßt, es fehlt nach ihm das Merkmal des animus donandi. M. E. liegt in einer solcher Einigung, in dem Willen des Gebers, den Empfänger unentgeltlich zu bereichern, auch eine freigebige Absicht. So hält Dernburg das Ueberlassen von Gartenerde an einen Nachbarn, weil der Besitzer die Erde loswerden will, für keine Schenkung, trotz der Bereicherung, weil der animus donandi fehlt.

Dies ist zu bestreiten. Wenn freilich der Nachbar verpflichtet wird, die Erde abzuheben, so ist diese nicht unentgeltlich weggegeben.[1]) Es liegt dann also keine Schenkung vor. Es ist dies derselbe Fall wie bei der Veräußerung der Bäume auf der Potsdamer Straße, bei der der Erwerber der Stadt Berlin keine andere Gegenleistung schuldete, als die Entfernung der Bäume. Erhält der Nachbar dagegen die Erde ohne Nebenleistung, so wird er unentgeltlich bereichert und daher sehr wohl beschenkt.

Wie steht es bei dem dissensus partium über die causa negotii? Insoweit er die Einigung ausschließt, kommt keine Schenkung zu Stande. Der Empfänger nimmt z. B. die Zuwendung an, aber nicht als Schenkung, sondern als Schulderfüllung. Erfolgt die Vermögenszuwendung durch einen dinglichen (abstrakten) Vertrag, so geht das Eigenthum auf den Empfänger über, selbst wenn er die Zuwendung nicht als Schenkung angenommen hat.[2]) So geht bei der Cession donationis causa, die der Cessionar aus einem anderen Rechtsgrunde entgegengenommen hat, die cedirte Forderung doch auf den Cessionar über, weil ein abstrakter Vertrag vorliegt. Es bleibt nur dann die Möglichkeit des Condizirens übrig. Beim kausalen Vertrage (z. B. einem Schenkungsversprechen) ist Einigung der Parteien über die causa erforderlich, sonst entsteht daraus keine Forderung.

Wenn eine Bereicherung durch eine einseitige Handlung des Gebers ohne Willen, d. h. ohne Acceptation des Beschenkten verwirklicht wird, z. B. bei Bezahlung der Schulden eines Menschen ohne dessen Wissen,

---

[1]) Eck geht mit Recht davon aus, daß Freigebigkeit und eigennützige Absicht nicht unvereinbar sind. Wer umsonst giebt, ist freigebig. Seine Gabe ist jedenfalls frei von „Entgelt", wenn auch nicht immer von selbstsüchtigen Hintergedanken.

[2]) D. h. bei einem Mißverständnisse über die causa, nicht aber wenn der Empfänger des Vertragsantrages das Zugewendete absichtlich aus einer andern causa annimmt, als es ihm angeboten ist, z. B. die Darlehnssumme als Geschenk. Hier fehlt dem Geber der Zuwendungswille; denn für diesen Fall will er nichts geben. Dies gilt m. E., obwohl die traditio im B.G.B. abstrakt ist. Ecks Meinung über diesen Punkt ist freilich aus dem Texte nicht klar ersichtlich.

etwa zu dem Zwecke, ihn dadurch bei seinem Geburtstage zu überraschen, so bleibt nach § 516 Abs. 2 die Schenkung einstweilen in der Schwebe, so lange bis entweder die Annahme oder die Ablehnung erfolgt, da vorher noch keine Willenseinigung stattgefunden hat. Das Gleiche gilt auch bei der bereichernden Besorgung fremder Geschäfte ohne Absicht auf Ersatz.[1])

Zur Herbeiführung dieser Entscheidung bestimmt der Paragraph etwas Neues, die Setzung einer Erklärungsschrift mit dem merkwürdigen Präjudiz, daß der Schweigende als konsentirend gilt. Lehnt er die Schenkung ab, so steht dem Schenker gegen ihn eine condictio sine causa zu. §§ 812 Satz 2, 818, 819 Abs. 1, 822. „Es wird dies damit begründet, daß jeder, der die Schenkung nicht haben wolle, normaler Weise auch nicht schweigen, sondern ablehnen werde. Es ist dies nicht unbedenklich (Schollmeyer, Endemann).“[2]) In dieser fingirten Annahme liegt nach Endemann ein indirekter Annahmezwang. Das ist von praktischer Wichtigkeit bei Schenkungen sub modo (§ 525), bei denen die Auflage, selbst wenn sie gegenüber dem Schenkungsbetrage von pekuniär hohem Werthe ist, in Folge Stillschweigens des angeblich Beschenkten erzwungen werden könnte. Die Praxis wird in solchen Fällen, die zuweilen garnicht als Schenkung anzusehen sind, sehr vorsichtig verfahren müssen. Beispiel: X schickt mir durch Postanweisung 400 Mark und schreibt: „Brief folgt“. Den Brief bekomme ich bald darauf. In ihm steht, daß ich dem X Unterricht ertheilen soll. Dabei wird mir eine dreitägige Antwortfrist gestellt. Würde ich nicht binnen dieser Frist antworten, so müßte ich die Auflage erfüllen.[3])

Eine Form ist nicht beim Handgeschenk (Uebergabe, Cession, Erlaß), sondern nur beim Schenkungsversprechen (donatio, quae promittendo fit) vorgeschrieben.[4]) § 518 (gerichtliche oder notarielle Beurkundung).

---

[1]) Z. B. bei dem Füttern eines fremden Pferdes.

[2]) Aus dem Vorbereitungsheft.

[3]) Die Praxis wird die ihr von Eck anempfohlene Vorsicht am Besten so ausüben, daß sie in einschränkender Auslegung des § 516 Abs. 2 den Grundsatz: qui tacet consentire videtur auf Schenkungen mit einer Auflage überhaupt nicht anwendet. Nach dem Prot. d. Komm. f. d. 2. Lsg. II S. 8 wird er hier nur dadurch gerechtfertigt, daß „Schenkungen nur ausnahmsweise zurückgewiesen werden“. Dies paßt auf die Schenkungen, die mit einer Auflage belastet sind, schlechterdings nicht, vgl. hierzu Planck Anm. 5 zu § 516.

[4]) Eine Ausnahme von dem Grundsatze der Formfreiheit obligatorischer Verträge. Entsch. d. R.G. Bd. 48 Nr. 31 S. 135.

Die Annahme des Versprechens bedarf keiner Form. Die Form dient dazu, Uebereilungen zu verhüten, den Willen festzustellen und Umgehung erbrechtlicher Formen abzuschneiden. Nach § 125 ist Nichtigkeit die Folge des Formmangels; aber dieses Präjudiz ist durch § 518 Abs. 2 stark abgeschwächt, indem dieser Mangel durch nachträgliche Leistung geheilt wird, selbst wenn der Schenker die versprochene Leistung in der irrigen Annahme bewirkt, daß das formlose Schenkungsversprechen ihn dazu verpflichte. Diese Konsequenz ist unabweislich (Planck II S. 285 Abs. 3), wenn man das Handgeschenk (donatio quae dando fit) formfrei läßt. Eine brevi manu traditio oder ein bloßes constitutum possessorium oder die Abtretung des Anspruches an einen Dritten in Bezug auf die schenkungsweise versprochene Sache reicht aus, um das Schenkungsversprechen zu verwirklichen. So Reatz S. 249.[1]) „Man meint, der Schenker werde sich bewußt sein, daß er hier eine dingliche Wirkung begründe."[2]) Andrerseits ist im § 518 Abs. 1 Satz 2 das abstrakte Schuldversprechen oder Schuldanerkenntniß dem Formzwange mit unterworfen, wenn es schenkweise geschieht. Das mußte besonders bestimmt werden, weil sonst ein abstraktes Schuldversprechen den Empfänger zum Gläubiger machen müßte, wodurch der Formzwang illusorisch werden würde.[3])

„Nach allgemeinen Regeln müßte dieses Versprechen als abstrakte Zuwendung wirksam sein, doch ist dies positiv verneint, um einer Umgehung des Formzwanges vorzubeugen (die sonst auch die besonderen Formen letztwilliger Verfügungen entwerthen könnte, § 2301)".[4])

---

[1]) Die zweite Lesung des Entwurfes eines B.G.B. Berlin 1892. Vgl. auch das bei Gruchot Bd. 38 S. 448 Mitgetheilte.

[2]) Aus Ecks Vorbereitungsheft. Die im Texte angenommene Ansicht ist nicht unbedenklich, obwohl sie dem Prot. d. Komm. f. d. 2. Lsg. II S. 18 entspricht. Die Gültigkeit des formlosen Schenkungsversprechens ist doch auch deshalb vermieden worden, weil sonst nach dem Tode des angeblichen Schenkers (unter Berufung auf falsche Zeugen) ein solches Versprechen fälschlich behauptet werden könnte, ohne daß die schützende Form der letztwilligen Verfügung in Frage kommen würde (vgl. den Text zu Anmerkung 4). Dies spricht ebenso gegen die formlosen Eigenthumsübertragungen ohne körperliche Uebergabe der Sache, wie gegen die Schenkungsversprechen ohne Form.

[3]) Diesen Zweck würde freilich das Gesetz nur dann erreichen, wenn der Kläger aus dem abstrakten Geschäfte nur mit Nachweis der causa klagen dürfte, was bekanntlich nicht der Fall ist. Darum ist auch die im Texte erwähnte Vorschrift in vielen Fällen nur ein Schlag ins Wasser, der die Umgehung des Formzwanges durch abstrakte Versprechen nicht zu hindern vermag.

[4]) Aus dem Vorbereitungsheft.

Wie steht es mit der schenkweisen Ausstellung eines Wechsels oder eines Checks oder einer Anweisung? Ist damit die Schenkung schon reell (dando) vollzogen oder nur ein Versprechen abgegeben? Der Wechsel ist ja auch ein abstraktes Versprechen. Entsch. des R.G. Band 2 S. 6 bejaht die Vollziehung. Die Ausnahme bezüglich der Form wird nur bei den abstrakten Verträgen der §§ 780, 781 gemacht, nicht bei dem Wechsel, weil hier nicht ein bloßes Schenkungsversprechen, sondern eine schon realisirte Schenkung vorliegt. (Gruchot Bd. 38 S. 447 Reatz S. 249, a. M. Meisner § 518 Anm. 4c.)

„Wenn der Schenker ein Grundstück übergeben, aber noch nicht aufgelassen hat, so ist die Schenkung noch nicht vollzogen. Er kann das Gegebene als sein Eigenthum zurückverlangen und braucht sich eine Einrede aus der Besitzüberlassung nicht gefallen zu lassen." [1])

Die Verpflichtungen aus einem Schenkungsversprechen sind, wie im bisherigen Rechte vielfach gegen die Haftung aus anderen Schuldgeschäften ermäßigt. Zunächst hat nach § 519 der Schenker die Einrede des Nothbedarfs (beneficium competentiae), die für alle anderen Fälle abgeschafft ist. Der erste Entwurf wollte dieses beneficium auch hier beseitigen, die zweite Kommission hat es in verstärkter Gestalt eingeführt. Es greift durch:

a) insoweit, als die Erfüllung des Schenkungsversprechens bei Berücksichtigung der sonstigen Verpflichtungen des Schenkers seinen eigenen standesgemäßen Unterhalt auch nur gefährden, nicht, wie nach bisherigem Rechte, sofort verkümmern würde. „So z. B., wenn demnächst eine anderweitige Verminderung seines Vermögens bevorsteht, etwa durch Dienstentlassung." [2])

b) Die Reichstagskommission hat der Gefährdung des standesmäßigen Unterhaltes die Gefährdung der Erfüllung der dem Schenker obliegenden gesetzlichen Unterhaltspflichten gleichgestellt. „Wenn also der Schenker z. B. Kinder zu erwarten hat, und seien es auch nur uneheliche, so hat er die Kompetenzeinrede."

Eine wichtige Konsequenz ist, daß der Schenker, wenn gegen ihn auf Gewährung des Unterhalts geklagt wird, unter den „sonstigen Verpflichtungen" des § 1603 nicht seine Schulden aus Schenkungsversprechen geltend machen kann, um die Unterhaltspflicht auszuschließen.

---

[1]) Aus Ecks Vorbereitungsheft.

[2]) Aus dem Vorbereitungsheft.

Hieraus ergiebt sich eine Verstärkung der Unterhaltspflichten aus der Abschwächung der Schenkungsversprechen.

Nach § 521 haftet der Schenker nur für Vorsatz und grobe Fahrlässigkeit. Durch culpa levis kann er also nicht in mora kommen. Im Falle des Verzuges hat er nach § 522 keine Verzugszinsen zu zahlen („anderes gilt bei Prozeßzinsen").[1]) Die übrigen Folgen des Verzuges sind aber nicht ausgeschlossen. Beweist insbesondere der Beschenkte einen Schaden, der ihm aus dem Verzuge erwachsen ist, so kann er auf Ersatz klagen.

Ausgangspunkt ist bei der Gewährpflicht (§ 523, bei Mängeln im Recht) wie im gemeinen Rechte der Grundsatz, daß der Schenker nur für arglistiges Verschweigen eines Mangels haftet. Er haftet auf das negative Interesse, d. h. hat den Schaden zu tragen, den der Beschenkte dadurch erleidet, daß er auf die Unentziehbarkeit des Gegenstandes gerechnet hat (z. B. wenn der Schenker, um sich der Vindikation zu entziehen, die Sache einem Anderen verschenkt und diesen dadurch in einen kostspieligen Prozeß verwickelt). Der Grund dieser Bestimmung ist, daß der Schenker bei Gegenständen, die zu dem vorhandenen Vermögensbestande des Schenkers gehören, keine Verpflichtung zur Rechtsverschaffung hat übernehmen wollen.

Eine schärfere Haftung stellt man bei Schenkungsversprechen auf, deren Gegenstand nur der Gattung nach bestimmt ist. Hier haftet der Schenker schon nach gemeinem Rechte auch ohne dolus, ja sogar ohne culpa für das Erfüllungsinteresse wegen Eviktion, z. B. beim Schenkungsversprechen eines Pferdes; der Grund ist: Er hätte erst kaufen, dann schenken sollen.[2])

Das B.G.B. weicht in § 523 Abs. 2 davon ab:

Er erweitert die strengere Haftung auf alle Schenkungsversprechen über einen noch zu erwerbenden Gegenstand (gleichviel, ob generisch oder individuell geschenkt ist), z. B. über ein Bild auf der Ausstellung. Andererseits tritt die Haftung nur dann ein, wenn der Mangel im Rechte dem Schenker bei dem Erwerbe bekannt gewesen oder in Folge grober Fahrlässigkeit unbekannt geblieben ist. Dann haftet er wie ein

[1]) Aus Ecks Vorbereitungsheft.

[2]) So ausdrücklich die Nachschrift. Der Sinn ist zweifelhaft. Eck will jedenfalls damit nur sagen, daß jeder, der die Haftung für das Erfüllungsinteresse vermeiden will, gut daran thut, ihn zunächst zu kaufen und sodann als bestimmte Sache zu verschenken.

Verkäufer auf Beseitigung des Mangels, in zweiter Linie auf Schadensersatz wegen Nichterfüllung. Der Grundgedanke ist folgender: „Sollte er den Schenkungsgegenstand noch erwerben, so wollte er eben nicht blos das schenken, was er hatte, sondern eine Pflicht zur Beschaffung übernehmen, und dabei müßte er dann grobes Verschulden vermeiden."[1]) Im Ganzen ist hiernach die Gewährleistungspflicht des Schenkers gegenüber dem gemeinen Rechte auf grobes Verschulden ermäßigt und zwar wohl mit Recht.[2]) Wenn z. B. ein Gutsbesitzer seinem Neffen ein Pferd schenkweise verspricht, ohne zu sagen, ob aus seinem Bestande oder ein noch zu kaufendes, dann ist nicht zu sagen, daß er nach der Abrede das Pferd noch erwerben sollte. Er kann es also auch aus seinem Bestande nehmen. Wie aber, wenn er eines kauft, das mit einem Rechtsmangel behaftet ist? „Dann muß er für grobes Verschulden haften." [3])

Die Gewährspflicht des Schenkers ist dem gemeinen Rechte gegen über demnach sehr eingeschränkt. Verspricht also der Onkel seinem Neffen eine Villa im Grunewald und kauft sie, ohne das Grundbuch eingesehen zu haben, vom Nichteigenthümer, dann haftet er dem Neffen für Eviktion. Wird ihm aber glaubhaft gemacht, daß der Verkäufer der Erbe des eingetragenen Eigenthümers ist, dann haftet er nicht.

Ganz ähnlich ist die Gewährleistung nach § 524 bei Mängeln der Sache: auch hier haftet der Schenker nur auf den entstandenen Schaden (negatives Interesse) wegen arglistigen Verschweigens. Ein solches liegt nicht ohne Weiteres vor, wenn eine mangelhafte Sache ohne Angabe des Fehlers verschenkt wird (z. B. ein Pelz mit Motten), sondern nur dann, wenn der Schenker sich des Mangels (und seiner Gefährlichkeit) bewußt ist „und ihn in böser Absicht unerwähnt läßt",[4]) wie dies z. B. bei einem rotzkranken Pferde in der Regel der Fall sein wird.[5])

---

[1]) Eck scheint damit andeuten zu wollen, daß bei dem Verschenken einer Sache, die man bereits hat, weder die frühere Anschaffung noch die Auswahl unter dem Drucke einer Pflicht stand, sondern eine freie That war, für die man nicht haftet.

[2]) Eck denkt hier wohl daran, daß der Schenker aus der Ausführung des Geschäfts keinen Vortheil hat.

[3]) Aus dem Vorbereitungshefte

[4]) Vom Herausgeber eingeschoben.

[5]) Der Text ist hier vielleicht entstellt. Das Eine wie das Andere kann m. E. ebenso bei dem Pelz mit Motten, wie bei dem rotzkranken Pferde vorkommen. Eck meint wohl, daß eine Rotzkrankheit in der Regel erkennbar ist, während sich Motten in Pelzwerk bei oberflächlicher Prüfung verbergen können, und der Schenker überhaupt nicht verpflichtet ist, den Pelz einer solchen Prüfung zu unterziehen.

Schärfer ist die Haftung beim Schenkungsversprechen hinsichtlich eines Gegenstandes, der der Gattung nach bestimmt ist und den der Schenker erst erwerben wollte.[1]) War der Mangel dem Schenker beim Erwerbe bekannt, oder infolge grober Fahrlässigkeit unbekannt, so kann der Beschenkte die Lieferung einer fehlerfreien Sache und im Falle arglistigen Verschweigens statt dessen Schadensersatz wegen Nichterfüllung verlangen (das Erfüllungsinteresse). Es gelten hierbei die Regeln über Gewährleistung des Verkäufers, § 524 Abs. 2, §§ 480, 491. Nehmen wir an, daß ein Onkel seinem Neffen nur eine der Gattung nach bestimmte Villa zusichert und hierauf ihm eine solche kauft, in der der Schwamm ist oder deren Einsturz droht. Wenn er in grob fahrlässiger Weise die Fehler verkannt hat, so haftet er auf die Gewährung einer fehlerfreien Villa. War er in Arglist, so haftet er auf Schadensersatz wegen Nichterfüllung.

Die §§ 525—527 betreffen die donatio sub modo, die im römischen Rechte nur in lückenhafter Weise geregelt war. Sie unterliegt im Allgemeinen den Regeln über Schenkungen. Abweichungen sind folgende:

1. § 525. Der Schenker kann auf Erfüllung des modus klagen, aber er ist zur Vorleistung verpflichtet. Es liegt hier eine Art Realvertrag vor. Auch der Dritte, zu dessen Gunsten die Auflage erfolgt ist, kann die Erfüllungsklage haben. (Vgl. dagegen § 2194.) Aber § 526 bestimmt, daß, wenn das Geschenk in Folge eines Mangels im Rechte oder eines Mangels der Sache, die für den modus nothwendigen Aufwendungen nicht deckt, der Beschenkte die Erfüllung bis zur Ausgleichung des Fehlbetrages verweigern darf. Er hat also eine aufschiebende Einrede. Er kann auch, wenn er in Unkenntniß die Auflage vollzieht, Ersatz seines etwaigen Zuschusses verlangen, § 526 Satz 2.

2. Bereits sehr viel in der Litteratur erörtert ist der § 527. Unterbleibt die Erfüllung des modus, dann hat der Schenker nicht eine condictio sine causa, wie im gemeinen Rechte, weil der Haupt-

[1]) Schenkt jemand Sachen, die der Gattung nach bestimmt sind, aus dem eigenen Vermögensbestande, z. B. Milchlieferungen von seinem Landgute, so sollte man meinen, daß hier die Auswahl des Gelieferten keine freie That mehr ist, vielmehr unter dem Drucke einer Pflicht geschieht, also haftbar machen kann. Wir müssen aber aus den Worten des § 524 durch argumentum e contrario das Gegentheil entnehmen, weil diese Worte sonst ganz überflüssig sein würden. Bis zu einem gewissen Grade hilft hier § 243 Abs. 1.

zweck des Geschäfts immerhin eine Bereicherung des zunächst Beschenkten war.[1]) Er kann aber von dem Geschäft zurücktreten unter den Voraussetzungen, wie sie bei gegenseitigen Verträgen ein Rücktrittsrecht begründen. Wenn also der Beschenkte rechtskräftig verurtheilt ist oder im Verzuge (§§ 325, 326) und dann trotz einer ihm gesteckten Frist „die Auflage" nicht erfüllt, oder (§ 323) wenn die Vollziehung unmöglich geworden ist, z. B. ein Kind, das zu erziehen war, stirbt, so kann der Schenker sein Geschenk nach den Regeln über ungerechtfertigte Bereicherung zurückfordern, aber nicht das ganze Geschenk, sondern nur insoweit, als das Geschenk zur Vollziehung der Auflage hätte verwendet werden müssen. Den Ueberschuß kann der Beschenkte behalten.

Dies ist praktisch sehr bedenklich und schließt eine merkwürdige Theilung in sich. Ein Beispiel: Bei der Ueberlassung eines Kapitals an eine Anstalt, mit der Auflage, einen bestimmten Theil zur Errichtung einer Statue des Schenkers zu verwenden,[2]) ist die Vorschrift durchführbar. Ist aber einem Künstler ein Kapital geschenkt mit der gleichen Auflage, wie soll man hier die Errichtung der Statue in Natur als einen Theil des gegebenen Geldbetrages berechnen?[3]) [4])

„Wenn die Ausführung der Auflage 50% gekostet haben würde, so würden 50 zurückzufordern sein, wenn nur 10% dann nur 10. Wenn sie aber garnichts kostet, sollten dann wirklich 100 zurückzugeben sein? Der Schenker muß beweisen, daß die Vollziehung der Auflage der allein bezweckte Erfolg der Schenkung war; dann greift die condictio aus § 812 Platz, sonst ist keine Rückforderung gegeben."[5])

---

[1]) D. h. aus § 527 hat er sie nicht. Daß er sie aber auch nach Ecks Ansicht aus § 812 unter Umständen haben kann, geht aus dem nachfolgenden Texte klar hervor.

[2]) Dies Beispiel ist anscheinend angeregt durch Schollmeyer, Das R. d. einzelnen Schuldv. im B.G.B. Guttentag 1897, S. 33.

[3]) Durch die Abschätzung eines angemessenen Herstellungspreises könnte m. E. auch hier geholfen werden.

[4]) Der Text ist in diesem Punkte nicht ganz sicher. Vorausgesetzt ist, daß die Gabe nicht ganz, sondern nur zu einem unbestimmten Theile Entgelt der Arbeit sein soll; sonst würde keine Schenkung vorliegen.

[5]) Aus dem Vorbereitungsheft. Unter dem allein bezweckten Erfolge, von dem § 812 Abs. 1 nicht spricht, scheint Eck einen solchen zu verstehen, bei dessen Ausfall der Geber die Rückgabe des Geschenkes für ein geringeres Uebel hält, als dessen Verbleiben in der Hand des Empfängers; denn strenge genommen ist eine Auflage niemals allein bezweckt, sondern immer neben ihr eine Wohlthätigkeit Vertragszweck.

Wie aber, wenn der modus in etwas besteht, was keine Kosten verursacht, z. B. einer Unterlassung? So bei dem Geschenk von 20 000 Thalern seitens Friedrich Wilhelms III. an Blücher, mit der Auflage, nicht Hazard zu spielen? Oder bei dem Geschenk eines Bildes, mit dem Verbote, es zu kopiren? Kann dann der Schenker die ganze Schenkung zurückfordern, wenn die Auflage nicht vollzogen wird? Ich halte diese Auffassung für unmöglich.[1])

Eine beschränkte Rückforderung ist nach den §§ 528, 529 bei jeder Schenkung wegen Verarmung zugelassen nach dem Muster des preußischen Rechtes (Antrag Gröber in der Kommission des Reichstages), §§ 1123 ff. A.L.R. I, 11.

Voraussetzung dieser Rückforderung ist nach § 528, daß der Schenker nach Vollziehung der Schenkung außer Stande ist, seinen standesgemäßen Unterhalt zu bestreiten und die ihm seinem Ehegatten oder seinem früheren Ehegatten gegenüber gesetzlich obliegende Unterhaltungspflicht zu erfüllen. Der Kreis der hier berücksichtigten Unterhaltspflichten ist also enger als in § 519. Weshalb, weiß man nicht.[2]) Die Wirkung der Verarmung ist ein Anspruch auf Herausgabe des Geschenkes nach den Regeln der ungerechtfertigten Bereicherung, so daß also der Beschenkte frei wird, wenn die Bereicherung verloren geht, mit folgenden 3 Beschränkungen:

a) nur soweit das Unvermögen des Schenkers zur Zeit der Anspruchserhebung reicht, hat er den Anspruch,

b) der Beschenkte kann die Herausgabe durch Zahlung des Unterhaltes abwenden,

c) die Vorschriften des § 760 finden Anwendung d. h. der Schenker kann nicht auf einmal die Herausgabe der ganzen Schenkung fordern, sondern nur eine vierteljährlich im Voraus zahlbare Geldrente, die vom Gesetze nicht in Prozenten des Geschenkes bestimmt ist. Vielmehr setzt sie der Richter in angemessener Höhe fest, und sie wird bis zum Be-

---

[1]) In dem angegebenen Beispiele ist zweifelhaft, ob der vom Geber beabsichtigte Zwang unter Rechtsschutz treten sollte. Sonst wird es auch nach gemeinem Rechte Sache der Auslegung sein, ob dem Geber bei nicht erfüllter Auflage eine Rückforderung der Bereicherungssumme zuzusprechen ist.

[2]) Das B.G.B. hat in beiden Fällen (§§ 519 u. 528) eine moralische Pflicht, die es zur rechtlichen erhob, im Interesse der Rechtssicherheit mit positiven Schranken umgeben. Bei diesem Verfahren läßt sich eine gewisse Willkür nicht vermeiden.

trage der Gesammthaft des Beschenkten bezahlt d. h. also, bis die Schenkung durch die Rente erschöpft ist;

d) e) die §§ 1613 (nicht 1611) und 1615 regeln die Haftung für die Vergangenheit und den Einfluß des Todes auf die Unterhaltspflicht.

Weitere 3 Beschränkungen enthält der § 529: Der Anspruch auf Herausgabe ist ferner ausgeschlossen,

f) wenn der Schenker seine Bedürftigkeit vorsätzlich oder grob fahrlässig herbeigeführt hat,

g) wenn zwischen Schenkung und Eintritt der Bedürftigkeit 10 Jahre verstrichen sind,

h) wenn der Beschenkte selber bedürftig ist.

Unter mehreren Beschenkten haftet nach § 528 a. E. nur der letzte prinzipaliter, jeder frühere nur, soweit der spätere nicht verpflichtet ist.[1])

Endlich kommt noch in Betracht § 534, wonach Schenkungen, durch die einer sittlichen Pflicht oder einer auf den Anstand zu nehmenden Rücksicht entsprochen wird, der Zurückforderung nicht unterliegen.

Das B.G.B. kennt, wie das preußische und das gemeine Recht, den Widerruf der Schenkung wegen groben Undankes, den der Beschenkte durch eine schwere Verfehlung gegen den Schenker oder einen nahen Angehörigen desselben begeht (§ 530), normirt aber die Voraussetzungen derselben nicht im Einzelnen, sondern überläßt dies dem richterlichen Ermessen (§ 530). Der Widerruf geht niemals gegen die Erben des Beschenkten (§ 532 Satz 2) und ist auch dem Erben des Schenkers versagt, außer in den zwei Fällen des § 532 Abs. 2, wo ihn auch der Erbe des Schenkers geltend machen kann, nämlich dann, wenn der Beschenkte den Geber vorsätzlich getödtet oder am Widerrufe gehindert hat, § 2339 Satz 1 u. 2. § 531 normirt die Ausübung des Widerrufsrechtes. Sie geschieht durch formlose Erklärung des Beschenkten. § 532 regelt das Erlöschen des Widerrufsrechtes durch Verzeihung oder durch Zeitablauf. Ein Verzicht auf das Widerrufsrecht ist erst möglich, wenn der Undank dem Widerrufsberechtigten bekannt geworden ist. Von da ab läuft eine Jahresfrist, deren Ende das Widerrufsrecht zerstört. „Ist der Verzicht ein Rechtsgeschäft? Eine dem beschenkten gegenüber abzugebende einseitige Er-

[1]) Soweit die spätere Schenkung reicht, hat sie und nicht die frühere die gegenwärtige Nothlage des Schenkers verursacht.

klärung? Oder ein Vertrag? Letzteres ist anzunehmen, weil bei Obligationen einseitige Erklärungen nicht genügen."[1]) Bei den in § 534 erwähnten Schenkungen, d. h. denen, die einer sittlichen Pflicht oder einer Rücksicht auf den Anstand entsprechen, giebt es auch keinen Widerruf. Auch belohnende remuneratorische Schenkungen, betreffs derer im Uebrigen keine besonderen Vorschriften existiren, können dem Verbote des Widerrufes nach § 534 unterliegen. Sonst sind auch sie widerruflich.

§ 79.

Miethe und Pacht. (§§ 535—597.)

(Arnold Fränkel, das Mieth- und Pfandrecht nach dem B.G.B. 1897, Vogel, Miethe von Wohnungen, München 1897.)[2])

Die Regeln über Sachmiethe (Dienstmiethe giebt es vom 1. Januar 1900 ab nur noch in der Redeweise des Partikularrechts) schließen sich an das preußische Recht an, aber die Bestimmungen des B.G.B. sind viel detaillirter, besonders hinsichtlich des Satzes: **Kauf bricht nicht Miethe.**

Der Begriff „Miethe" wird im Gesetzbuche nicht direkt definirt, doch läßt sich eine Definition aus seinen Vorschriften ableiten. Es ist ein Vertrag über Ueberlassung von Sachen zum Gebrauche gegen Entgelt, im Gegensatze zur Pacht, die auf Ueberlassung eines Gegenstandes zu Gebrauch und Fruchtgenuß gerichtet ist.

Der Miethzins braucht nicht in Geld, sondern kann in Gegenleistungen jeder Art bestehen, z. B. in Diensten (Vertrag des Portiers).[3])

Gegenstand der Miethe sind Grundstücke oder bewegliche Sachen. Nach § 580 ist die Miethe von Wohnräumen und anderen Räumen (Speichern) der Miethe eines Grundstücks gleichgestellt. Darunter fallen die nach § 95 Abs. 1 Satz 2 (z. B. vom Nießbraucher) errichteten Ge-

---

[1]) Gemeint ist: „zu Abänderungsverträgen". Die Stelle ist dem Vorbereitungshefte entnommen.

[2]) Neuere Litteratur s. bei Crome II § 234.

[3]) Bei diesem Vertrage ist es zweifelhaft, ob er nicht als Dienstvertrag mit eigenartigem Lohn oder als eine besondere Abrede, d. h. theils als Miethe theils als Dienstvertrag zu behandeln ist. Beides verneint Eck, vermuthlich weil er die Gewährung des Wohnraums als die Hauptsache ansieht. Hierüber läßt sich jedoch streiten, namentlich wenn der Portier neben der Unterkunft noch einen Geldlohn erhält.

bäude (Schafstall, Ausstellungspavillons), wohl aber nicht Wohnräume in Mobilien.

Ein Recht kann nicht Gegenstand der Miethe sein, sondern nur der Pacht. Dies ist nicht ausdrücklich ausgesprochen, ergiebt sich aber aus dem Gesammtinhalte der Gesetzesbestimmungen, die immer nur von der Miethe einer Sache reden, und aus § 535 insbesondere.

Nach § 566 (vom Entwurf II eingeführt) bedarf ein für längere Zeit als ein Jahr geschlossener Mieth- oder Pachtvertrag über ein Grundstück der Schriftlichkeit.[1]) Der Grund liegt in der Einführung des Satzes: „Kauf bricht nicht Miethe"; der neue Erwerber soll die Vertragsurkunde einsehen können, um sich daraus über den Inhalt des Vertrags zu unterrichten. Jedoch ist bei Versäumniß der Schriftform nicht Nichtigkeit die Folge (§ 125 B.G.B.), sondern, wie im preußischen Rechte, Gültigkeit für eine beschränkte Zeit, aber mindestens für ein Jahr. Der Vertrag gilt dann für unbestimmte Zeit geschlossen und ist frühestens für den Schluß des ersten Jahres kündbar.

Die Rechte des Miethers sind nach B.G.B. (§§ 536—549) erheblich weiter als im gemeinen und preußischen Rechte, zum Theil aber auch enger als im letzteren. Der Miether ist nicht (wie im preußischen Rechte) dinglich berechtigt, — das ist jetzt zwar schon bestritten, aber von der großen Mehrheit der Autoren anerkannt; — sein Recht kann auch nicht durch Eintragung dinglich gemacht werden, weil es nicht zu den vom Gesetzbuche anerkannten Sachenrechten gehört.

Der Miether ist, sobald ihm die Miethssache überlassen ist, unmittelbarer, der Vermiether mittelbarer Besitzer; ersterer hat possessorischen Schutz und bei Grundstücken geht sein Recht gegen dritte Erwerber, da Kauf Miethe nicht bricht.

Nach § 536 ist der Vermiether verpflichtet, die Sache in einem zu dem vertragsmäßigen Gebrauche geeigneten Zustande dem Miether zu überlassen und während der Miethszeit zu erhalten.

In den §§ 537—543 ist die Haftung des Vermiethers bei Sachmängeln und bei Rechtsmängeln annähernd wie die Haftung des Verkäufers geregelt, aber verschärft.

---

[1]) Mit Recht verlangt das Reichsgericht bei Miethsverträgen, die innerhalb eines gerichtlichen Vergleiches abgeschlossen werden, keine Schriftform (Entsch. Bd. 48 Nr. 41 S. 191). In maiori inest minus. Die richterliche Aufnahme des Geschäfts ist mehr werth als die Unterschrift der Parteien.

Aus dem § 536 folgt, daß der Miether die Beseitigung von Mängeln als Erfüllung des Vertrages fordern kann — was beim Kaufe nicht unbedingt zutrifft, sondern nur bei zugesicherten Eigenschaften[1]) — da der Vermiether den vertragsmäßigen Gebrauch versprochen hat. Dies betrifft rauchende Oefen, schadhafte Gas- oder Wasserleitung u. s. w.

Nach § 537 Abs. 1 hat der Miether, wenn ein Fehler der Miethsache ihre Tauglichkeit zu dem vertragsmäßigen Gebrauche aufhebt oder mindert, nicht blos einen Anspruch auf Wandelung oder Minderung, sondern seine Verpflichtung zur Zahlung des Miethzinses ist ganz oder theilweise unmittelbar (ipso iure) kraft Gesetzes bei Untauglichkeit der Sache aufgehoben und bei ungenügender Tauglichkeit in entsprechender Weise gemindert. Dem Fehler der Sache steht nach Abs. 2, wie beim Kaufe, gleich: das Fehlen oder der spätere Wegfall einer zugesicherten Eigenschaft (z. B. das Fehlen der richtigen Lage (Nordseite) bei Vermiethung eines Malerateliers, Verpachtung von nicht kleefähigem Boden trotz der Zusicherung solchen Bodens); denn in solchen Fällen ist nur der Gebrauch einer mit dieser Eigenschaft versehenen Sache der vertragsmäßige.

Statt dieser Befreiung vom Miethzins und zur Auswahl kann der Miether in derartigen Fällen nach § 538 Schadensersatz wegen Nichterfüllung verlangen:

a) wenn der Mangel (z. B. die Feuchtigkeit eines Obstkellers) schon beim Vertragsschlusse vorhanden war,

b) wenn er später durch einen vom Vermiether zu vertretenden Umstand eingetreten ist,

c) wenn der Vermiether mit Beseitigung des Mangels in Verzug geräth.

In letzterem Falle kann der Miether den Mangel selbst beseitigen und Kostenersatz verlangen, auch Zinsen (§§ 256, 257) oder auch unter Umständen die Befreiung von seiner Verbindlichkeit zur Zahlung der Ausbesserungskosten.

Alle diese Haftungen aus § 538 setzen ein Verschulden des Vermiethers nicht voraus.[2]) Beispiele: Ein Keller, in dem das Obst

---

[1]) Vgl. oben S. 448 Text zu Anm. 1.

[2]) Dies gilt natürlich nicht, insoweit der unter b genannte „zu vertretende Umstand" in einem Verschulden besteht, was die Regel bilden wird. Vgl. das Urtheil des R.G. Bd. 52 Nr. 47 S. 174. Aehnlich Entsch. Bd. 48 Nr. 24 S. 93. Auch im

schimmelt, ein schwammiger Balkon, durch den der Miether durchbricht, ein feuchtes Schlafzimmer, wodurch der Miether erkrankt u. dergl.

Hier ist der Anspruch auf vollen Schadensersatz vorhanden, da im Abschlusse des Vertrages eben ein Garantieversprechen des Vermiethers lag.[1])

Der Miether hat zwischen diesen beiden Rechten (auf Befreiung vom Miethzins oder auf dessen Herabsetzung und auf Schadensersatz) die Wahl. Unzutreffend sieht dies Fränkel als eine Alternativobligation an. Das B.G.B. vermeidet auch hier den Ausdruck „Wahl". Die Erklärung des Miethers konsumirt also nicht sein Wahlrecht, vielmehr handelt es sich — wie bei der Konstruktion der Wandelung — um eine Vertragsofferte seitens des Vermiethers, welcher nach der Acceptation verbindlich ist.[2]) Die §§ 539 und 540 schränken diese Rechte des Miethers ein:

a) Kennt der Miether den Mangel beim Vertragsschluß, so stehen ihm beide Rechte (aus §§ 537, 538) nicht zu;

b) desgleichen nicht, wenn er in Kenntniß des Mangels die Sache ohne Vorbehalt angenommen hat, § 464. Der Miether muß daher z. B. bei dem Einzug auf zersprungene Fensterscheiben aufmerksam machen;

c) mußte der Miether den Mangel kennen, dann fällt die Haftung des Vermiethers zwar nicht allemal weg, sie besteht aber nur in den Fällen der Zusicherung (des Fehlens des Mangels) oder des arglistigen Verschweigens;

d) eine Vereinbarung über Ausschluß oder Beschränkung der Haftung schützt den Vermiether nur dann, wenn er den Mangel nicht arglistig verschwiegen hat, § 540.

Wird der Gebrauch der Sache dem Miether deshalb ganz oder theilweise entzogen, weil ein Mangel im Recht des Vermiethers vorliegt, so gilt nach § 541 eine dem Sachmangel entsprechende Regel. So z. B. bei der Vermiethung seitens des Nießbrauchers, dessen Recht vor Ablauf des Miethvertrages durch Tod erlischt. Nur bei Kenntniß des Mangels steht dem Miether auch hier der Anspruch auf Befreiung

---

Falle des Verzuges (c) wird in der Regel nach § 285 ein Verschulden vorliegen müssen.

[1]) So Motive II S. 377, Entsch. d. R.G. Bd. 52 Nr. 47 S. 174.

[2]) Gemeint ist: „bei der Geltendmachung eines der erwähnten Ansprüche". Hinzuzudenken ist: „soweit dies dem erkennbaren Parteiwillen nicht widerspricht". Die im Texte verfochtene Analogie ist übrigens nicht zweifellos.

vom Miethzinse oder auf Schadensersatz nicht zu, sonst kann er die Erben des Nießbrauchers darauf verklagen.

Noch weiter als diese Rechte geht ein drittes Recht, das Kündigungsrecht des § 542. Es ist kein Rücktrittsrecht, da es sich um ein Abgehen des Vertrages für die Zukunft handelt. Der § 542 sagt allgemein: Wird dem Miether der vertragsmäßige Gebrauch der gemietheten Sachen ganz oder zum Theil nicht gewährt, oder wieder entzogen, so kann er ohne Einhaltung einer Kündigungsfrist das Miethverhältniß kündigen. Z. B. wenn das gemiethete neue Haus noch nicht fertig oder der alte Miether noch nicht ausgezogen ist. Aber der Miether muß a) vorher dem Vermiether eine angemessene Frist zur Abhülfe gewähren und b) die Hinderung muß eine erhebliche sein. Unerheblich wäre sie z. B., wenn nur ein Ladenverschlag fehlte oder ein paar Zimmer für einige Tage unbrauchbar sind. Eine unerhebliche genügt nur bei einem besonderen Interesse des Miethers.[1]) So z. B., wenn eine fliegende Theatertruppe an einem Festtage spielen oder ein Landwirth zum schnellen Ausdreschen des Getreides eine Lokomobile benutzen will und die gemiethete Sache nicht zu der gewünschten Zeit brauchbar ist, oder die Wohnung gerade während derjenigen Tage unbenutzbar ist, an denen allein der Miether ihrer bedarf.

Uebrigens wird das Kündigungsrecht durch dieselben Gründe ausgeschlossen, die den Anspruch auf Befreiung vom Miethzins oder Schadensersatz ausschließen.

§ 544 enthält eine aus sozialen Gründen eingeführte Steigerung des Miethrechtes, nämlich ein sofortiges Kündigungsrecht des Miethers für den Fall, daß die Benutzung der gemietheten Wohnung mit einer erheblichen Gefährdung der Gesundheit verbunden ist, und zwar auch dann, wenn er die gefahrbringende Beschaffenheit gekannt oder auf die ihm daraus entspringenden Rechte verzichtet hat.

Gegen diese weitgehende Haftung des Vermiethers schafft der § 545 in einer Anzeigepflicht des Miethers ein Gegengewicht. Hierbei handelt es sich nicht blos um Fälle, in denen der vertragsmäßige Gebrauch des Miethers selbst beeinträchtigt oder bedroht wird, sondern um einen Ausfluß der dem Miether schlechthin obliegenden Verpflichtung zur Obhut über die Sache. So hat der Chambregarnist einen Diebstahl an den gemietheten Möbeln sogleich anzuzeigen, „in der Regel wohl überhaupt

[1]) Man könnte darüber streiten, ob man nicht in diesem Falle immer von einem erheblichen Mangel reden muß. Das besondere Interesse macht ihn erheblich.

jede Wegnahme der Sache durch einen Dritten."[1]) Die Unterlassung macht ihn schadensersatzpflichtig und nimmt ihm die etwaigen Rechte, die ihm sonst aus dem Mangel (§ 545 Abs. 2) zustehen.

Nach § 546 hat der Vermiether die auf der Sache ruhenden Lasten zu tragen, § 547 giebt dem Miether einen Anspruch auf Ersatz seiner nothwendigen Verwendungen.

Nach § 548 hat der Miether die durch den vertragsmäßigen Gebrauch herbeigeführten Veränderungen oder Verschlechterungen nicht zu vertreten.

Erheblich ist die Frage, ob der Miether Aftermiether annehmen darf. Nach § 549 ist er wie im preußischen Rechte, — nicht aber im römischen — nicht unbedingt, sondern nur mit Erlaubniß des Vermiethers dazu befugt, den Gebrauch an Dritte, insbesondere zur Untermiethe zu überlassen. Der Grund ist, weil der Vermiether an der Individualität des Miethers Interesse hat. Weigert sich der Vermiether hierzu ohne einen wichtigen, in der Person des Dritten liegenden Grund, so hat der Miether ein Kündigungsrecht mit gesetzlicher Frist. Bei der Pacht fällt diese Kündigung weg, § 596 Abs. 1.

Auch wenn der Vermiether die Erlaubniß ertheilt hat, haftet der Miether für ein dem Aftermiether zur Last fallendes Verschulden (z. B. einen verursachten Brand), § 549 Abs. 2. Auch hat der Vermiether ein sofortiges Kündigungsrecht, wenn der Miether oder der Untermiether ungeachtet einer Abmahnung des Vermiethers einen vertragswidrigen Gebrauch fortsetzt, durch den die Rechte des Vermiethers in erheblichem Maße verletzt werden, § 553. Er hat auch eine Art actio in rem scripta gegen den Dritten auf Räumung bei Beendigung des Miethsverhältnisses kraft obligatorischen Anspruchs, § 556 Abs. 3 (Räumungsklage § 721 C.P.O.).

Aus der Beschränkung des Miethers, anderen den Gebrauch der Sache zu überlassen, ergeben sich eigenthümliche Konsequenzen: Er kann sein Miethrecht nicht cedieren, denn dadurch würde die geschuldete Leistung ihren Inhalt verändern.[2]) Sein Anspruch ist daher als unabtretbar auch unpfändbar (z. B. seitens der Gläubiger des Miethers).

---

[1]) Diese Bemerkung aus dem Vorbereitungshefte ist nicht ganz sicher.

[2]) In maiori inest minus. Bei der Cession haftet der Vermiether dem neuen Gläubiger, bei der Aftermiethe haftet ihm nur der Aftervermiether. Die Cession ist also dem Vermiether noch unangenehmer als die Aftermiethe. Folglich schützt das Verbot der Aftermiethe den Vermiether gegen das Eindringen eines neuen Miethers an die Stelle des bisherigen in noch höherem Maße, als die Untersagung der Cession. Darum schließt es diese Untersagung in sich ein.

Die Rechte des Vermiethers sind in den §§ 550—563 behandelt. Er kann verlangen, daß der Miether die Sache nicht vertragswidrig gebrauche, und kann, wenn er eine Abmahnung fruchtlos versucht hat, wie eine Besitzstörungsklage gegen ihn den Anspruch auf Unterlassung des vertragswidrigen Gebrauches geltend machen und nach § 890 C.P.O. vollstrecken lassen.[1]) (Geldstrafe bis 1500 Mk. oder Haft.) Z. B. bei Kuppeleibetrieb in der Wohnung. Nach § 553 kann der Vermiether in diesem Falle auch ohne eine Kündigungsfrist einzuhalten kündigen.

Der Hauptanspruch des Vermiethers geht auf Zahlung der Miethe, die, wie im preußischen und gemeinen Rechte, postnumerando zu entrichten ist, und zwar, ist der Miethzins nach Zeitabschnitten bemessen, nach dem Ablauf der einzelnen Zeitabschnitte, sonst, z. B. bei Vermiethung eines Pferdes, am Ende der Miethzeit, § 551. Bei Grundstücken ist die Miethe, wenn nicht in kürzeren Terminen, nach dem Ablaufe jedes Kalendervierteljahres zu zahlen. Am ersten Werktage des folgenden Monates ist der Miethzins zu entrichten.

Ein Hinderungsgrund in der Person des Miethers (Krankheit, Versetzung) befreit ihn noch nicht, wie im Reichstage beantragt gewesen war, von der Entrichtung der Miethe. „Die Leistung an ihn ist auch dann nicht unmöglich.“[2]) Wenn der Vermiether aber in Folge dieser Behinderung[3]) die vermiethete Wohnung selber benutzt oder anderweit vermiethet, so wird zwar auch dadurch seine Leistung nicht unmöglich, das Miethverhältniß also nicht aufgelöst; wohl aber muß er sich die Vortheile, welche er aus der anderweiten Verwerthung des Gebrauches erlangt, in Anrechnung bringen lassen.

Ist der Vermiether außer Stande, dem Miether den Gebrauch der Sache zu gewähren, dann ist mit der Unmöglichkeit der Erfüllung die Befreiung vom Miethzins gegeben, § 552.

Wie nach gemeinem und preußischem Rechte, hat der Vermiether das Recht sofortiger Kündigung:

---

[1]) Das Reichsgericht rechnet hierher auch den Fall, daß der Miether eines Garten einen ungewöhnlichen Wirthshauslärm verursacht, der einen Dritten stört. Entsch. Bd. 47 Nr. 37 S. 164. Unterläßt der Vermiether die Anstellung der Untersagungsklage gegen den Miether, so soll er dem gestörten Dritten selbst als Störer mit der actio negatoria haften (§ 1004 B.G.B.). Dies geht m. E. zu weit.

[2]) Vorbereitungsheft.

[3]) Oder in Folge einer anderweitigen Nichtbenutzung der Sache von Seiten des Miethers.

a) nach § 553, wegen fortgesetzten, vertragswidrigen Gebrauches der gemietheten Sache, welcher die Rechte des Vermiethers erheblich verletzt,

b) nach § 554, wegen Rückständigkeit des Miethzinses für zwei aufeinander folgende Termine.

Dieses Kündigungsrecht fällt fort, wenn der Miether vor der Kündigung die Miethe bezahlt oder unverzüglich nach der Kündigung eine Gegenforderung aufrechnet, § 554 Abs. 1 Satz 1 und Abs. 2.[1])

Daß der Vermiether wegen einer nothwendigen baulichen Reparatur ein sofortiges Kündigungsrecht hat, wie im preußischen (§ 323 A.L.R. I, 21) und gemeinen Rechte, davon steht nichts im B.G.B. Wohl aber hat der Miether dann ein solches Recht, wenn ihm der Gebrauch entzogen wird. Dann kann er Zinsbefreiung verlangen oder kündigen.

Nach § 556 muß der Miether bei Beendigung des Miethverhältnisses die gemiethete Sache zurückgeben. Die landesrechtlichen Räumungsfristen (preuß. Gesetz vom 30. Juni 1834) bleiben nach E.G. Art. 93 bestehen.

Nach § 721 der C.P.O. kann das Gericht auf Antrag dem Schuldner zur Räumung eine Frist gewähren. Erst nach dem Ablaufe ist zu exmittiren. Der sozialdemokratische Antrag Stadthagen-Frohme wollte diese Fristgewährung obligatorisch machen.

Andererseits kann nach § 259 der C.P.O. unter den dort angegebenen Voraussetzungen der Vermiether auf künftige Räumung klagen.

Ist ein Aftermiether in der Wohnung, so wirkt das Räumungsurtheil nach §§ 325, 727 C.P.O. auch gegen ihn, wenn er erst nach Rechtshängigkeit der Klage eingezogen ist; sonst muß gegen ihn ebenfalls auf Räumung geklagt werden.

Bei Grundstücken (anders § 273 Abs. 2) hat der Miether kein Zurückbehaltungsrecht gegen den Vermiether (§ 556 Abs. 2).

Wichtige Ansprüche aus dem Miethverhältnisse (Ersatzansprüche des Miethers und Vermiethers u. s. w.) verjähren in 6 Monaten, § 558.

Bezüglich des gesetzlichen Pfandrechtes des Vermiethers hat das B.G.B. im Anschluß an das Reichsgesetz vom 9. Mai 1894 einen Mittelweg eingeschlagen. „Es ist öfters aus sozialen Gründen angefochten worden, dient aber vielfach gerade zum Schutze der ärmeren Klassen, da sonst die Wohnungen theurer werden würden.“[2]) Das B.G.B. behält es bei, beschränkt es aber in folgender Weise:

---

[1]) Das Gebot der Unverzüglichkeit ist eine „Korrektur der Rückwirkung“. (Aus Ecks Vorbereitungsheft.)

[2]) Aus Ecks Vorbereitungsheft.

a) Es erstreckt sich fortan nur noch auf eingebrachte Sachen des Miethers selber, nicht seiner Ehefrau oder seiner Kinder,[1] „obgleich er deren Sachen durch Vertrag würde verpfänden können". Blos bei der Gütergemeinschaft fallen die Sachen des Gesammtgutes, welche Eigenthum der Frau waren, in den Pfandnexus.

Die Gefahr, die für den Vermiether aus dieser Einschränkung entsteht, wird durch die im § 1362 Abs. 1 zu Gunsten der Gläubiger des Mannes aufgestellte Vermuthung (praesumptio Muciana), daß die im Besitze eines der Ehegatten oder beider Ehegatten befindlichen beweglichen Sachen dem Manne gehören, abgeschwächt. Beweist aber die Ehefrau ihr Sondereigenthum, so wird das Pfandrecht des Vermiethers beseitigt. „Die Sachen des Untervermiethers haften dem Hauptvermiether nicht, auch nicht fremde Sachen, trotz § 1207."[2]

b) Die unpfändbaren Sachen unterliegen nach § 559 Satz 3 nicht dem Pfandrechte des Vermiethers (wie nach dem Pr. Ges. vom 12. Juni 1894). Anders beim Pächter, § 585 Abs. 2.

c) Das Pfandrecht ist beschränkt, nicht blos hinsichtlich seines Gegenstandes, sondern auch hinsichtlich der versicherten Forderung. Es gilt nicht mehr für künftige Entschädigungsforderungen und für den Miethpreis für eine spätere Zeit als das laufende und das folgende Miethjahr, § 559 Satz 2.

Ja auch für rückständigen Miethzins gilt das Pfandrecht zwar dem Miether gegenüber unbeschränkt, gleichviel, wie alt der Rückstand ist, also ohne Beschränkung auf eine bestimmte vergangene Zeit, aber anderen Gläubigern gegenüber (welche Sachen haben pfänden lassen) nur mit der Beschränkung auf das letzte Jahr vor ihrer Pfändung (§ 563), nach der K.O. § 41 Nr. 4 (in der Fassung des abändernden Gesetzes vom 9. Mai 1894, vgl. die Umformung der K.O. § 41 Nr. 2 im § 49 Nr. 2 der neuen Konkursordnung) fallen beim Verpächter eines landwirthschaftlichen Grundstückes weg (damit der Verpächter bei Nothständen des Pächters Nachsicht üben könne).

d) Auch die Dauer des Pfandrechtes ist abgeschwächt. Es erlischt durch Veräußerung der Sache an einen gutgläubigen Dritten, § 936. Kauft also jemand Sachen des Miethers gutgläubig, d. h. hier ohne

---

[1]) Im Vorbereitungsheft ist hierzu bemerkt: „Freilich genießen sie die Vortheile (der Wohnung) mit, doch arbeiten sie oft dafür."

[2]) Vorbereitungsheft.

das Pfandrecht des Vermiethers in grober Fahrlässigkeit zu verkennen (§ 932 Abs. 2), dann sind die Sachen pfandfrei.

Ferner erlischt nach § 560 das Pfandrecht mit der Entfernung von dem Grundstück, es sei denn, daß diese ohne Wissen oder unter Widerspruch des Vermiethers erfolgt. Dieser Widerspruch ist unwirksam und die Entfernung wirkt jedenfalls befreiend, wenn sie im regelmäßigen Geschäftsbetriebe des Miethers oder den gewöhnlichen Lebensverhältnissen entsprechend erfolgt, oder wenn die zurückbleibenden Sachen zur Sicherung des Vermiethers offenbar ausreichen. Auch kann nach § 562 der Miether durch Sicherheitsleistung die Geltendmachung des Pfandrechtes abwenden.

Nach § 561 Abs. 1 hat endlich der Vermiether, wie auch nach gemeinem und preußischem Rechte ein Recht zur Selbsthülfe, und zwar nicht blos im Falle des Nothstandes. Er kann also auch ohne den Richter anzurufen, die Entfernung eigenmächtig verhindern. Ist sie in rechtswidriger Weise geschehen, so kann er vom Miether verlangen, daß er sie rückgängig mache. Unter Umständen hat er aber auch einen Anspruch gegen Dritte darauf, daß die dem Pfandrecht unterliegenden Sachen zurückgeschafft oder ihm überlassen werden, nämlich dann, wenn diese nicht durch ihren guten Glauben als redliche Erwerber geschützt sind. Sein Pfandrecht erlischt mit Ablauf eines Monats nach Kenntniß von der Entfernung der Sachen, § 561 Abs. 2 Satz 2.[1])

Der Inhalt des Pfandrechtes des Vermiethers entspricht dem eines durch Rechtsgeschäft bestellten Pfandrechtes (§§ 1227 ff.). Sein Ziel ist die Herstellung eines Faustpfandes: Zurückschaffung in das Grundstück oder Ueberlassung des Besitzes.

Das Ende des Miethverhältnisses tritt nach § 564 ipso iure d. h. ohne Kündigung mit dem Ende der Miethzeit ein; in Ermangelung einer Zeitbestimmung kann jeder Theil, wie nach preußischem Rechte, mit Fristen kündigen, die in § 565 näher bestimmt sind.

---

[1]) Es ist in Frage gekommen, ob dieser Erlöschungsgrund auch ältere Pfandrechte trifft, die vor der Geltung des B.G.B. entstanden sind. Das Reichsgericht hat dies (gegen Habicht) Bd. 49 Nr. 15 S. 56 verneint mit einer (wohl allzu enger) Anlehnung an den Gesetzesbuchstaben, aber jedenfalls mit Recht, weil die accessorische Natur des Pfandrechts und seine damit verbundene Bestimmung nach einiger Zeit zu erlöschen es rechtfertigt, daß neue Gesetze seinen früheren Inhalt unverändert lassen, ein Grundsatz, der bei den regelmäßig ewigdauernden dinglichen Rechten überaus mißliche Folgen haben würde.

I. Bei Grundstücken ist die Kündigung nur für den Schluß eines Kalenderquartals zulässig; sie muß spätestens am dritten Werktage des Vierteljahres (wie in § 344 A.L.R. I, 21) erfolgen. Dies gilt auch für den Fall des § 566 bei mangelnder Schriftform, nach dem das Grundstück auf ein Jahr als gemiethet gilt. Die Kündigung ist dann nicht früher als zum Schlusse des ersten Jahres zulässig. Hat also jemand ohne schriftlichen Vertrag am 6. Juni 1900 auf 5 Jahre gemiethet, so kann er bis zum dritten Werktage des April 1901 zum 1. Juli 1901 kündigen.

Ist der Miethpreis nach Monaten bemessen, so hat die Kündigung für den Schluß des Kalendermonates und spätestens am 15. des Monats zu erfolgen.

Bei Bemessung des Miethzinses nach Wochen hat die Kündigung für den Schluß der Kalenderwoche (das ist Sonnabend Abend) zu erfolgen und zwar spätestens am ersten Werktage der Woche.

II. Bei beweglichen Sachen ist die Kündigung für jeden Tag zulässig, spätestens aber am 3. Tage vor dem Ende des Miethverhältnisses, § 565 Abs. 2.

III. Ist der Miethzins — für ein Grundstück oder für eine bewegliche Sache — nach Tagen bemessen, so ist die Kündigung an jedem Tage für den folgenden Tag zulässig (§ 565 Abs. 3) und zwar geht am Abend des Kündigungstages das Miethverhältniß zu Ende. Kündigt also jemand sein Hotelzimmer am Sonnabend, so besteht am Sonntag das Miethverhältniß nicht mehr.[1]) Ob ein Werktag oder Sonntag vorliegt, ist gleichgültig, da hier eine lex specialis gegeben ist (Planck II S. 315, 2a).

„Bei der Pacht eines Grundstückes oder eines Rechtes ist die Kündigung nur zum Schlusse eines Pachtjahres zulässig und spätestens am ersten Werktage des letzten Halbjahres zu bewirken, § 595.“[2])

Nach § 565 Abs. 4 gelten die Bestimmungen des Abs. 1 Satz 1 und Abs. 2 auch für die besonderen Fälle, wo eine vorzeitige Kündigung von Seiten des Miethers zulässig ist, z. B. beim Tode des Miethers, § 569. Nach § 371 A.L.R. I, 21 waren die Erben an

[1]) So Planck an dem im Texte angegebenen Orte, der diesen Punkt als zweifelhaft bezeichnet. Wer zum 1. April kündigt, will diesen Tag von der Fortdauer des gekündigten Verhältnisses befreien. In diesem Sinne deuten Planck und Eck auch die Kündigung zum folgenden Tage.

[2]) Aus Ecks Vorbereitungsheft.

das Miethverhältniß noch ein halbes Jahr nach Ablauf des Sterbequartals gebunden. Durch § 569 wird eine viel leichtere Auflösung des Miethverhältnisses gewährt. Bei Versetzung einer Militärperson, eines Beamten und ähnlich gestellter Personen gilt das gleiche Kündigungsrecht; die Kündigung muß aber für den ersten Termin erfolgen, für den sie zulässig ist, § 570.

Andere Fälle, in denen ein Theil ohne Frist kündigen kann, sind schon erwähnt: der Vermiether bei Mißbrauch der Sache von Seiten des Miethers (§ 553), bei Rückständen von zwei aufeinander folgenden Terminen (§ 554), der Miether bei Untauglichkeit (§ 568) und wenn der Gebrauch nicht gewährt oder wenn er entzogen wird, §§ 541 u. 542.

Stehen mehrere Miether nebeneinander (z. B. Ehegatten), so können sie nur gemeinsam kündigen, auch kann ihnen nur gemeinsam gekündigt werden. Bei der Erbfolge kann dies besonders kritisch werden.

Nach § 567 ist die Erbmiethe (für längere Zeit als 30 Jahre) ausgeschlossen, nicht aber Miethe auf Lebenszeit (des Vermiethers oder des Miethers, Satz 2).

Wird nach Ablauf der Miethzeit der Gebrauch der Sache vom Miether fortgesetzt, so gilt nach § 568 die relocatio tacita nicht, wie im preußischen Rechte, auf ein Jahr (§ 328 A.L.R. I, 21), sondern auf unbestimmte Zeit, sofern nicht eine Partei binnen zwei Wochen ihren entgegenstehenden Willen erklärt. Geschieht dies, so hat der Miether nach Ablauf der Zeit ohne Recht gewohnt, § 557.

„Nur durch die Erklärung wird die relocatio gehemmt, nicht durch den bloßen Mangel des Kontrahirungswillens (etwa bei Erkrankung in der Ferne)."

„Diese Verlängerung gilt auch, wenn gekündigt (im Widerspruche mit der preußischen Praxis)." [1])

§ 80.

Rechtsverhältniß bei Veräußerung der Miethsache. (§§ 571—579.)

Die Wirkung der Veräußerung der Miethsache ist im bisherigen Rechte sehr verschieden geregelt. Im gemeinen Rechte hat der Miether keinen Schutz, im preußischen Rechte einen sehr starken, sogar ding-

[1]) Vorbereitungsheft.

lichen. Die Bestimmungen des B.G.B. treffen nicht blos den Fall der Veräußerung, sondern auch den Fall der Belastung des vermietheten Grundstückes mit dem Rechte eines Dritten (§ 577), z. B. mit einem Erbbaurecht, einem Nießbrauche u. dgl. Andererseits werden ihr noch Fälle gleichgestellt, in denen das Vermiethungsrecht eines Nichteigenthümers während des Miethvertrages endigt (§ 1017, Vermiethung kraft Erbbaurechtes über die Zeit; § 1056, Vermiethung durch einen Nießbraucher, dessen Recht während der Miethzeit erlischt, § 14.3, Vermiethung durch den Ehemann, dessen Recht während dieser Zeit erlischt, ähnlich §§ 1663, 2135, Vermiethungen durch Väter oder Vorerben).

Das gemeine Recht giebt dem Miether gegen den neuen Erwerber keinerlei Schutz (Kauf bricht Miethe). So der erste Entwurf. Nach dem preußischen Rechte war der Miether, sobald ihm die Sache übergeben war, dadurch geschützt, daß sein Recht ein dingliches war. Andere Gesetzbücher schlugen einen Mittelweg ein.

Die zweite Lesung des Entwurfes und das Gesetzbuch stellen sich mit Recht auf den Standpunkt des preußischen Rechts.

§ 571 macht die höchst wichtige Voraussetzung, daß die Ueberlassung der Sache an den Miether schon stattgefunden haben muß. Gründe: Durch die Einräumung der Wohnung ist der einfachste Beweis für das Bestehen des Miethverhältnisses zuverlässig erbracht. Es steht dann fest, daß der Miethvertrag schon bestand, als die Veräußerung eintrat. Von da ab ist aber auch erst ein Bedürfniß vorhanden, den Miether gegen den neuen Erwerber zu schützen.[1])

Ebenso in §§ 358, 359 A.L.R. I, 21. Nach Anderen (Endemann) macht erst die Ueberlassung des Grundstückes an den Miether dessen Miethrecht erkennbar, sie ist also Publizitätsmittel, weshalb — als Konsequenz — sein Besitz noch fortdauern muß, und er z. B. die Wohnung nicht an einen anderen durch Aftermiethe überlassen haben darf, wenn ihm der § 571 zu gute kommen soll.[2]) M. E. widerspricht

[1]) Hierzu dürften auch noch ähnliche Gründe kommen, wie sie der Begründung dinglicher Rechte durch bloßen Vertrag entgegenstehen.

[2]) Diese Folgerung braucht man aus dem m. E. guten Gedanken, im Besitze ein Publizitätsmittel zu sehen, nicht zu ziehen, weil ja der Aftermiether an Stelle seines Vermiethers für ihn die erforderliche Publizität herstellt. Fraglich ist freilich der Fall, daß der Miether freiwillig die eingeräumte Sache leer stehen läßt. Der Wortlaut des Gesetzes spricht hier für Eck. Kann man aber nicht vielleicht über ihn hinausgehen?

dies dem Wortlaute des Paragraphen. Nur Uebergabe, nicht fortdauernder Besitz, ist also erforderlich.

Die Art des Schutzes besteht in Folgendem: Der Erwerber tritt von Rechtswegen an Stelle des Vermiethers in alle Rechte und Pflichten, die sich während seiner Eigenthumszeit ergeben, § 571 Abs. 1. Darunter fällt die Pflicht auf Gewährung des Gebrauches der Sache, auf Verschaffung einer zugesicherten Eigenschaft, auf Schadensersatz, wenn der Grund für einen solchen während der Zeit seines Eigenthums eingetreten ist. Der Erwerber haftet persönlich unbeschränkt. Auf ihn gehen auch die Verpflichtungen aus mündlichen Nebenabreden über, z. B. in Betreff des Rechtes auf Gartenbenutzung, auf ein Logirzimmer in der Wohnung des Vermiethers. Dies kann gefährlich werden. Dauert der Miethvertrag aber auf längere Zeit als ein Jahr, so muß er schriftlich sein und da alle Urkunden nach § 444 dem Käufer vorzulegen sind, so kann sich der Erwerber davon vorher unterrichten. M. E. binden daher diese Nebenabreden, wenn sie nicht schriftlich vereinbart sind, höchstens auf ein Jahr, § 566.[1])

Der bisherige Vermiether wird durch den Eintritt des Erwerbers nicht unbedingt frei, sonst könnte der Miether durch die Zahlungsunfähigkeit des Erwerbers Schaden leiden, sondern haftet, wenn der Erwerber seine Verpflichtung nicht erfüllt, für den von diesem zu ersetzenden Schaden (also nicht auf Erfüllung), wie ein Bürge ohne beneficium excussionis, § 571 Abs. 2.

Nach § 579 haftet der Vermiether auch bei weiteren Veräußerungen fort. Er kann aber nach § 571 Abs. 2 Satz 2 frei werden, wenn er den Eigenthumsübergang dem Miether mittheilt und dieser nicht für den ersten zulässigen Termin kündigt. „Dann hat der Miether den Erwerber als Schuldner statt des Vermiethers angenommen."[2]) M. E. ist diese Vorschrift nicht sehr deutlich gefaßt; die Worte „von der Haftung" bedeuten nur die Haftung für die Zukunft, sonst würde die Vorschrift eine Unbilligkeit enthalten.

Der Erwerber tritt andererseits auch in alle Rechte des Vermiethers

---

[1]) Eck berührt die Frage nicht, ob nach einem Jahre blos die Nebeneinreden allein oder zugleich mit dem Hauptgeschäfte hinfällig werden sollen. M. E. greift hier § 139 Platz, d. h. es kommt darauf an, ob die Parteien die Hauptabrede im Nothfalle auch ohne die Nebenbestimmung gelten lassen wollten, und zwar ist dagegen zu vermuthen.

[2]) Vorbereitungsheft.

ein, nicht blos in das Recht auf den Miethzins, sondern auch in das Recht auf eine vom Miether geleistete Sicherheit (§ 572), in das Recht auf Kündigung, das Recht zur Erlaubniß einer Untervermiethung, den Anspruch auf Rückgabe.

Es handelt sich hier nicht um Cessionen, weil das Institut ja auch den Uebergang von Pflichten, nicht blos von Rechten, auf den Erwerber einschließt.[1]) „Maßgebend für das Verhältniß zwischen Erwerber und Miether ist allerdings der Miethvertrag, aber nicht so, als ob er von vorn herein zwischen Erwerber und Miether geschlossen wäre, sondern so, daß nur das, was sich als Rechtsfolge des Vertrages während der Eigenthumsdauer des Erwerbers ergiebt, zwischen Erwerber und Miether gilt." Weil der Erwerber hiernach nicht Cessionar ist, sondern ipso iure in seine Rechtslage eintritt, ist er keineswegs an alle Vorausverfügungen des Vermiethers über den Miethzins gebunden.[2]) Er kann andererseits nicht einen Miethzins verlangen, der zur Zeit des Erwerbers bereits rückständig war. Ist also eine Wohnung auf fünf Jahre mit der Verabredung sofortiger Zahlung der ganzen Miethe im voraus gemiethet und wird das Miethhaus sechs Monate nach dem Vertragsabschlusse verkauft, so kann der Miethzins, wenn er entgegen der Verabredung rückständig geblieben ist, vom Erwerber nicht beansprucht werden, weil er schon vor dem Eigenthumswechsel fällig war; ebensowenig eine rückständige Schadensersatzforderung gegen den Miether. Wohl aber bekommt der Erwerber das Recht auf alle später fällig werdenden Leistungen. „Darum binden den Erwerber nicht Vorausverfügungen des Vermiethers über den Miethzins, der erst nach dem Eigenthumswechsel fällig wird (Cessionen, Verpfändungen). Auch sind von diesem Wechsel ab alle Geschäfte des Miethers mit dem Veräußerer (dem alten Vermiether) unverbindlich."[3])

---

[1]) Der Eintritt des neuen Eigenthümers in den alten Vertrag vollzieht sich ohne Rücksicht auf die Abreden zwischen Veräußerer und Erwerber. Man könnte daher höchstens von einer cessio legis reden und nur von einer solchen, die kraft Gesetzes mit einem Schuldübergange verknüpft ist, bei dem der Gläubiger (Miether) ausnahmsweise nicht zuzustimmen braucht. Die Ausnahme erklärt sich aus dem Streben des Gesetzes, die Veräußerung vermietheter Grundstücke zu erleichtern, ohne doch die Miether für vogelfrei zu erklären.

[2]) Dies läßt sich auch als eine gesetzliche Inhaltsbeschränkung der Cession erklären, welche die Neigung, vermiethete Grundstücke anzukaufen, begünstigt.

[3]) Vorbereitungsheft. Eck setzt natürlich Geschäfte voraus, die sich nicht auf Ansprüche aus der früheren Zeit vor der Veräußerung beziehen.

Ist der Miethvertrag dolose zu Stande gekommen, so kann er vom Miether auch dem neuen Erwerber gegenüber angefochten werden. „Doch kann der Miether nicht von diesem den aus der Täuschung erwachsenen Schaden ersetzt verlangen“.

Das reine Prinzip, wie es oben bezüglich der Vorausverfügungen des Vermiethers über die Zinsforderungen angedeutet wurde, ist in den §§ 573—576 hauptsächlich im Interesse des Miethers und theilweise des ursprünglichen Vermiethers stark modifizirt.

1. § 573. Eine Vorausverfügung, d. h. eine vor dem Eigenthumswechsel über den auf die Zeit nachher entfallenden Miethzins getroffene Verfügung ist insofern nicht unwirksam, als sie den Miethzins für das zur Zeit des Eigenthumswechsels laufende und für das folgende Kalenderquartal betrifft. „Hier war die Fälligkeit doch nahe bevorstehend. Derartige Vorausverfügungen sind oftmals wirthschaftlich geboten.“ Nach dem obigen Prinzip müßte sie für den Miethzins, der auf die Zeit nach dem Eigenthumswechsel entfällt, völlig unwirksam sein.[1])

Cedirt also der Vermiether die Miethe am 6. Juni bis zum 1. Januar und findet am 26. Juni der Eigenthumswechsel statt, so ist diese Vorausverfügung für die Miethen bis zum 1. Oktober wirksam, von da ab unwirksam. Verfügt der Hauswirth im Februar über das Miethgeld für drei Quartale (1. April bis 31. Dezember) und veräußert das Haus im März, so sind die Verfügungen bis zum 1. Juli wirksam. Die Vorausverfügung ist indessen unbeschränkt wirksam, wenn der Erwerber sie zur Zeit des Eigenthumsüberganges kannte, § 573 Satz 2. „Darum mögen Miether ihre Vorauszahlungen dem Erwerbslustigen mittheilen“.[2])

2. § 574 geht noch weiter. Bei Rechtsgeschäften über den Miethzins ist der entscheidende Zeitpunkt nicht das Datum des Rechtsgeschäftes, sondern die Kenntniß des Miethers vom Eigenthumsübergange. Das Rechtsgeschäft, z. B. die Zahlung ist wirksam, soweit es den Miethzins für das Kalenderquartal, in dem der Miether diese Kenntniß erlangt und für das darauf folgende Quartal betrifft.

[1]) Der Gesetzgeber hat hier zwei Dinge gegen einander abgewogen: Die Gefahr einer allzu großen Entwerthung der noch nicht fälligen Miethsforderungen und andererseits den Vortheil, Kauflustige gegen unliebsame Verfügungen der Verkäufer zu sichern. Schließlich hat er einen Mittelweg eingeschlagen.

[2]) Vorbereitungsheft.

Werden also z. B. die Miethen vom 6. Juni bis zum 1. Januar vorausbezahlt, findet sodann am 26. Juni der Eigenthumswechsel statt, und erhält am 26. Juli der Miether davon Kenntniß, so ist die Vorausbezahlung voll wirksam. „Ebenso wenn der Vermiether im März veräußert und sich die Miethe in demselben Monat bis zum 1. Januar voraus bezahlen läßt. Erfährt dann der Miether den Eigenthumswechsel erst am 1. April, so ist die Zahlung wirksam für die Zeit bis zum 1. Oktober. Das Gleiche gilt von der Herabsetzung des Miethzinses."[1]) Vgl. aber § 574 Satz 2.

3. § 575. Soweit Rechtsgeschäfte über den Miethzins nach § 574 dem Erwerber gegenüber wirksam sind, soweit kann auch der Miether eine ihm gegen den Vermiether zustehende Gegenforderung aufrechnen; d. h. er braucht den Miethzins für die im § 574 genannten Quartale (dem Kenntnißquartale und dem folgenden) nicht an den Erwerber zu zahlen, sondern kann dagegen eine Forderung gegen den Vermiether aufrechnen, („mit der Ausnahme, die bei der Cession gilt, § 406), also dann nicht, wenn er bei Erwerb der Gegenforderung den Eigenthumswechsel kannte, oder die Fälligkeit der Gegenforderung erst später eingetreten ist, als die Kenntniß und auch später als die Fälligkeit der Miethzinsforderung".

4. Möglich ist auch der umgekehrte Fall, daß der Vermiether dem Miether vom Eigenthumswechsel Kenntniß gegeben hat, ohne daß dieser in Wirklichkeit eingetreten war oder in wirksamer Weise eintrat; dann muß er nach § 576 in Ansehung des Miethzinses den Eigenthumswechsel als erfolgt gegen sich gelten lassen, „ebenso wie nach § 409 Abs. 1 S. 1 der Cedent die Forderungsabtretung, die er dem Schuldner angezeigt hat. (Zur Zurücknahme der Anzeige gehört die Zustimmung des Dritten, der als Eigenthümer bezeichnet worden war, § 576.) (Der Anzeige wirkt gleich eine Eintragung des Eigenthumsüberganges im Grundbuche § 893.)"[2])

„Ebenso wie die Eigenthumsübertragung wird es behandelt, wenn Vermiether einem Dritten dingliche Rechte bestellt. Hat der Vermiether einem Dritten zwar nicht das Eigenthum, aber ein dingliches Recht eingeräumt, so unterscheidet § 577, ob dieses Recht (z. B. Bestellung eines Nießbrauches oder Erbbaurechtes) dem Miether den vertragsmäßigen Gebrauch entziehen oder nur darin beschränken würde. Im ersteren Falle gelten für den Inhaber dieses Rechtes die

[1]) Vorbereitungsheft. [2]) Vorbereitungsheft.

Rechte und Pflichten wie für den Erwerber des Grundstückes, er hat also Ansprüche auf Zins u. s. w., in letzterem Falle (z. B. bei einer Grundgerechtigkeit) hat er dem Miether gegenüber die Ausübung seines Rechtes zu unterlassen, soweit sie dessen vertragsmäßigen Gebrauch beeinträchtigen würde. „Der Miether hat also dann nur Einrede und Klage auf Unterlassung." Von dem Erwerbe des neuen Eigenthümers an ist hiernach der Miether zur Genüge gesichert.

Das B.G.B. geht aber noch einen Schritt weiter als das preußische Recht; schon vor der „Ueberlassung" des vermietheten Grundstückes an den Miether kann diesem nach § 578 eine Sicherheit verschafft werden, wenn der Erwerber dem Vermiether gegenüber die Erfüllung der aus dem Miethverhältniß sich ergebenden Verpflichtungen übernommen hat. „Dann hat der Erwerber den Eintritt gewollt." Darin liegt eine Anomalie; es handelt sich nicht um eine Schuldübernahme von Seiten des Erwerbers, da es keiner Genehmigung (§ 415) des Berechtigten bedarf, noch auch um eine Cession: Vielmehr tritt kraft Gesetzes in Folge des Vertrages zwischen Vermiether und Erwerber ein Uebergang der Vermieterrechte und -Pflichten auf diesen ein.[1])

Ein solcher Subjektswechsel kann sich nach § 579 wiederholen, wenn der erste Erwerber die Sache weiter veräußert oder belastet. Dann tritt der zweite Erwerber an die Stelle des ersten. Ein Unterschied bleibt dabei: als Bürge für den zweiten, dritten und folgenden Erwerber haftet immer nur der erste Vermiether, nicht der unmittelbare Vormann.[2])

Das Gesagte gilt für die Zwangsversteigerung mit der Maßgabe, daß der Ersteher berechtigt ist, das Miethverhältniß zum ersten zulässigen Termine zu kündigen (§ 57 des Gesetzes über die Zwangsversteigerung 2c. vom 24. März 1897). (Aehnlich das preußische Recht.)

Bei Veräußerung von beweglichen Sachen (sie ist möglich durch Abtretung des Anspruches auf Herausgabe der Sachen gegen den Miether, § 931) tritt der neue Erwerber nicht in die Rechte und Pflichten des Vermiethers. Es tritt also kein Subjektswechsel in dem Vertrage ein. Aber auch hier behält der Miether nach § 986 Abs. 2 die Einreden, die ihm gegen den abgetretenen Anspruch zustehen, also die ex-

[1]) Auch hierbei ist die Erleichterung des Verkaufs vermietheter Grundstücke das klar ersichtliche Ziel der Vorschrift.

[2]) Die Weiterveräußerung des vermietheten Grundstückes wird also vom Gesetzgeber noch mehr erleichtert als der erste Verkauf.

ceptio rei locatae et traditae, so daß der Miether sich für die Dauer seines Vertrages im Besitze behaupten kann. Die Miether (Abonnenten) sind bei dem Verkauf einer Leihbibliothek in dieser Lage.[1])

Sehr streitig ist schon jetzt die zivilistische Konstruktion des Eintritts in die Pflichten und Rechte des Vermiethers. Manche (Cosack, Meisner, Otto Fischer) halten die Miethe von der Ueberlassung des Miethgrundstückes ab für ein dingliches Recht. Dagegen wendet sich mit Recht ausführlich Crome in Iherings Jahrb. f. Dogm. Bd. 37 Seite 1—76. „Nach preußischem Rechte war sie freilich dinglich, weil nach diesem jedes Recht zur Sache durch Uebergabe dinglich wurde. Aber das B.G.B. hat diesen Grundsatz nicht."

Den Satz, daß jedes Recht zur Sache verdinglicht werden kann, kennt das B.G.B. nicht. Die Miethe ist blos im Obligationenrecht behandelt, sie ist nicht eintragungsfähig, und es wäre ein sonderbares dingliches Recht, das nicht eingetragen werden kann. Auch ist dem Miether nirgends, wie im preußischen Rechte, eine dingliche Klage gegen Dritte gegeben, also auch dann nicht, wenn z. B. A. als Erbe des Vermiethers ihn vertreibt und B. das Grundstück von A. in Besitz nimmt und dgl. Der Satz: „Kauf bricht nicht Miethe" rechtfertigt nicht die Annahme eines dinglichen Rechtes, auch gilt er ja nur für Grundstücke. „Sollte also nur die Immobiliarmiethe dinglich sein?"[2])

Nach der Ansicht verschiedener Germanisten ist die Miethe nach Art der deutschrechtlichen Reallasten eine Realobligation. Dagegen spricht, daß die Reallast für den Eigenthümer blos Pflichten, keine Rechte begründet, während der Grundstückserwerber aus dem Miethvertrage auch berechtigt wird, und daß bei ihr der Erwerber immer nur mit dem Grundstücke haftet. Hier haftet er aber unbeschränkt persönlich. Auch eine gesetzliche Cession oder Schuldübernahme liegt hier nicht

---

[1]) Dies entspricht m. E. dem richtig aufgefaßten reinen römischen Rechte, für das somit die gemeinrechtliche Regel: „Kauf bricht Miethe" mindestens als ungenau zu bezeichnen ist.

[2]) Von der angefochtenen Ansicht bleibt immerhin das eine richtig, daß der Hauptvorzug, den das dingliche Recht vor dem persönlichen voraus hat, vom Gesetze auch dem Grundbuchmiether zugestanden ist und daß dem B.G.B. hier die dingliche Miethe des preußischen Rechtes als Vorbild diente. Dieses war folgerichtiger; denn es ist auffallend, daß der Miether bei Besitzstörungen possessorisch klagen kann, eine petitorische Abwehr ähnlicher Anmaßungen aber nicht geltend machen darf. Wenn er in dem einen Falle ohne Beihilfe des Vermiethers vorgehen kann, so würde dies doch wohl auch in dem anderen erträglich sein.

vor; denn dann müßten — was nicht der Fall ist — alle Vorausverfügungen des Vermiethers und alle zwischen ihm und dem Miether hinsichtlich der Miethzinsforderung vorgenommenen Rechtsgeschäfte wirksam sein.[1])

Richtig faßt Schollmeyer die Miethe als eine Art Zustandsobligation auf; an das Grundstückseigenthum sind kraft Gesetzes Vermietherrechte und -Pflichten geknüpft. „Darum vollzieht sich mit dem Eigenthumswechsel ein Subjektswechsel im Vertragsverhältnisse." Die Subjekte wechseln ohne Cession.[2]) Ein analoges Rechtsverhältniß findet sich im römischen Rechte beim Eigenthumswechsel hinsichtlich eines Sklaven: Der neue Eigenthümer muß gewisse Schulden desselben (Noxalschulden) gegen sich gelten lassen und übernimmt gewisse rechtliche Anwartschaften desselben (z. B. aus einer Erbeneinsetzung des Sklaven). Desgleichen beim Inhaberpapier: Der Forderungsübergang tritt nicht kraft Succession, sondern kraft Besitzes des Papieres ein. So knüpfen sich bei der Miethe die Vermietherrechte an das Eigenthum am Hause.

§ 81.

Pacht.

Im Allgemeinen ist die Pacht (§§ 581—597) den Regeln von der Miethe mit unterworfen. Aber es sind doch gewisse Unterschiede vorhanden: sie kann zunächst auch über Rechte geschlossen werden, z. B. ein Jagdrecht, dessen Verpachtung nicht in der des Grundstückes inbegriffen ist (§ 835 Abs. 2 a. E.), ein Fischereirecht, eine Chausseegeldgerechtigkeit, Pacht eines Handelsgeschäfts, § 22 Abs. 2 n. H.G.B. (Es wird hier das Recht zur Führung der Firma gepachtet.) Sodann geht das Recht des Pächters auch auf den Fruchtgenuß.[3]) Dieser umfaßt aber nach § 581 nicht alle Früchte, sondern nur die Früchte, soweit sie nach den Regeln einer ordnungsmäßigen Wirthschaft den Ertrag bilden. Wenn der Pächter Raubbau treibt, so muß er Ersatz leisten, trotzdem er Eigenthümer der übermäßig gezogenen Früchte wird. Dies ergiebt sich aus § 591 („ordnungsmäßige Bewirthschaftung").

---

[1]) Dies ist m. E. nicht zwingend. Der Gesetzgeber kann die Folgen gesetzlicher Cessionen und Schuldübergänge aus Zweckmäßigkeitserwägungen beschränken.

[2]) D. h. ohne Cessionsvertrag, nicht aber ohne Forderungsübergang (cessio legis).

[3]) Das Unterscheidungsmerkmal liegt also heutzutage im Fruchtbezuge, während es bei der römischen colonia, wie der Name sagt, im Bebauungsrechte lag.

Die Vorschriften über Remission des Pachtzinses wegen casus insoliti, welche den Fruchtgenuß hindern (gemeines und preußisches Recht) verschwinden im B.G.B.

Der Zins kann nicht blos in Geld bestehen, sondern auch in einem Antheile an den Erträgen.

Der Verpächter haftet lediglich nach der allgemeinen Regel, soweit er den Gegenstand nicht in tauglichem Zustande gewährt, §§ 535, 537 ff. Er würde also für Mäusefraß aufzukommen haben, nicht für Hagelschlag, weil dieser nicht eine Folge der Untauglichkeit der Sache ist.[1]) Ebensowenig wird dem Eispächter der Verpächter für das Fehlen des Frostes aufzukommen haben, weil ersterer ja nur am Fruchtgenusse (der Eisnutzung) verhindert worden ist, der Pachtgegenstand zur Eisnutzung aber tauglich war. (Bisher war für diesen Fall eine Remission gewöhnlich vertragsmäßig ausgeschlossen.)

Die §§ 582—585 enthalten einige Besonderheiten für die Verpachtung landwirthschaftlicher Grundstücke.[2])

Nach § 582 hat der Pächter — anders wie der Miether, § 536 — die gewöhnlichen Ausbesserungen bei einem landwirthschaftlichen Grundstücke zu tragen. Nach § 583 darf er über die Pachtzeit hinauswirkende Aenderungen in der wirthschaftlichen Bestimmung eigenmächtig nicht vornehmen. Sonst kann nach § 550 auf Unterlassung geklagt oder nach § 553 gekündigt werden: „Ein Jahrespachtzins muß am ersten Werktage des folgenden Jahres gezahlt werden." § 584.

Das Pfandrecht des Verpächters (§ 585) ist ausgedehnter als das des Vermiethers:[3])

a) es kann für den gesammten Pachtzins, nicht blos für den für das laufende und das darauf folgende Pachtjahr (§ 559) geltend gemacht werden. Es unterliegt im Verhältniß zu einem anderen Gläubiger des Pächters in Ansehung des rückständigen Pachtzinses nicht der im § 563

---

[1]) Auf die sogen. wandernden Mäuse paßt diese Unterscheidung nicht.

[2]) Das B.G.B. unterscheidet: a) das allgemeine Recht der Pacht (§§ 581 bis 597), b) die Pacht der landwirthschaftlichen Grundstücke, c) die Pacht des Grundstückes mit Inventar (§§ 586—590), d) die Pacht eines Landgutes (§§ 593, 594) und endlich e) die Pacht eines Grundstückes oder eines Rechtes. Sehr verschiedene Dinge sind hier zusammengefaßt.

[3]) Die Pächter sind in den Augen des Gesetzgebers durchschnittlich creditbedürftiger als die Miether, darum findet dieses Bedürfniß in dem ausgedehnteren Pfandrechte eine stärkere Stütze.

bestimmten Beschränkung (auf den Zins für das letzte Jahr vor der Pfändung); vgl. § 49 Nr. 2 K.O.

b) Gegenstand desselben sind auch die Früchte des landwirthschaftlichen Grundstückes (d. h. die getrennten, denn die nicht getrennten sind ja im Eigenthum des Verpächters) und die nach § 811 Nr. 5 C.P.O. der Pfändung nicht unterworfenen Wirthschaftsgeräthe, Dünger 2c. Anders liegt es bei der Miethe. Der Grund ist: Wenn der Pächter die Pacht nicht zahlen kann, kann er auch für seine Person die Wirthschaft gewöhnlich nicht fortführen.[1])

Wird ein Grundstück sammt Inventar gepachtet, so wird es gewöhnlich zum Schätzungswerthe übernommen, mit der Verpflichtung, es wieder zum Schätzungswerthe bei Endigung der Pacht zu dem alsdann zu bestimmenden Schätzungswerthe zurückzugewähren, §§ 587—589.

Dieses Verhältniß, das auch bei der Pacht einer Mühle, eines Gasthofes, einer Fabrik eintritt, ist nicht, wie nach römischem Rechte, als Kauf und Rückkauf zu deuten, „so daß die Taxe als Preis zu fassen wäre, sondern als Pacht des Inventars". Diese nähert sich dem Wesen des sogenannten Eisernviehvertrages. Der Pächter ist nach § 588 Abs. 1 zur Verfügung über das Inventar innerhalb der Grenzen einer ordnungsmäßigen Wirthschaft berechtigt, und er trägt die Gefahr; aber nach Abs. 2 bleibt der Verpächter im Gegensatz zum römischen Rechte Eigenthümer des Inventars; auch die neuen Inventarstücke treten in das Eigenthum des Verpächters.[2]) Dies Eigenthum ist für den Realcredit des Verpächters sehr wichtig, weil den Hypothekengläubigern auch die Inventarien haften. Bei Endigung der Pacht hat der Pächter nach § 589 das ganze Inventar zurückzureichen; der Verpächter braucht aber von den angeschafften Inventarstücken überflüssige oder zu werthvolle nicht zu nehmen, so daß er nach Abs. 3 je nach dem Verhältniß der Gesammtschätzungswerthe der vom Pächter überkommenen und der zurückgewährten Inventarstücke an den Pächter oder dieser an

[1]) Für die Ausnahmefälle ist die Härte der Vorschrift dadurch nicht entschuldigt.

[2]) Der Schutz des Verpächters gegen Wegschaffung des Inventars durch den Pächter wird nunmehr durch sein Eigenthum ebenso gewährt, wie im römischen Rechte durch sein Pfandrecht. Der Unterschied beider Rechte zeigt sich vornehmlich darin, daß der Pächter bei uns nicht mehr, wie im römischen Rechte, abhanden gekommene Inventarstücke aus dem Eigenthume, sondern aus dem Pfandrechte vindiciren kann. Auch war die Auseinandersetzung am Ende des Pachtverhältnisses einfacher.

ihn den Mehrbetrag zu ersetzen hat. Werthunterschiede, die darauf beruhen, daß in der Zwischenzeit die Preise gesunken oder gestiegen sind, berücksichtigt das Gesetz nicht besonders, Planck II, S. 330 Anm. 2. Anders § 467 A.L.R. I. 21.

Der Pächter hat nach § 590 für seine Forderung in Ansehung des Inventars an diesem ein gesetzliches Pfandrecht an den Stücken, die er im Besitz hat (er ist ja nicht Eigenthümer des Inventars).[1])

Seine Rückgewährpflicht ist im § 591 insoweit abweichend von der Miethe bestimmt, als sich das Grundstück bei der Rückgabe in einem Zustande befinden muß, der einer fortgesetzten ordnungsmäßigen Bewirthschaftung entspricht, besonders in Betreff der Bestellung. „Das zurückzugewährende Gut braucht also nicht so gut sein, wie es empfangen wurde, sondern so gut, wie es jetzt sein müßte. Es kann also mehr oder weniger gut sein, als es im Zustande der Empfangszeit war."

Im gemeinen Rechte ist es streitig, ob für den Pächter eine Verpflichtung zur Bewirthschaftung (obligatio ad colendum) existirt. „Eine solche würde schon während der Pachtzeit zu verfolgen sein, nicht am Ende."[2]) Das B.G.B. spricht eine solche Verpflichtung nicht aus, erzwingt sie aber indirekt durch die Gestaltung der Rückgewährspflicht, § 591.

Für die bei Ablauf der Pacht nicht getrennten Früchte hat der Pächter im allgemeinen keine Vergütung zu verlangen; anders dann, wenn die Pacht eines landwirthschaftlichen Grundstücks im Laufe eines Pachtjahres endet (§ 592), was selten vorkommen wird, außer etwa im Falle einer besonderen Vereinbarung und bei der Aufhebung durch den Tod des Pächters. Dann hat der Verpächter nach Maßgabe des § 592 für die Früchte, die bis zum Ende des Pachtjahres abzutrennen waren, die Bestellungskosten zu ersetzen.

Die §§ 593 und 594 betreffen Besonderheiten der Landgüterpacht.

§ 595 läßt in Ermangelung einer vertragsmäßigen Bestimmung die Kündigung immer nur für den Schluß eines Pachtjahres zu und

---

[1]) Die Rollen des Eigenthümers und des Pfandgläubigers sind hiernach gegenüber dem römischen Rechte unter Verpächter und Pächter vertauscht, während im Uebrigen nach beiden Rechten beide nach außen hin einen dinglichen Schutz genießen.

[2]) Aus Ecks Vorbereitungsheft. Ein dringendes Bedürfniß, Vernachlässigungen des Gutes durch Antrag auf Zwangsverwaltung entgegenzutreten liegt bei den Verpächtern vor. Das Gesetzbuch gewährt ihm aber keinen Schutz.

spätestens am ersten Werktage des Schlußhalbjahres erfolgen muß.[1]) Es besteht also eine halbjährliche Kündigungsfrist und zwar auch in den Fällen, wo vorzeitig, jedoch nur mit Einhaltung der gesetzlichen Kündigungsfrist gekündigt werden kann. Das Pachtjahr ist nicht identisch mit dem Wirthschaftsjahre des preußischen Rechts; ersteres wird vom thatsächlichen Beginne der Pacht an gerechnet.[2])

§ 596 schließt einige für die Miethe geltenden Kündigungsbefugnisse aus, z. B. das Kündigungsrecht des Pächters im Falle verweigerter Erlaubniß zur Aftermiethung (weil sonst der Druck auf den Verpächter „zur Einwilligung" ein zu starker wäre).[3])

Die Bestimmung des Entwurfs der neuen C.P.O., wonach ein Pachtrecht pfändbar ist und durch Anordnung einer Verwaltung gepfändet werden kann (§ 749 a Abs. 3), ist im Reichstage auf Verlangen der Agrarier gestrichen worden. Das Pachtrecht ist also unpfändbar, und zwar nicht blos bei Landgütern, sondern auch bei gewerblichen Niederlassungen, kaufmännischen Geschäften, Chausseegeld u. dergl. Einen gewissen Ersatz bietet aber § 851 Abs. 2, der die Pfändung einer Forderung insoweit zuläßt, als der geschuldete Gegenstand der Forderung unterworfen ist. Ebenso wie hiernach hängende Früchte gepfändet oder überwiesen werden können, kann das auch mit den gepachteten Einnahmen aus Chausseegeldern geschehen.

Wegen Versetzung kann der Pächter nicht kündigen, § 596 Abs. 3.[4]) Der Verpächter kann — aus Billigkeitsgründen — nicht wegen Todes des Pächters kündigen, Abs. 2, weil sonst die Erben des Pächters

---

[1]) Nach dem Gesetzestexte nur bei der Pacht von Grundstücken und Rechten, nicht von beweglichen Sachen (Viehherden u. dergl.). Die §§ 595—597 sind offenbar auf den Normalfall der Pacht, nämlich die Pacht mit Bebauungsrecht (die römische colonia) gemünzt. Ob sie auch bei den anderen Verpachtungsfällen ebenso passend erscheinen, darüber läßt sich streiten.

[2]) A. M. Leske, Vergleichende Darstellung des B.G.B. für das D. R. und des pr. Allg. Landrechtes I S. 244 Anm. 2 (vgl. § 343 I, 21) mit Bezugnahme auf Urtheile höchster Gerichte. Für Eck sprechen die Motive Bd. II S. 247.

[3]) Hinzuzudenken ist: „und weil das Interesse des Verpächters an der persönlichen Tauglichkeit des Pächters noch größer ist als dasjenige des Vermiethers an den Eigenschaften des Untermiethers".

[4]) Das Gegentheil würde dann hart sein, wenn der Pächter die Bewirthschaftung durch einen sachverständigen Angestellten vornehmen läßt, was bei Pachtungen von Seiten der Beamten nicht selten zutreffen wird. Auf gepachtete Jagdrechte und dergl. paßt m. E. diese Bestimmung recht schlecht.

durch die Kündigung hart betroffen werden könnten, namentlich wenn ein schlechtes Jahr vorangegangen ist.

Anders im § 369 A.L.R. I, 21. Andererseits haben die Erben des Pächters das Kündigungsrecht. (§ 569).

§ 82.

Leihe. (§§ 598—606.)

Die Leihe ist das Commodat oder der Leihvertrag. Leihe, Darlehns- und Verwahrungsvertrag sind im B.G.B. nicht geradezu als Realkontrakte bezeichnet, aber sie sind dennoch Realverträge geblieben. Namentlich sind sie nicht zu einem Vertrage mit ihren bezüglichen Vorverträgen, dem pactum de commodando, mutuo dando und verschmolzen worden wie es Kohler will. Denn das B.G.B. setzt bei den genannten Verträgen die Hingabe der Sache stets als erfolgt voraus, woraus sich der Unterschied zwischen diesen Verträgen und den auf sie bezüglichen vorausgehenden Versprechen ergiebt. „Es knüpft also nicht an den bloßen Vorvertrag eine Pflicht zur Hingabe einerseits und zum Empfange[1]) und Rückgabe andererseits an.“[2])

Im § 598, bei der Leihe, heißt es, daß der Verleiher verpflichtet ist, den Gebrauch der Sache zu „gestatten“, also nicht, wie bei der Miethe, zu „gewähren“, sondern zu „belassen“, nachdem er dem Entleiher den Gebrauch der Sache eingeräumt hat. „Eine solche Einräumung (res) kann auch in der bloßen Erlaubniß der Benutzung durch einen anderen liegen, z. B. in der Eröffnung eines Parkes, der Erlaubniß zum Abladen von Schutt; durch die Benutzung kommt dann der Vertrag zu Stande.

Im Uebrigen bestimmen sich die Rechte der beiden Theile wie nach römischem Rechte.“[3])

---

[1]) Daß der Commodatar aus dem pactum de commodando zum Empfange haftet, muß jedenfalls bestritten werden, mag man das Verhältniß auffassen wie man will.

[2]) Bei der entgeltlichen Hinterlegung könnte man an eine Bindung des Hinterlegenden schon vor der Hingabe denken, so daß hier vorher schon beide gebunden wären. Das Gleiche gilt vom pactum de mutuo dando für das verzinsliche Darlehn. Mit der Zweiseitigkeit des Geschäfts verhält es sich hier schwerlich anders als bei der Miethe. Es handelt sich übrigens bei diesem Streite nicht um eine Gesetzesbestimmung, sondern lediglich um die richtige Auffassung der vom Gesetze anerkannten Sachlage.

[3]) Vorbereitungsheft.

Die Hauptpflichten des Entleihers sind: Die Kosten der Erhaltung der Sache zu tragen (§ 601) und von der Sache nur den vertragsmäßigen Gebrauch zu machen, insbesondere diesen nicht eigenmächtig einem Dritten zu überlassen, § 603. Eventuell hat der Verleiher gegen den Dritten, wie der Vermiether gegen den Aftermiether, nach § 604 Abs. 4 die persönliche Rückforderungsklage. Dies ist etwas Neues.[1])

Endlich hat der Entleiher die Sache nach Ablauf der bestimmten Zeit oder nach gemachtem Gebrauche zurückzugeben, § 604.

Einige Kündigungsgründe des Verleihers sind im § 605 bestimmt.

Ob der Entleiher berechtigt ist, die Sache vor Ablauf der Zeit zurückzugeben, davon sagt das B.G.B. nichts; es wird davon abhängen, ob er die Sache mit der Verpflichtung zum Gebrauche übernommen hat, wie bei einem Reitpferde, das er während der Abwesenheit oder Erkrankung des Verleihers bewegen soll. In diesem Falle liegt allerdings keine reine Leihe, sondern eine Leihe mit Nebenabrede vor.[2]) Auch wenn jemand eine Villa während einer Reise verleiht, kann der Leiher nicht jederzeit zurücktreten.

Der Entleiher hat Ersatzansprüche gegen Verleiher nach § 600, wenn ihm arglistiger Weise ein Mangel verschwiegen worden ist, und nach § 601 wegen Verwendungen auf die Sache wie ein Geschäftsführer ohne Auftrag.

Die Ersatzansprüche des Verleihers und die des Entleihers verjähren nach § 606 in sechs Monaten nach Rückgabe der Sache, bezw. nach Beendigung der Leihe, § 558 Abs. 2. Dies ist etwas Neues.[3])

§ 83.
Darlehn.

Das Darlehn ist behandelt in den §§ 607—610.

Der Darlehnsvertrag kommt durch Empfang des Geldes oder der sonstigen vertretbaren Sache zu stande (Realvertrag), aber Empfang bedeutet nicht blos eine Uebergabe der Sache und eine Uebertragung

---

[1]) Es liegt hierin ein Gegengewicht gegen den Grundsatz: „Hand muß Hand wahren".

[2]) Man könnte auch an einen Auftrag mit Nebenabrede denken oder an einen zweiseitigen unbenannten Vertrag, der nur insoweit dem Rechte der Leihe untersteht, als dies passend erscheint. Dies ist meine Meinung.

[3]) Dieser Hang zu kurzen Verjährungen entspricht der gesteigerten Undurchsichtigkeit der modernen Verkehrsverhältnisse.

des Eigenthums, die beide nicht unbedingt erforderlich sind, sondern kann auch durch Gutschrift erfolgen. Theilt also ein Bankier dem Darlehnssucher mit, daß er ihm im Auftrage des Darlehnsgebers den Betrag gutgeschrieben habe, so wird der Darlehnsnehmer obligirt sobald er dem zustimmt.

§ 607 Abs. 2 gestattet, abweichend vom preußischen Rechte, die Vollziehung eines Darlehns durch Schuldumwandlung, was im gemeinen Rechte kontrovers ist.[1]) Man wird aber nicht ungültige Schulden durch bloße Umwandlung zu gültigen machen können, da die gesetzliche Voraussetzung, „Wer Geld schuldet" (§ 607), dann fehlt. Die Gültigkeit der Schuld wird in solchen Fällen bewiesen werden müssen.

§ 610 scheidet das Darlehnsversprechen vom Darlehn. Gegen die Klage aus solchem Vorvertrage giebt der Paragraph die Einrede der veränderten Umstände (clausula rebus sic stantibus). Es bedarf trotz des § 321 (bei gegenseitigen Verträgen) hier noch dieses Paragraphen, weil das Darlehnsversprechen kein gegenseitiger Vertrag ist.[2])

Eine Abtretung des Anspruchs auf Hingabe des Darlehns wird regelmäßig nach § 399 ausgeschlossen sein, da darin eine Veränderung des Inhalts der Obligation zu sehen sein wird. Anders liegt die Sache, wenn der Empfänger des Darlehnsversprechens durch die Zahlung an den Cessionar Darlehnsschuldner wird. Vgl. R.G.E. Bd. 33 S. 311 (Baugelddarlehn).

---

[1]) Ein Wechselgläubiger kann dadurch zum Darlehnsgläubiger werden, daß er auf die Wechselforderung gegen Einräumung eines Darlehnsanspruches verzichtet. Doch müssen hierüber beide Theile einig sein. Aus einem bloßen Anspruche auf Creditgewährung kann der Wechselschuldner nicht den Gläubiger zu einer solchen Schuldverwandlung zwingen, namentlich nicht durch eine Aufrechnungseinrede. (So Entsch. Bd. 52 Nr. 81 S. 303 ff.) Bedenklich ist freilich, daß das Landgericht (S. 306) ihm in diesem Falle die Aufrechnungseinrede wegen Ungleichartigkeit der Schuldforderungen gänzlich versagen wollte. Anspruch und Gegenanspruch gehen hier doch schließlich auf Geld.

[2]) Das Reichsgericht warnt vor einer analogen Ausdehnung dieser als Ausnahmen zugelassenen Anwendung der grundsätzlich verworfenen clausula rebus sic stantibus. Entsch. Bd. 50 Nr. 59 S. 257. Es sieht also offenbar — abweichend von Eck — in § 321 keine allgemeine Anerkennung dieser clausula. In der That giebt auch der letztgenannte Paragraph kein Widerrufsrecht, sondern nur eine verzögerliche Einrede. Das Widerrufsrecht gilt nicht als ein Rücktrittsrecht im Sinne des B.G.B., weil bei ihm das Verhältniß nicht rückwärts aufgehoben wird. Entsch. d. R.G. Bd. 52 Nr. 3 S. 11. — Ueber die einseitige Natur des Versprechens eines verzinslichen Darlehns s. oben S. 505 Anm. 2.

Die Hauptpflicht des Darlehnsnehmers geht auf Rückerstattung von Sachen gleicher Art, Güte und Menge, wie er sie empfangen hat.

Zinsen können mündlich versprochen werden, § 608. Die Form dieses Versprechens war im preußischen Rechte die schriftliche. Im Zweifel sind die Zinsen nach dem Ablaufe eines Jahres zu entrichten, wenn nicht das Darlehn früher zurückzuzahlen ist.

Die Kündigungsfrist beträgt bei Darlehen von über 300 Mk. (im preußischen Rechte 150 Mk.) drei Monate, sonst einen Monat, § 609 Abs. 2. Vgl. §§ 761, 762 A.L.R. I, 11. „Die kurze Frist hat also im Interesse beider Theile ein weiteres Anwendungsgebiet erhalten.“

Unverzinsliche Darlehen kann der Schuldner auch ohne Kündigung zurückzahlen (§ 609 Abs. 3), verzinsliche nicht (argumentum e contrario),[1]) auch nicht mit vorheriger Kündigung, wenn ein Rückzahlungstermin festgesetzt ist. Dies ist wichtig bei Anleihen auf Inhaberpapiere, bei denen ein Tilgungsplan aufgestellt ist. M. E. kann dann vor dem im Plane fixirten Termine seitens der Emittenten nicht gekündigt werden. (Vgl. Planck II, S. 345, 3 und § 271 Abs. 2.)

§ 84.

Dienstvertrag. (§§ 611—630, § 675.)

Beim Dienstvertrag handelt es sich auf der einen Seite um Leistung von Diensten jeder Art, nicht blos von körperlichen und handwerksmäßigen wie bei der römischen locatio conductio operarum, sondern auch von den höheren geistigen Diensten des Arztes, Lehrers, Geistlichen (Konfirmationsunterricht), Anwaltes, Erziehers, Privatbeamten, Gesellschafterin, Hausdame. Auf der anderen Seite ist Gegenleistung irgend welche Vergütung. Der Dienstvertrag umfaßt daher nicht blos die gemeinrechtliche Dienstmiete, sondern auch die meisten Innominatkontrakte (do ut facias),[2]) die landrechtlichen „Verträge über Handlungen“ und das entgeltliche Mandat. Der Auftrag ist nach § 662 unentgeltlich, daher kein eigentlicher „Auftrag“ zur Prozeßführung möglich ist. Die Gestaltung des Dienstvertrages im B.G.B. involvirt eine weitgreifende soziale Gleichstellung der handwerksmäßigen und der geistigen Arbeit, und die Anwendung des Ausdruckes „Miethe“ auf irgend eine

---

[1]) Auch aus dem beiderseitigen Interesse an dem Geschäfte zu begründen.

[2]) Wohl auch facio ut facias.

Arbeit ist abgeschafft. Die Personen des Dienstvertrages sind der Dienstberechtigte (mitunter auch Dienstherr genannt) und der Dienstverpflichtete.

Für eine Menge von Dienstverträgen bestehen reichsrechtliche und landesrechtliche Spezialgesetze. Durch sie werden die Vorschriften des B.G.B. über den Dienstvertrag ergänzt. Sie betreffen das Dienstverhältniß der Handlungsgehülfen und Handlungslehrlinge (§§ 59—83 H.G.B.), der Schiffer und der Schiffsmannschaft (ebenda §§ 511—555 und Gesetz vom 15. Juni 1895), der gewerblichen Arbeiter, Gesellen, Gehülfen, Lehrlinge, Fabrikarbeiter (G.O. §§ 105—139 b, § 154; Gesetz vom 26. Juli 1897, Art. 2 und 3), der Frachtführer, den Postbeförderungsvertrag, den Vertrag über die Beförderung von Auswanderern, die Verträge mit Rechtsanwälten (Rechtsanwaltsordnung). Die landesgesetzlichen Bestimmungen betreffen das Gesinderecht (Art. 95 E.G.), die Hausoffizianten 2c. (Vgl. Planck II, S. 346, 347.) „Aber auch diese Gesetze schließen die Bestimmungen des B.G.B. nicht aus.“ [1])

Von verschiedenen Seiten ist gegen diese Zusammenfassung der Dienstleistungen Protest erhoben worden, einerseits von den Aerzten und Rechtsanwälten, welche eine Heraushebung der höheren Dienste verlangten, weil ihre Dienste nicht auf Geheiß und Anordnung des Dienstherrn zu leisten seien; andererseits von den Sozialdemokraten, (Abg. Stadthagen) in elf Spalten des gedruckten stenographischen Berichtes, die den „Dienstvertrag“ durch einen „Arbeitsvertrag“ ersetzt haben wollten.

Aber wenn man die höheren geistigen Leistungen einbegreifen wollte, so paßt der Name Arbeitsvertrag nicht recht; denn Arbeit wird ja meist und gerade von den Sozialdemokraten nur von der körperlichen Arbeit gebraucht, nicht auch von der geistigen, und wenn Stadthagen gesagt hat, in allen deutschen Gesetzbüchern habe nur das sächsische den Arbeitsvertrag, so ist zu erwidern: „auch das schweizerische braucht den Namen Dienstvertrag.“

Eine erhebliche Einschränkung erfährt der Geltungsbereich des Dienstvertrages durch seine Trennung vom Werkvertrage. Das eine oder andere liegt vor, je nach dem die Dienste unmittelbar nach Art und Dauer versprochen werden oder ihr Ziel und Produkt.

1) Aus dem Vorbereitungsheft.

„Letzteren" Falles ist bei dem Fehlschlagen des Erfolges auch kein Lohn zu zahlen.[1])

Die praktische Bedeutung dieses Unterschiedes ist viel größer als früher. Beim Dienstvertrag ist die persönliche Seite des Verhältnisses viel mehr betont. Die Leistungen sind bei ihm anders als beim Werkvertrage,[2]) in Person zu bewirken (§ 613), und der Dienstberechtigte kann seinen Anspruch nicht abtreten.

Namentlich aber haben bei dem Dienstvertrage nach den §§ 626 und 627 beide Theile ein sehr weitgehendes Kündigungsrecht, beim Vorliegen eines wichtigen Grundes sogar ohne Einhaltung einer Frist.[3]) Bei nicht dauernden Diensten höherer Art (z. B. eines Arztes ohne festes Honorar), die auf Grund besondern Vertrauens übertragen zu werden pflegen, ist eine solche Kündigung selbst ohne wichtigen Grund statthaft.

Beim Werkvertrage ist davon keine Rede; kündigt der Besteller, so muß er die vereinbarte Vergütung zahlen (§ 649 Satz 2), der Unternehmer (Werkmeister) hat keine Kündigung.

Noch viel weiter gehen die persönlichen Wirkungen des Dienstvertrages. So ist bei diesem Vertrage eine Aufnahme des Dienstverpflichteten in die häusliche Gemeinschaft mit einer umfassenden Fürsorgepflicht (§§ 617 ff.) vorgesehen, davon ist beim Werkvertrag keine Rede.[4])

---

[1]) Vorbereitungsheft. Ecks letzte Bemerkung verbessert m. E. die übliche Lehre und auch den vorhergehenden Satz. Ein Erfolg wird bei jeder Arbeit erstrebt, auch bei den Leistungen des Dienstvertrages. Entscheidend ist nur, welcher Erfolg bezahlt wird, ob ein einziger Enderfolg (Werkvertrag) oder eine Reihe gleichartiger Arbeitserfolge (Dienstvertrag). Nur wo das erstere der Fall ist, kann man eine Reihe von Diensten als „Werk" im Sinne des Gesetzbuchs bezeichnen. Man hätte auch den Dienstvertrag als eine Summe gleichartiger Werkverträge behandeln können. Dann würde z. B. jede einzelne mangelhafte Dienstleistung der Wandlung unterliegen (man denke an einmaliges schlechtes Stiefelputzen oder Rasiren). Allein weil dies bei einer dauernden Kette gleichartiger Dienste unpassend wäre, ist eine Trennung des Dienstvertrages vom Werkvertrage erfolgt, ohne Zweifel in Anlehnung an den Gegensatz der locatio operarum und der locatio operis.

[2]) Eck meint den regelmäßigen Werkvertrag. Daß es auch Werkverträge giebt, die persönliche Erfüllung verlangen, hat er sicherlich nicht bestreiten wollen.

[3]) Von besonderer Bedeutung ist dies Kündigungsrecht der Arbeitgeber für den Fall eines Strikes. In einer Entscheidung des Reichsgerichtes, die zunächst nur das gemeine Recht betrifft (Entsch. Bd. 47 Nr. 56 S. 248), wird in diesem Falle mit Bezug auf § 628 Abs. 2 noch neben dem Kündigungsrechte auch für das B.G.B. eine Haftung der vertragswidrig Strikenden, eine Schadensersatzpflicht angenommen. Es wird dabei schon nach gemeinem Rechte eine Gesammthaftung aller Vertragsbrüchigen angenommen, weil das vorliegende Komplott eine actio doli begründe.

Deshalb wird die Frage äußerst wichtig, worin das Kriterium der Unterscheidung liegt. Die Frage, ob ein Dienstvertrag oder ein Werkvertrag vorliegt, ist in vielen Fällen leicht zu entscheiden, in einzelnen Fällen äußerst schwer. So ist die Uebernahme eines Syndikats Dienstvertrag, die Abfassung eines Gutachtens über eine Rechtsfrage Werkvertrag. Ebenso die Ausstellung eines ärztlichen Attestes.[1])

Dernburg sieht in seinen Pandekten dies Unterscheidungsmerkmal darin, ob die Dienste auf Geheiß und Anordnung des Dienstherrn zu leisten sind oder nicht. Dies ist aber für den Dienstvertrag nicht wesentlich. Geheiß und Anordnung sind auch beim Werkvertrag möglich. (Der Kutscher, der nach bestimmtem Ziele angenommen ist, schließt einen Werkvertrag ab, und doch muß er den Weg fahren, den ich vorschreibe, schnell oder langsam. Der Abschreiber muß Bestimmungen des Bestellers befolgen; auch bei einem Arzte oder Rechtsanwalt ist ein Geheiß möglich und bei dem Dienstvertrag liegt es nicht immer vor.) Ein tüchtiger Maurer befolgt nicht jedes Geheiß des Meisters. Auch ob die Vergütung nach Zeitlohn oder Stücklohn bezahlt wird, ist nicht entscheidend. Ein Abschreiber kann nach Zeit bezahlt werden und braucht doch nicht in einem Dienstverhältniß zu stehen;[2]) ein Ziegelarbeiter kann Stücklohn erhalten und sich in einem Dienstverhältniß befinden.[3]) Ja, viele, besonders Endemann, „die Behandlung der Arbeit im Privatrecht" 1896 S. 82/83,

---

Die Subsidiarität dieser Klage könnte vielleicht Zweifel erwecken. Allein insoweit ein Jeder für den Schaden haftet, den er nicht selbst durch sein vertragswidriges Verhalten verursacht hat, beruht seine Haftung nicht auf dem Vertrage, sondern auf dem Komplott, also lediglich auf dem dolus. Insoweit ist also die actio doli nicht subsidiär, sondern eine allein anwendbare Deliktsklage.

[4]) Eck will hier offenbar nicht bestreiten, daß auch bei Werkverträgen, z. B. bei einer Arbeit in einem Landgute, der Arbeiter unter Umständen einquartirt werden muß. §§ 617 und 619 bleiben dann außer Betracht, aber der Grundgedanke des § 618 wird auch dann ex fide bona in entsprechender Weise anzuerkennen und dem Arbeiter ein Anrecht auf menschenwürdige Wohnräume und Nahrungsmittel zuzusprechen sein.

[1]) Eck weicht hier vom Wortlaute des Gesetzbuches ab, das nur Verträge über höhere Dienste kennt, nicht auch über höhere Werke, obgleich der Gegensatz zwischen Dienst- und Werkvertrag, wie man ihn auch auffassen möge, in dem Gebiete der höheren Leistungen sich genau ebenso wiederholt, wie auf dem der niederen. Uebergabe eines Wechsels zur Protesterhebung (R.G. Entsch. Bd. 49 Nr. 7 S. 26) würde z. B. einer locatio operis näher stehen als einer locatio operarum. Vgl. hierzu unten S. 512 Anm. 2.

[2]) Falls nämlich die Arbeiten nur als ganzes bezahlt werden.

[3]) Falls die einzelnen Leistungen als gleichartige besoldet werden.

wollen die ganze Unterscheidung zwischen Werkvertrag und Dienstvertrag fortfallen lassen, „und die Sozialdemokraten wollten der Unterscheidung einen ganz anderen Sinn geben: Arbeitsvertrag sollte nur häusliche, wirthschaftliche und gewerbliche Arbeit betreffen, Werkvertrag alle sonstige".[1]) Aber man wird doch, wie im bisherigen Rechte, an dem Kriterium festhalten müssen, daß bei Dienstvertrag eine Reihe von einzelnen Diensten zu leisten sind, der Leistende eine Reihe von[2]) Diensten successiv erfüllt und der Dienstberechtigte successiv empfängt und befriedigt wird, meist auch successiv bezahlt, während bei dem Werkvertrag nur ein in sich geschlossenes Ganzes zu leisten ist und bis zur Hervorbringung des Gesammterfolges der Uebernehmer auch nicht theilweise leistet, sondern für sich arbeitet und über sein Arbeitserzeugniß freie Verfügung behält. Hiernach liegt ein Dienstvertrag vor, wenn auch der Dienstberechtigte successiv bei der Erfüllung mitzuwirken hat, z. B. bei fortlaufender Ertheilung von Unterricht an einer Schule, bei dauernder ärztlicher Behandlung, bei Führung eines Rechtsstreites für eine Partei. Anderer Ansicht ist Jakubetzky (Bemerkungen S. 135), der in diesem Falle wegen des in Aussicht genommenen Erfolges einen Werkvertrag annimmt.[3])

Opet, Deutsches Theaterrecht, Berlin 1897 (S. 164), charakterisirt den Bühnen-Dienstvertrag als Werkvertrag, weil der Schauspieler selbständig geistige opera schafft. Diese Auffassung entspricht, wegen der leichteren Lösbarkeit des Dienstvertrages die hier durchaus passend erscheint, nicht dem praktischen Bedürfniß. Ich halte vielmehr den Bühnen-Dienstvertrag recht eigentlich für einen Dienstvertrag.[4])

Die einheitliche Regelung sowohl des Dienstvertrages als auch des Werkvertrages wird beeinträchtigt durch den § 675, der für den Fall, daß ein solcher Vertrag eine Geschäftsbesorgung zum Gegenstande hat, einen großen Theil der Regeln vom Auftrage auf ihn angewendet wissen will. Sie betreffen namentlich die Auskunft und die Rechenschaftspflicht des Beauftragten. Fraglich ist, ob hier unter Geschäfts-

[1]) Vorbereitungsheft.

[2]) M. E. fehlen hier noch die Worte: „gleichartigen und in gleicher Weise zu besoldenden." Vgl. oben S. 510 Anm. 1. Ob ein von einem Rechtsanwalte entgeltlich ertheilter Rath als Dienst- oder Werkvertrag aufzufassen sei, läßt das Reichsgericht in den Entsch. Bd. 52 Nr. 95 S. 366 dahingestellt.

[3]) M. E. mit Recht.

[4]) Die Nachschriften stehen hier im Widerspruch. Ich glaube Ecks Meinung im Texte getroffen zu haben. Bei einem für eine einzige Gastrolle angenommenen Künstler nehme ich mit Opet a. a. O. einen Werkvertrag an.

besorgung nur die Besorgung von Rechtsgeschäften oder auch die von faktischen Geschäften zu verstehen ist. Aus den Motiven ist dies nicht zu ersehen. In der Litteratur findet sich beinahe nichts über diese Frage; Schollmeyer macht dazu ein großes Fragezeichen, auch Meisner schweigt. Entscheidet man sich für die zweite Alternative, dann fällt beinahe jeder Dienstvertrag unter den § 675. Deshalb möchte ich mich für die erste entscheiden.[1])

Für das Zustandekommen des Dienstvertrages enthält das Gesetzbuch keine besonderen Vorschriften, es gelten die allgemeinen Regeln. Ein Kontrahirungszwang ist nicht ausgesprochen. Anders (indirekt) in § 30 der Rechtsanwaltsordnung. Aehnlich wie dieser lautet der im § 675 für anwendbar erklärte § 663: „Wer zur Besorgung gewisser Geschäfte öffentlich bestellt ist, oder sich öffentlich erboten hat, ist, wenn er einen auf solche Geschäfte gerichteten Auftrag nicht annimmt, verpflichtet, die Ablehnung dem Auftraggeber unverzüglich anzuzeigen." Dieser Paragraph ist in der Anwendung auf den Auftrag wegen dessen Unentgeltlichkeit ohne praktische Bedeutung,[2]) er statuirt aber insoweit einen indirekten Kontrahirungszwang für den Dienstvertrag, als auch dieser nach § 675 der Vorschrift untersteht. Die Frage, was unter „Geschäftsbesorgung" zu verstehen ist, ist also von großer praktischer Bedeutung. Man denke an Aerzte, Zahnärzte, Lehrer und Schreiber. Ob § 663 auch für Gesindevermiether gilt, ist zweifelhaft;[3]) für Bankiers, die sich zur Vermittelung des Kaufes von Papieren erbieten, gilt er jedenfalls. Die übrigen Sätze aus der Lehre vom Dienstvertrage sind verhältnißmäßig einfach.[4])

---

[1]) Die Gegner folgen der Regel: Lege non distinguente nostrum non est distinguere. M. E. sind „Geschäfte" hier solche Arbeiten, bei denen man wenigstens im gewöhnlichen nicht juristischen Sinne von „Aufträgen zur Geschäftsausführung" oder „Weisungen" des Arbeitgebers reden kann (§ 665), nicht also z. B. die Einräumung des Zutritts zu einer Theatervorstellung u. dergl. Die zweifelhafte Terminologie ist auch hier aus ihrem Zwecke zu begrenzen.

[2]) Die Nachschriften sind wohl ungenau. Weil aus dem unentgeltlichen Auftrage Schadensersatzansprüche möglich sind, ist der Text einzuschränken.

[3]) M. E. zu verneinen. Die Ausführung der Arbeit vollzieht sich hier wohl nicht nach „Weisungen" des Bestellers.

[4]) Das Vorbereitungsheft bemerkt hierzu: „Verspricht jemand mehreren Personen Dienste für dieselbe Zeit, so gilt nicht mehr, wie im gemeinen Rechte, der Vorzug dessen, dem sie zuerst versprochen sind, sondern die Ansprüche sind gleichberechtigt."

Nach § 612 gilt eine Vergütung schon dann als vereinbart, wenn die Dienstleistung den Umständen nach nur gegen eine Vergütung zu erwarten ist. So z. B. wenn bei dem Rufe nach Hülfe ein Arzt herbeieilt.[1])

Die Vergütung kann Zeitlohn oder Stücklohn sein, absolut bestimmt oder eine Tantieme (partiarisch) sein. Ist die Höhe der Vergütung nicht bestimmt, so ist die obrigkeitliche Taxe, eventuell die Ueblichkeit maßgebend, § 612.

Die Vergütung erfolgt nach § 614 postnumerando.[2]) Der Dienstverpflichtete muß also vorleisten. Dies ist indeß eine dispositive Vorschrift. Der Anspruch auf die Vergütung wird weit über die allgemeinen Regeln hinaus begünstigt. § 615 bestimmt, daß, wenn der Dienstberechtigte in Annahmeverzug kommt, der Verpflichtete ohne Nachleistung die Vergütung für die in Folge des Verzuges nicht geleisteten Dienste beanspruchen darf. Nur muß er sich, was er in Folge der Nichtleistung erspart hat oder ersparen konnte oder zu erwerben böswillig unterläßt, abziehen lassen. Der Dienstberechtigte hat also keine Einrede des nicht erfüllten Vertrages. Wird ein bestellter Tafeldecker zurückgewiesen, so kann er hiernach seinen Lohn beanspruchen, außer, wenn er anderweitige Arbeit findet oder finden konnte. Noch weiter geht § 616: „Die Unmöglichkeit der Leistung, die ohne Verschulden des Verpflichteten in seiner Person ihren Grund hat (z. B. Krankheit, Zugverspätung, Kontrollversammlung, Ausfallen einzelner Stunden eines für 50 Mark monatlich abzuhaltenden Repetitoriums), befreit den Dienstherrn nicht von der Pflicht zur Vergütung, sofern es sich um Dienste für eine verhältnißmäßig nicht erhebliche Zeit handelt." Sie fällt also dem Dienstberechtigten zur Last. Wenn der Lehrer also wegen eingetretener Hindernisse einige Stunden versäumt hat, kann er trotzdem seine Bezahlung verlangen. Ist Stücklohn verabredet, so ist dieser Paragraph dem Wortlaute, aber nicht dem Sinne nach ausgeschlossen.[3])

---

[1]) Nach dem vorstehenden Texte läge hier ein Werkvertrag vor, wäre also § 632 anzuwenden.

[2]) Vgl. Entsch. d. R.G. Bd. 48 Nr. 40 S. 181, nach der der § 614 im Vereine mit 323 nur den allgemeinen Grundsatz des B.G.B. über das Verhältniß von Leistung und Gegenleistung bei wechselseitigen Verträgen enthält.

[3]) Das Vorbereitungsheft bemerkt: „Auch dann ist nach der Parteiabsicht der entgangene Durchschnittsverdienst zu vergüten." Ich halte dies nicht für unbedenklich. Stücklohn ist m. E. ein lediglich nach den wirklich gelieferten Stücken berechneter Lohn. Dem entspricht auch wohl die Verkehrspraxis.

Der Verpflichtete muß sich jedoch bei seinen Ansprüchen aus § 616 den ihm aus einer gesetzlichen Kranken- oder Unfallversicherung zukommenden Betrag anrechnen lassen, § 616 Satz 2. Dies ist nicht der Fall bei den Handlungsgehülfen, § 63 Abs. 2 n. H.G.B.

Die Regelung der Frage, wie es sich verhält, wenn das Hinderniß in der Person keiner der beiden Theile liegt, hat die zweite Kommission schließlich der „Wissenschaft" überlassen. Man hatte den Vergütungsanspruch auch auf diesen Fall erstrecken wollen. So z. B., wenn die Fabrik, für welche der Arbeiter angenommen ist, abbrennt. Nimmt man an, daß der Arbeiter nur seine Arbeitskraft anzubieten und der andere Theil die Bereitstellung der Sache zu bewirken hat, so läge ein Annahmeverzug vor. Nimmt man aber an, daß der Arbeiter von vornherein Arbeit nur in einer besonderen Form, z. B. an bestimmten Maschinen, versprochen hat, so ist eine objektive Unmöglichkeit der Leistung anzunehmen. Vgl. Planck II S. 356.

Sehr weit gehen die größtentheils vom Reichstage eingeschalteten §§ 617, 618 in der Fürsorge für Schutz und Pflege der Gesundheit des Dienstverpflichteten, auch des Gesindes. Sie sichern ihm für den Fall der Erkrankung Verpflegung und ärztliche Behandlung bis zu 6 Wochen, wofern diese nicht durch Vorsatz oder grobe Fahrlässigkeit herbeigeführt worden ist. Durch vorherige Kündigung ist diese Verpflichtung nicht zu umgehen, § 617 Abs. 1 Satz 4. Der Dienstberechtigte kann aber die entstandenen Kosten auf die geschuldete Vergütung anrechnen. Nach § 618 sind die Diensträume und Geräthschaften soweit ungefährlich zu gestalten, als die Natur der Dienstleistung es gestattet, nicht nur, als es „üblich" ist, vgl. Gewerbeordnung § 120 Abs. 3.

Bei Aufnahme des Verpflichteten in die häusliche Gemeinschaft ist in Ansehung seiner Unterkunft, seiner Verpflegung und Erholungszeit auf die Gesundheit, die Sittlichkeit und die Religion des Verpflichteten die erforderliche Rücksicht zu nehmen. Im Falle der Unterlassung haftet der Dienstherr bei Schädigung der Gesundheit wie aus einer unerlaubten Handlung, § 618 Abs. 3, Verschulden vorausgesetzt.

Der § 619 statuirt die sich aus den §§ 617 und 618 für ihn ergebenden Verpflichtungen als zwingendes Recht, das nicht im Voraus durch widersprechende Abreden beschränkt werden kann. Im Voraus, d. h. vor Eintritt des Schadens, sei es bei Beginn, sei es im Laufe des Dienstvertrages. Wohl aber ist nachher ein Vergleich möglich.

Die Vereinbarung, daß der Verpflichtete nicht jeden Sonntag zur Kirche gehe, ist also nach § 619 unverbindlich.

Ueber das Ende des Dienstverhältnisses (Ablauf der Zeit, Beschaffenheit oder Zweck der Dienste) handelt der § 620.

Die Beendigung des Dienstverhältnisses bestimmt sich in erster Linie nach der Partei-Abrede. Diese kann auch stillschweigend durch Beschaffenheit oder Zweck der Dienste geregelt sein, Abs. 2. Wird also jemand engagirt auf Herstellung von 10000 Ziegeln, so ist der Dienstvertrag auf die Zeit fixirt, die zur Herstellung dieser Zahl von Ziegeln erforderlich ist.

Ihre Dauer hängt, wie bei der Sachmiethe, von den Zeitabschnitten ab. Ist das Dienstverhältniß für die Lebenszeit oder für mehr als 5 Jahre (z. B. mit einem Förster oder Inspektor) eingegangen, so kann der Verpflichtete nach 5 Jahren mit 6monatlicher Frist kündigen, § 624. Der Abgeordnete Stadthagen bezeichnet dies als Fortschritt. Der Zweck der Vorschrift ist der Schutz der wirthschaftlichen Freiheit gegen eine allzu starke Bindung. Bei Unbestimmtheit der Dauer des Dienstverhältnisses sind gesetzliche Kündigungsfristen gegeben, § 621. Bei Diensten höherer Art (mit festen Bezügen) ist die Kündigung an eine Frist von 6 Wochen gebunden und nur zum Kalenderquartal zulässig, § 622 (H.G.B. Art. 61).[1]) Ist die Vergütung nicht nach Zeitabschnitten bemessen (z. B. Stücklohn für einen Abschreiber), so ist jeder Zeit Kündigung zulässig bei einem die Erwerbsthätigkeit des Verpflichteten vollständig oder hauptsächlich in Anspruch nehmenden Dienstverhältniß mit einer Frist von 2 Wochen, § 623.

Wird das Dienstverhältniß nach Ablauf der Dienstzeit vom Verpflichteten mit Wissen des anderen Theiles fortgesetzt, so gilt es als auf unbestimmte Zeit verlängert, wofern der Dienstberechtigte nicht unverzüglich widerspricht, § 625.[2])

Schließlich giebt § 626 beiden Theilen ein sofortiges Kündigungsrecht beim Vorliegen eines wichtigen Grundes (z. B. Unfähigkeit des Ver-

---

[1]) wenn „die Erwerbsthätigkeit" der Angestellten „vollständig oder hauptsächlich in Anspruch genommen wird" (§ 622).

[2]) Das Vorbereitungsheft bemerkt hierzu: „Das scheint auffallend, aber der Verpflichtete kann nicht widersprechen, wenn er selber das Verhältniß fortsetzt. Indessen liegt keine Fortsetzung vor, wenn er nur vorläufig oder bis zur Beschaffung eines Ersatzmannes die Dienste leistet." Eine analoge Fortbildung der relocatio tacita.

pflichteten, Mangel an ausreichender Fürsorge seitens des Berechtigten, Sorge für die Gesundheit). In Vertrauensverhältnissen, von denen § 627 spricht, ist sogar das Vorliegen eines solchen Grundes nicht einmal nöthig. Das Erlöschen des Vertrauens genügt hier als Grund. So z. B. bei Aerzten, Lehrern u. dergl., wenn etwa ein Arzt nicht zur rechten Zeit kommt oder eine Hausdame die Wirthschaft nicht versteht. Ist das Dienstverhältniß ein dauerndes mit festen Bezügen, so darf, wenn nicht ein besonderer Grund vorliegt, nicht zur Unzeit vom Verpflichteten gekündigt werden, d. h. nur so, daß der Berechtigte sich die Dienste anderweitig verschaffen kann. Sonst haftet der Verpflichtete auf Schadensersatz.

Nach § 630 kann bei Beendigung eines dauernden Dienstverhältnisses der Verpflichtete über Art und Dauer der Dienste und, wenn er will, auch über Leistungen und Führung ein Zeugniß beanspruchen, Gewerbeordnung § 113.

Im Allgemeinen kann man sagen, daß der Dienstvertrag des B.G.B. trotz der von sozialdemokratischer Seite dagegen erhobenen Vorwürfe im sozialen Sinne energisch fortgebildet worden ist.[1])

§ 85.

Werkvertrag. (§§ 631—651, 675.)

(Kohler in seinem Archiv f. Bürg. R. Bd. 13, S. 252ff.)

1. Begriff. Der Werkvertrag des B.G.B. umfaßt die gemeinrechtliche locatio conductio operis, Werkverdingung des A.L.R. (§ 925 A.L.R. I, 11),[2]) geht aber über diese noch hinaus. Der locator heißt im B.G.B. „Besteller", der conductor ist redemptor = „Unternehmer".

[1]) Das Vorbereitungsheft bemerkt hierzu: „Erstaunlich ist, daß der Abgeordnete Stadthagen trotzdem behauptet hat, der Dienstvertrag des Gesetzbuches sei nur der altrömische Dienstvertrag, der auf der Gewaltherrschaft zwischen Herren und Sklaven beruhte. Zwischen Herrn und Sklave bestand gar kein Vertrag, wenn aber ein Sklave vom Herrn an einen Dritten vermiethet wurde, locatio rei. Dagegen locatio operarum nur zwischen Freien, aber von der locatio rei verschieden; bei den Römern aber selten und nicht entfernt so sehr zu Gunsten des Dienstpflichtigen wie der Dienstvertrag des B.G.B. Die Gleichstellung des Arztes, Rechtsanwalts, Lehrers mit anderen Dienstpflichtigen genügt doch wohl dazu, die Behauptung, daß der Dienstvertrag des B.G.B. dem römischen Rechte entspreche, zu entkräften."

[2]) Der landrechtliche Gegensatz zwischen der verdungenen einzelnen Arbeit und dem verdungenen ganzen Werke (§§ 920, 925 I, 11) ist dem B.G.B. fremd. In ihm heißt auch die erstere „Werk".

Gegenstand des Werkvertrages ist die Herstellung eines Werkes im weitesten Sinne, nicht blos Schaffung oder Umänderung einer Sache (eines Baues, Bildes, Kleidungsstückes, Einbands eines Buches, einer Maschine), sondern auch jeder andere, durch Arbeit oder Dienstleistungen zu erzielende Erfolg, z. B. ein Transport von Personen oder Sachen, eine Auskunftsertheilung, die Vornahme einer Operation, das Ausziehen eines Zahnes u. s. w. Das Werk kann auch immaterieller Natur sein, wie eine Theateraufführung, der Vortrag eines Liedes, die Lieferung eines Gedichtes, der Unterricht in einer Sprache u. s. w., Mot. II S. 506. Auch wer etwas in Entreprise nimmt und durch Andere ausführen läßt, schließt einen Werkvertrag. Ueber den Gegensatz zum Dienstvertrage s. oben S. 509 ff. Demgemäß ist es kein Werkvertrag (Frachtvertrag), sondern Sachmiethe, wie auch das R.G. Bd. 25 S. 108 angenommen hat, wenn der Eigenthümer eines Kahnes denselben sammt der Mannschaft einer Gütereisenbahngesellschaft für eine gewisse Zeit zur beliebigen Benutzung zur Verfügung gestellt hat, die Eisenbahn sich aber vorbehält, die einzelnen Leistungen zu bestimmen oder wenn das Gleiche über eine Maschine und die sie bedienenden Leute verabredet worden ist. Denn der Eigenthümer hatte nicht für ein bestimmtes Ergebniß oder Produkt einzustehen.

Auf der anderen Seite ist, wie bei der Sachmiethe, die Vergütung zu leisten (§ 632), welche für die Herstellung des Werkes im Ganzen oder nach Theilen (nach Maß, Zahl, Gewicht) bestimmt sein kann (Mot. S. 471), wie z. B. bei einer Bauausführung, wo die Vergütung für jedes Stockwerk bestimmt ist.[1])

Durch die Vergütung unterscheidet sich der Werkvertrag vom Auftrage, wie im römischen Rechte.[2]) Auch beim Werkvertrage ist, sofern er eine Geschäftsbesorgung zum Gegenstande hat, durch den § 675 bezw. 663 indirekt ein Kontrahirungszwang statuirt. Dies ist hier noch wichtiger, als beim Dienstvertrage, weil der Werkvertrag nahe an den Kauf grenzt und die Unterscheidung zwischen beiden oft nicht leicht

[1]) Vorausgesetzt ist, daß das Recht, die Zahlung für die zuerst hergestellten Stockwerke zu behalten, von der Vollendung des Ganzen abhängen soll. Im andern Falle würden mehrere Werkverträge vorliegen, für jedes Stockwerk ein besonderer.

[2]) Hinzuzudenken ist: „bei operae illiberales". Bei operae liberales war bekanntlich ein Mandat mit Honorar möglich. So lange dies Honorar nicht mit der Klage aus dem Mandatsvertrage einklagbar war, durfte man letzteren unentgeltlich nennen. Seitdem das Gegentheil galt, mußte man von entgeltlichen Mandatsverträgen reden.

ist. Erbietet sich also ein Kaufmann öffentlich zum Verkauf neuer und Reparatur alter Kleider, so ist er verpflichtet, wenn ihm ein Kaufangebot gemacht und gleichzeitig die Reparatur eines alten Paletots aufgetragen wird, die Ablehnung des letzteren Auftrages (nicht im technischen Sinne)[1]) dem Auftraggeber unverzüglich anzuzeigen. Sonst macht er sich schadensersatzpflichtig. Das Anerbieten des Kaufs kann er dagegen ohne Nachtheil unbeantwortet lassen.

2. Der Unternehmer ist in ähnlicher Weise, wie der Verkäufer auf Gewährleistung wegen Sachmängeln haftet (§ 459), verpflichtet, das Werk so herzustellen (§ 633), daß es

a) keine Fehler hat, die den Werth oder die Tauglichkeit des Werkes zu dem gewöhnlichen oder dem nach dem Vertrage vorausgesetzten Gebrauch aufheben oder mindern;

b) die zugesicherten Eigenschaften wirklich besitzt, § 633 Abs. 1. Hierfür haftet der Unternehmer nach Art eines Verkäufers. Diese Haftung kann wegbedungen werden (z. B. mit den Worten „ohne Obligo"), wie dies bei Auskunftsstellen üblich ist; aber eine solche Vereinbarung gilt nicht bei arglistigem Verschweigen des Mangels eines Mangels, § 637.

Die Rechtsfolgen der Haftung wegen eines Mangels sind aber nicht dieselben wie beim Kauf.

Bei dem Kaufe kann der Käufer wegen eines Mangels Wandelung oder Minderung verlangen; ohne Weiteres aber auch nur dies beides, dagegen geht das Recht des Bestellers in erster Linie auf Beseitigung des Mangels (§ 633 Abs. 2), weil es sich hier nicht um Lieferung einer bereits fehlerfreien Sache, sondern um ein Arbeitsprodukt handelt.[2]) Ist der Unternehmer mit dieser Beseitigung im Verzuge, so kann der Besteller den Mangel selbst beseitigen und Ersatz der erforderlichen Aufwendungen verlangen, § 633 Abs. 3. Nur wenn die Beseitigung einen unverhältnißmäßigen Aufwand erfordert, kann der Unternehmer

---

[1]) In der Redeweise des Volkes, namentlich des Handelsverkehres bedeutet Auftrag so viel wie „Vertragsantrag" (z. B. in der üblichen Bitte der Verkäufer um „weitere Aufträge"). In so weitem Sinne will auch Eck das Wort Auftraggeber in § 663 sicherlich nicht deuten, wie sein Beispiel beweist. Es paßt nicht recht zu dem, was oben S. 513 über den Begriff der Geschäftsbesorgung gesagt ist. Hier bedeutet also „Auftrag" im Sinne Ecks einen solchen Vertragsantrag, der die Art der Ausführung des angebotenen Geschäftes angiebt, vgl. oben S. 513 Anm. 1.

[2]) Vgl. hierzu Kipp in der Deutschen Juristenzeitung, 1903, Nr. 11 S. 253.

sie verweigern, z. B. das Zurückrücken eines irrthümlich über die Grenze gebauten Hauses, § 633 Abs. 2 Satz 2.

Der Besteller kann auch dem Unternehmer zur Beseitigung des Mangels eine angemessene Frist mit den aus § 634 Abs. 1 ersichtlichen Folgen bestimmen; indem er erklärt, daß er nach deren Ablauf die Beseitigung des Mangels ablehne (Anwendung des § 326).[1]) So wenn der gelieferte Frack Falten schlägt, dem hergestellten Baue das erforderliche Licht fehlt und dergl. Wird der Mangel schon vor der Ablieferung des Werkes wahrgenommen, dann kann die Frist sofort bestimmt werden; sie darf aber nicht vor der für die Ablieferung bestimmten Frist ablaufen.

Nach fruchtlosem Ablaufe der Frist hat der Besteller nunmehr in zweiter Linie den Anspruch auf Wandelung oder Minderung nach seiner Wahl, bei unerheblichen Mängeln nur auf Minderung, § 634 Abs. 3. Beseitigung des Mangels kann er aber dann nicht mehr verlangen, denn mit seiner eigenen Erklärung hat er sich dies abgeschnitten. Ausnahmsweise kann der Besteller ohne Fristbestimmung Wandelung oder Minderung verlangen (§ 634 Abs. 2),

a) wenn die Beseitigung des Mangels unmöglich ist,

b) wenn sie von dem Unternehmer verweigert wird,

c) wenn der Besteller ein besonderes Interesse daran hat, keine Frist zu bestimmen. So, wenn er mit der Sache abreisen muß, z. B. bei einem angefertigten Koffer, dessen Schloß nicht funktionirt, dem zu einem Feste bestellten Ballkleide, das nicht sitzt, dem Trauringe, der zu eng ist, einer als Gelegenheitsgeschenk zu verwendenden Uhr, die nicht geht.[2])

Wählt der Besteller Wandelung oder Minderung, dann gelten dieselben Bestimmungen wie beim Kaufe (§ 634 Abs. 4), insbesondere über die Vollziehung der Wandelung oder Minderung.[3]) Sie liegt

---

[1]) Vgl. hierzu Entsch. Bd. 53 Nr. 55 S. 221 ff.

[2]) Daß der Besteller in allen diesen Fällen sein Rücktrittsrecht nicht sofort geltend machen muß, ist nach dem Urtheile des R.G., Entsch. Bd. 52 Nr. 84 S. 317, für den Unternehmer zwar mißlich, aber dennoch nach dem Inhalte des Gesetzbuches anzunehmen.

[3]) Das Vorbereitungsheft bemerkt: „Auffallend ist, daß nicht § 464 mit angezogen ist, doch wird sein Inhalt in § 640 Abs. 2 für den Werkvertrag wiederholt. Die Minderung wird auch hier nach der Zeit des Vertragsschlusses berechnet". Es erblickt also in der Annahme des § 464 (m. E. mit Recht) genau dasselbe wie in der Abnahme einer bearbeiteten Sache nach § 640 Abs. 2. In beiden Fällen bedeutet An- oder Abnehmer etwas mehr als Entgegennehmen; denn man wird zur Besitzergreifung noch die Frist zurechnen müssen, die der Empfänger braucht,

nicht schon in der einseitigen Wandelungserklärung, sondern erst dann, wenn von der andern Seite die Acceptation hinzukommt, dann ist der Wandelnde auf seine Wahl festgenagelt. Im Nothfalle kann auch hier durch Richterspruch die Wandelung oder Minderung festgestellt werden, vgl. oben S. 451.

Endlich kann der Besteller statt Wandelung oder Minderung nach allgemeinen Grundsätzen Schadensersatz wegen Nichterfüllung verlangen, wenn der Mangel des Werkes auf einem vom Unternehmer zu vertretenden Umstande beruht, § 635. Also z. B. auf einem Garantieversprechen des Unternehmers oder auf Vorsatz oder Fahrlässigkeit des Unternehmers oder seiner Leute. Die Beweislast trifft den Unternehmer, § 282.

Aber er hat noch eine weitere wichtige Befugniß: Nach § 636 sollen die Vorschriften des § 634 Abs. 1—3 nicht blos bei Mangelhaftigkeit, sondern auch schon bei nicht rechtzeitiger Herstellung des Werkes gelten (die Ballkleider kommen nicht rechtzeitig an, der Möbelfuhrmann erscheint nicht mit dem Wagen zur rechten Zeit).

An die Stelle des Anspruchs auf Wandelung tritt hier sogleich das Rücktrittsrecht des Bestellers, § 636. Dieser Ausdruck ist hier mit Absicht gewählt, denn das Rücktrittsrecht wird durch einseitige Erklärung vollzogen, während die Vollziehung der Wandelung ein Einverständniß der andern Partei oder Richterspruch voraussetzt, § 465. Im gemeinen Rechte werden die Ausdrücke „Rücktrittsrecht" und „Anspruch auf Wandelung" ununterschiedlich gebraucht.

Dies Rücktrittsrecht des Bestellers scheint da sehr hart zu sein, wo der Unternehmer ohne seine Schuld an rechtzeitiger Vertragserfüllung verhindert war.

---

um die Waare zu besichtigen, was namentlich bei solchen Waaren wichtig ist, die verpackt mit der Post eingehen. Ohne das wäre es hart, es dem Empfänger das zur Last zu legen, daß er wegen der Mängel keinen Vorbehalt macht. Inzwischen ist es zweifelhaft geworden, ob Annehmen und Abnehmen dasselbe sei und ob die Abnahme eines Werkes dasselbe sei wie die Abnahme einer Sache (vgl. Litteratur in Oertmanns Commentar zu § 640 Anm. 1). Was das Letztere betrifft, so ist das Wort Werk (opus) zweideutig. Es bedeutet sowohl die bearbeitete Sache wie die Arbeitsleistung. Im letzteren Sinne würde also auch z. B. das Anhören einer bestellten musikalischen Leistung unter § 640 fallen und auch bei ihm der Anspruch wegen etwaiger Mängel sogleich hervorzuheben sein. Vom Standpunkte dieser Meinung würde also da, wo andere Werke als bearbeitete Sachen entgegenzunehmen sind, die Abnahme des § 640 doch weiter greifen, als die Annahme des § 464.

Deshalb wendet sich Dernburg in der 4. Aufl. der Pandekten (§ 41 Anm. 13), nicht mehr in der letzten, gegen dies Recht, m. E. ohne genügenden Grund, da ja das Rücktrittsrecht erst nach Ablauf der Nachfrist eintritt.[1])

In § 938 A.L.R. I, 11 findet sich eine noch strengere Bestimmung, die dem Besteller ein Rücktrittsrecht ohne vorherige Setzung einer Nachfrist gewährt, obwohl sie andererseits, was im B.G.B. nicht der Fall ist, eine Schuld des Werkmeisters an der nicht rechtzeitigen Ablieferung oder einen in seiner Person sich ereignenden Zufall erfordert, z. B. würde ein Streik der Arbeiter oder ein Brand das Rücktrittsrecht des Bestellers nach B.G.B. nicht ausschließen.

Uebrigens hat der Besteller, wie § 636 sagt, im Falle der Verspätung nur das Recht auf Wandelung, also nicht auch das Recht auf Minderung oder Schadensersatz. Wenn aber der Unternehmer in Leistungsverzug geräth, so hat natürlich der Besteller die aus dem Verzuge entspringenden Rechte.

Der § 638 setzt für die Mängelansprüche des Bestellers, ebenso wie für die gleichen Ansprüche des Käufers, eine kurze Verjährung fest (vgl. § 477 Abs. 1), sechs Monate, bei Arbeiten an einem Grundstücke ein Jahr, bei Bauwerken fünf Jahre, weil spätestens bis zum Ablaufe dieser Fristen Mängel des Materials oder der Ausführung erkennbar zu werden pflegen. Der Beginn der Verjährung ist die Abnahme des Werkes, § 638 Abs. 1 Satz 2.

Eine Verlängerung der Frist durch Vertrag ist zulässig (Abs. 2); indes gilt die Verjährung des § 638 nicht bei arglistiger Verschweigung des Mangels.

Ich halte die Fristen für zu kurz. Wenn z. B. der Küfer schlechte Pfropfen genommen hat, so kann dies der Besitzer des Weins, der im Keller lagert, nicht immer schon innerhalb von sechs Monaten merken. Man denke auch an Rosen, die vom Gärtner eingepackt sind, an einen im Frühjahre reparierten Pelz. Ueber der zur Beseitigung des Mangels bestimmten Nachfrist kann leicht die Verjährungsfrist ablaufen.

Eine gewisse Milderung liegt in den Abweichungen vom Verjährungsrechte, die auch hier gelten (§ 639): Die Unterbrechung derselben geschieht durch gerichtliche Beweisaufnahme, durch Absendung der

---

[1]) und diese angemessen sein muß.

Mängelanzeige 2c. Der § 639 Abs. 2 läßt ferner die Verjährung so lange gehemmt sein, als die Parteien im gegenseitigen Einverständnisse den Mangel prüfen oder es unternehmen, ihn zu beseitigen.

Keine Erörterung findet die Frage, was beim Werkvertrage das Garantieversprechen (z. B. des Uhrmachers) für eine Bedeutung hat. Zunächst bedeutet es eine Verlängerung der Verjährungsfrist, sodann auch das Versprechen des Unternehmers, Mängel, welche sich innerhalb der Garantiefrist zeigen, auf seine Kosten abzustellen. Darin liegt eine Verschiebung der Beweislast. Vgl. Planck II, S. 372, 8.[1])

3. Der Besteller ist zur Abnahme des vertragsmäßig hergestellten Werkes verpflichtet, sofern die Beschaffenheit des Werkes sie nicht ausschließt, § 640. Das wird dann der Fall sein, wenn eine körperliche Wegnahme oder Hinnahme nicht möglich ist, z. B. bei einem Transport, einer Zahnoperation. Der Besteller hat außerdem bei Abnahme des Werkes (Zug um Zug), die Vergütung zu entrichten, § 641. Die Vergütung kann auch in Theilen, ratenweise geschuldet werden, z. B. im Rohbau nach Stockwerken.

Unter Abnahme ist wie beim Kaufe (§ 433) nicht blos die körperliche (faktische) Hinnahme oder Inbesitznahme, sondern auch die Annahme der Leistung als Erfüllung (§ 363) zu verstehen. Dies liegt in den Worten: „Das vertragsmäßig hergestellte Werk" [2]) und ist auch der Sinn der Abnahme im Verkehre. Dies war auch die Ansicht der II. Kommission. Es liegt also in der Abnahme

a) die körperliche Inbesitznahme,

b) die Anerkennung des Werkes als eines zur Erfüllung des Vertrages genügenden.[3])

---

[1]) Planck bemerkt a. a. O.: „Es wird die vertragsmäßige Vermuthung aufgestellt, daß der Mangel, welcher sich innerhalb der Gewährfrist zeigt, in einem von dem Unternehmer des Werkes zu vertretenden Umstande seinen Grund hat."

[2]) Diese Worte sagen m. E. nur, wann der Besteller abnehmen muß, nicht aber, was Abnehmen bedeutet.

[3]) Der Text kann leicht mißverstanden werden (vgl. ähnliche Ausführungen bei Oertmann, Commentar § 640 Anm. 1). Eck will offenbar nicht sagen, daß die Inbesitznahme dann nicht als Abnahme gelten könne, wenn nicht eine besondere Anerkennung hinzukommt. Da man sich nach § 640 Rechte wegen vorhandener Mängel bei der Abnahme vorbehalten kann, so kann diese „Abnahme" unmöglich immer eine Anerkennung der Mangelhaftigkeit des Werkes in sich schließen. Eck will m. E. nur behaupten, daß sie es im Zweifel thun, d. h. im Zweifel als Anerkennung zu deuten sei. Unmöglich konnte er meinen, daß Beweislastverschiebung,

Die praktische Konsequenz ist zunächst eine Verschiebung der Beweislast, der Besteller, der trotz der Abnahme Fehlerhaftigkeit behauptet, muß diese beweisen (§ 363). Sodann bedeutet die Abnahme den Beginn der Verjährung und den Uebergang der Gefahr.

Ist eine besondere Abnahme ausgeschlossen,[1]) dann tritt an ihre Stelle nach § 646 die Vollendung des Werkes. So vollendet ein Kutscher, der mich vor das bestimmte Haus fährt, damit das bestellte Werk.[2])

In dem angegebenen Sinne hat der Unternehmer, ebenso wie der Verkäufer, gegen den Besteller eine Klage auf Abnahme. Dagegen hat er nur ausnahmsweise ein Recht auf Herstellung des Werkes (das ihn berühmt machen soll, wie dies z. B. bei einem Architekten oder Operateur denkbar ist), nämlich nur bei einer dahingehenden Verabredung.

Bei Bühnendienstvertrag ist nach Opet (Arch. f. civ. Pr. Bd. 86 S. 161) als stillschweigend gewollt anzunehmen, daß der Schauspieler bestimmte Rollen auch wirklich spielen darf, und zwar mit Ausschluß anderer. Vgl. Planck II S. 370 Nr. 3).[3])

Nach § 640 Abs. 2 kann die Abnahme eines mangelhaften Werkes als Verzicht auf Mängelansprüche gelten, wenn der Besteller trotz Kenntniß des Mangels schweigt, statt sich seine Rechte wegen des Mangels bei der Abnahme vorzubehalten.

Gehört endlich zur Herstellung des Werkes eine Thätigkeit des Bestellers (wie beim Porträtieren, beim Spezifikationskauf mit Lieferung des Stoffes), und kommt letzterer mit dieser in Annahmeverzug, dann kann zwar der Unternehmer auf diese Thätigkeit nicht direkt klagen, noch weniger die Handlung selber vornehmen, aber eine angemessene Entschädigung verlangen (§ 642) und dem Besteller, damit er die Handlung nachhole, eine Frist setzen, für deren fruchtlosen Ablauf der Vertrag als gekündigt und darum als aufgehoben gilt, § 643.

Gefahrübergang und Verjährungsbeginn vom Empfänger vermieden werden können, wenn er es unterläßt, der Entgegennahme der Sache eine besondere Anerkennung hinzuzufügen. Diese wird vielmehr vermuthet. Litteratur bei Oertmann § 640 Anm. 1. Vgl. oben S. 520 Anm. 2.

[1]) Z. B. bei dem einer dritten Person darzubringenden Ständchen oder dem Füttern eines Pferdes in Abwesenheit des Reiters im Wirthshausstalle u. dergl.

[2]) Nach dem oben Ausgeführten würde man auch hier in gewissem Sinne (Entgegennahme der bestellten Leistung) von einer Abnahme reden können.

[3]) Eck erwähnt dies hier bei dem Werkvertrage, wahrscheinlich deshalb, weil man auch von einem Bühnenwerkvertrage, z. B. bei Gastspielen, reden kann und dann auch hier das im Texte Gesagte gilt. Vgl. oben S. 512 Anm. 3.

4. Wer beim Werkvertrage die Gefahr des zufälligen Unterganges und der zufälligen Verschlechterung zu tragen hat, ist im gemeinen Rechte sehr bestritten (vgl. Oertmann in Grünhuts Zeitschrift Bd. 24, S. 1—70.) Nach § 644 trägt der Unternehmer die Gefahr bis zur Abnahme, und, wenn eine solche ausgeschlossen ist, bis zur Vollendung des Werkes. Vorher wird er nur durch Annahmeverzug des Bestellers frei (§ 644 Abs. 1 u. 2) und dadurch, daß er das Werk auf Verlangen des Bestellers nach einem anderen Ort als den Erfüllungsort versendet, § 644 Abs. 2.

Die Gefahrtragung bedeutet hier: Soweit die Leistung des Unternehmers vor der Abnahme des Werkes unmöglich wird, verliert er den Anspruch auf die Gegenleistung (§ 323); er hat nicht aber etwa für den zufälligen Untergang des ihm übergebenen Stoffes (Frack) dem Besteller zu haften, § 644 Abs. 1 Satz 3.

Wenn also der Blitz das beinahe vollendete Bild zerstört, dann verliert der Maler den Anspruch auf die Vergütung, braucht aber für die ihm gelieferte Leinwand und Rahmen keinen Ersatz zu leisten. Wenn mein Frack, den der Schneider ausgebessert hatte, bei ihm durch Zufall verbrennt, so bekommt er keinen Arbeitslohn, braucht aber auch den Stoff nicht zu ersetzen, ebenso, wenn das Haus, an dem Freskomalereien schon halb fertig waren, durch Blitz zerstört wird, oder ein auszubesserndes altes Porträt bei dem Maler untergeht.

Nur dann erhält der Unternehmer, dessen Werk vor der Abnahme untergegangen oder unausführbar geworden ist, ausnahmsweise nach § 645 eine Theilvergütung, die der geleisteten Arbeit entspricht, wenn die Ursache des Unterganges oder der Verschlechterung des Werkes in der Mangelhaftigkeit des vom Besteller gelieferten Stoffes oder in der von ihm ertheilten Anweisung liegt. [1])

Das Gesetzbuch macht keinen Unterschied, wo und in welcher Person der Zufall auftrat. Recht hart ist diese Regel der Gefahrtragung, wenn der Zufall sich in der Person des Bestellers [2]) ereignet. Ebenso urteilt Dernburg, Pandekten II § 113 A. 23). [3]) Wenn ein Tapezierer

---

[1]) Das Vorbereitungsheft erwähnt als Beispiel einen plombirten Zahn, der beim Ausziehen abbricht.

[2]) Man versteht darunter in der Regel einen Zufall, der sich in den Lebensschicksalen des Bestellers ereignet, auch wenn er nicht seine Person unmittelbar berührt.

[3]) Dernburg bemerkt: „Dies folgt aus der Natur der Sache." Nach dem

gegen eine runde Summe 3 Zimmer zu tapezieren hat, mit der Arbeit beinahe fertig ist und ein Brand dann die Zimmer zerstört, hat er keinen Anspruch auf Vergütung. Ebensowenig in dem von Strohal (Jahrb. f. Dogm. Bd. 33 S. 385) berichteten Falle, in dem ein Zahnarzt lange an dem Gebisse eines Patienten herumarbeitet und dieser kurz vor der endlichen Fertigstellung stirbt. Das gemeine Recht gestattet in den Worten: „si per eum stetit, quominus opus adprobetur" (l. 59 (36) Dig locati XIX, 2) diese Härte zu beseitigen,[1]) vgl. auch H.G.B. § 668 7a, § 960 A.L.R. I, 11. Ebenso gewährt Art. 370 des schweizer. Obligationsrechtes den Anspruch auf Vergütung, wenn die Herstellung des Werkes „durch einen beim Besteller eingetretenen Zufall unmöglich geworden ist."

Die zweite Kommission wollte Ausnahmen zulassen, kam aber mit ihrer Formulierung nicht zu stande und nahm daher davon Abstand, es zu thun.

Kohler (Archiv f. Bürg. R. Bd. 13 S. 259) führt die vermeintlichen Härten des Gesetzes auf eine mißverständliche Auffassung desselben zurück. Nach ihm müssen die Regeln des Annahmeverzuges gegen den Besteller zur Anwendung kommen, wenn das Werk durch Zufall zu Grunde geht. Der § 645 sei nicht limitativ, sondern explikativ gemeint. Ich halte diese Statuirung eines Annahmeverzuges vor Herstellung des Werkes für kaum zulässig. Auch sollte das bestehende Recht (§ 960 A.L.R. I, 11) bewußt reproduzirt werden.

„Man hat den Grundsatz, daß der Unternehmer die Gefahr trägt, hart gefunden, doch ergiebt er sich daraus, daß der Vertrag nur auf ein fertiges Erzeugniß gerichtet war und die Vorleistung des Unternehmers in sich schließt. Außerdem darf m. E. der Besteller nicht die Gefahr tragen, so lange das Werk noch seiner Prüfung und Verfügung entzogen war."[2])

5. Die Sicherstellung des Unternehmers. Durch § 647 ist dem Unternehmer für seine Forderungen an den in seinem Besitz

---

Inhalte des Gesetzbuches scheint man aber mit dem Besteller, der eine nicht vollendete Sache hiernach würde bezahlen müssen, ebensoviel Mitleid gehabt zu haben, wie mit dem erfolglosen Arbeiter.

[1]) Die entscheidende Stelle ist D. XIX. 2 fr. 37: si tale op usfuit, est probari deberet.

[2]) Aus dem Vorbereitungshefte. Daß der Beweis der Probemäßigkeit der Arbeit durch das Gutachten eines unparteiischen Sachverständigen den Arbeiter nicht vor dem Verlust seines Lohnes bewahrt, ist allerdings hart.

befindlichen Sachen, die er hergestellt oder ausgebessert hat, ein Pfandrecht eingeräumt (Erweiterung des Vorrechts aus § 41 Nr. 6 K.O.).

Beim Bauwerk hat der Unternehmer einen Anspruch auf Einräumung einer Sicherungshypothek (§ 648) am Baugrundstücke des Bestellers. Aber nicht die Bauarbeiter, die Arbeiten ausgeführt haben oder Lieferanten, sondern bloß der Unternehmer hat diesen Pfandrechtstitel, und nur am Baugrundstücke des Bestellers, der also Eigenthümer sein muß. Das ist also eine sehr beschränkte Sicherstellung.

Auch bei noch nicht vollendetem Werke kann die Einräumung der Sicherungshypothek für einen der geleisteten Arbeit entsprechenden Theil der Vergütung verlangt werden. Es wird also nicht die Fälligkeit der zu sichernden Forderung verlangt, sondern nur der Vollzug von Leistungen, die zu vergüten sein werden.[1])

6. Der Besteller hat zwar bis zur Vollendung des Werks ein weitgehendes einseitiges Kündigungsrecht, § 649. Er muß aber die vereinbarte Vergütung zahlen. Er kann somit das Werk sistiren, der Unternehmer muß sich dann nur anrechnen lassen, was er an Aufwendungen erspart oder durch anderweitige Verwendung seiner Arbeitskraft erwirbt oder zu erwerben böswillig unterläßt. Sonst muß er bezahlt werden. Dieses Kündigungsrecht des Bestellers geht also nicht annähernd so weit, wie das bei dem Dienstvertrage gewährte entsprechende Recht.[2])

Der Unternehmer hat gar kein Kündigungsrecht. Hierin liegt ein erheblicher Unterschied gegenüber dem Dienstvertrage.

Ist dem Vertrage ein Kostenanschlag, für dessen Richtigkeit der Unternehmer keine Gewähr übernommen hat, zu Grunde gelegt, und wird der Anschlag voraussichtlich erheblich überschritten, so kann der Besteller kündigen und braucht nur eine der geleisteten Arbeit entsprechende Vergütung zu zahlen, § 645 Abs. 1. Der Unternehmer muß eine voraussichtliche Ueberschreitung des Anschlags sogleich anzeigen, § 650.

7. Im gemeinen und preußischen Rechte ist streitig, ob ein Werkvertrag vorliegt, wenn der Unternehmer den Stoff, aus dem eine Sache herzustellen ist, selbst zu beschaffen hat (Speisen, Arzneimittel, Kleider, Maschinen). Denn hier schafft ja der Unternehmer die Sache zunächst für sich und sein Vermögen und veräußert sie dann weiter. Deshalb

---

[1]) Das Vorbereitungsheft bemerkt hierzu: „Ein Spezialgesetz bleibt nöthig."

[2]) §§ 326, 327.

nimmt auch Justinian hier allemal emtio venditio an. Einfach, aber doch nicht durchweg befriedigend.[1]) Das B.G.B. § 651 erklärt hier zwar zunächst, daß der Unternehmer ebenso wie ein Verkäufer zur Uebergabe der Sache und zur Verschaffung des Eigenthums verpflichtet sei. Aber die weiteren Vorschriften über den Kauf läßt es nicht unbedingt Platz greifen. Es macht vielmehr einen Unterschied zwischen vertretbaren Sachen und nicht vertretbaren Sachen. Erstere werden meistens auf Vorrath gefertigt, weshalb es im einzelnen Falle gleichgültig ist, ob die bereits fertige Sache geliefert oder die Sache erst fertig gestellt und dann geliefert wird. (Sog. Lieferungskauf, Art. 338 des alten H.G.B., der bereits die Lieferung vertretbarer Sachen für einen Kauf erklärt.) So z. B. bei Speisen, Seifen, Nägeln und allen Fabrikwaaren. Bei nicht vertretbaren Sachen (kunstvolleren Maschinen, Porträts, anzufertigenden Kleidern, ja bei allen Spezifikationskäufen) tritt der individuelle Charakter mehr zu Tage.[2]) Daher finden nach § 651 B.G.B. bei vertretbaren Sachen, gleichgültig, ob der Unternehmer den Stoff hergiebt oder nicht, die Regeln über den Kauf Anwendung; dagegen gelten bei unvertretbaren Sachen in den Hauptpunkten (hinsichtlich der Gewährleistung u. dergl.) die Regeln vom Werkvertrage.

Aus der Anwendung der Regeln vom Werkvertrage bei nicht vertretbaren Sachen folgt, daß der Unternehmer ein Recht auf Abnahme im oben angegebenen Sinne, d. h. auf Anerkennung der Vertragsmäßigkeit hat,[3]) daß die Gefahr mit der Abnahme nicht mit der Uebergabe übergeht, daß die Verjährung anders gestaltet ist als bei vertretbaren Sachen und daß der Besteller ein Rücktrittsrecht bei verspäteter Ablieferung hat, was ihm beim Kaufe nicht zusteht. Ganz und gar gelten aber nach § 651 Abs. 2 die Regeln vom Werkvertrage, wenn der Besteller nur Zuthaten oder sonstige Nebensachen liefert, z. B. Knöpfe zu einem Rocke oder Glas zu einem Bilde. Hier geht ja auch

---

[1]) So lange die Rechtsordnung dem locator operis noch nicht die Rechte der Wandelung und Minderung gab, wäre es hart gewesen, in solchem Falle die Bestellung nicht als Kauf aufzufassen. Der Schutz gegen Mängel des Stoffes hätte nicht genügt; anders jetzt.

[2]) D. h. hier gehört die Herstellungspflicht mit zum Vertragsinhalte; bei vertretbaren Sachen aber nicht. Vgl. oben S. 435.

[3]) Da die Anerkennung bei der Entgegennahme vermuthet wird, so kann m. E. nur da, wo Mängel behauptet sind, dies besondere Recht auf Anerkennung in Frage kommen.

das Eigenthum schon durch ihre Verbindung mit der Hauptsache auf den Besteller über (§ 947 Abs. 2) und nicht erst durch Uebergabe.

Uebergangen ist im B.G.B. die gemeinrechtliche locatio conductio irregularis, bei der dem Unternehmer zwar der Stoff geliefert, aber ihm gestattet ist, ihn durch einen anderen zu ersetzen, ein Fall, der in der Hausindustrie häufig vorkommt, weshalb ihn auch das sächsische B.G.B. behandelt. Hier liegen meistens zwei Verträge, ein Kaufvertrag über den Stoff und ein Lieferungsvertrag nach § 651 vor. Die betreffende Vereinbarung kann aber auch die Bedeutung haben, daß in den Eigenthumsverhältnissen und im Tragen der Gefahr erst dann eine Aenderung eintreten soll, wenn der Unternehmer von seiner Berechtigung, den Stoff durch anderen zu ersetzen, Gebrauch macht (Planck II, S. 390, 2c). Es ist dies wichtig bei dem Konkurse des Werkmeisters. Im letzteren Falle kann der noch nicht verarbeitete Stoff aus der Masse ausgesondert werden.

§ 86.

Mäklervertrag. (§§ 652—656.)

(Crome, Partiarische Rechtsgeschäfte, S. 411—438.)

Der Mäklervertrag ist die verabredete Gewährung eines Lohnes für die Vermittelung eines Vertrages oder den Nachweis einer Gelegenheit zum Abschluß eines solchen, § 652.

Die Verpflichtung zur Vergütung entsteht erst mit dem Zustandekommen des wirklichen Vertrages in Folge der Thätigkeit des Mäklers, § 652. Erfordert ist dabei, daß er in wirksamer Weise zustandegekommen ist. „Eine auflösende Bedingung des zustandegekommenen Vertrages hebt den Mäklerlohn auf, nicht aber ein Rücktritt von diesem Vertrage.[1])

Ein vom Mäkler erwirktes pactum de mutuo dando berechtigt also noch nicht zur Provision (so auch das R.G.), sondern erst die Hingabe des Darlehns begründet einen Darlehnsvertrag und eine Provision für den, der ihn vermittelt hat."

Wesentliche Neuerungen hat die Reichstagskommission eingeführt:

1. Darf der Mäkler (z. B. der Gesindevermiether) beiden Parteien dienen und von ihnen Provision, also einen doppelten Lohn, be-

---

[1]) Vorbereitungsheft. Es ist hierbei vorausgesetzt, daß der Mäkler diese Bedingung nicht in Gewißheit des ihm gewordenen Auftrags eingefügt hat.

anspruchen, wenn er beiden Parteien die Gelegenheit nachgewiesen hat (dem Dienstboten und der Herrschaft)? § 654 unterscheidet nicht durchgreifend. Er verneint die Frage nur, wenn die Thätigkeit für beide Theile dem Inhalt des Vertrages widersprach. Nimmt der Mäkler die Stellung eines Vertrauensmannes ein, der nach dem erhaltenen Auftrage nur das Interesse seines Auftraggebers wahrnehmen soll, so ist daher die Frage zu verneinen. Sie ist zu bejahen, wenn er nur Vermittler ohne Interessenvertretung einer Partei gegen die andere sein soll. Im ersteren Falle ist jeder Anspruch des Mäklers gegen seinen Auftraggeber ausgeschlossen, wenn er zugleich für die andere Partei thätig gewesen ist; und zwar besteht sein Anspruch schlechthin nicht, ihm steht nicht blos eine Einrede entgegen. Der Richter muß dies von Amtswegen beachten. So z. B. auch, wenn der Mäkler, der vom Verkäufer beauftragt ist, dem Käufer verspricht, ihm das Haus wieder abzukaufen. Im zweiten Falle dagegen, der bei Gesindevermiethung häufig vorliegen wird, kann der Mäkler von beiden Theilen Lohn verlangen.

2. Mit Rücksicht darauf, daß insbesondere bei Schauspielerengagementsverträgen der Mäklerlohn unverhältnißmäßig hoch ist, bestimmt der § 655 für Dienstverträge ein richterliches Ermäßigungsrecht. Die Annahme von Opet, daß der Engagementsvertrag ein Werkvertrag ist,[1]) schlösse die Anwendbarkeit des § 655 aus, womit den Schauspielern schlecht gedient würde.

3. Der § 656 betrifft die Mäklerverträge, welche die Ehevermittelung zum Gegenstande haben: „Sie sind namentlich in Bauernkreisen häufig, aber möglichst zu unterdrücken." [2]) Die Reichstagskommission wollte die Heirathsvermittelung wegen Entgelt als unsittlich kennzeichnen. Diese Auffassung ist im Gesetze nicht zum Ausdrucke gekommen, da dieses (§ 656) ebenso gefaßt ist wie § 762, der von Spiel und Wette handelt, welche zweifellos nicht als unsittlich angesehen werden, sondern nur klaglos sind. Der Wissenschaft steht es daher frei, die Vorschriften des § 656 als Ausfluß der Unsittlichkeit des dort behandelten Geschäfts oder die in § 656 in Frage stehende Verbindlichkeit als eine unvollkommene Naturalobligation anzusehen. „Doch war der Grund der Unvollkommenheit wohl die sittliche Verwerflichkeit

---

[1]) Vgl. oben S. 512 Anm. 4.

[2]) Vorbereitungsheft.

des Geschäfts." [1]) Es wird also hier eine Verbindlichkeit nicht begründet, doch soll das auf Grund eines derartigen Versprechens Geleistete nicht zurückgefordert werden können. Daraus ergiebt sich die Konsequenz, daß Vorschüsse nicht zurückgefordert werden können.

Kohler meint, daß ein Ehemäklervertrag überhaupt nicht zur Grundlage einer gerichtlichen Klage gemacht werden dürfe und folgert daraus, daß auch Insertionskosten für öffentliche Ankündigungen, die in Folge eines solchen Vertrages geschehen sind, nicht zu bezahlen seien. Der Herausgeber der Zeitung habe hier an dem unsittlichen Vertrage theilgenommen; daher könne er keine Insertionskosten verlangen. Meines Erachtens ist diese Konsequenz, wenn man in dem Mäklervertrage dieser Art ein unsittliches Rechtsgeschäft erblickt, zutreffend.

§ 87.

Auslobung. (§§ 657—661.)

(Crome, Partiarische Rechtsgeschäfte, 1897, S. 510ff.)

Die Auslobung faßt das B.G.B. nicht als ein Vertragsangebot auf, das einer Annahme bedarf, sondern als ein einseitiges, bindendes Versprechen, eine Art pollicitatio, die, wenn sie öffentlich abgegeben ist, abweichend von der Regel (§ 305) verpflichtende Kraft hat. [2]) Daher wird sie durch Vollziehung der prämiirten Handlung auch dann verbindlich, wenn der Handelnde ohne Rücksicht auf die Auslobung (z. B.

[1]) Das Reichsgericht hat diese Auffassung verworfen. Nach ihr würden auch die Ehemäklerverträge des älteren Rechtes durch den Geltungsbeginn des B.G.B. ihre Kraft verloren haben. Anders (wie die ältere Praxis zu §§ 6 u. 7 A.L.R. I, 4) die Entscheidung des Reichgerichts Bd. 46 Nr. 39 S. 153. In diese Frage spielt die Verwechselung der Sittlichkeit (Gewissensgebote) und der guten Sitten (Anstandsgebote) eine Rolle (vgl. des Herausgebers allgemeinen Theil S. 372 ff.). Wenn das Reichsgericht Bd. 46 Nr. 47 S. 178, 176 Anstandspflichten und Sittengebote unterscheidet, so dürften ihm unter dem Namen der letzteren wohl die Gewissensgebote vorschweben. Im gemeinen Sprachgebrauche macht man dagegen zwischen Anstand und Sitte keinen Unterschied. Wo daher die Sitte eines Standes die Ehemäklerverträge nicht verbietet, sind sie zwar nicht nach § 138, 1 nichtig, wohl aber nach § 656 klaglos. — Auch in § 814 ist die sittliche Pflicht von der Anstandspflicht richtig unterschieden.

[2]) Der praktische Hauptunterschied dieser pollicitatio von einer bloßen Offerte liegt darin, daß der Auslobende unter dem Drucke der Pflichten steht, die das B.G.B. dem bedingt Verpflichteten auferlegt (§§ 160—162). Vgl. Aehnliches oben S. 463 Anm. 1.

als Finder) gehandelt hat, § 657. Das ergiebt sich aus den Schlußworten des § 657, „auch wenn dieser (d. h. der Handelnde) nicht mit Rücksicht auf die Auslobung gehandelt", sie also nicht gekannt hat. Die Art der Auslobung, wie sie z. B. während des Krieges 1870/71 vorkam (Preisaussetzung für denjenigen, der die erste Kanone erobert) ist also verbindlich. Trotzdem steht die Auslobung unter den Verträgen.[1])

Das Recht aus der Auslobung entsteht unabhängig von dem Willen dessen, der die Bedingung erfüllt. Dieser kann daher von der Geltendmachung seines Anspruches gegen den Auslobenden Abstand nehmen, aber er kann nicht einseitig darauf verzichten (Planck II, S. 403, 1c). „Nur durch einen Erlaßvertrag kann dies geschehen."[2])

Die Auslobung kann bis zur Vornahme der Handlung wirksam widerrufen werden, aber nur durch contrarius actus,[3]) „in derselben Weise", wie sie bekannt gemacht worden (Zeitungen, Säulenanschlag), § 658. Auf die Widerruflichkeit kann verzichtet werden. Ein solcher Verzicht liegt im Zweifel schon in der Fristbestimmung für die Vornahme der Handlung und dies ist faktisch die Regel. § 659 spricht die Belohnung bei konkurrirenden Ansprüchen demjenigen zu, der die Handlung zuerst vorgenommen hat; bei gleichzeitiger Vornahme tritt eine Theilung der Belohnung ein, in zweiter Linie entscheidet das Los. Haben mehrere zu dem Erfolge mitgewirkt, so soll die Belohnung nach billigem Ermessen unter Berücksichtigung des Antheils eines jeden an dem Erfolge unter sie vertheilt werden, § 660.

§ 661 behandelt das Preisausschreiben. Ihm ist eigenthümlich, daß eine Fristbestimmung unerläßlich, d. h. zur Gültigkeit erforderlich ist, wodurch der Widerruf fortfällt, § 658 Abs. 2. Eine besondere

---

[1]) Sie ist nach dem Zwecke der Zusicherung, die sie enthält, eine Mischung von Werkvertrag und belohnender Schenkung. Dem ersteren gleicht sie, wenn das Versprechen zur belohnten That antreibt, der letzteren, wenn sie aus anderen Beweggründen geschehen ist. Welcher von beiden Fällen vorliegt, ist in der Praxis oftmals nicht festzustellen, deswegen bedarf es hier eines besonderen Rechtsgeschäftes.

[2]) Vorbereitungsheft.

[3]) Das Vorbereitungsheft setzt hinzu: „oder durch besondere Mittheilung. Dann wird die Auslobung unwirksam; folglich kann dann die Prämie nicht mehr verdient, auch Schadensersatz nicht beansprucht werden (dies scheint gefährlich)". — In diesem Punkte bindet die pollicitatio noch weniger als eine Vertragsofferte, die nicht sofort widerruflich ist, auch nach § 151 der Widerruflichkeit beraubt werden kann, ohne daß die Annahme dem Offerenten erklärt wird.

Bewerbung ist erforderlich. Die Entscheidung erfolgt durch die Preisrichter, welche der Auslobende stellt, oder den Auslobenden selber.[1])

Ein Anspruch auf das Eigenthum am Werke ist dem Auslobenden nicht gewährt, § 661.[2])

§ 88.

Auftrag. (§§ 662—676.)

Die Uebernahme der Besorgung eines Geschäftes wird ganz nach den Regeln des römischen Mandats behandelt und umfaßt nicht blos Rechtsgeschäfte, wie nach preußischem Rechte der Vollmachtsauftrag, sondern auch faktische Geschäfte. Die Ertheilung eines Raths und die Empfehlung machen, wie im römischen Rechte (consilium et commendatio non obligat), nicht haftbar, unbeschadet der sich aus einem Vertragsverhältniß oder einer unerlaubten Handlung ergebenden Verantwortlichkeit, § 676.

§ 662 statuirt, wie im römischen Rechte, den Grundsatz der Unentgeltlichkeit des Auftrages. Dadurch wird das Gebiet des Auftrages viel beschränkter, als nach gemeinem Rechte, und gegenüber dem preußischrechtlichen Vollmachtsauftrage theils enger, theils weiter.

§ 663 ist sedes materiae des indirekten Kontrahirungszwanges, der hier um so mehr auffällt, als doch der Auftrag unentgeltlich ist. Wer sich öffentlich erbietet, ein ärztliches Heilmittel unentgeltlich mitzutheilen, macht sich bei nicht unverzüglicher Ablehnung eines erhaltenen Auftrages unter Umständen schadensersatzpflichtig. Ebenso ein Augenarzt, der öffentlich verspricht, Unbemittelte zu behandeln. Der Paragraph rührt aus einer Zeit her, als der Auftrag noch gegen Entgelt zulässig war und ist nachher, als die Unentgeltlichkeit festgesetzt wurde, nicht gestrichen worden.[3])

---

[1]) Das Vorbereitungsheft bemerkt hierzu: „Diese ist für die Betheiligten verbindlich, daher bei ihr eine Klage zwecklos erscheint". Gemeint ist wohl eine Klage auf Abänderung des gefällten Spruches.

[2]) Das Gegentheil kann zur Bedingung der zugesicherten Leistung gemacht werden, z. B. von Fakultäten, die die Preisarbeiten bei ihren Akten behalten wollen, § 661 Abs. 4.

[3]) Wohl hauptsächlich nicht wegen § 675. Das Vorbereitungsheft bemerkt hierzu: „Bei den entgeltlichen Geschäften des § 675 ist der Kontrahirungszwang eher zu ertragen". Fehlt der Bekanntmachung in erkennbarer Weise der animus obligandi, so kann von einem Kontrahirungszwange nicht die Rede sein.

Schollmeyer folgert aus dem Wortlaute des § 663, daß, auch wer sich zur entgeltlichen Besorgung gewisser Geschäfte öffentlich erbietet oder dazu bestellt ist, antworten muß, auch wenn er zur unentgeltlichen Besorgung eines solchen Geschäftes, z. B. zur unentgeltlichen Prozeßführung, aufgefordert wird. Diese Deduktion entspricht dem Wortlaute, ich möchte aber den Paragraphen einschränkend auslegen.[1])

Der Auftrag ist streng persönlich, § 664. Weder darf der Beauftragte die Ausführung des Auftrages einem Dritten, noch der Auftraggeber den Anspruch auf Ausführung des Auftrags einem Dritten übertragen.

§ 666 setzt die Verpflichtung des Beauftragten zur Auskunft und Rechenschaft gegenüber dem Auftraggeber fest.

Nach § 665 ist der Beauftragte zur Abweichung von den Weisungen des Auftraggebers grundsätzlich nicht befugt; er darf es nur thun, wenn er nach Lage der Umstände die Billigung der Abweichung seitens des Auftraggebers voraussetzen kann.

Vor der Abweichung hat der Beauftragte dem Auftraggeber Anzeige zu machen und dessen Entschließung abzuwarten, wenn nicht Gefahr im Verzuge ist, § 665.

Nach § 667 ist der Beauftragte zur Herausgabe von allem verpflichtet, was er zur Ausführung des Auftrags erhält und aus der Geschäftsbesorgung erlangt. Er muß also auch Geschenke Dritter herausgeben (auch eine sog. „Extraprovision", Reatz).[2])

Auch die Lücken des römischen und gemeinen Rechts wiederholen sich, z. B. hinsichtlich der Frage, ob der Auftraggeber den Schaden, den der Beauftragte bei Ausführung des Auftrages erlitten hat, ersetzen muß. Der Auftraggeber hat nach § 670 nur die Aufwendungen zu ersetzen, die der Beauftragte zum Zwecke der Ausführung des

---

[1]) Die Nachschriften ergeben Ecks Ansicht nicht ganz klar. M. E. wollte er wohl ausdrücken, daß das öffentliche Anerbieten, je nachdem es eine entgeltliche oder eine unentgeltliche Geschäftsbesorgung zugesichert, auch nur in der einen oder andern Art einen indirekten Kontrahirungszwang begründen soll. Das Vorbereitungsheft bemerkt hierzu: „Geschäft ist hier wohl nur eine das Vermögen des Auftraggebers berührende Thätigkeit (Cosack) zu verstehen, z. B. eine Hypothekenvermittelung, ein Arbeitsnachweis, die Einlösung von Coupons." Eck scheint diese Ansicht bei dem mündlichen Vortrage aufgegeben zu haben, wie das Beispiel des Augenarztes im Texte beweist.

[2]) Die zweite Lesung des Entwurfs. S. 307 Anm. 4.

Auftrages macht.[1]) „Die Anträge, über die Verluste des Beauftragten etwas weiteres zu bestimmen, sind in der Kommission abgelehnt worden. Die Motive und Protokolle sind hierzu nicht einleuchtend."[2])

Macht der Beauftragte z. B. zu diesem Behufe eine Reise und verunglückt dabei, so hat er keinen Schadensersatz zu beanspruchen.

Anders liegt die Sache, wenn der Auftraggeber für den Beauftragten von vornherein ein gewisses Risiko übernimmt.[3]) Erhält jemand den Auftrag, in ein brennendes Haus zu eilen, um einen Kasten mit Werthpapieren zu retten, und zieht er sich dabei eine Verletzung zu, so hat ihm der Auftraggeber den Schaden zu ersetzen; denn es handelt sich hier um eine „Aufwendung" seitens des Beauftragten im Sinne des § 670.[4])

Der Auftrag erlischt durch Widerruf des Auftraggebers und Kündigung, § 671.[5]) Doch darf der Beauftragte ohne wichtigen Grund nur in der Art kündigen, daß der Auftraggeber für die Besorgung des Geschäfts anderweit Fürsorge treffen kann und dann nicht, wenn er auf die Kündigung verzichtet hat. Ein wichtiger Grund berechtigt ihn zur Kündigung auch ohne solche Schranken.

Neu ist, daß im Zweifel der Auftrag nicht mit dem Tode des Auftraggebers oder dem Eintritte seiner Geschäftsunfähigkeit erlischt, § 672.[6]) Das galt früher nur im H.G.B. (Art. 54 Abs. 2).

Dagegen erlischt er allerdings mit dem Tode des Beauftragten, § 673. Allein auch dann liegt den Erben die Pflicht ob, die Besorgung des aufgetragenen Geschäftes fortzusetzen, falls der Aufschub Gefahr bringen würde.

---

[1]) Hat ein Kommissionär aus dem Auftrage Schulden übernommen, so kann er nach § 257 nur Befreiung, nicht Bezahlung verlangen. Entsch. d. R.G. Bd. 47 Nr. 27 S. 125, vgl. Dig. XVII, 1 mandati fr. 45 pr. Es folgt dies daraus, daß der rechtliche Schutz eines Interesses in der Regel nicht weiter reicht als dieses.

[2]) Aus dem Vorbereitungshefte.

[3]) Die Nachschriften sind nicht ganz sicher.

[4]) Aber freilich nicht um Aufwendungen „zur Ausführung des Auftrags", sondern um Aufwendungen zur Ausgleichung des Schadens, der bei dieser Ausführung entstanden ist. Eck scheint die Ansicht zu vertreten, daß der Auftraggeber den Ersatz aller solcher Schäden verspricht, die nach menschlicher Voraussicht bei der Ausführung des Auftrages zu erwarten sind. — Daß nicht alle Auslagen „Aufwendungen" sind, betont das Urtheil des Reichsgerichts Bd. 52 Nr. 18 S. 19.

[5]) Ein Beispiel: Entsch. d. R.G. Bd. 53 Nr. 104 S. 416 ff.

[6]) Ueber den Einfluß des Konkurses siehe § 23 K.O. Entsch. d. R.G. Bd. 53 Nr. 83 S. 330.

Den Fall, daß ein Erlöschungsfall eingetreten, aber nicht zur Kenntniß des Beauftragten gelangt ist, regelt § 674. Auch nach dem Erlöschen des Auftrages aus anderen Gründen als Widerruf, gilt der Auftrag zu Gunsten des Beauftragten als fortbestehend, bis er von dem Erlöschen Kenntniß erlangt. Im Verhältniß zu Dritten bestimmt § 169, der auf § 674 Bezug nimmt, daß der Dritte, der mit dem Beauftragten nach Erlöschen des Auftrags (und der damit verbundenen Vollmacht) Rechtsgeschäfte abschließt, nur dann gedeckt ist, wenn er das Erlöschen der Vollmacht nicht kannte, noch kennen mußte (argumentum e contrario).

§ 89.

Geschäftsführung ohne Auftrag. (§§ 677—687.)

Die Geschäftsführung ohne Auftrag deckt sich im Wesentlichen mit der gemeinrechtlichen negotiorum gestio. Der § 677 definirt sie als Geschäftsbesorgung für einen anderen ohne Auftrag oder sonstige Berechtigung dazu (damit soll eine Geschäftsführung kraft Amtes ausgeschlossen werden).

Die Hauptobligation für den Geschäftsführer besteht darin, das Geschäft so zu führen, wie das Interesse des Geschäftsherrn mit Rücksicht auf dessen wirklichen oder muthmaßlichen Willen es erfordert. Maßgebend ist also die subjektive Beurtheilung der Sachlage, nicht die objektive, wie es Wächter für das gemeine Recht will. Daher fällt unter den § 677 die Einzahlung von Raten für einen anderen, der in der Lotterie spielt; die objektive Beurtheilung würde zu einem anderen Ergebnisse führen.[1])

Die praktische Konsequenz zieht § 678, der den Geschäftsführer, auch ohne sein Verschulden, schadensersatzpflichtig macht, wenn die Uebernahme der Geschäftsführung mit dem wirklichen oder dem muthmaßlichen Willen des Geschäftsherrn in Widerspruch steht. Nur dann ist nach § 679 der subjektive Wille des Geschäftsherrn nicht maßgebend,

---

[1]) Eck geht offenbar davon aus, daß das Lotteriespielen unvortheilhaft (also objektiv tadelnswerth) ist, aber hier dem Spieler erwünscht und deshalb (subjektiv) erlaubt erscheint. Der objektive Standpunkt engt also den Kreis der dem Geschäftsführer gestatteten Geschäfte ein, indem er dem Geschäftsherrn gestattet, den Vollstrecker seiner unverständigen Wünsche zu verleugnen. In anderer Hinsicht dehnt er aber diesen Kreis auf alle vortheilhaften, aber unerwünschten Geschäfte aus. In dieser Richtung läßt er die negotiorum gestio zu einer Bevormundung der Abwesenden durch zudringliche Mitmenschen ausarten.

wenn ohne die Geschäftsführung eine Pflicht des Geschäftsherrn, deren Erfüllung im öffentlichen Interesse liegt, — z. B. die Zahlung von Steuern oder eine Leichenbestattung oder eine Wegebesserung — oder eine gesetzliche Unterhaltungspflicht des Geschäftsherrn nicht rechtzeitig erfüllt werden würde. Dieser Paragraph ist immerhin noch eng gefaßt: wenn jemand z. B einen Selbstmörder wider seinen Willen vom Tode rettet und für ihn eine Droschke holen läßt, so fällt dies eigentlich nicht unter den genannten Paragraphen.[1])

Der Geschäftsführer haftet wie ein Beauftragter für jede Fahrlässigkeit, handelt es sich um die Abwendung einer dringenden Gefahr, so haftet er nach § 680 nur für Vorsatz und grobe Fahrlässigkeit. Ein Geschäftsführer, der geschäftsunfähig oder in der Geschäftsfähigkeit beschränkt ist, haftet nach § 682 nur wegen unerlaubter Handlungen und aus ungerechtfertigter Bereicherung, nicht darüber hinaus.

Die Gegenobligation ist in § 683 dahin bestimmt, daß der Geschäftsführer, wenn die Uebernahme der Geschäftsführung dem Interesse und dem Willen des Geschäftsherrn entspricht, wie ein Beauftragter Ersatz seiner Aufwendungen verlangen darf. Unter dieser Voraussetzung ist ein glücklicher Erfolg seiner negotiorum gestio nicht erforderlich. Wenn also z. B. das reparirte Gebäude vom Blitz getroffen wird, so kann der Geschäftsführer doch Ersatz seiner Aufwendung verlangen. Hält sich der Geschäftsführer nicht an die subjektive Richtschnur des § 683, so kann er zwar nicht Ersatz seiner Aufwendungen, wohl aber Herausgabe der ungerechtfertigten Bereicherung von dem Geschäftsherrn verlangen, sofern nicht eine Genehmigung des Geschäftes vorliegt, § 684.

Hatte er nicht die Absicht, von dem Geschäftsherrn einen Ersatz zu verlangen, so steht ihm nach § 685 ein solcher Anspruch nicht zu. Gewähren Eltern oder Voreltern ihren Abkömmlingen Unterhalt oder umgekehrt, so wird der animus donandi vermuthet,[2]) § 685 Abs. 2 (wie in den Pandekten).

Hinzugefügt ist, daß ein Irrthum über die Person des Geschäftsherrn unerheblich ist, § 686.

Einen Anspruch auf Vergütung, wie ihn die Doktrin postulirt hat, hat der Geschäftsführer nicht. (Meisner folgert das Gegentheil aus

---

[1]) Es bleibt zweifelhaft, ob Eck diese Entscheidung trifft, weil in vorliegendem Falle keine Rechtspflicht vorliegt oder weil er das öffentliche Interesse vermißt. In beiden Punkten läßt sich eine minder strenge Auffassung vertreten.

[2]) oder auch die Absicht, eine Unterhaltspflicht zu erfüllen.

dem Worte „Aufwendungen".)[1]) Eine Dienstleistung giebt also nur soweit einen Ersatzanspruch, als sie eine Aufwendung in sich enthält. Indessen gewähren in einzelnen solchen Fällen Spezialvorschriften einen solchen Anspruch (Fundlohn, Bergelohn). Er besteht nicht einmal bei Lebensrettung, wenn ein Führer in den Alpen einen Bewußtlosen heimbringt, bei Vertheidigung gegen Räuber oder Feuersgefahr u. dergl.[2]) Anders liegt die Sache, wenn die Thätigkeit in die Erwerbssphäre des Geschäftsführers fällt, z. B. in den Berufskreis eines Arztes oder Rechtsanwaltes (l. 1 § 10 Dig. L, 13). Dann hat man die Vergütung unter den Begriff der Aufwendungen zu bringen gesucht. So in dem Falle in Seufferts Archiv (Band 46 Nr. 186), in dem ein Arbeiter bei einem Brande Petroleumfässer rettet (vor dem Erlaß des Binnenschifffahrtsgesetzes entschieden) und in dem anderen Falle des Band 50 Nr. 15, in dem bei einem Fabrikbrande die Arbeiter eine Menge Gegenstände in Sicherheit bringen und von der Versicherungsanstalt dafür Vergütung beanspruchen. Das Reichsgericht hat diesen Anspruch anerkannt, da ein Irrthum über die Person des Geschäftsherrn unerheblich ist und der Anspruch selber unter den Begriff der „Aufwendungen" fällt. Es war dies m. E. eine etwas gewaltsame Interpretation dieses Begriffes.[3])

Wer ein fremdes Geschäft in der Meinung, es sei sein eigenes, besorgt, ist nicht negotiorum gestor; sein Verhältniß zu dem anderen regelt sich wechselseitig nach den Vorschriften über ungerechtfertigte Bereicherung, § 687 Abs. 1. „So wenn Jemand kraft einer Pfändung eine Sache verkaufen läßt, die dem Schuldner nicht gehörte." Hat Jemand wider besseres Wissen ein fremdes Geschäft als sein eigenes behandelt, z. B. eine fremde Sache verkauft,[4]) so ist er dem Geschäfts-

[1]) d. h. er giebt einen Anspruch auf Vergütung, Kommentar zu § 683 Anm. 4.

[2]) Die Gebote der Sittlichkeit rechtfertigen also, wenn sie erfüllt werden, für sich allein den Anspruch nicht.

[3]) Wenn hier auch die ausdehnende Auslegung des Wortes „Aufwendung" etwas gewagt erscheint, so läßt sich doch aus dem Zwecke des Gesetzes eine Analogie rechtfertigen. Wo der Geschäftsführer einen bezahlten Arbeiter verwenden darf, da darf er auch selbst die Rolle dieses Arbeiters übernehmen. Sonst würde das Gesetz ihn veranlassen, durch Herbeiholung eines anderen die Geschäftsausführung zu verzögern, was dem Interesse des Herrn sicherlich nicht entspräche. Der Lohn erscheint hier wie ein Aequivalent der dem Herrn ersparten Auslagen.

[4]) Ein anderes Beispiel giebt das Reichsgericht Entsch. Bd. 46 Nr. 56 S. 18. Wer unberechtigt ein patentirtes Verfahren feilbietet, ist dem Patentinhaber zur Rechnungslegung verpflichtet. Vgl. auch Entsch. Bd. 46 Nr. 6 S. 18.

herrn nach § 687 Abs. 2 zum Schadensersatze oder zur Herausgabe der Bereicherung verpflichtet und kann von dem Geschäftsherrn als Geschäftsführer in Anspruch genommen werden.

§ 90.

Verwahrungsvertrag.

(von Schey, Die Obligationsverhältnisse, Bd. I Heft 2. Wien 1895. S. 281—394.)[1])

Die §§ 688—700 stimmen im Wesentlichen mit dem bisherigen Rechte überein. Daß der Verwahrungsvertrag vom Gesetze als Realkontrakt gedacht ist, ergiebt sich aus § 688;[2]) die Uebergabe ist als Ursprung der Obligation gemeint.[3])

Der vierte römische Realkontrakt (Pfandvertrag) ist im Sachenrecht (§§ 1215 ff.) behandelt. Auch bei ihm besteht eine Verwahrungspflicht.

Die technischen Ausdrücke sind bei dem Verwahrungsvertrage „Verwahrer“ und „Hinterleger“.

Der Vertrag kann nach § 689 auch entgeltlich sein, wie im preußischen Rechte (anders das gemeine Recht), und diese Entgeltlichkeit kann selbst stillschweigend vereinbart sein. So bei dem verschlossenen Bankdepot, dem Lagerhausgeschäfte,[4]) der Garderobe im Theater.

Bei Entgelt hat der Verwahrer jedes Verschulden zu vertreten; bei Unentgeltlichkeit haftet er nach § 690 nur für diligentia quam in suis. Hiernach ist die Haftung schärfer als im gemeinen Rechte, wo er nur culpa lata zu prästiren hat.[5])

Nach gemeinem und preußischem Rechte (§§ 363, 364 I. 16) war dem Verwahrer die Kompensation versagt; dies hat das B.G.B. gestrichen.

---

[1]) Neuere Litteratur s. bei Crome II § 275 S. 741.

[2]) Vgl. oben S. 505.

[3]) Der Wortlaut des B.G.B. ließe sich auch auf eine Uebergabe nach dem Vertragschlusse beziehen.

[4]) Aber nicht bei einer solchen Lagermiethe, bei der dem Herrn der hinterlegten Waaren die Räumlichkeiten zur Alleinbenutzung überwiesen werden. Letzteres ist das unterscheidende Kennzeichen der Sachmiethe gegenüber der entgeltlichen Verwahrung.

[5]) Das Gesetz bestimmt also, daß man fremde Sachen 1. nicht schlechter behandeln soll als die eigenen und 2. nicht besser zu behandeln braucht als diese. Der letztere Satz ist wegen § 277 völlig unbedenklich.

Die Hauptpflichten hat der Verwahrer. Er hat die Sache aufzubewahren, § 688. Er darf sie nicht bei einem Dritten hinterlegen (§ 691), aber wenn ihm dies gestattet ist, so braucht er nur ein bei dieser Hinterlegung zur Last fallendes Verschulden zu vertreten. Endlich darf er die vereinbarte Art der Aufbewahrung nur dann ändern, wenn er annehmen kann, daß der Hinterleger bei Kenntniß der Sachlage die Aenderung billigen würde, § 692.

Der Hinterleger kann die Sache jederzeit zurückfordern (§ 695); er muß sie aber abholen, § 697 (Holschuld). Verwendet der Verwahrer hinterlegtes Geld für sich, so hat er es zu verzinsen, § 698.

Die Gegenleistung bestimmt § 693: Der Verwahrer kann Ersatz der Aufwendungen verlangen, die er den Umständen nach für erforderlich halten darf. Desgleichen nach § 694 Ersatz des Schadens, der ihm aus der Beschaffenheit der hinterlegten Sache erwächst, außer wenn der Hinterleger die gefahrdrohende Beschaffenheit der Sache weder kannte noch kennen mußte oder wenn sie dem Verwahrer angezeigt oder ohne Anzeige bekannt war.

War keine Frist für die Aufbewahrung bestimmt, dann kann der Verwahrer jederzeit die Rücknahme verlangen, sonst nur aus einem wichtigen Grunde, § 696. In § 699 ist bestimmt, wann die vereinbarte Vergütung zu entrichten ist, nämlich postnumerando.[1])

Von praktischer Wichtigkeit ist das irreguläre Depositum (§ 700), die Verwahrung von vertretbaren Sachen, die der Verwahrer zu Eigenthum erhält, mit der Verpflichtung, sie in genere zurückzugeben. Dieses Depositum ist nicht Darlehn, wie im preußischen Rechte,[2]) aber von zwei Ausnahmen (Zeit und Ort der Rückgabe) abgesehen, den Regeln vom Darlehn unterworfen. Man kann es daher auch fernerhin statt irreguläres Depositum deutsch „darlehnsartigen Verwahrungsvertrag" nennen.[3]) Ebenso

---

[1]) Vgl. § 320.

[2]) Dies erklärt sich daraus, daß mit dem Wegfalle des Unterschiedes der judicia stricta und der judicia bonae fidei auch der Hauptzweck der römischen Unterscheidung des mutuum und des depositum irregulare weggefallen war.

[3]) Streitig ist, ob das Geschäft des § 700 mit Eck als darlehnsartige Verwahrung oder als verwahrungsartiges Darlehn zu bezeichnen ist. Vgl. einerseits Crome II, 277 Anm. 1 zu dieser von ihm so genannten offenen Verwahrung: „der Geschäftszweck ist nicht Leihen, sondern Verwahrung", und andererseits Ebert in Fischer-Henles Handausgabe zu § 700: „ein depositum irregulare als besonderes Rechtsinstitut wird nicht anerkannt". Praktische Folgen ergeben sich aus diesem Wortstreite nicht. Ein Darlehn, bei dem die Kündigungsfristen (§ 609) und die

auch dann, wenn der Hinterleger dem Verwahrer nur gestattet hat, die hinterlegte vertretbare Sache zu verbrauchen und der Verwahrer sie sich wirklich angeeignet hat, § 700 Abs. 1 S. 2. Natürlich hat nach den Darlehnsregeln der Verwahrer das Eigenthums- und Gebrauchsrecht, „aber auch bei zufälligem Untergange der Sachen die Pflicht zur Rückgewähr", jedoch erst von dem Zeitpunkte ab, wo er sich die Sache aneignet. Andererseits hat der Hinterleger lediglich eine Forderung auf Rückgewähr, also im Konkurse kein Aussonderungsrecht und im Strafrecht keinen Schutz gegen Unterschlagung.[1])

Da sich Zeit und Art der Rückgabe nach den Vorschriften über den Verwahrungsvertrag bestimmen, so giebt es keine Kündigung und die Schuld ist nicht Bringschuld (§ 697), sondern eine Holschuld. Folglich geschieht die Rücksendung der verwahrten Sachen auf Kosten und Gefahr des Hinterlegers. Schon eine Entscheidung des Reichsgerichts stellte (Band 23 Nr. 17 S. 95) bezüglich eines einem Berliner Bankier anvertrauten depositum irregulare (10 000 M.), das bei der Rücksendung durch die Post verloren gegangen war, fest, daß die Rücksendung in solchem Falle auf Kosten und Gefahr des Hinterlegers erfolgt. Der Bankier, der die gehörige Absendung beweist, soll sogar dann frei werden, wenn der abgesandte Werthbrief bei der Ankunft nur altes Druckpapier enthält, das unterwegs an die Stelle der abgeschickten Werthpapiere gelegt worden ist.

Einige Punkte sind aber noch näher zu bestimmen und zwar ist dies um so wichtiger, weil nach dem Bankdepotgesetze vom 5. Juli 1896 das irreguläre Depot häufiger geworden ist als das reguläre.

Rücksendungspflicht (§ 372) ausdrücklich ausgeschlossen werden, gleicht dem Geschäfte des § 700, mag man dieses nennen wie man will, ebenso wie ein Ei dem andern. Allerdings sträubt sich das Sprachgefühl dagegen, von Verwahrung zu reden, wenn jemand Geld hingiebt, nicht um es für sich selbst sicher zu stellen, sondern um dem Empfänger einen Vortheil zuzuwenden. Man wird dann immer von Darlehn sprechen, auch wenn Zeit und Ort der Rückgabe durch Vertrag nach dem Vorbilde des Verwahrungsvertrages bestimmt werden. Ob nun schließlich hier die überlieferte volksthümliche oder die juristisch-technische Redeweise siegreich sein wird, kann der weiteren Entwickelung überlassen bleiben. Als praktischen Kern des § 700 müssen wir aber die Vorschrift herausheben, daß überall, wo vertretbare Sachen zum Eigenthume mit Rückgabepflicht hingegeben werden und dabei ein Verwahrungszweck erkennbar ist, die §§ 609 und 372 ausgeschlossen sind, während im Uebrigen das Recht des Darlehns anzuwenden ist.

[1]) Ebenso das Urtheil des Reichsgerichts Entsch. Bd. 52 Nr. 54 S. 203.

1. Das Anwendungsgebiet des depositum irregulare ist absichtlich abgegrenzt worden, enger als im bisherigen Rechte durch das Erforderniß einer doppelten Vereinbarung:

a) daß das Eigenthum der hinterlegten Sachen auf den Verwahrer übergehe und

b) dieser Sachen von gleicher Art, Güte und Menge zurückzugewähren hat, während nach dem zweiten Entwurfe (§ 640) nur die letztere Vereinbarung allein zur Annahme des irregulären Depositum genügt.

c) Bei Werthpapieren ist diese Vereinbarung ausdrücklich, d. h. klar und bestimmt zu treffen, § 700 Abs. 2 (in den Entwurf II auf Veranlassung der Aeltesten der Berliner Kaufmannschaft aufgenommen). Ein bloßer Hinweis auf § 700 würde nicht genügen. Durch das Erforderniß der Ausdrücklichkeit soll dem Verwahrer die Berufung auf stillschweigende Einräumung oder auf Usancen abgeschnitten sein.

Es macht also die Bestimmung der Rückgewähr in genere für sich allein und ohne die Abrede, daß das Eigenthum auf den Verwahrer übergehen soll das Depositum noch nicht irregulär.[1]) So wenn der Verwahrer von Werthpapieren nur die Haftung für die Identität der Nummernidentität wegbedungen, sich also das Recht vorbehalten hat, den hinterlegten Stücken andere Nummern zu substituieren. Das wäre dann ein Summendepot statt des Nummerndepots. Ja auch, wenn der Verwahrer verschiedene Depots zusammenwerfen darf (Vermengungs- oder Sammeldepot), so wäre der Verwahrungsvertrag noch immer kein irregulärer. So z. B. wenn ein Lagerhalter das Petroleum, Getreide und dergl. von mehreren Einlagerern vermengen darf (Vermengungsdepot). In letzterem Falle werden, wenn es sich um gleichartige Sachen verschiedener Hinterleger handelt, diese Miteigenthümer. Jeder von ihnen bleibt dinglich berechtigt, der Lagerhalter wird nicht Eigenthümer, die einzelnen Hinterleger haben eine vindicatio quantitatis.

Aber auch bei Werthpapieren ist dies möglich. Nach Entw. II. sollte schon die bloße generische Rückgewährspflicht das Depositum dahrlehnsartig machen. Aber nach den Ausführungen der Professoren Strohal (auf dem 22. Jur.-Tage, IV S. 192) und von Schey a. a. O. ist

[1]) Das Reichsgericht nimmt an (Entsch. Bd. 52 Nr. 54 S. 205), daß der Eigenthumsübertragungswille nicht einmal dann zu vermuthen ist, wenn der Empfänger ermächtigt wird, über die hinterlegten Papiere zu seinem Nutzen zu verfügen.

bei der Revision des Entwurfes als weiteres Erforderniß die Abrede des Eigenthumsüberganges auf den Verwahrer aufgestellt worden. Also bleibt bei bloßer generischer Rückgewährspflicht das Depot immer noch ein reguläres, reelles, nur mit Modifikationen.[1])

Das ist ein Verhältniß, wie es das Reichsgericht schon jetzt (Bd. 21 S. 34) für die sogen. Giro-Effektendepots des Berliner Kassenvereins angenommen hat. Es entsteht ein Miteigenthum mit quantitativer Bestimmtheit.[2])

„Ebenso wenig aber wie die Ausbedingung generischer Rückgewähr ohne Eigenthumsübergang ein Depositum irregulär macht, so auch nicht umgekehrt."[3]) Die Abrede des Eigenthumsüberganges allein ohne die der generischen Rückgewähr schafft noch kein darlehnsartiges depositum, z. B. wenn das Eigenthum nur fiduziarisch auf den Verwahrer übertragen ist, um ihn in den Stand zu setzen, ein Bezugs- oder Stimmrecht auszuüben. Wohl aber ist die zum irregulären Depositum erforderliche Vereinbarung vorhanden, bei den Hinterlegungen von Geld nach dem preußischen Gesetze vom 14. März 1879, z. B. durch Uebernahme des Geldes, Einreichung der Werthpapiere in den Bestand des Verwahrers. Bei Werthpapieren muß auch hier Ausdrücklichkeit der Eigenthumsüberlassung hinzukommen.

2. Nach § 117 Abs. 1 Satz 2 wird dadurch, daß dem Verwahrer nur gestattet ist, die hinterlegten Sachen zu verbrauchen, das depositum noch nicht darlehnsartig. Dies tritt vielmehr erst mit dem Augenblicke ein, in dem die Aneignung wirklich stattfindet.

3. Noch mehr eingeengt als durch den § 700 ist das Depot durch das Bank-Depotgesetz vom 5. Juli 1896. Nach § 2 dieses Gesetzes wird die Ermächtigung des Verwahrers, an Stelle hinterlegter Werth-

---

[1]) Diese Verbesserung der zweiten Lesung im Texte des B.G.B. ist weniger eine Abweichung im Grundgedanken als eine Folge davon, daß man den seltenen Fall, in dem Rückgabe der Gattung nach ohne Eigenthumsübergang versprochen wird, zunächst übersah. Daß der Empfänger, so lange als er dem Geber das Eigenthum nicht entzieht, ihm die Gefahr nicht abzunehmen braucht, leuchtet ebenso sehr ein wie seine Pflicht, dem fremden Eigenthume gegenüber die Obliegenheiten des Verwahrers zu tragen.

[2]) Hier wird dem Geber sein Alleineigenthum nur in dessen juristischer Form entzogen, nicht dem Werthe nach; denn er erhält einen vollen Ersatz dafür in einem Miteigenthumsantheile.

[3]) Vorbereitungsheft.

papiere gleichartige zurückzugewähren, bei Kaufleuten, die im Betriebe ihres Handelsgewerbes Werthpapiere unverschlossen in Verwahrung aufnehmen,[1]) nur gültig, wenn sie a) ausdrücklich, b) schriftlich und c) für jedes einzelne Geschäft besonders erfolgt. Dies jedoch nur, sofern der Hinterleger nicht gewerbsmäßig Bank- und Geldwechslergeschäfte treibt.

Ist dies der Fall, so fallen gewisse, im § 1 des Gesetzes für derartige Verwahrer angeordnete gewerbepolizeiliche Verpflichtungen (zur gesonderten Aufbewahrung und zur Nummerneintragung in ein besonderes Handelsbuch, Depotbuch) fort. Die Formvorschriften für das kaufmännische depositum irregulare, d. h. ein solches, bei dem ein Kaufmann der Verwahrer ist, sind also strenger als für das gewöhnliche.

„Nach meiner Meinung geht aber trotz des § 700 B.G.B. mit der gültigen Ermächtigung des Hinterlegers zur Rückgewähr in genere das Eigenthum an einem solchen kaufmännischen depositum irregulare auf den Verwahrer über. A. M. Rießer, der scharfsinnigste Kommentator des Reichsbankgesetzes, und andere. Ich vermag mich dem nicht anzuschließen. Es braucht auch bei generischer Rückgewährungspflicht der Uebergang des Eigenthums durchaus nicht im Sinne der Parteien zu liegen. So läßt z. B. bei dem Giro-Effektendepot des Berliner Kassenvereins dieser sich einerseits die Ermächtigung geben, an Stelle der hinterlegten Papiere andere gleichartige zurückzugewähren, andererseits aber laut seinen Statuten das Eigenthum nicht übertragen. Sodann verlangt doch nun einmal § 700 des B.G.B. zum darlehnsartigen Depositum nicht bloß, daß der Verwahrer in genere zu restituiren haben soll. Nur das letztere liegt in der Ermächtigung zur Rückgewähr gleichartiger Werthpapiere, dagegen das erstere, der Eigenthumsübergang, nicht. Vielmehr kann man jene Ermächtigung nur als Gestattung zum Verbrauch der Papiere deuten. Die Folge ist daher, daß, solange der Verwahrer davon noch keinen Gebrauch gemacht hat, die Papiere vielmehr noch gesondert bei ihm liegen, auch das Eigenthum dem Hinterleger verbleibt.“[2])

---

[1]) Vorbereitungsheft: „Dann fällt das Formerforderniß des Bankdepotgesetzes weg, und das Erforderniß des B.G.B., das Ausdrücklichkeit verlangt, ebenfalls, weil ein Handelsgeschäft vorliegt.“

[2]) Aus dem Vorbereitungshefte.

§ 91.

Einbringung von Sachen bei Gastwirthen. (§§ 701—704.)

Ungeachtet des Protestes der Hotelwirthe ist die römische Haftung ex recepto, wenn auch in gemilderter Form, im B.G.B. beibehalten. Es gilt auch in Zukunft nach § 701, daß Gastwirthe, welche gewerbsmäßig Fremde beherbergen, bezüglich der Sachen, die der Gast eingebracht hat, für Verlust und Beschädigung haften. Sie haften omni modo, ohne eigenes Verschulden, sogar für Zufall, l. 3 § 1 D. naut. 4. 9. Nur dann fällt die Haftung weg, wenn die Ursache der Beschädigung von dem Gaste, einem Begleiter dieses oder einer Person, die er bei sich aufgenommen hat, oder durch die Beschaffenheit der Sache oder durch höhere Gewalt herbeigeführt ist, § 701 Abs. 1 Satz 2. Letzterer Begriff tritt hier zum zweiten Male auf, vgl. § 203.[1])

Die Haftung des Gastwirths kann ausgeschlossen werden, aber nicht durch bloßen Anschlag des Gastwirths, was im gemeinen Rechte streitig war, § 701 Abs. 3.

Abschwächungen dieser Haftung sind:

1. Für Geld, Werthpapiere und Kostbarkeiten haftet nach § 702 der Gastwirth (nach dem Vorbilde eines französischen Gesetzes) nur bis zu 1000 Mark. Diese Schranke fällt nur dann fort, wenn der Gastwirth diese Sachen als Werthsachen zur Aufbewahrung übernimmt oder die Aufbewahrung ablehnt oder der Schaden von ihm oder seinen Leuten verschuldet wird.

2. Der Gast hat dem Gastwirth im Falle eines Verlustes oder einer Beschädigung unverzüglich Anzeige zu machen, damit dieser die Angaben prüfen und geeignete Ermittelungen vornehmen kann, widrigenfalls sein Anspruch erlischt. Der Beweis für die unterbliebene Anzeige wird, trotz seiner Schwierigkeit, vom Wirthe zu erbringen sein, § 703.[2])

---

[1]) Das Reichsgericht regt den Gedanken an, daß der Begriff der höheren Gewalt (s. oben S. 199 ff.) hier möglicher Weise ein anderer sei, als bei der Haftpflicht der Eisenbahnen (Entsch. Bd. 44 Nr. 9 S. 31). Hierin dürfte der eigentliche Schlüssel zum Verständnisse dieses schwankenden Begriffes liegen. Höher ist eine Gewalt, wenn sie über derjenigen Gewalt liegt, die in einem bestimmten Falle eine Haftung rechtfertigt. Unter welchen Bedingungen aber letzteres anzunehmen ist, bleibt jedesmal besonders zu untersuchen, wo von einer „höheren Gewalt" die Rede ist. Hieraus ist das oben Gesagte zu ergänzen. Vgl. S. 201 Anm. 1 u. 2 das von Endemann und Crome Behauptete.

[2]) Dafür spricht allerdings der Wortlaut des Gesetzes, doch wird die freie Beweiswürdigung helfen können.

3. Der § 704 statuirt ein Pfandrecht des Gastwirths an den eingebrachten Sachen des Gastes und gehört daher eigentlich ins Pfandrecht. Er entspricht dem § 41 Nr. 5 der alten K.O. (für den Konkurs) und dem § 7 A.G. z. K.O. vom 6. März 1879 (außerhalb des Konkurses).

Die nautae und stabularii (die Stallwirthe, Inhaber von Ausspannungen) des prätorischen Edikts sind im B.G.B. nicht berücksichtigt, erstere nicht, weil ihre Verhältnisse im H.G.B. und im Binnenschifffahrtsgesetze (vom 15. Juni 1895) geregelt sind, letztere nicht, weil sie, nach der Entwickelung des Stallwirthswesens, auf Beaufsichtigung nicht eingerichtet sind.[1]) Ist die Herrschaft mit aufgenommen, so haften sie als Gastwirthe und dann finden auch für die Pferde u. s. w. die §§ 701—704 Anwendung.

§ 92.

Gesellschaft. (§§ 705—740.)

Das Recht der Gesellschaft ist um so wichtiger, weil es tief in das Handelsrecht eingreift; denn die ganze bisherige Gelegenheits-Gesellschaft des H.G.B. (Buch III Tit. 2) geht fortan in die Gesellschaft des B.G.B. auf. Auch das Recht der offenen Handelsgesellschaft ist großentheils übernommen aus dem Handelsgesetzbuche in das B.G.B. und ist in soweit aus dem revidirten H.G.B. weggeblieben, hört also auf, Sonderrecht zu sein und gilt auch für die offene Handelsgesellschaft, soweit nicht der Abschnitt von der offenen Handelsgesellschaft (§§ 105—160) etwas anderes bestimmt. Die Punkte, in denen das H.G.B. etwas anderes bestimmt, als das B.G.B., sind weniger zahlreich als bisher, weil viele der bisherigen Sätze generalisirt sind, z. B. Art. 102 Abs. 2 des alten H.G.B.

Der Begriff der Gesellschaft ist unverändert geblieben; es ist ein Vertrag, durch den eine oder mehrere Personen für einen gemeinsamen Zweck[2]) Leistungen zu machen sich verpflichten, § 705. Eine bestimmte Form für den Gesellschaftsvertrag ist nicht vorgeschrieben, die Schriftlichkeit des A.L.R. also fortgefallen.[3]) Auch im B.G.B. ist der Zweck

---

[1]) So der nachgeschriebene wahrscheinlich entstellte Text.

[2]) Gemeint ist „ein Zweck, der jedem von ihnen vortheilhaft erscheint." Wer sich verpflichtet, die Befriedigung fremder Bedürfnisse im Verein mit dem Bedürftigen zu unterstützen, ist kein Gesellschafter.

[3]) Der Abschluß des Gesellschaftsvertrages kann sich auch als die Erfüllung

der Gesellschaft am häufigsten Gewinn;[1]) es kann aber auch jeder andere erlaubte Zweck sein. Die einzige Schranke zieht der § 310 mit seinem Verbote der societas omnium bonorum, die im preußischen Rechte unter Eheleuten zugelassen ist.

Das Rechtsverhältniß, das auf Grund des Gesellschaftsvertrages entsteht, ist bekanntlich in den bisherigen Rechten vielen Zweifeln unterworfen. Nach römischem und gemeinem Rechte ist das Recht der Gesellschaft im Gegensatz zur Korporation als rein obligatorisches Verhältniß unter den Gesellschaftern gestaltet und darum dem bei der Korporation bestehenden extrem entgegengesetzt. Es giebt kein Gesellschaftsvermögen im Rechtssinn. Was man so nennen kann, ist stets unter die socii getheilt und nach Bruchtheilen (= ideell) ziffernmäßig bestimmt. Juristisch ist es also eine Summe von Bestandtheilen von Einzelvermögen und jeder einzelne Sozius ist nur obligatorisch verpflichtet, sich der Verfügung über seinen Antheil zu enthalten und nicht nach Belieben Realtheilung zu verlangen. Dagegen kann ein Dritter den Antheil des Gesellschafters ohne Rücksicht auf die Gesellschaft in Anspruch nehmen. Eine Theilung des Vermögens tritt ein, wenn ein Sozius seinen Antheil an einem Aktivum veräußert oder der Privatgläubiger eines Sozius ein solches zum Gegenstande einer Zwangsvollstreckung macht. Dieses System der Gemeinschaft nach gesonderten Bruchtheilen läßt den Einzelnen möglichst selbstständig, aber es macht zugleich die Gesellschaft unselbstständig und die Erreichung ihres Zweckes abhängig von der Vertragstreue und der Oekonomie der einzelnen.

Diese Konstruktion hat das A.L.R. zuerst abgewiesen und an ihre Stelle das deutschrechtliche Prinzip der gesammten Hand gesetzt, nach dem das Gesellschaftsvermögen ungetheilt als ein Gesammtgut den Gesellschaftern gemeinschaftlich gehört, so daß dadurch eine Mittelfigur zwischen der römischen societas und der Korporation geschaffen ist.[2]) Noch weiter in der Verselbständigung des Gesellschaftsvermögens

---

eines Vorvertrages darstellen, in dem sich jemand verpflichtet hat, eine Gesellschaft mit einem anderen zu dessen Gunsten herzustellen. Dieser Vorvertrag kann aber auch als Versprechen einer Leistung an einen Dritten vorkommen. Vgl. Entsch. d. R.G. Bd. 47 Nr. 18 S. 83. (So bei einer Schlachthausordnung, die die Beitrittsbedingungen für eine Metzgergenossenschaft geregelt hatte.)

[1]) Im engeren Sinne, d. i. Mehrung des Vermögens. Der weitere Sinn: „Befriedigung eines Bedürfnisses" umfaßt alle denkbaren Zwecke.

[2]) Diese Gesetzgebungspolitik festigt die gemeinsamen Unternehmen und dient dadurch vornehmlich dem Mittelstande, dessen Gliedern die Kapitalkraft zu Einzelunter-

und in seiner Annäherung an das Korporationsgut geht das H.G.B. bei der offenen Handelsgesellschaft und der Kommanditgesellschaft, namentlich dadurch, daß es der Handelsgesellschaft eine formelle Persönlichkeit verleiht, sie fähig macht, unter ihrer Firma zu erwerben und Schulden zu machen, Prozeßpartei zu sein und einen selbstständigen Konkurs über das Gesellschaftsvermögen zuläßt, vgl. § 209 der neuen K.O.

Wie stellt sich nun das B.G.B.?

Der erste Entwurf stand noch ganz auf dem römischen Boden, das B.G.B. steht dem A.L.R. näher als dem H.G.B. Es geht nicht so weit wie dieses. Sein Grundgedanke ergiebt sich aus § 718. Das Gesellschaftsvermögen, das aus den Beiträgen, den Einnahmen aus der Geschäftsführung und aus ihren Surrogaten gebildet wird, steht zwar nicht im Eigenthume der Gesellschaft — diese ist kein Rechtssubjekt —, es ist gemeinschaftliches Vermögen der Gesellschafter, die des Vermögens Subjekte sind und denen in § 719 wie im H.G.B. Antheile zugeschrieben werden. Diese Antheile sind aber nicht Bruchtheile, nicht ziffernmäßig bestimmt,[1]) sondern gewissermaßen latent und während der Dauer der Gesellschaft an einander gebunden.

Das Gesellschaftsvermögen dient den Zwecken der Gesellschaft und erscheint als eine universitas juris, eine in ihren Bestandtheilen verwandelbare Aktivmasse, die von dem Privatvermögen der Gesellschafter geschieden ist, wie dies schon im Eingange dieses Paragraphen ausgeführt worden ist. Die Hauptkonsequenz zieht § 719, welcher bestimmt, daß ein Gesellschafter über seinen Antheil am Gesellschaftsvermögen und an den einzelnen dazu gehörigen Gegenständen nicht verfügen und auch nicht Theilung verlangen darf; vielmehr können die Gesellschafter nach § 709 grundsätzlich über Gesellschaftsaktiva nur gemeinsam verfügen (mit gesammter Hand). Eine weitere Konsequenz[2]) zieht § 725: Der

---

nehmen fehlt. Daneben giebt sie aber auch dem Großkapital ein Mittel zur Steigerung seiner Macht durch Trusts und dergl.

[1]) Dies bezieht sich nicht auf die Antheile am Gewinne, die allerdings ziffernmäßig bestimmt sind, § 722, und von denen die ebenfalls ziffernmäßigen Antheile an der endgültigen Vertheilungsmasse des § 734 abhängen.

[2]) Es läßt sich sehr wohl darüber streiten, ob wirklich die einzelnen Abweichungen vom Miteigenthumsrechte als Konsequenzen der Selbständigkeit des Gesellschaftsvermögens anzusehen seien, oder ob man nicht vielmehr diese Selbständigkeit aus jenen Abweichungen folgern müsse, die ihrerseits unmittelbar auf dem Streben beruhen, den Bestand der gesellschaftlichen Unternehmungen von den Schicksalen der einzelnen Gesellschafter unabhängig zu machen.

Privatgläubiger eines Gesellschafters kann nicht dessen Antheil an den einzelnen Aktivis pfänden, sondern nur den Gesammtantheil des Schuldners am Gesellschaftsvermögen (als Ganzes). Daraufhin kann er dann die Gesellschaft kündigen, Auflösung verlangen und nach der Auflösung derselben das, was auf seinen Schuldner entfällt, in Anspruch nehmen. Dagegen ist zur Zwangsvollstreckung in das Gesellschaftsvermögen ein gegen alle Gesellschafter ergangenes Urtheil erforderlich, § 736 C.P.O.

In diesen Grundsätzen stimmt das B.G.B. nicht blos mit dem Pr. A.L.R., sondern auch mit den Regeln des H.G.B. Art. 119 ff. über die offene Handelsgesellschaft überein, weswegen auch die Art. 119—122 in der neuen Fassung des H.G.B. weggefallen sind.

Aber in 2 Punkten besteht ein großer Unterschied zwischen der bürgerlichen Gesellschaft und der offenen Handelsgesellschaft:

Darin, daß für die Schulden der offenen Handelsgesellschaft die Gesellschafter persönlich als Gesammtschuldner haften, so auch das neue H.G.B. § 128, während eine entsprechende Vorschrift im B.G.B. fehlt. (Auch § 733 läßt erkennen, daß gewisse Gesellschaftsschulden unter den Gesellschaftern getheilt sind.)

Man kann daher sagen, daß bei der offenen Handelsgesellschaft das gemeinschaftliche Vermögen auch alle Gesellschaftsschulden mit umfaßt, bei der bürgerlichen Gesellschaft dagegen nur die Gesellschaftsaktiva. In welcher Weise bei der bürgerlichen Gesellschaft die Gesellschafter für das Gesellschaftsvermögen haften, ist schon jetzt streitig. § 733 enthält hierüber nur eine Andeutung, aus der hervorgeht, daß die formelle Persönlichkeit der offenen Handelsgesellschaft des Handelsrechtes der Gesellschaft des B.G.B. nicht zukommt.

Daher fehlt ihr auch die Fähigkeit zu eigenem Konkurse über das Gesellschaftsvermögen. Einzelne Folgesätze aus der Selbstständigkeit der bürgerlichen Gesellschaft werden sich im Verlaufe der Darstellung des Verhältnisses der Gesellschaft nach innen und nach außen zeigen.

I. Verhältniß nach innen.

Die Gesellschafter sind zur Leistung von Beiträgen verpflichtet, § 706. Diese sind im Zweifel gleich. Sie können nicht blos in Geld sondern auch in anderen Vermögenswerthen und, wie besonders hervorgehoben wird, auch in der Leistung von vereinbarten Diensten bestehen, § 706 Abs. 3. Aus diesen Beiträgen werden in § 707 die

Einlagen herausgehoben. Es sind dies die zur Bildung des Gesellschaftsfonds eingebrachten Werthe. Ihre Besonderheit besteht darin, daß sie nach § 735 Abs. 2 bei der Auseinandersetzung wie Gesellschaftsschulden behandelt werden; sie sind den Einlegern zurückzuerstatten, ehe das Gesellschaftsvermögen getheilt wird, also als Passiva zu buchen.

Die als Beitrag eingebrachten Gegenstände können wie im bisherigen Rechte quoad sortem oder quoad usum der Gesellschaft gewidmet werden. Art. 91 H.G.B. geht in § 706 Abs. 2 auf, der seinen Inhalt in verbesserter Form enthält. Dieser stellt eine Auslegungsregel auf: Vertretbare und verbrauchbare eingebrachte Sachen gelten quoad sortem als gemeinsam, andere Sachen nur im Falle einer Schätzung. Die Einbringung ist eine Veräußerung, wie auch nach jetzigem Recht, eine alienatio sui generis. Art. 92 H.G.B. geht in § 707, Art. 94 Abs. 1 in § 708 auf, der die Verpflichtung zur diligentia quam in suis statuirt.

Was die Führung der Geschäfte der Gesellschaft anbelangt, enthält das B.G.B. zwar ähnliche Sätze wie das H.G.B., aber es macht zunächst die Regel des H.G.B. zur Ausnahme und die Ausnahme zur Regel.

Bei der bürgerlichen Gesellschaft steht nämlich nach § 709 Abs. 1 die Führung der Geschäfte grundsätzlich nicht so wie bei der offenen Handelsgesellschaft „jedem Gesellschafter solidarisch zu, sodaß jeder allein handeln kann, und nur ein Widerspruch des anderen ihn hindert“, sondern sie steht den Gesellschaftern nur gemeinschaftlich zu, § 709 Abs. 1, „sodaß jedes Geschäft der Zustimmung aller bedarf“. Also nicht der Societäts-Grundsatz, sondern der Kollektiv-Grundsatz ist maßgebend. Aber es können Ausnahmen im Gesellschaftsvertrage gemacht werden, und dann entscheidet im Zweifel die Mehrheit der Köpfe und zwar

a) kann ein Mehrheitsbeschluß gelten, § 709 Abs. 2,

b) kann nach § 710 wie im § 114 H.G.B. die Geschäftsführung einem oder mehreren Gesellschaftern gemeinschaftlich übertragen sein, sodaß die anderen ausgeschlossen sind. Für die mehreren Berufenen gilt dann dasselbe Kollektivprinzip, das sonst für die Gesammtheit maßgebend ist,

c) es kann auch die Regel des H.G.B. statuirt sein, wonach jeder von allen oder mehrere allein zu handeln berechtigt sind, d. h. ohne Zustimmung der anderen. Im Falle des Widerspruchs eines zur

Geschäftsführung berechtigten Gesellschafters muß aber das Geschäft unterbleiben, § 711. Rechte und Pflichten der geschäftsführenden Gesellschafter bestimmen sich in Ermangelung bestimmter Vereinbarung nach den Regeln des Auftrages (§ 713), also den §§ 662—676, soweit sich nicht aus dem Gesellschaftsverhältnisse etwas anderes ergiebt. Letzteres ist z. B. hinsichtlich der Haftung der Fall, da ein Gesellschafter nur für diligentia quam suis einzustehen braucht.

Ist einem Gesellschafter die Befugniß zur Geschäftsführung übertragen, so kann sie ihm nicht ohne weiteres entzogen werden, sondern bildet einen Bestandtheil seiner vertragsmäßigen Rechtsstellung. Möglich ist jedoch diese Entziehung durch einstimmigen Beschluß, oder, falls nach dem Gesellschaftsvertrage Stimmenmehrheit entscheidet, durch den Mehrheitsbeschluß der übrigen Gesellschafter, außerdem aber auch noch aus einem wichtigen Grunde. Ein solcher Grund ist z. B. grobe Pflichtverletzung oder Unfähigkeit. Ebenso § 117 H.G.B. Aber nach § 117 kann die Entziehung der Befugniß zur Geschäftsführung nur durch gerichtliche Entscheidung erfolgen, was für die bürgerliche Gesellschaft zunächst nicht erforderlich ist. Entsteht aber ein Streit über die Richtigkeit des Entziehungsgrundes, so kann natürlich auch bei ihr nachträglich ein Richterspruch nothwendig werden. Die Entziehung ist also nach B.G.B. leichter als nach Handelsrecht. Die Bestimmung des § 712 Abs. 2, wonach der Gesellschafter auch seinerseits aus wichtigen Gründen die Geschäftsführung kündigen kann, fehlt im H.G.B. und zwar nach den Motiven deshalb, weil sie sich im B.G.B. findet. Sie ist dem Vorbilde des Auftrages entlehnt und greift nach § 671 Abs. 3 wegen eines wichtigen Grundes auch dann Platz, wenn der geschäftsführende Gesellschafter auf das Kündigungsrecht verzichtet hat. Doch darf nicht zur Unzeit gekündigt werden.

Ob die Uebertragung der Geschäftsführung an einen Gesellschafter eine Vollmacht zur Vertretung der anderen Gesellschafter Dritten gegenüber in sich schließt, wie im § 210 A.L.R. I, 17, ist eine Auslegungsfrage, die in § 714 bejaht wird (wie in den §§ 210, 231 A.L.R. I, 17), aber nur, soweit dem Gesellschafter die Befugniß zur Geschäftsführung zusteht, nicht allgemein wie nach § 126 H.G.B. (Art. 114). Der Geschäftsführer soll eben nicht genöthigt sein, im eigenen Namen zu kontrahieren. Diese Vertretungsmacht ist nicht frei widerruflich, wie aus allgemeinen Regeln (§ 168) zu schließen wäre, sondern nur auf Grund einstimmigen oder Mehrheitsbeschlusses und, wenn sie in Verbindung mit der Befugniß zur Geschäftsführung ertheilt ist, nur mit dieser zusammen, § 715. Sie ist also nur ebenso, wie die Uebertragung der Geschäftsführung entziehbar. Aber alle Gesellschafter, auch die nicht geschäftsführenden, haben wenigstens das Recht, sich über den Stand des Vermögens zu unterrichten, insbesondere die Geschäftsbücher und Papiere der Gesellschaft einzusehen, bei begründeter Annahme unredlicher Geschäftsführung auch, wenn sie darauf verzichtet haben, § 716. Aehnlich § 118 H.G.B. (Art. 105).[1]) Die aus dem Gesellschaftsverhältnisse den Gesellschaftern gegen einander zustehenden Ansprüche sind nicht übertragbar, außer gewissen rein persönlichen Ansprüchen nach Maßgabe des § 717 Satz 2. Streng persönlich und insoweit übertragbar sind hiernach Ansprüche, als sie einem Gesellschafter aus der Geschäftsführung zustehen (soweit deren Befriedigung vor der Auseinandersetzung verlangt werden kann) oder einen Gewinnantheil betreffen[2]) oder dasjenige, was dem Gesellschafter bei der Auseinandersetzung zukommt.[3])

Das Gesellschaftsvermögen wird, wie schon erwähnt, nach § 718 durch die Beiträge der Gesellschafter gebildet und durch die Erwerbungen aus der Geschäftsführung der Gesellschaft. Außerdem gilt hier das Surrogationsprinzip: res succedit in locum pretii et pretium in locum rei.

An dem Gesellschaftsvermögen hat nach § 719 jeder Gesellschafter einen Antheil, desgleichen an den einzelnen dazu gehörigen Gegenständen. Dieser Antheil ist aber weder ein nach Quoten getheiltes Antheilsrecht am ganzen Gesellschaftsvermögen, noch ein nach Quoten getheiltes Miteigenthum an den einzelnen Sachen. Dies entspricht der für die offene Handelsgesellschaft maßgebenden Auffassung.

Diese Antheile sind also nach B.G.B. nicht anders zu bestimmen, als schon jetzt nach Handelsrecht bei der offenen Handelsgesellschaft.

---

[1]) Nach dem Grundgedanken des § 276 Abs. 2.

[2]) Für unabtretbar hält dagegen das Reichsgericht den Anspruch auf Rechnungslegung (Entsch. Bd. 52 Nr. 10 S. 35). Es bemerkt hierzu S. 38: „Der Einwand, daß hiernach die Uebertragung eines Gewinn- oder Auseinandersetzungsantheiles für den Erwerbenden von sehr beschränkter Bedeutung sei, ist allerdings zuzugeben." Trotzdem hat sich das Reichsgericht durch die Motive und sachliche Erwägungen von einer ausdehnenden Auslegung zurückhalten lassen, die es durch den vorbereitenden Charakter des Anspruches auf Rechnungslegung sehr wohl würde haben rechtfertigen können.

[3]) Der Grundgedanke ist, daß der einzelne Gesellschafter den Vermögensbestand der Gesellschaft nur insoweit durch Abtretung gefährden darf, als er es durch Schuldeintreibung zu thun befugt ist.

Auf dem Boden des letzteren haben zwar Laband und Adler behauptet, daß sie ziffernmäßig als Bruchtheile zu berechnen seien, aber das ist von den meisten Schriftstellern mit Recht verworfen. Zutreffend bestimmt jene Antheile Staub (Comm. Art. 91) als die Gesammtheit der Vermögensansprüche des einzelnen Gesellschafters, sei es während der Gesellschaft, sei es bei Auseinandersetzung. Darum kann der einzelne, wie erwähnt, über seinen Antheil weder verfügen noch Theilung verlangen.[1])

Gegen eine Forderung der Gesellschaft kann der Schuldner eine ihm gegen einen einzelnen Gesellschafter zustehende Forderung nicht aufrechnen, § 719 Abs. 2. Die Zugehörigkeit einer erst nachträglich erworbenen Forderung zum Gesellschaftsvermögen braucht er aber, wie ein debitor cessus, erst gegen sich gelten zu lassen, wenn er von der Zugehörigkeit Kenntniß erlangt, § 720.

Die Gesellschaft kann nur Gewinn bringen, wenn das Vermögen über die Einlagen hinaus gewachsen ist oder Verlust, wenn es unter die Einlagen gesunken ist. Ob sie Gewinn oder Verlust gebracht hat, ergiebt sich endgültig erst bei ihrer Auflösung. Daher findet nach § 721 ein Rechnungsabschluß und eine Vertheilung erst dann statt; bei Gesellschaften von längerer Dauer soll aber der Abschluß am Schlusse jedes Geschäftsjahres erfolgen, § 721 Abs. 2 (H.G.B. Art. 107).

Die Antheile der Gesellschafter am Gewinn und am Verluste sind nach § 722 grundsätzlich gleiche (wie im römischen Recht), ohne Rücksicht auf Art und Größe ihrer Beiträge, im Gegensatz zum preußischen Rechte (§§ 244, 251 A.L.R. I, 17), wonach das Verhältniß der Beiträge entscheidet und dem, der bloß Dienste leistet, bei der Gewinntheilung nicht, wie im B.G.B. ein voller Kopftheil zufällt, sondern ein solcher, wie er dem zukommt, der das geringste Kapital beigetragen hat. Anders auch H.G.B. Art. 106 (§ 121 Abs. 3), nach dem zunächst immer jedem Gesellschafter von seinem Kapitalantheile (Aktivsaldo) 4 Proz. Zinsen zu gute geschrieben werden und erst dann der noch übrige Gewinn nach Köpfen vertheilt wird.[2])

[1]) Diese Beschränkungen sind außer Zweifel, es fragt sich aber, ob man aus ihnen die Folgerung ziehen muß, daß dem Einzelnen auch Dritten gegenüber, die das Gesellschaftsvermögen antasten, die Rechte des Miteigenthümers zu versagen sind. Ich halte diese Versagung für eine petitio principii. Der Zweck, zu dem das Gesellschaftsvermögen den gewöhnlichen Miteigenthumsgrundsätzen entzogen ist, verlangt eine solche Härte nicht.

[2]) Eine Anerkennung der Thatsache, daß im Handelsverkehre die gewinnbringende Kraft des Geldes erheblich größer ist, als in anderen Lebensverhältnissen.

Doch gilt im B.G.B. die Vertheilung nach Köpfen nur, wenn nichts anderes bestimmt ist, § 722.

Im Zweifel gilt nach § 722 Abs. 2 die Bestimmung des Antheils am Gewinn oder am Verlust für Gewinn und Verlust.

Die Gewinnvertheilung kann auch ausgeschlossen sein bei einem gemeinnützigen Gesellschaftszwecke.

Die Frage nach dem Wesen der societas leonina entscheidet das B.G.B. nicht ausdrücklich, wie schon das H.G.B. es nicht thut; aber nur, weil eine sogenannte Gesellschaft, bei der ein Mitglied keinen Beitrag leistet, oder zwar am Verlust, aber nicht am Gewinn theilnehmen soll, keine Gesellschaft, sondern eine bedingte Schenkung ist.[1])

II. Das Verhältniß nach außen.

Die Gesellschaft hat keine formelle Persönlichkeit, aber das Gesellschaftsvermögen bildet doch ein geschlossenes Ganzes und haftet zunächst nur für die Gesellschaftsschulden und zwar auch nur auf Grund eines gegen alle Gesellschafter ergangenen Urtheils. Gegen die Gesellschaftsforderung kann, wie schon hervorgehoben wurde, der Schuldner keine Privatforderung an einen Gesellschafter aufrechnen, § 719 Abs. 2. Dagegen kann der Privatgläubiger eines Gesellschafters nach § 725 zwar dessen Gesammtantheil am Gesammtvermögen pfänden und dann die Gesellschaft ohne Frist kündigen und das, was bei Auseinandersetzung für ihn herauskommt, in Anspruch nehmen, § 725 Abs. 1 (vgl. H.G.B. Art. 119). Auch dieser Weg führt nach § 737 nicht nothwendiger Weise zur Auflösung der Gesellschaft, sondern unter Umständen nur zur Ausschließung des schuldenden Gesellschafters. Aber eins ist im Gesellschaftsrecht des B.G.B. garnicht bestimmt, ob und wie weit für Gesellschaftsschulden außer dem Gesellschaftsvermögen auch die einzelnen Gesellschafter haften. Daher ist auch in der Litteratur diese Frage so gut wie garnicht erörtert, fast nur bei Schollmeyer[2]) und auch nur theilweise richtig. Man muß die Entscheidung aus allgemeinen Regeln ableiten.

Allgemeine Regel ist zwar nach § 420, daß, wenn mehrere

---

[1]) Vgl. oben S. 546 Anm. 2. Verspricht der am Gewinne Unbetheiligte nur Arbeiten, deren Uebernahme kein Vermögensopfer in sich schließt, so haftet er als Beauftragter.

[2]) Das R. der einzelnen Schuldv. S. 78.

Schuldner zu einer theilbaren Leistung verpflichtet sind, die Schuld nach Köpfen getheilt ist (nomina ipso iure divisa).

Aber nach § 427 haften mehrere als Gesammtschuldner, wenn sie sich durch Vertrag gemeinschaftlich verpflichtet haben. So auch, wenn mehrere durch einen gemeinsamen Vertreter kontrahirt haben. Eins von diesen beiden wird nun auch bei Gesellschaften meist der Fall sein. Also ist die Gesammtschuld auch bei Gesellschaften thatsächlich die häufigste Schuldform, die der gemeinsame Vertreter herbeiführt (z. B. durch falsche Empfehlungen oder eine von ihm verschuldete Explosion). Eine Gesammtschuld liegt auch vor bei Schulden auf untheilbare Leistungen (§ 431), ja auch bei Deliktsschulden, §§ 831 u. 840. In allen diesen Fällen kann der Gesellschaftsgläubiger nach seiner Wahl die Gesellschafter zu ihrem Antheile oder einen einzelnen Gesellschafter aufs Ganze belangen und im letzteren Falle seine volle Befriedigung aus dessen Privatvermögen suchen. Zwar spricht § 733 von gemeinschaftlichen Schulden, das ist aber nicht in demselben Sinne zu verstehen, in dem man von „gemeinschaftlichen" Rechten spricht, d. h. nicht in dem Sinne, daß sie nur gegen alle gemeinschaftlich geltend gemacht werden können.

Bei Schulden, die nicht unter die erwähnten Regeln fallen (insbesondere außerkontraktlichen), z. B. aus ungerechtfertigter Bereicherung, wenn etwa ein Gesellschafter eine irrthümlich gezahlte Nichtschuld in Empfang nimmt, kommt der § 420 zur Anwendung. Auch die negotiorum gestio eines nicht zur Vertretung befugten Gesellschafters verpflichtet die anderen socii nur so, daß die einzelnen Gesellschafter nach der allgemeinen Regel nach Köpfen haften. Eine Bestimmung wie die des Art. 112 H.G.B. (§ 128) giebt es eben hier nicht. Diese setzt für die offene Handelsgesellschaft (auch für solche Fälle) eine allgemeine Solidarhaftung fest.

Hiernach sind also im B.G.B. die Gesellschaftsschulden nicht in demselben Sinne Bestandtheile des Gesellschaftsvermögens wie die Aktiva. Aus § 733 ergiebt sich vielmehr, daß es auch gemeinschaftliche Schulden giebt, welche den Gläubigern gegenüber unter den Gesellschaftern (nach der Regel ipso iure divisa) getheilt sind. Darin liegt ein Unterschied von der offenen Handelsgesellschaft.

III. Die Gründe der Auflösung der Gesellschaft sind im Ganzen denen des H.G.B. nachgebildet:

1. Erledigung oder Unmöglichkeit ihres Zweckes, § 726.
2. Ablauf der für sie bestimmten Zeit, § 723.

Ist eine Zeitdauer nicht bestimmt oder eine Gesellschaft für die Lebenszeit eines Gesellschafters eingegangen oder nach dem Ablaufe der bestimmten Zeit stillschweigend fortgesetzt, so kann jeder Gesellschafter sie jederzeit kündigen; eine Kündigungsfrist, wie nach H.G.B. Art. 124 ist gesetzlich nicht geboten. Nur zur Unzeit darf die Kündigung nicht geschehen, § 723 Abs. 2. Wird zur Unzeit gekündigt, so tritt Schadensersatzpflicht ein. Liegt aber ein wichtiger Grund zur Kündigung vor (z. B. eine Pflichtverletzung), so rechtfertigt dieser nach § 723 Abs. 1 Satz 2 u. 3 sogar eine Kündigung zur Unzeit. Auch bei einer Gesellschaft von bestimmter Natur kann wegen eines wichtigen Grundes vor Ablauf der Zeit und bei Festsetzung einer Kündigungsfrist ohne Einhaltung der letzteren gekündigt werden. Der § 723 enthält auch Beispiele von wichtigen Gründen. (Vgl. auch altes H.G.B. Art. 123 Nr. 5 u. 6, neues H.G.B. § 131 Nr. 1 u. 6, §§ 132, 133.)

Nach § 725 kann auch der Privatgläubiger eines Gesellschafters die Gesellschaft ohne Kündigungsfrist kündigen, wenn er dessen Antheil hat pfänden lassen. Es ist dies also in einfacherer Weise möglich, als es nach § 135 H.G.B. zulässig ist, der eine erfolglose Zwangsvollstreckung und 6 Monate vor Ende des Geschäftsjahres die Kündigung verlangt.

3. Tod eines Gesellschafters (§ 727).

4. Konkurseröffnung über sein Vermögen, § 728 (vgl. H.G.B. Art. 123 Nr. 2 u. 3 und § 131 Nr. 3 u. 4).

Im Falle zu 3 hat der Erbe, wenn mit dem Aufschube Gefahr verbunden ist, die seinem Erblasser übertragenen Geschäfte bis auf Weiteres fortzuführen. Ebenso die übrigen Gesellschafter die ihnen übertragenen Geschäfte (§ 727, 2).

Trotz der Auflösung der Gesellschaft (außer durch Kündigung) gilt die einem Gesellschafter übertragene Befugniß zur Geschäftsführung zu seinen Gunsten so lange als fortbestehend, bis er die Auflösung erfährt oder sie kennen muß, § 729.

An die Auflösung der Gesellschaft schließt sich die Auseinandersetzung der Gesellschafter in Ansehung des Gesellschaftsvermögens.

Ueber die Auseinandersetzung sind genaue Regeln in den §§ 730 bis 735 getroffen:

Die von einem Gesellschafter der Gesellschaft zur Benutzung quoad usum überlassenen Gegenstände sind ihm zurückzugeben, § 732. Dann sind nach § 733 zunächst die Gesellschaftsschulden zu berichtigen, oder sicher zu stellen, sodann die Einlagen zurückzugeben. Die Einlagen sind als Passiva gedacht und werden ihrem Werthe nach ersetzt. Erst wenn dann noch ein Ueberschuß bleibt, so gebühret er nach § 734 den Gesellschaftern nach Maßgabe ihrer Gewinnantheile. „Auch wenn die Einlagen nicht vom Vermögen gedeckt werden, tritt diese Haftung ein, also gilt schon die Verminderung der Einlagen als Verlust".[1]) Ist ein Gesellschafter insolvent, so haben die andern den Ausfall nach Maßgabe ihrer Verlustantheile zu tragen, § 735.

Wie im Handelsrecht (B.G.B. Art. 127) bestimmt § 736, daß im Falle der Kündigung, des Todes oder der Konkurseröffnung der davon betroffene Gesellschafter ausscheidet und die Gesellschaft ohne ihn fortbesteht, wenn durch Vertrag festgesetzt ist, daß in solchem Falle die Gesellschaft unter den übrigen Gesellschaftern fortbestehen soll. Außerdem giebt § 737 die Befugniß, für den Fall des vertraglichen Fortbestehens der Gesellschaft bei Kündigung eines Gesellschafters einen Gesellschafter, in dessen Person ein zur Kündigung berechtigender Umstand eintritt, auszuschließen. Vgl. § 140 H.G.B.

Neu ist, daß der Antheil des Ausscheidenden oder Ausgeschlossenen den Uebrigen nach § 738 ohne Uebertragungsakt zuwächst. Das ist äußerst wichtig. Nach dem Wesen der gesammten Hand findet Acrescenz statt. Es wird also auch hier kein Immobiliar-Stempel zu entrichten sein. Das Acrescenzrecht gilt für Mobilien und Immobilien. Dafür aber haben die übrigen den ausscheidenden von den gemeinschaftlichen Schulden zn befreien und haben ihm dasjenige zu leisten, was er bei der Auseinandersetzung erhalten haben würde, § 738.

Endlich bestimmt § 740, daß wenn beim Ausscheiden eines Gesellschafters Geschäfte schweben, der Ausscheidende an deren Abwicklung betheiligt bleibt.

Da die Regeln über die Gesellschaft auch für nicht rechtsfähige Vereine gelten, so hebt dieses Anwachsungsrecht einen großen Theil der Schwierigkeiten auf, die früher beim Ausscheiden eines Mitgliedes erwuchsen.

§ 93.

Gemeinschaft. (§§ 741—758.)

Es handelt sich bei der Gemeinschaft des B.G.B. um eine Gemeinschaft nach Bruchtheilen, eine individualistische im Sinne des römischen

[1]) Aus dem Vorbereitungsheft.

Rechtes, wobei nur in einzelnen Beziehungen die Individualrechte beschränkt sind. Die Regeln der Gemeinschaft gelten nur für die Fälle, wo ein Recht mehreren gemeinschaftlich zusteht, ohne daß sich aus dem Gesetze eine andere Ordnung des Verhältnisses ergiebt, § 741. Ein Anderes ergiebt sich aber gerade für die allerwichtigsten Fälle. So gehören wegen anderweiter Normirung nicht unter die Regeln der Gemeinschaft: die Gesellschaft, die verschiedenen Arten der ehelichen Gütergemeinschaft (allgemeine Gütergemeinschaft, Errungenschaftsgemeinschaft und Fahrnißgemeinschaft) ebenso nicht die Gemeinschaft der Miterben.

Alle diese sind nicht als Gemeinschaft nach Bruchtheilen konstruirt, sondern als Gemeinschaften zur gesammten Hand.

Es bleiben daher nur für die Gemeinschaft „minder wichtige Fälle" übrig, z. B. der Fall, daß sich Miterben zwar hinsichtlich der Erbschaft auseinandersetzen, aber einige Sachen noch ungetheilt lassen,[1]) oder daß der Eigenthümer ideelle Theile einer Sache an mehrere Dritte veräußert, z. B. ihnen als Vermächtnißnehmern (§ 2157) eine Sache zuwendet.[2]) Auch die Gemeinschaft mehrerer Finder „oder mehrerer bei Auslobung" gehört hierher.

Indessen sind gewisse für die Gemeinschaften nach Bruchtheilen aufgestellten Sätze auch bei den Gemeinschaften zur gesammten Hand anzuwenden (z. B. bei der ehelichen Gütergemeinschaft §§ 1477, 1498 oder einer Miterbschaft §§ 2038 Abs. 2, 2042 Abs. 2, 2044 Abs. 1), insbesondere hinsichtlich der Auseinandersetzung unter Gesellschaftern, wie § 731 a. E. vorschreibt,[3]) sodaß doch schließlich die Regeln über die Gemeinschaft nach Bruchtheilen ein weiteres Anwendungsgebiet haben, als es zunächst den Anschein hat.[4])

Wie das preußische Recht (§ 2 A.L.R. I, 17), so stellt auch § 742 eine Vermutung für Gleichheit der Antheile auf, der § 743 spricht jedem

---

[1]) Hier wird man wohl einen Gesellschaftsvertrag unter den Miterben bezüglich dieser Sachen anzunehmen haben, sobald unter ihnen nähere Verabredungen über ihr Zusammenarbeiten stattgefunden haben.

[2]) Da das Vindikationslegat abgeschafft ist (§ 2174), so entsteht die Gemeinschaft erst dann, wenn der Belastete den Berechtigten ihre Antheile zugewendet hat.

[3]) Hier verweist das Gesellschaftsrecht auf die Regeln der Gemeinschaft, die in Rom sich umgekehrt in Anlehnung an das Recht der Sozietät entwickelt haben.

[4]) Ein Miteigenthum nach Bruchtheilen bei einer dem Vortheile beider Nachbarn dienenden Scheidemauer ist nach der Ansicht des Reichsgerichts (Entsch. Bd. 53 Nr. 78 S. 311) vom B.G.B. nicht anerkannt und kann nach dieser Meinung seit dem 1. Januar 1900 überhaupt nicht bestehen. Die Frage nach der Richtigkeit der Entscheidung gehört in das Sachenrecht.

Theilhaber einen seinem Antheile entsprechenden Bruchtheil der Früchte zu und gestattet ihm den Gebrauch des gemeinschaftlichen Gegenstandes, insoweit, als nicht der Mitgebrauch der übrigen Theilnehmer beeinträchtigt wird.

Dagegen steht nach § 744 die Verwaltung des gemeinschaftlichen Gegenstandes den Theilhabern gemeinschaftlich zu; jeder einzelne hat also ein Veto. In pari jure potior est conditio prohibentis. Aber dies Prinzip ist, wie auch im preußischen Rechte, mannigfach durchbrochen. Ausnahmen davon sind:

a) § 744 Abs. 2. Jeder Theilhaber kann die zur Erhaltung des Gegenstandes nothwendigen Maßregeln ohne Zustimmung der anderen treffen.

b) Eine ordnungsmäßige Verwaltung und Benutzung des gemeinschaftlichen Gegenstandes kann durch Stimmenmehrheit beschlossen werden (§ 745 Abs. 1), wobei sich die Stimmen nach der Größe der Antheile bemessen.

c) Ist die Verwaltung und Benutzung nicht geregelt (durch Vereinbarung oder Mehrheitsbeschluß), so kann jeder Theilhaber eine dem Interesse aller entsprechende Verwaltung und Benutzung verlangen, § 745 Abs. 2.[1] Darauf kann er Klage erheben mit dem Antrage, eine von ihm vorgeschlagene Ordnung festzusetzen.

Eine Ausnahme, bei der wieder Einstimmigkeit erforderlich wird, bilden Maßregeln, welche eine wesentliche Veränderung des Gegenstandes oder die Beeinträchtigung des Rechtes eines Theilhabers auf seinem Bruchtheil der Nutzungen oder sonstiger Sonderrechte in sich schließen, § 745 Abs. 3. Auch nach § 747 ist eine Verfügung über das Ganze (Veräußerung, Belastung u. s. w.) über den gemeinschaftlichen Gegenstand nur gemeinschaftlich zulässig; dagegen kann über seinen Antheil jeder Theilhaber einzeln verfügen, wie im römischen Rechte, was bei einem Verhältniß zur gesammten Hand nicht angängig ist. So kann z. B. der einzelne Miteigenthümer eine Hypothek über seinen Antheil bestellen.[2]

Wie der Theilhaber selbst über seinen Antheil frei verfügen kann, so können auch die Gläubiger eines Theilhabers seinen Antheil zum Gegenstande der Zwangsvollstreckung machen, ohne daß die anderen

[1]) Auch diese Vorschriften, die verhindern, daß es bei jeder Meinungsverschiedenheit zur Auflösung der Gemeinschaft komme, kräftigen den Bestand der gemeinschaftlichen Wirthschaften gegenüber der Willkür der Einzelnen.

[2]) Hier zeigt sich, daß der Rechtsordnung an der Erhaltung der zufällig entstandenen Gemeinschaften nicht so viel liegt, wie an der Sicherung der vertragsmäßig geschaffenen Verbindungen.

Theilhaber ein Widerspruchsrecht oder ein Vorkaufsrecht besitzen. (Anders das preußische Recht, §§ 64—67 A.L.R. I, 17.)

Ich erinnere mich eines Falles, in dem ein ideeller Grundstücksantheil im Werthe von 30000 Thalern zur Subhastation gestellt war, der betreibende Gläubiger ihn für 1000 Thaler erstand, und nach Schluß der Versteigerung der mitanwesende Vertreter des Eigenthümers der anderen ideellen Grundstückshälfte dessen Vorkaufsrecht geltend machte. Dies wird in Zukunft nicht mehr möglich sein.

Einen Ersatz für das weggefallene Vorkaufsrecht bilden die §§ 746 und 751.[1])

§ 748 bildet die Kehrseite des Theilhaberrechtes: die Verpflichtung, die Lasten des gemeinschaftlichen Gegenstandes und die Kosten der Erhaltung, Verwaltung und einer gemeinschaftlichen Benutzung nach Verhältniß seines Antheils zu tragen.

Nach § 749 kann jeder Theilhaber jeder Zeit die Aufhebung der Gemeinschaft verlangen, ein Recht, das nach § 758 unverjährbar ist.[2]) Auch kann nach § 751 Satz 2 ein Gläubiger, der die Pfändung des Antheils eines Theilhabers erwirkt hat, bei nicht blos vorläufig vollstreckbarem Schuldtitel die Aufhebung der Gemeinschaft, ohne Rücksicht auf eine etwaige Vereinbarung der Theilhaber, verlangen.[3])

Eine solche Vereinbarung über Ausschluß des Rechtes auf Aufhebung der Gemeinschaft ist zulässig und wirksam, doch kann auch hier nach § 749 Abs. 2 u. 3 durch Vereinbarung das Recht auf Aufhebung an eine Kündigungsfrist gebunden oder auf Zeit oder für immer ausgeschlossen werden. Auch gilt die Vereinbarung nicht, wenn ein wichtiger Grund für die Aufhebung vorliegt.[4]) Eine ewige Bindung hält also bei Veränderung der Umstände nicht Stand.

Es fragt sich: Sind die vereinbarten oder beschlossenen Beschränkungen der Theilhaber (eine Verwaltungs- und Benutzungsordnung, eine Bindung des Rechtes auf Aufhebung) blos obligatorisch wirksam, also unwirksam gegen Sondernachfolger?

---

[1]) Insoweit auch sie gegen das Eindringen eines Fremden in den Kreis der Gemeinschafter einen gewissen Schutz zu gewähren vermögen.

[2]) Dies ist bestimmt wegen § 199.

[3]) Ohne dies würde die unkündbare Gemeinschaft für das in sie gesteckte Kapital ein Asyl der unsicheren Schuldner werden können. Eben deshalb ließen wohl die praktischen Römer die Abrede der Unkündbarkeit überhaupt nicht zu.

[4]) Auch dies ist ein Zugeständniß an die römische Anschauung, die der verabredeten Unkündbarkeit widerstrebte.

Nach preußischem und römischem Rechte wirkten die von den Theilhabern getroffenen Bestimmungen über Verwaltung und Benutzung des gemeinschaftlichen Gegenstandes bei Veräußerung eines Antheils blos obligatorisch. Dafür gab das preußische Recht bei Veräußerung eines Theiles den anderen Theilhabern ein Widerspruchs- und Vorkaufsrecht. Die §§ 746 und 751, Satz 1 enthalten eine ganz neue Vorschrift, indem jene Beschränkungen auch für und gegen die Sondernachfolger wirksam sind (eine Annäherung an die Gemeinschaft zur gesammten Hand). Ein Ausschluß des Rechts auf Aufhebung der Gemeinschaft fällt mit dem Tode eines Theilhabers fort, § 750. Handelt es sich um Miteigenthum an Grundstücken, so bedarf es zu dieser Wirksamkeit der Eintragung im Grundbuche, § 1010.

Die Art der Theilung weicht vom römischen Rechte erheblich ab. Nach diesem, wie nach sächsischem und französischem Rechte ist die Theilung dem Ermessen des Richters überlassen und durch konstitutives Theilungsurtheil zu bestimmen und zu verwirklichen (eine schwere Aufgabe). Das B.G.B. schreibt dafür, wie das preußische Recht, bestimmte Regeln in den §§ 752, 753 vor. Eine besondere Subhastation theilungshalber, wie sie im preußischen Rechte bestand, ist nicht anerkannt.[1]) Allerdings erfolgt auch noch jetzt die Theilung der Grundstücke durch Zwangsversteigerung, § 753.[2]) Sie geschieht überhaupt bei untheilbaren Sachen durch Verkauf nach den Vorschriften über Pfandverkauf und Vertheilung des Erlöses. Der Einzelne kann theilungshalber einen nicht öffentlichen Verkauf verlangen. Theilbare Sachen sind grundsätzlich in natura zu theilen und die einzelnen Theile durch Verlosung zu vergeben.

[1]) Immerhin spricht auch das Reichsgesetz über die Zwangsversteigerung (24. März 1897) von der Zwangsversteigerung zum Zwecke der Aufhebung einer Gemeinschaft, §§ 180—184.

[2]) Eine plus petitio tempore kann nach der Ansicht des Reichsgerichts (Entsch. Bd 47 Nr. 88 S. 363) dadurch geheilt werden, daß der Anspruch auf Theilung während des zu frühe beantragten Zwangsversteigerungsverfahrens fällig wird. Dies rechtfertigt sich wohl dadurch, daß ein solcher Anspruch auch bei längerem Abwarten nicht von der andern Partei hätte befriedigt werden können und auch bei eintretender Fälligkeit nicht von ihr selbst befriedigt werden kann, weil der Richter es ist, der ihn verwirklicht. Es würde daher keinen Sinn haben, hier dem Antragsteller wegen seiner Voreiligkeit Kosten aufzuerlegen. — Eine Zwangsversteigerung behufs Auseinandersetzung ist auch in der Art unter Abkömmlingen möglich, daß bei ihr nach der Anordnung des Erblassers die Veräußerung an einen Fremden unstatthaft ist. Entsch. d. R.G. Bd 52 Nr 48 S. 177.

Bei der Aufhebung der Gemeinschaft kann jeder Theilhaber nach § 755 verlangen, daß die Gesammtschulden aus der gemeinschaftlichen Sache berichtigt werden. Zu diesem Zwecke muß sie nöthigenfalls verkauft werden. Auch kann er verlangen (§ 756), daß die obligatorischen Ansprüche, die er aus der Gemeinschaft gegen einen anderen Theilhaber hat, aus dem auf diesen entfallenden Theil der Theilungsmasse berichtigt werden. Auch diese Ansprüche sind gegen Sondernachfolger wirksam, ähnlich wie nach K.O. § 44 (jetzt 51) im Konkurse eines Theilhabers die übrigen für ihre Forderungen aus der Gemeinschaft das Recht auf abgesonderte Befriedigung aus dessen Antheil haben. Bei Grundstücken gilt dies aber gegen den Sondernachfolger nur, wenn die Ansprüche im Grundbuche eingetragen sind, § 1010 Abs. 2.

Die juristische Natur der Theilung ist im preußische Rechte streitig (§ 97 A.L.R. I, 17); für das B.G.B. ergiebt sich aus § 757, der eine Gewährleistung nach den Normen des Kaufes vorschreibt,[1]) daß es sich immer um einen derivativen Rechtserwerb, eine Veräußerung, handelt, nicht, wie man für das Gebiet des preußischen Landrechts bei dem Erwerbe des Alleineigenthums durch einen bisherigen Miteigenthümer annahm, um eine Anwachsung.[2])

§ 94.

Leibrente.

Die §§ 759—761 behandeln nicht blos den Leibrentenvertrag, sondern darüber hinaus auch Leibrenten aus letztwilligen Verfügungen, gesetzlichen Obligationen und richterlichen Urtheilen. Daher lautet die Ueberschrift Leibrente.

Soweit eine Leibrente in Verbindung mit der Ueberlassung eines Grundstückes versprochen wird, kommen nach Art. 96 E.G. die Landesgesetze zur Anwendung. Dies gilt namentlich für den Leibgedings-, Altentheils- und Auszugsvertrag.

Im Zweifel wird die Leibrente für die Lebensdauer des Gläubigers geschuldet, § 759. Sie ist im Voraus zu entrichten; eine Geldrente 3 Monate voraus, bei einer Rente in Naturalien kommt es hierfür auf den Zweck und die Beschaffenheit der Rente an, § 760.

---

1) „Wonach z. B. bei Forderungen nicht für Zahlungsfähigkeit gehaftet wird" (Vorbereitungsheft).

2) Man stritt darüber, ob in solchen Fällen ein Laudemium zu zahlen wäre, vgl. Koch, Kommentar z. A.L.R. Anm. 74 zu § 90 A.L.R. I, 17.

Von Wichtigkeit ist, daß § 258 C.P.O. bei wiederkehrenden Leistungen eine Klage auf künftige Entrichtung auch der erst nach Erlaß des Urtheils fällig werdenden Leistungen zuläßt. Beim Leibrentenvertrage ist die Erteilung des Versprechens, nicht dessen Annahme, in schriftlicher Form erfordert, soweit nicht eine strengere Form nothwendig ist (bei Schenkungen § 518),[1]) § 761.

Sind mehrere Personen, z. B. Ehegatten, gemeinsame Rentenempfänger, so ist nach § 420 im Zweifel jeder zu gleichem Antheile berechtigt, so daß auch nach Wegfall der andere nicht mehr als seinen Kopftheil verlangen kann.

Für den Fall, daß der Schuldner den Tod des Leibrentenempfängers vorsätzlich oder fahrlässig verursacht hat (§§ 621, 622 A.L.R. I, 11), gelten keine besonderen Bestimmungen, vielmehr kommen zu Gunsten der Erben die Vorschriften der §§ 823, 844 zur Anwendung.

§ 95.

Spiel und Wette. (§§ 762—764.)

Spiel und Wette sind, abweichend vom preußischen und römischen Rechte, gleichgestellt. Sie sind darin einander gleich, daß zwei Parteien sich wechselseitig eine Leistung versprechen, aber unter entgegengesetzten Bedingungen, so daß die Erfüllung der einen Bedingung zugleich die Vereitelung der anderen enthält und also immer nur eine der beiden Verpflichtungen wirksam werden kann.[2]) Unterschied in der Absicht,

---

[1]) Es giebt also eine Leibrentenschenkung, wie es einen Leibrentenkauf oder -tausch giebt. Auch als Lohn für Dienste ist die Leibrente möglich und auch als Einsatz oder Gewinn bei Spiel und Wette nicht undenkbar. Auch ex delicto kann sie geschuldet werden. So kennzeichnet sich der Leibrentenvertrag nicht durch die Gesammtheit seines Inhaltes, sondern durch die Eigenart der in diesem Inhalte mitenthaltenen Leistung, wie die Geldschuld. Er hätte daher zu den allgemeinen Vorschriften über Schuldverhältnisse gestellt werden sollen, nicht zu den besonderen Formen.

[2]) Diese Abgrenzung ist deshalb zu weit, weil es auch gegenseitige Schenkungsversprechen unter entgegengesetzten Bedingungen giebt. So z. B., wenn jeder von zwei Mitbewerbern um ein Amt dem anderen ein Geschenk verspricht, um ihn zu trösten, falls er bei dem Bewerbe geschlagen werden sollte. Dies ist weder Spiel noch Wette. Uebrigens ist das Erforderniß der Gegenseitigkeit der Versprechen bei beiden Geschäften mit Recht bestritten.

beim Spiel Wagniß,[1]) bei der Wette Erhärtung einer Behauptung und Bestrafung des Anderen[2]) für seinen Widerspruch. In praxi sind sie oft schwer zu scheiden. Daher ist es nicht praktisch, daß nach gemeinem Rechte das Spiel nichtig, die Wette klagbar ist.[3])

---

[1]) Indem Eck dem Spiele das Kennzeichen des Wagnisses zuspricht, verwirft er anscheinend den allgemeinen Begriff der gewagten Geschäfte, eine m. E. verfehlte Verdeutschung der „aleatorischen", d. h. spielartigen Verträge. Ersterer Begriff ist unbrauchbar; denn der Wagemuth des Geschäftsmannes ist oft größer als der des geübten Spielers. Nur insoweit kann mit Eck bei dem Spiele und verwandten Geschäften von einem Wagniß gesprochen werden, das nicht blos in den Hintergedanken, sondern im Geschäftsinhalte selbst zu Tage tritt, als die aleatorischen Geschäfte Zusicherungen von Vortheilen sind, deren Gewährung oder Größe von der Ungewißheit ihres Eintretens abhängt. Dahin gehören auch die Versicherungen, bei denen der vorsichtige Zweck das aleatorische Mittel rechtfertigt. Auch bei der emptio spei und rei speratae, die das B.G.B. unerwähnt läßt, weil es überhaupt auf Sonderregeln für aleatorische Geschäfte verzichtet, drückt die Ungewißheit des verkauften Erfolges auf den Preis. Inmitten dieser aleatorischen Geschäfte (quasi aleae) steht nun das eigentliche Spiel im juristischen Sinne, das um seiner Gefährlichkeit willen unter Sondervorschriften fällt. Weil der Nichtjurist das Wort „Spiel" zur Bezeichnung angenehmer Thätigkeiten verwendet und daher auch ein bezahltes Spiel (Theaterspiel, Klavierspiel u. dergl.) kennt, so hat man bekanntlich auch bei dem Spiele die Anregung zu einer Thätigkeit oder Aufmerksamkeit als wesentlich angesehen. Dies paßt aber namentlich zu dem Lotteriespiele schlecht. Man wird daher in dem Spiele im juristischen Sinne des Wortes eine Zusicherung solcher ungewisser Vortheile sehen, die nicht einen Entgelt für eine Gegenleistung darstellen, auch nicht blos eine bedingte Schenkung oder (wie die reine Wette) eine Selbstbestrafung für eine falsche Behauptung enthalten. Richtig ist hiernach, daß der Reiz, den das Wagniß als solches gewährt, dem Spielenden den einzigen Entgelt für sein Versprechen verschafft.

[2]) Der Zusichernde bestraft bei der Wette zunächst sich selbst und den anderen nur insoweit, als er auch ihn zu einer gleichen Selbstbestrafung anregt.

[3]) Die Römer konnten die Klagbarkeit der Wette zu Prozeßzwecken nicht entbehren. Der Standpunkt des B.G.B. rechtfertigt sich nicht blos durch die Schwierigkeit der Abgrenzung von Spiel und Wette, die uns um des Strafrechtes willen doch nicht erspart bleibt, sondern vor Allem dadurch, daß es Wetten giebt, die zugleich Spiele sind (der Spieler wettet um den Einsatz, daß er gewinnen werde) und daher auch unter die Spielverbote fallen und noch mehr dadurch, daß eine äußerlich tadellose Wette ein Spiel verschleiern kann; so, wenn die Wettenden nur um des ungewissen Gewinnes willen oder um sich zu einer Spannung anzuregen, willkürliche Behauptungen aufstellen, über deren Richtigkeit sie selbst nicht das Geringste wissen. Dahin gehören die bekannten Wetten am Totalisator zum großen Theile. Nicht immer liegen diese Hintergedanken so klar zu Tage, daß man die Umgehung des Spielverbotes feststellen und als Vertragsinhalt bezeichnen kann. Darum empfiehlt es sich als radikale Vorbeugung, das Spiel und die Wette, die für uns keinen sozialen Werth mehr hat, einander gleichzustellen.

Im B.G.B. werden beide zwar nicht für unsittlich und verboten erklärt (daher keine Nichtigkeit), wohl aber für unverbindlich. Die Gewinnforderung ist nicht klagbar und kann nicht durch Aufrechnung geltend gemacht, auch nicht durch eine Bürgschaft sichergestellt werden. Das Geleistete kann indes nicht zurückgefordert werden. Es besteht also eine Art unvollkommener Obligation (obligatio naturalis), indes mit blos einer Wirkung, der retentio soluti.

§ 762 Abs. 2 bestimmt zur Abschneidung von Umgehungen des Gesetzes, daß eine Vereinbarung, durch die der verlierende Theil behufs Erfüllung einer Spiel- und Wettschuld dem gewinnenden Theile gegenüber eine Verbindlichkeit eingeht, nicht wirksam ist. Das gilt nicht blos vom Schuldanerkenntniß, sondern auch vom Wechsel.[1]) Diese Beschränkungen des Spieles gehen lange nicht so weit wie die des preußischen und sächsischen Rechtes. Nach § 578 A.L.R. I, 11 ist z. B. nur die Rückforderung des Verlorenen und wirklich Bezahlten ausgeschlossen, während im B.G.B. die Rückforderung des Geleisteten, also auch einer datio in solutum, wegfällt.[2]) Auch die Verbindlichkeit, die der Spieler auf Geheiß des Gewinners einem Dritten gegenüber übernimmt, wird durch § 762 Abs. 2 nicht getroffen.

Darlehen und Gesellschaftsverträge zu Spielzwecken sind nicht ohne Weiteres, wie im preußischen Rechte, für unverbindlich erklärt. Anders, wenn die Gewährleistung des Darlehns eine Umgehung der Verbindlichkeit der Spielschuld ist. So wenn z. B. der Gewinner im Spiele dem Verlierer ein Darlehn gäbe und es von ihm dann sogleich als Zahlung in Empfang nähme.

Ist Spiel und Wette verboten, wie z. B. das gewerbsmäßige Glücksspiel im Str.G.B. (§ 284), dann tritt nach § 134 B.G.B. Nichtigkeit ein und kann auch das Geleistete zurückgefordert werden, wenn sich nicht aus dem Gesetze ein anderes ergiebt. Zur Deutung dieser Vorschrift wird man also auf den legislativen Zweck der §§ 284, 285, 360 Nr. 14 Str.G.B. einzugehen haben. Das landesherrliche Verbot des Spielens in auswärtigen Lotterien bewirkt wohl keine Nichtigkeit, sondern eine bloße klaglose Verbindlichkeit. Es bricht sich, trotz dem Reichsgerichte, die Auffassung immer mehr Bahn, daß bei den meisten Strafbestimmungen gegen das Spiel (z. B. dem preußischen Gesetze vom 5. Juli 1847)

[1]) Ebenso jetzt das Reichsgericht (Entsch. Bd. 52 Nr. 11 S. 39).

[2]) Ob hier nicht das preußische Recht zu streng ausgelegt ist, kann hier wohl dahingestellt bleiben.

der Zweck lediglich ein fiskalischer, nicht Annullirung des civilrechtlichen Vertrages ist, so daß hier keine Rückforderung des ausbezahlten Gewinnes, dagegen aber auch kein Anspruch auf Erfüllung gegeben ist.[1])

Nach § 764 (vom Reichstage eingeschaltet um eine bestehende Praxis festzulegen) soll auch das reine Differenzgeschäft als Spielvertrag gelten, d. h. der Vertrag über Lieferung von Waaren oder Werthpapieren, bei denen nur die Differenz zwischen dem Vertragspreis und dem Börsenpreis der Lieferungszeit von dem Verlierer an den Gewinner gezahlt werden soll, vgl. Entsch. d. R.G. Bd. 30 Nr. 65 S. 214 ff.[2])

Die Controverse, ob durch diesen Paragraphen der § 69 des Börsengesetzes vom 22. Juni 1896 berührt wird, ist durch Art. 14, V E.G. zum H.G.B. in verneinendem Sinne entschieden. Nach dem genannten Paragraphen darf derjenige, der sich in das Börsenregister für Waaren und Werthpapiere hat eintragen lassen, den Einwand des Differenzgeschäftes nicht erheben.[3])

§ 96.

Bürgschaft. (§§ 765—778.)

Der Begriff der Bürgschaft ist derselbe geblieben, wie im bisherigen Rechte. Sie ist ein accessorisches und subsidiäres Verpflichtungsverhältniß. Die in der Litteratur zu Tage getretenen Bestrebungen zu Gunsten einer Verstärkung der Bürgenhaftung, z. B. die von Unger[4])

[1]) Nach § 763 B.G.B. haben alle von einem Bundesstaate genehmigten Lotterien eine reichsrechtliche Gültigkeit erlangt. Darum haben durch diese Vorschrift für sie die landesgesetzlichen Verbote des Spielens in auswärtigen Lotterien ihre privatrechtliche Wirkung verloren. R.G. Bd. 48 Nr. 39 S. 178.

[2]) Dies Urtheil behandelt das Geschäft ohne Weiteres als Spiel, was m. E. auf einer Verwechselung der Hintergedanken mit dem Geschäftsinhalte beruht. Da auch redliche Kaufleute Waaren oft nur zum Wiederverkaufe erwerben und auf die Differenz der Preise spekuliren, so liegt darin nichts Verwerfliches, wenn sie sich, um ein überflüssiges Hin- und Herschieben der Waaren zu vermindern, das Endziel ihrer Berufsthätigkeit unmittelbar versprechen lassen. Da aber erfahrungsmäßig dieses Geschäft vielfach unlautere Leidenschaften in derselben Weise wie das Spiel erweckt, so läßt sich dadurch rechtfertigen, daß das B.G.B. es ebenso behandelt. — Der Wortlaut des Gesetzbuches läßt übrigens die Frage offen, ob das Differenzgeschäft ein Spiel sei oder nur ebenso behandelt werden müsse. Das Reichsgericht hält freilich noch jetzt die Differenzgeschäfte für wirkliche Spiele. Entsch. des R.G. Bd. 52 Nr. 67 S. 251.

[3]) Darin liegt eine Anerkennung der Thatsache, daß für den Handelsverkehr das Differenzgeschäft nicht ebenso entbehrlich ist, wie das Spiel. Es wird nur erschwert, um ungeeignete Persönlichkeiten davon fernzuhalten.

[4]) Jahrb. f. Dogm. Bd. 29 S. 1 ff.

empfohlene Abschaffung des beneficium excussionis, oder die Abschneidung des Rechtes für den Bürgen, Mängel der Hauptschuld hervorzukehren, sind vom B.G.B. nur ganz vereinzelt berücksichtigt worden.

Aus der accessorischen Qualität der Bürgschaft folgt die Nothwendigkeit des Bestehens der Hauptschuld, die nach § 765 Abs. 2 auch eine künftige oder bedingte sein kann.[1]) Ist dagegen die Hauptschuld nichtig, z. B. wegen Geschäftsunfähigkeit des Hauptschuldners, erloschen oder entkräftet, dann existirt keine Bürgschaft mehr. Sollte sie gerade für diese Fälle übernommen worden sein, so liegt keine Bürgschaft mehr vor, sondern ein anderer Vertrag (Garantievertrag).[2]) Als accessorisches Versprechen darf auch die Bürgschaft nicht auf mehr gehen als auf die Hauptschuld.

Zum Schutze gegen unüberlegte Bürgschaftsübernahme verlangt § 766 Schriftlichkeit des Bürgschaftsversprechens. Aber soweit der Bürge die Hauptverbindlichkeit erfüllt, wird der Formmangel geheilt, d. h. er hat selbst dann keine Rückforderung, wenn er in Unkenntniß davon, daß Unverbindlichkeit wegen Formmangels vorliegt, gezahlt hat.

Die Beschränkungen der Weiberintercession sind in Wegfall gekommen.

Die Haftung des Bürgen bestimmt sich im Wesentlichen wie nach gemeinem Rechte aus dem Grundgedanken der accessorischen Haftung. Daher ist für sie nach § 767 der jeweilige, durch Verzug, Verschulden und dergl. möglicher Weise erweiterte Bestand der Hauptschuld maßgebend.[3]) Der Bürge haftet nach Abs. 2 auch für die Kosten der Kündigung und der Rechtsverfolgung wie das Pfand nach § 1210 Abs. 2, jedoch nicht, insoweit durch ein nachträgliches Rechtsgeschäft eine Erhöhung des Zinssatzes oder eine Festsetzung einer Vertragsstrafe eingetreten ist, § 767 Abs. 1, Satz 3. Das wäre nur dann der Fall, wenn sein Wille schon von vornherein auf eine solche Erweiterung schriftlich gerichtet gewesen wäre.

---

[1]) Nach der Cession darf der alte Gläubiger gemäß einer Entsch. d. R.G. Bd. 52 Nr. 50 S. 184 für den neuen Gläubiger nicht durch Entgegennahme eines Bürgschaftsversprechens ein Bürgschaftsrecht im eigenen Namen begründen, weil dieses accessorisch ist. Ich vermag nicht einzusehen, warum nicht auch hierbei die Vorschriften über „Versprechen der Leistung an einen Dritten" anwendbar sein sollen.

[2]) Ein solcher unterstützt nur eine vorhandene Hoffnung, nicht eine vorhandene Forderung, ist also auch quasi-accessorisch. Eck hält ihn mit Recht für möglich; denn das Gesetz will solche Geschäfte nicht verbieten, sondern nur der Bevorzugungen berauben, die es der Bürgschaft zuwendet.

[3]) Ein Beispiel siehe Entsch. d. R.G. Bd. 53 Nr. 89 S. 357.

1. Schutzmittel des Bürgen gegen den Gläubiger:

a) Der Bürge kann gemäß der accessorischen Qualität der Bürgschaft jedes Erlöschen der Hauptschuld geltend machen. Er hat nach § 768 auch die (d. h. alle) dem Hauptschuldner zustehenden Einreden (bekanntlich ein engerer Begriff als Einwendungen),[1]) also alle Rechte die Leistung zu verweigern, also auch bloße Gegenrechte. Die Einrede aus dem beneficium competentiae des Hauptschuldners (bei Schenkung) bildet keine Ausnahme.

Ebenso behält er nach § 768 Abs. 2 Einreden auch dann, wenn der Hauptschuldner auf sie verzichtet hat (z. B. die Einreden der Verjährung oder des Vergleichs oder einer Stundung, die der Hauptschuldner fallen läßt). Natürlich hat aber nach § 768 Abs. 1 Satz 2 der Bürge nicht die Einrede daß der Erbe des Hauptschuldners für die Verbindlichkeit nur beschränkt haftet.[2]) Auch ist nach § 178 Satz 2 K.O. dem Bürgen die Einrede aus einem Zwangsvergleich des Hauptschuldners versagt. Das römische und das preußische Recht gestatten dem Bürgen, etwaige Rechte des Hauptschuldners auszuüben. Dem entspricht nicht § 770. Der Bürge kann nicht mehr statt des Hauptschuldners die Schuld anfechten oder mit einer fälligen Forderung des Hauptschuldners aufrechnen.[3]) Er hat nur in solchem Falle eine dilatorische Einrede. Er kann, auch wenn er die Mängel der Hauptschuld gekannt hat, die Befriedigung so lange verweigern, als der Hauptschuldner sich durch Aufrechnung oder Anfechtung befreien kann. Er hat also sozusagen mehr wie der Hauptschuldner, der eine solche dilatorische Einrede nicht hat.[4]) [5])

---

[1]) Vgl. oben S. 227. Fraglich ist, ob das Gesetzbuch hier das Wort im engeren Sinne nehmen will. Nach der Entsch. des R.G. Bd. 53 Nr. 89 S. 357 kann der Bürge einen Anspruch auf Vertragsstrafe einredeweise geltend machen.

[2]) Der naheliegende Gedanke, daß der Bürge keine Einrede aus der Zahlungsfähigkeit des Hauptschuldners habe, weil er gegen diese schützen soll, ist im B.G.B. nur in dem im Texte genannten Falle anerkannt. Einen zweiten Fall enthält § 193 der Konkursordn. Schollmeyer, R. d. einzelnen Schuldv. S. 84.

[3]) Mit einer eigenen Gegenforderung kann er zwar nicht die Hauptschuld aufrechnen, wohl aber seine Bürgschaftsschuld. Entsch. d. R.G. Bd. 53 Nr. 100 S. 405.

[4]) Das Vorbereitungsheft bemerkt hierzu: Es ist dies „unangenehm für den Gläubiger, der gar nicht sicher ist, mit seiner Aufrechnung gegen den Hauptschuldner durchzudringen, weil dieser schon cediert haben kann.“ M. E. würde eine solche Cession auch dem Bürgen schädlich sein, d. h. sein Recht aus § 770 entziehen.

[5]) Einen Vorbehalt, der nach § 341 Abs. 3 den Anspruch auf Vertragsstrafe sichern soll, darf der Bürge als solcher nicht machen. Entsch. d. R.G. Bd. 53 Nr. 8 S. 357.

Wie steht es nun, wenn der Bürge auf Rechtsbehelfe des Hauptschuldners verzichtet, z. B. auf die Einrede der Verjährung. Dann verliert er sie zwar, aber zugleich hört seine Schuld auf, eine Bürgschaft zu sein; sie wird Garantieversprechen oder Kreditauftrag. So Motive II. S. 662. Anders Schollmeyer.[1])

b) Kraft der subsidiärischen Qualität der Bürgschaft steht dem Bürgen ferner die Einrede der Vorausklage zu, §§ 771—773. Er kann sie vorschützen und muß dies thun, damit sie gelte. Dies zwingt den Gläubiger zu dem Beweise, daß er die Zwangsvollstreckung gegen den Hauptschuldner erfolglos versucht habe. A. M. Schollmeyer,[2]) der von dem Bürgen den schweren Beweis verlangt, daß der Gläubiger die Vorausklage und die Zwangsvollstreckung nicht versucht habe. Nach dem A.L.R. (§ 283 A.L.R. I, 14) gehörte die erfolgreiche Ausklagung sogar zur Substantiirung der Klage gegen den Bürgen. Die erwähnte Regelung der Beweislast in § 771 folgt aus der Stellung des „nicht" unmittelbar hinter „solange" (vgl. Planck I S. 45, 4). „Solange nicht" heißt soviel wie: „es sei denn, daß".

Der Gläubiger hat also zu beweisen, daß die in dem Nebensatze angeführte Thatsache (als Ausnahme von der Regel) vorliegt.

Eine Erleichterung für den Gläubiger enthält § 772. Bei einer Geldforderung braucht er nicht, wie nach preußischem Rechte, jedes Mittel der Zwangsvollstreckung gegen den Hauptschuldner zu versuchen, sondern blos die Exekution in bewegliche Sachen des Hauptschuldners oder die Befriedigung aus einem Pfand oder Zurückbehaltungsrecht; Grundstücke oder Forderungen des Hauptschuldners kann er unberücksichtigt lassen. Hat also der Hauptschuldner nur unbewegliches Vermögen oder Außenstände, so kann der Gläubiger dies bei Seite lassen, und gegen den Bürgen vorgehen und sogar in dessen Grundstück Zwangsvollstreckung bewirken.

[1]) Schollmeyer bemerkt (Das R. d. einzelnen Schuldv. S. 84): „M. E. trifft dies erst dann zu, wenn in Folge eines Einredeverzichtes die accessorische Natur der Bürgschaft ganz abgestreift ist, wenn also der Bürge sich für eine nichtige Schuld verbürgte und auf die Einrede der Nichtigkeit verzichtete." Sonst hält Schollmeyer hier den Verzicht auf Einreden mit einer Bürgschaft für ebenso vereinbar, wie mit dem gesetzlichen Ausschlusse gewisser Einreden. Darin ist ihm m. E. beizutreten, nicht aber darin, daß im Eintreten für die nichtige Schuld eines anderen immer ein Schenkungsversprechen zu sehen ist. Die causa intercedendi ist von der causa donandi grundsätzlich verschieden.

[2]) a. a. O. S. 86, 87.

Außerdem wird § 773 durch allerlei Gründe ausgeschlossen, die schon im bisherigen Rechte galten:

α) bei Verzicht des Bürgen, insbesondere bei seiner Verbürgung als Selbstschuldner,[1])

β) bei Konkurs des Hauptschuldners,

γ) bei begründeter Annahme, daß die Zwangsvollstreckung gegen diesen nicht zur Befriedigung führen wird,

δ) wenn die Rechtsverfolgung gegen den Hauptschuldner in Folge einer Aenderung des Wohnsitzes wesentlich erschwert ist. Dies kann auch dann vorliegen, wenn der Hauptschuldner zwar in Deutschland verbleibt, aber an einem unbekannten Orte. Es fällt also die Bestimmung des § 298 A.L.R. I, 14 fort, die eine Unmöglichkeit der Belangung des Hauptschuldners in „Königlichen Landen" erfordert;[2])

c) Die Einrede der Theilung, die im römischen und französischen Rechte gegeben ist, im preußischen Rechte nicht mehr existirt, ist auch

---

[1]) Wer, statt ein Bürgschaftsversprechen abzugeben, eine Wechselschuld auf sich nimmt, darf nach der Entsch. d. R.G. Bd. 48 Nr. 36 S. 156 die Einrede der Vorausklage nicht vorschützen. In der That liegt in der gewählten Verpflichtungsform ein Verzicht auf die Rechtswohlthat des Bürgen. In derselben Entscheidung versagt das Reichsgericht auch mehreren Mitbürgen die Berufung auf § 426, nach dem sie untereinander nur auf Kopftheile haften, wenn sie dem Hauptschuldner als dem Acceptanten eines Wechsels in der Form von zwei hinter einander stehenden Indossamenten eine Kreditgewährung verschafft und nicht besonders verabredet haben, daß unter ihnen die civilrechtlichen Mitverbürgungsregeln gelten sollen. Das Reichsgericht folgert dies daraus, daß der Umfang der Regreßpflichten der früheren Indossanten gegen den späteren in besonderer Weise wechselrechtlich bestimmt sind. — Diese Entscheidung ist nicht unbedenklich. Wenn hier auch die Schuldner zu ihrem Mitverbürgungszwecke wechselrechtliche Verpflichtungsformen gewählt haben, so haben sie doch damit unter einander nicht auf Einreden verzichten wollen, die aus ihren stillschweigend gegenseitig anerkannten civilrechtlichen Beziehungen herzuleiten sind (vgl. auch das a. a. O. S. 157 über Acceptanten und Avalisten Gesagte, und die neuere Entscheidung Bd. 52 Nr. 58 S. 222, nach der sich das Verhältniß mehrerer Wechselverpflichteten unter einander nach den allgemeinen Grundsätzen des Civilrechtes regelt, wobei auch § 426 angeführt wird).

[2]) Wie die Einrede der Vorausklage auf dem humanen Gedanken beruht, daß der Gläubiger den Bürgen nicht eher würgen soll, als es nach Lage der Sache erforderlich erscheint, so beruhen (bei Justinian, wie im B.G.B.) ihre Ausnahmen auf dem Bestreben, die Fälle, in denen diese Erforderlichkeit vorliegt, zum Besten der Rechtssicherheit in feste kasuistische Regeln zu prägen. Durch dieses Verfahren, das ohne Willkür undurchführbar ist, hat der wohl verständliche Grundgedanke des Institutes sehr an Anziehungskraft verloren.

im B.G.B. weggefallen. Mehrere Bürgen haften nach § 769 als Gesammtschuldner, auch wenn sie sich nicht gemeinschaftlich verbürgt haben (anders im preußischen Rechte). Auch also mehrere successiv eingetretene Bürgen sind für Gesammtschuldner erklärt.

2. Regreßrecht des Bürgen gegen den Hauptschuldner. Nach Befriedigung des Gläubigers hat der Bürge einen Regreßanspruch, wenn er dazu auf Grund seines Rechtsverhältnisses zum Hauptschuldner berechtigt ist, z. B. aus einem Auftrage. Er hat also dieses Rückgriffsrecht nicht (wie im preußischen und französischen Rechte) an und für sich, d. h. nicht, wie nach preußischem und französischem Rechte aus der Bürgschaft als solcher. Zwar giebt ihm § 774 ipso iure die Forderung des Gläubigers gegen den Hauptschuldner, nicht blos einen Anspruch auf Abtretung derselben (mit Pfandrechten und Accessorien), aber unter zwei wichtigen Einschränkungen, § 774 Satz 1 und 2:[1])

a) Der Uebergang der Forderung kann nicht zum Nachtheile des Gläubigers geltend gemacht werden. Geht also nur ein Theil der Forderung über, so behält der Gläubiger für den Rest eine Pfandpriorität und im Konkurse erhält er den Vorzug (nemo subrogat contra se). (R.G. Entsch. Bd. 8 Nr. 73 S. 290 ff.).

b) Gegen die übergegangene Forderung behält der Hauptschuldner alle Einwendungen aus seinem Rechtsverhältnisse zum Bürgen. Wenn sich also der Bürge in rem suam verbürgt oder die Schuld mit dem Gelde des Hauptschuldners bezahlt, dann dringt er mit seinem Regreßanspruch nicht durch. Ebenso dann nicht, wenn er die Bezahlung der Schuld für einen Entgelt dem Hauptschuldner versprochen hatte. Die auf ihn übergegangenen Rechte des Gläubigers geben ihm also nicht ein selbständiges Regreßrecht gegen den Hauptschuldner, sondern sie werden durch dieselben Gründe entkräftet, welche ein solches aus den unmittelbaren Beziehungen zwischen Bürgen und Hauptschuldner nicht entstehen lassen.

Eben darum kann auch nach § 775 B.G.B. der Bürge, der Gefahr läuft, den Gläubiger befriedigen zu müssen, weil der Hauptschuldner in Vermögensverfall geräth, den Anspruch auf Befreiung dem Haupt-

[1]) Solche Ausnahmen sind nöthig, weil nun der bisherige Gläubiger seine Forderung ohne Weiteres verliert und nicht mehr blos, wie früher, einem Antrage auf Cession gegenübersteht, dem er ex aequo et bono Einwendungen entgegenhalten konnte. — Im Uebrigen vereinfacht der ipso-jure-Uebergang die Abwickelung der Angelegenheit. Das Reichsgericht (Entsch. Bd. 53 Nr. 100 S. 405) nimmt diesen Uebergang auch dann an, wenn der Bürge mit einer Gegenforderung die Bürgschaftsschuld aufrechnend tilgt, s. S. 568 Anm. 4.

schuldner gegenüber nicht auf die Bürgschaft allein gründen (wie im preußischen Rechte), sondern nur auf ein Auftragsverhältniß oder eine negotiorum gestio, d. h. darauf, daß er im Auftrage oder ohne Auftrag als Geschäftsführer des Hauptschuldners die Bürgschaft übernommen habe.[1])

2. Das Erlöschen der Bürgschaft tritt „natürlich" ein durch Wegfall der Hauptschuld und durch Vereinigung der Haupt- und Bürgschaftsschuld infolge Erbganges.

In den meisten neueren Gesetzen wird der Bürge durch die bloße culpa creditoris in exigendo befreit. Der Gläubiger hat hiernach dem Bürgen gegenüber eine Diligenzpflicht. So § 328 A.L.R. I, 14.[2])

Nicht ohne weiteres so das B.G.B. § 776 ist viel enger: Nur wenn der Gläubiger ein mit der Forderung verbundenes Vorzugsrecht, Pfandrecht, Hypothek oder ein Recht gegen einen Mitbürgen ꝛc. aufgiebt, wird der Bürge insoweit frei, als er daraus hätte Ersatz erlangen können. Die Motive begründen dies damit, daß der Bürge ja den Gläubiger jederzeit befriedigen und dann seinerseits mit Energie gegen den Hauptschuldner vorgehen kann. Sie muthen ihm also zu, das Odium eines Prozesses auf sich zu nehmen. Er muß den Hauptschuldner drängen und ausklagen, wenn dieser ihm nahe steht. Das B.G.B. enthält hier eine erhebliche Verschlechterung seiner Lage gegenüber dem preußischen Rechte.[3]) Anders läge die Sache, wenn der Gläubiger gegen Treu und Glauben verstieße, z. B. durch Wucher oder Spiel dem Hauptschuldner alle Mittel zur Bezahlung abnähme und sodann das Darlehen vom Bürgen verlangte.[4])

---

[1]) Daher sind diese Ansprüche versagt a) dem fidejussor in rem suam, der nach außen hin als Bürge auftritt, während er Hauptschuldner ist und der wahre Bürge die Rolle des Hauptschuldners spielt, b) dem fidejussor donandi animo, der den Hauptschuldner durch Tilgung seiner Schuld beschenken will und diese Absicht durch die Form eines Bürgschaftsversprechens verschleiert.

[2]) Vorbereitungsheft: „Auch das französische Recht gestattet dem Gläubiger nicht, unthätig zu bleiben, während der Schuldner verarmt. Es verlangt auch, daß der Gläubiger seinen Anspruch im Konkurse des Schuldners anmelde".

[3]) Die unbeschränkte Diligenzpflicht ist ein zweischneidiges Schwert. Sie bringt dem Bürgen Vortheil und belästigt den Gläubiger, indem sie ihm das Recht nimmt, dem Hauptschuldner gegenüber Geduld und Nachsicht zu zeigen. Darum hat das B.G.B. einen (kasuistisch formulirten) Mittelweg eingeschlagen. Es kennt eine genau umgrenzte Diligenzpflicht.

[4]) Eck denkt hier wohl an eine exceptio doli.

Ein gewisses Gegengewicht gegen die Verneinung einer Diligenzpflicht des Gläubigers[1]) giebt der § 777 für den Fall, daß der Bürge sich für eine bestehende Verbindlichkeit auf bestimmte Zeit verbürgt hat. Dann wird er nach Ablauf jener Zeit frei, wenn der Gläubiger die Einziehung der Forderung nicht unverzüglich betreibt und dem Bürgen nach Beendigung des Verfahrens unverzüglich anzeigt, daß er ihn in Anspruch nehme. Das preußische Recht § 320 A.L.R. I, 14 verlangte eine Erhebung der Klage binnen drei Tagen. Das B.G.B. zieht besser eine relative Schranke. Erfolgt die Anzeige rechtzeitig, dann ist nach § 770 Abs. 2 für die Haftung des Bürgen der Umfang der Hauptverbindlichkeit zur Zeit der Beendigung des Verfahrens maßgebend, mit der die Anzeigepflicht in Kraft trat.

In Fällen, wo die Einrede der Vorausklage nicht gilt, ist auch die Anzeigepflicht des Gläubigers nicht erst durch Beendigung eines Verfahrens bedingt, sondern nach Ablauf der Bürgschaftszeit unverzüglich zu erfüllen.

Dies sind die dem Gläubiger im B.G.B. auferlegten Diligenzschranken.

Merkwürdig ist, daß § 777 nur eine bestehende Verbindlichkeit umfaßt, nicht auch für eine zukünftige, z. B. für Schulden aus Geschäftsverbindungen, Kassenführungen, Bücherentleihungen. Hier ist die Befugniß des Gläubigers zur Kreditgewährung zeitlich begrenzt, und für die innerhalb der Frist entstandenen Schulden haftet der Bürge; für sie ist die Diligenzpflicht hier erst recht analog anzuwenden, vgl. §§ 322—326 A.L.R. I, 14.[2])

Der § 778 bestimmt das Verhältniß zwischen Kreditauftrag (mandatum qualificatum) (dem Auftrag an einen andern, einen Dritten, auf eigene Rechnung[3]) Kredit zu geben) und Bürgschaft wesentlich wie im gemeinen Rechte. Vom Entstehen der Verbindlichkeit des Dritten an haftet der Auftraggeber als Bürge, aber im übrigen gelten die

[1]) nämlich eine Abschwächung der natürlichen Kraft des dies ad quem, mit dessen Eintritt ohne diese Vorschrift jede Diligenzpflicht überflüssig werden würde.

[2]) Eck meint wohl, daß hier der dies ad quem nicht eine Schranke für die Dauer der Haftung des Bürgen bilden soll, sondern nur für den Umfang der Ansprüche, denen der Bürge (eine unbeschränkte Zeit hindurch) haften muß.

[3]) In gewissem Sinne könnte man auch sagen: „auf Rechnung des Auftraggebers“; die Worte „auf Rechnung“ sind eben vieldeutig. M. E. bedarf die Definition des Textes einer Ergänzung durch die Worte: „und auf Gefahr des Auftraggebers“ oder so etwas Aehnliches.

Regeln vom Auftrage, daher ist hier keine Schriftlichkeit des Vertrages erforderlich.[1]) Ein Hypothekengläubiger, der die Bauhandwerker beauftragt, dem Bauunternehmer Kredit zu gewähren, würde also nach B.G.B. auch ohne Schriftlichkeit haften.

Die Verpflichtung des Kreditmandanten ist zunächst keine accessorische. Er kann bis zur Kreditgewährung seinen Auftrag widerrufen. „Eine gültige Hauptschuld wird bei ihm nicht vorausgesetzt. Es kann sich also das Kreditmandat auch auf ein Darlehen an Minderjährige beziehen."[2])

§ 97.

Vergleich. (§ 779.)

Der Begriff ist der hergebrachte gemeinrechtliche: Beseitigung eines Streites oder einer Ungewißheit[3]) unter den Parteien[4]) über ein Rechtsverhältniß im Wege gegenseitigen Nachgebens durch Vertrag.[5]) Die Grenzen seiner Zulässigkeit sind nicht bestimmt; er wird also nach allgemeinen Grundsätzen hinsichtlich aller solchen Privatrechte, die der freien Verfügung unterliegen, für zulässig zu erachten sein.[6])

Der § 779 stellt den Vergleich als unwirksam hin, wenn der nach seinem Inhalte als feststehend zu Grunde gelegte Sachverhalt der Wirklichkeit nicht entspricht, und bei Kenntniß der letzteren der Streit oder die Ungewißheit nicht entstanden wäre. Dahin gehört das Testament, dessen streitige Punkte durch Vergleich geordnet worden, sich später als nichtig erweist, oder die Schwangerschaft, wegen deren über den ungewissen

---

[1]) So auch jetzt das Reichsgericht, Entsch. Bd. 50 Nr. 34 S. 160; vgl. auch schon §§ 213, 214 A.L.R. I, 14. Wenn ein Gläubiger durch den Kreditauftrag überhaupt erst dazu veranlaßt worden ist, das Wagniß des Hauptschuldvertrages auf sich zu nehmen, so erscheint es härter, ihn unter dem Mangel der Schriftform des sichernden Versprechens leiden zu lassen, als wenn dieses letztere nur zu einer bereits bestehenden Schuld hinzutritt.

[2]) Aus dem Vorbereitungsheft.

[3]) Die Ungewißheit kann sich auf ein Rechtsverhältniß beziehen oder auf den Erfolg eines Verfahrens, das einen Anspruch verwirklichen soll, § 779 Abs. 2.

[4]) Beides läßt sich zusammenfassen in die Formel: „Vermeidung eines Gerichtsverfahrens."

[5]) Dahin gehört jede Aufopferung auf Kosten des wirklichen oder auch nur des behaupteten Vermögensstandes.

[6]) Vorbereitungsheft: „Auch über einen Strafantrag, sofern der Verzicht nicht wider die guten Sitten ist, was z. B. bei Beleidigungen nicht der Fall ist".

Alimentenanspruch ein Vergleich abgeschlossen, eine fingirte gewesen ist. Es entspricht dann der Absicht der Parteien, den Vertrag nur bei Wahrheit des zu Grunde gelegten Sachverhaltes gelten zu lassen. Der Irrthum des § 779 darf sich also nicht auf den Inhalt des Vergleiches, sondern muß sich auf eine dabei gemachte Voraussetzung (Beweggrund) beziehen, weshalb er nach allgemeinen Regeln sonst nicht anfechtbar wäre.[1])

Was unwirksam bedeuten soll, ob Nichtigkeit des Vertrages oder Anfechtbarkeit oder die Befugniß zum Rücktritt, ist schon jetzt streitig. M. E. wird Nichtigkeit anzunehmen sein, da die erforderlichen Bestimmungen, wenn es sich um eine Anfechtung oder ein Rücktrittsrecht handelte, fehlen würden.[2])

§ 98.

Schuldversprechen und Schuldanerkenntniß. (§§ 780—782.)

Das gemeine, preußische und französische Recht verlangen bei dem Schuldversprechen Angabe des Schuldgrundes. Das B.G.B. sieht hiervon ab. Es kennt in §§ 780, 781 Schuldversprechen ohne Angabe eines Schuldgrundes für das Versprechen, fordert aber Schriftlichkeit des Versprechens, wofern nicht eine stärkere Form (bei der Schenkung) vorgeschrieben ist.[3])

„Die einfache Gestalt ist das Schuldanerkenntniß, welches an Stelle eines bisherigen Schuldgrundes[4]) tritt und diesen ersetzt. Erst ein zweiter Schritt ist, daß auch von vornherein ein von

---

[1]) Eck meint hiermit wohl, daß das, was die Parteien bei einem Rechtsgeschäfte als Voraussetzung erwähnen, dadurch noch nicht zur conditio sine qua non der Geschäftsgültigkeit gemacht ist. Bei dem Vergleiche wird dies aber kraft Gesetzes vermuthet.

[2]) Dafür spricht auch die sonstige Verwendung des Wortes „unwirksam" im B.G.B. Vgl. des Herausgebers allgemeinen Theil S. 428 ff.

[3]) Da das begründungslose Versprechen nicht verräth, ob eine Schenkung dahintersteckt, so ist diese Ausnahme ohne erheblichen praktischen Werth. Völlig werthlos würde sie sein, wenn wirklich gegen solche Versprechen jede Einwendung abgeschnitten wäre, vgl. unten S. 577 Anm. 2. Neu ist im B.G.B. die Einschränkung des Wortes Schuldversprechen auf die abstrakten Schuldversprechen, wodurch häufig Mißverständnisse entstehen werden.

[4]) Das Wort Schuldgrund ist zweideutig. Hier bezeichnet es einen verpflichtenden Thatbestand. Anderweitig einen solchen Thatbestand, der in Verbindung mit einem Versprechen verpflichtet und dessen Entstehung aufklärt, vgl. Klingmüller, Der Begriff des Rechtsgrundes. Marcus, Breslau 1901.

Verpflichtungsgründen unabhängiges Schuldverhältniß geschaffen werden kann. Das B.G.B. stellt letzteres, das selbstständige Schuldversprechen voran".[1]) § 780 behandelt zunächst das selbstständige Schuldversprechen, § 781 sodann das Schuldanerkenntniß.

Entscheidend ist in § 780 nicht das Fehlen der Angabe des Schuldgrundes, sondern der Wille der Parteien, eine abstrakte Verpflichtung zu begründen, dem Gläubiger eine Forderung zu geben, welche unabhängig von einem Rechtsverhältniß ist und alle Einwendungen aus dem Schuldgrunde abschneidet. Die praktische Konsequenz ist sehr erheblich: Trotz fehlenden Schuldgrundes ist ein selbstständiges Schuldversprechen zu verneinen, wenn die Absicht der Parteien eine andere war. Der Richter kann dahin erkennen, daß die Parteien nur vergessen haben, den Schuldgrund hinzuzufügen und ein Schuldversprechen garnicht abgegeben werden sollte. Es kommt eben schlechterdings auf die Absicht der Parteien an, ob sie ein abstraktes Schuldversprechen abgeben wollten. So können gewisse Gefahren für die Geschäftsunkundigen abgewendet werden. Das ist der Hauptunterschied dem Wechsel gegenüber, von dem sich das Schuldversprechen auch dadurch unterscheidet, daß seine Form weit weniger streng ist. Man könnte auch umgekehrt argumentiren: Ein selbstständiges Schuldversprechen ist selbst bei Angabe des Schuldgrundes vorhanden, wenn die Parteien ein abstraktes Versprechen schaffen wollten.[2])

Inhalt des abstrakten Versprechens braucht nicht eine einseitige Leistung zu sein, sondern kann Leistung gegen Gegenleistung (z. B. Erstattung von Kosten) zusichern.[3]) Das ist eine zweite erhebliche Abweichung vom Wechsel.

Die Wirkung der abstrakten Obligation ist Ausschluß jeder Einrede aus dem wirklichen Schuldgrunde; blos die sehr erhebliche Einrede des § 812 Abs. 2 greift durch, wenn jemand eine Schuld indebite übernommen hat. „Diese Einrede kann im Gegensatze zu dem Wechsel

[1]) Aus dem Vorbereitungsheft.

[2]) Hier soll die Angabe des Schuldgrundes nicht ernst genommen, sondern als überflüssiger Zusatz betrachtet werden. Ein seltener Fall.

[3]) Das Vorbereitungsheft spricht hier statt von einseitiger Leistung von einseitiger „Verpflichtung", allein eine Verpflichtung des Empfängers eines abstrakten Versprechens kann sich niemals auf dieses stützen, sondern höchstens auf einen Nebenvertrag. Die Gegenleistung kann möglicher Weise überhaupt nicht versprochen, sondern nur als eine Bedingung des einseitigen Versprechens (also als ein conditionis implendae causa dandum) in Aussicht gestellt sein.

auch von dem Vormanne des Klägers hergeleitet werden."[1]) Denn die Eingehung der Obligation gilt bereits als Leistung und kann daher als grundlose Bereicherung angesehen werden.

Das Schuldversprechen ist mit Rücksicht auf eine selbst in Preußen durchgedrungene Praxis (R.G. Entsch. Bd. 2 Nr. 87 S. 337) aufgenommen. „Die Gefahr seiner Benutzung durch Wucherer ist nicht groß, weil diese den Wechsel vorziehen."[2])

Für das Schuldanerkenntniß (§ 781) gilt die Abweichung, daß kein neues Schuldverhältniß geschaffen, sondern das alte blos geordnet, „das bisherige bindend festgesetzt" wird. Freilich wird es sehr oft vom Schuldversprechen nicht zu unterscheiden sein.[3])

Wie aus dem Anerkenntnisse, so kann der Gläubiger auch aus dem ursprünglichen Schuldverhältnisse klagen und, wenn Einreden des Schuldners erhoben werden, sie replicando durch den Hinweis auf das Anerkenntniß beseitigen, was keine Klageänderung sein würde. Als Schuldanerkenntniß kann es nur ein obligatorisches Rechtsgeschäft sein. Die Anerkennung eines dinglichen oder eines Erbrechtes ist nur als Begründung einer Obligation denkbar, im Uebrigen aber ohne dingliche Wirkung, sonst wäre es möglich, alle Formerfordernisse zu umgehen, die für dingliche und erbrechtliche Verträge bestehen. Die Obligation richtet sich dann darauf, sich so behandeln zu lassen, als ob das anerkannte Recht bestehe.

Der negative Anerkenntnißvertrag ist im § 397 Abs. 2 als abstrakter Erlaßvertrag charakterisirt.[4]) Wird ein Schuldversprechen oder ein Schuldanerkenntniß auf Grund einer Abrechnung oder eines Vergleichs ertheilt, so ist das Geschäft ausnahmsweise formlos, Schriftlichkeit also nicht erforderlich, § 782. „Hier ergiebt sich der abstrakte Verpflichtungswille auch ohne Form aus dem Zwecke der Erklärung."[5])

---

1) Vorbereitungsheft.

2) Dies trifft zu, wenn man voraussetzt, daß die Einrede des Wuchers gegenüber dem Wucherer bei dem abstrakten Versprechen ebenso wenig versagt ist, wie bei dem Wechsel. Sonst wäre es das gefährlichere Geschäft. Warum man es zugelassen hat, ergiebt sich allerdings aus seiner Zusammenstellung mit dem Wechsel, der noch gefährlicher, aber für unsere kreditbedürftige Zeit völlig unentbehrlich ist.

3) Das unterscheidende Merkmal liegt m. E. immer in der Bezugnahme auf ein schon bestehendes Schuldverhältniß. So der Wortlaut des § 781.

4) s. oben S. 384.

5) Vorbereitungsheft.

§ 99.

Anweisung. (§§ 783—792.)

Die Anweisung hat sich aus der italienischen Assignation, die an Stelle der römischen Delegation getreten war, entwickelt. Der Assignant richtet in einer Urkunde, die er dem Assignatar aushändigt, an den Assignaten das Ersuchen, an den Assignatar zu leisten.

Die Anweisung bezweckt, eine Vermögenszuwendung zu bewirken, die zwischen zwei Personen stattfinden soll vermittelst einer Zuwendung, die zwischen der einen von ihnen und einer dritten geschehen soll. Die Anweisung bezweckt somit, Vermögenszuwendungen zu vereinfachen, mehrere Vermögenszuwendungen durch eine Leistung zu verdrängen, indem eine Zuwendung, die A von B erheben will, als Mittel benutzt wird für eine Zuwendung, die C dem A zu machen beabsichtigt.

In diesem Grundgedanken entspricht die Anweisung der römischen Delegation; denn bei dieser beauftragt nach der einen Seite der Delegant den Delegaten, einem Dritten, dem Delegatar etwas zu leisten (mandatum solvendi) und zwar auf seine, des Deleganten, Rechnung; nach der anderen Seite ertheilt derselbe Delegant dem Delegatar die Ermächtigung, die ihm zugewiesene Leistung vom Delegatar einzuziehen.

Der Gegenstand der Anweisung konnte sehr mannigfach sein: z. B. eine Hingabe von Geld oder anderen Sachen, sog. Zahlungsanweisung. Häufiger noch war ihr Gegenstand eine bloße promissio. Der Delegatar stipulirte dann vom Delegaten z. B. centum quae Titio (i. e. deleganti) debes, mihi dare spondes oder centum quae Titius mihi debet, mihi dare spondes (sog. Delegationsstipulationen oder titulirte Delegation) oder schlechtweg centum mihi dare spondes (reine Delegation).[1]

Eine solche Anweisung, einem Dritten etwas zu versprechen, nennt man Kreditanweisung. Sie war bei den Römern ganz überwiegend, weil der Geldverkehr fast ganz durch Bankiers vermittelt wurde und jeder wegen Feuer- und Diebsgefahr das Versprechen eines sicheren argentarius lieber entgegennahm als baares Geld (Lenel, Jahrb. 36 S. 128/29). Daher die Definition: delegare est vice sua alium reum, d. h. promissorem dare und der Satz: solvit et qui reum delegat.

---

[1]) Ein abstraktes Versprechen, dessen causa in einer delegatio liegt.

Immer aber verwirklichte die Vollziehung der Leistung des Delegaten an den Delegatar juristisch zwei Zuwendungen, die eine vom Delegaten an den Deleganten, die andere von diesem an den Delegatar. Die Leistung geht ideell durch den Deleganten hindurch; sed celeritate conjungendarum inter se actionum altera occultatur.

An Stelle der Delegation ist nun im italienischen und dann im deutschen Verkehr die sog. Assignation getreten, die auf Zahlung (Leistung) geht. Assignat (A) (Anweisender) schreibt an den Assignaten, daß dieser (B) auf seine (des Schreibers A) Rechnung an einen Dritten (Assignatar C) etwas leisten soll und behändigt diese Anweisung dem letzteren (Assignatar C), um auf Grund derselben die Leistung vom Assignatar in Empfang zu nehmen. So auch § 783.

Die technischen Ausdrücke sind: Anweisender, Angewiesener, Anweisungsempfänger (Dritter), Assignant, Assignat, Assignatar.

Im A.L.R. wird der Anweisungsempfänger „Angewiesener" genannt, § 259 A.L.R. I, 16.[1])

Das Wesen der Anweisung wird durch folgende Momente charakterisirt:

a) Die Anweisung erfolgt stets schriftlich. Die Urkunde ist gerichtet an den Angewiesenen (Assignanten), § 783. Sie selbst wird ebenfalls „Anweisung" genannt.[2])

b) Den Gegenstand bildet immer die Leistung von Geld, Werthpapieren oder anderen Fungibilien.

Eine bloße Promissionsanweisung, wie im römischen Rechte (Delegation), kennt das B.G.B. nicht.[3]) „Die Anweisung ist also Zahlungsanweisung, § 783 B.G.B., anders H.G.B. Art. 300. Der Anweisungsempfänger kann dann die Leistung sofort erheben, doch gilt er auch als ermächtigt statt dessen von Assignaten einstweilen nur Accept (Annahme) der Anweisung zu erbitten, durch Vermerke auf der Urkunde. Ja, dieser Vermerk wird oft schon im Voraus auf die

---

[1]) Dies ist nicht sprachwidrig; denn man kann zum Empfange ebenso angewiesen werden, wie zur Leistung. Das Wort „Angewiesener" ist daher zunächst zweideutig und erst das Gesetz prägt ihm einen bestimmten Sinn auf.

[2]) Beispiel im Vorbereitungshefte: „An Herrn B. (Assignaten). Belieben Sie, gegen diese Anweisung 1000 Mk. an Herrn C. (Assignatar) zu zahlen und mir in Rechnung zu stellen. Valuta erhalten. A. (Assignant.)"

[3]) Das Folgende bis zu c rührt aus dem Vorbereitungshefte her.

Urkunde gesetzt, ohne daß der Empfänger sie erhält, § 784 Abs. 2 (so bei jeder Postanweisung). Durch solches Accept dient dann die Anweisung dem Empfänger, dem sie eine Forderung gewährt. Darum enthält die Anweisung des B.G.B. eine Kreditanweisung (Anweisung auf Promission), obwohl sie wörtlich nicht auf Schuldversprechen (promissio) lautet. Uebrigens kommt auch ein derartiger Wortlaut vor (bei dem rothen Check der Reichsbank).[1])

Ein Hauptbeispiel der Anweisung war früher der gezogene Wechsel: Der Aussteller, Trassant, war Assignant, der Bezogene Trassat-Assignat, der Wechselnehmer Remittent-Assignatar. Doch ist der Wechsel eigenartig durch seine Formenstrenge und durch die Haftung des Trassanten für die Honorirung des Wechsels. — Dagegen sind noch heute reine Anweisungen z. B. der Kreditbrief und der Check (der weiße Check der Reichsbank). Ein solcher Kreditbrief (Accreditiv) lautet als Schreiben des A. an B.:

„An Herrn B. Belieben Sie, an Herrn C. (Empfänger) den von ihm gewünschten Betrag, höchstens aber 1000 Mk., gegen Vorzeigung dieses Briefes zu zahlen und mir in Rechnung zu stellen. Valuta erhalten. A. (Aussteller.)"

A., der Adressant, sichert hier auf seine Rechnung bei seinem Korrespondenten B. dem C. den accreditirten Kredit. Dies ist üblich, um einem Reisenden an verschiedenen Orten Geldmittel nach Bedarf zur Verfügung zu stellen.

Der Unterschied vom Kreditmandat liegt darin, daß der Mandatar nicht auf Rechnung des Mandanten, sondern auf eigene Rechnung an den Empfänger Kredit giebt,[2]) also dessen Gläubiger wird und den Mandanten nur als Bürgen in Anspruch nehmen kann.

Ein Check (bei der Reichsbank der weiße Check) lautet: „Die Reichsbank (B.) wolle gegen diesen Check aus meinem Guthaben zahlen an Herrn C. (oder Ueberbringer) 1000 Mk. A."

A. giebt diese Anweisung (Check) dem C. zur Präsentation bei der Bank.

---

[1]) Der Wortlaut dieses Checks ist:

„Die Reichsbank wolle dem Konto von X. in A. bei der Reichsbank in B. 1000 Mark gutschreiben und dafür das Konto von Y. belasten.

Datum und Unterschrift."

[2]) Vgl. hierzu oben S. 573 Anm. 3.

Auch jede Postanweisung ist, wie erwähnt, eine Anweisung, nur wird sie nicht dem Empfänger übergeben, sondern dem Angewiesenen, der sie zugleich befördern soll."

c) Die Anweisung ist dem Assignatar (dem Empfangensollenden, Destinatär) auszuhändigen. Eine direkte Zusendung der Urkunde an den Assignaten ist keine Anweisung, sondern ein schlichter Zahlungsauftrag. Keine Anweisung ist daher das Schreiben an den Bankier: „Zahlen Sie meinem Hauswirthe die Miethe", auch nicht der rothe Check der Reichsbank, wohl aber, wie oben erwähnt ist, der weiße, oder ein Kreditbrief.[1])

Das Verhältniß des Anweisenden ist in der Theorie sehr verschieden bestimmt. Er tritt, wie der römische Delegant, in zwei Rechtsverhältnisse:

1. zum Angewiesenen (Deckungsverhältniß), darauf geht die Clausel: Stellen Sie mir auf Rechnung;

2. zum Anweisungsempfänger (Valutaverhältniß), darauf bezieht sich die Klausel: Valuta erhalten. Sie giebt den Grund für die Zuwendung an den Empfänger an und wird oft weggelassen. (Anders bei dem Wechsel.)

Die Anweisung begründet zunächst kein Rechtsverhältniß zwischen dem Angewiesenen und dem Anweisungsempfänger.

Zahlt der Angewiesene an den Empfänger, so hat diese Vollzugsleistung zu Grunde nicht eine Beziehung zwischen beiden, sondern nur den Beziehungen jedes dieser beiden zum Anweisenden.

Die herrschende Theorie faßte bis vor Kurzem die beiden Rechtsbeziehungen des Anweisenden zu den beiden andern Betheiligten als ein Doppelmandat auf (Thöl und Eccius), ein Mandat an den Assignaten, mandatum praestandi, und eines an den Assignatar, mandatum accipiendi.[2])

---

[1]) Das Vorbereitungsheft bemerkt hierzu: „Auch ein bloßer Empfangsauftrag würde noch keine Anweisung sein". Eck verlangt also zu einer solchen neben dem Empfangsauftrage die Ermächtigung des Beauftragten, den Assignaten zur Zahlung aufzufordern.

[2]) Das Vorbereitungsheft bemerkt hierzu: Dies ist unhaltbar; denn die Beziehung zum Empfänger wird nur selten ein Auftrag sein. In Wahrheit können beide Rechtsverhältnisse sehr verschiedener Art sein. Meist ist der Anweisende wohl Gläubiger des Angewiesenen (z. B. aus einem Guthaben des Anweisenden, Anweisung auf Schuld B.G.B. § 787); oft ist er zugleich Schuldner des Anweisungs-

Das B.G.B. hat die Theorie des Doppelmandats, wie § 783 ergiebt, verworfen;[1]) obwohl der Entwurf noch Anklänge daran enthält. Es konstruirt die Anweisung als eine zweifache Ermächtigung: des Anweisenden an den Angewiesenen für Rechnung des Anweisenden zu leisten, und an den Anweisungsempfänger, die Leistung im eigenen Namen zu erheben.

---

empfängers. (Das Pr. L.R. faßt dies als Normalfall auf.) Dann werden durch die Vollzugsleistung Schuldzahlungen abgewickelt, B.G.B. §§ 787, 788. Möglich ist aber auch, daß der Anweisende vom Angewiesenen ein Darlehn (Vorschuß) nehmen will (Anweisung auf Vorschuß, Kredit) und, das er dem Empfänger schenken will. Möglich ist auch, daß der Anweisungsempfänger nur zur Einziehung bestellt ist und die erhobene Summe dem Angewiesenen abliefern soll; dann ist er nur fiduziarisch forderungsberechtigt. Die Anweisung abstrahirt eben von den beiden Grundverhältnissen, und nur soviel trifft immer zu, daß die Anweisung ideell durch die Anweisenden hindurch geht. Noch anders neuestens Lenel a. a. O. S. 114, 121. Die Anweisung soll nur Inkassovollmacht sein; der Anweisungsempfänger soll als Stellvertreter des Anweisenden handeln, doch nur in Bezug auf das Deckungsverhältniß zwischen diesem und dem Angewiesenen; dagegen soll er die Vollziehungsleistung bald ebenfalls nur für den Anweisenden, bald für sich selbst erwerben. Dies scheint mir sehr künstlich und undurchführbar und ist jedenfalls im B.G.B. nicht anerkannt, da der Anweisungsempfänger hier stets in eigenem Namen die Leistungen von Angewiesenen fordern kann (§ 783), und durch ein Zahlungsversprechen desselben eine Forderung für sich erwirbt, § 784. (Soweit das Vorbereitungsheft.) Wenn nun aber der Anweisungsempfänger bei der Ausübung dieses ihm fiduziarisch überlassenen Forderungsrechtes ausdrücklich nur als Inkassomandatar auftritt, so wird man ihm schließlich nicht verwehren dürfen, für seinen Herrn zu erwerben. Andererseits steht im Deckungsverhältnisse die Zahlung des vom Gläubiger angewiesenen Schuldners an den Dritten der Zahlung an einen Stellvertreter des Gläubigers völlig gleich. Aus ähnlichen Erwägungen hat wohl Eck die vorstehende Polemik gegen Lenel bei dem Vortrage absichtlich weggelassen.

[1]) Bei diesem von Eck berührten Streite spielen zwei Uebelstände eine große Rolle: 1. Die Doppeldeutigkeit des Wortes mandatum, das bald den zweiseitigen Mandatsvertrag bezeichnet, bald die einseitige Ermächtigung. Im letzteren Sinne nimmt auch Eck bei der Anweisung ein Doppelmandat an. 2. Die Anschauung, daß der Mandatsvertrag immer eine Auftragsübernahme in sich schließe, die zur Ausführung des Auftrages verpflichtet. Nun beweist aber das (auch vom B.G.B. § 778 angenommene) Kreditmandat, daß der Begriff des römischen Mandatsvertrages auch Ermächtigungen umfaßt, von denen der Empfänger Gebrauch macht, ohne dazu verpflichtet zu sein. Auch in dieser Hinsicht müssen wir bei der Anweisung ein Doppelmandat annehmen, wodurch nicht ausgeschlossen ist, daß unter den Parteien neben den beiden Mandatsverträgen noch andere Rechtsverhältnisse vorliegen, durch die die Mandatsverträge hervorgerufen und die durch diese Verträge berührt werden. Indem das B.G.B. also das Wort „Ermächtigung" gebraucht, verwirft es m. E. keineswegs die Annahme des Doppelmandats.

Dabei kann der natürliche Rechtsgrund jeder dieser beiden Ermächtigungen sehr verschieden sein. Aber diese materiellen Rechtsgründe kommen für die Wirksamkeit der Anweisung auch nach B.G.B. nicht in Betracht. Daher schreibt B.G.B. nicht einmal die Deckungsklausel (auf meine Rechnung) vor!

Die Doppelermächtigung wird erklärt durch schriftliche Urkunde, welche die Anweisung an den Leistensollenden enthält und durch Aushändigung derselben an den Empfänger.

Eine bestimmte Wortform der Anweisung ist nicht vorgeschrieben, namentlich nicht das Wort: „Ich weise Sie an, Zahlen Sie, oder halten Sie zur Disposition?"

Die Leistungszeit kann bestimmt sein, z. B. „am Tage der Vorzeigung". Auch die Klausel: „gegen diese Anweisung" ist nicht vorgeschrieben.

Ebenso wenig wird eine besondere Benachrichtigung des Angewiesenen von der Anweisung verlangt, so Entw. I, § 605 ausdrücklich. Der Grund hiervon ist, daß die Anweisung ja dazu bestimmt ist, ihm durch den Anweisungsempfänger vorgelegt zu werden.

Der § 787 spricht von einer Anweisung auf Schuld, d. h. auf Guthaben. Der Rechtsgrund, aus welchem der Angewiesene hier leistet, ist causa solvendi. Möglich sind für die eine oder andere Ermächtigung auch andere causae. Diese materiellen Rechtsbeziehungen sind für die Anweisung vollkommen gleichgültig. Die mündliche Anweisung ist nach allgemeinen Regeln und nach der Parteiabsicht zu behandeln (Mot. Bd. II, S. 558). Dies wird zu einer analogen Anwendung der meisten Regeln über die Anweisung führen.

Im Großen und Ganzen bestimmt das B.G.B. über die rechtlichen Folgen der Anweisung dasselbe wie das H.G.B. Daher geht Art. 300 H.G.B. fortan im B.G.B. auf.

Die Wirkungen der Anweisung sind verschiedene je nach den drei Stadien ihrer Entwickelung:

a) Stadium der Anweisung und Aushändigung der Urkunde an den Anweisungsempfänger;

b) Stadium der Annahme der Anweisung (Accept) seitens des Angewiesenen;

c) Stadium der vollzogenen Leistung von Seiten des Angewiesenen an den Empfänger.

a) Die Anweisung bewirkt, wenn sie dem Empfänger ausgehändigt ist — nicht wenn sie ohne Willen des Anweisenden in dessen Besitz gelangt ist, — für diesen die Ermächtigung, nicht die Verpflichtung, sie dem Angewiesenen vorzulegen. Der Angewiesene ist ermächtigt, nicht verpflichtet, die Anweisung zu honoriren (sei es durch Annahme vor dem Leistungstermin, sei es durch Zahlung an denselben), zur Honorirung ist er auch dann nicht verpflichtet, wenn er Schuldner des Anweisenden ist, § 787 Abs. 2.[1]) Eine solche Verpflichtung kann nur aus einem speziellen Rechtsverhältnisse erwachsen. Wohl aber ist der Anweisungsempfänger nach § 789 verpflichtet, wenn der Angewiesene die Annahme der Anweisung verweigert oder er selbst die Anweisung nicht geltend machen kann oder will, dies dem Anweisenden unverzüglich anzuzeigen, damit dieser danach Verfügung treffen kann. (Dies geschieht sehr häufig bei Kreditbriefen.)[2])

Ein Regreß mangels Annahme wird — im Gegensatz zum Wechsel — durch die Anweisung für sich allein nicht begründet. (So schon das R.O.H.G. Bd. 13 S. 313.) „Ob der Anweisende auch einen Regreß mangels Annahme gegen ihn hat, hängt bedinglich von dem besonderen Rechtsverhältniß zwischen beiden ab, das der Anweisung zu Grunde liegt."[3])

Der Anweisende kann die Anweisung gegenüber dem Angewiesenen widerrufen, bis sie angenommen oder die Leistung geschehen ist, § 790.

Es folgt dies aus dem Ermächtigungscharakter und gilt auch, wenn er dadurch eine Pflicht gegenüber dem Anweisungsempfänger verletzt. Dagegen erlischt die Anweisung nach § 791 nicht durch Tod eines Betheiligten oder Untergang seiner Geschäftsfähigkeit.[4]) (Anders nach der früheren Mandatstheorie.)

b) Die Annahme der Anweisung ist nicht nothwendig, wie bei dem Wechsel. Für sie ist eine verschärfte Schriftform, Vermerk auf der Anweisung selbst vorgeschrieben, § 784 Abs. 2.

Die übliche Form ist „Angenommen" oder auch ein bloßer Name; oft (so durch die Post bei der Postanweisung) wird sie schon im Vor-

[1]) Das Gesetz sagt „nicht schon deshalb, weil er Schuldner ist". Besondere Verpflichtungsgründe sind auch in diesem Falle nicht ausgeschlossen.

[2]) Insoweit liegt in der Entgegennahme der Empfangsermächtigung allerdings auch eine Auftragsübernahme.

[3]) Vorbereitungsheft.

[4]) Der Grundgedanke dieses Rechtssatzes ließe sich auch auf das Kreditmandat anwenden.

aus vor der Aushändigung der Anweisung an den Empfänger daraufgesetzt, wirkt aber dann erst mit der Aushändigung, § 784 Abs. 2.

Die Wirkung der Anweisung ist die eines selbständigen[1]) abstrakten Zahlungsversprechens gegenüber dem Empfänger, aber nur diesem gegenüber, § 784 Abs. 1, aber nicht, wie andere Gesetzbücher bestimmen, und wie dies bei dem Wechsel gilt, auch gegenüber dem Anweisenden.

Der Anweisende kann die Anweisung nunmehr nicht mehr widerrufen, § 790.[2]) Auf Grund des Acceptes kann der Empfänger in eigenem Namen (nicht in fremdem wie der in diesem Punkte durchaus andersgestellte Inkassamandatar) die Leistung verlangen.

Der Angewiesene kann eine Quittung auch nur vom Empfänger, nicht von dem Anweisenden fordern. Ein Beweismittel für die Zahlung diesem gegenüber hat der Angewiesene in der Anweisungsurkunde, gegen deren Aushändigung er nur zu leisten braucht, § 785.

Die Einwendungen des Angewiesenen dem Empfänger gegenüber sind nach § 784 Abs. 1 sehr beschränkt, wie sich dies aus dem Charakter des abstrakten Versprechens ergiebt, sie können nur die Gültigkeit der Annahmeerklärung (z. B. Geschäftsunfähigkeit) oder den Inhalt der Anweisung (Annahme mit dem Vorbehalte, daß inzwischen Deckung eingeht) oder das unmittelbare Verhältniß des Angewiesenen zum Anweisungsempfänger betreffen. Es entspricht dies den Grundsätzen der Inhaber- und Ordrepapiere. Der Acceptant hat also keine Einrede aus seinen Beziehungen zum Anweisenden, die der Anweisungsempfänger garnicht zu kennen pflegt. Er braucht sie daher auch nicht gegen sich gelten zu lassen. Wenn also z. B. bei Annahme einer Postanweisung auf der Post vergessen ist, dem Absender das Geld abzufordern, und dann die Postanweisung dem Adressaten zugestellt und ausbezahlt ist, so kann die Post von ihm nichts zurückfordern.

Er kann ferner auch den Acceptanten verklagen. Dagegen folgt aus der Anweisung an sich für ihn **nicht** die **Pflicht**, den Acceptanten zu verklagen, auch nicht ein Regreß mangels Zahlung gegen den Anweisenden. Ebenso im H.G.B.

---

[1]) Das Versprechen ist insofern nicht völlig abstrakt, insofern es verräth, daß zwei Rechtsbeziehungen des Versprechenden dahinterstehen. Diese Beziehungen brauchen freilich nicht weiter aufgeklärt zu werden.

[2]) Ein Seitenstück der im § 168 als möglich anerkannten unwiderruflichen Vollmacht, dessen Grundgedanke auch zu dem Kreditmandate passen würde.

Eine Hauptfrage ist die, ob die Annahme der Anweisung auch die Wirkung habe, bereits als Leistung zu gelten (solvit qui reum delegat).[1] Das B.G.B. befolgt das Sprichwort: „Anweisung ist keine Zahlung", §§ 782 Abs. 1 und 788. Also ist die Aushändigung der Anweisung an den Empfänger keine datio in solutum und war weder eine Leistung des Acceptanten an den Anweisenden, noch eine solche des letzteren an den Empfänger.

Darum befreit die Annahme weder den Anweisenden von seiner Schuld an den Anweisungsempfänger, noch den Acceptanten von seiner Schuld an den Anweisenden.

Der Acceptant ist also, wenn er Schuldner des Anweisenden war, bis zur Leistung Schuldner zweier Personen, des Anweisenden und des Anweisungsempfängers. Diese doppelte Verpflichtung ist aber praktisch unbedenkich, weil er nur einmal zu leisten hat.

Art. 300 H.G.B. fällt in Zukunft fort.

Die Dauer der Klage gegen den Acceptanten beträgt drei Jahre, § 786.

c) Die Leistung des Angewiesenen an den Empfänger erfolgt entweder nach vorhergegangener Annahme oder auch ohne solche. Sie geschieht stets in eigenem Namen des Angewiesenen, nicht im Namen des Anweisenden und bewirkt Befreiung von der durch die Annahme begründeten Schuld; sie tilgt aber auch die etwa zu erledigende Schuld des Angewiesenen gegenüber dem Anweisenden (§ 787 Abs. 1), da sie als eine Leistung des Zahlenden an letzteren gilt. Ist die Anweisung zu dem Zwecke erfolgt, daß der Anweisende etwas an den Empfänger leiste, so ist auch diese Leistung mit der Leistung des Angewiesenen an den Anweisungsempfänger bewirkt, § 788. Die Leistung des Acceptanten greift also in drei Rechtsverhältnisse ein.

Eine Uebertragung der Anweisung auf einen Dritten (eigentlich Vierten) ist in § 972 vorgesehen. Sie ist im Zweifel statthaft, wenn

---

[1]) Das römische Sprichwort bedarf einer Ergänzung. Unmöglich konnte ein römischer Gläubiger damit abgespeist werden, daß der Schuldner ihn auf einen beliebigen (vielleicht zahlungsunfähigen) Dritten verwies. Eine solche Verweisung stand nur dann der Zahlung gleich, wenn der Gläubiger den Dritten an Stelle des Anweisenden als Schuldner annahm oder die Schuldleistung von ihm empfing. Unter diesen Bedingungen ist aber das römische Wort noch heutzutage richtig, so daß der angebliche Gegensatz zwischen römischem und heutigem Rechte nur auf der aphoristischen Fassung einer römischen Regel beruht.

sie nicht vom Anweisenden ausgeschlossen war (Rekta=Anweisung). Dies kann durch Vermerk in der Anweisung geschehen oder durch Mittheilung an den Angewiesenen vor der Annahme oder der Leistung. Die Uebertragung erfordert Schriftform und Aushändigung der Anweisung, § 792 Abs. 1. Ihre Wirkung ist im Wesentlichen diejenige einer Cession, Abs. 3. „Nur verliert der Angewiesene durch Annahme gegenüber dem Erwerber die Einreden aus seinen Beziehungen zum Anweisungsempfänger, und er haftet nun dem Erwerber ebenso aus seinem Zahlungsversprechen, wie er dem Anweisungsempfänger gegenüber aus der Annahme gehaftet haben würde."[1])

Bei kaufmännischen Anweisungen kann die Uebertragung auch durch Indossament erfolgen, § 363 H.G.B.[2]) Dagegen giebt es bei den Anweisungen des B.G.B. keine Amortisation, wie sie bei Ordrepapieren möglich ist, § 808 Abs. 2.

§ 100.

Schuldverschreibungen auf den Inhaber. (§§ 793—808.)

Bei ihnen handelt es sich nur um Papiere, in denen der Aussteller dem Inhaber eine Leistung verspricht, um Forderungspapiere, also nicht um solche, die einen anderen Inhalt haben, also auch nicht um Gesellschaftsantheile (Aktien).

Unter den Forderungs=Papieren auf den Inhaber sind die wichtigsten diejenigen, die das Versprechen einer bestimmten Geldsumme enthalten. Solche dürfen aber nach § 795, wenn sie im Inlande ausgestellt sind, nur mit staatlicher Genehmigung in den Verkehr gebracht werden, anderenfalls sind sie nicht blos nichtig, sondern es haftet auch der Aussteller dem Inhaber für den durch die Ausgabe verursachten Schaden, § 795. Art. 34 IV E.G. enthält noch für diesen Fall eine besondere Strafvorschrift, § 145a Str.G.B.

Andererseits ist durch § 793 Abs. 2 für alle Inhaberpapiere die Formvorschrift insofern erleichtert, als zur Unterzeichnung eine im Wege

---

[1]) Aus Ecks Vorbereitungshefte.

[2]) Da es verschiedene Arten von abstrakten Versprechen giebt, so hält das Reichsgericht nach Prot. 1 S. 127 zu § 140 die Konversion der einen Art in eine andere für möglich (Entsch. Bd. 48 Nr. 48 S. 229 ff.), insbesondere eines Wechsels an eigene Ordre in einen kaufmännischen Verpflichtungsschein. Vgl. daselbst über das Verhältniß des letzteren Scheines zu dem Schuldversprechen des § 780 das auf S. 229 Gesagte.

der mechanischen Vervielfältigung hergestellte Namensunterschrift genügt, wofern nicht eine besondere Form in der Urkunde oder durch Landesgesetze vorgeschrieben ist, § 793 Abs. 2 und Art. 100 Nr. 1 E.G.

Das Recht auf Erfüllung der Forderung ist nicht an die bloße Innehabung des Papiers geknüpft, wie das der Entwurf I wollte, so daß auch dem Diebe, dem Hehler, dem Verwahrer des Papieres dieses Recht zugestanden hätte. Sie bestimmt sich nach zwei Sätzen:

1. Das Recht aus dem Papiere hat nur derjenige, der das Recht am Papier (das Verfügungsrecht) hat, § 793 Abs. 1. Nicht nothwendig Eigenthum. Es kann z. B. auch Nießbrauch oder Pfandrecht sein.

Das Vorhandensein dieses Verfügungsrechtes bestimmt sich nach den allgemeinen Regeln des Sachenrechtes. Indeß braucht der Besitzer des Papieres dieses Recht nicht zu beweisen, vielmehr reicht die bloße Innehabung dazu aus, seinen Anspruch zu begründen.[1])

2. Andererseits kann der Aussteller den Anspruch des Besitzers ausschließen, indem er beweist, daß dieser zur Verfügung über das Papier nicht berechtigt ist („es sei denn, daß er . . . . nicht berechtigt ist.")

So ist die prima facie gegebene Legitimation des Inhabers durch Beweis zu entkräften.

Da nun an Inhaberpapieren der redliche Erwerb Eigentum giebt (§ 935 Abs. 2), so kann der Aussteller seinen Beweis in der Regel nur auf Unredlichkeiten richten, indessen genügt es auch z. B., wenn er beweist, daß der Auftrag, den der Inhaber zur Einziehung hatte, erloschen ist.

Zu diesen Einreden des mangelnden Verfügungsrechts ist der Aussteller berechtigt, aber nicht verpflichtet, § 793 Abs. 1 Satz 2. Er ist frei, auch wenn er wissentlich an einen Unberechtigten leistet, kann aber unter Umständen, z. B. als Hehler, auf Schadensersatz belangt werden (Deliktsschuld).

Sehr streitig ist der Grundsatz, auf dem die Verpflichtung des Ausstellers beruht. Man führt sie allgemein auf seinen Willen zurück, streitet aber darüber, in welcher Weise dieser Wille geäußert sein müsse.

Zur Entstehung der obligatorischen Haftung ist nach der Vertrags- oder Begebungstheorie (Brunner, Goldschmidt) ein durch Geben oder Nehmen der Urkunde geschlossener Vertrag erforderlich, während nach der Kreationstheorie (Kuntze, Dernburg) aus der schriftlichen Abfassung

---

[1]) Ein Seitenstück des § 1006.

selbst, aus der gültig hergestellten Urkunde, mithin aus der einseitigen Erklärung des Schuldners die Obligation entsteht.

Wie Brunner (in Endemanns Handbuch des Handelsrechts)[1]) überzeugend nachgewiesen hat, ist geschichtlich nur die Vertragstheorie zu rechtfertigen. Ihr entspricht auch der § 305 B.G.B. Andererseits wird in § 794 eine Hauptkonsequenz der Kreationstheorie ausgesprochen, nämlich, daß das Papier wirksam ist, wenn es wider den Willen des Ausstellers in den Verkehr gelangt ist oder der Aussteller vor seiner Begebung gestorben ist. Endemann und andere Autoren sehen hier einen Beweis dafür, daß das B.G.B. auf dem Standpunkte der Kreationstheorie steht. M. E. kann indes § 794 nur auf eine Sonderstellung des gutgläubigen Erwerbers bezogen werden, dann ist sein nächstliegender Sinn nur eine Ausnahme zu Gunsten der bona fides und nicht die Annahme einer prinzipiellen Abweichung von § 305.[2]) „Es folgt dies aus dem oben erwähnten Grundsatze, daß die Forderung von dem Verfügungsrechte über das Papier abhängt. Wenn z. B. die von A. ausgestellten Inhaberpapiere nach seinem Tode von einem der Miterben X. ohne Zustimmung der übrigen, Y. Z., ausgegeben werden, so kann der Erwerber, der dies wußte, gegen Y. und Z. keine Rechte bekommen.

Die Verbindlichkeit eines einseitigen Versprechens würde eine Ausnahme von § 305 bilden und müßte ausdrücklich anerkannt sein. Also bleibt es bei der Vertragstheorie."[3])

Demnach müßte also auch im B.G.B. für die Entscheidung der dort offen gelassenen Fragen die Vertragstheorie herangezogen werden.

Beispiel: Eine Aktiengesellschaft hat für 100 000 Mk. Inhaberpapiere ausgestellt und für sie ein Pfand bestellt. Von diesen 100 000 Mk. hat sie 90 000 Mk. begeben. Sie fällt in Konkurs. Kann sie bezüglich der ihr verbliebenen 10 000 Mk. das Pfand als absonderungsberechtigte Gläubigerin in Anspruch nehmen? M. E. nicht, da nur durch die Begebung ein Gläubiger geschaffen werden kann.

---

[1]) Bd. II S. 140 ff., 196 ff.

[2]) Der tiefere Ursprung der Kreationstheorie liegt in der Absicht, redliche Erwerber der Inhaberpapiere zu schützen, dadurch die Kauflust zu steigern und somit die Verkäuflichkeit der Papiere zu erhöhen. Dies geschieht aber immer zum Schaden eines redlichen Ausstellers, der nicht haften wollte. Darum ist sie weniger prinzipiell verworfen, als graduell abgeschwächt worden.

[3]) Vorbereitungsheft.

Auch in § 795 Abs. 3 am Ende bricht die Vertragstheorie durch.

Zur Ausübung des Rechts aus der Urkunde ist die Präsentation dem Schuldner gegenüber wie genügend so erforderlich. (Es ist dies zwar nicht gesagt, ergiebt sich aber aus dem Erfordernisse der Innehabung.) Der Gläubiger muß sich eben als Inhaber ausweisen. Der Kreis der Einreden, die ihm entgegengesetzt werden können, ist nach § 796 ebenso beschränkt, wie bei der Anweisung (§ 784), beim Wechsel und anderen Ordrepapieren, H.G.B. Art. 303. Zu den unmittelbar dem Aussteller gegen den Inhaber zustehenden Einreden gehört auch die exceptio doli, daß der Inhaber das Papier erworben habe, um dem Aussteller eine Einrede zu entziehen, die dieser gegen einen Vormann des Erwerbers hatte.

Der Schuldner kann aber gegen die Leistung nicht blos Quittung verlangen (§ 368), sondern auch die Aushändigung des Papieres, § 797. Durch diese wird er Eigenthümer und von der Schuld befreit, auch wenn der Inhaber kein Verfügungsrecht hatte.

Das Gesetz bietet dem Inhaber eine ganze Reihe von Schutzmitteln gegen allerlei Unfälle:

a) Wird das Papier in Folge einer Beschädigung oder einer Verunstaltung zum Umlaufe nicht mehr geeignet sein, sind aber seine wesentlichen Merkmale noch erkennbar, so kann der Inhaber die Ausstellung einer neuen Schuldverschreibung verlangen, § 798;

b) Ist das Papier abhanden gekommen oder vernichtet, so kann es im Wege des Aufgebotsverfahrens für kraftlos erklärt werden, §§ 799, 800. Die Amortisation erfolgt nach fruchtlosem Aufgebot, (§ 1018 n. C.P.O., Ausschlußurtheil). Der Extrahent des Ausschlußurtheils hat dann den Anspruch auf Ertheilung einer neuen Schuldverschreibung. Die Amortisation kann in der Urkunde selbst ausgeschlossen sein. Außerdem sind nicht amortisirbar (§ 799 Abs. 1 Satz 2) Zinsscheine, Renten- und Gewinnantheilscheine (wegen ihrer relativ geringen Beträge) und die auf Sicht zahlbaren, unverzinslichen Schuldverschreibungen (wegen ihrer Geldähnlichkeit.) (Ebenso Banknoten nach dem Bankgesetz vom 14. März 1875). Der bisherige Inhaber kann aber bei den genannten Scheinen deren Verlust dem Aussteller anzeigen, vgl. § 804.

c) Neben dem Aufgebot hilft noch die Zahlungssperre, d. i. ein gerichtliches Verbot an den Aussteller und die Zahlstellen, dem Inhaber zu leisten, § 1019 C.P.O.

d) Die einseitige Außerkurssetzung, wie sie in Preußen üblich ist, fällt fort, weil sie durch die moderne Enwickelung des Hinterlegungswesens überflüssig geworden ist, vgl. Art. 176 E.G. Auch die für das Jahr 1900 erfolgte Außerkurssetzung verliert ihre Kraft. Als Ersatz der Außerkurssetzung kennt § 806 für diejenigen, die eine Weitergebung nicht beabsichtigen, die Umschreibung eines Inhaberpapieres auf den Namen eines bestimmten Berechtigten.

Der Aussteller ist dazu nicht verpflichtet, soweit nicht nach Art. 101 E.G. landesgesetzliche Vorschriften in Betracht kommen, wie sie für Körperschaften des öffentlichen Rechtes bestehen.

Auf der anderen Seite ist auch zu Gunsten des Ausstellers der Anspruch des Inhabers in zeitliche Grenzen gebannt, §§ 801, 802. Die allgemeinen Regeln über Verjährung (Hemmung 2c.) würden große Schwierigkeiten haben. Der Anspruch aus dem Inhaberpapier erlischt daher, wenn er nicht binnen 30 Jahren nach Eintritt der Fälligkeit geltend gemacht d. h. die Urkunde zur Einlösung vorgelegt wird.

Bei Zins-, Renten- und Gewinnantheilsscheinen beträgt die Vorlegungsfrist nur 4 Jahre seit dem Ende des Jahres, in dem die Schuld fällig wurde. Wird innerhalb dieser Fristen die Urkunde vorgelegt, aber nicht eingelöst, so beginnt noch eine zweijährige Verjährung vom Ende der Vorlegungsfrist an. Der Gläubiger kann nach § 802 den Lauf der beiden Fristen (der Vorlegungsfrist wie der Verjährung) durch die Zahlungssperre unterbrechen. Besonderes ist noch für Zins-, Renten- und Gewinnantheilsscheine zur Sicherung des Berechtigten bestimmt durch §§ 803—805.

a) Zins- und Gewinnantheilsscheine lauten über accessorische Forderung, allein Zinsscheine sollen nach § 803 von der Hauptforderung unabhängig sein, also trotz dem Erlöschen der Hauptforderung (z. B. in Folge Auslosung) in Kraft bleiben oder trotz des Wegfalls oder der Aenderung der Zinszahlungspflicht (Reduktion). Jedoch kann der Aussteller bei Einlösung des Hauptpapieres den Betrag, über den die fehlenden Zinskoupons lauten, zurückbehalten.

b) § 804. Sind Zins-, Renten- und Gewinnantheilscheine verloren gegangen, so hat der bisherige Inhaber als Ersatz der Amortisation das Recht, den Verlust vor Ablauf der Vorlegungsfrist dem Aussteller anzuzeigen und sich damit den Anspruch auf Zahlung nach Ablauf der Frist verschaffen, ausgenommen, wenn inzwischen der Schein zum Vorschein gekommen ist. Dieses Recht, durch Verlustanzeige sich den Anspruch zu sichern, kann in den Zinsscheinen 2c. ausgeschlossen werden, § 804 Abs. 2.[1])

c) Zum Schutze des Inhabers einer Schuldverschreibung bei Verlust des Erneuerungsscheines (Talons) bestimmt § 805, daß neue Zins- und Rentenscheine für eine Schuldverschreibung auf den Inhaber an den Inhaber des Erneuerungsscheines (Talons) gegen den Widerspruch des Inhabers der Schuldverschreibung nicht ausgegeben werden dürfen. Dies sichert den Inhaber der Schuldverschreibung bei dem Verluste des Talons.

Der § 807 berührt die Frage, ob Karten, Marken und ähnliche Urkunden (Theaterbillets, Biermarken) Inhaberpapiere oder Legitimationspapiere sind, und überläßt die Entscheidung der Willensauslegung im einzelnen Falle. Wenn aber jemand solche Gegenstände ausgegeben hat, in der Absicht, im einzelnen Falle jedem Inhaber leistungspflichtig zu sein, so sollen nach § 807 die Regeln vom Inhaberpapier gelten: Der Inhaber als solcher kann Leistung verlangen. Einwendungen sind nur im Umfang des § 796 zulässig. Die Leistung braucht nur gegen Aushändigung zu geschehen.

Auffallend ist, daß auch § 794 Anwendung finden soll. Darnach verpflichtet die Urkunde, auch wenn sie gegen Willen des Ausstellers in den Verkehr gesetzt ist, während doch § 807 selbst diejenigen Karten und Marken den Inhaberpapieren gleichstellt, die von ihrem Aussteller ausgegeben sind. Wie ist es nun möglich, daß Urkunden von dem Aussteller ausgegeben werden und dennoch wider seinen Willen in Verkehr gelangen? Die Antwort soll darin liegen, daß in § 807 die Ausgabe nur bezüglich einer Gattung von Marken und Marken vorauszusetzen ist, dann aber die weiteren einzelnen Exemplare wider Willen des Ausstellers in Verkehr gelangen können. Gegen diese soll dann nicht die Einwendung gelten, daß der Aussteller sie nicht selbst begeben habe. „Es ist dies sehr spitz."[2])

Dagegen sind nach § 808 keine Inhaberpapiere die sog. quali-

---

[1]) Das Vorbereitungsheft bemerkt: „Es wird dies wohl stets geschehen".

[2]) Vorbereitungsheft. Da jedoch derartige Sachen, wenn sie theils ausgegeben, theils ohne Willen des Herstellers in den Verkehr gekommen sind, nicht von einander unterschieden können, so war die Gesetzgebung in einer übeln Lage. Sie mußte entweder die besonderen Vortheile des § 794 den ausgegebenen Gegenständen entziehen oder die daneben in Umlauf gekommene als gültig mit in den Kauf nehmen. Das letztere Uebel war in ihren Augen das kleinere.

fizirten Legitimationspapiere (Sparkassenbücher, Versicherungspolicen, Leihhausscheine, Depotscheine u. s. w.), in denen der Gläubiger benannt, aber hinzugefügt ist, daß der Schuldner an jeden Inhaber leisten könne. Hier hat der Inhaber als solcher kein Recht auf Erfüllung; der Aussteller kann seine Gläubigerlegitimation verlangen. Er ist aber befugt, ohne diese zu leisten, und wird dadurch befreit. Nur so viel stimmt mit dem Rechte der Inhaberpapiere überein, daß der Schuldner allein gegen Aushändigung der Urkunde zur Leistung verpflichtet und daß bei dem Verluste der Urkunde ein Amortisationsverfahren zulässig ist.

§ 101.
Vorlegung von Sachen. (§§ 809—811.)

Im gemeinen Rechte wurde die römische actio ad exhibendum oft übermäßig ausgedehnt und gegen jeden Besitzer einer Sache, deren Vorlegung dem Kläger von Interesse war, gewährt; in Preußen ist sie ganz weggelassen. Das B.G.B. stellt sie wieder auf, aber nur für Fälle, in denen jemand gegen den Besitzer einer Sache einen Anspruch in Ansehung der Sache hat oder sich Gewißheit verschaffen will, ob ihm ein solcher Anspruch zusteht und in denen deshalb die Besichtigung der Sache für ihn von Bedeutung ist.[1])

Praktisch tritt das Bedürfniß hierfür besonders bei der Alternativobligation hervor, bei der der wahlberechtigte Gläubiger oder Vermächtnißnehmer sich die Wahlobjekte vorher besehen will. Auch ohne gesetzliche Bestimmung würde indeß eine solche Befugniß aus der Natur der Sache zu folgern sein.

Die Motive erwähnen den Fall (Bd. II S. 890), daß jemand, dem eine Holzgerechtigkeit zusteht, die Zulassung zur Besichtigung des belasteten Waldes verlangte, um zu ermitteln, ob ein zur Ausübung des Servitut erforderlicher Holzbestand vorhanden ist.[2])

Weiter geht § 810, der das Recht auf Edition von Urkunden behandelt, dies Recht besteht nämlich, auch ohne daß ein Anspruch gegen

[1]) Diese Beschränkung erklärt sich aus der Scheu, daß das Recht des Eigenthümers, Fremde von der Sache auszuschließen, allzu sehr vom Ermessen des Richters abhängig werden könnte.

[2]) Aus einer Vorlegungspflicht folgt nach der Entsch. des Reichsgerichts (Bd. 49 Nr. 27 S. 103, 106) noch nicht, daß ein vorlegungspflichtiger Schiffer die Ladung an Bord durch den Empfänger verwiegen lassen muß. Man wird dies dahin verallgemeinern können, daß das Recht auf Vorlegung einen Anspruch auf umständliche und zeitraubende Prüfungsmaßregeln nicht in sich schließt.

den Besitzer beabsichtigt ist unter den Voraussetzungen, die bisher in der C.P.O. § 387 zu Gunsten von Prozeßparteien für die Editionspflicht eines nicht zu den Prozeßparteien gehörenden Dritten aufgestellt waren. Diese Voraussetzungen sind nun in das B.G.B. § 810 übernommen und in der neuen Fassung der C.P.O. § 422 durch Verweisung auf das bürgerliche Recht ersetzt worden.

§ 102.

Ungerechtfertigte Bereicherung. (§§ 812—822.)

Ihre Behandlung im B.G.B. entspricht im Wesentlichen der gemeinrechtlichen Kondiktionenlehre. Ihre Tragweite ist wegen der erheblichen Ausdehnung des abstrakten Vertrages im B.G.B. eine sehr große.

An die Spitze der Lehre ist im § 812 Abs. 1 Satz 1 der allgemeine Grundsatz gestellt: „Wer durch die Leistung eines Anderen oder in sonstiger Weise auf dessen Kosten etwas ohne rechtlichen Grund erlangt, ist ihm zur Herausgabe verpflichtet.

Hieraus folgt:

a) Das Erlangen geschieht hauptsächlich durch die Leistung eines Anderen, kann aber auch „in anderer Weise", z. B. durch Verfügung eines Nichtberechtigten einem gutgläubigen Erwerber gegenüber (§ 816) erfolgen. (Der Gläubiger läßt bei dem Schuldner eine fremde Sache pfänden und veräußern.)

b) Gegenstand des Erlangens kann jeder Vermögenswerth sein, also auch eine Forderung, die Befreiung von einer solchen, sogar der bloße Besitz (condictio possessionis).[1])

c) Es muß etwas ohne Rechtsgrund erlangt sein.[2]) Dies ist hauptsächlich der Fall, wo auf Grund einer vermeintlichen (cond. indebiti) oder nichtigen (cond. sine causa) Forderung geleistet wird. Genaueres ist nicht bestimmt.

---

[1]) Wer einen nicht ordentlich protestirten Wechsel einlöst, der acceptirt ist, bereichert dadurch den Empfänger der Einlösungssumme, auch wenn er dadurch die Forderung gegen den zahlungsunfähigen Acceptanten erhält; denn eine Forderung auf eine Summe ist stets weniger werth als diese Summe selbst. Das Reichsgericht (Entsch. Bd. 48 Nr. 33 S. 139) verwerthet diese Entscheidung dazu, um die mit Unrecht behauptete Subsidiarität der Bereicherungsansprüche zu widerlegen.

[2]) Der Gläubiger muß aufklären, zu welchem Zwecke er dem angeblich ohne Grund Bereicherten etwas zugewandt hat. Die Thatsache einer unaufgeklärten Zuwendung genügt zur Klagebegründung nicht. Entsch. des Reichsgerichts Bd. 49 Nr. 13 S. 49 ff.

Es ist nicht erforderlich, daß der Rechtsgrund zwischen den Parteien [1]) fehlt; vgl. § 816, wo zwischen ihnen — dem Nichtberechtigten und dem Erwerber — ein Rechtsgrund vorhanden ist, nämlich bei einer Verfügung eines Nichtberechtigten über einen Gegenstand, die für den Berechtigten wirksam ist (Veräußerung einer fremden Sache, Pfändung und Verkauf der dem Ausgepfändeten nicht gehörigen Sache, Annahme einer Zahlung des Schuldners durch den Cedenten, Löschung aus Versehen). Läßt also z. B. ein Pfändungspfandgläubiger beim Exequenden eine fremde Sache veräußern, so kann der Eigenthümer derselben sich an den Gläubiger halten; denn dieser hat nach richtiger Ansicht sine causa erhalten, indem er etwas auf Kosten dieses Eigenthümers erhalten hat, was er vom Exequenden zu bekommen hatte. Oder: Ein Postbeamter fälscht eine Postanweisung und expedirt sie an seinen Gläubiger, der sich daraus wegen seiner Forderung an den Postbeamten befriedigt. Der Postfiskus hat dann eine condictio gegen den Empfänger.[2])

§ 812 fährt fort: Diese Verpflichtung besteht auch dann, wenn der rechtliche Grund später wegfällt, z. B. in Folge einer Anfechtung oder eines Rücktrittsrechts (condictio causa finita) oder der nach dem Inhalte des Geschäftes mit der Leistung bezweckte Erfolg nicht eintritt (condictio causa data causa non secuta), z. B. Rückforderung der Ausstattung, wenn die Ehe, für die sie gegeben ist, nicht zustande kommt, oder des Vorschusses für Auslagen, die nicht erwachsen.

Der § 812 nimmt also folgende Kondiktionen in sich auf: die condictio indebiti und sine causa, die condictio causa finita und die condictio causa data causa non secuta.

In § 817 findet sich eine vierte condictio des gemeinen Rechts, die cond. ob turpem causam bei dem Empfang gegen ein Verbot oder die guten Sitten. Wenn auch der Geber seinerseits gegen die guten Sitten verstößt, dann steht ihm die Rückforderung nicht zu, § 817 Satz 2.[3])

[1]) Gemeint ist: „Zwischen den Parteien des Geschäftes, aus dem die Bereicherung entstanden ist."

[2]) Man könnte in allen solchen Fällen von einer Bereicherung reden, die zwar nach dem Inhalte, nicht aber nach dem Zwecke der maßgebenden Rechtssätze gerechtfertigt erscheint.

[3]) Eine condictio ob turpem causam nimmt das Reichsgericht auch dann an, wenn der Dieb das mit dem Erlöse aus gestohlenen Sachen (Aktien) Erworbene einem andern schenkt, der die Sachlage kennt. Entsch. Bd. 48 Nr. 64 S. 247. Dem Diebe selbst wird hier wegen eigener turpitudo die Rückforderung versagt, nicht aber seinem Gläubiger. Dies ist eine auffallende Abweichung von dem Grund-

Nähere Bestimmungen sind:

1. Bei der cond. indebiti, § 813.[1]) Ein Mangel eines Rechtsgrundes liegt bei einer Schulderfüllung auch dann vor, wenn der Forderung eine peremtorische Einrede entgegenstand, nur nicht die der Verjährung, § 813 Abs. 1 Satz 2. Die Rückforderung ist jedoch bei einer Schulderfüllung ausgeschlossen, wenn der Leistende wußte, daß er nichts schuldig war, § 814. Die Beweislast hierfür liegt, wie sich aus der Satzstellung ergiebt, im Gegensatz zum gemeinen und preußischen Rechte, dem Empfänger ob; nicht der Leistende hat zu beweisen, daß er die Schuldverpflichtung irrthümlich angenommen habe, sondern er kann ohne Weiteres klagen, wenn er die Leistung eines indebitum behauptet, und der Empfänger muß beweisen, es sei kein indebitum, sondern eine wirkliche Schuld.

Die Klage ist ferner ausgeschlossen, wenn seine Leistung auch nur einer sittlichen Pflicht oder einer Anstandsrücksicht entsprach, § 814 (causa pietatis). „Sonst würde das Recht dazu helfen, einen der Sittlichkeit entsprechenden Pflichtzustand wieder aufzulösen, z. B. wenn der Gemeinschuldner nach einem Zwangsvergleich zahlt.“[2])

2. Die Rückforderung wegen Nichteintritts des bezweckten Erfolges ist ausgeschlossen, wenn der Eintritt des Erfolges von Anfang an unmöglich war und der Leistende dies wußte, oder wenn der Leistende den Eintritt des Erfolges wider Treu und Glauben verhindert hat, § 815, vgl. 162.[3]) Er hat dann entweder schenken wollen oder gegen Treu und Glauben gehandelt. Ein Anwendungsfall liegt bei der Auflösung einer Verlobung hinsichtlich der gemachten Geschenke vor (§ 1301), wenn der Schenker wußte, daß die Ehe unmöglich war oder sie später vereitelt hat.

---

satze, daß ein Gläubiger aus dem Vermögen seines Schuldners zur Befriedigung seines Anspruchs nicht mehr Rechte geltend machen kann, als der Schuldner selbst. Will man übrigens annehmen, daß eine Uebergabe geschenkter Sachen, die mit rechtswidrig erlangtem Gelde erworben sind, dann, wenn der Beschenkte es weiß, gegen die guten Sitten verstößt und nach § 138 nichtig ist, so würde dem bisherigen Eigenthümer nicht eine cond. ob turpem, sondern eine rei vindicatio zuzusprechen sein.

[1]) Entschuldbarkeit des Irrthums ist nach dem B.G.B. keine Voraussetzung der condictio indebiti. Entsch. des R.G. Bd. 44 Nr. 33 S. 141.

[2]) Vorbereitungsheft. Vergl. Dernburg, das Bürg. R. II., 1. § 3, 2c S. 11.

[3]) Durch dieses Citat behandelt Eck den Anspruch der condictio ob causam datorum mit einem stillschweigend bedingten Rückforderungsrechte, das sich der Geber vorbehalten hat, was m. E. durchaus zutreffend ist, vgl. des Herausgebers allgemeinen Theil S. 418 ff.

3. Erfolgt die Verfügung eines Nichtberechtigten über einen Gegenstand unentgeltlich, verschenkt also z. B. der Kommodatar bona fide ein geliehenes Buch; so unterliegt der unmittelbar Bereicherte (Beschenkte) der Kondiktion und nicht der Urheber der Verfügung (§ 816 Abs. 1 Satz 2); denn dieser hat bei der Unentgeltlichkeit der Verfügung nichts erlangt, das ihn bereichert hätte.

Gegenstand der Rückforderung ist die Herausgabe des Erlangten, und zwar nach § 818 mit den gezogenen Nutzungen[1]) und dem, was der Bereicherte auf Grund des Empfangenen oder als Surrogat erworben hat, § 818 Abs. 2.[2])

Die Obligation erlischt mit dem Wegfall der Bereicherung, § 818 Abs. 3.[3]) Dieser Wegfall braucht nicht, wie im preußischen Rechte (§ 266 A.L.R. I, 13), durch Zufall geschehen zu sein.[4]) Auch die selbstthätige Aufhebung des bereichernden Erfolges befreit, sofern sie in gutem Glauben geschieht. Hat daher der Bereicherte das Erlangte redlicher Weise konsumirt, so ist seine Verpflichtung weggefallen. Ob ein Verschulden vorliegt, kommt nicht in Betracht.

Eine verschärfte Haftung tritt nach § 818 Abs. 4 mit Eintritt der Rechtshängigkeit ein, wie bei dem Besitzer gegenüber dem Eigenthumsanspruch. Von da an haftet der Bereicherte auch für fructus percipiendi und omnis culpa, §§ 292, 987—990.

Dieselbe Verschärfung gilt auch noch in zwei Fällen:

a) nach § 819, wenn der Empfänger den Mangel des rechtlichen Grundes beim Empfange kennt oder später erfährt

---

1) Ein Beispiel vgl. in der Entsch. d. R.G. Bd. 53 Nr. 91 S. 371.

2) Ist ein zweiseitiges Geschäft erfüllt und wird es wegen Irrthumes oder Betruges angefochten, also zu einem nichtigen gemacht, so wird der Anfechtende nicht blos zur Rückforderung berechtigt, sondern muß auch das Empfangene bereit stellen. Darin liegt aber keine Rückgabepflicht, so daß sein Wohnort zum Erfüllungsort würde, sondern nur eine Bedingung seines Rückforderungsrechts. Dadurch rechtfertigt sich das auf diesen Fall bezügliche Urtheil des Reichsgerichts. Entsch. Bd. 49 Nr. 109 S. 427 ff. Ob ein solcher Anspruch in dem genannten Punkte der Wandlungsklage gleichsteht, deren Verschiedenheit von ihm a. a. O. betont wird, läßt das Urtheil dahingestellt. Es wird dies aber wohl zu bejahen sein.

3) Sie wird dadurch „ausgeschlossen". Demnach geht sie nicht auf das in ungerechtfertigter Weise Erworbene, sondern auf das von einem solchen Erwerbe noch Vorhandene, sie gründet sich also auf ein habere sine causa, nicht auf ein in rem versum esse. Eine actio de in rem verso kennt das B.G.B. nicht.

4) Die nützliche Verwendung des preußischen Rechts entsprach weit mehr als die ungerechtfertigte Bereicherung des B.G.B. der versio in rem des röm. Rechts. Die §§ 812 ff. betreffen das von ihr verschiedene habere sine causa.

— von diesem Zeitpunkte an — oder wenn der Empfang unsittlich[1]) war.

b) nach § 820, wenn schon nach dem Inhalte des Geschäftes der bezweckte Erfolg von Anfang an als ungewiß angesehen werden mußte oder der Wegfall des Rechtsgrundes als möglich galt und dann der Erfolg ausbleibt oder der Rechtsgrund wegfällt, § 820.[2]) Ein solcher Fall wird vorliegen, wenn Jemand eine Sache unter Vorbehalt des Rücktritts übergeben erhalten oder wenn er auf Grund eines provisorischen Urtheils etwas verlangt hat, z. B. im Urkundenprozesse, wenn er dem geltend gemachten Anspruche auf Grund illiquider Beweismittel widersprochen hatte, § 599 C.P.O. (vgl. auch den Fall des § 541).

§ 822 bestimmt, daß, wenn ein gutgläubiger Empfänger (vor der Rechtshängigkeit des Herausgabeanspruches)[3]) einem Dritten das Erlangte unentgeltlich zuwendet, dieser wie der ursprüngliche Empfänger angesehen wird: d. h., daß sich gegen ihn unmittelbar der Herausgabeanspruch richtet. Dies klingt zwar an den Satz des preuß. Rechtes an, daß eine Bereicherung auch mittelbar durch eine Zwischenperson, die das Empfangene weitergegeben hat, hergestellt werden kann (§ 276 A.L.R. I, 13), § 822 setzt aber voraus, daß der Empfänger etwas ohne Rechtsgrund erhalten hat, und daß nicht bloß seine Bereicherung, sondern jede Verpflichtung weggefallen ist, er also im guten Glauben weiter veräußert hat.

Auch nach Verjährung des Rückforderungsanspruches bleibt in einem Falle eine Einrede übrig, nämlich wenn die Leistung in der Eingehung einer Verbindlichkeit bestand, § 821.[4])

§ 103.

Unerlaubte Handlungen. (§§ 823—853.)

Die Materie ist bereits jetzt Gegenstand zahlreicher literarischer Erörterungen. Zu erwähnen sind insbesondere: Lenel in der deutschen Jur.-Zeitung 1897, S. 411. Jung, Reg.-Assessor, Delikt- und Schadens-

[1]) D. h. „gegen ein gesetzliches Verbot oder die guten Sitten verstößt". Das Gesetz spricht übrigens von der „Leistung", nicht vom „Empfange". Trotzdem ist das im Texte Gesagte richtig.

[2]) Der Grundgedanke dieser Vorschrift erinnert an § 160. S. oben S. 174.

[3]) Das Eingeklammerte steht nicht im Gesetzestext, ergiebt sich aber aus dessen Worten: „soweit infolgedessen die Verpflichtung des Empfängers zur Herausgabe der Bereicherung ausgeschlossen ist". § 818, 4 und § 989.

[4]) Ein Seitenstück des § 853.

verursachung, 1898. Linckelmann, Die Schadensersatzpflicht aus unerlaubten Handlungen, 1898. v. Liszt, Deliktsobligationen, 1898 (scharfsinnig und schonungslos).[1])

Das B.G.B. stellt nicht wie das römische Recht lauter verschiedene Deliktsthatbestände hin mit verschiedenen Folgen (bald Ersatz, bald Strafe), auch nicht wie das preußische Recht einen einheitlichen Deliktsthatbestand, sondern es formt zwar verschiedene Gruppen von Delikten,[2]) bestimmt aber deren Folgen einheitlich und gleichmäßig als Pflicht zum Ersatze des Schadens, und zwar regelmäßig bloß des Vermögensschadens (§ 253), nur ausnahmsweise des idealen (§ 847.)[3])

Es geht von dem Verschuldungsprinzip aus gegenüber dem germanischen Veranlassungsprinzip,[4]) dem es indeß einzelne Konzessionen

---

[1]) Weitere Literatur s. b. Crome, B.R. II § 324 S. 1011, Endemann § 200, 8. Aufl. S. 1255.

[2]) Was außerhalb dieser Gruppen liegt, macht nicht aus § 823 ersatzpflichtig, z. B. nicht die Schädigung durch eine falsche Auskunft. Entsch. d. R.G. Bd. 52 Nr. 98 S. 373.

[3]) Jedes Gesetzbuch muß die Kausalreihen, die von einem Schaden aus rückwärts auf ein menschliches Verhalten zurückführen, irgendwo durchschneiden, da sie oftmals bis in das Unendliche reichen. Solche künstliche Begrenzungen der natürlichen Kausalreihen sind möglich: a) nach der Art des Schadens, z. B. Ersatz des bloßen Vermögensschadens, der entweder an einer greifbaren Sache hervortritt (l. Aquilia) oder an einem der in § 823, 1 genannten Rechtsgüter; b) nach der inneren Seite des schädigenden Verhaltens (ohne culpa keine Haftung); c) nach der Beziehung des eingetretenen Schadens zum natürlichen, d. h. gewöhnlichen Laufe der Dinge. (Ausschließung des Ersatzes überraschender und ungewöhnlicher Folgen eines Verhaltens.) Der Grundsatz ist nicht allgemein anerkannt, doch kann sich die Praxis dem nicht entziehen. Auch die neuere Wissenschaft wird dem gerecht, indem sie (abgesehen vom dolus) nur bei „adäquaten" Ursachen, d. h. solchen, deren Folgen keinen überraschenden Charakter haben, sondern dem gewöhnlichen Laufe der Dinge entsprechen, einen juristisch erheblichen Kausalnexus anerkennt, vgl. namentlich Rümelin, Archiv f. civ. Pr. Bd. 88 S. 285 ff. Eine Grenzlinie kann hier freilich nur das richterliche Ermessen ziehen.

[4]) Ein allgemeines Prinzip, nach dem ein Mensch alle Folgen trägt, die er veranlaßt, kann weder bei den alten Germanen, noch sonst irgendwo gegolten haben. Richtig ist dagegen, daß überall auf niedriger Kulturstufe nach der Fahrlässigkeit der Verursacher eines Schadens nicht gefragt wurde. Man täuscht sich aber, wenn man die modernen Fälle der schuldlosen Haftung mit jener altmodischen Härte auf dieselbe Wurzel zurückführt, was ja auch wohl kaum Ecks Absicht war. (Es wäre dies ebenso, als wenn man das moderne jus strictum des Wechsels auf die Quellen des altrömischen nexum zurückführen wollte.) In alter Zeit fragte man nicht nach der Schuld, weil man dem Richter nicht das freie Ermessen gönnte, ohne das der Schuldbegriff nicht gehandhabt werden kann. Mit dem moralischen Durchschnittsniveau des Richters hob sich das Vertrauen. Dadurch wurde der

macht (ebenso die C.P.O. §§ 93, 717 Abs. 2, 302 Abs. 3). In diesen Fällen (§§ 829, 833, 835), liegt allerdings dann eine unerlaubte Handlung nicht vor, weshalb die Titelbezeichnung zu enge erscheint.[1])

In einer zweiten Gruppe von Fällen wird das culpa-Prinzip dadurch abgeschwächt, daß die Beweislast verschoben wird, §§ 827, 831, 832, 834, 836, 837, 838 (s. unten).

I. Haftung aus eigenen Handlungen.

Die erste hauptsächlichste Kategorie der Deliktsthatbestände (§ 823 Abs. 1) macht denjenigen haftbar, welcher „vorsätzlich oder fahrlässig das Leben, den Körper, die Gesundheit, die Freiheit, das Eigenthum oder ein sonstiges Recht eines andern widerrechtlich verletzt", § 823 Abs. 1. Das ist eine sehr weitgreifende Vorschrift, die die Verletzung gewisser Persönlichkeitsrechte und von Vermögensrechten umfaßt und nach v. Liszt auf alle Persönlichkeits-[2]) und Vermögensrechte, auch die obligatorischen Vermögensrechte auszudehnen ist.[3]) v. Liszt bejaht auch die Frage, ob wegen Ehrverletzung aus § 823 geklagt werden kann, obwohl der Wortlaut dagegen spricht. Desgleichen liegt nach ihm ein zum Schadensersatz verpflichtendes Delikt vor, wenn eine Sache dem

natürliche Grundsatz: „Ohne Schuld keine Haftung" überhaupt erst möglich. Wenn man ihn dann auf höherer Kulturstufe in Ausnahmefällen aus besonderen Gründen durchbricht, so sind diese Gründe jedesmal für sich zu untersuchen, aber nicht als Ueberbleibsel furherer Anschauungen zu einer Einheit zusammenzufassen, die an die Quadratur des Zirkels erinnert.

[1]) Die Ueberschrift hätte daher statt von „unerlaubten Handlungen" von „rechtlich unerwünschten Ereignissen" reden sollen. Auch das Urtheil des Reichsgerichts Bd. 53 Nr. 31 S. 121 hebt hervor, daß das Gesetzbuch, wo es von unerlaubten Handlungen spricht, diesen Ausdruck in einem von dem bisherigen Sprachgebrauche abweichenden weiteren Sinne verstanden wissen will und rechnet dazu auch die Haftpflicht der Eisenbahnen, vgl. unten S. 610 Anm. 4. — Daß die ungewöhnliche Redeweise des B.G.B. auch als authentische Auslegung des § 32 der R.C.P.O. anzusehen sei, braucht man keineswegs anzunehmen und es ist dies mit Recht verneint worden. Entsch. Bd. 50 Nr. 102 S. 408 ff.

[2]) Ueber die Zulässigkeit der Annahme besonderer Persönlichkeitsrechte vgl. Dernburg II § 383 Anm. 7 und die dort Genannten.

[3]) Wo nur das Vermögen als Ganzes verletzt worden ist, z. B. einer Bahngesellschaft die Haftpflicht für einen Schaden aufgewälzt ist, da greift § 823 nicht Platz, weil kein einzelnes konkretes Recht beeinträchtigt wird. So mit Recht Entsch. Bd. 53 Nr. 79 S. 315.

Kommodatar weggenommen wird.[1]) „Die Verletzung einer Forderung gehört m. E. nicht hierher."[2])

Die zweite Kategorie (§ 823 Abs. 2) macht denjenigen haftbar, der „gegen ein den Schutz eines Anderen bezweckendes Gesetz verstößt", § 823 Abs. 2.

Die Fassung dieser Bestimmung ist dunkel und hat schon jetzt zu großen Zweifeln Anlaß gegeben. Sie stammt aus einem Beschlusse der II. Kommission,[3]) die den Deliktsbegriff des Entwurfs I (§ 704 Abs. 1) einengen und jede vorsätzliche oder fahrlässige Schädigung zur Grundlage eines Ersatzanspruches machen wollte. Es sollte nur die Verletzung solcher Gesetze schadensersatzpflichtig machen, die „zum Schutze eines Andern" bestimmt sind, also nicht die Interessen der Gesammtheit, sondern bestimmte Einzelne schützen sollen.[4]) Hierunter würde also nicht das Gebot der Polizei wegen Sandstreuens oder der Beleuchtung der Treppen fallen,[5])

---

[1]) Der Kommodatar ist im B.G.B. Besitzer (§ 868). Die verbotene Eigenmacht (§ 858) fällt aber unter die Vorschriften eines Schutzgesetzes, deren Verletzung haftbar macht. So die Mehrheit der Kommission bei Berathung der zweiten Lesung. Protokolle II S. 573. Der Kommodatar ist freilich auch noch Forderungsberechtigter. Als solcher kann er wegen beeinträchtigter Ausübung seines Rechts nicht geschützt werden, siehe die folgende Anmerkung, da § 823, 1 hier nach dem Zwecke des Rechts einschränkend auszulegen ist. Es ist übrigens sehr zweifelhaft, ob nicht trotz der oben angeführten Stelle aus den Protokollen auch der Besitz nach § 823 schutzlos bleiben muß, weil das Recht dieses Verhältnis grundsätzlich nur mit einem mangelhaften Schutze ausstattet. Für den Schutz der „Besitzgewalt" namentlich auch Dernburg II § 383 Anm. 10 und die dort Genannten, auch Endemann, 8. A. S. 1262, § 200 Anm. 28. Ebenso Crome S. 1020. Anders Planck, Kommentar S. 608, Anm. 2a zu § 823.

[2]) Vorbereitungsheft. Wenn das Recht grundsätzlich ein bestimmtes Interesse nur durch Forderung, also nicht gegen Dritte schützt, so kann man daraus entnehmen, daß die Möglichkeit seiner Ausübung auch gegen dritte Delinquenten nicht geschützt werden soll. Sonst würde man schließlich das absichtlich aus dem B.G.B. hinausgeworfene jus ad rem auf einer Hintertreppe wieder hineinführen. Literatur bei Endemann § 200 Anm. 10.

[3]) Vgl. Protokolle II S. 566 ff.

[4]) Eck denkt aber hier nicht etwa nur an leges speciales, d. h. nur an Gesetze für einzelne privilegirte Personen. Dies beweisen seine Beispiele.

[5]) Diese Schlußfolgerung Ecks wird vom Herausgeber S. 603 Anm. 2 abgelehnt. Das Vorbereitungsheft hebt hervor, daß bei Fahrlässigkeit in solchen und ähnlichen Fällen, z. B. wenn man auf die Straße einen Gegenstand stellt, über den Passanten fallen, § 823 Abs. 1 Platz greifen kann und daß schon aus diesem Grunde die besprochene Abgrenzung des Abs. 1 gegen den Abs. 2 schwierig sein würde. Daß § 360 Abs. 6 Str.G.B. (Herstellung oder Verbreitung von Karten, z. B. Neujahrsgratulationen,

da dies alle Menschen schützen will, wohl aber § 300 Str.G.B., der den Verrath von Privatgeheimnissen, die Rechtsanwälten, Aerzten u. s. w. anvertraut sind, bestraft, und § 299, der den Absender und den Empfänger eines Briefes schützen will.[1]) Ebenso die Paragraphen des Handelsgesetzbuches und der Gewerbeordnung zum Schutze der Handlungs- und Gewerbegehülfen. Diese subjektive Beschränkung des Gesetzesschutzes auf bestimmte Personenkreise würde in der Praxis schwer abzugrenzen sein.

In der Reichstagskommission wurde daher diese Vorschrift zu eng befunden und deshalb der an die §§ 25 u. 26 A.L.R. I, 6 anklingende Antrag gestellt, wonach der Uebertreter eines auf Schadensverhütung abzielenden Polizeigesetzes innerhalb gewisser Grenzen für jeden Schaden haften sollte, der durch die Beobachtung des Gesetzes hätte vermieden werden können. Der Antrag wurde abgelehnt, nachdem die Vertreter der verbündeten Regierungen ausgeführt hatten, daß er nach § 807 Abs. 2 (jetzt § 823 Abs. 2) überflüssig sei, da selbstverständlich ein Gesetz, welches die Gesammtheit schützen solle, auch den Einzelnen schütze, und also die Verletzung eines solchen Gesetzes bereits nach dem citirten Paragraphen schadensersatzpflichtig mache, also bereits die Uebertretung jedes auf Schadensverhütung abzielenden Gesetzes umfasse; denn, wenngleich der Entwurf nur von Gesetzen zum Schutze *eines* Anderen rede, so gehöre doch dazu erst recht jedes Gesetz zum Schutze *aller* Einzelnen. Nur insofern enthalte der Paragraph des Entwurfes eine Beschränkung, als derselbe nicht jeden aus der Uebertretung auch nur mittelbar entstandenen Schaden erfaßt wissen will, sondern bloß *denjenigen Schaden*, den das Gesetz zu verhüten bezweckte. Wenn z. B. ein Violinspieler in Folge davon gefallen, daß vor einem Hause die nach einer Polizeiverordnung nothwendige Streuung unterblieben war, so habe der Violinspieler nach § 807 Abs. 2 einen Schadensersatzanspruch, weil das Gesetz einen solchen Schaden verhüten wollte, nicht aber die mittelbar Geschädigten, wie der Wirth, bei dem der Violinspieler Abends spielen wollte. (Bericht der Reichstags-Kommission S. 59.) Wenn ein Vormundschaftsrichter fahrlässiger Weise den Kaufvertrag für einen Mündel nicht bestätige, so habe dieser einen Ersatzanspruch, nicht der Verkäufer.

---

die dem Papiergelde ähnlich sind) auf § 823 Abs. 2 anzuwenden sei, wird im Vorbereitungshefte ebenfalls abgelehnt. Vgl. hierzu Prot. der zweiten Lesung II S. 568.

[1]) Von der Richtigkeit dieser Unterscheidung vermag sich der Herausgeber nicht zu überzeugen (s. S. 603 Anm. 2).

Es erscheint hier als Charakteristikum die objektive Beschränkung des Gesetzes auf Verhütung bestimmter Schäden.[1]) Diese Deutung ist in der Praxis auch schon dem § 26 I, 6 gegeben worden.

In der Reichstagskommission erwiderte merkwürdiger Weise niemand, daß dieser Sinn ja ein ganz anderer sei als der von den Gesetzesverfassern in die Worte gelegte und damals schon mehrfach publizirte, sondern die Kommission nahm ohne jede Debatte mit großer Mehrheit den Paragraphen des Entwurfes an.[2]) Lenel vertritt den in der zweiten Gesetzbuchskommission ausgesprochenen, Meisner[3]) umgekehrt den der Regierungskommission, Liszt keinen von beiden. Der ganze Begriff Schutzgesetz sei unbegrenzbar, da bereits § 823 Abs. 1 den Gesetzesschutz weit ausdehnen wolle, so sei Absatz 2 ganz überflüssig.

„Mir scheint doch, da das Gesetz einmal da ist, die von der Regierungskommission gegebene Deutung die relativ beste (so auch Meisner), zumal sie an die preußische Praxis anknüpft.“[4])

Hiernach kann nur Ersatz desjenigen Schadens beansprucht werden, den das Gesetz hat verhüten wollen. Das Aufstellen von Gegenständen auf dem Bürgersteige ist zum Schutze der Passanten verboten. Bricht also ein solcher in Folge eines verbotswidrig aufgestellten Gegenstandes ein Bein, so hat er einen Schadensersatzanspruch, nicht aber der Eigenthümer der davor scheuenden und dann zu Fall kommenden Pferde. Ebenso: A hat den B getötet; in Folge dessen wird die Lebensversicherung des B fällig; die Versicherungsgesellschaft kann sich nicht an A halten, denn das Verbot der Tötung ist nicht zu ihrem Schutze ergangen. Der durch

[1]) Der Richter muß hier die verschwommenen Gedanken des Gesetzgebers nach eigenem Ermessen zu brauchbarer Schärfe ausprägen.

[2]) Der Unterschied der beiden Standpunkte ist nur ein scheinbarer. Ob man davon ausgeht, daß jedes Gesetz nur den Schutz gewisser Personengruppen bezweckt, oder nur den Schutz gegen gewisse Schäden, das macht nichts aus, sobald die Personengruppen eben aus den Menschen bestehen, die den erwähnten Schäden ausgesetzt sind. Die Passanten, die wegen ungenügenden Sandstreuens oder Beleuchtens Schaden leiden, möchte ich aber jedenfalls (im Gegensatz zu dem Texte) den zu schützenden Personengruppen zuzählen. Vgl. auch Entsch. Bd. 52 Nr. 32 S. 119 ff. (polizeiwidrige Herstellung eines feuergefährlichen Ofens) und gerade hinsichtlich des Sandstreuens das nach vollendetem Drucke dieses Buches veröffentlichte Urtheil, Entsch. Bd. 53 Nr. 72 S. 276 ff.

[3]) Kommentar zu § 823 S. 288.

[4]) Vorbereitungsheft. Daß Eck diesen Standpunkt auch bei dem mündlichen Vortrage vertreten hat, ist nach dem Inhalte der Nachschriften nicht ganz zweifellos, aber m. E. als sicher anzunehmen.

ehrenrührige Nachrede Geschädigte (§ 186 Str.G.B.) kann Ersatz des Schadens beanspruchen, den er z. B. durch Entlassung aus dem Amte erleidet, nicht aber ein Dritter, der von ihm eine Unterstützung bezog. „Ein Brandstifter, der ein Haus niederbrennt, haftet dem Eigenthümer und den dinglich Berechtigten, nicht auch den persönlichen Gläubigern, die nun keine Befriedigung finden."[1])

Meisner behauptet, daß gegenüber der preußischen Praxis die Haftung eingeengt worden sei. Dies ist schwerlich richtig.

Die dritte Kategorie ist in § 824 enthalten (Kreditgefährdung). Ein besonderer Paragraph ist hier eingefügt, weil die verläumderische Kreditbeschädigung des § 187 St.G.B. nur den Fall des dolus trifft, während § 824 sich auch auf den Fall bloßer Fahrlässigkeit erstreckt. „Uebrigens macht die Kreditbeschädigung durch ehrenrührige Nachrede (Beleidigung) schon als Verstoß gegen das Schutzgesetz des § 187 haftbar".[2]) Eine Ausnahme bestimmt § 824 Abs. 2 für den Fall, daß der Mittheilende oder der Empfänger der Mittheilung an ihr ein berechtigtes Interesse hat. (So bei den ungünstigen Berichten der sog. Auskunfteien.)

Die vierte Kategorie enthält der § 825 (ein Rest der alten gemeinrechtlichen Deflorationsklage). Außereheliche Schwächung macht unter den dort bestimmten Voraussetzungen schadensersatzpflichtig, auch wenn sie nicht unter Verstoß gegen ein strafrechtliches Schutzgesetz erfolgt ist. Diese Voraussetzungen sind: „Verleitung einer Frauensperson zu unehelichem Beischlaf mittels Hinterlist, Drohung oder Mißbrauch eines Abhängigkeitsverhältnisses." Von der Schwächung im Brautstande handelt § 1300. Dort, wie im § 825, kann auch wegen des Schadens, der nicht Vermögensschaden ist, eine billige Entschädigung verlangt werden, § 847.[3])

---

[1]) Vorbereitungsheft. Auch das Gebot der Aufsicht über gewisse Personen nach § 832 gilt insoweit nicht als Schutzgesetz, als es die Aufsichtspflichtigen nicht zum Ersatze des Schadens verbindet, der eine Bahngesellschaft trifft, weil sie für eine Verletzung des schlecht Beaufsichtigten haftbar wird. Entsch. Bd. 53 Nr. 79 S. 314.

[2]) Vorbereitungsheft. Eine Beschränkung der Schutzgesetze des § 823, 2 auf Gebote des öffentlichen Rechtes lehnt das Reichsgericht mit Recht ab. Entsch. Bd. 53 Nr. 79 S. 314.

[3]) Untersteht § 1300 den Vorschriften über unerlaubte Handlungen? Nach der sedes materiae mußte man es verneinen, aber nach dem Inhalte der Vorschrift muß man es bejahen. Daß die sedes materiae nicht den Ausschlag in dieser Frage giebt, erkennt das Reichsgericht in einem anderen Falle an. Bd. 53 Nr. 31 S. 121, vgl. unten S. 610 Anm. 4.

Die fünfte Kategorie gründet sich auf den sehr weit gehenden § 826, der schadensersatzpflichtig macht bei vorsätzlicher Schadenszufügung durch Verstoß gegen die guten Sitten (Illoyalität). Diese Haftung geht sehr weit, sie greift nach der Absicht des Reichstages selbst dann Platz, wenn die Handlung in Ausübung eines Rechts erfolgte (in ähnlicher Weise wie das Chikaneverbot des § 226).[1]) Hierunter würde der Fall zu ziehen sein, daß der Pfandgläubiger das Pfand zu einer Zeit verkauft, wo er das Geld nicht dringend benöthigt, aber den Schuldner durch den Verkauf sehr schädigt.[2])

Da in allen diesen Fällen die Verantwortlichkeit ein Verschulden voraussetzt, so fällt die Haftung bei dem Mangel eines Verschuldens weg, insbesondere:

a) „bei entschuldbarem Irrthum, was freilich nicht ausdrücklich bestimmt ist,“ [3])

b) nach § 827 wegen Unzurechnungsfähigkeit (wie in § 51 St.G.B.). Neu ist, daß aus Fahrlässigkeit haften soll, wer sich durch geistige Getränke u. dergl. (z. B. auch durch Morphium) unzurechnungsfähig gemacht hat, außer wenn er schuldlos war,[4])

---

[1]) Vgl. oben S. 217, S. 218 Anm. 1. Einen Beweis für den weiten Umfang, den diese Vorschrift zu gewinnen vermag, giebt ein Urteil des Reichsgerichts Bd. 48 Nr. 29 S. 114 ff., das für unser gesammtes Verkehrsleben von tief einschneidender Bedeutung sein würde, wenn sein Grundgedanke sich allgemeine Beachtung erobern sollte. Eine Dampfschiffgesellschaft droht einem Konkurrenzunternehmen mit Ausnahmetarifen. Das bedrohte Geschäft klagt auf Unterlassung der „illoyalen Drohung“. Das Reichsgericht hielt dies für berechtigt. Einen „Kontrahirungszwang“ will es damit nicht anerkannt wissen. Liegt aber nicht trotzdem in seiner Entscheidung die mittelbare Anbahnung eines solchen Zwanges? (Vgl. hierzu Biermann, Rechtszwang zum Kontrahiren in Iherings Jahrb. f. Dogm. Bd. 32 S. 267 ff., 289 ff.) Ein weiteres interessantes Beispiel für § 826 aus dem Gebiete der politischen Parteikämpfe in Schleswig (Anmaßung des Namens einer schon bestehenden Zeitung) enthält das Urtheil des R.G. Bd. 53 Nr. 43 S. 171.

[2]) Das Beispiel ist mir nicht unbedenklich. Jede sittlich verwerfliche Rechtsausübung (wohin z. B. auch die hartherzige Beitreibung einer Schuld gehört) kann man m. E. nicht ohne Weiteres unter § 826 stellen. Auch hier muß man Sitte und Sittlichkeit unterscheiden. Vgl. des Herausgebers allgemeinen Theil S. 372 ff.

[3]) Aus dem Vorbereitungsheft.

[4]) Es handelt sich hier um eine Unterlassungssünde. Der Schuldige mußte seinen Trieb zu dem gefährlichen Genusse der betäubenden Mittel unterdrücken. Daß das B.G.B. überhaupt kein Bedenken trägt, Unterlassungsdelikte den Begehungsdelikten gleichzustellen, hat das R.G. mit Recht unter Bezugnahme auf § 1875 Abs. 1 ausgesprochen. Entsch. Bd. 52 Nr. 98 S. 376.

c) nach § 828 unbedingt wegen Alters unter 7 Jahren, bedingt wegen Alters zwischen 7 und 18 Jahren und Taubstummheit. Die Bedingung ist, daß die zur Erkenntniß der Verantwortlichkeit erforderliche Einsicht[1]) vorhanden sein muß.

Aber der § 829 macht hiervon eine Ausnahme (subsidiarische Haftung Unzurechnungsfähiger nach dem Vorbilde des preußischen Rechtes) unter zwei Voraussetzungen:

1. daß ein Ersatz des Schadens von einem aufsichtspflichtigen Dritten nicht erlangt werden kann,

2. daß die Billigkeit nach den Umständen, insbesondere nach den Verhältnissen der Betheiligten, eine Schadloshaltung erfordert.

Hier ist m. E. ein Blankett von gewaltiger Bedeutung dem Richter in die Hand gegeben.

Von der Haftung befreit nicht die Einwilligung des Verletzten, auch nicht bei der Tötung (z. B. beim Duell).

II. Haftung für fremde Handlungen (für Thiere und für Einsturz).

1. Nach § 831 haftet der Geschäftsherr für unerlaubte Handlungen, die seine Angestellten in Ausübung ihrer Verrichtung verüben, nicht schlechthin, wie im französischen Rechte, sondern nur bei eigenem Verschulden.[2]) Er kann daher einen Entlastungsbeweis in doppelter Richtung führen:

a) daß er bei der Auswahl der bestellten Person u. s. w.[3]) die im Verkehr erforderliche Sorgfalt beobachtet hat,

---

[1]) Diese Einsicht ist nicht dasselbe wie die Erkenntniß der Verantwortlichkeit. Entsch. d. R.G. Bd. 53 Nr. 39 S. 159.

[2]) In dem oben erwähnten Falle (S. 273 Anm. 2, Entsch. Bd. 49 Nr. 7 S. 28), in dem der Bureauvorsteher eines Notars es fahrlässiger Weise unterlassen hatte, den zu protestirenden Wechsel dem Notar zu übergeben, nahm das Reichsgericht nicht an, daß ein Fall des § 831 vorliege. M. E. mit Unrecht. Allerdings handelt es sich hier um ein Unterlassungsdelikt. Will man aber solche im Falle des § 823 für möglich halten, so muß man es folgerichtiger Weise auch im Gebiete des § 831 thun. — Ganz besondere Schwierigkeiten ergeben sich aus der Abgrenzung des § 31 und § 831. Ein zweifelhaftes Beispiel (Haftung für einen Bahnmeister) behandelt das R.G. Entsch. Bd. 53 Nr. 72 S. 276 ff.

[3]) Das Gesetzbuch sagt: „und, sofern er Verrichtungen oder Geräthschaften zu beschaffen oder die Ausführung der Verrichtung zu leiten hat". Insoweit der Geschäftsherr noch darüber hinaus für Beaufsichtigung haftet (z. B. gegenüber den mit der Beleuchtung eines Zuganges zur Bahn Beauftragten), kommt nicht § 831, sondern § 823 in Frage. So das Urtheil des R.G. Entsch. Bd. 53 Nr. 16

b) daß der Schaden auch bei Anwendung dieser Sorgfalt entstanden wäre, § 831 Abs. 1. Dieser Paragraph gilt nach Art. 95 Abs. 2 E.G. auch für das Gesinde (Haftung für Dienstmädchen, das in unvorsichtiger Weise mit einem offenen Lichte im Keller herumgeht). Dem Geschäftsherrn steht nach § 831 Abs. 2 sein durch Vertrag bestellter Vertreter in Bezug auf die Haftung gleich.

Nach § 832 haftet, wie ein Geschäftsherr, wer seine gesetzliche Pflicht zur Aufsicht über einen Minderjährigen,[1]) Geisteskranken u. dergl. verletzt, für deren schädigendes Verhalten.[2])

2. Eine Haftung ohne Verschulden tritt nach § 833 für den ein, welcher ein Thier hält, wenn das Thier einen Menschen tödtet, seinen Körper verletzt, oder eine Sache beschädigt (Isay, Jahrbuch f. Dogm., Bd. 39 S. 300—320). Das geht weit über das preußische und römische Recht hinaus. Ersteres verlangt eine gewisse culpa (§§ 70—73 A.L.R. I, 6), letzteres (actio de pauperie), daß ein Hausthier contra naturam sui generis Schaden verursacht. Durch Auslieferung des Thieres (noxae datio) wird im römischen Rechte die Ersatzpflicht abgewendet. Anders das B.G.B.

„Soll auch dann, wenn das Schaden stiftende Thier angegriffen war, der Herr haften?“[3])

Im B.G.B. genügt das Halten des Thieres zur Ersatzpflicht. Wer ist der Halter des Thieres? „Der Eigenbesitzer zur Zeit der That. Wenn sich jemand ein Pferd miethet und dies während der Miethszeit Schaden anrichtet, so haftet der Eigenthümer, nicht der Miether.“[4])

S. 57. Ein Beispiel der gesetzlichen Pflicht der Geschäftsherren, Verrichtungen oder Geräthschaften zu besorgen, und die Ausführung der Verrichtung zu leiten siehe Entsch. Bd. 53 Nr. 32 S. 123 ff.

[1]) Ein Beispiel der verletzten Aufsichtspflicht des Lehrherrn über die Lehrlinge s. Entsch. Bd. 52 Nr. 18 S. 69 ff. Geräth das schlecht beaufsichtigte Kind unter die Straßenbahn, so kann die Bahngesellschaft ihre Haftung nicht durch Hinweis auf § 832 ablehnen. Entsch. d. R.G. Bd. 53 Nr. 79 S. 312 ff.

[2]) Nach Entsch. d. R.G. Bd. 50 Nr. 15 S. 67 ist hier keine Zurechnungsfähigkeit des zu Beaufsichtigenden vorausgesetzt, sondern nur eine widerrechtliche Schädigung, die von ihm ausgeht.

[3]) Auf diese Frage des Vorbereitungsheftes möchte ich verneinend antworten. Wer Thiere mit fremdem Eigenthume und anderen Menschen in Berührung bringt, kann m. E. nur dann haften, wenn das Thier sich als ein gefährliches Wesen erweist, das hätte eingesperrt werden sollen, nicht wenn sein Verhalten keinerlei Gefährlichkeit verräth. Doch ist dies sehr streitig.

[4]) Aus Ecks Vorbereitungsheft. Bei dieser Frage muß man erwägen, daß in einfachen Verhältnissen Thierhalter und Eigenthümer sich in der Regel decken,

daß man aber bei uns sehr häufig Fälle findet, in denen ein Nichteigenthümer (z. B. Nießbraucher) dauernd in der Lage ist, die Gefährlichkeit eines Thieres zu prüfen und es daher wohl angebracht ist, ihn als Halter des Thieres zu behandeln. Sehr zutreffend kennzeichnet m. E. das Reichsgericht Bd. 52 Nr. 32 S. 118 den Thierhalter als einen Menschen, „der im eigenen Interesse durch Gewährung von Obdach und Unterhalt die Sorge für das Thier übernommen hat, und zwar nicht blos zu einem ganz vorübergehenden Zwecke, sondern auf einen Zeitraum von einer gewissen Dauer und das soeben erschienene Urtheil des R.G. Bd. 53 Nr. 31 S. 122 betont, daß die Gefährlichkeit des Thierhaltens für die Haftung des Thierhalters entscheidend ist.

An diese dem französischen Rechte entlehnte Vorschrift des § 833 haben sich inzwischen lebhafte Streitigkeiten angeknüpft. Auch das Reichsgericht hat zu ihr mehrfach Stellung genommen und namentlich die Frage berührt, inwieweit die Handlung eines Menschen den Kausalzusammenhang zwischen der Bewegung eines Thieres und einem Schaden aufhebt. Es ist dies von zwei Seiten in Frage gekommen, von Seiten des Thierlenkers und von Seiten des Beschädigenden.

1. Ist der Thierlenker schuldig und haftbar, so kommt nach dem Urtheile des Reichsgerichts ein Kausalzusammenhang zwischen dem Verhalten des Thieres und dem Schaden nicht in Frage. Entsch. des R.G. Bd. 50 Nr. 37 S. 180. Dies trifft insofern zu, als die Thätigkeit des Lenkers das schädigende Thier von dem Vorwurfe der Gefährlichkeit befreit und den Thierhalter von dem Vorwurfe der unterlassenen Einsperrung. Daß aber die freie Willensthat eines Menschen die Kausalreihe zwischen dem Halten des Thieres und dem zugefügten Schaden nicht zerschneidet, erkennt das Urtheil des Reichsgerichts Bd. 52 Nr. 31 S. 118 mit Recht an, wonach der Thierhalter nicht frei wird, wenn sein Besitzdiener die Pferde rechtswidriger Weise für sich benutzt und sie dabei durchgehen. Man denke auch an den Reitlehrer, der schuldhafter Weise ein Pferd einem Sonntagsreiter überläßt oder einen Fuhrherrn, der seine Wagen untüchtigen Kutschern anvertraut, die in eigenem Namen fahren (sonst würde § 831 genügen). In solchen Fällen ist der Thierhalter verdächtig, die Gefahren der Sachlage verschuldet zu haben und muß m. E. haften. Noch entschiedener spricht jetzt das Urtheil des R.G. Bd. 53 Nr. 31 S. 116 aus, daß ein Verschulden des Kutschers den Zusammenhang zwischen dem Halten des Thieres und dem Schaden nicht zerstört.

2. Greift andererseits der Beschädigte selbst in den Wirkungskreis eines Thieres durch freie Willensbethätigung ein, hält er z. B. ein durchgehendes Pferd auf und wird deshalb beschädigt, so soll nach der Entscheidung des R.G. Bd. 50 Nr. 49 S. 219 der Kausalnexus nicht gehemmt werden, wenn die Handlung in Erfüllung einer rechtlichen oder sittlichen Pflicht geschehen ist. Unter der Hemmung des Kausalnexus ist jedenfalls hier die Hemmung seiner rechtlichen Erheblichkeit zu verstehen. Im Uebrigen wird man aber noch weiter gehen und die blos erlaubte That nicht ungünstiger behandeln dürfen als die gebotene. Es mag überhaupt zweifelhaft sein, ob es wirklich geboten oder nur erlaubt und lobenswerth ist, durchgehende Pferde mit eigener Lebensgefahr aufzuhalten. Nur da, wo das Verhalten des Verletzten eine culpa concurrens in sich schließt, hat die strenge Haftpflicht des Thierhalters keinen ausreichenden Zweck, weil hier ein Schuldiger als Verletzter einem Unschuldigen gegenübersteht.

Derjenige, welcher durch Vertrag die Aufsicht über das Thier übernommen hat, haftet vorbehaltlich des ihm freistehenden Entlastungsbeweises (entsprechend § 831) ebenfalls.[1])

Der § 835 regelt die Haftung für Wildschaden (im wesentlichen wie im preußischen Wildschadengesetz vom 11. Juli 1891), vgl. E.G. §§ 69, 72. Für die Feststellung der Grundsätze der Wildschadenberechnung u. dergl. macht Art. 70 einen Vorbehalt zu Gunsten der Landesgesetze. Im übrigen ist nunmehr die Wildschadenfrage durch § 835 einheitlich geregelt. Bisher bestanden große Verschiedenheiten.

„Geschützt soll (§ 835 Abs. 2) derjenige werden, welcher rechtlich nicht in der Lage ist, durch Abschuß sich selber zu schützen, d. i. der Grundeigenthümer. Anders, wenn

a) auf seinem Grundstück nicht er das Jagdrecht hat, sondern ein anderer (außerhalb Preußens häufig); dann ist dieser andere ersatzpflichtig, oder

b) wenn dem Grundeigenthümer die Ausübung seines Jagdrechtes entzogen ist. Dann ist ihm der Ausübungsberechtigte ersatzpflichtig, z. B. der Jagdpächter. Im Falle eines Verbandes zu gemeinsamem Jagdbetriebe (sehr verschieden organisirt), haften, wenn der Verband eine bloße Gesellschaft ist, die Mitglieder nach Verhältniß der Größe ihrer Grundstücke.“[2]) Doch findet die Haftung nur bei gewissen Wildarten statt (wie in Preußen), namentlich bei Schwarzwild, Roth-, Elch-, Dam- und Rehwild oder auch bei Fasanen, nicht aber bei Hasen und Kaninchen. Das E.G. Art. 71 Z. 1 läßt die landesgesetzlichen Vorschriften unberührt, nach welchen auch bei anderen jagdbaren Thieren die Verpflichtung zum Ersatze des Wildschadens eintritt.

Die Haftung fällt fort, wenn Jemand den Wildschaden heraufbeschwört, indem er Bodenerzeugnisse über die Ernte hinaus stehen läßt. Das ist im Gesetze nicht ausdrücklich ausgesprochen, ergiebt sich aber aus § 254 (konkurrirendes Verschulden). Das preußische Gesetz schließt in solchem Falle die Haftung aus.

3. In den §§ 836—838 ist die Haftung für den durch Einsturz eines Gebäudes oder andern Werkes entstandenen Schaden behandelt. Das gemeine Recht kannte hier eine allzu schwache Haftung (Recht der

[1]) Die Haftpflicht fällt nicht weg, wenn der Verletzte selbst die Aufsicht übernommen hatte. Ein älteres abweichendes Landesrecht kann nicht etwa noch jetzt als ein Satz des Gesinderechts gelten. So Entsch. des R.G. Bd. 50 Nr. 56 S. 244 ff.

[2]) Vorbereitungsheft.

cautio damni infecti). Das preußische Recht hat sie verschärft. Nach B.G.B. tritt eine Haftung ohne eigene culpa ein, sofern der Einsturz die Folge einer fehlerhaften Errichtung oder einer mangelhaften Unterhaltung ist, und wird durch den Nachweis, daß der Besitzer zum Zwecke der Abwendung der Gefahr die im Verkehr erforderliche Sorgfalt beobachtet hat, ausgeschlossen.[1]) Dem Grundbesitzer gleich haftet der gewesene Besitzer ein Jahr lang, ferner der Nutzungsberechtigte und der Vertreter in der Unterhaltungspflicht (§§ 836—838). Dagegen ist die actio de effusis et dejectis gestrichen. Statt ihrer genügen Polizeivorschriften.[2])

4. § 839. Beamtendelikte. Dem Beamten ist eine besondere Haftung auferlegt. Er haftet nicht bloß nach § 823, sondern bei jedem Verstoß gegen eine Amtspflicht, die ihm einem andern gegenüber oblag und sei es auch nur kraft einer Dienstvorschrift und zwar nicht bloß bei dolus, sondern bei jeder culpa. Bei letzterer ist die Haftung nur eine subsidiäre. In dieser Weise können z. B. der Vormundschaftsrichter, der Grundbuchrichter und der Nachlaßrichter haftbar werden. Bei Fällung eines Urtheils tritt nach Abs. 2 nur dann die Haftung eines Beamten ein, wenn die Pflichtverletzung mit einer im gerichtlichen Strafverfahren zu verhängenden öffentlichen Strafe bedroht ist, also ein Kriminaldelikt darstellt, § 839 Abs. 2, vgl. jedoch auch E.G. Art. 77.

Mehrere Mitthäter einer unerlaubten Handlung (auch bloße Anstifter und Gehülfen) haften nach § 840 als Gesammtschuldner. So z. B. auch mehrere mitschuldige Glieder eines Kollegiums. Jedoch ist nach Abs. 2 das daraus folgende Regreßrecht für gewisse Fälle abgeschnitten. Im Verhältnisse unter einander gilt, wo der Handelnde und der Aufsichtspflichtige dem Dritten haften (§§ 831, 832), nur ersterer als der Schuldner und der Angestellte oder Dienstbote ist dann nicht regreßberechtigt.[3])

---

[1]) Das Reichsgericht rechnet hierher auch den Durchbruch durch einen morschen Fußboden. (Entsch. Bd. 52 Nr. 63 S. 236 ff.) und hält eine entsprechende Anwendung des § 836 auf morsch gewordene Bäume nicht für ausgeschlossen. (Entsch. Bd. 52 Nr. 98 S. 373 ff.)

[2]) D. h. man hofft, daß sie statt ihrer genügen werden.

[3]) Anders, aber m. E. nicht richtig, das Urtheil des R.G. Bd. 53 Nr. 31 S. 114. Nach ihm kann der haftbare Thierhalter den Schaden nicht blos auf einen ebenfalls haftbaren schuldigen Thäter hinüberwälzen, sondern auch auf eine ebenfalls haftbare Eisenbahn. Nicht aber kann die Bahn das Gleiche gegenüber dem Thierhalter thun. Dies befriedigt um so weniger, als das R.G. bei beiden ihre

Der Schadensersatz umfaßt nach § 842, wenn es sich um eine gegen die Person gerichtete unerlaubte Handlung handelt, auch die Nachtheile, welche die Handlung für den Erwerb oder das Fortkommen des Verletzten herbeigeführt hat. Der Schaden wird hier im Allgemeinen vergütet, auch wenn er nicht ziffernmäßig nachweisbar ist, in demselben Sinne wie im § 188 des Reichsstrafgesetzbuches.[1]) Bei Aufhebung oder Minderung der Erwerbsfähigkeit des Verletzten oder, wenn durch die Verletzung seine Bedürfnisse vermehrt werden, ist die Entschädigung nach § 843 in einer Geldrente zu leisten.[2])

Weiter geht § 847: Bei Verletzung des Körpers, der Gesundheit, bei Freiheitsentziehung, bei gewissen Sittlichkeitsdelikten, namentlich im Falle des § 825 (Sittlichkeitsvergehen gegen Frauenspersonen), ist auch der ideelle Schaden zu ersetzen (z. B. für die Entziehung der conditio nubendi).

Wie nach dem Haftpflichtgesetze vom 7. Juni 1870[3]) haben im Falle der Tödtung auch Dritte ein Anrecht auf Schadensersatz, wenn sie

---

schuldlose Haftung aus der Gefährlichkeit des Bahnbetriebes oder Thierhaltens herleitet. Daß der Wortlaut des § 840 auf solche Fälle einzuschränken ist, in denen die Person, an welcher der Schaden schließlich ganz und voll hängen bleiben soll, eine unerlaubte Handlung begangen hat, nimmt das R.G. mit Recht an. Es ist aber nicht recht einzusehen, warum denn nicht der Begriff der unerlaubten Handlung (mit Eck) im natürlichen altmodischen engeren Sinne zu nehmen ist, da der Text des § 840 den Ausdruck ja nicht enthält (vgl. oben S. 600 Anm. 1) und Zweckmäßigkeitserwägungen eher für diese Beschränkung des Begriffes im Sinne Ecks sprechen.

1) Aus Eck's Vorbereitungsheft.

2) Ueber die Schranken der Pfändbarkeit solcher Ansprüche vgl. das Urteil des R.G. Entsch. Bd. 52 Nr. 14 S. 51.

3) Ein Urtheil des Reichsgerichts Bd. 47 Nr. 46 S. 211 ff. giebt der verletzten Ehefrau gegen die Straßenbahn einen Anspruch darauf, daß ihrem Manne die ausgelegten Kurkosten wiedergegeben werden. Das ist m. E. dadurch zu rechtfertigen, daß in solchem Falle der Mann der Frau das Geld nur als Darlehen vorschießt, damit sie es später von der haftpflichtigen Bahn eintreibe und ihm dann zurückerstatte, sofern er nicht etwa nur als Geschäftsführer ohne Auftrag für die Bahn das Geld auslegt (so im Falle der von einem Vater bezahlten Kurkosten das Reichsgericht, Bd. 53 Nr. 79 S. 312 ff.); denn es ist keinesfalls anzunehmen, daß er die Bahn durch die Zahlung befreien wollte. Verlangt die Frau nunmehr unmittelbare Befriedigung des Mannes von der Bahn, so vereinfacht dies die Sachlage und die Beklagte hat kein berechtigtes Interesse daran, dem zu widerstreben. Selbst wenn man den Mann als Geschäftsführer der Bahn ansieht, so ist es möglich, daß die Frau nach § 185 mit seiner Einwilligung seinen Anspruch gegen die

gegenüber dem Getödteten alimentationsberechtigt waren oder werden konnten (z. B. erst nascituri waren). § 844. Auch der Dienstberechtigte, in dessen Hausstand oder Gewerbe der Getödtete oder sonst Verletzte zu arbeiten hatte, hat im Falle der Tödtung, Verletzung u. s. w. des Dienstverpflichteten nach § 845 einen Ersatzanspruch. („Auch bei Tödtung mit Einwilligung?") [1]) Dies war im gemeinen Rechte bestritten.

Bei Verurteilung zu einer Geldrente kommen die §§ 323, 324 C.P.O. zur Anwendung, d. h. der Berechtigte kann nachträglich im Wege der Klage noch eine Abänderung des Urtheils zwecks Erhöhung der Rente oder Sicherheitsleistung verlangen.

Die Haftung auf Rückgabe einer durch eine unerlaubte Handlung entzogenen Sache erlischt nicht durch zufällige Unmöglichkeit, sondern umfaßt auch den zufälligen Untergang, die zufällige Unmöglichkeit der Herausgabe und die zufällige Verschlechterung der Sache (fur semper moram facere debetur, § 848), „außer, wenn der Pflichtige beweist, daß diese auch ohne die Entziehung eingetreten sein würde."

Für den Schadensersatzanspruch aus unerlaubten Handlungen gilt nach § 852 die kurze Verjährung von 3 Jahren seit Kenntniß des Schadens und des Thäters, ohne Rücksicht auf diese Kenntniß die 30jährige Verjährung von der Begehung der Handlung an. Der Schadensanspruch verjährt also regelmäßig früher als die strafrechtliche Verfolgbarkeit. Der Bereicherungsanspruch verjährt aber erst in 30 Jahren.

Trotz der Verjährung steht dem Schuldner eine unverjährbare Einrede zu, wenn durch eine unerlaubte Handlung (z. B. Erpressung) ein Forderungsanspruch erlangt ist, § 853. Hier gilt also nicht der Satz, daß die Verjährung eines Anspruches auch Einreden aufzuheben vermag.[2])

Bahn in gültiger Weise ausübt. — Der Inhalt dieser Entscheidung läßt sich in entsprechender Weise auf alle Verletzungen ausdehnen, wegen deren jemand einer Ehefrau haftet, falls der Mann die Kurkosten auslegt.

[1]) Auf diese Frage des Vorbereitungsheftes wird wohl zu antworten sein Lege non distinguente nostrum non est distinguere.

[2]) Vgl. oben S. 212 Anm. 3.

FSC
www.fsc.org
MIX
Papier | Fördert
gute Waldnutzung
FSC® C083411

Kolibri 360 GmbH
Ferdinand-Jühlke-Straße 7
99095 Erfurt, Deutschland
produktsicherheit@kolibri360.de